DROI
DES

DROIT FISCAL DES AFFAIRES

9e édition

DANIEL GUTMANN
Professeur à l'École de droit de la Sorbonne (Université Paris 1 Panthéon-Sorbonne)

LGDJ une marque de Lextenso

70, rue du Gouverneur Général Éboué
92131 Issy-les-Moulineaux Cedex
ISBN 978-2-275-05468-1
ISSN 0767-4309

SOMMAIRE

BIBLIOGRAPHIE SOMMAIRE[1]

Ouvrages cités par le seul nom de leurs auteurs

B. Castagnède ■ *Précis de fiscalité internationale*, PUF, 5e éd., 2015.

M. Cozian, Fl. Deboissy et M. Chadefaux ■ *Précis de fiscalité des entreprises,* Litec, 41e éd., 2018/2019.

C. David, O. Fouquet, B. Plagnet et J.-F. Racine ■ *Les grands arrêts de la jurisprudence fiscale,* Dalloz, 5e éd., 2009.

J.-P. Fradin et J.-B. Geffroy ■ *Traité du droit fiscal de l'entreprise,* PUF, coll. « Droit fondamental », 2003.

B. Gouthière ■ *Les impôts dans les affaires internationales,* Éditions Francis Lefebvre, 11e éd., 2016.

J. Grosclaude et Ph. Marchessou ■ *Droit fiscal général,* Dalloz, 11e éd., 2017.

J. Lamarque, O. Négrin et L. Ayrault ■ *Droit fiscal général,* Litec, 4e éd., 2016.

P. Serlooten et O. Debat ■ *Droit fiscal des affaires,* Dalloz, 17e éd., 2018-2019.

Autres ouvrages intéressant directement le droit fiscal des affaires

Droit fiscal interne

M. Cozian ■ *Les grands principes de la fiscalité des entreprises*, Litec, 4e éd., 1999.

O. Debat ■ *Droit fiscal des affaires,* Montchrestien, coll. « Cours », 4e éd., 2017.

J.-Y. Mercier ■ *Les impôts en France,* Éditions Francis Lefebvre, 2016.

Ph. Oudenot ■ *Fiscalité des sociétés et des restructurations*, LexisNexis, 3e éd., 2016.

P. Serlooten ■ *La fiscalité des contrats d'affaires*, Economica, 1998.

Mémento fiscal Francis Lefebvre.

Documentation pratique Francis Lefebvre (Navis) (éditeur : Éditions Francis Lefebvre).

1. Cette bibliographie a un caractère purement indicatif. De nombreux ouvrages et revues importants cités dans le présent ouvrage n'y sont pas mentionnés.

Juris-Classeur fiscal (éditeur : LexisNexis).

Lamy fiscal, 2 vol. (éditeur : Lamy).

Droit fiscal de l'Union européenne

J.-M. COMMUNIER ■ *Droit fiscal communautaire,* Bruylant, 2001.

Ph. DEROUIN et Ph. MARTIN ■ *Droit communautaire et fiscalité. Sélection d'arrêts et de décisions*, Litec, 2e éd., 2008.

International Tax Center Leiden ■ *Materials on International & EC Tax Law,* vol. 2. (réactualisé chaque année).

M. LANG, P. PISTONE, J. SCHUCHET et C. STARINGER (ed.) ■ *Introduction to European Tax Law on Direct Taxation,* Linde Verlag, Vienne, 4e ed., 2016.

Ph. MARCHESSOU et O. TRESCHER, *Droit fiscal international et européen*, Larcier, 2018.

A. MAITROT DE LA MOTTE ■ *Droit fiscal de l'Union européenne*, Bruylant, 2e éd., 2016.

A. STEICHEN ■ *Précis de droit fiscal communautaire*, Éditions Saint-Paul, 1re éd., 2015.

B. TERRA et P. WATTEL ■ *European Tax Law, Kluwer Law International*, 6e éd., 2012.

Droit fiscal international

Ph. BAKER ■ *Double taxation conventions,* Sweet & Maxwell, 3rd ed., 2009.

R. DANON, D. GUTMANN, X. OBERSON, P. PISTONE ■ *Modèle de Convention fiscale OCDE concernant le revenu et la fortune. Commentaire*, Helbing Lichtenhahn, Éditions Francis Lefebvre, 2013.

G. GEST et G. TIXIER ■ *Droit fiscal international,* PUF, 1990.

International Tax Center Leiden ■ *Materials on International & EC Tax Law,* vol. 1. (réactualisé chaque année).

K. VOGEL ■ *Klaus Vogel on Double Taxation Conventions,* Ed. by E. Reimer and A. Rust, Kluwer Law International, 4th ed., 2015 (2 vol).

Droit fiscal comparé

R. AVI-YONAH et N. SARTORI ■ *Global perspectives on income taxation law*, Oxford University Press, 2011.

H. J. AULT et B. J. ARNOLD ■ *Comparative Income Taxation, A Structural Analysis,* 3rd ed., Kluwer Law International, 2010.

P. BELTRAME et L. MEHL ■ *Techniques, politiques et institutions fiscales comparées*, PUF, 2e éd., 1997.

V. THURONYI (ed.) ■ *Tax Law Design and Drafting,* IMF, 1998 (2 vol.).

V. THURONYI ■ *Comparative Tax Law, Kluwer Law International*, 2003.

Revues et publications périodiques

Revues françaises spécialisées

L'année fiscale (éditeur : PUF de 2003 à 2006 ; supplément de la *Revue de droit fiscal* depuis lors).

Bulletin des conclusions fiscales (éditeur : Éditions Francis Lefebvre) : en abrégé, *BDCF*.

Bulletin fiscal Francis Lefebvre : en abrégé, *Bull. FL*.

Feuillet rapide fiscal social Francis Lefebvre : en abrégé, *FR*.

Nouvelles fiscales (éditeur : Lamy).

Revue de droit fiscal (éditeur : LexisNexis) : en abrégé, *Dr. fisc*.

Revue de jurisprudence fiscale (éditeur : Éditions Francis Lefebvre) : en abrégé, *RJF*. *La RJF a absorbé le BDCF et s'appelle désormais Revue de jurisprudence et des conclusions fiscales*

Revue européenne et internationale de droit fiscal (éditeur : Bruylant).

Revues françaises non spécialisées mais contenant des articles et/ou chroniques fiscales

Bulletin Joly Sociétés.

Droit & Patrimoine.

Droit des sociétés.

Les Petites Affiches.

Revue de droit des affaires internationales.

Revue des sociétés.

Semaine juridique entreprise.

Semaine juridique notariale.

Revues internationales

Liste indicative de revues européennes orientées vers la fiscalité internationale et comparée.

British Tax Review (éditeur : Sweet & Maxwell).

Bulletin for International Taxation (éditeur : IBFD).

Cahiers de droit fiscal international (éditeur : Sdu).

EC Tax Review (éditeur : Kluwer Law International).

Diritto e pratica tributaria internazionale (éditeur : Cedam).

European Taxation (éditeur : IBFD).

International transfer pricing journal (éditeur : IBFD).

International VAT Monitor (éditeur : IBFD).

Intertax (éditeur : Kluwer Law International).

Highlights & Insights on European Taxation (éditeur : Kluwer) : en abrégé, *H & I*.

Rivista di diritto tributario internazionale – International tax law review (éditeur : ETI).

VAT Monitor (éditeur : IBFD).

World Tax Journal (éditeur : IBFD).

Sites internet

Site de l'administration fiscale : http ://www. impots.gouv.fr.

Les sites de la Commission européenne, de l'OCDE et du FMI contiennent de nombreuses informations sur le droit fiscal et la politique fiscale (vue sous un angle économique). On consultera également avec profit le site de l'International Tax Dialogue : http://www.itdweb.org.

Pour l'actualité fiscale, on peut se reporter au site de la revue en ligne Fiscalonline : http://www.fiscalonline.com.

Plusieurs grands cabinets d'avocats publient enfin des lettres d'actualité (« newsletters ») contenant souvent de nombreuses informations sur les droits français, européens et étrangers : par exemple, v. le périodique « CMS Tax Connect » publié par CMS Francis Lefebvre Avocats et les autres cabinets du réseau CMS, la newsletter « International tax » publiée par le cabinet Hogan Lovells ou la « EU Tax Alert » publiée par Loyens & Loeff.

INTRODUCTION GÉNÉRALE

1 Le présent ouvrage se propose de décrire les principes et les règles qui gouvernent le droit fiscal des affaires. Pour l'introduire, il faut tout d'abord en présenter de façon générale l'approche et le contenu (section 1). Il faut aussi décrire l'architecture des sources du droit, qui présente en matière fiscale une physionomie et une importance particulières (section 2).

SECTION 1 PRÉSENTATION DE L'OUVRAGE

2 Le droit fiscal des affaires est une matière vivante dont les enjeux pratiques et théoriques sont considérables (§ 1). En en définissant les contours, on précisera aussi la méthode suivie dans ce livre (§ 2).

§ 1. LES ENJEUX DU DROIT FISCAL DES AFFAIRES

A. LA PRATIQUE

3 Il n'est pas une décision de quelque importance prise dans la vie réelle des entreprises qui ne fasse intervenir la composante fiscale. De même que le créateur d'entreprise ne peut faire l'économie d'une réflexion sur la structure juridique de son activité, il ne peut omettre la dimension fiscale de son choix : vaut-il mieux être soumis à l'impôt sur le revenu et à son barème progressif, ou « emprisonner » les bénéfices dans une structure opaque relevant de l'impôt sur les sociétés ? Quels biens doit-il affecter à son activité professionnelle ? Le dirigeant d'une entreprise ne peut, dans la même veine, oublier la dimension fiscale des choix qui se présentent à lui : faut-il acheter ou louer un équipement professionnel ? Faut-il emprunter auprès d'un établissement financier pour faire face à ses besoins de liquidités, ou solliciter les actionnaires ?

L'actionnaire d'une société se pose des questions qui lui sont propres : les titres qu'il possède sont-ils inclus dans l'assiette de l'impôt de solidarité sur la fortune ? S'il entend céder les titres de la société dans laquelle il exerce son activité, les coûts fiscaux de la cession sont-ils les mêmes selon qu'il est associé d'une société de personnes ou d'une société de capitaux ? Comment peut-il transmettre son entreprise à un successeur dans de bonnes conditions fiscales ?

Quant aux PME et aux sociétés d'une taille supérieure, elles sont quotidiennement confrontées à des choix de toutes sortes : quel est l'impact fiscal des investissements opérés par la société ? Est-il fiscalement préférable de constituer des succursales ou des filiales ? Comment limiter les « frottements fiscaux » sur les flux financiers entre sociétés du même groupe ? Comment choisir l'État étranger dans lequel établir une filiale[1] ? Autant de questions dont la liste pourrait sans difficulté atteindre 500 pages... et le lecteur préfère en général des réponses à des questions, même s'il est honnête de lui annoncer d'emblée que cet ouvrage lui donnera davantage de moyens de réfléchir que de réponses toutes faites.

4 Cet intérêt pratique du droit fiscal des affaires explique son rayonnement dans de multiples professions. Le fiscaliste d'entreprise, dont la fonction est chaque jour plus décisive et respectée, notamment dans les groupes de sociétés, joue un rôle essentiel, aux côtés du comptable et du directeur financier, pour faire en sorte que l'entreprise construise intelligemment sa stratégie fiscale. Les membres de l'administration fiscale, que l'Université tend à oublier parce qu'ils sont partiellement formés ailleurs, sont pourtant les interlocuteurs des entreprises toutes les fois qu'il s'agit de faire respecter la loi fiscale. L'avocat, fiscaliste spécialisé ou occasionnel, exerce naturellement le rôle de conseil de l'entreprise : il doit maîtriser le droit fiscal pour que ses clients prennent les bonnes décisions en matière civile ou commerciale ; il le doit plus encore lorsqu'il s'agit d'assister le contribuable à l'occasion d'une vérification de comptabilité et *a fortiori* d'un litige avec l'administration fiscale. Le notaire n'est pas en reste : de conseil des familles, il devient toujours davantage un conseil des entreprises familiales, et sa compétence dépasse désormais nettement le droit de l'enregistrement pour s'étendre à la fiscalité tout entière. Les professionnels du chiffre, parce que théoriquement non-juristes, sont cités en dernier lieu mais, en pratique, ce sont souvent les premiers – n'en déplaise aux avocats – à prodiguer des conseils fiscaux parce qu'ils sont en prise directe avec l'élaboration de la comptabilité. Au demeurant, la jurisprudence civile reconnaît clairement que « l'expert-comptable qui accepte d'établir une déclaration fiscale pour le compte d'un client doit, compte tenu des informations qu'il détient sur la situation de celui-ci, s'assurer que cette déclaration est, en tout point, conforme aux exigences légales »[2]. Plus encore, « l'expert-comptable qui accepte, dans l'exercice de ses activités juridiques accessoires, d'établir un acte sous seing privé pour le compte d'autrui, est tenu, en sa qualité de rédacteur, d'informer et d'éclairer de manière complète les parties sur les effets et la portée de l'opération projetée, notamment sur ses incidences fiscales »[3]. On ne dira rien des magistrats, des deux ordres juridictionnels et de tout niveau hiérarchique, dont il est légitime d'exiger qu'ils maîtrisent le droit qu'ils doivent appliquer.

On l'aura compris : le droit fiscal des affaires est utile à la décision et au porte-monnaie. Il serait pourtant réducteur de s'en tenir là car le droit fiscal n'est pas seulement un instrument au service des États et des opérateurs économiques. C'est aussi l'illustration vivante du système économique et politique que nous habitons.

B. LA THÉORIE

5 Un exemple, présenté sous forme polémique avant de remonter à la théorie : certains entrepreneurs, lorsqu'ils sont interrogés, présentent l'impôt comme une forme d'expropriation organisée par l'État, voire d'atteinte à la liberté de travailler. C'est

1. Ce type de question se pose notamment (mais pas seulement) pour des filiales ayant une activité immatérielle. Le facteur fiscal peut alors jouer un rôle décisif dans le choix de la localisation.

2. Cass. com., 6 févr. 2007, n° 06-10109, *Bull. civ.* IV, n° 22.

3. Cass. 1re civ., 9 nov. 2004, n° 02-12415, *Bull. civ.* I, n° 256.

dire qu'ils conçoivent l'impôt comme une immixtion, plus ou moins légitime, de l'État dans l'exercice des droits les plus sacrés. Est-ce à dire que le principe même de l'impôt devrait être mis en cause ? La réponse est évidemment négative. L'impôt est le moyen pour l'État de subvenir à ses besoins, c'est-à-dire à ceux de tous les citoyens. Il est aussi utilisé pour orienter l'action des entreprises, que ce soit pour les inciter à investir dans tel secteur ou dans telle zone géographique, ou pour les dissuader de se livrer à certaines opérations jugées néfastes. Au regard de quels critères évaluer alors la qualité d'un système fiscal ? De sa rationalité ? De son efficacité économique ? De sa justice sociale ? De la combinaison entre les trois ? Voici quelques questions fondamentales sur lesquelles la doctrine est généralement peu prolixe.

Elle l'est d'autant moins que le droit fiscal des affaires révèle le paradoxe profond et difficilement surmontable de notre société : d'un côté, nous cultivons l'idéal d'une fiscalité absolument neutre, n'ayant aucun effet de distorsion sur les choix économiques et juridiques, le paroxysme de la neutralité étant évidemment l'inexistence de l'impôt ; dans cette perspective, on demande à l'État d'éliminer toutes les formes de discrimination entre acteurs économiques et de mettre fin aux « niches » fiscales. D'un autre côté, cependant, l'interventionnisme non déclinant de l'État dans l'économie, l'idéal de la solidarité entre les classes et les générations, le souci d'encourager l'investissement et la consommation, le clientélisme électoral, la vision à court terme et parfois l'absence de vision tout court militent en faveur de l'exact opposé. À chaque loi de finances se reproduit le même phénomène : tel crédit d'impôt est institué, tel autre est modifié, tel abattement est introduit ou supprimé, tel régime est complexifié. Pourquoi ? Parce que ceux qui font les lois sont soumis à la pression constante des électeurs, du contexte économique, de la compétition internationale et de bien d'autres facteurs encore. Parce que légiférer en matière fiscale, c'est refuser de faire le deuil de notre souveraineté.

§ 2. LA MÉTHODE SUIVIE

6 Le meilleur moyen de décrire la méthode suivie dans ce livre est de reprendre chacun des termes qui constituent son titre : droit (A)... fiscal (B)... des affaires (C).

A. DROIT...

7 Il s'agit tout d'abord d'un ouvrage de droit. La précision est d'importance car la « fiscalité » est souvent perçue par le grand public comme une technique parfaitement étrangère au droit. Or, s'il existe une part de vérité dans cette perception, il n'en reste pas moins que les principes sous-jacents à la technique fiscale sont souvent des principes juridiques classiques, que la « fiscalité » est régie par des textes et que ceux-ci sont objet d'interprétation. La première ambition du présent ouvrage est donc de faire prendre conscience à ceux qui étudient aujourd'hui et qui passeront demain les écritures comptables des entreprises, qui conseilleront et défendront celles-ci, ou qui élaboreront la norme fiscale, que le droit fiscal est autre que la comptabilité d'entreprise, de même qu'il est autre que la politique politicienne.

8 Le droit fiscal est également autre chose que l'approche économique de la fiscalité. Certes, il va de soi que la structure du système fiscal influe sur l'économie et réciproquement. Ils doivent d'ailleurs être considérés de pair lorsqu'on s'aventure sur le terrain de la politique fiscale, où la prise de décision doit être éclairée par l'analyse juridique et par l'analyse économique. Toutefois, faute de place et de compétence, le propos de l'ouvrage est restreint, même si l'on ne se privera pas, en de fréquentes occasions, de faire référence aux théories économiques lorsqu'elles permettent d'expliquer ou d'évaluer le droit existant.

9 Il convient également d'insister, d'emblée, sur le fait que cet ouvrage ne se conçoit pas exclusivement comme un manuel de pur droit interne. L'interaction entre la loi française, le droit de l'Union européenne et les conventions fiscales bilatérales (voire multilatérales) est aujourd'hui l'un des traits marquants du droit fiscal. La dimension internationale et européenne est donc au cœur de ce livre.

En outre, il est impossible de comprendre l'évolution de la loi interne, même sur des points qui paraissent de détail au premier abord, sans faire référence au droit comparé[4]. L'approche comparative n'est pas ici un divertissement de l'esprit : plus qu'en d'autres matières, la fréquentation des systèmes juridiques étrangers est nécessaire pour comprendre les choix opérés par les acteurs économiques et les évolutions de la législation. Les sociétés et les groupes exerçant des activités dans plusieurs États comparent les règles et les systèmes fiscaux afin de se soumettre au régime le plus favorable. Les États se livrent une concurrence fiscale permanente : toutes les fois qu'un État introduit dans sa législation une nouvelle règle fiscale susceptible d'attirer l'investissement ou l'implantation sur son territoire de certaines structures juridiques, d'autres États réagissent et tentent de faire de même[5]. Lorsqu'un État invente une nouvelle règle anti-abus pour protéger ses finances publiques, il est fréquent que d'autres le suivent[6]. La circulation des modèles fiscaux est ainsi une réalité qui explique dans une très large mesure le droit français[7]. Inversement, il peut arriver que le durcissement par un État de sa politique fiscale incite ses voisins à rendre leur loi plus attractive encore afin de bénéficier de cet effet d'aubaine[8]. L'histoire du droit fiscal est à bien des égards la description d'un processus d'imitation et de réaction entre États. Il faut en prendre la mesure dès le départ, c'est-à-dire dès l'apprentissage du droit fiscal.

B. DROIT FISCAL…

10 Ce livre est un livre de droit fiscal. Il ne traite que d'impôts. Les prélèvements fiscaux, pourtant, ne représentent qu'une partie des prélèvements obligatoires, définis

4. Sur ce sujet, v. F. Bin, « L'apport du comparatisme en fiscalité des sociétés », *in Écrits de droit de l'entreprise, Mélanges en l'honneur de Patrick Serlooten*, Dalloz, 2015.

5. Le régime des sociétés holding est un exemple traditionnel de cette course entre États. Celui des sociétés d'investissement immobilier cotées (SIIC) en est un autre.

6. Les exemples fourmillent, tant en matière d'impôts directs (règles sur les sociétés étrangères contrôlées, règles de sous-capitalisation, etc.) qu'en matière de TVA.

7. Pour une théorisation, cf. C. Garbarino, "Tax transplants and circulation of corporate tax models", Univ. Bocconi Working Paper (disponible sur le site http : //ssrn. com/abstract=1356122).

8. Il existe un lien évident, par exemple, entre le durcissement par le Royaume-Uni de sa position à l'égard des « résidents non domiciliés » et l'extension corrélative par la France de son régime des « impatriés ». Idée simple : si les Anglais traitent plus mal les traders français exilés à Londres, il faut tenter de les faire revenir au pays...

usuellement comme l'ensemble des versements obligatoires (y compris les cotisations sociales) effectués sans contrepartie au profit des administrations publiques[9]. Ainsi, la France se situe au premier rang européen par la proportion qu'occupent les cotisations sociales dans le PIB[10]. Avec des prélèvements obligatoires égaux à 45,9 % en 2015, elle figure à la deuxième place (après le Danemark) de l'Union européenne dont la moyenne s'établit à 38,7 % (en 2015)[11].

11 L'éviction des **prélèvements non fiscaux** dans le cadre de cet ouvrage n'a pas de justification rationnelle imparable, si ce n'est qu'ils obéissent à une logique et à des règles qui leur sont propres. Malgré tout, il n'est pas sans intérêt d'insister dans cette introduction sur le caractère pratiquement indissociable de l'impôt et des prélèvements non fiscaux[12]. Les prélèvements sur l'assiette de Sécurité sociale constituent en effet un ensemble de charges considérables sur le facteur travail dont l'impact sur la vie des entreprises ne doit pas être sous-estimé[13].

On peut également signaler que la France se signale par son niveau relativement élevé de prélèvements obligatoires pesant sur les entreprises. Rapporté au PIB, le taux des seuls prélèvements sur les entreprises s'établit en France à 17,9 % en 2009, à comparer à une moyenne de l'Union européenne de 12,6 %[14]. Ce constat ne signifie certes pas que la France doive *ipso facto* être considérée comme structurellement handicapée dans la compétition pour attirer les entreprises étrangères. Comme l'a bien montré un rapport du Conseil des prélèvements obligatoires en 2009[15], ce chiffre doit être rapporté à l'augmentation des dépenses fiscales au profit des entreprises et aux contreparties en termes d'infrastructures publiques et de qualité des ressources matérielles et humaines mises à la disposition des entreprises.

9. Selon l'OCDE, les prélèvements obligatoires se définissent par un triple critère :
– les flux doivent correspondre à des versements effectifs (ce qui conduit à ne pas comptabiliser les régimes de retraites directs d'employeurs, ne comprenant pas de circuit effectif de cotisations, comme dans la fonction publique et certaines grandes entreprises) ;
– les destinataires des versements doivent être des administrations publiques (ce qui conduit à exclure, notamment, les versements à des ordres professionnels ou à des sociétés mutualistes) ;
– les versements doivent être non volontaires, c'est-à-dire en particulier être caractérisés par l'absence de contrepartie immédiate.
Source : Ph. Marini, Rapport d'information sur les prélèvements obligatoires et leur évolution, *Doc. Sénat* 2005-2006, n° 33, p. 14.

10. Eurostat, *Taxation trends in the European Union*, 2017, évaluant à 19,2 % du PIB les cotisations sociales et relevant que les employeurs en supportent plus des deux tiers.

11. Eurostat, *Taxation trends*, préc.

12. On consultera avec profit à ce sujet D. Williams, "Social Security Taxation", in V. Thuronyi (ed.), *Tax Law Design and Drafting*, IMF, 1996, vol. I, chap. 11.

13. Cf. sur ce point les rapports annuels de l'OCDE sur « les impôts sur les salaires » qui mesurent les prélèvements moyens d'impôts et de cotisations sociales sur les revenus du travail. Le rapport 2012 fait apparaître que c'est en Belgique (56 %) et en France (50,2 %) que l'on a observé les charges fiscales moyennes les plus élevées pour les travailleurs célibataires sans enfants rémunérés au salaire moyen dans leur pays. La France est au premier rang de la pression fiscale/sociale pour les familles comptant deux enfants et un seul apporteur de revenu rémunéré au salaire moyen.

14. Dossier publié par l'Observatoire européen de la fiscalité des entreprises de la Chambre de commerce et d'industrie de Paris en mai 2011 sur son site internet (http://www.ccip.fr).

15. Conseil des prélèvements obligatoires, *Les prélèvements obligatoires des entreprises dans une économie globalisée*, oct. 2009, p. 71.

12 S'agissant d'un livre de droit fiscal, le présent ouvrage n'a pas non plus pour vocation de restituer dans le détail le contenu de la législation comptable. En pratique, il est cependant impossible de présenter l'un sans faire état de l'autre. Le résultat fiscal des entreprises est en effet calculé par la voie de rectifications du résultat comptable, ce qui traduit l'identité fréquente entre concepts fiscaux et concepts comptables. En outre, force est de constater que l'influence croissante des normes comptables dites internationales est devenue si importante que la législation fiscale interne doit continûment s'adapter à cette petite révolution juridique. Nous aurons l'occasion d'y revenir à maintes reprises[16].

13 Annoncer que ce livre ne s'intéresse au droit fiscal n'est, en tout état de cause, qu'un leurre, tant le droit fiscal ne peut être compris qu'à la lumière du droit tout court.

La fraude fiscale, infraction pénale définie par le Code général des impôts, relève-t-elle du **droit pénal** ou du droit fiscal ? Il faut être abusé par la distinction des branches du droit pour s'imaginer qu'il existe une réponse univoque. Le Conseil d'État a d'ailleurs affirmé à plusieurs reprises que les principes généraux du droit pénal s'appliquent aux litiges relatifs aux pénalités fiscales[17]. Le droit fiscal peut-il exister indépendamment du **droit civil** ? Évidemment non : lorsqu'il s'agit de déterminer, pour les besoins de l'imposition des bénéfices industriels et commerciaux, si le cautionnement fait naître une obligation continue ou instantanée, il est évident qu'un raisonnement civiliste s'impose. Lorsqu'il s'agit de rechercher la nature juridique d'un contrat pour les besoins des droits d'enregistrement, « il faut toujours avoir près de soi un traité de droit civil, et celui qui sait lire dans nos vieux grimoires peut prévoir l'avenir »[18]. Lorsqu'il s'agit de savoir si une personne doit être considérée comme propriétaire d'un bien (par exemple d'un fonds de commerce), c'est le droit civil qui sert de base au raisonnement, sauf lorsque la loi en dispose autrement[19]. Le droit fiscal peut-il être compris indépendamment du **droit international public ou même privé** ? La réponse négative s'impose tout autant : les conventions fiscales sont régies par les principes d'interprétation ordinaires des conventions internationales[20], et il arrive même au juge fiscal de devoir appliquer de purs raisonnements de droit international privé[21].

Bref, si le droit fiscal définit certains concepts de façon autonome[22], il est manifestement impossible de faire du droit fiscal sans être juriste. En vérité, il faudrait être aussi

16. Cf. *infra*, n° 384 et s.

17. V. en particulier : avis CE, 31 mars 1995, n° 164008, Section, *SARL Auto-Industrie Méri, RJF* 5/95, n° 623, avec concl. J. Arrighi de Casanova, p. 326 ; avis CE, 5 avr. 1996, n° 176611, Section, *Houdmond, RJF* 5/96, n° 607, concl. J. Arrighi de Casanova, *BDCF* 3/96 p. 63, pour l'application immédiate de la loi pénale plus douce.

18. G. Blanluet, note à *Dr. fisc.* 2008, n° 49, comm. 608. Pour un exemple parmi d'autres, v. Cass. com., 22 oct. 2013, n° 12-23737, *SCI Marot Montaigne, Dr. fisc.* 2014, n° 7-8, comm. 171, note J.-P. Maublanc (le rachat par une SCI des parts sociales détenues par un associé décédé et transmises à ses légataires s'analyse comme le rachat d'un droit de créance au sens de l'art. 1870-1 C. civ. et non comme une cession de parts sociales donnant ouverture à la perception de droits de mutation).

19. Cf. à ce sujet CE, 17 févr. 2010, *EURL Bosc Développement Loire, Dr. fisc.* 2010, n° 20, comm. 315, note P. Fumenier et les intéressantes conclusions sur les relations entre droit civil et droit fiscal d'E. Cortot-Boucher. *Adde*, dans le même numéro de la *revue de droit fiscal*, l'article d'O. Fouquet, act. 172.

20. Cf. *infra*, n° 45.

21. Cf. notre article, « Le juge fiscal et la loi étrangère », in *Regards critiques et perspectives sur le droit et la fiscalité. Liber amicorum Cyrille David*, LGDJ, 2005, p. 191 et s.

22. La notion fiscale d'immeuble, par exemple, peut ne pas converger avec la définition civile.

économiste, spécialiste de sciences politiques, sociologue[23]... Il faut même, à l'heure actuelle, que la fiscalité tienne compte des contraintes religieuses qui encadrent certaines activités économiques : en témoigne la prise de position de l'administration sur le traitement fiscal de la « finance islamique »[24].

C. DROIT FISCAL DES AFFAIRES...

14 Enfin, ce livre est un livre de droit fiscal des affaires. L'expression « droit fiscal des affaires », pour habituelle qu'elle soit, n'a pas de signification précise[25]. D'aucuns doutent même que le droit fiscal appartienne au genre plus général du droit des affaires, et dénoncent dans « le rapt du droit des sociétés et du droit des sociétés par le droit fiscal » un aspect de la « menace de dégénérescence, voire de disparition », qui obère l'avenir du droit des affaires[26]... Quoi qu'il en soit, pour les besoins de la cause et des programmes universitaires, on fera rentrer dans le droit fiscal « des affaires » les principaux impôts ayant une incidence directe sur l'activité des entreprises : l'impôt sur le revenu, l'impôt sur les sociétés, la taxe sur la valeur ajoutée et la cotisation économique territoriale. On s'intéressera aussi à des impôts ayant un impact plus faible sur le budget de l'État, mais qui peuvent peser lourd dans le patrimoine des personnes physiques et jouer en conséquence un rôle important dans la structuration juridique de certaines activités : c'est le cas, notamment, de l'impôt de solidarité sur la fortune et des droits de mutation à titre onéreux (droits dus à l'occasion des cessions de titres, d'immeubles, de fonds de commerce, etc.) et à titre gratuit (droits de donation et de succession).

Le choix de concentrer l'étude sur quelques impôts essentiels conduits à n'aborder que superficiellement certains impôts. Elle a aussi pour effet d'exclure de l'ouvrage l'impressionnante liste des autres prélèvements frappant les entreprises : la taxe sur les surfaces commerciales, les taxes d'urbanisme, la taxe d'apprentissage, la taxe finançant la formation professionnelle continue, la participation à l'effort de construction, le versement transport, la taxe pour frais de chambres de commerce et d'industrie, les taxes particulières frappant les entreprises du secteur pharmaceutique ou cosmétique, la taxe sur les véhicules de sociétés, la taxe générale sur les activités polluantes, la taxe sur les dépenses de publicité et sur les communications électroniques, la taxe frappant les entreprises qui ne satisfont pas à leur obligation d'employer un certain pourcentage de travailleurs handicapés, celle qui concerne les entreprises qui ne font pas apparaître de message à caractère sanitaire dans leurs publicités pour des boissons sucrées ou édulcorées, la prime à la cuve, la taxe bancaire de risque systémique, etc. D'autres taxes encore sont écartées, avec l'espoir d'obtenir le pardon du lecteur.

23. Pour une réflexion sur le sujet, D. Gutmann, « L'argument sociologique en matière fiscale », *in* D. Fenouillet (dir.), *L'argument sociologique en droit*, Dalloz, 2015. Plus généralement, pour un aperçu des multiples disciplines intéressant la fiscalité, cf. M. Lamb, A. Lymer, J. Freedman et S. James, *Taxation. An Interdisciplinary Approach to Research*, Oxford University Press, 2004.

24. Sur ce sujet, cf. par ex. BOI-DJC-FIN relatif au « cadre fiscal de la finance islamique ».

25. L'observation est déjà faite par P. Serlooten, titre n° 1.

26. Formule conclusive (!) de l'ouvrage de C. Champaud, *Le droit des affaires*, PUF, 1991, p. 127.

SECTION 2 LES SOURCES DU DROIT FISCAL DES AFFAIRES

15 Il n'est pas question, ici, de développer par le menu les sources du droit fiscal, ce qui relèverait d'un ouvrage plus général[27]. On se contentera de rappeler l'essentiel et d'insister sur certains points qui paraissent particulièrement pertinents à l'approche du droit fiscal des affaires.

Cette description de l'architecture des sources est d'autant plus importante que le contentieux fondé sur le non-respect de la hiérarchie des sources fait l'objet d'une disposition spécifique du Livre des procédures fiscales. Selon son article L. 190, les règles du contentieux de l'établissement de l'impôt s'appliquent à « toutes actions tendant à la décharge ou à la réduction d'une imposition ou à l'exercice de droits à déduction, fondées sur la non-conformité de la règle de droit dont il a été fait application à une règle de droit supérieure ». Les dispositions de l'article L. 190 du Livre des procédures fiscales s'appliquent à tous les conflits de normes, ceux purement internes comme ceux entre une norme interne et une norme internationale ou de droit de l'Union européenne.

16 Ceci rappelé, la source première du droit fiscal, c'est la loi, expression par excellence de la souveraineté (§ 1). Pour appliquer la loi, les sources réglementaires et administratives du droit sont essentielles. Elles jouent en matière fiscale un rôle particulier (§ 2), de même que la jurisprudence (§ 3). Toutefois, le temps est loin où le législateur fiscal était maître du jeu. Le contrôle de constitutionnalité a vocation à s'étendre (§ 4), à l'instar du contrôle de conformité de la loi avec les conventions fiscales (§ 5) et la Convention européenne de sauvegarde des droits de l'homme et des libertés fondamentales (§ 6). Le droit de l'Union européenne, quant à lui, occupe aujourd'hui une place centrale (§ 7). Le tout sans compter avec les sources non formelles mais bien réelles du droit fiscal (§ 8).

§ 1. LA LOI FISCALE

17 En vertu de l'article 34 de la Constitution, « la loi fixe les règles [...] concernant l'assiette, le taux et les modalités de recouvrement des impositions de toute nature »[28]. Cette règle constitue la mise en œuvre du principe du consentement à l'impôt, tel qu'établi par l'article 14 de la Déclaration des droits de l'homme et du citoyen du 26 août 1789[29]. Elle constitue un rempart posé contre l'arbitraire des gouvernants, une garantie que la souveraineté populaire ne peut être prise en défaut.

La loi fiscale, c'est en premier lieu le Code général des impôts ainsi que le Livre des procédures fiscales (dans sa partie législative). Il arrive cependant que d'autres codes ou d'autres lois non codifiées contiennent des dispositions fiscales.

27. On se reportera par exemple à cette fin à l'ouvrage de J. Lamarque, O. Négrin et L. Ayrault qui contient près de 300 pages sur les sources du droit fiscal.

28. Pour un exposé substantiel de cette règle et de ses conséquences, cf. par ex. J. Lamarque, O. Négrin et L. Ayrault, n° 578 et s. ; M. Collet, *Droit fiscal*, PUF, 2012, n° 28 et s.

29. Cette notion de « mise en œuvre » est tirée de la décision du Conseil constitutionnel n° 2010-5 QPC du 18 juin 2010, § 4. On peut y voir un subtil moyen de tuer dans l'œuf toute tentative de rendre autonomes le principe de légalité de l'impôt et celui du consentement à l'impôt.

En matière fiscale comme ailleurs – et peut-être plus qu'ailleurs – le principe de légalité de l'impôt doit composer en pratique avec le rôle joué par l'administration dans la conception, la rédaction et l'initiative de la loi. Cela tient, pour une part, à l'histoire et à la sociologie de l'organisation du pouvoir en France. Cela tient, pour une autre part, à la particularité des réformes fiscales, qui interviennent presque systématiquement à l'occasion des lois de finances et des lois de finances rectificatives, autant de documents d'une grande complexité technique dont la conception ne peut être confiée qu'à des fonctionnaires compétents. En France, un rôle clé est donc joué par la Direction de la législation fiscale (DLF).

Le rôle essentiel de l'administration se retrouve donc sans surprise lorsqu'il s'agit de mettre en œuvre la loi fiscale.

§ 2. LES SOURCES RÉGLEMENTAIRES ET ADMINISTRATIVES

18 L'exposé des différentes sources réglementaires et administratives (A) précède l'examen du principe fondamental de l'opposabilité de la doctrine administrative (B).

A. LES DIFFÉRENTES SOURCES

19 Il résulte de la combinaison entre les articles 34 et 37 de la Constitution que le gouvernement peut adopter des dispositions réglementaires pour assurer l'application des lois fixant les règles d'assiette, de liquidation et de recouvrement des impôts. Il peut également édicter une disposition fiscale distincte d'une règle d'assiette, de liquidation ou de recouvrement. Par conséquent, les sources réglementaires sont loin d'être marginales en matière fiscale. Ainsi, le Code général des impôts contient quatre annexes de caractère réglementaire dont la forme est variable[30]. Le Livre des procédures fiscales contient également une deuxième partie réglementaire[31].

Les sources administratives – instructions et circulaires notamment – sont également essentielles. Certes, en principe, une instruction de l'administration fiscale ne peut pas servir de fondement à l'imposition, de sorte que l'administration ne peut pas se prévaloir de ses propres instructions pour justifier les impositions contestées par le contribuable[32]. Toutefois, en pratique, les instructions et circulaires administratives constituent bien souvent les textes de référence pour les fonctionnaires de l'administration fiscale, voire pour les praticiens du secteur privé. Il en va de même des réponses ministérielles, qui concernent tous les domaines de la fiscalité des affaires.

30. Décrets en Conseil d'État (annexes I et II), décrets simples (annexe III), arrêtés (annexe IV).

31. Partie dans laquelle sont reprises les dispositions prises sous forme de décret extraites des annexes II et III du CGI. La troisième partie « arrêtés » reprend les dispositions précédemment incluses dans l'annexe IV au CGI.

32. CE, 26 juill. 1985, n° 45149, Plén., *RJF* 10/85, n° 1283 ; CE, 27 févr. 1989, n° 57066, 8e et 9e s.-s., *SCI La Résidence du Bocage*, *RJF* 4/89, n° 423.

B. L'OPPOSABILITÉ DE LA DOCTRINE ADMINISTRATIVE

20 La « doctrine administrative » se compose essentiellement des instructions publiées par l'administration fiscale et ayant pour objet d'interpréter la loi. Une documentation fiscale – opposable, consolidée et régulièrement actualisée – a été mise en ligne en septembre 2012 sur un site internet dédié (dénommé « bofip. impots.gouv.fr » pour « *Bulletin Officiel des Finances Publiques – Impôts* »). Cette documentation en ligne s'est substituée à l'ensemble de la doctrine antérieure qu'elle est censée consolider et qui a en conséquence été abrogée à compter du 12 septembre 2012. L'administration fiscale publie en outre sur Internet ses principaux projets d'instructions fiscales, qui sont opposables dès leur mise en ligne, donc à un stade encore provisoire.

Ces textes sont d'autant plus auscultés qu'ils sont opposables à l'administration, en vertu de l'article L. 80 A du Livre des procédures fiscales[33]. Ce texte contient deux alinéas énonçant chacun un principe distinct. Cette structure en deux alinéas explicite et justifie la différence entre l'opposabilité du rescrit fiscal (1er alinéa) et de la doctrine publiée (2^d^ alinéa).

Plus précisément :

– le 1er alinéa prévoit qu'« il ne sera procédé à aucun rehaussement d'impositions antérieures si la cause du rehaussement poursuivi par l'administration est un différend sur l'interprétation par le redevable de bonne foi du texte fiscal et s'il est démontré que l'interprétation sur laquelle est fondée la première décision a été, à l'époque, formellement admise par l'administration ». Les modalités d'application de ce texte figurent à l'article L. 80 B du Livre des procédures fiscales qui précise notamment dans son 1° que la garantie de l'article L. 80 A est applicable lorsque l'administration a formellement pris position sur l'appréciation d'une situation de fait au regard d'un texte fiscal.

– le 2^d^ alinéa énonce que « lorsque le redevable a appliqué un texte fiscal selon l'interprétation que l'administration avait fait connaître par ses instructions ou circulaires publiées et qu'elle n'avait pas rapportée à la date des opérations en cause, elle ne peut poursuivre aucun rehaussement en soutenant une interprétation différente. Sont également opposables à l'administration, dans les mêmes conditions, les instructions ou circulaires publiées relatives au recouvrement de l'impôt et aux pénalités fiscales »[34].

21 La portée de l'article L. 80 A du Livre des procédures fiscales est considérable, même si elle n'est pas infinie. Une fois la garantie applicable, rien n'y fait obstacle. L'opposabilité de la doctrine n'est pas entamée, par exemple, par le fait que celle-ci serait contraire à un texte de niveau hiérarchique supérieur : la loi, mais aussi le traité. Il y a là une curiosité juridique qui ne s'explique que par le souci de protéger le contribuable qui, de bonne foi, s'est fondé sur la doctrine publiée de l'administration pour faire telle ou telle opération. Sa constitutionnalité est donc discutée[35]. Sa conformité au droit de l'Union européenne ne l'est pas moins[36] ; au demeurant, il existe en jurisprudence une incertitude sur la possibilité pour un contribuable de se prévaloir d'une

33. L'origine de cette garantie remonte à deux instructions adoptées par l'administration en 1928. Elle fut codifiée par une loi du 28 décembre 1959.

34. Ce texte était jadis complété par le décret du 28 novembre 1983, non spécifique à la matière fiscale, et selon lequel « tout intéressé est fondé à se prévaloir à l'encontre de l'administration des instructions, directives et circulaires publiées (...) lorsqu'elles ne sont pas contraires aux lois et règlements ». Ce décret a cependant été abrogé par l'article 20 du décret n° 2006-672 du 8 juin 2006, applicable depuis le 1er juillet 2007.

35. Pour une très intéressante mise au point (en faveur de la constitutionnalité, et avec une éclairante comparaison avec le droit allemand), H. RABAULT, « L'opposabilité de la doctrine administrative en droit fiscal : la constitutionnalité de l'article L. 80 A du Livre des procédures fiscales », *Les Petites Affiches*, 15 juin 2012, n° 120, p. 20 et s.

36. A. Couderc, « L'opposabilité d'une doctrine administrative contraire au droit de l'Union européenne : une question cruciale encore en suspens », *BF* 10/12, p. 763 et s.

doctrine administrative incompatible avec les objectifs d'une directive[37]. Ce qui est clair, en revanche, c'est qu'une instruction qui applique à des situations purement internes un avantage non prévu par la loi, tout en se refusant à le faire en présence de situations présentant un élément d'extranéité, ne peut voir son champ d'application étendue à ces dernières[38]. On ne saurait exiger de l'administration qu'elle étende aux non-résidents une solution illégale, fût-ce pour respecter le principe de non-discrimination... La solution n'a à notre sens que l'apparence de la logique et conduit à des résultats fort choquants.

22 Le souci de protéger le contribuable conduit parfois au résultat extrême de rendre inattaquables certains montages de défiscalisation fondés sur une application à la lettre des instructions administratives : comme on le reverra en conclusion de cet ouvrage, l'objectif d'endiguer l'abus de droit ne peut conduire à remettre en cause le principe de l'opposabilité à l'administration de sa propre doctrine[39].

§ 3. LA JURISPRUDENCE

23 La jurisprudence en matière fiscale a, en France, un double visage, à l'image de la dualité des ordres juridictionnels. Il existe donc une jurisprudence du Conseil d'État et une jurisprudence de la Cour de cassation, selon le type d'impôt considéré[40]. On pourrait ajouter qu'il existe aussi une jurisprudence des juges du fond, tantôt provocatrice en faveur du contribuable, tantôt alignée un peu trop systématiquement sur la position de l'administration fiscale.

Quoi qu'il en soit, il est indiscutable que le Conseil d'État et la Cour de cassation ont pris la mesure de leur pouvoir[41], et que certains arrêts peuvent légitimement être considérés comme créateurs de droit. La théorie de l'abus de droit trouve ainsi son origine dans la jurisprudence de la Cour de cassation du XIXe siècle[42], en l'absence de tout texte fiscal en la matière. Celle de l'acte anormal de gestion est issue

37. En faveur de l'invocabilité, CAA Paris, plén., 17 déc. 1991, n° 357, *Dr. fisc.* 1992, n° 18, comm. 944, concl. F. Bernault ; *RJF* 2/92, n° 232 ; CAA Paris, plén., 25 mars 2010, n° 08PA03658, *SARL À la Frégate*, *Dr. fisc.* 2010, n° 36, comm. 465, concl. S. Gouès, note M. Guichard et R. Grau ; *RJF* 7/10, n° 709 (affirmant que la garantie prévue par l'article L. 80 A du LPF, lequel assure en droit interne le respect du principe de confiance légitime reconnu en droit communautaire, permet au contribuable de bonne foi de se prévaloir de l'interprétation faite par l'administration d'un texte fiscal, même si elle est contraire à une norme communautaire). *Contra*, TA Versailles, 4 janv. 1994, n° 866350, *Centre français de la restauration*, *RJF* 4/94, n° 447 ; TA Lyon, 28 mai 2002, n° 98-1103, 7e ch., *Pijolet*, *RJF* 11/02, n° 1233 ; CAA Douai, plén., 26 avr. 2005, n° 02-736, *SA Segafredo Zanetti France*, *Dr. fisc.* 2005, n° 36, comm. 581 ; *RJF* 11/05, n° 1175.

38. En ce sens, CE, 29 oct. 2012, n° 337253, *Sté Crédit Agricole SA*, *Dr. fisc.* 2013, n° 7-8, concl. C. Legras, note O. Fouquet. V. aussi l'article de L. Leclercq et Th. Pons, *Dr. fisc.* 2013, n° 45, ét. 501.

39. Cf. *infra*, n° 994.

40. Pour mémoire, relèvent de la compétence des tribunaux de l'ordre judiciaire les litiges relatifs à la taxe de publicité foncière, aux droits de timbre, aux droits de mutation à titre gratuit et onéreux, aux contributions indirectes ainsi qu'à l'impôt de solidarité sur la fortune. Relèvent de la compétence de l'ordre administrative les litiges relatifs aux impôts directs et aux taxes sur le chiffre d'affaires et taxes assimilées (art. L. 199, LPF). Rentrent dans cette catégorie, notamment, l'impôt sur le revenu, l'impôt sur les sociétés et la taxe sur la valeur ajoutée. La distinction entre compétences administrative et judiciaire est d'une grande complexité. Pour plus de détails, cf. C. David, O. Fouquet, B. Plagnet et P. F. Racine, n° 59.

41. Pour une intéressante réflexion à ce sujet, cf. P. F. Racine, « Le juge, arbitre de l'impôt », *Archives de philosophie du droit*, t. 46, 2002, p. 197 et s.

42. Cass. civ., 20 août 1867, *DP* 1867, 1, 337.

d'une interprétation audacieuse de l'esprit du Code général des impôts par le Conseil d'État[43]. C'est également à ce dernier que l'on doit l'affirmation de principes aussi divers que la liberté d'affectation des actifs au patrimoine professionnel du commerçant[44] ou la subsidiarité des conventions fiscales internationales[45]. Il est à noter, au passage, que la jurisprudence fiscale prend parfois la forme d'avis[46], non d'arrêts. Outre le célèbre avis sur l'affaire des « fonds turbos » concernant la relation entre théorie de l'abus de droit et l'opposabilité de la doctrine administrative[47], on peut par exemple citer l'avis du 12 avril 2002 affirmant que les stipulations combinées de la Convention européenne de sauvegarde des droits de l'homme et des libertés fondamentales et de son premier protocole additionnel peuvent être utilement invoquées pour soutenir que la loi fiscale serait à l'origine de discriminations injustifiées entre contribuables[48].

Entre création jurisprudentielle et découverte de règles informulées en droit positif, il est souvent difficile de distinguer. Il en va ainsi, notamment, lorsque la jurisprudence dégage des principes généraux censés s'appliquer en droit fiscal. À titre d'exemple, le Conseil d'État a opéré une petite révolution en considérant dans l'arrêt *Janfin* qu'il existait dans l'ordre juridique un principe général autorisant l'administration à écarter des actes de droit privé procédant d'une fraude à la loi[49]. Bien que ce principe de la répression de la fraude à la loi ne soit pas situé par le Conseil d'État dans la hiérarchie des normes, on a pu avancer qu'il s'agissait d'un principe général du droit ayant vocation à compléter la règle spécifique édictée à l'article L. 64 du Livre des procédures fiscales pour lutter contre l'abus de droit lorsqu'une situation ne rentre pas dans son domaine d'application[50].

Cet arrêt est d'autant plus intéressant à replacer dans le cadre de la théorie des sources qu'il ne fait reproduire sciemment[51] en droit interne un raisonnement déjà opéré par la Cour de justice des Communautés européennes afin d'identifier, dans l'ordre juridique communautaire, un principe général d'interdiction des pratiques abusives[52]. Par contraste, il arrive cependant que le Conseil d'État soit réticent à étendre des principes du droit de l'Union européenne hors de leur champ d'application originel. Ainsi, bien qu'il consacre la valeur positive du principe de sécurité juridique, il énonce fermement que « le principe de confiance légitime, qui fait partie des principes généraux du droit communautaire, ne trouve à s'appliquer dans l'ordre juridique national que dans le cas où la situation juridique dont a à connaître le juge administratif français est régie par le droit communautaire »[53].

43. Cf. *infra*, n° 628.

44. CE, 24 mai 1967, n° 65436, *Dr. fisc.* 1967, n° 27, concl. Schmeltz.

45. CE Ass., 28 juin 2002, *Rec.* n° 232276, *Dr. fisc.* 2002, n° 36, p. 1150, concl. S. Austry, *BDCF* 10/02, p. 13 et s. ; *L'année fiscale* 2003, chron. de fiscalité internationale par B. Castagnède.

46. Ne pas confondre l'avis rendu dans le cadre d'une procédure contentieuse et l'avis donné par la Section des finances du Conseil d'État en dehors de tout contentieux. Le premier a généralement une portée plus importante que le second.

47. Cf. *infra*, n° 988 et s.

48. Avis du 12 avr. 2002, n° 239693, *SA Financière Labeyrie*, *RJF* 6/02, n° 673 ; *BDCF* 6/02, n° 83, concl. F. Séners ; *AJDA*, mai 2002, chron. M. Guyomar et P. Collin ; *L'année fiscale* 2003, et notre chronique de fiscalité européenne.

49. CE, 27 sept. 2006, n° 260050 sect., *Sté Janfin*, *RJF* 12/06, n° 1583 ; concl. L. Olléon 12/06, n° 156.

50. Y. Benard, « Dissuasion à l'anglaise : la double clef de la fraude à la loi », *RJF* 12/06, p. 1083 et s., spéc. p. 1087.

51. Il suffit de lire les conclusions du Commissaire du Gouvernement pour s'en convaincre.

52. Cf. notamment l'arrêt *Halifax* du 21 février 2006, Cas C-255/02, 21 févr. 2006, *Halifax plc, Leeds Permanent Development Services Ltd, County Wide Property Instruments Ltd v. Commissioners of Customs & Excise*, concl. Maduro, *RJF* 5/06, n° 648, *BDCF* 5/06, n° 68. Sur cet arrêt, v. Y. Sérandour, « L'abus de droit selon la Cour de justice », *Dr. fisc.* 2006, n° 16, ét. 16, p. 846 et s. Cf. déjà, en matière non fiscale, l'arrêt *Emsland-Stärke* du 14 déc. 2000, aff. 110/99, *Rec.* p. I-11569.

53. CE, Ass., 24 mars 2006, *KPMG et autres*, n° 288460, *Dr. fisc.* 2006, n° 16, act. 83 ; *AJDA* 2006, p. 1028, chron. C. Landais et F. Lenica. On notera toutefois que la cour administrative d'appel de Paris n'a pas hésité à affirmer que « le principe de sécurité juridique s'oppose à ce que puisse être légalement édictée une disposition qui institue un droit de reprise au profit de l'administration fiscale en excluant, de façon générale et absolue, l'application de toute prescription » (CAA Paris, plén., 13 oct. 2011, n° 099PA01620, *M. Zannier*, *Dr. fisc.* 2012, n° 13, comm. 234, concl. Ph. Blanc ; sur cette décision et plus généralement sur le potentiel fiscal du principe de sécurité juridique, v. S. Austry, « Le principe de

Le caractère créateur de la jurisprudence fiscale n'est pas, en lui-même, plus discutable qu'en d'autres matières. Il pose cependant parfois certaines difficultés, notamment lorsque le Conseil d'État et la Cour de cassation n'ont pas la même appréciation de situations comparables[54]. En matière d'abus de droit, par exemple, il fallut attendre sept ans pour que l'extension du domaine de l'abus de droit réalisé en 1981[55] par le Conseil d'État soit confirmée par la Cour de cassation[56]. En outre, même si les deux juridictions utilisent désormais des critères identiques, leur interprétation n'est pas toujours harmonisée. Un autre exemple spectaculaire peut être trouvé dans le conflit qui oppose la Cour de cassation et le Conseil d'État sur le point de savoir si l'acquisition d'un bien immobilier par un crédit-preneur entraîne la résiliation du bail et corrélativement le transfert des aménagements et constructions réalisés par le preneur dans le patrimoine du bailleur, avant que le preneur n'acquière l'ensemble immobilier aux termes du contrat de vente : la Cour de cassation estime que non et dispense le preneur de tout droit d'enregistrement[57] ; le Conseil d'État juge exactement l'inverse et, considérant que la résiliation anticipée du bail entraîne, un instant de raison, remise des travaux et constructions au bailleur, impose celui-ci en conséquence[58]. Dans la même veine, la Cour de cassation et le Conseil d'État n'ont pas la même analyse (dans la même affaire...) de l'impact de la mise en liquidation d'une filiale d'un groupe intégré en cours d'exercice : du côté du Palais Royal, cet événement n'entraîne pas la sortie du groupe de la filiale[59] ; de l'autre côté de la Seine, c'est l'inverse[60]. En bref, le dualisme juridictionnel en matière fiscale n'est pas sans présenter de substantiels inconvénients au regard de la sécurité juridique. Si l'on ne cédait pas à la tentation d'une transition facile avec ce qui suit, on pourrait légitimement se demander s'il n'y a pas là un problème de constitutionnalité.

§ 4. LA CONSTITUTION

Le contrôle de constitutionnalité, traditionnellement exercé par voie de saisine du Conseil constitutionnel préalable à la promulgation de la loi, a pris un certain essor dans la pratique fiscale depuis qu'il peut être exercé *a posteriori*. Les praticiens, qui n'avaient jadis qu'un intérêt purement théorique à l'étude des problèmes constitutionnels, ont ainsi découvert que, par le moyen de la question prioritaire de constitutionnalité, ils peuvent tenter d'obtenir l'abrogation d'une loi inconstitutionnelle dans le cadre d'un contentieux fiscal noué devant le juge administratif ou judiciaire. Prise de conscience spectaculaire : le rapport public 2018 du Conseil d'État enseigne que le contentieux fiscal devant la juridiction administrative est extrêmement abondant : après avoir

sécurité juridique et le juge de l'impôt : de nouvelles perspectives pour les contribuables ? », *Dr. fisc.* 2012, n° 13, ét. 208 ; E. Joannard-Lardant, « Les principes de sécurité juridique et de confiance légitime en droit fiscal », *Dr. fisc.* 2014, n° 10, *L'année fiscale*, ét. 191).

54. Sur ce sujet, v. F. Martinet et A. Angotti, « Conseil d'État et Cour de cassation, juges de l'impôt : étude comparative », *Dr. fisc.* 2012, n° 42, ét. 480.

55. CE, 10 juin 1981, n° 19079, plén., *Dr. fisc.* 1981, n° 48, comm. 2187, concl. P. Lobry. Cf. déjà CE, 5 nov. 1955 n° 23323, sect. *Dr. fisc.* 1956, n° 1, doctr. p. 5 concl. Boitreaud.

56. Cass. com., 19 avr. 1988, *Bull. civ.* IV, n° 134.

57. Cass. com., 4 déc. 2012, n° 11-25958, *Sté Fuxedis*, *Dr. fisc.* 2013, n° 11, comm. 192, note J.-P. Maublanc. Solution fondée sur le fait que l'acquisition par le preneur entraîne l'extinction par confusion des droits locatifs et de propriété postérieure à la vente du terrain, au sens de l'ancien art. 1300 C. civ. (devenu l'article 1349 à la faveur de la réforme du droit des obligations de 2016).

58. CE, 21 déc. 2007, n° 289807, *min. c. /Rheims*, *RJF* 5/08, n° 559 ; CE, 27 févr. 2013, n° 350663, *Sté Armoricaine d'Entretien Naval (SAEN)*, *Dr. fisc.* 2013, n° 20, comm. 278, concl. N. Escaut, note J.-P. Maublanc (ce dernier arrêt jugeant que l'ancien article 1300 du Code civil ne fait pas échec à l'application du raisonnement opposé en matière fiscale).

59. CE, 10 avr. 2015, n° 371765, *Sté Holco* ; *Dr. fisc.* 2015, n° 29, comm. 477, concl. B. Bohnert.

60. Cass. com., 26 janv. 2010, n° 08-12186, *Sté Holco*. Voir sur ce sujet l'article de C. Le Camus dans *Option Finance*, 1er juin 2015.

décliné entre 2012 et 2015, il représente 50 % des QPC déposés en première instance en 2017 et 53 % de celles déposées en appel[61]. La QPC présente également une importance certaine devant le juge judiciaire (criminel ou fiscal)[62]. Il est donc particulièrement nécessaire pour un ouvrage de droit fiscal des affaires de rappeler, sinon les règles de procédure applicables à la « QPC » (qui sont communes à toutes les branches du droit), du moins quels sont les principes constitutionnels qui permettent de faire éventuellement écarter telle ou telle disposition fiscale.

Dans ce contexte, il importe de souligner que le Conseil constitutionnel exerce parfois un contrôle sur la **forme** même de la loi fiscale, fondé sur le principe de clarté de la loi et l'objectif à valeur constitutionnelle d'intelligibilité et d'accessibilité de la loi : il a ainsi jugé que la loi fiscale, lorsqu'elle atteint un niveau de complexité tel qu'elle devient inintelligible pour le citoyen, peut méconnaître l'article 14 de la Déclaration de 1789 et la garantie des droits consacrée par l'article 16 de la Déclaration[63]. Il suffit de lire de nombreux textes fiscaux pour comprendre la sagesse de cette affirmation, même si elle est modérée par le Conseil lorsqu'il énonce que des motifs d'intérêt général suffisants peuvent justifier la complexité de la loi et qu'en tout état de cause, la méconnaissance de l'objectif d'intelligibilité et d'accessibilité de la loi n'est pas au nombre des moyens qui peuvent être invoqués à l'appui d'une question prioritaire de constitutionnalité[64].

Par ailleurs, le Conseil constitutionnel n'exclut pas de censurer, même dans le cadre d'une question prioritaire de constitutionnalité, certains vices fondamentaux dans la conception de la loi fiscale. Certes, la QPC ne permet de soumettre au Conseil constitutionnel que des questions relatives à des atteintes portées par la loi à des « droits et libertés que la Constitution garantit ». Il s'ensuit que le Conseil constitutionnel ne contrôle pas, dans le cadre de cette procédure, les cas d'incompétence négative du législateur, c'est-à-dire la méconnaissance par celui-ci de l'étendue de ses attributions et la délégation inconstitutionnelle de sa compétence au pouvoir réglementaire. Cette interprétation de l'article 61-1 de la Constitution a été clairement affirmée par le Conseil constitutionnel dans une décision *SNC Kimberly Clark* du 18 juin 2010 à l'occasion d'une affaire où il était soutenu que le troisième alinéa du I de l'article 273 du Code général des impôts devait être déclaré inconstitutionnel en ce qu'il renvoyait à un décret le soin de fixer la date à laquelle peuvent être opérées les déductions en matière de taxe sur la valeur ajoutée. La décision énonce que « la méconnaissance par le législateur de sa propre compétence ne peut être invoquée à l'appui d'une question prioritaire de

61. Rapport public du Conseil d'État 2018, pp. 40 et 44.

62. V. à cet égard E. Pichon, « La QPC devant la chambre criminelle de la Cour de cassation », *Dr. fisc.* 2016, n° 38, ét. 506 ; dans le même numéro, Ph. Mollard, « La question prioritaire de constitutionnalité en matière fiscale devant la chambre commerciale de la Cour de cassation », ét. 507.

63. Cons. const., 29 déc. 2005, n° 2005-530 DC, *RJF* 3/06, n° 290. V. déjà Cons. const., 10 juill. 1985, n° 85-191 DC, *Dr. fisc.* 1985, n° 31, comm. 1418 ; Cons. const., 12 janv. 2002, n° 2001-455 DC, *Rec.* Cons. const. 2002, p. 49. V. encore la décision n° 2083-685 DC du 29 déc. 2013 relative à la loi de finances pour 2014, par laquelle le Conseil a notamment censuré, sur le fondement de l'article 34 de la Constitution, la règle prévoyant l'obligation de déclaration des schémas d'optimisation fiscale (la notion de « schéma d'optimisation » n'étant pas suffisamment définie dans la loi) ou encore l'élargissement de la notion d'abus de droit aux opérations ayant pour motif principal (et non plus pour motif exclusif) de réaliser une économie d'impôt.

64. Cons. const., 22 juill. 2010, n° 2010-4/17 QPC ; CE, 10 sept. 2010, n° 341063, *SCI Benoît du Loroux*, *Dr. fisc.* 2010, n° 40, comm. 518 ; 23 sept. 2013, n° 369684, *Sté Visiocom*, *Dr. fisc.* 2013, n° 46, comm. 513, concl. C. Legras.

constitutionnalité que dans le cas où est affecté un droit ou une liberté que la Constitution garantit ». Or, elle considère de façon générale que les dispositions de l'article 14 de la Déclaration de 1789 et de l'article 34 de la Constitution n'instituent pas un droit ou une liberté qui puisse être invoqué, à l'occasion d'une instance devant une juridiction, à l'appui d'une question prioritaire de constitutionnalité sur le fondement de l'article 61-1 de la Constitution. Toutefois, dans plusieurs décisions ultérieures, le Conseil constitutionnel n'a pas hésité à déclarer inconstitutionnelles, dans le cadre procédural de la QPC, des dispositions définissant une imposition sans déterminer ses modalités de recouvrement, dans la mesure où cette abstention affectait le droit à recours effectif garanti par l'article 16 de la Déclaration de 1789[65].

24 Sur le **fond**, les principes constitutionnels pouvant servir de fondement au contrôle de la loi fiscale sont multiples[66]. Ils intéressent le droit fiscal substantiel ainsi que la procédure et les sanctions fiscales[67]. Pour ne pas alourdir à l'excès le volume du présent ouvrage, on se bornera ici à rappeler les éléments de la jurisprudence constitutionnelle intéressant au premier chef les règles de fond de la fiscalité des affaires, étant précisé que d'autres aspects de la jurisprudence constitutionnelle seront évoqués en même temps que la jurisprudence de la Cour européenne des droits de l'homme[68]. On examinera ainsi le principe d'égalité (1) et l'encadrement jurisprudentiel de la rétroactivité des lois fiscales (2).

1. Le principe d'égalité

25 Le principe de l'égalité se décline en deux formes[69] :

— l'une, non spécifique à la fiscalité, que l'on peut appeler « l'égalité devant la loi ». Le principe résulte de l'article 6 de la Déclaration de 1789 selon lequel la loi « doit être la même pour tous, soit qu'elle protège, soit qu'elle punisse » ;

65. Cons. const., 28 mars 2013, n° 2012-298 QPC, *SARL Majestic Champagne*, *Dr. fisc.* 2013, n° 22, comm. 302, note Ch. de la Mardière (décision relative à la taxe additionnelle à la contribution sur la valeur ajoutée des entreprises) ; Cons. const., 27 oct. 2013, n° 2013-351 QPC, *Sté Boulanger* (décision relative à la taxe locale sur la publicité extérieure dans sa rédaction antérieure au 28 déc. 2011). Les « modalités de recouvrement » sont entendues largement comme « les règles régissant le contrôle, le recouvrement, le contentieux, les garanties et les sanctions applicables » à l'imposition.

66. Pour une description d'ensemble, cf. E. de Crouy-Chanel, « Le Conseil constitutionnel mobilise-t-il d'autres principes constitutionnels que l'égalité en matière fiscale ? », *Les nouveaux cahiers du Conseil constitutionnel*, n° 33, 2011, p. 16 et s. V. également E. Bokdam-Tognetti, « QPC et contentieux fiscal : bientôt quatre années d'enrichissement mutuel et d'évolution sans révolution », *RJF* 12/13, p. 979 et s. ; C. Roulhac, *L'apport de la question prioritaire de constitutionnalité en matière fiscale*, *Dr. fisc.* 2017, n° 51-52, 586.

67. V. sur ce dernier point D. Gutmann, « Sanctions fiscales et Constitution », *Les nouveaux cahiers du Conseil constitutionnel*, n° 33, 2011, p. 41 et s.

68. Cf. notamment *infra*, n° 41 et s.

69. Sur le principe d'égalité, cf. B. Castagnède, « Le contrôle constitutionnel d'égalité fiscale », *LPA*, 1er mai 2001, n° 86, p. 4 ; L. Fonbaustier, « Réflexions critiques sur un principe à texture ouverte : l'égalité devant l'impôt », *Archives de Philosophie du Droit* 46 (2002), p. 79 et s. ; D. Ribes, « Le principe constitutionnel d'égalité fiscale », *Revue juridique de l'économie politique*, févr. 2008, p. 3 et s. ; E. Meier et G.-H. Boucheron, « Les droits et libertés constitutionnels en matière fiscale », *Dr. fisc.* 2010, n° 12, comm. 242, p. 18 et s. ; O. Fouquet, « Le Conseil constitutionnel et le principe d'égalité devant l'impôt », *Les nouveaux cahiers du Conseil constitutionnel*, n° 33, 2011, p. 7 et s. ; L. Fériel, « Le législateur et le principe d'égalité devant les charges publiques », *Dr. fisc.* 2013, n° 22, ét. 299.

— l'autre, spécifique à la matière fiscale, qui trouve son fondement dans l'article 13 de la Déclaration des droits de l'homme et du citoyen, lequel énonce que « pour l'entretien de la force publique, et pour les dépenses d'administration, une contribution commune est indispensable : elle doit être *également répartie* entre tous les citoyens, *en raison de leurs facultés* ». L'article 13, souvent rangé derrière la notion large d'égalité devant les charges publiques, recèle deux idées essentielles : celle selon laquelle l'impôt doit être prélevé de façon égalitaire, et celle selon laquelle le prélèvement doit respecter les facultés contributives de chacun.

La frontière entre les deux formes du principe d'égalité n'est pas perméable et le Conseil constitutionnel lui-même n'hésite pas à « faire masse du principe d'égalité dans ses deux branches d'égalité devant la loi et d'égalité devant les charges publiques »[70]. Pour les besoins de la pédagogie, elle peut néanmoins servir de base aux développements qui suivent. Il est en outre précisé que la jurisprudence du Conseil constitutionnel est d'ores et déjà si riche qu'il est impossible de la présenter en détail. On se limitera ici à restituer l'architecture des raisonnements qu'il faut conserver à l'esprit.

a) Le principe d'égalité au sens de l'article 6 de la Déclaration des droits de l'homme et du citoyen

26 Le principe d'égalité devant la loi signifie que deux contribuables placés dans une situation identique doivent en principe être traités de façon identique. Toutefois, ce principe n'est pas absolu. Il est en effet possible pour le législateur de déroger au principe d'égalité pour des raisons d'intérêt général pourvu que la différence de traitement qui en résulte soit en rapport avec l'objet de la loi[71].

α) La signification du principe d'égalité

27 Le principe d'égalité devant la loi signifie, comme on vient de le voir, que deux personnes placées dans une situation identique doivent être traitées de la même manière. Il ne signifie pas, en revanche, que deux personnes placées dans une situation différente doivent être traitées de façon différente[72]. Sur ce point, la jurisprudence constitutionnelle française diffère traditionnellement de celle de la Cour européenne des droits de l'homme. Celle-ci considère en effet que « le droit de jouir des droits garantis par la Convention sans être soumis à discrimination est également transgressé lorsque, sans justification objective et raisonnable, les États n'appliquent pas un traitement différent à des personnes dont les situations sont sensiblement différentes »[73]. Cette différence d'approche est d'autant plus intéressante que les stipulations combinées de l'article 14 de la Convention et de son premier protocole additionnel (prévoyant le droit à la protection des biens) peuvent être utilement invoquées devant le juge

70. Formule utilisée par les *Cahiers du Conseil constitutionnel*, n° 30, concernant le commentaire de la décision n° 2010-24 QPC du 6 août 2010 (en ligne sur le site internet du Conseil constitutionnel).

71. Selon la formule consacrée en maintes circonstances, « le principe d'égalité ne s'oppose ni à ce que le législateur règle de façon différente des situations différentes, ni à ce qu'il déroge à l'égalité pour des raisons d'intérêt général pourvu que, dans l'un et l'autre cas, la différence de traitement qui en résulte soit en rapport direct avec l'objet de la loi qui l'établit » (cf. par ex. Cons. const., 27 déc. 2002, n° 2002-464 DC, cons. 30 ; 14 août 2003, n° 2003-483 DC, cons. 23).

72. Cons. const., 29 déc. 2003, n° 2003-489 DC ; Cons. const., 13 déc. 2007, n° 2007-558.

73. Cour EDH, 6 avr. 2000, *Thlimmenos c/ Grèce*, req. n° 34369/97, § 44.

administratif pour soutenir que la loi fiscale serait à l'origine de discriminations injustifiées entre contribuables[74]. Il semble toutefois que le Conseil constitutionnel ait pour l'instant décidé de maintenir sa jurisprudence sur ce point[75].

β) Les dérogations aux principes d'égalité

28 Le Conseil constitutionnel admet qu'il soit dérogé au principe d'égalité lorsqu'il existe un motif d'intérêt général le justifiant. En matière fiscale, ce motif peut être la lutte contre la fraude fiscale[76] ou le risque d'évasion fiscale[77] voire d'optimisation fiscale[78], à la condition toutefois, semble-t-il, que la loi réserve au contribuable la possibilité de prouver qu'il n'a pas commis d'acte ayant pour objectif d'éluder l'impôt[79].

On observera qu'il existe sur ce sujet un flou terminologique assez consternant. Le Conseil constitutionnel lui-même y perd son latin et se perd en affirmations contradictoires sur la nature des objectifs qu'il faut assigner à la loi fiscale : alors qu'il affirmait dans une décision nº 2012-661 DC du 29 décembre 2012 (considérant nº 19) que le souci de mettre fin à des pratiques « d'optimisation fiscale » justifie

74. Avis du 12 avr. 2002, nº 239693, *SA Financière Labeyrie*, *RJF* 6/02, nº 673 ; *BDCF* 6/02, nº 83, concl. F. Séners ; *AJDA*, mai 2002, chron. M. Guyomar et P. Collin ; *L'année fiscale* 2003, p. 363 et s., et notre chronique de fiscalité européenne ; CE 10 août 2005 nº 259741, *Sarteur*, *RJF* 11/05 nº 1305, concl. L. Vallée *BDCF* 11/05 nº 141.

75. Cons. const., 6 août 2010, 2010-24 QPC ; Cons. const., 20 janv. 2011, nº 2010-624 DC.

76. Cons. const., 29 déc. 1989, nº 83-164 DC, *Dr. fisc.* 1984, nº 2-3, comm. 49 ; Cons. const., 23 juill. 2010, nº 2010-16 QPC ; Cons. const., 16 sept. 2011, nº 2011-165 QPC, *Sté Heatherbrae Ltd.* Pour une réflexion plus générale sur les mesures anti-évasion, v. T. Pons, « Les mesures contre l'évasion fiscale internationale et la Constitution », *BF* 1/12, p. 5 et s. ; C. Raquin, « Le contrôle des juges de la constitutionnalité et de la conventionnalité sur les dispositifs de prévention de l'évasion fiscale internationale », *RJF* 4/12, p. 229 et s.

77. Cons. const., 20 déc. 1989, nº 89-268 DC ; Cons. const., 26 nov. 2010, nº 2010-70 QPC, *Dr. fisc.* 2011, nº 6, comm. 209, note F. Dieu ; *RJF* 2/11, nº 210 (à propos de l'article 155 A du CGI, déclaré conforme à la Constitution sous réserve toutefois qu'il ne conduise pas à ce qu'un contribuable soit assujetti à une double imposition au titre d'un même impôt) ; Cons. const., 16 sept. 2011, nº 2011-165 QPC (à propos de la taxe de 3 % sur les immeubles détenus par certaines personnes morales, art. 990 D et s. CGI).

78. Déc. nº 2015-473 QPC du 26 juin 2015, admettant qu'un motif « d'intérêt général tendant à éviter l'optimisation fiscale » puisse justifier une différence de traitement entre contribuables.

79. Voir sur ce point la décision nº 2014-437 QPC du 20 janv. 2015 où le Conseil constitutionnel a formulé une réserve d'interprétation au sujet des articles 219 I a-*sexies*, 0 *ter* et 145, 6, j) du CGI (relatifs respectivement à l'éligibilité au régime mère-fille des dividendes versés par des sociétés établies dans des États ou territoires non coopératifs et à l'exonération des plus-values de cession de titres de participation dans ces mêmes sociétés). Il est difficile à la lecture de cette décision de savoir s'il s'agissait seulement de constater une inégalité de traitement de contribuables se trouvant dans cette situation par rapport à d'autres contribuables placés dans des situations comparables (d'autres dispositions du CGI relatives aux flux à destination ou en provenance de tels États prévoyant une clause de sauvegarde pour les contribuables de bonne foi), ou si l'on peut lire dans cette décision une sorte de principe de proportionnalité « à l'européenne » imposant au législateur de ne sanctionner l'abus que sous réserve de la possibilité pour le contribuable de démontrer qu'il ne s'est pas livré à un montage frauduleux. Le commentaire de la décision aux *Cahiers du Conseil constitutionnel* semble confirmer la pertinence de cette seconde interprétation en replaçant la décision dans le cadre de la jurisprudence constitutionnelle relative au contrôle des présomptions irréfragables. Voir aussi sur cette décision la note de P. Kouraleva-Cazals, *Dr. fisc.* 2015, nº 12, comm. 223 et les décisions suivantes reposant sur le même principe : déc. nº 2016-598 QPC du 25 nov. 2016 (à propos de la retenue à la source sur les produits distribués dans un État ou territoire non coopératif) ; déc. nº 2016-614 QPC du 1er mars 2017 et nº 2017-659 QPC du 6 oct. 2017 (à propos de deux versions successives de l'article 123 *bis* du CGI). Le Conseil se montre toutefois soucieux de limiter l'impact de cette jurisprudence et, pour en cantonner la portée, distingue désormais entre les règles anti-abus (susceptibles de contrôle constitutionnel sur le terrain de la proportionnalité) et les règles visant à éviter un cumul d'avantages fiscaux (cf. la décision nº 2018-701 QPC du 20 avril 2018 sur laquelle v. *infra*, nº 352).

qu'une nouvelle mesure présente un caractère rétroactif, voici qu'en 2013, il censure la mesure prévoyant une déclaration des « schémas d'optimisation fiscale », le commentaire aux *Cahiers* venant préciser que « tout contribuable peut légitimement être amené à chercher à minorer sa charge fiscale et tout avocat fiscaliste cherche à minorer la charge fiscale de ses clients, sans que cette démarche soit constitutive d'une fraude »[80]. Mais en 2015, comme on l'a vu au paragraphe précédent, le Conseil admet de nouveau que la lutte contre l'optimisation fiscale procède d'un intérêt général.

Une dérogation au principe d'égalité peut également se justifier par des raisons d'ordre économique telles, par exemple, que la volonté de favoriser la transmission d'entreprises dans des conditions permettant d'assurer la stabilité de l'actionnariat et la pérennité de l'entreprise[81]. La fiscalité étant un outil essentiel de la politique économique, le législateur est donc autorisé à adopter des régimes de faveur ou inversement des impôts particuliers pour les opérateurs économiques agissant dans certains secteurs ou réalisant certaines opérations.

29 Encore faut-il, toutefois, que les différences de traitement instituées par le législateur soient en rapport avec l'objet de la loi. Selon les termes du Conseil constitutionnel, « le principe d'égalité ne fait pas obstacle à ce que soient établies des impositions spécifiques ayant pour objet d'inciter les redevables à adopter des comportements conformes à des objectifs d'intérêt général, pourvu que les règles qu'il fixe à cet effet soient justifiées au regard desdits objectifs »[82]. Un exemple spectaculaire de censure du législateur par le Conseil constitutionnel peut être trouvé dans la décision relative à la taxe carbone – même s'il existait des précédents dans le même sens – dans laquelle le Conseil, tout en reconnaissant que l'objectif de lutter contre le réchauffement de la planète constitue un motif d'intérêt général justifiant une exception au principe d'égalité, estime que le fait d'instituer une taxe tout en exemptant 93 % des émissions de dioxyde de carbone d'origine industrielle, hors carburant, crée une rupture caractérisée de l'égalité devant les charges publiques[83].

30 On peut rapprocher de ce type de contrôle, fondé sur l'examen de l'objet de la loi, une autre forme de contrôle exercé par le Conseil constitutionnel, reposant sur la vérification des « critères objectifs et rationnels » justifiant les différences de traitement édictées par le législateur. Ainsi, s'il est légitime pour le législateur de vouloir lutter contre la fraude et l'évasion fiscale, encore faut-il qu'il retienne des critères rationnels pour déterminer le revenu imposable : c'est pourquoi le Conseil constitutionnel a censuré partiellement le dispositif existant à l'article 168 du Code général des impôts relatif à l'imposition du revenu d'après les signes extérieurs de richesse. Ce texte majorait de 50 % la somme forfaitaire déterminée en application d'un barème censé refléter le niveau de vie : or, « en ne se fondant plus sur le barème [...] pour évaluer la base d'imposition dès lors qu'un certain nombre des éléments de train de vie utilisés pour définir l'assiette est dépassé, le législateur a retenu un critère qui n'est ni objectif ni rationnel »[84].

80. Commentaire aux *Cahiers du Conseil constitutionnel* de la décision n° 2013-685 DC du 29 déc. 2013, p. 29.

81. Cons. const., 31 juill. 2003, n° 2003-477 DC, *Dr. fisc.* 2003, n° 39, comm. 661. Décision rendue au sujet de la loi du 1er août 2003 (dite loi « Dutreil ») dont on reparlera plus tard (cf. *infra*, n° 961).

82. Déc. 2009-599 DC préc. Jurisprudence constante.

83. *Ibid.*

84. Cons. const., 21 janv. 2011, n° 2010-88 QPC, *Dr. fisc.* 2011, n° 7-8, comm. 219, note M. PELLETIER. V. aussi les obs. d'O. FOUQUET, « Article 168 du CGI : la preuve contraire, enfin ! », *Dr. fisc.* 2011, n° 4, act. 30.

De même, l'introduction par le législateur de régimes de faveur pour certains contribuables doit reposer sur des critères objectifs et rationnels. Le Conseil constitutionnel a par exemple affirmé que « si le principe d'égalité ne fait pas obstacle à ce que le législateur décide de favoriser par l'octroi d'avantages fiscaux la transmission de certains biens, c'est à la condition que celui-ci fonde son appréciation sur des critères objectifs et rationnels en fonction des buts qu'il se propose »[85]. Le même raisonnement s'impose en cas de régime aggravant le sort de certains contribuables. À titre d'exemple, une décision relative à la loi de finances pour 2010 a relevé l'inexistence de « critères objectifs et rationnels » pour censurer la disposition qui prévoyait que les titulaires de bénéfices non commerciaux employant moins de cinq salariés seraient assujettis à la contribution économique territoriale sur une base comprenant une fraction de leurs recettes, au contraire de ceux employant un nombre supérieur de salariés[86].

b) Le principe d'égalité découlant de l'article 13 de la Déclaration des droits de l'homme et du citoyen

31 Comme on l'a vu plus haut, la formulation du principe d'égalité par l'article 13 de la Déclaration contient deux idées : celle d'une répartition égalitaire de la charge fiscale et celle du respect des capacités contributives. Les deux idées sont liées : comme l'énonce le Conseil constitutionnel, « il appartient au législateur de déterminer, dans le respect des principes constitutionnels et compte tenu des caractéristiques de chaque impôt, les règles selon lesquelles doivent être appréciées les facultés contributives ; [...] cette appréciation ne doit cependant pas entraîner de rupture caractérisée de l'égalité devant les charges publiques »[87].

32 Les conséquences qu'il convient de tirer du principe de respect des capacités contributives sont relativement ambiguës. Les enjeux en sont pourtant considérables, surtout quand on relève l'importance qu'a pris avec le temps ce principe dans la jurisprudence constitutionnelle de certains États étrangers[88]. À titre d'exemple, le principe de respect des capacités contributives est considéré en Italie comme justifiant des règles aussi diverses que l'exonération de la fraction du revenu correspondant à la satisfaction des besoins vitaux, la prise en considération des charges de famille dans la détermination du revenu

85. Cons. const., 28 déc. 1995, n° 95-369 DC (décision relative à l'abattement de 50 % institué sur les mutations à titre gratuit de biens professionnels). Sur le devenir du dispositif envisagé en 1995, cf. *infra*, n° 961.

86. Cons. const., 29 déc. 2009, préc. Autre exemple de censure d'une disposition alourdissant sans motif légitime le sort de certaines entreprises : Cons. const., 14 oct. 2010, n° 2010-52 QPC (à propos de la soumission de la Compagnie agricole de la Crau à un prélèvement supplémentaire de 25 % en application d'une loi de 1941, créant de ce fait une différence de traitement injustifiée avec les autres sociétés agricoles) ; Cons. const., 18 oct. 2010, n° 2010-57 QPC (à propos de la soumission à la taxe générale sur les activités polluantes d'exploitants d'installations de stockage de déchets ménagers recevant, parmi d'autres déchets, des déchets inertes, alors qu'étaient exonérés les exploitants d'installations de stockage spécifiquement destinées à accueillir des déchets inertes).

87. Cons. const., 28 déc. 2000, n° 2000-442 DC ; Cons. const., 23 juill. 2010, n° 2010-160 QPC.

88. Le principe de capacité contributive joue notamment un rôle fondamental dans les droits constitutionnels allemand et italien, sur lesquels cf. respectivement K. TIPKE et J. LANG, *Steuerrecht*, 17e éd., 2002, § 213, et G. FALSITTA, *Manuale di diritto tributario, Parte generale*, 6e éd., 2008, Cedam, Padoue, p. 148 et s. (et les références citées). Une liste de références utiles pour d'autres États peut être trouvée dans J. LANG, "The influence of tax principles on the taxation of income from capital", *in* P. ESSERS et A. RIJKERS (dir.), *The notion of income from capital,* IBFD, EATLP International Tax Series, 2005, p. 3 et s., spéc. p. 5-6 et p. 10-11. En France, cf. pour une intéressante réflexion théorique sur la capacité contributive, M. BOUVIER, « La notion de capacité contributive des contribuables dans la société post-moderne », *RFFP*, n° 100, nov. 1997.

imposable ou la validité de principe de la règle prohibant l'abus de droit. On peut encore tirer de ce principe l'interdiction des présomptions irréfragables et des forfaits intangibles en matière de détermination de l'assiette de l'impôt[89], ou même l'inconstitutionnalité de la règle consistant à imposer systématiquement le mari et l'épouse sur une assiette commune, alors que l'un des époux peut ne pas avoir la possibilité de disposer du revenu réalisé par l'autre. En Allemagne, le principe de respect des capacités contributives produit également un effet direct en matière de fiscalité des sociétés : c'est ainsi, par exemple, que l'on justifie l'impossibilité de principe d'imposer le bénéfice sans tenir compte des charges y afférentes ou encore la nécessité de reporter en avant les déficits des sociétés de capitaux.

33 En France, la jurisprudence relative à ce principe n'est pas inexistante mais n'aboutit que rarement à une décision de censure car le Conseil constitutionnel entend laisser au législateur une large marge d'appréciation en la matière : selon ses mots, « le Conseil constitutionnel n'a pas un pouvoir général d'appréciation et de décision de même nature que celui du Parlement ; [...] il ne saurait rechercher si les objectifs que s'est assigné le législateur auraient pu être atteint par d'autres voies, dès lors que les modalités retenues par la loi ne sont pas manifestement inappropriées à l'objectif visé ». C'est sur la base de ce raisonnement qu'il a estimé, par exemple, que la taxe sur les salaires devait être validée. Alors qu'il était soutenu devant lui que le mode de détermination de l'assiette ressortissait d'un choix purement arbitraire du législateur qui ne permettait pas de prendre en compte la capacité contributive réelle des assujettis, le Conseil a estimé « qu'en retenant la masse salariale des entreprises comme critère de capacité contributive, le législateur n'a commis aucune erreur manifeste d'appréciation »[90]. De même, le Conseil d'État a considéré que la contribution de 3 % mise à la charge des sociétés de capitaux qui distribuent des dividendes à leurs actionnaires ne portait pas atteinte à la capacité contributive des premières, même lorsqu'elles sont déficitaires car « aucun principe constitutionnel n'interdit qu'une imposition soit établie lorsqu'une société est en situation déficitaire, ni n'impose que l'assiette d'une imposition soit limitée au bénéfice d'une société »[91]. Le Conseil d'État a également refusé de transmettre au Conseil constitutionnel une question prioritaire de constitutionnalité relative à l'article 235 *ter* ZAA du CGI qui prévoyait une contribution exceptionnelle de 5 % (puis de 10,7 %) à l'IS pour les grandes entreprises[92].

34 Les conséquences du principe de respect des capacités contributives sont multiples[93]. Le Conseil constitutionnel a ainsi admis que le principe de respect des capacités contributives implique que plus les capacités contributives sont élevées, plus la charge fiscale doit être lourde. C'est sur la base de ce raisonnement que le Conseil constitutionnel a consacré le principe de progressivité de l'imposition du revenu des personnes physiques[94]. Le Conseil a également considéré que l'imposition des plus-

89. Comparer, en France, avec ce qui semble résulter de la décision du 21 janv. 2011 (n° 2010-88 QPC) où le Conseil constitutionnel reconnaît que l'article 168 du CGI sur la taxation d'après les signes extérieurs de richesse ne saurait « faire obstacle à ce que le contribuable soumis à la procédure de l'article 168 puisse être mis à même de prouver que le financement des éléments de patrimoine qu'il détient n'implique pas la possession des revenus forfaitairement ».

90. Cons. const., 17 sept. 2010, n° 2010-28 QPC.

91. CE, 27 juin 2016, n° 398585, *Sté Apsis*, *Dr. fisc.* 2016, n° 27, comm. 397, concl. N. Escaut.

92. CE, 29 mars 2017, n° 402162, *Sté Deutsche Industriebank*, *Dr. fisc.* 2017, n° 17, comm. 288, concl. E. Crépey.

93. Pour une réflexion sur son rôle en matière de fiscalité des entreprises, v. M. Collet, E. Crépey et S. Robert, Capacité contributive de l'entreprise et imposition confiscatoire, *Dr. fisc.* 2015, n° 39, ét. 583.

94. Cons. const., 28 déc. 1990, n° 90-285 DC ; plus clairement, Cons. const., 21 juin 1993, n° 93-320 DC, cons. 32 ; Cons. const., 20 mars 1997, n° 97-388 DC. Pour une intéressante réflexion sur la question et

values immobilières (sur des terrains à bâtir), quel que soit le délai écoulé depuis la date d'acquisition des biens ou droits immobiliers cédés et sans que soit prise en compte l'érosion de la valeur de la monnaie ni que soit applicable aucun abattement sur le montant de la plus-value brute, conduit à déterminer l'assiette de ces taxes dans des conditions qui méconnaissent l'exigence de prise en compte des facultés contributives des contribuables intéressés[95]. Dans la même décision, mais cette fois-ci au sujet du plafonnement de l'ISF, il a également rappelé « qu'en intégrant, dans le revenu du contribuable pour le calcul du plafonnement de l'impôt de solidarité sur la fortune et de la totalité des impôts dus au titre des revenus, des sommes qui ne correspondent pas à des bénéfices ou revenus que le contribuable a réalisés ou dont il a disposé au cours de la même année, le législateur a fondé son appréciation sur des critères qui méconnaissent l'exigence de prise en compte des facultés contributives »[96].

Enfin, le Conseil a posé une importante limite à l'augmentation de la charge fiscale en fonction des capacités contributives, à savoir l'interdiction de l'impôt confiscatoire[97]. Le Conseil constitutionnel considère en effet que l'exigence, posée par l'article 13 de la Déclaration de 1789, d'une contribution commune des citoyens également répartie entre tous en raison de leurs facultés ne serait pas respectée si l'impôt revêtait un caractère confiscatoire ou faisait peser sur une catégorie de contribuables une charge excessive au regard de leurs facultés contributives[98]. Le souci d'éviter que l'impôt ne devienne confiscatoire révèle la tension entre le principe énoncé par l'article 13 et le principe, constitutionnel lui aussi, du respect du droit de propriété. Il existe ainsi des contraintes objectives à l'intensité du prélèvement fiscal. À cet égard, on peut rappeler que le défunt « bouclier fiscal » institué par la loi de finances pour 2006 à l'article 1er du Code général des impôts était présenté par ses auteurs comme le moyen de protéger le principe constitutionnel du droit de propriété[99]. Il a d'ailleurs été validé par le Conseil constitutionnel qui estima que « loin de méconnaître l'égalité devant l'impôt, [il tendait] à éviter une rupture caractérisée de l'égalité devant les charges publiques »[100].

Comment, dans ces conditions, apprécier si un impôt présente un caractère confiscatoire ? On trouve quelques règles de méthode pour répondre à cette question dans la décision n° 2012-662 DC du 29 décembre 2012 qui s'est rendue célèbre pour avoir censuré le projet d'introduire une taxe ayant pour effet d'introduire un taux marginal d'imposition de 75 % sur les très hauts revenus, ainsi d'ailleurs que d'autres dispositions du projet de loi de finances pour 2013 relative aux « retraites chapeau » ou aux *stock-options*. Premier point essentiel : pour apprécier l'effet confiscatoire d'une règle fiscale, il faut la replacer dans son contexte. Il faut ainsi la combiner avec d'autres règles d'imposition, et c'est

d'utiles références bibliographiques, cf. M. Tirard, « Pour une autre approche du principe de progressivité de l'impôt, À propos de la loi TEPA », *Dr. fisc.* 2009, n° 47, ét. 545.

95. Cons. const., 29 déc. 2013, n° 2013-685 DC (loi de finances pour 2014), cons. 46.

96. Déc. préc., cons. 12. Le Conseil a ainsi censuré la réforme qui prévoyait d'intégrer dans les revenus pris en compte pour le calcul du plafonnement de l'impôt de solidarité sur la fortune et des impôts sur le revenu certains revenus des bons ou contrats de capitalisation et des placements de même nature, notamment des contrats d'assurance-vie, alors que ces sommes ne correspondent pas à des bénéfices ou revenus que le contribuable a réalisés ou dont il a disposé au cours de la même année.

97. V. à ce sujet D. Larbre, « Le caractère confiscatoire de l'impôt », *Dr. fisc.* 2012, n° 20, ét. 291 ; F. Pezet, « Le caractère confiscatoire de l'impôt et les exigences constitutionnelles françaises », *Dr. fisc.* 2013, n° 22, ét. 300.

98. Cons. const., 29 déc. 2005, n° 2005-530 DC, *RJF* 3/06, n° 290. Sur l'impact des principes constitutionnels en matière d'ISF et d'IFI, cf. *infra*, n° 941.

99. Cf. en ce sens le rapport établi par le Sénateur Marini lors des travaux préparatoires (*Doc. Sénat* 2005-2006, n° 99, p. 35 et s.).

100. Cons. const., 29 déc. 2005, préc.

l'ensemble du dispositif qui peut aboutir à assujettir un contribuable à l'impôt au-delà du raisonnable. Deuxième maxime de méthode dans la jurisprudence constitutionnelle : il n'existe pas de seuil absolu à partir duquel un taux d'imposition devient confiscatoire. La décision du 29 décembre 2012 en est une illustration spectaculaire, comme en témoignent les quelques constats suivants : pour les retraites « chapeau », le taux de 75 % est jugé confiscatoire ; pour les avantages tirés de l'exercice d'une option de souscription ou d'achat d'actions ou de l'acquisition d'actions gratuites, l'effet confiscatoire se vérifie dès 68,2 % ; mais pour les titulaires de bons anonymes, le Conseil constitutionnel, tout en censurant la réforme qui porte le montant global des prélèvements à 90,5 %, a laissé subsister l'état du droit antérieur dans lequel les titulaires sont imposés au moyen d'un prélèvement forfaitaire de 60 % augmenté de 15,5 % de prélèvements sociaux, soit un total de 75,5 % (qui a même augmenté depuis le passage des prélèvements sociaux à 17,2 %) !

Le Conseil constitutionnel se contredirait-il lui-même ? Cela n'est pas certain. Le taux de 68,2 % applicable aux gains tirés de *stock-options* et actions gratuites se serait appliqué dès le premier euro dès lors qu'un contribuable célibataire aurait perçu 150 000 € de revenu par ailleurs ; les taux de 75,04 % ou de 75,34 %, pour les retraites « chapeau », ne se seraient pas appliqués dès le premier euro de rente perçue, mais seulement au-delà d'un certain seuil (pour des rentes dépassant 24 000 € par mois). Il y a donc une certaine logique dans le fait de considérer différemment le caractère confiscatoire des taux selon que ceux-ci sont applicables à l'intégralité d'un élément de revenu ou seulement à sa fraction marginale. Quant au taux de 75,5 %, qui demeure de droit positif pour les bons anonymes, on peut penser que son taux extrêmement élevé s'explique par l'objectif, constitutionnel lui aussi, de lutte contre la fraude et l'évasion fiscale. Comme on peut le constater, le taux magique de l'impôt confiscatoire n'existe pas. On peut seulement constater qu'en l'état actuel de la jurisprudence, un système confiscatoire prélevant dès le premier euro 64,5 % (taux cumulé des prélèvements sur les revenus du capital en l'état du droit postérieur à la loi de finances pour 2013) est conforme à la Constitution, tandis que le taux de 68,2 % ne l'est plus. Quant à une imposition marginale, le raisonnement fait pour les retraites « chapeau » montre qu'elle ne saurait atteindre 75 %. Le législateur dispose donc d'un peu plus de souplesse pour fixer les taux marginaux que pour établir ceux applicables au premier euro. Le Conseil d'État a pour sa part estimé, sur saisine par le Gouvernement, que la modification du barème de l'impôt sur le revenu ou de la contribution exceptionnelle sur les hauts revenus ne saurait porter, sans risque de censure par le juge constitutionnel, le taux marginal maximal d'imposition au-delà des deux tiers[101].

Conclusion relative au principe d'égalité

Il convient de souligner, en conclusion de ces développements relatifs au principe d'égalité, que les virtualités offertes par le droit constitutionnel sont considérables. Le contrôle de la loi interne au regard de la Constitution est certes classique, mais l'évolution de la jurisprudence démontre que les juges suprêmes ont su faire preuve d'une grande audace dans l'interprétation de l'exigence d'égalité. En témoigne en particulier l'affaire *Metro Holding*, où les décisions rendues successivement par le Conseil d'État[102] et le Conseil constitutionnel[103] ont permis de faire apparaître que la contrariété d'une règle interne avec une directive est susceptible, par ricochet, de faire apparaître

101. CE, sect. fin., avis, 21 mars 2013, *Dr. fisc.* 2013, n° 13, comm. 188.

102. CE, 12 nov. 2015, n° 367256.

103. Cons. const., déc. n° 2015-520 QPC du 3 févr. 2016. Sur le contentieux *Metro Holding*, v. *Dr. fisc.* 2016, n° 12, comm. 241, note E. Meier et M. Valeteau. V. également O. Fouquet, « La discrimination à rebours franco-européenne sanctionnée. À propos de Cons. const., 3 févr. 2016, *Sté Metro Holding* », *in Dr. fisc.* 2016, n° 6, act. 74 ; G. Blanluet, « Discrimination à rebours : le droit interne à l'épreuve du droit de l'Union européenne. À propos de Cons. const., 3 févr. 2016, n° 2015-520 QPC, *Sté Metro Holding* », *Dr. fisc.* 2016, n° 12, 233 ; S. Austry et D. Gutmann, « Discrimination par ricochet et principe d'égalité : jusqu'où peut aller la jurisprudence *Metro Holding* ? » *in RJF* 4/16, p. 418 ; E. Raingeard de la Blétière et Ph. Durand, « Affaire *Metro Holding* : le principe constitutionnel d'égalité devant l'impôt au secours de la jurisprudence *Leur Bloem* », *Dr. fisc.* 2016, n° 18-19, comm. 309 ; E. Crépey, « Réflexions sur la jurisprudence *Metro Holding* », *Dr. adm.* 2016, n° 7, alerte 80 ; A. Maitrot de la Motte, « L'extension des régimes fiscaux européens aux situations originellement exclues de leur champ : vers l'élimination

une discrimination contraire au principe d'égalité. Sans rentrer dans le détail de l'affaire qui sera étudié plus loin[104], il suffit à ce stade de présenter l'épure du raisonnement : supposons qu'une règle interne prévoie que certaines situations (internes et transfrontalières) font l'objet d'un certain traitement fiscal (par hypothèse peu favorable) ; supposons que cette règle apparaisse contraire à une directive fiscale[105] plus clémente, si bien que dans une situation transfrontalière entrant dans le champ de la directive, elle doive être écartée ; de ce constat découle que les situations transfrontalières sont mieux traitées que les situations purement internes. En pareil cas, le Conseil constitutionnel a reconnu que cette différence de traitement peut être tenue pour contraire aux principes d'égalité devant l'impôt et devant les charges publiques dès l'instant que les deux situations concernées sont comparables[106]. Splendide illustration de l'articulation complexe entre droit de l'Union européenne et droit constitutionnel, qui ne manque pas d'ouvrir certains horizons à des plaideurs qui, pour faire écarter une règle de droit dans une situation factuelle purement interne, peuvent avoir intérêt à soutenir la contrariété de la règle au droit de l'Union européenne. D'un point de vue procédural, il en résulte une difficulté particulière dans l'hypothèse où la règle interne est contestée par la voie d'une question prioritaire de constitutionnalité : à qui appartient-il de saisir la CJUE de la contrariété au droit de l'Union ? Au juge administratif ? Au juge constitutionnel ? Le Conseil d'État a tranché dans une décision d'assemblée du 31 mai 2016[107] d'où ressort que « lorsque l'interprétation ou l'appréciation de la validité d'une disposition du droit de l'Union européenne détermine la réponse à la question prioritaire de constitutionnalité, il appartient au Conseil d'État de saisir sans délai la Cour de justice de l'Union européenne ». Il incombe donc au Conseil d'État, dans une situation de ce type, de considérer qu'en l'état la QPC ne présente pas un caractère sérieux et de ne pas la

des discriminations européennes par le principe constitutionnel d'égalité corrélative ? », *Dr. fisc.* 2016, n° 37, ét. 475.

104. Cf. *infra*, n° 314.

105. Une directive : la précision est importante car ce raisonnement ne fonctionne pas en cas de contrariété d'une règle française à une liberté fondamentale (v. à ce sujet CE, 27 juin 2016, *Sté Apsis*, n° 398585, *Dr. fisc.* 2016, n° 27, comm. 397, concl. N. Escaut).

106. Comparabilité qui n'est pas toujours acquise. La tentative d'extension du raisonnement « Metro Holding » a parfois échoué, comme en témoigne la décision du Conseil constitutionnel du 9 mars 2017 (n° 2016-615 QPC, *Dr. fisc.* 2017, n° 12, aperçu rapide n° 176 de X. Cabannes) en matière de prélèvements sociaux applicables aux personnes affiliées à des régimes de Sécurité sociale étrangers. Au-delà de ce cas, les situations intra-communautaires ne sont pas toujours jugées comparables à celles mettant en jeu un État tiers : cf. en matière de crédit d'impôt recherche le refus du Conseil d'État de transmettre une QPC relative à la différence de traitement entre dépenses de recherches réalisées en France ou dans l'UE et dépenses de recherches réalisées à l'extérieur de cet espace : CE, 26 juin 2017, n° 410437, *SAS PalmElit*, *Dr. fisc.* 2017, n° 28, 396, concl. E. Bodkam-Tognetti. La lecture des conclusions sous cette décision enseigne qu'au regard de l'objectif de mise en conformité du droit français avec le droit de l'Union européenne, il a été jugé objectif et rationnel de ne pas porter les limites du champ d'application territorial d'éligibilité des opérations de recherche plus loin qu'aux frontières des États européens. Le rapporteur public cite également à ce sujet les commentaires aux *Cahiers du Conseil constitutionnel* de la décision précitée du 9 mars 2017, dans lesquels il est indiqué que « le droit de l'Union européenne est, par construction, un droit discriminatoire à l'égard des situations extra-communautaires. Une application extensive du principe d'égalité en matière fiscale imposerait au législateur français d'aligner le droit applicable aux ressortissants des États tiers sur les exigences communautaires. Telle n'est pas la voie qu'a choisie le Conseil constitutionnel dans la décision commentée ». On retrouve la même problématique dans l'affaire n° 2018-699 QPC, 13 avril 2018, Société Life Sciences Holdings France, *Dr. fisc.* 2018, n° 20, 277, note L. Nayberg et N. Vergnet.

107. CE, 31 mai 2016, n° 393881, *M. Jacob*, *Dr. fisc.* 2016, n° 23, aperçu rapide N. Jacquot et P. Mispelon ; *Dr. fisc.* 2016, n° 37, 476, n° 2 et 3, avec un article de D. Gutmann et S. Austry.

transmettre au Conseil constitutionnel. Ce n'est qu'ultérieurement, si la CJUE constate l'incompatibilité du droit interne avec le droit de l'Union, que le Conseil d'État pourra décider de transmettre la QPC au Conseil constitutionnel en faisant droit à une nouvelle QPC en ce sens.

2. L'encadrement de la rétroactivité des lois fiscales

35 De façon lancinante, l'instabilité de la norme fiscale est regrettée par les particuliers et par les entreprises qui dénoncent l'impossibilité de construire des stratégies patrimoniales et économiques durables si la constance de la législation n'est pas minimalement garantie. Les rapports se sont succédé sur la question[108], les propositions de réforme constitutionnelle également[109].

La rétroactivité de la loi fiscale existe dans deux hypothèses :

— lorsque les dispositions d'une loi de finances applicables aux impôts sur les revenus s'appliquent à des événements intervenus au cours de l'année écoulée : il s'agit là d'une rétroactivité économique (car on ne sait pas au moment de la réalisation du revenu quelles seront les règles applicables à son imposition) mais non d'une rétroactivité juridique (puisque le fait générateur de l'imposition, à savoir l'expiration de l'année civile pour les personnes physiques[110] et la clôture de l'exercice pour les personnes morales[111], est postérieur d'un instant de raison à la publication de la loi de finances qui intervient généralement entre le 28 et le 30 décembre). On parle couramment à ce sujet de « **petite rétroactivité** »[112], celle-ci étant supposée disparaître dans la pratique législative si l'on en croit la « charte sur la nouvelle gouvernance fiscale » publiée par le ministère des Finances et des comptes publics en décembre 2014. La petite rétroactivité peut être rapprochée de l'hypothèse (avec laquelle elle ne se confond pas) dans laquelle le législateur, tout en disposant pour l'avenir, détermine une assiette imposable établie sur la base de données économiques afférentes à une période antérieure au fait générateur de l'imposition et à la promulgation de la loi. Il y a là, de nouveau, une sorte de rétroactivité économique, mais celle-ci n'est pas juridiquement condamnable[113] ;

108. Sans souci d'exhaustivité, v. B. Gibert, « Améliorer la sécurité du droit fiscal pour renforcer l'attractivité du territoire », Rapport au ministre de l'Économie, des Finances et de l'Industrie, sept. 2004 ; O. Fouquet, J. Burguburu, D. Lubek et S. Guillemain, « Améliorer la sécurité juridique des relations entre l'administration fiscale et les contribuables : une nouvelle approche », Rapport au ministre du Budget, des Comptes publics et de la Fonction publique, juin 2008, *Dr. fisc.* 2008, n° 27, ét. 403 ; Club des juristes, Sécurité juridique et initiative économique, 2015 (une partie du rapport, contenant notamment des propositions sur la rétroactivité de la loi fiscale, figure dans la revue de droit fiscal de 2015, n° 25, comm. 410, spéc. § 22 et s.).

109. Par ex. Proposition de loi, Ass. nat. n° 2252, 15 mars 2000 ; Ass. nat., proposition de loi constitutionnelle n° 2321 du 23 oct. 2014 tendant à encadrer la rétroactivité des lois fiscales.

110. CE, 5 janvier 1962 n° 46798 ass. : *Lebon* p. 7, concl. Poussière *JCP* G 1962 II n° 12567.

111. CE, 16 mars 1956 n° 35663 ass., Garrigou : *Lebon* p. 121, concl. P. Laurent *D.* 1956 p. 253. La plupart des personnes morales clôturent leur exercice au 31 décembre, mais ce n'est pas toujours le cas.

112. O. Fouquet, « La rétroactivité des lois fiscales », *Rev. adm.* 3-4/94 p. 140.

113. CE, 9 juill. 2012, n° 359478, *SAS Bineau Agri Services* (décision rendue à propos de l'article 1586 *quinquies* du Code général des impôts dans sa rédaction issue de la loi de finances pour 2010 qui aboutissait, pour les entreprises dont les exercices ne coïncident pas avec l'année civile, à les assujettir à la cotisation sur la valeur ajoutée des entreprises à hauteur du chiffre d'affaires et de la valeur ajoutée produits au cours d'une année antérieure).

— lorsque les dispositions d'une loi fiscale valident rétroactivement une imposition déjà établie de façon illégale ou contiennent une disposition interprétative. C'est là une véritable rétroactivité juridique. Au regard de ces éléments, la remise en cause pour l'avenir d'avantages fiscaux applicables à des situations en cours ne présente pas ce caractère.

36 La Constitution ne contient pas d'interdiction de principe de la rétroactivité des lois fiscales. Le principe de non-rétroactivité des lois n'a de valeur constitutionnelle, en vertu de l'article 8 de la Déclaration des droits de l'homme et du citoyen, qu'en matière répressive. La Constitution ne consacre pas davantage un principe dit de « confiance légitime »[114]. Ce constat n'empêche cependant pas le Conseil constitutionnel d'interdire la rétroactivité dans certains cas (a) et de la contrôler dans d'autres (b).

a) La rétroactivité interdite

37 La rétroactivité de la loi fiscale ne peut tout d'abord être admise lorsqu'il s'agit pour le législateur d'introduire des pénalités fiscales plus sévères. Le Conseil constitutionnel estime en effet que le principe de non-rétroactivité au sens de l'article 8 de la Déclaration des droits de l'homme et du citoyen « s'étend nécessairement à toute sanction ayant le caractère d'une punition même si le législateur a cru devoir le soin de la prononcer à une autorité non judiciaire »[115]. Les sanctions fiscales peuvent donc être concernées par la règle de la non-rétroactivité ; encore faut-il que leur caractère punitif soit établi et qu'elles ne puissent être considérées, à l'instar de l'intérêt de retard, comme la simple réparation pécuniaire du préjudice subi par l'État à raison du non-respect par le contribuable de ses obligations fiscales. La rétroactivité de la loi fiscale ne peut ensuite préjudicier aux contribuables dont les droits ont été reconnus par une décision de justice passée en force de chose jugée[116]. La solution est justifiée par le principe de la séparation des pouvoirs formulé par l'article 16 de la Déclaration des droits de l'homme et du citoyen, dont découle le nécessaire respect de l'autorité de la chose jugée.

b) La rétroactivité contrôlée

38 Dans les cas autres que ceux que l'on vient d'envisager, le législateur a la faculté d'adopter des dispositions rétroactives. Il ne peut toutefois le faire que « sous réserve de ne pas priver de garanties légales des exigences constitutionnelles »[117] et à la condition, s'il s'agit d'une loi de validation, que sa portée soit strictement définie[118]. Surtout, il convient que la rétroactivité soit justifiée par un motif d'intérêt général. Sur ce point, la jurisprudence devient de plus en plus exigeante à l'égard du législateur : par une décision n° 2013-366 QPC du 14 février 2014, le Conseil constitutionnel a durci son contrôle des lois de validation en exigeant, comme la Cour européenne des droits de l'homme, que le législateur justifie d'un « motif impérieux d'intérêt général » (et non

114. Cons. const., 7 nov. 1997, n° 97-391 DC.
115. Cons. const., 30 déc. 1982, n° 82-155 DC, *Dr. fisc.* 1983, n° 2-3, comm. 47.
116. Cons. const., 29 déc. 1986, n° 86-223 DC ; 29 déc. 2005, n° 2005-531 DC, *RJF* 3/2006, n° 291, et la chronique de Y. Benard, *RJF* 4/2006, p. 267 (cette seconde décision présentant l'intérêt de préciser que la même règle s'applique en cas de privation d'effet d'un arrêt de la CJCE).
117. Cons. const., 18 déc. 2001, n° 2001-453 DC.
118. Cons. const., 7 févr. 2002, n° 2002-458 DC.

plus seulement, comme dans la jurisprudence antérieure, d'un « intérêt général suffisant»)[119].

Cette rigueur du Conseil constitutionnel va même, semble-t-il, jusqu'à reconnaître que certaines lois *non rétroactives* au sens juridique peuvent heurter la Constitution lorsqu'elles portent atteinte à des attentes légitimes des contribuables. Dans une décision nº 2013-682 DC du 19 décembre 2013[120], le Conseil constitutionnel a ainsi énoncé que le législateur ne saurait, « sans motif d'intérêt général suffisant, ni porter atteinte aux situations légalement acquises ni remettre en cause les effets qui peuvent légitimement être attendus de telles situations ». Cette décision a conduit le Conseil à censurer partiellement l'article 8 de la loi de financement de la Sécurité sociale pour 2014 qui prévoyait notamment de mettre fin à la règle des taux historiques applicable à certains produits exonérés d'impôt sur le revenu des contrats d'assurance-vie. Selon le commentaire de la décision qui figure sur le site du Conseil constitutionnel, cette décision ne peut être interprétée comme la consécration d'un principe de sécurité juridique, mais elle confirme l'évolution de la jurisprudence du Conseil constitutionnel relative à la garantie des droits et la reconnaissance à ce titre d'une protection constitutionnelle des situations légalement acquises et des effets qui peuvent légitimement être attendus de telles situations. Elle semble ainsi inaugurer une jurisprudence reconnaissant que même en l'absence de rétroactivité juridique au sens strict, une loi porte atteinte à des principes constitutionnels dès lors qu'elle affecte une attente légitime sans motif d'intérêt général suffisant[121]. C'est dans le même esprit que le Conseil constitutionnel a admis que des contribuables ayant perçu en 2011 des revenus de capitaux mobiliers soumis sur option à prélèvement libératoire pouvaient légitimement attendre de l'application de ce régime légal d'imposition d'être, sous réserve de l'acquittement des autres impôts alors existants, libérés de l'impôt au titre de ces revenus. Il n'était donc pas possible pour le législateur d'appliquer *a posteriori* à ces revenus déjà libérés de toute charge fiscale la contribution sur les très hauts revenus adoptée à l'occasion de la loi de finances rectificative pour 2011 du 28 décembre 2011[122].

Reste à apprécier la consistance de l'intérêt général. La jurisprudence est ici abondante. On notera seulement que le motif financier à l'origine d'une loi de validation fiscale ne peut être considéré, à lui seul, comme un motif suffisant[123]. En revanche, lorsqu'au motif financier s'ajoutent d'autres justifications tirées par exemple, de

119. Dans le même sens, à propos d'une loi de validation des évaluations en matière de taxe foncière, v. Cons. const. 2 mars 2016, nº 2015-525 QPC, *Dr. fisc.* 2016, nº 11, avec les observations d'O. Fouquet (aperçu rapide nº 147) et J. Thiry (aperçu rapide nº 148).

120. Dont le principe a été réitéré dans une décision nº 2014-435 QPC du 5 déc. 2014 (*Dr. fisc.* 2015, nº 5, comm. 120, note F. Laffaille).

121. Selon les mots élégants d'un auteur, c'est la « consécration d'une approche objective de la subjectivité » : v. E. Joannard-Lardant, « Les principes de sécurité juridique et de confiance légitime en droit fiscal », *Dr. fisc.* 2014, nº 10, *L'année fiscale*, ét. 191, rappelant en passant que la Cour européenne des droits de l'homme avait déjà brouillé la distinction entre dispositions rétroactives et non rétroactives (cf. notamment les arrêts *NKM c. Hongrie* du 14 mai 2013, nº 66529/11 et *Gall c. Hongrie* du 25 juin 2013, nº 49570/11). On retrouve la même observation chez L. Ayrault, *L'année fiscale, Dr. fisc.* 2014, nº 10, ét. 201, § 49 et s.

122. Cons. const., 5 déc. 2014, nº 2014-435 QPC, *M. Verny*, *Dr. fisc.* 2015, nº 5, comm. 120, note F. Laffaille.

123. Cons. const., 31 déc. 1995, nº 95-369 DC.

l'objectif constitutionnel de lutte contre l'évasion et la fraude fiscales[124], ou des troubles entraînés pour les services publics par la multiplication des réclamations, la rétroactivité de la loi fiscale peut être admise[125]. La jurisprudence du Conseil paraît en retrait, sur ce point, par rapport à celle de la Cour européenne des droits de l'homme[126], même si une très intéressante décision a estimé qu'une loi de validation ayant pour effet de priver à titre rétroactif le seul contribuable du bénéfice d'une jurisprudence du Conseil d'État constituait une « atteinte portée à l'équilibre des droits des parties » et méconnaissait de ce fait les exigences de l'article 16 de la Déclaration de 1789[127]. On a légitimement pu déduire de cette décision que toute loi fiscale rétroactive « asymétrique » doit désormais être tenue pour inconstitutionnelle, quels que soient les motifs d'intérêt général que pourrait mettre en avant le législateur[128].

Il apparaît ainsi que, par la politique des petits pas, le Conseil semble s'engager dans la bonne direction et que le frémissement de la jurisprudence soit bien réel. Il n'est donc pas interdit d'espérer – à défaut d'une réforme constitutionnelle courageuse qui aurait le mérite de clarifier la situation – que cette politique favorable au respect des droits fondamentaux du citoyen se poursuive.

§ 5. LA CONVENTION EUROPÉENNE DES DROITS DE L'HOMME

39 S'il est *a priori* surprenant qu'une convention non fiscale puisse être évoquée au seuil d'un ouvrage de droit fiscal des affaires, il n'en reste pas moins que la fiscalité, en tant qu'elle doit respecter certains principes fondamentaux de l'ordre juridique, est dès lors placée sous le contrôle d'instruments à portée non fiscale. Il convient notamment de citer à cet égard le rôle de la Convention européenne de sauvegarde des droits de l'homme et des libertés fondamentales signée à Rome le 4 novembre 1950 et entrée en vigueur en France le 3 mai 1974[129]. Cette convention joue d'ores et déjà un rôle important dans le contentieux fiscal et verra à n'en pas douter sa portée se renforcer à l'avenir, considérant notamment que l'article 6.3 du Traité sur l'Union

124. Cons. const., 23 sept. 2011, n° 2011-166 QPC, *M. Noah*, avec les observations de E. Meier et G.-H. Boucheron, « La lutte contre la fraude fiscale peut-elle justifier une loi rétroactive ? », *Dr. fisc.* 2011, n° 40, Aperçu rapide 289.

125. Cons. const., décision n° 99-425 DC du 29 déc. 1999 : *RJF* 2/00 n° 249 ; Cons. const., décision n° 2002-458 DC du 7 févr. 2002 ; décision n° 2010-53 QPC du 14 oct. 2010. Dans le même sens, statuant sur l'article 6 de la Convention EDH ou l'art. 1er du 1er protocole à la Convention EDH, CE, 16 janv. 2006, n° 266267, *SCI Parc de Vallauris*, *RJF* 4/06 n° 448, concl. L. Vallée ; *BDCF* 4/06 n° 53 et CE, 27 févr. 2006, n° 257964, *Krempff*, *RJF* 5/06, n° 649, concl. L. Olléon ; *Dr. fisc.* 2006, n° 29, comm. 513.

126. Cf. *infra*, n° 40.

127. Cons. const., 10 déc. 2010, n° 2010-78 QPC, *Société Imnoma*, *Dr. fisc.* 2010, n° 51, comm. 481, note E. Meier et G.-H. Boucheron ; *RJF* 2/11, n° 211, et les articles de Ph. Derouin, « L'égalité des armes dans le procès fiscal devant la juridiction administrative », *JCP* E, n° 51-52, 23 déc. 2010, Aperçu rapide n° 696 et S. Austry, « Le jour se lèverait-il enfin aussi pour les contribuables ? », *FR* 2/11, p. 8 et s. Solution retenue pour invalider la validation législative rétroactive de la règle de l'intangibilité du bilan d'ouverture et contrer par ce moyen, mais au seul détriment du contribuable, la jurisprudence du Conseil d'État. Sur cette théorie, cf. *infra*, n° 635 et s.

128. S. Austry, art. préc., § 9.

129. Pour un bilan, cf. V. Berger, « La jurisprudence de la jurisprudence de la Cour européenne et le droit fiscal », *Dr. fisc.* 2010, n° 24, ét. 367 ; B. Plagnet, « L'utilité de la Convention européenne des droits de l'homme dans le contentieux fiscal », *Droit & Patrimoine,* n° 194, juill.-août 2010, p. 65 et s.

européenne énonce que « les droits fondamentaux, tels qu'ils sont garantis par la Convention européenne de sauvegarde des droits de l'Homme et des libertés fondamentales et tels qu'ils résultent des traditions constitutionnelles communes aux États membres, font partie du droit de l'Union en tant que principes généraux ». Il n'est pas exclu, de même, que la ratification par la France du protocole n° 16 à la Convention européenne des droits de l'homme[130] – qui permet aux juridictions suprêmes de saisir la Cour d'une question à titre consultatif – produise également un effet en matière fiscale.

La Convention européenne des droits de l'homme a pour l'instant livré l'essentiel de ses enseignements en matière de procédures et de sanctions fiscales[131]. Certes, la Cour européenne des droits de l'homme se refuse pour le moment à confronter systématiquement les règles du procès fiscal aux exigences du procès équitable définies par l'article 6 de la Convention qui énonce que « toute personne a droit à ce que sa cause soit entendue équitablement, publiquement et dans un délai raisonnable, par un tribunal indépendant et impartial, établi par la loi, qui décidera soit des contestations sur ses droits et obligations de caractère civil, soit du bien-fondé de toute accusation en matière pénale dirigée contre elle ». Cette position s'explique par le fait que la matière fiscale ne s'apparente ni à la matière civile ni à la matière pénale, mais ressortit encore au noyau dur des prérogatives de puissance publique[132].

Toutefois, ceci n'empêche pas la Cour de se livrer à cet exercice de façon ponctuelle, lorsqu'une procédure fiscale affecte un droit à caractère civil dont la mise en œuvre relève de l'article 6. Ainsi, en matière de visites domiciliaires mettant en jeu le droit au respect du domicile au sens de l'article 8 de la Convention, la Cour affirma dans un arrêt du 28 février 2008 le caractère insuffisant des garanties offertes au contribuable par le seul pourvoi en cassation contre l'ordonnance judiciaire d'autorisation de visite et saisie en vertu de l'article L. 16 B du Livre des procédures fiscales[133]. Cet arrêt rendit nécessaire une modification législative du droit français[134].

130. Loi n° 2018-237 du 3 avril 2018.

131. Pour une vision d'ensemble (incluant d'ailleurs la dimension constitutionnelle interne), cf. P. Philip, *Procédures fiscales et garanties des contribuables*, Economica, 2011. V. également les chroniques de droit fiscal européen des droits de l'homme publiées chaque année par L. Ayrault dans *L'année fiscale* (numéro spécial de la *Revue de droit fiscal*).

132. CEDH, gde ch., 12 juill. 2001, n° 44759/98, *Ferrazzini c/ Italie*. Dans le même sens, CE, 2 juin 1989, n° 62979 ; CE, 26 nov. 1999, n° 184474 ; CE, 7 févr. 2008, n° 268961 ; CE, 3 sept. 2008, n° 277755 ; CE, 13 oct. 2010, n° 307615. Même son de cloche du côté de la Cour de cassation, après une position initialement favorable au contribuable : Cass. com., 12 juill. 2004, n° 1266 FS-P + B + I, *Consorts Pelat* ; Cass. com., 31 mai 2005, n° 02-17025 FS-P + B, *Marin-Crudaz et Favray*. Signalons toutefois que certains principes relevant du droit au procès équitable – par exemple le droit à un procès d'une durée raisonnable – se retrouvent dans le contentieux fiscal en tant que principes généraux qui gouvernent le fonctionnement des juridictions administratives (CE, 10 juill. 2006, n° 285311, *Croayne*, *RJF* 2007, n° 2007).

133. CEDH, 21 févr. 2008, n° 18497/03, 3e sect., *Ravon et a. c/ France* : *RJF* 5/08, n° 571 avec étude B. Hatoux p. 454 et *RJF* 6/08, p. 552. L'appréciation de la Cour a été confirmée par plusieurs arrêts ultérieurs : CEDH, 24 juill. 2008, n° 18603/03, 5e sect., *André et a. c/ France* : *FR* 51/08 inf. 2, p. 4, *RJF* 12/08, n° 1341 ; CEDH, 16 oct. 2008 n° 10447/03, 5e ch., *Maschino c/ France* : *RJF* 2/09, n° 137 ; CEDH, 21 déc. 2010, req. n° 29408/08, *Société Canal + et a. c/ France*. Pour une interrogation sur la portée de cette jurisprudence en matière de TVA, cf. J. Delaurière et Ch. Prest, « De la conformité du droit d'enquête TVA avec la Convention européenne des droits de l'homme », *Dr. fisc.* 2010, n° 40, ét. 515.

134. Loi n° 2008-776 du 4 août 2008 de modernisation de l'économie dont la constitutionnalité a été reconnue par le Conseil constitutionnel dans la décision n° 2010-19/27 QPC du 30 juillet 2010 (*Dr. fisc.* 2010, n° 41, comm. 526, note F. Martinet). La Cour européenne des droits de l'homme a également jugé que les dispositions transitoires de la loi LME ne heurtaient pas la Convention (v. à ce sujet les observations de L. Ayrault dans sa chronique à *L'année fiscale*, *Dr. fisc.* 2011, n° 9, ét. 240, § 3 et s.).

Par ailleurs, il est acquis que l'article 6 demeure applicable toutes les fois que sont en cause des sanctions fiscales ayant un caractère punitif. La Cour de cassation en déduit que le juge peut atténuer les pénalités fiscales infligées par l'administration pour tenir compte du comportement du contribuable[135], cependant que le Conseil d'État s'y est pour l'instant toujours refusé, considérant à chaque fois que la question lui était posée que le dispositif légal en cause était conforme aux exigences de l'article 6 en ce qu'il permettait, même en l'absence de contrôle judiciaire des sanctions, de proportionner la sanction à la gravité de la faute. Pour ce faire, le Conseil d'État s'est fondé, le plus souvent, sur l'existence d'une échelle de sanctions consistant en une pluralité de pénalités ayant des assiettes et/ou des taux différents[136]. Le Conseil constitutionnel a suivi le même raisonnement dans plusieurs décisions du 17 mars 2011[137].

On pouvait encore, après ces dernières décisions, s'interroger sur le point de savoir le juge ne devrait pas disposer d'un pouvoir de modulation en présence d'une sanction à taux unique ne s'insérant pas dans une palette de choix offerts à l'administration. Le Conseil d'État avait répondu négativement en considérant que le caractère proportionnel de la sanction établit *ipso facto* un lien entre le montant de l'amende et la gravité de la faute du contribuable[138]. Sa position a été confirmée par la Cour européenne des droits de l'homme dans l'arrêt *Segame SA c. France* du 7 juin 2012[139]. Selon la Cour, l'article 6 § 1 de la Convention EDH suppose seulement que la décision de l'autorité administrative subisse le contrôle ultérieur d'un organe judiciaire de pleine juridiction disposant du pouvoir de réformer en tout point la décision administrative. Il doit notamment avoir compétence pour se pencher sur toutes les questions de fait et de droit pertinentes pour le litige dont il se trouve saisi. La Cour estime par ailleurs que dès lors que l'amende est fixée en pourcentage des droits éludés, elle doit être considérée comme proportionnée à la gravité du comportement du contribuable. Elle relève enfin que le taux de 25 % n'apparaît pas disproportionné.

La solution est décevante. Elle s'explique par le fait que la Cour estime que le contentieux fiscal présente un caractère particulier impliquant une exigence d'efficacité nécessaire pour préserver les intérêts de l'État. Ce contentieux ne fait donc pas partie du noyau dur du droit pénal au sens de la Convention. En pratique, la portée de cet arrêt doit toutefois être correctement mesurée. Lorsqu'un contribuable (personne physique ou morale) fait l'objet d'une sanction administrative qui lui paraît excessive, il ne dispose certes plus aujourd'hui pour s'y opposer d'argument tiré de l'impossibilité pour le juge

135. Cass. com., 29 avr. 1997, n° 95-20001, *Ferreira*, *Dr. fisc.* 1997, n° 20-21, comm. 594 ; *JCP* 1997. II. 22935, note F. Sudre ; Cass. com. 21 oct. 1997, n° 2061 D, RJF 3/98, n° 361 ; Cass. com., 30 juin 1998, n° 1386 D.

136. CE, Sect., avis, 5 avr. 1996, n° 176611, *M. Houdmond*, *Dr. fisc.* 1996, n° 25, comm. 765, concl. J. Arrighi de Casanova ; CE, 8 juill. 1998, n° 195664, *Fattell*, *Dr. fisc.* 1998, n° 40, comm. 842 ; *RJF* 1998, n° 970, concl. J. Arrighi de Casanova, p. 637 et s. ; CE, 26 mai 2008, *Norelec*, n° 288583, *Dr. fisc.* 2008, n° 28, comm. 411, concl. F. Séners, note J.-L. Pierre, *RJF* 2008, n° 981, *BDCF* 8-9/2008, n° 109, concl. F. Séners ; CE, 30 juill. 2010, n° 316757 et 316758, *RJF* 11/2010, n° 1010, *BDCF* 11/10, n° 114, concl. P. Collin.

137. Cons. const., 17 mars 2011, n° 2010-103 QPC, n° 2010-105/106 QPC. *Dr. fisc.* 2011, n° 27-28, comm. 416, note F. Subra et M. Le Tacon. On lira sur ces décisions le commentaire éclairant publié aux *Cahiers du Conseil constitutionnel* (en ligne sur le site internet du Conseil constitutionnel). Un raisonnement similaire se retrouve dans la décision n° 2015-48 QPC du 17 sept. 2015 relative aux sanctions pour défaut de déclaration de comptes à l'étranger.

138. CE, 27 juin 2008, n° 301342, *M. Melki* et n° 301343, *Sté Segame*, *Dr. fisc.* 2008, n° 38, comm. 501, concl. L. Olléon ; *RJF* 2008, n° 1213 ; *L'année fiscale*, suppl. *Dr. fisc.* 2009, n° 9, avec la chronique (critique) de L. Ayrault, « Droit fiscal européen des droits de l'homme », comm. 222, § 7 et s. ; CE, 27 juill. 2009, n° 295358, *Caisse interfédérale de Crédit Mutuel, RJF* 12/09, n° 1140, concl. E. Glaser, *BDCF*, 12/09, n° 143 ; CE, 27 juill. 2012, n° 325436, *M. Catusse*, *Dr. fisc.* 2012, n° 51-52, comm. 571, note J.-L. Pierre. V. encore CE, 10e et 9e ch., 4 déc. 2017, n° 379685, Sté Edenred France, *Dr. fisc.* 2018, n° 15, 256, concl. É. Crépey, note J.-L. Pierre, clarifiant que le Conseil d'État refuse de contrôler in concreto la proportionnalité des sanctions. Sur cette décision, v. A. Iljic, *Proportionnalité des sanctions fiscales : que retenir de la décision Edenred ?*, RJF 3/18, p. 331 et s.

139. CEDH, 7 juin 2012, requête n° 4837/06, *Segame SA c. France*, *Dr. fisc.* 2012, n° 29, comm. 387, note L. Ayrault ; *RJF* 8-9/12, n° 888, et la chronique de E. Bokdam-Tognetti, p. 699 et s., *FR* 32/12, p. 34 et s., note B. Hatoux ; et notre article dans la revue *Option Finance*, 16 juill. 2012, p. 20 et s.

administratif de moduler la pénalité. En revanche, l'arrêt du 7 juin 2012 ne semble pas fermer la porte à toute argumentation tirée du caractère disproportionné de la pénalité. Si la Cour n'a rien trouvé à redire à un taux de 25 % des droits éludés, elle pourrait avoir une approche différente en présence d'un taux différent ou appliqué à une autre assiette. La question est d'importance lorsqu'on sait que notre législation fiscale fourmille de pénalités à taux élevés dont le montant apparaît parfois totalement disproportionné eu égard à la gravité du manquement commis. En outre, comme le relève Mme Bokdam-Tognetti dans sa chronique à la *Revue de jurisprudence fiscale*, l'arrêt *Ségame* laisse ouverte la question de la conformité aux principes supérieurs des amendes ou pénalités fiscales dont le montant est fixé non en pourcentage des droits, mais en valeur absolue.

Dans ce contexte, un contribuable peut encore trouver un intérêt à s'appuyer sur la jurisprudence de la Cour européenne des droits de l'homme qui a clairement reconnu dans l'arrêt *Mamidakis c/ Grèce* du 11 janvier 2007[140] que des sanctions disproportionnées sont contraires à l'article 1er du 1er protocole additionnel à la Convention européenne des droits de l'homme[141]. Il n'y a là, d'ailleurs, rien de nouveau. Il résulte en effet de l'article 8 de la Déclaration des droits de l'homme et du citoyen que « la loi ne doit établir que des peines strictement et évidemment nécessaires » et que ce principe s'applique à toute sanction ayant le caractère d'une punition[142]. Le Conseil constitutionnel a en outre déjà considéré comme inconstitutionnelles des pénalités fiscales instituées par le législateur lorsqu'elles pourraient, « dans nombre de cas, donner lieu à l'application de sanctions manifestement hors de proportion avec la gravité de l'omission [...] constatée, comme d'ailleurs avec l'avantage qui en a été retiré »[143]. Le principe de nécessité des peines est complété par le principe de l'individualisation des peines, ainsi qu'en témoigne l'intéressante décision rendue par le Conseil constitutionnel à propos de la publication et l'affichage du jugement de condamnation pour fraude fiscale prévus par l'article 1741 du CGI[144]. Cette décision réaffirme en son point 3 que « le principe d'individualisation des peines qui découle de [l'article 8 de la Déclaration de 1789] implique que la peine de publication et d'affichage du jugement ne puisse être appliquée que si le juge l'a expressément prononcée, en tenant compte des circonstances propres à chaque espèce ». Le Conseil constitutionnel, constatant que l'article 1741, alinéa 4 du CGI ne permet au juge, ni de faire varier la durée de l'affichage, ni de modifier ses modalités, en déduit que ce texte ne respecte pas les exigences qui découlent du principe d'individualisation des peines. Cette décision est extrêmement instructive car elle illustre une situation dans laquelle le Conseil constitutionnel a déclaré contraire à la Constitution un dispositif punitif empêchant le juge de tenir compte des circonstances de l'espèce. Il convient cependant de signaler que le Conseil constitutionnel, dans d'autres décisions, s'est montré beaucoup plus timide. Ainsi, dans une décision du 20 juillet 2012[145], il a estimé que l'application d'une amende de 50 % en cas de non-respect de certaines obligations déclaratives (concernant notamment les commissions, courtages et autres rémunérations versées à des tiers[146]) n'était pas manifestement disproportionnée. La solution est justifiée par le but de lutte contre l'évasion fiscale poursuivi par la règle ainsi que par la nécessité pour le législateur d'assurer une répression effective de la méconnaissance des obligations fiscales. Elle s'explique également par le contrôle restreint exercé par le Conseil constitutionnel, lequel n'exerce pas en la matière un pouvoir général d'appréciation et de

140. CEDH, 1re sect., 11 janv. 2007, n° 35533/04, *Mamidakis c/ Grèce*.

141. Arrêt à comparer avec l'arrêt du 12 juillet 2001, cf. CJCE, 12 juill. 2001, aff. C-262/99, *Louloudakis : Rec.* CJCE 2001, I, p. 5547.

142. Cons. const., déc. 30 déc. 1997, n° 97-395 DC, cons. 37 : *Rec.* Cons. const. 1997, p. 333. – Cons. const., déc. 29 déc. 2003, n° 2003-489 DC, *Loi de finances pour 2004*, cons. 11 : *Rec.* Cons. const. 2004, p. 487.

143. Cons. const., déc. 30 déc. 1997, n° 97-395 DC, préc., cons. 39 ; v. aussi Cons. const. 27 oct. 2017, n° 2017-667 QPC, jugeant qu'en prévoyant une amende dont le montant, non plafonné, est fixé en proportion de la valeur de contrats de capitalisation non déclarés, pour un simple manquement à une obligation déclarative, même lorsque les revenus n'ont pas été soustraits à l'impôt, le législateur a instauré une sanction manifestement disproportionnée à la gravité des faits qu'il a entendu réprimer. La solution est à rapprocher d'autres décisions faisant le même raisonnement (déc. n° 2016-554 QPC du 22 juillet 2016 et n° 2016-618 QPC du 16 mars 2017).

144. Cons. const., déc. 10 déc. 2010, n° 2010-7275/82 QPC.

145. Cons. const., 20 juill. 2012, déc. n° 2012-267 QPC, *Dr. fisc.* 2012, n° 40, comm. 461, note L. Ayrault.

146. Art. 1736 CGI.

décision de même nature que celui du Parlement mais se contente de s'assurer de l'absence de disproportion manifeste entre l'infraction et la peine encourue[147].

Il convient également de signaler que certains principes énoncés par la Convention européenne des droits de l'homme en matière pénale sont également applicables à toutes les sanctions fiscales relevant de la matière pénale. C'est le cas du principe de non-rétroactivité de la loi pénale, énoncé par l'article 7 de la Convention et interprété par la Cour comme impliquant également l'application rétroactive de la loi pénale plus douce (rétroactivité « *in mitius* »[148]), ou encore du droit de ne pas contribuer à sa propre incrimination[149].

40 Par ailleurs, c'est le fond du droit fiscal lui-même qui peut être soumis à examen sur le fondement de la Convention européenne des droits de l'homme. Sans qu'il soit ici utile de rentrer dans le détail de l'ensemble des questions, notons que la convention peut par exemple être invoquée pour s'opposer à **l'effet rétroactif d'une loi de validation**[150]. La jurisprudence de la Cour sur ce terrain est très protectrice des contribuables : ainsi, statuant sur une loi portant validation rétroactive d'impositions qui avait été jugée conforme à l'article 1er du Premier protocole par les juridictions administratives françaises, la Cour a affirmé que, d'une part, l'intérêt financier de l'État n'est pas à lui seul de nature à justifier des dispositions fiscales rétroactives et que, d'autre part, « la réduction des contentieux devant les juridictions administratives, visait en réalité à préserver le seul intérêt financier de l'État en diminuant le nombre de procédures fiscales annulées par les juridictions administratives », si bien que ce seul motif ne constituait pas davantage une raison suffisante pour justifier une disposition rétroactive[151]. La jurisprudence de la Cour de Strasbourg est donc, sur ce terrain, plus contraignante pour l'État que ne l'étaient naguère celles du Conseil constitutionnel[152] et du Conseil d'État[153], admettant toutes deux que l'exigence relative à la poursuite d'un

147. Pour plus de détails, D. Gutmann, « Le contrôle du Conseil constitutionnel sur les sanctions fiscales », *Dr. fisc.* 2015, n° 13, ét. 233.

148. CEDH, 17 sept. 2009, req. n° 10249/03, *Scoppola c/ Italie*. Le principe jouit d'une reconnaissance constitutionnelle en France et a d'ailleurs permis au Conseil d'État d'appliquer rétroactivement la pénalité plus douce de 40 % instaurée par la loi de finances rectificative pour 2008 pour l'abus de droit, nonobstant la lettre contraire de ladite loi (CE, 27 juill. 2009, n° 295358, *Caisse interfédérale de Crédit Mutuel*, et l'art. de L. Vallée, « Application dans le temps de la pénalité à taux réduit », *FR* 36/09, p. 13 et s.). Comp. également Crim., 19 sept. 2007, n° 06-85999, voyant à la suite de la CJCE (3 mai 2005, aff. C-387/02, *Silvio Berlusconi*) dans le principe de la rétroactivité *in mitius* un principe général du droit communautaire primant le droit national.

149. CEDH, 5 avr. 2012, req. n° 11663/04, *Chambaz c/Suisse*, « L'année fiscale », *Dr. fisc.* 2013, n° 9, ét. 177, chron. L. Ayrault, spéc. § 3 et s.

150. Peuvent être invoqués ici, tant l'article 6 de la Convention EDH que l'article 1er du premier protocole additionnel relatif au respect des biens, dont les conditions de mise en œuvre ne sont pas identiques.

151. CEDH, 23 juill. 2009, aff. 30345/05, *Joubert c/ France*, *RJF* 11/09, n° 1041 ; *L'année fiscale*, *Dr. fisc.* 2010, comm. 209, § 16, obs. L. Ayrault. Dans le même sens (sur le fondement de l'article 6), v. CEDH, 25 nov. 2010, aff. 20429/07, *Lilly France c/ France*, § 51 et s. L'affaire *Lilly France* est particulièrement intéressante pour une réflexion sur l'efficacité du droit européen : alors que la Cour européenne des droits de l'homme, tout en constatant la violation du droit européen, s'est refusée à accorder une indemnité correspondant à la taxe illégale, le Tribunal administratif de Versailles, lui, a estimé dans le cadre d'une action en responsabilité diligentée contre l'État qu'il convenait d'indemniser le contribuable à hauteur des sommes faisant l'objet du redressement augmentées de la majoration de 10 % appliquée à la société pour paiement tardif desdites sommes (TA Versailles, 1re ch., 10 févr. 2011, n° 0804861).

152. Cons. const., décision n° 99-425 DC du 29 déc. 1999 : *RJF* 2/00 n° 249 ; Cons. const., décision n° 2002-458 DC du 7 févr. 2002 : *RJF*, 5 févr. n° 552.

153. CE, 16 janv. 2006, n° 266267, *SCI Parc de Vallauris* : *RJF* 4/06 n° 448, concl. L. Vallée, *BDCF* 4/06 n° 53 et CE, 27 févr. 2006, n° 257964, *Krempff* : *RJF* 5/06 n° 649, concl. L. Olléon, *Dr. fisc.* 29/06 c. 513.

but d'intérêt général de nature à justifier une loi de validation rétroactive est satisfaite lorsque les montants en cause sont très élevés ou lorsque la multiplication des réclamations entraînerait des troubles pour les services publics concernés.

Le Conseil d'État semble toutefois assouplir progressivement sa position, ainsi qu'en témoigne une décision dans laquelle il a reconnu qu'une loi de validation rétroactive portait atteinte au droit protégé par l'article 1er du Premier protocole, alors même qu'en l'espèce, l'intervention du législateur pour neutraliser la jurisprudence se justifiait par le souci d'endiguer une perte de recettes budgétaires de l'État de plus de cent millions d'euros et par un risque d'engagement de la responsabilité de l'État par de nombreuses collectivités territoriales[154]. Si la portée de cette décision n'est pas encore totalement claire, en raison notamment du caractère non démontré du quantum de la perte budgétaire, elle a du moins le mérite de confirmer qu'un contribuable peut s'opposer à une loi de validation rétroactive lorsqu'il tire de la jurisprudence antérieure à cette loi une espérance légitime de se voir restituer une imposition. Encore faut-il réserver le cas où le législateur aurait rapidement réagi à un revirement de jurisprudence, auquel cas il semble que le contribuable ne puisse se prévaloir d'une espérance légitime[155].

Signalons encore, pour illustrer l'évolution de la position du Conseil d'État, que celui-ci a estimé, dans une décision de plénière fiscale du 9 mai 2012[156], que même la « **petite rétroactivité** » de la loi fiscale pouvait rencontrer certaines limites. En l'espèce, une disposition introduite par la loi de finances pour 1998 avait assuré aux entreprises créatrices d'emplois durant une période de trois ans de recevoir en contrepartie de l'embauche de salariés un crédit d'impôt proportionnel à la variation de leur effectif. Toutefois, la loi de finances pour 2000 avait supprimé ce dispositif pour ce qui concerne les emplois créés en 1999, touchant de plein fouet les entreprises qui, comme la société EPI, avaient embauché en 1999 en pensant bénéficier du crédit d'impôt. En application de la théorie de la petite rétroactivité, la règle n'était pas juridiquement rétroactive car elle intervenait avant la clôture de l'exercice 1999. Le Conseil d'État n'en décida pas moins que la loi de finances pour 2000 contrevenait au droit au respect des biens protégé par l'article 1er du premier protocole additionnel à la Convention EDH dès lors que le dispositif de crédit d'impôt mis en place par la loi de finances pour 1998 « était de nature à laisser espérer son application sur l'ensemble de la période prévue, contrairement à d'autres mesures fiscales adoptées sans limitation de durée ». Ainsi, à la date où elle a décidé de recruter des salariés supplémentaires, la

154. CE, 21 oct. 2011, n° 314767, *min. c/SNC Peugeot Citroën Mulhouse*, et n° 314768, *min. c. Sté Mécanique Automobile de l'Est*, *Dr. fisc.* 2011, n° 44, aperçu rapide par E. Meier et G.-H. Boucheron, *Dr. fisc.* 2011, n° 50, comm. 630, concl. C. Legras, note O. Fouquet, *RJF* 1/12, n° 37 et la chronique de C. Raquin, p. 3 et s., *BDCF* 1/12, n° 8, concl. C. Legras. V. également sur cette décision S. Austry, « Loi fiscale rétroactive et conv. EDH : un mode d'emploi qui se clarifie progressivement », *FR* 44/11, p. 4 et s. et L. Ayrault, *L'année fiscale 2012*, *Dr. fisc.* 2012, n° 9, comm. 166, § 35 et s.

155. Cf. CE, 19 nov. 2008, n° 292948, *Sté Gétécom*, *RJF* 2/09, n° 186, *BDCF* 2/09, n° 25, concl. Escaut ; CE, 1er févr. 2012, n° 339837, *Sté des logements modulaires (LOGMO)*, *Dr. fisc.* 2012, n° 17, comm. 279, concl. N. Escaut, note S. Detraz. Les conclusions du rapporteur public sous l'arrêt LOGMO montrent qu'il n'existe d'espérance légitime que lorsqu'il existe une jurisprudence bien établie des tribunaux.

156. CE, 9 mai 2012, n° 308996, *Sté EPI*, *RJF* 7/12, n° 786, concl. J. Boucher, p. 595, *Dr. fisc.* 2012, n° 26, comm. 355, note S. Vailhen. Sur cette décision, v. S. Austry, « La petite rétroactivité est-elle compatible avec la convention européenne des droits de l'Homme ? », FR 28/12 inf. 5 p. 6. V. aussi les obs. de L. Ayrault, *L'année fiscale*, *Dr. fisc.* 2013, n° 9, ét. 177, spéc. § 53 et s. et l'article de B. Delaunay, Ph. Martin et L. Vallée, « Sécurité juridique, rétroactivité et garantie des droits », *Dr. fisc.* 2015, n° 39, ét. 581.

société EPI pouvait légitimement espérer avoir droit au bénéfice du crédit d'impôt correspondant, si bien le bénéfice de ce crédit d'impôt pouvait être regardé comme suffisamment certain et établi avant sa suppression, dont, relève le Conseil d'État, elle n'avait pas été informée suffisamment de temps auparavant pour qu'elle puisse adapter son comportement. Bien que cette décision ait sans doute une portée limitée aux dispositions fiscales incitatives précisant clairement leur durée d'application, elle n'en constitue pas moins un progrès important dans le développement de la sécurité fiscale. Elle a d'ailleurs été confirmée par la jurisprudence ultérieure[157].

Dans le même sens du progrès de la sécurité juridique, on peut relever que le Conseil d'État a jugé, dans une affaire fortement médiatisée, que la suppression du régime du bénéfice mondial consolidé (qui permettait, sur agrément administratif, à des groupes français de compenser les profits et les pertes de l'ensemble de ses filiales françaises et étrangères[158]) par une loi de finances rectificative pour 2011 portait atteinte à l'article 1er du 1er protocole additionnel à la Convention dans la mesure où elle produisait un effet immédiat et s'appliquait à des agréments en cours de validité, alors que les sociétés concernées pouvaient valablement espérer l'application du régime jusqu'à l'expiration de la période couverte par l'agrément[159].

La Convention européenne des droits de l'homme peut également être mobilisée pour faire sanctionner une **discrimination** entre contribuables se trouvant dans une même situation[160]. Le principe de non-discrimination s'applique également, selon la Cour de Strasbourg, lorsque, « sans justification objective et raisonnable, les États n'appliquent pas un traitement différent à des personnes dont les situations sont sensiblement différentes »[161]. Il faut toutefois reconnaître que la plupart des tentatives menées au contentieux sur ce terrain se sont jusqu'à présent soldées par un échec[162], à une notable exception près : le Conseil d'État a considéré que les dispositions combinées de l'article 14 de la Convention et de l'article 1er de son 1er protocole additionnel s'opposaient à ce que l'exonération de contribution de 3 %, prévue par l'article 235 *ter* ZCA du CGI en cas de distribution par une société détenue à plus de 95 % à une société mère membre d'un groupe d'intégration fiscale, soit en revanche écartée en présence d'une

157. CE, 6 juin 2018, n° 414482, Société Dekra. Au cas particulier, un crédit d'impôt lié à la conclusion d'accords d'intéressement de 3 ans avait été supprimé par le législateur fiscal pour certaines sociétés avant l'expiration du délai de 3 ans. L'originalité de cette affaire tient à ce que c'est sur les dispositions non fiscales du Code du travail relatives à la période au titre de laquelle sont conclus des accords d'intéressement que le Conseil d'État se fonde pour considérer que l'avantage fiscal devait être considéré comme acquis au titre de cette période.

158. V. *infra*, n° 799.

159. CE plén. fiscale, 25 octobre 2017, n° 403320, min. c/ société Vivendi, *Dr. fisc.* 2018, n° 7-8, 188, concl. E. Crépey ; v. aussi A. Iljic, *La mutabilité des règles fiscales à l'épreuve de l'espérance légitime*, RJF 1/18, p. 7 et s. Cette décision confirme celles du TA Montreuil, 6 oct. 2014, n° 1305900 et n° 1307719, *SA Vivendi*, *Dr. fisc.* 2015, n° 5, comm. 117, concl. A. Marmier, note G. Blanluet et de la la cour administrative d'appel de Versailles, 5 juillet 2016, n° 14VE03371, *Dr. fisc.* 2016, n° 46, comm. 595, concl. S. Rudeaux.

160. Avis du 12 avr. 2002, n° 239693, *SA Financière Labeyrie*, *RJF* 6/02, n° 673 ; *BDCF* 6/02, n° 83, concl. F. Séners ; *AJDA*, mai 2002, chron. M. Guyomar et P. Collin ; *L'année fiscale* 2003, et notre chronique de fiscalité européenne ; CE, 23 juin 2016, n° 392723.

161. CEDH, 6 avr. 2000, *Thlimmenos c/ Grèce*, req. n° 34369/97, § 44. Cf. toutefois *supra*, n° 27, la différence d'approche du Conseil constitutionnel.

162. Voir la liste dressée par L. Ayrault dans sa chronique de droit fiscal européen des droits de l'homme : *L'Année fiscale* 2016, *Dr. fisc.* 2017, n° 9, 191, § 34.

distribution à une société mère la détenant dans les mêmes proportions, mais n'étant pas membre d'un groupe intégré[163].

Par ailleurs, la Convention européenne des droits de l'homme peut être invoquée lorsqu'un contribuable se plaint d'une atteinte au droit au respect de ses biens dans des conditions incompatibles avec l'article 1er du premier protocole additionnel à la Convention[164]. L'applicabilité de ce texte a été reconnue par le Conseil d'État[165], même si ses cas d'application demeurent rares[166]. On notera cependant que la Cour européenne des droits de l'homme a, en son nom, fustigé une loi fiscale ukrainienne particulièrement obscure[167] ou une loi hongroise prévoyant l'imposition au taux marginal de 98 % (vous avez bien lu) d'une indemnité de licenciement[168].

41 L'article 1er du premier protocole additionnel peut également être utilisé pour garantir l'effectivité du droit... de l'Union européenne. La Cour européenne des droits de l'homme a en effet plusieurs fois jugé que l'espérance légitime de pouvoir obtenir le remboursement d'impôts versés en application d'une réglementation nationale reconnue contraire au droit communautaire s'analyse en une valeur patrimoniale et a donc le caractère d'un bien au sens de l'article 1er du premier protocole additionnel[169]. La solution est heureuse, même s'il est regrettable qu'il faille en arriver devant la Cour européenne des droits de l'homme pour qu'un État respecte ses engagements communautaires...

42 La Convention européenne des droits de l'homme peut enfin jouer un rôle – encore largement méconnu – dans le contrôle de la mise en œuvre des conventions fiscales bilatérales. Rappelons à cet égard que le Conseil d'État en a déjà affirmé la primauté, non seulement sur le droit interne français, mais également sur les conventions

163. CE, 29 mars 2017, n° 399506, *Sté Layher*, *Dr. fisc.* 2017, n° 25, comm. 365, concl. R. Victor.

164. L'équilibre posé par l'article est subtil. Rappelons que, selon ce texte, « toute personne physique ou morale a droit au respect de ses biens. Nul ne peut être privé de sa propriété que pour cause d'utilité publique et dans les conditions prévues par la loi et les principes généraux du droit international.
Les dispositions précédentes ne portent pas atteinte au droit que possèdent les États de mettre en vigueur les lois qu'ils jugent nécessaires pour réglementer l'usage des biens conformément à l'intérêt général ou pour assurer le paiement des impôts ou d'autres contributions ou des amendes ».

165. CE, 16 mai 1990, n° 88782-95932, *Gonzalez de Gaspard*, *RJF* 1990, n° 825.

166. Le Conseil d'État contrôle d'ailleurs d'office l'existence d'un bien au sens de l'article 1er ; il peut donc estimer que tel n'est pas le cas alors même que le point n'est pas discuté par les parties. V. CE, 2 juin 2010, n° 3/8014, *Fondation de France, Dr. fisc.* 2010, n° 29-34, comm. 428, concl. N. Escaut. Par ailleurs, il a été jugé que le droit à un report d'imposition d'une plus-value ne s'analyse pas en un bien au sens de l'article 1er car ce report n'est à l'origine ni d'une créance sur l'État ni de l'espérance légitime d'une telle créance (CAA Paris, 16 déc. 2010, n° 08PA05885, *M. et Mme Billon*, *Dr. fisc.* 2011, n° 16, comm. 317, note Y. Egloff).

167. CEDH, 14 oct. 2010, *Shchokin v. Ukraine*, n° 23759/03 et 37943/06, *European Taxation*, déc. 2010, p. 568, obs. Ph. Baker.

168. CEDH, 14 mai 2013, *N.K.M. c/Hongrie*, n° 66529/11.

169. CEDH, 16 avr. 2002, n° 36677/97, *SA Dangeville c/France* ; CEDH, 10 nov. 2005, n° 10, n° 60559/00, *Eeg-Slachtuis Verbist* ; CEDH, 25 janv. 2007, n° 70160/01, *Aon c/France*. Comp. CE, 19 nov. 2008, n° 292948, *Sté Gétécom*, *RJF* 2/09, n° 186, *BDCF* 2/09, n° 25, concl. Escaut, affirmant qu'« à défaut de créance certaine, l'espérance légitime d'obtenir la restitution d'une somme d'argent doit être regardée comme un bien au sens de ces stipulations » (arrêt rendu dans le contexte de la contestation d'une loi interne rétroactive) ; dans le même sens, CE, 25 juin 2012, n° 354043, 328771, 328775, *Dr. fisc.* 2012, n° 41, concl. F. Aladjidi. Sur l'interaction entre droit communautaire et droit européen des droits de l'homme, cf. J. Turot, « Quand le juge fiscal réveillera l'adage "*Contra non valentem...*" », *Dr. fisc.* 2007, n° 27, comm. 699.

bilatérales conclues par la France[170]. Cette primauté a d'ailleurs été reconnue en matière fiscale[171]. Les enjeux ne sont pas minces. À titre d'exemple, on peut soutenir que lorsque le droit interne français empêche un contribuable d'utiliser effectivement un crédit d'impôt étranger qui lui est accordé par une convention fiscale bilatérale, l'intéressé devrait pouvoir s'appuyer sur l'article 1er du premier protocole additionnel pour démontrer qu'une atteinte illégitime a été portée à son droit de propriété. Il pourrait à cette fin, même si le droit interne est en sens inverse[172], s'appuyer sur la jurisprudence de la Cour européenne des droits de l'homme qui reconnaît que le droit au remboursement d'un crédit d'impôt constitue un bien au sens de ces dispositions[173]. De façon plus fondamentale, il pourrait être soutenu que la subsistance d'une double imposition juridique heurte de front l'article 1er du premier protocole additionnel, en tant qu'elle porte atteinte de façon disproportionnée au droit de propriété. Le problème tient cependant à l'absence de voies de droit permettant de mettre en œuvre ce raisonnement, plusieurs États ne pouvant être cumulativement assignés devant la Cour européenne des droits de l'homme...

§ 6. LES CONVENTIONS FISCALES INTERNATIONALES

43 Les conventions fiscales sont la source première du droit international. Avec plus de 2 500 conventions bilatérales conclues de par le monde, elles jouent un rôle considérable en pratique. La France, ayant conclu des conventions avec

170. CE, 22 mai 1992, *Mme Larachi*, n° 99475. Pour les modalités de la combinaison entre conventions internationales, plus généralement, v. CE, ass., 23 déc. 2011, n° 303678, *M. Kandyrine de Brito Paiva*, et le commentaire de Ph. Derouin, *Dr. fisc.* 2012, n° 4, aperçu rapide n° 48.

171. CE, plén. fisc., 11 avr. 2014, n° 362237, *M. Giorgis*, *Dr. fisc.* 2014, n° 21, comm. 342, concl. E. Crépey, note Ch. Louit (à propos de la compatibilité entre la convention fiscale franco-monégasque du 18 mai 1963 et l'article 14 de la Convention EDH combiné avec l'article 1er de son 1er protocole additionnel).

172. CE, 12 mars 2014, n° 362528, Sté Céline, *Dr. fisc.* 2014, n° 22, comm. 356, concl. F. Aladjidi, note Ph. Durand, et la chronique d'E. Dinh à *Dr. fisc.* 2015, n° 9, ét. 172. Le Conseil d'État a jugé dans l'affaire Céline que ni le principe de subsidiarité selon lequel une convention ne peut pas, par elle-même, directement servir de base légale à une décision relative à l'imposition, ni l'interprétation conforme à leur objet des stipulations d'une convention fiscale visant à éliminer la double imposition ne peuvent faire échec à l'application des stipulations claires des conventions lorsqu'elles interdisent cette déductibilité. Il a réitéré et complété cette solution dans la décision SA Faurecia (CE, 27 juin 2016, n° 388984, *Dr. fisc.* 2016, n° 41, 547, concl. E. Crépey) dans laquelle il a estimé que les conventions fiscales ne faisaient pas naître une créance restituable pouvant être regardée comme un bien au sens de l'article 1er du premier protocole à la Convention EDH. Cette jurisprudence (dont la portée varie selon les conventions fiscales) nous paraît inique car elle conduit en pratique une société déficitaire à être plus mal traitée lorsqu'elle perçoit un revenu d'un État non conventionné (la retenue à la source étrangère augmentant en France le déficit reportable) que lorsqu'elle perçoit un revenu d'un État conventionné (la retenue à la source n'étant alors ni augmentative du déficit, ni imputable sur un quelconque impôt français). La solution a été confirmée par le législateur : l'article 39. 1, 4° du CGI dans sa version issue de la loi de finances pour 2018 interdit désormais de façon générale la déduction du résultat taxable « des impôts prélevés par un État ou territoire conformément aux stipulations d'une convention fiscale d'élimination des doubles impositions en matière d'impôt sur les revenus conclue par cet État ou territoire avec la France ».

173. CEDH, 3 juill. 2003, n° 38746/97, *Buffalo c/ Italie*. Solution confirmée par CE, 31 juill. 2009, n° 316525, 324925 et 325172, *Dr. fisc.* 2009, n° 47, comm. 549, concl. P. Collin, note M. Guichard et R. Grau, *RJF* II/2009, n° 992 ; v. aussi implicitement, CE, 2 juin 2010, *Fondation de France*, préc.

plus de 120 pays[174], dispose d'ailleurs du deuxième réseau de conventions fiscales après le Royaume-Uni[175]. On examinera ici leur objet (A) et la relation qu'elles entretiennent avec le droit interne (B).

A. L'OBJET DES CONVENTIONS FISCALES INTERNATIONALES

44 Les conventions fiscales internationales sont le plus souvent des conventions bilatérales, bien que certaines conventions qui, sans avoir à proprement parler un objet fiscal, puissent produire des effets en matière fiscale. C'est le cas notamment des traités de commerce, dont l'importance va croissant, ainsi qu'en témoigne le nombre croissant de litiges portés devant l'Organe de règlement des différends de l'Organisation mondiale du commerce et concernant des lois fiscales discriminatoires ou constitutives de subventions d'État prohibées[176].

Sous cette réserve, donc, les conventions fiscales sont généralement conclues entre deux États qui entendent par ce moyen remédier au problème de la double imposition et, dans une certaine mesure, lutter contre l'évasion fiscale. La plupart sont rédigées en prenant pour appui le modèle (non contraignant) élaboré par le Comité des affaires fiscales de l'OCDE[177], ce qui confère à ce dernier un caractère de quasi-source du droit fiscal international[178]. D'autres sont inspirées d'un modèle élaboré par l'ONU, censé mieux refléter les besoins des pays en développement dans leurs relations avec les pays développés. Ces deux instruments sont d'une importance considérable. Traditionnellement non contraignant, le modèle OCDE a vu son autorité se renforcer en pratique au fil du temps, et il est intéressant de constater qu'à la faveur du projet de lutte contre

174. Le nombre varie chaque année, au gré des nouvelles conventions conclues.

175. Affirmation de F. Huwart, Secrétaire d'État au commerce extérieur, lors du colloque organisé le 23 mai 2001 par l'Université Paris 1 Panthéon-Sorbonne sur le thème « fiscalité des résultats et déploiement international des entreprises ».

176. Sur l'impact du droit de l'OMC en matière fiscale, cf. notamment M. Prodhomme-Sadowsky, *Droit OMC, droit communautaire et fiscalité directe*, Larcier 2013 ; C. Micheau, *Droit des aides d'État et des subventions en fiscalité. Droit de L'Union européenne et de L'OMC*, Larcier, 2013 ; J. Herdin-Winter et I. Hofbauer (dir.), *The Relevance of WTO Law for Tax Matters*, Linde Verlag, 2006 ; M. Lang, J. Herdin, I. Hofbauer (dir.), *WTO and Direct Taxation*, Linde Verlag, 2005. Dans ce dernier ouvrage, on consultera le rapport national rédigé par H. Kabbaj et M. Prodhomme-Sadowsky pour la France. *Adde*, sur le sujet, l'article de P. Mc Daniel, « Trade and Taxation », *Brooklyn Journal of International Law*, 2001, p. 1621 et s.

177. On parle communément de « Modèle OCDE ». Celui-ci est périodiquement révisé afin de tenir compte des évolutions de la fiscalité internationale. Sa dernière révision a été approuvée en novembre 2017. Il est assorti de commentaires rédigés par le comité des affaires fiscales de l'OCDE, au sein duquel les États membres peuvent aussi émettre des réserves sur l'interprétation du modèle proposée par les commentaires. Le modèle OCDE et ses commentaires n'ont pas de portée juridique contraignante.

178. Signalons, parmi l'abondante littérature consacrée à l'élucidation du type de normativité découlant des travaux des organismes internationaux : M. Chrétien, « Contribution à l'étude du droit international fiscal actuel : le rôle des organisations dans le règlement des questions d'impôt entre les divers États », *RCADI* 1954-II, t. 86, p. 1 et s. ; P. Kerlan, « L'élaboration doctrinale du droit fiscal international – les modèles de conventions », *DPCI* 1985, p. 191 et s. ; C. David, « Les normes fiscales imparfaites sur les plans international et communautaire », in *Droit et actualité : études offertes à Jacques Béguin*, Litec, 2005, p. 249 et s. ; Th. Dubut, « Les commentaires du modèle de convention fiscale de l'OCDE et l'interprétation des conventions bilatérales contre la double imposition. Contribution à l'étude de la normativité sans efficacité en droit international public », *RRJ* 2009-3.

l'érosion de l'assiette et le transfert des bénéfices (projet « BEPS »[179]), un certain nombre de recommandations de l'OCDE ont cessé d'avoir une autorité « molle » pour se transformer en droit « dur ». Certaines propositions de modifications des conventions fiscales ont ainsi été intégrées dans une convention multilatérale dont l'objet est de modifier, d'un seul coup, les conventions fiscales bilatérales entre un grand nombre d'États. La signature de cet instrument a eu lieu à Paris le 7 juin 2017 et le texte a été adopté définitivement par l'Assemblée nationale le 5 juillet 2018[180].

En pratique, le fonctionnement de cet instrument multilatéral peut être résumé comme suit : pour savoir si une convention fiscale conclue par la France avec un État donné est concernée par cet instrument, il faut d'abord regarder si la France indique vouloir couvrir cette convention en ratifiant l'instrument multilatéral. Il faut ensuite se demander si l'autre État contractant a également mentionné la convention avec la France au titre des conventions couvertes. Si tel est le cas, la France et l'autre État sont tenus d'appliquer l'instrument multilatéral. Toutefois, l'instrument multilatéral prévoit que les États peuvent émettre des réserves sur l'application de tel ou tel article spécifique. Ainsi, par exemple, l'élargissement du concept d'établissement stable peut avoir fait l'objet d'une réserve de la part de l'autre État contractant, alors même que la France n'aurait pas émis une telle réserve. En pareille circonstance, l'article concerné ne peut s'appliquer, car la réserve émise par un État a pour effet de bloquer sa mise en œuvre. Dans la même veine, certains articles de la convention multilatérale peuvent avoir été approuvés par les deux États, mais selon des modalités différentes (la convention multilatérale prévoyant des options pour la mise en œuvre de certains articles). Ici encore, si les deux États contractants n'ont pas choisi les mêmes options, la mise en œuvre de l'article pertinent est bloquée. Il résulte de tout cela qu'en combinant le jeu des conventions couvertes (ou non), des réserves et des options, l'effet de la convention multilatérale peut être substantiellement réduit au regard de ses effets théoriques si aucun de ces mécanismes n'existait.

45 L'interprétation des conventions fiscales[181] doit être opérée conformément aux articles 31 et 32 de la Convention de Vienne du 23 mai 1969 sur le droit des traités. Bien que la Convention de Vienne n'ait pas été ratifiée par la France, ses principes d'interprétation constituent en effet, selon le Conseil d'État, des principes coutumiers du droit international applicables aux conventions fiscales internationales[182]. La solution vaut

179. *Base erosion and profit shifting*. Le projet BEPS, sur lequel on reviendra souvent dans cet ouvrage, constitue un projet de longue haleine développé par les États de l'OCDE pour lutter contre l'optimisation fiscale agressive des multinationales. La littérature sur le plan BEPS est immense. Pour un point de départ, v. le volume 102 des *Cahiers de droit fiscal international* publiés par l'IFA (2017), intitulé *Assessing BEPS : origins, standards and responses*.

180. Sur ce sujet, v. notamment C. Silberztein, B. Granel et J.-B. Tristram, *La convention multilatérale de l'OCDE : vous ne lirez plus les conventions fiscales comme avant !*, *Dr. fisc.* 2017, n° 39, 475 ; *Les actes de la soirée annuelle de l'IFA, La convention multilatérale OCDE : quel impact sur la fiscalité internationale*, *Dr. fisc.* 2017, n° 51-52, 587 ; E. Lesprit et M.-Ch. Mahieu, *La convention fiscale multilatérale, un outil juridique prometteur ?*, BF 11/17.

181. Sur laquelle v. Ph. Martin, L'interprétation des conventions fiscales internationales, *Dr. fisc.* 2013, n° 24, ét. 320.

182. Avis de la Section des finances du Conseil d'État du 31 mars 2009, n° 382545, publié dans le rapport d'activité du Conseil d'État pour 2009, p. 381 et s. Cette solution confirme la jurisprudence antérieure du Conseil d'État (notamment CE, 13 oct. 1999, n° 190083, *Banque française de l'Orient*, *RJF* 12/99, p. 938, concl. J. Arrighi de Casanova, et CE, 30 déc. 2003, n° 233894 sect., *SA Andritz*, *Dr. fisc.* 2004, n° 16, comm. 427, concl. G. Bachelier). Depuis 2009, v. CE, 29 juin 2011, n° 320263, *min c./*

d'être soulignée lorsqu'on sait que la coutume internationale ne figure normalement pas au rang des sources internationales prévalant sur la loi interne[183]. Conformément à la Convention de Vienne, donc, un traité doit être interprété de bonne foi suivant le sens ordinaire à attribuer aux termes du traité dans leur contexte et à la lumière de son objet et de son but[184]. Il en découle que les conventions doivent en principe être interprétées littéralement[185], ce qui implique éventuellement de tenir compte de la version du texte dans la langue de l'autre État contractant[186], mais que lorsque cette méthode ne peut être appliquée, il peut être fait appel à des moyens complémentaires d'interprétation. Parmi eux, le Conseil d'État admet que les commentaires du modèle OCDE constituent un élément pouvant être pris en compte dans l'interprétation d'une convention conclue par la France, dès lors qu'ils lui sont antérieurs[187]. Il peut donc s'avérer important, dans la pratique, de connaître l'historique de la rédaction des conventions fiscales[188]. Le débat sur l'interprétation des conventions s'est enrichi avec l'adoption de la convention multilatérale de juin 2017 puisqu'il convient désormais d'interpréter les conventions, non seulement à la lumière des objectifs poursuivis par les parties aux

Chauvin, *Dr. fisc.* 2011, nº 39, comm. 532, concl. E. Cortot-Boucher. Cf., pour un aperçu de la question, D. Gutmann, "Interpretation of Tax Treaties in France", *EC Tax Review* 2001-4, p. 201 et s.

183. CE, 6 juin 1997, nº 148683, *Ass. Aquarone*, *RJF* 7/97, nº 672 (concernant l'exemption de pensions perçues par les anciens membres de la Cour internationale de justice). Même solution pour les principes généraux du droit international : CE, 28 juill. 2000, nº 178834, *Paulin* (concernant une pension de retraite versée à un ancien fonctionnaire de l'OIT), *RJF* 11/00, nº 1194.

184. Explicitement en ce sens, CE, plén. fisc., 11 avr. 2014, nº 362237, *M. Giorgis*, *Dr. fisc.* 2014, nº 21, comm. 342, concl. E. Crépey, note Ch. Louit. Sur la portée de ces arrêts, notamment en matière de techniques d'interprétation, v. E. Bokdam-Tognetti, « Fiscalité des résidents de Monaco : comme un ouragan jurisprudentiel », *RJF* 7/14, p. 635 et s. Dans le même sens, v. CE, 9 nov. 2015, nº 370054, *Landesärtzekammer Hessen Versorgungswerk* (*LHV*) et nº 371132, *Santander Pensiones SA EGFP*.

185. CE, 30 déc. 1996 nº 128611, *Benmiloud* : *RJF* 2/97 nº 158 concl. G. Bachelier p. 74 ; CE 17 déc. 2003 nº 239677, *Heskes* : *RJF* 3/04 nº 249 ; CE, 26 juill. 2006 nº 284930, *Société Natexis Banques Populaires* : *RJF* 11/06 nº 14211, concl. P. Collin *BDCF 11/06 nº 142* ; CE, 29 juin 2011 nº 320263, 3e et 8e s.-s., *min. c/Chauvin* : *RJF* 10/11 nº 1084 ; *BDCF* 10/11, nº 118, concl. E. Cortot-Boucher.

186. CE, 27 juill. 2012, nº 337656 et 337810, *Regazzacci*, *Dr. fisc.* 2012, nº 41, comm. 473, concl. F. Aladjidi, note F. Le Mentec ; *L'année fiscale, Dr. fisc.* 2013, nº 9, ét. 170, obs. E. Dinh (arrêt également intéressant en ce qu'il se réfère explicitement à l'objet de la convention en vue d'interpréter celle-ci). Dans le même sens (s'agissant de la convention franco-allemande, interprétée à la lumière de la version allemande), CE, 10 oct. 2014, nº 356878, *Caisse régionale de Crédit agricole mutuel du Finistère*, *Dr. fisc.* 2014, nº 49, comm. 668, concl. F. Aladjidi.

187. Raisonnement *a contrario* fondé sur CE, 30 déc. 2003, req. nº 233894, *SA Andritz*, *Dr. fisc.* 2004, nº 16, comm. 427, concl. G. Bachelier, écartant la prise en compte des commentaires postérieurs à l'adoption de la convention. Dans le même sens, v. aussi CE, 11 avr. 2014, nº 346687, *Banca di Roma Spa* ; nº 344990, *Bayerische Hypo und Vereinsbank AG* ; nº 359640, *Caixa Geral de Depositos*, *Dr. fisc.* 2014, comm. 365, concl. D. Hedary ; CE, 9 nov. 2015, nº 370974, *Sodirep Textiles SA-NV*, *Dr. fisc.* 2016, nº 24, comm. 377, concl. M.-A. Nicolazo de Barmon, note C. Silberztein, B. Granel, A. Calloud et M. Valeteau. Le Conseil d'État a fait une application positive de la règle de prise en compte des commentaires antérieurs dans sa décision *Sté Al Hayat Publishing Company Ltd* du 28 mai 2014 (nº 360890).

188. D'où l'intérêt d'une approche archéologique des traités et des ouvrages faisant l'histoire du modèle OCDE. Pour une mine d'informations, v. notamment T. Ecker et G. Ressler (dir.), *History of Tax Treaties. The Relevance of the OECD Documents for the Interpretation of Tax Treaties*, Linde Verlag, Vienne, 2011. V. aussi le site internet http://www.taxtreatieshistory.org, qui permet de faire des recherches historiques particulièrement fructueuses.

conventions bilatérales, mais également à la lumière des ajouts opérés par la convention multilatérale[189].

46 Les conventions fiscales constituent ainsi une source originale du droit fiscal. Contrairement au droit interne, elles n'ont en effet pas pour fonction de créer des impôts. Comme l'énonce le Conseil d'État, une convention fiscale « ne peut pas, par elle-même, directement servir de base légale à une décision relative à l'imposition »[190]. En revanche, les conventions fiscales internationales aboutissent à écarter partiellement ou totalement le droit pour la France d'imposer certains revenus, certains éléments du patrimoine ou certaines mutations. En cela, elles permettent de remédier aux situations de double imposition internationale (1°) et favorisent une articulation plus harmonieuse des systèmes fiscaux (2°).

1. La lutte contre la double imposition

47 Le problème de la double imposition est un problème structurel. Il surgit en raison de l'absence d'harmonisation des droits fiscaux et du caractère unilatéraliste du droit fiscal : chaque ordre juridique entend déterminer ses sujets fiscaux et le fait générateur des impôts en faisant abstraction des ordres étrangers. Il est donc inévitable que surgissent des situations de cumul, c'est-à-dire des cas dans lesquels plusieurs ordres juridiques se prétendent simultanément compétents pour imposer un fait générateur d'impôt.

On a coutume de distinguer deux types de double imposition[191] : la double imposition juridique, qui surgit lorsqu'une même personne est imposée deux fois à raison du même revenu[192], et la double imposition économique, qui surgit lorsque deux personnes différentes sont imposées à raison d'un même flux financier ou d'un même fait générateur d'imposition (défini économiquement, non juridiquement).

La **double imposition juridique** se présente, par exemple, lorsque deux États considèrent qu'une même personne est fiscalement résidente de chacun d'eux. Elle se retrouve alors imposée deux fois à raison de l'ensemble de ses revenus. Il y a encore double imposition juridique lorsqu'un État impose les revenus de source étrangère perçus par un résident, tandis que l'État dans lequel le revenu prend sa source prélève également un impôt. Ce dernier cas illustre un cas de conflit entre État de la résidence du titulaire du revenu et État de la source du revenu.

La **double imposition économique**, elle, se présente classiquement dans la situation où un actionnaire reçoit un dividende distribué par une société soumise à l'impôt sur les sociétés. En pareille circonstance, le bénéfice réalisé par la société distributrice fait économiquement l'objet d'une double imposition : une première fois, au nom de la société (qui paie l'impôt sur les sociétés sur le bénéfice)

---

189. Sur ce sujet, D. W. Blum, *The Relationship between the OECD Multilateral Instrument and Covered Tax Agreements: Multilateralism and the Interpretation of the MLI, Bulletin for International Taxation*, mars 2018, p. 131 et s. ; C. Hji Panayi, *International Tax Law Following the OECD/G20 Base Erosion and Profit Shifting Project*, 70 Bull. Intl. Taxn. 11, sec. 5. (2016), Journals IBFD ; P.-J. Hattingh, *The Multilateral Instrument from a Legal Perspective: What May Be the Challenges?*, 71 Bull. Intl. Taxn. 3/4 (2017) ; L.-E. Schoueri et R.A. Galendi (Jr.), *Interpretative and Policy Challenges Following the OECD Multilateral Instrument (2016) from a Brazilian Perspective*, 71 Bull. Intl. Taxn. 6 (2017), Journals IBFD.

190. CE, 28 juin 2002, n° 232276, *Dr. fisc.* 2002, n° 36, p. 1150, concl. S. Austry, *BDCF* 10/02, p. 13 et s. Pour une liste exhaustive des articles parus sur cet arrêt, nous renvoyons à la chronique de fiscalité internationale publiée par B. Castagnède dans le numéro 2003 de la revue *L'année fiscale*.

191. Pour une approche plus approfondie de la distinction, cf. G. Gest et G. Tixier, *Droit fiscal international*, PUF, 2e éd., 1990, n° 6 et s.

192. La définition donnée par le premier paragraphe du commentaire du modèle OCDE est plus précise. Selon cette source, « la double imposition juridique internationale peut être définie d'une manière générale comme l'application d'impôts comparables dans deux (ou plusieurs) États au même contribuable, pour le même fait générateur et pour des périodes identiques ».

et une seconde fois, au nom de l'actionnaire (qui paie l'impôt sur le revenu sur le dividende). La double imposition économique peut se présenter dans des situations purement internes comme dans des situations internationales. C'est pourquoi les conventions fiscales rédigées selon le modèle OCDE excluent à titre de principe le règlement des cas de double imposition économique et se concentrent sur les difficultés spécifiquement internationales rencontrées en cas de double imposition juridique.

Il est à signaler que les conventions fiscales ne s'intéressent pas seulement à la double imposition des revenus. Certaines d'entre elles, quoique moins nombreuses, règlent également – ou séparément – la double imposition susceptible de survenir au titre de l'imposition du patrimoine (lorsque deux États imposent la fortune) ou au titre des droits de mutation à titre gratuit (droits de donation, droits de succession), voire à titre onéreux.

48 La lutte contre la double imposition juridique prend alors généralement la forme suivante (on se référera ci-après au cas le plus courant, celui d'une convention en matière d'imposition du revenu) : après avoir déterminé les personnes pouvant se prévaloir d'une convention fiscale (les résidents de l'un ou des deux États contractants[193]), la convention établit des critères de rattachement de la matière imposable à l'un ou l'autre des États contractants. Par exemple, une convention conclue par les États A et B en matière d'impôt sur le revenu prévoit généralement que la plus-value réalisée par un résident de l'État membre A sur un bien meuble situé dans l'État B est exclusivement imposable, en principe, dans l'État de résidence du cédant, soit l'État A[194]. La même convention peut prévoir un autre facteur de rattachement pour un type de revenu différent. Ainsi, il est généralement admis que lorsqu'une personne physique résidente de l'État A perçoit des loyers à raison de la location d'un bien immobilier dans l'État B, c'est le lieu de situation de l'immeuble qui constitue le critère pertinent permettant d'attribuer compétence fiscale à l'État B[195]. Les conventions attribuent donc, revenu par revenu[196], le droit d'imposer ledit revenu à l'un ou l'autre des États contractants.

49 Toutefois, il se peut que cette attribution de compétence fiscale ne soit pas exclusive. En d'autres termes, ce n'est pas parce que l'État B (État de la source du revenu) a le droit d'imposer un revenu que l'État A (État de la résidence du titulaire du revenu) perd nécessairement le droit de l'imposer également. Tout dépend de la technique utilisée par l'État A pour éliminer la double imposition en cas d'attribution de compétence à l'État B. Certes, si l'État A recourt à la méthode de l'exemption, il renonce à imposer les revenus dont l'imposition a été attribuée à l'État B. En pareil cas, le droit fiscal interne de l'État A est bel et bien évincé au profit de l'État B. Mais il se peut que l'État A, plutôt que d'utiliser la méthode de l'exemption, utilise la méthode de l'imputation : en pareil cas, l'État A conserve la possibilité d'imposer, conformément à son droit interne, le revenu attribué par la convention à l'État B, mais il doit accorder un crédit d'impôt correspondant en principe au montant de l'impôt acquitté dans l'État B. L'octroi du crédit d'impôt consiste en l'imputation sur le montant de l'impôt dû dans l'État A du montant de l'impôt dû dans l'État B. Si l'impôt dans l'État B est d'un montant équivalent à l'impôt dans l'État A, la méthode de l'imputation rejoint en pratique la méthode de l'exemption puisque l'impôt payable en A est en réalité nul

193. Art. 1er du modèle OCDE (personnes visées) et art. 4 (notion de résident).

194. Art. 13 du modèle OCDE.

195. Art. 6 du modèle OCDE.

196. Les revenus visés par le modèle OCDE sont, outre ceux précités, les bénéfices des entreprises (art. 7), les bénéfices provenant de la navigation maritime, intérieure et aérienne (art. 8), les dividendes (art. 10), les intérêts (art. 11), les redevances (art. 12), les revenus d'emploi (art. 15), les tantièmes (art. 16), les revenus des artistes et sportifs (art. 17), les pensions (art. 18), les revenus des fonctions publiques (art. 19), les revenus des étudiants (art. 20) et les autres revenus (art. 21).

ou très faible. En revanche, si l'impôt dans l'État B est beaucoup plus faible que l'impôt dans l'État A, le crédit d'impôt est réduit d'autant, et l'État A conserve alors des recettes fiscales importantes.

Exemple théorique : un résident d'un État A perçoit des revenus imposables, selon la convention, dans l'État B (État de source). Le taux d'imposition dans l'État A est de 40 %. Le taux d'imposition dans l'État B est de 30 %. On suppose que les revenus ayant leur source en B sont de 100[197].

		Imposition dans l'État B	**Imposition totale dans les deux États**
Imposition dans l'État A (méthode de l'exemption)	**0** (les revenus ayant leur source en B ne sont pas pris en compte par l'État A pour déterminer l'assiette de l'impôt)	**30**	**30** **(0 + 30)**
Imposition dans l'État A (méthode de l'imputation)	**10** 40 % (100) – 30 = 10 (A impose les revenus ayant leur source en B au taux de 40 % puis accorde un crédit d'impôt correspondant à l'impôt acquitté en B)	**30**	**40** **(10 + 30)**

L'articulation entre l'attribution de compétence fiscale à un État et le choix par l'autre État de la méthode d'élimination de la double imposition révèle l'originalité du fonctionnement des conventions fiscales. Au contraire des règles de conflit bilatérales bien connues des juristes de droit international privé, qui déterminent une fois pour toutes quelle *unique* loi s'applique à une situation juridique, les conventions fiscales aboutissent fréquemment à un *partage* de la compétence fiscale entre les États concernés. C'est le cas, notamment, lorsque l'État de résidence accorde un crédit d'impôt inférieur au montant de l'impôt qu'il prélève. L'effet d'une convention fiscale est donc, tantôt d'éliminer purement et simplement la charge fiscale dans un État, tantôt de la modérer sans la supprimer.

Il est à noter qu'un même État peut, dans une seule convention, choisir la méthode de l'exemption pour certains revenus (le plus souvent les revenus d'activité industrielle et commerciale) et la méthode de l'imputation pour d'autres (par exemple les dividendes et les revenus des artistes et sportifs). Cette pluralité des méthodes révèle le pragmatisme qui anime les négociateurs de conventions. Elle s'explique en particulier par le souci d'éviter que certains revenus, très ou trop faiblement imposés dans l'État de source, n'échappent totalement à l'impôt dans l'État de résidence, lequel préfère utiliser la méthode de l'imputation comme moyen d'éluder la charge fiscale de l'État de résidence. Tout ceci conduit, en tout état de cause, au constat que la notion d'élimination de la double imposition est trompeuse si l'on n'y prend garde. La surcharge fiscale internationale peut en effet être supprimée par une convention fiscale bien que chaque État conserve le droit d'imposer un même revenu. En d'autres termes, la double imposition peut être écartée même s'il reste un double impôt.

2. Les autres fonctions des conventions fiscales

50 Les conventions fiscales contiennent généralement des dispositions spéciales ayant un objet distinct de la seule lutte contre la double imposition : clause

197. Il est fait abstraction, dans cet exemple, de l'impact de la méthode du taux effectif en cas de choix par l'État A de la méthode de l'exonération. Cette méthode consiste pour l'État A, lorsqu'il applique un barème progressif d'imposition, à prendre en considération le revenu ayant sa source dans l'État B afin de déterminer le taux effectif d'imposition selon le barème. Une fois ce taux obtenu, il est appliqué au seul revenu réalisé dans l'État A.

de non-discrimination[198], clause prévoyant la mise en place d'une procédure amiable de règlement des différends entre États quant à l'application et à l'interprétation des conventions[199] (voire une clause d'arbitrage), clause d'échange de renseignements entre autorités fiscales de chaque État[200], clause d'assistance en matière de recouvrement des impôts[201]. Il convient à cet égard de signaler le spectaculaire développement de la coopération fiscale entre États dans le domaine de la lutte contre la fraude et l'évasion fiscale[202]. Le modèle OCDE, depuis sa révision en novembre 2017, contient d'ailleurs un préambule mentionnant que les conventions fiscales visent à éliminer la double imposition, mais ne peuvent avoir pour objet de « créer de possibilités de non-imposition ou d'imposition réduite par l'évasion ou la fraude fiscale (y compris par des mécanismes de chalandage fiscal destinés à obtenir les allégements prévus dans la présente convention au bénéfice indirect de résidents d'États tiers) ».

Il convient enfin de signaler qu'un certain nombre de conventions bilatérales d'investissement conclues par la France avec des pays étrangers peuvent contenir des clauses fiscales d'une grande importance pratique[203].

B. LES RELATIONS ENTRE CONVENTIONS FISCALES ET DROIT INTERNE

51 Les conventions fiscales ne doivent être appliquées qu'après vérification préalable de la correcte application du droit interne. C'est, en bref, le principe de subsidiarité des conventions fiscales (1°). Lorsque les conventions fiscales s'appliquent, elles l'emportent alors sur le droit interne. C'est le principe de primauté du traité sur la loi, qui vaut en matière fiscale comme ailleurs (2°).

1. La subsidiarité des conventions fiscales internationales

52 Le principe de subsidiarité des conventions fiscales, qui n'a rien à voir avec le concept de subsidiarité au sens du droit de l'Union européenne, constitue une exigence de méthode formulée par le Conseil d'État dans l'arrêt *Société Schneider Electric* du 28 juin 2002[204]. Selon cet arrêt, « il incombe au juge de l'impôt, lorsqu'il est saisi d'une contestation relative à une telle convention, de se placer d'abord au regard de la loi fiscale nationale pour rechercher si, à ce titre, l'imposition contestée a été

198. Art. 24 du modèle OCDE. Sur l'efficacité de ces clauses, et notamment sur la comparaison entre non-discrimination au sens conventionnel et non-discrimination au sens du droit de l'Union européenne, v. G. Ladreyt, « Lutte contre les mesures fiscales discriminatoires : le TFUE plus efficace que les conventions fiscales bilatérales », *Dr. fisc.* 2014, n° 48, ét. 650.

199. Art. 25 du modèle OCDE.

200. Art. 26 du modèle OCDE.

201. Art. 27 du modèle OCDE.

202. Pour un bilan d'étape, v. les actes du colloque organisé par l'École de droit de la Sorbonne le 15 juin : « La nouvelle coopération fiscale internationale », *Dr. fisc.* 2010, n° 42-43, ét. 531 ainsi, pour l'OCDE, que l'article de P. Saint-Amans dans *Dr. fisc.* 2010, n° 14, ét. 257.

203. T. Dubut et T. Randriamanalina, "Chapter 11: France", *in* M. Lang *et al.* (ed), *The Impact of Bilateral Investment Treaties on Taxation*, IBFD, 2017.

204. CE, Ass., 28 juin 2002, n° 232276, *Dr. fisc.* 2002, n° 36, p. 1150, concl. S. Austry, *BDCF* 10/02, p. 13 et s. ; *L'année fiscale* 2003, p. 385, obs. B. Castagnède et les références citées p. 399.

valablement établie et, dans l'affirmative, sur le fondement de quelle qualification ; [...] il lui appartient ensuite le cas échéant, en rapprochant cette qualification des stipulations de la convention, de déterminer – en fonction des moyens invoqués devant lui ou même, s'agissant de déterminer le champ d'application de la loi, d'office – si cette convention fait ou non obstacle à l'application de la loi fiscale ».

Bien que sa formulation soit complexe, le principe de subsidiarité des conventions fiscales s'appuie sur le bon sens. Si un contribuable a été imposé de façon erronée en France, l'impôt doit être écarté sur la base du droit interne. La convention n'a pas à intervenir. Le Conseil d'État estime par exemple qu'il n'y a pas lieu d'appliquer d'office la définition de la résidence prévue par une convention fiscale lorsqu'en vertu du droit interne, la retenue à la source sur la rémunération versée à un salarié non-résident n'est pas exigible, le salarié en cause étant en réalité domicilié en France selon les critères de l'article 4 B du CGI[205].

53 Intuitivement, le principe de subsidiarité se relie également à l'idée que le traité ne doit servir qu'à écarter la loi interne lorsque celle-ci a pour effet d'imposer un contribuable. En l'absence d'imposition prévue par la loi interne, le traité n'a pas de raison d'être appliqué. La réalité est toutefois plus subtile car plusieurs dispositions du Code général des impôts[206] prévoient que lorsque l'imposition de revenus ou bénéfices a été attribuée à la France par une convention fiscale, ils y sont passibles soit de l'impôt sur le revenu, soit de l'impôt sur les sociétés[207]. Ces textes ont donc pour conséquence de permettre l'imposition en France de certains revenus alors même qu'en l'absence de convention, le droit interne substantiel ne le permettrait pas[208]. La contradiction avec l'arrêt *Schneider* n'est qu'apparente : dans l'hypothèse où l'administration se fonde sur ces dispositions pour établir l'impôt, le fondement juridique de cette imposition n'est pas la convention fiscale elle-même, par l'effet de l'article 55 de la Constitution, mais, plus classiquement la loi fiscale interne, même si le Code général des impôts renvoie, pour déterminer la base légale de l'imposition, aux stipulations d'une convention fiscale[209].

205. CE, 13 juill. 2007, n° 290266, *RJF* 11/07, n° 1302.

206. Articles 4 *bis* et 165 *bis*, auxquels il faut ajouter la fin du premier alinéa du I de l'article 209 du CGI. Ces articles sont tous issus du même texte, le III de l'article 3 de la loi du 28 décembre 1959 portant réforme du contentieux fiscal et divers aménagements fiscaux.

207. Sur l'interprétation de ces textes, cf. S. Austry et D. Gutmann, « L'articulation des conventions et du droit interne », *FR* 53/07, p. 11 et s. ; P. Coudin, « Réflexions sur la portée du principe de subsidiarité des conventions fiscales internationales », in *Écrits de fiscalité des entreprises, Études à la mémoire du professeur Maurice Cozian*, Litec, 2009, p. 499 et s. On observera qu'en matière d'ISF, où n'existait pourtant pas de disposition comparable à celles des articles 4 B et 209 du CGI, la Cour de cassation s'est directement appuyée sur l'avenant du 26 mai 2003 à la convention franco-monégasque du 18 mai 1963 pour fonder l'imposition sur une base mondiale (Cass. com., 26 oct. 2010, n° 09-15044, *Mme Mettey*, *Dr. fisc.* 2011, n° 3, comm. 117, note J.-P. Maublanc ; *L'année fiscale*, *Dr. fisc.* 2011, n° 9, ét. 235, obs. critiques B. Castagnède).

208. À noter, toutefois, que le principe de subsidiarité ne semble pas commander l'imposition en France d'un revenu dont l'exonération est expressément prévue par la loi fiscale française. En ce sens, TA Montreuil, 18 nov. 2011, n° 1005653, *M. Griveau*, *Dr. fisc.* 2012, n° 10, comm. 168, § 18, obs. N. Chayvialle (au sujet de l'article 244 *bis* B du CGI). Pour une réflexion générale à partir du jugement Griveau, cf. B. Gouthière, « L'administration peut-elle toujours imposer sur le fondement d'une convention fiscale ? », *FR* 24/12, p. 12 et s.

209. D'ailleurs, l'arrêt *Schneider* a lui-même pris soin de préciser qu'une convention fiscale ne peut « par elle-même, directement » servir de base légale à une décision relative à l'imposition. Ceci s'explique vraisemblablement par le souci de laisser aux articles précités leur pleine application.

Ainsi s'explique que le Conseil d'État, moins d'un an après la décision *Schneider*, ait admis que l'administration se fonde sur la notion « d'agent dépendant » au sens de la convention fiscale franco-suisse pour établir l'imposition en France de l'établissement stable d'une société suisse[210]. L'arrêt mentionne d'ailleurs, avant d'examiner l'incidence des stipulations de la convention franco-suisse, les dispositions de l'article 209, I du CGI aux termes desquelles constituent des bénéfices passibles de l'IS « ceux dont l'imposition est attribuée à la France par une convention fiscale »[211].

54 Cette jurisprudence mérite un certain nombre de commentaires. Tout d'abord, il est clair qu'à ce jour, le Conseil d'État n'a pas consacré un principe général de non-aggravation de la situation du contribuable par les conventions internationales[212]. S'il a parfois recouru à d'autres fondements pour aboutir à des solutions identiques[213], il a également rendu des arrêts fondés sur les conventions fiscales et aboutissant à placer le contribuable dans une situation pire que celle résultant du droit interne. À titre d'exemple, le Conseil d'État[214] considère qu'une société française bénéficiaire d'un crédit d'impôt étranger en vertu d'une convention fiscale ne peut, lorsqu'elle est en situation déficitaire et n'est donc pas redevable d'un impôt français sur lequel imputer l'impôt étranger, ni se faire rembourser par la France l'État payé à l'étranger, ni reporter le crédit d'impôt en avant (en l'imputant sur l'impôt sur les sociétés de l'année suivante), ni même déduire l'impôt étranger à titre de charges, comme l'autorise pourtant souvent le droit interne français. Cette solution a été confirmée par la loi de finances pour 2018 qui a réformé l'article 39, 1, 4° du CGI pour interdire de façon générale la déduction du

210. CE, Sect., 20 juin 2003, n° 224407, *min. c/ société Interhome AG*, *RJF* 8-9/03, n° 1147, chron. L. 281098, *min. c/ Sté Midex*, *RJF* 7/06, n° 909, *BDCF* 7/06, n° 92, concl. L. Vallée.

211. Faut-il vérifier, avant de se référer à la définition conventionnelle de l'établissement stable, que l'entreprise « exploite une entreprise en France », au sens de l'article 209 du CGI ? La réponse semblait négative à la lumière des arrêts *Interhome* et *Midex* cités dans la note précédente. Des décisions plus récentes semblent au contraire se livrer à cette vérification mais celle-ci ne semble y revêtir qu'une portée pédagogique (cf. CE, 31 juill. 2009, n° 296471, *Sté Overseas Thoroughbred Racing Stud Farms Ltd*, *RJF* 11/09, n° 979 ; CE, 31 juill. 2009, n° 297933, *min. c/ Sté Swiss International Air Lines AG*, *RJF* 11/09, n° 980. Sur ces deux affaires, cf. E. Glaser, concl. *BDCF* 11/09, n° 133 et V. Daumas, « "Subsidiarité" des conventions fiscales internationales : un pragmatique retour à l'orthodoxie », *RJF* 11/09, p. 819 et s.). Le Conseil d'État a d'ailleurs confirmé dans l'arrêt *Zimmer* du 31 mars 2010 la validité juridique du raisonnement « raccourci » (cf. CE, 10e et 9e s.-s., 31 mars 2010, *Sté Zimmer Ltd*, n° 304715 et 308525, *RJF* 6/10, n° 568, et, sur la question des étapes du raisonnement, l'étude de S. Austry, S. Gélin et D. Gutmann, *RJF* 6/10, p. 451 et s.).

212. Analyse partagée par B. Gouthière, n° 538.

213. Cf. notamment CE, 17 déc. 1984, n° 47293, *RJF* 2/85, n° 308 et *Dr. fisc.* 1985, n° 11, comm. 553, concl. O. Fouquet.

214. CE, 11 juill. 1991, n° 57391, *Sté française des techniques Lummus*, *RJF* 10/91, n° 1208 ; *Rev. sociétés* 1991, p. 808, concl. O. Fouquet ; CE, 12 mars 2014, n° 362528, *Sté Céline*, *Dr. fisc.* 2014, n° 22, comm. 356, concl. F. Aladjidi, note Ph. Durand, et la chronique d'E. Dinh à *Dr. fisc.* 2015, n° 9, ét. 172. Depuis la décision *Céline* de 2014, il n'est plus évident de déterminer la portée exacte de l'arrêt *SA établissements Soulès & Cie* (CE, 20 nov. 2002, n° 230530, *RJF* 2/03, n° 153, concl. G. Goulard, p. 111 ; *BGFE* 1/03, p. 1, obs. N. Chahid-Nouraï) selon lequel la déductibilité de l'impôt étranger est acquise sur le fondement de l'article 39, 1-4° du CGI sous réserve d'une stipulation conventionnelle y faisant obstacle. Le Conseil d'État a toutefois précisé dans une décision du 7 juin 2017 (n° 386579, *Sté LVMH*, *Dr. fisc.* 2017, n° 36, 430, concl. É. Bokdam-Tognetti, note R. Zaghdoun et Q. Philippe) que les stipulations de conventions fiscales selon lesquelles les revenus étrangers sont imposables en France pour leur montant brut n'excluent pas expressément qu'une société résidente de France déduise de son bénéfice imposable d'un exercice la retenue à la source supportée à l'étranger au cours de ce même exercice dans le cas où cette société ne peut, en raison de sa situation déficitaire, imputer le crédit d'impôt conventionnel correspondant à l'impôt acquitté à l'étranger. Cette lecture est toutefois caduque depuis la réforme de l'article 39, 1, 4° du CGI par la loi de finances pour 2018.

résultat taxable « des impôts prélevés par un État ou territoire conformément aux stipulations d'une convention fiscale d'élimination des doubles impositions en matière d'impôt sur les revenus conclue par cet État ou territoire avec la France ». Un autre exemple peut être trouvé dans une décision du 12 juin 2013 dont le résultat est qu'une provision, déductible en droit interne, cesse de l'être par application d'une convention fiscale[215].

Il demeure légitime de s'interroger sur le caractère satisfaisant du dispositif actuel, compte tenu du fait que les conventions fiscales ont pour vocation prioritaire de supprimer la double imposition et non de l'aggraver[216]. Pour remédier à la situation actuelle, il serait donc souhaitable d'inclure, soit dans notre ordre interne, soit dans les conventions fiscales[217], un principe de non-aggravation pleinement assumé. Le principe de non-aggravation pourrait bien, d'ailleurs, n'être qu'une illustration d'un principe plus fondamental hérité de la Convention européenne des droits de l'homme : celui du respect de droit de propriété[218], lequel s'oppose nécessairement à l'idée même de double imposition juridique.

2. La primauté des conventions internationales sur le droit interne

55 En matière fiscale comme ailleurs, l'article 55 de la Constitution s'applique pleinement : le juge peut donc écarter la loi fiscale interne lorsqu'elle contredit les traités auxquelles la France est partie. Il n'y a là rien d'original[219]. La relation entre convention et loi fiscales obéit aux règles habituelles gouvernant la hiérarchie des normes. En outre, selon l'article 53 de la Constitution, les traités qui engagent les finances de l'État ou qui modifient des dispositions de nature législative ne peuvent être ratifiés ou approuvés qu'en vertu d'une loi. Le mécanisme d'écartement de la loi interne contraire à une convention fiscale ne signifie pas que la première soit totalement privée d'effet, comme c'est par exemple le cas lorsqu'une règle est contraire au droit de l'Union européenne. Il signifie seulement que la convention fiscale fait obstacle à l'application de la loi interne dans certains cas. Cette analyse produit un effet en matière de restitution d'impôt : alors que l'article L. 190 du Livre des procédures fiscales invite le contribuable à réclamer lorsqu'une décision (du Conseil d'État, par exemple) révèle

215. CE, 12 juin 2013, n° 351702, *Sté BNP Paribas*, *Dr. fisc.* 2013, n° 46, comm. 511, concl. E. Cortot-Boucher, note E. Dinh ; *RTD com* 2013. 607, note O. Fouquet ; v. aussi la chronique d'E. Dinh à *L'année fiscale*, *Dr. fisc.* 2014, n° 10, ét. 197 et la chronique d'E. Bokdam-Tognetti, *RJF* 2013, p. 787 et s. Cette décision est particulièrement intéressante, par ailleurs, en ce qu'elle admet que les conventions fiscales s'appliquent aux éléments négatifs du bénéfice comme aux éléments positifs. Une telle démarche procède d'un principe de symétrie entre le droit d'imposer les profits et l'obligation de prendre en compte les pertes : selon le Conseil d'État, « une convention fiscale internationale qui prive la France de son pouvoir d'imposer un gain susceptible d'être réalisé lors de la cession de titres de participation dans une filiale fait obstacle à ce qu'une moins-value relative à une telle cession soit prise en compte pour déterminer le montant net des plus-values ou moins-values de même nature entrant dans l'assiette de l'impôt en France ».

216. On pourrait éventuellement envisager un cas d'aggravation de la situation faite par le droit interne lorsque la combinaison de deux droits internes conduit à une double exonération du même revenu, mais on voit bien qu'il s'agit d'une question très particulière. Sur ce point, cf. le volume 89a des *Cahiers de droit fiscal international*, IFA, *Double non taxation*, 2004 Vienna Congress.

217. À titre d'exemple, par exemple, l'article 18 de la convention du 22 juillet 1954 entre les États-Unis et l'ancienne RFA prévoit que « les dispositions de la présente convention ne peuvent être interprétées comme réduisant d'une manière quelconque les exonérations, abattements, crédits ou autres déductions qui sont ou seront accordés par le législateur américain pour la détermination de l'impôt prélevé par les États-Unis ».

218. Article 1er du 1er protocole additionnel à la Convention EDH.

219. D'autres États, notamment les États-Unis, admettent cependant l'écartement du traité par la loi interne. V. sur ce sujet le numéro spécial de la revue *European Taxation*, vol. 53, n° 9, 2013.

l'incompatibilité entre la loi interne et le droit de l'Union européenne, ce texte n'est pas applicable lorsque le juge écarte la loi interne contraire à une convention fiscale[220].

La relation entre conventions fiscales et Constitution est plus complexe. Si le Conseil constitutionnel admet qu'un traité international puisse faire l'objet d'un contrôle de constitutionnalité *a priori* (le contrôle portant sur la loi de ratification du traité)[221], le Conseil d'État refuse en revanche qu'une question prioritaire de constitutionnalité porte sur un traité, dans la mesure où il résulte de l'article 61-1 de la Constitution qu'une QPC ne peut porter que sur une disposition législative[222].

56 Il convient encore d'ajouter que la primauté des conventions internationales est renforcée par la possibilité, reconnue par le Conseil d'État depuis la fin de l'année 2002[223], de former un recours pour excès de pouvoir contre les instructions ou circulaires incompatibles avec elles, alors même qu'elles n'auraient aucun caractère novateur. Certes, en principe, les circulaires ou instructions émises par l'autorité administrative pour interpréter les lois et règlements ne peuvent être déférées au juge de l'excès de pouvoir. Cela tient au fait que l'interprétation qu'elles recèlent est théoriquement dénuée de caractère impératif, et ne peut de ce chef faire grief. L'exception est cependant de taille : selon les termes du Conseil d'État, « en revanche, les dispositions impératives à caractère général d'une circulaire ou d'une instruction doivent être regardées comme faisant grief, alors même qu'elles se borneraient à réitérer une règle déjà contenue dans une norme juridique supérieure, le cas échéant en reprenant les termes exacts »[224].

Comme l'a noté un commentateur particulièrement autorisé, « cette nouvelle approche des recours pour excès de pouvoir contre les instructions et circulaires fiscales apparaît riche de possibilités contentieuses. Il est courant que l'administration explicite les nouveaux dispositifs fiscaux au moyen d'instructions qui se bornent à reprendre les termes de la loi. Il est maintenant possible de contester ces instructions [...] et d'obtenir immédiatement du Conseil d'État, compétent en premier ressort pour connaître de ces contentieux, un contrôle de la loi fiscale au regard du droit international. Ce contrôle interviendra bien plus rapidement que celui auquel se livre le juge au travers des contentieux fiscaux *stricto sensu* »[225]. La même solution s'applique lorsqu'il est prétendu qu'une instruction contrevient au droit de l'Union européenne[226]. Notons de surcroît que l'avantage du recours pour excès de pouvoir est

---

220. CE, 9 juill. 2010, n° 314406, *JAS Hennessy et Compagnie*, *Dr. fisc.* 2010, n° 45, comm. 554, concl. E. Geffray, note P. Dibout ; *L'année fiscale*, *Dr. fisc.* 2011, n° 9, ét. 235, obs. B. Castagnède (à propos de l'art. 209 B du CGI). Voir cependant la doctrine administrative en sens inverse : BOI-CTX-DG-20-10-40-20140625, n° 40.

221. Cons. const., 17 juill. 1980, déc. n° 80-116 DC.

222. CE, 14 mai 2010, n° 312305.

223. CE, Sect., 18 déc. 2002, *Mme Duvignères*, *RFDA* 2003.274, concl. P. Fombeur ; *L'année fiscale* 2004, p. 260, obs. P. Collin ; CE, 19 févr. 2003, *Sté Auberge Ferme des Genêts*, n° 235697, *RJF* 5/03, n° 616 ; *L'année fiscale* 2004, p. 260, obs. P. Collin. La portée de l'arrêt a paru un moment douteuse car un arrêt postérieur avait réitéré le principe tout en paraissant le vider de toute substance (CE, 4 févr. 2004, n° 248647, *OPHLM de Seine-et-Marne*). Toutefois, la jurisprudence plus récente redonne à l'arrêt *Duvignères* toute sa vitalité (CE, 2 juin 2006, n° 275416, 3e et 8e s.-s., *Chauderlot*).

224. La solution émise par l'arrêt du 18 décembre 2002 ne concerne pas les réponses ministérielles. Il n'en va autrement que lorsque la réponse comporte une interprétation par l'administration de la loi fiscale pouvant lui être opposée par un contribuable sur le fondement des dispositions de l'article L. 80 A du LPF (CE, 16 déc. 2005, n° 272618, Sect., *Sté Friadent France*, *RJF* 3/06, n° 294).

225. P. Collin, *L'année fiscale*, 2004, p. 262.

226. Pour des exemples (liste non exhaustive), CE, 9 mai 2012, n° 342221, *Société GBL Energy ;* CE, 21 nov. 2011, n° 329439, *Mme de Beaumont*, *Dr. fisc.* 2012, n° 24, comm. 336, concl. L. Olléon, note J.-Ch. Gracia ; CE, 13 févr. 2009, *Stichting Unilever Pensioenfonds Progress*, n° 298108 ; CE, 2 juin 2006, n° 275416, 3e et 8e s.-s., *Chauderlot*, *Dr. fisc.* 2006, n° 46, comm. 725, concl. E. Glaser, note E. Ginter.

de réserver une action perpétuelle contre la doctrine dès lors que la publication du BOFIP ne fait pas courir le délai de droit commun de deux mois prévu pour le recours en annulation[227].

57 Le contrôle de conventionnalité[228] de la loi fiscale a déjà produit certaines conséquences spectaculaires qui intéressent directement le droit fiscal des affaires. Pour n'en donner que deux exemples, l'article 209 B du Code général des impôts, l'un des fers de lance de la lutte contre l'évasion fiscale internationale, a ainsi été jugé contraire à l'article 7 de la convention franco-suisse du 9 septembre 1966, en ce qu'il conduisait à imposer en France les bénéfices réalisés par la filiale suisse d'une société française[229]. L'article 212 du Code général des impôts, autrement dit le dispositif de lutte contre la sous-capitalisation des sociétés, a quant à lui été jugé contraire à la convention franco-autrichienne du 8 octobre 1959 en ce qu'il conduisait, lu littéralement, à refuser la déduction d'intérêts versés à une société mère autrichienne alors que la déduction était admise dans le cas d'une société mère française[230]. Ces deux décisions du Conseil d'État ont conduit à des réformes législatives.

§ 7. LE DROIT DE L'UNION EUROPÉENNE

58 Les impôts sont encore loin d'être harmonisés en Europe[231], même si la taxe sur la valeur ajoutée constitue une exception considérable à ce constat[232]. L'objectif d'une Europe unie ne commande d'ailleurs pas qu'ils le soient, ni que des impôts européens voient le jour dans tous les secteurs de la fiscalité[233]. Le principe en la matière demeure le respect plein et entier de l'autonomie fiscale des

227. Solution dégagée en 1998 (CE, 11 févr. 1998, n° 185804) et réitérée après l'adoption du BOFIP (CE, 20 déc. 2013, n° 371157, 372625 et 372675, *SA Axa France Vie*, *RJF* 3/14, n° 284).

228. L'expression « contrôle de conventionnalité » est utilisée pour des raisons de commodité. Son exactitude peut être discutée si l'on considère qu'il s'agit en réalité d'un contrôle de constitutionnalité opéré sur la base de l'article 55 de la Constitution.

229. CE, Ass., 28 juin 2002, *Schneider Electric*, *Rec.* n° 232276, *Dr. fisc.* 2002, n° 36, p. 1150, concl. S. Austry, *BDCF* 10/02, p. 13 et s. ; *L'année fiscale 2003*, chron. de fiscalité internationale par B. Castagnède. Sur les détails du conflit entre l'article 209 B du CGI et la convention franco-suisse, cf. *infra*, n° 824.

230. CE, 30 déc. 2003, req. n° 233894, *SA Andritz*, *Dr. fisc.* 2004, n° 16, comm. 427, concl. G. Bachelier. Pour plus de détails, cf. *infra*, n° 549.

231. Outre les ouvrages de base en matière de droit fiscal de l'Union européenne cités en bibliographie, v. J. Malherbe, Ph. Malherbe, I. Richelle et E. Traversa, *Direct Taxation in the case-law of the European Court of Justice,* Larcier, 2009 ; D. Weber (ed.), *European Direct Taxation – Case Law and Regulations*, Kluwer Law International, 2d éd., 2010 ; du même auteur, *The Influence of European Law on Direct Taxation*, Eucotax, Kluwer Law International, 2007 ; F. Vanistendael, *EU Freedoms and Taxation*, EATLP International Tax Series, vol. 2, IBFD, 2006.

232. Sur l'évolution du droit communautaire en matière de TVA, cf. *infra*, n° 833.

233. Pour une intéressante réflexion sur ce thème, cf. M. Lang et M. Zagler, "The case for and against an EU tax", in M. Zagler (ed.), *International Tax Coordination, An interdisciplinary perspective on virtues and pitfalls*, Routledge, London-New York, 2010, p. 148, estimant que le développement d'impôts européens ne mérite sérieusement d'être soutenu qu'en matière de TVA et de taxation de l'énergie. En France, v. le rapport d'A. Bénassy-Quéré, A. Trannoy et G. Wolff pour le Conseil d'analyse économique, *Renforcer l'harmonisation fiscale en Europe*, Les notes du CAE, n° 14, juill. 2014. Pour une réflexion sur la théorie de l'harmonisation fiscale à l'aube de la CEE, v. le passionnant ouvrage dirigé par Carl S. Shoup, *Fiscal Harmonization in Common Markets*, Columbia University Press, 1967 (vol. I : Theory ; vol. II : Practice).

États, ce qui se traduit juridiquement par l'exigence de l'unanimité, maintenue par le Traité de Lisbonne, pour toute initiative normative en matière fiscale[234]. La technique de la coopération renforcée, théoriquement concevable, n'a pour l'instant pas été expérimentée[235]. On s'explique ainsi que le Traité CEE de 1957 ne contienne quelques dispositions isolées tendant à lutter contre les droits de douane et les taxes d'effets équivalents[236], ainsi que les impositions intérieures discriminatoires[237]. De même, c'est assez mollement que le Traité CE prévoyait, jusqu'à l'adoption du Traité de Lisbonne, que « les États membres engageront entre eux, en tant que de besoin, des négociations en vue d'assurer, en faveur de leurs ressortissants [...] l'élimination de la double imposition à l'intérieur de la Communauté »[238]. Cette disposition a aujourd'hui disparu. Il en ressort que le droit de l'Union européenne, non seulement n'oblige pas les États à harmoniser leurs législations – en matière d'impôts directs –, mais ne semble même plus les contraindre à supprimer la double imposition juridique naissant de leur coexistence[239]. C'est pourquoi l'on peut se réjouir que la Commission européenne ait émis le 25 octobre 2016 une proposition de directive prévoyant des règles destinées à garantir et accélérer la résolution de tous les problèmes de double imposition des sociétés[240]. Cette proposition a débouché sur l'adoption de la directive du 10 octobre 2017[241] concernant les mécanismes de règlement des différends fiscaux dans l'Union européenne, qui prévoit une procédure contraignante en vue d'éliminer la double imposition dans un champ très large qui dépasse d'ailleurs celui des seuls prix de transfert[242].

59 Si le droit de l'Union européenne paraît devoir affecter la fiscalité des entreprises, c'est donc seulement de façon indirecte. Par exemple, le droit des aides d'État, *a priori* étranger à la fiscalité, est pleinement applicable lorsqu'il s'avère que l'aide consentie par l'État à une entreprise ou un secteur prend la forme d'une faveur fiscale constitutive

234. Art. 94 et 95 CE pour les impôts directs. On retrouve le même principe à l'art. 93 CE pour les accises et les impôts indirects.

235. Il en ira peut-être différemment si la taxe sur les transactions financières est adoptée au niveau européen par ce moyen. Le Parlement européen a en tout cas donné son accord sur le principe le 12 décembre 2012.

236. Art. 23, Traité CE.

237. Art. 90, Traité CE.

238. Art. 293, Traité CE.

239. C'est aussi la position de la Cour de justice : cf. CJCE, 14 nov. 2006, aff. C-513/04, *Kerkhaert et Morres* ; CJCE, 12 févr. 2009, aff. C-67/08, *Margarete Block* ; CJCE, 16 juill. 2009, aff. C-128/08, *Damseaux c/ Belgique*, *Dr. fisc.* 2010, n° 7, comm. 189, note J.-C. Gracia ; 15 avr. 2010, *CIBA*, C-96/08 ; 10 févr. 2011, *Haribo et Österreichische Salinene AG*, aff. C-436/08 et C-437/08, *RJF* 5/11, n° 666 et sur l'ensemble, les observations d'E. Raingeard de la Blétière, *L'année fiscale* 2010, *Dr. fisc.* 2010, n° 8-9, ét. 201, n° 12 et s. ; pour un prolongement de cette jurisprudence devant le Conseil d'État, v. CE, Plén., 9 mai 2012, n° 342221 et 342222, *Sté GBL Energy*. En faveur de la thèse selon laquelle la disparition de l'article 293 du Traité CE ne fait pas disparaître l'obligation d'agir des États, en raison du principe de loyauté et de l'obligation pour les États de prendre les mesures nécessaires à la réalisation du marché intérieur, cf. M. Nieminen, « Abolition of Double Taxation in the Treaty of Lisbon, Bulletin for International Taxation », *IBFD*, juin 2010, p. 330 et s. Pour une vision d'ensemble, cf. J. Monsenego, « L'abrogation de l'article 293, al. 2 du traité CE », *L'année fiscale*, *Dr. fisc.* 2011, n° 9, ét. 227 et plus généralement le dossier consacré par cette revue à « la double imposition, problèmes contemporains ».

240. COM (2016) 686 final.

241. Directive (UE) 2017/852.

242. Cette directive s'applique à toute réclamation introduite à compter du 1er juillet 2019 qui porte sur des différends relatifs à des revenus ou à des capitaux perçus au cours d'un exercice fiscal commençant le 1er janvier 2018 ou après cette date.

d'une perte de recettes budgétaires[243]. Ainsi s'explique le pullulement, dans la législation française récente, de règles dérogatoires encadrées par la réglementation relative aux aides *de minimis*. Ainsi s'explique également l'importance financière considérable de certaines décisions prises par la Commission aboutissant, au grand dam des entreprises concernées, à la récupération par l'État français d'aides par lui consenties il y a de nombreuses années sous la forme d'exonérations diverses[244] et parfois à d'autres conséquences fiscales particulièrement dommageables[245]. De façon plus générale, on observe que la politique de la Commission consiste de plus en plus à stigmatiser les aides accordées par les États à certains groupes multinationaux par le moyen, soit d'accords préalables en matière de prix de transfert dérogeant au principe de pleine concurrence[246], soit de régimes spécifiques permettant de réduire leur assiette imposable sans justification satisfaisante[247]. Sa doctrine sur l'application des règles des aides

243. V. à ce sujet les actes du colloque de l'IFA, *Aides d'État : un nouveau défi*, *Dr. fisc.* 2017, n° 12, comm. 208.

244. Exemple : la qualification d'aide d'État retenue par la Commission concernant l'exonération d'impôt sur les sociétés prévue par l'article 44 *septies* du CGI au titre de la reprise d'une entreprise en difficulté dans une décision du 16 décembre 2003 (n° 2004/343/CE). La France, n'ayant pas ordonné la récupération de l'aide auprès des entreprises ainsi que la Commission l'ordonnait, a été condamnée de ce chef par la Cour de justice dans un arrêt du 13 novembre 2008 (aff. C-214/07, *Commission c/ France* ; puis dans la même affaire CE, 16 mars 2016, n° 377874, *SAS Rapa*, *Dr. fisc.* 2016, n° 22, comm. 354, concl. B. Bohnert, note L. Leclercq et J. du Pasquier). Pour une réflexion plus générale sur les moyens de défense des entreprises, cf. F. Mauget, « Lumière sur un contentieux obscur : peut-on s'opposer efficacement à la récupération d'aides d'État indûment perçues ? », *Dr. fisc.* 2010, n° 47, ét. 556 ; J. Cuber, « Restitutions des aides d'État indues : les entreprises ont-elles leur mot à dire ? », *BF* 5/11, p. 413 et s. La jurisprudence leur laisse toutefois peu d'espoir (cf. par ex. CE, 24 févr. 2017, n° 395844, *Sté Luchard Industrie*, *Dr. fisc.* 2017, n° 27, 387) et la tentative de contourner le droit de l'UE par un recours à l'article 1er du 1er protocole additionnel à la Convention européenne des droits de l'homme a également échoué (même décision).

245. Pour un exemple, v. CE, 30 mars 2011, n° 335551, *SAS Syft Holding*, *Dr. fisc.* 2011, n° 21, comm. 357, note P. Fumenier et C. Maignan (cas d'une entreprise ayant bénéficié d'une exonération d'impôt illégale au regard de la réglementation des aides d'État et qui, en dépit de l'obligation de restituer le montant de l'aide perçue, s'est vu refuser la possibilité d'être considérée comme soumise à l'IS et d'être en conséquence incluse dans le groupe intégré constitué par sa mère, ce qui aurait permis d'imputer ses déficits). V. également la condamnation de la France qui avait accordé une aide d'État incompatible avec le marché commun à France Télécom entre 1994 et 2002 (CJUE, 8 déc. 2011, C-81/10 P, *France Télécom*).

246. La Commission a par exemple considéré en octobre 2015 que le Luxembourg avait accordé des avantages à Fiat et que les Pays-Bas en avaient fait de même en faveur de Starbucks en accordant des rescrits validant des méthodologies qui servaient à établir des prix de transfert s'écartant des principes de l'OCDE. Sur ces principes, v. *infra*, n° 658. De même, la Commission a remis en cause des rescrits délivrés par l'Irlande au motif que la méthode de répartition des bénéfices entre entités du groupe Apple présentait (selon elle) un caractère artificiel et était donc constitutive d'une aide d'État incompatible avec le marché intérieur (décision SA. 38373 du 30 août 2016 suivie d'une action contre l'Irlande devant la CJUE pour non exécution de la décision, v. communiqué n° IP/17/3702, 4 oct. 2017). Elle a également considéré qu'était qualifiable d'aide d'État le traitement fiscal accordé par le Luxembourg à GDF Suez (devenue Engie) dans plusieurs rescrits ayant eu pour effet de traiter certaines transactions financières à la fois comme des emprunts et comme des prises de participation, ce qui a conduit à une double non-imposition (décision SA.44888 du 20 juin 2018, IP/18/4228). En octobre 2017, la Commission avait déjà conclu que le Luxembourg avait accordé à Amazon des avantages fiscaux indus pour un montant de 250 millions d'euros. Deux autres enquêtes approfondies de la Commission sont en cours au sujet de décisions fiscales anticipatives émises par le Luxembourg en faveur de Mc Donald's et par le Pays-Bas en faveur d'Inter IKEA.

247. À titre d'exemple, la Commission européenne a ouvert début 2016 une procédure à l'encontre du régime belge des bénéfices dits « excédentaires » qui permet à des entreprises multinationales de réduire

d'État à la matière fiscale peut être approfondie en lisant la communication qu'elle a consacrée à son interprétation des critères des aides d'État[248].

Dans un autre ordre d'idées, on aperçoit chaque jour davantage le rôle potentiel que peut jouer en matière fiscale la Charte des droits fondamentaux de l'Union européenne. Le champ d'application de la Charte est certes limité dans la mesure où il résulte de son article 51, paragraphe 1 que ses dispositions s'adressent aux États membres uniquement lorsqu'ils mettent en œuvre le droit de l'Union. La CJUE ne peut donc apprécier, au regard de la Charte, une réglementation nationale qui ne se situe pas dans le cadre du droit de l'Union. Toutefois, la CJUE retient de la notion de « mise en œuvre du droit de l'Union » une conception relativement large. C'est ainsi qu'elle a pu considérer qu'un État membre, en infligeant des sanctions fiscales et en enclenchant des poursuites pénales contre un contribuable auteur de manquements à ses obligations déclaratives en matière de TVA, mettait en œuvre le droit de l'Union. Le fait que les réglementations nationales qui servent de fondement auxdites sanctions fiscales et poursuites pénales n'aient pas été adoptées pour transposer la directive 2006/112 sur la TVA ne saurait être de nature à remettre en cause cette conclusion, dès lors que leur application tend à sanctionner une violation des dispositions de ladite directive et vise donc à mettre en œuvre l'obligation imposée par le traité aux États membres de sanctionner de manière effective les comportements attentatoires aux intérêts financiers de l'Union[249]. Tout ceci montre que le droit pénal, dès lors qu'il garantit l'effectivité des règles fiscales découlant du droit de l'Union, est en quelque sorte soumis par ricochet au contrôle de la Cour par référence à la Charte des droits fondamentaux. C'est là le signe d'une extension du champ du droit de l'Union en matière fiscale, même s'il faut reconnaître qu'aujourd'hui comme hier, les États demeurent particulièrement attachés à leur souveraineté en matière de droit fiscal substantiel. Une autre illustration du rôle que commence à jouer la Charte des droits fondamentaux peut être trouvée dans un arrêt du 7 mars 2017 de la Cour de justice, dans lequel elle a accepté de contrôler (tout en la validant) au regard de cet instrument la différence des taux de TVA entre fourniture de livre numérique par voie électronique et livraison de livre sur support physique[250].

Bien que les États n'œuvrent que peu à l'édification du droit fiscal de l'Union européenne, l'harmonisation du droit fiscal avance en Europe. Si les droits fiscaux finissent en effet par se rapprocher, c'est non seulement parce que la Cour de justice démantèle certains dispositifs nationaux, mais aussi parce que la construction de l'Union européenne emprunte des voies informelles tracées avec opiniâtreté par la Commission. On aperçoit ainsi que coexistent, dans la construction fiscale de l'Union européenne, deux lois fondamentales : d'une part, la loi du désordre (A) et d'autre part, ce que, pour désigner le phénomène de rapprochement des droits impulsé par la Commission et par la jurisprudence, on pourrait appeler la loi du mimétisme contraint (B).

A. LA LOI DU DÉSORDRE

60 On peut trouver à la persistance du désordre communautaire en matière fiscale toute une série de justifications.

61 Le premier argument, nettement « euro-sceptique », consiste à opposer à la construction de l'Union européenne la digue indestructible de la souveraineté fiscale[251]. Digue puissante s'il en est : la souveraineté fiscale, c'est tout d'abord le droit de l'État

leurs bénéfices du montant des « bénéfices excédentaires » censées résulter des synergies et des économies d'échelle inhérentes à leur appartenance à un grand groupe (décision *Aide SA*. 37667). Une enquête est également en cours au sujet d'un régime fiscal en faveur des multinationales au Royaume-Uni.

248. *JOUE* 19 juill. 2016 (C 262/1).

249. CJUE, gde ch., 26 févr. 2013, C-617/10, *Åklagaren c. Hans Åkerberg Fransson*, spéc. n° 16 et s.

250. CJUE, 7 mars 2017, C-390/15, *RPO*, *Dalloz IP/IT*, juill.-août 2017, p. 407 et s., note E. Ashworth.

251. Sur ce concept, cf. A. Maitrot de la Motte, *Souveraineté fiscale et construction communautaire – Recherche sur les impôts directs*, LGDJ, 2005.

de ne devoir d'impôts à aucune institution supérieure à lui – dogme obsolète en matière de TVA, puisqu'une partie des ressources collectées au niveau national sert à financer les institutions de l'Union européenne. C'est aussi le droit pour les nations de choisir librement leur politique fiscale, et par là les objectifs sociaux et économiques qu'elles entendent poursuivre. L'adhésion à l'idée de la souveraineté fiscale se veut donc le reflet logique de la persistance d'États-nations en Europe. À bien des égards, pourtant, la souveraineté fiscale se présente aujourd'hui comme un mythe, tant la liberté effective des États est économiquement encadrée[252].

62 Plus politiquement correct que la justification par la souveraineté, le fondement « euro-neutre » de l'autonomie fiscale prend la forme du principe de subsidiarité. Celui-ci est régulièrement invoqué par la Commission dans les diverses communications qu'elle adresse au Conseil depuis les années 1990, au point qu'il paraît presque évident aujourd'hui que les institutions de l'Union européenne n'ont pas de légitimité, sauf exception, pour légiférer en matière de fiscalité directe.

L'argument, ici encore, est pourtant faible. Comme on l'a bien montré[253], « le principe de subsidiarité repose sur l'idée qu'il vaut mieux prendre des décisions à un niveau de gouvernement inférieur, car les décisions reflètent alors mieux les préférences de la population, en ce sens qu'elles sont prises de façon plus démocratique. Toutefois, la règle du vote unanime au Conseil, telle qu'elle est pratiquée à l'heure actuelle, ne permet pas d'atteindre les objectifs sous-jacents au principe de subsidiarité. Même lorsqu'une très large majorité d'États membres, représentant une écrasante majorité de la population des États membres, est en faveur d'une mesure fiscale, l'effet du principe de subsidiarité combiné avec le principe de l'unanimité en matière fiscale est que ces États membres ne peuvent pas mettre en œuvre leurs objectifs au niveau européen, en raison des objections formulées par un ou deux États membres. Le résultat est que le processus de prise de décision en matière fiscale consiste actuellement en des rounds successifs de négociations dans lesquels les États membres les plus puissants usent la résistance des autres, jusqu'à ce que ces derniers finissent par donner leur accord sous la pression économique et politique. Ces tractations n'ont rien à voir avec un processus de décision démocratique, que ce soit au niveau national ou au niveau européen. Il ne reflète aucunement les préférences politiques de l'électorat au niveau national. De surcroît, ce processus est utilisé par les États membres pour conserver certains régimes fiscaux privilégiés qui servent leur intérêt national compris dans un sens étroit, mais qui sont contraires aux intérêts généraux d'un nombre bien plus considérable d'autres États membres et de l'établissement d'une compétition libre et loyale dans un Marché Unique ».

63 La dernière justification de l'autonomie fiscale se présente comme « euro-enthousiaste ». Elle consiste à plaider que l'obligation pour les États de se concurrencer les uns les autres obligera ceux dont le niveau d'imposition est le plus élevé à revoir leur copie, à réduire en conséquence leurs dépenses publiques et à faire preuve d'une efficacité accrue dans la gestion de leurs administrations. Ainsi, l'Europe des États sera demain plus forte qu'elle ne l'est aujourd'hui. Pour faire justice de cet argument, il suffit de rappeler qu'en pratique, les vœux de ses partisans se sont révélés très pieux : au lieu de réduire le volume de la dépense publique, la concurrence fiscale a seulement déplacé l'assiette des prélèvements vers des facteurs moins mobiles que le capital.

64 Pour conclure sur les justifications de l'autonomie fiscale, il apparaît donc douteux que les arguments ordinairement invoqués à son soutien soient pleinement satisfaisants. De façon plus constructive, il semble bien que l'achèvement d'un véritable Marché

252. Pour une réflexion sur ce thème, cf. D. Gutmann, « Globalisation et justice fiscale », *L'année fiscale*, 2003, p. 109 et s.

253. F. Vanistendael, "Memorandum on the taxing powers of the European Union", *EC Tax Review* 2002/3, p. 120 et s., spéc. p. 126.

unique doive inéluctablement passer par un abandon partiel de souveraineté aux institutions de l'Union européenne, et l'on voit mal comment les impôts directs pourraient – théoriquement, du moins – échapper à ce phénomène, dès lors que la divergence entre législations constitue, à n'en pas douter, un phénomène altérant la neutralité économique des choix d'implantation en Europe. Le constat est d'autant plus important à l'heure actuelle que les derniers entrants dans l'Union disposent de régimes fiscaux fort intéressants pour les sociétés, de sorte que les écarts observables dans l'Europe « traditionnelle » sont appelés à se creuser dans l'Europe de demain.

65 Il est d'ailleurs intéressant de constater que la Cour de justice et la Commission européenne, tout en se déclarant fidèles au maintien de la souveraineté des États membres, ont entrepris depuis le milieu des années 1980 un travail important tendant, sinon à l'harmonisation fiscale proprement dite, du moins à la modération des différences les plus choquantes entre régimes nationaux. Cette entreprise mérite d'être détaillée, tant elle montre que la construction de l'Union européenne emprunte en matière fiscale des chemins originaux et que le rapprochement prend essentiellement la forme d'un mimétisme contraint[254].

B. LA LOI DU MIMÉTISME CONTRAINT

66 Les deux grands acteurs du rapprochement des législations fiscales sont la Commission européenne et la Cour de justice.

1. Le rôle de la Commission européenne

67 La Commission a depuis longtemps compris que la divergence excessive des législations fiscales peut constituer un frein à la circulation des marchandises, à l'investissement transfrontalier ainsi qu'un coût important pour les entreprises. En témoignent les multiples rapports et autres communications que, depuis le rapport Neumark de 1960, la Commission ne cesse de susciter ou de produire elle-même[255].

Ces efforts ont produit leur effet en premier lieu en matière de taxe sur la valeur ajoutée[256]. Ainsi, les règles actuelles relatives à la taxe sur la valeur ajoutée, codifiées aux articles 256 du Code général des impôts, trouvent leur origine dans une directive du 17 mai 1977 (la « sixième directive »)[257], complétée par de nombreuses directives complémentaires et recodifiée par la directive du 28 novembre 2006. Ce corps de règles constitue le support d'une véritable harmonisation du droit substantiel dans les différents États membres.

En matière de droits d'apport, une directive du 17 juillet 1969[258] a également été adoptée en vue d'harmoniser les règles de fixation et de perception des droits auxquels sont soumis les apports en société dans l'Union européenne à l'occasion des créations

254. Sur le rôle du mimétisme en matière fiscale, cf. P. Beltrame et L. Mehl, *Techniques, politiques et institutions fiscales comparées*, PUF, 2e éd., 1997, p. 550-51.

255. Pour un historique des démarches entreprises par la Commission, on pourra se référer à l'ouvrage de J.-M. Communier, *Droit fiscal communautaire*, Bruylant, 2002.

256. Sur le détail, cf. *infra*, n° 833.

257. Dir. n° 77/388/CEE.

258. Dir. n° 69/335/CEE.

de société et des opérations de fusions. Cette directive est remplacée depuis le 1er janvier 2009 par la directive du 12 février 2008[259].

68 En matière d'impôts directs, l'activisme de la Commission a mis beaucoup plus de temps à trouver des conséquences concrètes, même si, dès 1977, une directive a été conclue pour faciliter l'assistance mutuelle des autorités compétentes des États membres dans le domaine des impôts directs[260]. Il faut en effet attendre le début des années 1990 pour que les premières directives voient le jour afin de limiter les retenues à la source et autres frottements fiscaux qui touchent les flux internationaux de capitaux. On doit ainsi signaler, notamment, la directive du 23 juillet 1990, concernant le régime fiscal commun applicable aux fusions, scissions, apports d'actifs et échanges d'actions intéressant des sociétés d'États membres différents (couramment appelée « directive fusions »)[261] et la directive adoptée à la même date concernant le régime fiscal commun applicable aux sociétés mères et filiales d'États membres différents (couramment appelée « directive mère-fille »)[262]. Plus récemment, il convient de citer la directive du 3 juin 2003 concernant un régime fiscal commun applicable aux paiements d'intérêts et de redevances effectués entre des sociétés associées d'États membres différents (couramment appelée « directive intérêts-redevances »)[263]. Ces trois textes, qui ont fait l'objet de diverses retouches depuis leur adoption, constituent un ensemble essentiel pour faciliter la circulation des entreprises et des capitaux en Europe.

69 Du côté de la coordination générale des politiques fiscales, l'histoire est en marche. Après une période d'accalmie – ou d'abattement – durant la première partie des années 1990, la Commission a en effet connu un regain d'activité considérable dont la chronologie peut être rapprochée de celle du développement de la jurisprudence de la Cour de justice en matière de fiscalité directe. C'est sous son impulsion – et plus particulièrement sous celle du commissaire Mario Monti – qu'est notamment née l'idée du « paquet fiscal », autrement dit d'une entreprise audacieuse tendant à coordonner autant que possible les politiques étatiques. Le changement de nature de la démarche doit être noté : alors que les premiers temps de l'activité de la Commission se caractérisaient par une tentative d'harmonisation des systèmes, l'approche la plus récente consiste à promouvoir la coordination des systèmes entre eux. Autrement dit, au lieu de faire en sorte que les systèmes fiscaux soient identiques ou presque, il s'agit désormais de supprimer les dysfonctionnements nés de leur application concurrente[264].

Stratégiquement, la démarche de la Commission est fort astucieuse : elle consiste à convaincre les États que, sans abandonner leur souveraineté, ils ont un intérêt bien compris à supprimer les régimes manifestement les plus dérogatoires à la logique de leurs propres systèmes. En montrant du doigt, non la concurrence fiscale en tant que telle, mais la concurrence « dommageable », les niches fiscales qui

259. Dir. n° 2008/7.

260. Dir. n° 77/799/CEE, 19 déc. 1977, plusieurs fois modifiée depuis lors. Elle est remplacée, depuis le 1er janvier 2013, par la directive n° 2011/16/UE du 15 février 2011 relative à la coopération administrative dans le domaine fiscal qui étend considérablement le champ du mécanisme de l'échange d'informations entre les États membres.

261. Dir. n° 90/434/CEE. Pour le détail, cf. *infra*, n° 700 et s.

262. Dir. n° 90/435/CEE recodifiée par la directive 2011/96/UE du 30 novembre 2011. Pour le détail, cf. *infra*, n° 777 et s.

263. Dir. n° 2003/49/CE. Pour le détail, cf. *infra*, n° 779 et s.

264. Sur cette différence entre les logiques de la construction européenne, v. M. Aujean, « Harmonisation fiscale européenne : retour aux fondamentaux ? », *Dr. fisc.* 2012, n° 14, ét. 243.

attirent de façon ou plus moins artificielle les investissements, la Commission incite ainsi les membres de l'Union à une forme d'auto-discipline dans laquelle chacun pourrait *in fine* trouver son compte.

70 Cette démarche est indiscutablement couronnée de succès. Le 1er décembre 1997 fut adoptée une « résolution du Conseil et des représentants des États membres réunis au sein du Conseil » portant institution d'un « code de conduite » en matière de fiscalité des entreprises[265]. La portée de cet instrument est juridiquement inexistante : il s'agit d'un engagement politique qui n'affecte pas les droits et obligations des États membres. Toutefois, force est de constater que le code de conduite a produit certains effets. Un premier rapport a été élaboré par le Groupe de travail créé à l'occasion de la résolution du 1er décembre 1997. Ce rapport a été rendu public lors de la session du 28 février 2000 du Conseil ECOFIN[266] et nombre de ses préconisations ont d'ores et déjà provoqué des réformes nationales. Les travaux du groupe ont été poursuivis à partir de 2007[267].

71 Forte de ces avancées, la Commission a poursuivi l'effort en engageant les États membres sur la voie d'une harmonisation des règles de détermination de l'assiette imposable dans les groupes de sociétés. En octobre 2001, elle a ainsi publié à la demande du Conseil une étude approfondie sur la fiscalité des entreprises dans le marché intérieur[268] ainsi qu'un document politique faisant état des différentes politiques pouvant être menées au niveau communautaire à l'avenir[269]. Ces initiatives ont débouché sur une proposition de directive de mars 2011 tendant à la création d'une assiette commune consolidée de l'impôt sur les sociétés pour les groupes en Europe, démarche poursuivie par deux nouvelles propositions de directive du 25 octobre 2016[270].

72 De façon plus générale, la Commission a émis diverses communications démontrant le dynamisme d'une institution qui entend bien jouer son rôle d'aiguillon dans l'harmonisation de la fiscalité directe par des voies autres que juridictionnelles. À titre d'exemple, on peut citer celle consacrée à la « nécessité de développer une stratégie coordonnée en vue d'améliorer la lutte contre la fraude fiscale »[271], celle relative à la « coordination des systèmes de fiscalité directe des États membres dans le marché

265. *JO* C 98 2/01, rapport 1997 n° 211, bulletin 12-1997.

266. À ce sujet, cf. l'article paru à la *Revue de droit fiscal*, « Le rapport du groupe de travail pour l'application du code de conduite en matière de fiscalité des entreprises », 2000, n° 16, p. 657 et s. et surtout le colloque organisé par E. Raingeard de la Blétière et M. Sadowsky, « Les quinze ans du Code de conduite dans le domaine de la fiscalité des entreprises : état des lieux et perspectives », *Dr. fisc.* 2013, n° 22, ét. 329 et s.

267. V. les chroniques d'E. Raingeard de la Blétière, *L'année fiscale 2012*, *Dr. fisc. 2012*, n° 9, ét. 161, § 39 et s. ; *L'année fiscale*, *Dr. fisc.* 2016, n° 9, ét. 195, § 17 et s.

268. SEC (2001) 1681.

269. « Vers un marché intérieur sans entraves fiscales. Une stratégie pour permettre aux entreprises d'être imposées sur la base d'une assiette consolidée de l'impôt sur les sociétés couvrant l'ensemble de leurs activités dans l'Union européenne », COM (2001) 582.

270. Pour plus de détails sur le contenu, cf. *infra*, n° 803 et s.

271. 31 mai 2006, COM (2006) 254 final. Voir également la Communication de la Commission au Parlement européen et au Conseil sur les moyens concrets de renforcer la lutte contre la fraude et l'évasion fiscales, y compris en ce qui concerne les pays tiers, 27 juin 2012, COM (2012) 351 final, ainsi que le Plan d'action pour lutter contre la fraude et l'évasion fiscales du 6 déc. 2012 (COM (2012) 622 final).

intérieur »[272] ou encore celle relative à « la planification fiscale agressive »[273]. Deux communications portent sur des sujets plus précis : « imposition à la sortie et nécessité de coordonner les politiques fiscales des États membres »[274] et « le traitement fiscal des pertes dans les situations transfrontalières »[275]. Suite à une communication intitulée « lever les obstacles fiscaux transfrontaliers pour les citoyens de l'Union européenne »[276], la Commission a également lancé des consultations publiques sur le thème de la double imposition[277] et sur les modalités d'évolution possibles des retenues à la source sur les distributions transfrontalières de dividendes[278]. Le Conseil de l'Union européenne ne reste pas insensible à ces initiatives, comme en témoigne notamment l'intéressante résolution adoptée le 8 juin 2010 sur la coordination des règles relatives aux sociétés étrangères contrôlées (SEC) et à la sous-capitalisation au sein de l'Union européenne[279]. Les multiples communications de la Commission ont surtout conduit à l'adoption de la directive (UE) 2016/1164 du 12 juillet 2016 établissant des règles pour lutter contre les pratiques d'évasion fiscale qui ont une incidence directe sur le fonctionnement du marché intérieur (la directive « ATAD »), qui constitue un pas décisif sur le terrain de l'harmonisation fiscale en matière de fiscalité des sociétés. La démarche se poursuit de façon plus ambitieuse encore avec les propositions de directive en matière d'assiette commune consolidée de l'impôt sur les sociétés, dont on reparlera abondamment plus loin[280].

73 À tout cela, il convient d'ajouter la lutte infatigable que mène la Commission contre les aides d'État dispensées au moyen de dépenses fiscales[281], le renforcement des dispositifs destinés à améliorer la coopération administrative en matière de fiscalité[282],

272. 19 déc. 2006, COM (2006) 823 final.

273. COM (2012) 8806 final. Sur cette recommandation, v. l'article de M.-T. Soler Roch et J.-J. Bayona Gimenez, *Dr. fisc.* 2013, n° 24, ét. 315.

274. COM (2006) 825 final. Une partie des recommandations de la Commission se retrouve dans une résolution du Conseil du 2 décembre 2008 sur la coordination en matière de taxation à la sortie (2008 C 323/01).

275. COM (2006) 824 final.

276. COM (2010) 769. La réflexion a donné lieu à la proposition de directive précitée du 25 octobre 2016 (COM (2016) 686 final).

277. La consultation réalisée en 2010 portait sur le thème « conventions préventives de la double imposition et marché intérieur : exemples concrets de double imposition ». Les résultats ont été publiés en janvier 2011. Une consultation ultérieure a donné lieu à une communication intitulée « La double imposition au sein du marché unique », COM (2011) 712 final.

278. Communiqué du 28 janvier 2011.

279. Résolution 2010/C 156/01.

280. V. notamment *infra*, n° 803 et s.

281. Les aides d'État sont prohibées par l'article 87 CE. Pour un bilan, cf. le rapport publié le 26 novembre 2003 sur la mise en œuvre de la Communication de la Commission sur l'application des règles en matière d'aide d'État aux mesures relevant de la fiscalité directe des entreprises. Ce rapport n'examine cependant pas l'ensemble des poursuites diligentées par la Commission contre les aides d'État.

282. Cf. récemment l'adoption de la directive n° 2011/16/UE du 15 février 2011 relative à la coopération administrative dans le domaine fiscal, applicable à compter du 1er janvier 2013, laquelle remplace la directive n° 77/799/CEE du 19 déc. 1977 et renforce les mécanismes d'échange d'informations ; cf. également la directive n° 2010/24/UE du 16 mars 2010 concernant l'assistance mutuelle en matière de recouvrement des créances relatives aux taxes, impôts, droits et autres mesures, applicable à compter du 1er janvier 2012 et son règlement d'application adopté le 18 novembre 2011. La directive a été transposée aux articles L. 283 A et s. du LPF par la loi de finances rectificative pour 2012. Sur ces instruments, cf. H. Hamadi, « Le renouvellement de l'assistance administrative en matière fiscale au sein de l'Union européenne », *Dr. fisc.* 2011, n° 12, ét. 264.

l'adoption d'un code de conduite relatif à la documentation en matière de prix de transfert[283], d'une communication sur la bonne gouvernance dans le domaine fiscal[284], et l'on aura une idée de l'ampleur du travail accompli par cette dernière.

L'autre artisan du rapprochement effectif des législations nationales demeure, contre toute attente, la CJUE.

2. Le rôle de la CJUE[285]

74 En théorie, la CJUE n'a pas pour fonction de participer directement au rapprochement des législations nationales en matière fiscale. Elle répète d'ailleurs avec constance qu'en l'état actuel du droit de l'Union européenne, la fiscalité directe relève de la compétence des États membres. Cet hommage de principe rendu à la souveraineté fiscale nationale n'empêche pas que les États membres doivent exercer leur compétence dans le respect du droit de l'Union européenne, tant dans leur droit interne que lorsqu'ils concluent des conventions fiscales entre eux[286] ou avec des États tiers[287]. La Cour semble même avoir découvert assez tard toutes les virtualités offertes par l'énoncé des libertés fondamentales[288] pour déclarer inapplicables certains dispositifs fiscaux nationaux. Si, dès 1986, l'arrêt *Commission c/ France*[289] relatif aux conditions d'attribution de l'avoir fiscal laissait entrevoir l'avenir, si quelques arrêts isolés suivirent, il fallut attendre 1995 et le fameux arrêt *Schumacker*[290] pour que s'enclenche véritablement la dynamique de la construction-destruction judiciaire. Depuis cette date, la production de la Cour de justice n'a cessé de s'intensifier, provoquant un rapprochement substantiel des législations fiscales.

Pour comprendre l'importance du rôle joué par la Cour, il convient pour commencer d'expliquer, sans souci d'exhaustivité, les principales techniques de raisonnement utilisées par elle pour apprécier la compatibilité entre une règle nationale et une liberté fondamentale (a). Il faut ensuite donner quelques exemples de l'impact de la jurisprudence de la Cour de justice sur les droits des États membres (b).

283. Ce code de conduite, adopté le 27 juin 2006 (2006/C 176/01), prend la forme d'une résolution conjointe du Conseil et des représentants des gouvernements des États membres réunis au sein du Conseil.

284. Communication du 28 avr. 2009, COM (2009) 201 final.

285. L'appellation « CJUE » date du Traité de Lisbonne. On a cependant laissé dans le texte principal et les notes de bas de page du présent ouvrage l'appellation « CJCE » toutes les fois qu'il est fait référence à des arrêts antérieurs à l'entrée en vigueur de ce Traité.

286. La jurisprudence communautaire est claire sur ce point (v. déjà CJCE 28 janv. 1986, aff. 270/83, *Commission c/ France*). Le Conseil d'État s'y plie (CE, 12 mai 2015, n° 366398, *Sté Gist Brocades International BV*, *RJF* 8-9/15, n° 744, concl. V. Daumas *BDCF* 8-9/15, n° 111).

287. CJCE, 21 sept. 1999, aff. C-307/97, plén., *Cie de Saint-Gobain ZN*.

288. Liberté de tout citoyen de l'Union de circuler et de séjourner librement sur le territoire des États membres, liberté de circulation des biens, liberté de prestation de services, liberté d'établissement, liberté de circulation des capitaux et des paiements.

289. 270/83.

290. C-279/93.

a) Le raisonnement de la CJUE

75 Lorsque la Cour est saisie par voie de question préjudicielle ou dans le cadre d'une action en manquement de la question de la compatibilité entre un dispositif national et une liberté fondamentale, son raisonnement se déroule en quatre phases successives :

— identification de la liberté concernée ;
— identification d'une restriction à ladite liberté ;
— recherche d'une justification légitime à la restriction;
— vérification de la proportionnalité de la mesure à l'objectif poursuivi.

α) Première phase : identification de la liberté concernée

76 Lorsqu'il est prétendu devant la Cour de justice qu'une disposition nationale enfreint une liberté protégée par le droit de l'Union européenne, il faut identifier la liberté en question[291]. L'enjeu n'est pas seulement intellectuel. Si l'on en croit la lettre du Traité sur le fonctionnement de l'UE, les restrictions aux différentes libertés n'obéissent pas exactement au même régime, l'article 63 relatif à la liberté de circulation des capitaux autorisant par exemple les États à apporter à cette liberté des restrictions non discriminatoires. En outre et surtout, le domaine d'application des libertés fondamentales est variable dans l'espace : tandis que la liberté d'établissement ne s'applique qu'à l'intérieur de l'espace de l'Union européenne[292] et ne peut être invoquée que par une société constituée conformément à la législation d'un État membre[293], la liberté de circulation des capitaux s'applique également dans les relations avec les pays tiers. La liberté de circulation des capitaux peut donc être invoquée plus largement que la liberté d'établissement[294].

Le champ d'application spatial de la liberté de circulation des capitaux est parfois méconnu. Il en résulte pourtant que l'on ne saurait traiter les flux de capitaux vers ou en provenance d'États tiers plus mal que les flux de capitaux purement internes. La Cour de justice l'a par exemple rappelé dans un arrêt du 10 février 2011 où elle a censuré la loi autrichienne qui imposait au taux plein des dividendes de portefeuille reçus par des sociétés autrichiennes et émanant de sociétés établies dans un État tiers, alors que les dividendes distribués par des sociétés autrichiennes étaient exonérés[295]. Cette décision

291. B. Delaunay, « La détermination de la liberté de circulation applicable dans le contentieux fiscal européen », *Dr. fisc.* 2013, n° 24, ét. 318.

292. Ainsi s'explique le fait que le Conseil d'État ait refusé de s'interroger sur la compatibilité entre « l'*exit tax* » prévue par l'article 167 *bis* du CGI dans sa version applicable en 2004 et la liberté d'établissement au cas d'un transfert de domicile fiscal en Suisse d'un particulier n'exerçant pas d'activité économique (CE, 9 avr. 2013, n° 357575, *Mme Coutre, Dr. fisc.* 2013, n° 27, comm. 361, concl. B. Bohnert, note F. Le Mentec ; *RJF* 7/13, n° 729 ; CE, 12 juill. 2013, n° 359314, *M. Gibier*, et n° 359994, *M. Aube-Martin, Dr. fisc.* 2013, n° 37, comm. 417, concl. B. Bohnert, note F. Le Mentec ; CE, 9 oct. 2013, n° 337301, *M. et Mme Faiveley, Dr. fisc.* 2013, n° 47, comm. 525). Même solution sous l'empire de l'accord du 21 juin 1999 sur la libre circulation des personnes conclu entre la Communauté européenne et ses États membres, d'une part, et la Confédération suisse, d'autre part, sur la libre circulation des personnes.

293. CJUE, 11 sept. 2014, *Kronos International Inc.*, C-47/12. Il découle de cet arrêt qu'une société constituée dans un État tiers ne peut se prévaloir de la liberté d'établissement, même si elle a dans l'Union européenne son siège de direction effectif.

294. Sur ce sujet, v. B. Delaunay, « L'évolution de la jurisprudence fiscale de la Cour de justice en matière de liberté de circulation des capitaux », *Dr. fisc.* 2012, n° 47, ét. 526 ; A. Maitrot de la Motte, « Les libertés européennes de circulation et les "pays tiers" », *Dr. fisc.* 2014, n° 25, ét. 384.

295. CJUE, 10 févr. 2011, *Haribo et Österreichische Salinene AG*, aff. C-436/08 et C-437/08, point 138. Cette affirmation permet de rappeler que la différence de contexte juridique entre les États de

conduit à douter sérieusement de la compatibilité de plusieurs dispositions françaises qui subordonnent l'application d'un avantage fiscal relevant de la liberté de circulation des capitaux à la condition qu'une société ou un organisme soit établi en France, dans l'UE ou dans l'EEE, excluant par là même les sociétés ou organismes établis dans d'autres États.

Ces dispositions sont légion : en matière de dividendes, on peut citer la doctrine administrative[296] qui exige, pour accorder l'exonération de retenue à la source sur les dividendes versés par une société française à une société non-résidente qui ne peut l'imputer sur son propre impôt dans son État de résidence, que la société bénéficiaire soit établie dans un État de l'UE ou de l'EEE ayant conclu avec la France une convention d'élimination des doubles impositions comportant une clause d'assistance administrative en vue de lutter contre la fraude ou l'évasion fiscale. D'autres dispositifs sont affectés du même défaut, notamment l'article 238 *bis* du CGI (réduction d'impôt de 60 % en cas de versement fait par une société à un organisme sans but lucratif français ou étranger), l'article 150-D du CGI (cessions de titres de sociétés françaises ou étrangères entre membres d'un groupe familial), l'article 885-0 V *bis* (réduction « ISF-PME » de 50 % des versements effectués au titre de la souscription au capital de PME françaises ou communautaires) ou encore l'instruction[297] encadrant la restitution à certaines sociétés étrangères du prélèvement de l'article 244 *bis* B du CGI sur les plus-values de cession de titres de participation.

S'il importe donc de bien appréhender les enjeux de la différence entre liberté d'établissement et liberté de circulation des capitaux, il faut cependant relever qu'en réalité, l'article 64 du Traité sur le fonctionnement de l'UE limite largement l'impact de la différence entre les deux. Celui-ci prévoit en effet dans son premier paragraphe que demeurent valables les restrictions à la libre circulation des capitaux dans les relations avec les pays tiers existant au 31 décembre 1993 en vertu du droit national ou du droit de l'Union européenne en ce qui concerne les mouvements de capitaux à destination ou en provenance de pays tiers lorsqu'ils impliquent des investissements directs, y compris immobiliers, l'établissement, la prestation de services financiers ou l'admission de titres sur les marchés de capitaux.

77 Cette « clause de gel », également appelée clause de « *standstill* » pose de gros problèmes d'interprétation, tant en ce qui concerne la notion de « restriction existant à la date du 31 décembre 1993 » que celle « d'investissement direct ».

À titre d'exemple, une restriction à la liberté de circulation des capitaux peut-elle subsister dans une convention fiscale bilatérale entre un État membre et un État tiers lorsqu'elle trouve son siège dans une convention bilatérale avec un pays tiers signée avant 1993 mais renégociée depuis ? La Cour répond à ce problème de datation en estimant qu'une disposition qui est, dans sa substance, identique à la législation antérieure bénéficie de la dérogation à la libre circulation de capitaux prévue par l'article 63. En revanche, une législation qui repose sur une logique différente de celle du droit antérieur et met en place

l'UE et les États tiers (notamment concernant l'application de la directive sur l'assistance administrative mutuelle) ne peut systématiquement justifier un traitement défavorable des flux en provenance ou à destination de ces derniers. Tout dépend de la règle fiscale en cause et de l'objectif poursuivi par la restriction à la liberté de circulation des capitaux. En l'espèce, en tout cas, la Cour affirme clairement que « la différence qui existe, au niveau de la coopération entre les autorités fiscales, entre la situation prévalant entre les États membres au sein de l'Union, d'une part, et entre les États membres et les États tiers, d'autre part, ne saurait justifier une différence de traitement fiscal entre les dividendes de portefeuille d'origine nationale et ceux provenant d'États tiers autres que les États parties à l'accord EEE » (point 133).

296. BOI-RPPM-RCM-30-30-20-40 n°s 1 à 40.

297. BOI-IS-RICI-30-20 n° 125 et s.

des procédures nouvelles ne peut être assimilée à la législation existante à la date retenue par l'acte communautaire en cause[298].

Quant à la notion d'investissement direct, elle suscite deux types de difficulté. La première survient lorsqu'un non-résident acquiert des titres de société française : s'agit-il d'investissements directs ? La Cour de justice répond que « ne peuvent pas être considérées comme investissements directs les participations dans une société qui ne sont pas prises en vue de créer ou de maintenir des liens économiques durables et directs entre l'actionnaire et cette société et ne permettent pas à l'actionnaire de participer effectivement à la gestion de cette société ou à son contrôle »[299]. La seconde difficulté se présentait, jusqu'à l'intervention de la seconde loi de finances rectificative pour 2014, dans le cas particulier où un non-résident personne physique effectuait en France des investissements immobiliers, soit en son nom, soit par l'intermédiaire d'une société à prépondérance immobilière. Il pouvait alors se trouver défavorisé le jour de la cession des immeubles dans la mesure où les résidents d'États tiers à l'Union devaient acquitter, en cas de plus-value immobilière imposable en France, un impôt sur les plus-values de 33,1/3 %[300] notablement plus élevé que celui applicable aux résidents français (qui ne payent l'impôt qu'à un taux de 19 %). Dans ce contexte, les enjeux liés à l'applicabilité de la clause de gel aux investissements immobiliers étaient potentiellement considérables. La jurisprudence sur cette question était fort ambiguë jusqu'à ce que le Conseil d'État[301], contredisant au passage sa position antérieure, prenne appui sur un arrêt de la Cour de justice[302] pour énoncer que si les notions d'investissements directs et d'investissements immobiliers ne sont pas définies par le TFUE, il ressort de l'énumération figurant dans la rubrique I de l'annexe I de la directive 88/361/9CEE du 24 juin 1988 et des notes explicatives s'y rapportant que la notion d'investissement direct concerne les investissements auxquels procèdent les personnes physiques ou morales et qui servent à créer ou à maintenir des relations durables et directes entre le bailleur de fonds et l'entreprise à qui ces fonds sont destinés en vue de l'exercice d'une activité économique. Le Conseil d'État, suivant la Cour de justice, en déduit que, lorsqu'il se réfère aux « investissements directs, y compris les investissements immobiliers », l'article 64 du TFUE vise les seuls investissements immobiliers qui constituent des investissements directs relevant de la rubrique I de l'annexe I de la directive 88/361 et, qu'en revanche, des investissements immobiliers de type « patrimonial », effectués à des fins privées, sans lien avec l'exercice d'une activité économique, ne relèvent pas du champ d'application de cet article. Le législateur a toutefois fini par intervenir pour remédier à ces différences de traitement injustifiées. La seconde loi de finances rectificative pour 2014 a généralisé le taux de 19 % en l'appliquant, pour les plus-values réalisées à compter du 1er janvier 2015, à toutes les personnes physiques non-résidentes lorsqu'elles sont imposables en France à raison de la cession d'un immeuble ou d'un actif assimilé à un immeuble par l'article 244 *bis* A du CGI. La nouvelle règle s'applique à l'ensemble des hypothèses dans lesquelles une personne physique non-résidente est considérée comme imposable : sont notamment concernées les plus-values de cession d'immeubles détenus en direct et les plus-values de cession de parts de sociétés à prépondérance immobilière, mais aussi les

298. CJCE, gde ch., 12 déc. 2006, *FII Group Litigation*, aff. C-446/04, point 192.

299. CJUE, 10 févr. 2011, *Haribo et Österreichische Salinene AG*, aff. C-436/08 et C-437/08. Constatant que la législation examinée ne concernait que des participations inférieures à 10 % du capital social de la société distributrice, la Cour en déduit qu'elle ne relève pas du champ d'application matériel de l'article 64, paragraphe 1, TFUE. Pour une application de ce raisonnement en France, v. l'avis du Conseil d'État du 23 mai 2011, n° 344678, *Société Santander Asset Management SGIIC SA*, *Dr. fisc.* 2011, n° 35, comm. 485, concl. P. Collin, note P. Dibout, et notre article avec S. Austry, *FR* 26/11, p. 21 et s. estimant que des investissements faits par des OPCVM étrangers dans des sociétés françaises ne peuvent être considérés comme des investissements directs au sens de l'article 64 du TFUE que dans des « cas exceptionnels », ce qui limite à ces seuls cas l'invocabilité de la clause de *standstill* par l'administration fiscale française.

300. Art. 244 *bis* A CGI.

301. CE, 26 déc. 2013, n° 360488, *M. et Mme Kramer*, *Dr. fisc.* 2014, n° 4, comm. 92, concl. F. Aladjidi, note G. Ladreyt ; v. aussi sur cet arrêt la chronique d'E. Dinh, *in L'année fiscale*, *Dr. fisc.* 2014, n° 10, ét. 197, § 30 et s. et celle d'E. Bokdam-Tognetti, « Libre circulation des capitaux et pays tiers : la fragilité du permafrost », *RJF* 5/14, p. 315 et s. Comp. CE, 20 oct. 2014, n° 367234 *min. c/SCI Saint-Etienne et a.*, *Dr. fisc.* 2014, n° 48, comm. 659, concl. V. Daumas, note A. Maitrot de la Motte.

302. CJUE, 17 oct. 2013, C-181/12, *Yvon Welte*, *Dr. fisc.* 2014, n° 4, comm. 91, concl. P. Mengozzi, note A. Maitrot de la Motte.

plus-values réalisées par les sociétés de personnes soumises à l'impôt sur le revenu au prorata des droits sociaux détenus par les associés personnes physiques non-résidentes.

78 Les enjeux de la distinction entre libertés une fois rappelés, l'identification de la liberté en cause dans une affaire ne pose généralement pas problème : il est clair, par exemple, qu'une règle conduisant à l'imposition d'un contribuable au seul motif qu'il déplace sa résidence dans un autre État membre doit être appréciée à l'aune de la liberté d'établissement ou plus généralement du droit, pour tout citoyen de l'Union, de circuler et de séjourner librement sur le territoire des États membres (indépendamment de tout « établissement », cette notion impliquant l'exercice d'une activité professionnelle)[303] ; de même, une règle imposant plus lourdement un contribuable au motif qu'il détient des actifs étrangers doit être examinée sous l'angle d'une atteinte possible à la liberté de circulation des capitaux.

79 Il existe cependant des cas où l'identification de la liberté en cause est moins évidente. Considérons, par exemple, la liberté de circulation des capitaux, non définie par le TFUE. Selon la Cour, les mesures interdites par l'article 56 paragraphe 1 CE (aujourd'hui article 63 du TFUE) en tant que restrictions aux mouvements de capitaux comprennent celles qui sont de nature à dissuader les non-résidents de faire des investissements dans un État membre ou à dissuader les résidents de cet État membre d'en faire dans d'autres États membres. La définition paraît simple, mais ne recouvre pas tous les types de mouvements de capitaux. C'est pourquoi la Cour a reconnu une valeur indicative à la nomenclature figurant à l'annexe I de la directive n° 88/361[304] et contenant une liste – non exhaustive – des mouvements de capitaux. Selon cette nomenclature, la libre circulation des capitaux couvre par exemple les investissements directs sous forme de participation à une entreprise par la détention d'actions qui confère la possibilité de participer effectivement à sa gestion et à son contrôle (investissements dits « directs ») ainsi que l'acquisition de titres sur le marché des capitaux effectuée dans la seule intention de réaliser un placement financier sans intention d'influer sur la gestion et le contrôle de l'entreprise (investissements dits « de portefeuille »). Constituent également des mouvements de capitaux les opérations de liquidation ou de cession de ces participations, ainsi que le rapatriement du produit de cette liquidation. La Cour de justice a également estimé que les successions, qu'elles portent sur des sommes d'argent, des biens immeubles ou des biens meubles, constituent des mouvements de capitaux au sens de l'article 56 CE, à l'exception des cas où leurs éléments constitutifs se cantonnent à l'intérieur d'un seul État membre[305]. La fiscalité successorale se trouve ainsi

303. Selon la Cour, la liberté d'établissement n'est qu'une expression spécifique du droit pour tout citoyen de circuler et de séjourner librement dans un État membre. Elle en déduit que ce n'est que dans la mesure où la liberté d'établissement ne trouve pas à s'appliquer dans une situation donnée qu'il convient d'apprécier cette dernière au regard de ce principe plus général (CJCE, 7 sept. 2006, *« N »*, aff. C-470/04, points 22 et 23 ; CJUE, 20 janv. 2011, *Commission c/ République hellénique,* aff. C-155/09, point 41 et les références citées).

304. Cf., notamment, arrêts du 23 févr. 2006, *van Hilten-van der Heijden*, aff. C-513/03, point 39 ; 17 janv. 2008, *Jäger*, aff. C-256/06, point 24 ; *Glaxo Wellcome*, 17 sept. 2009, aff. C-182/08, point 39.

305. Cf. par ex. CJCE, 12 févr. 2009, *Block*, aff. C-67/08, point 20, et la jurisprudence antérieure citée. Pour une réflexion sur les relations entre droits de succession et droit de l'Union européenne, v. E.-J. Navez, « L'encadrement de la fiscalité des successions par le droit de l'Union européenne : vers une élimination progressive des obstacles à la liberté de circulation des personnes et des patrimoines ? », *Dr. fisc.* 2012, n° 43-44, ét. 492.

inclue, de ce fait, dans les matières pouvant être évaluées à l'aune de la liberté de circulation des capitaux.

80 Une difficulté fréquente se présente également lorsqu'une règle nationale paraît justiciable, tant de la liberté d'établissement que de la liberté de circulation des capitaux. Tel est le cas, par exemple, lorsqu'une société détient une participation substantielle dans le capital d'une société établie dans un autre État membre et que la société mère se plaint d'être plus mal traitée qu'une autre société qui ne détiendrait de participations que dans des filiales établies dans le même État. Les participations en capital, constituant des investissements, ne relèvent-elles pas évidemment de la liberté de circulation des capitaux ? De l'autre côté, l'article 49 TFUE (ex-article 43 CE) ne précise-t-il pas expressément que la liberté d'établissement inclut le droit de créer des filiales dans un autre État membre, ce qui implique par conséquent une détention majoritaire en capital ?

Pour déterminer si une législation nationale relève de l'une ou l'autre des libertés de circulation, il résulte d'une jurisprudence à présent bien établie qu'il y a lieu de prendre en considération l'objet de la législation en cause[306]. Il résulte également de la jurisprudence que la Cour examine la mesure en cause, en principe, au regard de l'une seulement de ces deux libertés s'il s'avère que, dans les circonstances de l'espèce au principal, l'une d'elles est tout à fait secondaire par rapport à l'autre et peut lui être rattachée[307].

Dans le cas précis où il s'agit de départager la liberté d'établissement et la liberté de circulation des capitaux, la Cour de justice énonce que lorsque la législation d'un État membre, en raison de son objet, concerne les situations dans lesquelles une société détient une participation au sein d'une autre société qui lui permet d'exercer une influence certaine sur les décisions de celle-ci et d'en déterminer les activités, il convient d'appliquer exclusivement les dispositions du Traité relative à la liberté d'établissement[308]. En revanche, des dispositions nationales qui affectent des participations effectuées dans la seule intention de réaliser un placement financier sans intention d'influer sur la gestion et le contrôle de l'entreprise doivent être examinées exclusivement au regard de la libre circulation des capitaux.

Il arrive cependant qu'une règle fiscale ait un objet ne dépendant pas directement de l'importance de la participation détenue par une entreprise. Par exemple, une règle fiscale qui interdit dans certaines conditions la dépréciation de titres d'une société suite à une distribution de dividendes à son actionnaire sans distinguer selon qu'il s'agit de participations majoritaires ou de participations minoritaires a, semble-t-il, un objet intéressant tout autant la liberté d'établissement que la liberté de circulation des capitaux. Il peut aussi arriver qu'une législation s'applique dès lors qu'un certain seuil est dépassé (par exemple une exonération sur des dividendes jouant lorsqu'une société mère détient plus de 10 % du capital de la société distributrice), sans que le dépassement de ce seuil implique que la situation relève nécessairement de la liberté d'établissement, faute pour une influence certaine d'être exercée par une société sur une autre. En pareille hypothèse, l'analyse dépend du cas d'espèce : lorsque le cas ne met en présence que des personnes ayant leur résidence dans l'Union européenne ou l'EEE, il convient de tenir compte des éléments factuels du cas d'espèce afin de déterminer si la situation visée par le litige au principal relève de l'article 49 TFUE ou de l'article 63 TFUE. Autrement dit, si une société détient

306. Voir arrêt CJUE, 11 sept. 2014, *Kronos International Inc.*, C-47/12, point 30 et jurisprudence citée.

307. CJCE, 3 oct. 2006, *Fidium Finanz*, aff. C-452/04, point 34 ; 1er juill. 2010, *Dijkman*, *RJF* 11/10, n° 1123.

308. Cf. notamment arrêts du 13 avr. 2000, *Baars*, aff. C-251/98, point 22 ; *Cadbury Schweppes et Cadbury Schweppes Overseas*, 12 sept. 2006, aff. C-196/04, point 31 ; 13 mars 2007, *Test Claimants in the Thin Cap Group Litigation*, aff. C-524/04, point 27 ; 17 juill. 2008, *Commission / Espagne*, aff. C-207/07, point 60 ; *Glaxo Wellcome*, 17 sept. 2009, aff. C-182/08, point 47 ; 15 sept. 2011, aff. C-310/09, *min c. Accor SA*. Pour une illustration du contrôle exercé par le Conseil d'État sur le critère de l'influence certaine permettant de revendiquer la liberté d'établissement, v. CE, 22 févr. 2017, n° 392226, *Sté Findim Group*, *Dr. fisc.* 2017, n° 22, comm. 332, concl. E. Bokdam-Tognetti, note A. de Waal.

une participation lui conférant une influence certaine sur une autre, la législation est examinée à l'aune de la liberté d'établissement ; au cas inverse, on appliquera la liberté de circulation des capitaux. Si, en revanche, le cas d'espèce implique une personne d'un État tiers à l'Union européenne et à l'EEE, la grande chambre de la Cour a fini par décider, mettant fin aux hésitations de la jurisprudence, qu'une réglementation nationale relative au traitement fiscal de dividendes d'un pays tiers, qui ne s'applique pas exclusivement aux situations dans lesquelles la société mère exerce une influence décisive sur la société distribuant les dividendes, doit être appréciée au regard de l'article 63 TFUE relatif à la liberté de circulation des capitaux[309]. Une société résidente d'un État membre peut donc, indépendamment de l'ampleur de la participation qu'elle détient dans la société distributrice de dividendes établie dans un pays tiers, se prévaloir de cette disposition afin de mettre en cause la légalité d'une telle réglementation. Par analogie, une société établie dans un État tiers peut invoquer la liberté de circulation des capitaux, quelle que soit l'importance de la participation qu'elle détient dans une société d'un État membre, lorsque ce dernier État opère une discrimination à son détriment.

β) Deuxième phase : identification d'une restriction à la liberté

81 Une fois identifiée la liberté concernée, la Cour de justice recherche si celle-ci a fait l'objet d'une restriction. Le concept de restriction, auquel recourt le TFUE lui-même, est moins simple qu'il y paraît au premier abord. L'examen de la jurisprudence et de la doctrine révèle effectivement l'existence d'une différence entre restrictions discriminatoires et restrictions non discriminatoires (souvent qualifiées « d'entraves »)[310].

82 Il existe une restriction discriminatoire lorsqu'une règle fiscale crée une discrimination entre deux catégories de contribuables et par voie de conséquence dissuade ceux qui sont les moins bien traités d'exercer une des libertés protégées par le Traité. Dans ce contexte, la discrimination consiste, conformément à l'article 18 du TFUE (ex-article 12 CE), dans l'application de règles différentes à des situations comparables ou dans l'application de la même règle à des situations différentes[311]. En pratique, dans la grande majorité des arrêts où la Cour de justice décèle une restriction fiscale à une liberté communautaire, la Cour prend soin de relever que le contribuable exerçant sa liberté est plus mal traité qu'un autre contribuable qui ne l'exerce pas, alors que tous deux se trouvent dans une situation comparable. À titre d'exemple, lorsque la Cour considère comme contraire à la liberté d'établissement le système français de l'intégration fiscale entre sociétés d'un même groupe (en ce qu'il ne permet pas d'inclure dans le groupe intégré une sous-filiale française détenue par l'intermédiaire d'une filiale néerlandaise), elle compare la situation d'une société mère française qui n'exerce pas sa liberté d'établissement (parce qu'elle n'a que des filiales françaises) et la situation d'une société

309. CJUE, 13 nov. 2012, C-35/11, « Test Claimants in the FII Group Litigation », *L'année fiscale* 2013, *Dr. fisc.* 2013, n° 9, ét. 169, obs. E. Raingeard de la Blétière.

310. Pour un exposé de la distinction et des problèmes qu'elle pose, cf. E. Raingeard De la Blétière, *Les relations entre le droit communautaire et le droit fiscal international, Nouvelles perspectives*, th. Paris I, 2008, n° 373 et s. V. aussi A. del Sole, *Discriminazioni e restrizioni fiscali. I principi della Corte di giustizia delle comunità europee*, pref. C. Garbarino, Egea, 2007.

311. Cf. par ex. CJCE, 14 sept. 1999, aff. C-391/97, *Gschwind*, point 21. À noter : l'article 18 TFUE (ex. art. 12 CE) n'a pas, en matière de fiscalité des sociétés, un rôle autonome. Cette disposition n'a en effet vocation à s'appliquer de manière autonome que dans des situations régies par le droit de l'Union pour lesquelles le traité ne prévoit pas de règles spécifiques de non-discrimination. Or le Traité prévoit de telles règles spécifiques de non-discrimination dans les domaines relevant de la liberté d'établissement et de la libre circulation des capitaux (voir, notamment, arrêts du 8 mars 2001, *Metallgesellschaft et a.*, aff. C-397/98 et C-410/98, points 38 et 39 ; du 11 oct. 2007, *Hollmann*, aff. C-443/06, points 28 et 29, ainsi que du 17 janv. 2008, *Lammers & Van Cleeff*, aff. C-105/07, point 14 ; du 21 janv. 2010, *SGI*, aff. C-311/08, point 31).

mère française qui l'exerce en créant une filiale à l'étranger[312]. C'est parce que cette comparaison débouche sur le constat d'une différence de traitement entre deux situations objectivement comparables que la Cour peut en déduire qu'il existe une dissuasion à la création de filiales à l'étranger, donc une restriction à la liberté d'établissement.

83 Les restrictions non discriminatoires sont « celles où une règle indistinctement applicable soit empêche l'exercice d'une liberté, soit se révèle défavorable en présence d'un élément d'extranéité qu'elle ne prendrait pas en compte »[313]. Cette catégorie de restriction a été dégagée dans des matières non fiscales – règles relatives aux conditions d'accès au marché de marchandises, régime d'autorisation préalable en matière de privatisation, etc. – pour censurer des règles qui, bien que s'appliquant à toutes personnes ou à tous types de produits, n'en constituent pas moins des obstacles à la circulation des personnes ou des marchandises.

Son application en matière fiscale est malaisée. De deux choses l'une, en effet : soit l'on considère qu'une société subit une restriction à sa liberté d'établissement (par exemple) du simple fait qu'elle est plus imposée par un État étranger où elle exerce une partie de son activité (directement ou par l'intermédiaire d'une filiale) que dans son État de résidence, et l'on aboutit au résultat absurde[314] que tous les États devraient avoir exactement les mêmes règles fiscales... ; soit l'on recherche une restriction non discriminatoire d'un autre type, et l'on peine à en trouver, tant il est difficile d'imaginer une restriction qui ne soit pas, en réalité, issue d'une différence de traitement entre contribuables. À la vérité, l'importance accordée aux restrictions non discriminatoires vient surtout du fait que la Cour de justice, dans la plupart des cas où elle reconnaît une restriction à la liberté d'établissement, utilise une terminologie d'où l'idée de discrimination est absente. C'est le cas, par exemple, lorsqu'elle relève qu'une règle fiscale nationale dissuade une société de créer, d'acquérir ou de maintenir une filiale dans un autre État membre (formule présente dans de nombreux arrêts). Mais cette formule n'a pas, dans l'esprit de la Cour, une portée autonome. Elle constitue seulement la conclusion d'un raisonnement tout entier ordonné à la démonstration d'une différence de traitement entre les sociétés qui n'exercent pas leurs libertés communautaires et celles qui le font.

γ) Troisième phase : recherche d'une justification légitime à la restriction

84 Il découle de la jurisprudence de la Cour qu'un État peut sortir indemne de la confrontation avec le droit de l'Union européenne s'il parvient à démontrer que sa loi interne, quoique créant une restriction à une liberté communautaire, est néanmoins justifiée par « des raisons impérieuses d'intérêt général »[315].

85 Au titre de ces justifications, certaines sont systématiquement rejetées par la Cour. Un État ne peut justifier une restriction en alléguant que sa règle nationale lui évite la **perte de recettes fiscales**. Il ne peut pas davantage prétendre qu'un régime fiscal défavorable peut être excusé par l'existence d'autres avantages fiscaux dont bénéficie par ailleurs le contribuable sans qu'il existe aucun lien entre les deux.

86 En revanche, certaines justifications sont traditionnellement acceptées par la Cour. Ainsi, une restriction peut être justifiée par la nécessité pour l'État d'assurer **l'efficacité**

312. CJCE, 27 nov. 2008, aff. C-418/07, *Papillon*, points 21 et s.

313. E. Raingeard de la Blétière, th. préc., n° 390.

314. Compte tenu, du moins, de l'état actuel du droit en vertu duquel les États demeurent pleinement souverains en matière de fiscalité directe.

315. Pour une description dynamique de la matière, cf. B. Delaunay, « L'évolution de la jurisprudence relative aux justifications des restrictions fiscales aux libertés communautaires », *Dr. fisc.* 2009, n° 12-13, ét. 248.

des contrôles fiscaux. Il peut, par exemple, être autorisé à appliquer des mesures lui permettant de vérifier le montant des revenus imposables et des pertes reportables en vertu de son propre droit[316]. De même, la nécessité de garantir l'efficacité des contrôles fiscaux justifie certaines restrictions aux mouvements de capitaux vers ou en provenance d'États tiers. Ainsi, la Cour de justice a jugé que la réglementation d'un État membre fait dépendre le bénéfice d'un avantage fiscal de la satisfaction de conditions dont le respect ne peut être vérifié qu'en obtenant des renseignements des autorités compétentes d'un pays tiers, il est, en principe, légitime pour cet État membre de refuser l'octroi de cet avantage si, notamment en raison de l'absence d'une obligation conventionnelle de ce pays tiers de fournir des informations, il s'avère impossible d'obtenir ces renseignements dudit pays[317]. Ce raisonnement démontre que la liberté de circulation des capitaux n'obéit pas exactement au même régime dans les relations entre États membres et dans les relations impliquant un État tiers. Ceci tient au fait que dans l'espace de l'Union européenne, il existe des instruments juridiques permettant l'échange d'informations[318], lesquels ne s'appliquent pas dans les relations avec les États tiers[319].

87 De plus, un État peut apporter une restriction à une liberté lorsqu'il s'agit pour lui de **lutter contre la fraude et l'évasion fiscale**[320]. C'est sur cette base que la Cour de justice a reconnu à la France le droit d'instaurer une taxe de 3 % sur la valeur des biens immobiliers détenus par les personnes morales non-résidentes – sous réserve, comme on le verra plus loin, du respect du principe de proportionnalité[321] – car une telle taxe se justifie par la nécessité de dissuader des contribuables français redevables de l'impôt de solidarité sur la fortune de créer des sociétés étrangères propriétaires d'immeubles situés en France à la seule fin d'échapper à leurs obligations en matière d'ISF puis d'IFI.

88 La Cour a également admis une justification tirée de la **cohérence du système fiscal**. Cette justification avait été dégagée en 1992[322] dans une affaire où la Belgique plaida avec succès qu'il était cohérent de n'autoriser la déductibilité de cotisations d'assurance contre la maladie et l'invalidité ou contre la vieillesse et le décès que si celles-ci étaient versées « en Belgique ». L'idée sous-jacente était que la Belgique ne consentait

316. Cf. notamment CJCE, 15 mai 1997, aff. C-250/95, *Futura Participations SA et Singer*, points 31 et s. Rapp. CJUE, 9 oct. 2014, C-326/12, *Rita et Patrick Van Caster*, jugeant qu'une législation ne saurait être justifiée par la nécessité d'assurer l'efficacité du contrôle fiscal et de garantir le recouvrement efficace des impôts, dans la mesure où elle ne permet pas au contribuable de fournir des éléments ou des informations pouvant démontrer ses revenus effectifs.

317. CJCE, gde ch., 18 déc. 2007, *Statteverket c/A*, aff. C-101/05 ; CJUE, 19 nov. 2009, aff. C-540/07, *Commission c/Italie* ; CJUE, 28 oct. 2010, *Société établissements Rimbaud*, aff. C-72/09, *Dr. fisc.* 2010, n° 49, comm. 588, note A. Maitrot de la Motte et E. Dubout ; *FR* 49/10, p. 10 et s., note M. Wathelet ; CJUE, 10 févr. 2011, *Haribo et Österreichische Salinene AG*, aff. C-436/08 et C-437/08.

318. Il s'agit des directives concernant l'assistance mutuelle entre autorités compétentes des États membres dans le domaine des impôts directs (cf. *supra*, n° 73).

319. Pour une application du raisonnement au cas d'une disposition française (l'art. 150-0 D *bis* ancien du CGI) qui excluait l'application d'un abattement sur la plus-value de cession de titres par un résident français lorsque ces titres étaient émis par une société résidente d'un État tiers n'ayant pas conclu avec la France d'accord d'échange de renseignements (la Suisse, en l'espèce), v. CE, 21 nov. 2011, n° 329439, *Mme de Beaumont*, *Dr. fisc.* 2012, n° 24, comm. 336, concl. L. Olléon, note J.-Ch. Gracia.

320. CJCE, 16 juill. 1998, aff. C-264/96, *ICI*, et toute la jurisprudence postérieure.

321. CJCE, 11 oct. 2007, aff. C-451/07, *Elisa*, points 83 et s.

322. CJCE, 28 janv. 1992, aff. C-204/90, *Bachmann*, point 28.

ce droit à déduction que parce qu'elle imposait ultérieurement les pensions, rentes ou capitaux dus par les assureurs. Elle établissait un lien entre l'avantage fiscal consenti (la déduction) et la compensation de cet avantage par un prélèvement fiscal déterminé (l'imposition ultérieure). La Belgique était donc fondée, par symétrie, à refuser l'avantage fiscal en cause en l'absence de compensation par un prélèvement déterminé. Cet arrêt demeura longtemps isolé, la Cour s'efforçant pendant les seize années qui le suivirent d'endiguer les tentatives répétées des États de s'appuyer sur le concept flou de « cohérence du régime fiscal » pour justifier certaines entorses au droit de l'Union européenne.

La justification tirée de la cohérence paraissait donc promise à une désuétude certaine lorsqu'elle fut ressuscitée par la Cour dans un arrêt de 2008[323] concernant une règle allemande qui, après avoir admis la prise en compte de pertes subies par un établissement stable situé dans un autre État membre, prévoyait une réintégration fiscale desdites pertes au moment où l'établissement stable dégage des bénéfices. Selon la Cour, « la réintégration des pertes prévue par le régime fiscal allemand en cause au principal ne saurait être dissociée de la prise en compte antérieure de celles-ci. Cette réintégration, dans le cas d'une société possédant un établissement stable sis dans un autre État, au regard duquel l'État de résidence de cette société ne dispose d'aucun droit d'imposition, reflète en effet, ainsi que le relève la juridiction de renvoi, une logique symétrique. Il existait donc un lien direct, personnel et matériel entre les deux éléments du mécanisme fiscal en cause au principal, ladite réintégration constituant le complément logique de la déduction accordée précédemment. Force est de conclure que la restriction qui découle de la réintégration ainsi prévue est justifiée par la nécessité de garantir la cohérence du régime fiscal allemand »[324].

Comme on l'a bien noté, cet arrêt est d'une grande importance, non seulement en ce qu'il redonne à la cohérence une fonction effective de justification, mais aussi en ce qu'il systématise les trois critères devant être réunis pour que l'argument soit accepté par la Cour : la nécessité d'un lien direct entre l'avantage fiscal concerné (l'imputation initiale des pertes) et la compensation par un prélèvement fiscal déterminé (l'imposition de la réintégration ultérieure), la nécessité d'un lien personnel qui suppose qu'un seul et même contribuable bénéficie de l'avantage et fasse l'objet de la compensation, et la nécessité d'un lien matériel qui suppose qu'une seule et même imposition soit concernée par l'avantage et sa compensation[325]. On retrouve un raisonnement proche dans l'arrêt *Papillon* concernant le mécanisme français de l'intégration fiscale[326], même si, en l'espèce, le droit français fut jugé incompatible avec la liberté d'établissement, faute d'adopter un dispositif respectant le principe de proportionnalité.

89 Il est significatif, par ailleurs, que ce regain de vigueur de la justification tirée de la cohérence du régime fiscal aille de pair avec l'admission par la Cour de justice de nouvelles justifications depuis 2005. Il est ainsi admis depuis l'arrêt *Marks & Spencer*[327] qu'un État peut se prévaloir de l'objectif de préservation d'une **répartition équilibrée du pouvoir d'imposition entre les États membres**. Cet objectif explique notamment qu'une société ne puisse choisir l'État dans lequel imputer les pertes qu'elle réalise directement ou par l'intermédiaire d'une filiale. Un tel choix lui permettrait en effet de transférer les pertes dans l'État membre où la fiscalité est la plus lourde afin de

323. CJCE, 23 oct. 2008, aff. C-157/07, *Krankenheim Ruhesitz am Wannsee-Seniorenheimstatt GmbH.*

324. *Ibid.*, points 42 et 43.

325. Synthèse clairement opérée par B. Delaunay, « L'évolution de la jurisprudence relative aux justifications des restrictions fiscales », art. préc.

326. CJCE, 27 nov. 2008, aff. C-418/07. Pour plus de détails sur cet arrêt, cf. *infra*, n° 793.

327. CJCE, 13 déc. 2005, aff. C-446/03, *Marks & Spencer plc.* La justification, admise initialement dans le cadre de la liberté d'établissement, l'a également été en matière de liberté de circulation des capitaux : cf. notamment CJCE, 17 sept. 2009, aff. C-192/08, *Glaxo Wellcome*, point 82 et s. On la retrouve dans plusieurs arrêts récents, notamment l'arrêt *X Holding BV* du 25 février 2010, aff. C-337/08, sur lequel cf. *infra*, n° 796.

maximiser son économie d'impôt[328]. De même, un État peut valablement adopter une règle dont le but est de faire obstacle aux comportements qui consistent à diminuer la base imposable des contribuables résidents en rémunérant des prestations de services inexistantes dans le seul but d'éluder l'impôt normalement dû sur les bénéfices générés par des activités réalisées sur le territoire national[329]. Au-delà des exemples, la Cour a eu l'occasion de théoriser sa propre jurisprudence en énonçant que l'objectif de la répartition équilibrée du pouvoir d'imposition vise à sauvegarder la symétrie entre le droit d'imposition des bénéfices et la faculté de déduction des pertes[330]. Mais cette théorie n'épuise pas toutes les situations où cette justification peut s'appliquer puisqu'elle explique aussi, par exemple, qu'un État puisse imposer des plus-values latentes nées avant le transfert du siège d'une société dans un autre État membre[331].

90 Cette justification tirée de la répartition équilibrée du pouvoir d'imposition est à rapprocher d'une autre justification très proche, tirée du souci de prévenir la **double déduction des mêmes pertes**, une première fois dans l'État de la société mère (au cas de pertes réalisées dans une filiale) ou dans l'État du siège (au cas de pertes réalisées dans un établissement stable), puis une seconde fois dans l'État où elles sont réalisées (par le moyen du report en avant des déficits antérieurs)[332].

91 Par ailleurs, l'objectif de la répartition de préservation d'une répartition équilibrée du pouvoir d'imposition est également proche de l'objectif de prévention de l'évasion fiscale : il semble, à la lecture de certains arrêts[333], que la Cour raisonne implicitement comme si les mesures admissibles opérant restriction des libertés s'intègrent dans deux cercles concentriques : le plus grand englobe l'ensemble des mesures protégeant la répartition équilibrée des pouvoirs entre États membres ; le plus petit, inclus dans le premier, inclut les mesures destinées spécifiquement à lutter contre l'évasion fiscale. L'approche en termes de cercles concentriques explique pourquoi la Cour estime que des comportements abusifs dans le but d'éluder l'impôt dans un État sont de nature à porter atteinte à une répartition équilibrée du pouvoir d'imposition entre les États membres ; autrement dit, les comportements relevant du petit cercle sont automatiquement inclus dans le grand.

328. La répartition équilibrée du pouvoir d'imposer n'est vraisemblablement qu'une reformulation d'une justification admise en 1997 – mais pas ultérieurement – dans l'arrêt *Futura Participations SA et Singer* (aff. C-250/95), et tirée du principe de territorialité fiscale. Ce principe avait permis de justifier la règle luxembourgeoise qui subordonnait le report de pertes antérieures demandé par un non-résident ayant une succursale au Luxembourg à la condition que les pertes soient en relation économique avec des revenus réalisés par le contribuable au Luxembourg. Sur la notion de territorialité, plus généralement, cf. *infra*, n° 739.

329. CJUE, 5 juill. 2012, *SIAT c. État belge*, C-318/10, points 41, 46 et 47.

330. CJUE, 17 juill. 2014, *Nordea Bank Danmark*, C-48/13 ; 7 nov. 2013, *K*, C-322/11 (entre autres arrêts).

331. CJUE, 29 nov. 2011, *National Grid Indus BV*, aff. C-371/10.

332. L'exposé du problème du double usage des pertes est détaillé *infra*, n° 795.

333. Cf. notamment CJCE, 18 juill. 2007, aff. C-231/05, *Oy AA*, *RJF* 11/07, n° 359.

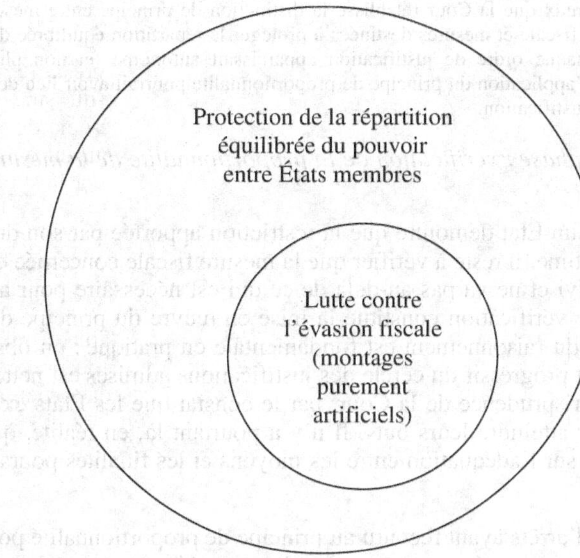

92 Il en résulte que les trois éléments de justification dégagés à l'occasion de l'arrêt *Marks & Spencer* se réduisent en réalité à une peau de chagrin : lorsque la mesure protège la répartition équilibrée des pouvoirs d'imposer, ce seul constat suffit à la justification. Le caractère non cumulatif des justifications apparues en 2005 a d'ailleurs été confirmé depuis lors[334].

93 Cet état de la jurisprudence communautaire ne paraît cependant pas totalement satisfaisant. En effet, la relation entre les objectifs de répartition équilibrée du pouvoir fiscal et de lutte contre l'évasion fiscale n'est pas d'inclusion, mais plutôt de coexistence et parfois d'intersection. Ainsi, il existe des mesures destinées à lutter contre l'évasion fiscale qui ne s'expliquent pas par le souci de protéger la répartition équilibrée du pouvoir entre États membres. Soit, par exemple, une règle limitant la déductibilité des intérêts versés à un prêteur non-résident et créant une différence de traitement avec un prêteur résident. Si une telle règle vise à empêcher des transferts indirects de bénéfices à l'étranger, il est évident que le souci premier du législateur est ici d'éviter un gonflement artificiel des intérêts déductibles. C'est l'abus de la déduction qui est poursuivi en premier lieu, non le fait qu'une société opte pour l'imposition de ses bénéfices à l'étranger. La preuve en est que si le prêteur et la société emprunteuse ne sont pas associés, le fait de diminuer l'assiette de l'impôt dans l'État de la société débitrice n'aboutit en rien à lui permettre d'opter pour la délocalisation de son propre bénéfice imposable à l'étranger.

De même, il existe des mesures visant à protéger la répartition équilibrée du pouvoir fiscal et qui ne visent pas spécifiquement à lutter contre l'évasion fiscale. Soit, par exemple, le principe de territorialité de l'impôt sur les sociétés, qui aboutit à empêcher l'imputation sur les bénéfices d'une société établie dans un État des pertes subies par sa succursale établie dans un autre État. S'il y a ici différence de traitement entre la succursale locale et la succursale étrangère, ce n'est pas pour lutter contre les montages artificiels destinés à éluder l'impôt dans le pays du siège ; c'est parce que le principe de territorialité repose sur l'idée selon laquelle le partage des compétences fiscales dépend de l'origine des profits et des pertes.

334. Précision donnée par l'arrêt *Lidl Belgium* du 15 mai 2008, aff. C-414/06. Voir toutefois la résurgence du raisonnement « Marks & Spencer » dans l'arrêt *A Oy* (*infra*, n° 797).

Il serait ainsi heureux que la Cour rétablisse la distinction de principe entre mesures destinées à lutter contre l'évasion fiscale et mesures destinées à protéger la répartition équilibrée du pouvoir entre États membres. Si chaque ordre de justification apparaissait autonome (et non plus obscurément mélangé aux autres), l'application du principe de proportionnalité pourrait avoir lieu de façon distributive, justification par justification.

δ) Quatrième phase : vérification de la proportionnalité de la mesure à l'objectif poursuivi

94 À supposer qu'un État démontre que la restriction apportée par son droit se justifie par un objectif légitime, il reste à vérifier que la mesure fiscale concernée est appropriée à l'objectif poursuivi et ne va pas au-delà de ce qui est nécessaire pour atteindre l'objectif. Cette double vérification constitue la mise en œuvre du principe de proportionnalité. Cette étape du raisonnement est fondamentale en pratique : on observe en effet que l'élargissement progressif du cercle des justifications admises est nettement contrebalancé, dans la jurisprudence de la Cour, par le constat que les États excèdent ce qui est nécessaire pour atteindre leurs buts. Il n'y a pourtant là, en réalité, qu'un contrôle exercé par la Cour sur l'adéquation entre les moyens et les finalités poursuivies par les États[335].

95 Les exemples d'arrêts ayant recouru au principe de proportionnalité pour dénier aux États le droit d'adopter certaines mesures fiscales sont désormais nombreux. C'est ainsi qu'un État ne peut, par exemple, présumer à titre systématique que l'exercice de la liberté d'établissement repose sur une volonté d'échapper à la législation fiscale de l'État de départ. Selon les mots de la Cour, « pour qu'une restriction à la liberté d'établissement puisse être justifiée par des motifs de lutte contre des pratiques abusives, le but spécifique d'une telle restriction doit être de faire obstacle à des comportements consistant à créer des montages purement artificiels, dépourvus de réalité économique, dans le but d'éluder l'impôt normalement dû sur les bénéfices générés par des activités réalisées sur le territoire national »[336]. Forte de cette analyse, la Cour s'est plusieurs fois demandé si les États ne pouvaient pas utiliser des mesures moins contraignantes leur permettant d'atteindre leurs objectifs, notamment lorsqu'il s'agit de lutter contre l'évasion fiscale. Il y a là, bien souvent, une forme de politique-fiction assez peu prévisible et dont certains estiment qu'elle n'est pas de la compétence de la Cour, mais force est de constater qu'elle permet à celle-ci d'assurer l'effectivité du droit de l'Union européenne tout en donnant indirectement aux États d'utiles conseils pour améliorer leur législation interne.

La Cour a également jugé qu'il n'est pas conforme au principe de liberté de circulation des capitaux de subordonner l'exonération des dividendes reçus de sociétés de l'EEE à l'existence d'un accord complet d'assistance administrative, alors que l'exonération est de droit dans un contexte purement interne : cette mesure est disproportionnée car un accord d'échange d'informations entre États suffit à garantir que les dividendes exonérés sont issus de bénéfices ayant supporté un IS comparable à celui de l'État de résidence[337].

335. B. Delaunay, « L'évolution de la jurisprudence relative aux justifications des restrictions fiscales », art. préc.

336. CJCE, 12 sept. 2006, aff. C-196/04, *Cadbury Schweppes plc*, point 55. Position réaffirmée récemment, (v. notamment CJUE, 7 sept. 2017, *Eqiom SAS, anciennement Holcim France SAS, Enka SA c. Ministre des Finances et des Comptes publics*, C-6/16).

337. CJUE, 10 févr. 2011, *Haribo et Österreichische Salinene AG*, aff. C-436/08 et C-437/08, spéc. point 73.

Sur cette base, il est permis d'estimer que le droit français ne respecte pas le droit de l'UE dans certaines hypothèses où il subordonne la jouissance d'un avantage fiscal au fait qu'une société ou un organisme soit établi dans un État étranger ayant conclu avec la France une « convention fiscale qui contient une clause d'assistance administrative en vue de lutter contre la fraude et l'évasion fiscale ». On songe, en matière de dividendes, à la règle figurant à l'article 158, 2° du CGI concernant les dividendes de sociétés éligibles à l'abattement de 40 %. Pour être conforme au principe de liberté de circulation des capitaux, cette formule doit être interprétée comme exigeant seulement que la France ait conclu un accord permettant l'échange d'informations avec l'État étranger pertinent. La précision n'est pas inutile dans la mesure où la France a récemment conclu de nombreux accords relatifs à l'échange de renseignements en matière fiscale suivant le modèle établi en ce sens par l'OCDE, sans que ces accords ne soient nécessairement accompagnés d'une convention fiscale complète contenant notamment un mécanisme d'assistance au recouvrement. Sous réserve de la vérification de la pertinence du raisonnement au cas par cas ainsi que de l'inapplicabilité de la clause de *standstill* de l'article 64 TFUE, de tels accords devraient suffire pour écarter le risque de différences de traitement attentatoires au droit de l'UE.

Le Conseil d'État a par ailleurs jugé, dans un autre contexte, que l'art. 150-0 D *bis* ancien du CGI n'apportait pas une atteinte disproportionnée à la liberté de circulation des capitaux en ce qu'il excluait l'application d'un abattement sur la plus-value de cession de titres par un résident français lorsque ces titres étaient émis par une société résidente d'un État tiers n'ayant pas conclu avec la France d'accord d'échange de renseignements (la Suisse, en l'espèce)[338].

Enfin, la Cour a condamné un État qui, soucieux de lutter contre la fraude et l'évasion fiscale en refusant la déduction de certaines sommes versées à des sociétés établies dans des États où elles bénéficiaient d'un « régime notablement plus avantageux », ne définissait cependant pas avec une précision suffisante ce dernier concept. Elle en a tiré une maxime générale qui pourrait s'avérer lourde de conséquences en d'autres circonstances : lorsqu'une règle ne satisfait pas aux exigences de la sécurité juridique qui exige que les règles de droit soient claires, précises et prévisibles dans leurs effets, en particulier lorsqu'elles peuvent avoir sur les individus et les entreprises des conséquences défavorables, elle ne saurait être proportionnée aux objectifs poursuivis[339].

Force est toutefois de constater que le principe de proportionnalité n'est pas toujours appliqué avec la même rigueur par la Cour. Certains arrêts ont ainsi nettement donné le sentiment que lorsqu'une mesure restrictive d'une liberté fondamentale est justifiée par le souci de préserver la répartition équilibrée du pouvoir d'imposer entre les États membres, cette justification suffit à garantir que la mesure est conforme au principe de proportionnalité. Les deux dernières étapes du raisonnement de la Cour tendent alors à se confondre[340]. Il n'en va pas cependant toujours ainsi, ce qui laisse planer une certaine incertitude en la matière[341].

338. CE, 21 nov. 2011, n° 329439, *Mme de Beaumont*, *Dr. fisc.* 2012, n° 24, comm. 336, concl. L. Olléon, note J.-Ch. Gracia. Décision à consulter pour bien comprendre la problématique de la proportionnalité, le contribuable ayant en l'espèce soutenu (sans succès) qu'une procédure d'échange de renseignements n'était en l'occurrence pas nécessaire pour vérifier si les conditions d'application de l'article 150-0 D *bis* sont satisfaites.

339. CJUE, 5 juill. 2012, *SIAT c. État belge*, C-318/10, points 57 et 58. Dans le même sens, v. CJUE, 3 oct. 2013, C-282/12, *Itelcar*, arrêt intéressant dans la mesure où il applique ce principe dans une affaire où le Gouvernement se défendait en alléguant qu'une différence de traitement existant dans la loi n'existait pas en réalité compte tenu de la pratique suivie par l'administration. La Cour estime que cette pratique administrative n'étant pas conforme au libellé de la loi, il en résultait une insécurité juridique incompatible avec le principe de proportionnalité.

340. En ce sens, cf. notamment l'arrêt *Oy AA* du 18 juillet 2007, aff. C-231/05, *RJF* 11/07, n° 359, et *X Holding BV* du 25 févr. 2010 (C-337/08).

341. Cf. CJUE, 29 nov. 2011, *National Grid Indus BV*, aff. C-371/10 ; CJUE, 5 juill. 2012, *SIAT c. État belge*, C-318/10.

b) Exemples

96 L'impact de la jurisprudence de Luxembourg, quoique parfois minimisé par les États non directement concernés par les condamnations, est potentiellement énorme[342]. Sans viser l'exhaustivité, en voici quelques exemples.

Jusqu'aux années 2000, les modalités d'imposition des dividendes distribués par les entreprises étaient relativement diversifiées selon les États. Tandis que certains, tels la France, accordaient à l'actionnaire un crédit d'impôt correspondant approximativement à l'impôt acquitté en amont par la société distributrice (« l'avoir fiscal »), d'autres préféraient des dispositifs d'exonération partielle ou d'imposition proportionnelle du dividende reçu. Or, on assiste aujourd'hui à un rapprochement sensible des législations au niveau européen. Les raisons de celui-ci sont multiples, à n'en pas douter. Il convient cependant de souligner que la jurisprudence de la Cour de justice y est pour beaucoup. On sait en effet, depuis l'arrêt *Verkooijen*[343], que refuser l'attribution du crédit d'impôt lorsque la société distributrice n'est pas résidente de l'État du bénéficiaire constitue une atteinte injustifiée à la liberté de circulation des capitaux. Ainsi, par exemple, le fait qu'un résident français ne puisse bénéficier de l'avoir fiscal lorsque le dividende est versé par une société étrangère est contraire au droit de l'Union européenne. L'effet induit de ce type de raisonnement est que les États dont la législation est mise en cause doivent substituer à leur dispositif un nouveau mécanisme. Il se produit alors une sorte de circulation des modèles fiscaux, la substitution prenant le plus souvent la forme d'un emprunt de modèle étranger. L'exemple français, sur ce point, est particulièrement clair : l'avoir fiscal a été remplacé à compter du 1er janvier 2005 par un mécanisme d'abattement sur le dividende reçu qui n'était, à certaines réserves près, qu'une importation du modèle choisi par le législateur allemand lorsque lui-même a abandonné l'avoir fiscal !

97 En France, l'impact de la jurisprudence communautaire est considérable. La Cour de justice et le Conseil d'État ont en effet plusieurs fois considéré certaines dispositions fiscales françaises comme contraires, soit à la liberté d'établissement, soit à la liberté de circulation des capitaux, dans la mesure où elles frappaient plus lourdement les entreprises étrangères que les entreprises françaises. Ce fut le cas de la contribution exceptionnelle frappant les entreprises pharmaceutiques[344], des règles de déduction des intérêts versés par une filiale française à sa société mère étrangère[345], des règles d'imposition des dividendes reçus par des personnes morales étrangères[346], de la taxe de 3 % frappant les sociétés étrangères propriétaires d'immeubles en France[347] ou encore du régime des fusions transfrontalières[348]. Un arrêt du 10 mai 2012 *Santander*

342. Les arrêts de la Cour en matière fiscale peuvent être trouvés dans différents ouvrages. Outre l'ouvrage précité de MM. Derouin et Martin, ainsi que de M. Ginter, citons K. Van Raad, *Materials on International & EC Tax Law* (vol. 2), ITC Leiden-IBFD, contenant les principaux arrêts et conclusions des avocats généraux de la Cour de justice, remis à jour chaque.

343. Arrêt du 6 juin 2000 (C-35/98) ; raisonnement confirmé, dans le cas de l'avoir fiscal finlandais, par l'arrêt *Petri Manninen* du 7 septembre 2004 (C-319/02).

344. CJCE, 8 juill. 1999, aff. C-254/97, *Société Baxter* ; sur renvoi, CE, 15 oct. 1999, n° 179049 et 179054.

345. CE, 30 déc. 2003, *SARL Coréal Gestion*, n° 249047, tirant les conséquences de l'arrêt *Lankhorst-Hohorst* de la CJCE (12 déc. 2002, aff. C-324/00) rendu dans une affaire concernant le droit allemand.

346. CJCE, 14 déc. 2006, aff. C-170/05, *Denkavit Internationaal et Denkavit France* ; sur renvoi, CE, 6 avr. 2007, n° 235069 ; CE, 13 févr. 2009, *Stichting Unilever Pensioenfonds Progress*, n° 298108, visant expressément l'arrêt de la CJCE du 14 sept. 2006, *Centro di musicologia Walter Stauffer* (aff. C-386/04).

347. CJCE, 11 oct. 2007, aff. C-451/05, *Elisa*. Sur renvoi, Cass. com., 8 avr. 2008, n° 02-10359, *Bull. civ.* IV, n° 78.

348. CJUE, 8 mars 2017, *Euro Park Service*, aff. C-14/16, concl. M. Wathelet ; *Dr. fisc.* 2017, n° 20, comm. 306, note N. de Boynes ; FR 16/17 inf. 3 p. 5, note L. Leclercq et P. Trédaniel.

Asset Management SGIIC SA[349] a par ailleurs estimé que le droit français était incompatible avec le droit de l'Union européenne en ce qu'il prévoyait l'exonération des OPCVM français sur les dividendes de source française mais l'imposition des OPCVM étrangers. Cette affaire a eu un retentissement considérable pour le budget de l'État, puisque les retenues à la source devant être remboursées aux opérateurs s'élèveraient selon l'administration à 4,5 milliards d'euros. En réaction, le législateur a établi une contribution de 3 % pesant sur les distributions opérées par les sociétés soumises à l'IS, contribution qui a été à son tour considérée comme contraire à la directive mère-fille[350].

La Cour de justice a également considéré que l'impossibilité pour une société mère française d'inclure dans son groupe intégré une société française détenue par l'intermédiaire d'une société établie dans un autre État membre était contraire à la liberté d'établissement[351]. Elle a sanctionné la différence de traitement frappant les dividendes versés par des filiales membres d'un groupe d'intégration fiscale à leurs sociétés mères et ceux, plus lourdement imposés, versés par des filiales européennes détenues dans les mêmes conditions[352]. Pour les personnes physiques, il convient encore de citer les décisions réputant contraires à la liberté d'établissement l'« *exit tax* » frappant les contribuables français qui transfèrent leur résidence fiscale dans un autre État membre[353]. La Cour a également jugé non conforme la règle qui prévoyait, avant la réforme de la fiscalité des distributions intervenue en 2004, que les sociétés françaises qui redistribuaient à leurs actionnaires des dividendes prélevés sur des distributions préalablement reçues de leurs filiales étrangères et exonérées en vertu du régime des sociétés mères devaient acquitter un précompte égal au montant de l'IS. Une telle règle a été jugée discriminatoire car les distributions prélevées sur des produits de source française n'entraînaient aucune charge fiscale, le précompte théoriquement exigible étant effacé par l'avoir fiscal reçu des filiales françaises[354]. Signalons encore que le système du crédit d'impôt recherche a été considéré comme contraire à la liberté des services en tant qu'il était réservé aux seules opérations de recherche réalisées en France[355]. La Cour de justice a également reconnu que les textes relatifs à la CSG et à la CRDS étaient contraires, non pas aux libertés fondamentales, mais au Règlement européen relatif à la coordination des systèmes de Sécurité sociale toutes les fois que la CSG et la CRDS font double emploi avec les cotisations sociales dont

349. CJUE, 10 mai 2012, aff. jointes C-338/11 à C-347/11, aperçu rapide de S. Defert, V. Louvel et E. Raingeard de la Blétière, *Dr. fisc.* 2012, n° 20, act. 215 ; *RJF* 7/12, n° 775. Pour une présentation plus approfondie du problème, v. notre article « France : the *Bourges-Maunoury* and *Heintz*, *France Télécom*, *EDF* and the *FIM Santander and others* Cases », *in* M. Lang, P. Pistone, J. Schuch, C. Staringer, A. Storck (eds), *ECJ – Recent Developments in Direct Taxation 2011*, Linde, Vienna, 2012, p. 103 et s.

350. CJUE, 17 mai 2017, aff. C-365/16, *AFEP et autres*.

351. CJCE, 27 nov. 2008, aff. C-418/07, *Papillon*.

352. CJUE, 2 sept. 2015, *Groupe Steria SCA*, C-386/14, *Dr. fisc.* 2015, n° 40, comm. 611, note M.-P. Hoo et C. Maignan. Sur cet arrêt et la réforme qu'il a suscitée, v. *infra*, n° 316.

353. CJCE, *Lasteyrie du Saillant*, 11 mars 2004, aff. C-9/02 puis, sur renvoi, CE, 10 nov. 2004, n° 211341. Le Conseil d'État a de nouveau appliqué les principes de l'arrêt *Lasteyrie du Saillant* dans un arrêt ultérieur concernant les modalités d'imposition discriminatoires des titulaires de plans d'épargne en actions exerçant leur liberté d'établissement (CE, 2 juin 2006, n° 275416). Il a également jugé que l'imposition des plus-values en report au jour du transfert de domicile était, comme celle des plus-values latentes ayant donné lieu à l'arrêt *Lasteyrie du Saillant*, contraire à la liberté d'établissement (CE, 1er févr. 2012, n° 330006, *M. et Mme Mathieu*, *Dr. fisc.* 2012, n° 20, comm. 297, concl. N. Escaut).

354. CJUE, 15 sept. 2011, aff. C-310/09, *min c. Accor SA, Dr. fisc.* 2012, n° 3, comm. 67, note J.-L. Pierre. Pour le dénouement, v. CE, 10 déc. 2012, n° 317074, *min. c/Sté Rhodia, Dr. fisc.* 2013, n° 10, comm. 184, concl. N. Escaut, note J.-L. Pierre, et l'article de G. Blanluet, *Dr. fisc.* 2013, n° 24, comm. 314.

355. CJCE, 10 mars 2005, aff. C-39/04, *Laboratoires Fournier SA*. L'arrêt a entraîné une réforme de la portée territoriale du crédit d'impôt recherche, celui-ci s'appliquant désormais à l'ensemble des activités de recherche conduites dans l'Union européenne et l'Espace économique européen.

une personne est déjà redevable dans un autre État membre en vertu dudit règlement[356]. D'autres controverses sur la compatibilité entre le droit français et le droit de l'Union européenne ne sont toujours pas closes : elles seront abordées en maints passages de cet ouvrage.

98 L'exemple de la fiscalité directe illustre parfaitement le processus d'enchevêtrement entre normes et autorités communautaires. Lorsque les normes communautaires directement consacrées à la fiscalité font défaut, les autorités exécutives et judiciaires n'hésitent pas à prendre le relais, soit pour neutraliser les régimes discriminatoires ou attentatoires aux libertés, soit pour relancer la construction communautaire. Cette intervention des autorités provoque en retour une réaction normative originale : apparition d'une *soft law* fiscale, sorte d'éthique étatique partagée bon gré mal gré par tous les partenaires de l'Union ; développement de comportements mimétiques traduisant une certaine circulation des modèles au sein de l'Europe. Autant de phénomènes qui attestent, si besoin est, que les États ne peuvent échapper à leur destin fiscal commun et qui donnent à penser qu'il serait judicieux que ledit destin soit davantage construit de façon commune.

C. LA MISE EN ŒUVRE DU DROIT DE L'UNION EUROPÉENNE

99 Il ne suffit pas que le droit de l'Union européenne existe dans les textes ou dans les décisions de la Cour de justice. Encore faut-il qu'il soit mis en œuvre et que les droits qu'il confère aux personnes physiques ou morales puissent être effectivement exercés devant les autorités nationales[357]. Il existe d'ailleurs sur ce point une abondante jurisprudence communautaire que l'on peut résumer de la façon suivante. Si les États membres sont libres de choisir les procédures internes permettant de faire respecter le droit de l'Union européenne, leur autonomie est limitée par deux principes : d'une part, le principe de l'équivalence, qui impose que les modalités procédurales de traitement de situations trouvant leur origine dans l'exercice d'une liberté communautaire ne soient pas moins favorables que celles concernant le traitement de situations purement internes ; d'autre part, le principe d'effectivité au sens strict, lequel exige que ces modalités procédurales ne rendent pas en pratique impossible ou excessivement difficile l'exercice des droits conférés par le droit communautaire[358].

356. Règlement (CEE) 1408/71 remplacé depuis le 1er janv. 2010 par le Règlement 883/2004. Sur la portée de ces règlements en matière de prélèvements sociaux, v. notamment CJCE, 15 févr. 2000, C-169/98 et C-34/98 (cas de double assujettissement de travailleurs transfrontaliers) et CJUE, 26 févr. 2015, C-623/13, de Ruyter, (application du Règlement de 1971 aux revenus de capitaux). Voir en conséquence CE, 17 avril 2015, n° 365511, *Dr. fisc.* 2015, n° 31-35, comm. 508, concl. E. Cortot-Boucher et CE, 27 juill. 2015, n° 334551 et 342944, commenté par J.-P. Lieb et L. Bibaut au FR 34/15, p. 14 et s.

357. Pour un aperçu des questions, cf. M.-C. Bergerès, « Les voies contentieuses permettant d'assurer la primauté de la norme fiscale communautaire sur la norme fiscale nationale », *Dr. fisc.* 1999, n° 30-35, p. 1034 et s.

358. Jurisprudence constante : cf. par ex. CJCE, 19 juin 2003, *Sante Pasquini*, aff. C-34/02. Pour les implications fiscales de ces exigences, v. notamment la décision *Euro Park Service* concernant la France (CJUE, 8 mars 2017, aff. C-14/16, concl. M. Wathelet ; *Dr. fisc.* 2017, n° 20, comm. 306, note N. de Boynes ; FR 16/17 inf. 3 p. 5, note L. Leclercq et P. Trédaniel). En doctrine, v. p. ex. cf. Borgschmidt, "Principles of equivalence and effectiveness", 5 EC *Tax Journal* 2001, p. 11 et s. ; S. Van Thiel, "The EU Treaty as a charter of taxpayer rights", in S. Van Thiel (ed.), *The Confédération fiscale européenne at 50 years*, CFE/Datev, 2009, p. 299 et s., spéc. p. 314 et s. ; et, plus généralement, l'ouvrage collectif coordonné par P. Pistone, *Legal Remedies in European Tax Law*, IBFD, 2010.

S'agissant plus particulièrement des directives, l'introduction par la loi constitutionnelle du 25 juin 1992 de l'article 88-1 de la Constitution qui fait expressément référence à l'appartenance de la France à l'Union européenne a conduit le Conseil constitutionnel à juger que la **transposition d'une directive** communautaire constitue, au regard de l'article 88-1 de la Constitution, une obligation non seulement communautaire mais aussi constitutionnelle, si bien qu'il appartient seulement au Conseil constitutionnel, saisi dans les conditions prévues par l'article 61 de la Constitution d'une loi ayant pour objet de transposer en droit interne une directive communautaire, de veiller au respect de cette exigence, sans se prononcer sur la conformité à la Constitution d'une telle loi de transposition[359]. Le Conseil constitutionnel a précisé par la suite cette jurisprudence en l'encadrant par une double limite qui porte d'abord sur le contenu de la loi de transposition elle-même, laquelle ne doit pas être « manifestement incompatible avec la directive qu'elle a pour objet de transposer »[360], ainsi que sur les obligations découlant de la transposition d'une directive qui « ne saurait aller à l'encontre d'une règle ou d'un principe inhérent à l'identité constitutionnelle de la France, sauf à ce que le constituant y ait consenti»[361].

Le fait que seul un principe inhérent à l'identité constitutionnelle de la France puisse faire obstacle à la transposition d'une directive a d'importantes conséquences en matière fiscale. Il en découle qu'une règle fiscale prise pour transposer une directive communautaire, et qui s'avérerait contraire à certains principes constitutionnels tels que le principe d'égalité devant l'impôt ou la liberté d'entreprendre (qui ne relèvent pas de « l'identité constitutionnelle de la France »), doit néanmoins être appliquée conformément à l'article 88-1 de la Constitution[362]. L'enjeu pratique est loin d'être anodin, certaines règles déclarées inconstitutionnelles par le Conseil constitutionnel ressurgissant parfois ultérieurement sous la forme de directives européennes[363].

100 À la lumière des principes gouvernant la hiérarchie des normes, de nombreuses discussions peuvent s'engager sur la conformité du droit français au droit de l'Union européenne. On peut se demander, par exemple, si l'absence d'obligation pour le juge administratif de soulever d'office la question de la conformité du droit national avec le droit

359. Décision nº 2004-496 DC du 10 juin 2004 : *RJF* 11/04 nº 1148.

360. Pour un cas de méconnaissance, voir la décision nº 2006-543 DC du 30 nov. 2006 : *RJS* 2/07 nº 303.

361. Décision nº 2006-540 DC du 27 juill. 2006.

362. C'est sur la base de ce raisonnement que le Conseil d'État a refusé de transmettre une QPC relative à la règle légale (issue d'une directive en matière de TVA) prévoyant que le taux réduit de TVA applicable à certaines publications ne concernait que les publications imprimées, à l'exclusion des publications en ligne. Le Conseil a estimé que « la question prioritaire de constitutionnalité (...), qui se borne à évoquer la liberté d'entreprendre, les principes d'égalité devant la loi fiscale et devant les charges publiques, la liberté de communication et d'expression et l'objectif à valeur constitutionnelle de pluralisme des courants de pensées et d'opinions, ne met en cause aucune règle ou principe inhérent à l'identité constitutionnelle de la France » (CE, 28 déc. 2016, nº 404625, *Sté éditrice de Mediapart*, *Dr. fisc.* 2017, nº 14, comm. 236, concl. E. CORTOT-BOUCHER).

363. Exemple : la publication par les grandes entreprises d'une déclaration faisant apparaître, pays par pays, les impôts qu'elles acquittent à l'étranger a été jugée inconstitutionnelle par une décision du 8 déc. 2016 (nº 2016-741 DC) et fait l'objet d'une proposition de directive au niveau de l'Union européenne (v. *infra*, nº 1019). De même, l'obligation faite aux conseils fiscaux de déclarer les montages fiscaux optimisants de leurs clients a été déclarée inconstitutionnelle en France, mais cette obligation leur est faite par la directive sur les intermédiaires fiscaux (v. *infra*, nº 1016).

de l'Union européenne[364] respecte les principes gouvernant l'effectivité du droit de l'Union européenne. Selon certains, la Cour de justice elle-même ne livre pas à ce sujet d'enseignement clair, si ce n'est pour affirmer qu'un État membre ne peut interdire à un juge de soulever d'office une telle question de non-conformité. « Reste à savoir, affirme un auteur, si cette jurisprudence résistera à l'évolution de celle du Conseil constitutionnel qui a fait de la transposition des directives une exigence constitutionnelle »[365].

101 De façon plus spécifique, en matière fiscale, le rayonnement du droit de l'Union européenne produit des conséquences précises. Il signifie notamment que les directives doivent pouvoir être invoquées dans les contentieux avec l'administration fiscale (1°), que les impôts acquittés en exécution d'un texte français non conforme au droit de l'Union européenne doivent pouvoir être restitués (2°) et que la responsabilité de l'État doit pouvoir être engagée lorsque celui-ci ne respecte pas le droit de l'Union européenne (3°).

1. L'invocabilité des directives

102 On a coutume de distinguer trois situations cardinales dans lesquelles une directive peut être invoquée devant l'administration ou le juge.

103 Premièrement, une directive peut servir d'étalon pour l'interprétation d'un texte interne. C'est le cas lorsque ce texte résulte lui-même de la transposition de la directive. Un exemple célèbre de cette « **invocabilité d'interprétation** » est la décision du 22 décembre 1989 *Ministre du Budget c/ Cercle militaire mixte de la caserne Mortier*[366] : pour appliquer les dispositions du Code général des impôts en vertu desquelles les personnes morales de droit public sont assujetties à la taxe sur la valeur ajoutée pour les « opérations des économats et établissements similaires », le Conseil d'État constate que ces dispositions ont été prises pour la transposition de la directive du 17 mai 1977 dont les dispositions prévoient que les organismes de droit public ont la qualité d'assujettis pour « les opérations des cantines d'entreprises, économats, coopératives et établissements similaires ». Il interprète en conséquence les mots « économats et établissements similaires » comme incluant les « cantines et établissements similaires ». Il en déduit que les cercles et foyers dans les armées sont en principe assujettis à la TVA.

364. Absence d'obligation affirmée par CE, Sect., 11 janv. 1991, *Société Morgane*, *RJF* 2/91, n° 136, concl. contraires M. D. Hagelsteen, p. 83. En l'espèce, il est affirmé que le juge de l'impôt ne soulève pas d'office la question de savoir une disposition du Code général des impôts relative à la TVA est ou non incompatible avec la sixième directive. Solution réaffirmée par CE, Ass., 6 déc. 2002, n° 239540, *Maciolak*, *RFDA* 2003, p. 694, concl. P. Fombeur, qui concerne de façon générale les traités ou accords internationaux (en l'espèce, l'art. 6 de la CEDH). La solution s'écarte de celle retenue en matière de règlement (CE, Sect., 10 juill. 1970, *Syndicat national du commerce extérieur des céréales*, *AJDA* 1970, p. 485 ; *AJDA* 1971, concl. N. Questiaux, p. 29).

365. P.-F. Racine, « L'incidence du droit communautaire en matière fiscale », in C. David, O. Fouquet, B. Plagnet et P. F. Racine, thème 6, § 6, et les références citées de la Cour de justice. La jurisprudence constitutionnelle à laquelle il est renvoyé est notamment une décision du 27 juill. 2006 (2006-540 DC, *Rec.* Cons. const., p. 88). *Adde* Cons. const., 30 nov. 2006, 2006-543 DC.

366. CE, Sect., 22 déc. 1989, n° 86113, *RJF* 1990, n° 130, concl. Hagelsteen.

104 Deuxièmement, une directive peut être invoquée par un contribuable pour attaquer un texte de droit interne non conforme, soit que la directive n'ait pas été transposée, soit que la transposition ait été incomplète ou incorrecte (« **invocabilité d'exclusion** »). Outre la possibilité d'attaquer tout acte réglementaire contraire aux objectifs d'une directive, tout contribuable peut demander au Premier ministre d'abroger un règlement présentant le même vice. En cas de refus explicite ou implicite d'abrogation, l'auteur de la demande peut attaquer ce refus devant le Conseil d'État. Si l'incompatibilité du texte avec les objectifs de la directive est reconnue, le Conseil d'État annule le refus d'abrogation des dispositions en cause. Lorsque le texte interne est antérieur à la directive, le pouvoir réglementaire doit donc l'abroger pour l'avenir (à compter de la date de la décision annulée). Lorsqu'il est postérieur à la directive, l'annulation produit un effet rétroactif puisque le texte est réputé avoir été illégal dès l'origine. Ce raisonnement a été tenu pour la première fois par le Conseil d'État dans l'arrêt *Compagnie Alitalia* du 3 février 1989[367] en énonçant « que l'autorité compétente, saisie d'une demande tendant à l'abrogation d'un règlement illégal, est tenue d'y déférer, soit que ce règlement ait été illégal dès la date de sa signature, soit que l'illégalité résulte de circonstances de droit ou de fait postérieures à cette date ». Il s'agissait en l'espèce d'une affaire dans laquelle la compagnie aérienne Alitalia demandait l'abrogation de dispositions adoptées par décret, en contradiction avec les objectifs de la sixième directive en matière de TVA.

105 Troisièmement, un contribuable peut s'opposer à l'efficacité d'un acte administratif individuel lorsque celui-ci n'est pas conforme à une directive. Cette « **invocabilité de substitution** » est d'apparition récente. La décision *Cohn-Bendit* de 1978 s'y était en effet fermement opposée, considérant que les directives laissaient aux autorités nationales une compétence exclusive pour décider des moyens propres à leur faire produire effet en droit interne. Le Conseil d'État en avait déduit que les directives non transposées ne sauraient être invoquées par les ressortissants des États membres à l'appui d'un recours dirigé contre un acte administratif individuel[368]. Il a toutefois définitivement mis fin à cette jurisprudence par un arrêt d'assemblée du 30 octobre 2009[369]. Le Conseil d'État considère dans cette décision que « la transposition en droit interne des directives, qui est une obligation résultant du Traité instituant la Communauté européenne, revêt, en outre, en vertu de l'article 88-1 de la Constitution, le caractère d'une obligation constitutionnelle ; que, pour chacun de ces deux motifs, il appartient au juge national, juge de droit commun de l'application du droit de l'Union européenne, de garantir l'effectivité des droits que toute personne tient de cette obligation à l'égard des autorités publiques ; que tout justiciable peut en conséquence demander l'annulation des dispositions réglementaires qui seraient contraires aux objectifs définis par les directives et, pour contester une décision administrative, faire valoir, par voie d'action ou par voie d'exception, qu'après l'expiration des délais impartis, les autorités nationales ne peuvent ni laisser subsister des dispositions réglementaires, ni continuer de faire application des règles, écrites ou non écrites, de droit national qui ne seraient pas compatibles avec les objectifs définis par les directives ; qu'en outre, tout justiciable peut se prévaloir, à

367. CE, Ass., 3 févr. 1989, n° 74052, *RJF* 1989, p. 125, concl. Chahid-Nouraï et p. 115, chron. J. Turot.

368. CE, Ass., 22 déc. 1978, n° 11604, *Cohn-Bendit*, *RJF* 1979, n° 166.

369. CE, Ass., 30 oct. 2009, n° 298348, *Mme P*, *JCP* 2009, n° 50, 7 déc. 2009, comm. 542, p. 26 et s., note S. et V. Corneloup ; *D.* 2010. 351, note P. Chrestia ; *Dr. fisc.* 2010, n° 10, comm. 219, note M. Guichard et R. Grau. V. aussi P. Cassia, « L'effet direct des directives devant la juridiction administrative française », *RFDA* 2009, p. 1146.

l'appui d'un recours dirigé contre un acte administratif non réglementaire, des dispositions précises et inconditionnelles d'une directive, lorsque l'État n'a pas pris, dans les délais impartis par celle-ci, les mesures de transposition nécessaires ». La solution était déjà reconnue par la Cour de cassation[370] mais elle a acquis une valeur symbolique importante du fait de son affirmation solennelle par le Conseil d'État.

Il faut noter, en toute hypothèse, que la jurisprudence antérieure à 2009 avait déjà conduit à cantonner les hypothèses d'application de la doctrine « Cohn-Bendit » à des cas exceptionnels. Le juge administratif admettait ainsi déjà que les autorités nationales ne pouvaient faire application de règles écrites ou non écrites de droit national lorsqu'elles étaient incompatibles avec les objectifs des directives. En matière fiscale, il en résulte notamment que lorsqu'une directive a prévu une exonération qui n'est pas reprise par le droit interne, le juge fiscal écarte l'application de ces dispositions de la loi interne en tant qu'elles n'ont pas prévu l'exonération. Ainsi dans la décision *SA Cabinet Revert et Badelon*[371], le Conseil d'État a estimé qu'une société exerçant une activité de courtage d'assurance était fondée à alléguer le défaut de la base légale de la TVA qui lui avait été réclamée au titre d'une période pendant laquelle l'exonération prévue par l'article 13 B-a sixième directive n'était pas appliquée en France alors que la directive conduisait au résultat inverse. Il devrait donc être inutile aujourd'hui de rappeler ici que l'invocabilité de substitution trouve un renfort inattendu dans la jurisprudence de la Cour européenne des droits de l'homme, qui vient en quelque sorte au secours de l'effet direct du droit de l'Union européenne[372].

2. Le droit à la restitution de l'impôt indûment versé

106 Le contribuable qui a payé un impôt déclaré contraire au droit de l'Union européenne par la Cour de justice de l'Union européenne peut en demander la restitution. Cette règle, admise de longue date, est la traduction directe d'un double principe : celui de la primauté et de l'effet direct du droit de l'Union européenne[373] et celui de la portée générale de la répétition de l'indu, que soient concernées des personnes privées ou publiques[374]. La répétition de l'indu n'est bloquée que lorsque la restitution de l'impôt aboutirait à un enrichissement sans cause du demandeur[375]. La protection des droits garantis par l'ordre juridique de l'Union n'impose donc pas le remboursement des impôts, droits et taxes perçus en violation du droit de l'Union lorsqu'il est établi que la personne astreinte au paiement de ces droits les a effectivement répercutés sur d'autres sujets[376].

107 Les modalités de mise en œuvre de la répétition de l'indu fiscal ont considérablement varié avec le temps. Dans un premier temps, la Cour de cassation, fidèle aux principes traditionnels du droit civil, estimait que le contribuable disposait d'un délai

370. Cass. 1re civ., 23 nov. 2004, n° 02-12726, *Bull. civ.* I, n° 280 ; Cass. com., 7 juin 2006, n° 03-15118, *Bull. civ.* IV, n° 136.

371. CE, Ass., 30 oct. 1996, n° 45126, *SA Cabinet Revert et Badelon*, *Dr. fisc.* 1997, n° 3, comm. 27 ; *RJF* 1996, n° 1415, concl. Goulard, p. 809, chron. S. Austry, p. 799.

372. Cf. *supra*, n° 41.

373. CJCE, 9 nov. 1983, aff. 199/82, *San Giorgio*, *Rec.* CJCE, p. 3595.

374. CE, 1er déc. 1961, *Soc. Jean Roques*, *Rec.* p. 675 ; Cass. com., 16 déc. 1980, *D.* 1981.380, note Berr ; Cass. com., 12 nov. 1986, *D.* 1986.I.R.458.

375. CJCE, 24 mars 1988, *Commission/Italie*, 104/86, point 6 ; 9 févr. 1999, *Dilexport*, C-343/96, point 47 ; 21 septembre 2000, *Michaïlidis*, C-441/98 et C-442/98, point 31 ; du 10 avr. 2008, *Marks & Spencer*, C-309/06, point 41 ; 15 sept. 2011, C-310/09, *min c. Accor SA*, point 72.

376. CJCE, 14 janv. 1997, *Comateb e.a.*, C-192/95 à C-218/95 ; 6 sept. 2011, *Lady & Kid* e.a., C-398/09.

trentenaire pour réclamer la restitution du trop-perçu[377]. Ce délai, censé courir à compter du paiement, voyait son point de départ retardé en cas de déclaration de non-conformité du droit français au droit de l'Union européenne par la Cour de justice : dans un arrêt de 1985, la Cour avait en effet estimé que « la prescription de l'action en restitution de l'indu fondée sur une déclaration de non-validité d'un texte servant de support à la perception de taxes à l'importation contenue dans un arrêt rendu par la Cour de justice des communautés européennes ne peut courir avant la naissance de l'obligation de remboursement découlant de cette décision »[378]. Cette jurisprudence devait cependant être écartée par différents textes spécifiques à la matière fiscale.

108 En son état actuel résultant de l'article 48 de la loi du 6 décembre 2013 relative à la lutte contre la fraude fiscale, le délai de réclamation applicable aux actions fondées sur une décision juridictionnelle révélant une non-conformité expire deux ans après la mise en recouvrement ou le paiement de l'impôt. L'administration interprète cette règle comme une confirmation de l'application du délai de droit commun fixé par l'article R. 196-1 du Livre des procédures fiscales[379], ce qui permet au contribuable d'agir jusqu'au 31 décembre de la deuxième année suivant le paiement ou la mise en recouvrement de l'impôt[380].

109 Ensuite, le remboursement de l'impôt indu ne peut avoir lieu que si le contribuable se prévaut d'une décision révélant à coup sûr l'incompatibilité entre le droit interne et le droit de l'Union européenne. Tel est le cas, selon l'article L. 190 du Livre des procédures fiscales, pour les décisions et avis contentieux du Conseil d'État, les arrêts et avis de la Cour de cassation, les arrêts du Tribunal des conflits et les arrêts de la Cour de justice de l'Union européenne se prononçant sur un recours en annulation, sur une action en manquement ou sur une question préjudicielle[381].

110 On s'est longtemps interrogé sur le point de savoir si un arrêt de la Cour de justice concernant un État étranger pourrait constituer un cas de révélation de l'incompatibilité entre droit interne et droit de l'Union européenne. Le Conseil d'État a répondu négativement à cette question dans un avis du 23 mai 2011[382]. Selon lui, seules les décisions de la Cour de justice de l'Union européenne retenant une interprétation du droit de l'Union qui révèle directement une incompatibilité avec ce droit d'une règle applicable

377. Cass. com., 9 févr. 1993, n° 228 P, *Agus, RJF* 4/93, n° 607 ; 1er mars 1994, n° 33 P, *Sté Mum-Corima* ; 29 mars 1994, n° 876 D, *Sté Slaur Chauvet-Nigeria, RJF* 7/94, n° 866.

378. Cass. com., 24 avr. 1985, *SA Vins de la Graffe, Bull. civ.* IV, n° 129. Voir également Cass. com., 7 nov. 1989, n° 1312 P, *Dubois* ; n° 1318 P, *Feldain* ; n° 1315 P, *Dalloz, RJF* 12/89, n° 1460, *Bull. civ.* IV, n° 280 ; Cass. com., 1er mars 1994, n° 624 D, *Sté Slaur Chauvet Nigeria.*

379. BOI-CTX-DG-20-10-40-20140625, n° 200 et s.

380. Si l'on interprète l'article L. 190 comme enserrant les réclamations fondées sur le non-respect du droit de l'Union européenne dans des délais plus contraignants que ceux du droit commun, on peut en outre estimer que le principe d'équivalence découlant du droit de l'Union serait violé (E. Davoudet et O. El Arjoun, « Action en restitution de l'article L. 190 du LPF : deux réformes et de nombreuses interrogations », *Dr. fisc.* 2014, n° 21, ét. 334).

381. La partie de l'article L. 190 du Livre des procédures fiscales concernant les modalités de l'action en restitution procédant d'une non-conformité à la règle supérieure est issue de la loi de finances rectificative pour 1989. Ses dispositions ont été modifiées par la loi de finances pour 2006.

382. Avis du 23 mai 2011, n° 344678, *Société Santander Asset Management SGIIC SA, Dr. fisc.* 2011, n° 35, comm. 485, concl. P. Collin, note P. Dibout ; CE, 23 déc. 2011, n° 330094, Sté *Kéolis Cherbourg* et n° 330095, *Sté d'économie mixte locale (SEML) Cité de la Mer, Dr. fisc.* 2012, n° 6, comm. 141, concl. V. Daumas ; CE, 30 déc. 2013, n° 350100, *Sté Rallye.*

en France sont concernées par l'article L. 190 du Livre des procédures fiscales. En principe, tel n'est pas le cas d'arrêts de la Cour de justice concernant la législation d'un autre État membre. Le Conseil d'État estime cependant que la solution inverse s'impose lorsqu'une décision concernant un État étranger révèle, par l'interprétation qu'elle donne d'une directive (par exemple en matière de TVA), la transposition incorrecte de cette dernière en droit français. Cette dichotomie s'explique par le fait que l'interprétation donnée par la Cour de justice des directives s'impose à tous les États membres sans aucune marge de manœuvre. S'il s'avère que la transposition effectuée en droit interne, que ce soit par la loi ou par la doctrine administrative[383], méconnaît directement l'interprétation donnée de la directive par la Cour dans un litige concernant un autre État membre, il sera possible de considérer que cette décision révèle l'incompatibilité du texte français.

3. La mise en jeu de la responsabilité de l'État

111 La mise en jeu de la responsabilité de l'État pour des dommages causés aux particuliers par des violations du droit de l'Union qui lui sont imputables est consacrée depuis 1991 par l'arrêt *Francovich* de la Cour de justice, concernant les dommages découlant du manque de transposition d'une directive[384]. Elle a été confirmée dans l'arrêt *Brasserie du Pêcheur*[385] et dans l'arrêt *Köbler*[386], lequel ajoute à la jurisprudence l'affirmation selon laquelle les États membres peuvent voir leur responsabilité engagée en cas de violation du droit communautaire par une juridiction suprême[387].

Les particuliers lésés ont droit à réparation dès lors que trois conditions sont réunies, à savoir que la règle de droit de l'Union violée a pour objet de leur conférer des droits, que la violation de cette règle est suffisamment caractérisée et qu'il existe un lien de causalité direct entre cette violation et le préjudice subi par les particuliers. C'est dans le cadre du droit national de la responsabilité de la responsabilité qu'il incombe à l'État de réparer les conséquences du préjudice causé, étant entendu que les conditions fixées par les législations nationales en matière de réparation des dommages ne sauraient être moins favorables que celles qui concernent des réclamations semblables de nature interne (principe d'équivalence) et ne sauraient être aménagées de manière à rendre, en pratique, impossible ou excessivement difficile l'obtention de la réparation (principe d'effectivité).

112 Du côté du juge français, la pleine reconnaissance de ce principe a tardé à venir. Le juge administratif a commencé par reconnaître la responsabilité de l'État du fait des actes réglementaires pris pour l'application de lois contraires à des engagements internationaux[388]. Cette responsabilité a ensuite été étendue au fait des actes individuels faisant application de telles lois[389]. Ce n'est cependant qu'en 2007 que le Conseil d'État a consacré le principe selon lequel l'État se doit de réparer les préjudices causés

383. CE, 23 déc. 2011, n° 330094, *Sté Kéolis Cherbourg* et n° 330095, *Sté d'économie mixte locale (SEML) Cité de la Mer*, *Dr. fisc.* 2012, n° 6, comm. 141, concl. V. Daumas. Il découle de ces décisions que la doctrine administrative se voit reconnaître, au même titre que la loi fiscale, la qualification de « règle de droit » au sens du troisième alinéa de l'art. L. 190 LPF.

384. CJCE, 19 nov. 1991, aff. C-6/90 et C-9/90.

385. CJCE, 5 mars 1996, aff. 46/93 et 48/93.

386. CJCE, 30 sept. 2003, aff. C-224/01.

387. *Adde*, pour la jurisprudence plus récente, CJUE, 24 mars 2009, *Danske Slagterier*, aff. C-445/06 et CJUE, gde ch., 26 janv. 2010, aff. C-118/08 (affaire concernant la TVA).

388. CE, Ass., 28 févr. 1992, *Société Arizona Tobacco Products*, n° 87753, *AJDA* 1992.210, concl. M. Laroque, et 329, chron. C. Maugüe et R. Schwartz.

389. CE, Ass., 30 oct. 1996, *Société Jacques Dangeville*, n° 141043.

directement par la loi contraire au droit communautaire[390]. Selon le Conseil d'État, « la responsabilité de l'État du fait des lois est susceptible d'être engagée [...] en raison des obligations qui sont les siennes pour assurer le respect des conventions internationales par les autorités publiques, pour réparer l'ensemble des préjudices qui résultent de l'intervention d'une loi adoptée en méconnaissance des engagements internationaux de la France ». Cet arrêt institue un régime de responsabilité qui repose sur des fondements spécifiques, à raison de la méconnaissance par l'État des engagements internationaux de la France, compatible avec celui défini par la Cour de justice et dont la mise en œuvre est, à certains égards, plus aisée, dès lors notamment qu'elle n'est soumise ni à une violation « suffisamment caractérisée » du droit international, ni à ce que la norme méconnue ait pour objet de conférer des droits aux particuliers[391]. Enfin, sur sa lancée, le Conseil d'État a même admis que la responsabilité de l'État puisse être engagée du fait d'une décision juridictionnelle « dans le cas où le contenu de la décision juridictionnelle est entaché d'une violation manifeste du droit communautaire ayant pour objet de conférer des droits aux particuliers »[392].

Encore faut-il, pour se placer sous la protection de l'arrêt *Gardedieu*, que le préjudice subi par celui qui agit découle directement de l'intervention de la loi contraire aux engagements internationaux de la France. Or, tel n'est pas le cas si le préjudice est la conséquence d'un acte d'imposition[393]. En effet, l'existence d'un acte d'imposition qui s'interpose entre la loi et le préjudice fait obstacle à la mise en œuvre d'un régime de responsabilité du fait des lois inconventionnelles. En outre, une action en responsabilité est déclarée irrecevable lorsqu'elle n'a pas d'autre objet que la contestation du principe même de l'impôt. Un contribuable est ainsi irrecevable à engager la responsabilité de l'État lorsque sa demande d'indemnité correspond en réalité à une demande en décharge déjà rejetée par le juge fiscal[394]. En pratique, donc, le préjudice allégué doit être distinct de celui du paiement de l'impôt. Tout cela démontre que l'action en responsabilité doit être maniée avec beaucoup de précautions.

113 La reconnaissance de la possibilité pour un contribuable d'engager la responsabilité de l'État du fait de la violation du droit de l'Union européenne ou d'une convention internationale a donné lieu à une controverse concernant l'ordre de juridiction compétent pour en connaître, dans les cas où les impôts concernés relèvent de la compétence de l'ordre judiciaire (ce qui est notamment le cas en matière de droits indirects). Celle-ci a été tranchée par le Tribunal des conflits en 2008[395], lequel a procédé à une distinction fondée sur le fait générateur de la responsabilité. Ainsi, aujourd'hui comme hier, le tribunal de grande instance est compétent, conformément à l'article L. 199 du Livre des procédures fiscales, pour connaître des actions par lesquelles le redevable demande à l'État réparation du préjudice imputable aux actes accomplis par les agents de l'administration des douanes et des droits indirects à l'occasion de la détermination de l'assiette des droits indirects, y compris lorsque la

390. CE, Ass., 8 févr. 2007, *Gardedieu*, n° 279522, *AJDA* 2007. 585, *D.* 2007. 1214, chron. G. Clamour.

391. Cf. en ce sens l'intervention précitée de M. J.-M. Sauvé, colloque du 27 juin 2008.

392. CE, 18 juin 2008, 5e et 4e s.-s., n° 295831. Arrêt à rapprocher de l'arrêt *Köbler* précité, rendu par la Cour de justice.

393. CE, 3 août 2011, *Sirio*, *RJF* 11/11, n° 1216, *BDCF* nov. 2011, n° 132, concl. N. Escaut ; *Dr. fisc.* 2012, n° 7-8, comm. 151, concl. N. Escaut, note R. Torlet et B. Aubert. Sur le régime de la responsabilité de l'administration fiscale en cas de violation du droit de l'Union européenne, v. aussi C. Raquin, « Le régime de responsabilité de l'administration fiscale : premier bilan de la jurisprudence post-Krupa », *RJF* 2/12, p. 83 et s.

394. CE, 3 juin 1991, *RJF* 8-9/91, n° 1141 ; CE, 5 juill. 1996, n° 150398, *RJF* 1996, n° 1055, *SCI Saint-Michel*.

395. TC, 31 mars 2008, n° C3631, *Société Boiron*.

responsabilité de l'administration est recherchée du fait de l'application d'un texte incompatible avec le droit de l'Union européenne ou une convention internationale. En revanche, lorsque le redevable choisit de rechercher la responsabilité de l'État du fait de la méconnaissance de l'obligation qui incombe au législateur d'assurer le respect des conventions internationales, notamment faute d'avoir réalisé la transposition, dans les délais qu'elles ont prescrits, des directives, une telle action relève du régime de la responsabilité de l'État du fait de son activité législative. La juridiction administrative est donc compétente pour en connaître.

§ 8. LES SOURCES NON FORMELLES

114 Les sources non formelles du droit fiscal ne sont pas, à proprement parler, des sources de droit fiscal présentant un caractère normatif[396]. On ne saurait cependant passer sous silence l'existence de sources, sinon de droit, du moins d'informations sur la pratique de l'administration et sur l'interprétation que celle-ci donne des textes. Dans ce registre, on peut bien sûr citer les colloques ou conférences dans lesquels un conférencier représentant l'administration ou le juge est invité. Certains événements sont presque institutionnalisés, d'autres le sont beaucoup moins : tous recèlent quelque information intéressante sur la pratique administrative ou judiciaire. Ils tendent pourtant, parfois, à devenir des quasi-sources de droit, ainsi qu'en témoigne la pratique fréquente consistant pour le législateur à adopter des lois dont l'effet remonte, non à leur promulgation, mais à la date de leur *annonce* à l'occasion de telle ou telle conférence (pas forcément de presse) !

Dans un registre plus institutionnalisé, on peut citer le cas du comité fiscal de la Mission d'organisation administrative (MOA), créé en 1971 et doté jusqu'au début des années 2000 d'une fonction d'organisation d'échanges informels entre représentants de l'Administration fiscale et des entreprises[397]. Ce comité a cependant aujourd'hui cessé toute activité, ce type d'échange se poursuivant sous d'autres formes. Entre pratique administrative et pratique judiciaire, on peut également citer la pratique d'autres comités dont la fonction consiste à appliquer le droit. À ce titre, il convient surtout de citer les rapports annuels publiés par le Comité de l'abus de droit fiscal, qui livrent une « quasi-jurisprudence » dont les praticiens tiennent le plus grand compte pour conseiller leurs clients[398].

115 La pratique voit encore sa place confortée par l'intermédiaire des usages. Ceux-ci sont parfois reconnus par la loi, comme en témoigne l'article 39, 1. 2° du Code général des impôts qui admet la déduction du bénéfice imposable des « amortissements réellement effectués par l'entreprise, dans la limite de ceux qui sont généralement admis d'après les usages de chaque nature d'industrie, de commerce ou d'exploitation ». En

396. Sur la distinction entre source formelle et source informelle, cf. V. Varnerot, « Entre existentialisme et essentialisme de la théorie des sources. Les sources non formelles du droit fiscal », *Archives de Philosophie du Droit*, t. 46, 2002, p. 139 et s. Du même auteur, voir, plus généralement, *Les sources privées du droit fiscal*, thèse Nice Sophia-Antipolis, 2001, n° 864.

397. Sur la portée juridique de ces échanges, v. CAA Douai, 2e ch., 10 mai 2011, *Dr. fisc.* 2011, n° 25, comm. 401, énonçant que la prise de position d'un représentant de l'administration fiscale lors d'une réunion du comité fiscal de la mission d'organisation administrative n'ayant pas fait l'objet d'une publication officielle ne peut être regardée comme comportant une interprétation officielle d'un texte fiscal au sens de l'art. L. 80 A du LPF dès lors que l'opinion était ainsi exprimée dans le cadre d'une discussion générale avec les autres membres du comité, composé d'avocats, d'experts-comptables et de hauts dirigeants. Cette analyse circonstanciée faite par la CAA de Douai n'exclut pas, semble-t-il, qu'une prise de position plus précise obéisse à un régime différent.

398. Sur ce comité, cf. *infra*, n° 1011.

outre, comme on l'a parfaitement montré[399], « la jurisprudence consacre la vocation des usages conventionnels à combler les lacunes de la loi fiscale en matière de bénéfices industriels et commerciaux. Outre le rôle qui leur est reconnu par le juge de l'impôt en ce qui concerne la détermination de la date de rattachement des créances au bénéfice imposable[400], ils ont vocation à suppléer les silences de la loi fiscale en matière de détermination des charges déductibles. Ainsi, les dispositions de l'article 39, 1-1° du CGI, énonçant que « le bénéfice net est établi sous déduction de toutes charges [...], notamment, les frais généraux de toute nature, les dépenses de personnel et de main-d'œuvre, les loyers d'immeubles dont l'entreprise est locataire... », ont un caractère non limitatif. La jurisprudence consacre le rôle des usages *praeter legem* en matière de frais généraux en considérant qu'ils peuvent valablement fonder la déductibilité d'une charge. À ce titre, le juge de l'impôt estime qu'un usage d'entreprise, tel qu'il est défini par le droit du travail, donne naissance, sous réserve qu'il en réunisse les caractéristiques, à une prime ou gratification déductible du bénéfice imposable[401]. Le juge consacre par ailleurs le rôle des usages en matière de provisions pour charges et pertes[402] ou encore en matière de bénéfices non commerciaux où l'usage peut justifier qu'un professionnel renonce à certaines recettes sans qu'il faille y voir un acte anormal[403]. La jurisprudence accepte donc bien volontiers de faire produire tous leurs effets fiscaux aux usages professionnels. Ce faisant, elle enrichit d'une nouvelle catégorie les sources non formelles du droit fiscal ».

116 Faut-il, pour finir, reconnaître une place à la doctrine ? Les universitaires en discutent[404]. On dira seulement que la doctrine en matière fiscale ne ressemble guère à celle des autres branches du droit car les universitaires français sont relativement peu nombreux à s'intéresser au droit fiscal[405]. Les praticiens y sont donc beaucoup plus présents : les rapporteurs publics publient leurs conclusions, qui ressemblent souvent à des articles contenant d'intéressantes prises de position ; les magistrats ou anciens magistrats du Conseil d'État ou de la Cour de cassation prennent souvent la plume ou s'expriment dans des colloques autorisés ; les avocats, membres de l'administration

399. V. Varnerot, art. préc.

400. Sur le rôle des usages en matière de détermination de la date de rattachement des créances au bénéfice imposable, voir sur la notion de « livraison » visée par l'article 38-2 *bis* du CGI, CE, 7e et 8e s.-s., 4 mars 1991, n° 97595 et n° 97596, *Bouard* et *Quié*, concl. N. Chahid-Nouraï, *Dr. fisc.* 91, n° 48, com. 2285 ; *adde*, chron. J. Turot, « Le fisc et la peau de l'ours », *RJF* 5/91, p. 319 s., spéc. p. 321 et sur la notion « d'achèvement des prestations », voir, par exemple, en matière de courtage, CE, 8e et 9e s.-s., 6 mai 1996, n° 156015, *SARL Socoulaine*, *RJF* 6/96, n° 706 et CE, 8e et 9e s.-s., 6 juill. 1994, n° 116079, *Sté Profat investissements, RJF* 8-9/94, n° 885 ; sur la question, voir M. Cozian, « La méthode de la comptabilité d'engagement », in *Les grands principes de la fiscalité des entreprises*, Litec, 1999, 4e éd, doc. 10, p. 147 et s., spéc. n° 23 à 33 et n° 42 à 47.

401. CE, 7e et 9e s.-s., 28 avr. 1982, n° 20330, *RJF* 6/82, n° 529.

402. CE, 7e et 8e s.-s., 28 mai 1980, n° 15912, *RJF* 7-8/80, n° 577 ; CE, 12 mai 1971, n° 78565, *Leb.*, p. 539 et CE, 19 mars 1955, n° 27059, *Leb.*, p. 169.

403. V. *infra*, n° 630.

404. À ce sujet, lire le compte rendu du colloque sur la doctrine fiscale tenu à Strasbourg les 2-3 septembre 2005 en hommage au Professeur émérite Jacques Grosclaude, et publié par la *Revue de droit fiscal* en 2006 (n° 24).

405. Le constat ne vaut pas dans de nombreux pays étrangers, comme en témoigne le développement spectaculairement rapide de l'EATLP (European Association of Tax Law Professors) qui organise chaque année un colloque de grande envergure dans un pays européen.

fiscale et autres praticiens de la fiscalité jouent un rôle important dans l'animation du débat fiscal.

117 On aurait aimé offrir au lecteur de cet ouvrage un plan subtil et dynamique, pratiquement pertinent et théoriquement stimulant. L'idéal serait de bâtir un manuel de droit fiscal des affaires autour d'opérations, non d'impôts. Cela n'a pas paru possible car chaque impôt a sa logique qui doit, pour être comprise, être exposée en tant que telle.

D'où le plan général de l'ouvrage :

Partie 1 : L'imposition des bénéfices des entreprises

Partie 2 : La taxe sur la valeur ajoutée

Partie 3 : L'imposition du capital

Chapitre conclusif : la théorie de l'abus de droit

PREMIÈRE PARTIE
L'IMPOSITION DES BÉNÉFICES DES ENTREPRISES

118 L'imposition des bénéfices des entreprises sera étudiée en deux temps. En premier lieu, on examinera les sujets de l'impôt, c'est-à-dire les personnes dont le revenu est appréhendé en vue de son imposition (Titre 1). En second lieu, on s'intéressera à l'assiette de l'impôt, c'est-à-dire à l'objet sur lequel porte l'imposition (Titre 2).

TITRE 1
LES SUJETS DE L'IMPOSITION

119 Le droit fiscal a pour particularité de s'intéresser, non seulement à l'entreprise prise isolément (le commerçant, le professionnel libéral, la société, etc.), mais aussi à la société en tant qu'elle appartient à un groupe. C'est pourquoi il convient de distinguer entre l'entreprise considérée individuellement (Chapitre 1) et la société membre d'un groupe (Chapitre 2).

CHAPITRE 1
L'ENTREPRISE CONSIDÉRÉE INDIVIDUELLEMENT

120 L'imposition des revenus de l'entreprise est le produit d'une histoire heurtée. Dès 1695, la *capitation* est créée pour les besoins de la guerre menée par Louis XIV contre la coalition d'Augsbourg. Il s'agit d'un impôt sur le revenu dont le montant est déterminé selon la qualité, l'état ou la profession du contribuable. Il faut du temps, cependant, pour que l'imposition de l'entreprise devienne individualisée. La capitation frappait en effet les corps de marchands et d'artisans qui la répartissaient entre leurs membres. L'individualisation des revenus commerciaux s'affirma plus nettement avec l'institution en 1710 d'un autre impôt sur le revenu dont le taux fut variable selon les époques, et qui lui donnait son nom : le *dixième*, le *cinquantième*, le *vingtième*. La Révolution mit cependant à bas ces embryons d'imposition du revenu commercial. Comme on l'a souligné, les impôts directs « ne pouvaient faire une place importante à l'exercice du commerce dans un droit qui ne voulait connaître que la condition civile de la personne »[1].

Parmi les impôts créés par la Révolution, il s'en trouvait certes un, la contribution des patentes[2], qui se rattachait à l'exercice d'une activité professionnelle[3]. Due par les commerçants, les artisans et les industriels en fonction de la taille de leur entreprise et de barèmes fixés pour chaque profession, cette contribution n'était cependant pas assise sur les bénéfices effectivement réalisés.

Cette indépendance entre imposition de l'entreprise et imposition du revenu ne fut pas altérée, en dépit du souci d'une meilleure individualisation de l'impôt, par la réforme intervenue en 1844 et ayant pour effet de scinder la contribution des patentes entre un droit fixe, déterminé en fonction de la taille de la commune d'exercice de l'activité, et un droit proportionnel fixé en fonction de la valeur locative par un pourcentage dépendant de la profession.

121 Ce n'est donc qu'en 1914, avec l'introduction de l'impôt sur le revenu en sa forme contemporaine, que l'on put assister à la naissance d'une véritable imposition des bénéfices des entreprises. Encore est-il juste de constater que, même à cette date, l'idée d'une dissociation entre deux types de fiscalité selon qu'elles frappent ou non une

1. G. Ripert, P. Durand et R. Roblot, « Le droit fiscal des affaires après la réforme fiscale », extrait du *Traité élémentaire de droit commercial*, LGDJ, 1960, p. 4, n° 2947.

2. Créée par la loi des 2-17 mars 1791.

3. Pour une description de la naissance et de la physionomie de cet impôt, cf. G. Ardant, *Histoire de l'impôt*, livre I, Fayard, 1972, p. 171.

activité « d'entreprise » n'était pas totalement claire. Il n'existait en effet à l'époque aucune distinction spécifique entre les bénéfices des « entreprises » et les revenus des « particuliers »[4]. Si le terme « entreprise » se retrouve dans des textes plus récents, c'est d'ailleurs, de façon presque systématique, dans le seul cadre des dispositions visant les « bénéfices industriels et commerciaux »[5].

122 Cette insertion malaisée de « l'entreprise » dans le système de l'impôt sur le revenu n'est, à certains égards, que le reflet de l'ambiguïté de la notion. On assimile souvent l'entreprise, dans le langage courant, à la société exerçant une activité commerciale. En droit non fiscal, la notion se prête mal à la théorisation, tant le mot apparaît dans les textes réglementaires et dans la doctrine juridique assorti des significations les plus différentes[6].

Mais la difficulté à discerner un droit fiscal propre à « l'entreprise » s'explique aussi, plus fondamentalement, par le fait que cette branche du droit répugne à énoncer des concepts généraux dont la définition transcenderait les régimes d'imposition et *a fortiori* les différents impôts. Comme on l'a bien montré, le contexte des bénéfices industriels et commerciaux fait apparaître que l'entreprise « désigne un lieu particulier d'application de ce régime, lieu où sont réalisés et doivent être recensés les bénéfices qui lui sont assujettis, et ce, sans qu'il soit utile de rechercher de quelconques critères de l'entreprise en tant que telle, dont l'identification exercerait une influence sur les règles de droit applicables»[7].

123 Cette difficulté méthodologique étant soulignée, il n'en reste pas moins que le droit fiscal évolue, sinon dans le sens d'une uniformisation des concepts, du moins dans le sens d'un rapprochement des régimes applicables à l'activité professionnelle. Si l'on considère l'entreprise comme un groupement de moyens matériels et humains ordonnés à la poursuite d'un objectif économique, force est alors de constater que le droit fiscal est globalement cohérent.

Ce constat justifie que, dans la suite des développements, on aborde l'entreprise sous un angle délibérément large, en regroupant les entreprises individuelles et les exploitations sous forme sociétaire. On considérera également qu'appartiennent au monde de « l'entreprise » le commerçant individuel ayant une clientèle de quartier, le médecin exerçant son art dans le cadre de son cabinet (quelle qu'en soit la forme juridique) et la société anonyme exerçant des activités internationales.

Une telle approche permet de réunir au sein du présent chapitre l'entreprise individuelle (Section 1) et la société (Section 2).

4. Sur cette question, cf. B. Castagnède, « L'entreprise et la profession en droit fiscal », *Dr. fisc.* 1992, n° 17, p. 757 et s. ; Th. Tarroux, « La notion d'entreprise », *JCP* N 2002, n° 1684, p. 1706.

5. Art. 38, 39 et s. CGI, art. 209 CGI, etc.

6. M. Despax, *L'entreprise et le droit*, LGDJ, 1957 ; G. Lambert, « Introduction à l'examen de la notion juridique d'entreprise », *Mélanges P. Kayser*, 1979, PUAM, 1979, t. 2, p. 79 et s. ; B. Mercadal, « La notion d'entreprise », *Mélanges J. Derruppé*, 1992, p. 9 et s. ; G. Drago, « De quelques apports du droit constitutionnel à une définition de l'entreprise », *Mélanges Claude Champaud*, Dalloz, 1997, p. 299 et s.

7. B. Castagnède, « L'entreprise et la profession... », n° 3, p. 757.

SECTION 1 L'ENTREPRISE INDIVIDUELLE

124 Les formes juridiques empruntées par l'exercice d'une activité à titre individuel sont désormais multiples. L'entrepreneur peut constituer une société unipersonnelle autonome (EURL, SASU, EARL), dotée d'un patrimoine propre. Il peut aussi, sans constituer de société, agir en son nom personnel, éventuellement en adoptant la forme de l'EIRL (entreprise individuelle à responsabilité limitée) pour mettre son patrimoine personnel à l'abri de ses créanciers professionnels.

125 Le droit fiscal adopte une certaine neutralité à l'égard de ces différentes formes juridiques. Les revenus des sociétés unipersonnelles sont soumis à l'impôt sur le revenu entre les mains de leurs associés lorsque ceux-ci sont des personnes physiques[8]. Quant à l'EIRL, elle est traitée de la même façon que l'EURL ou l'EARL[9]. Peu importe, par conséquent, qu'une société unipersonnelle soit créée ou non. L'essentiel, pour le droit fiscal, n'est pas de savoir si l'entrepreneur individuel agit en tant que personne physique ou sous couvert d'une personne morale. L'essentiel, c'est en revanche de savoir *à quel titre* l'entrepreneur agit : à titre privé ou à titre professionnel.

À cet égard, le droit fiscal n'a pas attendu l'intervention de la loi du 15 juin 2010 relative au statut de l'EIRL pour reconnaître à l'entreprise individuelle une existence propre. C'est que le fractionnement des activités s'inscrit dans la logique du système de l'impôt sur le revenu. Lorsqu'une personne agit en tant qu'entrepreneur, son revenu n'est pas imposé de la même façon que lorsqu'elle agit en simple particulier. Il est donc essentiel de bien cerner la différence entre l'entrepreneur et le particulier pour comprendre les modalités d'imposition du premier.

Pour y parvenir, il est cependant indispensable de commencer par rappeler quelques bases concernant la structure de l'impôt sur le revenu (§ 1) et de maîtriser la distinction entre les différentes catégories de revenu (§ 2).

§ 1. LA STRUCTURE DE L'IMPÔT SUR LE REVENU

126 L'impôt sur le revenu frappe, comme son nom l'indique (*sic*), le revenu. Cet intitulé est cependant trompeur, tant le droit français ne connaît pas « un » revenu, mais combine différentes approches de la notion même de revenu (A). Ce point éclairci (ou obscurci, comme on veut), il importe de comprendre la méthode de l'imposition « du » revenu (B).

8. Sous réserve qu'elles n'aient pas opté pour la soumission à l'impôt sur les sociétés (cf. *infra*, n° 229).

9. Art. 1655 *sexies* CGI. Sur le fonctionnement de l'EIRL et son régime fiscal, cf. *Dr. fisc.* 2010, n° 27, comm. 396 et 397. V. aussi les articles de B. Plagnet, *Droit & Patrimoine*, n° 202, avr. 2011, p. 79 et s., J.-P. Garçon, *Defrénois* n° 06/11, p. 606 et s. et S. Jambort, *Bull. Joly Sociétés* 2011, p. 261 (et les dossiers consacrés à l'EIRL par les revues précitées). Il existe également un projet d'instruction en consultation publique mis en ligne par l'administration (www.impots.gouv.fr ; *FR* 11/2001, p. 15).

A. LA NOTION DE REVENU

1. Diversité des théories

127 Dans une perspective civiliste, on assimile traditionnellement les revenus aux fruits réguliers issus de sources permanentes, conformément aux articles 547 et suivants du Code civil. On parle parfois, pour qualifier cette perspective, de « théorie de la source ». Elle est solidaire de la notion économique de revenu conçue par les économistes des XVIIIe et XIXe siècles et plus particulièrement de la notion de revenu agricole[10]. Elle suppose également une opposition radicale entre revenu et capital[11].

Une telle approche produit des conséquences importantes en matière fiscale. Elle conduit à écarter du champ de l'impôt sur le revenu tous les revenus exceptionnels, ne présentant pas un caractère périodique. Sont alors exclues les donations et successions, mais aussi par exemple les plus-values occasionnelles réalisées à raison de la vente de biens appartenant au contribuable.

128 Une approche plus économique du revenu tend à intégrer dans ce concept toute forme d'enrichissement retiré par un agent économique pendant une période donnée. Selon une définition classique, « le revenu d'un agent économique au cours d'une période déterminée est ce qu'il peut dépenser (ou ajouter à son capital par l'épargne) sans s'appauvrir, c'est-à-dire amputer le patrimoine dont il disposait au début de la période »[12]. Il découle de cette définition que tout enrichissement net constaté au cours d'une unité de temps fiscale (un an, en général) constitue un revenu, qu'il présente ou non un caractère régulier. Cette approche économique du revenu est souvent qualifiée, dans la doctrine fiscale, d'approche « SHS » (Schanz-Haig-Simons), du nom des trois auteurs qui l'ont successivement théorisée[13].

En droit français, les deux approches coexistent dans une certaine complexité.

2. Le système français

129 Selon l'article 12 du Code général des impôts, « l'impôt est dû chaque année à raison des bénéfices ou revenus que le contribuable réalise ou dont il dispose au cours de la même année ». Les « bénéfices ou revenus »... La formule ne livre aucun enseignement sur le choix entre théorie de la source et théorie économique du revenu. C'est que, comme l'écrit judicieusement Cyrille David, « entre ces deux conceptions possibles, le droit positif n'a jamais clairement choisi. La formule adoptée a toujours été un compromis, qui a cependant beaucoup évolué. La notion fiscale de gain imposable s'est élargie aussi bien dans la fiscalité des ménages que dans celle des entreprises »[14].

10. L. H. Seltzer, *The nature and tax treatment of capital gains and losses*, N.B.E.R., New York, 1951, p. 25-108.

11. C. David, *L'impôt sur le revenu des ménages, Assiette imposable*, Economica, 1987, n° 326.

12. Hicks, *Value and Capital*, cité par B. Plagnet, « La consécration par le droit fiscal de la définition économique du revenu ? », in H. Isaia et J. Spindler (dir.), *Histoire du droit des finances publiques*, vol. II, Economica, 1987, p. 189 et s., spéc. p. 203.

13. Sur la naissance et l'évolution de cette théorie, cf. K. Holmes, *The Concept of Income. A multi-disciplinary analysis*, IBFD Doctoral Series, 2001, p. 55 et s.

14. C. David, *L'impôt sur le revenu des ménages, Assiette imposable*, Economica, 1987, n° 327. Pour les détails de la démonstration, cf. ouvr. préc. n° 328 et s.

À suivre la présentation de cet auteur, on peut ainsi énoncer que le revenu constitue toujours un enrichissement du contribuable (a). La question de savoir si cet enrichissement relève de la théorie de la source ou de la théorie économique est nettement plus problématique (b).

a) *Le revenu comme enrichissement*

130 Il ne fait aucun doute que le revenu présuppose l'enrichissement. Cette règle d'évidence permet d'inclure dans le domaine de l'impôt les avantages en nature, dès lors qu'ils sont susceptibles d'évaluation monétaire et ne sont pas exonérés par une disposition spéciale. Elle a surtout pour fonction d'écarter du domaine de l'impôt un certain nombre de transferts monétaires : les prêts, qui n'enrichissent pas l'emprunteur puisque celui-ci est obligé de rembourser[15] ; les indemnités compensant une perte en capital[16] ; les indemnités réparant un préjudice moral, même perçues dans un cadre professionnel[17] ; les indemnités réparant un préjudice matériel ou pécuniaire, à la condition qu'elles ne constituent pas un supplément de revenu étroitement lié à la profession ou qu'elles ne compensent pas une perte de revenus imposables[18]. Le Conseil d'État a également précisé que lorsque deux personnes ont conclu une promesse synallagmatique de vente, l'indemnité de dédit versée par l'acquéreur au vendeur s'analyse en de véritables dommages-intérêts et sont donc soustraits à l'impôt sur le revenu[19]. La solution diffère, il faut le souligner, de celle retenue en présence de promesses unilatérales de vente, où le Conseil d'État analyse la somme versée comme la rémunération du service rendu par le promettant au bénéficiaire et consistant à immobiliser le bien pendant une certaine durée[20].

b) *Le partage entre théorie de la source et théorie économique*

131 On peut, sans réduire la complexité du système et l'incertitude reflétée par la jurisprudence, résumer le système de la façon suivante : il existe des cas prévus par la loi dans lesquels la notion de revenu est clairement inspirée de la théorie économique ; toutefois, faute pour la loi d'en disposer autrement, c'est la théorie de la source qui est retenue à titre de principe.

α) *Le champ d'application limité de la théorie économique*

132 Les deux domaines principaux où la théorie économique s'applique sont les plus-values des particuliers et les bénéfices industriels et commerciaux.

En matière de plus-values, l'imposition est justifiée par une certaine idée de la justice sociale, qui se concilie mal avec le fait que certains gains échappent à l'impôt au seul motif qu'ils ne seraient pas

15. CE, 26 juill. 1985, n° 35593, *RJF* 10/85, n° 697 ; *Dr. fisc.* 1986, n° 8, comm. 314.

16. CE, 7 juin 1978, n° 8222, *RJF* 9/78, n° 255 ; *Dr. fisc.* 1979, n° 10, comm. 449, concl. Lobry.

17. CE, 19 juin 1974, n° 92092, *Dr. fisc.* 1974, n° 31, comm. 977. Solution rendue en matière de bénéfices non commerciaux qui paraît transposable en matière de bénéfices industriels et commerciaux. Cf. M. Cozian, « Les méandres de la logique fiscale ou comment jongler avec la fiscalité des indemnités ? », *Dr. fisc.* 2001, n° 17, p. 705 et s.

18. Jurisprudence abondante et constante. Cf. M. Cozian, art. cité à la note précédente.

19. CE, 7 mai 2014, n° 359781, *M. et Mme Challancin*, *Dr. fisc.* 2014, n° 31-35, comm. 473, concl. M.-A. Nicolazo de Barmon, note A. Bonnet.

20. Voir sur ce point les conclusions et les observations citées à la note précédente.

périodiques[21]. Comme l'écrivait M. Giscard d'Estaing à son Premier ministre Jacques Chirac le 25 juillet 1974, « chacun doit contribuer aux dépenses publiques à raison de ses capacités... C'est pourquoi la taxation des plus-values constitutives d'un revenu véritable est une œuvre de justice »[22]. Depuis la loi du 19 juillet 1976, donc, les plus-values immobilières[23] et mobilières des particuliers et des entreprises sont imposées, même si la tentative de généralisation de l'imposition des plus-values des particuliers a finalement donné lieu à un résultat très limité, compte tenu de la subsistance de multiples abattements et exonérations[24].

En matière de bénéfices industriels et commerciaux, la théorie économique trouve son expression dans la « théorie du bilan », en vertu de laquelle « le bénéfice imposable est le bénéfice net, déterminé d'après les résultats d'ensemble des opérations de toute nature effectuées par les entreprises, y compris notamment les cessions d'éléments quelconques de l'actif, soit en cours, soit en fin d'exploitation »[25].

β) Le domaine résiduel de la théorie de la source

133 Lorsque la loi ne retient pas la théorie économique du revenu, la théorie de la source semble avoir vocation à s'appliquer à titre de principe. En témoigne le fait que l'administration, après avoir dans un premier temps défini le revenu imposable du contribuable comme « la totalité de son revenu et gains de toute sorte »[26] (soit une allégeance claire à la théorie économique), est finalement revenue à une définition plus étroite. Elle considère aujourd'hui que le revenu fiscalement imposable se limite à « tous les produits qui se renouvellent ou sont susceptibles de se renouveler quel que soit leur montant »[27].

134 Cette définition du revenu imposable est cependant très délicate à appliquer en certains cas. Comment savoir, notamment, si un gain isolé est « susceptible de se renouveler » ? Pour répondre à cette question en tentant d'extraire la substantifique moelle de la jurisprudence, une distinction simple peut être proposée entre gains résultant d'une activité et gains ne résultant d'aucune activité.

135 Lorsqu'un gain résulte d'une activité, professionnelle ou non, exercée par le contribuable, il doit être considéré comme imposable. Il importe alors peu que ce gain soit, en tant que tel, périodique ou régulier. Cette approche figure dans certains arrêts du Conseil d'État qui, pour imposer une plus-value sur titres dans la catégorie des bénéfices non commerciaux, relève qu'elle « trouve son origine dans l'activité déployée par le requérant pour redresser la situation de la société »[28] ou « n'a été rendue possible que par l'activité d'ensemble déployée par le contribuable »[29]. Elle a également vocation à s'appliquer toutes les fois qu'un contribuable rend un service (même ponctuel) contre

21. Pour une réflexion contemporaine sur la question, cf. J.-P. Casimir, « La mutation génétique des plus-values », *in* M. Chadefaux, F. Deboissy et C. de la Mardière (dir.), *Écrits de fiscalité des entreprises. Études à la mémoire du Professeur Maurice Cozian*, Litec, 2009, p. 171 et s.

22. Cité par J.-B. Geffroy, *Grands problèmes fiscaux contemporains*, PUF, 1993, n° 51.

23. L'imposition de certaines plus-values immobilières (notamment sur les terrains à bâtir) remonte néanmoins à 1963.

24. Cf. en ce sens M. Cozian, « La loi du 19 juillet 1976 sur l'imposition des plus-values ou la montagne fiscale accouchant d'une souris », *Dr. fisc.* 1976, n° 30, p. 752.

25. Art. 38 § 1er, CGI. Sur la théorie du bilan, cf. *infra*, n° 398.

26. Instruction du 30 mars 1918, citée par B. Plagnet, « La consécration par le droit fiscal de la définition économique du revenu », in *Histoire du droit des finances publiques,* ouvrage collectif (dir.) H. Isaia et J. Spindler, Economica, 1987, p. 191.

27. BOI-IR-BASE-10-10-10-10.

28. CE, 3 nov. 1982, n° 81821.

29. CE, 20 févr. 1989, n° 62397.

rémunération. Ainsi, lorsqu'un contribuable perçoit une certaine somme en contrepartie de sa décision de céder des titres qu'il détient, cette somme, distincte de la plus-value de cession des titres, mérite d'être imposée au titre de la clause « balai » de l'article 92 du Code général des impôts en vertu de laquelle sont imposables au titre des bénéfices non commerciaux toutes « sources de profits ne se rattachant pas à une autre catégorie de bénéfices ou de revenus »[30]. De même, lorsqu'un salarié reçoit une indemnité en contrepartie de la renonciation par lui à l'exercice d'une option d'achat d'actions (« *stock-option* »), cette somme doit être traitée fiscalement comme un salaire. Elle trouve en effet sa source dans le contrat de travail dès lors que l'attribution d'options aux salariés vise à les récompenser et les fidéliser en leur offrant la perspective à long terme de divers gains à réaliser de la souscription ou l'achat, puis la cession, d'actions[31].

136 En revanche, lorsqu'un contribuable réalise un gain ne pouvant être rattaché à une activité particulière – soit de façon continue, soit ponctuellement sous la forme de service rendu – un tel gain doit demeurer en dehors du champ d'application de l'impôt sur le revenu. C'est ainsi que les libéralités, les subsides, les gains provenant de jeux ne sont pas imposables.

137 Il convient à ce sujet de signaler la difficulté qu'il peut y avoir à distinguer entre des gains « innomés » relevant de la clause balai de l'article 92, et les gains ne constituant pas des revenus. Les premiers doivent nécessairement constituer des revenus. Le Conseil d'État l'énonce clairement : « il résulte des termes mêmes (de l'article 92 du Code général des impôts) que le législateur a entendu n'assujettir audit impôt[32] que les sommes présentant, en elles-mêmes, le caractère de bénéfices ou de revenus »[33], ce qu'il appartient à l'administration de démontrer[34]. Les seconds doivent demeurer soustraits à l'imposition, en tant qu'ils ne peuvent s'expliquer par l'existence d'une activité sous-jacente.

Les grandes lignes de la réflexion sur le concept de revenu étant désormais resituées, il est possible d'aborder la méthode de l'imposition du revenu.

B. LA MÉTHODE DE L'IMPOSITION DU REVENU

138 Le droit comparé démontre que plusieurs systèmes d'imposition du revenu sont concevables (1°). Cela permet de remettre le droit français en perspective (2°).

1. Diversité des systèmes possibles

139 On distingue usuellement trois types de systèmes d'imposition du revenu[35], étant entendu que la tripartition est elle-même réductrice par rapport à la diversité des droits

30. CE, 23 nov. 1992, n° 64305. Sur la clause balai de l'article 92 du CGI, cf. *infra*, n° 194.

31. CE, 23 juill. 2010, n° 313445, *Dr. fisc.* 2010, n° 46, comm. 540, concl. D. Hédary ; *RJF* 11/10, n° 1016. V. également CE, 3e et 8e ss-sect., 5 nov. 2014, n° 370845, *Dr. fisc.* 2015, n° 6, comm. 128, concl. V. Daumas, note J. Jeausserand et T. Audouard, affaire qui se distingue de la précédente en ce que la somme versée en l'espèce revêtait bien le caractère d'une indemnité réparant un préjudice.

32. L'impôt sur le revenu.

33. CE, 29 oct. 1971, n° 68613.

34. CE, 13 juin 2016, n° 391552, *M. Huchon, Dr. fisc.* 2016, n° 39, concl. V. Daumas. De cette exigence probatoire découle en l'espèce qu'en faisant peser sur le contribuable la charge de la preuve que des sommes perçues par celui-ci constituaient des prêts et non des revenus, une cour administrative d'appel commet une erreur de droit.

35. Pour une approche de politique fiscale sur ces points, cf. par ex. C. David, *L'impôt sur le revenu des ménages, Assiette imposable*, Economica, 1987, n° 252 et s. ; P. Beltrame et L. Mehl, *Techniques,*

existants : le système « cédulaire » (ou analytique), le système « global » (ou synthétique) et le système « mixte ».

a) *Le système cédulaire*

140 Un système cédulaire est un système dans lequel les différents types de revenus (ou « cédules ») des personnes (physiques ou morales) sont imposés de façon totalement séparée. Chaque type de revenu est calculé de façon autonome et imposé de façon distincte. Le système cédulaire présente l'avantage d'être relativement réaliste : plutôt que de poser le principe selon lequel tous les revenus sont imposables – principe qui pourrait rester lettre morte dans certains États, compte tenu de leur structure politico-économique –, le système cédulaire suppose que l'on identifie les revenus sur lesquels l'impôt a une probabilité suffisante d'être recouvré et que l'on ne s'attache qu'à ceux-ci. Les Anglais, longtemps fidèles à l'approche cédulaire du revenu, avancent en outre que l'avantage du système est qu'il préserve la vie privée du contribuable : si chaque impôt est recouvré par un inspecteur différent, chaque inspecteur ne connaît par définition que les revenus qu'il a pour mission de collecter, et non l'intégralité des revenus de chacun.

141 Toutefois, l'avantage du système est aussi son inconvénient : si chaque contribuable mobilise à lui seul plusieurs inspecteurs relevant d'administrations distinctes, un impôt cédulaire risque fort de conduire à d'importants coûts administratifs de recouvrement, sans compter les problèmes de qualification pouvant survenir et créer des conflits de compétence entre administrations concernées. En outre, comme l'impôt cédulaire ne permet pas d'appréhender la totalité du revenu d'un contribuable, il est très difficile d'appliquer la règle de progressivité de l'impôt, en vertu de laquelle les contribuables ayant les revenus les plus élevés voient leur taux d'imposition augmenter à mesure que leur revenu dépasse certains seuils. Par ailleurs, il est de l'essence du système cédulaire que les pertes enregistrées au type d'une catégorie de revenu ne peuvent se compenser avec les bénéfices réalisés au titre d'une autre catégorie. Il existe donc un risque qu'un contribuable, dont la faculté contributive serait globalement faible, soit néanmoins redevable d'un impôt élevé, hors de proportion avec son revenu total réel. Ainsi, le système cédulaire est souvent perçu comme incompatible avec la réalisation d'une certaine forme de justice sociale. C'est d'ailleurs la raison principale pour laquelle les États de l'OCDE ont abandonné ce type de structure d'imposition du revenu. Les rares États qui conservent un système cédulaire sont généralement des États en développement pour lesquels l'efficacité du recouvrement de l'impôt est jugée plus importante que la réalisation d'une justice abstraite.

b) *Le système global*

142 Un système « global » d'imposition se définit, par contraste, comme un système dans lequel les revenus sont tous ajoutés les uns aux autres sans considération de leur

---

politiques et institutions fiscales comparées, PUF, 2e éd., 1997, p. 178 et s. En langue anglaise, cf. S. Plasschaert, « Schedular and global systems of income taxation : the equity dimension », *IBFD* 1980, p. 287 ; H. J. Ault et B. J. Arnold, *Comparative Income Taxation, A Structural Analysis*, Kluwer Law International, 3e éd., 2010. ; V. Thuronyi, *Comparative Tax Law*, Kluwer Law International, 2003, § 7.2.1 ; L. Burns et R. Krever, "Individual Income Tax", in V. Thuronyi (dir.), *Tax Law Design and Drafting*, *IMF*, 1998, vol. 2, p. 495 et s.

nature ou de leur origine. Un tel système présente l'avantage de tenir compte de la capacité contributive effective du contribuable. Il est également plus simple en son principe qu'un système cédulaire. Il se recommande enfin d'une logique théorique certaine puisqu'il repose sur une conception unitaire du revenu, qui ne distingue pas selon les types de revenu. Ces avantages expliquent que la plupart des États privilégient une logique globale dans l'imposition du revenu. Il est toutefois rare de rencontrer un système global allant jusqu'au bout de la logique. La plupart des États préfèrent un système mixte.

c) *Le système mixte*

143 Pour éviter la fuite des capitaux, de très nombreux États réservent aux revenus de capitaux mobiliers (intérêts, dividendes, plus-values) un traitement fiscal plus favorable que celui applicable aux revenus d'activité. Ce régime avantageux prend généralement la forme d'un taux proportionnel plus faible que le taux marginal du barème progressif d'imposition du revenu, ou encore d'un abattement sur le revenu de capitaux imposable. Quelle que soit la technique choisie, force est de constater que la plupart des États sont ainsi conduits à isoler les revenus de capitaux par rapport aux autres revenus, et à sortir ainsi de la logique « globalisante » de l'impôt. On parle alors de système « mixte » pour désigner le fait que certains revenus sont « globalisés » et imposés au barème progressif de l'impôt sur le revenu, tandis que d'autres revenus sont isolés pour être imposés de façon séparée.

À titre d'exemple, certains États connaissent un système dit de « *dual income tax* », consistant à traiter de façon homogène les revenus du capital en les séparant des revenus d'activité. Cette pratique a notamment essaimé dans les pays nordiques (Danemark, Suède et Finlande), quoique sous des formes légèrement différentes d'un pays à l'autre[36]. On peut également citer la réforme néerlandaise entrée en vigueur le 1er janvier 2001 et instituant un système d'imposition du revenu fondé sur la distinction entre trois catégories de revenu : les revenus du travail, les revenus de participations substantielles dans des sociétés, et les revenus du capital[37].

Le système français, qui a longtemps présenté les caractères d'un système mixte, s'est clairement orienté à compter de 2013 vers un système global avant de revenir en 2018 à un système mixte.

2. Le système français

144 En France, le système a considérablement évolué au cours de la période récente. Avant l'introduction de l'impôt sur le revenu en sa forme actuelle, il existait unc variété d'impôts cédulaires proportionnels sur certains types de revenus[38], auxquels s'ajoutait

36. Cf. sur ce sujet D. Gutmann, « De la progressivité de l'impôt sur le revenu à la *flat tax* : une tendance inéluctable ? », *L'année fiscale* 2008, p. 6 et s. ; P. B. Sorensen, "From the Global Income Tax to the Dual Income Tax: Recent Tax Reforms in the Nordic Countries", *Int'l Tax & Pub. Finances* 57 (1994) ; S. Cnossen, "Taxing Capital Income in the Nordic Countries: A Model for the European Union?", *in* S. Cnossen (ed.), *Taxing Capital Income in the European Union: Issues and Options for Reforms*, 2000, p. 127 et s. ; H. Zee, "Personal Income Tax Reform: Concepts, Issues and Comparative Country Developments", *IMF Working Paper* 05/87, IMF, 2005.

37. Sur ce système et ses limites, cf. P. Essers, "Personal Income Tax Reform in the Netherlands: the Battle between Robustness, Fairness and Equality", *L'année fiscale* 2006, p. 21 et s.

38. Les impôts cédulaires ont été transformés en 1948 (cf. note suivante) en une taxe proportionnelle unique, mais ils sont demeurés distincts de la surtaxe progressive.

une « surtaxe progressive »[39]. La loi de finances pour 1960[40] a cependant substitué à cette structure à deux étages un système théoriquement plus simple, fondé sur le principe selon lequel l'impôt sur le revenu est global et progressif.

— Impôt progressif : cela signifie que le taux d'imposition s'élève au fur et à mesure que le revenu augmente. Ainsi, par exemple, le taux d'imposition est égal à 0 % pour les revenus allant jusqu'à un certain seuil, puis de x % pour les revenus se situant entre ledit seuil et le seuil suivant, puis de y % entre celui-ci et celui d'après, etc. Le taux marginal de l'impôt sur le revenu est aujourd'hui de 45 %.

— Impôt global : cela ressort de l'article 1er A du Code général des impôts, selon lequel « il est établi un impôt annuel unique sur le revenu des personnes physiques désigné sous le nom d'impôt sur le revenu. Cet impôt frappe le revenu net global du contribuable [...] »[41]. La formulation du texte mérite d'être notée : l'impôt sur le revenu est *unique*. Il frappe le *revenu net global*.

145 Toutefois, le système français n'est pas un système global pur. En effet, alors même que le revenu est censé être appréhendé de façon globale, le droit français persiste à distinguer différentes catégories de revenu : les revenus fonciers, les bénéfices industriels et commerciaux, les rémunérations de certains dirigeants d'entreprise, les bénéfices de l'exploitation agricole, les traitements, salaires, indemnités, émoluments, pensions et rentes viagères, les bénéfices des professions non commerciales et revenus y assimilés, les revenus de capitaux mobiliers et les plus-values de cession à titre onéreux de biens ou de droits de toute nature. Or, ces distinctions altèrent sérieusement le caractère global de l'impôt sur le revenu, et ce, de deux façons différentes.

146 D'une part, jusqu'à l'intervention de la loi de finances pour 2013, certains revenus étaient sortis du pot commun pour être imposés de façon totalement séparée. C'était le cas, notamment, des plus-values de cession à titre onéreux réalisés par les particuliers sur valeurs mobilières, droits sociaux et titres assimilés[42], qui faisaient l'objet d'une imposition proportionnelle au taux forfaitaire de 19 % avec application d'un système de report, voire d'exonération d'imposition sous condition[43]. De même, les intérêts et autres produits de placements à revenu fixe pouvaient être imposés, sur option du contribuable, par le moyen d'un prélèvement libératoire de l'impôt sur le revenu dont le taux était généralement de 24 %[44]. Ce système a disparu, les plus-values sur valeurs

39. Cette surtaxe a son origine dans « l'impôt général sur le revenu » créé par la loi du 15 juill. 1914. Celui-ci a été transformé en surtaxe progressive par le décret n° 48-1986 du 9 déc. 1948, pris en application de l'art. 5 de la loi du 17 août 1948.

40. Loi n° 59-1472 du 28 déc. 1959.

41. Le contribuable n'est pas considéré isolément. Les membres de son foyer fiscal sont imposés de façon conjointe. Et pour tenir compte des enfants, un mécanisme de « quotient familial » permet de modérer l'impôt en divisant le revenu du foyer par un nombre de « parts » qui dépend du nombre des membres du foyer et de leur qualité (adulte ou enfant, étant précisé que les deux premiers enfants comptent pour une demi-part, puis une part au-delà). Le barème progressif de l'impôt sur le revenu est ainsi présenté par le CGI comme un barème par parts, et non par individu.

42. La définition de ces plus-values se trouve aux articles 150-0 A et s. du CGI.

43. Art. 200 A. 2, CGI. À ce taux, en réalité s'ajoutent des prélèvements sociaux que sont la CSG, la CRDS et le prélèvement social, qui s'élèvent actuellement, pour les revenus de capitaux, à 17,2 %, ainsi que la contribution exceptionnelle sur les hauts revenus égale à 3 % ou 4 % de la fraction d'un revenu de référence dépassant un certain seuil (art. 223 *sexies* CGI). Pour les détails d'application de l'abattement, cf. *infra* n° 191.

44. Art. 125 A, CGI.

mobilières et revenus de placement à revenu fixe étant soumis à l'impôt à compter de 2013 sur le revenu au barème progressif pour éviter que les titulaires de revenus de capitaux ne soient mieux traités que les titulaires de revenus du travail[45]. Toutefois, comme on le reverra plus loin[46], certains abattements spécifiques demeuraient en matière de plus-values afin de ne pas décourager l'investissement à long terme dans les actions.

En 2017, l'élection à la présidence de la République d'Emmanuel Macron a conduit à revisiter de nouveau la structure du système pour repasser à un système mixte, couramment appelé « *flat tax* », qui réserve aux revenus de capitaux mobilier un sort particulier en les taxant à un taux proportionnel de 12,8 %.

En outre, un taux de 19 % continue de s'appliquer en matière de plus-values immobilières. Il n'existe donc toujours pas de traitement parfaitement identique entre toutes les catégories de revenu.

147 D'autre part, à l'intérieur même de l'ensemble constitué par les revenus soumis globalement au barème progressif de l'impôt sur le revenu, le droit français persiste à distinguer entre différentes catégories. Les revenus du travail, notamment, sont traités différemment selon qu'il s'agit d'un travail salarié ou non. Dans le premier cas, la rémunération tombe dans la catégorie des traitements et salaires[47]. Sinon, il faut ranger le revenu dans l'une des trois catégories que sont les bénéfices industriels et commerciaux, les bénéfices non commerciaux et les bénéfices agricoles. Ces distinctions, héritées de l'histoire[48], ne remettent pas en cause l'imposition globale desdits revenus. Elles ont seulement pour effet de soumettre à des règles différentes la détermination du montant de chacun des revenus concernés. Ainsi, une fois chaque type de revenu calculé conformément à un ensemble de règles propres, il convient d'ajouter les chiffres ainsi obtenus pour obtenir un revenu global[49].

148 Pour compliquer encore le tout, certains revenus d'entreprise sont, eux aussi, extraits du lot pour être soumis à un taux spécifique. Il s'agit des plus-values à long terme et de certains produits de la propriété industrielle réalisées dans le cadre des bénéfices industriels et commerciaux ou dans le cadre des bénéfices non commerciaux, qui sont imposés à l'impôt sur le revenu au taux de 12,8 %[50]. Enfin, rappelons que

45. Sur la question de la comparaison entre revenus du travail et revenus du capital, cf. les articles publiés par *L'année fiscale* de 2013 : Ch. de la Mardière, « Retour sur l'imposition du travail et du capital en France depuis la Révolution », *Dr. fisc.* 2013, n° 9, ét. 163 ; J.-Y. Mercier, « Hisser l'imposition des revenus du capital au niveau de celle du travail : le travail était déjà largement accompli », *Dr. fisc.* 2013, n° 9, ét. 164.

46. Cf. *infra*, n° 190 et s.

47. Art. 79 et s., CGI.

48. La loi du 31 juill. 1917 a créé des impôts frappant, à des taux proportionnels distincts, les bénéfices industriels et commerciaux, les bénéfices non commerciaux, les bénéfices agricoles, les traitements, salaires, pensions et rentes viagères et les revenus de créances, dépôts et cautionnements.

49. Art. 13, 2, CGI. Pour mémoire, le revenu imposable s'entend de la somme des revenus catégoriels diminuée de certaines charges déductibles du revenu global (art. 156, CGI).

50. Le taux était de 16 % jusqu'à l'intervention de la loi de finances pour 2018 qui l'a aligné sur le taux du prélèvement forfaitaire unique. Pour les plus-values à long terme, v. art. 39 *quaterdecies*, 1, CGI. Pour les produits de la propriété industrielle, v. art. 39 *terdecies*, CGI ; art. 39 *quater*, CGI. Ce taux réduit s'applique notamment aux plus-values de cession de brevets ou d'inventions brevetables ainsi qu'au résultat net de la concession de licences d'exploitation des mêmes éléments.

l'augmentation continue des prélèvements sociaux (CSG, etc.) à des taux proportionnels contribue à miner la progressivité du système fiscal.

Ce qui précède suffit à démontrer que les revenus d'entreprise, ceux qui nous intéressent au premier chef dans le cadre de cet ouvrage, ne peuvent être étudiés qu'après avoir été replacés dans leur contexte structurel. Ces éléments de contexte doivent à présent être approfondis avec l'étude des différentes catégories de revenus connues du droit français.

§ 2. LES CATÉGORIES DE REVENU

149 En l'état actuel du droit, il n'existe pas en France une catégorie de revenu dite « revenu d'entreprise ». Les revenus des entreprises sont éclatés entre plusieurs catégories qui obéissent chacune à des règles propres. Il convient donc d'exposer les différentes catégories de revenu existantes (A) avant de tenter d'extraire de cette pluralité de catégories une approche homogène et spécifique du revenu d'entreprise (B).

A. EXPOSÉ DES DIFFÉRENTES CATÉGORIES DE REVENU

150 On peut classer les différentes catégories de revenu en distinguant les revenus du travail (1°), les revenus du capital (2°) et les autres revenus (3°).

1. Les revenus du travail

151 Les revenus du travail doivent être distingués selon qu'ils proviennent d'un travail salarié ou non.

a) Les revenus du travail salarié

152 Dans une approche traditionnelle, le salarié est avant tout un travailleur. La réalité contemporaine est cependant plus subtile : elle en fait également un épargnant et un actionnaire.

α) Le salarié travailleur

153 La catégorie des salaires regroupe traditionnellement toutes les sommes perçues par les contribuables à raison de l'exercice d'une activité salariale publique ou privée. Elle inclut donc les revenus tirés d'un contrat de travail, mais aussi les rémunérations perçues par les agents de l'État et des autres collectivités publiques, les revenus de remplacement perçus par les travailleurs malades et préretraités ou privés d'emploi. Il convient à cet égard de préciser qu'en vertu de l'article 80 *duodecies* du CGI, toute indemnité versée à l'occasion de la rupture du contrat de travail constitue une rémunération imposable, sous réserve de diverses mesures venant limiter le montant de l'indemnité imposable, voire l'exonérer en totalité. Les règles applicables aux

salariés[51] et aux mandataires sociaux[52] sont à cet égard assez complexes.

154 En principe, le salarié au sens du droit fiscal est celui-là même que vise le droit du travail[53] : il doit s'agir d'une personne qui se trouve dans un état de subordination vis-à-vis d'un ou plusieurs employeurs, ou d'une personne à laquelle une disposition particulière du Code du travail confère la qualité de salarié[54]. Toutefois, cette qualité peut également être attribuée par la loi fiscale à certains contribuables, alors même qu'ils ne l'auraient pas en vertu du droit commun. C'est ainsi que les écrivains, compositeurs et agents d'assurances, bien qu'ils exercent des activités indépendantes relevant par principe des bénéfices non commerciaux, peuvent opter pour le régime des traitements et salaires[55].

155 La qualité fiscale de salarié a longtemps été enviée. Avant l'intervention de la loi de finances pour 2006, elle ouvrait automatiquement droit à un abattement de 20 % sur le revenu imposable, ainsi qu'à une déduction forfaitaire de 10 % du résidu pour frais professionnels. À l'heure actuelle, l'abattement de 20 % n'existe plus[56], mais l'évaluation forfaitaire des frais professionnels demeure, sans préjudice de la possibilité pour le contribuable d'opter pour la déduction de ses frais professionnels réels s'ils sont supérieurs à 10 % du montant des salaires perçus[57]. C'est pourquoi le législateur fiscal, conscient de la pratique consistant à se placer de façon plus ou moins artificielle dans le domaine de ce régime afin d'en tirer tout le bénéfice, a progressivement étendu considérablement son champ d'application. Un exemple : pendant longtemps, les gérants de sociétés à responsabilité limitée ne pouvaient être considérés comme fiscalement salariés que s'ils étaient minoritaires, c'est-à-dire s'ils détenaient moins de 50 % des parts

51. Sont ainsi exonérées toutes les sommes allouées au salarié dans le cadre d'un plan de sauvegarde de l'emploi, que la rupture du contrat de travail résulte d'un licenciement ou d'un départ volontaire (démission, départ à la retraite ou en pré-retraite, etc.), exception faite des indemnités de mise à la retraite à l'initiative de l'employeur. Sont également exonérées les indemnités allouées par les tribunaux pour sanctionner un licenciement irrégulier ou abusif. Dans les autres cas, le sort de l'indemnité de licenciement varie selon son montant. Dès lors qu'elle est inférieure ou égale à l'indemnité prévue par la loi ou la convention collective, l'indemnité de licenciement ou de rupture conventionnelle perçue par le salarié est totalement exonérée d'impôt sur le revenu, sans plafonnement ni limitation de montant. Si elle est supérieure à l'indemnité prévue par la loi ou la convention collective, l'indemnité de licenciement ou de rupture conventionnelle perçue par le salarié est exonérée d'impôt sur le revenu dans la limite du plus élevé des deux plafonds suivants : la moitié du montant de l'indemnité totale ou deux fois le montant brut du salaire perçu au cours de l'année civile précédant la rupture. L'exonération est toutefois plafonnée à six fois le plafond annuel de la Sécurité sociale. Le salarié sera donc soumis à l'impôt sur le revenu pour la fraction dépassant le montant exonéré.

52. Les indemnités de cessation forcée du mandat social, étaient, jusqu'à l'adoption de la loi de finances pour 2016, seulement imposables pour la fraction de leur montant excédant, dans la limite de six fois le plafond de la Sécurité sociale, le plus élevé des montants suivants : deux fois le montant de la rémunération annuelle brute perçue au cours de l'année civile précédant la cessation ou 50 % du montant de l'indemnité perçue. Ces limites ont été remplacées par une limitation en valeur absolue, ramenée à trois fois le plafond de la Sécurité sociale, soit 115 848 € pour les indemnités reçues en 2016.

53. Art. 80, CGI.

54. Représentants de commerce statutaires, journalistes professionnels, artistes du spectacle, etc.

55. Art. 93, 1 *ter* et *quater*, CGI.

56. Il a cependant été répercuté dans la baisse du barème de l'impôt sur le revenu. Le taux marginal de 40 % applicable à la suite de la réforme de 2006 (et aujourd'hui remplacé par un taux de 45 %) représentait l'équivalent d'un taux de 50 % applicable à une somme de 100 réduite d'un abattement de 20 %.

57. La déduction des frais réels est toutefois plafonnée à un montant de 12 183 € (pour les revenus 2016).

sociales. Depuis l'imposition des revenus de 1996, cette condition a disparu : les gérants majoritaires voient désormais, eux aussi, leurs rémunérations déterminées comme en matière de traitement et salaires, même s'ils demeurent soumis pour la forme à une règle spéciale édictée à l'article 62 du Code général des impôts.

Dans le même sens, les organes de direction dans les sociétés anonymes sont soumis au régime fiscal des salariés : cette règle concerne, selon le type de gouvernance de la société anonyme, le président-directeur général, le directeur général, les directeurs généraux délégués, et les membres du directoire. Ceci ne concerne pas, en revanche, les organes d'administration, dont les jetons de présence sont imposés en tant que revenus de capitaux mobiliers.

156 Au total, l'histoire révèle donc une tendance à l'extension de la catégorie fiscale du salarié. Elle révèle également, à y regarder de plus près, une complexification sensible du statut fiscal du salarié. Les travailleurs ne sont plus seulement, à l'heure actuelle, des agents rémunérés par une somme fixe en échange de la prestation qu'ils fournissent. Ce sont de véritables acteurs de l'entreprise ayant vocation à participer à ses résultats. Le droit fiscal ne peut ignorer l'évolution contemporaine de la relation de travail. Les salariés peuvent ainsi aujourd'hui bénéficier des résultats positifs de l'entreprise en recevant certaines sommes indépendantes du salaire proprement dit, à la condition qu'elles ne se substituent pas à ce dernier. Les régimes applicables à ce titre sont la participation aux résultats de l'entreprise ainsi que l'intéressement. On les trouve sous des formes comparables dans d'autres États que la France[58], ce qui s'explique largement par le rôle moteur joué par les États-Unis et le Royaume-Uni en la matière ainsi que par l'intérêt porté à ces questions par les autorités communautaires[59].

157 La **participation aux résultats de l'entreprise**, introduite dans notre droit par une ordonnance du 17 août 1967 « relative à la participation des salariés aux fruits de l'expansion », confère aux salariés un droit sur une fraction des bénéfices[60]. Obligatoire pour les entreprises d'au moins 50 salariés et facultative pour les autres, cette participation prend techniquement la forme suivante : lorsqu'une entreprise réalise un bénéfice au cours d'un exercice, une partie de ce bénéfice est ainsi affectée, pour l'exercice suivant, à une « réserve spéciale de participation ». Chaque salarié dispose alors d'un droit personnel sur une fraction de cette réserve.

Les modalités de calcul de cette réserve sont complexes et leur description n'est pas indispensable dans le présent manuel : il suffit de se souvenir que la participation est directement liée au montant du bénéfice réalisé par l'entreprise et que son montant dépend également du rapport entre le volume global des salaires et la valeur ajoutée de l'entreprise[61]. Il faut également savoir que les sommes revenant aux salariés au titre de la participation étaient, jusqu'à une loi du 3 décembre 2008, indisponibles pendant une période de cinq ans. À l'heure actuelle, le salarié se voit conférer un choix : soit il perçoit

58. Pour un bon aperçu d'un historique comparatif en la matière, cf. le rapport établi en septembre 1999 par le Service des Affaires européennes du Sénat, « L'intéressement, la participation et l'actionnariat salarié ».

59. La première initiative de la Commission en la matière remonte à un rapport « PEPPER I », intitulé « Promotion de la participation des travailleurs salariés aux bénéfices et aux résultats de l'entreprise » et datant de 1991. De nombreux autres travaux ont suivi par la suite. En France, le dernier dispositif législatif d'envergure en la matière constitue la loi du 14 décembre 2006 « pour le développement de la participation et de l'actionnariat salarié ».

60. Art. L. 3321-1 et s., C. trav.

61. La formule mathématique de calcul de la réserve dans les accords de droit commun est la suivante : R (réserve) = 1/2 (B – 5 C/100) x (S/VA), où B = bénéfice, C = capitaux propres, S = salaires et VA = valeur ajoutée. Cette formule démontre qu'il n'y a lieu à la constitution de la réserve que si le bénéfice est supérieur à 5 % des capitaux propres.

immédiatement les sommes relevant de la participation, soit il accepte qu'elles demeurent indisponibles pendant les cinq ans. Le choix n'est pas sans enjeux fiscaux : tandis que les sommes versées immédiatement sont imposables à l'impôt sur le revenu, celles versées à l'expiration de la période d'indisponibilité sont totalement exonérées d'impôt sur le revenu[62].

158 **L'intéressement,** qui remonte à une ordonnance du 7 janvier 1959, constitue un autre moyen de faire participer les salariés – ainsi d'ailleurs, sous certaines conditions, que les dirigeants – aux résultats de l'entreprise[63]. Il s'agit d'un régime facultatif dont l'intérêt fiscal est moindre que celui de la participation des salariés examinée ci-dessus, mais qui permet de le compléter[64]. En effet, les sommes attribuées aux salariés ainsi qu'aux dirigeants des personnes morales passibles de l'impôt sur les sociétés dans le cadre de l'intéressement sont considérées comme des salaires imposables à l'impôt sur le revenu dans les conditions de droit commun[65]. Toutefois, les salariés et dirigeants adhérant à un plan d'épargne salariale qui affectent à ce plan tout ou partie de leur intéressement bénéficient, à due concurrence, d'une exonération d'impôt sur le revenu, dans la limite, chaque année, de la moitié du plafond annuel moyen de Sécurité sociale. Comme les sommes perçues au titre de la participation aux résultats de l'entreprise, celles reçues au titre de l'intéressement sont assujetties aux prélèvements sociaux.

β) Le salarié épargnant

159 L'idée de favoriser la constitution par le salarié d'une épargne de longue durée est aussi ancienne que celle de l'associer aux résultats de l'entreprise. Le **plan d'épargne entreprise (PEE)** remonte en effet à une ordonnance du 17 août 1967. Il s'agit d'un système d'épargne collectif ouvrant aux salariés de l'entreprise ainsi qu'à certains dirigeants et chefs d'entreprise[66] la faculté de participer, avec l'aide de celle-ci, à la constitution d'un portefeuille de valeurs mobilières[67]. Le plan d'épargne entreprise (PEE) constitue ainsi la conjugaison d'un cadre collectif défini au niveau de l'entreprise et d'une initiative individuelle du salarié, lequel ne peut jamais être contraint de verser des sommes dans le PEE. Le salarié effectue par ailleurs lui-même le choix des modes de placement de son épargne. La particularité de ce type de plan est d'être alimenté, tant par l'entreprise elle-même (sous forme « d'abondement ») que par le salarié ou le dirigeant bénéficiaire (l'adhérent).

160 Sur le plan fiscal, les sommes versées par l'entreprise et les intérêts qu'elles produisent sont exonérées de l'impôt sur le revenu établi au nom du salarié sous condition de blocage pendant au moins cinq ans[68]. Elles sont en revanche assujetties à la CSG et à la

62. Art. 157, 16° *bis* et art. 163 *bis* AA, CGI. Les prélèvements sociaux restent applicables.

63. Art. L. 3311-1 et s., C. trav.

64. Les entreprises de moins de 50 salariés sont incitées à y recourir : elles bénéficient d'un crédit d'impôt imputable sur l'impôt sur les bénéfices au titre des primes versées sous certaines conditions en exécution d'accords d'intéressement conclus entre le 4 décembre 2008 et le 31 décembre 2014 (art. 244 *quater,* T, CGI).

65. En revanche, les sommes attribuées aux personnes non salariés (exploitants individuels, associés de sociétés de personnes n'ayant pas opté pour l'impôt sur les sociétés, conjoints collaborateurs ou associés) au titre de l'intéressement ne sont pas imposées à l'impôt sur le revenu car elles ne sont pas déductibles du résultat de l'entreprise qui les verse.

66. La liste figure à l'al. 3 de l'art. L. 3332-2, C. trav.

67. Art. L. 3332-1, C. trav.

68. Art. 163 *bis* B, I, CGI. Cette exonération porte sur un montant maximum correspondant au plafond de l'abondement de l'employeur fixé par l'article L. 3332-11 du Code du travail. Tout versement

CRDS au titre des revenus d'activité. Les sommes versées par les adhérents ne sont pas déductibles de leur revenu imposable ; elles sont donc soumises à l'impôt sur le revenu dans les conditions de droit commun[69]. Cependant, les sommes que le salarié a perçues au titre de l'intéressement et qu'il affecte à un plan d'épargne d'entreprise sont partiellement exonérées[70]. Celles attribuées au titre de la participation et qui font l'objet d'une affectation à un plan d'épargne d'entreprise peuvent même bénéficier d'une exonération totale sous certaines conditions relatives notamment à l'indisponibilité des actions ou parts acquises pendant cinq ans.

161 Une montée en puissance de ce type de dispositif a eu lieu avec la loi du 21 août 2003 portant réforme des retraites. Depuis cette loi, le salarié peut également bénéficier de l'aide de l'entreprise pour préparer sa retraite grâce au **plan d'épargne pour la retraite collectif** (Perco)[71]. Le dispositif du Perco emprunte beaucoup à celui du plan d'épargne d'entreprise. Il prévoit qu'en complément des régimes de retraite obligatoires par répartition, toute personne peut, dans le cadre de son activité professionnelle, avoir accès à un ou plusieurs produits d'épargne réservés à la retraite. Ce dispositif permet à ses adhérents de constituer une épargne avec l'aide de l'entreprise, dans des conditions avantageuses tant pour les adhérents que pour les entreprises.

162 Le régime social et fiscal du Perco est celui du plan d'épargne d'entreprise, sous réserve de dispositions spécifiques concernant notamment l'existence d'un montant maximal autorisé de l'abondement de l'entreprise[72]. Ainsi, l'abondement est exonéré d'impôt sur le revenu établi au nom du bénéficiaire[73]. Les revenus des titres détenus dans un Perco sont également exonérés d'impôt sur le revenu s'ils sont frappés de la même indisponibilité que les titres auxquels ils se rattachent. Ils sont définitivement exonérés à l'expiration de la période d'indisponibilité correspondante. Les sommes versées par l'adhérent ne sont pas déductibles du revenu imposable et sont donc soumises à l'impôt sur le revenu dans les conditions de droit commun.

163 Ces deux systèmes d'épargne (PEE et Perco) peuvent être mis en place à l'échelle d'une entreprise ou au niveau d'un groupe constitué par des entreprises juridiquement indépendantes, mais ayant établi entre elles des liens financiers et économiques[74]. Ils peuvent encore être instaurés au moyen d'une coopération entre plusieurs entreprises, soit au niveau professionnel, soit au niveau local, soit en combinant ces deux derniers critères[75] : on parle alors de plan d'épargne interentreprises (PEI). Ce type de plan permet de mutualiser le coût de mise en place et de fonctionnement, donc de faciliter l'accès des salariés des petites et moyennes entreprises à cette forme d'épargne salariale. Le

excédentaire constitue un complément de rémunération imposable à l'impôt sur le revenu au nom du bénéficiaire (Circ. intermin. du 14 sept. 2005, dossier PEE, fiche n° 7 : *JO*, 1er nov., p. 17179).

69. Circ. intermin. du 14 sept. 2005, dossier PEE, fiche n° 7 : *JO*, 1er nov., p. 17179.

70. Exonération à hauteur de la moitié du plafond de la Sécurité sociale.

71. Cette loi a substitué le Perco au plan partenarial d'épargne salariale volontaire (PPESV) créé par la loi du 20 février 2001 sur l'épargne salariale. Les règles du Perco ont été assouplies par la loi Macron du 6 août 2015.

72. Le plafond est fixé à 16 % du plafond annuel de la Sécurité sociale par an et par bénéficiaire sans pouvoir excéder le triple des versements personnels.

73. Art. 163 *bis* B, I et 81, 18°, CGI.

74. Art. L. 3344-1, C. trav.

75. Art. L. 3333-1, C. trav.

régime fiscal et social du PEI est aligné sur celui du PEE ou du Perco selon qu'il prend la forme de l'un ou l'autre dispositif.

γ) Le salarié actionnaire

164 Le salarié actionnaire n'est pas fondamentalement distinct du salarié épargnant lorsque son épargne consiste précisément dans le fait d'acquérir des actions de l'entreprise dont il est salarié. Toutefois, ce type d'actionnariat n'est en quelque sorte qu'indirect.

La loi rectificative de financement de la Sécurité sociale pour 2011 avait introduit dans la loi une forme d'actionnariat « virtuel » en prévoyant l'attribution obligatoire dans les entreprises de plus de 50 salariés d'une prime dépendant de l'augmentation des dividendes par rapport à la moyenne des distributions réalisées sur les deux années antérieures. Actionnariat virtuel, en effet, car la prime était bel et bien considérée comme un salaire du côté des salariés et imposable en conséquence. Cette prime dite de partage des profits a cependant été supprimée par la loi du 22 décembre 2014.

165 Le traitement fiscal de l'actionnariat salarié révèle l'existence d'une tension importante entre la logique du salariat (qui attire vers le régime des gains et salaires tous les éléments de rémunération, quelle que soit leur nature) et la logique des gains en capital (qui tire vers le régime des plus-values tous les gains sur valeurs mobilières). Or le choix de la bonne qualification (salaires ou plus-values sur valeurs mobilières) est essentiel en pratique puisque, comme on le sait, les salaires sont soumis à une imposition progressive alors que les plus-values sont soumises au prélèvement forfaitaire unique (PFU).

Ce choix est d'autant plus délicat à opérer que certaines pratiques ne sont pas réglementées par la loi fiscale : c'était le cas, jusqu'à l'intervention de la loi de finances pour 2009, des gains réalisés par les salariés et dirigeants de fonds d'investissement de capital-risque, lesquels sont souvent financièrement intéressés aux résultats de leur gestion au moyen de la prise de participations dans les structures d'investissements[76]. C'est encore le cas, par exemple, des bons de souscription d'actions (BSA) qui donnent lieu, lors de leur vente ou de leur remboursement, à un contentieux non négligeable fondé essentiellement sur des problèmes de qualification, non seulement fiscale, mais également sociale (l'enjeu consistant dans la soumission aux cotisations sociales de l'avantage retiré[77]). Le contentieux demeure également très vivement au sujet de ce qu'on appelle souvent les « **management packages** »[78], c'est-à-dire pour résumer les techniques permettant des dirigeants de participer à la reprise de la société qu'ils dirigent grâce à la constitution avec des investisseurs financiers d'une société holding dont les titres, une fois revendus, permettront audit dirigeant de réaliser (si tout va bien) une importante plus-value.

76. Le régime des gains tirés de ces parts dites de « *carried interest* » est aujourd'hui codifié à l'article 150-0 A. II. 8 du CGI. Il soumet les gains au régime des plus-values lorsque certaines conditions précises sont réunies. Cf. sur ce régime le BOI-RPPM-PVBMI-60-10.

77. V. à ce sujet l'arrêt rendu en matière de cotisations sociales par la cour d'appel de Paris, 6 juillet 2017, n° 14/02741, considérant qu'une plus-value réalisée lors de l'exercice de bons de souscription constitue en réalité une rémunération cotisable. L'arrêt est fondé sur l'article L. 242-1 du Code de la Sécurité sociale selon lequel « pour le calcul des cotisations des assurances sociales, des accidents du travail et des allocations familiales, sont considérées comme rémunérations toutes les sommes versées aux travailleurs en contrepartie ou à l'occasion du travail ». Il affirme un lien entre, d'une part, l'attribution de BSA et le maintien de ceux-ci et, d'autre part, l'existence et le maintien d'un contrat de travail ou d'un mandat social. La plus-value dégagée est donc considérée comme en contrepartie ou à l'occasion d'un contrat de travail.

78. V. sur ce sujet A. Guillemonat et O. Ramond, « Management packages : comment différencier le bon grain de l'ivraie en matière fiscale ? », *Dr. fisc.* 2015, n° 10, ét. 181 ; J. Jeausserand et T. Audouard, « Management packages et autres outils d'accès au capital des dirigeants et salariés », *Dr. fisc.* 2016, n° 9, ét. 188. ; T. Audouard et N. Dragutini, *L'actualité jurisprudentielle des management packages, Dr. fisc.* 2018, n° 12, 225, Droit fiscal n° 12, 22 mars 2018, 225.

Pour n'en donner qu'un exemple ayant suscité une abondante controverse, considérons la décision *Gaillochet* rendue par le Conseil d'État le 26 septembre 2014[79]. Dans cette affaire, une personne physique a constitué avec un groupe financier en septembre 1999 une holding de reprise qui a pris le contrôle d'une société industrielle. Le groupe financier a, dans le cadre de ce LBO, consenti à la personne physique nommée dirigeant de la société industrielle et président de la holding, une option d'achat portant sur un certain nombre de titres de la holding de reprise, au prix unitaire de 7,62 €. Cette option a été accordée moyennant le versement, par le dirigeant, d'une indemnité d'immobilisation de 13 000 € environ. La levée de l'option d'achat était subordonnée à la condition que le dirigeant ait assumé des fonctions de direction au sein de la société industrielle pendant au moins cinq ans à compter de la signature de la promesse, tandis que le nombre des actions sous option dépendait du taux de rendement interne de la société, qui devait être d'au moins 25 %. Un peu plus de cinq ans après l'opération de LBO, le dirigeant a levé les options d'achat de plus de 35 000 actions et a cédé ses titres dès le lendemain à un prix unitaire excédant 65 €, réalisant à cette occasion une plus-value d'un peu plus de 2 millions d'euros. La qualification de plus-value au gain en question a été remise en cause par l'administration qui a imposé le dirigeant dans la catégorie des traitements et salaires. Le redressement a été confirmé par la cour administrative d'appel de Paris[80] puis par le Conseil d'État. Pour approuver la décision d'appel, le Conseil d'État, après avoir rappelé les conditions d'octroi des options d'achat de titres (obligation d'être resté dirigeant et nombre d'actions subordonné au taux de rendement interne de l'entreprise), juge que « l'écart entre le prix de cession des actions et le prix fixé dans la convention correspondait, dans sa totalité, à un revenu qui trouvait sa source dans les conditions dans lesquelles l'option d'achat des actions avait été consentie et qui avait le caractère d'un avantage en argent imposable dans la catégorie des traitements et salaires ». L'argument est repris un peu plus loin dans l'arrêt lorsque le Conseil d'État rappelle que c'est « à raison des caractéristiques de la convention d'option d'achat d'actions » que la Cour, alors même que le contribuable était tout à la fois actionnaire et dirigeant de la société, a pu décider que le gain en cause avait le caractère non d'un revenu en capital mais d'un avantage en argent. Le fait que la cession des actions soit assortie d'une clause de garantie de passif est à cet égard sans effet. Le Conseil d'État a par ailleurs refusé de censurer pour dénaturation l'arrêt de la cour administrative d'appel qui estimait que l'indemnité d'immobilisation, d'un montant inférieur à 1 % du gain retiré de la cession des actions, présentait un caractère modique. La décision du Conseil d'État repose ainsi sur l'idée que constitue un salaire un gain d'acquisition qui trouve sa source dans les fonctions de direction exercées par l'intéressé. Elle semble toutefois faire peu de cas des risques qui peuvent être supportés par les dirigeants qui se livrent à ce type d'opération (et qu'on ne saurait évaluer à l'aune du rapport entre l'investissement initial et le gain final, celui-ci étant par nature aléatoire) : la prise effective de risque chasse-t-elle la qualification de traitements et salaires ? On peut le soutenir légitimement[81].

Pour notre part, la qualification fiscale de salaire semble se distinguer de celle de revenu d'entreprise ou de gain en capital par le fait que le salaire s'entend d'un revenu non aléatoire. Il faut bien, pour que la qualification de salaire trouve son autonomie conceptuelle par rapport à celle de bénéfice industriel et commercial, de bénéfice non commercial ou de gain en capital, qu'elle renvoie à un revenu distinct par nature de ces autres types de revenus. Or, la différence fondamentale entre, d'un côté, un revenu d'entreprise ou un gain en capital et, de l'autre côté, un salaire, ne réside-t-elle pas dans le caractère aléatoire ou non du gain réalisé ? C'est ici, sans doute, que la qualification de salaire continue d'emprunter son originalité à la figure « mythique » qui lui a donné naissance : celle d'un travailleur placé en état de subordination et qui, en échange du louage de sa force de travail, se voit conférer le droit à une rémunération prédéterminée. On observera à cet égard que le caractère non aléatoire d'un revenu ne se confond pas avec le caractère économiquement non risqué de son obtention. Le critère de l'aléa et celui du risque économique ne se confondent pas pour une raison simple : même le salarié auquel l'employeur garantit un salaire fixe prend un risque économique, celui que son employeur ne soit plus en mesure de le payer ou qu'il le licencie. Le risque économique ne peut pas être éliminé de la

79. CE, 26 sept. 2014, n° 365563, *M. et Mme Gaillochet*, *Dr. fisc.* 2014, n° 47, comm. 636, concl. E. Cortot-Boucher, note J. Turot, J. Jeausserand et T. Audouard ; v. aussi N. Labrune, « Les gains de "management package", des objets fiscaux non identifiés ? », *RJF* 12/14, p. 1043.

80. CAA Paris, 28 nov. 2012, n° 11PA04246.

81. Cf. d'ailleurs sur ce point la position du Comité de l'abus de droit fiscal qui semble accepter ce type de raisonnement (v. l'avis n° 2013-10).

vie. L'aléa, en revanche, peut être écarté du champ contractuel : jusqu'à l'intervention de l'ordonnance nº 2016-131 du 10 février 2016 portant réforme du droit des contrats, du régime général et de la preuve des obligations, le vénérable article 1104 du Code civil définissait le contrat aléatoire comme celui dont « l'équivalent consiste dans la chance de gain ou de perte pour chacune des parties, d'après un événement incertain ». L'aléa et le salaire se repoussent ainsi mutuellement dans la mesure où il n'y a de « salaire » que si les parties ont entendu inclure dans le champ contractuel la fixité du gain et l'immuniser contre des événements incertains.

De cette distinction entre aléa et risque, on peut également tirer que l'exposition patrimoniale du bénéficiaire du revenu est en tant que telle sans incidence directe sur la qualification. Le fait, en particulier, que le contribuable ait déboursé une certaine somme pour acquérir des titres et ait supporté le risque corrélatif d'une perte n'est pas, en soi, un point fondamental pour la qualification. Ce qui compte, en revanche, c'est que cette exposition patrimoniale n'ait pas une contrepartie connaissable à l'avance et que le gain final dépende d'un événement incertain. Cette observation rend donc inutile la question de savoir si l'investissement initial est « modique » ou « significatif » dès l'instant où cet investissement est à l'origine d'un gain futur incertain.

Cette idée n'a rien d'original et s'est implantée discrètement dans la « quasi-jurisprudence » du Comité de l'abus de droit fiscal. Sans rechercher ici l'exhaustivité, on peut par exemple noter que dans des avis du 23 mai et du 13 juin 2013, le Comité a relevé que des contribuables qui avaient acquis des titres à l'occasion d'un LBO « au moyen de leurs propres deniers » et dont l'investissement effectif représentait « une part significative des revenus qu'ils avaient perçus l'année précédant cette acquisition » avaient pris un véritable « risque encouru en tant qu'investisseur et n'agissaient pas en tant que salariés »[82]. Pour apprécier la réalité du risque encouru (ou ce que nous préférons présenter comme la réalité de l'aléa supporté), la casuistique est certes reine, et le Comité de l'abus de droit fiscal oscille entre décisions favorables et défavorables au contribuable en fonction de circonstances dont les différences respectives sont parfois ténues[83]. Il n'en reste pas moins que ce critère paraît opératoire et suffisamment précis pour faire pencher la balance dans un sens ou dans l'autre.

Il résulte de ce qui précède qu'en bonne logique, la qualification de salaire devrait dépendre, dans des situations non tranchées par la loi, de deux critères cumulatifs : le lien direct entre la somme versée et une relation de travail unissant une personne physique à une entreprise ; le caractère non aléatoire du montant de la rémunération octroyée.

Mais revenons aux mécanismes les plus classiques et considérons le cas des *stock-options* et des attributions gratuites d'actions.

166 Les *stock-options* existent depuis longtemps dans le droit français. Réglementées par une loi du 31 décembre 1970 complétant la loi du 24 juillet 1966, elles ont connu un franc succès en raison de la possibilité offerte aux salariés et mandataires sociaux bénéficiaires d'acquérir des actions existantes ou à émettre pour un prix fixé à l'avance, ce qui peut se révéler très avantageux lorsque cette acquisition a lieu à un prix inférieur à leur valeur vénale au moment de l'opération. L'intérêt de l'option consiste alors à engranger un « gain d'acquisition » constitué par l'économie réalisée au jour de l'achat. Un second profit peut se superposer au premier lorsque l'action est revendue pour un prix supérieur à la valeur réelle de l'action à la date de la levée d'option.

167 L'attribution d'actions gratuites aux salariés et mandataires sociaux est un phénomène plus récent. Depuis 2005, les sociétés par actions ont ainsi le droit d'attribuer selon un régime fiscal et social favorable des actions gratuites à leurs salariés et mandataires sociaux ou à ceux des sociétés qui leur sont liées. Ce régime s'étend aux attributions d'actions gratuites effectuées par des sociétés dont le siège est situé à l'étranger au

82. Avis nº 2013-3 et nº 2013-5 commentés par L. Hepp et Ph. Gosset, « Qualification fiscale des management packages : le comité de l'abus de droit fiscal "donne le la" », *Option Finance*, 25 nov. 2013, nº 1246, p. 35 et s.

83. On comparera par exemple aux avis précités l'avis nº 2013-10.

profit des salariés et mandataires sociaux qui exercent leur activité dans des entreprises dont elles sont mère ou filiale.

168 Pour le bénéficiaire de *stock-options* ou d'actions gratuites, la problématique de l'imposition est la même : dans les deux cas, une personne acquiert des actions en déboursant moins que la valeur du titre au jour de son acquisition : soit qu'il ne débourse rien, soit qu'il achète à un prix d'exercice inférieur à la valeur vénale. Il convient ainsi de s'interroger sur le sort de ce gain réalisé à l'occasion de l'acquisition. Dans les deux cas également, cette personne revend les titres pour un prix qui peut être, soit supérieur, soit inférieur au prix d'acquisition. Un certain nombre de difficultés surgissent lorsqu'il s'agit de savoir comment imposer ces différents avantages. La première est de savoir quand elles sont imposables, la seconde à quel titre, la troisième selon quelles modalités.

169 La question du rattachement temporel de l'imposition ne peut être comprise qu'après avoir rappelé qu'il existe nécessairement un décalage entre le moment où l'option est octroyée, le moment où les titres sont acquis et le moment où ils sont revendus. En matière d'attribution d'actions gratuites, on retrouve également un décalage temporel entre le moment de l'octroi et celui de la jouissance effective de l'avantage financier. Or le droit comparé enseigne qu'il existe une multiplicité d'approches possibles de l'imposition de l'avantage consenti au bénéficiaire d'une option ou d'une action gratuite. Certains États considèrent, par exemple, qu'il existe un avantage immédiat au moment de l'attribution de l'option ou de l'action gratuite. Cet avantage en nature constitue un revenu imposable égal à la valeur de l'option ou de l'action gratuite. D'autres États préfèrent, pour les *stock-options*, imposer l'avantage au jour de la levée de l'option car c'est à ce moment que l'avantage se matérialise. En France, en revanche, aucune de ces deux techniques n'est utilisée : le revenu imposable n'apparaît qu'au jour où l'action est revendue. Ni l'attribution d'une option ou d'une action gratuite, ni l'exercice de l'option ne sont considérées comme un revenu imposable[84]. Une telle politique procède du souci de n'imposer le revenu qu'au jour où le contribuable dispose des liquidités lui permettant d'acquitter sa dette fiscale. En pratique, cependant, la pluralité des systèmes fiscaux se résout trop souvent en cas de double imposition, voire de double exonération, lorsque le même salarié transfère sa résidence fiscale entre deux États n'adoptant pas le même facteur de rattachement temporel de l'avantage[85].

170 Au titre de quelle qualification fiscale impose-t-on ? C'est là toute l'ambiguïté de la nature profonde des *stock-options*. On a coutume, en France, de dissocier les deux avantages consubstantiels à ce mécanisme en considérant que le gain d'acquisition constitue un élément de rémunération, tandis que la différence entre le prix de revente et la valeur réelle de l'action au jour de la levée de l'option constitue un gain en capital (autrement dit une plus-value). L'idée qui préside à cette dissociation entre les deux

84. Seule exception : selon l'article 80 *bis* II du CGI, lorsqu'une option d'achat ou de souscription d'actions est attribuée moyennant un prix d'exercice inférieur de plus de 5 % à la valeur de référence du titre, le rabais excédant les 5 % est imposé en tant que salaire au titre de l'année de levée de l'option.

85. Exemple : un salarié, résident étranger au moment de l'attribution de l'option, a été imposé au titre de l'avantage représenté par l'option elle-même ; il transfère sa résidence en France où il lève l'option d'achat et revend l'action en réalisant une plus-value. Il est alors imposé une seconde fois, sans que les conventions fiscales remédient à cette situation. Il ne lui reste éventuellement qu'à espérer que les deux États mettent en place une procédure de règlement amiable comme le prévoient les commentaires du modèle OCDE amendés en ce sens en 2005 (cf. § 4.3 du commentaire sur les art. 23 A et 23 B).

types d'avantage est que le gain réalisé lors de l'acquisition est intentionnellement institué par l'entreprise au profit de son salarié ou mandataire social, tandis que la plus-value de revente présente un caractère aléatoire et spéculatif qui ne doit plus rien à l'action de l'employeur. D'un point de vue théorique, la distinction est assez séduisante, même s'il faut reconnaître que, compte tenu des fluctuations du marché boursier, même la plus-value d'acquisition constitue un revenu aléatoire et spéculatif, au point que certains s'interrogent sur l'intérêt des *stock-options* en tant qu'instrument de rémunération en période de déprime économique...

La discussion théorique sur la nature réelle du gain réalisé au titre des *stock-options* avait perdu une grande partie de son intérêt pratique avec l'entrée en vigueur de la loi de finances pour 2013 qui a eu pour objectif d'imposer de la même façon les salaires et les plus-values sur cession de valeurs mobilières. En effet, pour toutes les options sur titres attribuées à compter du 28 septembre 2012, les deux composantes du profit réalisé (gain d'acquisition d'une part, plus-value d'autre part) relevaient en principe du barème progressif de l'impôt sur le revenu, augmenté de 3 % ou 4 % au titre de la contribution exceptionnelle sur les hauts revenus. Le dualisme des qualifications (salaire/plus-value) subsistait cependant, ce qui permettait à la composante « plus-value » de profiter des abattements pour durée de détention des titres lorsque ceux-ci ont été détenus pendant au moins deux ans.

Depuis la réforme de la fiscalité des revenus de capitaux opérée par la loi de finances pour 2018, la distinction entre salaire et plus-value retrouve un effet majeur puisque la composante « plus-value » est désormais imposable au taux du prélèvement forfaitaire unique, soit 12,8 % augmenté des prélèvements sociaux (17,2 % pour les plus-values)[86].

À cela s'ajoutent une contribution salariale de 10 %[87] et une cotisation patronale dont le montant est élevé[88].

---

86. Le contribuable peut toutefois opter pour une imposition au barème selon l'ancien régime si les titres ont été acquis avant le 1er janvier 2018 (v. *infra*, n° 191).

87. Art. L. 137-14 CSS. Le taux n'était que de 2,5 % avant l'intervention de la loi de financement de la Sécurité sociale pour 2011.

88. Une contribution de 30 % s'applique dès la date de décision d'attribution, sur une assiette égale, au choix de l'employeur, soit à la juste valeur des options ou des actions telle qu'elle est estimée pour l'établissement des comptes consolidés, soit à 25 % de la valeur des actions sur lesquelles portent ces options ou à la valeur vénale des actions en cas d'attribution gratuite d'actions. En pratique, il n'est pas rare que la contribution payée dès la décision d'attribution des actions gratuites porte sur une assiette économiquement surévaluée : ceci se produit toutes les fois que les actions ne sont finalement pas attribuées dans leur intégralité à leurs bénéficiaires, faute pour ceux-ci d'en réunir les conditions (notamment de performance). Jusqu'à l'intervention du Conseil constitutionnel, la réclamation par les employeurs du trop payé n'était cependant pas possible, la Cour de cassation estimant que le fait générateur de la contribution est constitué par la décision d'attribution des actions gratuites, et non leur attribution effective (Cass. 2e civ., 7 mai 2014, n° 13-15790). Le Conseil constitutionnel a toutefois pris le contre-pied de la Cour de cassation en formulant une réserve d'interprétation de l'article L. 137-13 du Code de la Sécurité sociale (dans sa rédaction issue de la loi du 19 décembre 2007 ; le taux était alors de 10 %). Il a ainsi considéré que « s'il est loisible au législateur de prévoir l'exigibilité de cette contribution avant l'attribution effective, il ne peut, sans créer une rupture caractérisée de l'égalité devant les charges publiques, imposer l'employeur à raison de rémunération non effectivement versée. Dès lors, les dispositions contestées ne sauraient faire obstacle à la restitution de cette contribution lorsque les conditions auxquelles l'attribution des actions gratuites était subordonnée ne sont pas satisfaites. Sous cette réserve, le grief de la méconnaissance du principe d'égalité devant les charges publiques doit être écarté » (Cons. const., 28 avr. 2017, n° 2017-627/628 QPC).

On notera toutefois que, s'agissant des actions gratuites, la loi « Macron » pour la croissance, l'activité et l'égalité des chances économiques du 6 août 2015 avait mis en place un régime plus souple. Cette loi prévoyait en effet cumulativement l'imposition du gain d'acquisition selon les modalités applicables aux plus-values (avec le bénéfice de l'abattement pour durée de détention), la suppression de la contribution salariale de 10 % et la réduction à 20 % de la contribution patronale (exigible au moment de l'acquisition effective des titres et non plus, comme avant la loi, dès la décision d'attribution)[89]. Mais la loi de finances pour 2017 a de nouveau durci ce régime en assujettissant le gain d'acquisition d'actions gratuites aux règles des traitements et salaires au-delà d'un plafond de 300 000 €[90] et en rétablissant la contribution salariale spécifique au taux de 10 %[91]. Quant au taux de contribution patronale, il varie selon les majorités politiques : après avoir été rehaussé à 30 % en 2017, il a été redescendu à 20 % par la loi de financement de la Sécurité sociale pour 2018...

171 La complexité du traitement fiscal de l'actionnariat salarié se renforce encore à la lumière des problèmes internationaux. La plupart des États considèrent les revenus tirés de *stock-options* ou d'actions gratuites comme des éléments de rémunération exclusifs de toute plus-value : en pratique, donc, il n'est pas rare que deux États qualifient directement le même revenu perçu par une personne travaillant dans un État dont elle n'est pas résidente, ce qui peut conduire ici encore à des situations de double imposition ou de double exonération en raison de la divergence des facteurs de rattachement des revenus d'emploi et des gains en capital[92].

89. Une exonération de contribution patronale est également prévue pour les PME européennes et certaines entreprises de taille intermédiaire qui n'ont pas distribué de dividendes depuis 3 ans.

90. En conséquence, cette fraction du gain d'acquisition est également soumise aux prélèvements sociaux des revenus d'activité (au taux de 8 %). La loi de finances pour 2018 a encore modifié le régime en introduisant un abattement de 50% sur le gain d'acquisition dont le montant annuel est inférieur à 300 000 €.

91. Art. L. 137-14 CSS.

92. Pour une présentation de ces problèmes et des moyens de les résoudre, cf. OCDE, *Plans d'options d'achat d'actions pour les salariés : problèmes transfrontaliers concernant l'impôt sur le revenu*, 2004. L'approche de l'OCDE influence clairement le Conseil d'État : cf. CE, 17 mars 2010, n° 315831, *min. c/M. de Roux*, *Dr. fisc.* 2010, n° 16, comm. 288, concl. N. Escaut, note N. Goulard (décision rendue en présence d'un transfert de résidence hors de France entre la date d'octroi de l'option et celle de leur exercice, suivi d'une cession avant l'expiration du délai légal d'indisponibilité) ; rapp., dans l'hypothèse de titres issus d'options revendus après le délai d'indisponibilité, CE, 1er oct. 2013, n° 361440, jugeant que « l'avantage égal à la différence entre la valeur réelle d'une action à la date de la levée de l'option et le prix de souscription ou d'achat de cette action constitue pour le bénéficiaire un complément de salaire imposable, alors même que ce gain serait imposé selon le régime dérogatoire d'imposition des plus-values de cession de valeurs mobilières » (cas d'un bénéficiaire de stock-options attribuées entre 1993 et 1996, ayant exercé ses options à l'issue du délai d'indisponibilité et réalisé un gain de levée alors qu'il était non-résident fiscal de France). Cette analyse, opérée pour les besoins de l'application du droit interne dans l'arrêt du 1er octobre 2013, a été étendue à la mise en œuvre des conventions fiscales (CE, 1er avril 2015, n° 369586, de Bohan). Notons qu'une partie de ces questions relève du passé puisque la loi de finances rectificative pour 2010 a institué une retenue à la source sur les avantages et gains réalisés à compter du 1er avril 2011 par des personnes non domiciliées en France et résultant de la levée d'options sur actions. Cette retenue instituée à l'article 182 *ter* A du CGI s'applique aux plus-values d'acquisition mais les plus-values de cession ne sont pas concernées.

b) Les revenus du travail non salarié

α) Les bénéfices industriels et commerciaux

172 La catégorie des bénéfices industriels et commerciaux (BIC) est hétérogène. Elle n'est d'ailleurs pas décrite ci-dessous de façon exhaustive. Pour combler cette lacune, le lecteur est invité à se reporter aux textes cités du Code général des impôts. Ceci étant posé, il est devenu usuel de distinguer les bénéfices industriels et commerciaux par nature, les bénéfices industriels et commerciaux par assimilation et les bénéfices industriels et commerciaux par accessoire[93].

• Les BIC par nature

173 Dans cette rubrique, tout est relativement simple. Selon l'article 34 du Code général des impôts, « sont considérés comme bénéfices industriels et commerciaux, pour l'application de l'impôt sur le revenu, les bénéfices réalisés par des personnes physiques et provenant de l'exercice d'une profession commerciale, industrielle ou artisanale [...] ».

La simple lecture de ce texte enseigne que la catégorie des bénéfices « industriels et commerciaux » est constituée par les revenus tirés d'actes de commerce, au sens de l'article L. 110-1 du Code de commerce. Du point de vue terminologique, il en ressort également que la catégorie est en réalité plus large que ce que laisse entendre son intitulé usuel. Elle inclut aussi les bénéfices provenant de l'exercice d'une profession artisanale. Enfin, il est à signaler que les actes de commerce, qu'ils soient licites ou non, sont tous traités de façon identique par le droit fiscal.

Les principales professions commerciales comprennent l'activité d'achat de produits en vue de leur revente en l'état, l'achat d'objets en vue de leur location, l'exploitation d'établissements destinés à fournir le logement, la nourriture, les soins personnels ou les distractions, les activités de commission ou de courtage, ainsi que les agences et bureaux d'affaires[94]. Les professions industrielles, quant à elles, se caractérisent par l'importance des moyens mis en œuvre. Elles consistent notamment à produire des biens ou à effectuer des opérations de construction et de terrassement, de transport et de manutention, d'extraction de matériaux. Enfin, l'artisan est un travailleur indépendant qui exerce une activité manuelle qui s'acquiert par l'apprentissage.

174 La définition des activités industrielles et commerciales ne permet pas seulement de qualifier correctement le revenu des entrepreneurs individuels. Elle peut également être utilisée à l'occasion de l'application de régimes spéciaux réservés aux entreprises nouvelles. Ainsi, par exemple, l'article 44 *sexies* du Code général instaure une exonération provisoire d'impôt sur le revenu ou d'impôt sur les sociétés pour « les entreprises [...] qui exercent une activité industrielle, commerciale ou artisanale au sens de l'article 34 ». Le Conseil d'État eut d'ailleurs l'occasion de juger, en application d'un dispositif similaire mais antérieur à l'article 44 *sexies*, « que l'activité d'une entreprise doit être regardée comme de nature industrielle ou commerciale dès lors qu'en raison des conditions dans lesquelles elle est exercée, notamment de l'importance du personnel employé ou du matériel utilisé, elle consiste principalement à exploiter des moyens matériels, financiers et en personnel »[95]. Il y a là une définition générale qui démontre que la qualification industrielle et commerciale d'une activité dépend non seulement de

93. Cette présentation se trouve notamment dans l'ouvrage de M. Cozian et F. Deboissy, n° 44 et s. V. aussi le *Lamy Fiscal*, n° 331 et s.

94. BOI-BIC-CHAMP-10-10.

95. CE, 11 avr. 2005, *Société Vibratec*, n° 241973. Arrêt rendu en application de l'art. 44 *quater*, CGI, Comp. CE, 26 mars 2001, n° 215194.

la nature de l'activité effectivement conduite, mais aussi des conditions dans lesquelles elle est exercée.

• Les BIC par assimilation

175 La catégorie des bénéfices industriels et commerciaux par assimilation est nettement plus hétéroclite puisqu'on y trouve des revenus que le droit civil ne qualifie pas nécessairement de revenus « commerciaux » mais que le droit fiscal assimile pourtant à des bénéfices industriels et commerciaux.

La liste de ces revenus se trouve à l'article 35 du Code général des impôts, dont on retiendra notamment les bénéfices réalisés par les personnes désignées ci-après :

— personnes qui, habituellement, achètent en leur nom, en vue de les revendre, des immeubles, des fonds de commerce, des actions ou parts de sociétés immobilières ou qui, habituellement, souscrivent, en vue de les revendre, des actions ou parts créées ou émises par les mêmes sociétés ;

— personnes qui, à titre habituel, achètent des biens immeubles, en vue d'édifier un ou plusieurs bâtiments et de les vendre, en bloc ou par locaux ;

— personnes qui donnent en location un établissement commercial ou industriel muni du mobilier ou du matériel nécessaire à son exploitation, que la location comprenne, ou non, tout ou partie des éléments incorporels du fonds de commerce ou d'industrie.

176 On a justement observé que la soumission des professionnels de l'immobilier aux règles des bénéfices industriels et commerciaux « par assimilation » a perdu de sa pertinence depuis que le Code de commerce lui-même qualifie d'actes de commerce les opérations immobilières ci-dessus[96]. Tout particularisme de la matière fiscale ayant disparu en la matière, les bénéfices concernés sont donc déjà visés par l'article 34 du Code général des impôts, ce qui justifierait leur éviction du texte de l'article 35. L'originalité de l'approche fiscale demeure cependant dans certaines règles. Ainsi, la location d'un local meublé, qu'elle soit ou non occasionnelle[97], est fiscalement assimilée à une activité commerciale dont les revenus sont imposables dans la catégorie des bénéfices industriels et commerciaux, alors même qu'il s'agit d'une activité civile[98].

• Les BIC par accessoire

177 En principe, lorsqu'un contribuable réalise des bénéfices relevant de différentes catégories, le revenu afférent à chacune d'entre elles est calculé selon les règles qui lui sont propres. C'est ce qu'énonce l'article 13-3 du Code général des impôts, selon lequel « le bénéfice ou revenu net de chacune des catégories de revenus [...] est déterminé distinctement suivant les règles propres à chacune d'elles ». Cependant, il arrive que ce raisonnement soit battu en brèche en application de la théorie de l'accessoire. La règle est inscrite à l'article 155-I. 1 du Code général des impôts : « lorsqu'une entreprise industrielle ou commerciale étend son activité à des opérations dont les résultats entrent dans la catégorie des bénéfices de l'exploitation agricole ou dans celle des bénéfices des professions non commerciales, il est tenu compte de ces résultats pour la détermination

96. M. Cozian et F. Deboissy, n° 46.

97. Précision apportée par la loi de finances rectificative pour 2016.

98. Pour les détails, cf. BOI-BIC-CHAMP-30. Cf. aussi *infra* n° 204, pour la distinction entre BIC professionnels et non professionnels.

des bénéfices industriels et commerciaux à comprendre dans les bases de l'impôt sur le revenu ». En d'autres termes, des revenus qui, par nature, ne sont pas des bénéfices industriels et commerciaux, peuvent néanmoins être traités comme tels s'ils sont accessoires par rapport à une activité industrielle ou commerciale.

Ainsi, par exemple, un agent d'affaires effectuant accessoirement des expertises voit ses revenus calculés d'une seule et même manière, bien que ses activités relèvent à la fois des BIC et des bénéfices non commerciaux. Il en va de même du boucher, également éleveur de bovins, dès lors que cette seconde activité représente une part accessoire de son chiffre d'affaires[99]. Il s'agit là d'un cumul entre BIC et bénéfices agricoles.

β) Les bénéfices non commerciaux

178 Selon l'article 92 § 1er du Code général des impôts, « sont considérés comme provenant de l'exercice d'une profession non commerciale ou comme revenus assimilés aux bénéfices non commerciaux, les bénéfices des professions libérales, des charges et offices dont les titulaires n'ont pas la qualité de commerçants et de toutes occupations, exploitations lucratives et sources de profits ne se rattachant pas à une autre catégorie de bénéfices ou de revenus ».

Le deuxième paragraphe de l'article 92 précise que les bénéfices non commerciaux « comprennent notamment :

1° Les produits des opérations de bourse effectuées dans des conditions analogues à celles qui caractérisent une activité exercée par une personne se livrant à titre professionnel à ce type d'opérations ;

2° Les produits de droits d'auteur perçus par les écrivains ou compositeurs et par leurs héritiers ou légataires ;

3° Les produits perçus par les inventeurs au titre soit de la concession de licences d'exploitation de leurs brevets, soit de la cession ou concession de marques de fabrique, procédés ou formules de fabrication [...] ».

179 Cette définition des bénéfices non commerciaux (BNC) appelle plusieurs observations. Tout d'abord, elle permet d'appréhender tous les revenus d'activités issus de professions indépendantes n'ayant pas un caractère commercial et prenant la forme de prestations de services à caractère immatériel dans lesquels l'activité intellectuelle joue un rôle prépondérant. Médecins, architectes, notaires, avocats[100], etc. sont donc concernés par cette qualification qui intègre aussi les artistes[101]. Par extension, il est admis que les indemnités perçues par un contribuable en contrepartie de la cessation de l'exercice d'une activité non commerciale ou du transfert de sa clientèle constituent des bénéfices non commerciaux[102].

Reste que la catégorie des bénéfices non commerciaux demeure très hétérogène, comme en témoigne le fait qu'elle couvre aussi bien les produits de la propriété industrielle que les profits des opérations réalisées en France à titre habituel sur un marché à terme d'instruments financiers ou d'options négociables.

Il convient aussi de signaler que, depuis la loi de finances rectificative pour 2010, la théorie de l'accessoire permet de rattacher à la catégorie des BNC des activités d'une autre nature. L'article 155-I-2 du CGI énonce ainsi que « lorsqu'un titulaire de bénéfices non commerciaux étend son activité à des

99. CE, 3 juin 1988, n° 54007.

100. Pour un exemple de difficulté de qualification intéressant les avocats, v. CE, 16 oct. 2013, n° 339822, *M. X*, *Dr. fisc.* 2013, n° 50, comm. 549, concl. E. Crépey.

101. Pour une liste complète, cf. BOI-BNC-CHAMP-10-10-10.

102. BOI-BNC-CHAMP-10-10-20-30.

opérations dont les résultats entrent dans la catégorie des bénéfices de l'exploitation agricole ou dans celle des bénéfices industriels et commerciaux, il est tenu compte de ces résultats pour la détermination des bénéfices non commerciaux à comprendre dans les bases de l'impôt sur le revenu ». De même qu'il existe des « BIC par accessoire », il existe donc désormais également des « BNC par accessoire ».

180 Par ailleurs, la catégorie des BNC permet à titre exceptionnel d'appréhender des opérations génératrices de plus-values sur titres de sociétés qui relèvent ordinairement des règles relatives aux plus-values des particuliers. L'impôt au barème progressif se substitue alors, au grand dam du contribuable, au régime plus favorable des plus-values (anciennement un taux proportionnel, aujourd'hui un système d'abattement pour durée de détention), voire au régime d'exonération qui s'applique lorsque les titres cédés ont été placés dans un plan d'épargne en actions (PEA).

181 Plusieurs exemples permettent d'illustrer la difficulté à distinguer entre plus-values des particuliers et plus-values imposables au titre des BNC.

Le premier est fourni par l'article 92 du CGI lui-même qui considère comme BNC les « produits des opérations de bourse effectuées dans des conditions analogues à celles qui caractérisent une activité exercée par une personne se livrant à titre professionnel à ce type d'opérations ». L'interprétation de cette formule est délicate. Selon le Conseil d'État, l'imposition ne peut avoir lieu au titre des BNC que si le contribuable réalise personnellement des opérations nombreuses et sophistiquées, impliquant la détention, la maîtrise, l'utilisation et la recherche organisée d'informations et de techniques d'intervention spécialisées. La fréquence et l'ampleur des transactions réalisées constituent également des critères pertinents pour l'application des règles des BNC[103].

182 Le second exemple, plus complexe, concerne le cas fréquent de dirigeants qui cèdent les droits sociaux de la société dans laquelle ils exercent leurs fonctions. L'administration est tentée de leur appliquer le régime des BNC au motif que la valorisation des titres est le produit de leur activité professionnelle, ce qui devrait selon elle conduire à soustraire la plus-value au régime des plus-values des particuliers. Cette pratique est cependant très encadrée par le Conseil d'État qui soumet la requalification des gains en capital en BNC à trois conditions cumulatives[104] : l'activité déployée par le vendeur des titres doit être professionnelle ; elle ne doit pas être celle qui est normalement la sienne et qui est la source de ses revenus ; elle doit avoir pour effet de représenter une part déterminante dans l'augmentation de la valeur de la société.

En application de ces principes, le Conseil d'État estime que le seul fait d'avoir contribué activement au développement de la société dont les titres sont cédés ne suffit pas à justifier l'imposition au titre des BNC[105]. Le Conseil d'État a même refusé de considérer comme BNC les sommes reçues à titre de complément de prix par un dirigeant de société et son ex-épouse postérieurement à la cession de leur participation, alors que le paiement était subordonné au maintien de leur présence en tant que salariés au sein de l'entreprise et à la réalisation d'objectifs par la société[106]. Il n'empêche que l'approche retenue par le Conseil d'État est essentiellement pragmatique : il n'hésite donc pas à requalifier tout ou

103. CE, 3e et 8e s.-s., 5 nov. 2003, n° 241201, *M. Riglet*, *Dr. fisc.* 2004, n° 21, com. 508, concl. F. Séners ; *RJF* 2003, p. 943, chron. L. Olléon ; CE, 3 févr. 2003, n° 232040, 3e et 8e s.-s., *Roche*, *RJF* 4/03, n° 432, concl. F. Séners, p. 308, *Dr. fisc.* 2003, n° 28, comm. 525 ; *Dr. sociétés* 2003, comm. 96, note J.-L. Pierre ; CE, 9e et 10e s.-s., 14 févr. 2001, n° 189572, *M. Boniface*, *Dr. fisc.* 2001, n° 27, comm. 618, concl. J. Courtial ; *Dr. sociétés* 2001, comm. 105, note J.-L. Pierre.

104. Cette présentation de la jurisprudence est le fait de L. Olléon, concl. sous CE, 7 nov. 2008, *Fontana et de Framond*, n° 301642, 8e et 3e s.-s., *RJF* 1/09, n° 56, *BDCF* 1/09, p. 11 et s.

105. CE, 18 janv. 2006, n° 265790 et 265791, 10e et 9e s.-s., *Serfaty*, *RJF* 4/06, n° 378.

106. CE, 7 nov. 2008, préc.

partie d'une plus-value en revenu d'activité lorsque les faits lui paraissent le justifier, par exemple lorsque le gain réalisé à l'occasion de la cession rémunère des actes d'intermédiation – improprement qualifiés d'« entremise »[107].

183 Ensuite, la lecture de l'article 92 § 1er du Code général des impôts enseigne que celui-ci a une fonction de catégorie « balai ». Nous y reviendrons plus loin[108].

γ) Les bénéfices agricoles

184 Selon l'article 63 du Code général des impôts, « sont considérés comme bénéfices de l'exploitation agricole pour l'application de l'impôt sur le revenu, les revenus que l'exploitation de biens ruraux procure soit aux fermiers[109], métayers, colons partiaires[110], soit aux propriétaires exploitant eux-mêmes [...] »[111]. En pratique, cette définition est interprétée comme concernant les produits résultant de la culture et de l'élevage, ainsi que ceux destinés à la consommation de l'exploitant.

2. Les revenus du capital

185 Les revenus du capital ne constituent pas un ensemble homogène d'un point de vue juridique et fiscal. Les règles brièvement relatées ci-dessous ne concernent que les revenus du capital reçus par des particuliers. Elles ne s'appliquent pas lorsque des revenus de même nature sont reçus par des entreprises, auquel cas ils sont soumis à des règles empruntées à la fiscalité des bénéfices industriels et commerciaux ou des bénéfices non commerciaux.

a) Les revenus fonciers

186 Les revenus fonciers comprennent les revenus des propriétés bâties, des installations fixes assimilées et des propriétés non bâties. Ils couvrent aussi les revenus accessoires ayant leur origine dans le droit de propriété. En pratique, les revenus fonciers se composent essentiellement des loyers reçus par les propriétaires de biens immobiliers agissant à titre privé. S'ils sont soumis au barème progressif de l'impôt sur le revenu, ils sont soumis à des règles de calcul spécifiques[112]. L'histoire récente tend cependant à atténuer leur particularisme. En particulier, la déduction forfaitaire de 14 % applicable

107. CE, 3e et 8e s.-s., 27 juill. 2009, n° 300456, *M. Billon*, *Dr. fisc.* 2009, n° 46, comm. 535, concl. E. Glaser. Pour des précédents en ce sens, cf. les conclusions du rapporteur public et la note publiée par l'éditeur de la revue.

108. Cf. *infra*, n° 194.

109. Le fermier est lié par contrat au propriétaire de l'exploitation, auquel il verse une rémunération en nature ou en numéraire. Il a la libre jouissance du fonds et est imposable sur les revenus qu'il retire de l'exploitation.

110. Le métayage diffère du fermage dans la mesure où le propriétaire ne reçoit pas un fermage indépendant de la production. Il s'agit d'un contrat par lequel le possesseur d'un domaine rural le remet pour un temps déterminé à un preneur qui s'engage à le cultiver moyennant un partage des fruits avec le bailleur (art. L. 417-1, C. rural). Il faut aussi, pour que le bail soit qualifié de bail à métayage, que le bailleur et le preneur partagent les dépenses d'exploitation. Le bailleur à colonat partiaire reçoit une rémunération en nature représentée par une fraction des produits du domaine. Par conséquent, en cas de métayage, le propriétaire comme le métayer sont des exploitants agricoles relevant de la catégorie des bénéfices agricoles.

111. Rapp. la définition juridique de l'activité agricole par la loi n° 88-1202 du 30 déc. 1988.

112. Art. 14 et s., CGI.

jusqu'en 2006 a aujourd'hui disparu, ce qui diminue l'intérêt fiscal d'être soumis au régime des revenus fonciers[113].

b) Les placements à revenu fixe

187 Les placements à revenu fixe[114] sont des prêts d'argent assortis d'une rémunération fixe[115]. À titre d'exemple, on peut citer les obligations, les bons du Trésor, les créances, cautionnements et comptes courants, les parts de fonds communs de créances, etc. Les produits de placement à revenu fixe prennent le plus souvent la forme d'intérêts. La loi de finances pour 2013 avait prévu, au rebours du droit antérieur, de les soumettre à l'impôt sur le revenu dans les conditions de droit commun moyennant des modalités de recouvrement un peu particulières. Mais la loi de finances pour 2018, en introduisant le prélèvement forfaitaire unique (PFU) de 30 % (composé de 12,8 % d'impôt sur le revenu et de 17,2 % de prélèvements sociaux) a de nouveau modifié la donne. À cela s'ajoutent éventuellement 3 % ou 4 % au titre de la contribution exceptionnelle sur les hauts revenus.

c) Les dividendes

188 Les dividendes, sur lesquels nous reviendrons beaucoup plus longuement par ailleurs[116], sont soumis à un régime différent de celui des intérêts. Comme ces derniers, ils sont dans le champ du PFU. Mais lorsque le contribuable renonce au PFU (ce qu'il lui est loisible de faire à condition d'accepter que l'ensemble de ses revenus de capitaux réintègre l'assiette taxable selon le barème progressif de l'impôt sur le revenu), leur imposition a lieu au barème progressif de l'impôt sur le revenu, seule une fraction égale à 60 % du dividende versé étant effectivement imposée.

À cela s'ajoutent les prélèvements sociaux et, éventuellement, la contribution exceptionnelle sur les hauts revenus.

d) Les plus-values des particuliers

189 Lorsqu'un particulier revend un bien plus cher qu'il ne l'a acheté, il réalise une plus-value. Celle-ci peut être de deux sortes : mobilières ou immobilières. L'adjectif « mobilier » ou « immobilier » est évidemment emprunté à la nature des biens sur lesquels la plus-value est réalisée. Les plus-values professionnelles sont également imposées mais elles font l'objet d'une définition et d'un régime distincts qui seront examinés en même temps que la détermination du bénéfice imposable pour les entreprises[117].

---

113. Il existe cependant de multiples régimes de faveur, souvent appelés régimes de « défiscalisation » qui se sont succédé dans le temps dans le but d'encourager les propriétaires d'immeubles à les louer à des catégories particulières de la population. Pour un aperçu, cf. J.-B. Geffroy, « La défiscalisation des investissements immobiliers des particuliers. Ou comme toute médaille, la niche fiscale a son revers », *Dr. fisc.* 2010, n° 25, ét. 381.

114. Art. 118 et s., CGI.

115. Les titres à rémunération indexée ou à taux variable sont cependant également visés.

116. Cf. *infra*, n° 288 et s.

117. Cf. *infra*, n° 600 et s.

α) Les plus-values mobilières

190 Dans notre droit, les plus-values mobilières sont en principe imposées à titre systématique. Ce principe est cependant vidé d'une grande partie de sa portée, dans la mesure où de nombreuses exonérations aboutissent à défiscaliser la plupart des plus-values. Les gains réalisés à l'occasion de la cession de meubles meublants ou de véhicules automobiles sont ainsi soustraits à l'impôt. Par voie de conséquence, il ne reste que deux catégories de plus-values mobilières imposables : celles qui sont soumises au régime de droit commun[118] (sans exonération[119]) et celles qui relèvent du régime spécial des cessions de valeurs mobilières et droits sociaux[120].

Les plus-values soumises au droit commun et réalisées par les particuliers dans le cadre de la gestion de leur patrimoine privé sont en principe taxables à l'impôt sur le revenu au taux de 19 % (+ 17,2 % de prélèvements sociaux et éventuellement 3 % ou 4 % au titre de la contribution exceptionnelle sur les hauts revenus). Le montant de la plus-value est réduit d'un abattement pour durée de détention donnant droit à une exonération totale au bout de 22 ans[121].

Un bon exemple de la porosité de la frontière entre plus-values mobilières, BIC et BNC est fourni par la jurisprudence du Conseil d'État sur la nature fiscale des gains réalisés à l'occasion de la cession des bitcoins (la solution étant transposable aux autres cryptomonnaies). Selon lui, les bitcoins ayant la nature de biens meubles incorporels, l'imposition des profits tirés de leur cession par des particuliers relève, en principe, des dispositions de l'article 150 UA du CGI. Il n'en va autrement que « lorsque les opérations de cession, eu égard aux circonstances dans lesquelles elles interviennent, entrent dans le champ de dispositions relatives à d'autres catégories de revenus ». Ainsi, la cession peut relever des BNC, lorsque le « bitcoin » cédé (même à l'occasion d'une cession unique) a constitué la contrepartie de la participation du contribuable à la création ou au fonctionnement du système d'unité de compte virtuelle. Ce cas vise les bitcoins générés par minage. La cession relève des BIC en cas de profits tirés de l'exercice habituel d'une activité de cession « d'unités de bitcoin » acquises en vue de leur revente, y compris lorsque la cession prend la forme d'un échange contre un autre bien[122].

191 **Les plus-values de cession de valeurs mobilières et droits sociaux sont, quant à elles, imposables selon un régime différent.** Jusqu'à la loi de finances pour 2013, les plus-values réalisées à l'occasion de cessions de valeurs mobilières et droits sociaux étaient imposées au taux de 19 % (24 % en 2012), augmentées des prélèvements sociaux de 15,5 % de prélèvements sociaux voire éventuellement de la contribution exceptionnelle sur les hauts revenus.

118. Art. 150 UA, CGI.

119. Ceci concerne notamment les bateaux de plaisance, les avions de tourisme et les chevaux de course.

120. Art. 150 0-A et s., CGI.

121. L'exonération était acquise au bout de 12 ans jusqu'à l'intervention de la loi de finances pour 2014 qui a fait passer le taux de l'abattement pour durée de détention servant au calcul des plus-values sur biens meubles de 10 % à 5 % pour chaque année de détention au-delà de la deuxième.

122. CE, 26 avril 2018, nº 417809. Cette décision a été rendue dans le cadre d'un recours pour excès de pouvoir dirigé contre la doctrine administrative qui n'admettait pas que les cessions de bitcoins relèvent du régime des plus-values mobilières (nº 730 du BOI-BIC-CHAMP-60-50 et nº 1080 du BOI- BNC-CHAMP-10-10-20-40). Sur cette décision, v. A. Iljic, *Fiscalité des gains de bitcoin : regard sur un édifice en construction*, RJF 6/18.

Le quinquennat de François Hollande a conduit à changer de modèle. À compter du 1er janvier 2013, le législateur, soucieux d'assurer un traitement homogène des revenus du travail et des revenus du capital, a décidé que les plus-values sur cessions de valeurs mobilières devraient être soumises au barème progressif de l'impôt sur le revenu (toujours augmenté des prélèvements sociaux et de la contribution exceptionnelle sur les hauts revenus).

Le montant global de la charge fiscale sur les plus-values était donc élevé, ce qui explique pourquoi certains contribuables ont dans le passé déplacé leur résidence fiscale dans des États n'imposant pas les plus-values[123], ce qui a par ricochet provoqué la réaction du législateur français et la réintroduction en 2011 d'une « *exit tax* » destinée à dissuader l'exil à des fins fiscales[124].

Pour endiguer le flot des départs et conserver une certaine attractivité fiscale à la France, le législateur prévoyait différents tempéraments à la soumission des plus-values au barème. Ces tempéraments répondent à une plusieurs préoccupations : inciter les épargnants à investir durablement dans des titres de sociétés ; inciter les entrepreneurs à créer leur affaire et à la revendre dans des conditions fiscales acceptables ; favoriser les cessions à l'intérieur du groupe familial.

Le souci d'**alléger l'imposition des plus-values consécutives à une détention durable** explique que la coexistence d'un régime de droit commun et d'un régime d'abattements « majorés »[125].

Dans le régime de droit commun, l'abattement s'élevait à :

— 50 % pour une détention d'au moins deux ans mais de moins de huit ans,

— 65 % pour une détention d'au moins huit ans.

— Pour procéder au calcul de l'assiette imposable dans l'hypothèse, fréquente, où un contribuable réalise au titre d'une année donnée une importante plus-value tout en disposant de moins-values antérieures qu'il n'avait pu imputer lors de leur réalisation, le Conseil d'État considère – de façon très constructive par rapport au texte de loi – que l'abattement s'applique au montant net constitué par la différence entre la plus-value de l'année et les moins-values imputables[126]. Selon ses termes, « les gains nets imposables sont calculés après imputation par le contribuable sur les différentes plus-values qu'il a réalisées, avant tout abattement, des moins-values de même nature qu'il a subies au cours de la même année ou reportées en application du 11 de l'article 150-0 D du CGI, pour le montant et sur les plus-values de son choix [...] ; l'abattement pour durée de détention s'applique au solde ainsi obtenu, en fonction de la durée de détention des titres dont la cession a fait apparaître les plus-values subsistant après imputation des

123. Exemple d'une pratique naguère répandue : partir en Belgique ; céder ses titres une fois devenu résident belge ; n'être pas imposé en droit interne belge ; bénéficier de la protection de la convention fiscale franco-belge attribuant compétence fiscale exclusive à la Belgique.

124. Article 167 *bis* du CGI introduit par la loi de finances rectificative pour 2011 et déjà plusieurs fois réformée depuis lors. Une *exit tax* existait par le passé mais avait été jugée contraire au droit de l'UE par l'arrêt *Lasteyrie du Saillant* du 11 mars 2004 (C-9/02). La nouvelle *exit tax* n'est toutefois pas affectée par les vices de la loi antérieure dans la mesure où l'impôt sur les plus-values n'est pas immédiatement exigible lors du transfert du domicile fiscal dans un autre État membre de l'UE. En outre, aucune garantie ne doit être constituée par le contribuable dans cette hypothèse. L'imposition de la plus-value latente est ainsi reportée au jour de la cession (ou de la réalisation d'autres événements énumérés par le texte). Au cas où les titres auraient perdu de la valeur entre le jour du départ et celui de la cession, la plus-value imposable en tient compte, ce qui est également une exigence résultant de la jurisprudence communautaire.

125. Art. 150-0 D, 1 CGI.

126. CE, 12 nov. 2015, nº 390265, *Dr. fisc.* 2016, nº 6, comm. 155, concl. B. Bohnert, note R. Mortier.

moins-values ». Cette solution peut s'avérer favorable au contribuable, car elle lui permet d'imputer ses moins-values en priorité sur les plus-values non abattues, puis dans l'ordre de celles ouvrant droit aux taux d'abattement moindres[127].

Le régime de l'abattement majoré ne s'appliquait que dans certains cas : lorsque les titres ont été acquis ou souscrits dans une jeune PME[128], lorsque la cession est réalisée par le dirigeant partant à la retraite[129] ou lorsque la cession a lieu à l'intérieur du groupe familial. Les taux d'abattement étaient les suivants :

— 50 % pour une détention d'au moins un an,

— 65 % pour une détention d'au moins quatre ans mais de moins de huit ans,

— 85 % pour une détention d'au moins huit ans.

Le quinquennat d'Emmanuel Macron a commencé par une réforme de ce régime qui a eu lieu à l'occasion de la loi de finances pour 2018. Afin de simplifier les règles et d'inciter les particuliers à investir dans l'économie réelle, les plus-values mobilières sortent du champ de l'impôt sur le revenu au barème progressif. Comme les dividendes et les intérêts, les plus-values sur valeurs mobilières et droits sociaux rentrent dans le champ du prélèvement forfaitaire unique (PFU) et sont donc imposées au taux proportionnel de 12,8 % augmenté des prélèvements sociaux de 17,2 %, soit un total de 30 % constitutifs de la « flat tax ». Le contribuable peut toutefois renoncer à la « flat tax » pour se soumettre au barème progressif de l'impôt sur le revenu[130] : il dispose alors de la possibilité de bénéficier des abattements pour durée de détention que lui offrait le droit antérieur (si les titres vendus ont été acquis avant le 1er janvier 2018) mais l'option pour le barème progressif s'applique à l'ensemble des revenus entrant dans le champ du PFU. L'exercice de cette option nécessite donc un minimum de stratégie fiscale.

192 Sur un plan plus technique, il convient de signaler les points suivants.

Malgré l'objectif de simplification poursuivi par le législateur, toutes les plus-values sur valeurs mobilières ne sont pas soumises exactement au même régime. Ainsi, par exemple, le droit continue d'accorder ses faveurs aux dirigeants de PME partant à la retraite, auquel s'applique toujours un abattement fixe de 500 000 € qui peut se cumuler avec le prélèvement forfaitaire unique[131]. C'est dire que les plus-values inférieures à 500 000 € sont alors taxables aux seuls prélèvements sociaux de 17,2 %.

Par ailleurs, en cas de réalisation de moins-values (et quels que soient les contribuables concernés), celles-ci peuvent être imputées sur les plus-values de même nature réalisées au cours de l'année. À défaut de telles plus-values, ou en cas d'insuffisance de celles-ci pour absorber les moins-values, le report est possible sur les plus-values de même nature des dix années suivantes[132].

Enfin, dans le cas où la vente des titres s'opère en deux étapes (un prix fixe payé l'année de la cession puis un complément de prix versé au titre d'une année ultérieure), le Code général des impôts prévoit que le complément de prix est imposé au titre de l'année au cours de laquelle il est reçu, quel que soit le montant des cessions réalisées

127. L'administration estime toutefois que le choix laissé au contribuable ne va pas jusqu'à lui permettre de ne pas imputer des moins-values une année donnée pour les reporter sur les plus-values ultérieures (rép. min. n° 224654, *JO Sénat* 11 mai 2017, p. 1796).

128. Art. 200 A CGI.

129. Art. 150-0 D ter CGI.

130. Art. 200 A, 2 CGI.

131. Art. 150-0 D ter CGI.

132. Art. 150-0 D, 11, CGI. La mise en œuvre de ces règles en cas d'éligibilité de la cession à l'abattement pour durée de détention est complexe et incertaine.

au cours de cette année. Cette règle s'applique en présence d'une clause de variation de prix, également appelée clause d'« *earn out* », c'est-à-dire d'une clause du contrat de cession par laquelle l'acquéreur s'engage à verser au cédant un complément de prix exclusivement déterminé en fonction d'une indexation en relation directe avec l'activité de la société dont les titres sont l'objet du contrat[133].

Si, en sens inverse, le cédant est obligé de reverser ultérieurement une partie du prix initialement perçu en raison de la mise en jeu d'une clause de garantie de passif[134], il peut demander, par voie de réclamation contentieuse, le dégrèvement de l'impôt qui a frappé la fraction de plus-value effacée par le reversement qu'il doit effectuer. Pour ce faire, il est procédé à un nouveau calcul de la plus-value sur la base du prix de cession initial diminué du montant du reversement effectué par le cédant, sans que cette nouvelle liquidation puisse toutefois, selon l'administration, avoir pour effet de dégager une perte[135].

β) Les plus-values immobilières

193 Les plus-values immobilières ont pendant longtemps été soumises au barème progressif de l'impôt sur le revenu, mais sur une base réduite : en pratiquant divers abattements sur la plus-value et en revalorisant le prix d'acquisition pour tenir compte de l'inflation, le système ancien réduisait l'assiette, donc la charge fiscale pesant sur le cédant d'immeuble.

La loi de finances pour 2004 remplaça ce système par un dispositif plus simple[136] : lorsqu'un particulier cédait un immeuble pour un prix supérieur à 15 000 euros[137], la plus-value immobilière était imposée en totalité au taux forfaitaire de 19 % (augmenté des prélèvements sociaux voire de la contribution exceptionnelle sur les hauts revenus), sauf s'il avait détenu l'immeuble suffisamment longtemps. Après cinq ans de détention, on appliquait en effet un abattement annuel de 10 % sur la plus-value imposable. La défiscalisation de la plus-value était donc acquise au bout de quinze ans. Le tout sans préjudice de diverses exonérations prévues par la loi[138].

Le droit n'a cependant cessé de changer depuis 2004, ce qui n'est pas sans paradoxe dans une matière où les investissements se font souvent sur la longue durée. Suite à la deuxième loi de finances rectificative pour 2011 a été mis en place un mécanisme d'abattement progressif sur la plus-value réalisée conduisant à n'exonérer la plus-

133. Art. 150-0 A I, 2, CGI. Pour un dossier très complet sur ces clauses, v. *Option Finance*, « La lettre des fusions-acquisitions et du *private equity* », 4 oct. 2010, supplément du n° 1094. V. aussi J.-F. Louis et B. Rosso, « L'*earn out*, l'accord "gagnant-gagnant" des opérations de cession de société ? », *Option Finance*, 2 juill. 2012, n° 1180, p. 33 et s.

134. La clause de garantie de passif est définie par l'art. 150-0 D, 14 comme la clause du contrat de cession par laquelle le cédant s'engage à reverser au cessionnaire tout ou partie du prix de cession en cas de révélation, dans les comptes de la société dont les titres sont l'objet du contrat, d'une dette ayant son origine antérieurement à la cession ou d'une surestimation de valeurs d'actif figurant au bilan de cette même société à la date de la cession. Toute clause de révision de prix n'est donc pas une garantie de passif. Cf., pour un exemple de clause n'entrant pas dans le champ de l'art. 150-0 D, CAA Paris, 26 sept. 2013, n° 11PA03657, *M. et Mme Bach*, *Dr. fisc.* 2013, n° 47, comm. 516, note Ch. Oriol.

135. BOI-RPPM-PVBMI-20-10-10-10, n° 305.

136. Art. 150-U et s., CGI.

137. 30 000 € pour un couple.

138. Pour la résidence principale, les personnes pensionnées et handicapées ne disposant pas d'importantes ressources, etc.

value que trente ans après l'acquisition[139]. Mais le système a encore été modifié peu de temps après. Depuis le 1er septembre 2013, le régime des plus-values immobilières varie selon que l'immeuble cédé est un terrain à bâtir ou un immeuble d'une autre nature. Pour les terrains à bâtir, le système mis en place en 2011 demeure applicable[140]. Pour les autres immeubles, l'exonération de la plus-value est acquise au bout de vingt-deux ans pour l'impôt sur le revenu[141], mais reste fixée à trente ans pour les prélèvements sociaux[142]. Le seul élément de stabilité concerne le taux de 19 % qui, lui, n'a pas été modifié.

Par ailleurs, la troisième loi de finances rectificative pour 2012 a ajouté à ce qui précède une nouvelle taxe sur les plus-values immobilières supérieures à 50 000 €[143]. La taxe, assise sur les plus-values calculées en matière d'impôt sur le revenu, s'applique selon un barème progressif dont le taux le plus faible est de 2 % et le taux le plus élevé est de 6 % (pour les plus-values supérieures à 260 000 €).

3. Les autres revenus

194 On a déjà observé que selon l'article 92 du Code général des impôts, « sont considérés comme provenant de l'exercice d'une profession non commerciale ou comme revenus assimilés aux bénéfices non commerciaux, les bénéfices [...] de toutes occupations, exploitations lucratives et sources de profits ne se rattachant pas à une autre catégorie de bénéfices ou de revenus».

Cette clause « balai » dans notre législation a vocation à servir de refuge lorsqu'un revenu ne reçoit pas de qualification légale particulière. En bref, les revenus innomés sont systématiquement qualifiés de bénéfices non commerciaux. Un tel mécanisme est particulièrement utile lorsqu'apparaissent de nouveaux types de revenus non encore appréhendés spécifiquement par la loi fiscale. À titre d'illustration, les plus-values réalisées à titre habituel par les détenteurs de valeurs mobilières ont longtemps constitué des revenus innomés soumis à cette règle, avant de faire l'objet d'une règle spécifique intégrée dans le 1° du § 2 de l'article 92. Le mécanisme « balai » est également fort appréciable dans la mesure où il donne un fondement juridique à l'imposition de sommes obtenues par des moyens frauduleux ou

139. Pour tempérer la rigueur de cette nouvelle règle, la loi de finances pour 2012 a offert aux contribuables qui ne sont pas propriétaires de leur résidence principale (et sont dans cette situation depuis au moins quatre ans) la possibilité de s'exonérer sur la plus-value qu'ils réalisent à l'occasion de la première cession d'un logement : résidence secondaire ou bien donné en location. L'exonération est subordonnée à la condition que le cédant remploie le prix de cession du logement, dans un délai de vingt-quatre mois à compter de la cession, à l'acquisition ou à la construction d'un logement qu'il affecte, dès son achèvement ou son acquisition si elle postérieure, à son habitation principale. L'exonération est complète si le prix de cession est entièrement affecté à cet achat. Elle se limite sinon à la fraction du prix de cession effectivement employée.

140. Voici comment s'applique le système : abattement de 2 % par année de détention au-delà de la cinquième, 4 % pour chaque année de détention au-delà de la dix-septième puis 8 % pour chaque année de détention au-delà de la vingt-quatrième. Ces abattements s'appliquent aussi en matière de prélèvements sociaux. L'administration a confirmé cette analyse par un rescrit 2014/01 du 9 janvier 2014, BOI-RFPI-PVI 20-20 à jour au 9 janv. 2014.

141. Pour le calcul de l'impôt sur le revenu, l'exonération est acquise au bout de 22 ans par application d'un abattement de 6 % par année au-delà de la cinquième année de détention (par exception, l'abattement porte, au titre de la 22e année, sur le solde de plus-value imposable soit 4 %).

142. Les taux de l'abattement conduisant à l'exonération au bout de 30 ans sont les suivants : 1,65 % par année de détention de la 6e année à la 21e, 1,60 % pour la 22e, 9 % par année de détention au-delà de la 22e année.

143. Art. 1609 *nonies* G CGI.

illicites : les profits provenant de détournements de fonds, par exemple, sont imposés à ce titre[144]. Les sommes reçues par des « mères porteuses » devraient l'être[145]. Il en va de même des gains des joueurs de poker dont la pratique habituelle leur permet de maîtriser de façon significative l'aléa inhérent à ce jeu, par les qualités et le savoir-faire qu'ils développent, et leur procure des revenus significatifs[146]. Le Conseil d'État a également fait application de cette règle dans une affaire où un contribuable avait acheté pour un prix décoté des créances commerciales sur trois sociétés dont il avait pris le contrôle. Les créances rachetées avaient été inscrites aux comptes courants de l'intéressé dans les écritures des sociétés pour leur valeur nominale, en substitution des précédents créanciers. Cette opération a entraîné, chez le contribuable, un redressement fiscal pour la différence entre la valeur d'inscription en compte courant de ces créances et leur prix d'acquisition. Les revenus ainsi déterminés ont été taxés sur le fondement de l'article 92-1 du CGI, ce que le Conseil d'État a approuvé car l'intéressé avait été mis en mesure de prendre les dispositions nécessaires en vue d'assurer le rétablissement des trois sociétés reprises et de recouvrer ultérieurement le montant des créances dont il était devenu le détenteur. Le Conseil estime que l'activité qu'il a personnellement déployée à cet égard caractérise, dans les circonstances de l'espèce, une exploitation lucrative dont les profits doivent être assimilés à des bénéfices non commerciaux au sens des dispositions du 1. de l'article 92 du CGI[147]. Un autre exemple de recours à l'article 92 peut être trouvé dans la jurisprudence qui traite comme bénéfice non commercial la rémunération reçue par une personne qui s'engage à ne pas faire quelque chose (par exemple à ne pas céder les titres qu'elle détient)[148].

B. LA SPÉCIFICITÉ DES REVENUS D'ENTREPRISE

195 L'énumération des types de revenu opérée jusqu'ici a démontré qu'il existe plusieurs catégories susceptibles d'accueillir les revenus d'entreprise : bénéfices industriels et commerciaux, bénéfices non commerciaux et bénéfices agricoles. Sachant que les commerçants, les professionnels libéraux et les agriculteurs exercent généralement leur activité à titre professionnel, il est aisé d'en déduire que les revenus d'entreprise se confondent avec les revenus du travail non salarié exercé à titre professionnel. Cette conclusion est d'ailleurs confortée par la doctrine administrative (1). Cependant, la réalité du droit positif est nettement plus nuancée. En effet, les bénéfices industriels et commerciaux comme les bénéfices non commerciaux se partagent entre revenus reçus à titre professionnel et revenus reçus à titre non professionnel. Or, si les premiers sont clairement des revenus d'entreprise, les seconds ne le sont pas (2). Le droit positif est donc, ici encore, d'une complexité qui appelle la réflexion sur les moyens de la réduire (3).

1. Le recoupement de principe entre revenus d'entreprise et revenus du travail non salarié exercé à titre professionnel

196 L'exercice d'une activité professionnelle est en principe la condition pour qu'un revenu soit qualifié de BIC (a) ou de BNC (b).

144. CE, plén., 12 févr. 1988, n° 57730 ; CE, 31 mars 1999, n° 196575, *Thys.*

145. Rép. min., *JOAN* Q, 26 août 1985, p. 3836.

146. CE, 21 juin 2018, n° 412125. Une autre décision rendue par le Conseil d'État le même jour retient également que les gains liés à l'utilisation du nom et de l'image de joueur de poker dans le cadre d'un contrat de partenariat sont des BNC (CE, 21 juin 2018, n° 409427).

147. CE, 21 oct. 2013, n° 356317, *Godinat, RJF* 1/2014, n° 32. V. sur ce point J.-M. Vié, « La substitution de créances par inscription au compte courant d'associé », *Dr. fisc.* 2014, n° 7-8, ét. 162.

148. CE, 1er oct. 2015, n° 368565, *M. Marty Franck.*

a) L'activité professionnelle, condition de la qualification de bénéfices industriels et commerciaux

197 Selon la doctrine administrative, « les revenus provenant de l'exercice d'une activité commerciale, industrielle ou artisanale ne sont considérés, au regard de l'impôt sur le revenu, comme des bénéfices industriels et commerciaux que s'ils sont réalisés à titre professionnel »[149]. La doctrine administrative accrédite donc la thèse du recoupement total entre activité industrielle et commerciale et activité exercée à titre professionnel.

Et de poursuivre : « l'exercice d'une profession industrielle et commerciale suppose l'accomplissement habituel, par les personnes relevant de l'impôt sur le revenu, d'opérations de nature commerciale, industrielle ou artisanale, pour leur propre compte et dans un but lucratif »[150]. Trois critères caractérisent donc le caractère professionnel de l'activité : l'habitude, l'indépendance et la recherche du but lucratif.

198 L'exercice habituel de l'activité n'est pas toujours aisé à cerner. En effet, l'administration estime que « la condition d'habitude n'est pas nécessairement liée à la répétition fréquente des mêmes opérations. Des actes de commerce peu nombreux mais périodiques, et même des actes de commerce isolés mais dont l'exécution porterait sur une période d'assez longue durée, n'en ont pas moins un caractère professionnel »[151]. L'administration cite notamment un arrêt du Conseil d'État ayant qualifié de bénéfices industriels et commerciaux « les gains réalisés par un contribuable qui, au cours d'une année, s'est livré à des opérations de vente et d'échange portant sur plusieurs véhicules automobiles ainsi qu'à la revente de divers matériels, étant précisé que ces opérations ont revêtu un caractère répétitif et n'ont pas été conclues avec un même acheteur »[152].

199 Le critère tiré de l'exercice de l'activité pour son propre compte permet de distinguer les bénéfices industriels et commerciaux des salaires. Si des personnes opèrent pour le compte d'autrui, moyennant rémunération, leur situation est celle de simples employés et leurs revenus sont rangés dans la catégorie des traitements et salaires. Il en est ainsi notamment des commis travaillant dans les établissements de leurs patrons, des placiers et des voyageurs de commerce ayant pour mission de recueillir des ordres d'achat, les uns auprès d'une clientèle locale, les autres dans une région plus ou moins étendue et même à l'étranger. Il en est de même, s'ils ne font aucune opération pour leur propre compte, des représentants de commerce placés vis-à-vis de leurs mandants dans des liens de subordination étroite qui caractérisent le contrat de travail ou des représentants répondant aux conditions posées par l'article L. 751-1 du Code du travail[153].

200 Enfin, l'existence de l'intention lucrative « résulte, en général, de l'examen des conditions d'exercice de l'activité. Cette intention peut exister même en cas de gestion partiellement désintéressée »[154].

Il est intéressant de comparer le raisonnement ci-dessus avec celui adopté en matière de bénéfices non commerciaux.

b) L'activité professionnelle, condition de la qualification de bénéfices non commerciaux

201 La doctrine administrative en matière de bénéfices non commerciaux s'intéresse également à la définition de l'activité professionnelle pour distinguer entre les bénéfices

149. BOI-BIC-CHAMP-10-20, n° 1.
150. *Ibid. eod. loc.*
151. *Ibid.*, n° 13.
152. CE, 3 avr. 1957, n° 30552, *RO*, p. 323.
153. BOI-BIC-CHAMP-10-20.
154. *Ibid.*, n° 18.

non commerciaux *stricto sensu* (ceux qui le sont par nature) et les revenus d'« occupations, exploitations lucratives et sources de profit ne se rattachant pas à une autre catégorie de revenu » (la clause « balai » de l'article 92). Elle érige donc l'activité professionnelle en condition de la qualification de bénéfices non commerciaux, à l'instar de ce qui se produit en matière de bénéfices industriels et commerciaux.

202 Selon la doctrine administrative, qui systématise la jurisprudence du Conseil d'État[155], « le caractère professionnel d'une activité libérale s'apprécie au regard de deux critères : l'activité doit être exercée à titre habituel et constant et dans un but lucratif »[156]. La première remarque qui s'impose, à la lecture de cette affirmation, est que les critères de l'activité professionnelle ne sont plus qu'au nombre de deux, alors qu'ils étaient trois en matière de bénéfices industriels et commerciaux. Il ne semble cependant pas nécessaire de surestimer l'importance de cette observation : si le critère tiré de l'indépendance n'est pas mentionné, c'est sans doute qu'il est évident (à moins qu'il ne soit superfétatoire dans le cas des bénéfices industriels et commerciaux). Concernant le contenu des critères, on peut observer que l'administration se réfère à un exercice à titre « habituel et constant ». Pléonasme ou abus de finesse juridique?

Quoi qu'il en soit, on signalera l'importance – ou plutôt l'absence d'importance – que l'administration accorde à la répartition entre sources de revenu en vue d'en qualifier certains de professionnels. Ainsi, « la circonstance que l'activité en cause puisse être exercée parallèlement à une autre profession procurant à l'intéressé son moyen principal de subsistance n'exclut pas, par principe, la reconnaissance de son caractère professionnel »[157]. Le même pragmatisme se retrouve lorsqu'il s'agit d'apprécier le caractère lucratif de l'exploitation. Selon les termes de la doctrine administrative, « il convient d'apprécier, au vu des circonstances de fait, si l'activité est exercée dans un but lucratif. Le caractère lucratif de l'activité peut résulter de la perception effective de revenus d'un montant appréciable mais également de la mise en œuvre de moyens ou de méthodes analogues à ceux d'un professionnel et caractérisant la recherche effective d'une clientèle. La recherche d'un gain doit être un objectif poursuivi de manière évidente »[158].

203 En conclusion de ces paragraphes consacrés aux bénéfices industriels et commerciaux et aux bénéfices non commerciaux, il pourrait sembler clair que ces deux catégories de revenus se confondent avec les revenus d'activités non salariées exercées à titre professionnel. Une telle conclusion est pourtant erronée car les bénéfices industriels et commerciaux et les bénéfices non commerciaux sont tantôt professionnels, tantôt *non professionnels*. L'existence de BIC et de BNC non professionnels constitue donc une exception majeure au recoupement entre revenus d'entreprise et revenus d'activités non salariées.

2. Les exceptions : les bénéfices non professionnels

204 La raison essentielle pour laquelle le droit fiscal distingue entre activités professionnelles et activités non professionnelles tient au régime spécial réservé par l'article 156 du Code général des impôts aux déficits provenant d'activités industrielles, commerciales ou non commerciales exercées à titre non professionnel. Ce régime spécial n'est pas

155. Cf. par ex. CE, 8 juill. 2009, nº 304815, *Mlle Cazenave*, *Dr. fisc.* 2009, nº 38, comm. 469, concl. J. Burguburu, affirmant que « l'activité professionnelle est caractérisée par l'exercice habituel de l'activité et par la recherche du profit ».

156. BOI-BNC-BASE-60 nº 210.

157. *Ibid.*, nº 4.

158. *Ibid.*, nº 5.

à l'avantage des contribuables concernés. En effet, alors qu'en principe, les déficits constatés au titre d'une catégorie de revenus peuvent s'imputer sur le revenu annuel global du foyer fiscal[159], une telle imputation est refusée lorsque le déficit trouve sa source dans une activité exercée à titre non professionnel. Il convient donc d'éclaircir ces différents points en s'attachant successivement au cas des bénéfices industriels et commerciaux non professionnels puis à celui des bénéfices non commerciaux non professionnels[160].

a) La distinction entre BIC professionnels et BIC non professionnels

205 Le régime de l'imputation des déficits industriels et commerciaux non professionnels est réglé par l'article 156, I. 1° *bis* du Code général des impôts. Les déficits non professionnels, quoique non déductibles du revenu global de l'année au cours de laquelle ils sont réalisés, « peuvent cependant être imputés sur les bénéfices tirés d'activités de même nature exercées dans les mêmes conditions, durant la même année ou les six années suivantes ». En bref, les déficits non professionnels ne peuvent être imputés que sur des bénéfices non professionnels. On parle en pratique de « tunnélisation » des déficits non professionnels : la formule est peu académique mais suggestive.

206 Ce régime s'applique, selon l'article 156, dans deux cas : d'une part, celui où le déficit provient « directement ou indirectement, des activités relevant des bénéfices industriels ou commerciaux lorsque ces activités ne comportent pas la participation personnelle, continue et directe de l'un des membres du foyer fiscal à l'accomplissement des actes nécessaires à l'activité » ; d'autre part, celui où le déficit trouve sa source dans une activité de location en meublé non professionnelle.

α) Les déficits provenant d'activités ne comportant pas la participation personnelle, continue et directe du contribuable

207 S'agissant du premier cas, il est intéressant de noter que l'activité professionnelle est définie par le texte comme celle qui résulte d'une « participation personnelle, continue et directe de l'un des membres du foyer fiscal à l'accomplissement des actes nécessaires à l'activité ». Le texte précise d'ailleurs à ce sujet qu'une activité n'est pas réputée professionnelle, notamment, « lorsque la gestion de l'activité est confiée en droit ou en fait à une personne qui n'est pas un membre du foyer fiscal par l'effet d'un mandat, d'un contrat de travail ou de toute autre convention ». *A contrario*, une activité professionnelle implique que le contribuable ou l'un des membres de son foyer fiscal doit participer en personne, pour son propre compte ou pour le compte d'un autre membre du foyer fiscal à l'accomplissement des actes nécessaires à l'activité. Il doit s'impliquer dans la gestion opérationnelle de l'activité, et ne pas se contenter notamment d'exercer ses seules prérogatives d'associé ou de propriétaire de l'entreprise en participant aux conseils de direction. En outre, sa présence sur le lieu d'exercice de l'activité doit être

159. Si le revenu global n'est pas suffisant pour que l'imputation puisse être intégralement opérée, l'excédent du déficit est reporté successivement sur le revenu global des années suivantes jusqu'à la sixième année inclusivement (art. 156, I, al. 1er, CGI).

160. En matière de bénéfices agricoles, l'article 156, I.1° refuse également l'imputation de certains déficits. C'est le cas lorsque le total des revenus nets d'autres sources excède une certaine somme révisée annuellement et avoisinant les 100 000 €. Ces déficits peuvent cependant être admis en déduction des bénéfices de même nature des années suivantes jusqu'à la sixième inclusivement.

régulière, sans pour autant ni qu'il s'agisse de sa seule activité professionnelle, ni que l'accomplissement des diligences en cause constitue sa profession principale[161].

208 Cette définition de l'activité professionnelle se comprend au regard de l'histoire de la norme. En effet, la règle édictée par l'article 156, I-1° *bis* du Code général des impôts est issue d'une loi du 30 décembre 1995 ayant notamment pour objet de mettre un terme à l'imputation sur le revenu global de déficits qui, sous couvert d'une activité relevant des BIC structurellement déficitaire, proviennent en fait de la réalisation de simples placements dans lesquels l'acquéreur n'assume pas les risques inhérents à l'exploitation[162]. Sont notamment visés les procédés de défiscalisation consistant, par exemple à acquérir au travers d'une EURL, des biens nécessaires à une activité (dans le secteur hôtelier ou immobilier, par exemple) initialement déficitaire. La « tunnélisation » des déficits constitue ainsi un moyen légal de prévenir l'abus de droit.

209 Quoi qu'il en soit, la définition de l'activité professionnelle prévue par l'article 156 n'est pas sans étonner. N'a-t-on pas rencontré plus haut une définition différente, fondée sur la trilogie habitude/indépendance/but lucratif[163] ? Est-ce à dire qu'il existerait une définition de l'activité professionnelle variable selon le texte appliqué ? C'est malheureusement ce que laisse apparaître le droit positif, même s'il est à noter que les deux définitions se recoupent fréquemment en pratique. L'exigence d'une implication personnelle continue dans l'activité rejoint en particulier les critères d'indépendance et d'habitude. Le critère du but lucratif semble bien absent de la définition de l'article 156 du Code général des impôts. Il y a dans cette divergence des définitions un facteur de complexité parfaitement inutile. C'est qu'une définition est vraisemblablement de trop...

210 Par ailleurs, en matière de bénéfices non commerciaux, la jurisprudence complique encore un peu plus le mécanisme de l'imputation des déficits mis en place par l'article 156 I-1° *bis* en apportant une exception au principe selon lequel les déficits professionnels sont imputables sur le revenu global. C'est ainsi que des déficits provenant d'une activité professionnelle relèvent du mécanisme du tunnélisation, dès lors qu'ils ne proviennent pas de l'exercice d'une profession libérale[164]. La notion de profession libérale s'entend, dans ce contexte, d'une activité requérant « la mise en œuvre d'un art ou de savoir-faire particulier »[165]. La solution, contraire à l'interprétation la plus répandue de l'article 156, s'explique apparemment par les travaux préparatoires qui dissocient nettement les revenus des professions libérales et les autres types de BNC[166]. La simplicité du droit n'en ressort pas renforcée... *Quid* de sa constitutionnalité ?

β) Les déficits provenant de la location en meublé

211 Comme on l'a vu plus haut, la location d'un immeuble meublé est fiscalement considérée comme une activité commerciale, même s'il s'agit d'une activité civile. Or, cette activité peut présenter un caractère professionnel ou non, selon les conditions dans lesquelles elle intervient. Ces conditions sont définies par le VII de l'article 151 *septies*, auquel renvoie précisément l'article 156 du Code général des impôts pour régler le régime de l'imputation des déficits. Un loueur en meublé professionnel

161. Précisions données par le *Lamy fiscal*, n° 439.
162. Encycl. Francis Lefebvre, *BIC* XIV, n° 14410.
163. Cf. *supra*, n° 197 et s.
164. Cf. par ex., pour une activité régulière de sous-location d'immeubles nus, CE, 8 juill. 2009, n° 304815, *Mlle Cazenave, Dr. fisc.* 2009, n° 39, comm. 469, concl. J. Burguburu.
165. *Ibid.*
166. Cf. les conclusions de J. Burguburu.

s'entend ainsi, selon l'article 151 *septies* du Code général des impôts, d'une personne inscrite en cette qualité au registre du commerce et des sociétés[167], réalisant plus de 23 000 euros de recettes annuelles et retirant de l'activité de location des recettes excédant le reste de ses revenus professionnels[168].

L'existence d'une définition particulière de l'activité professionnelle pour les loueurs en meublé, et particulièrement d'un seuil de recettes, se comprend en remontant à l'origine de la règle, soit à la loi n° 81-1160 du 30 décembre 1981. Le seuil de 150 000 francs mis en place à l'époque visait à mettre fin aux schémas d'optimisation fiscale concernant les résidences de tourisme situées, en particulier, dans les stations de sports d'hiver : l'exposé des motifs de cet article précise en effet que « l'assimilation des produits de la location d'immeubles meublés à des bénéfices industriels et commerciaux offre la possibilité aux propriétaires de ces immeubles dans les régions touristiques de déduire de leur revenu global les déficits dégagés par des locations le plus souvent saisonnières, c'est-à-dire en fait les charges de résidences secondaires »[169]. Le seuil de 150 000 francs avait donc pour fonction de distinguer les véritables loueurs professionnels, réalisant des « recettes importantes », des « loueurs occasionnels » ayant en réalité pour objectif de financer sous un régime fiscal favorable l'acquisition de leur résidence secondaire.

L'impact d'une telle distinction entre loueurs professionnels et non professionnels se vérifie au premier chef en matière d'imputation des déficits. Il est cependant plus vaste. La distinction affecte en effet la fiscalité de la plus-value dégagée à l'occasion de la cession de l'immeuble. Le loueur non professionnel, étant assimilé à un particulier, est soumis au régime des plus-values immobilières des particuliers, tandis que le loueur professionnel se voit appliquer le régime des plus-values professionnelles et notamment les généreuses exonérations qu'offre celui-ci[170].

b) La distinction entre BNC professionnels et BNC non professionnels

212 En matière de BNC également, la distinction entre bénéfices professionnels et non professionnels est de mise. Elle implique que les déficits provenant d'activités non commerciales exercées à titre non professionnel ne peuvent être imputés que sur les bénéfices tirés d'activités semblables durant la même année ou les six années suivantes. La notion de « bénéfices tirés d'activités semblables » n'implique pas que ceux-ci soient relatifs à la *même* activité, mais seulement que les bénéfices ultérieurs soient également retirés d'autres BNC non professionnels[171].

167. Le Conseil constitutionnel a toutefois jugé que le législateur, en conditionnant l'exonération des plus-values de cession à l'inscription au Registre du Commerce et des Sociétés (CGI, art. 151 septies dans ses rédactions applicables avant la loi n° 2010-1658 du 29 décembre 2010), « ne s'est pas fondé sur un critère objectif et rationnel en fonction du but visé ». Il a en effet relevé « que l'activité de location de biens immeubles ne constitue pas un acte de commerce » au sens du Code de commerce, et que sont donc contraires à la Constitution les mots « inscrites en cette qualité au registre du commerce et des sociétés » (déc. n° 2017-689 QPC du 7 février 2018).

168. La définition est ici résumée en faisant abstraction du facteur de complication que constitue le foyer fiscal.

169. Rapport de l'Assemblée nationale, n° 450, p. 97.

170. Sur le régime des plus-values professionnelles, cf. *infra*, n° 603 et s.

171. CE, 29 juill. 1998, n° 165343, 8e et 9e ch., *Chassagnon*, *RJF* 10/98, n° 1065.

3. Les voies de la simplification de l'imposition des revenus d'entreprise

a) La nécessité de la simplification

213 Il a longtemps paru justifié de distinguer entre bénéfices industriels et commerciaux, bénéfices non commerciaux et bénéfices agricoles. La nature spécifique des différents types d'activité, le caractère plus ou moins facilement dissimulable des revenus afférents à chacune d'elles, la nécessité de garantir un régime de forfait aux agriculteurs pouvaient accréditer la légitimité de la tripartition.

À l'heure actuelle, la raison d'être de telles distinctions mérite d'être à nouveau interrogée. Il est en effet banal de constater que les conditions d'exercice des professionnels libéraux se sont considérablement rapprochées, dans un grand nombre de cas, de celles des commerçants. Les régimes de forfait ont disparu, sauf pour les bénéfices agricoles. Les différences tenant au calcul du bénéfice imposable au titre de chaque catégorie se sont considérablement atténuées avec le temps, même si elles demeurent présentes à certains égards – et pas toujours de façon justifiable[172]. En outre, le droit positif reconnaît déjà dans une certaine mesure la fluidité entre les différentes catégories lorsqu'il reconnaît que certains professionnels soumis en principe au régime des bénéfices non commerciaux peuvent opter pour le régime des bénéfices industriels et commerciaux[173]. D'autres options existent en droit positif : possibilité pour les écrivains et compositeurs, dont les droits d'auteur sont en principe soumis au régime des traitements et salaires, de se voir appliquer certaines règles en matière de bénéfices non commerciaux[174].

214 Par ailleurs, la distinction entre les différentes catégories de revenus oblige à un exercice permanent de qualification dont le caractère satisfaisant pour l'esprit ne justifie peut-être plus à lui seul la complexité du droit positif. La distinction entre bénéfices industriels et commerciaux et bénéfices non commerciaux a par exemple donné lieu à une jurisprudence d'une extrême subtilité. Ainsi, une activité revêt un caractère commercial, sur le terrain fiscal, lorsque l'importance de la main-d'œuvre employée, des moyens matériels utilisés et des capitaux investis est telle que l'activité procède plus d'une spéculation sur ces différents éléments que de l'exercice d'un art ou d'une science[175]. En revanche, ces critères perdent de leur importance lorsque le dirigeant exerce une influence prépondérante dans l'exercice de l'activité, en particulier par la mise en œuvre de ses propres compétences techniques et pédagogiques[176]. De même, la distinction entre la notion de bénéfice agricole et celle de bénéfice industriel et commercial est parfois particulièrement ténue, ce qui conduit naturellement, pour compliquer le tout, à des contradictions entre doctrine administrative et jurisprudence[177].

215 Cette complexité du droit positif mérite assurément d'être reconsidérée. À cet égard, il est intéressant de noter qu'en matière de fiscalité internationale, cet effort a déjà été entrepris. En témoigne le fait qu'à l'occasion de la révision en 2000 du modèle OCDE de convention fiscale sur le revenu et le capital, les règles applicables en matière de

172. Cf. par exemple les différences qui persistent en matière de liberté d'affectation des biens au patrimoine professionnel (cf. *infra*, n° 617 et s.).

173. C'est le cas, par exemple, des personnes physiques effectuant à titre professionnel des opérations sur un marché à terme d'instruments financiers ou d'options négociables, des profits sur des bons d'option ou sur le marché à terme de marchandises (art. 92, 2-5° et 35. I 8°, CGI).

174. Art. 93, 1 *quater* et 100 *bis*, CGI combines.

175. CE, 10 oct. 1979, n° 9441, *RJF* 11/79, n° 628 ; CE, 9 févr. 1983, n° 10943, *RJF* 4/83, n° 495 ; CE, 26 mai 2004, n° 243121, *RJF* 8-9/04, n° 862.

176. CE, 2 oct. 2002, n° 224917, *RJF* 12/02, n° 1362.

177. Pour les détails, cf. *Lamy Fiscal*, n° 4426.

bénéfices d'entreprise et de revenus des professions indépendantes ont été totalement unifiées afin de mettre fin à une distinction aussi complexe que désormais inutile[178]. L'article 14 du modèle OCDE a donc été éliminé, l'ensemble des bénéfices réalisés par des professionnels indépendants relevant désormais de l'article 7. En droit interne, certains États ont également procédé à une refonte globale de leur système en faveur de la simplification. Il y aurait lieu de méditer, par exemple, sur la réforme néerlandaise entrée en vigueur le 1er janvier 2001 et instituant un système d'imposition du revenu fondé sur la distinction entre trois catégories de revenu : les revenus du travail, les revenus de participations substantielles dans des sociétés, et les revenus du capital[179]. Dans la première catégorie, la seule à être soumise à un barème progressif d'imposition, le législateur n'a pas hésité à introduire tous les revenus d'activité sans distinction, ce qui représente un facteur majeur de simplification du droit[180].

À défaut de fournir des modèles, le droit comparé démontre que la complexité de notre système n'est pas une fatalité.

b) Les lignes directrices de la simplification

216 Il n'est pas question, dans le cadre du présent ouvrage, de s'étendre en détail sur ce que pourrait être le droit de demain. Toutefois, il n'est pas interdit de souhaiter que les lignes directrices d'une réforme de la fiscalité des revenus d'activité soient les suivantes.

Premièrement, la notion de BIC et de BNC non professionnels n'apparaît pas d'une grande utilité. Comme on l'a vu plus haut, elle sert essentiellement à canaliser l'utilisation de déficits générés par des activités de défiscalisation agressive. Elle pourrait donc utilement être supprimée du droit positif, et les montages de défiscalisation soumis aux mécanismes ordinaires de la répression de l'abus de droit, voire à certaines règles anti-abus spécifiques.

La disparition de la notion de BIC et de BNC non professionnel n'impliquerait pas nécessairement celle de la clause « balai » actuellement prévue à l'article 92 du Code général des impôts. Il serait seulement nécessaire de rendre celle-ci autonome par rapport aux catégories de revenu existantes, afin de mettre fin à l'alignement des revenus innomés sur les BNC non professionnels.

Une réforme plus fondamentale consisterait à remettre en cause le principe même de la distinction entre BIC et BNC. Simple en son principe, elle aurait l'immense mérite d'éliminer des subtilités parfaitement inutiles dans le droit actuel. Plus audacieuse encore serait la fusion, dans une grande catégorie des revenus d'activité, entre BIC, BNC et traitements et salaires. Tout est à réfléchir. Si les obstacles techniques existent sans aucun doute, l'entreprise en vaut la peine.

178. Voir à ce sujet OCDE, *Problèmes posés par l'article 14 du Modèle de Convention fiscale de l'OCDE*, 2000.

179. Sur ce système, cf. P. Essers, "Personal Income Tax Reform in the Netherlands: the Battle between Robustness, Fairness and Equality", *L'année fiscale* 2006, p. 21 et s.

180. Cette première catégorie de revenu inclut également les revenus retirés de l'occupation d'un bien par son propriétaire, les pensions et annuités, et les revenus tirés d'autres activités. Cela altère l'homogénéité de la catégorie, mais présente l'avantage de fusionner l'ensemble des revenus soumis à l'impôt progressif.

SECTION 2 LA SOCIÉTÉ

217 En droit français comme dans la quasi-totalité des systèmes fiscaux, la société de capitaux est soumise à l'impôt sur les sociétés tandis que la société de personnes relève de l'impôt sur le revenu. Il existe donc une *summa divisio* entre deux catégories de sociétés qui mérite d'être expliquée (§ 1) préalablement à l'étude de leurs techniques respectives d'imposition (§ 2 et 3).

§ 1. PROLÉGOMÈNES

218 La littérature fiscale française est généralement peu encline à s'attarder sur la théorie de l'impôt applicable aux sociétés. Pourtant, une telle approche théorique permet de mieux comprendre la distinction de principe entre sociétés de personnes et sociétés de capitaux (A) ainsi que les domaines respectifs de l'impôt sur le revenu et de l'impôt sur les sociétés (B).

A. LA DISTINCTION DE PRINCIPE ENTRE SOCIÉTÉS DE PERSONNES ET SOCIÉTÉS DE CAPITAUX

219 Pour comprendre la distinction entre sociétés de personnes et sociétés de capitaux, il faut commencer par justifier l'existence même de l'impôt sur les sociétés (1°). C'est la théorie de l'impôt sur les sociétés qui explique pourquoi les sociétés de personnes n'y sont pas – en principe – soumises (2°).

1. Le fondement de l'impôt sur les sociétés

220 A-t-on besoin de l'impôt sur les sociétés ? La question n'est pas aussi absurde qu'on pourrait le penser. Dans un contexte contemporain de concurrence fiscale mondiale où la plupart des États (et non les seuls paradis fiscaux) tentent de diminuer autant que possible le poids de l'impôt sur les sociétés et où les entreprises s'évertuent à réduire l'assiette de leur imposition, il n'est pas inutile de se demander si cet impôt possède encore une utilité véritable... La question de son maintien dans le paysage fiscal n'est d'ailleurs nullement abstraite, puisqu'un ancien Secrétaire du Trésor américain plaidait en 2001 pour sa suppression pure et simple, suivi en cela par certains universitaires[181].

Pour répondre à cette question, il faut donc revenir à la raison d'être de l'impôt sur les sociétés. Et, pour ce faire, il faut se poser deux questions nettement distinctes : pourquoi les sociétés sont-elles imposées et pourquoi l'impôt qui les frappe est-il différent de l'impôt sur le revenu des personnes physiques ? Nous ne répondrons dans ce

181. Cf. sur ce sujet l'article de R. Avi-Yonah, "Corporations, Society and the State. A Defense of the Corporate Tax", University of Michigan, *Public Law and Legal Theory Research Paper* n° 40, p. 4, http://ssrn.com/abstract=516202. Cf. aussi R. M. Bird, "Why Tax Corporations?", International Centre for Tax Studies, University of Toronto, Déc. 1996, Working Paper 96-2 prepared for the Technical Committee on Business Taxation, http : //www. fin. gc. ca/taxstudy/wp96-2ᵉ. pdf. ; OCDE, *Réforme fondamentale de l'impôt sur les bénéfices des sociétés*, OECD Tax Policy Studies, n° 16, 2007.

paragraphe qu'à la première question. La seconde relève du choix de la méthode d'imposition et sera examinée plus loin[182].

221 La légitimité de l'impôt sur les sociétés ne va pas de soi. Elle a d'ailleurs, dans le passé, été vigoureusement contestée au motif que les sociétés n'auraient pas de capacité contributive distincte de celle de leurs associés et que l'impôt ne saurait frapper des personnes n'ayant pas la qualité de citoyens[183]. Cette remise en cause du principe même de l'impôt sur les sociétés est sans doute excessive. Elle pèche par excès de formalisme, car il existe de multiples situations dans lesquelles des non-citoyens sont soumis à l'impôt (il suffit de penser aux ressortissants étrangers ayant la qualité de résidents français). Elle est économiquement discutable, car il ne fait guère de doute que les sociétés d'une certaine taille sont clairement dissociables de la personne de leurs actionnaires – qui n'ont dans leur majorité qu'un comportement d'investisseur intéressé, non d'entrepreneur actif – et possèdent une capacité contributive autonome. Le droit reconnaît d'ailleurs cette autonomie en allouant aux sociétés un capital propre distinct de celui des associés. Au surplus, les sociétés de capitaux sont gérées, au jour le jour, par des organes de direction distincts des assemblées d'actionnaires[184].

Si le principe même de l'impôt sur les sociétés peut ainsi être admis sans excessif remords théorique, la justification de l'impôt sur les sociétés peut être présentée de plusieurs façons fort différentes, lesquelles se combinent plus qu'elles ne s'excluent.

222 Selon une **première théorie**, l'impôt sur les sociétés constitue un moyen indirect de prélever un impôt sur les associés des sociétés de capitaux à raison des bénéfices réalisés par la société dont ils sont associés. Cette approche s'appuie sur une idée théorique et une crainte pratique. En théorie, elle suppose que la société ne constitue rien d'autre qu'une organisation des relations entre ses associés, de sorte que l'imposition de la première permet en réalité d'atteindre les seconds. On peut ajouter que cette conception de la société repose implicitement sur l'idée que les associés se comportent en véritables entrepreneurs, la société ne constituant qu'un instrument juridique leur permettant d'exercer plus aisément leur activité. D'où l'idée que l'imposition de la société ne serait qu'un moyen de parvenir, de façon anticipée, à l'imposition des associés-entrepreneurs. Du point de vue pratique, l'imposition de la société permet en outre d'éviter que les associés ne thésaurisent les bénéfices qu'ils retirent de leur activité dans une société soustraite à tout impôt[185]. Si les sociétés étaient exonérées d'impôt, les associés pourraient différer à leur guise l'imposition de leurs revenus, du moins jusqu'à la distribution par la société de dividendes.

Cette théorie semble avoir directement inspiré l'introduction de l'impôt sur les sociétés aux États-Unis en 1894[186]. Certains auteurs français relèvent également que l'injustice liée à la non-imposition de

182. Cf. *infra*, n° 272 et s.

183. Théorie défendue notamment par Haller, sur lequel cf. P. Beltrame et L. Mehl, *Techniques, politiques et institutions fiscales comparées*, PUF, 2e éd., 1997, p. 140. Le débat s'est également élevé, avec une intensité particulière, en Italie, où l'on s'est longtemps interrogé sur la compatibilité d'un impôt sur les sociétés avec l'article 53 de la Constitution prévoyant le principe du respect de la capacité contributive.

184. Rapp. P. Beltrame et L. Mehl, *op. cit.*, p. 141 et s.

185. Autre avantage pratique du système : comme il y a moins de sociétés que de personnes physiques, et que celles-ci peuvent être difficiles à imposer (soit parce qu'elles sont exonérées, soit parce qu'elles sont résidentes à l'étranger), l'imposition de la société apparaît plus aisée pour l'État que l'imposition des associés eux-mêmes.

186. En ce sens, cf. l'article de S. A. Bank, "Entity Theory as Myth in the Origins of the Corporate Income Tax", 43 *William & Mary L. Rev.* 447 (2001) et, de façon plus approfondie, son ouvrage *From*

bénéfices mis en réserve, conduisant à un enrichissement défiscalisé des actionnaires, justifie l'existence même de l'impôt sur les sociétés[187]. D'ailleurs, on a longtemps considéré que l'impôt sur les sociétés n'était au fond qu'une sorte d'acompte payé par la société sur l'impôt dû par les actionnaires. Ceci justifiait notamment le mécanisme de l'avoir fiscal, qui permettait aux actionnaires d'imputer sur l'impôt sur le revenu, dû à l'occasion de la distribution de dividendes, un crédit d'impôt égal à l'impôt sur les sociétés[188].

Cette justification de l'impôt sur les sociétés peut toutefois être discutée. Selon Reuven Avi-Yonah[189], par exemple, il n'est pas nécessaire d'instituer un impôt sur les sociétés pour s'assurer que les résultats des sociétés sont effectivement soumis à l'impôt. Il est ainsi possible d'imposer les associés des sociétés de capitaux en décrétant, sous certaines conditions, la transparence fiscale de la société elle-même. Dans certains systèmes étrangers, les bénéfices des sociétés fermées – c'est-à-dire ne faisant pas appel public à l'épargne – sont sous certaines conditions attribués directement aux associés en vue de leur imposition à l'impôt sur le revenu. En outre, pour les sociétés cotées, il n'est pas inenvisageable de mettre en place un système d'imposition des actionnaires à raison de l'augmentation de la valeur de leur titre pendant une période donnée. Techniquement, donc, les motifs qui justifient l'impôt sur les sociétés pourraient conduire à l'adoption de solutions alternatives à cet impôt, même si ces solutions alternatives appelleraient elles-mêmes la critique.

Il n'en reste pas moins que cette théorie de l'IS en tant qu'acompte continue d'avoir un certain succès. On en retrouve la trace dans cette affirmation par le Conseil des prélèvements obligatoires que « la justification économique de l'existence de l'IS à côté de l'imposition des revenus des personnes physiques repose sur la nécessité d'un impôt à la source sur le revenu du capital en raison même des difficultés auxquelles serait confrontée l'administration fiscale pour retrouver tous les actionnaires d'une société dans une économie mondialisée »[190].

223 Selon une **deuxième théorie**, l'impôt sur les sociétés se justifie par l'idée qu'une société, comme n'importe quel contribuable, bénéficie de certains services rendus par l'État. Elle doit donc, en retour, acquitter un prix sous la forme de l'impôt sur les sociétés. C'est ainsi que, dans les États-Unis du début du XXe siècle, l'impôt sur les sociétés était présenté comme la contrepartie des avantages que représente le fait de disposer d'une structure juridique distincte dans laquelle les associés peuvent n'avoir qu'une responsabilité limitée et dont ils peuvent céder librement les titres[191]. Une formulation différente de la même idée peut être trouvée dans l'idée que « le prélèvement d'une partie [des bénéfices des sociétés] par l'État se trouve en quelque sorte légitimé puisque ce dernier est, du fait de son action, à l'origine de ces gains »[192]. Cette théorie qui assimile l'impôt sur les sociétés à la rémunération des services publics offerts par l'État est souvent soutenue, notamment pour expliquer que des sociétés étrangères exerçant des

---

Sword to Shield. The Transformation of the Corporate Income Tax, 1861 to Present, Oxford University Press, 2010, démontrant comment l'IS, initialement conçu comme un moyen de faciliter le recouvrement par l'État de l'impôt individuel des actionnaires à une époque (fin XIXe-début XXe siècle) où les sociétés distribuaient l'essentiel de leurs bénéfices, s'est progressivement transformé en un bouclier pour l'actionnaire dans la mesure où les taux relativement faibles de l'IS le protégeaient (et le protègent encore) contre l'augmentation importante des taux de l'impôt sur le revenu au cours du XXe siècle. La fonction de l'IS a ainsi évolué du glaive brandi contre l'évasion fiscale (« *sword* ») au bouclier contre l'explosion de l'IR (« *shield* »).

187. Cf. G. Ardant, *Histoire de l'impôt*, Livre II, Fayard, 1972, p. 589.

188. Cette égalité entre avoir fiscal et montant de l'impôt sur les sociétés n'a pas toujours été respectée, mais le principe demeurait bien celui exposé. Sur l'avoir fiscal, cf. *infra*, n° 292 et s.

189. "Corporations, Society and The State", art. préc.

190. Conseil des prélèvements obligatoires, *Adapter l'impôt sur les sociétés à une économie ouverte*, déc. 2016, p. 7.

191. G. S. Cooper et R. K. Gordon, « Taxation of Legal Persons and their Owners », *in* V. Thuronyi, *Tax Law Design and Drafting*, 1998, FMI, vol. 2, ch. 19.

192. P. Beltrame et L. Mehl, *op. cit.*, p. 141.

activités sur le territoire d'un État soient soumises à l'impôt à raison des bénéfices réalisés dans cet État[193].

Cette théorie présente cependant certaines insuffisances. Toutes les sociétés, et non pas seulement les sociétés de capitaux, bénéficient des services publics. De surcroît, ceux-ci profitent aux sociétés déficitaires comme aux sociétés bénéficiaires, alors que seules les secondes paient l'impôt. La théorie est donc inapte à expliquer le domaine limité et l'assiette de l'impôt sur les sociétés. Par ailleurs, le lien entre le montant des profits d'une société et la quantité de biens publics qu'elle utilise n'est pas direct. Enfin, cette théorie de l'impôt comme « prix », outre qu'elle contredit la définition usuelle de l'impôt, entendu comme prélèvement imposé unilatéralement par l'État, ne permet pas de justifier le principe de l'impôt sur les sociétés mais seulement, éventuellement, son montant[194].

224 Une **troisième théorie** consiste pour finir à justifier l'existence de l'impôt sur les sociétés par des motifs qui n'ont rien de scientifique : parce que les sociétés de capitaux sont supposées riches et puissantes, il faut les imposer ! L'impôt est plus indolore que celui qui touche les personnes physiques. Comme on le notait en 1960, « la personne morale n'a pas la sensibilité fiscale et les réactions électorales des simples commerçants. Elle a plus souvent de facilités – ne serait-ce que par sa puissance économique – pour incorporer ses impôts dans ses prix, et les associés perçoivent mal la diminution des bénéfices qui résulte de l'imposition fiscale »[195]. En outre, l'impôt sur les sociétés permet de limiter l'accumulation de richesses par les sociétés et d'orienter leur action. Grâce à l'impôt sur les sociétés, l'État est en mesure de connaître le détail des opérations réalisées par les sociétés et d'imposer une certaine transparence dans la gestion de celles-ci. L'impôt, par le formalisme déclaratif qu'il impose, viendrait ainsi au secours des actionnaires et de la société tout entière pour limiter les éventuels abus susceptibles d'être commis par les dirigeants dans l'exercice de leurs fonctions. De plus, le système des incitations fiscales, conduisant par exemple à accorder aux sociétés tel amortissement exceptionnel, tel crédit d'impôt pour certains types d'investissement, constitue un levier de l'action publique. Il va de soi qu'une telle approche présuppose la légitimité d'une telle intervention directe de l'État dans la gestion des sociétés de capitaux, au nom d'une certaine conception du bien-être général[196].

Cette dernière série de raisons pratiques à l'existence de l'impôt sur les sociétés présente l'intérêt de justifier pourquoi l'impôt sur les sociétés s'applique, en théorie, aux seules sociétés de capitaux, à l'exclusion des sociétés de personnes.

2. La justification de la *summa divisio* entre sociétés de capitaux et sociétés de personnes

225 Comme l'expliquait Ardant en relatant l'origine de l'impôt sur les sociétés françaises, « taxer les bénéfices des sociétés, distribués ou non, indépendamment de l'imposition des dividendes des actionnaires, c'était taxer le supplément de puissance dû à la forme sociétaire. Entendons qu'il s'agissait de sociétés de capitaux qui pouvaient, en restreignant la responsabilité des participants au montant de leurs actions, réunir des

193. En ce sens, cf. E. Kemmeren, *Principle of Origin in Tax Conventions – A Rethinking of Models*, Pijnenburg-Dongen, 2001.

194. Rapp. nos observations sur les justifications du principe de territorialité de l'impôt sur les sociétés, *infra*, n° 740 et s.

195. G. Ripert, P. Durand et R. Roblot, *Le droit fiscal des affaires*, préc., n° 2961.

196. En faveur de cet argument, R. Avi-Yonah, art. préc.

moyens financiers considérables. Les sociétés de personnes n'avaient pas ces avantages, aussi n'étaient-elles pas frappées de façon distincte»[197].

Cette présentation de l'impôt sur les sociétés permet de mieux comprendre pourquoi l'impôt sur les sociétés se conçoit bien dans le cadre des sociétés de capitaux, mais n'a pas vocation à frapper les bénéfices des sociétés de personnes, pour lesquelles l'impôt sur le revenu est payé par les associés à proportion de leurs droits, même en l'absence de distribution des bénéfices sociaux. Elle montre en particulier que la différence entre responsabilité illimitée et responsabilité limitée des associés n'est pas, en tant que telle, la raison d'être de la distinction entre sociétés relevant de l'impôt sur le revenu et sociétés relevant de l'impôt sur les sociétés. En revanche, la différence entre les deux types de responsabilité demeure pertinente en tant qu'elle constitue l'un des éléments permettant aux sociétés de capitaux de développer une activité d'une certaine ampleur.

Dans le même ordre d'idées, l'impôt sur les sociétés constitue à lui seul un moyen de stimuler la croissance des sociétés puisque les entités qui y sont soumises peuvent, une fois payé l'impôt, décider de ne pas distribuer de dividendes et constituer des réserves non fiscalisées. Autrement dit, c'est une raison purement économique qui justifie le périmètre de l'impôt sur les sociétés.

La présomption économique selon laquelle les sociétés de capitaux sont nécessairement plus importantes que les sociétés de personnes n'est cependant pas irréfragable. C'est ce qui explique que les domaines respectifs de l'impôt sur le revenu et de l'impôt sur les sociétés soient plus nuancés que ce qu'une approche superficielle pourrait laisser penser.

B. LES DOMAINES RESPECTIFS DE L'IMPÔT SUR LE REVENU ET DE L'IMPÔT SUR LES SOCIÉTÉS

226 Les sociétés de personnes relèvent de l'impôt sur le revenu, les sociétés de capitaux, de l'impôt sur les sociétés : c'est le principe[198] (1°). Un exposé plus complet du droit fait néanmoins apparaître plusieurs éléments facteurs de complication (2°).

1. Le principe

227 Il résulte de l'article 8 du CGI que relèvent notamment de l'impôt sur le revenu les sociétés en nom collectif, les sociétés civiles (professionnelles, immobilières, etc.), à l'exception de celles qui réalisent des bénéfices industriels ou commerciaux et notamment des sociétés qui se livrent à la vente habituelle d'immeubles, les entreprises unipersonnelles à responsabilité limitée (EURL), lorsque l'associé unique est une personne physique, et les exploitations agricoles à responsabilité limitée (EARL) comportant un associé unique ou formées uniquement entre personnes parentes en ligne directe ou entre frères et sœurs ainsi qu'entre les conjoints de ces personnes.

En contrepoint, l'article 206 du CGI prévoit que sont – en principe – soumises à l'impôt sur les sociétés : les sociétés anonymes, les sociétés en commandite par actions, les sociétés à responsabilité limitée[199] et les sociétés coopératives et leurs unions[200]. Les

197. G. Ardant, *Histoire de l'impôt*, Livre II, préc., p. 589.

198. Pour une approche comparative, v. D. Gutmann (ed.), *Corporate Income Tax Subjects*, IBFD, EATLP International Tax Series, vol. 12, 2015.

199. Cette énumération permet d'inclure dans le champ de l'impôt sur les sociétés les sociétés d'exercice libéral (SEL), les sociétés d'exercice libéral à responsabilité limitée (SELARL), les sociétés d'exercice libéral à forme anonyme (SELAFA).

200. Sur l'originalité du statut fiscal des coopératives et de leurs associés, v. L. Chatain-Autajon, « Coopératives : un eldorado fiscal ? », *Dr. fisc.* 2016, n° 14, ét. 261.

sociétés par actions simplifiées[201], les sociétés européennes[202] ainsi que les sociétés unipersonnelles dont l'unique associé est lui-même soumis à l'impôt sur les sociétés sont soumises au même impôt.

Cette ventilation des sociétés selon leur forme a le mérite de la simplicité. Elle conduit à souligner que les sociétés de capitaux sont assujetties à l'impôt sur les sociétés quel que soit leur objet, y compris, donc, si leur objet est purement civil.

La réalité est cependant plus complexe.

2. Les facteurs de complication

228 Plusieurs facteurs de complication du système peuvent être relevés. Premièrement, il existe un système d'option permettant à des sociétés de personnes d'opter pour le régime des sociétés de capitaux et réciproquement (a). Deuxièmement, certaines entités sont soumises à un régime fiscal mixte empruntant à la fois à celui des sociétés de personnes et à celui des sociétés de capitaux (b). Troisièmement, certaines entités relèvent de l'impôt sur les sociétés ou de l'impôt sur le revenu à raison, non de leur forme, mais de leur activité (c). Le tout sans préjudice de différentes exonérations d'impôt sur les sociétés consenties par la loi (d).

a) Les options

229 La frontière entre sociétés de capitaux et sociétés de personnes n'est pas totalement étanche. Certaines sociétés de personnes peuvent opter – de façon irrévocable – pour l'impôt sur les sociétés : c'est le cas, notamment, des sociétés en commandite simple, des sociétés en nom collectif, des sociétés civiles, des EURL et EARL[203]. C'est également le cas de l'EIRL qui, sans être juridiquement une société, est néanmoins assimilée fiscalement à une EURL[204]. Cette option, ouverte dès 1948, permet à des sociétés de personnes ayant une activité économique comparable à celle de sociétés de capitaux de bénéficier du régime applicable à ces dernières et, par exemple, de constituer des réserves en les soustrayant à l'impôt sur le revenu des personnes physiques. L'option pour l'impôt sur les sociétés se révèle également intéressante pour les entreprises atteignant un certain niveau de bénéfices : outre l'évitement de l'application du taux marginal du barème de l'imposition du revenu, l'avantage consiste dans le fait que les bénéfices mis en réserve échappent aux contributions sociales et aux cotisations sociales. Ceci permet un autofinancement à moindres frais fiscaux.

230 Inversement, certaines sociétés de capitaux peuvent opter pour le régime des sociétés de personnes. C'est le cas des SARL constituées entre membres d'une même famille, sous certaines conditions[205]. C'est également le cas, depuis la loi de

201. Assimilées fiscalement à des sociétés anonymes par l'art. 1655 *quinquies*, CGI.

202. Au sens du règlement CE 2157/2001 du 8 oct. 2001.

203. Art. 206, 3 CGI et 239 1, CGI.

204. Situation quelque peu paradoxale, comme on l'a bien noté (J.-P. Garçon, *Defrénois* 6/11, p. 607) : alors que les SARL et les sociétés par actions créées depuis moins de cinq ans peuvent opter pour le régime fiscal des sociétés de personnes pour cinq exercices maximum, l'entrepreneur individuel à responsabilité limitée peut définitivement fonctionner à l'IS.

205. Art. 239 *bis* AA, CGI.

modernisation de l'économie du 4 août 2008, des jeunes PME[206] non cotées constituées sous forme de SA, de SAS ou de SARL, auxquelles est ouverte la possibilité de profiter, pendant les cinq premières années à compter de leur création, de l'avantage que représente l'imputation des déficits sur les autres revenus des associés[207]. Ce dispositif, inspiré notamment du droit américain, a été présenté lors de son introduction comme de nature à faciliter l'investissement des personnes physiques – entrepreneurs ou simples pourvoyeurs de fonds prêts à investir – dans des entreprises récentes et à fort potentiel. Cependant, on se souvient que l'article 156 du Code général des impôts, non réformé par la loi de modernisation de l'économie, limite sévèrement le droit à l'imputation des déficits pour les associés n'ayant pas dans l'activité de la société une « participation personnelle, continue et directe ». Les « *business angels* » seront-ils touchés par cette restriction ? Il faut souhaiter que l'administration veille à répondre de façon modérée et circonstanciée à cette délicate question, faute de quoi les vœux du législateur risquent fort de rester pieux.

231 Le système des options « croisées » permet d'assouplir la frontière entre sociétés de personnes et de capitaux. Toutefois, l'assouplissement est étroitement contrôlé. Si l'option en faveur de l'impôt sur le revenu exercée par une SARL de famille peut être révoquée librement à la fin d'un exercice, l'option des sociétés de personnes pour l'impôt sur les sociétés est irrévocable. Elle ne peut, de plus, être exercée par des sociétés de personnes issues d'une transformation préalable d'une société de capitaux, s'il s'est écoulé plus de trois mois à compter de la transformation[208]. Ainsi, le passage du régime de l'impôt sur le revenu à celui de l'impôt sur les sociétés, et réciproquement, ne peut être utilisé, en principe, à des fins d'optimisation fiscale[209].

b) Les entités soumises à un régime fiscal mixte

232 Les bénéfices de certaines entités sont soumis, pour partie à l'impôt sur les sociétés, pour partie à l'impôt sur le revenu. Ceci s'applique aux sociétés en commandite simple et à certaines entités dépourvues de personnalité morale[210].

206. La définition de la PME pour les besoins de ce texte n'est pas celle du droit de l'Union européenne. L'entreprise concernée doit employer moins de 50 salariés et réaliser un chiffre d'affaires annuel inférieur à 10 millions d'euros ou avoir un total de bilan inférieur à cette somme au cours de l'exercice. Son capital social doit être détenu à 50 % au moins par une ou plusieurs personnes physiques et à 34 % au moins par une ou plusieurs personnes ayant la qualité de dirigeant (président, directeur général, président du conseil de surveillance, membre du directoire ou gérant) ou un membre de son foyer fiscal au sens de l'impôt sur le revenu.

207. Art. 239, *bis* AB CGI, commenté par l'instruction du 22 avr. 2009, BOI-IS-CHAMP-20-20-20-10.

208. Art. 239, CGI. L'option ne redevient possible... qu'après quinze ans. On comprend mal une telle durée.

209. Voir pourtant le curieux arrêt rendu par la Chambre criminelle le 28 juin 2006, *Dr. fisc.* 2007, n° 28, comm. 739, où l'option pour le régime des sociétés de personnes fut qualifiée de fraude fiscale au sens de l'article 1741 du CGI. Des personnes avaient constitué une SARL pour l'exploitation d'un navire de plaisance (voilier) en vue de la location, société qui avait opté pour le régime fiscal des sociétés de personnes (art. 239 *bis* AA, CGI). Le contrôle fiscal avait établi que la société était structurellement déficitaire et que l'option n'avait d'autre objet que de permettre aux associés d'imputer des déficits substantiels sur leurs revenus. La Cour de cassation condamna les prévenus en énonçant que « le seul fait de se placer sous un régime fiscal indu, dans l'intention de se soustraire, ne serait-ce que partiellement, à l'impôt, caractérise le délit prévu par l'article 1741 (...) ».

210. Voici un autre facteur de complexité bien français qui n'existe pas en droit allemand, par exemple.

233 Les **sociétés en commandite simple** sont des sociétés de personnes comprenant deux catégories d'associés : les commandités, qui ont le statut d'associés en nom collectif, et les commanditaires, qui répondent des dettes sociales seulement à concurrence du montant de leur apport[211]. Il résulte de cette dualité des associés une mixité du régime fiscal. Les commandités sont ainsi personnellement passibles de l'impôt sur le revenu sur la part des bénéfices sociaux correspondant à leurs droits dans la société, alors que la part des commanditaires dans les bénéfices est assujettie à l'impôt sur les sociétés[212]. Les conséquences pratiques de cette ventilation sont notamment que la société doit souscrire deux déclarations : l'une est établie au titre de l'impôt sur le revenu, pour la fraction des bénéfices sociaux correspondant aux droits des commandités ; l'autre est établie au titre de l'impôt sur les sociétés, pour la fraction des bénéfices sociaux correspondant aux droits des commanditaires.

234 Certaines entités dépourvues de personnalité morale jouissent également d'un régime fiscal mixte. Il s'agit de la société en participation et de la société de fait.

La **société en participation** est une société dont les associés conviennent qu'elle ne sera pas immatriculée au registre du commerce et des sociétés[213]. Elle n'a pas de personnalité morale, donc pas de patrimoine social. Elle peut être révélée aux tiers lorsque les participants agissent envers ces derniers en qualité d'associés. Elle a cependant généralement vocation à rester occulte, seul le gérant étant alors connu des tiers. Elle se rencontre fréquemment dans la pratique des affaires. Elle permet par exemple à des sociétés de mener en commun des projets ponctuels, ou à des banques de constituer des syndicats financiers en vue de partager les risques liés au placement dans le public de valeurs mobilières.

La **société de fait**[214] se rapproche à bien des égards de la société en participation. Seulement, elle ne résulte pas, comme cette dernière, d'une intention délibérée de constituer un groupement. Elle procède plutôt d'un comportement spontané de personnes qui agissent comme de véritables associés. Le droit fiscal, comme le droit civil[215], assimile donc les sociétés de fait à des sociétés en participation[216].

235 Le régime fiscal de la société en participation n'est autre que celui des sociétés de personnes. Il s'agit d'une solution logique dès lors que, selon l'article 1871-1 du Code civil, les rapports entre associés sont régis, sauf convention contraire, par les dispositions applicables aux sociétés civiles (en cas d'objet civil) ou aux sociétés en nom collectif (en cas d'objet commercial). Le CGI prévoit également que les sociétés en participation doivent, pour l'application des articles 8 et 60 du CGI précités, inscrire à leur actif les biens dont les associés ont convenu de mettre la propriété en commun[217]. Cette inscription à l'actif révèle une intéressante dissociation entre droit civil et droit fiscal : si une société en participation, qui ne jouit pas de la personnalité morale et ne dispose pas d'un patrimoine propre, ne peut devenir propriétaire des biens que les associés mettent à sa disposition, elle peut cependant déduire de son résultat les charges qui ont été engagées pour l'acquisition des biens que les associés ont décidé de mettre en commun et qui doivent figurer à l'actif de son bilan. Dès lors, ne constitue pas un acte anormal de gestion le fait pour une société en participation de déduire les intérêts du prêt ayant financé l'acquisition des actions que ses associés ont décidé de mettre en

211. Art. L. 222-1, C. com.
212. Art. 206-4, CGI.
213. Art. 1871, al. 1er, C. civ.
214. « Société de fait » est entendu ici comme synonyme de « société créée de fait » (appellation retenue par le Code civil et le Code général des impôts).
215. Art. 1873, C. civ.
216. Art. 238 *bis* L, CGI.
217. Art. 238 *bis* M, CGI.

commun[218]. Le Conseil d'État pousse la logique de la personnalité fiscale de la société en participation à son extrémité : statuant en matière de taxe professionnelle (un impôt qui n'existe plus aujourd'hui), il n'a pas hésité à considérer qu'« une société en participation [...] constitue du point de vue fiscal, malgré son absence de personnalité juridique, une entité distincte de ses membres. Il s'en déduit que lorsqu'elle exerce à titre habituel une activité professionnelle non salariée, elle est elle-même redevable des cotisations de taxe professionnelle [...] sans qu'y fasse obstacle la circonstance que ces cotisations, qui constituent une obligation fiscale propre de la société et non une obligation de ses membres à hauteur de leur participation, ne peuvent être libellées, en l'absence de personnalité morale de la société en participation, qu'aux noms de ceux de ses associés qui sont connus de l'administration fiscale »[219].

Du côté des associés, relèvent de l'impôt sur le revenu les membres des sociétés en participation y compris les syndicats financiers qui sont indéfiniment responsables et dont les noms et adresses ont été révélés à l'administration[220]. En pratique, ceci implique que les membres personnes physiques des sociétés en participation sont imposés comme s'ils étaient associés d'une société de personnes. En revanche, les membres personnes morales, lorsqu'ils sont soumis à l'impôt sur les sociétés, sont également assujettis à l'impôt sur les sociétés à raison de la part des bénéfices sociaux leur revenant[221]. Il apparaît ainsi que, pour les sociétés en participation comme pour les sociétés de personnes ordinaires, il faut procéder à une dissociation entre la détermination de l'assiette de l'impôt, qui se fait au niveau de la société, et le recouvrement de l'impôt, qui s'opère au niveau des membres[222]. Enfin, il faut signaler que les sociétés de participation sont autorisées à opter pour l'assujettissement à l'IS[223].

L'originalité du régime fiscal de la société en participation tient au fait que certains associés de sociétés en participation peuvent n'être pas connus de l'administration fiscale. En ce cas, l'impôt sur les sociétés s'applique également à la part des bénéfices correspondant aux droits des associés dont les nom et adresse n'ont pas été communiqués à l'administration[224].

c) Les entités soumises à l'impôt sur les sociétés en raison de leur activité

236 Jusqu'à présent, il a été vu que le domaine de l'impôt sur les sociétés dépendait de la forme juridique des sociétés concernées. Les sociétés de forme commerciale relèvent ainsi mécaniquement de cet impôt. Il existe cependant quelques exceptions à ce lien de principe entre la forme juridique et le statut fiscal. En premier lieu, certaines sociétés sont soumises à un régime fiscal opposé à celui que leur forme paraît de prime abord

218. CE, 28 mars 2014, n° 339119, *SEP BCM Holdings France*, *Dr. fisc.* 2014, n° 22, comm. 360, concl. E. Crépey ; v. aussi la chronique d'E. Bokdam-Tognetti, *RJF* 6/14, p. 523 et s.

219. CE, 5 oct. 2016, n° 393299, *Sté Loisirs France, Dr. fisc.* 2016, n° 46, comm. 587, concl. V. Daumas.

220. Art. 8, 2°, CGI. Le texte autorise cependant les associés concernés à opter pour l'impôt sur les sociétés.

221. Art. 218 *bis*, CGI. Comp. art. 238 *bis* K, CGI pour les sociétés de personnes ayant des associés soumis, pour certains à l'impôt sur le revenu, pour d'autres à l'impôt sur les sociétés.

222. La solution est acquise en matière d'impôt sur les bénéfices (CE, 18 mai 2009, n° 301763, *SAS Ets Chevannes*, *Dr. fisc.* 2009, n° 40, comm. 491, note B. Delaunay), en matière de TVA (CE, plén., 27 mars 1963, n° 53433, *Sté Les Films Ariane*, *Dr. fisc.* 1963, n° 20, comm. 531) et en matière de taxe professionnelle (CE, 28 nov. 2012, n° 344781, *SNC Eiffage Construction*, *Dr. fisc.* 2013, n° 10, comm. 183, concl. F. Aladjidi, note B. Toulemont et J.-Ch. Origène). En matière de contribution économique territoriale, c'est la loi elle-même qui le prévoit (art. 1447 CGI pour la cotisation foncière des entreprises, art. 1586 *ter* CGI pour la cotisation sur la valeur ajoutée des entreprises).

223. Art. 206 CGI.

224. Art. 206, 4, CGI.

imposer. En second lieu, certaines collectivités autres que les sociétés peuvent être assujetties à l'impôt sur les sociétés si elles exercent une activité lucrative.

237 S'agissant tout d'abord des **sociétés dont le statut fiscal est en opposition avec leur forme juridique**, on peut citer deux exemples. Le premier est le cas très particulier des sociétés immobilières de copropriété, qui sont considérées comme totalement transparentes du point de vue fiscal : même lorsqu'elles sont constituées sous forme de société de capitaux, elles ne sont pas imposables en tant que telles et l'impôt s'applique aux associés. Cette particularité tient à leur objet, qui n'est autre que l'attribution à leurs associés des immeubles dont elles sont propriétaires[225]. La transparence de ces sociétés dépasse d'ailleurs le seul domaine de l'impôt sur le revenu pour gagner celui des droits d'enregistrement et de la taxe de publicité foncière.

238 Le second exemple est celui des sociétés civiles qui se livrent à une exploitation ou à des opérations ayant un caractère industriel ou commercial au sens des articles 34 et 35 du Code général des impôts. Ces sociétés sont soumises à l'impôt sur les sociétés en raison de leur activité[226]. La solution est curieuse, car de telles sociétés sont théoriquement nulles, mais on peut y voir autant le « réalisme » du droit fiscal que le signe d'une méfiance à l'égard des sociétés de personnes qui n'existe pas dans d'autres pays[227]. Elle a également été critiquée en raison de sa rigueur car la soumission à l'impôt sur les sociétés suite à un contrôle fiscal peut produire des conséquences en chaîne : assujettissement à la TVA, à la contribution économique territoriale, remise en cause du régime des distributions antérieures, etc. On peut également s'interroger sur la cohérence d'un droit qui, d'un côté, soumet les sociétés en nom collectif à l'impôt sur le revenu, même lorsqu'elles ont un objet commercial, alors qu'il ne le fait pas en présence de sociétés civiles[228]. Certes, une doctrine administrative ancienne accepte de ne pas soumettre à l'impôt sur les sociétés les bénéfices des sociétés civiles lorsque le montant hors taxe de leurs recettes de nature commerciale n'excède pas 10 % du montant de leurs recettes totales hors taxe[229]. Toutefois, cette concession pratique ne supprime pas le problème de la légitimité théorique de la règle examinée.

Il faut en outre noter que la jurisprudence est rigoureuse à l'égard des sociétés civiles. C'est ainsi, notamment, qu'elle estime que les sociétés civiles qui se livrent à des opérations de location nue (non qualifiables d'acte de commerce par nature) doivent être assujetties à l'impôt sur les sociétés lorsqu'il résulte des circonstances particulières de l'espèce que la location consentie a pour effet d'entraîner une participation indirecte du bailleur à la gestion ou aux résultats d'une entreprise commerciale exploitée par le preneur[230]. L'activité est alors réputée revêtir un caractère commercial, avec toutes les

225. L'art. 1655 *ter*, CGI vise plus précisément « les sociétés qui ont, en fait, pour unique objet soit la construction ou l'acquisition d'immeubles ou de groupes d'immeubles en vue de leur division par fractions destinées à être attribuées aux associés en propriété ou en jouissance, soit la gestion de ces immeubles ou groupes d'immeubles ainsi divisés, soit la location pour le compte d'un ou plusieurs des membres de la société de tout ou partie des immeubles ou fractions d'immeubles appartenant à chacun de ces membres ».

226. Art. 206, 2, CGI. Exception à cette règle est faite pour les sociétés civiles de construction-vente et les sociétés civiles de moyens.

227. Le droit allemand, par exemple, n'établit aucun lien entre le dépassement de l'objet social et le statut fiscal de la société civile.

228. P. Serlooten, n° 407.

229. Rép. min., *JO Déb. AN* 1981, *JCP* 1981, éd. CI, n° 13666 ; BOI-IS-CHAMP-10-30 n°s 320 et 330.

230. Cf. en ce sens CE, 11 déc. 2009, n° 301504, *SCI Aristide Briand*, *Dr. fisc.* 2010, n° 10, comm. 213, concl. L. Olléon. En l'espèce, le caractère commercial de l'activité résultait d'un faisceau d'indices dont le cumul explique la décision du Conseil d'État : associé commun majoritaire, loyer correspondant à un pourcentage du chiffre d'affaires de la société preneuse, proportion des loyers dans les recettes de la SCI (20 %).

conséquences qui en découlent. De même, le simple fait pour une société civile immobilière de se livrer à une activité de location en meublé pendant quelques semaines par an quelques étés de suite suffit à entraîner l'assujettissement à l'impôt sur les sociétés[231] : cette solution procède de l'interprétation large du principe selon lequel le caractère commercial de l'activité de location dépend de son caractère habituel.

239 Les **entités autres que les sociétés,** quant à elles, peuvent être soumises à l'impôt sur les sociétés dès l'instant qu'elles sont dotées de la personnalité morale et se livrent « à une exploitation ou à des opérations de caractère lucratif ». C'est le cas de personnes morales de droit public, telles que les établissements publics, les organismes de l'État jouissant de l'autonomie financière et les organismes des départements et des communes[232]. C'est aussi le cas de personnes morales de droit privé aussi diverses que les associations de la loi de 1901, les fondations, les syndicats professionnels, les congrégations religieuses, etc. La soumission à l'impôt sur les sociétés répond alors à une finalité bien précise : assurer l'égalité de traitement et, par-là, la saine concurrence entre les entités exerçant ouvertement une activité commerciale et celles qui le font de façon moins ouverte. L'enjeu économique de l'assujettissement à l'impôt sur les sociétés est ici considérable, lorsqu'on connaît par exemple l'importance du secteur associatif dans le domaine de la santé, du tourisme, des loisirs, de l'éducation, etc. La frontière entre la société et l'association devenant plus ténue[233], il est normal que le droit fiscal en prenne acte.

Tout le problème est alors de savoir ce que signifie le fait de se livrer « à une exploitation ou à des opérations de caractère lucratif ». Cette expression ambiguë a donné lieu à une abondante jurisprudence[234] et à une doctrine administrative évolutive[235] dont le domaine dépasse le seul impôt sur les sociétés et intéresse également la contribution économique territoriale et la taxe sur la valeur ajoutée. L'état du droit actuel peut être résumé ainsi : une entité doit être considérée comme à but non lucratif si, d'une part, sa gestion est désintéressée[236] et si, d'autre part, les services qu'elle rend ne sont pas offerts en concurrence avec ceux proposés au même public par des entreprises commerciales exerçant une activité identique. À supposer cependant que l'entité considérée soit en concurrence avec des entreprises commerciales, elle conserve le bénéfice de l'exonération si son activité s'exerce dans des conditions différentes de celles de ces dernières. Pour apprécier ce dernier critère, l'administration recommande d'appliquer la règle des « 4 P » en s'intéressant au « produit » proposé, au « public » visé, aux « prix » pratiqués et à la « publicité » faite. La loi prévoit en outre que lorsque les activités

231. CE, 28 déc. 2012, n° 347607, *SCI Le Mas des Sources*, *Dr. fisc.* 2013, n° 11, comm. 189, concl. E. Cortot-Boucher.

232. Liste de l'art. 206, CGI.

233. Pour approfondir, cf. Ph. Merle, *op. cit.*, n° 37.

234. Cf. notamment CE, 13 déc. 1993, 8e et 9e s.-s., n° 115097, *Association « Clinique de Saint-Martin-La-Forêt »*, *RJF* 2/94, n° 131 ; CE, 1er oct. 1999, n° 170289, sect., *Association « Jeune France »*, *RJF* 11/99, n° 1338, chron. E. Mignon. CE, 1er mars 2000, n° 197584, 8e et 3e s.-s., *Association Foire nationale des vins*, *RJF* 4/00, n° 465, concl. J. Arrighi de Casanova, *BDCF* 4/00, n° 45 ; CE, 8 mars 2002, n° 207941, 9e et 10e s.-s., *ministre c/Association Foire Exposition de Morlaix*, *RJF* 6/02, n° 620, concl. J. Courtial, *BDCF* 6/02, n° 75 ; CE, 5 avr. 2006, n° 256505 à 256508, 9e et 10e s.-s., *Sté de Secours minière du Pas-de-Calais*, *RJF* 7/06, n° 832. Cf. aussi, pour la TVA, CJCE, 21 mars 2002, aff. 174/00, *Kennemer Golf et Country Club*, *RJF* 6/02, n° 736, concl. Jacobs, *BDCF* 6/02, n° 76.

235. BOI-IS-CHAMP-30-70 ; BOI-IS-CHAMP-10-50-10-20.

236. Le caractère désintéressé de la gestion signifie que l'organisme est géré et administré à titre bénévole par des personnes n'ayant elles-mêmes, ou par personne interposée, aucun intérêt direct ou indirect dans les résultats de l'exploitation, que l'organisme ne procède à aucune distribution de bénéfices et que ses membres ne peuvent pas être déclarés attributaires d'une part quelconque de l'actif (sous réserve du droit de reprise des apports).

lucratives sont accessoires par leur montant, les entités qui s'y livrent conservent le bénéfice de l'exonération des impôts commerciaux[237].

240 Lorsqu'une collectivité privée autre qu'une société ne se livre pas à une exploitation ou à des opérations de caractère lucratif, elle est exclue du domaine de l'impôt sur les sociétés. Elle n'est pas cependant soustraite à tout impôt (à moins qu'il ne s'agisse d'une fondation reconnue d'utilité publique). Conformément à l'article 206, 5 du Code général des impôts, elle est alors soumise à une imposition allégée à raison des revenus de sa gestion patrimoniale. Ses revenus fonciers et bénéfices agricoles, ainsi que certains revenus mobiliers, sont ainsi imposés au taux de 24 %, voire de 10 % pour certains revenus de capitaux mobiliers. Les dividendes sont imposés à un taux spécial de 15 %[238]. Demeurent exonérés les gains en capital, les profits immobiliers et les plus-values de cession de valeurs mobilières.

d) Les exonérations

241 Il existe toute une série d'entités qui, en raison de leur objet, sont exonérées d'impôt sur les sociétés. Sans souci d'exhaustivité, on peut extraire des articles 207 et suivants du CGI le cas des syndicats professionnels et de leurs unions, de certaines sociétés coopératives agricoles et artisanales, des offices publics HLM, de certaines sociétés d'investissement à capital variable, de certaines sociétés immobilières d'investissement ou de certaines sociétés d'investissement à risque.

Ces exonérations s'expliquent, tantôt par le caractère non lucratif de l'activité exercée, tantôt par l'intérêt social qui s'attache à l'absence d'impôt, tantôt au contraire par le souci de favoriser certaines activités risquées ou particulièrement profitables à l'économie française. L'exonération peut également viser à encourager la **création d'entreprises nouvelles**, auquel cas elle n'a qu'un caractère provisoire[239]. C'est ce qui explique notamment le régime d'exonération spécifique des **pôles de compétitivité**, lancés en France en 2004 afin de favoriser des regroupements d'entreprises et de centres de recherche publics autour de projets communs d'innovation et de recherche. Le même dispositif d'exonération s'applique aux « **jeunes entreprises innovantes** » et aux « jeunes entreprises universitaires », autrement dit à des petites et moyennes entreprises réalisant des dépenses de recherche et de développement représentant au moins 15 % de leurs charges fiscalement déductibles[240]. L'exonération peut

237. Art. 206, 1 *bis*, CGI.

238. Tous ces taux sont établis par l'art. 219 *bis*, CGI. Le taux de 15 % applicable aux dividendes a été introduit dans le CGI suite au constat par le Conseil d'État (CE, 13 févr. 2009, n° 298108, *société Stichting Unilever pensioenfonds progress et autres*) d'une différence de traitement contraire au droit de l'Union européenne entre les dividendes versés à des caisses de retraites résidentes de France (totalement exonérés) et ceux versés à des fonds de pension étrangers (soumis à retenue à la source de 25 %). Le droit positif actuel, en durcissant le régime applicable au versement de dividendes dans une situation interne et en allégeant le régime des dividendes transfrontaliers, est conforme au droit de l'Union européenne. Sur l'arrêt du Conseil d'État, v. S. Austry et D. Gutmann, « Libertés communautaires et fonds de pension : suite. À propos de CE, 13 févr. 2009 », *FR* 15/09, p. 11 et s.

239. Art. 44 *sexies*, CGI ; art. 208 *quater* et s., CGI.

240. En matière d'impôt sur les sociétés, l'exonération totale des bénéfices réalisés joue pour le premier exercice bénéficiaire. Pour le suivant, l'exonération concerne 50 % des bénéfices. Pour les pôles de compétitivité, cf. art. 44 *undecies* et 223 *nonies* A-2 et 4, CGI. Pour les JEI et JEU, cf. art. 44 *sexies*-0, CGI. Le dispositif relatif aux JEI (qui comprend également des exonérations facultatives de taxe foncière sur les propriétés bâties (CGI, art. 1383 D) et de cotisation foncière des entreprises (CGI, art. 1466 D)) a été prorogé de trois ans par la loi de finances pour 2017 ; le dispositif est donc applicable aux JEI créées jusqu'au 31 décembre 2019. Pour une approche critique de l'efficacité de ces dispositifs, cf. Conseil des prélèvements obligatoires, *Les prélèvements obligatoires des entreprises dans une économie globalisée*, oct. 2009, p. 137 et s., p. 151-152. Le législateur en a d'ailleurs tiré les conséquences et supprimé

encore s'expliquer par la concurrence fiscale que se livrent les États pour attirer certains types d'investissements : ainsi, par exemple, les **SIIC** (sociétés d'investissements immobiliers cotées) ne sont exonérées – sur option – d'impôt sur les sociétés pour la fraction de leur bénéfice provenant de la location des immeubles qu'elles détiennent que parce qu'il existe à l'étranger des régimes similaires très attractifs[241].

§ 2. LA SOCIÉTÉ DE PERSONNES

242 La société de personnes constitue, en droit civil, une personne morale dotée de la personnalité juridique. Elle est autonome par rapport à ses associés, en ce sens qu'elle a son propre patrimoine, donc des droits et des obligations indépendants de ceux de ses associés. Toutefois, la société de personnes se signale par la minceur de l'écran qu'elle offre à ceux-ci. Société « à risques illimités »[242], elle offre aux créanciers la possibilité de saisir directement le patrimoine des associés, selon des modalités qui varient selon le type de société concernée (société civile, société en nom collectif, etc.).

Cette ambivalence de la société de personnes se retrouve, dans une certaine mesure, en matière fiscale. En effet, la société de personnes est considérée comme relevant de l'impôt sur le revenu, non de l'impôt sur les sociétés. Cette formule, partiellement impropre, veut en réalité dire que les associés de la société de personnes sont redevables de l'impôt sur le revenu – lorsqu'il s'agit de personnes physiques – à raison des bénéfices dégagés par la société.

243 Ce mécanisme de création d'une dette fiscale sur la tête des associés peut s'expliquer, de façon théorique, de plusieurs façons. Comme on l'a fort justement démontré[243], il existe fondamentalement deux approches de la société de personnes. Toutes deux expliquent que le revenu de la société soit imposé entre les mains des associés, mais elles le font de façon différente. La première approche consiste à poser que la société de personnes constitue une entité distincte des associés. Il en découle que le revenu de la société de personnes doit être déterminé séparément, à la suite de quoi il peut être fiscalement attribué aux associés en vue de son imposition. Ce type de théorie est répandu dans les États où la société de personne constitue, en droit civil, une entité juridiquement distincte des associés.

l'exonération prévue par l'article 44 *undecies*, CGI pour les projets non encore agréés au 16 nov. 2009 (art. 59 de la loi de finances rectificative pour 2009). Il semble toutefois que le dispositif des jeunes entreprises innovantes soit très efficace pour stimuler l'emploi et la croissance, moyennant un coût budgétaire modéré (voir l'étude du FMI, France : selected issues, IMF Country Report No. 17/289, sept. 2017, § 21).

241. Cf. pour plus de détails l'art. 208 C, CGI.

242. Selon la formule de B. Dondero et P. Le Cannu, *Droit des sociétés*, Montchrestien, coll. « Domat », 3e éd., 2009, no 1291.

243. A. Easson et V. Thuronyi, "Fiscal Transparency", in V. Thuronyi (ed.), *Tax Law Design and Drafting*, IMF, 1998, vol. 2, chap. 21. Ces auteurs s'intéressent à la conception de la *partnership*, étant entendu que ce terme recouvre pour eux, à la fois les types de *partnership* connus des systèmes de *common law*, et les sociétés de personnes connues des systèmes de droit civil. Pour une approche plus récente de la question sous un angle comparatiste et avec un accent sur le traitement des flux transfrontaliers, v. l'ouvrage dirigé par F. Haase, *Taxation of International Partnerships. 15 years OECD Partnership Report : Past, Present, Future*, IBFD, 2014 (le rapport français étant rédigé par Ph. Derouin).

La seconde approche, davantage présente dans les pays de *common law* où les *partnerships* n'ont pas nécessairement la personnalité juridique, pose au contraire que la société de personne ne constitue qu'une juxtaposition d'associés, ceux-ci n'étant au fond que les propriétaires d'une partie des actifs de la société. Cette théorie de la transparence, qui nie à la société de personnes une existence indépendante de celle des associés, rend inutile la détermination du revenu de la société à son propre niveau. Au contraire, elle implique que les revenus réalisés par l'intermédiaire de la société doivent être réputés réalisés directement par les associés, comme si la société de personnes n'avait aucune existence fiscale.

244 En pratique, il est rare de rencontrer un système absolument cohérent. La plupart sont hybrides, empruntant certains éléments à la théorie de l'entité distincte et d'autres à la théorie de la transparence. Le droit français constitue un hybride de ce type, avec cependant une certaine prédominance de la théorie de l'entité distincte[244]. On s'en convaincra en étudiant le régime fiscal de la société de personnes en droit interne (A) et en droit international (B).

A. LE RÉGIME FISCAL DE LA SOCIÉTÉ DE PERSONNES EN DROIT INTERNE

245 Selon l'article 8 du Code général des impôts, les associés des sociétés de personnes sont « personnellement soumis à l'impôt sur le revenu pour la part de bénéfices sociaux correspondant à leurs droits dans la société »[245]. Ce texte est instructif : parce que la société est une entité reconnue par le droit fiscal, elle réalise des bénéfices sociaux qu'il convient de qualifier et calculer. Une fois cette étape franchie, ces bénéfices doivent être ventilés entre les associés[246], pour lesquels ils constituent un revenu imposable

244. Le caractère hybride du système français se retrouve jusque dans la terminologie doctrinale. Cf. le titre évocateur et les développements classiques de l'article de M. Cozian, « Images fiscales : transparence, semi-transparence, translucidité et opacité des sociétés », *LPA*, 24 janv. 1996, p. 5 ; *Grands principes de la fiscalité des entreprises*, Litec, 4e éd., 1999, doc. 20. V. aussi sur le sujet O. Négrin, « Le particularisme fiscal des sociétés de personnes », *Dr. fisc.* 2015, n° 23, ét. 385 et l'ouvrage de G. Abate, *Le régime fiscal des sociétés de personnes*, Lextenso, 2014.

245. Ce texte est issu de la codification d'origine de 1948-1950 qui entérine sur ce point la jurisprudence antérieure du Conseil d'État (cf. notamment CE, 5 févr. 1925, *sieurs X..., Y..., Z..., Lebon,* p. 120).

246. La ventilation doit résulter, soit du pacte social, soit d'une convention ayant pour effet de leur conférer des droits différents dans les bénéfices de la société (CE Plén., 26 avr. 1976, n° 93212, *Dr. fisc.* 1977, n° 10, comm. 352, concl. Fabre ; *RJF* 1876, n° 6, p. 206). Le Conseil d'État a également précisé que les droits des associés s'entendent de ceux qui résultent du pacte social et que, par suite, les bases d'imposition de chaque associé doivent être déterminés par référence à une répartition des résultats sociaux présumée faite conformément au pacte social, sauf dans le cas où un acte ou une convention passé avant la clôture de l'exercice a pour effet de conférer aux associés des droits dans les bénéfices sociaux différents de ceux qui résulteraient de la seule application du pacte social, auquel cas les bases d'imposition des associés doivent correspondre à cette nouvelle répartition des droits sociaux (CE, 6 oct. 2010, n° 307969, *Dr. fisc.* 2011, n° 4, comm. 125, concl. J. Boucher). La flexibilité contractuelle ne va toutefois pas jusqu'à permettre de ventiler le résultat entre le vendeur et l'acheteur de parts de sociétés de personnes au prorata de leur durée de détention des parts pendant l'année : seul l'associé présent dans la société à la clôture est redevable de l'impôt (CE, 28 mars 2012, n° 320570, *Vaillant*, *RJF* 6/12, n° 616, *BDCF* 6/12 n° 77, concl. J. Boucher ; *Dr. fisc.* 2012, n° 51-52, comm. 565, concl. J. Boucher, note J.-M. Vié ; CE, 28 nov. 2012, n° 331223, *Mme Gris, Dr. fisc.* 2013, n° 6, comm. 140). Enfin, en cas de démembrement de propriété des parts, l'art. 8 du CGI prévoit que l'usufruitier est soumis à l'impôt sur le revenu pour la quote-part correspondant aux droits dans les bénéfices que lui confère sa qualité d'usufruitier. Est cependant

qui s'agrège aux autres. En droit français, la société de personnes constitue donc une entité reconnue par le droit fiscal (1°), même si cette reconnaissance est loin d'être complète (2°)[247]. La spécificité du traitement fiscal de la société de personnes explique également le sort particulier réservé à certaines opérations réalisées par leurs associés (3°).

1. Les règles inspirées par la théorie de l'entité distincte

246 La reconnaissance de la société de personnes par le droit fiscal est illustrée par plusieurs règles formant un ensemble.

247 La première est purement comptable. Conformément à l'article 60 du Code général des impôts, « le bénéfice des sociétés visées à l'article 8 est déterminé, dans tous les cas, dans les conditions prévues pour les exploitants individuels. Ces sociétés sont tenues aux obligations qui incombent normalement aux exploitants individuels ». En pratique, ceci signifie que la société de personnes doit évaluer le résultat et le déclarer. Elle doit également déclarer les rémunérations et les quotes-parts revenant aux associés. L'article L. 53 du Livre des procédures fiscales ajoute que « la procédure de vérification des déclarations déposées par la société est suivie entre l'administration des impôts et la société elle-même »[248].

248 La deuxième illustration de la théorie de l'entité distincte peut être trouvée dans les règles gouvernant la détermination et la qualification du résultat de la société de personnes (en bénéfice industriel et commercial, non commercial, etc.).

Ces règles sont d'appréhension difficile en raison d'une évolution chaotique de notre droit en la matière. Dans un arrêt de section du 24 février 1978, le Conseil d'État avait décidé que le bénéfice réalisé par les sociétés de personnes devait être qualifié en fonction de leur activité, quel que soit le statut des associés[249]. C'était une reconnaissance claire de la théorie de l'entité distincte. Une société civile ayant pour objet de louer des immeubles, par exemple, ne pouvait dégager que des revenus fonciers, que ses associés fussent des personnes physiques ou des personnes morales relevant de l'impôt sur les sociétés. Cette jurisprudence ayant rencontré l'hostilité de l'administration, elle fut écartée par un texte législatif, lequel fut à son tour l'objet de contournements divers, au point qu'il fallut substituer par petites touches un second texte au premier.

L'état du droit actuel se trouve codifié à l'article 238 *bis* K du CGI, qu'on ne présentera ici que dans les grandes lignes tant son architecture est complexe. Selon le II de ce texte, le principe est que la part de bénéfice d'une société de personnes est déterminée et imposée « en tenant compte de la nature de l'activité et du montant des recettes de la société [...] ». C'est dire que l'activité de la société (industrielle ou commerciale, non commerciale, foncière, etc.) commande la qualification fiscale du bénéfice et, par-

opposable à l'administration la convention de répartition des résultats conclue entre le nu-propriétaire et l'usufruitier (CE, 3e et 8e s.-s., 18 déc. 2002, n° 230605, *RJF* 3/03, n° 328, concl. F. Seners).

247. Pour un article classique sur la complexité de la matière, cf. M. Cozian et A.-S. Peignelin, « Un "sac d'embrouilles" : le régime fiscal des sociétés de personnes relevant de l'impôt sur le revenu », reproduit in M. Cozian, *Les grands principes de la fiscalité des entreprises*, Litec, 4e éd., 1999, Document 22, p. 289 et s.

248. Pour un bilan de la jurisprudence relative à l'application de ce texte, v. V. Daumas, « Obligations de notification de l'administration en cas de rehaussement des résultats d'une société de personnes : certitudes et interrogations », *RJF* 2/11, chron. p. 123 et s.

249. CE, Sect., 24 févr. 1978, n° 99347, *Dr. fisc.* 1978, n° 41, comm. 1558, concl. Rivière ; *RJF* 1978, n° 4, p. 121.

là, le régime d'imposition de celui-ci entre les mains des associés. Il s'agit d'une reconnaissance de la théorie de l'entité distincte.

Il en découle, par exemple, que lorsqu'un médecin est associé d'une société civile immobilière donnant en location des immeubles, les loyers perçus par la SCI sont imposables entre les mains de l'associé en suivant le régime des revenus fonciers. Peu importe que le médecin soit, par ailleurs, soumis aux règles des bénéfices non commerciaux dans le cadre de son activité professionnelle.

Cependant, la théorie de l'entité distincte souffre une exception majeure lorsque la société de personnes est détenue par une personne morale passible de l'impôt sur les sociétés dans les conditions de droit commun ou par une entreprise industrielle, commerciale, artisanale ou agricole imposable à l'impôt sur le revenu. En ce cas, ce n'est pas l'activité de la société de personnes qui commande la qualification fiscale du résultat de celle-ci, mais le statut de l'associé.

Ainsi, par exemple, lorsqu'une société de personnes ayant une activité de location immobilière est détenue par une société anonyme soumise de plein droit à l'impôt sur les sociétés, les bénéfices de la société de personnes sont automatiquement soumis à l'impôt sur les sociétés entre les mains de la société associée. La règle s'explique notamment par le souhait de l'administration fiscale de réagir à une pratique qui semble s'être établie postérieurement à l'arrêt précité du Conseil d'État du 24 février 1978. Celle-ci consistait, pour des entités soumises à l'IS associées de sociétés civiles immobilières, à défiscaliser les plus-values de cession d'immeubles réalisées par ces sociétés en profitant de l'application à de telles plus-values du régime des plus-values immobilières des particuliers, lequel se traduisait par une exonération complète au bout d'une certaine durée de détention.

Cette règle est à l'origine de nombreuses complications pratiques : lorsqu'une même société de personnes a des associés ayant des statuts fiscaux distincts (une entreprise commerciale ou agricole et une personne physique n'ayant pas ce statut), il faut procéder à une ventilation de ses résultats. La part de ceux-ci correspondant aux droits sociaux de l'associé « entreprise » doit être déterminée selon le régime applicable au bénéfice réalisé par l'associé (bénéfices industriels et commerciaux, bénéfices agricoles, ou impôt sur les sociétés). L'autre part des bénéfices, correspondant aux droits sociaux de l'associé personne physique est déterminée conformément aux règles applicables à l'activité de la société. Sachant que les modalités de détermination des résultats peuvent varier substantiellement d'une part à l'autre, la société de personnes doit alors établir plusieurs comptabilités pour respecter l'article 238 *bis* K du Code général des impôts.

249 Une troisième illustration de la théorie de l'entité distincte peut être trouvée dans le fait que la société peut conclure certains contrats avec ses associés pouvant donner naissance à des flux monétaires : contrats de prêt, contrat de bail, etc. Ceci n'a rien d'étonnant en droit civil, puisque la société de personnes a la personnalité morale, donc la capacité juridique. Cela n'est cependant pas évident en droit fiscal. Pourtant, les intérêts ou les loyers versés par la société donnent naissance à une charge déductible du résultat. Ce mécanisme de déduction illustre que la société est bien traitée comme une entité séparée de ses associés : le flux donne lieu à une déduction du côté de la société et à une imposition du côté de l'associé. Signalons toutefois que tous les flux monétaires ne sont pas logés à la même enseigne : les rémunérations versées par la société pour des fonctions exercées dans la société par les associés ne sont, elles, pas déductibles. Il en résulte que ces rémunérations sont considérées, du côté des associés, comme une partie

du résultat de la société qui leur sera attribuée aux fins de l'imposition[250]. On a pu écrire que ces rémunérations sont « une prérépartition du bénéfice réalisé par la société »[251]. Cette dérogation à la théorie de l'entité distincte pour les rémunérations des associés s'explique historiquement, semble-t-il, par le souci d'éviter la constitution de sociétés artificielles afin de verser aux associés des rémunérations soumises à un régime plus favorable que celui qui résulterait pour eux de l'exercice d'une activité individuelle directe[252]. Dans le même esprit, c'est le souci de prévenir ce type de montages qui conduit à traiter sous l'angle de la transparence l'avantage concédé par une société de personnes à l'un de ses associés (appelons-le A), lorsque l'autre associé est une société passible de l'impôt sur les sociétés (B) dont A est par ailleurs actionnaire. En pareille circonstance, l'avantage est considéré comme un revenu de capitaux mobilier distribué directement par B à A, ce qui revient à faire abstraction de la personnalité fiscale de la société de personnes interposée[253]. La solution est sans doute discutable d'un strict point de vue fiscal. Elle est cependant, plus profondément, le reflet d'un droit qui ne tire pas toutes les conséquences de la théorie de l'entité distincte.

2. Les règles inspirées par la théorie de la transparence

250 La théorie de la transparence marque de son empreinte le régime fiscal des sociétés de personnes. Preuve en est, notamment, que les résultats de la société sont imposables directement entre les mains des associés, alors même qu'ils ne seraient pas distribués. Comme l'a noté le commissaire du gouvernement Delmas-Marsalet, « l'article 8 n'édicte pas une simple présomption de disposition des bénéfices, présomption qui pourrait être combattue par la preuve contraire. Il organise en réalité un mode d'établissement de l'impôt qui est indépendant de la disposition des bénéfices par les associés, mais dépend uniquement de leur réalisation de la société. En vertu de ce texte, tout bénéfice réalisé par une société de personnes est immédiatement imposable entre les mains des associés au prorata de leurs droits sociaux, même s'ils n'en ont pas effectivement disposé dans les mêmes proportions »[254].

251 Cette approche de la société de personnes produit de multiples effets en pratique. Une question fréquente, par exemple, concerne le sort du conjoint de l'associé d'une société de personnes qui peut être tenté, pour échapper à la solidarité liant les membres du foyer fiscal[255], d'alléguer que la dette fiscale de son époux n'est pas, en réalité, une dette personnelle à celui-ci mais une dette de la société elle-même. Or, pareille argumentation est rejetée sans ambiguïté par le Conseil d'État. Selon celui-ci, il résulte en effet de l'article 8 du CGI « que les bénéfices découlant de l'activité [d'une société de personnes] sont imposables entre les mains de leurs associés, et non entre les mains de la société elle-même ». Le Conseil d'État en conclut que la cotisation d'impôt calculée à proportion des droits détenue par un conjoint dans une société de personnes « est une

250. CE, 7e et 9e s.-s., 28 oct. 1981, n° 22280, *Dr. fisc.* 1982, n° 8, comm. 322, concl. Rivière ; *RJF* 1981, n° 12, p. 561 ; CE, 8e et 9e s.-s., 13 mai 1988, req. n° 49437, *Dr. fisc.* 1989, n° 7, comm. 252, *RJF* 1988, n° 7, p. 492.

251. J.-P. Fradin et J.-B. Geffroy, n° 321.

252. P. Serlooten, n° 349.

253. En ce sens, CE, 12 avril 2012, n° 325329, *M. et Mme Vaudois*, *Dr. fisc.* 2012, n° 26, comm. 350, note A. de Bissy.

254. Concl. publiées in *Dr. fisc.* 1973, n° 26, comm. 953, sous CE, Sect., 7 juill. 1972.

255. Art. 1691 *bis*, CGI.

imposition due par son foyer fiscal et non une dette de la société que son époux serait tenu de payer en raison de sa qualité au sein de sa société »[256]. On ne saurait mieux démontrer que le véritable contribuable n'est pas la société, mais bien l'associé.

252 L'intérêt majeur de l'appréhension directe du résultat par les associés se révèle lorsque la société réalise, non un bénéfice, mais une perte. En pareille situation, la perte « remonte » directement aux associés et vient s'imputer sur leurs revenus imposables. La société de personnes peut ainsi se transformer en un utile instrument de « défiscalisation » dans la mesure où les pertes qu'elle réalise peuvent immédiatement conduire à une substantielle économie d'impôts pour ses associés[257]. Cet avantage fiscal est fréquemment recherché en matière patrimoniale, où une société civile immobilière peut réaliser des déficits fonciers utilisables à cette fin. Il peut également être recherché au sein des groupes de sociétés : le fait pour une société soumise à l'impôt sur les sociétés de constituer une filiale sous forme de société de personnes lui permet d'imputer les pertes de sa filiale sur ses propres bénéfices sans devoir réunir les conditions ordinairement exigées pour les groupes de sociétés de capitaux afin de bénéficier de la consolidation des résultats des membres du groupe dans le cadre de l'intégration fiscale[258].

253 En conclusion de ce survol du traitement de la société de personnes en droit interne, un constat simple peut être dressé : la matière est d'une surprenante complexité. De façon plus critique, on a pu écrire que « le régime fiscal spécifique des sociétés de personnes apparaît aux yeux de ses pourfendeurs affecté du triple vice de l'incohérence, de la complexité et surtout de l'inutilité »[259]. De fait, on comprend mal comment notre droit peut, tantôt reconnaître la personnalité fiscale de la société de personnes, tantôt sembler la nier. On ne s'explique pas comment le droit positif peut autoriser la déduction de certaines charges profitant aux associés (loyers et intérêts) tout en interdisant la déduction d'autres charges, telles que les rémunérations. S'il s'agit d'éviter des abus, il suffit de subordonner la déductibilité aux conditions de droit commun, à savoir que le travail soit effectif et que la rémunération ne soit pas excessive[260].

254 Pour éliminer les contradictions qui entachent le droit applicable aux sociétés de personnes, plusieurs voies sont envisageables. L'une consiste à soumettre l'ensemble des sociétés dotées de la personnalité morale à l'impôt sur les sociétés[261]. La voie semble cependant étroite, tant en raison de l'attachement des acteurs économiques à l'idée d'une certaine transparence que parce que l'environnement international enseigne que la transparence est plutôt la règle. L'autre consiste à tirer plus franchement les conséquences de la transparence fiscale, au moins quant aux modalités de

256. CE, 27 mars 2009, n° 293872 et 293871, *Dalamel de Bournet*, *RJF* 6/09, n° 598 ; *BDCF* 6/09, n° 79.

257. Les conditions de la déduction chez les associés des déficits constatés à la clôture de l'exercice ont été précisées par CE, 15 déc. 2010, n° 297513, *Dr. fisc.* 2011, n° 6, comm. 205, concl. N. Escaut.

258. Sur l'intégration fiscale en tant que moyen de compenser les bénéfices d'une société mère et les pertes de ses filiales, cf. *infra*, n° 328 et s.

259. P. Serlooten, « Faut-il sauver la semi-transparence fiscale des sociétés de personnes ? », *Dr. fisc.* 2007, n° 27, comm. 700, n° 14. Également critique, G. Suchy, « L'introuvable résultat fiscal des sociétés de personnes », *L'année fiscale* 2003, p. 285 et s.

260. P. Serlooten, « Faut-il sauver la semi-transparence... », n° 19.

261. Solution préconisée par P. Serlooten, art. préc., n° 24.

l'imposition[262]. Ceci n'empêcherait pas, pour des raisons pratiques, de laisser subsister une certaine reconnaissance de l'entité à des fins de procédure et de communication avec l'administration fiscale. Entre la transparence totale et l'opacité absolue se dessine une voie médiane, consistant à prôner une transparence « rationalisée ». Cette approche a semblé un temps privilégiée par l'administration fiscale qui a soumis à la consultation du public une proposition de réforme en ce sens[263] et a présenté au Parlement un projet de loi issu de ces travaux. L'idée consiste à renforcer substantiellement la transparence des sociétés de personnes en imposant les bénéfices des sociétés de personnes selon les règles applicables aux associés, sous réserve de certaines règles spéciales anti-abus. En contrepoint, la société de personnes conserverait sa personnalité juridique, comptable et fiscale, de sorte que les résultats continueraient d'être calculés à son niveau selon les règles de droit commun. Toutefois, le projet de réforme du régime fiscal des personnes a échoué devant le Parlement à la fin 2010 en raison de sa complexité et du manque de visibilité de ses conséquences sur le plan budgétaire. L'article 13 de la loi de finances rectificative pour 2010 n'a pas enterré le projet pour autant : il fait obligation au gouvernement de présenter au Parlement un rapport présentant les différentes options d'une nécessaire modernisation du régime fiscal des sociétés de personnes et entités assimilées, les coûts associés à cette réforme et les expériences en la matière de nos principaux partenaires européens. Reste que la date limite de présentation de ce rapport – le 30 avril 2011 – n'a pas été respectée.

3. Le statut des associés de la société de personnes

255 Parce que les sociétés de personnes sont fiscalement semi-transparentes, nous avons vu plus haut que les associés sont imposables sur les revenus réalisés par les sociétés, de même qu'ils peuvent en principe imputer sur leur revenu global les pertes de la société. Cette semi-transparence, qui établit dans une certaine mesure un lien direct entre l'associé et le revenu de la société, produit diverses autres conséquences. Elle explique pourquoi la loi fiscale reconnaît aux parts des sociétés de personnes le caractère de biens professionnels sous certaines conditions (a). Elle justifie également certaines règles d'origine jurisprudentielle destinées à éviter des situations de double imposition ou de double déduction des mêmes revenus (b).

a) La nature fiscale des parts détenues par les associés des sociétés de personnes

256 Selon l'article 151 *nonies* du Code général des impôts, « lorsqu'un contribuable exerce son activité professionnelle dans le cadre d'une société dont les bénéfices sont, en application des articles 8 et 8 *ter*, soumis en son nom à l'impôt sur le revenu dans la catégorie des bénéfices agricoles réels, des bénéfices industriels ou commerciaux ou des bénéfices non commerciaux, ses droits ou parts dans la société sont considérés [...] comme des éléments d'actif affectés à l'exercice de la profession ».

262. Les pistes d'une telle évolution ont été explorées par le comité scientifique de la branche française de l'Association fiscale internationale (IFA) : cf. à ce sujet Ph. Derouin, « La transparence fiscale des sociétés de personnes ou la fin programmée du sac d'embrouilles », *in* M. Chadefaux, F. Deboissy et Ch. de la Mardière (dir.), *Écrits de fiscalité des entreprises. Études à la mémoire du Professeur Maurice Cozian*, Litec, 2009, p. 355 et s.

263. DGFIP, communiqué du 11 mai 2010.

La qualification de bien professionnel attaché aux titres de sociétés de personnes dans lesquelles l'associé exerce son activité professionnelle emporte plusieurs conséquences : d'une part, les plus-values réalisées à l'occasion de la cession des parts sont imposées selon le régime des plus-values professionnelles[264] ; d'autre part, les intérêts de l'emprunt contracté pour l'acquisition de ces parts sont déductibles des revenus imposables de l'associé. Les parts sont également considérées comme des biens professionnels pour les besoins de l'impôt de solidarité sur la fortune et exonérées en conséquence.

257 Comme on peut le constater, la loi fiscale établit une ligne de démarcation claire entre les parts de sociétés de personnes et les parts de sociétés de capitaux. Tandis que les premières donnent lieu à une qualification spécifique de bien professionnel, aucune règle similaire n'existe dans le Code général des impôts pour les secondes. Toutefois, la jurisprudence a reconnu, par petites touches, que les droits dans des sociétés de capitaux pouvaient, sous certaines conditions strictes, ouvrir droit à certaines caractéristiques des biens professionnels et donner lieu, notamment, à la déduction des intérêts de l'emprunt souscrit par l'associé pour les acquérir.

Ainsi, il est aujourd'hui acquis que les professionnels soumis au régime des bénéfices non commerciaux peuvent déduire les intérêts d'acquisition de titres de sociétés de capitaux lorsque celle-ci est une condition nécessaire à l'exercice de leur profession au sein de l'établissement dont les titres sont acquis[265]. Lorsqu'une telle obligation d'acquérir les titres fait défaut, le Conseil d'État estime néanmoins que cette déduction est également possible, pour un professionnel relevant de la catégorie des bénéfices non commerciaux, s'il peut justifier d'une part que cet actif est inscrit au registre des immobilisations professionnelles et, d'autre part, que cette détention est utile à l'exercice de son activité[266]. Tel est le cas, par exemple, lorsqu'un chirurgien démontre que la détention des actions d'une société exploitant une clinique a pour effet de lui assurer une influence sur la marche de la clinique.

Enfin, lorsque la question de la qualification des titres se pose au sujet d'un salarié, la situation est fixée depuis qu'une décision du Conseil d'État du 25 octobre 2004 a jugé « qu'un salarié peut déduire de ses revenus les dépenses qui, eu égard à leur objet et à leur ampleur, peuvent être regardées comme directement utiles à l'acquisition ou la conservation de ses revenus, alors même que ni les circonstances de fait ni aucun texte ne les rendraient obligatoires »[267]. La solution a finalement été consacrée par la loi de finances rectificative pour 2008 à l'article 83, 3° CGI, qui autorise les salariés ainsi que les dirigeants fiscalement considérés comme tels à déduire, au titre des frais réels, les frais et intérêts d'emprunt exposés pour acquérir les parts ou actions d'une société ayant une activité industrielle, commerciale, artisanale, agricole ou libérale dans laquelle ils exercent leur activité professionnelle principale[268]. D'autres règles spécifiques existent pour les dirigeants de PME, auxquels la loi donne même un crédit d'impôt égal à 25 % des intérêts dus au titre de chaque année[269].

264. Pour le détail de ce régime, cf. *infra*, n° 603 et s. Pour un exemple de mise en œuvre du texte, v. CE, 8 juin 2016 n° 387826.

265. CE, 22 juin 1988, n° 60228, *RJF* 8-9/88, n° 979, concl. Ph. MARTIN, p. 516.

266. CE, 10 févr. 2006, n° 265117 et n° 265122, *Auvray et Sirisier*, *RJF* 5/06, n° 528, concl. (partiellement contraires) P. COLLIN, *BDCF* 5/06, n° 61 ; *Droit & Patrimoine*, déc. 2006, n° 154, p. 90 et s., obs. D. GUTMANN. Sur cet arrêt, v. aussi Y. BÉNARD, « Patrimoine professionnel et dépenses déductibles : utilité fait loi », *RJF* 7/06, p. 607 et s. Cf. déjà CE, 30 avr. 2004, n° 247436, *Paulin*, *RJF* 7/04, n° 714 ; *BDCF* 7/04, n° 89, concl. P. COLLIN ; *BGFE* 4/04, p. 12, obs. J.-L. PIERRE.

267. CE, 25 oct. 2004, *Dr. fisc.* 2005, n° 8, comm. 224, concl. E. Glaser ; *RJF* 1/07, n° 27. *Adde*, M. COZIAN, « Les experts-comptables salariés peuvent enfin déduire le coût du financement de l'acquisition de leurs titres de sociétés », *JCP* E 2005, 444.

268. Sur la réforme, cf. BOI-RSA-BASE-30-50-30-30 n° 120 et s.

269. Pour les conditions de ce crédit d'impôt, au demeurant plafonné, cf. art. 199-0 *terdecies* B, CGI.

258 Toutes les règles citées ci-dessus démontrent que l'évolution récente tend à rapprocher le statut des associés de capitaux de celui des associés de sociétés de personnes, du moins sur le terrain de la déduction des intérêts d'emprunt. Il ne s'agit cependant pas d'un rapprochement systématique : le régime des plus-values, notamment, n'est pas concerné, dans la mesure où les associés de sociétés de capitaux demeurent soumis au régime des plus-values des particuliers. Il y a là, sans doute, une bizarrerie de notre système fiscal, mais celle-ci s'explique largement par la spécificité du mode d'imposition des sociétés de personnes, comme on va maintenant le voir.

b) Le traitement des risques de double imposition ou de double déduction

259 La semi-transparence des sociétés de personnes crée dans certaines situations un risque de double imposition ou, symétriquement, de double déduction des mêmes revenus. En voici deux exemples où la jurisprudence a dû intervenir pour modérer la rigueur des principes découlant de la loi : celui des plus-values sur titres de sociétés de personnes et celui des avances sans intérêt consenties à une société de personnes par son associé.

α) Les plus-values sur titres de sociétés de personnes

260 Lorsqu'une société de personnes réalise un bénéfice, celui-ci est automatiquement imposé entre les mains de son associé, même s'il n'est pas distribué. C'est toute la différence entre une société de personnes et une société de capitaux. Lorsque le bénéfice n'est pas distribué, la valeur de la part détenue par l'associé augmente mécaniquement. Dès lors, si l'associé décide de céder à un tiers la part qu'il détient dans la société, le prix qu'il peut en obtenir doit tenir compte du fait que le titre cédé a une valeur supérieure à sa valeur nominale. En cas de cession, l'associé réalise donc une plus-value que l'on suppose, pour les besoins de notre exemple, exactement égale au bénéfice antérieurement non distribué. Or, voilà le problème : si cette plus-value est imposée entre les mains de l'associé, une situation de double imposition est constituée. La plus-value imposée n'est autre, en effet, que le bénéfice qui a déjà été imposé entre les mains de l'associé.

Le même raisonnement peut être fait en cas de perte réalisée par la société de personnes. La perte réalisée par la société s'impute directement sur le revenu de l'associé, même si elle ne donne lieu à aucun comblement de la part de celui-ci (c'est-à-dire à aucun versement complémentaire de l'associé permettant d'éponger la perte). La simple existence de la perte permet donc à l'associé de réaliser une économie d'impôt. Or, le jour où l'associé cède sa part, le prix de cession doit également tenir compte de la perte antérieure non comblée. L'associé réalise donc une moins-value qui, si elle était déductible pour l'associé, serait une seconde économie d'impôts ayant exactement le même objet que la première.

261 En pratique, ce type de difficulté peut être évité par une clause des statuts de la société de personnes prévoyant la distribution immédiate des bénéfices et le comblement immédiat des déficits. Toutefois, comme ce type de clause n'est pas systématique et que le législateur n'est pas intervenu en la matière, le Conseil d'État a fixé les règles applicables pour éviter le type de dysfonctionnement décrit ci-dessus. Il a ainsi considéré, dans l'arrêt *SA Établissements Quémener* du 16 février 2000[270], que la plus ou

270. CE, 16 févr. 2000, n° 133296, 8e et 3e s.-s., *SA Éts Quémener*, *RJF* 3/2000 n° 334, concl. Bachelier, p. 203 ; *Dr. fisc.* 2000. comm. 283, concl. Bachelier, note Turot ; *Les Nouvelles Fiscales*, n° 827, 1er juin 2000, p. 4 et s. Dans le même sens, CE, 3 mai 2011, n° 311338, *M. Brault*, *Dr. fisc.* 2011, n° 39, comm. 528, concl. P. Collin, note J.-M. Vié.

moins-value dégagée à l'occasion de cession des parts devait être corrigée aux fins de son imposition. Selon le Conseil d'État, le calcul de la plus-value réalisée s'entend de la différence entre le prix de cession et un prix de revient « fiscal » tenant compte de la quote-part de bénéfices non distribués par la société de personnes et déjà imposée entre les mains de l'associé. Symétriquement, la moins-value doit tenir compte d'un prix de revient intégrant la quote-part non comblée des pertes réalisées par la société. La formule générale du prix de revient des parts sociales est donc obtenue en majorant le prix d'acquisition des parts du montant des bénéfices non distribués et en le minorant du montant des déficits non comblés.

262 La solution de l'arrêt *Quémener*, dégagée dans une espèce où l'associé d'une société de personnes était une entreprise, a par la suite été étendue au cas où l'associé était un particulier relevant de l'article 150 A *bis* du Code général des impôts relatif aux cessions de titres de sociétés à prépondérance immobilière[271]. Dans le prolongement de cette jurisprudence, le Conseil d'État a ensuite admis l'application de la même règle de calcul aux plus-values réalisées par les particuliers selon les dispositions, alors en vigueur, de l'article 92 K du Code général des impôts[272]. Par deux réponses ministérielles du 31 janvier 2006[273], l'administration fiscale a pour sa part admis que « le mécanisme de correction du prix de revient des parts, issu de la jurisprudence *Quémener*, a donc vocation à s'appliquer à l'ensemble des plus ou moins-values de cession de parts de sociétés de personnes, quelles que soient la qualité des associés (professionnels ou simples apporteurs de capitaux) et la nature de l'activité de la société ». Enfin, le Conseil d'État a précisé que la solution *Quémener* a vocation à s'appliquer lorsqu'une société de capitaux, associée unique d'une société de personnes, procède à sa dissolution sans liquidation avec confusion de patrimoine dans les conditions de l'article 1844-5 du Code civil[274], mais il subordonne l'application de la solution au constat d'une double imposition effective de la société qui réalise l'opération de dissolution[275]. Cette exigence conduit, semble-t-il, à écarter le mécanisme lorsque les titres de la société confondue ont été acquis pour leur valeur de marché, si bien que la transmission universelle de patrimoine s'opère sans constat d'une plus-value d'annulation des titres imposable.

β) Les avances sans intérêts consenties par un associé à une société de personnes

263 Supposons qu'une entreprise associée unique d'une société de personnes consente à celle-ci une avance sans intérêt. La jurisprudence présume qu'il s'agit là d'un acte anormal de gestion[276], de sorte que les intérêts auxquels l'associé a renoncé devraient en principe être ajoutés à son propre bénéfice imposable en cas de rectification de sa situation par l'administration. Cependant, à bien y réfléchir, la situation n'est pas si simple. En effet, l'avantage ainsi consenti à la société de personnes constitue une libéralité qui accroît dans les mêmes proportions le résultat de celle-ci. La dispense d'acquitter les

271. CE, 9 mars 2005, n° 248825, *Baradé*, *RJF* 6/05, n° 564, *BDCF* 6/05, n° 75, concl. P. Collin, et la chron. de F. Bereyziat, « Cession de parts d'une société de personnes : la machine infernale », *RJF* 6/05, p. 382 et s.

272. CE, 25 nov. 2009, n° 310746, 310747, 310748, 310940 et 310954, *Dr. fisc.* 2010, n° 13, comm. 258, concl. E. Geffray, note E. Deglaire.

273. Rép. min. Gard, *JOAN*, p. 985, n° 66494 et Rép. min. Biancheri, *JOAN*, p. 985, n° 66675. Réponses reprises au BOI-RFPI-SPI-20-20150410, n° 30.

274. CE, 27 juill. 2015, n° 362025, *SA Matériels Electriques Ascenseurs (SA MEA)*, *RJF* 8-9/15, n° 883, concl. E. Bokdam-Tognetti, p. 920.

275. CE, 6 juillet 2016, n° 377904, *SARL Lupa Immobilière France et Lupa Patrimoine France*, *Dr. fisc.* 2016, n° 39, comm. 514, concl. N. Escaut, note F. Lugand ; *RJF* 11/2016, n° 982. Sur cette décision, v. également notre commentaire intitulé « Quel impact de la décision "Lupa" sur le régime des cessions de titres de sociétés de personnes ? », FR Lefebvre 37/16 inf. 5 p. 8 et s. La solution de l'arrêt Lupa est jugée conforme à la Constitution (CE, 28 juill. 2017, n° 411265, SARL Lupa Patrimoine France, *Dr. fisc.* 2007 n° 42, comm. 512, concl. R. Victor).

276. Sur cette notion, cf. *infra*, n° 628 et s.

intérêts constitue donc, pour la société de personnes elle-même, un fait générateur d'impôt. On aperçoit alors qu'une rectification du résultat de l'entreprise associée créerait, ici encore, une situation de double imposition. Le Conseil d'État l'a reconnu et a donc décidé qu'en pareille circonstance, l'administration ne peut corriger à la hausse le résultat de la société mère[277].

En présence d'une pluralité d'associés, la situation se présente de façon différente. En effet, une libéralité accordée à une société de personnes profite indirectement à tous ses associés. Elle constitue donc indirectement une libéralité au profit des coassociés. C'est pourquoi deux hypothèses doivent ici être distinguées : lorsque le prêt est accordé conjointement par tous les associés, chacun à proportion de sa participation dans la société de personnes, les associés ne se consentent pas mutuellement des libéralités. Il faut donc considérer que ce prêt peut être indifféremment rémunéré ou non. En revanche, lorsqu'une avance sans intérêt est accordée par un seul associé (en pratique l'associé majoritaire) à la société, il semble résulter de la jurisprudence que cette dispense d'intérêts doive être considérée comme une libéralité indue aux associés minoritaires. Elle mérite alors d'être imposée[278].

Ces solutions traditionnelles subsistent-elles aujourd'hui ? On peut s'interroger à ce sujet puisque l'article 39. 13 du CGI, issu de la loi du 16 août 2012 de finances rectificative pour 2012, interdit désormais de façon systématique la déduction des aides n'ayant pas un caractère commercial. Il s'ensuit qu'une lecture stricte de la loi conduit à une double imposition de la même somme entre les mains des associés, ce qui appelle de sérieuses réserves au regard notamment de l'esprit qui inspire la jurisprudence Quémener précitée.

B. LE RÉGIME FISCAL DE LA SOCIÉTÉ DE PERSONNES EN DROIT FISCAL INTERNATIONAL

264 Le caractère hybride de la société de personnes, déjà observé en droit interne, se retrouve en droit fiscal international. Deux situations peuvent se présenter, selon que la société de personnes est française (1°) ou étrangère (2°).

1. Le cas de la société de personnes française

265 Un problème classique du droit fiscal se pose lorsqu'une société de personnes française a des associés non-résidents de France[279]. Si l'on considère que la société de personnes est une entité fiscalement reconnue, il s'ensuit qu'elle peut être considérée comme une entité résidente au sens des conventions fiscales conclues par la France avec des États étrangers, et surtout que ses associés sont redevables de l'impôt français sur les bénéfices réalisés par la société[280]. La thèse de l'entité distincte est au fond solidaire de l'idée que l'imposition d'une société de personnes française est une question de pur droit interne : les conventions fiscales ne sauraient ainsi conduire à y déroger. En sens inverse, si l'on considère que la société de personnes est totalement transparente fiscalement, la France n'a pas nécessairement vocation à imposer des bénéfices réputés

277. CE, 27 juill. 2006, n° 274762, *Marchal*, *RJF* 12/06 n° 1517, concl. E. Glaser, *BDCF* 12/06, n° 147.

278. Outre l'arrêt cité à la note précédente, cf. CAA Douai, 12 déc. 2006, *RJF* 4/07, n° 393.

279. Pour une intéressante réflexion sur ce sujet, cf. (sans souci d'exhaustivité) V. Chaulin, « Retour sur la transparence fiscale des sociétés de personnes françaises », *Dr. fisc.* 2004, n° 4, p. 192 et s. Voir aussi l'étude classique de J.-P. Le Gall, « Essai sur le traitement fiscal des sociétés de personnes dans l'ordre international », *JCP* E 1988, II, n° 21, 15203.

280. En faveur d'une telle thèse, B. Gouthière, n° 1213.

réalisés directement par les associés et relevant donc d'une souveraineté fiscale étrangère : il faut alors rechercher la règle qui serait applicable si l'associé de la société de personnes avait directement et personnellement réalisé l'activité à l'origine du revenu[281].

266 En jurisprudence, la solution est désormais relativement claire. Le Conseil d'État a ainsi jugé, dans l'arrêt *Société Kingroup*, que dans la mesure où les actes correspondant à l'activité d'une société de personnes sont effectués en France, « les bénéfices en découlant sont imposables en France entre les mains des membres du groupement, à proportion, pour chacun, des droits qu'il détient dans ce dernier, y compris de ceux qui résident hors de France, sauf stipulation contraire d'une convention internationale relative aux doubles impositions »[282]. Le Conseil d'État a ensuite considéré dans ce même arrêt qu'aucune stipulation de la convention franco-canadienne ne faisait obstacle à l'imposition en France de la société Kingroup à hauteur des droits qu'elle détenait dans la société dont elle était associée, en relevant notamment que les stipulations relatives aux bénéfices des entreprises n'étaient pas applicables dès lors qu'elles « ne visent que les bénéfices réalisés en propre par une telle entreprise et sont donc sans application dans le cas où cette dernière perçoit, en qualité de membre [d'une société de personnes], une part des bénéfices que celui-ci tire d'une activité exercée en France ». La jurisprudence postérieure a suivi la ligne dessinée par l'arrêt *Kingroup*. Ainsi, par exemple, le Conseil d'État a jugé que les profits retirés par une société civile immobilière française de la location d'immeubles sont imposables en France, même si les associés de la société sont fiscalement résidents hors de France[283]. Un arrêt a même affirmé, à propos de sociétés en participation françaises, que « ces sociétés de personnes » constituent une entité distincte de leurs membres et exercent une activité ou effectuent des opérations qui leur sont propres ; que, dès lors que cette activité est exercée en France, les bénéfices réalisés par ces sociétés sont imposables en France entre les mains de leurs membres, y compris de ceux qui résident hors de France, sauf stipulations conventionnelles contraires, à proportion des droits qu'ils détiennent dans la société en participation[284].

267 À première vue, on pourrait penser que le Conseil d'État a purement et simplement consacré la thèse de l'entité distincte pour appréhender les bénéfices des sociétés de personnes françaises ayant des associés étrangers. La terminologie utilisée par la Haute assemblée invite à cette analyse. Cependant, une analyse plus fine s'impose. Comme on l'a bien montré, « en faveur de la première thèse [*la thèse de l'entité distincte*], on peut relever que le Conseil d'État n'a pas raisonné comme si la société de personnes était totalement transparente, puisqu'il n'a pas appliqué la convention comme si les bénéfices avaient été directement réalisés par l'associé : la Haute Assemblée a bien considéré que l'interposition de la société de personnes ne permettait pas de

281. En faveur d'une telle thèse, cf. par ex. Ph. Derouin, « La transparence fiscale des sociétés de personnes », *Dr. fisc.* 1997, n° 50, p. 1143 et s.

282. CE, 4 avr. 1997, n° 144211, 8e et 9e s.-s., *Sté Kingroup*, *RJF* 5/97, n° 424 et concl. F. Loloum, p. 293.

283. CE, 9 févr. 2000, n° 178389, 8e et 9e s.-s., *Hubertus AG*, *RJF* 3/2000, n° 342.

284. CE, 18 mai 2009 n° 301763, 8e et 3e s.-s., *SAS Ets Chevannes*, *RJF* 8-9/09, n° 724, et l'article de S. Austry, « Clauses-balais et sociétés de personnes », *FR* 30/09, p. 10 et s. ; dans le même sens, CE, 11 juill. 2011, n° 317024, 3e, 8e, 9e et 10e s.-s., *Quality Invest*, *Dr. fisc.* 2011, n° 36, comm. 496, concl. L. Olléon, note Ph. Derouin ; *L'année fiscale 2012*, *Dr. fisc.* 2012, n° 9, comm. 162, chron. E. Dinh, § 32 et s ; *RJF* 10/11, n° 1063, et la chronique de C. Raquin, p. 908 et s. ; *BDCF* 10/11, n° 117, concl. L. Olléon.

raisonner en faisant abstraction de cette dernière. Mais pour autant le Conseil d'État n'est pas allé jusqu'à la logique ultime de la première thèse [*celle de l'entité distincte*] puisqu'il n'a pas considéré que la circonstance que la société de personnes constitue un sujet fiscal à part entière puisse conduire à rendre inopérantes les stipulations d'une convention fiscale lorsqu'elles sont invoquées par l'associé non-résident d'une société de personnes. Bien au contraire, la Haute Assemblée admet d'ailleurs expressément que les stipulations d'une convention fiscale peuvent faire obstacle à l'imposition de l'associé non-résident d'une société de personnes à hauteur des droits qu'il détient dans cette société »[285].

268 Cette ambiguïté jurisprudentielle a longtemps laissé subsister certaines interrogations. On pouvait se demander, en particulier, si l'imposition en France des associés non-résidents d'une société de personnes française peut être combattue lorsque les associés sont résidents d'un État avec lequel la France a conclu une convention fiscale attribuant compétence à l'État de résidence du bénéficiaire d'un revenu innomé[286]. Si l'on considère que les revenus de parts de sociétés de personnes ont le caractère de revenu innomé, la compétence française doit en effet s'effacer. Il est toutefois clair aujourd'hui que tel n'est pas le cas. La décision *Quality Invest* du 11 juillet 2011, rendue par les sections fiscales réunies du Conseil d'État, a en effet affirmé que sauf stipulation de la convention faisant obstacle à ce que l'impôt dû en France soit réclamé aux associés non-résidents de la société de personnes, ceux-ci ne peuvent pas se prévaloir des stipulations de l'article relatif aux « autres revenus ». Comme l'énonce la décision, l'article sur les revenus innomés n'est applicable qu'aux revenus réalisés en propre par la société et non à ceux sur lesquels l'associé non-résident est imposé au prorata de sa participation au capital de la société[287]. La jurisprudence est donc fixée... mais difficilement compréhensible[288]. En effet, si l'article sur les revenus innomés ne peut jamais s'appliquer, on voit mal dans quels cas une convention fiscale pourrait écarter la compétence de la France à imposer les revenus de sociétés de personnes françaises.

En attendant une éventuelle modification de la situation par le législateur, force est de constater que le droit français apparaît sur ce point relativement isolé dans le paysage international. Il peut donc conduire à des situations de double imposition structurelle, lorsque l'État de résidence des associés considère, quant à lui, que les revenus sont réputés réalisés par les associés eux-mêmes et imposables de ce chef[289], ou encore lorsqu'un État étranger, considérant que les sociétés civiles immobilières françaises ont la personnalité morale et ne sont pas totalement transparentes fiscalement, décide d'imposer les distributions faites par celles-ci à leurs associés sans appliquer les règles des conventions fiscales prévoyant l'imposition en France des revenus immobiliers[290]. Seul un règlement amiable entre États ou des dispositions particulières des conventions internationales permettent d'éviter un tel résultat[291].

285. S. Austry, « Clauses-balais et sociétés de personnes... », art. préc., § 7.

286. Ce type de clause figure à l'article 21 du modèle OCDE de convention fiscale.

287. Dans le même sens, CE, 13 févr. 2013, n° 342085, *M. Barlow*, *Dr. fisc.* 2013, n° 15, concl. F. Aladjidi.

288. Sur ce sujet, v. aussi G. Gest, « Subsidiarité des conventions, fictions fiscales et associés non-résidents des sociétés de personnes françaises », *Dr. fisc.* 2013, n° 24, ét. 321.

289. Pour un aperçu de droit comparé en la matière, cf. M. Lang, « L'accès des personnes fiscalement transparentes aux conventions fiscales internationales. Réflexions comparatistes autour de quelques décisions juridictionnelles récentes », *L'année fiscale* 2011, *Dr. fisc.* 2011, n° 9, ét. 229.

290. Voir à cet égard l'arrêt de la Cour de cassation belge du 29 sept. 2016 (n° F.14.0006.F, *État belge contre F.M.C.*, commenté par J. Malherbe, « La société civile immobilière française et la fiscalité belge : revirement de jurisprudence en Belgique », *Dr. fisc.* 2016, n° 45, Actu. 619).

291. Cf. notamment la convention franco-américaine du 31 août 1994.

2. Le cas de la société de personnes étrangère

269 Le problème posé par la société de personnes étrangère est généralement le suivant. Supposons qu'un résident français (personne physique ou morale) verse certaines sommes à une société de personnes étrangère. Faut-il appliquer la convention fiscale conclue entre la France et l'État de résidence de la société de personnes (ce qui suppose que l'on traite celle-ci comme une entité fiscalement reconnue), ou plutôt la convention entre la France et l'État de résidence des associés de la société de personnes (ce qui suppose la transparence de cette dernière) ? La question est pratiquement importante toutes les fois qu'il existe une différence de résultat dans l'application des deux conventions. C'est le cas, par exemple, si la convention entre la France et l'État de résidence de la société prévoit une réduction ou une suppression de la retenue à la source sur le flux transfrontalier, alors que ce résultat ne peut être atteint par la convention entre la France et l'État de résidence de l'associé.

Le problème étant posé, il faut se résoudre à ne pas lui donner de réponse systématique. Le concept de société de personnes est variable d'un État à l'autre, de sorte que ses contours juridiques ne peuvent être tenus pour uniformes : tel État traite juridiquement ses sociétés de personnes comme des entités transparentes, tel autre comme des entités opaques (même si cela est beaucoup plus rare), sans préjudice de toutes les positions intermédiaires possibles (certains États considèrent par exemple qu'une société de personnes peut, tout en ayant une *capacité* juridique, être dépourvue de *personnalité* juridique). Le tout se complique lorsqu'on aperçoit que le traitement fiscal de la société de personnes peut diverger de l'analyse juridique : il est par exemple fréquent qu'une entité dotée de la personnalité morale soit néanmoins considérée à l'étranger comme fiscalement transparente.

Fort de ce constat, le Conseil d'État a considéré qu'il convient de ne pas transposer systématiquement aux sociétés de personnes étrangères l'analyse des sociétés de personnes françaises, mais plutôt de rechercher comment le droit étranger applicable à la société de personnes traite celle-ci. Dans un arrêt *Diebold* du 13 octobre 1999[292], rendu en présence d'une redevance versée à une société en commandite (CV) néerlandaise, le Conseil a ainsi constaté, après avoir interrogé le ministère des Finances néerlandais, que ladite CV était *juridiquement* et *fiscalement* transparente selon le droit local. Il en a déduit que la convention franco-néerlandaise ne pouvait s'appliquer que si les associés de la société concernée étaient eux-mêmes résidents néerlandais et bénéficiaient de la convention à ce titre. À la lumière de cette décision, lorsqu'une société de personnes est considérée comme fiscalement transparente dans l'État où elle est située, l'administration accepte désormais de tirer les conséquences de ce caractère transparent pour l'application aux dividendes, redevances et intérêts de source française des retenues à la source prévues par le CGI[293], dès lors que l'État de situation de la société est lié à la France par une convention qui comporte une clause d'assistance administrative en vue de lutter contre la fraude ou l'évasion fiscale[294]. La doctrine administrative, il convient

292. CE, 8e et 9e s.-s., 13 oct. 1999, no 191191, *SA Diebold Courtage* (concl.), *Dr. fisc.* no 52, 1999, comm. 948, note Acard, concl. Bachelier ; *Bull. Joly* 2000, p. 62, note Derouin. V. aussi E. Mignon, « Fiscalité internationale des sociétés de personnes ; la transparence n'est pas le vide », *RJF* 12/99, p. 931 ; J.-P. Le Gall, « Fiscalité internationale des sociétés de personnes. L'arrêt Diebold : un incident ou un cataclysme ? », *Dr. fisc.*, no 15, 2000, p. 621.

293. Art. 119 *bis* et 182 B, CGI. La même règle s'applique au prélèvement forfaitaire obligatoire prévu au III de l'art. 125 A, CGI.

294. BOI-INT-DG-20-20-30.

d'y insister, fait clairement prévaloir le critère de la transparence fiscale sur celui de la transparence juridique : le principe de transparence est ainsi appliqué même si la société de personnes étrangère est dotée de la personnalité morale et même si ses associés n'ont qu'une responsabilité limitée.

La question est cependant renouvelée par une importante décision *Artémis SA* du 24 novembre 2014[295] rendue par le Conseil d'État en Plénière fiscale. Dans cette affaire, une société française revendiquait l'application du régime mère-fille pour la quote-part des dividendes reçus d'une société de capitaux américaine dont 10 % des actions appartenait à un « general partnership » américain détenu à près de 100 % par la société française. Pour trancher ce litige (dont on ne décrira pas ici l'ensemble des ramifications juridiques), le Conseil d'État rappelle d'abord que le régime mère-fille n'est applicable qu'aux participations détenues directement dans une autre société. La circonstance que la participation de la société française dans la société de capitaux américaine soit indirectement de plus de 5 % ne lui permet donc pas d'être éligible de ce seul fait au régime mère-fille. Il formalise ensuite une position de principe sur l'approche que doit adopter le juge de l'impôt lorsqu'il est saisi d'un litige portant sur le traitement fiscal d'une opération impliquant une société de droit étranger. Le Conseil d'État indique qu'il appartient alors au juge « d'identifier d'abord, au regard de l'ensemble des caractéristiques de cette société et du droit qui en régit la constitution et le fonctionnement, le type de société de droit français auquel la société de droit étranger est assimilable ». Compte tenu de ces constatations, « il lui revient ensuite de déterminer le régime applicable à l'opération litigieuse au regard de la loi fiscale française ». Il est ici déduit des caractéristiques du « general partnership » que celui-ci doit être assimilé à une société de personnes régie par l'article 8 du CGI. Le Conseil d'État précise sur ce point que les juges du fond n'ont pas commis d'erreur de droit en ne tenant pas compte de ce que le « general partnership » obéissait, au regard du droit *fiscal* américain, à un régime de transparence. Il semble devoir être déduit de cette précision que seules les caractéristiques *juridiques*, et non fiscales, de la société étrangère doivent être prises en considération pour identifier le type de société de droit français auquel la société de droit étranger est assimilable. En pratique, cela signifie qu'une société étrangère non soumise au régime juridique des sociétés de capitaux et dotée de la personnalité morale doit être assimilée à une société de personnes française, ce qui fait obstacle à la possibilité pour l'associé français d'une telle société à se prévaloir du régime des sociétés mères à raison des dividendes reçus par la société en cause.

Le droit actuellement applicable aux sociétés de personnes étrangères est donc aujourd'hui marqué par une certaine ambiguïté. Tandis que la doctrine administrative admet de reconnaître – pour certains types de revenus seulement – la transparence des sociétés de personnes étrangères lorsqu'elles sont fiscalement transparentes dans leur État d'implantation, le Conseil d'État s'appuie, lui, sur une analyse purement civile (et non fiscale) recherchant si les sociétés de personnes étrangères sont assimilables à des entités comparables en droit français[296].

295. CE, 24 nov. 2014, n° 363556, *Sté Artémis SA*, *Dr. fisc.* 2015, n° 3, comm. 57, concl. E. Cortot-Boucher, note Ph. Derouin, et l'article dans le même numéro d'E. Meier et M. Valeteau (Act. 16) ; *L'année fiscale*, *Dr. fisc.* 2016, n° 9, ét. 196, obs. E. Dinh ; *RJF* 2015, n° 102, chron. N. Labrune, *RJF* 2/15, p. 83.

296. La position du Conseil d'État a été réitérée dans une décision du 2 févr. 2015, n° 370385, *Dr. fisc.* 2015, n° 17, comm. 287, concl. V. Daumas, note M. Buchet.

§ 3. LA SOCIÉTÉ DE CAPITAUX

270 L'impôt sur les sociétés frappe les sociétés de capitaux à raison du bénéfice qu'elles réalisent. Cet impôt laisse subsister un bénéfice qui peut, en tout ou en partie, être mis en réserve ou distribué aux associés. Dans ce dernier cas, les associés reçoivent un dividende qui a vocation, lui aussi, à être imposé en tant que revenu de capitaux mobiliers. Toutes les fois qu'une société soumise à l'impôt sur les sociétés distribue un dividende, il existe donc un phénomène de double imposition économique : le bénéfice, imposé une première fois au nom de la société, est de nouveau imposé entre les mains des associés. Cette double imposition économique explique que la loi fiscale traite les dividendes de façon originale par rapport aux autres revenus. Elle justifie que l'on traite, comme devant former un tout, la méthode d'imposition du résultat de la société (A) et la méthode d'imposition de la distribution ultérieure de ce résultat (B).

A. LA MÉTHODE D'IMPOSITION DU RÉSULTAT DE LA SOCIÉTÉ

271 Une société relevant de l'impôt sur les sociétés peut, à l'issue d'un exercice, constater un bénéfice (1°) ou un déficit (2°).

1. Le cas des sociétés bénéficiaires

272 Les sociétés, contrairement aux personnes physiques, ne sont pas soumises à un barème progressif tel que celui de l'impôt sur le revenu. Elles sont imposées selon une méthode proportionnelle, c'est-à-dire que l'on applique au bénéfice un taux égal, pour les exercices ouverts en 2018, à 33,1/3 %. Toutefois, en réalité, l'IS atteint souvent un niveau supérieur. En effet, les entreprises dont le chiffre d'affaires annuel excède 7 630 000 € doivent acquitter une contribution sociale additionnelle à l'IS égale à 3,3 % de celui-ci[297], ce qui porte le taux réel de l'impôt à 34,4 % environ. En outre, une contribution exceptionnelle votée en 2011 et égale à 10,7 % du montant de l'IS s'appliquait aux entreprises qui réalisent un chiffre d'affaires supérieur à 250 millions d'euros[298]. Cette dernière contribution, initialement applicable aux seuls exercices 2011 et 2012, puis prorogée jusqu'en 2016[299], portait donc l'IS réel à 38 % du bénéfice pour les entreprises qui y sont soumises.

Tout ceci démontre qu'une bonne compréhension du poids de l'IS est plus délicate qu'on ne le croit. On s'en convaincra en commentant le choix de la méthode d'imposition proportionnelle (a) et le taux de l'impôt (b).

297. Art. 235 *ter* ZC CGI. Ce texte prévoit toutefois un abattement de 763 000 € par période de 12 mois.

298. Art. 235 *ter* ZAA CGI. Le taux était initialement de 5 %. Il a été porté à 10,7 % par la loi de finances pour 2014. Pour l'établissement de ces deux contributions, le chiffre d'affaires de la société mère d'un groupe fiscal intégré s'entend de la somme des chiffres d'affaires de toutes les entreprises du groupe (article 223 A du CGI). À noter : le Conseil d'État a refusé de transmettre au Conseil constitutionnel une question prioritaire de constitutionnalité relative à l'article 235 *ter* ZAA du CGI (CE, 29 mars 2017, nº 402162, *Sté Deutsche Industriebank*, *Dr. fisc.* 2017, nº 17, comm. 288, concl. E. Crépey).

299. Elle était due sur l'IS afférent aux exercices clos jusqu'au 30 déc. 2016.

a) L'imposition proportionnelle

273 D'un point de vue technique, il serait parfaitement concevable d'assujettir les sociétés à l'impôt sur le revenu dans les mêmes conditions de progressivité que les personnes physiques. Historiquement, d'ailleurs, c'est bien ainsi que se présentait en France le droit fiscal avant l'adoption de l'impôt sur les sociétés par le décret du 9 décembre 1948[300] : les bénéfices des sociétés étaient alors frappés, au moment de leur réalisation, par l'impôt sur les bénéfices industriels et commerciaux dans les mêmes conditions que ceux des personnes physiques.

Pourquoi, donc, les sociétés sont-elles frappées d'un impôt proportionnel et non d'un impôt progressif ? La réponse semble venir de la conjugaison de deux séries de considérations.

274 Premièrement, l'histoire enseigne qu'au moment de l'introduction de l'impôt sur les sociétés, la différence entre les méthodes d'imposition des sociétés et des personnes physiques était moins considérable qu'elle ne l'est à l'heure actuelle. Rappelons en effet que le décret de 1948 prévoyait, pour les personnes physiques réalisant des bénéfices industriels et commerciaux, l'application d'une taxe proportionnelle sur ces bénéfices, à laquelle se surajoutait par ailleurs une surtaxe progressive sur l'ensemble des revenus. L'impôt sur les sociétés ne faisait donc que reprendre un système d'imposition proportionnelle qui était également applicable à la cédule des bénéfices industriels et commerciaux et qui l'était d'ailleurs depuis la loi du 31 juillet 1917.

Deuxièmement, la méthode proportionnelle d'imposition des sociétés peut s'expliquer par le fondement même de l'impôt sur les sociétés. Si l'on considère que l'impôt sur les sociétés n'est qu'un acompte payé par la société sur l'impôt sur le revenu à devoir par l'associé, le choix d'un taux unique d'imposition de la société se justifie pleinement. Il suppose que l'impôt sur les sociétés n'a pas, comme l'impôt sur le revenu, une finalité redistributive assurée par la progressivité.

Troisièmement, et ce n'est pas négligeable, cette méthode a pour elle sa simplicité.

275 Les modifications législatives récentes doivent toutefois conduire à reconsidérer cette approche traditionnelle. En particulier, il est intéressant de noter que le législateur a introduit pour les petites et moyennes entreprises un **taux réduit** d'impôt sur les sociétés de 15 % applicable sur une tranche de bénéfice inférieure ou égale à 38 120 euros[301], complété, pour les exercices ouverts en 2018, par un taux de 28 % pour la fraction de bénéfices n'excédant pas 500 000 €. Cette exception au taux normal, autrefois conforme à une tendance observable au niveau européen[302], est aujourd'hui le

300. Décret nº 48-1986 du 9 déc. 1948 pris sur le fondement de la loi du 17 août 1948 tendant au redressement économique et financier.

301. Art. 219-1, CGI. En résumé, la PME s'entend, pour les besoins de ce texte, d'une société ayant réalisé un chiffre d'affaires de moins de 7 630 000 €. Son capital doit être entièrement libéré et détenu pour au moins 75 % par des personnes physiques.

302. B. Wiman (ed), *Taxation of small and medium sized entreprises*, MercurIUS, Stockholm, 2000. En mai 1994, la Commission avait d'ailleurs publié une communication sur *« l'amélioration de l'environnement fiscal des petites et moyennes entreprises »* (COM(94) 206). Pour une présentation des systèmes étrangers comparables, v. Conseil des prélèvements obligatoires, *Les prélèvements obligatoires des entreprises dans une économie mondialisée*, oct. 2009, annexe IV ; ZEW (Zentrum für Europäische Wirtschaftsforschung GmbH), *Effective Tax Levels, Using the Devereux/Griffith Methodology,* Project for the EU Commission TAXUD 2008/Cons. const. /099, Report 2009, Mannheim and Oxford, oct. 2009, sect. E. (« Tax Regimes for Incorporated SMEs and Partnerships »).

signe d'une relative singularité française depuis que de nombreux États ont réduit leur taux normal[303]. En termes de politique fiscale, elle s'explique par l'objectif de favoriser le développement des fonds propres des petites et moyennes entreprises qui ont plus de difficultés que les grands groupes à recourir aux marchés financiers ou aux prêts bancaires pour se développer. Elle indique que l'impôt sur les sociétés n'est pas indifférent au principe de respect de la capacité contributive des entités sur lesquelles il pèse. Elle montre aussi qu'une dose de progressivité imprègne désormais de nouveau le système[304].

L'évolution récente renforce même la progressivité de l'impôt sur les sociétés, puisqu'à la faveur de la loi de finances pour 2017, une trajectoire de baisse pluriannuelle de l'IS a été mise en place, qui prévoyait originellement qu'un taux de 28 % s'applique pour les PME jusqu'à 75 000 euros de bénéfices, si bien qu'au titre de l'exercice 2017 certaines PME étaient assujetties à trois taux d'IS : 15 % (jusqu'à 38 120 €), 28 % (entre 38 121 € et 70 000 €) et 33,1/3 % (au-delà). Avec la loi de finances pour 2018, la trajectoire a été accélérée et l'objectif fixé s'est voulu plus ambitieux. Ainsi, le taux normal de l'impôt est progressivement ramené :

— pour les exercices ouverts en 2018, le taux est fixé à 28 % pour la fraction de bénéfices n'excédant pas 500 000 € et à 33,1/3 % au-delà ;

— pour les exercices ouverts à compter du 1er janvier 2019, à 28 % pour la fraction de bénéfices n'excédant pas 500 000 € et à 31 % au-delà ;

— pour les exercices ouverts à compter du 1er janvier 2020, à 28 % pour la totalité des bénéfices;

— pour les exercices ouverts à compter du 1er janvier 2021, à 26,5 % ;

— pour les exercices ouverts à compter du 1er janvier 2022, à 25 %.

Il apparaît ainsi que la progressivité renforcée de l'IS n'est en réalité perçue que comme une étape vers une réduction générale du taux de l'IS. La discussion reste donc entière sur l'opportunité, *de lege ferenda*, d'introduire la progressivité de l'impôt sur les sociétés pour toutes les sociétés, et non pas seulement pour celles ayant une taille petite ou moyenne. Les exemples existent à l'étranger[305]. D'autres se prononcent en faveur d'une progressivité accrue des taux pour les seules PME[306]. Le système y gagnerait en complexité, mais les sociétés de capitaux disposent généralement de logiciels adaptés leur permettant de calculer l'impôt... Il n'y gagnerait cependant pas forcément en lisibilité. Autant le souci de ne pas surimposer les entreprises supposées économiquement plus faibles se comprend[307],

303. Le Conseil des prélèvements obligatoires note, dans son rapport *Adapter l'impôt sur les sociétés à une économie ouverte* (déc. 2016), que peu de pays disposent d'un taux réduit spécifique pour les PME (p. 33 et s.). C'est le cas notamment de la Chine et du Portugal. Moins d'un tiers des pays membres de l'OCDE disposeraient d'un régime de taux réduit pour les PME (*ibid.*, p. 115). Voir également OCDE, *Taxation of SMEs in OECD and G20 Countries*, sept. 2015.

304. L'histoire de l'impôt sur les sociétés, ou l'illustration parfaite du mouvement dialectique de l'histoire.

305. La Belgique, les Pays-Bas et le Luxembourg en sont des exemples (v. le rapport du Conseil des prélèvements obligatoires, *Adapter l'impôt sur les sociétés à une économie ouverte*, déc. 2016, p. 34). On note en revanche que dans le cadre de réformes d'ensemble de l'IS, certains États ont supprimé ce type de dispositif (cas de l'Espagne et du Royaume-Uni).

306. G. Orsini, « Les PME ont besoin d'une fiscalité adaptée », in *Réformes 2008 : quels enjeux pour l'entreprise ?*, Wolters Kluwer, 2008, p. 72, estimant qu'il serait judicieux d'instaurer une progressivité des taux à au profit des PME.

307. On notera à cet égard une intéressante décision du Conseil d'État qui, pour refuser de transmettre au Conseil constitutionnel une QPC dirigée contre l'exemption des PME de la contribution de 3 % sur les distributions figurant à l'article 235 *ter* ZCA du CGI, a considéré que lors de l'adoption de cet article, « le législateur a entendu prendre en considération les difficultés rencontrées par les micros, petites et moyennes entreprises pour accéder à des financements en capital. En excluant ces entreprises du champ de la

autant l'idée d'augmenter le prélèvement fiscal de façon générale à mesure que les bénéfices augmentent n'est guère aisée à justifier dans une perspective de stimulation de l'activité économique.

En sens inverse, on peut en réalité se demander si le système spécifique d'imposition des petites et moyennes entreprises est véritablement justifié. Sur le fond, on peut tout d'abord s'interroger sur le postulat que les petites entreprises seraient par nature moins rentables que les grandes et que respecter leur capacité contributive requiert un taux d'imposition plus faible. Ce postulat n'est pas confirmé par l'analyse économique[308]. En outre, comme le révèlent des études menées au niveau international, l'impact économique favorable des taux réduits pour ces entreprises est loin d'être démontré[309]. Un effet pervers de découragement à la croissance peut même être redouté, dès lors que la sortie du régime des PME entraîne un saut fiscal important avec le passage du taux de 15 % à 33,33 %. En France, s'il a pu être démontré que le régime du taux réduit des PME a permis à près d'un tiers des sociétés de réduire son imposition de plus de moitié, ce dispositif a essentiellement favorisé les très petites entreprises intervenant dans des secteurs à l'abri de la concurrence internationale (construction, commerce, activités immobilières et services à la personne). Il n'a pas permis, en revanche, de favoriser l'émergence d'entreprises de taille intermédiaire de nature à se développer au-delà des frontières[310]. Et s'il a, dans un premier temps, répondu à l'objectif d'augmentation des fonds propres des PME indépendantes[311], il semble que tel n'ait pas été le cas ultérieurement en raison de l'évolution des dispositifs de financement des PME permettant le développement d'outils de soutien direct (grâce notamment à Bpifrance)[312].

Faisant un constat d'inefficacité relative du régime, le Royaume-Uni en a tiré les conséquences en relevant le taux réduit applicable aux petites entreprises, tout en diminuant le taux de droit commun de l'impôt sur les sociétés. La France semble plutôt s'orienter vers une diversification de ses dispositifs d'encouragement aux petites et moyennes entreprises. Constatant que les dispositifs existants ne prenaient pas en compte le développement des petites sociétés et donc la dimension fiscale de la croissance de l'entreprise, les pouvoirs publics ont mis en place en 2006 un « statut de l'entreprise de croissance », également appelé « statut des **gazelles** » reposant notamment sur un mécanisme de gel de l'impôt sur les sociétés permettant de neutraliser tout ou partie de l'augmentation de cet impôt pendant la période de croissance. L'idée de base de ce dispositif consistait à accorder aux petites et moyennes entreprises entre 20 et 250 salariés et connaissant une forte croissance une réduction d'impôt d'autant plus importante que les dépenses de personnel de l'entreprise auront augmenté de plus de 15 % au cours de l'exercice pour lequel la réduction sera demandée, et que les bénéfices de l'entreprise se seront accrus d'une année à l'autre[313]. Ce dispositif, prévu pour s'appliquer pendant trois ans, n'a toutefois pas été prorogé.

contribution instaurée par ces dispositions, afin de ne pas accroître ces difficultés d'accès par une imposition de 3 % des distributions auxquelles ces entreprises procèdent, le législateur a tenu compte de la situation différente dans laquelle ces entreprises se trouvent, au regard de l'objet de l'imposition instituée par l'article 235 *ter* ZCA, par rapport aux autres sociétés passibles de l'impôt sur les sociétés » (CE, 29 mars 2017, n° 407057, *SAS Sintex France*, *Dr. fisc.* 2017, n° 17, comm. 289, concl. R. Victor).

308. Conseil des prélèvements obligatoires, *Adapter l'impôt sur les sociétés à une économie ouverte*, déc. 2016, p. 117.

309. International Tax Dialogue, "Taxation of Small and Medium Enterprises", 2007, consultable sur www.itdweb.org ; OCDE, *Taxation and Economic Growth*, Economics Department Working Paper, n° 620, 2008, spéc. § 85, p. 37.

310. Étude de la Direction générale du trésor et de la politique économique, *Revue Trésor Éco*, n° 23, nov. 2007.

311. Conseil des prélèvements obligatoires, *Entreprises et « niches » fiscales et sociales*, oct. 2010, p. 260.

312. Conseil des prélèvements obligatoires, *Adapter l'impôt sur les sociétés à une économie ouverte* (déc. 2016), p. 116.

313. Autres mesures phares : un décalage du paiement des cotisations des salariés nouvellement embauchés, pour éviter que les nouvelles embauches ne pèsent sur la trésorerie de l'entreprise à un moment crucial, et la possibilité de bénéficier du remboursement anticipé du crédit d'impôt recherche pour les entreprises y prétendant, afin de permettre la disposition immédiate de la trésorerie nécessaire aux investissements dans l'innovation. Cf. pour les textes l'art. 13 de la loi de finances pour 2007 codifié pour l'essentiel à l'article 220 *decies* du CGI. Une présentation du dispositif est faite par Y. de Givré dans *L'année fiscale* 2007, suppl. *Dr. fisc.* 2007, comm. 429, § 39 et s.

Reste encore applicable un autre régime, celui des jeunes entreprises innovantes, qui repose sur un mécanisme d'exonération temporaire des bénéfices[314].

b) Le taux de l'impôt sur les sociétés

α) Généralités sur le taux de l'impôt sur les sociétés

276 Le taux de l'impôt sur les sociétés est souvent considéré comme l'indice unique de la pression fiscale pesant sur les sociétés. Une telle approche n'est pas entièrement dépourvue de fondement. *Prima facie*, le taux de l'impôt est souvent jugé décisif par les entreprises lorsqu'elles doivent choisir d'établir une activité – immatérielle notamment – dans un État ou un autre. De plus, il est extrêmement fréquent qu'un groupe transfère des profits d'un État à un autre par le moyen de transactions intra-groupes ayant pour effet de diminuer l'assiette imposable dans l'État où le taux facial est le plus élevé et de l'augmenter dans l'État où il est le plus faible.

277 Cependant, le taux nominal de l'impôt sur les sociétés n'exprime que très imparfaitement la **réalité de la charge fiscale** supportée par les entreprises. Il est inutile de rappeler, d'abord, que les sociétés sont assujetties à de nombreux autres prélèvements, dont seule la somme permet de se faire une idée de la pression fiscale effective. S'ajoutent en particulier à l'IS la contribution économique territoriale (elle-même composée d'une cotisation foncière des entreprises et d'une cotisation sur la valeur ajoutée des entreprises)[315] ou encore la contribution sociale de solidarité des sociétés et sa contribution additionnelle[316]. Tenir compte de ces impôts conduit à constater que la charge fiscale pesant sur les entreprises est élevée : le rapport publié par les autorités fiscales françaises et allemandes en février 2012 estime par exemple que la somme de l'IS et de la cotisation sur la valeur ajoutée des entreprises représentent à elle seule un prélèvement situé entre 42,4 % et 44,1 % du bénéfice (taux à actualiser au vu de l'évolution du taux de l'IS, bien entendu)[317].

En outre, le propre du système français est de connaître de nombreux impôts qui sont dus même si l'entreprise ne réalise aucun bénéfice. Il s'agit de taxes assises sur la masse salariale (en plus des cotisations sociales), et sur différents éléments des facteurs de production[318]. Or, comme l'observe un rapport de l'Institut Montaigne[319], « cette situation fiscale contraste fortement avec celle observée dans les autres pays européens, où ce type d'impôts n'existe pas ou bien a été supprimé au cours des quinze dernières années. Si des entreprises peuvent supporter une imposition élevée de leurs bénéfices, la situation actuelle ne bénéficie ni aux entreprises, ni aux travailleurs : le travail et la production sont taxés avant même de savoir si l'entreprise fait ou non des profits (c'est-à-dire avant même de savoir si la décision d'embaucher ou d'investir sera ou non rentable), ce qui a un effet défavorable sur l'emploi et l'investissement alors que la fiscalité devrait au contraire les encourager. De plus, ces prélèvements financent des politiques publiques aussi diverses que le logement, l'apprentissage, un fonds de garantie des salaires, les transports collectifs ou encore l'autonomie des personnes handicapées, soit des

314. V. *supra*, n° 241.

315. Sur cet impôt, cf. *infra*, n° 923 et s.

316. Couramment appelées « C3S » (art. L. 651-1 et L. 245-13 C. séc. soc.), ces contributions s'élèvent à 0,16 % du chiffre d'affaires hors taxes et s'appliquent lorsque le chiffre d'affaires excède 760 000 €.

317. *Livre vert sur la coopération franco-allemande. Points de convergence sur la fiscalité des entreprises*, févr. 2012, p. 15.

318. Un rapport de l'Inspection générale des Finances aurait dénombré 192 taxes dont le rendement est inférieur à 150 millions par an (*Le Figaro*, 7 mars 2014). Sur ce sujet, v. le rapport du Conseil des prélèvements obligatoires, *Adapter l'impôt sur les sociétés à une économie ouverte*, déc. 2016, p. 11 et s.

319. Institut Montaigne, *Une fiscalité au service de la « social compétitivité »*, mars 2012, p. 31 et s.

politiques publiques dont le lien avec le travail et la production ne sont pas toujours évidents et qui pourraient en tout état de cause être financées par des dotations budgétaires plutôt que par des taxes affectées. [En outre,] cet ensemble multiple et hétéroclite représente environ 25 Md€ d'impôts qui sont autant de formalités administratives et de coûts de gestion qui pèsent sur le coût du travail français, alors que la fiscalité devrait au contraire favoriser l'emploi ». On comprend, dans ce contexte, que certains estiment néfaste le développement sans limite d'assiettes alternatives au bénéfice pour imposer les entreprises[320].

278 Surtout, le montant de l'impôt sur les sociétés constitue le produit d'un taux et d'une assiette. De nombreux États ont un taux relativement élevé, mais appliqué à une assiette diminuée du fait de l'existence d'exonérations multiples, de niches fiscales variées, de déductions dérogatoires en tous genres (amortissements spéciaux pour certains types d'investissements, par exemple). Ces États n'ont pas, *in fine*, de rentrées budgétaires supérieures à ceux qui ont un impôt sur les sociétés plus modéré, mais appliqué à une assiette plus homogène. Les économistes sont d'ailleurs familiers de ce raisonnement et n'hésitent pas à distinguer entre le taux légal de l'impôt et le taux effectif moyen d'imposition, lequel tient compte des événements pouvant affecter la base de l'impôt[321].

En France, la réflexion sur le taux effectif d'imposition prend souvent la forme d'une stigmatisation de la différence de niveau d'imposition censée exister entre les grands groupes et les petites entreprises. Dans un rapport remis au Président du Sénat le 17 octobre 2013, une commission d'enquête parlementaire met ainsi en relief un phénomène maintes fois dénoncé : le taux réel d'imposition des grandes entreprises (c'est-à-dire, en pratique, des groupes de sociétés) serait particulièrement bas en comparaison de celui des petites entreprises[322]. Ce rapport énonce ce qui suit : « à partir de la confrontation entre les impôts payés par les entreprises et de l'excédent net d'exploitation (ENE, soit l'excédent brut d'exploitation minoré des amortissements du capital), le taux d'imposition implicite des sociétés non financières ressortaient, dans une étude publiée par la direction générale du Trésor (DGT), en 2007 à 27,5 % soit près de 6 points de moins que le taux théorique. Surtout, l'étude publiée par la DGT confirmait l'existence d'une très grande hétérogénéité des taux implicites d'imposition des bénéfices selon la taille des entreprises : de 37,4 % pour les micros entreprises, ce taux passait à 18,6 % pour les grandes entreprises »[323]. Ce rapport de 2013 n'est en rien original. Il ne fait que réitérer une thèse vulgarisée depuis 2007, non seulement par la direction générale du Trésor, mais aussi par le Conseil des prélèvements obligatoires[324], selon laquelle l'organisation des grands groupes et leur capacité à optimiser leur situation fiscale, voire à transférer par des montages artificiels leurs profits vers des États à fiscalité faible (l'artificialité caractérisant l'évasion fiscale, par différence avec la simple optimisation), serait à l'origine d'une sous-imposition chronique. La thèse est si bien acceptée qu'elle est désormais véhiculée comme une évidence dans les débats parlementaires à l'occasion de chaque loi de finances, par les journalistes et même d'ailleurs par les représentants des entreprises elles-mêmes.

La réalité est plus complexe et surtout, elle est évolutive. Des travaux ultérieurs de la DGT présentés lors des Assises de la fiscalité en février 2014 montrent que l'écart entre les grands groupes et les petites entreprises s'est considérablement réduit pour ne plus représenter que 6 points. Le taux implicite acquitté par les grandes entreprises s'élèverait à 26 %, contre 32 % pour les PME[325]. Le rapport consacré par le Conseil des prélèvements obligatoires à l'impôt sur les sociétés en 2016 conduit également à

320. H. Lehérissel, « Le bénéfice des entreprises reste-t-il l'assiette optimale d'imposition des entreprises », *Dr. fisc.* 2012, n° 14, ét. 248.

321. Le taux effectif d'imposition des bénéfices s'obtient en simulant les recettes résultant d'un investissement fictif en fonction de sa nature, de son financement et de son rendement. Il permet de prendre en considération l'assiette de l'impôt et non seulement son taux nominal.

322. Doc. Sénat, n° 87, 2013-2014, p. 105 et s.

323. *Ibid.*, p. 106.

324. Conseil des prélèvements obligatoires, *Les prélèvements obligatoires des entreprises dans une économie globalisée*, oct. 2009 ; *Entreprises et « niches » fiscales et sociales. Des dispositifs dérogatoires nombreux*, oct. 2010.

325. *Flash Éco*, 7 févr. 2014, « Cadrage économique de l'impôt sur les sociétés ». Un article des *Échos* du 10 mars 2014, p. 4 relate par ailleurs que, d'après des données compilées par l'AFEP, 76 grandes entreprises acquitteraient à elles seules 18 % des prélèvements obligatoires payés par l'ensemble des entreprises en France. Ces prélèvements correspondraient à 33 % de la valeur ajoutée créée par ces entreprises. Ces 76

revisiter totalement les croyances acquises. S'appuyant sur de nouveaux calculs faits par la DGT, le Conseil relève qu'en 2014 le taux d'imposition implicite[326] des sociétés ayant dégagé des bénéfices est égal à 22,5 % pour les micro-entreprises, 27,8 % pour les PME, 24,6 % pour les ETI et 23,5 % pour les grandes entreprises[327]. Il en conclut que « le constat d'une différence de taux d'imposition entre PME et grandes entreprises ne paraît donc pas établi, et en tout état de cause il ne semble pas que la taille de l'entreprise exerce une influence déterminante sur son niveau d'imposition »[328]. Certes, le Conseil note qu'il ne peut être exclu que des entreprises multinationales ne localisent artificiellement leurs profits dans d'autres territoires, mais il estime que, pour lutter contre ce type de pratique, il convient de renforcer l'arsenal anti-optimisation plutôt que d'appliquer un taux d'imposition différencié justifié par une présomption irréfragable d'évasion.

Les développements ci-dessus ne doivent naturellement pas conduire à minimiser certaines différences entre petites entreprises et grands groupes. Les grandes sociétés sont davantage implantées à l'étranger, où les bénéfices qu'elles réalisent sont en dehors du champ de l'impôt sur les sociétés français. Elles sont fortement endettées, parfois pour des raisons d'optimisation, souvent pour financer leurs investissements productifs et leur croissance externe, et déduisent de leur résultat les intérêts qu'elles acquittent. Elles ont fait ces dernières années d'importants déficits qu'elles tentent imputer sur leurs bénéfices ultérieurs. Elles profitent davantage que les PME du système de l'intégration fiscale qui permet aux groupes d'être imposés de façon globale. Notre système fiscal est-il trop généreux ? C'est une question qu'on peut légitimement se poser mais qui doit être examinée sans parti pris, en pleine connaissance des contraintes économiques et juridiques encadrant les choix législatifs.

Enfin, s'il est vrai que la France a historiquement privilégié ce que le Conseil des prélèvements obligatoires appelle une « stratégie de mitage » de son assiette de l'impôt sur les sociétés par différents moyens[329], les réformes menées depuis 2010 ont largement corrigé le tir. Le report des déficits fait aujourd'hui l'objet d'un encadrement sévère, le plafonnement du déficit reportable à 50 % du bénéfice de l'exercice suivant au-delà d'un million d'euros jouant en pratique le rôle de garant d'un IS minimum devant être acquitté par les entreprises[330]. Les règles encadrant ou interdisant la déduction sont très nombreuses[331]. Les abandons de créance intra-groupe à caractère financier ne sont plus déductibles[332]. Les moins-values de cessions de titres réalisées dans des opérations intra-groupes ne peuvent plus être déduites qu'à des conditions très strictes[333], et l'on pourrait citer de nombreux autres exemples. Autant dire que le mitage a largement pris fin.

La pertinence du taux d'imposition étant replacée dans cette perspective générale, il est à présent possible de commenter le niveau du taux français actuel.

β) Commentaire sur le taux de l'impôt sur les sociétés

279 À sa naissance en 1948, l'impôt sur les sociétés fut établi à un taux de 24 %. Celui-ci prenait la suite du taux identique qui s'appliquait aux bénéfices industriels et commerciaux sous le régime antérieur. Le taux s'éleva jusqu'à 50 % en 1958 et demeura à

entreprises paieraient en outre 26 % des impôts et taxes sur les facteurs de production (C3S, CVAE, taxes sur les salaires...).

326. Défini comme l'IS (avant report des déficits) rapporté au résultat d'exploitation.

327. Conseil des prélèvements obligatoires, *Adapter l'impôt sur les sociétés à une économie ouverte* (déc. 2016), p. 120.

328. *Ibid.*, p. 122.

329. Crédit d'impôt en faveur de la recherche, taxation au taux réduit des plus-values de cession et de concession de brevets, amortissement dégressif, déduction large des intérêts d'emprunt, caractère naguère illimité et non plafonné du report en avant des pertes.

330. Art. 209 CGI.

331. Art. 39.1, 3° CGI (intérêts versés aux associés) ; art. 209 IX CGI (amendement « Carrez » destiné à lutter contre la localisation artificielle de dettes en France) ; art. 212 CGI (sous-capitalisation et régime des produits financiers hybrides) ; art. 212 *bis* CGI (rabot des intérêts) ; art. 223 B, al. 7 CGI (amendement « Charasse » destiné à lutter contre l'abus de l'endettement dans les groupes intégrés).

332. Art. 39. 13 CGI.

333. Art. 219 1 a *septies* CGI.

ce niveau pendant environ trente ans. À l'issue d'un long processus, le taux de droit commun de l'impôt sur les sociétés est revenu à 33,1/3 % et l'on a vu que la trajectoire de l'IS évolue de façon sensible à la baisse à la faveur des choix faits dans les lois de finances pour 2017 et 2018. Ce taux de droit commun coexiste avec quelques taux réduits – hormis ceux réservés aux PME-applicables à certains revenus de type particuliers réalisés par les sociétés de capitaux.

280 Quelques observations, tout d'abord, sur le niveau de l'impôt sur les sociétés français. D'un **point de vue historique**, la remarque qui s'impose est que le taux est beaucoup plus faible aujourd'hui qu'il ne l'était à la fin des années 1980. Rappelons qu'en 1980, le taux français de l'impôt sur les sociétés s'élevait à 50 % ! La baisse du niveau est donc spectaculaire. Elle est propre à la plupart des États de l'OCDE. En moyenne, le taux de l'impôt sur les sociétés était de 41 % en 1985. Il avoisine les 27 % aujourd'hui. Cette baisse des taux au niveau international s'explique en grande partie par la concurrence que se livrent les États pour attirer sur leur territoire les investissements et les capitaux étrangers.

Le niveau de l'impôt sur les sociétés demeure cependant relativement élevé au regard des **standards internationaux**. Suite aux réformes entreprises dans d'autres États européens, le taux de 33,33 % de la France était désormais le taux le plus élevé de l'Union européenne alors qu'il était parmi les plus faibles en 1993[334]. Ce constat s'accentue si l'on rappelle que la moyenne des taux applicables dans les derniers États membres à avoir rejoint l'Union européenne est inférieure à 20 %, que le taux de droit commun applicable en Irlande est de 12,5 % et que, dans l'Europe à 28, le taux moyen de l'impôt sur les sociétés est de 21,9 % en 2017[335]. On comprend, dans cette perspective, que certains aient appelé la France à suivre l'exemple de ses voisins en pratiquant une politique de baisse du taux compensée par l'élargissement de l'assiette. Ce vœu a notamment été formulé par le Conseil des prélèvements obligatoires qui a relevé à juste titre que la plupart des grands pays de l'Union européenne ont rénové substantiellement leur système fiscal en ce sens au cours des années récentes[336]. À titre d'exemple, la réduction du taux de l'impôt sur les sociétés en Allemagne a été largement financée par la réduction des possibilités d'amortissement dégressif ou dérogatoire et la suppression de la déductibilité de l'impôt local de l'assiette de l'impôt sur les sociétés. Le même type d'évolution peut être relevé aux Pays-Bas, en Espagne et au Royaume-Uni où le taux est passé de 28 % en 2010 à 20 % en 2016, le Gouvernement ayant annoncé une baisse programmée à 17 % en 2020. Plus spectaculairement encore, la réforme « Trump » de l'impôt sur les sociétés intervenue fin 2017 aux États-Unis a fait passer le taux de l'IS de 35 % à 21 %[337].

Il est à noter, cependant, que la France est parfaitement libre en matière de détermination du taux de l'impôt sur les sociétés. Si l'harmonisation de l'assiette de l'impôt sur les sociétés est à l'ordre du jour de l'agenda communautaire, il n'en va pas de même pour les taux. Les propositions de rapprochement en la matière, pourtant, n'ont pas manqué. On peut notamment citer en ce sens le rapport rendu en 1992 par les experts réunis au sein du comité Ruding[338], qui suggérait aux États européens de se mettre d'accord sur une fourchette de taux d'imposition sur les sociétés[339]. Cette idée n'a cependant pas

334. Pour un point de vue sur le sujet, v. J. Cornu, *L'impôt français sur les sociétés à l'épreuve de la concurrence fiscale européenne*, *Dr. fisc.* 2017, n° 41, 494.

335. Eurostat, *Taxation trends in the European Union*, 2017. La moyenne pondérée par l'importance du PIB des différents États de l'Union européenne donne un chiffre de 27,5 % en 2015. Pour la mesure du différentiel entre France et États de l'UE, v. le rapport du Conseil des prélèvements obligatoires, *Adapter l'impôt sur les sociétés à une économie ouverte*, déc. 2016, p. 52 et s.

336. *Ibid.*, p. 146 et 149 (avec une cible visée de 25 % environ).

337. Pour une présentation de cette réforme intitulée « Tax Cuts and Jobs Act » (TCJA), v. E. Milhac et C. Pasquier, États-Unis : chronique de l'année 2017, *L'année fiscale 2017*, *Dr. fisc.* 2018, n° 9, 199.

338. Du nom d'un ancien ministre des Finances néerlandais, président du comité mandaté par la Commission européenne le 25 octobre 1990 pour formuler des propositions en matière de fiscalité des sociétés.

339. Le rapport préconisait un taux minimum de 30 % et un taux maximum de 40 %.

convaincu les États et les autorités communautaires qui ont préféré se concentrer sur les questions d'assiette – sans doute par réalisme avant tout.

281 S'agissant, par ailleurs, des **taux réduits** de l'impôt sur les sociétés, ils ont toujours existé. Dès 1948, le taux de droit commun subissait des exceptions pour certaines plus-values sur cessions d'actifs immobilisées[340]. Ces taux réduits sont aujourd'hui strictement encadrés. Depuis que les sociétés de capitaux ne sont plus soumises au régime de faveur des plus-values à long terme sur leurs cessions d'actifs immobilisés[341], seules certaines catégories de revenus isolées jouissent d'un traitement spécial.

Il s'agit, d'une part, des **produits de la propriété industrielle**, imposés au taux de 15 % afin d'encourager la politique de recherche des sociétés françaises et d'éviter que des actifs incorporels ne soient artificiellement localisés par les groupes de sociétés dans des pays à taux d'impôt sur les sociétés substantiellement plus bas que le taux français ou adoptant des régimes plus favorables de taxation des brevets[342] : les produits concernés sont les revenus tirés des concessions ou sous-concessions de brevets, d'inventions brevetables et de procédés de fabrication industriels, ainsi que les plus-values réalisées lors de la cession de ces droits[343]. Il est à noter que la politique fiscale française n'a cessé, au cours des années récentes, de renforcer le régime de faveur des brevets. Le taux de 15 % n'est en effet applicable aux cessions de brevet que depuis la loi de finances pour 2008[344].

Certaines limites au régime de faveur des produits de la propriété industrielle doivent toutefois être notées : ainsi, la cession d'un brevet à une entité avec laquelle existent des liens de dépendance au sens de l'article 39.12 du CGI est imposée au taux plein de l'IS. En outre, en cas de concession d'une licence, l'application du régime des plus-values à long terme aux redevances encaissées par l'entreprise concédante, si elle est établie en France, avait jusqu'en 2012 pour contrepartie la limitation à 15/33,33 du montant des redevances que l'entreprise concessionnaire était en droit de déduire de son résultat fiscal[345]. Cette limitation de la déduction pour l'entreprise concessionnaire peut désormais être écartée par cette dernière si elle réunit certaines conditions. Pour accéder à la pleine déduction de la redevance versée à une entreprise française liée, la société concessionnaire devra apporter la preuve, d'une part, que l'exploitation de la licence ou du procédé concédé lui crée, sur l'ensemble de la période de concession, une valeur ajoutée (en d'autres termes, que la concession génère un revenu supérieur au montant de la redevance acquittée) et, d'autre part, que cette exploitation est réelle sans pouvoir être regardée comme constitutive d'un montage artificiel dont le but serait de contourner la législation fiscale française.

Notons également qu'une réforme du système français sera peut-être nécessaire pour tenir compte des travaux menés au niveau de l'OCDE et de l'Union européenne (dans le cadre du groupe Code de conduite) et tendant à renforcer le contrôle exercé sur les États qui, par le moyen de taux réduits sur les produits de la propriété industrielle, se livrent à une concurrence pas toujours loyale pour attirer les actifs incorporels (à défaut de la recherche elle-même) dans leur orbite fiscale. Dans un rapport publié en septembre 2014 sur la concurrence fiscale dommageable, l'OCDE propose de remédier à ce

340. Des taux de 12 % et 8 % s'appliquaient notamment en cas de cession intervenant en fin d'exploitation ou en cas de cession partielle d'entreprise.

341. Ce régime a disparu en 1997.

342. Pour un aperçu de la fiscalité des brevets dans certains pays étrangers, cf. Conseil des prélèvements obligatoires, *Les prélèvements obligatoires des entreprises dans une économie globalisée*, oct. 2009, p. 129, encadré n° 14, et les références données *infra*, n° 573.

343. Voir les conditions fixées par l'art. 39 *terdecies* 1.

344. Cette mesure est à rapprocher du report sans limite institué par la même loi pour l'imposition de la plus-value d'apport d'un brevet à une société ainsi que du régime d'abattement annuel permettant une exonération totale de la plus-value de long terme à échéance de huit années après l'apport.

345. Cette fraction de 15/33,33 a vocation à évoluer à mesure que le taux de 33,33 % diminue avec le temps.

problème en subordonnant tout avantage fiscal à l'existence d'un « lien » (« nexus »), autrement dit d'une activité de recherche et développement réellement exercée par l'entreprise qui détient le brevet. L'application d'un régime préférentiel à des revenus de propriété industrielle ne serait alors possible que dans la proportion des coûts de développement de l'incorporel exposés par le contribuable par rapport à l'ensemble des coûts de développement. Du côté de l'Union européenne, il convient de signaler que plusieurs législations d'États membres en matière de « patent box » font actuellement l'objet d'études approfondies de la part de la Commission, qui s'intéresse à leur compatibilité avec les règles sur les aides d'État.

Il s'agit, d'autre part, des **revenus retirés des participations dans les filiales** : dividendes reçus de celles-ci et plus-values sur titres de participation. Ces dividendes et plus-values sont désormais entièrement exonérés, sous la seule réserve de la réintégration dans le bénéfice d'une quote-part de frais et charges correspondant, pour les dividendes, à 5 % des sommes reçues et, pour les plus-values, à 12 % des plus-values de cession brutes[346].

Quelques autres exemples résiduels existent dans la législation, mais ont un caractère plus marginal. Outre le taux réduit qui s'applique aux **PME**[347], on retiendra que sont imposables à un taux réduit de 19 % les plus-values de **cession de titres de sociétés à prépondérance immobilière cotées** qui ont le caractère de titres de participation détenus depuis au moins deux ans[348].

L'application de ces taux réduits s'opère de façon plutôt favorable aux entreprises. Ainsi, une plus-value nette à long terme imposable de l'exercice peut être diminuée de la moins-value nette relevant d'un autre régime d'imposition, constatée à la clôture du même exercice, de la moins-value nette à long terme relevant du même ou d'un autre régime d'imposition subie au cours de l'un des dix exercices antérieurs et n'ayant pas encore été imputée, et même du déficit ordinaire subi au cours de l'exercice (sans distinction du déficit courant et d'éventuelles moins-values à court terme). Ces règles de compensation offrent aux entreprises une certaine marge de manœuvre quant à l'utilisation de leurs moins-values.

2. Le cas des sociétés déficitaires

282 Lorsqu'une société relevant de l'impôt sur les sociétés réalise un déficit au cours d'un exercice, ce déficit ne se transmet pas aux associés. C'est le principe cardinal de l'opacité de la société de capitaux qui le veut, par opposition à ce qui se produit pour les associés d'une société de personnes.

Toutefois, le déficit n'est pas pour autant perdu pour la société qui le subit. Il peut être reporté dans le temps, en avant (a) ou en arrière (b)[349].

a) Le report en avant du déficit

283 Selon l'article 209 du CGI, « [...] en cas de déficit subi pendant un exercice, ce déficit est considéré comme une charge de l'exercice suivant et déduit du bénéfice réalisé pendant ledit exercice [...]. Si ce bénéfice n'est pas suffisant pour que la déduction

346. Le régime des sociétés mères et filiales et des plus-values sur titres de participation fera l'objet d'une étude plus détaillée plus loin. Cf. *infra*, n° 314 et s. ; 360 et s.

347. Cf. *supra*, n° 275.

348. Les titres de sociétés à prépondérance immobilière non cotées sont en revanche exclus de ce régime (art. 219 I- a *sexies*-0 *bis* CGI).

349. Pour une étude d'ensemble, cf. P. Fumenier et C. Maignan, « Le nouveau cadre fiscal de constitution et d'utilisation des déficits », *Dr. fisc.* 2013, n° 14, ét. 223.

puisse être intégralement opérée, l'excédent du déficit est reporté [...] sur les exercices suivants ».

Cette formule explicite le mécanisme du report en avant du déficit. Elle démontre que la réalisation d'un déficit au cours d'une année fait naître, pour la société concernée, un droit d'imputer ledit déficit sur les résultats d'exercices ultérieurs. On peut donc dire, en recourant à une approche économique, qu'un déficit a véritablement de la valeur, puisqu'il constitue un moyen de diminuer la charge fiscale future. D'un point de vue purement théorique, cette politique de report illimité du déficit permet aussi de mettre en valeur la réalité économique selon laquelle le revenu d'une société (sa capacité contributive, en termes constitutionnels) s'apprécie, non pas sur la durée d'un exercice, mais sur la durée de vie totale de la société[350]. Il serait effectivement non conforme à cette réalité de surimposer une société par la voie d'une limitation de son droit au report, en exigeant d'elle qu'elle acquitte un impôt total supérieur à 33,1/3 % de son revenu total sur sa durée de vie. La théorie économique enseigne également que le report en avant des pertes est une condition nécessaire à la neutralité du régime d'imposition des sociétés à l'égard de projets d'investissement ayant des profils de risque différents[351].

Toutefois, bien que le report en avant soit illimité, il n'en reste pas moins encadré. Ainsi, l'article 209 du CGI prévoit que le déficit réalisé lors d'un exercice n'est plus imputable sur le bénéfice de l'exercice suivant qu'à hauteur de 1 000 000 € majoré de 50 % du montant correspondant au bénéfice imposable dudit exercice excédant ce premier montant. Cela revient à instituer à la charge des sociétés une sorte d'impôt minimal annuel sur une fraction de leur résultat. Le plafond d'imputation des déficits est par ailleurs augmenté pour les entreprises en difficulté bénéficiaires d'abandons de créances car celles-ci sont autorisées à majorer la part forfaitaire du plafond (1 000 000 €) à hauteur du montant des abandons de créance réalisés à leur profit[352].

Exemple : une société dégage un déficit de 1 500 000 € au titre de l'exercice « N ». En « N + 1 », son bénéfice est de 1 400 000 €. L'article 209 du CGI commande de raisonner comme suit : en « N + 1 », 1 000 000 € peuvent être épongés par le déficit « N ». Il reste donc 500 000 € de déficit de l'exercice « N » à imputer. Or, sur les 400 000 € de bénéfices « N + 1 » résiduels, seuls 50 % peuvent servir de base à l'imputation, soit 200 000 €. Il en découle que le déficit « N » pourra être utilisé à hauteur de 1 200 000 €. Restera en « N + 2 » à tenir compte des 300 000 € de déficit « N » n'ayant pas encore été déduits. Et ainsi de suite pour les exercices ultérieurs.

Au regard du droit comparé, le dispositif français présente un grand intérêt. En termes de politique fiscale, il illustre de façon spectaculaire l'impact de la convergence fiscale franco-allemande[353] car le législateur français s'est ici inspiré très directement de l'expérience d'outre-Rhin, laquelle a d'ailleurs également fait flores dans d'autres États, tels que l'Italie ou l'Espagne. De façon plus générale, le droit

350. Par comparaison, on relèvera avec intérêt que jusqu'à l'intervention de la loi de finances pour 2004, les déficits courants ne pouvaient être reportés en avant que pendant une durée de cinq ans. L'admission d'un report illimité dans le temps témoigne donc du souci du législateur français d'offrir un maximum de flexibilité fiscale aux entreprises françaises.

351. T. Hanappi, *Loss carryover provisions. Measuring effects on tax symmetry and automatic stabilisation*, OECD Taxation Working Papers, 2018, n° 35.

352. L'art. 209 I du CGI prévoit que cette règle s'applique aux abandons de créance consentis à une société en application d'un accord constaté ou homologué dans les conditions prévues à l'article L. 611-8 du C. com. ou dans le cadre d'une procédure de sauvegarde, de redressement judiciaire ou de liquidation judiciaire ouverte à son nom.

353. Pour un point de vue sur la question, cf. notre article « Réflexions sur la convergence fiscale franco-allemande », *Dr. fisc.* 2012, n° 14, ét. 244.

comparé enseigne que le droit français se situe ici dans une situation intermédiaire[354] : si le principe du report illimité en avant est connu dans bien d'autres États, nombreux sont les États qui persistent à poser une date de butoir du report en avant des déficits[355]. La règle française reste donc avantageuse à cet égard même si l'encadrement du montant du déficit utilisable au cours de l'année suivant sa réalisation en limite le caractère favorable, et s'il faut compter avec les règles prévoyant la perte des déficits en cas de changement d'activité. La convergence franco-allemande pourrait en outre jouer un rôle inattendu en la matière, puisque la Cour fédérale des finances a estimé que dans l'hypothèse où le mécanisme de limitation du report en avant conduit à une perte irrémédiable de la faculté d'imputer le déficit (en cas de liquidation, par exemple), l'impossibilité d'imputer les déficits passés porte atteinte au principe d'égalité et de capacité contributive. Elle a donc renvoyé la question à la Cour constitutionnelle de Karlsruhe[356]. On ne voit pas ce qui s'oppose à la reproduction de ce raisonnement dans un contexte français.

b) Le report en arrière du déficit

284 Le report en arrière du déficit codifié à l'article 220 *quinquies* du CGI constitue la seconde modalité d'utilisation du déficit de la société. Souvent appelé « *carry-back* »[357], il est en réalité mal nommé : en effet, le report en arrière du déficit ne prend pas, comme on pourrait le croire, la forme d'une modification des exercices clos avant l'exercice déficitaire. Le principe d'intangibilité du bilan s'y oppose de toutes ses forces. Le report en arrière n'est donc, en réalité, que l'attribution à la société déficitaire d'une créance contre l'État, dont le montant dépend d'une imputation purement fictive du déficit sur le bénéfice de l'année antérieure[358]. Cette créance, qui n'est pas imposable, « améliore les résultats de l'entreprise et contribue au renforcement des fonds propres »[359].

Dans la mécanique mise en place par l'article 220 *quinquies* du CGI, le déficit est « considéré comme une charge » de l'exercice antérieur : il y a là une fiction juridique dont le but n'est autre que de permettre à la société de dégager, *a posteriori*, un trop-payé d'impôt sur les sociétés pour l'exercice en question. La fiction n'est cependant instituée que sous certaines conditions : l'entreprise ne doit pas avoir distribué ses bénéfices antérieurs à la réalisation du déficit (autrement dit, il doit encore exister une base mathématique pour procéder à l'imputation), et elle ne doit pas avoir été exonérée d'impôt sur les sociétés à raison de ceux-ci en raison de l'un des multiples régimes de faveur existant en faveur, par exemple, des entreprises nouvelles[360]. Il y a là une certaine logique : pour que le déficit fasse naître une charge déductible d'un résultat antérieur, encore faut-il que ce résultat ait été imposé. En outre, le report en arrière est limité dans son montant : depuis la loi du 19 septembre 2011, il est plafonné à 1 million d'euros, ce qui en limite considérablement l'intérêt pour les grandes entreprises.

De plus, l'option pour le report en arrière ne peut pas être exercée au titre d'un exercice au cours duquel intervient une cession ou une cessation totale d'entreprise, une fusion de sociétés ou une

354. A. Chouc et T. Madiès, *Comment se situe la France dans la concurrence internationale en matière d'impôt sur les sociétés ?,* rapport particulier n° 5 publié en annexe au rapport du Conseil des prélèvements obligatoires sur l'impôt sur les sociétés (2016), p. 47 et s.

355. 9 ans aux Pays-Bas, 12 ans au Portugal, 20 ans aux États-Unis et au Canada...

356. Cour fédérale des finances, 26 févr. 2014, Az. I R 59/12, commenté par F. Hellio et A. Kenk, *Dr. fisc.* 2015, n° 9, ét. 173, § 5.

357. Par opposition au « *carry-forward* ».

358. Le report en arrière n'a plus lieu, depuis la loi de finances rectificative du 19 septembre 2011, que sur le bénéfice de l'exercice antérieur. Il était auparavant de trois ans, cas unique dans l'Union européenne. À l'heure actuelle, l'admission du report en arrière est rare. L'Allemagne et les Pays-Bas le connaissent (sur un an), ainsi que les États-Unis (sur deux ans) et le Canada (sur trois ans).

359. Formule figurant à l'art. 220 *quinquies* CGI, inhabituelle en ce sens que la loi vante l'intérêt de sa propre existence (observation faite par MM. Lamarque, Négrin et Ayrault, n° 1427).

360. Cf. la liste de renvois aux articles d'exonération donnée par l'article 220 *quinquies*. La même contrainte joue lorsque le bénéfice antérieur a donné lieu à l'attribution d'un crédit d'impôt.

opération assimilée, ou un jugement prononçant la liquidation judiciaire de la société. Le report en arrière suppose donc que la personne morale dont les bénéfices servent de support à l'imputation des déficits soit la même que celle qui réalise effectivement le déficit.

285 L'utilisation de la créance née du report en arrière est encadrée par la loi. Le report en arrière n'a pas en effet pour fonction de donner à l'entreprise une créance de droit commun dont elle pourrait librement disposer. C'est pourquoi l'article 220 *quinquies* énonce que la créance est inaliénable et incessible, sauf par la technique du bordereau Dailly[361] ou dans des conditions fixées par décret. Il est également admis que la créance de *carry-back* soit transférée à l'occasion d'une fusion, d'une scission ou d'une opération assimilée[362].

Selon la loi, l'option pour le report en arrière doit être exercée au titre de l'exercice au cours duquel le déficit est constaté et dans les mêmes délais que ceux prévus pour le dépôt de la déclaration de résultat de cet exercice. La créance est remboursée au terme des cinq années suivant celle de la clôture de l'exercice au titre duquel l'option visée au premier alinéa a été exercée[363]. Toutefois, l'entreprise peut utiliser la créance pour le paiement de l'impôt sur les sociétés dû au titre des exercices clos au cours de ces cinq années. Dans ce cas, la créance n'est remboursée qu'à hauteur de la fraction qui n'a pas été utilisée dans ces conditions.

Par ailleurs, les mêmes déficits ne peuvent être reportés à la fois en arrière et en avant. C'est pourquoi la loi prévoit que le déficit imputé dans les conditions prévues ci-dessus cesse d'être reportable sur les résultats des exercices suivant celui au titre duquel il a été constaté.

B. LA MÉTHODE D'IMPOSITION DE LA DISTRIBUTION DU RÉSULTAT AUX ASSOCIÉS

286 Lorsqu'une société de capitaux réalise un bénéfice, elle doit acquitter l'impôt sur les sociétés. Il faut à présent déterminer comment est imposée la distribution aux associés de ce résultat amputé de l'impôt sur les sociétés.

Cette question se pose depuis toujours chez les associés. Ce sont eux qui doivent acquitter l'impôt sur le revenu à raison de la distribution reçue (1°). Mais elle se pose également, depuis la deuxième loi de finances rectificative pour 2012, du côté de la société distributrice elle-même, puisqu'il est désormais prévu que la distribution de bénéfices constitue le fait générateur d'un supplément d'impôt à sa charge (2°).

361. Art. L. 313-23 à L. 313-35, C. mon. fin.

362. En cas de fusion, de scission ou d'opération assimilée intervenant au cours des cinq années suivant celle de la clôture de l'exercice au titre duquel l'option visée au I a été exercée, la créance de la société absorbée, scindée ou apporteuse peut être transférée à la ou les sociétés bénéficiaires des apports. Le transfert de la créance est effectué pour sa valeur nominale. En cas de scission ou d'apport partiel d'actif, la créance est transmise au prorata du montant de l'actif net réel apporté à la ou aux sociétés bénéficiaires des apports apprécié à la date d'effet de l'opération.

363. Une exception au délai de 5 ans est faite pour les entreprises ayant fait l'objet d'une procédure de sauvegarde, de redressement ou de liquidation. En pareil cas, l'urgence commande. Une autre exception a été instituée par la deuxième loi de finances rectificative pour 2008 afin de permettre aux entreprises secouées par la crise financière internationale d'obtenir le remboursement immédiat de leur créance de *carry-back* non encore utilisée ou cédée.

1. L'imposition des associés

287 Dans la terminologie française, le revenu imposable de l'associé est qualifié de « revenu distribué »[364]. La catégorie des revenus distribués est très large. Elle englobe tous les transferts de valeur sans contrepartie qui diminuent le patrimoine de la société distributrice et augmentent celui du bénéficiaire. Dans cette analyse, la notion de revenu distribué coïncide avec celle de désinvestissement[365].

Le fait qu'il existe une catégorie unique de revenus distribués ne doit cependant pas tromper : tous les revenus distribués ne sont pas logés à la même enseigne. Certains sont mieux traités que d'autres. Ainsi, les produits des actions et parts sociales – au premier rang desquels les dividendes – donnent lieu à une imposition modérée pour tenir compte du fait que les dividendes sont issus de bénéfices ayant déjà supporté l'impôt sur les sociétés (a). En revanche, d'autres revenus distribués, provenant de désinvestissements occultes ou irréguliers, sont soumis à un traitement fiscal beaucoup moins avantageux (b).

a) L'imposition des dividendes

288 Le problème de l'imposition des associés de capitaux est un classique de la théorie fiscale. Comment s'assurer, en effet, que la double imposition économique des bénéfices de la société (à son niveau puis à celui de son associé) soit à la fois rationnelle et supportable ? La question n'est pas seulement théorique. Selon le rapport du comité Ruding publié en 1992, la manière dont les pays atténuent la double imposition des bénéfices des sociétés distribués aux actionnaires sous forme de dividendes constitue une source importante de discrimination à l'encontre des flux transfrontaliers d'investissements[366]. Naguère encore, cette question était au cœur des préoccupations de la Commission européenne, comme en témoigne la communication qu'elle a émise en 2004 à ce sujet[367]. Il n'est donc pas sans intérêt d'examiner les différents systèmes possibles avant de s'arrêter sur l'approche française.

b) Diversité des systèmes possibles

289 *Grosso modo*, deux techniques peuvent être distinguées pour traiter le problème de la double imposition économique[368]. La première consiste à l'ignorer purement

364. Art. 109, CGI.

365. Pour l'analyse de la notion de revenu distribué (seulement partiellement renouvelée depuis la réforme des distributions en 2004), cf. G. Blanluet, « Chronique de fiscalité des entreprises », *L'année fiscale*, PUF, 2003, p. 317 et s.

366. Rapport du comité de réflexion des experts indépendants sur la fiscalité des entreprises, mars 1992, Commission des communautés européennes, p. 206 et s.

367. Communication de la Commission au Conseil, au Parlement européen et au Comité économique et social européen – Imposition des dividendes au niveau des personnes physiques dans le marché intérieur, 8 janv. 2004, COM 2003 (810) Final.

368. Sur le sujet, cf. par ex., outre la communication précitée de la Commission européenne, P. Beltrame et L. Mehl, *Techniques, politiques et institutions fiscales comparées*, PUF, 2e éd., 1997, p. 184 et s. ; H. J. Ault et B. Arnold (ed.), *Comparative Income Taxation. A Structural Analysis*, Kluwer Law International, 3e ed., 2010 ; G. S. Cooper and R. K. Gordon, "Taxation of Enterprises and Their Owners", in V. Thuronyi (ed.), *Tax Law Design and Drafting*, IMF, vol. 2, 1998, p. 811 et s. ; P. Shome (ed.), *Tax Policy Handbook*, IMF, 1995, spéc. les sections de J. King, "Integration of Personal and Income Taxes", p. 149 et s., et D. Chua et J. King, *The Mechanics of Integration*, p. 151 et s.

et simplement : l'État impose alors le revenu au niveau de la société, puis une nouvelle fois le revenu au niveau de l'associé en respectant les règles ordinaires de la progressivité de l'impôt sur le revenu : c'est le système dit « classique ». Ce système classique n'est pas inconnu en droit positif. Ainsi, l'Irlande applique un système classique aux dividendes domestiques. Son cas est intéressant, compte tenu de son faible taux d'impôt sur les sociétés, qui s'élève à 12,5 %. Grâce à celui-ci, la double imposition économique résultant de la pression fiscale combinée de l'impôt sur les sociétés et de l'impôt sur le revenu afférent aux dividendes demeure relativement faible[369]. Il est évident, cependant, que le système classique est économiquement peu satisfaisant lorsque les taux de l'impôt sur les sociétés et de l'impôt sur le revenu sont plus élevés. En outre, l'un des effets pervers du système est d'encourager la rétention des bénéfices par les sociétés afin d'éviter la surimposition qui survient en cas de distribution. On comprend donc que la plupart des États préfèrent au système classique une approche alternative.

290 La seconde approche de la double imposition économique est plus volontariste. Elle se propose de réduire l'imposition, soit au niveau de la société, soit au niveau de l'associé.

À cette fin, plusieurs pistes sont envisageables. On peut songer, par exemple, à supprimer purement et simplement l'un des deux impôts qui pose problème ! Supprimer l'impôt sur les sociétés apparaît difficile... encore que l'Estonie n'impose les bénéfices sociaux entre les mains des sociétés qu'au moment de leur distribution. Supprimer l'imposition des dividendes entre les mains des actionnaires n'est pas non plus une pratique très répandue[370].

En pratique, donc, les techniques rencontrées sont plus subtiles. Elles tendent à diminuer l'impôt au lieu de le supprimer. Pour atténuer la charge fiscale pesant sur la société, on peut ainsi songer à autoriser la déduction du dividende de l'assiette de l'impôt sur les sociétés : le système est rarement adopté pour des raisons budgétaires et comptables, mais il a pour lui l'avantage de traiter la distribution des dividendes comme le paiement des intérêts, assurant ainsi une forme de neutralité fiscale entre financement par le capital et financement par l'emprunt[371]. Une autre idée consiste à prévoir que le taux de l'impôt sur les sociétés est plus bas lorsque les bénéfices sont distribués que lorsqu'ils sont mis en réserve. Elle fut notamment adoptée en Allemagne entre 1953 et 2001[372]. Elle n'est cependant plus guère de mise aujourd'hui.

C'est du côté de l'associé qu'il faut donc rechercher les moyens d'atténuer la charge fiscale pesant sur la distribution des dividendes. À cette fin, de très nombreux États ont pendant longtemps adopté un système d'imputation, consistant à déduire de l'impôt progressif sur le revenu dû par l'associé un montant équivalent à celui de l'impôt sur les sociétés préalablement acquitté par la société distributrice. Ce système présentait d'incontestables vertus logiques et théoriques – du moins lorsqu'il était appliqué de façon cohérente avec sa finalité : pour éliminer le cumul entre deux impôts, quoi de plus simple que d'imputer l'un des impôts sur l'autre ? Le système de l'imputation – que les Français avaient baptisé

369. Un système proche du système classique est également en vigueur en Suède. Le droit néerlandais était également sur ce modèle jusqu'en 1997, de même que le droit des États-Unis jusqu'en 2003. Le droit allemand, qui avait abandonné le système classique, est revenu à un système proche depuis la réduction de son taux d'impôt sur les sociétés à 15 % en 2008.

370. Elle existait cependant en Grèce, en Lettonie et en Slovaquie (source : D. Endres *et al.* (ed), *The Determination of Corporate Taxable Income in the EU Member States*, PricewaterhouseCoopers – Kluwer Law International, 2006, n° 4.1.2.2.2.). Elle existe encore au Brésil.

371. Le système a existé de façon fugace en France au cours des années 1990. Il a également existé en Grèce. Une déduction partielle fut également autorisée en Espagne, en Suède et en Islande. Pour une analyse de ce système favorable à son introduction aux États-Unis, v. R. Avi-Yonah et A. C. Chenchinski, "The Case for Dividend Deduction", *The Tax Lawyer*, 2011, vol. 65, N° 1, p. 3 et s.

372. Le système allemand était d'une particulière complexité, combinant ce double taux d'impôt sur les sociétés avec un dispositif proche de l'avoir fiscal français.

« avoir fiscal »[373] – a cependant considérablement reculé pour des raisons tenant à son coût et à son incompatibilité avec le droit communautaire[374].

D'autres voies ont donc été explorées, notamment l'imposition au barème progressif d'une fraction seulement du dividende ou l'application à celui-ci d'un taux proportionnel inférieur au taux marginal maximum d'impôt sur le revenu[375]. Dans les deux cas, le législateur fiscal recherche une solution permettant à la pression combinée de l'impôt sur les sociétés et de l'impôt cédulaire de correspondre au taux marginal maximum d'impôt sur le revenu. Ainsi, les dividendes des personnes physiques investisseurs en portefeuille qui se situent dans la tranche supérieure d'impôt sur le revenu ne subissent jamais un impôt sur les sociétés cumulé à l'impôt sur le revenu plus lourd que le taux marginal maximum d'impôt sur le revenu. Ceci a notamment pour conséquence que, pour l'entrepreneur local qui réalise des bénéfices suffisants, le choix de l'exercice de son activité en tant que profession indépendante ou dans le cadre d'une société est fiscalement neutre. Il est à noter, toutefois, que pour les contribuables situés dans une tranche inférieure d'impôt sur le revenu, ces systèmes ne permettent pas de parvenir à une neutralité intégrale, dans la mesure où la pression combinée de l'impôt sur les sociétés et de l'impôt sur le dividende excède la charge fiscale qu'ils auraient acquittée sur la base du taux marginal d'impôt sur le revenu qui leur est applicable.

En conclusion de ce bref survol, il apparaît que les techniques d'élimination de la double imposition économique du bénéfice sont potentiellement en nombre considérable. Chaque technique repose sur un choix politique et économique spécifique. Il n'est pas étonnant, dans ce contexte, que la France ait elle-même expérimenté plusieurs systèmes d'imposition des dividendes.

c) *Le droit français*

291 Dès avant l'introduction de l'impôt sur les sociétés, la loi du 29 juin 1872 avait assujetti les revenus de capitaux mobiliers à un impôt spécial, l'impôt sur le revenu des valeurs mobilières, alors perçu par l'administration de l'enregistrement. La réforme de 1948, en introduisant l'impôt sur les sociétés, devait supprimer l'impôt sur le revenu des valeurs mobilières (qui s'élevait alors à 30 %) et le remplacer par un impôt de 18 % sur les revenus distribués, lequel s'ajoutait à l'impôt sur les sociétés de 24 %[376]. La réforme majeure du système était encore à venir. Elle intervint avec la loi nº 65-566 du 12 juillet 1965 qui créa l'avoir fiscal, lequel demeura en vigueur jusqu'à l'adoption de la loi de finances pour 2004. Depuis cette date, plusieurs réformes se sont enchaînées : à l'heure où nous écrivons, les dividendes sont soumis au « prélèvement forfaitaire unique » (PFU). Ils supportent l'impôt sur le revenu au taux proportionnel de 12,8 %, auquel s'ajoutent les prélèvements sociaux de 17,2 %, soit un total de 30 %. On rappelle cependant que lorsque le contribuable renonce au PFU (ce qu'il lui est loisible de faire à condition d'accepter que l'ensemble de ses revenus de capitaux réintègre l'assiette taxable selon le barème progressif de l'impôt sur le revenu), leur

373. Jolie formule : l'actionnaire avait en quelque sorte un « avoir » ressemblant à celui que vous donne un commerçant lorsqu'il reprend votre marchandise. De même que l'avoir constitue, dans les relations commerciales, une créance utilisable pour s'acquitter de paiements ultérieurs, l'avoir fiscal constitue une créance utilisable pour payer l'impôt sur le revenu.

374. Pour le détail, cf. *infra*, nº 298 et s.

375. Le système consistant à appliquer un taux proportionnel libératoire aux intérêts, dividendes et plus-values est aujourd'hui très répandu en Europe, comme l'enseigne la publication annuelle mise en ligne par l'Association française des marchés financiers (Amafi), intitulée *Fiscalité de l'épargne comparée*. Pour 2017, ces trois types de revenus sont taxés à 23 % en Espagne, 26 % en Italie, 26,4 % en Allemagne, 30 % en Suède et en Belgique, etc.

376. Sur la réforme, cf. H. Laufenburger, « La réforme fiscale », *Revue de science et de législation financières* 1949, p. 6 et s., spéc. p. 12. Les revenus des capitaux mobiliers étaient également compris dans l'assiette de la surtaxe progressive jusqu'à sa suppression.

imposition a lieu au barème progressif de l'impôt sur le revenu, mais seule une fraction égale à 60 % du dividende versé est effectivement imposée.

Quelques précisions s'imposent pour mieux comprendre le droit immédiatement antérieur à 2004 et son évolution jusqu'à aujourd'hui.

α) Le système de l'avoir fiscal

292 Le système de l'avoir fiscal avait l'avantage d'être clair en son principe, même si ses modalités d'application ont pu faire perdre de vue sa cohérence interne. Il n'a cependant pas survécu à ses défauts juridiques.

• Description du système

293 Soit une société qui réalise un bénéfice de 100. Elle paie 33,33 d'impôt sur les sociétés. Il reste donc un bénéfice après impôt de 66,66 pouvant être distribué sous forme de dividende. Supposons que la société distribue cette somme de 66,66. Le système de l'avoir fiscal consiste à imposer l'actionnaire comme s'il avait réalisé lui-même le bénéfice social de 100, puis à imputer sur l'impôt théoriquement obtenu le montant de l'impôt sur les sociétés. Ainsi, par exemple, si l'application du barème progressif conduit, pour un revenu de 100, à un impôt de 40, l'actionnaire concerné paie en réalité [40 – 33,33], soit 6,66. Il apparaît ainsi qu'en ajoutant l'impôt dû par la société (33,33) et celui dû par l'actionnaire (6,66), on arrive à un impôt (40) exactement identique à celui que l'actionnaire aurait dû payer s'il avait exercé une activité entrepreneuriale de façon individuelle, sans créer une société de capitaux.

Ce raisonnement était présenté, techniquement, de la façon suivante :

I – Détermination de la base imposable

Dividende distribué 66,66
+ } Revenu imposable chez l'associé : 100
Avoir fiscal 33,33
égal à la moitié
du dividende

II – Calcul de l'impôt

Impôt théorique en
application du
barème progressif
(sur 100) 40
} Impôt final dû par l'associé : 6,66
Déduction de
l'avoir fiscal 33,33

294 Cette présentation technique appelle plusieurs observations. Premièrement, on constate que l'avoir fiscal de 33,33 est égal à la moitié du dividende distribué. Il s'agit d'une

règle que le CGI consacrait en tant que telle pour les personnes physiques[377]. Cette règle était logique : fixer l'avoir fiscal à la moitié du dividende permettait de rendre égal l'avoir fiscal à l'impôt sur les sociétés. Ceci permettait d'effacer totalement la double imposition économique en accordant à l'associé de la société de capitaux un crédit d'impôt exactement égal à l'impôt sur les sociétés payé en amont par la société. Cette convergence n'exista cependant que lorsque l'impôt sur les sociétés fut ramené à 33,33 %. Lorsque l'impôt sur les sociétés était supérieur (ce qui était le cas au moment de l'introduction de l'avoir fiscal en 1965), l'attribution à l'associé d'un avoir fiscal égal à la moitié du dividende ne permet pas d'effacer totalement la double imposition. La perfection mathématique de l'avoir fiscal n'a donc pas toujours été de mise.

295 Deuxième observation : l'exemple ci-dessus montre que l'avoir fiscal était d'abord ajouté au dividende distribué pour déterminer le revenu imposable chez l'associé. On justifiait cet ajout par l'idée selon laquelle l'avoir fiscal était un revenu imposable entre les mains de son bénéficiaire. Cette explication permettait, *prima facie*, de donner un semblant de justification technique à l'imposition d'une somme supérieure au dividende effectivement reçu. Elle était cependant très discutable théoriquement car, en réalité, l'avoir fiscal n'était pas un revenu effectivement disponible pour l'associé (sauf à considérer très abstraitement que l'État lui faisait un cadeau constituant un revenu exceptionnel). En réalité, l'avoir fiscal constituait une technique intellectuelle permettant de reconstituer un revenu théoriquement réalisé en vue d'éliminer une double imposition. On ne saurait ainsi se laisser abuser : toute addition de nombres n'est pas une addition de revenus.

296 Troisième observation : supposons que l'associé, moins aisé que dans l'exemple initial, ne doive payer après application du barème progressif que 30, au lieu de 40. La déduction de l'avoir fiscal conduit alors à un résultat négatif de [30 – 33,33], soit – 3,33. Cet impôt négatif donnait lieu, lorsque le bénéficiaire était une personne physique, à un remboursement d'impôt. C'est dire combien le système était imprégné de l'objectif de ne pas faire payer plus à l'actionnaire individuel que ce qu'il aurait acquitté en l'absence de structure sociétaire. En ce sens, on a pu dire qu'il constituait « l'application parfaite de l'idéal de la capacité contributive, selon lequel le poids fiscal final pour chaque contribuable sur la totalité de ses revenus devait correspondre à sa capacité contributive personnelle telle que représentée par son barème personnel à l'impôt progressif»[378].

297 Quatrième observation : tout le système de l'avoir fiscal reposait sur le postulat que la société distributrice avait acquitté l'impôt sur les sociétés. Que se passait-il alors si une société distribuait des dividendes issus de bénéfices n'ayant pas fait l'objet d'une imposition préalable ? La question se posait toutes les fois qu'une société distribuait des bénéfices de source étrangère (exonérés en vertu du principe de territorialité de l'impôt sur les sociétés[379]), des dividendes issus de produits de filiale (exonérés d'impôt sur les

377. Le système logique de l'avoir fiscal a été perturbé, à la fin de son ère, par le fait que son montant variait selon que le bénéficiaire de la distribution était une personne physique (auquel cas la règle « avoir fiscal = 1/2 dividende » s'appliquait) ou une personne morale soumise à l'impôt sur les sociétés (auquel cas l'avoir fiscal n'était plus égal, en 2003, qu'à 10 % des sommes nettes distribuées).

378. F. Vanistendael, participation au dossier consacré à la réforme du régime fiscal des distributions, *L'année fiscale* 2004, p. 8-9.

379. Cf. *infra*, n° 735 et s.

sociétés à hauteur de 95 % grâce au régime des sociétés mères et filiales[380]) ou des bénéfices ayant subi l'impôt sur les sociétés au taux réduit[381]. En pareil cas, la loi fiscale exigeait alors que la société distributrice acquitte, au moment de la distribution des dividendes, l'équivalent de l'impôt sur les sociétés qu'elle n'avait pas encore payé. Il s'agissait du **précompte** mobilier. Une fois le précompte versé, la société se retrouvait dans la situation ordinaire d'une société ayant acquitté l'impôt sur les sociétés, ce qui permettait à ses associés de bénéficier de l'avoir fiscal[382].

Le précompte ne pouvait cependant être exigé que des sociétés soumises à la loi française... En présence de dividendes distribués par une société étrangère, le problème était autrement plus délicat. Une société étrangère, en effet, est assujettie à l'impôt sur les sociétés dans son État de résidence. De ce fait, la France se trouvait dans une situation impossible au regard de l'avoir fiscal. Soit elle l'accordait à l'associé de la société étrangère, mais cela revenait à donner à l'associé un crédit d'impôt ne correspondant pas à un impôt déjà reçu par la France. On imagine la perte budgétaire occasionnée par cette règle. Soit elle refusait le bénéfice de l'avoir fiscal aux associés de sociétés étrangères. Le budget s'en portait mieux, mais au prix d'une différence de traitement entre associés de sociétés françaises (qui avaient droit à l'avoir fiscal) et associés de sociétés étrangères (qui n'y avaient pas droit).

Confrontée à ce dilemme, la France avait choisi d'énoncer un principe : l'avoir fiscal n'était pas accordé aux associés de sociétés distributrices étrangères. Il n'était par ailleurs accordé qu'aux associés résidents de France, sauf lorsqu'une convention internationale l'étendait aux résidents d'un autre État contractant. Ce compromis globalement rationnel causa la perte de l'avoir fiscal.

• La fin de l'avoir fiscal

298 L'avoir fiscal a disparu pour deux raisons essentielles. La première est purement budgétaire. Elle tient au fait que l'extension conventionnelle de son bénéfice à des associés non domiciliés fiscalement en France finit par coûter cher à l'État, compte tenu du développement considérable de l'actionnariat étranger dans le capital des sociétés françaises[383]. L'autre, révélée par la première, est que l'avoir fiscal n'était pas une technique adaptée au développement des investissements internationaux. Comme on l'a justement écrit, « au moment de l'introduction de l'avoir fiscal et du précompte par la loi n° 65-566 du 12 juillet 1965, la fiscalité des impôts directs en France, comme

380. Cf. *infra,* n° 314 et s.

381. Cf. *supra,* n° 281.

382. L'incompatibilité du dispositif de l'avoir fiscal et du précompte avec le droit de l'Union européenne a été reconnue par la Cour de justice dans l'affaire *Accor SA* (CJUE, 15 sept. 2011, aff. C-310/09, *min c. Accor SA, Dr. fisc.* 2012, n° 3, comm. 67, note J.-L. Pierre ; CE, 10 déc. 2012, n° 317074 et 317075 ; *Dr. fisc.* 2013, n° 1, Act. O. Fouquet) suite à la question préjudicielle posée à la Cour de justice par CE, 3 juill. 2009, n° 317075, *Sté Accor, Dr. fisc.* 2009, n° 30-35, comm. 430, concl. L. Olléon, note E. Meier et R. Torlet. Sur ce sujet, v. aussi l'article de P. Dibout dans le même numéro de la *Revue de droit fiscal*, p. 427 et s. et notre article, « France : the Rimbaud and Accor cases », in M. Lang (dir.), *Recent and Pending ECJ cases*, Linde Verlag, Wien, 2010. Pour l'épilogue après renvoi, v. CE, 10 déc. 2012, n° 317074, *min. c/Sté Rhodia, Dr. fisc.* 2013, n° 10, comm. 184, concl. N. Escaut, note J.-L. Pierre. Épilogue provisoire ? La Commission européenne a en effet annoncé dans un communiqué du 28 avril 2016 MEMO/16/1452 que les décisions du 10 décembre 2012 « ne respectent pas le droit de l'Union dans la mesure où l'imposition subie par les sous-filiales établies ailleurs dans l'Union n'est pas prise en compte, une limitation systématique de l'avoir fiscal à un tiers du dividende redistribué en France, en provenance d'une filiale établie dans un autre État membre de l'UE, est pratiquée et des exigences formelles et disproportionnées quant à la preuve à apporter sont requises ». Si la France ne se met pas en conformité dans un délai de deux mois, la Commission dispose de la faculté de saisir la Cour de justice.

383. Il existait, avant l'abolition de l'avoir fiscal, 47 conventions qui l'accordaient aux actionnaires résidents d'États étrangers. Le coût budgétaire pour le Trésor du transfert de l'avoir fiscal aux non-résidents est allé croissant pour atteindre 800 millions d'euros en 2002 (G. Entraygues et R. Béra, participation au dossier consacré à la réforme du régime fiscal des distributions, *L'année fiscale* 2004, p. 24).

d'ailleurs chez les autres membres du Marché commun, se jouait en vase clos au niveau national »[384]. Les dividendes de source étrangère et les dividendes versés à des associés étrangers étaient rares. La jurisprudence de la Cour de justice en matière d'impôts directs était inexistante. Or, un jour, ce fut « la cassure du vase clos »[385]. La libération progressive des marchés de capitaux, sous l'impulsion notamment des principes communautaires, les progrès techniques permettant des mouvements instantanés de capitaux internationaux, le développement des transactions internationales et... le réveil de la Cour de justice eurent raison des restrictions apportées par le législateur français à la jouissance de l'avoir fiscal.

299 La cause fut entendue dès l'arrêt *Verkooijen* du 6 juin 2000[386] qui sonna le glas des différences de traitement fiscal entre dividendes de source nationale et dividendes de source étrangère. La réforme législative devenait inévitable. Elle eut lieu avant même que la CJCE ne rende un nouvel arrêt dans le même sens concernant le décalque finlandais de l'avoir fiscal à la française[387].

β) L'évolution de la technique d'imposition des dividendes

300 L'abolition de l'avoir fiscal par la loi de finances pour 2004[388] eut pour conséquence la mise en place d'un système d'imposition au barème progressif d'une fraction seulement du dividende reçu : 50 % au départ, 40 % depuis 2006. La nouvelle méthode d'imposition mise en place par le législateur se voulait inspirée de la technique allemande d'imposition du « demi-revenu ». Elle reposait sur l'idée selon laquelle un impôt progressif à taux marginal élevé, appliqué à 50 % du dividende, aboutit peu ou prou au même résultat qu'un système d'avoir fiscal[389].

384. F. Vanistendael, participation au dossier consacré à la réforme du régime fiscal des distributions, *L'année fiscale* 2004, p. 8.

385. Selon la formule de F. Vanistendael, *ibid*, p. 10.

386. Aff. C-35/98.

387. Arrêt *Petri Manninen*, 7 sept. 2004, aff. C-319/02. Rapp. Cour AELE, 23 nov. 2004, aff. E-1/04, *Fokus Bank ASA*, *Dr. fisc.* 2004, act. 230, estimant que l'article 40 de l'accord sur l'Espace économique européen protégeant la liberté de circulation des capitaux exclut une législation prévoyant que des actionnaires résidant dans un État contractant se voient attribuer un crédit d'impôt sur les dividendes payés par une société résidant dans cet État, alors que les actionnaires non-résidents ne bénéficient pas d'un tel crédit d'impôt.

388. Pour une présentation de cette réforme incluant une perspective de droit comparé, cf. le débat publié par *L'année fiscale* 2004 (PUF), p. 7 et s. Pour l'interprétation administrative de la réforme, cf. BOI-RPPM-RCM-20-10-30-30 nº 150.

389. L'idée n'était pas fausse pour les hauts revenus mais l'était en revanche totalement pour les revenus inférieurs, imposés dans une tranche faible du barème. Tandis que la méthode de l'avoir fiscal peut donner droit à un remboursement d'impôt pour le contribuable, ce n'est jamais le cas de la méthode d'imposition du demi-revenu. Il n'est pas besoin de rentrer dans des considérations d'ordre politique pour démontrer que la nouvelle méthode d'imposition a clairement désavantagé les classes les moins aisées de la population. On peut en revanche souligner sans polémiquer que la réforme de l'imposition des dividendes n'a sans doute pas suscité la discussion qu'elle méritait. Ce constat s'impose d'autant plus que la référence faite au système allemand lors de la préparation de la loi était, sinon fausse, du moins très incomplète, les Allemands adoptant à l'époque la méthode du « demi-revenu » pour les dividendes et pour les plus-values. Quitte à faire du droit comparé, le législateur aurait ainsi pu s'interroger sur l'opportunité d'adopter une approche globale de l'imposition des revenus du capital. Quoi qu'il en soit, le système du demi-revenu présentait l'avantage, par rapport à l'ancien, de ne plus créer de différence de traitement entre les dividendes de source française et les dividendes de source étrangère, ce qui le soustrayait à la critique antérieure tirée du droit communautaire.

Ce système fut complété par un dispositif issu de la loi de finances pour 2008, permettant d'opter pour un prélèvement proportionnel libératoire de l'impôt (sur la totalité du dividende), mais ce prélèvement est devenu non libératoire à compter la loi de finances pour 2013, ce qui signifie en pratique que les dividendes sont redevenus soumis au barème progressif pour 60 % de leur montant jusqu'à l'adoption, fin 2017, du système du PFU.

- L'imposition progressive d'une fraction du dividende jusqu'au 1er janvier 2018

301 Avant l'adoption de la loi de finances pour 2018, il résultait de l'article 158 du CGI que les dividendes font l'objet d'un abattement de 40 % sur leur montant brut perçu avant d'être intégrés dans la masse des revenus de capitaux mobiliers. Selon ce système, ne sont donc imposés que 60 % des dividendes reçus. Par ailleurs, il convient de déduire la fraction déductible de la CSG ainsi que les frais bancaires (droits de garde notamment). Ce système n'a pas totalement disparu puisque lorsqu'un contribuable opte aujourd'hui pour le barème progressif de l'impôt sur le revenu et s'émancipe ainsi du PFU, il est soumis au régime de l'article 158.

L'abattement de 40 % est subordonné à diverses conditions. S'agissant de la société distributrice, elle doit être passible de l'impôt sur les sociétés ou d'un impôt équivalent (si elle est étrangère). Elle doit avoir son siège dans un État de l'Union européenne ou dans un État ou territoire ayant conclu une convention fiscale qui contient une clause d'assistance administrative en vue de lutter contre la fraude ou l'évasion fiscale[390].

S'agissant du type de revenus ouvrant droit à l'abattement, ils s'entendent des revenus qui constituent la rémunération normale de l'épargne investie. Il s'agit en général des dividendes d'actions ou de produits de parts sociales de sociétés imposables à l'impôt sur les sociétés[391]. Ainsi, les revenus qui constituent la rémunération d'une créance ne constituent pas des revenus distribués. Par ailleurs, les revenus doivent résulter d'une décision régulière des organes compétents. En règle générale, la décision de distribution est prise en assemblée. La régularité de la décision s'apprécie, d'une part, au niveau de la compétence de l'organe décideur et, d'autre part, au niveau de la régularité de la décision de distribution (notamment les conditions de délibération)[392].

390. Les dividendes versés par une entité établie dans un État ou territoire non coopératif au sens de l'article 238-0 A du CGI sont imposés à un prélèvement forfaitaire obligatoire de 75 %.

391. Ceci englobe notamment :
– les distributions de dividendes décidées par l'assemblée générale des actionnaires ou des associés, réunie annuellement pour statuer sur les comptes de l'exercice écoulé ou les distributions d'acomptes sur dividendes effectuées avant l'approbation des comptes de l'exercice et respectant les prescriptions légales applicables ;
– les distributions exceptionnelles de réserves décidées par une assemblée autre que celle statuant sur la clôture des comptes, quelles que soient leur ancienneté et leur provenance, les distributions décidées par l'assemblée générale statuant sur les comptes de l'exercice écoulé et les distributions décidées dans des conditions régulières par des AGE (distribution de réserves, réduction de capital, liquidation de la société). Cf. sur ce point l'instruction du 11 août 2005 préc., § 36 et s.
Comp., antérieurement à la réforme, la définition restrictive du champ d'application de l'avoir fiscal (CE, 29 déc. 1995, *min. c/ Sté Hygiène et dératisation d'Auvergne, RJF* 2/96, n° 196 ; CE, 13 oct. 1999, *min. c/Banque française de l'Orient, RJF* 12/99, n° 1587, concl. J. Arrighi de Casanova ; CE, 26 févr. 2001, *min. c/ Anzalone, RJF* 5/01, n° 619).

392. Le Conseil d'État a cependant jugé qu'une distribution décidée par une assemblée irrégulièrement composée n'est pas toujours irrégulière. L'écartement de l'abattement de 40 % ne joue que si la décision de distribution n'a pas été prise par l'organe compétent, si elle résulte d'une fraude ou si elle n'entre dans aucun des cas pour lesquels le Code de commerce autorise la distribution de sommes prélevées sur les bénéfices (CE, 11 mai 2015, n° 369257).

• L'application aux dividendes du PFU depuis le 1er janvier 2018

302 Depuis la loi de finances pour 2018, les dividendes sont entrés dans le pot commun des revenus de capitaux dont on a vu qu'il repose sur l'idée selon laquelle l'investissement dans l'économie réelle (l'investissement en actions, au cas particulier) doit faire l'objet d'un encouragement de la part du législateur. C'est ainsi que les dividendes ont été en principe soustraits à la lourdeur de l'imposition des revenus du travail pour faire l'objet du prélèvement forfaitaire unique de 30 % (soit 12,8 % d'impôt sur le revenu et 17,2 % de prélèvements sociaux)[393].

Toutefois, lorsque le contribuable opte pour le barème progressif de l'impôt sur le revenu, cette option le prive du PFU au titre de l'ensemble de ses revenus de capitaux mobiliers, si bien que le dividende redevient alors soumis aux règles applicables avant l'entrée en vigueur de la loi de finances pour 2018.

En pratique, l'option pour le barème progressif de l'impôt sur le revenu n'aura d'intérêt, dans la plupart des cas, que dans l'hypothèse où un contribuable réalise, la même année que celle de la perception du dividende, une plus-value importante sur des titres acquis avant 2018 qui, en application des règles pré-2018, aurait donné lieu à un abattement majoré pour durée de détention (on rappelle que cet abattement majoré atteignait 85 % du montant de la plus-value imposable). L'option pour le barème progressif permet de bénéficier à plein de cet abattement (car l'impôt progressif ne s'applique plus qu'à une base réduite à 15 %). L'imposition de la plus-value est ainsi significativement plus avantageuse que sous le régime du PFU, et l'avantage que représente l'option pour le barème progressif peut alors être supérieur au désavantage impliqué par la renonciation au PFU pour le dividende.

d) L'imposition des autres revenus distribués

303 Comme nous l'avons vu ci-dessus, les revenus distribués se composent au premier chef des dividendes et d'autres revenus qui leur sont assimilés en raison de leurs caractéristiques propres. La catégorie des revenus distribués est cependant plus large.

Il existe tout d'abord des revenus distribués qui tirent directement leur qualification de la loi fiscale. Ainsi, par exemple, lorsqu'une société expose des dépenses somptuaires en faveur de certains dirigeants (charges afférentes à des résidences de plaisance ou d'agrément dont la déduction est interdite par l'article 39. 4 du CGI), l'article 111 e du CGI prévoit que ces charges non déductibles doivent être traitées comme des revenus distribués entre les mains des dirigeants concernés. La jurisprudence a même précisé que cette qualification de revenu distribué, qui résulte d'une disposition législative spéciale, s'applique sans qu'il soit besoin, pour l'administration, d'établir que lesdites dépenses et lesdites charges auraient réellement été distribuées aux intéressés[394].

Il existe ensuite des cas dans lesquels la loi présume l'existence de revenus distribués. Ainsi, l'article 111-*a* du CGI établit une présomption de distribution en ce qui concerne les sommes mises à la disposition des associés, directement ou par personnes ou sociétés interposées, à titre d'avances, de prêts ou d'acomptes, prélevées ou non sur les bénéfices. Cette règle s'explique historiquement par le souci de lutter contre une pratique consistant pour les associés (surtout dans des petites sociétés familiales) à se faire octroyer des avances qui n'étaient jamais remboursées ; il s'agissait en quelque

393. Art. 200 A, CGI.

394. CE, 24 mars 2006, n° 257330, *SA Martell & Co*.

sorte de distributions déguisées en avances et totalement soustraites à l'impôt[395]. La règle n'est cependant pas absolue : le redevable peut en effet combattre la présomption en démontrant que l'opération en cause ne présente pas le caractère d'une distribution exceptionnelle ou anticipée de produits sociaux[396]. En outre, lorsque les sommes qui ont été soumises à l'impôt en application de cette disposition sont effectivement remboursées à la société, l'impôt perçu antérieurement peut être restitué.

Dans les hypothèses où la loi ne prévoit pas explicitement que certains revenus doivent être qualifiés de revenus distribués ou présumés tels, il faut s'en remettre à la définition des revenus distribués qui figure à l'article 109. 1 du CGI. Selon ce texte, « sont considérés comme revenus distribués : 1° Tous les bénéfices ou produits qui ne sont pas mis en réserve ou incorporés au capital ; 2° Toutes les sommes ou valeurs mises à la disposition des associés, actionnaires ou porteurs de parts et non prélevées sur les bénéfices ».

304 La définition figurant à l'article 109. 1 couvre un grand nombre de situations qui englobent, non seulement les distributions régulières au sens juridique, mais également les distributions irrégulières. Un revenu réputé distribué sur le plan fiscal ne procède donc pas nécessairement d'une distribution au sens juridique du terme. Encore faut-il bien mesurer que les revenus distribués n'ont pas la même consistance selon qu'ils relèvent du 1° ou du 2° de l'article 109. 1.

Comme on l'a vu plus haut, le 1° de l'article 109. 1 qualifie de revenu distribué « tous les bénéfices ou produits qui ne sont pas mis en réserve ou incorporés au capital ». L'article 110 du CGI précise quant à lui que « les bénéfices s'entendent de ceux qui ont été retenus pour l'assiette de l'impôt sur les sociétés ». Ces textes jouent très souvent dans le cas où une société, après avoir été contrôlée, voit ses bénéfices rehaussés par le vérificateur. L'article 47 de l'annexe II du CGI prévoit alors que « toute rectification du bénéfice imposable à l'impôt sur les sociétés au titre d'une période sera prise en compte au titre de la même période pour le calcul des sommes distribuées ». En conséquence, lorsqu'un redressement fiscal augmente les bénéfices d'une société ou a pour effet de rétablir en situation bénéficiaire une société qui avait déclaré un résultat négatif, le résultat dégagé par le redressement peut constituer un revenu distribué.

Il *devrait* même toujours en être ainsi, si l'on s'en tenait à une interprétation littérale du 1° de l'article 109. 1, car il va de soi qu'un bénéfice réintégré à la suite d'un contrôle fiscal n'a, par construction, ni été mis en réserve ni incorporé au capital... Mais ce résultat serait absurde. C'est pourquoi le Conseil d'État a jugé dans un important arrêt[397] que ces dispositions ne pouvaient s'appliquer qu'à la condition

395. Pour une autre application en présence d'un revenu distribué par une société anonyme à un associé via l'interposition d'une EURL, v. CE, 26 janv. 2011, n° 314000, *Trompier*, *Dr. fisc.* 2011, n° 16, comm. 311, concl. D. Hedary.

396. Cette preuve a par exemple été considérée comme rapportée dans les cas ci-après :
– existence d'un acte écrit, préalable ou concomitant à la remise des fonds, correspondant à un prêt régulièrement enregistré dans les écritures sociales, prévoyant le versement d'intérêts normaux et fixant les modalités de remboursement de la dette ;
– avances consenties dans le cadre d'opérations commerciales normales exclusives de tout avantage consenti à un associé en tant que tel (par exemple, acomptes versés par une société sur le prix de marchandises qui lui sont vendues par un associé) ;
– avances faites dans l'intérêt de la société (par exemple, prélèvements effectués par un associé-gérant sur les disponibilités sociales, lorsqu'il est établi que les sommes correspondantes étaient destinées à l'acquisition de valeurs mobilières pour le compte de la société).

397. CE, plén., 5 déc. 1984, n° 46962, *Mme Etienvre*, *Dr. fisc.* 1985, n° 22-23, comm. 1068, concl. M.-A. Latournerie ; *RJF* 2/1985, n° 251, concl. M.-A. Latournerie, p. 96 et s.

que les sommes prétendument distribuées aient été effectivement **désinvesties** de l'entreprise, c'est-à-dire qu'elles aient été réellement appréhendées par le bénéficiaire[398]. Il a ainsi refusé l'application du 1° de l'article 109. 1 dans le cas d'une entreprise qui avait fait l'objet d'un redressement pour avoir comptabilisé en charges l'acquisition d'un élément d'actif, en jugeant que dès lors que cet élément d'actif n'avait pas été acquis à un prix anormalement élevé, l'opération, même si elle n'avait pas fait l'objet d'une inscription régulière en comptabilité, n'avait pas appauvri l'entreprise[399]. En revanche, il existe un revenu distribué si une somme versée par une société à un tiers est non déductible du bénéfice imposable en raison de son caractère exagéré ou anormal[400].

Le 1° de l'article 109 est rédigé de telle sorte que tout désinvestissement opéré par la société au profit d'un tiers peut être qualifié de revenu distribué. Peu importe à cet égard que le bénéficiaire du revenu distribué soit un associé, actionnaire ou porteur de part. Encore faut-il, pour que ce mécanisme s'applique, qu'il existe un bénéfice au sens strict, c'est-à-dire un résultat fiscal positif.

C'est là toute la différence avec le 2° de l'article 109 du CGI qui range également dans les revenus distribués « les sommes ou valeurs mises à la disposition des associés, actionnaires ou porteurs de parts et non prélevées sur les bénéfices ». Il apparaît à la simple lecture que ce texte a un champ d'application à la fois plus large et plus restreint que le 1° du même article. Il ne s'applique que dans les relations entre la société et ses associés, actionnaires ou porteurs de parts, et non dans les relations avec les tiers. Mais il s'applique y compris dans le cas où la société dégage un résultat déficitaire.

On notera enfin, s'agissant de la mise en œuvre pratique de l'article 109 du CGI, que le Conseil d'État fait peser sur l'administration la preuve qu'une personne est le bénéficiaire de revenus distribués et en a effectivement disposé. Toutefois, la jurisprudence considère que le « maître de l'affaire », c'est-à-dire le contribuable qui, disposant seul des pouvoirs les plus étendus au sein de la société, est en mesure d'user sans contrôle de ses biens comme de biens qui lui sont propres, est présumé avoir appréhendé les distributions effectuées par la société qu'il contrôle[401].

398. Comme le démontre J. Turot dans son article cité à la note suivante, il n'y a pas de désinvestissement en l'absence de flux de sortie. S'il existe un flux de sortie, il n'y a pas de désinvestissement non plus lorsque ce flux constitue une charge exposée dans l'intérêt de l'entreprise, même si elle n'est pas admise par ailleurs en déduction de l'assiette de l'IS.

399. CE, 7e et 9e ss-sect., 29 sept. 1989, n° 75304, *Venutolo, Dr. fisc.* 1990, n° 5, comm. 142, concl. O. Fouquet ; *RJF 11/1989*, n° 1227, concl. O. Fouquet, p. 614. V. également, J. Turot, « Rehaussement du bénéfice social et appréhension de revenus distribués. L'article 109, 1 et la notion de désinvestissement », *RJF* 1990, p. 3 à 8.

400. C'est ce qui explique, par exemple, que certaines charges financières non déductibles par l'effet d'une disposition législative soient, selon les cas, requalifiées ou non en revenus distribuées. Lorsque la charge est trop élevée (art. 39. 1, 3° CGI, art. 238 CGI), la partie excessive est constitutive d'un revenu distribué. Lorsque la non-déduction de la charge financière n'est que temporaire (art. 212 CGI), repose sur un mécanisme forfaitaire indépendant de la normalité intrinsèque de la charge (art. 209. IX CGI, art. 212 *bis* CGI) ou procède du seul souci d'éviter une coordination défectueuse entre ordres juridiques (cas des charges afférentes à des produits financiers hybrides non taxés à l'étranger ; art. 212 CGI), il n'y a pas de revenu distribué. V. de façon générale sur cette question S. Austry, « Acte anormal de gestion et revenus distribués », *Dr. fisc.* 2015, n° 23, ét. 387.

401. Jurisprudence ancienne confirmée par CE, plén. fisc., 22 févr. 2017, n° 388887, *Dr. fisc.* 2017, n° 9, 261, concl. V. Daumas, note A. de Bissy, précisant qu'il ne peut y avoir qu'un seul maître de l'affaire. Le Conseil d'État a également précisé que le statut particulier du maître de l'affaire (présumé avoir appréhendé les distributions) est conforme à la Constitution et a refusé de transmettre au Conseil constitutionnel une QPC sur ce point (CE, 14 sept. 2016, n° 400882, *M. et Mme Cartier, Dr. fisc.* 2016, n° 42-43, 561, concl. R. Victor).

305 Lorsque la distribution est soumise au barème progressif de l'impôt sur le revenu, par dérogation à l'application de principe du PFU, un certain nombre de revenus distribués échappent au champ d'application de l'abattement de 40 % sur les distributions. Sont notamment exclus, parce que ne résultant pas d'une décision régulière d'un organe compétent de la société, les distributions qui sont qualifiées de rémunérations et avantages occultes[402]. Les rémunérations occultes figurent certes régulièrement dans les charges comptables de la société et rémunèrent, en principe, une fonction, un service ou un prêt. Elles bénéficient cependant, en règle générale, à des tiers dont l'identité n'est pas révélée par l'entreprise (par exemple, des commissions versées à des tiers anonymes). Il est intéressant de noter, d'un point de vue théorique, que le Code général des impôts traite ici comme revenu réputé distribué un transfert de richesses pouvant être opéré par la société en faveur de tiers non associés, ce qui ne va pas de soi. Les distributions occultes, quant à elles, se distinguent des rémunérations occultes : elles ne figurent pas en comptabilité et, le plus souvent, résultent de dissimulations de recettes. Elles bénéficient généralement aux associés.

En dépit des différences entre rémunérations et distributions occultes, les régimes fiscaux de ces deux formes de distribution sont identiques. Elles ne sont pas admises en déduction pour l'assiette de l'impôt sur les sociétés et peuvent même donner lieu, pour la société, à une amende de 100 % de leur montant si la société n'indique pas le nom des bénéficiaires dans un délai de trente jours à compter d'une mise en demeure adressée par l'administration[403]. Du côté de leur bénéficiaire, elles sont exclues du champ de l'abattement de 40 % et sont retenues pour le calcul de l'impôt sur le revenu pour leur montant multiplié par 1,25[404].

2. L'imposition de la société distributrice

306 On pourra trouver intuitivement assez curieux que la distribution de dividendes par une société soumise à l'IS constitue le fait générateur d'un nouvel impôt à la charge de la société en question. N'a-t-elle pas déjà acquitté son dû en acquittant l'impôt sur les sociétés à raison des bénéfices qu'elle a déjà réalisés ? N'est-ce pas au tour de l'actionnaire de payer l'impôt ?

Tel est pourtant ce qui résultait de l'article 235 *ter* ZCA du CGI introduit par la deuxième loi de finances rectificative pour 2012. Selon ce texte, les sociétés ou organismes français ou étrangers passibles de l'impôt sur les sociétés en France étaient assujettis à une contribution additionnelle à cet impôt au titre des montants qu'ils distribuent[405]. Cette contribution était égale à 3 % des montants distribués et n'est pas déductible de l'assiette de l'IS.

402. Art. 111, c., CGI.

403. Art. 117 et 1759, CGI.

404. Art. 158-7, CGI. Cette règle apparemment bizarre s'explique par le fait qu'à compter de l'imposition des revenus de 2006, l'abattement de 20 % qui frappait un grand nombre de revenus (notamment salariaux) a été supprimé en contrepartie de la révision à la baisse du barème progressif de l'impôt sur le revenu. Cette réforme s'est voulue neutre : avant la réforme, un revenu de 100, amputé de 20 %, était imposé à un taux marginal de 50 %, ce qui donnait un impôt de 40 ; après la réforme, un revenu de 100, désormais pris sans abattement, est imposé à 40 %, ce qui donne toujours 40. Dans le même esprit, pour éviter que la baisse du barème de l'impôt sur le revenu ne favorise les bénéficiaires de distributions régulières, la loi a prévu de multiplier par 1,25 les revenus qui, avant la réforme, ne donnaient droit à aucun abattement. Ainsi, avant la réforme, un revenu distribué de 100 était imposé à 50 %, soit un impôt de 50. Après la réforme, il faut, pour obtenir un impôt de 50, que le revenu imposé à 40 % s'élève à 125.

405. La distribution s'entend au sens des articles 109 à 117 du CGI.

La loi prévoyait un certain nombre d'exceptions à cette contribution additionnelle. En particulier, elle ne s'appliquait pas aux distributions faites par les micro, petites et moyennes entreprises au sens communautaire, afin de ne pas alourdir leur charge fiscale[406]. Étaient également exclues du champ de la contribution les distributions payées en actions (pour préserver la logique de renforcement du capital qui préside à ce type d'opérations)[407] et les distributions faites à des organismes de placement collectif en valeurs mobilières français ou étrangers. Enfin, la contribution ne s'appliquait pas non plus, dans la première mouture de l'article 235 *ter* ZCA du CGI, lorsqu'une filiale membre d'un groupe intégré au sens de l'article 223 A du CGI distribuait un dividende à sa société mère, car l'esprit de l'intégration fiscale est de supprimer tout frottement fiscal sur les flux intra-groupe[408]. Le Conseil constitutionnel a toutefois estimé, dans une décision du 30 septembre 2016[409], que cette exonération était non conforme à la Constitution, car elle ne s'appliquait qu'à des distributions entre sociétés appartenant à un même groupe intégré alors que la contribution de 3 % étant distincte de l'IS, une différence de traitement fondée sur l'appartenance ou non à l'intégration fiscale ne repose sur aucune raison valable. Le Conseil constitutionnel ayant reporté les effets de la déclaration d'inconstitutionnalité au 1er janvier 2017 afin de laisser au législateur le temps de modifier le texte, l'article 95 de la loi de finances rectificative pour 2016 a étendu l'exonération aux distributions entre sociétés qui, sans appartenir à un groupe intégré, ont un lien de détention direct ou indirect de 95 % du capital, y compris lorsque la société bénéficiaire de la distribution est établie hors de France. Cette extension permet d'exonérer les distributions entre sociétés qui, soit par choix, soit par impossibilité (en raison de l'établissement à l'étranger de la société bénéficiaire de la distribution), n'appartiennent pas à un groupe intégré, mais respectent la condition de détention à 95 %.

Comment expliquer cette règle qui bouleverse l'idée traditionnelle selon laquelle la distribution de dividendes n'entraîne d'impôt qu'à la charge de l'actionnaire ? La réponse est à rechercher dans le contexte particulier de l'été 2012 où se mêlent considérations juridiques et politiques. Du côté du droit, la France est condamnée par la CJUE le 10 mai 2012[410] car elle prélève une retenue à la source sur les dividendes distribués par des sociétés françaises à des OPCVM étrangers en violation du principe de liberté de circulation des capitaux. La perte budgétaire consécutive à cette décision se chiffre en milliards d'euros. Il faut donc trouver une recette de substitution. C'est là que la politique entre en jeu. Comment remédier au problème révélé par la décision de la CJUE ? On aurait pu penser à instituer une retenue à la source frappant les distributions

406. Le Conseil d'État a refusé de transmettre au Conseil constitutionnel une QPC sur l'exonération réservée aux PME (CE, 29 mars 2017, n° 407057, *SAS Sintex*).

407. Possibilité offerte par l'article L. 232-18 du Code de commerce. Pour éviter des schémas d'optimisation (distribution en actions puis rachat à bref délai des actions par la société distributrice), l'exonération est subordonnée à la condition qu'il ne soit pas procédé à un rachat de titres en vue d'une réduction de capital dans le délai d'un an suivant la distribution.

408. Cf. *infra*, n° 328 et s.

409. Déc. n° 2016-571 QPC, *Sté Layher*. Cette décision fait suite à une saisine du Conseil d'État du 27 juin 2016, n° 399506, *Sté Layher*, *Dr. fisc.* 2016, n° 27, comm. 397, concl. N. Escaut.

410. CJUE, 10 mai 2012, aff. jointes C-338/11 à C-347/11, aperçu rapide de S. Defert, V. Louvel et E. Raingeard de la Blétière, *Dr. fisc.* 2012, n° 20, act. 215 ; *RJF* 7/12, n° 775. Pour une présentation plus approfondie du problème, v. notre article « France : the *Bourges-Maunoury* and *Heintz, France Télécom, EDF* and the *FIM Santander and others* Cases », in M. Lang, P. Pistone, J. Schuch, C. Staringer, A. Storck (eds), *ECJ – Recent Developments in Direct Taxation 2011*, Linde, Vienna, 2012, p. 103 et s.

de dividendes faites à tous les OPCVM, français ou étrangers. En supprimant la discrimination, on alourdissait toutefois l'attractivité fiscale de l'investissement intermédié. Le Gouvernement se tourne alors vers une autre idée : celle qui consiste à taxer toutes les distributions, quels qu'en soient les bénéficiaires (sauf les OPCVM), à un taux plus faible de 3 %. Reste à déterminer sur qui la charge de cette nouvelle taxe doit reposer. On pouvait songer, ici encore, à plusieurs solutions. Frapper l'actionnaire était envisageable. Mais la taxe s'apparentait alors à une retenue à la source et ne pouvait être exigée en cas de distribution faite à une société mère ayant son siège dans l'Union européenne[411]. D'où une autre idée : taxer la société distributrice elle-même. La solution est politiquement séduisante. En sanctionnant la société qui distribue, elle permet de présenter la mesure comme un encouragement à l'autofinancement des entreprises plutôt qu'à l'appropriation des profits par les actionnaires[412]. En frappant la distribution, la taxe permet de faire indirectement rentrer dans le champ de l'IS tous les bénéfices réalisés par les sociétés françaises à l'étranger, exonérés lors de leur réalisation en vertu du principe de territorialité[413]. Ainsi, le Gouvernement montre qu'il lutte contre le phénomène de sous-imposition des sociétés multinationales.

Tout cela est politiquement fort habile. Il reste que le dispositif était juridiquement vicié, ce qu'une succession de décisions émanant du Conseil d'État, de la CJUE et du Conseil constitutionnel ont fini par reconnaître. Le Conseil d'État a d'abord été saisi par le tribunal administratif de Montreuil[414] d'une QPC fondée sur l'idée que la contribution de 3 % constitue une violation de la directive mère-fille dont résulte, par ricochet, une discrimination à rebours dont sont victimes les sociétés françaises à l'occasion de flux purement internes, selon un raisonnement proche de celui fait dans l'arrêt *Metro Holding*[415]. La même question lui a été posée par l'AFEP et certaines grandes sociétés à l'occasion d'un recours pour excès de pouvoir dirigé contre l'instruction commentant la contribution. Le Conseil d'État a considéré que la question de la compatibilité de la contribution de 3 % avec la directive mère-fille était suffisamment sérieuse pour justifier le renvoi d'une question préjudicielle à la CJUE[416], et la Cour de justice a effectivement considéré que que l'article 4 de la directive mère-fille s'oppose à un régime national qui a pour conséquence qu'une société est soumise à une charge fiscale supplémentaire lorsqu'elle procède à une redistribution de dividendes inclus dans le champ de la directive, que la société a elle-même perçus[417]. Autrement dit, il résultait de la décision de la Cour que la contribution de 3 % ne pouvait être appliquée à des distributions prélevées sur des dividendes provenant de filiales ayant leur siège dans d'autres États membres de l'Union européenne.

En conséquence de la décision de la Cour de justice, le Conseil d'État a transmis une QPC au Conseil constitutionnel pour que soit fixée sa position sur le point de savoir si le principe constitutionnel d'égalité s'opposait à ce que la contribution de 3 % ne

411. Art. 119 *ter* CGI (transposant la directive sur les sociétés mères et filiales). Sur ce texte, v. *infra*, n° 777 et s.

412. Les travaux parlementaires rappellent opportunément à ce sujet que le dispositif est comparable au supplément d'IS instauré par la loi de finances pour 1989, qui avait permis de maintenir le taux de cet impôt à 42 % pour les montants distribués, jusqu'à sa suppression en 1992.

413. Sur ce principe, cf. *infra*, n° 736 et s.

414. TA Montreuil, 4 avr. 2016, n° 1600379, *Sté Apsis*.

415. Cf. *supra*, n° 314.

416. CE, 27 juin 2016, n° 399024, *AFEP et autres*, *Dr. fisc.* 2016, n° 27, comm. 397, concl. N. ESCAUT.

417. CJUE, 17 mai 2017, C-365/16, *AFEP et autres*.

frappe que des redistributions de dividendes de source française ou extra-communautaire[418]. La réponse du Conseil constitutionnel[419] a été claire : les principes d'égalité devant l'impôt et devant les charges publiques s'opposent à ce que la contribution s'applique à des redistributions prélevées sur des dividendes de filiales établies dans d'autres États. En effet, les sociétés distributrices se trouvent dans la même situation au regard de l'objet de la contribution, qui consiste à imposer tous les montants distribués, indépendamment de leur localisation d'origine. Le Conseil précise que l'objectif de rendement poursuivi par le législateur lorsqu'il a introduit la contribution en 2012 ne permet en aucun cas de justifier une différence de traitement entre sociétés selon l'origine géographique des produits qu'elles redistribuent.

Sans même se prononcer sur l'existence d'une discrimination entre les distributions suivant qu'elles sont prélevées sur des dividendes (redistributions) ou sur d'autres sources, comme les profits d'exploitation, le Conseil constitutionnel a regardé comme indivisibles les dispositions qui lui étaient soumises et les déclare contraires à la Constitution dans leur intégralité. La déclaration d'inconstitutionnalité a donc concerné l'ensemble des distributions soumises à la contribution ; non seulement celles prélevées sur des dividendes de filiales (françaises ou non), mais aussi celles prélevées sur des profits d'exploitation. En jugeant de la sorte, le Conseil s'est refusé à distinguer entre la nature des profits redistribués pour prononcer une censure seulement partielle de la contribution de 3 %.

Il ne restait au Conseil d'État qu'à parachever la démolition de la contribution de 3 % en jugeant que la déclaration d'inconstitutionnalité s'appliquait aux différentes versions de l'article 235 ter ZCA ayant existé depuis sa création[420].

Le législateur a bouclé la boucle en enterrant un texte déjà mort. La loi de finances pour 2018 a ainsi abrogé la contribution de 3 %, qui n'est plus exigible pour les montants distribués dont la mise en paiement est intervenue à compter du 1er janvier 2018.

Bilan de l'opération : l'État a dû faire face à une dette d'environ 10 milliards d'euros pour rembourser aux entreprises la contribution de 3 % augmentée des intérêts moratoires[421]. Et pour l'honorer, que croit-on que le Parlement a fait ? Il a, par une loi de finances rectificative datée du 1er décembre 2017[422], jugée conforme à la Constitution par le Conseil constitutionnel[423], introduit deux nouvelles contributions temporaires sur l'IS des exercices clos à compter du 31 décembre 2017 et jusqu'au 30 décembre 2018 :

— une contribution dite « exceptionnelle » égale à 15 % du montant de l'IS pour les sociétés dont le chiffre d'affaires est supérieur à 1 milliard d'euros ;

— une contribution dite « additionnelle » égale à 15 % du montant de l'IS pour les sociétés dont le chiffre d'affaires est supérieur à 3 milliards d'euros. Pour cette dernière catégorie de sociétés, les deux contributions se sont cumulées et les contribuables ont donc subi une imposition supplémentaire représentant 30 % de leur IS.

Ces deux contributions ont financé une grande partie du remboursement de la contribution de 3 % aux entreprises qui l'avaient sollicité.

418. CE, 7 juill. 2017, n° 399757, *Sté SOPARFI*.

419. C. const., 6 oct. 2017, n° 2017-660 QPC, *Sté SOPARFI*.

420. CE, 8 décembre 2017, n° 399757, Société SOPARFI.

421. Chiffre figurant dans le rapport de M. GIRAUD pour la Commission des finances de l'Assemblée nationale sur le projet de loi de finances rectificative pour 2017, n° 376, 10 nov. 2017.

422. Loi n° 2017-1640 de finances rectificative pour 2017.

423. Déc. n° 2017-755 DC du 29 novembre 2017.

CHAPITRE 2
LA SOCIÉTÉ MEMBRE D'UN GROUPE

307 Le droit fiscal se distingue de la plupart des autres branches du droit par le fait qu'il accorde des effets juridiques à l'appartenance d'une société à un groupe. Cette reconnaissance de la réalité du groupe est d'une intensité variable selon le degré d'intégration juridique entre les sociétés qui le constituent.

Lorsqu'une société détient une participation substantielle dans une autre (5 % du capital et des droits de vote), la réalité du groupe est prise en compte par l'exonération partielle des dividendes reçus de la filiale et des plus-values réalisées lors de la cession des titres de celle-ci. Le régime d'exonération des dividendes, traditionnellement appelé « régime des sociétés mères »[1], est aussi ancien que l'impôt sur les sociétés lui-même, voire davantage car la création d'une exonération d'impôt sur les BIC pour les sociétés mères à raison des produits de leurs filiales remonte à une loi du 31 juillet 1917. Ce régime ne s'appelait pas encore à l'époque « régime des sociétés mères ». Cette appellation n'apparaît qu'avec la loi du 31 juillet 1920 pour désigner autre chose que ce que nous connaissons aujourd'hui, à savoir un régime d'allègement de la fiscalité pesant sur les associés de la société mère à l'occasion de la redistribution des produits de ses filiales. Les deux régimes fusionneront avec le décret-loi du 30 juin 1952, dont le contenu fera bien entendu l'objet de nombreuses modifications par la suite. Le couplage entre exonération des dividendes et exonération des plus-values est en revanche très récent. L'ensemble des deux peut être qualifié, en utilisant une expression anglaise sans équivalent dans notre langue, de « participation exemption », autrement dit de détaxation des participations dans les filiales. C'est ce régime qui sera étudié en premier lieu (Section 1).

Le second régime est réservé aux groupes dans lesquels la société mère détient la quasi-totalité des titres de ses filiales. Ainsi, lorsqu'une société détient plus de 95 % du capital d'une ou plusieurs autres, elle peut former avec celles-ci un groupe dit « intégré », ce qui lui permet notamment d'acquitter l'impôt sur la base d'un résultat de groupe issu de la somme algébrique des résultats des sociétés composant le groupe. Le régime d'intégration fiscale sera étudié en second lieu (Section 2).

L'ensemble peut être résumé par le tableau suivant :

<table>
<tr><td colspan="2">Participation exemption
(section 1)</td><td rowspan="2">Intégration fiscale
(section 2)</td></tr>
<tr><td>Dividendes
Régime des sociétés mères
(section 1, § 1)</td><td>Plus-values
Régime des titres de participation
(section 1, § 2)</td></tr>
</table>

1. Sur l'historique de ce régime, v. G. Gest, « Histoire et esprit du régime des sociétés mères », *Dr. fisc.* 2014, n° 41, ét. 565.

SECTION 1 LE RÉGIME DE « PARTICIPATION EXEMPTION »

308 Comme on vient de le voir, le régime de « participation exemption » a deux facettes. La charge fiscale est en effet allégée, tant pour les dividendes (§ 1) que pour les plus-values (§ 2)[2].

§ 1. L'ALLÉGEMENT DE LA FISCALITÉ SUR LES DIVIDENDES

309 On exposera successivement les raisons de cet allégement (A) et ses modalités (B).

A. POURQUOI ?

310 Il serait envisageable, conformément à la définition du bénéfice imposable comme variation d'actif net, d'imposer les dividendes reçus par les sociétés au taux normal de l'impôt sur les sociétés. Une telle solution serait cependant fort discutable d'un point de vue économique. Tout d'abord, le problème de la double imposition économique des bénéfices réalisés par la filiale se poserait, exactement comme c'est le cas pour les personnes physiques qui reçoivent des dividendes des sociétés dont elles sont actionnaires. En outre, le problème du cumul des impositions se présente avec une acuité particulière dans les groupes et appelle une résolution spécifique comme l'illustre l'exemple suivant.

Soit un groupe constitué d'une société mère A, d'une filiale B et d'une sous-filiale C. Imaginons que la sous-filiale C distribue un dividende de 100 à sa mère B, que celle-ci le redistribue à sa mère A et que le régime des sociétés mères et filiales n'existe pas. Le dividende de 100 serait imposé entre les mains de B à hauteur de 33 1/3 %. Il ne resterait donc plus que 66,66 pouvant être redistribués à A. Cette redistribution déclencherait à son tour une imposition du tiers, ce qui fait que A ne pourrait en pratique appréhender que 44,44. Une telle cascade d'imposition serait totalement inopportune d'un point de vue économique car les dividendes reçus des filiales ne sont pas comparables à des produits d'exploitation ordinaires ni même à des revenus de placement. En outre, une telle surimposition serait de nature à pénaliser la constitution de groupes fortement hiérarchisés, ce qui serait contraire à l'idée de neutralité de droit fiscal. Le régime des sociétés mères se présente donc comme un moyen de ne pas pénaliser les groupes comportant différents niveaux.

2. Pour une présentation générale de la fiscalité des sociétés holding, v. H. KRUGER, *La gestion fiscale des holdings*, Groupe Revue fiduciaire, 3e éd., 2016.

B. COMMENT ?

311 Rationnellement, il est aisé de concevoir un système d'élimination de la double imposition économique. Il suffit de poser que les dividendes reçus par une société sont entièrement exonérés d'impôt sur les sociétés, quelle que soit la participation détenue dans la société distributrice ou la durée de détention préalable à la distribution. Ce système peut se combiner avec une vérification préalable du fait que la société distributrice a elle-même subi une imposition sur les bénéfices qu'elle a réalisés, faute de quoi l'objectif de lutte contre la double imposition économique aboutirait à un régime de double *non*-imposition.

Cette approche rationnelle est largement reprise dans la proposition de directive européenne sur l'assiette commune consolidée de l'impôt sur les sociétés[3]. Elle contraste cependant avec la réalité du droit positif. Le droit comparé révèle ainsi que la défiscalisation des dividendes existe sous diverses formes (1°) dont certaines sont proches du régime français des sociétés mères (2°).

1. Diversité des systèmes possibles

312 La quasi-totalité des États connaissant l'impôt sur les sociétés a mis en place, sous une forme ou sous une autre, un régime d'exonération des dividendes reçus des filiales. Les formes de ce régime sont cependant variables, ce qui conduit d'ailleurs à une compétition internationale entre États dont l'enjeu est d'attirer les sociétés holding, c'est-à-dire les sociétés ayant pour objet de détenir des titres d'autres sociétés.

Du point de vue d'une société holding, il est facile de dresser le portrait idéal d'un régime des sociétés mères. C'est un régime qui garantit une exonération totale des dividendes reçus, sans condition tenant au taux de la participation détenue ou à la durée de la détention. C'est également un régime qui ne prévoit aucune imposition sur les flux internationaux, que les dividendes soient versés par une filiale étrangère à une société mère domestique ou l'inverse. À cela s'ajoutent un certain nombre d'autres composantes permettant d'établir un tableau idyllique[4] : absence d'imposition des plus-values de cession des titres de participation, d'impôt de mutation frappant l'apport en société, l'aliénation des titres ou la liquidation de la société, déductibilité des coûts de financement de la participation, etc.

Bien que de plus en plus d'États qui se rapprochent de cette épure idéale[5], la plupart demeurent réticents à s'engager aussi loin. Au regard des droits étrangers, les caractères du droit français apparaissent assez communs.

2. L'état du droit français

313 Le régime des sociétés mères est codifié aux articles 145 et 216 du CGI. L'article 145 définit les conditions permettant au régime de s'appliquer (a) ; l'article 216 expose le fonctionnement du régime (b).

3. Article 11, c) et d) et article 73 de la proposition de directive. Sur l'ACCIS, cf. *infra*, n° 804 et s.

4. Les critères sont exposés clairement par W. Eynatten, “European Holding Company Tax Regimes: A Comparative Study”, *European Taxation*, déc. 2007, p. 562 et s.

5. Pour un aperçu comparatif, voir A. Chouc et T. Madiès, *Comment se situe la France dans la concurrence internationale en matière d'impôt sur les sociétés ?,* rapport particulier n° 5 publié en annexe au rapport du Conseil des prélèvements obligatoires sur l'impôt sur les sociétés (2016), p. 64 et s.

a) *Les conditions d'application du régime des sociétés mères*

314 Selon l'article 145 du Code général des impôts, le régime des sociétés mères s'applique aux sociétés et autres organismes soumis à l'impôt sur les sociétés au taux normal[6] qui détiennent des participations satisfaisant notamment aux conditions suivantes :

— Les titres doivent être détenus en pleine **propriété** ou en **nue-propriété** par la société mère. La solution, énoncée de façon explicite depuis l'adoption de la loi de finances rectificative pour 2015, fait suite à la jurisprudence du Conseil d'État[7]. L'exclusion des titres détenus en usufruit converge avec l'analyse faite par la Cour de justice de la notion de « participation en capital » ouvrant droit au régime des sociétés mères dans le cadre de la directive « mère-filiales »[8]. Elle s'explique par le fait que si la qualité d'usufruitier permet une participation aux éventuels bénéfices, elle ne confère pas à son titulaire des droits équivalents, notamment vis-à-vis du capital et de l'exercice du droit de vote, à ceux d'un propriétaire détenteur du titre. Compte tenu de la rédaction des textes, cette jurisprudence n'est pas critiquable. Mais si l'objectif du régime des sociétés mères est d'éliminer la double imposition des bénéfices de la filiale, il serait logique qu'une participation en usufruit suffise à y ouvrir droit. Le droit actuel rend en effet fiscalement très pénalisante la détention de titres démembrés par des sociétés soumises à l'impôt sur les sociétés : l'usufruitier est taxé sur les dividendes au taux plein de l'IS, alors que le nu-propriétaire, véritable associé, ne perçoit pas de dividendes (sauf cas très particuliers[9]).

---

6. Sont également concernés les établissements stables ou succursales en France de sociétés étrangères, sous réserve que les titres de participation figurent à l'actif du bilan fiscal de l'établissement stable et que celui-ci soit effectivement soumis à l'impôt sur les sociétés (BOI-IS-GPE-10-30-40 n° 170).

7. CE, 20 févr. 2012, n° 321224, *Sté civile Participasanh*, *Dr. fisc.* 2012, n° 17, comm. 276, concl. D. Hedary, note O. Fouquet ; *Option Finance*, 2 avr. 2012, n° 1167, obs. A. Donguy (exclusion du régime des sociétés mères d'une participation détenue seulement en usufruit). Dans le même sens, CE, 23 mars 2012, n° 335860, *Société Financière Aubert* (jugeant que lorsqu'une société détient 50 % des actions composant le capital d'une filiale en pleine propriété et 50 % en usufruit, seuls les produits des actions détenues en pleine propriété peuvent bénéficier du régime des sociétés mères). On ne saurait déduire de cette seconde décision, estime O. Fouquet (note préc.), que le Conseil d'État aurait exclu *a contrario* du champ du régime mère-fille, en s'écartant de la jurisprudence de la CJCE, les actions détenues en nue-propriété. Il résulte de cette analyse que, lorsqu'une société détient à la fois des titres en pleine propriété et des titres en nue-propriété, elle devrait pouvoir tenir compte des titres en nue-propriété pour déterminer si sa participation est éligible au régime des sociétés mères, permettant ainsi l'exonération des dividendes reçus des titres détenus en pleine propriété. C'est ce qu'a jugé le tribunal administratif de Paris le 8 juillet 2009 (décisions n° 04-17286 et 08-3363, devenues définitives, RJF 1/10 n° 13) mais on attend encore sur ce point une confirmation du Conseil d'État.

8. CJCE, 22 déc. 2008, *État belge c/ Les Vergers du Vieux Tauves SA*, aff. C-48/07. Le même arrêt précise toutefois que lorsqu'un État membre accorde le bénéfice du régime des sociétés mères à des dividendes versés par une société à une autre société qui en détient seulement une participation en usufruit, les libertés de circulation protégées par le droit de l'UE entraînent l'obligation d'accorder le même traitement aux dividendes reçus de sociétés étrangères remplissant les mêmes conditions.

9. Selon la Cour de cassation (Cass. com., 27 mai 2015, n° 14-16246), les réserves, même distribuées, restent la propriété du nu-propriétaire, mais la distribution doit en principe être faite auprès de l'usufruitier (sauf accord contraire des parties), à charge pour lui de rendre au nu-propriétaire, à la fin de l'usufruit, une somme équivalente à celle qu'il a reçue. Le droit de jouissance de l'usufruitier s'exerce alors sous la forme d'un quasi-usufruit sur le produit de la distribution, de sorte que l'usufruitier se trouve tenu d'une dette de restitution au nu-propriétaire, exigible au terme de l'usufruit. En cas de distribution de primes d'émission ou de primes de fusion, la jurisprudence est moins clairement fixée, mais la solution dégagée dans l'arrêt de

— Ils doivent représenter, à la date de mise en paiement, au moins **5 % du capital** de la société filiale. Ce taux de détention est relativement généreux eu égard à ceux existant dans la plupart des législations étrangères[10], même si certains États comme l'Italie accordent l'exonération des dividendes sans considération de détention minimale[11]. Il peut même être réduit, depuis la loi de finances rectificative pour 2015, lorsque la société mère est contrôlée par un ou plusieurs organismes à but non lucratif. Le régime des sociétés mères s'applique alors dès que la société participante détient au moins 2,5 % du capital et 5 % des droits de vote de la société émettrice[12].

Jusqu'aux décisions *Metro Holding* rendues successivement par le Conseil d'État[13] et le Conseil constitutionnel[14], l'exigence de 5 % du capital de la filiale se cumulait avec l'exigence de 5 % des droits de vote. Le Conseil d'État a toutefois jugé qu'en excluant du bénéfice du régime mère-fille les produits des titres de participation auxquels aucun droit de vote n'est attaché, alors que ni l'article 4, ni l'article 1er de la directive mère-fille ne prévoient une telle restriction, les dispositions du b. *ter* du 6 de l'article 145 du Code général des impôts dans leur rédaction issue de l'article 104 de la loi de finances pour 1993, méconnaissaient les objectifs de la directive. Il en a déduit que ces dispositions ne pouvaient, dès lors, s'appliquer aux produits de titres de participations provenant de filiales établies dans d'autres États membres de l'Union européenne et qu'elles ne pouvaient donc être légalement appliquées qu'aux situations concernant des sociétés françaises, qui sont hors du champ de cette directive. Cette différence de traitement entraînait toutefois une discrimination « à rebours » dans la mesure où elle conduisait à priver du régime mère-fille des produits de participation provenant de filiales françaises d'une société mère française, alors que ces mêmes produits, provenant de filiales européennes, ouvraient droit au régime mère-fille. Cette situation soulevant une difficulté sérieuse quant à la conformité de ces dispositions aux principes d'égalité devant l'impôt et devant les charges publiques, le Conseil d'État a donc transmis au Conseil constitutionnel une QPC portant sur la conformité à la Constitution de ces dispositions. Le Conseil constitutionnel a donc statué à son tour et conclu que la différence de traitement entre les produits de titres de filiales, reposant sur la localisation géographique de ces filiales, étant sans rapport avec l'objectif poursuivi par le législateur en privant du régime mère-fille les produits d'actions dépourvus de droit de vote, qui était de favoriser l'implication des sociétés mères dans le développement économique de leurs filiales, il en résulte une méconnaissance des principes d'égalité devant la loi et devant les charges publiques. La combinaison de ces deux décisions a donc conduit à faire disparaître pour l'avenir l'exigence des droits de vote pour

la Cour de cassation du 27 mai 2015 paraît pouvoir s'appliquer par analogie. Dans le même sens, Cass. com., 24 mai 2016, n° 15-17788, *Dr. fisc.* 2016, n° 27, 402, note J.-F. Desbucquois et R. Mortier.

10. A. Chouc et T. Madiès, *Comment se situe la France dans la concurrence internationale en matière d'impôt sur les sociétés ?,* rapport particulier n° 5 publié en annexe au rapport du Conseil des prélèvements obligatoires sur l'impôt sur les sociétés (2016), § 187.

11. Le Conseil des prélèvements obligatoires en a déduit qu'il faudrait remonter le seuil de participation requise de 5 % à 10 % (*Entreprises et « niches » fiscales et sociales*, oct. 2010, p. 284).

12. En contrepartie de cet assouplissement du seuil, le délai de conservation exigé par l'article 145 du CGI est porté – dans ce cas seulement – à cinq ans.

13. CE, 12 novembre 2015, n° 367256.

14. Cons. const., déc. n° 2015-520 QPC du 3 février 2016. Sur le contentieux *Metro Holding*, v. *Dr. fisc.* 2016, n° 12, comm. 241, note E. Meier et M. Valeteau ; V. également O. Fouquet, « La discrimination à rebours franco-européenne sanctionnée. À propos de Cons. const., 3 févr. 2016, Sté Metro Holding », *Dr. fisc.* 2016, n° 6, act. 74 ; G. Blanluet, « Discrimination à rebours : le droit interne à l'épreuve du droit de l'Union européenne. À propos de Cons. const., 3 févr. 2016, n° 2015-520 QPC, Sté Metro Holding », *Dr. fisc.* 2016, n° 12, 233 et S. Austry et D. Gutmann, « Discrimination par ricochet et principe d'égalité : jusqu'où peut aller la jurisprudence Metro Holding ? », *RJF* 4/16, p. 418 ; E. Raingeard de la Blétière et Ph. Durand, « Affaire Metro Holding : le principe constitutionnel d'égalité devant l'impôt au secours de la jurisprudence Leur Bloem » *Dr. fisc.* 2016, n° 18-19, comm. 309. La décision a été confirmée, en ce qui concerne l'article 145 du CGI dans sa version issue de la loi de finances pour 2005, par une décision *Natixis* du Conseil constitutionnel du 8 juill. 2016 (n° 2016-553 QPC).

bénéficier du régime des sociétés mères, et le législateur en a logiquement tiré la conséquence en supprimant le c du 6 de l'article 145 du CGI à l'occasion de la loi de finances rectificative pour 2016.

— Ils doivent avoir été **conservés pendant un délai de deux ans**[15]. Cela ne signifie toutefois pas qu'il faille attendre deux ans pour que le régime des sociétés mères s'applique : dès la première année de détention, l'exonération des produits de participation joue, mais en cas de constat *a posteriori* du non-respect du délai de conservation, la société participante est tenue de verser au Trésor une somme égale au montant de l'impôt dont elle a été exonérée indûment, majoré de l'intérêt de retard. Ce délai est relativement long comparé à celui exigé par la plupart des législations étrangères[16].

Par ailleurs, les modalités de calcul de ce délai donnent lieu à des dispositions précises visant notamment à permettre aux entreprises de réaliser des opérations de restructuration (apports, échanges de titres, notamment) sans perdre le bénéfice de la durée écoulée.

Depuis la loi de finances rectificative pour 2005, le bénéfice du régime des sociétés mères est accordé à la société absorbante ou bénéficiant d'un apport d'une branche complète d'activité, à raison des titres reçus lors de l'opération placée sous le régime de faveur des articles 210 A et 210 B[17]. Le décompte du délai de conservation de deux ans est ainsi calculé par la société apporteuse, comme par la société bénéficiaire de l'apport à partir de la date de souscription ou d'acquisition des titres par la société apporteuse, jusqu'à la date de cession desdits titres par la société bénéficiaire de l'apport. Lorsque se succèdent plusieurs opérations d'absorption ou d'apport, seule la date de souscription ou d'acquisition des titres par la première société absorbée ou apporteuse est prise en compte. L'opération d'apport devient donc neutre au regard du délai de conservation.

Encore faut-il, pour que les restructurations visées ci-dessus ne remettent pas en cause le bénéfice du régime des sociétés mères, qu'elles ne soient pas excessivement optimisantes. Ainsi, lorsqu'une société mère reçoit une distribution de sa filiale ayant pour effet de diminuer substantiellement la valeur de cette dernière, puis échange les titres de sa filiale (à l'occasion de l'absorption de celle-ci par une société tierce ou d'une offre publique d'échange) en réalisant une moins-value immédiatement imputable sur son résultat, on aperçoit que la distribution risque de faire naître un double avantage : l'exonération au titre du régime des sociétés mères puis la déduction au taux plein de la moins-value consécutive à la distribution. Cette pratique est désormais contrée depuis la loi de finances pour 2011 qui subordonne la conservation du régime des sociétés mères à la condition que l'échange n'ait pas d'impact sur le résultat de l'exercice au cours duquel il intervient[18]. La société mère qui choisit, à l'occasion de cet échange, de ne pas placer la perte sous le régime de sursis prévu par les articles 38-7 et 38-7 *bis* du CGI perd donc *a posteriori* le bénéfice du régime des sociétés mères. Une règle de même inspiration

15. Cf. pour les détails l'art. 145, 1. c, CGI. Le délai de conservation de deux ans porte-t-il sur l'ensemble de la participation génératrice des dividendes ou seulement sur la participation « socle » ouvrant droit à la qualité de société mère (*i. e.* une participation de 5 %) ? Deux cours administratives d'appel avaient estimé que l'exigence concerne l'ensemble des titres (CAA Paris, 20 déc. 2013, n° 10PA04752, *Rueil Sports* ; CAA Versailles, 18 mars 2014, n° 13VE00873, *Technicolor*, *Dr. fisc.* 2013, n° 23, comm. 367 ; v. sur ces décisions la chronique de C. Acard, *Dr. fisc.* 2014, n° 23, comm. 364, n° 4 et s.). Il nous semblait cependant que la solution méritait d'être discutée au vu de l'ambiguïté de l'article 145 qui, lu à la lumière de la directive mères-filiales, conduisait à une solution inverse (cf. notre article avec E. Féna-Lagueny dans le *Feuillet rapide Francis Lefebvre* 31/14, p. 7 et s. ainsi que notre article intitulé « Le test de clarté : réflexions de méthode sur la lecture du droit français "à la lumière" de la directive mère-fille », *Dr. fisc.* 2014, n° 41, ét. 571). Le Conseil d'État l'a reconnu, ne faisant donc obligation aux sociétés mères que de conserver le socle de la participation éligible (CE, 15 déc. 2014, n° 380942, *Dr. fisc.* 2015, n° 11, comm. 203, concl. E. Crépey, note O. Fouquet ; voir aussi notre article au FR 4/15, p. 3 et s.). Pour la problématique de la lecture du droit interne à la lumière des directives, cf. *infra*, n° 700.

16. Pour une comparaison, A. Chouc et T. Madiès, *Comment se situe la France dans la concurrence internationale en matière d'impôt sur les sociétés ?*, rapport particulier n° 5 publié en annexe au rapport du Conseil des prélèvements obligatoires sur l'impôt sur les sociétés (2016), § 188.

17. Sur ce régime, cf. *infra*, n° 708 et s.

18. Art. 145-1, al. 3, CGI.

existe désormais également lorsqu'une société appartenant à un groupe intégré[19] cède dans le délai de deux ans à compter de leur acquisition les titres d'une filiale qui lui a versé des dividendes (art. 223 B al. 3 CGI).

Les filiales, quant à elles, doivent être des sociétés soumises à l'impôt sur les sociétés ou à un impôt équivalent, en France ou dans un État étranger. Le régime s'applique donc, aussi bien pour les filiales françaises que pour les filiales résidentes d'un État membre de l'Union européenne ou d'un État tiers.

Il convient ici de préciser que, s'agissant des dividendes en provenance de sociétés établies dans un autre État de l'Union européenne, la France a choisi, comme le lui permet la directive « mères-filiales »[20], la méthode de l'exonération plutôt que celle de l'imputation. La méthode d'imposition est donc identique à celle prévue pour les dividendes de source interne. Le droit français apparaît même plus généreux que la directive puisque le taux de participation exigé pour la mise en œuvre du régime mère-fille est plus bas (5 %) que celui prévu par la directive (10 %).

b) *Les exclusions du régime*

Sont toutefois exclus du régime des sociétés mères les produits distribués par une société « dans la proportion où les bénéfices ainsi distribués sont déductibles du résultat imposable de cette société ». L'objectif de cette exclusion, qui constitue la transposition de la directive 2014/86/UE du 8 juillet 2014, est de prévenir les situations de double exonération due à un conflit de qualifications fiscales entre États. Certains **produits financiers hybrides** pouvant être qualifiés de titres de capital dans l'État de la société mère et de titres de dette dans l'État de la filiale, le cumul de la déduction dans ce dernier et de l'exonération dans le premier est ainsi neutralisé[21].

Dans la même veine, sont exclus du régime de faveur les dividendes émanant de sociétés établies dans des **États ou territoires non coopératifs** (à moins que le contribuable n'apporte la preuve de ce que la prise de participation dans une société établie dans un tel État ou territoire correspond à des opérations réelles qui n'ont ni pour objet ni pour effet de permettre, dans un but de fraude fiscale, la localisation de bénéfices dans un tel État ou territoire[22]) et ceux versés par des sociétés françaises ou étrangères soumises à un régime spécifique d'exonération. Il s'agit ainsi d'éviter que le régime des sociétés mères ne crée une situation de double exonération des mêmes bénéfices.

Pour lutter contre les paradis fiscaux, le régime des sociétés mères ne peut s'appliquer, depuis la loi de finances rectificative pour 2009, lorsque les dividendes proviennent d'une filiale établie dans un État ou territoire non coopératif. Sont considérés comme non coopératifs, à la date du 1er janvier 2010, les États et territoires non-membres de la Communauté européenne dont la situation au regard de la transparence et de l'échange d'informations en matière fiscale a fait l'objet d'un examen par l'OCDE et qui, à cette date, n'ont pas conclu avec la France une convention d'assistance administrative permettant l'échange de tout renseignement nécessaire à l'application de la législation fiscale des parties, ni signé avec au moins douze États ou territoires une telle convention[23]. La première liste a été établie en 2010. Elle est révisée annuellement par retrait ou adjonction de nouveaux États. La mise à jour

19. Sur l'intégration fiscale, cf. *infra*, n° 328 et s.

20. Art. 4-2 de la directive.

21. Ces dispositions s'appliquent aux exercices ouverts à compter du 1er janv. 2015.

22. Cette exception résulte d'une réserve d'interprétation introduite par le Conseil constitutionnel dans une décision n° 2014-437 QPC du 20 janv. 2015. Cette même réserve s'applique en matière de plus-values à long terme sur les cessions de titres de participation. Elle figure (à une petite réserve rédactionnelle près) dans le texte de l'article 145 du CGI depuis la loi de finances rectificative pour 2015... mais n'a pas été incorporée dans le texte sur les plus-values sur titres de participation. Le Conseil d'État en a tiré les conséquences en annulant la partie pertinente du BOFIP commentant le dispositif sur les plus-values (CE, 10e et 9e ch., 8 juin 2016, n° 383259, *Assoc. français des entreprises privées (AFEP) et a, Dr. fisc.* 2016, n° 40, 536, concl. E. Crépey, note R. Vabres).

23. Art. 238-0 A. 1, CGI.

tient compte du comportement des États vis-à-vis de la France et en particulier de l'efficacité concrète des dispositions visant à l'échange de renseignements.

Par ailleurs, la liste des exclusions figurant à l'article 145, 6 du Code général des impôts mentionne notamment les actions des sociétés d'investissement, les produits des titres auxquels ne sont pas attachés des droits de vote, sauf si la société détient des titres représentant au moins 5 % du capital et des droits de vote de la société émettrice, les dividendes distribués aux actionnaires des SICOMI, les produits de sociétés de capital-risque, les bénéfices des sociétés d'investissements immobiliers cotées (SIIC) et de leurs filiales.

Enfin, toujours dans le souci de lutter contre l'extension exagérée du régime des sociétés mères, les États membres de l'Union européenne ont adopté le 27 janvier 2015[24] une modification de la directive mère-fille en y ajoutant une **clause générale** autorisant les États à refuser la mise en œuvre de la directive lorsque celle-ci fait l'objet d'une utilisation abusive. Cette nouvelle règle anti-abus, qui a été transposée en France par la loi de finances rectificative pour 2015[25], vise à remédier aux divergences d'application de la directive entre États membres et instaure une règle minimale qui devra être appliquée par tous. Elle ne fait toutefois pas obstacle à l'application de dispositions nationales ou conventionnelles visant à prévenir la fraude fiscale ou les abus.

Le texte de la règle anti-abus est intégré aux paragraphes 2 et 3 de l'article 1er de la directive. Ces paragraphes sont désormais rédigés comme suit :

« 2. Les États membres n'accordent pas les avantages de la présente directive à un montage ou à une série de montages qui, ayant été mis en place pour obtenir, à titre d'objectif principal ou au titre d'un des objectifs principaux, un avantage fiscal allant à l'encontre de l'objet ou de la finalité de la présente directive, n'est pas authentique compte tenu de l'ensemble des faits et circonstances pertinents. Un montage peut comprendre plusieurs étapes ou parties.

3. Aux fins du paragraphe 2, un montage ou une série de montages est considéré comme non authentique dans la mesure où ce montage ou cette série de montages n'est pas mis en place pour des motifs commerciaux valables qui reflètent la réalité économique ».

Nous verrons plus tard comment cette règle se combine avec la théorie française de l'abus de droit[26]. Constatons pour l'heure le caractère inhabituel, pour le juriste français, de la possibilité offerte aux administrations de remettre en cause, non seulement un « montage », mais aussi une « série de montages », étant précisé qu'un « montage » peut lui-même être décomposé en plusieurs étapes ou parties. Voici l'explication qui en est donnée dans le considérant introductif n° 8 du texte de la directive du 27 janvier : « Même si les États membres devraient utiliser la disposition anti-abus pour s'attaquer à des montages qui, dans leur intégralité, ne sont pas authentiques, il peut aussi arriver que seules certaines étapes ou parties d'un montage ne soient pas authentiques. Les États membres devraient également pouvoir recourir à la disposition anti-abus pour s'attaquer à ces étapes ou parties spécifiques, sans préjudice des autres étapes ou parties authentiques du montage. Cela permettrait d'optimiser l'efficacité de la disposition anti-abus tout en garantissant son caractère proportionné. L'approche partielle peut être efficace dans des cas où les entités concernées en tant que telles sont authentiques, mais où, par

24. Directive (UE) 2015/121 du Conseil du 27 janv. 2015. La transposition de ce texte doit intervenir au plus tard le 31 déc. 2015. Sur ce texte, cf. F. Debelva et J. Luts, "The General Anti-Abuse Rule of the Parent-Subsidiary Directive", *European Taxation*, June 2015, p. 223 et s.

25. Cette transposition a pris une double forme : un « copier-coller » de la règle anti-abus dans le 3 de l'article 119 *ter* du CGI, relatif à l'exonération de retenue à la source des dividendes distribués à des sociétés mères établies dans l'UE (et désormais dans l'EEE) et l'insertion dans l'article 145.6 du CGI, relatif à l'exonération des dividendes éligibles au régime des sociétés mères, d'un k écartant le bénéfice de l'exonération pour les « produits des titres de participation distribués dans le cadre d'un montage ou d'une série de montages définis au 3 de l'article 119 *ter* ».

26. Cf. *infra*, n° 997.

exemple, des parts à l'origine de la distribution des bénéfices ne sont pas attribuées de manière authentique à un contribuable établi dans un État membre, c'est-à-dire si le montage, de par sa forme juridique, transfère la propriété des parts mais que ses caractéristiques ne correspondent pas à la réalité économique ». On croit comprendre que cette explication se réfère à des situations de portage de parts organisées dans des conditions telles que le bénéficiaire d'un dividende ouvrant droit à l'exonération accordée par la directive ne serait qu'un propriétaire temporaire n'exerçant pas réellement les prérogatives d'un actionnaire et tenu d'une obligation de rétrocession.

Un certain temps s'écoulera avant que les notions juridiques de « montage », de « séries de montages » ou de « motifs commerciaux valables » ne fassent l'objet d'une interprétation rigoureuse[27]. L'administration a cependant précisé que selon elle, la règle figurant à l'article 119 *ter* doit être interprétée comme recelant deux conditions distinctes : le montage ou la série de montages est mis en place avec pour but principal l'exonération des dividendes à l'encontre de l'objectif poursuivi par le régime des sociétés mères (lequel s'entend de l'élimination de la double imposition des revenus distribués par une filiale au niveau de la mère) ; le montage ou la série de montages ne repose pas sur une justification économique. L'administration a heureusement clarifié que lorsque la loi considère comme non authentique un montage qui n'est pas mis en place pour des « motifs commerciaux valables qui reflètent la réalité économique », la notion de « motifs commerciaux » « s'entend au sens large de toute justification économique même si elle n'est pas liée à l'exercice d'une activité commerciale au sens de l'article 34 du CGI. Sont donc susceptibles d'être considérées comme présentant des motifs valables au sens de la clause des structures de détention patrimoniale, d'activités financières ou encore des structures répondant à un objectif organisationnel »[28]

c) Le fonctionnement du régime

315 Selon l'article 216 du CGI, « les produits nets des participations, ouvrant droit à l'application du régime des sociétés mères et visées à l'article 145, touchés au cours d'un exercice par une société mère, peuvent[29] être retranchés du bénéfice net total de celle-ci, défalcation faite d'une quote-part de frais et charges ».

316 Deux points sont ici fondamentaux : la notion de « produits nets des participations » et le fonctionnement de la quote-part de frais et charges.

La notion de produits nets de participations, au sens de l'article 216 du Code général des impôts, se situe « à mi-chemin entre le concept extensif de désinvestissement et la notion restrictive de dividende »[30]. Il s'agit des dividendes et des autres produits reçus par la société mère en sa qualité d'actionnaire ou de porteur de parts[31], tels que des distributions de réserves ou les répartitions de boni de liquidation. En revanche, les

27. Cf. à ce sujet F. Deboissy, « Société holding et clause anti-abus : le régime mère-fille est-il réservé aux entreprises ? », *Dr. fisc.* 2016, n° 16, ét. 287.

28. BOI-IS-BASE-10-10-10-10, n° 220 (document en consultation publique).

29. « Peuvent » et non « doivent ». Le régime des sociétés mères s'applique sur option. Ne pas l'appliquer, c'est y renoncer, ce qui est constitutif d'une décision de gestion opposable à l'entreprise (CE, 16 nov. 2016, n° 387576). Le Conseil d'État a toutefois jugé qu'une société qui n'a pas expressément renoncé au bénéfice du régime des sociétés mères peut exercer cette option dans le délai de réclamation prévu à l'article R. 196-1 du livre des procédures fiscales (CE, 20 déc. 2017, n° 414974, SCA Worms & Cie, *Dr. fisc.* 2018, n° 12, 229, note M. Seraille). Il en a profité pour juger que ce système d'option n'est pas contraire à l'article 4 de la directive mères-filiales qui semble pourtant prévoir une obligation d'exonération (mais il est vrai que l'admission d'une option ex post pour le régime prive la question d'une partie de sa portée).

30. La formule est de G. Blanluet, « Chronique de fiscalité des entreprises », *L'année fiscale*, PUF, 2003, p. 320, n° 4.

31. BOI-IS-BASE-10-10-20 n° 30.

distributions irrégulières ne peuvent bénéficier du régime des sociétés mères, car elles ne sont pas directement procurées par la détention de droits sociaux[32].

Le mécanisme de la quote-part de frais et charges est, quant à lui, relativement complexe. Le meilleur moyen de le comprendre est d'y voir l'expression d'un principe fiscal de symétrie[33] : lorsque des produits sont imposables, les charges afférentes à ces produits sont déductibles ; réciproquement, lorsque des produits sont exonérés, les charges y afférentes ne sont pas déductibles, ce qui implique concrètement qu'elles doivent être réintégrées dans le résultat fiscal.

La quote-part de frais et charges peut donc s'interpréter comme la réintégration, dans le résultat imposable de la société mère, de frais non déductibles car afférents à des participations ouvrant droit à exonération des dividendes.

Jusqu'à l'intervention de la loi de finances rectificative pour 2015, les charges en question étaient forfaitairement fixées à 5 % du montant du dividende. Cette règle a cependant été abandonnée suite à sa censure par la Cour de justice dans l'arrêt *Groupe Steria SCA*[34]. Dans cette affaire, une société membre d'un groupe d'intégration fiscale détenant une participation supérieure à 95 % dans une filiale établie dans l'Union européenne avait reçu de celle-ci des dividendes qui, en application de l'article 216 du CGI, étaient imposables à hauteur de 5 % de leur montant. Or, la société soutenait que si la filiale avait été établie en France, il aurait pu être fait application des règles françaises relatives à l'intégration fiscale (CGI, art. 223 B) selon lesquelles la quote-part de frais et charges ne donne pas lieu à imposition en cas de distribution de dividendes intra-groupe. La Cour constata ainsi que l'avantage fiscal que représente la neutralisation de la quote-part de frais et charges est réservé aux dividendes d'origine nationale, si bien que le fait d'exclure du bénéfice d'un tel avantage une société mère qui détient une filiale établie dans un autre État membre est de nature à rendre moins attrayant l'exercice par cette société mère de sa liberté d'établissement, en la dissuadant de créer des filiales dans d'autres États membres. La Cour considéra également que la France ne pouvait se prévaloir d'aucun motif impérieux d'intérêt général pour justifier cette restriction à la liberté d'établissement.

La condamnation de la France par la Cour de justice appelait une réaction législative afin de traiter de façon identique les dividendes versés dans le cadre de l'intégration fiscale et ceux émanant de filiales européennes détenues à plus de 95 %, mais non intégrées. Ainsi, pour les exercices ouverts à compter du 1er janvier 2016, il existe deux taux de quote-part de frais et charges :

— un taux de 1 %, applicable aux dividendes versés entre sociétés membres d'un groupe d'intégration fiscale ainsi qu'à ceux que les membres d'un groupe d'intégration perçoivent de filiales établies dans un autre État de l'Union européenne et qui pourraient être intégrées si elles étaient établies en France[35] ;

32. CE, 6 juin 1984, n° 35415 et 36733, 8e et 9e s.-s., *Suez*, *RJF* 8-9/84, n° 940.

33. Analyse confirmée par les conclusions du commissaire du Gouvernement G. Goulard sous CE, 23 avr. 1997, n° 145611, *SA Fournier Industrie et Santé*, *RJF* 6/97, n° 543.

34. CJUE, 2 sept. 2015, *Groupe Steria SCA*, C-386/14, *Dr. fisc.* 2015, n° 40, comm. 611, note M.-P. Hoo et C. Maignan.

35. Le même taux de 1 % s'applique lorsque les dividendes sont versés par une société établie dans un État partie à l'accord sur l'Espace économique européen ayant conclu avec la France une convention d'assistance administrative en vue de lutter contre la fraude et l'évasion fiscales (Islande, Norvège, Liechtenstein).

— un taux de 5 %, applicable à tous les autres dividendes éligibles au régime des sociétés mères[36].

On observera que ce double taux de quote-part de frais et charges, qui résout élégamment le problème posé par l'arrêt *Steria*, n'en aboutit pas moins à un résultat absurde au regard du fondement traditionnel assigné à la quote-part de frais et charges, à savoir la réintégration de frais de gestion de la participation dans les filiales. On voit mal en effet pourquoi les frais ainsi réintégrés dans le résultat de la société mère devraient abstraitement être fixés à un montant de 1 % dans le cadre de l'intégration fiscale ou de dividendes de source européenne, alors qu'ils s'élèvent à 5 % dans les autres cas[37].

On constate également que le droit actuel établit une différence de traitement, à identité de conditions de détention, entre dividendes versés par des filiales établies dans l'UE et dividendes versés par des filiales établies dans des États tiers. Le Conseil constitutionnel a toutefois jugé, s'agissant du droit antérieur à la réforme de 2016, que cette différence de traitement ne heurtait pas les articles 6 et 13 de la Déclaration des droits de l'homme et du citoyen au motif notamment que les groupes dont les filiales sont établies dans un État membre et ceux dont les filiales sont établies dans un État tiers ne sont pas placés dans la même situation[38].

Le calcul de l'assiette de la quote-part des frais et charges donne lieu à certaines difficultés.

Tout d'abord, alors même que le principe de symétrie exposé ci-dessus devrait conduire à ne réintégrer dans le résultat imposable que les frais strictement liés à la gestion des participations des filiales, le texte de l'article 216 du Code général des impôts ne prévoit plus, depuis la loi de finances pour 2011, le plafonnement de la quote-part de frais et charges à hauteur des frais réels lorsqu'ils sont inférieurs à la proportion de 5 %[39]. Ce plafonnement avait pourtant la double vertu d'être logique et conforme à la réalité économique.

Une autre difficulté se présente également en présence de dividendes de source étrangère. En effet, lorsqu'une société française reçoit un tel dividende, il est fréquent que celui-ci supporte à l'étranger une retenue à la source ouvrant droit à crédit d'impôt conformément à la convention fiscale applicable. Or, l'article 216 énonce, comme on l'a vu, que l'assiette de la quote-part s'entend du produit des participations « crédit d'impôt compris ». Cette formule laisse donc entendre que la quote-part de frais et charges est assise sur le montant du dividende reçu augmenté du crédit d'impôt octroyé par la convention fiscale. C'est d'ailleurs la position de l'administration fiscale[40]. Celle-ci s'explique par le fait que, jusqu'en 2004, les dividendes étaient assortis de l'avoir fiscal, lequel était en droit français considéré comme un crédit d'impôt et comme un revenu pour la société bénéficiaire du dividende. L'administration en déduisait que la société mère devait inclure dans l'assiette de la quote-part de frais et charges à réintégrer une somme complémentaire égale à 50 %, représentative de l'avoir fiscal attaché au dividende. Par extension, elle estimait que cette solution s'appliquait à tous les crédits d'impôts, qu'ils fussent d'origine interne (l'avoir fiscal) ou étrangère.

---

36. On retrouve ce taux de quote-part en Allemagne et en Italie, mais certains États ne connaissent pas le mécanisme de la quote-part de frais et charges (Royaume-Uni, Pays-Bas, Luxembourg) : A. Chouc et T. Madiès, *Comment se situe la France dans la concurrence internationale en matière d'impôt sur les sociétés ?*, rapport particulier n° 5 publié en annexe au rapport du Conseil des prélèvements obligatoires sur l'impôt sur les sociétés (2016), § 189.

37. D'où l'interrogation de Ph. Durand et M. Seraille sur la compatibilité du dispositif avec les normes supérieures (art. *Dr. fisc.* 2017, n° 14, comm. 230).

38. Décision n° 2018-699 QPC, 13 avril 2018, Société Life Sciences Holdings France, *Dr. fisc.* 2018, n° 20, 277, note L. Nayberg et N. Vergnet.

39. La suppression du plafonnement a été jugée conforme à la Constitution par le Conseil d'État qui a refusé de renvoyé une QPC sur ce point (CE, 5 mars 2018, n° 416514, Sté Vicat, *Dr. fisc.* 2018, n° 20, 276, concl. R. Victor).

40. BOI-IS-BASE-10-10-20, n° 80.

Or, si la question de l'inclusion de l'avoir fiscal dans l'assiette de la quote-part ne se pose plus aujourd'hui, elle demeure entière concernant les crédits d'impôts étrangers. En effet, comme on l'a justement relevé[41], le crédit d'impôt étranger ne peut atténuer le montant de l'impôt sur les sociétés mis à la charge de la société mère puisque, par construction, le dividende est soustrait à l'impôt dans le cadre du régime des sociétés mères. La seule utilisation possible de ce crédit d'impôt consiste à l'imputer sur la retenue à la source due au Trésor français à l'occasion des distributions faites par la société mère à ceux de ses associés n'ayant pas leur domicile ou leur siège en France[42]. Le crédit d'impôt profite donc en réalité, non à la société mère elle-même, mais à ses actionnaires non-résidents. Dans ces conditions, il peut être soutenu que les crédits d'impôts conventionnels attachés aux dividendes de filiales étrangères ne devraient pas être pris en compte pour le calcul de la quote-part de frais et charges. Une telle argumentation n'a cependant pas emporté la conviction de la Cour de justice qui, statuant en application du régime institué par la directive mère-fille du 23 juillet 1990, a estimé que le droit français n'était pas contraire au droit de l'Union européenne sur ce point[43].

§ 2. L'ALLÉGEMENT DE LA FISCALITÉ SUR LES PLUS-VALUES

317 Le problème de la méthode d'imposition des plus-values est indissociable de celui de l'imposition des dividendes (A), ce que le droit français a compris à l'issue d'une longue évolution (B).

A. POSITION DU PROBLÈME

318 Lorsqu'une société mère cède les titres de sa filiale, elle réalise une plus-value ou une moins-value, à moins que le prix de cession ne soit exactement identique à la valeur comptable des titres cédés. Il existe plusieurs façons possibles de traiter ces gains ou pertes.

Une première approche consiste à ne prévoir aucune règle particulière, donc à imposer les plus-values sur cessions de participations substantielles au taux ordinaire des bénéfices d'entreprise ou à permettre d'imputer les moins-values sur les bénéfices imposables au taux normal. Cette approche est juridiquement parfaite, puisque le bénéfice d'entreprise se définit comme une variation d'actif net pendant la durée de l'exercice. Or, sous ce rapport, les plus-values ne se distinguent pas d'autres catégories de bénéfices. Cette solution a donc été adoptée pendant longtemps par de nombreux États.

Cette approche est cependant souvent critiquée, au motif que l'imposition au taux ordinaire des plus-values de cession de participations substantielles constituerait un frein aux restructurations de sociétés. L'objection pèche par excès de généralité car il existe des cessions de titres qui ne s'inscrivent aucunement dans un processus de restructuration, mais elle possède une certaine pertinence économique. D'où cette idée, qu'il conviendrait d'assujettir les plus-values en cause à un taux spécifique, inférieur au taux ordinaire.

41. J.-Y. Mercier, *Distributions de bénéfices. Guide fiscal des répartitions annuelles et exceptionnelles aux actionnaires*, Dossiers pratiques Francis Lefebvre, 4e éd., 2007, n° 146.

42. Sur l'origine et le fonctionnement de ce dispositif, cf. J.-Y. Mercier, *ibid.*, n° 310 et s.

43. CJCE, 3 avr. 2008, aff. 27/07, *RJF* 6/08, n° 766, concl. E. Sharpston, *BDCF* 6/08, n° 82. La Cour avait été saisie par le Conseil d'État par arrêt du 17 janv. 2007, n° 262967, *Banque fédérative du Crédit Mutuel*, *RJF* 4/07, n° 406, concl. C. Vérot.

À ce stade, on peut envisager, soit un taux faible mais non nul, soit un taux nul, soit un dispositif permettant d'aligner la méthode d'imposition des plus-values sur celle retenue pour les dividendes (imposition à un taux zéro mais réintégration dans le résultat imposable d'une quote-part de frais et charges).

En théorie, le système le plus rationnel consiste sans doute à retenir la troisième de ces méthodes, autrement dit à imposer les plus-values de cession de participations substantielles sur le modèle des dividendes. En effet, une plus-value correspond économiquement à un dividende non distribué. Pour le démontrer, rappelons que dans un marché efficient, la valeur d'un actif financier est égale à la valeur actualisée de ses revenus futurs. S'agissant d'une action, les revenus futurs sont égaux aux dividendes qui pourront être distribués à l'avenir, et ce montant est au moins égal à celui des bénéfices déjà mis en réserve mais non encore distribués[44]. Dès lors, il peut être soutenu que les plus-values ne sont rien en réalité rien d'autre, d'un point de vue économique, que des bénéfices non encore distribués, et que leur imposition devrait donc suivre le régime des distributions effectives.

Exemple chiffré : soit une action de la société A achetée pour un prix de 100. Entre le moment de l'achat et celui de la revente, la société A a mis en réserve un montant de 20. L'action vaut donc aujourd'hui 120. Si l'actionnaire revend ses titres, il fait une plus-value de 120-100, soit 20. On comprend sans peine que ces 20 auraient tout aussi bien pu être distribués directement. Ils auraient alors été soumis au régime des dividendes. Conclusion : puisque ces 20 représentent la même réalité économique, il faut les imposer de façon identique.

L'hypothèse du marché efficient, qui sous-tend le raisonnement ci-dessus, n'est évidemment pas toujours conforme à la réalité, car la valeur des actions dépend aussi de facteurs non strictement mathématiques, au premier rang desquels la spéculation.

Toutefois, l'objection n'est peut-être pas décisive pour élaborer une saine politique fiscale. Comme l'observait en 2001 le Conseil supérieur des Finances belge dans une étude destinée à éclairer le gouvernement sur les options en matière de réforme fiscale, « ce n'est pas parce que l'hypothèse d'efficience des marchés n'est pas vérifiée qu'il faut en arriver à considérer que toute plus-value serait le produit d'une opération de pure spéculation »[45]

En outre et surtout, toute différence de taux entre l'imposition des dividendes et l'imposition des plus-values est de nature à encourager des montages dont l'opportunité économique est douteuse. Ainsi, par exemple, lorsque le taux d'imposition des plus-values est supérieur à celui des dividendes, une société A, actionnaire majoritaire d'une société B, est tentée de se faire distribuer massivement des dividendes soumis au régime avantageux des sociétés mères avant la cession pour faire baisser la valeur des titres et corrélativement le montant de la plus-value imposable. Or, il n'est pas économiquement sain de laisser se développer une pratique qui consiste à dépouiller, avant cession, la société cédée de ses réserves aux seules fins de réaliser des gains fiscaux.

Le droit français prend aujourd'hui ce problème au sérieux, même si l'on peut regretter qu'une logique purement budgétaire fasse parfois oublier au législateur la nécessité d'une construction rationnelle en la matière.

B. LE DROIT FRANÇAIS

319 La solution retenue par le droit français concernant l'imposition des plus-values de cession de participations substantielles a considérablement évolué. En résumé, on peut observer que notre droit est passé d'un état de dissociation complète entre l'imposition

44. On fait abstraction, dans ce raisonnement, des contraintes juridiques encadrant le caractère distribuable des bénéfices.

45. Conseil supérieur des Finances, Section « Fiscalité et para-fiscalité », *La réforme de l'impôt sur les sociétés : le cadre, les enjeux et les scénarios possibles*, avr. 2001, p. 117.

des dividendes et des plus-values (1°) à un principe d'alignement de l'imposition des plus-values sur l'imposition des dividendes (2°).

1. La dissociation traditionnelle entre l'imposition des dividendes et des plus-values

320 Pour des raisons d'ordre historique, le législateur français est longtemps demeuré totalement insensible au raisonnement économique formulé ci-dessus. Le régime des plus-values a donc été forgé dans l'indifférence la plus complète à celui des dividendes.

Ceci s'explique par deux raisons essentielles, valables jusqu'à la fin des années 1990. D'une part, il n'existait pas, dans le cadre de la fiscalité des entreprises, de régime spécifique aux plus-values de cessions de titres. La seule catégorie existante concernait les plus-values à long terme, et l'on ne distinguait pas en son sein – du moins au regard du taux applicable – entre plus-values sur titres et plus-values sur autres actifs immobilisés.

D'autre part, le régime des plus-values à long terme a été élaboré dans le cadre du régime des bénéfices industriels et commerciaux, comme en témoigne sa localisation à l'article 39 *duodecies* du CGI. Il s'appliquait donc aux plus-values réalisées par toutes les entreprises, qu'elles prennent la forme individuelle ou sociétaire. L'application de ce régime aux plus-values réalisées par les sociétés de capitaux n'était donc qu'un résultat mécanique de la transposition à celles-ci des règles applicables en matière de BIC, mais il n'y avait pas, en arrière-plan, de théorie générale des plus-values sur titres réalisées par les sociétés.

Il fallut attendre 1997 pour que le législateur rompe avec le passé et décide – à des seules fins budgétaires, apparemment – que les sociétés relevant de l'impôt sur les sociétés seraient à l'avenir exclues du régime de faveur des plus-values à long terme. Il réserva cependant quelques exceptions au principe d'imposition au taux ordinaire de toutes les plus-values, parmi lesquelles figurent les plus-values de cession de participations substantielles réalisées par les sociétés relevant de l'IS. Celles-ci formèrent donc après 1997 une sorte d'enclave, imposée au taux de 19 %, au sein du territoire des plus-values relevant désormais du taux normal de l'IS qui était à l'époque de 33,1/3 %. Quant aux moins-values à long terme, elles étaient imputables sur les plus-values de même nature, et l'éventuel excédent des moins-values sur les plus-values était reportable pendant dix ans sur les plus-values à long terme ultérieures. Le dispositif, codifié à l'article 219 du Code général des impôts, prévoyait cependant que le bénéfice du taux réduit n'était accessible que si la plus-value nette d'impôt était portée à un compte de réserve particulier que l'on appelait la « réserve spéciale des plus-values à long terme ». Il était par ailleurs prévu que tout prélèvement sur ladite réserve donnerait lieu à un complément d'imposition égal à la différence entre le taux ordinaire de l'IS et le taux réduit auquel la plus-value avait été préalablement soumise[46]. Autrement dit, le régime de faveur des plus-values à long terme ne constituait pas un régime applicable sans condition.

Ce régime de taux réduit laissait cependant subsister une importante différence entre l'imposition des plus-values de cession de participations substantielles au taux de 19 % et l'imposition des dividendes reçus des filiales relevant du régime plus favorable des sociétés mères. Or, une telle dissociation devenait de plus en plus discutable alors qu'existaient à l'étranger des régimes fiscaux beaucoup plus avantageux pour les plus-values réalisées par les sociétés holding. Il devenait donc difficile pour la France de s'opposer de façon systématique à des pratiques consistant pour des entreprises

46. Il s'agissait d'une des formes de « précompte » connues du droit français. L'exigibilité de ce précompte permettait de financer l'attribution à l'actionnaire de l'avoir fiscal lors de la distribution de dividendes issus de la réserve spéciale des plus-values à long terme.

françaises à localiser leurs têtes de groupe dans des États fiscalement attractifs afin de s'y soumettre à la fiscalité locale pour leurs opérations de restructuration.

Suivant diverses recommandations, notamment celle du Conseil des impôts dans son rapport de 2004, la réforme eut lieu avec le vote de la loi de finances rectificative pour 2004[47]. Celle-ci eut tout d'abord pour objet de réduire progressivement le taux d'imposition des plus-values de cession de participations substantielles jusqu'à l'application d'un taux nul pour les exercices ouverts à compter du 1er janvier 2007[48]. Elle mit fin à l'obligation de doter la réserve spéciale des plus-values à long terme. Elle institua enfin, pour toutes les plus-values soumises au taux nul, un mécanisme d'imposition d'une quote-part de frais et charges très semblable à celui du régime des sociétés mères. C'est dire qu'aujourd'hui, il existe un rapprochement entre la fiscalité des plus-values et la fiscalité des dividendes reçus des filiales.

2. Le rapprochement entre l'imposition des plus-values et l'imposition des dividendes

321 Sans qu'il soit possible de rentrer dans les moindres détails[49], il est nécessaire de décrire brièvement le mécanisme d'imposition des plus-values de cession de participations substantielles (a) pour mesurer les différences qui subsistent encore avec le régime d'imposition des dividendes (b).

a) Le mécanisme

322 Lorsqu'une société relevant de l'impôt sur les sociétés cède des titres soumis à l'article 219 I a *quinquies* du CGI, la plus-value réalisée par elle est soumise à un taux nul. En contrepartie, la loi dispose qu'une quote-part de frais et charges est prise en compte pour la détermination du résultat imposable. Cette quote-part, initialement fixée à 5 % du résultat net des plus-values de cession, a été portée à 10 % par la loi de finances rectificative du 19 septembre 2011. La loi de finances pour 2013 a encore aggravé la situation en portant à 12 % le taux de la quote-part et en changeant son assiette : désormais, ce ne sont plus les plus-values nettes de l'exercice qui sont frappées par l'impôt, mais les plus-values brutes (ce qui signifie que les moins-values réalisées en cours d'exercice ne sont plus prises en compte), à la condition toutefois que le solde des plus-values sur titres de participation de l'exercice soit positif[50].

47. Voir notamment l'art. 39 de la loi n° 2004-1485 du 30 déc. 2004.

48. L'impact budgétaire de l'exonération des plus-values de cession a été évalué à 3,4 milliards d'euros en 2007 (Conseil des prélèvements obligatoires, *Les prélèvements obligatoires des entreprises dans une économie mondialisée*, oct. 2009, p. 119).

49. Pour plus de précisions, nous renvoyons le lecteur intéressé au BOI-IS-BASE-20-20.

50. Il existait sur ce point une divergence étonnante entre le commentaire administratif de la nouvelle règle et le contenu des travaux parlementaires. Alors que ces derniers établissent clairement que l'imposition de la quote-part de 12 % des plus-values brutes ne s'applique que lorsque, au cours de l'exercice, subsistent des plus-values nettes sur cessions de titres de participation, le BOFIP se prononçait pour l'imposition de la quote-part en toutes circonstances, indépendamment donc de la subsistance de plus-values nettes à long terme (BOI-IS-BASE-20-10-10, n° 125). Le Conseil d'État a donc annulé cette doctrine (CE, 14 juin 2017, n° 400855, *Sté Orange Participations*) et clarifié le fait que la réintégration de la quote-part de frais et charges est subordonnée à la réalisation par l'entreprise d'une plus-value nette au cours de l'exercice de cession.

Conformément aux dispositions de l'article 39 *duodecies*, pour bénéficier du régime des plus-values à long terme, les actifs cédés doivent être détenus depuis au moins deux ans (cinq ans pour les titres émis par des véhicules de capital-risque)[51].

En outre, la société dont les titres sont cédés ne doit pas être située dans un État ou territoire non coopératif[52]. Cette règle, issue de la loi de finances rectificative pour 2009, exauce un vœu formulé par le Conseil des prélèvements obligatoires et converge avec certains dispositifs existant dans d'autre États, par exemple en Belgique ou en Italie[53]. Elle est toutefois tempérée par l'exigence, posée par le Conseil constitutionnel, que le contribuable soit admis à apporter la preuve de ce que la prise de participation dans une société établie dans un tel État ou territoire correspond à des opérations réelles qui n'ont ni pour objet ni pour effet de permettre, dans un but de fraude fiscale, la localisation de bénéfices dans un tel État ou territoire.[54]

Dans ses traits essentiels, le dispositif d'imposition des plus-values de titres de participation emprunte donc au régime des sociétés mères.

Certaines différences demeurent cependant avec la fiscalité des dividendes, qu'il convient à présent d'examiner.

b) *Les différences résiduelles avec le régime d'imposition des dividendes*

323 Les différences avec le régime d'imposition des dividendes sont de plusieurs ordres. Certaines sont structurelles, d'autres le sont moins et apparaissent donc plus discutables.

324 Au titre des différences structurelles, il convient de citer le cas des moins-values, qui n'ont pas d'équivalent dans le monde des distributions de dividendes (car on ne conçoit pas de dividende négatif). Ainsi, par symétrie avec l'imposition à taux zéro des plus-values, il est désormais prévu que les moins-values à long terme ne sont plus imputables sur le résultat imposable, ni reportables sur les exercices ultérieurs.

En outre, si le résultat net fait apparaître une moins-value nette à long terme de cession, aucune réintégration au titre de la quote-part de frais et charges ne doit être effectuée dans le résultat imposable. C'est bien le moins... mais on peut même se demander s'il ne serait pas raisonnable, puisqu'une quote-part de frais et charges est imposable en présence d'une plus-value, d'admettre *de lege ferenda* la déductibilité dans les mêmes proportions d'une quote-part de frais et charges en cas de réalisation d'une moins-value.

51. Ce délai est, ici encore, relativement long au regard du droit comparé : cf. sur ce point A. Chouc et T. Madiès, *Comment se situe la France dans la concurrence internationale en matière d'impôt sur les sociétés ?*, rapport particulier n° 5 publié en annexe au rapport du Conseil des prélèvements obligatoires sur l'impôt sur les sociétés (2016), § 194.

52. Pour tenir compte de la décision n° 2014-437 QPC rendue par le Conseil constitutionnel le 20 janvier 2015, une réserve est toutefois prévue aux articles 39 *duodecies* 2 c et 219 I a *sexies*-0 *ter* afin de réserver le cas où la société détentrice des titres apporte la preuve que les opérations de la société établie hors de France dans laquelle est prise la participation correspondent à des opérations réelles qui n'ont ni pour objet ni pour effet de permettre, dans un but de fraude fiscale, la localisation de bénéfices dans un tel État ou territoire.

53. Conseil des prélèvements obligatoires, *Les prélèvements obligatoires des entreprises dans une économie globalisée*, oct. 2009, p. 290.

54. Déc. n° 2014-437 QPC du 20 janv. 2015.

Enfin, le principe de symétrie qui inspire ici la fiscalité a pour effet que les moins-values réalisées sur des cessions de titres de participation intervenues moins de deux ans après leur acquisition sont en principe pleinement déductibles du résultat imposable du cédant.

Cette règle est cependant tempérée par plusieurs dispositions anti-abus. La première a été introduite par la loi de finances pour 2011 afin d'empêcher les groupes de sociétés de céder dans le délai de deux ans leurs titres de participations à des entreprises liées[55] en dégageant des moins-values à court terme pleinement déductibles du résultat imposable[56].

L'idée de base du dispositif consiste à neutraliser certaines pratiques consistant à faire « tourner » les participations à l'intérieur d'un groupe de sociétés en vue de bénéficier abusivement du régime du court terme. Pour y parvenir, la loi met en suspens la moins-value réalisée par la société cédante jusqu'au moment où le risque d'optimisation abusive disparaît. Si les titres restent à l'intérieur du groupe jusqu'à l'expiration du délai de deux ans suivant leur acquisition, c'est que la cession intra-groupe ne reflétait pas une véritable volonté de céder les titres à des tiers indépendants. Nonobstant le fait que les titres aient été cédés moins de deux ans après leur acquisition, la moins-value ne peut donc être considérée comme à court terme. Si, en revanche, la cession intra-groupe est suivie, toujours dans le délai de deux ans à compter de l'acquisition initiale, d'une cession à un tiers, alors cette cession hors du groupe permet de considérer que la première cession a bel et bien engendré une moins-value à court terme.

Exemple chiffré :

– La société A achète des titres de participation dans une société X pour un prix de 100 en janvier de l'année N.

– En janvier N + 1, A revend ces titres pour un prix de 60 à une société B appartenant au même groupe. Elle dégage donc une moins-value de 40. La qualification de cette moins-value est indéterminée au jour de la cession car B est une société liée.

– En juin N + 1, B revend les titres pour le même prix à C, société non liée. La cession des titres X hors du groupe ayant lieu moins de 2 ans après janvier N, la moins-value réalisée par A apparaît donc rétrospectivement comme une moins-value à court terme pleinement déductible.

Variante : si B revend les titres à C pour un prix de 90 en juin N + 2, le délai de deux ans est dépassé. La moins-value de A est donc à long terme et ne peut être déduite. À noter : la plus-value réalisée par B (égale à 90 – 60, soit 30) est elle-même à court terme puisque les titres ont été revendus par cette société dans un délai de 18 mois à compter de son acquisition. Elle est donc imposable.

La deuxième règle anti-abus visant à empêcher la déduction de moins-values à court terme concerne le cas dans lequel une société, après avoir recapitalisé sa filiale en difficulté, cède à brève échéance les titres de celle-ci en réalisant une moins-value à court terme. Le problème auquel le législateur souhaite réagir est le suivant. Lorsqu'une société recapitalise sa filiale en difficulté, elle procède à un apport. Cet apport ne donne lieu, lorsqu'il est réalisé, à aucune déduction chez l'apporteur[57]. Il est rémunéré par des titres de la filiale dont le montant nominal, enregistré en comptabilité, est égal à la valeur de l'apport. Or, les titres reçus par l'apporteur sont d'une valeur réelle nulle lorsque la filiale

55. La notion d'entreprise liée est ici définie par référence à l'existence de liens de dépendance au sens de l'article 39.12 du CGI. En résumé, ce lien est caractérisé si l'une des parties à la cession détient la majorité du capital de l'autre ou y exerce en fait le pouvoir de décision ou si l'une et l'autre sont placées dans ces mêmes conditions sous le contrôle d'une tierce entreprise.

56. Pour tous les détails, cf. art. 219 I a *septies* CGI. À noter : la règle ne s'applique qu'aux moins-values. Lorsque des titres de participation font l'objet d'une cession à court terme qui dégage une plus-value, celle-ci est bel et bien imposable au taux plein de l'IS dans le secteur du court terme (précision apportée par la loi de finances rectificative pour 2011). À noter : le Conseil d'État a refusé de transmettre au Conseil constitutionnel une QPC portant sur cette règle (CE, 30 mai 2018, n° 412964, SA Highco).

57. Comp. à cet égard l'identité de traitement entre apport et abandon de créance à caractère financier consenti à la filiale (sur lequel v. *infra*, n° 652 et s.).

connaît une situation nette négative (c'est-à-dire lorsque le total de son passif excède celui de son actif) et que le montant de l'apport est insuffisant pour la faire revenir à l'équilibre. Dès lors, si une revente des titres survient moins de deux ans après l'apport, la société auteur de celui-ci constatera mécaniquement une moins-value à court terme déductible (égale à la différence entre la valeur nulle des titres et la valeur nominale à laquelle ils ont été inscrits à l'actif de la société apporteuse). Il y a là une bizarrerie qui contredit l'idée selon laquelle, en pareille circonstance, ni la recapitalisation ni un abandon de créance à caractère financier ne devraient engendrer la moindre déduction chez la société mère. Tout ceci explique pourquoi le CGI interdit désormais la déduction de la moins-value résultant de la cession, moins de deux ans après leur émission, de titres de participation acquis en contrepartie d'un apport réalisé et dont la valeur réelle à la date de leur émission est inférieure à leur valeur d'inscription en comptabilité[58].

Une troisième règle visant à empêcher l'abus du régime du court terme en cas de moins-value a été adoptée par la deuxième loi de finances rectificative pour 2012 mais ne vise pas des cessions de titres de participation au sens strict. Il s'agit ici de neutraliser les montages dits « coquillards » par lesquels une société, après avoir acquis une autre société « coquille » dans laquelle ne demeurent plus que des liquidités, se fait distribuer des dividendes exonérés en vertu du régime des sociétés mères puis procède à la cession de ses titres en dégageant au passage une forte moins-value. Les titres de société à prépondérance financière n'étant pas des titres de participation (même s'ils ouvrent droit au régime des sociétés mères pour les dividendes[59]), la moins-value obéissait au régime du court terme et pouvait donc être déduite. Cet effet d'aubaine est désormais supprimé dans l'article 219-I a *ter* du CGI.

325 D'autres différences existent et méritent davantage la discussion.

S'agissant tout d'abord de la quote-part de frais et charges, il convient d'observer qu'elle est désormais fixée à 12 %, alors que celle applicable en matière de dividendes demeure à 5 %. Ce décalage est économiquement néfaste car il est de nature à favoriser les distributions préalables à la cession pour des raisons essentiellement fiscales. À cela s'ajoute que le taux de 12 % est beaucoup plus élevé que celui existant chez ceux des États européens qui connaissent le mécanisme d'une quote-part de frais et charges sur les plus-values sur titres de participation[60].

326 En outre, il est essentiel de noter que la catégorie des titres relevant du régime des plus-values à long terme est distincte de celles des titres ouvrant droit au régime des sociétés mères pour les dividendes.

Le régime des titres de participation s'applique en effet aux plus ou moins-values à long terme provenant de la cession :

— des titres de participation au sens strict, c'est-à-dire des parts ou actions revêtant ce caractère sur le plan comptable ;

— des actions acquises en exécution d'une offre publique d'achat ou d'échange dont l'entreprise détentrice est l'initiatrice, si ces actions sont inscrites en comptabilité au compte titres de participations ou à une subdivision spéciale d'un autre compte du bilan correspondant à leur qualification comptable ;

58. Art. 39 *quaterdecies* 2 bis du CGI. La règle n'interdit la déduction que dans la limite du montant résultant de la différence entre la valeur d'inscription en comptabilité desdits titres et leur valeur réelle à la date de leur émission, pour tenir compte du cas où l'apport serait d'un montant supérieur à la valeur nette négative de la filiale.

59. Cf. *infra*, n° 326, pour la distinction entre titres de participation et titres ouvrant droit au régime des sociétés mères.

60. A. Chouc et T. Madiès, *Comment se situe la France dans la concurrence internationale en matière d'impôt sur les sociétés ?*, rapport particulier n° 5 publié en annexe au rapport du Conseil des prélèvements obligatoires sur l'impôt sur les sociétés (2016), § 195.

— des titres ouvrant droit au régime des sociétés mères si ces titres sont inscrits en comptabilité au compte titres de participation ou à une subdivision spéciale d'un autre compte du bilan correspondant à leur qualification comptable ;

— des parts de certains fonds communs de placements à risque et des actions de certaines sociétés de capital-risque.

Sont en revanche exclus du régime des titres de participation les titres de sociétés à prépondérance immobilière non cotées, c'est-à-dire de sociétés dont l'actif est constitué pour plus de 50 % de sa valeur réelle, par des immeubles.

Si chacune de ces rubriques mériterait un développement relativement abondant, il convient de noter que les titres ouvrant droit au régime des sociétés mères ne constituent que l'une des catégories de titres ouvrant droit au régime des titres de participation et que, de surcroît, même les titres ouvrant droit au régime des sociétés mères ne sont pas mécaniquement éligibles au régime des plus-values à long terme. En effet, non seulement ils doivent respecter certaines conditions formelles[61], mais encore il convient que la société mère détienne 5 % des droits de vote dans la société dont les titres sont cédés[62]. Cette exigence de droits de vote distingue, depuis la loi de finances pour 2017, les titres ouvrant droit au régime des sociétés mères (pour lesquels on a vu plus haut que l'exigence des droits de vote a disparu suite à la jurisprudence *Metro Holding*) et les titres ouvrant droit au régime des titres de participation[63].

Il faut surtout souligner qu'il existe une différence de régime entre les titres de participation revêtant cette qualité par nature (c'est-à-dire au sens comptable) et ceux qui ne revêtent cette qualité que pour les besoins de la loi fiscale[64]. En effet, lorsqu'une société inscrit dans le compte de titres de participation des actions qui, en réalité, n'ont pas cette qualification, elle commet une erreur comptable qu'elle est en droit de corriger (sous réserve qu'elle n'ait pas commis d'erreur délibérée[65]). Il en résulte par exemple que, lorsqu'elle a subi une moins-value à long terme sur de tels titres qu'elle a, à tort, inscrit dans le compte de titres de participation, elle peut revendiquer la déduction de la perte ainsi subie en démontrant s'être trompée sur la qualification comptable des titres cédés. En revanche, le régime des titres de participation au sens fiscal (et non comptable) est différent : s'agissant de titres ouvrant droit au régime des sociétés mères sans revêtir, sur le plan comptable, le caractère de titres de participation, de tels titres ne sont soumis au régime *fiscal* des titres de participation qu'à la condition qu'ils soient inscrits en comptabilité dans une subdivision spéciale d'un compte du bilan – autre qu'un compte de titres de participation – correspondant à leur qualification comptable telle que, notamment, un sous-compte de plus-values à long terme dans un compte de

61. Être inscrits en comptabilité au compte de titres de participation ou à une subdivision spéciale d'un autre compte du bilan correspondant à leur qualification comptable.

62. Selon le Conseil d'État, il résulte des termes du b de l'article 145 que la détention d'au moins 5 % du capital de l'émettrice s'apprécie à la date du fait générateur de l'impôt – c'est-à-dire, s'agissant d'une plus-value de cession, à la date de la cession – et non de manière continue sur une période de deux ans (CE, 26 janvier 2018, n° 408219, SAS EBM).

63. Attention : s'il est certain que des titres sans droit de vote ne sont pas des titres de participation *au sens fiscal,* ils peuvent éventuellement être des titres de participation *au sens comptable* dès l'instant qu'ils présentent une utilité suffisante (cf. CE, 20 mai 2016, n° 392527, cité plus bas dans ce paragraphe). Ils peuvent donc ouvrir droit au *régime fiscal* des titres de participation défini par l'article 219 I a *ter* du CGI.

64. Sur tout cela, v. CE, 29 mai 2017, n° 405083, *Sté Vivendi, Dr. fisc.* 2017, n° 24, Act. 340 par O. Fouquet ; *FR* 30/17, p. 6 et s., art. de S. Austry et C. Lopater ; *Dr. fisc.* 2017, n° 27, 382, concl. R. Victor.

65. Sur la distinction entre erreur comptable et décision de gestion, v. *infra*, n° 625 et s.

valeurs de placement. Cette inscription matérialisant alors une décision de gestion sur le plan fiscal, elle constitue une présomption irréfragable opposable à l'entreprise comme à l'administration. Il en résulte, pour reprendre l'exemple ci-dessus, qu'une moins-value à long terme sera exclue de la déductibilité en raison de cette décision de gestion.

Dans ces conditions, il n'est pas inutile de donner quelques précisions sur la notion de « titres de participations » au sens comptable[66]. À cette fin, le mieux est de se reporter aux termes même de la doctrine administrative, qui permettent mieux que toute littérature de mesurer la subtilité des qualifications juridiques en la matière.

Rappels sur la notion de titres de participation au sens comptable (BOI-BIC-PVMV-30-10 n°s 30 et s.)

14. Sont considérés comme des titres de participation revêtant ce caractère sur le plan comptable, ceux dont la possession durable est estimée utile à l'activité de l'entreprise, notamment parce qu'elle permet d'exercer une influence sur la société émettrice des titres ou d'en assurer le contrôle.

Par ailleurs, l'article 20 du décret n° 83-1020 du 29 novembre 1983 relatif aux obligations comptables des commerçants et de certaines sociétés définit les participations comme les droits dans le capital d'autres entreprises, matérialisés ou non par des titres, qui, en créant un lien durable avec celles-ci, sont destinés à contribuer à l'activité de la société détentrice.

L'identification des titres de participation au sein du portefeuille-titres de l'entreprise s'appuie sur la combinaison des critères suivants.

15. Possession durable

Les titres de participation sont acquis pour des raisons au rang desquelles la recherche d'une rentabilité financière à court terme est absente ou accessoire. Les titres détenus en vue d'être cédés à brève échéance, en réalisant un gain (ce gain espéré peut résulter tant de la rémunération des titres pendant leur détention que de la plus-value obtenue lors de leur revente) doivent être classés parmi les valeurs mobilières de placement (communication de la Commission des opérations de bourse, relative à la sincérité des comptes des entreprises, *Bull. COB* n° 209, décembre 1987).

Le caractère durable d'une possession, qui dépend largement des circonstances de fait, est une condition nécessaire à la qualification de titres de participation mais non suffisante.

Par exemple, l'entreprise peut être amenée à conserver durablement des titres sans chercher à exercer une influence sur la société émettrice parce qu'elle en attend simplement une rentabilité financière satisfaisante à moyen ou long terme ou parce qu'elle n'a pas la possibilité de les revendre à bref délai. Tel est, en principe, le cas des titres figurant dans le compte « Titres immobilisés de l'activité de portefeuille » (Conseil National de la Comptabilité : avis du 13 février 1987).

16. Détention estimée utile à l'activité de l'entreprise

Les titres de participation constituent des investissements qui en permettant la création de liens durables avec la société émettrice sont susceptibles d'avoir un

66. V. à ce sujet M.-A. DEYSINE et A.-L. BLANDIN, *La fiscalité face à la définition comptable des titres de participation*, *Dr. fisc.* 2017, n° 45, 531.

impact favorable sur l'activité industrielle ou commerciale de l'entreprise en concourant notamment au maintien ou au renforcement de sa rentabilité, à son développement ou à la diversification de ses domaines d'activité. Il en est ainsi, notamment, des participations au capital de sociétés présentes dans le ou les secteurs d'activité de l'entreprise mais également dans des secteurs d'activité connexes ou complémentaires, susceptibles de permettre le développement de synergies industrielles ou commerciales (prises de participation dans le cadre de stratégies d'intégration verticale ou horizontale). Bien entendu, les titres de sociétés présentes dans des secteurs où l'entreprise n'exerçait pas d'activité jusque-là peuvent constituer des titres de participation si leur acquisition relève d'une stratégie de diversification développée par l'entreprise. La remise en cause ultérieure de cette stratégie par l'entreprise ne permettrait pas à l'administration pour ce seul motif de considérer que les titres ne constituaient pas, dès l'origine, des titres de participation.

Ces précisions s'appliquent aux entreprises quelle que soit la nature de leur activité (commerciale, industrielle, financière...).

L'utilité pour l'entreprise peut découler notamment de l'influence ou du contrôle que la participation permet d'exercer sur la société émettrice des titres.

17. Notion d'influence

Pour être significative, l'influence doit résulter d'une participation effective à la gestion et à la politique financière de la société émettrice. L'exercice de cette influence peut résulter, par exemple, de la présence de représentants au sein des organes de direction de la société émettrice, d'opérations réalisées dans des conditions particulières en raison des liens entre les deux sociétés, d'échange de personnel de direction ou encore d'une dépendance technique ou économique (contrat de sous-traitance). L'importance de la participation dans le capital de la société émettrice susceptible de permettre l'exercice d'une influence dépend des circonstances de fait (Comité mixte de l'Ordre des experts-comptables et des comptables agréés et de la Compagnie nationale des commissaires aux comptes, *Bull. COB* n° 68, février 1975).

Observation de l'auteur du présent ouvrage : l'exercice effectif d'une influence sur l'activité sur la société émettrice n'est pas en tant que tel une condition d'application du régime des titres de participation. Le Conseil d'État l'a précisé dans un arrêt du 20 octobre 2010[67] selon lequel l'utilité des titres pour l'activité de l'entreprise « peut notamment être caractérisée si les conditions d'achat des titres en cause révèlent l'intention de l'acquéreur d'exercer une influence sur la société émettrice et lui donnent les moyens d'exercer une telle influence ». L'arrêt démontre à cet égard que la qualification de titres de participation s'applique dès lors qu'une intention d'exercer une telle influence existe au moment de l'acquisition des titres[68], peu

67. CE, 20 oct. 2010, n° 314247, *Sté Alphaprim* et n° 314248, *Sté Hyper Primeurs*, *Dr. fisc.* 2010, n° 50, comm. 594, concl. E. Geffray.

68. Notons à cet égard qu'un arrêt de la Cour administrative d'appel de Versailles a jugé que même dans le cas de titres qui sont inscrits à l'actif à la suite de l'augmentation de capital d'une filiale détenue à 100 %, et dont les titres acquis à l'origine avaient été inscrits en titres de participation, il convient de se placer à la date de cette augmentation de capital, et non à celle de la souscription des titres acquis initialement, pour apprécier l'intention de l'acquéreur des titres d'exercer ou non une influence sur la société émettrice (CAA Versailles, 17 mai 2018, n° 15VE04052, société Crédit Agricole). La Cour a ainsi reconnu qu'au sein d'une même ligne de titres, certains peuvent être qualifiés de titres de participation et d'autres de titres de placement (ces derniers pouvant, en cas de cession dans les deux ans, générer une moins-value à court terme pleinement déductible).

important que les circonstances postérieures n'aient pas permis à cette influence de s'exercer réellement. En l'espèce, le fait que la société concernée n'ait pu atteindre la minorité de blocage qu'elle ambitionnait au moment de l'acquisition ne fait donc pas obstacle à ce que les titres soient qualifiés de titres de participation – d'où l'impossibilité, au cas d'espèce, de déduire la moins-value consécutive à leur revente après le délai de deux ans. L'autre intérêt de l'arrêt est accessoirement de confirmer que l'inscription des titres acquis au bilan dans un compte de titres de participation fait naître une présomption simple selon laquelle cette qualification s'applique également en matière fiscale (la présomption étant en tout état de cause irréfragable lorsque ces titres ouvrent droit au régime des sociétés mères ou sont acquis par l'entreprise initiatrice d'une OPA ou d'une OPE, conformément à l'article 219 I a *ter* du Code général des impôts). Cet arrêt constitue donc une incitation à la vigilance pour les sociétés se livrant à des acquisitions de titres. La rédaction des protocoles d'acquisition ainsi que les choix comptables produisent des conséquences fiscales qui doivent être mesurées dès la réalisation des acquisitions.

On peut également relever que dans une décision ultérieure, le Conseil d'État semble avoir encore accru sa flexibilité en reconnaissant que constituaient des titres de participation les titres détenus par une société d'exercice libéral à responsabilité limitée à hauteur de 0,88 % du capital social d'une société exploitant une clinique dans laquelle l'associé de la SELARL exerçait son activité professionnelle. Il décide que l'utilité peut être caractérisée, non seulement lorsque les titres permettent d'exercer un contrôle ou une influence sur la société émettrice, mais aussi, « en particulier s'agissant d'une société d'exercice libéral, lorsque les conditions d'acquisition des titres révèlent l'intention de [l'entreprise détentrice] de favoriser son activité par ce moyen, notamment par les prérogatives juridiques qu'une telle détention lui confère ou les avantages qu'elle lui procure pour l'exercice de cette activité »[69].

18. Notion de contrôle

Si l'entreprise désire exercer une influence déterminante sur la gestion de la société émettrice par l'intermédiaire de représentants dans les organes de gestion, l'acquisition des titres se traduira par une prise de contrôle. Celle-ci est établie :

– lorsque l'entreprise détient directement ou indirectement une fraction du capital lui conférant la majorité des droits de vote dans les assemblées générales de la société émettrice ;

– lorsqu'elle dispose seule de la majorité des droits de vote dans cette société en vertu d'un accord conclu avec d'autres associés ou actionnaires ;

– lorsqu'elle détermine en fait, par les droits de vote dont elle dispose, les décisions dans les assemblées générales de cette société (cas des sociétés, notamment cotées, dont le capital est dispersé de telle sorte qu'une participation limitée suffit à l'exercice d'un contrôle).

69. CE, 20 mai 2016, n° 392527, *SELARL Lemaire, Dr. fisc.* 2016, n° 26, comm. 391, concl. E. Cortot-Boucher, note O. Fouquet. Le Conseil d'État approuve la cour administrative d'appel de Nancy qui avait jugé que l'utilité de l'acquisition était caractérisée par le fait que la participation détenue a permis au praticien membre de la société acheteuse d'exercer son activité professionnelle au sein de la clinique dans des conditions privilégiées et a contribué de façon durable à l'exercice et au développement de l'activité de cette société.

327 Pour conclure, on peut donc estimer que le droit français a connu une évolution globalement satisfaisante du régime des plus-values de cession de titres par des sociétés relevant de l'IS. À la lumière du droit comparé, ce régime peut être considéré comme assez attractif pour les sociétés holding dans la mesure où, en dépit de la condition assez stricte de détention de deux ans, le taux de participation requis (5 %) donne à l'exonération des plus-values un champ d'application assez vaste. Toutefois, l'évolution entamée à partir de 2011 pour durcir le régime des plus-values sur cession de titres de participations conduit à des distorsions économiquement néfastes avec le régime des dividendes. S'il fallait sans doute réagir aux critiques émises par le Conseil des prélèvements obligatoires sur le coût budgétaire des exonérations offertes aux entreprises[70], on peut craindre que cette évolution se révèle à terme pénalisante pour les entreprises françaises dans un contexte de concurrence fiscale européenne.

SECTION 2 L'INTÉGRATION FISCALE

328 La reconnaissance fiscale du groupe de sociétés n'a jusqu'à présent été envisagée qu'au travers de certaines manifestations limitées quant à leur objet : régime des sociétés mères et régime des plus-values de cession de titres de participation. Un autre système, nettement plus ambitieux, est appelé « intégration fiscale ». Ce système a pour objet d'embrasser l'ensemble des revenus des sociétés et de permettre à la société mère d'un groupe de se constituer seule redevable de l'impôt sur les sociétés pour l'ensemble des sociétés composant le groupe. Pour bien en comprendre le fonctionnement (§ 2), encore faut-il préalablement poser le problème que l'intégration fiscale entend résoudre (§ 1).

§ 1. POSITION DU PROBLÈME

329 Supposons qu'une société A réalise, au titre d'un exercice n, un bénéfice net de 100. Supposons que A possède une filiale à 100 %, B, qui réalise un déficit de 100 au titre du même exercice. En l'absence de tout régime de groupe, la société A doit acquitter l'impôt sur les sociétés sur son bénéfice net de 100. Quant à la société B, elle ne peut rien faire dans l'immédiat de son déficit, mais elle jouit de la possibilité de le reporter dans le temps en application des règles du report en avant ou en arrière[71]. À l'échelle du groupe A-B, globalement considéré, l'exercice n se traduit donc par le paiement d'un impôt égal à l'IS appliqué au bénéfice de A, alors que le profit économique dégagé par A-B est nul.

Faut-il s'émouvoir de l'impossibilité pour les deux sociétés de compenser leurs résultats ? Pas nécessairement. D'un point de vue juridique, A et B sont deux sociétés distinctes. Il paraît donc légitime d'estimer que le droit fiscal doive en tirer toutes les conséquences et les imposer séparément. En outre, le fait que le déficit de B ne soit pas immédiatement utilisable ne l'empêche pas de l'être à

70. Conseil des prélèvements obligatoires, *Entreprises et « niches » fiscales et sociales. Des dispositifs dérogatoires nombreux*, oct. 2010.

71. Sur ces mécanismes, cf. *supra*, n° 282 et s.

l'avenir. Au demeurant, le caractère juridiquement inutilisable du déficit de la filiale ne doit pas faire illusion : chacun sait qu'il existe des techniques permettant indirectement à une société mère bénéficiaire de « rapatrier » immédiatement par la bande les pertes de sa filiale déficitaire : un abandon de créance à une filiale en difficulté permet par exemple de générer une perte déductible[72] chez la mère et un profit imposable chez la filiale, autrement dit un transfert économique de la perte de la seconde à la première. Enfin, il est à souligner que si B, au lieu d'être déficitaire, avait été bénéficiaire, il aurait été loisible d'organiser une distribution de dividendes au profit de A et de consolider ainsi indirectement les résultats des deux sociétés sans imposition supplémentaire (à l'exception de celle frappant la quote-part de frais et charges dans le régime mère-fille). Bref, il existe de bons arguments pour estimer que l'absence d'un régime spécifique d'imposition des groupes ne fait pas systématiquement obstacle à une compensation des résultats des sociétés le composant et présente l'avantage d'être juridiquement orthodoxe.

330 Une autre approche est pourtant envisageable : partant de l'idée que A et B forment un ensemble économique unifié, on pourrait estimer que ce groupe réalise en réalité un profit égal à la somme algébrique des résultats des sociétés le composant, soit, en l'espèce, 0. Il serait alors légitime d'admettre qu'aucun impôt ne devrait être dû au titre de l'exercice n. Les premiers à avoir fait ce type de raisonnement semblent être les Suédois qui, dès 1921, ont introduit dans leur législation un système fondé sur ce qu'ils appelèrent un « principe de neutralité »[73]. Selon ce principe, l'activité d'un groupe ne devrait pas être imposée plus fortement que si la même activité était poursuivie par une société unique. Sous-jacente à cette théorie, on trouve aussi l'idée que l'unité économique du groupe devrait trouver sa traduction en matière fiscale, quelles que soient les modalités juridiques de son organisation. Cette idée est particulièrement intéressante : outre qu'elle rejoint la préoccupation aussi permanente qu'énigmatique de neutralité de la fiscalité par rapport à la réalité économique, elle démontre jusqu'à quel point peut aller l'insensibilité du droit fiscal par rapport à des données aussi fondamentales que la personnalité morale des sociétés.

À l'heure actuelle, de nombreux États ont choisi de s'engager sur la voie d'un système d'imposition des groupes. C'est le cas de la quasi-totalité des États européens[74] et, au-delà de l'Europe, des pays de l'OCDE. La France applique, quant à elle, un dispositif dit d'« intégration fiscale » depuis le 1er janvier 1988. Ce dispositif bénéficie à 70 000 entreprises auxquelles il a permis, en 2007, d'imputer 75,3 milliards d'euros de déficits sur 123,6 milliards de bénéfices[75].

72. Sous l'importante réserve de l'article 39. 13 du CGI qui interdit la déduction des abandons de créance à caractère financier. Sur les abandons de créance intra-groupe, cf. *infra*, nº 652 et s.

73. B. Wiman, "Equalizing the Income Tax Burden in a Group of Companies", *in* G. Lindencrona, S.-O. Lodin et B. Wiman (ed.), *International Studies in Taxation: Law and Economics, Liber Amicorum Leif Mutén*, Kluwer Law International, Series on International Taxation, nº 21, 1999, p. 363 et s., spéc. p. 363. Il semble cependant que, dès la fin du XIXe siècle, les juridictions allemandes autorisèrent la compensation des profits et des pertes d'un groupe dans le domaine des taxes professionnelles locales (cf. notamment un arrêt en ce sens de la Haute cour administrative prussienne de 1902). Sur la problématique générale de l'imposition des groupes, v. aussi, par ex., D. Endres, *The Concept of Group Taxation: A global overview*, *Intertax*, 2003, vol 31, issue 10, p. 349 et s. ; F. Bendotti, *Nuove prospettive di tassazione dei gruppi europei su base consolidata*, th. Milan (Univ. Bocconi), 2007, spéc. p. 143 et s.

74. En 2010, il n'existait aucun régime particulier pour les groupes en Belgique, en Grèce et dans un certain nombre d'États membres récents (Bulgarie, Estonie, Hongrie, République tchèque, Roumanie, Slovaquie et Slovénie).

75. Conseil des prélèvements obligatoires, *Les prélèvements obligatoires des entreprises dans une économie mondialisée*, oct. 2009, p. 115. Les chiffres en la matière sont difficiles à réconcilier : selon Mme Lepetit, directrice de la Direction de la législation fiscale, le régime de l'intégration concerne près de 22 000 groupes, économisant, grâce à ce régime, environ quinze milliards d'euros (intervention au colloque de l'IFA du 5 nov. 2008, « Intégration fiscale : actualités et perspectives », *Dr. fisc.* 2009, nº 11, ét. 234,

331 Une telle reconnaissance fiscale de la réalité du groupe ne va cependant pas de soi. Si le but avoué des systèmes d'imposition des groupes est de permettre à des sociétés déficitaires de transmettre, d'une façon ou d'une autre, leurs pertes à des sociétés bénéficiaires, on peut craindre que le système ne soit dévoyé et utilisé à des fins d'évasion. Tout l'intérêt de l'étude qui suivra sera donc d'examiner comment le législateur, tout en faisant preuve de réalisme économique, a tenté d'endiguer les abus prévisibles du régime des groupes. Passons donc à présent à l'étude du fonctionnement de l'intégration fiscale.

§2. LE FONCTIONNEMENT DE L'INTÉGRATION FISCALE

332 Une fois admis le principe d'un dispositif spécifique d'imposition des groupes, il reste à en concevoir le fonctionnement. Or, différents modèles d'imposition des groupes pouvaient être choisis (A). L'étape du choix du modèle franchie, il fallait déterminer les règles fondamentales du dispositif (B).

A. LES MODÈLES ENVISAGEABLES

333 Reprenons l'exemple examiné plus haut et tentons d'imaginer par quels moyens une société bénéficiaire et une société déficitaire peuvent compenser leurs résultats dans le cadre d'un régime de groupe.

Le premier moyen qui vient à l'esprit consiste à conférer une personnalité fiscale pleine et entière aux groupes de sociétés, en faisant totalement abstraction de la qualité de contribuable des sociétés considérées individuellement. Une telle solution est cependant difficilement praticable : le périmètre du groupe (c'est-à-dire la liste des sociétés le composant) pouvant être appelé à varier dans le temps, il est difficilement concevable qu'une société entrant dans un groupe perde totalement sa personnalité fiscale. Il deviendrait presque impossible de la lui redonner lors de sa sortie éventuelle du groupe, car on ne saurait pas quels résultats elle aurait dégagés pendant la période de l'inclusion dans le groupe, ce qui empêcherait certains mécanismes fondamentaux de la fiscalité des sociétés de jouer (report des déficits, reprises des provisions, etc.). Si ces arguments ne sont pas totalement dirimants, ils démontrent en tout cas qu'il est techniquement difficile de donner au groupe une personnalité fiscale exclusive de celle des sociétés du groupe[76].

334 Une fois admis qu'un régime du groupe ne fait pas disparaître la qualité de contribuable de chacune des sociétés, plusieurs mécanismes peuvent être envisagés pour

§ 10). Quant au rapport « Voies et moyens » annexé au PLF 2016, il estime le coût du régime d'intégration fiscale à 16,7 milliards d'euros en 2015.

76. Cf. cependant l'article 15 de la loi néerlandaise de 1969 relative à l'impôt sur les sociétés, qui permet à une société mère et ses filiales détenues à 95 % au moins d'être imposées à leur demande « comme si elles formaient une seule entité, c'est-à-dire comme si les activités et le patrimoine de la filiale faisaient partie intégrante des activités et du patrimoine de la société mère ». Cette intégration pousse loin la théorie de l'entité unique. Voir également le système australien ordonné autour de la « *single entity rule* » selon laquelle toutes les sociétés filiales d'une société mère sont réputées ne plus avoir de personnalité fiscale (sur ce sujet, A. Ting, "Australia's Consolidation Regime: A Road of No Return?", *British Tax Review* 2 (2010), p. 162 et s.

procéder à la compensation recherchée des résultats[77]. Le premier, que l'on rencontre notamment aux États-Unis, consiste à concéder à la société mère certains allégements fiscaux pour tenir compte de l'impôt sur les sociétés payé par ses filiales. Le second mécanisme consiste pour les sociétés incluses dans le groupe, à procéder entre elles à des transferts contractuels de résultats, plus ou moins encadrés par la loi. Ainsi, on peut imaginer que la société déficitaire attribue son déficit à la société bénéficiaire. C'est la technique utilisée dans le régime britannique du « *group relief* »[78]. En sens inverse, on peut imaginer que la société bénéficiaire attribue tout ou partie de son profit à la société déficitaire : le transfert des bénéfices est traité comme une charge déductible chez son auteur et comme un profit imposable chez le bénéficiaire. C'est ce qu'on retrouve par exemple dans les dispositifs des pays nordiques (Finlande, Norvège et Suède), couramment regroupés sous l'appellation de « *group contribution* ». Dans ces deux types de dispositifs, la dimension contractuelle du dispositif est centrale. Une flexibilité assez grande est accordée aux sociétés participantes afin de déterminer les éléments faisant l'objet du transfert, mais il n'existe pas, à proprement parler, de consolidation entre résultats des sociétés du groupe.

335 Une autre approche, plus autoritaire et moins flexible, consiste à procéder à une consolidation automatique des résultats du groupe au niveau de la société mère. Celle-ci est alors instituée seule redevable de l'impôt sur les sociétés pour l'ensemble des sociétés du groupe. L'idée de convention n'est pas absente, car les sociétés participantes doivent donner leur accord à l'inclusion dans le périmètre. Toutefois, une fois l'accord initial donné, l'acte de volonté est épuisé. Il est hors de question, par exemple, de permettre à une société de décider de ne pas transférer ses pertes à la société mère. Il est également exclu de ne transférer que certains éléments de résultats (des annuités d'amortissement, mais pas des intérêts, par exemple).

Les modalités de la consolidation varient assez substantiellement d'un État à l'autre. Le modèle allemand de l'*Organschaft* repose sur l'idée que les entités formant le groupe agissent pour le compte de leur société mère dont elles ne constituent au fond qu'un établissement. Elles sont fiscalement considérées comme n'ayant pas de bénéfices ou de pertes, de sorte que leurs résultats sont attribués à la société mère, tant pour les besoins du droit fiscal que pour ceux du droit commercial[79]. Dans le modèle le plus répandu, la consolidation prend la forme de l'attribution à la société mère d'un résultat global égal à la somme algébrique des résultats des sociétés du groupe. En général, ce résultat global est retraité pour que ne soient pas prises en compte les opérations intra-groupe (qui sont considérés comme de simple flux de trésorerie à l'intérieur d'une entité économique unique) mais certains États ne procèdent pas à un tel retraitement.

336 L'approche française se relie au modèle de consolidation ci-dessus évoqué. À la vérité, cependant, le modèle français est davantage le produit d'une lente évolution historique qu'une construction purement rationnelle. La reconnaissance du groupe par

77. M. Aujean et C. Maignan, « Gestion fiscale des groupes : les perspectives internationales et européennes », *Dr. fisc.* 2012, n° 50, ét. 560 ; S. Princen et M. Gérard, "International Tax Consolidation in the European Union : Evidence of Heterogeneity", *European Taxation*, avr. 2008, p. 174 et s. ; F. Bendotti, *Nuove prospettive di tassazione dei gruppi europei su base consolidata*, th. Milan (Univ. Bocconi), 2007, p. 143 et s. ; Y. Masui, "General Report", in *Cahiers de droit fiscal international*, Group Taxation, 2004, p. 21 et s. ; B. Farinha Aniceto da Silva, *The impact of tax treaties and EU Law on group taxation regimes*, th. Amsterdam, 2016, spéc. p. 39 et s.

78. Le régime existe également en Irlande, à Chypre, en Lettonie, à Malte et, hors Europe, en Nouvelle-Zélande et à Singapour.

79. Voir la description du système par F. Hellio et A. Rohmert, « Conventions de groupe à l'allemande : un équilibre intrinsèque », *Capital Finance*, 28 juill. 2014, n° 1160, p. 24 et s.

notre droit a en effet paradoxalement commencé avec celle du groupe international, grâce à l'instauration en 1965 du régime du bénéfice mondial consolidé afin de stimuler le développement international des groupes français[80]. L'ébauche d'un système interne n'apparaît qu'avec une loi du 24 décembre 1971 qui instaure un premier régime d'intégration fiscale sur agrément, fondé sur l'objectif de rapprocher le régime fiscal applicable aux filiales de celui applicables aux établissements. L'agrément n'était cependant pas accordé s'il apparaissait que la demande avait pour seul objet d'imputer les déficits d'une filiale sur les bénéfices d'une autre et de réduire ainsi l'assiette imposable. Le régime était de surcroît limité au secteur des entreprises industrielles. Le succès de ce régime fut assez modeste. Il fallut donc une loi du 30 décembre 1987 pour libérer l'accès à l'intégration fiscale en supprimant l'exigence de l'agrément au profit d'un régime applicable de plein droit aux sociétés en réunissant les conditions.

B. LES RÈGLES FONDAMENTALES

337 L'intégration fiscale est une matière d'une rare complexité technique dont la description exhaustive suffirait à remplir aisément un imposant volume[81]. Sachant qu'il n'est pas dans l'objet du présent ouvrage de se livrer à ce type d'exercice, seules les règles fondamentales du dispositif seront étudiées. On examinera donc les impôts concernés (1°), les conditions de l'intégration (2°), la détermination du résultat dans le groupe intégré (3°) et les questions liées au paiement de l'impôt (4°).

1. Impôts concernés

338 En vertu de l'article 223 A du CGI, l'intégration fiscale ne s'applique qu'à l'impôt sur les sociétés. On aurait pu imaginer que le législateur étende le dispositif à d'autres impôts mais il a vraisemblablement été estimé, en 1988, que le système était déjà suffisamment compliqué. La reconnaissance du groupe en matière de TVA est également exclue[82]. Notons cependant qu'une évolution s'est subrepticement opérée à l'occasion de la loi de finances pour 2011 : à l'instar de l'Allemagne, qui a prévu l'application de son régime d'*Organschaft* au domaine de l'impôt commercial (*Gewerbesteuer*), l'équivalent – tout relatif – de la contribution économique territoriale, la France oblige désormais certains groupes remplissant les conditions de détention de l'intégration fiscale à consolider leurs chiffres d'affaires pour les besoins du calcul de la cotisation sur la valeur ajoutée des entreprises[83]. Toutefois, il convient de souligner que cette consolidation n'aboutit nullement à l'instauration d'une « CVAE de groupe » car l'impôt reste dû par chaque redevable séparément. Il s'agit d'une différence essentielle avec le mécanisme de l'intégration fiscale dans le cadre de l'impôt sur les sociétés.

80. Cf. *infra*, n° 799 et s.

81. Pour un exemple, v. Ph. Oudenot, *Fiscalité des groupes et des restructurations*, LexisNexis, 2014. ; v. également le Mémento Expert des éditions Francis Lefebvre, *Intégration fiscale*, 2016-2017 et l'ouvrage de P. Morgenstern, *L'intégration fiscale*, éd. Revue fiduciaire, 2017.

82. Sur ce thème, cf. *infra*, n° 836.

83. Sur cette réforme, cf. *infra*, n° 931.

2. Conditions de l'intégration fiscale

a) *Diversité des systèmes possibles*

339 Pour déterminer quelles sont les sociétés composant le groupe intégré, le législateur a dû faire toute une série de choix qui réapparaissent, à l'heure actuelle, avec la définition des sociétés susceptibles d'intégrer le dispositif d'assiette commune consolidée pour l'impôt sur les sociétés (ACCIS)[84]. Comme l'expose très clairement la Commission dans un document de travail consacré à ce thème[85], on peut ainsi envisager plusieurs approches pour définir le groupe : une approche juridique, une approche économique ou une combinaison des deux.

Une définition juridique s'appuie sur un seuil de participation juridique qui peut s'entendre, soit d'une participation directe uniquement, soit aussi d'une participation indirecte. L'approche économique permet, quant à elle, d'inclure toutes les entités qui sont sous contrôle commun et liées les unes aux autres comme une seule entreprise intégrée économiquement. Le critère principal d'une telle approche est le contrôle de la participation, mais d'autres critères relatifs à un certain niveau d'interdépendance opérationnelle et/ou économique entre les unités du groupe doivent également être respectés.

En droit comparé, les solutions retenues sont très variables. Si la condition juridique tenant au niveau de détention est toujours présente (encore que les seuils requis varient significativement, de 50 % à 95 %[86]), la condition économique l'est de façon moins systématique.

La France a, pour sa part, fait un choix strict quant à la condition de participation (95 %) mais un examen plus complet du droit positif révèle que notre pays est moins strict qu'il n'y paraît au premier abord.

b) *Le droit français*

340 Selon l'article 223 A du CGI, une société peut se constituer seule redevable de l'impôt sur les sociétés dû sur l'ensemble des résultats du groupe formé par elle-même et les sociétés dont elle détient 95 % au moins du capital, de manière continue au cours de l'exercice, directement ou indirectement par l'intermédiaire de sociétés du groupe[87]. En outre, le capital de la société mère ne doit pas être détenu à 95 % au moins, directement ou indirectement, par une autre personne morale soumise à l'impôt sur les sociétés[88]. Il résulte de cette règle qu'une société française peut se constituer tête de groupe lorsqu'elle est détenue à plus de 95 % par une société mère étrangère. L'établissement stable français d'une société étrangère peut également jouer le rôle de tête de groupe lorsque figurent à son actif des participations dans des filiales satisfaisant aux conditions de l'article 223 A[89].

84. Cf. *infra*, n° 803 et s.

85. *Questions relatives à l'imposition des groupes*, 5 mai 2006, CCCTB\WP\035\doc\en, spéc. n° 15 et s.

86. À titre d'exemple : 50 % en Allemagne et en Italie, 75 % en Espagne, 95 % aux Pays-Bas.

87. Ce seuil s'entend de la détention en pleine propriété de 95 % au moins des droits à dividende et de 95 % au moins des droits de vote attachés aux titres émis par la filiale.

88. Ce principe souffre une exception en présence d'une société détenue à 95 % ou plus par une autre personne morale soumise à l'impôt sur les sociétés, lorsque cette détention est réalisée par l'intermédiaire d'une ou plusieurs personnes morales dont le capital n'est pas détenu directement ou indirectement à 95 % par cette autre personne morale (cf. art. 223 A, CGI).

89. L'administration a par ailleurs admis dans un important rescrit du 2 août 2011 (RES n° 2011/24 (FE) commenté par L. Lenczner, *Dr. fisc.* 2012, n° 9, comm. 158, § 18) que lorsque la mère française d'un groupe intégré, détenue par une société étrangère, fait l'objet d'une transmission universelle de patrimoine (TUP) au profit de cette société étrangère, le groupe peut renaître sans rupture sous l'établissement stable

Pour être intégrées, le même texte prévoit que les sociétés filiales doivent avoir donné leur accord[90]. L'option en faveur de l'intégration est valable pour une période de cinq exercices et est renouvelée par tacite reconduction. Cette durée quinquennale de principe ne doit cependant pas tromper. Le Code permettant de dénoncer chaque année l'option[91], celle-ci est en pratique annuelle.

Diverses autres conditions sont également prévues : en l'état des textes actuels, les entités intégrées doivent être soit des filiales soumises à l'impôt sur les sociétés français, soit des établissements stables français de sociétés étrangères[92] ; les sociétés du groupe doivent ouvrir et clore leurs exercices aux mêmes dates.

341 Quelques commentaires sur ces conditions s'imposent. Le taux de 95 % est sévère : il témoigne du souci de ne réserver l'intégration fiscale qu'à des groupes fortement hiérarchisés. Il démontre aussi que le législateur a, en quelque sorte, postulé que la forte intégration juridique révélait une forte intégration économique. Cela ne signifie pas que la société mère exerce forcément une activité de même nature que celle de la filiale (surtout si la mère a seulement une activité de holding tandis que la filiale est une société opérationnelle), mais du moins que le contrôle de la mère sur les filiales ou les sous-filiales est absolu. Notons d'ailleurs que l'absence d'exigences tenant au contenu des activités exercées par les sociétés membres du groupe est de nature à faciliter l'accès à l'intégration fiscale, alors que de telles exigences ont longtemps freiné la constitution de groupes fiscaux dans certains pays étrangers, notamment en Allemagne.

La rigueur apparente de la condition de participation doit de surcroît être mise en perspective à la lumière d'autres éléments. Lorsqu'une société mère détient plusieurs sociétés satisfaisant à la condition de détention, elle n'est pas tenue de les inclure toutes dans le périmètre de l'intégration[93]. Il y a là une marge d'appréciation stratégique laissée à la société mère qui mérite d'être soulignée, d'autant qu'on ne la retrouve pas dans tous les États connaissant des systèmes proches. Le système inverse du « *all in, all out* » évite en effet les pratiques consistant à exclure du groupe les sociétés structurellement bénéficiaires... mais il freine la constitution de groupes fiscaux[94].

En conclusion, donc, les conditions exigées par le droit français à la constitution d'un groupe constituent une sorte de compromis entre rigueur et souplesse.

français de celle-ci. En pratique, la mise en œuvre de cette règle suppose que la société étrangère crée, préalablement à la TUP, un établissement stable en France, sans inscrire à l'actif de cet établissement les titres de la société française tête de groupe (faute d'entraîner la cessation du groupe). C'est seulement après que l'établissement détiendra à son actif les titres des filiales du groupe intégré.

90. En pratique, les sociétés intégrées passent avec la société mère une convention d'intégration fiscale, ce qui pose d'ailleurs de belles questions de droit des sociétés concernant les organes et les procédures impliqués dans la prise de décision au niveau des filiales. V. à ce sujet L. Chatain-Autajon, « Conventions réglementées et fiscalité : les liaisons dangereuses », *Dr. fisc.* 2015, n° 6, ét. 124, spéc. § 25, démontrant que si les conventions d'intégration peuvent en général être considérées comme courantes et conclues à des conditions normales, l'absence de neutralité pour la filiale de l'appartenance à un groupe intégré peut se traduire, non seulement par des conséquences fiscales lorsqu'il existe un acte anormal de gestion, mais aussi par la nécessité de respecter le formalisme de l'autorisation/approbation par le conseil et l'assemblée.

91. La dénonciation doit avoir lieu au plus tard à l'expiration du délai prévu pour le dépôt de la déclaration de résultat du dernier exercice de chaque période (art. 223, 1, CGI).

92. Pour les aspects internationaux du périmètre du groupe, v. *infra*, n° 793.

93. Art. 223 A, CGI.

94. À noter, cependant : les États de l'UE qui connaissent un dispositif comparable à la France consacrent également la liberté du périmètre de l'intégration lorsque celle-ci ne concerne les filiales résidentes dans le même État que la société mère. La problématique du « *all-in, all-out* » n'est donc véritablement pertinente que lorsqu'il s'agit d'intégrer des filiales étrangères.

3. La détermination du résultat dans le groupe intégré

342 Le groupe n'a pas de personnalité fiscale, même si le Conseil constitutionnel considère que l'objectif du régime de l'intégration fiscale est de « garantir aux groupes se plaçant sous ce régime un traitement fiscal équivalent à celui d'une unique société dotée de plusieurs établissements »[95]. Il en découle que les sociétés appartenant au groupe intégré continuent de déclarer leurs résultats individuellement[96]. La question essentielle est donc de savoir comment déterminer, sur la base de résultats individuels, le résultat du groupe intégré. Les principes en la matière sont assez simples (a), mais il existe des facteurs de complication tenant à la nécessité de neutraliser, dans une certaine mesure, les règles du droit commun sur le report des déficits (b). Un traitement particulier est également réservé, dans l'élaboration du résultat d'ensemble, aux flux intra-groupe (c) ainsi qu'à certaines opérations d'endettement présumées abusives par le législateur (d).

a) Les principes de base

343 L'idée de base de l'intégration fiscale est exprimée à l'article 223 B du CGI, selon lequel le résultat d'ensemble est déterminé par la société mère en faisant la somme algébrique des résultats de chacune des sociétés du groupe[97]. En conséquence, lorsqu'il existe un bénéfice d'ensemble, il est imposé conformément au droit commun. Lorsqu'il existe un déficit d'ensemble, celui-ci est, de même, reportable dans les conditions ordinaires[98].

Par ailleurs, la barrière qui sépare les bénéfices imposables au taux ordinaire et les éléments de bénéfice relevant du régime des plus-values à long terme se retrouve dans l'intégration fiscale : il y a simplement lieu d'additionner les revenus en cause pour dégager une plus ou moins-value nette à long terme[99].

Il existe une exception au principe selon lequel les sociétés membres d'un groupe fiscal intégré doivent calculer leur résultat individuel comme si elles n'appartenaient pas au groupe. Cette exception s'applique en présence de dividendes distribués par une société intégrée à une société membre d'un groupe d'intégration. Ces dividendes sont imposés à hauteur d'une quote-part de frais et charges de 1 % de leur montant. La règle, applicable aux exercices ouverts à compter du 1er janvier 2016, déroge ainsi au principe habituel selon lequel les dividendes éligibles au régime des sociétés mères sont imposables à hauteur de 5 % de leur montant. Cette dérogation, qui figure à l'article 216 du CGI (texte applicable au résultat individuel des sociétés soumises à l'IS, non au résultat d'ensemble du groupe) s'explique par la nécessaire réforme du droit français suite à l'arrêt *Groupe Steria* en vue de traiter identiquement les dividendes versés dans le cadre de l'intégration fiscale et ceux versés par des filiales établies dans l'Union

95. Décision n° 2018-699 QPC, 13 avril 2018, Société Life Sciences Holdings France, *Dr. fisc.* 2018, n° 20, 277, note L. NAYBERG et N. VERGNET.

96. Art. 223 A, CGI. Le même texte fait cependant peser sur la société mère les conséquences des infractions commises par les sociétés du groupe à la législation fiscale.

97. Sur l'incidence de cette personnalité fiscale des filiales en cas de rectification par l'administration de leur résultat, notamment en matière d'intérêt de retard, v. CE, 2 juin 2010, n° 309114, *Société France Telecom, Dr. fisc.* 2010, n° 28, comm. 390, concl. C. LEGRAS, note Ph. DURAND et O. FOUQUET.

98. Art. 223 C, CGI.

99. Art. 223 D, CGI.

européenne[100]. Elle est cependant contraire à l'esprit de l'intégration fiscale, car, d'un point de vue économique, les dividendes versés au sein d'un groupe intégré n'ont aucunement pour effet d'enrichir le groupe dans son ensemble, si bien que l'imposition de 1 % du dividende s'analyse comme l'imposition d'un profit inexistant au niveau du groupe envisagé globalement.

b) Le problème des déficits

344 L'intégration fiscale a, comme on l'a vu, le grand intérêt de permettre une utilisation immédiate des déficits des sociétés appartenant au groupe. Toutefois, cet intérêt se transformerait en véritable aubaine si les mêmes déficits pouvaient, non seulement être attribués à la société tête de groupe lors de leur réalisation, mais aussi circuler dans le temps, soit en avant, soit en arrière, grâce aux techniques du droit commun[101]. C'est pourquoi diverses techniques aménagent la coordination entre l'intégration fiscale et les méthodes ordinaires du report des déficits.

345 Le premier problème essentiel à régler concerne le sort des déficits subis par une société préalablement à son inclusion dans le périmètre du groupe intégré. En vertu du droit commun de l'article 209 du CGI, ces déficits sont en effet reportables en avant sans limitation de durée. S'il n'existait pas de règle spéciale à leur sujet, ils pourraient donc être utilisés par la société nouvellement intégrée, puis imputés sur le résultat d'ensemble du groupe. Or, c'est là, précisément, ce que le législateur a voulu éviter. Pour éviter que ne se constitue un marché des sociétés déficitaires, rachetées à la seule fin d'utiliser leurs déficits, l'article 223 I du CGI prévoit que les déficits subis par une société du groupe au titre d'exercices antérieurs à son entrée dans le groupe ne sont imputables que sur son bénéfice. Autrement dit, les déficits antérieurs à l'intégration ne peuvent pas être imputés sur le résultat d'ensemble du groupe. L'efficacité de ce dispositif est renforcée, par ailleurs, par l'existence d'un mécanisme de plafonnement des bénéfices de la période d'intégration susceptibles d'être utilisés comme base d'imputation des déficits antérieurs[102].

Un jugement du tribunal administratif de Montreuil a atténué la rigueur du CGI en matière d'imputation des déficits en estimant qu'une filiale intégrée pouvait déduire ses déficits pré-intégration avant les charges d'amortissement constatées au titre de l'exercice dès lors que le CGI ne prévoit pas d'ordre particulier entre imputation des déficits et des amortissements[103]. La solution est avantageuse puisque l'imputation prioritaire des déficits permet d'accélérer leur résorption et revient, à concurrence de ces amortissements, à transformer du déficit pré-intégration en déficit de l'exercice, transmissible à la tête de groupe pour la détermination du résultat d'ensemble. Certains l'estiment fragile[104], d'autres la jugent parfaitement justifiée[105]. La cour administrative d'appel de Versailles[106] a toutefois infirmé le jugement du tribunal de Montreuil dans un arrêt du 4 avril 2013 et le Conseil d'État a confirmé que le déficit ne

100. Cf. *supra*, n° 316.

101. Sur le fonctionnement du report en avant et du report en arrière des déficits, cf. *supra*, n° 283 et 284.

102. Art. 223 I, 4, CGI.

103. TA Montreuil, 22 sept. 2011, n° 1008403, *SA Fayat*, *Dr. fisc.* 2012, n° 16, comm. 265, note P. Fumenier et C. Elbaz; *RJF* 5/12, n° 455; *FR Francis Lefebvre* 9/12, p. 12 et s., note J.-Ph. Bidegainberry et M. Gauthier.

104. P. Fumenier et C. Elbaz, note préc.

105. J.-Ph. Bidegainberry et M. Gauthier, note préc.

106. CAA Versailles, 4 avr. 2013, n° 11VE03914, *Dr. fisc.* 2013, n° 30-35, comm. 390, note S. Rudeaux.

peut s'imputer que sur le bénéfice net de l'exercice, celui-ci ayant été préalablement établi après déduction de toutes les charges, dont les amortissements[107]. La solution est fondée sur une lecture littérale de l'article 209 du CGI, selon lequel « en cas de déficit subi pendant un exercice, celui-ci est considéré comme une charge [*sous-entendu : ce n'est pas une charge*] de l'exercice suivant et déduit du bénéfice [*sous-entendu : du bénéfice net, i.e. après déduction des amortissements*] de l'exercice suivant ».

346 Le second problème concerne le sort des déficits générés par une société appartenant au groupe pendant la période d'intégration. Ici aussi, il serait conforme au droit commun de reporter ce déficit sur le résultat des exercices ultérieurs de la société concernée. Cependant, on comprend aisément qu'un tel report en avant entraînerait une double utilisation du même déficit : l'une, sur le résultat d'ensemble lors de l'exercice au cours duquel le déficit est dégagé, et l'autre, sur le résultat de la société concernée lors d'exercices ultérieurs. Pour prévenir ceci, le législateur tire les conséquences logiques du système d'intégration : la perte, une fois « remontée » dans le résultat d'ensemble, ne peut plus être utilisée pour déterminer le résultat individuel de la société qui l'a subi. Il en va de même, pour des raisons identiques, des moins-values nettes à long terme retenues pour le calcul de la plus-value ou de la moins-value nette à long terme d'ensemble[108]. On notera que cette règle, pour logique qu'elle soit, n'est pas sans potentiellement agacer les actionnaires minoritaires des sociétés intégrées, qui voient leur société privée du droit d'utiliser à l'avenir les déficits qu'elle a dégagés...

347 Reste à régler le problème du déficit subi postérieurement à la sortie du groupe, dont le législateur estime avec prudence qu'il ne peut faire l'objet d'un *carry-back* sur le résultat d'ensemble du groupe préalablement à la sortie de la société déficitaire[109].

c) Le problème des flux intra-groupe

348 Pour comprendre le problème des flux intra-groupe, il faut revenir à l'idée de base de l'intégration fiscale : traiter le groupe comme une unité économique en faisant, dans une certaine mesure, abstraction de la réalité juridique. Pour que cette idée produise un effet concret, il faut donc que l'imposition de la société mère frappe l'enrichissement du groupe *dans son ensemble*.

Or, il arrive fréquemment qu'un élément de profit déclaré par une société ne traduise pas un réel enrichissement du groupe dans son ensemble. Imaginons, par exemple, que les sociétés A et B appartiennent au même groupe intégré. A reçoit de B la rémunération d'un service (100). Le bénéfice déclaré par A intègre donc un profit de 100 issu de l'opération réalisée au profit de B. Or, dans les comptes de B, la même somme représente une charge déductible. Si l'on se place au niveau du groupe, l'opération conclue entre A et B ne crée donc aucun enrichissement global. C'est pourquoi l'on dit les transactions intra-groupe sont « neutralisées » pour les besoins de l'élaboration du résultat d'ensemble. Le Conseil d'État évoque à cet égard « un principe général de neutralisation des opérations internes à un groupe fiscalement intégré, [...] visant à éviter une double prise en compte, dans le résultat d'ensemble, du résultat des sociétés intégrées »[110].

107. CE, 10 avr. 2015, n° 369667, *SA Fayat*, *Dr. fisc.* 2015, comm. 457, concl. V. Daumas, note P. Fumenier ; v. également dans le même numéro l'Aperçu rapide d'O. Fouquet, act. 407 et la chronique de N. Labrune, « Déficits reportés : la science de la déduction », *RJF* 7/15, p. 539.

108. Art. 223 E, CGI.

109. Art. 223 K, CGI.

110. CE, 8 juill. 2015, n° 370656, *Ministre du Budget c/ Société Peugeot.*

Lorsque le flux intra-groupe est pleinement déductible d'un côté, et pleinement imposable de l'autre, il n'y a aucun problème. La somme algébrique des résultats des sociétés suffit à neutraliser automatiquement les profits et les charges des résultats du groupe.

349 Il existe cependant certains cas dans lesquels cette neutralisation ne se produit pas automatiquement.

Le premier cas est celui des **cessions d'immobilisations amortissables**[111] entre sociétés du même groupe. Lorsqu'une société A vend une immobilisation pour un prix de 100 à une société B du même groupe, on conçoit que le groupe ne s'enrichisse pas. Il n'y a eu, d'un point de vue économique, qu'une simple permutation à l'intérieur du groupe. Or, les principes ordinaires du droit fiscal, qui gouvernent l'élaboration du résultat individuel de chacune des sociétés du groupe, aboutissent à un tout autre résultat. La société A, venderesse, doit théoriquement être imposée à hauteur de la plus-value correspondant à la différence entre le prix de vente et la valeur nette comptable du bien[112]. Quant à B, acquéreuse, elle doit inscrire le bien à l'actif du bilan à sa valeur d'acquisition, ce qui lui donne pour l'avenir le droit de l'amortir sur cette base, c'est-à-dire de déduire pendant plusieurs exercices consécutifs de son résultat imposable une somme représentant une fraction du prix d'acquisition[113]. On se trouve dès lors dans une situation où une opération intra-groupe sans aucun effet d'enrichissement pour l'ensemble A-B donne néanmoins lieu, selon les principes du droit commun, à la constatation d'un profit immédiat pour A et de charges déductibles à l'avenir pour B.

Pour que l'intégration fiscale atteigne son objectif, il faut donc procéder à une double rectification : d'une part, il faut que le résultat d'ensemble ne tienne pas compte de la plus-value déclarée par A dans ses résultats ; d'autre part, il faut également exclure du résultat d'ensemble les suppléments d'amortissements pratiqués par la société cessionnaire. C'est ce qu'exige l'article 223 F du CGI.

Néanmoins, ces rectifications nécessaires à l'élaboration du résultat d'ensemble ne peuvent qu'avoir un impact provisoire. Imaginons en effet que B cède à son tour, quelques années plus tard, la même immobilisation à une société C extérieure au groupe intégré. B devra à cette date déclarer un résultat individuel faisant état du gain dégagé. Quant au résultat du groupe dans son ensemble, il devra alors tenir compte de l'ensemble de l'enrichissement procuré au groupe par la variation de valeur du bien depuis son acquisition par A. La plus-value non prise en compte lors de la cession entre A et B devra donc être incluse dans le résultat d'ensemble lors de la cession à la société C. C'est ce à quoi pourvoit, ici encore, l'article 223 F.

350 Le deuxième exemple intéressant de rectification provisoire concerne les **avantages consentis par une société du groupe à une autre**. Imaginons par exemple qu'une société A, créancière de sa filiale intégrée B, procède à un abandon de créance en faveur de cette dernière. Comme on le reverra plus loin, les abandons de créance

111. Les immobilisations sont, *grosso modo*, des biens ayant vocation à figurer de manière stable dans le patrimoine d'une société et servant à son activité. Pour beaucoup plus de précisions sur la définition des immobilisations, cf. *infra* n° 438 et s. On dit qu'une immobilisation est amortissable lorsqu'elle se déprécie avec le temps (cf. *infra* n° 576). Le cas des immobilisations non amortissables entre sociétés du même groupe n'est pas traité dans les présents développements mais des principes similaires à ceux expliqués ci-après s'appliquent à leur traitement fiscal.

112. Sur ce mécanisme, cf. *infra,* n° 600 et s.

113. Le mécanisme de l'amortissement est décrit *infra*, n° 576 et s.

consentis par une société mère à sa filiale obéissent à des règles particulières qui conduisent à en encadrer la déductibilité[114]. Il est donc fréquent qu'un tel abandon de créance, supposé de 100, aboutisse à enrichir le débiteur libéré de 100, tout en ne constituant pour le créancier une charge déductible qu'à hauteur de 60. Lorsque les sociétés concernées appartiennent au même groupe intégré, la somme algébrique de leurs résultats conduit donc à imposer un profit égal à (– 60 + 100), soit 40. Sachant, une fois de plus, que le groupe ne s'est pas économiquement enrichi à hauteur d'une telle somme, il faut donc corriger le résultat d'ensemble. C'est pourquoi l'article 223 B énonce que l'abandon de créance ou la subvention directe ou indirecte consenti entre des sociétés du groupe n'est pas pris en compte pour la détermination du résultat d'ensemble[115].

La mise en œuvre de cette règle en pratique suscite d'importantes difficultés. À titre d'exemple, soit le cas d'une filiale intégrée qui cède à sa société mère des actifs à prix minoré. Elle fait l'objet d'un redressement ayant pour effet de réintégrer dans son résultat individuel imposable la différence entre le prix reçu et la valeur réelle des actifs cédés. Du côté de la société cessionnaire, l'avantage reçu du fait de la minoration du prix s'analyse comme un revenu distribué imposable. Lors de la détermination du résultat d'ensemble, comment traiter cette subvention ? Le Conseil d'État estime qu'il convient de retrancher du résultat brut d'ensemble la subvention rapportée au résultat de la société cessionnaire, mais qu'aucun retraitement ne s'impose pour le résultat de la société cédante[116]. L'absence de retraitement du résultat de la société cédante pour les besoins de la détermination du résultat d'ensemble se justifie par l'idée selon laquelle le sixième alinéa de l'article 223 B oblige au retraitement d'une subvention parce qu'il est supposé que celle-ci n'a pu être déduite fiscalement en totalité (cf. l'exemple ci-dessus de l'abandon de créance). Or, dans l'hypothèse d'une cession à prix minoré, la société cédante a renoncé volontairement à une partie de son bénéfice imposable ; elle doit donc être regardée comme ayant déduit de son résultat une subvention qui n'était pas déductible ; sachant que le droit commun conduit à réintégrer dans son résultat le montant de cette subvention, il n'y a plus lieu d'effectuer d'autres retraitements du côté de la société cédante. La solution peut paraître logique mais est discutable dans la mesure où elle ne respecte pas l'objectif de neutralité de l'intégration fiscale car elle conduit à deux redressements individuels mais à une seule déduction au niveau du résultat d'ensemble. En outre, cette neutralisation seulement partielle de la subvention aboutit à ce que le résultat d'ensemble soit finalement supérieur à ce qu'il aurait été si la transaction s'était faite au prix normal. Dans cette hypothèse, en effet, la plus-value enregistrée éventuellement par la société cédante aurait donné lieu à un retraitement à la baisse sur le prix d'ensemble ; l'acquisition n'aurait eu aucun impact sur le résultat de la société cessionnaire ; la cession n'aurait donc eu aucune conséquence sur le résultat du groupe. La solution est d'autant plus étrange que si, après une cession à prix normal, survient un abandon de créance (ce qui met les parties dans la même situation que celle d'une cession à prix minoré), celui-ci doit être neutralisé.

La neutralisation des avantages entre sociétés du groupe aboutit, comme on peut le voir, à un allégement fiscal important. Le législateur a donc vraisemblablement redouté que certaines sociétés n'abusent de ce régime de faveur en procédant à des abandons de créance précédant de peu leur sortie du groupe. Pour parer à toute éventualité, l'article 223 R du CGI prévoit donc que l'avantage conféré par l'article 223 B est remis en cause si la sortie du groupe intervient moins de cinq ans après l'abandon de créance. La même règle vaut, mutatis mutandis, pour toutes les subventions directes ou indirectes consenties par la société mère à ses filiales intégrées.

114. Cf. *infra*, n° 652 et s.

115. Art. 223 B, CGI. Toutefois, le montant de l'abandon de créance non retenu pour la détermination du résultat d'ensemble ne peut excéder la valeur d'inscription de la créance à l'actif du bilan de la société qui consent l'abandon.

116. CE, 10 nov. 2010, n° 309148, *Sté Corbfi*, *Dr. fisc.* 2010, n° 51-52, comm. 605, concl. E. Cortot-Boucher, note D. Bocquet et J. Sayag ; *RJF* 2/11, n° 153. Sur cette décision, v. aussi Y. Rutschmann et M. Buchert, « Cession d'immobilisations à prix minoré au sein de l'intégration fiscale », *BF* 10/11, p. 655 et s.

Comme on peut le constater, le caractère provisoire de la rectification est ici inspiré par un tout autre motif que dans le cas précédent. Dans le cas des cessions d'immobilisations, le caractère provisoire de la rectification du résultat d'ensemble s'expliquait par la perspective d'un enrichissement futur du groupe lors d'une sortie du bien hors du groupe ; dans le cas des subventions et avantages, il s'agit d'éviter l'utilisation abusive d'un avantage fiscal conféré par l'intégration. Il existe d'ailleurs d'autres cas que ceux liés à des flux intra-groupe, où le législateur entend combattre par avance certains abus liés notamment à certaines opérations d'endettement.

d) La lutte contre l'endettement abusif et « l'amendement Charasse »

351 Parce que le régime de l'intégration fiscale permet de faire masse des déficits et des bénéfices des sociétés appartenant à un même groupe, il est susceptible de donner lieu à certains abus. C'est le cas notamment lorsqu'une société du groupe s'endette de façon artificielle pour acquérir des titres d'une société qui devient membre du groupe : les charges financières nées de l'endettement viennent alors se compenser avec les bénéfices de la société acquise. Une telle situation se rencontre notamment dans des situations couramment qualifiées de « vente à soi-même », même si cette expression est juridiquement inadéquate.

En voici un exemple simple et typique. Soit une société A qui détient la majorité du capital et des droits de vote d'une société B, elle-même société mère d'une société C avec laquelle elle forme un groupe intégré. La société A détient par ailleurs la totalité du capital d'une société D étrangère au groupe. Le groupe A-B-C-D se présente donc de la façon suivante :

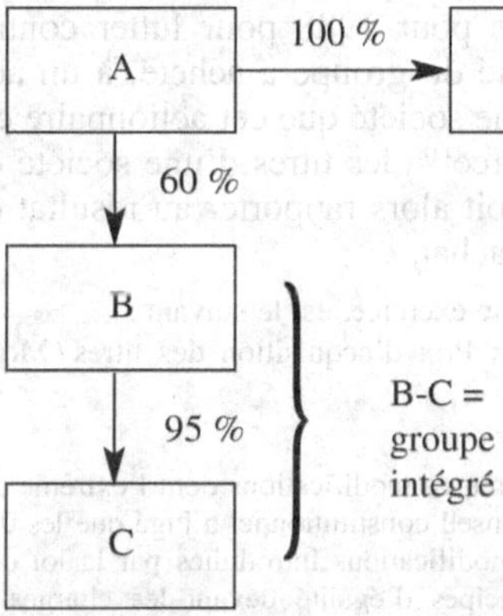

Supposons à présent que la société A, qui contrôle économiquement le groupe A-B-C-D même si elle n'en est pas la société mère au sens de l'intégration, souhaite faire en sorte que la société D appartienne au groupe intégré. Une solution consiste à faire racheter la société D par la société B : à la suite de cette acquisition, la société B détiendra elle-même 100 % des titres de la société D et celle-ci pourra ainsi être incluse dans le périmètre de l'intégration. Pour financer cette cession de façon optimale sur le plan fiscal, il peut alors être tentant d'endetter fortement la société B : les charges financières exposées par elles ont de toute façon vocation à être déduites du résultat du groupe intégré. Elles peuvent par ailleurs se compenser avec les bénéfices des autres sociétés du groupe intégré, cependant que les dividendes versés par la société acquise (D) permettront, on l'espère, de financer le remboursement de l'emprunt ainsi contracté. Dans l'esprit des concepteurs de ce dispositif, on devrait donc arriver à la situation suivante :

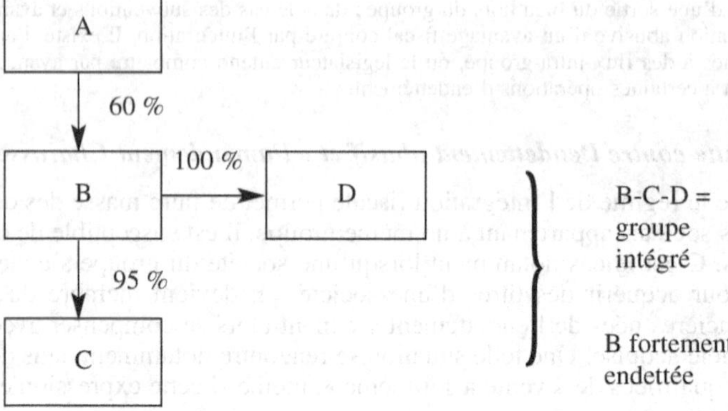

352 Ce type de situation est précisément ce qu'entend éviter la loi fiscale. L'article 223 B alinéa 7 du Code général des impôts, souvent appelé « amendement Charasse » par référence au parlementaire qui en fut à l'origine, fut institué à l'occasion de la loi de finances rectificative pour 1988 pour lutter contre cette pratique[117]. Ce texte s'applique lorsqu'une société du groupe a acheté, à un actionnaire extérieur qui contrôle le groupe, ou auprès d'une société que cet actionnaire contrôle au sens de l'article L. 233-3 du Code de commerce[118], les titres d'une société qui devient membre du même groupe. La société mère doit alors rapporter au résultat d'ensemble les charges financières présumées liées à cet achat.

Le montant à réintégrer, pour chaque exercice, est le suivant :

Charges financières de l'exercice x Prix d'acquisition des titres / Montant moyen des dettes du groupe au cours de l'exercice.

117. Il subit depuis lors de très nombreuses modifications dont l'extrême complexité ne peut être restituée dans le cadre de cet ouvrage. Le Conseil constitutionnel a jugé que les dispositions de l'article 223 B du CGI (dans leur rédaction avant les modifications introduites par la loi de finances rectificative pour 2015) ne portent pas atteinte aux principes d'égalité devant les charges publiques (article 13 de la DDHC). Il a relevé notamment que « le législateur a entendu faire obstacle à ce que, dans une telle opération financée en tout ou partie par l'emprunt, la prise en compte des bénéfices de la société rachetée, pour la détermination du résultat d'ensemble, soit compensée par la déduction des frais financiers exposés pour cette acquisition. Il a ainsi entendu éviter un cumul d'avantages fiscaux » (décision nº 2018-701 QPC, 20 avril 2018, Société Mi Développement 2).

118. Une personne morale ou physique contrôle une société lorsque :
– elle détient directement ou indirectement une fraction du capital lui conférant la majorité des droits de vote dans les assemblées générales de la société ;
– elle dispose seule de la majorité des droits de vote dans cette société en vertu d'un accord conclu avec d'autres associés ou actionnaires et qui n'est pas contraire à l'intérêt de la société ; – elle détermine en fait, par les droits de vote dont elle dispose, les décisions dans les assemblées générales de cette société ;
– elle est associée ou actionnaire de cette société et dispose du pouvoir de nommer ou de révoquer la majorité des membres des organes d'administration, de direction ou de surveillance de cette société. Une personne est présumée exercer ce contrôle lorsqu'elle dispose, directement ou indirectement, d'une fraction des droits de vote supérieure à 40 % et qu'aucun autre associé ou actionnaire ne détient directement ou indirectement une fraction supérieure à la sienne.

Pour tenir compte de la part du financement de l'acquisition qui ne crée pas de charges financières au groupe, il est également prévu que le prix d'acquisition à retenir est réduit du montant des fonds apportés à la société cessionnaire lors d'une augmentation de capital réalisée simultanément à l'acquisition des titres.

La réintégration est pratiquée l'exercice d'acquisition des titres et les huit exercices suivants.

4. Le paiement de l'impôt

353 Il ressort de l'article 223 A du CGI que la société mère se constitue seule redevable de l'impôt sur les sociétés dû sur l'ensemble des résultats du groupe. Le même texte prévoit également un mécanisme de solidarité entre sociétés membres du groupe dans l'hypothèse de la défaillance de la société mère. Cette solidarité s'étend aux intérêts de retard, majorations et amendes fiscales dont celle-ci est redevable. Elle ne saurait cependant dépasser l'impôt et les pénalités qui seraient dus par la société intégrée si celle-ci n'était pas membre du groupe. Autrement dit, chaque société intégrée peut avoir à acquitter un impôt et des pénalités en cas de défaillance de la société mère, mais cette obligation fiscale ne peut excéder celle qui aurait été la sienne en l'absence d'intégration. La solution est heureusement protectrice des filiales intégrées.

Un problème fondamental est pourtant laissé sous silence par la loi : à supposer que la société mère remplisse exactement ses obligations, comment s'opère la répartition définitive de la charge fiscale du groupe entre ses membres ? C'est tout le problème de l'articulation entre l'obligation à la dette fiscale (qui repose en principe sur la seule société mère) et la contribution à la dette fiscale (où la charge effective de l'impôt se trouve partagée entre sociétés du groupe).

Cette question se pose, tant pendant que les filiales appartiennent au groupe intégré (a) que lorsqu'elles en sortent (b).

a) Les conventions d'intégration pendant la vie du groupe

354 Deux exemples permettent de comprendre le problème[119].

Imaginons en premier lieu un groupe intégré dans lequel A, la société mère, dégage un bénéfice individuel de 100, et B, sa filiale intégrée, un bénéfice de même montant. Supposons que le résultat d'ensemble soit exactement égal à la somme des deux bénéfices. En vertu de l'article 223 A, A sera donc redevable de l'impôt sur les sociétés frappant 200, soit 66,66 (pour un taux d'IS supposé égal à 33,1/3 %). Est-ce à dire que B sera dispensée de rembourser A à hauteur de l'impôt concernant sa contribution au bénéfice d'ensemble ?

Imaginons en second lieu un groupe intégré dans lequel A, la société mère, dégage un bénéfice individuel de 100, et B, sa filiale intégrée, un déficit de 70. Le résultat d'ensemble s'élève donc à 30. A doit acquitter un impôt sur les sociétés de 10. Ne serait-il pas normal que le déficit de B, qui lui aurait procuré en l'absence d'intégration une économie d'impôt future de (70 x 33,1/3 %), soit 23, 33, lui donne droit à un remboursement de ladite somme par la société mère ?

C'est là l'enjeu majeur des conventions de répartition de la charge fiscale à l'intérieur du groupe intégré.

119. Pour une approche complète de la question, cf. *Mémento Expert Intégration fiscale*, 2016-2017, éd. Francis Lefebvre, n° 25000 et s.

355 En droit civil, il n'existe pas de réponse univoque à ces questions. En effet, il appartient à la convention d'intégration passée entre la société mère et les sociétés membres du groupe de régler librement la question du partage de la charge fiscale entre les sociétés du groupe. Ceci ne doit pas étonner : du moment que l'impôt est acquitté, il importe peu à l'administration fiscale que telle ou telle société du groupe en supporte la charge définitive et la validité des conventions passées en la matière ne dépend pas du respect de l'équilibre entre sociétés mères et filiales.

Cette liberté offerte par le droit civil, conjuguée aux objectifs de gestion de chaque groupe, explique pourquoi la pratique a imaginé de nombreuses formules de répartition de la charge fiscale à l'intérieur du groupe intégré. Dans certains cas, il est prévu que chaque société du groupe doit contribuer à l'impôt dû par la société mère à proportion de ce qu'elle aurait acquitté si elle n'avait pas participé au groupe intégré. Dans d'autres situations, les filiales déficitaires se voient rétrocéder par la société mère l'économie d'impôt que leur déficit a permis au groupe de réaliser. D'autres conventions encore prévoient que la société mère est la redevable finale de l'impôt dû par le groupe, ce qui implique notamment, en cas de déficit d'une filiale, que la société mère conserve pour elle-même l'économie d'impôt générée par ce déficit. D'autres formules ont également été imaginées.

Une telle diversité de la pratique contrastait jusqu'à récemment avec les exigences formulées par l'administration fiscale. Selon l'administration, en effet, la situation « normale » était celle dans laquelle la charge fiscale globale est équitablement partagée entre sociétés du groupe à proportion de la contribution de chacune au bénéfice d'ensemble. Il s'agit de l'application, parmi les différents modes de répartition de la charge d'impôt envisagés par le Conseil national de la comptabilité, de la méthode dite « de neutralité »[120]. En conséquence, l'administration considérait que la prise en charge par la société mère de l'impôt dû par les sociétés du groupe fait naître une créance de la société mère sur ces sociétés égale à l'impôt que chacune d'elles aurait dû verser si elle n'avait pas été membre du groupe. L'administration en déduisait que lorsque l'impôt mis à la charge de chacune des sociétés du groupe est d'un montant différent de celui déterminé selon les modalités indiquées ci-dessus, cette différence est considérée comme une subvention intra-groupe dont la non-déclaration entraînait l'application de l'amende prévue par la loi[121]. C'est pourquoi les praticiens se sont opposés à ce type de redressement en avançant qu'il n'existe aucune obligation légale de répartir conventionnellement entre sociétés d'un groupe intégré la charge d'impôt globale du groupe et surtout que les textes[122] font une énumération limitative des subventions indirectes au nombre desquelles l'absence de facturation de la charge d'impôt au sein du groupe ne figure pas[123]. Un contentieux non négligeable s'est donc noué sur ce point devant les juges du fond, certains suivant la position de l'administration fiscale[124], d'autres s'y opposant[125].

356 Le Conseil d'État a fini par trancher dans une décision *Société Wolseley Centers France* du 12 mars 2010[126]. Celle-ci formule tout d'abord un principe de liberté des

120. CNC, doc. n° 78, juin 1989, avis relatif aux règles comptables applicables aux sociétés qui optent pour le régime de l'intégration fiscale.

121. L'omission de la formalité déclarative donne lieu à application par l'administration de l'amende de 5 % prévue à l'art. 1763, CGI. Cette amende est réduite à 1 % lorsque la subvention est déductible du résultat propre de la société l'ayant consentie.

122. Art. 223 B al. 6, CGI et 46 *quater*-0 ZG à l'annexe III au CGI.

123. Cf. sur ce point les observations de N. DE VERNEJOUL, *in* « Panorama des redressements fiscaux », *Dr. fisc.* 2008, n° 43, 549, n° 68 et s.

124. CAA Versailles, 1re ch., 23 nov. 2006, n° 04VE02058, *RJF* 2006, n° 270.

125. TA Lyon, 27 sept. 2005, n° 03728, *RJF* 2006, n° 127 ; TA Cergy-Pontoise, 15 mai 2008, n° 04-5972, 5e ch., *Sté Océ NV*, *RJF* 1/09, n° 15 ; CAA Lyon, 2 avr. 2009, *Sté Wolseley Centers France*, n° 05LY01975, *Dr. fisc.* 2009, n° 23, comm. 355, concl. D. RAISSON, note R. SCHNEIDER ; TA Cergy-Pontoise, 30 juin 2009, n° 0401884, *Sté Kingfischer International France Ltd*, *Dr. fisc.* 2009, n° 38, comm. 470, note J. VAUDOYER.

126. CE, 8e et 3e s.-s., 12 mars 2010, n° 328424, *RJF* 5/10, n° 469 ; *Dr. fisc.* 2010, comm. 272, concl. L. OLLÉON, note Ph. DURAND et O. FOUQUET ; *JCP* 2010, 506, note B. DELAUNAY. Sur cet arrêt, cf. aussi

conventions d'intégration résultant du silence de la loi fiscale sur les conditions de répartition entre membres du groupe de la charge de l'impôt ou de l'économie d'impôt résultant du régime d'intégration. Le Conseil subordonne cependant cette liberté à plusieurs conditions : il faut, tout d'abord, « que les stipulations de cette convention procèdent à une répartition tenant compte des résultats propres de chaque société du groupe dans des conditions telles que cette répartition ne porte atteinte ni à l'intérêt social propre de chaque société ni aux droits des associés ou des actionnaires minoritaires ». Il y a là un hommage rendu au droit des sociétés, seul susceptible d'affecter la liberté contractuelle en la matière. Il faut ensuite, sur le terrain fiscal, que les stipulations de la convention d'intégration ne constituent pas un acte anormal de gestion.

Lorsque ces conditions sont réunies, les modalités de cette répartition ne peuvent être regardées comme traduisant le versement d'une somme ayant le caractère d'une subvention indirecte consentie entre des sociétés du groupe au sens de l'article 223 B du Code général des impôts.

b) Les conventions d'intégration et la sortie du groupe

357 Lorsqu'une société mère se constitue seule redevable de l'impôt sur les sociétés dû sur l'ensemble des résultats des sociétés du groupe intégré, les déficits subis par une filiale ne sont pas, en vertu de l'article 223 E du Code général des impôts, déductibles des propres résultats de cette filiale mais sont retenus pour la détermination du résultat d'ensemble du groupe. Or, lorsqu'une filiale sort du groupe fiscalement intégré dont elle faisait partie (par exemple en raison d'une cession à une société tierce), les déficits dégagés par son activité pendant sa période d'appartenance au groupe demeurent acquis à celui-ci. La filiale perd alors le droit au report de ces déficits sur les résultats de ses exercices clos après sa sortie du groupe.

C'est pourquoi certaines conventions, conclues lors de l'entrée de la filiale dans le groupe intégré, prévoient que la société mère s'engage à dédommager une filiale déficitaire, qui sort du groupe, du préjudice qu'elle subit à raison des conséquences fiscales liées à la perte du droit au report du déficit. De telles clauses ont engendré un contentieux fiscal significatif, l'administration estimant que l'indemnité perçue par la filiale constitue un revenu imposable entre ses mains.

358 Le Conseil d'État a cependant jugé que si la somme versée par la société mère à une telle filiale, a pour objet de compenser le supplément d'impôt sur les sociétés que cette filiale supportera après sa sortie du groupe en raison de l'impossibilité de reporter sur ses propres résultats ces déficits, à raison desquels le groupe bénéficiera d'une économie d'impôt, cette somme compense des charges par nature non déductibles du

V. Daumas, « Traitement fiscal des conventions fiscales : l'âge de raison », *RJF* 5/10, p. 371 et s. ; J.-Y. Mercier, « Conventions d'intégration fiscale : la liberté de conception enfin reconnue », *Option Finance*, 29 mars 2010, p. 28-29 ; A. Colonna d'Istria et V. Daniel-Mayeur, *FR* 17/10, p. 9 et s. Dans le même sens, à propos d'une convention stipulant que l'économie d'impôt, provenant de l'utilisation effective par le groupe des déficits des sociétés intégrées, était affectée aux sociétés ayant dégagé ces déficits dans la proportion des déficits constatés par rapport aux déficits totaux de l'ensemble des sociétés concernées, v. CE, 24 nov. 2010, n° 334032, *Océ NV*, *Dr. fisc.* 2011, n° 10, comm. 245, concl. L. Olléon, note Ph. Durand et O. Fouquet ; *RJF* 2/11, n° 151. L'administration s'est ralliée à la solution dans BOI-IS-GPE-30-30-10 n°s 230 à 300. Dans le même sens encore, à propos d'une convention qui met à la charge de la seule société mère l'impôt de tout le groupe, v. CE, 5 juill. 2013, n° 351874, Sté Kingfischer International France Ltd, et n° 356781, Sté Décathlon, *Dr. fisc.* 2013, n° 30-35, aperçu rapide 426 par Y. Rutschmann et J.-F. Mandelbaum ; *Dr. fisc.* 2013, n° 42, comm. 483, concl. V. Daumas, note O. Fouquet et Ph. Durand.

bénéfice imposable de la société mère[127]. Il en a déduit que cette somme, que la société mère ne saurait légalement déduire de ses résultats pour la détermination de son bénéfice imposable, ne constitue pas une recette entrant elle-même dans la détermination du bénéfice imposable de la filiale[128].

La position prise en matière d'indemnité de sortie du groupe converge logiquement avec celle adoptée au sujet de la liberté des conventions pendant la durée de l'intégration. Le vent de liberté continue par ailleurs de souffler puisque le Conseil d'État, franchissant une étape nouvelle dans la reconnaissance de la liberté des entreprises en la matière, a reconnu que l'on pouvait déroger, même de façon ponctuelle, à la convention d'intégration fiscale « type » conclue au sein du groupe et que la société mère et une filiale intégrée pouvaient s'accorder pour mettre à la charge de la société mère un impôt normalement dû par la filiale, dans des conditions spécifiques. Il a également jugé que la conclusion d'une convention d'intégration ou de ses avenants n'est subordonnée à aucun formalisme particulier[129].

359 **Conclusion. –** L'intégration fiscale a reçu un très bon accueil de la pratique. De plus, le législateur a su la faire évoluer substantiellement depuis 1988 en y introduisant la flexibilité nécessaire à son bon fonctionnement : parmi les « détails » non développés dans le présent ouvrage, on peut ainsi noter que les conditions de seuil contiennent certaines exceptions destinées, par exemple, à rendre compatible l'intégration fiscale avec le développement de l'actionnariat salarié, ou encore les restructurations affectant les groupes intégrés. De même, les règles anti-abus destinées à empêcher l'instrumentalisation frauduleuse de l'intégration fiscale ont évolué avec le temps pour gagner en pragmatisme[130]. Ainsi, même s'il demeure un certain nombre d'incertitudes sur la mise en œuvre de l'intégration fiscale[131], on peut dire qu'« en matière de fiscalité des groupes, la France dispose désormais d'un outil de gestion particulièrement performant et

127. L'article 213 du CGI énonce en effet que l'impôt sur les sociétés ne constitue pas une charge déductible pour la société qui l'acquitte.

128. CE, 11 déc. 2009, n° 301341, *Sté GE Healthcare Clinical Systems*, *Dr. fisc.* 2009, n° 52, note O. Fouquet et Ph. Durand, concl. L. Olléon ; *RJF* 2/10, n° 107, concl. L. Olléon, p. 75. V. aussi les obs. de D. Bocquet et C. Cassan, *Dr. fisc.* n° 51, p. 7 et s. Le Conseil d'État prend soin de préciser que la solution ne vaut que dans la mesure où l'indemnité ne correspond pas à des déficits que, compte tenu de la législation alors en vigueur, elle aurait perdu le droit de reporter. Par ailleurs, le Conseil d'État avait déjà affirmé que les indemnités versées à un contribuable pour réparer une diminution subie par lui de ses valeurs d'actif, une dépense qu'il a exposée ou une perte de recettes, dès lors que leur versement a été effectué non pour concourir à l'équilibre de l'exploitation, mais en vertu d'une obligation, qu'elle soit légale ou conventionnelle, de réparation incombant à la partie versante, ne constituent des recettes concourant à la formation du bénéfice imposable que si la perte ou charge qu'elles ont pour objet de compenser est elle-même de la nature de celles qui sont déductibles pour la détermination du bénéfice imposable (CE, Sect., 12 mars 1982, n° 17074, *SA X*, *Dr. fisc.* 1982, n° 23, comm. 1228 ; *RJF* 1982, n° 334, concl. O. Schrameck). La solution *Sté GE Healthcare Clinical Systems* a été confirmée par CE, 24 nov. 2010, n° 333868, *Saga Air Transport*, *Dr. fisc.* 2011, n° 10, comm. 245, concl. L. Olléon, note Ph. Durand et O. Fouquet.

129. CE, 8ᵉ et 3ᵉ ch., 13 oct. 2016, n° 388410, *SA Safran* : *Dr. fisc.* 2016, n° 47, comm. 602, concl. B. Bohnert, note Ph. Durand ; *Dr. fisc.* 2017, *L'année fiscale*, chron. 177 par L. Lenczner, § 4.

130. C'est le cas, notamment, de la fraction de l'art. 223 B qu'il est coutume d'appeler « l'amendement Charasse », sur lequel cf. *supra*, n° 351.

131. Cf. à cet égard les problèmes évoqués à l'occasion du colloque du CEFEP du 15 juin 2011 et relatés dans la *Revue de droit fiscal*, 2011, n° 44, ét. 568, « Actualité de la fiscalité des groupes de sociétés ».

compétitif »[132]. Reste à savoir comment le système évoluera si l'ACCIS est adoptée au niveau européen[133]. Reste surtout à examiner les points de fragilité de l'intégration au regard du droit constitutionnel et du droit de l'Union européenne[134], compte tenu des menaces systémiques dévoilées par les arrêts *Steria*[135], *Layher*[136] ou encore *FB Finance* en matière de CVAE[137].

132. Formule de Ph. Grousset, « Le regard de l'avocat : les grandes évolutions de la fiscalité des entreprises », *Les Nouvelles Fiscales*, n° 1000, 15 avr. 2008, p. 11 ; *adde*, pour un bilan de l'évolution, le compte rendu de la conférence IFA du 5 nov. 2008, « Intégration fiscale : actualités et perspectives », *Dr. fisc.* 2009, n° 11, ét. 234.

133. Sur ce thème, cf. *infra*, n° 803 et s.

134. D'où le titre inquiétant du colloque publié par la Revue de droit fiscal sous la houlette de G. Blanluet, *L'intégration fiscale : un régime menacé ?*, *Dr. fisc.* 2016, n° 39, ét. 510 et s.

135. Cf. *supra*, n° 316.

136. V. *supra*, n° 40 et 306.

137. V. *infra*, n° 931.

TITRE 2
L'ASSIETTE DE L'IMPÔT

360 Le profane en matière fiscale pourrait s'imaginer que la détermination de l'assiette de l'impôt est un exercice aisé, purement calculatoire : des additions, des soustractions, voilà tout. Or, rien n'est moins exact. Du point de vue du législateur, établir l'assiette de l'impôt est un véritable exercice de politique économique : plus l'assiette est large, c'est-à-dire moins il existe d'exonérations ou d'avantages ciblés, plus la fiscalité se veut neutre à l'égard des choix d'investissements. En revanche, plus l'assiette est réduite, plus les entreprises sont incitées à rechercher l'activité, l'investissement ou l'implantation géographique qui leur assurera le gain fiscal maximal. C'est pourquoi les économistes recommandent généralement aux États de réformer l'impôt sur les sociétés dans le sens d'un élargissement de l'assiette combiné à une baisse des taux. Cette tendance a été très largement suivie dans les pays de l'OCDE depuis la fin des années 1980[1], mais pas dans les États en développement[2].

361 Il va sans dire, de plus, que l'assiette de l'impôt constitue l'un des paramètres de la compétition à laquelle se livrent les États en matière fiscale. Si le taux de l'impôt est la facette la plus apparente de ladite compétition, il n'en reste pas moins que l'assiette est tout aussi importante que le taux. Il est d'ailleurs significatif que tous les efforts développés au niveau communautaire pour améliorer la vie fiscale des groupes aillent dans le sens de l'élaboration d'une assiette commune de l'impôt sur les sociétés.

Des enjeux économiques de tous ordres sont donc associés à la fixation de l'assiette de l'impôt. Pourtant, le droit ne pouvant faillir à sa mission, c'est à lui qu'il revient de fixer les règles en la matière. Pour présenter celles-ci, on examinera la notion de résultat imposable (Chapitre 1), les principaux postes du compte de résultat (Chapitre 2) et les moyens de contrôle du résultat offerts à l'administration fiscale (Chapitre 3). Les chapitres suivants seront consacrés au traitement fiscal des restructurations (Chapitre 4) et à l'étude de la portée territoriale de l'impôt sur les sociétés (Chapitre 5).

1. Pour la description de cette évolution, cf. J. Norregaard and T. S. Khan, "Tax Policy: Recent Trends and Coming Challenges", *IMF Working Paper*, 2007, WP/07/274 ; M. Devereux and Peter B. Sérensen, "The Corporate Income Tax: International Trends and Options for Fundamental Reform", *European Economy, Economic Papers*, 2006, n° 264.

2. M. Keen and S. Alejandro, "Tax Policy in Developing Countries: Some Lessons from the 1990s, and Some Challenges Ahead", in *Helping Countries Develop: The Role of the Fiscal Policy*, ed. by S. Gupta, B. Clements and G. Inchauste, 2004.

CHAPITRE 1
LA NOTION DE RÉSULTAT IMPOSABLE

362 Pour comprendre la notion de résultat imposable, il faut partir de la comptabilité. La détermination du résultat comptable est en effet la première étape du raisonnement (Section 1). Toutefois, le résultat fiscal n'est pas égal au résultat comptable. Seule une bonne compréhension des relations entre comptabilité et fiscalité permet de justifier cette dissociation (Section 2). Reste à examiner la définition du résultat fiscal (Section 3) et à examiner les principes du rattachement temporel des produits et des charges (Section 4).

SECTION 1 LA DÉTERMINATION DU RÉSULTAT COMPTABLE

363 Si l'objet du présent ouvrage n'est pas de livrer une présentation exhaustive des règles comptables[1], on ne peut aborder les principes de la détermination du résultat fiscal sans rappeler quelques éléments de base concernant les sources du droit comptable (§ 1) et les obligations comptables (§ 2).

§ 1. LES SOURCES DU DROIT COMPTABLE

364 La comptabilité est, selon l'article 121-1 du Plan comptable général, « un système d'organisation de l'information financière permettant de saisir, classer, enregistrer des données de base chiffrées et présenter des états reflétant une image fidèle du patrimoine, de la situation financière et du résultat de l'entité à la date de clôture ». Ainsi présentée, la fonction de la comptabilité est descriptive. Elle paraît

1. Pour une présentation pédagogique, on peut consulter M. COZIAN et P.-J. GAUDEL, *La comptabilité racontée aux juristes*, 2e éd., LexisNexis, 2016.

donc simple. En réalité, des notions aussi fondamentales que celles d'actif ou de passif sont encore largement obscures. Quant à la notion de valeur et aux méthodes d'évaluation, elles posent des problèmes théoriques et pratiques considérables[2].

365 Le droit comptable français se compose essentiellement des sources législatives et réglementaires insérées dans le Code de commerce[3], ainsi que du Plan comptable général (PCG). Le Code de commerce décrit les obligations qui s'imposent à tous les commerçants, personnes physiques ou morales. Le PCG contient les règles, principes et définitions qui permettent en pratique d'échafauder les différents documents comptables prévus par la loi. Il a été entièrement refondu et réécrit à droit quasi constant en 1999[4] puis en 2014[5]. Il s'applique à toutes les entreprises industrielles et commerciales ainsi qu'aux entités tenues légalement d'établir des comptes annuels, sans préjudice de l'application de textes spécifiques à certaines professions.

366 Au titre des sources, il convient également de citer les autres règlements pris, jusqu'en 2010, par le Comité de la réglementation comptable (CRC)[6]. Ceux-ci concernent les points non traités dans les autres sources évoquées ci-dessus. En pratique, le CRC élaborait les documents qui acquéraient force obligatoire après consultation du Conseil national de la comptabilité (le CNC), organisme consultatif placé auprès du ministre chargé de l'Économie, qui émettait par ailleurs divers avis et recommandations concernant l'ensemble des secteurs économiques. Cet ordonnancement normatif a cependant changé depuis qu'une ordonnance du 22 janvier 2009[7] a créé l'Autorité des normes comptables (ANC), produit d'une fusion entre le CRC et le CNC[8]. Cette autorité établit sous forme de règlements les prescriptions comptables générales et sectorielles que doivent respecter les personnes physiques ou morales soumises à l'obligation légale d'établir des documents comptables conformes aux normes de la comptabilité privée. Elle donne divers avis, soit sur les dispositions législatives élaborées par les autorités nationales, soit sur les normes comptables internationales. Elle veille plus généralement à la coordination et à la synthèse des travaux théoriques et méthodologiques conduits en matière comptable. L'apparition de cette nouvelle autorité s'explique par plusieurs raisons. Elle permet de simplifier le processus d'adoption de la réglementation comptable. Elle vise surtout à consolider au niveau français les compétences face aux instances internationales.

367 Le contexte de la naissance de l'ANC se caractérise en effet par l'internationalisation galopante des sources du droit comptable. Celle-ci s'opère essentiellement par voie communautaire, comme en témoigne l'adoption de plusieurs directives intéressant la comptabilité et ayant pour but la coordination des dispositions nationales concernant, notamment, la structure et le contenu des comptes annuels, les modes d'évaluation ainsi que la publicité de ces documents aux fins de la protection des

2. Pour une réflexion inspirée sur ce thème, cf. R. Savatier, *Le droit comptable au service de l'homme*, Dalloz, 1969, réimpr. Dalloz 2006, préf. D. Gutmann.

3. Art. L. 123-12 à L. 123-28, C. com.

4. Il a été adopté par le CRC le 29 avr. 1999 (Règl. CRC n° 99-03).

5. Le règlement n° 2014-03 du 5 juin a abrogé le règlement n° 99-03 cité à la note précédente. La recodification de 2014 s'est opérée à droit constant.

6. Ces règlements sont homologués par arrêté interministériel qui leur donne force obligatoire (art. 3 et 5 de la loi n° 98-261 du 6 avr. 1998).

7. Ord. n° 2009-79 du 22 janv. 2009, *JO*, 23 janv. 2009, p. 1428.

8. Le décret d'application de l'ordonnance du 22 janv. 2009 a été pris le 15 janv. 2010.

associés et des tiers[9]. Toutefois, la dynamique communautaire de la réglementation comptable doit être replacée dans une perspective mondiale. Il faut en particulier signaler que, depuis le règlement communautaire du 19 juillet 2002[10], les normes « IFRS » (de l'anglais *International Financial Reporting Standards*)[11] s'appliquent obligatoirement aux comptes consolidés[12] de toutes les sociétés cotées sur un marché réglementé d'un État membre. En outre, les États membres sont libres d'étendre l'application de ces normes aux comptes consolidés des sociétés non cotées ainsi qu'aux comptes individuels de toutes les sociétés. Des normes IFRS spécifiques existent également, depuis le 9 juillet 2009, pour les PME. Cette norme, à caractère facultatif, a été mise en œuvre dans un certain nombre de pays dès 2010. Ultérieurement, l'IASB a présenté certains amendements à cette norme et publié en mai 2015 un document en récapitulant le contenu[13].

368 En France, les normes IFRS s'appliquent obligatoirement, depuis le 1er janvier 2005, aux comptes consolidés des sociétés cotées et, sur option, aux comptes consolidés des sociétés non cotées[14]. Elles ne s'appliquent pas, en revanche, aux comptes annuels qui demeurent soumis aux seules règles françaises. Reste à rappeler que les règles françaises elles-mêmes subissent l'influence des normes IFRS dans la mesure où l'évolution récente du PCG va dans le sens d'une convergence intentionnelle avec les IFRS. À titre d'exemple, les règles comptables concernant les provisions, les amortissements, les dépréciations ou encore les actifs sont très nettement inspirées, voire franchement tirées des normes IFRS[15].

L'impact majeur des règles IFRS sur le droit interne a souvent soulevé, en France comme dans de nombreux pays étrangers d'ailleurs, d'importantes réticences tenant au fait que l'origine de ces règles est purement privée[16]. Les nouvelles règles comptables seraient donc affectées d'un vice majeur tenant

9. Cf. notamment la quatrième directive n° 78/660/CEE du Conseil, du 25 juill. 1978 concernant les comptes annuels de certaines formes de sociétés et la septième directive n° 83/349/CEE du Conseil, du 13 juin 1983 concernant les comptes consolidés. Ces deux textes ont fait l'objet de plusieurs modifications destinées à moderniser les règles comptables et ont finalement été abrogés par la directive du Parlement européen et du Conseil n° 2013/34/UE, du 26 juin 2013, relative aux états financiers annuels, aux états financiers consolidés et aux rapports y afférents de certaines formes d'entreprises. Sur ce dernier texte, v. les observations d'A. Colmet-Daage, « Comptabilité et fiscalité. Retour sur l'année 2013 », *Dr. fisc.* 2014, n° 15, ét. 260 et le dossier de la *RF comptable*, oct. 2013, n° 409, p. 36 et s. La directive n° 2013/34 a été transposée en droit français par l'ordonnance n° 2015-900 et le décret n° 2015-903 du 23 juill. 2015, pour une application aux exercices ouverts à compter du 1er janvier 2016. Pour une vision générale de ce texte, v. O. Barbe et L. Didelot, « Transposition de la directive comptable dans le Code de commerce », *Revue française de comptabilité*, n° 492, nov. 2015, p. 56 et s.

10. Règlement (CE) n° 1606/2002. Sur son impact, cf. E. Delesalle, « Fiscalité et normes comptables internationales », *BF* 4/03, p. 247 et s.

11. Les normes IFRS sont celles adoptées par l'IASB (« *International Accounting Standards Board* »), institution composée de représentants des principales organisations comptables de différents pays.

12. En résumé, la « consolidation » des comptes consiste en l'établissement des états financiers d'un groupe de sociétés, pour publication mais aussi pour ses besoins internes. Elle s'opère par l'agrégation des comptabilités des sociétés membres du groupe.

13. V. Sur ce sujet R. Obert, « La révision de la norme IFRS pour les PME », *Revue française de comptabilité*, sept. 2015, n° 490, p 7.

14. Cette option résulte de l'article 1er de l'ord. n° 2004-1382 du 20 déc. 2004.

15. IAS 37 (provisions, passifs éventuels et actifs éventuels), IAS 16 (immobilisations corporelles), IAS 38 (immobilisations incorporelles), IAS 36 (dépréciation d'actifs).

16. Les normes IFRS émanent d'une fondation de droit britannique, l'International Accounting Standards Commitee Foundation. Elle regroupe les organismes professionnels d'Allemagne, d'Autriche, du

à leur absence de validation démocratique. Ce grief est loin d'être inopérant mais doit être relativisé à la lumière de l'histoire et du droit comparé. La réglementation comptable s'est en effet élaborée de façon très différente selon les États. Tandis que la tendance des pays de droit civil a consisté à se doter, conformément à la tradition nationale, de règles insérées dans le Code de commerce ou dans des lois particulières, les pays de *common law* ont préféré confier l'élaboration de leurs règles comptables à des organes professionnels ou des comités d'experts. La naissance des règles comptables internationales se comprend, dans ce contexte, comme le produit d'une discussion comparative sur l'efficacité des différents standards utilisés dans les États. Aussi convient-il, sans renoncer au nécessaire filtrage des règles internationales par les institutions démocratiques nationales, de limiter le caractère polémique de la référence à l'origine « privée » des règles comptables internationales pour replacer le débat dans la perspective d'une comparaison bien comprise des systèmes juridiques.

§ 2. LES OBLIGATIONS COMPTABLES

369 Les obligations comptables résultent de l'article L. 123-12 du Code de commerce qui impose aux commerçants personnes morales de procéder chronologiquement à l'enregistrement comptable des mouvements affectant le patrimoine de l'entreprise, de contrôler l'existence et la valeur des éléments actifs et passifs du patrimoine par l'inventaire au moins tous les douze mois et d'établir des comptes annuels. Ceux-ci comprennent le bilan, le compte de résultat et une annexe, qui forment un tout indissociable. Les comptes doivent être réguliers et sincères. Ils doivent donner une image fidèle du patrimoine, de la situation financière et du résultat de l'entreprise[17]. Les mêmes règles s'appliquent aux commerçants personnes physiques.

370 Les professions libérales ne sont pas soumises, en principe, aux obligations résultant du Code de commerce ni, par voie de conséquence, au PCG. Cependant, elles ne sont pas pour autant dispensées d'établir une comptabilité. Seulement, les règles applicables sont issues d'autres sources normatives : certaines d'entre elles proviennent directement de la législation fiscale[18] tandis que d'autres sont issues d'une réglementation spécifique à certaines activités. C'est le cas, par exemple, des études de notaires ou des huissiers de justice. Les professionnels libéraux non soumis au régime « micro » sont ainsi soumis au régime de la déclaration contrôlée. Ils doivent déclarer le montant exact de leur bénéfice et tenir deux documents comptables : un livre-journal présentant le détail des recettes et des dépenses professionnelles et un registre des immobilisations et amortissements comportant l'ensemble des informations relatives aux actifs affectés à l'exercice de la profession[19].

371 Afin d'assister les entreprises en matière comptable et fiscale et surveiller la cohérence de leurs déclarations, il existe des organismes spécialisés, les centres de gestion agréés (pour les titulaires de BIC) et les associations de gestion agréées (pour les titulaires de BNC). Jusqu'en 2006, il était fortement avantageux d'adhérer à de tels organismes car les entreprises intéressées bénéficiaient de ce fait d'un abattement de 20 % sur leur revenu imposable. La révision du barème de l'impôt sur le revenu, et

Canada, des États-Unis, de France, d'Irlande, du Mexique, des Pays-Bas et du Royaume-Uni. Elle est organisée en différents conseils, dont le comité exécutif (l'IASB) qui est le principal acteur de l'élaboration des normes comptables internationales.

17. Art. L. 123-14, C. com.

18. Art. 95 et s., CGI.

19. Art. 99, CGI.

notamment la baisse du taux marginal de 50 % à 40 % a eu pour effet d'intégrer dans le barème ordinaire l'abattement préexistant (qui était le même que celui des salariés). Pour maintenir l'effet incitatif de l'adhésion à ces centres, le législateur a toutefois prévu diverses mesures : la réduction du délai de reprise de l'administration de trois ans à deux ans (mesure applicable depuis le 1er janvier 2010) et l'imposition des entreprises non adhérentes sur... 125 % de leurs bénéfices à moins, depuis 2009, qu'elles ne recourent aux services d'un expert-comptable. La majoration de 25 % des bénéfices instituée en 2006 a été jugée conforme à la Constitution[20].

372 Ceci étant dit, les obligations comptables sont plus ou moins lourdes selon la taille des entreprises, même si toutes peuvent choisir de se soumettre au régime ordinaire, dit « du réel normal ». Pour les plus petites, avares de leurs moyens et réalisant des opérations de faible importance financière, il existe un régime dit des « **micro-entreprises** »[21] qui les dispense de l'établissement de comptes annuels et leur permet de ne tenir qu'un livre mentionnant chronologiquement le montant et l'origine des recettes qu'elles perçoivent au titre de leur activité professionnelle[22]. Pour les besoins de l'établissement de l'impôt, il faut en outre tenir un registre mentionnant le détail des achats et produire, à la clôture de l'exercice, un état récapitulatif des recettes encaissées, des salaires versés et des plus ou moins-values réalisées[23].

En outre, il faut signaler que la loi de modernisation de l'économie du 4 août 2008 a créé au profit des exploitants individuels relevant du régime des micro-entreprises un régime encore plus simple ayant un caractère libératoire pour le paiement de l'impôt sur le revenu et des charges sociales. Ce dispositif pour les « **auto-entrepreneurs** », selon la formule usuelle, prend la forme d'un versement mensuel ou trimestriel de l'impôt sur le revenu et des charges sociales auprès d'un guichet unique (URSSAF ou caisse du régime social des indépendants, RSI) auquel le cotisant est affilié. Codifié à l'article 151-0 du Code général des impôts pour son volet fiscal[24], ce dispositif du versement libératoire supprime la règle de décalage entre la perception des revenus et le paiement de l'impôt correspondant, celui-ci étant désormais acquitté au titre de l'année de réalisation des résultats d'exploitation. En outre, le montant du versement est déterminé par application d'un taux proportionnel au chiffre d'affaires ou aux recettes de la période choisie et libère ce revenu de l'imposition au barème progressif. Ce taux est égal à 1 % pour les entreprises de vente ou de fourniture de logement, 1,7 % pour les entreprises de prestations de services, et 2,2 % pour les entreprises non commerciales. Ce dispositif vient ainsi compléter, pour les très petites entreprises, les régimes des micro-entreprises, qui demeurent applicables en l'absence d'option pour le versement libératoire.

20. Décision n° 2010-16 QPC du Conseil constitutionnel du 23 juill. 2010.

21. En matière de BIC, l'art. 50-0, CGI définit comme micro-entreprise celle dont le chiffre d'affaires annuel, ajusté s'il y a lieu au prorata du temps d'exploitation au cours de l'année civile, n'excède pas 170 000 € hors taxes s'il s'agit d'entreprises de vente ou de fourniture de logement ou 70 000 € hors taxes s'il s'agit d'autres entreprises (seuils plus que doublés par la loi de finances pour 2018). En matière de BNC, l'équivalent de la micro-entreprise se retrouve dans le « régime déclaratif spécial » prévu par l'art. 102 *ter* CGI, qui retient le seuil de 70 000 €.

22. Art. L. 123-28 et art. L. 123-16-1, C. com. Les obligations comptables des micro-entreprises et des petites entreprises ont été simplifiées par une ordonnance du 30 janv. 2014 (*JO* 1er févr. 2014, p. 1915).

23. Art. 50-0-3, CGI pour les bénéfices industriels et commerciaux ; art. 102 *ter*, CGI pour les professions non commerciales.

24. Cf. pour la mise en œuvre BOI-BIC-DECLA-10-40-10 nos 1 à 90.

373 Les entreprises **moyennes**[25] relèvent d'un régime dit « simplifié » qui se subdivise en deux sous-régimes distincts :

— le régime simplifié de droit commun, qui leur permet de présenter une forme abrégée de leur bilan et de leur compte de résultat ;

— le régime « super-simplifié », qui ne s'applique qu'à certaines petites entreprises[26], et offre la possibilité de tenir une comptabilité de trésorerie en cours d'année et de ne constater les créances et les dettes qu'en fin d'année. Ce régime permet aussi de procéder à une évaluation simplifiée des stocks et production en cours selon une méthode forfaitaire. Certaines entreprises peuvent même, lorsqu'elles sont de taille encore plus petite[27], opter pour une dispense de production de bilan.

374 Pour comprendre le contenu des différents comptes cités par les entreprises relevant du régime réel, consultons l'article L. 123-13 du Code de commerce.

Les comptes annuels : article L. 123-13 du Code de commerce

Le bilan décrit séparément les éléments actifs et passifs de l'entreprise, et fait apparaître, de façon distincte, les capitaux propres.

Le compte de résultat récapitule les produits et les charges de l'exercice, sans qu'il soit tenu compte de leur date d'encaissement ou de paiement. Il fait apparaître, par différence après déduction des amortissements et des provisions, le bénéfice ou la perte de l'exercice. Les produits et les charges, classés par catégorie, doivent être présentés soit sous forme de tableaux, soit sous forme de liste.

Le montant des engagements de l'entreprise en matière de pension, de compléments de retraite, d'indemnités et d'allocations en raison du départ à la retraite ou avantages similaires des membres ou associés de son personnel et de ses mandataires sociaux est indiqué dans l'annexe. Par ailleurs, les entreprises peuvent décider d'inscrire au bilan, sous forme de provision, le montant correspondant à tout ou partie de ces engagements.

L'annexe complète et commente l'information donnée par le bilan et le compte de résultat.

Cette définition légale des comptes annuels peut être reformulée de façon simple. Le bilan n'est autre qu'une présentation des ressources et des emplois dont dispose une entreprise. Le passif rend compte des ressources, l'actif, des emplois. Au sein du passif, les capitaux propres regroupent le capital augmenté des réserves et du résultat, tandis que les dettes regroupent l'essentiel des autres ressources. L'actif, quant à lui, regroupe l'actif immobilisé et l'actif circulant : tandis que le premier désigne les éléments d'actif servant de façon durable à l'activité, l'actif circulant désigne ceux qui ont vocation à être écoulés par l'entreprise (les stocks) ainsi les créances détenues par l'entreprise[28].

25. Entreprises ayant une activité industrielle et commerciale et réalisant un chiffre d'affaires inférieur à 777 000 € pour une activité de vente ou de fourniture de logement, ou 234 000 € dans les autres cas.

26. Conditions : total du bilan n'excédant pas 267 000 €, chiffre d'affaires n'excédant pas 534 000 € et nombre de salariés permanents au plus égal à 10.

27. Conditions ; chiffre d'affaires hors taxe n'excédant pas 158 000 € pour les ventes et les fournitures de logement ou 55 000 € s'agissant d'autres entreprises (art. 302 *septies* A *bis*, VI CGI).

28. Cette présentation simplifiée sera raffinée plus loin dans la mesure où cela apparaît nécessaire à des fins fiscales. Cf. *infra*, n° 438 et s.

Alors que le bilan donne de l'entreprise une image statique, le compte de résultat livre une approche dynamique des opérations conclues par l'entreprise. Le différentiel entre les produits et les charges d'exploitation – autrement dit, le résultat d'exploitation – permet de comprendre si l'activité de l'entreprise est rentable par elle-même. Le résultat financier, c'est-à-dire la différence entre les produits financiers et les charges financières, complète le tableau de la profitabilité de l'entreprise. Les produits et charges exceptionnels doivent également être pris en considération dans l'élaboration du résultat final.

Si les documents comptables servent de base à l'élaboration du résultat fiscal, fiscalité et comptabilité entretiennent des relations complexes.

SECTION 2 LES RELATIONS ENTRE COMPTABILITÉ ET FISCALITÉ

375 Le résultat comptable et le résultat fiscal ne sont pas identiques. Pour comprendre ceci, il faut comprendre, de façon générale, la problématique des relations entre comptabilité et fiscalité (§ 1). L'analyse technique de ces relations en est facilitée (§ 2).

§ 1. APPROCHE GÉNÉRALE DES RELATIONS ENTRE COMPTABILITÉ ET FISCALITÉ

376 De prime abord, la comptabilité se présente comme une science descriptive[29]. Elle a pour fonction de décrire le patrimoine et les flux de l'entreprise et, par-là, d'informer les personnes intéressées sur ses ressources réelles. En revanche, la fiscalité est souvent présentée comme un système ayant une finalité totalement différente, à savoir de financer les dépenses de l'État. On comprend pourquoi la Cour suprême américaine a pu énoncer, dans le célèbre arrêt *Thor Power Tool Co. v. Commissionner*, que « le but premier de la comptabilité financière est de fournir des informations utiles aux dirigeants, aux actionnaires, aux créanciers, et aux autres personnes intéressées ; la responsabilité principale du comptable est de protéger ces personnes contre toute tromperie. Par contraste, le but premier du système fiscal est le prélèvement équitable de ressources budgétaires ; la responsabilité principale de l'administration fiscale est de protéger le fisc »[30].

L'opposition des finalités de la comptabilité et de la fiscalité n'est pas sans conséquence pratique. Elle explique par exemple dans une large mesure les réticences qui entourent la transposition pure et simple en fiscalité de certaines règles comptables issues de la réglementation internationale. À titre d'illustration, la référence faite au concept de « juste valeur » des actifs peut se comprendre dans le contexte d'une comptabilité dont la fonction est d'informer les investisseurs sur la valeur réelle de l'entreprise. Transcrite en fiscalité, cette référence est cependant porteuse de grandes

29. Cf. *supra*, n° 364, la définition de la comptabilité par le Plan comptable général.

30. Traduction par nos soins de l'arrêt, cf. 439 U.S. 522, 542 (1979). Cette affirmation de principe permit en l'espèce à la Cour de rejeter la déduction fiscale d'une dépréciation totale du stock pourtant conforme à la pratique comptable américaine.

ambiguïtés qui affectent la nécessaire sécurité juridique qui doit régner en matière fiscale, ainsi que d'une volatilité dont s'accommodent mal les finances de l'État.

La séparation nette entre comptabilité et fiscalité doit cependant être relativisée car la seconde repose dans une large mesure sur la première. Comment imposer un résultat, si celui-ci n'a pas été préalablement défini par la réglementation comptable ? Puisque la comptabilité a pour fonction de décrire objectivement la profitabilité de l'entreprise, pourquoi s'en détacher ?

377 Ces questions présentent des enjeux considérables. Les entreprises le savent bien, puisque la quantité de travail administratif qui leur est demandé pour présenter un résultat fiscal dépend au premier chef du lien entretenu par celui-ci avec le résultat comptable. Au-delà de ces contraintes pratiques, le principal enjeu contemporain du lien entre comptabilité et fiscalité vient du fait que le droit comptable international tend à s'harmoniser au niveau international, alors que tel n'est pas le cas du droit fiscal. En un mot, puisque de nombreux États se dotent de règles comptables comparables, voire identiques (sous la réserve de la connexion entre règles comptables internationales et nationales), il s'agit pour eux de savoir s'ils doivent aussi procéder à une harmonisation fiscale implicite en donnant à la norme comptable le rôle de référence contraignante pour la détermination de l'assiette de l'impôt. Le choix d'un alignement plus ou moins grand de la fiscalité sur la comptabilité a donc une dimension politique essentielle dans le contexte de la concurrence fiscale internationale. Notons d'ailleurs qu'au niveau européen, ce choix reste entièrement entre les mains des États. Comme l'a relevé la Cour de justice, « la quatrième directive n'a pas pour objet de fixer les conditions dans lesquelles les comptes annuels des sociétés peuvent ou doivent servir de base pour la détermination, par les autorités fiscales des États membres, de l'assiette et du montant de taxes » [...] « En revanche, il n'est nullement exclu que les comptes annuels puissent être utilisés comme base de référence par les États membres à des fins fiscales »[31].

378 Pour procéder à ce choix, force est cependant de constater qu'il n'existe pas de « bonne réponse » à la question de savoir si la comptabilité devrait ou non dicter sa loi à la fiscalité. Le droit comparé enseigne d'ailleurs que certains systèmes juridiques considèrent, au moins à titre de principe, que le résultat fiscal doit être identique au résultat comptable, tandis que d'autres systèmes acceptent sans difficulté la dissociation entre résultat comptable et résultat fiscal. Pour illustrer la première tendance, il est habituel de citer le droit allemand, qui consacre un principe de connexion entre les deux ordres normatifs impliquant que les règles de la comptabilité commerciale s'appliquent obligatoirement à la détermination du résultat fiscal, sauf règle fiscale contraire. En l'absence de règle fiscale gouvernant un problème d'assiette de l'impôt, il faut ainsi se référer aux règles de la comptabilité commerciale. Plus encore, la connexion opérée par le droit allemand a pour conséquence que même des avantages purement fiscaux (amortissements accélérés, provisions fiscales, etc.) voient leur efficacité subordonnée à leur inscription dans les comptes sociaux[32]. À l'opposé se situent traditionnellement les États-Unis et le Royaume-Uni, deux ordres juridiques où le résultat comptable et le

31. CJCE, 7 janv. 2003, *BIAO*, aff. C-306/99, point 70.

32. C'est ce qu'on appelle en Allemagne la « dépendance inversée » (W. SCHÖN, "The David R. Tillinghast Lecture. The Odd Couple: A Common Future for Financial and Tax Accounting?", *Tax Law Review*, New York University School of Law, 2005 (58), p. 111 et s., spéc. p. 115-116).

résultat fiscal diffèrent substantiellement et où le silence de la loi fiscale ne peut être comblé par la référence au droit comptable.

379 On explique souvent cette opposition entre systèmes « anglo-saxons » et « continentaux » par le fait que les premiers assignent à la comptabilité une fonction d'information dirigée essentiellement vers les potentiels investisseurs extérieurs, ce qui n'est pas la finalité première de la fiscalité et appelle donc une divergence entre les deux ordres de comptes. En revanche, les systèmes continentaux privilégieraient une fonction « interne » de la comptabilité ainsi qu'une approche plus historique des opérations réalisées par l'entreprise, ce qui ne rendrait pas nécessaire un important retraitement fiscal des comptes élaborés conformément à la loi comptable.

Si cette analyse n'est pas dépourvue d'une certaine pertinence, la différence entre les systèmes s'explique largement autant par des raisons historiques tenant essentiellement au fait que le processus de normalisation comptable s'est engagé beaucoup plus tardivement dans les pays de *common law* que dans les pays de droit continental. À titre d'exemple, la rationalisation des principes et pratiques comptables n'a véritablement commencé, au Royaume-Uni, qu'au début des années 1970, et ce, sous l'impulsion des professionnels plutôt que du législateur. Dans ce contexte, les standards comptables ont été formalisés de façon autonome, sans subir réellement d'influence de la fiscalité.

Cette dimension historique de la distinction entre systèmes permet de comprendre pourquoi l'opposition entre systèmes, qui a toujours été exagérée pour des raisons pédagogiques, tend à devenir largement artificielle à l'heure actuelle. Depuis les années 1990, le droit allemand admet un nombre croissant d'exceptions à la connexion entre comptabilité et fiscalité ; les droits américain et britannique, en sens inverse, évoluent dans le sens d'un rapprochement entre règles comptables et fiscales. Dès lors, la différence entre systèmes juridiques se situe moins dans le fait de prendre le résultat comptable comme point de départ du résultat fiscal que dans le nombre et l'importance des dérogations apportées par la fiscalité à la comptabilité[33].

380 S'il est ainsi démontré que toutes les solutions sont théoriquement possibles, la réflexion générale sur les liens entre comptabilité et fiscalité demeure néanmoins légitime[34]. On peut ainsi cerner différentes raisons pour lesquelles la seconde divergerait par rapport à la première. La première tient à la fonction budgétaire de l'impôt, qui contraste avec la fonction d'information attachée à la comptabilité. En d'autres termes, tandis que les comptes sociaux (et surtout consolidés) visent à informer les investisseurs sur la valeur réelle de la société, les comptes fiscaux ont essentiellement pour fonction de retracer les opérations conduisant à un bénéfice ou une perte. Cette différence de finalité n'est pas inexacte, encore qu'elle paraisse souvent exagérée et peut-être excessivement tributaire d'une vision « anglo-saxonne » de la comptabilité. Il n'est d'ailleurs pas toujours aisé d'en tirer des conséquences claires du point de vue technique.

33. Pour des éléments de démonstration, cf. W. Schön, "International Accounting Standards – A 'Starting Point' for a Common European Tax Base?", (2004) 44 *European Taxation* 426 ; J. Freedman, "Financial and Tax Accounting: Transparency and 'Truth'", in W. Schön (ed.), *Tax and Corporate Governance*, Springer Science, 2008, p. 71 et s. Cf. aussi G. de Bont, P. Essers, E. Kemmeren (ed.), *Fiscal versus Commercial Profit Accounting in the Netherlands, France and Germany*, IBFD, 1996, notamment la conclusion de l'ouvrage.

34. À titre d'exemple de réflexions françaises récentes sur la question de la connexion comptabilité-fiscalité, v. A. De Bissy, *Comptabilité et fiscalité*, LexisNexis, 2014. V. aussi D. Villemot, « Les conséquences fiscales de l'adoption des normes comptables internationales », *Dr. fisc.* 2003, n° 50, p. 1581 ; G. Gélard, « L'extension des normes internationales aux comptes sociaux et la déconnexion entre fiscalité et comptabilité », *Dr. fisc.* 2004, n° 8, ét. 423 ; E. Delesalle, « Fiscalité et normes comptables internationales ; mais où et donc or ni car », *Dr. fisc.* 2004, n° 16, p. 739 ; Y. Benard, « Fiscalité et comptabilité : convergence + connexion + chaos ? », *RJF* 2007, p. 523. Pour une réflexion plus ancienne mais toujours intéressante, v. B. Plagnet, « Les rapports entre le droit fiscal et la comptabilité commerciale », *Rev. sc. fin.* 1974, p. 695 et s. ; C. David, "The Relationship between Fiscal and Commercial Accounts in France", in G. de Bont, P. Essers, E. Kemmeren (ed.), *Fiscal versus Commercial Profit Accounting in the Netherlands, France and Germany*, IBFD, 1996, p. 23 et s.

381 De façon plus visible, une différence nette entre résultat fiscal et résultat comptable s'explique par la nécessité de contrôler que les entreprises ne recourent pas à des moyens qui, s'ils sont irréprochables du point de vue comptable, aboutissent à diminuer excessivement ou artificiellement le montant de leur résultat imposable. La théorie de l'acte anormal de gestion et la théorie de l'abus droit sont, dans ce contexte, autant de garde-fous mis en place pour permettre à l'administration de rectifier le résultat fiscal lorsque celui-ci a été indûment minoré. Plus ponctuellement, l'interdiction de déduire fiscalement certaines dépenses permet de marquer solennellement la réprobation qui s'attache à certains comportements sanctionnés par des sanctions pécuniaires et pénalités de toute nature[35]. Des mesures de plafonnement de la déductibilité complètent le tableau : elles ont pour fonction d'encadrer certaines pratiques, par exemple en présence de rémunérations jugées excessives[36] ou dans des situations où l'endettement – donc les intérêts payés par le débiteur – sont soupçonnés de vider le résultat imposable de toute substance[37]. Dans tous ces cas, la divergence entre résultat fiscal et résultat comptable procède du souci d'encadrer l'activité des entreprises en évitant le développement de certains comportements.

382 Dans d'autres circonstances, la dissociation entre comptabilité et fiscalité sert au contraire à inciter les entreprises à adopter certains comportements que le législateur estime utiles. En témoignent par exemple les régimes fiscaux d'amortissement exceptionnel de certains matériels destinés à économiser l'énergie[38] ou de certains immeubles construits par les PME dans les zones prioritaires[39]. En témoigne également le dispositif dit de « suramortissement » mis en place par la loi Macron en 2015 et permettant à des entreprises qui investissent dans certains matériels d'amortir davantage que le prix de revient des actifs[40]. Dans ce contexte, la minoration intentionnelle du résultat fiscal s'inscrit dans le cadre d'une politique d'encouragement à l'investissement. Mais les faveurs consenties par le législateur fiscal peuvent à leur tour attirer certains opérateurs économiques à la recherche de « niches », au point d'ailleurs qu'une trop grande différence entre résultat comptable et résultat fiscal est souvent de nature à attirer l'attention de l'administration fiscale. Il est donc prudent, pour les entreprises comme pour les États, de ne pas en abuser.

383 Au total, il apparaît ainsi que l'impératif de simplicité, qui semble commander l'alignement du résultat fiscal sur le résultat comptable, est contrebalancé par toute une série d'objectifs hétérogènes qui vont dans le sens inverse. L'étendue de la dissociation entre comptabilité et fiscalité dépend alors du dosage effectué par chaque États entre ces préoccupations antagonistes. Plus qu'une approche systématique de la question des relations entre fiscalité et comptabilité, il semble donc réaliste de préférer une approche pragmatique, question par question, problème par problème.

Examinons à présent d'un point de vue plus technique la façon dont la France a résolu ce délicat problème.

35. Cf. art. 39, 2, CGI.
36. Cf. art. 39, 1, 1°, CGI.
37. Art., 39, 1, 3°, 209-IX, 212 (etc.) CGI.
38. Art. 39 AB, CGI.
39. Art. 39 *quinquies* D, CGI.
40. V. *infra*, n° 592.

§ 2. APPROCHE TECHNIQUE DES RELATIONS ENTRE COMPTABILITÉ ET FISCALITÉ

384 Derrière la question générale des relations entre comptabilité et fiscalité se cachent plusieurs problèmes distincts, notamment celui des relations entre règles comptables et fiscales (A) et celui des relations entre résultat comptable et résultat fiscal (B).

A. LES RELATIONS ENTRE RÈGLES COMPTABLES ET RÈGLES FISCALES

385 Depuis l'intervention d'un décret n° 84-184 du 14 mars 1984, l'article 38 *quater* de l'annexe III du Code général des impôts énonce que « les entreprises doivent respecter les définitions édictées par le plan comptable général, sous réserve que celles-ci ne soient pas incompatibles avec les règles applicables pour l'assiette de l'impôt »[41].

Comme on peut le constater, ce texte ne s'applique, *stricto sensu*, qu'à l'interprétation des termes de la loi. Il se contente de constater que, faute de disposition fiscale contraire, les notions légales s'entendent conformément au droit comptable. La portée restreinte de ce texte empêche donc d'y voir un texte décrivant de façon générale les relations entre comptabilité et fiscalité.

L'article 38 *quater* de l'annexe III du Code général des impôts est d'ailleurs d'une interprétation difficile pour élucider ces relations. D'un côté, on peut y lire le principe selon lequel les comptes servant de base à l'élaboration du résultat fiscal sont en principe les comptes adoptés conformément à la réglementation comptable. D'un autre côté, cependant, force est de constater qu'il implique que les règles fiscales priment les règles comptables lorsqu'il existe un conflit entre les deux. Ce constat a suscité une certaine controverse lors de l'adoption du décret de 1984 au motif qu'il semblait autoriser l'administration fiscale à édicter des règles de nature comptable à l'usage des entreprises, sans concertation avec les organismes professionnels concernés ou avec les autorités comptables[42].

386 L'ambiguïté du droit positif est cependant limitée par l'interprétation qu'en fait la pratique. Il est ainsi acquis en jurisprudence qu'en dépit de la lettre apparemment restrictive et ambiguë de l'article 38 *quater* de l'annexe III du Code général des impôts, les principes comptables s'appliquent pour la détermination du résultat imposable chaque fois qu'il n'existe pas une règle fiscale différente[43]. Ceci conduit l'administration, dans le silence de la loi fiscale, à se référer directement aux normes comptables applicables

41. L'article est cependant antérieur et résulte de l'article 3 du décret n° 65-986 du 28 octobre 1965 qui posait le même principe d'application des définitions du PCG sous réserve de leur incompatibilité avec les règles fiscales mais contenait une liste des documents concernés par ce principe (postes figurant aux comptes, au bilan et aux tableaux établis conformément à l'art. 38 *bis*, CGI).

42. Ph. Danjou, « À propos du décret du 14 mars 1984 », *RFC* 1984, n° 150, p. 406 et s. ; J.-P. Lagarrigue, « Réflexions sur le décret fiscal du 14 mars 1984 », *RFC* 1984, n° 151, p. 442 et s. Ces articles émanant d'experts-comptables sont intéressants car ils insistent sur le caractère déconcertant d'un texte à caractère fiscal mais doté d'une portée apparemment plus large. Il est vrai que l'article 74 de la loi de finances pour 1984, dont le décret du 14 mars en question était la mise en œuvre, annonçait que le décret devait « édicter des définitions et des règles d'évaluation auxquelles les entreprises sont tenues de se conformer » sans que soit précisée la portée exclusivement fiscale des définitions en cause.

43. Pour un aperçu des conséquences pratiques de l'article 38 *quater* de l'annexe III, cf. A. de Bissy, « La sanction de la comptabilité par la fiscalité », *Dr. fisc.* 2007, n° 44-45, ét. 938 ; S. Buffa, « Le rapport entre les règles comptables et les règles fiscales : quelques réflexions à propos du rapport de compatibilité », *L'année fiscale* 2008, ét. n° 9, p. 66 et s. ; O. Fouquet et C. Lopater, « La connexion comptabilité-fiscalité : comment suivre le fil d'Ariane ? », *Dr. fisc.* 2016, n° 6, ét. 153.

pour résoudre tel ou tel problème d'élaboration du résultat fiscal. Le Conseil d'État a donc souvent à connaître de questions purement comptables, en tant qu'elles commandent la solution d'un problème fiscal d'assiette de l'impôt[44]. Il n'hésite pas à étendre l'article 38 *quater* au-delà de ce que commande sa lettre en appliquant à titre supplétif, non seulement les définitions des termes de la loi comptable, mais aussi, par exemple, les règles d'évaluation issues du droit comptable[45].

387 Cet alignement de principe du résultat fiscal sur le résultat comptable pose cependant de délicates questions d'ordre constitutionnel toutes les fois qu'un changement de règle comptable aboutit mécaniquement à modifier l'assiette de l'impôt. Sachant que les normes comptables sont prises en vertu du pouvoir réglementaire autonome, on peut alors se demander si cet effet automatique ne contrevient au principe constitutionnel selon lequel l'assiette de l'impôt est fixée exclusivement par le législateur. Cette question s'est posée de façon explicite au Conseil d'État à l'occasion d'un arrêt *SAS Sofinad* du 8 juin 2005[46]. La société Sofinad avait en effet formé un recours pour excès de pouvoir contre un règlement du Comité de la réglementation comptable concernant les modalités d'évaluation des apports réalisés à l'occasion d'une opération de fusion. Elle estimait notamment que ce règlement comptable était susceptible de produire des effets fiscaux défavorables pour les entreprises dans la mesure où il prévoyait pour certaines opérations l'obligation de comptabiliser les apports à leur valeur comptable, alors qu'il était jusqu'alors possible de choisir la valeur réelle. Partant, elle plaidait que le pouvoir réglementaire avait empiété sur le terrain réservé au pouvoir législatif.

Le Conseil d'État refusa de faire droit à cette argumentation. Selon lui, « si, comme le fait valoir la SAS Sofinad, l'enregistrement des apports à leur valeur comptable peut, dans certains cas, entraîner, pour les sociétés entre lesquelles est réalisée une opération de fusion ou assimilée, des conséquences fiscales moins favorables que si ces apports avaient été pris en compte pour leur valeur réelle, il ne résulte pas de cette circonstance que le règlement critiqué [...], qui ne comporte aucune disposition d'objet fiscal, doive, ainsi que le soutient la requérante, être regardé comme instituant des règles d'assiette de l'impôt relevant de la compétence du législateur [...] ». Ce considérant de principe se comprend à la lumière des conclusions du commissaire du gouvernement Laurent Vallée qui affirmait que « ce n'est pas parce que le sort fiscal des sociétés est affecté par les nouvelles règles comptables que les règles d'assiette ont été incompétemment réformées par le CRC dans son règlement. Une disposition réglementaire peut modifier l'imposition effectivement due par une entreprise sans que les règles d'assiette aient été, le moins du monde, modifiées»[47].

44. À titre d'exemple, CE, plén., 26 avr. 1985, n° 30077, *SA des Produits Exel*, *Dr. fisc.* 1986, n° 4, comm. 76, *RJF* 1985, n° 423 ; CE, 29 juill. 1998, n° 149517, *SA Bergère de France*, *Dr. fisc.* 1999, n° 7, comm. 123 ; CE, 1er juin 2001, n° 157650 et 194699 ; CE, 20 févr. 2002, n° 221437, *Dr. fisc.* 2002, n° 16, comm. 343 ; CE, 3 nov. 2003, n° 248888, *SA Tuileries Marley Betopan*, *Dr. fisc.* 2004, n° 15, comm. 2004, concl. L. Vallée, note P. Masquart ; *RJF* 2004, n° 8 ; CE, 13 juill. 2011, n° 311844, *SA GH Mumm & Cie*, *Dr. fisc.* 2011, n° 47, comm. 599, concl. J. Boucher, note L. Chatain.

45. En ce sens, CE, 9e et 10e s.-s., 25 févr. 2004, *Sté française de réassurances*, n° 222904, *Dr. fisc.* 2005, n° 3, comm. 84 ; CE, 8e et 3e s.-s., 28 avr. 2006, *SEEEE*, n° 277572, *Dr. fisc.* 2006, n° 42, comm. 670 ; *RJF* 2006/7, n° 836.

46. CE, 9e et 10e s.-s., 8 juin 2005, n° 270967, *SAS Sofinad, Dr. fisc.* 2005, n° 48, comm. 764 ; *RJF* 8-9/05, n° 885, avec concl. L. Vallée, p. 577.

47. Conclusions précitées, p. 579.

Au lendemain de l'arrêt *SAS Sofinad*, il faut donc accepter que les aménagements introduits par la comptabilité, jusque dans la définition du bénéfice imposable, soient porteurs de conséquences fiscales mécaniques et que ce résultat ne puisse être contrarié que par une intervention spécifique du législateur fiscal. On peut voir dans ce résultat une application logique de l'article 38 *quater* de l'annexe III du Code général des impôts.

388 L'histoire récente enseigne cependant que le législateur fiscal n'a pas jusqu'à présent souhaité marquer son autonomie. Au lendemain de l'adoption des règlements comptables concernant les actifs et les apports en matière de fusions[48], l'administration fiscale a ainsi choisi de conserver la connexité entre comptes sociaux et fiscaux et de tirer par voie de décret et d'instruction les conséquences fiscales des transformations profondes subies par la comptabilité[49]. À cet égard, on a pu affirmer que « la fiscalité se comporte de plus en plus nettement comme un droit suiveur, la portée des règles fiscales évoluant au gré des modifications de celles des notions comptables »[50]. Or, le maintien à tout prix de la connexion entre comptabilité et fiscalité suscite de plus en plus de discussion à l'heure actuelle[51], compte tenu de la rapidité avec laquelle évoluent désormais les normes comptables sous l'impulsion du normalisateur international et de la propension marquée du Conseil d'État à aligner les règles fiscales, non seulement sur les dispositions expresses du plan comptable général, mais même sur les avis du CNC et de son comité d'urgence, lesquels pourtant n'ont aucune portée réglementaire[52].

B. LES RELATIONS ENTRE RÉSULTAT COMPTABLE ET RÉSULTAT FISCAL

389 Pour déterminer le résultat imposable, il est nécessaire de partir du résultat comptable et de procéder à un certain nombre de rectifications (1°). Les différences entre résultat comptable et résultat fiscal peuvent elles-mêmes faire l'objet d'un traitement comptable pour prendre en compte ce qu'on appelle les « impôts différés » (2°).

1. Le passage du résultat comptable au résultat fiscal

390 Le Code général des impôts fait obligation aux entreprises de souscrire chaque année une déclaration permettant de déterminer et de contrôler le résultat imposable de l'année ou de l'exercice précédent[53]. Divers décrets précisent les modalités de

48. Règlements 02-10 et 03-07 relatifs à l'amortissement et à la dépréciation des actifs ; règlement 04-06 concernant la définition, l'évaluation et la comptabilisation des actifs ; règlement 04-01 se rapportant à la valorisation des apports en matière de fusions et d'opérations assimilées.

49. Décret n° 2005-1442 du 14 nov. 2005 et décret n° 2005-1702 du 28 déc. 2005 ; BOI-FUS-30-20 (fusions) et BOI-BIC-CHG-20-10 (modalités d'articulation entre les nouvelles normes comptables en matière d'actifs et les règles fiscales).

50. Y. Benard, « Marketing, détergents et provisions : le CNC lave-t-il plus blanc ? », *RJF* 8-9/2006, p. 723.

51. Cf. à ce sujet les réflexions de Y. de Givré dans ses chroniques de fiscalité des entreprises à *L'année fiscale* 2006, PUF, p. 198 et s. ; *L'année fiscale* 2007, suppl. à *Dr. fisc.* 2007, n° 25, comm. 629, § 6 et s.

52. À titre d'exemple, cf. CE, 2 juin 2006, n° 269997 et n° 269998, *Sté Lever Fabergé France* et *Sté Unilever France*, *Dr. fisc.* 2006, n° 46, comm. 720, concl. E. Glaser, note A. Lefeuvre ; *RJF* 2008, n° 995 : *BDCF* 8-9/06, n° 97, concl. E. Glaser.

53. Art. 53 A, CGI.

respect de cette obligation déclarative. En pratique, les entreprises doivent remettre à l'administration fiscale un certain nombre de tableaux comptables[54] et fiscaux. Ces tableaux composent ce qu'on a coutume d'appeler la « liasse fiscale ».

Ces déclarations se font concrètement sur un imprimé (n° 2058-A) qui contient l'ensemble des cas où le résultat comptable doit être retraité à la hausse ou à la baisse pour obtenir le résultat fiscal. Lorsque la rectification se fait à la hausse, on parle de « réintégration ». Ainsi, par exemple, lorsque certaines sommes ne sont pas déductibles fiscalement ou ne le sont que partiellement, il convient de les « réintégrer » dans le résultat soumis à l'impôt. Sont notamment concernées : la fraction des rémunérations non déductibles, les sanctions pécuniaires et pénalités de toute nature subies par l'entreprise, ou encore certaines provisions admises en comptabilité mais fiscalement non déductibles. À l'inverse, certaines sommes doivent être déduites du résultat comptable pour l'élaboration du résultat fiscal. C'est le cas, en particulier, des dividendes reçus par les sociétés ayant opté pour le régime de faveur des sociétés mères, de certaines plus-values dont l'imposition est différée ou encore de certaines majorations d'amortissement octroyées par le législateur fiscal dans son rôle d'incitation à l'investissement.

Il existe ainsi de nombreuses situations dans lesquelles il existe un écart entre résultat comptable et résultat fiscal[55]. Or, ces écarts peuvent eux-mêmes faire l'objet d'un traitement comptable spécifique destiné à refléter leur impact sur la charge d'impôt future. C'est toute la problématique des impôts différés.

2. Les impôts différés

391 Comme on l'a vu plus haut, il existe un certain nombre de différences entre le résultat comptable et le résultat fiscal qui tiennent notamment au fait que certaines déductions autorisées en comptabilité ne le sont pas en fiscalité.

Toutefois, ce décalage entre résultat comptable et résultat fiscal n'a pas toujours la même nature. Il est tantôt définitif, tantôt temporaire. À titre d'exemple, la non-déductibilité fiscale des sanctions pécuniaires et pénalités de toute nature est irréversible : pour ces sommes, les résultats comptable et fiscal ne convergeront jamais. Tel n'est en revanche pas le cas concernant d'autres charges fiscalement non déductibles. Considérons ainsi le cas des provisions constituées par une entreprise en vue de faire face au départ à la retraite futur de ses salariés : de telles provisions sont déduites du résultat comptable, mais elles ne sont pas déductibles fiscalement au titre de l'exercice au cours duquel elles sont constituées[56]. Il existe donc, pour cet exercice, un décalage entre le résultat comptable et le résultat fiscal. Cependant, le jour où les salariés partent effectivement, les sommes versées par l'entreprise à titre d'indemnité de fin de carrière sont déductibles[57]. Le décalage entre le traitement comptable et le traitement fiscal des indemnités de départ est alors résorbé.

54. Bilan « actif », bilan « passif », compte de résultat, immobilisations, amortissements, provisions, état des créances et des dettes.

55. Une publication de début 2008 estime qu'il existerait 170 points de divergence principaux entre la loi fiscale et la réglementation comptable (BCF France, *Du résultat comptable au résultat fiscal*, 2007, n° spécial 2/08).

56. Art. 39-1, 5°, CGI.

57. La provision préalablement constituée est également reprise (c'est-à-dire que son montant est réintégré au bénéfice imposable), mais cette reprise ne donne lieu à aucune imposition. C'est la contrepartie du fait que la provision n'était pas déductible lors de sa constitution.

392 La distinction entre écarts permanents et écarts temporaires est essentielle pour comprendre la charge fiscale effective supportée par l'entreprise. Pour reprendre l'exemple ci-dessus, on se rend en effet compte que la non-déductibilité de la provision laisse subsister pour l'entreprise un droit à déduction futur, autrement dit une économie d'impôt. Or, puisque la fonction de la comptabilité est d'informer sur la nature exacte du patrimoine de l'entreprise, il est compréhensible qu'elle considère cette économie future comme un véritable actif devant être enregistré comme tel. On parle alors d'**impôt différé actif**.

Il peut arriver, en sens inverse, que l'écart entre résultat comptable et résultat fiscal engendre une dette future d'impôt. Par exemple, lorsqu'une société procède à un apport partiel d'actif au profit d'une autre société et que cette opération est placée sous le régime de faveur, la plus-value réalisée (égale à la différence entre la valeur réelle et la valeur nette comptable des actifs apportés) est exonérée d'impôt[58]. Il existe donc un décalage entre le résultat comptable (qui tient compte de la plus-value) et le résultat fiscal. Toutefois, les règles fiscales prévoient également que la société bénéficiaire des apports doit réintégrer progressivement à son résultat fiscal la plus-value réalisée lors de l'apport. On constate donc, ici encore, que l'écart entre comptabilité et fiscalité n'est que temporaire et que l'apport partiel d'actif fait naître, au titre de l'exercice de sa réalisation, une dette future d'impôt. La comptabilité en tire les conséquences par l'inscription dans les comptes d'un **impôt différé passif**.

393 Les règles relatives aux impôts différés sont essentielles en pratique. Elles le sont pour des raisons strictement juridiques car la constatation des impôts différés est obligatoire toutes les fois qu'un groupe établit des comptes consolidés[59]. Les impôts différés doivent même être enregistrés dans les comptes sociaux en présence de certaines opérations telles que celle examinée ci-dessus, à savoir un apport partiel d'actif placé sous le régime de faveur et réalisé en valeurs réelles.

Mais l'importance des impôts différés tient surtout au fait qu'ils permettent de se faire une idée réaliste du **taux effectif d'imposition** (« TEI ») d'un groupe et sont donc considérés par les responsables financiers et fiscaux comme un indicateur essentiel de la « performance fiscale » du groupe.

Pour le comprendre, il suffit de revenir à l'exemple du traitement fiscal de la provision pour retraite en prenant quelques chiffres[60]. Supposons qu'une société ait un chiffre d'affaires de 100 et qu'elle constitue une provision pour retraite de 80. Le résultat comptable est égal à 20, le résultat fiscal à 100 (puisque la provision n'est pas déductible). Supposons que le taux d'imposition s'élève à 40 %. L'impôt est donc égal à 40. Rapporté au résultat comptable, le taux apparent d'imposition de la société est de 200 %... Mais c'est oublier que, dès la constitution de la provision, il existe un impôt différé actif, c'est-à-dire une économie d'impôt future. Cette économie est égale à 80 x 40 %, soit 32. Pour comprendre la charge fiscale effective qui pèse sur le groupe, il faut donc retrancher de l'impôt immédiatement dû (40) l'impôt différé actif (32), ce qui donne 8. Ce chiffre, rapporté au résultat comptable avant impôt (20), nous donne ainsi un taux d'imposition effectif de 40 % qui est conforme à la réalité de la charge fiscale envisagée dans la durée.

394 D'un point de vue théorique, la problématique des impôts différés n'est pas sans soulever d'intéressantes questions concernant, par exemple, leur évaluation ou tout simplement leur existence. Il est ainsi fascinant que l'on puisse constater un impôt différé actif en supposant acquis qu'une déduction future fera naître une économie d'impôt :

58. Cf. *infra*, n° 722 et s., pour les détails.

59. Règlement CRC n° 99-02 du 29 avril 1999, § 31.

60. Nous empruntons l'exemple à M. Cozian et P.-J. Gaudel, *La comptabilité racontée aux juristes*, préc., n° 825.

une telle économie n'existera en effet que si l'entreprise réalise à l'avenir des bénéfices. Or, une telle perspective est toujours incertaine. Comment peut-on être sûr qu'une entreprise qui réalise un déficit au titre d'un exercice pourra effectivement imputer ce déficit sur des bénéfices réalisés lors d'un exercice ultérieur ? La question est délicate et incontournable dès lors que l'on considère qu'un déficit fait naître un impôt différé actif... Ces observations simples suffisent en tout cas à démontrer que les impôts différés et le taux effectif d'imposition sont des notions à manier avec beaucoup de prudence[61]. Elles permettent aussi de se convaincre que, si les impôts différés relèvent en principe de la sphère de compétence des comptables, les fiscalistes sont forcément appelés à en connaître[62].

SECTION 3 LA DÉFINITION DU RÉSULTAT FISCAL

395 Comme nous l'avons vu au seuil de cet ouvrage[63], il existe plusieurs catégories de bénéfices d'entreprise en droit positif : les bénéfices industriels et commerciaux, les bénéfices non commerciaux et les bénéfices agricoles. Les bénéfices des sociétés relevant de l'impôt sur les sociétés sont calculés comme les bénéfices industriels et commerciaux auxquels renvoie l'article 209 du CGI, sous réserve de certaines spécificités et du renvoi fait depuis la loi de finances rectificative pour 2014 aux règles figurant aux articles 108 à 117 du CGI lorsqu'une société soumise à l'IS reçoit des distributions[64]. Quant aux bénéfices agricoles, ils sont également déterminés par renvoi aux règles et principes applicables aux entreprises industrielles et commerciales, lorsqu'ils ne sont pas soumis aux règles spécifiques du forfait[65] ou à certaines dispositions dérogatoires du droit commun[66]. Finalement, donc, les deux catégories fondamentales du droit positif sont les BIC et les BNC.

61. Pour quelques indications de méthode sur le bon usage du taux effectif d'imposition, v. M. Chadefaux et J.-L. Rossignol, « La performance fiscale des entreprises », *Dr. fisc.* 2006, n° 30-35, ét. 54, p. 1450 et s., spéc. n° 36 et s.

62. Cf. sur cette question M. Buchet, « Les impôts différés sont-ils du domaine du fiscaliste ? », *Dr. fisc.* 2005, n° 39, ét. 33, p. 1469 et s. Pour une présentation de la matière, v. aussi P. Morgenstern, « Les impôts différés », *Groupe Revue fiduciaire*, déc. 2010, et le numéro de novembre 2010 de la *RF comptable*, n° 377, p. 27 et s. Pour une vision internationale et comparative de la question, v. l'ouvrage collectif dirigé par A. Bakker, T. van den Berg et B. Janssen, *Tax Accounting: Unravelling the Mystery of Income Taxes*, IBFD, 2014.

63. Cf. *supra*, n° 172 et s.

64. Sur la raison d'être de cette réforme, v. *infra*, n° 698.

65. Relèvent de la procédure d'établissement forfaitaire des bénéfices agricoles les exploitants agricoles dont la moyenne des recettes sur deux années consécutives est inférieure, TVA incluse, à 76 000 € (art. 64 et 69-1, CGI). Plusieurs types d'exploitants agricoles ne peuvent cependant prétendre à ce régime complexe qui commence par évaluer, selon une procédure complexe, le bénéfice moyen par hectare ou par nature de culture avant de calculer un bénéfice forfaitaire individuel pour chaque exploitant. L'évaluation forfaitaire qui subsiste en matière agricole existait également en matière de BIC et de BNC jusqu'à sa suppression par la loi n° 98-1266 du 30 décembre 1998 et son remplacement par le régime des micro-entreprises (au sens large, incluant celui des BIC et le régime déclaratif spécial des BNC).

66. Art. 72, CGI.

396 Dans certains cas, les modalités de détermination du résultat fiscal sont fort rudimentaires. Il en va ainsi dans le cadre des régimes simplifiés d'imposition applicables aux **micro-entreprises**, où l'impôt porte sur une fraction forfaitaire des recettes réalisées par l'entrepreneur. En pratique, le résultat se calcule donc en appliquant au montant annuel des recettes un abattement proportionnel censé correspondre à l'ensemble des charges, y compris les cotisations sociales et les amortissements linéaires des biens affectés à l'exploitation. En matière de BIC, l'imposition porte sur 29 % des recettes pour les entreprises de ventes ou de fourniture de logement, et 50 % des recettes pour les autres entreprises[67]. En matière de BNC, l'imposition porte sur 66 % des recettes[68]. De plus, les plus-values professionnelles réalisées par les micro-entreprises sont soustraites à l'impôt, en tout ou en partie, en vertu du régime de faveur mis en place par l'article 151 *septies* du CGI[69]. Les petites entreprises sont donc soumises à un régime très simplifié, tant du point de vue comptable que fiscal[70].

L'entrepreneur relevant du régime micro-BIC ou micro-BNC a donc intérêt à comparer l'impôt dû en application dudit régime et celui dû en application du régime de l'auto-entrepreneur. S'il est un commerçant ayant une activité de vente et est soumis au régime « micro » ordinaire, il appliquera l'impôt sur le revenu au barème progressif sur un revenu égal à 29 % de ses recettes. S'il opte pour le prélèvement libératoire de l'auto-entrepreneur, il doit acquitter chaque mois ou chaque trimestre une somme libératoire de l'impôt sur le revenu et de l'ensemble des cotisations et contributions de Sécurité sociale et égale à un pourcentage de son chiffre d'affaires[71]. En l'absence d'autres revenus, le régime de l'auto-entrepreneur pourrait se révéler très avantageux.

397 Les autres entreprises doivent faire davantage d'efforts pour calculer leur résultat imposable. Pour elles, la notion de résultat procède d'une véritable théorie générale que l'on peut résumer grossièrement de la façon suivante : le résultat est un enrichissement (§ 1) associé à un patrimoine distinct du patrimoine privé (§ 2).

§ 1. LE RÉSULTAT EST UN ENRICHISSEMENT

398 La nécessité d'une théorie du bénéfice imposable s'est imposée en France au lendemain de la loi du 31 juillet 1917 qui avait institué un impôt sur les bénéfices industriels et commerciaux sans définir la notion de bénéfice net[72]. Or il existait deux méthodes possibles pour appréhender le bénéfice net. En vertu de la théorie dite du « compte d'exploitation », celui-ci s'entendait exclusivement des bénéfices de l'exploitation susceptibles d'un renouvellement normal, à l'exclusion donc des gains en capital (plus-values). Cette théorie permettait de ne prendre en compte que les revenus générés par le cycle d'exploitation. Elle était par ailleurs celle qui prévalait pour les autres revenus. Elle fut donc adoptée par le Conseil d'État qui affirma à plusieurs reprises que l'imposition ne devait frapper que les bénéfices normaux de l'exploitation[73].

67. Art. 50-0, CGI.
68. Régime déclaratif spécial de l'art. 102 *ter*, CGI.
69. Ce texte prévoit un mécanisme d'exonération dont la portée dépend du montant du chiffre d'affaires de l'entreprise qui réalise la plus-value.
70. Les micro-entreprises peuvent cependant toujours opter, si elles le souhaitent, pour la soumission au régime du bénéfice réel.
71. Cf. *supra*, n° 372, pour les chiffres.
72. Pour les détails, cf. G. Ripert, *Le droit fiscal des affaires après la réforme fiscale*, LGDJ, 1960, n° 3122.
73. CE, 3 juin 1932, *Rec.* 1932, 541 ; 17 déc. 1932, *Rec.* 1932, 1102, 3e esp.

Mais l'administration ne l'entendit pas de cette oreille. Elle opposa donc à la théorie du compte d'exploitation une approche différente selon laquelle le résultat doit s'entendre d'un enrichissement ou d'un appauvrissement globalement constaté au cours de l'exercice. Ce résultat est calculé au moyen de la comparaison entre les bilans successifs présentés par l'entreprise, d'où le nom de « théorie du bilan » attaché à cette méthode. On retrouve ici, appliquée au bénéfice d'entreprise, la différence déjà évoquée entre la théorie de la source et la théorie économique du revenu[74].

En **droit comparé**, les deux théories se rencontrent en épousant généralement la distinction entre pays de *common law* et pays de droit civil. La jurisprudence britannique est ainsi fidèle à l'idée selon laquelle le bénéfice imposable doit en principe se rattacher à l'activité de l'entreprise (critère objectif) et s'inscrire dans un objectif de profit (critère subjectif). En conséquence, les gains provenant de transactions isolées et ayant le caractère d'un gain en capital sont traditionnellement exclus du bénéfice imposable. Cela ne signifie pas que les États qui suivent cette approche s'abstiennent d'imposer les plus-values réalisées par les entreprises... mais seulement qu'ils le font en application de règles fiscales distinctes de l'impôt sur le revenu *stricto sensu*[75]. Les pays de droit civil, sous l'impulsion notamment de la doctrine allemande, préfèrent une définition plus large du bénéfice incluant à la fois les gains réalisés dans le cadre de l'activité et les plus-values réalisées à l'occasion de la cession d'actifs.

Dans ce contexte historique et culturel, on ne s'étonnera pas que la position défendue par l'administration fiscale ait finalement prévalu, du moins pour les bénéfices industriels et commerciaux (A). En matière de bénéfices non commerciaux, c'est une approche plus traditionnelle qui prévaut encore (B).

A. LE BÉNÉFICE IMPOSABLE DANS LE CADRE DES BIC

399 En matière de BIC, la théorie du bilan est bien enracinée. Depuis la loi du 28 février 1933, complétée par la loi du 13 janvier 1941, l'article 38, 1 du CGI contient une formule demeurée inchangée jusqu'à aujourd'hui : le bénéfice net est « déterminé d'après les résultats d'ensemble des opérations de toute nature effectuées par les entreprises, y compris notamment les cessions d'éléments quelconques de l'actif, soit en cours, soit en fin d'exploitation ».

Et l'article 38, 2 de préciser : « Le bénéfice net est constitué par la différence entre les valeurs de l'actif net à la clôture et à l'ouverture de la période dont les résultats doivent servir de base à l'impôt diminuée des suppléments d'apport et augmentée des prélèvements effectués au cours de cette période par l'exploitant ou par les associés. L'actif net s'entend de l'excédent des valeurs d'actif sur le total formé au passif par les créances des tiers, les amortissements et les provisions justifiés ».

400 La définition du bénéfice net par le législateur fiscal apparaît ainsi dédoublée. Dans le premier paragraphe, le bénéfice net se présente comme un résultat calculé à partir de l'enregistrement de toutes les opérations de l'entreprise. C'est une approche fondée sur

74. Cf. *supra*, n° 129 et s.

75. Pour des détails, cf. par ex. K. Holmes, "The Concept of Income. A multi-disciplinary analysis", *IBFD* 2001, spéc. p. 249 et s. ; L. Burns et R. Krever, "Taxation of Income from Business and Investment", in V. Thuronyi (ed.), *Tax Law Design and Drafting*, vol. 2, IMF, 1998, chap. 16, p. 597 et s., spéc. p. 602 et s.

l'analyse du compte de résultat. Dans le second paragraphe, le bénéfice net est en revanche défini comme une variation d'actif net : il suffit donc en principe de comparer les bilans successifs pour connaître le profit ou la perte dégagée lors d'un exercice.

D'un point de vue théorique, ce dédoublement de la définition du bénéfice est inutile : en bonne logique, l'enrichissement de l'entreprise doit être le même, que l'on compare les bilans successifs ou le solde des opérations figurant dans le compte de résultat ! D'un point de vue pratique, la règle de la comparaison des bilans successifs n'est pas celle retenue pour arrêter le montant du résultat fiscal annuel. Elle ne pourrait d'ailleurs pas l'être car la réglementation fiscale exclut la prise en compte de certains produits et charges ayant pour origine des créances et des dettes dont il ne subsiste aucune trace dans les postes du bilan de clôture (produits déjà encaissés et charges déjà réglées au cours de l'exercice de naissance de la créance ou de la dette). Le résultat fiscal est donc obtenu, en pratique, par retraitement du bénéfice comptable.

401 Toutefois, la dualité des définitions n'est pas sans intérêt. Il arrive ainsi que le recours à la comparaison des bilans permette de faire apparaître certains éléments de profit non enregistrés dans les écritures comptables. C'est pourquoi quelques précisions méritent d'être données sur l'interprétation de chacun des deux premiers paragraphes de l'article 38.

1. Éléments d'interprétation de l'article 38, 1

402 Selon l'article 38, 1 du CGI, le bénéfice net est « déterminé d'après les résultats d'ensemble des opérations de toute nature effectuées par les entreprises, y compris notamment les cessions d'éléments quelconques de l'actif, soit en cours, soit en fin d'exploitation ».

Cette formule synthétique appelle quelques commentaires.

403 Premièrement, le bénéfice net est un **résultat « d'ensemble »**. Ceci implique, comme on l'a vu ci-dessus, qu'il faut englober dans le résultat imposable les gains procédant de l'activité ordinaire de l'entreprise ainsi que les plus-values. Il est inutile d'y revenir, si ce n'est pour préciser que la notion de « cession d'éléments quelconques de l'actif » semble implicitement concerner les seuls éléments de l'actif immobilisé. La vente d'éléments du stock n'est autre que le chiffre d'affaires et ne dégage pas de plus-value, au sens technique de ce terme.

La notion de résultat d'ensemble implique également de traiter de la même manière, par exemple, la plus-value à court terme réalisée sur la vente d'une machine, l'avantage reçu d'un fournisseur et le prix de vente des produits de l'entreprise. Cette fongibilité a notamment pour effet que la perte réalisée sur une opération est automatiquement épongée par le gain réalisé sur une autre. De même, lorsqu'une entreprise conduit simultanément plusieurs activités dans des secteurs différents, l'approche globale du résultat permet de limiter l'impact du déficit subi au titre de l'une en l'imputant sur le bénéfice réalisé au titre de l'autre. D'un point de vue économique, cette compensation de plein droit paraît heureuse même si d'autres systèmes fiscaux retiennent au contraire un principe d'isolement des pertes relevant de catégories de revenu d'entreprise distinctes afin de ne pas pérenniser des activités déficitaires[76].

404 La notion d'« **opérations de toute nature** » mérite également l'attention car elle recèle certaines ambiguïtés. Elle pourrait laisser penser, par exemple, que tous les revenus d'une entreprise industrielle et commerciale sont nécessairement traités comme des bénéfices industriels et commerciaux, quelle que soit leur qualification juridique

76. C'est notamment le cas, traditionnellement, du droit britannique, même si celui-ci a fait l'objet d'importantes retouches.

ordinaire (revenus fonciers, revenus de capitaux mobiliers, etc.). Or, cette interprétation de l'article 38 est erronée. Comme nous l'avons vu plus haut, les revenus traités comme des bénéfices industriels et commerciaux sont tels par leur nature, par assimilation, ou par application de la théorie de l'accessoire[77]. Par conséquent, la référence faite par l'article 38 aux opérations « de toute nature » ne signifie pas qu'il s'agit des opérations recevant n'importe quelle qualification juridique.

En réalité, le concept d'opération de toute nature renvoie plutôt à l'idée que n'importe quel type de fait générateur de revenu peut donner lieu à imposition au titre des BIC. Ainsi, lorsqu'une entreprise reçoit une libéralité ou un avantage d'une autre entreprise (par exemple une remise de dette), l'équivalent financier reçu est imposable. De même, les gains perçus à l'occasion d'une éviction ou d'une expropriation sont imposables, même s'il n'y a pas à proprement parler « d'opération » au sens actif que revêt ce terme.

Cette interprétation de l'article 38, 1 n'a pas toujours été admise : tant que la jurisprudence retenait la théorie du compte d'exploitation, elle estimait que le profit devait nécessairement résulter d'une action de l'entreprise, c'est-à-dire d'un acte effectué par elle[78]. Le Conseil d'État n'a modifié sa jurisprudence qu'après la consécration par la loi du 13 janvier 1941 de la théorie du bilan. Un célèbre arrêt du 23 juin 1947[79] a ainsi énoncé qu'en conséquence de cette loi, « le bénéfice imposable résulte de l'ensemble des opérations qui figurent régulièrement et normalement au bilan de l'exercice en cause et qui se rattachent en conséquence à sa gestion commerciale sans qu'il y ait lieu de rechercher si ces opérations ont pour cause un événement dépendant ou indépendant de la volonté du contribuable ». S'agissant en l'espèce d'une réquisition, le Conseil d'État en déduisit que si « elle est par sa nature une opération imposée à l'entreprise, elle ne peut être regardée comme étrangère à la gestion commerciale de celle-ci, alors qu'elle affecte directement un élément figurant régulièrement à l'actif de ladite entreprise ».

De façon plus générale, les indemnités reçues par une entreprise en réparation d'un préjudice commercial ou de la perte de valeur d'un actif rentrent dans ses produits imposables. Comme l'a énoncé le Conseil d'État dans une formule très générale, les indemnités versées à un contribuable pour réparer une diminution subie par lui de ses valeurs d'actif, une dépense qu'il a exposée ou une perte de recette, dès lors que leur versement a été effectué non pour concourir à l'équilibre de l'exploitation, mais en vertu d'une obligation, qu'elle soit légale ou conventionnelle, de réparation incombant à la partie versante, constituent des recettes concourant à la formation du bénéfice imposable[80]. Le Conseil a cependant assorti ce principe d'une condition essentielle : les indemnités ne sont imposables que si la perte ou la charge qu'elles ont pour objet de compenser est elle-même de la nature de celles qui sont déductibles pour la détermination du bénéfice imposable[81]. Cette condition montre que le caractère imposable de l'indemnité n'entraîne pas, pour l'entreprise, un surcroît global d'imposition. En effet, il est supposé par le Conseil d'État que l'entreprise qui l'engrange comptabilise, en sens inverse, une perte de même montant, laquelle vient en déduction du résultat. L'inclusion de l'indemnité dans la base imposable transforme donc l'ensemble en opération blanche.

77. Cf. *supra*, n° 177.

78. CE, 17 mai 1941, *Rec. Officiel*, p. 161 ; CE, 16 févr. 1944, *Rec. Officiel*, p. 47.

79. *Rec. Officiel*, 1947, p. 252.

80. Si, en revanche, l'indemnité compense les pertes résultant d'une cession d'un élément de l'actif immobilisé à un tiers ou un événement ayant pour effet de retirer définitivement toute valeur à cet élément, elle est qualifiée de plus-value et traitée comme telle (CE, 10 juin 2013, n° 336596, *M. Marinho*, *Dr. fisc.* 2013, n° 39, comm. 443). Le principe a de multiples applications (v. par ex. *infra*, n° 454 et s.).

81. CE, 11 déc. 2009, n° 301341, *Société GE Healthcare Clinical Systems*, *Dr. fisc.* 2009, n° 52, note O. Fouquet et Ph. Durand, concl. L. Olléon ; cf. déjà CE, 28 juill. 2000, n° 194153, *Dr. fisc.* 2001, n° 8, comm. 149 ; *BDCF* 11/00, concl. J. Arrighi de Casanova, p. 7 et s.

2. Éléments d'interprétation de l'article 38, 2

405 La définition du résultat en tant que variation d'actif net se retrouve sous des formes proches dans de nombreux systèmes fiscaux étrangers[82]. L'esprit de cette définition ayant déjà été expliqué, quelques commentaires s'imposent sur sa formulation.

406 Tout d'abord, la notion même d'actif net n'est pas d'une grande clarté, bien que l'article 38, 2 le définisse comme « l'excédent des valeurs d'actif sur le total formé au passif par les créances des tiers, les amortissements et les provisions justifiés ». Il faut en réalité comprendre que l'actif net est égal à la différence entre l'ensemble des actifs de l'entreprise et l'ensemble de ses dettes actuelles ou potentielles. La notion d'actif net n'est d'ailleurs pas utilisée dans la terminologie juridique et comptable ordinaire, laquelle préfère parler de capitaux propres.

407 Il découle de l'article 38, 2 qu'en cas d'extinction d'une dette inscrite au bilan d'ouverture de l'exercice, la société débitrice doit constater au titre de cet exercice une variation positive de son actif net fiscal et, par suite, un résultat imposable[83]. C'est ainsi que lorsqu'une entreprise profite d'un abandon de créance qui lui est consenti par son créancier, cet abandon constitue pour elle un fait générateur d'impôt. Le Conseil d'État estime que la même solution doit s'appliquer en cas de cession de créance non signifiée à l'entreprise débitrice conformément à l'ancien article 1690 du Code civil : selon lui, faute pour la société débitrice d'établir la réalité de la cession, elle doit être imposée au titre de l'abandon de créance qu'elle est supposée avoir reçu[84]. Cette solution mérite toutefois d'être réexaminée à la lumière de la réforme du droit des obligations intervenue en 2016, puisque l'article 1323 du Code civil, qui s'est substitué à l'article 1690 du même code, a supprimé la formalité de la signification prévue dans l'ancien texte pour prévoir que la cession de créance soit opposable aux tiers dès la date de l'acte. La réforme du droit civil aura toutefois eu un autre impact potentiel sur le résultat : la cession de dette étant admise par les articles 1327 et suivants du Code civil, elle produit un effet positif sur le résultat de la société ainsi libérée (à moins bien entendu que la disparition de la dette au passif de la société ne soit compensée par l'apparition d'une nouvelle obligation).

Par ailleurs, on peut noter que l'article 38 introduit un correctif à la définition du résultat comme variation d'actif net en indiquant que ladite variation doit être diminuée des suppléments d'apport et augmentée des prélèvements effectués au cours de cette période par l'exploitant ou par les associés. Ce correctif s'explique aisément : en termes non juridiques, si l'exploitant d'une entreprise individuelle ou les associés d'une société « injectent » de l'argent dans l'entreprise sous la forme d'un apport au cours de l'exercice, il va de soi que cet apport n'est pas une richesse produite par l'entreprise. Elle ne doit

82. À titre d'exemple, la Cour de cassation belge estime qu'« au point de vue fiscal, le bénéfice consiste dans la différence entre (...) l'avoir social au début de l'exercice social et avoir social à la fin de cet exercice » (Cass., 13 avr. 1978, *Pas.*, 1978.I.899). Une définition identique à celle de l'article 38 se retrouve également au Luxembourg et en Allemagne (cf. sur ce point le Document de travail élaboré par le groupe de travail sur l'ACCIS, « Le concept du bilan fiscal », 7 sept. 2005, CCCTB\WP\016\doc\en).

83. CE, plén., 19 nov. 1976, n° 97386 et n° 97391, *Dr. fisc.* 1977, n° 10, comm. 356, concl. B. Martin-Laprade ; *RJF* 1/1977, n° 8.

84. CE, 9 nov. 2011, n° 319717, *SARL Arches* et n° 319718, *M. et Mme Rahman*, *Dr. fisc.* 2012, n° 10, comm. 183, note P. Fumenier ; CE, 8e et 9e ss-sect., 28 févr. 1997, n° 127890, *SA Sabe*, *RJF* 4/97, n° 309. Pour une réflexion critique sur cette solution, cf. M. Sadowsky, « L'administration fiscale est-elle un tiers au sens de l'article 1690 du Code civil ? », *Droit & Patrimoine*, avr. 2010, n° 91, p. 24 et s. V. aussi J.-M. Vié, « La substitution de créances par inscription au compte courant d'associé », *Dr. fisc.* 2014, n° 7-8, ét. 162.

donc pas être prise en compte dans le calcul du résultat. La réciproque explique pourquoi un prélèvement opéré par l'exploitant ou les associés ne doit pas davantage influer sur le résultat.

408 Par ailleurs, la différence entre valeurs d'actif net s'apprécie « à la clôture et à l'ouverture de la période dont les résultats doivent servir de base à l'impôt ». Cette période n'est autre que l'exercice fiscal, lequel est en principe d'une durée d'un an[85]. La jurisprudence a également précisé que, pour l'application du 2 de l'article 38, les valeurs d'actif ou de passif sont déterminées, lorsqu'elles diffèrent des règles comptables, par les règles fiscales en vigueur[86].

Une grande partie de ces principes se retrouve en matière de BNC.

B. LE BÉNÉFICE IMPOSABLE DANS LE CADRE DES BNC

409 Pour les BNC, il résulte de l'article 93, 1 du CGI que « le bénéfice à retenir dans les bases de l'impôt sur le revenu est constitué par l'excédent des recettes totales sur les dépenses nécessitées par l'exercice de la profession [...]. Il tient compte des gains ou des pertes provenant soit de la réalisation des éléments d'actif affectés à l'exercice de la profession, soit des cessions de charges ou d'offices, ainsi que de toutes indemnités reçues en contrepartie de la cessation de l'exercice de la profession ou du transfert d'une clientèle ».

Comme on peut le constater, le revenu des titulaires de bénéfices non commerciaux s'entend donc d'une différence entre des recettes et des dépenses. L'article 93-1 contient un certain nombre de précisions sur les dépenses déductibles qui ne méritent pas ici un examen particulier, si ce n'est pour préciser que certaines d'entre elles sont déterminées comme en matière de BIC. C'est notamment le cas des amortissements, qui ne sont d'ailleurs pas des dépenses au sens commun du terme, mais qui doivent néanmoins être comptabilisés par les titulaires de BNC.

La comparabilité entre BIC et BNC se renforce au vu du fait que le revenu au sens de l'article 93 du CGI englobe également les plus-values réalisées sur les éléments de l'actif, que celles-ci soient réalisées en cours d'exploitation ou à l'occasion de la fin de celle-ci.

Enfin, bien que la loi ne définisse pas le résultat imposable au titre des BNC comme une variation d'actif net, il ne fait aucun doute que les professionnels libéraux doivent, comme les commerçants, tenir séparés leur patrimoine privé et leur patrimoine professionnel. Seules les dépenses relatives au second peuvent en effet être déduites du résultat imposable.

Ce constat oblige à certaines précisions sur la détermination de l'actif de l'entreprise.

85. Cf. *infra*, n° 473 et s., pour les conséquences du principe d'annualité.

86. CE, 3e et 8e s.-s., 30 juin 2008, n° 288314, *M. Lemoine, Dr. fisc.* 2008, n° 39, comm. 506, concl. E. Glaser. La règle est surtout utile pour appliquer la règle de l'intangibilité du bilan d'ouverture du premier exercice non prescrit (v. à ce sujet *infra*, n° 635 et s.).

§ 2. LE PATRIMOINE DE L'ENTREPRISE

410 Le résultat de l'entreprise constitue un enrichissement associé à un patrimoine, celui de l'entreprise. D'un point de vue comptable, la consécration de l'idée selon laquelle le patrimoine de l'entreprise est distinct de celui de l'entrepreneur a lieu du simple fait que le bilan doit retracer « l'existence et la valeur des éléments actifs et passifs du patrimoine de l'entreprise »[87]. Du point de vue fiscal, on retrouve l'idée du patrimoine autonome derrière la définition du résultat comme variation d'actif net.

Cette relation entre la théorie du bénéfice imposable et la théorie du patrimoine était parfaitement retracée par le commissaire du gouvernement Lasry sous une décision du 21 février 1952[88] : « le fait générateur de l'impôt résultant uniquement de la comparaison de deux bilans successifs tenus par l'intéressé, il s'ensuit que le contribuable est tenu de retracer, et par suite d'isoler, dans ses bilans tout ce qui fait la permanence et l'unité économique de l'entreprise, c'est-à-dire non seulement les opérations faisant l'objet de comptes d'exploitation proprement dits, mais encore tous les biens corporels affectés, par la force des choses ou par la volonté de l'exploitant, à l'exploitation de l'entreprise. En un mot, la théorie du bilan a pour corollaire immédiat et nécessaire une théorie générale de l'entreprise, unité économique exprimée par le bilan et distincte, de ce fait, du reste du patrimoine de l'exploitant ».

411 La séparation des patrimoines paraît évidente lorsque l'entreprise est constituée sous forme de société : celle-ci étant une personne juridique distincte de ses associés, il n'y a pas de difficulté à concevoir une scission nette entre les patrimoines de l'apporteur et de la société bénéficiaire des apports. En revanche, la séparation entre patrimoine privé et patrimoine professionnel est beaucoup plus originale en présence d'une entreprise individuelle. Elle déroge alors au principe civil – certes bien écorné, surtout depuis l'avènement de l'entreprise individuelle à responsabilité limitée – de l'unicité et de l'indivisibilité du patrimoine de la personne physique.

La mise en évidence d'un véritable patrimoine professionnel justifie que l'on s'intéresse aux critères qui permettent de l'identifier (A) ainsi que d'en classer (B) et d'en évaluer (C) les différents éléments constitutifs.

A. L'IDENTIFICATION DU PATRIMOINE DE L'ENTREPRISE

412 Intuitivement, il apparaît évident que le patrimoine de l'entreprise est l'ensemble des biens qui appartiennent à l'entreprise. Cette approche liminaire est correcte mais insuffisante à fonder une théorie juridique.

La notion d'appartenance est en effet difficile à définir. En raison notamment de l'importance prise par les normes comptables internationales, les entreprises sont parfois titulaires d'un patrimoine – au sens comptable et fiscal – alors même qu'elles ne sont pas juridiquement propriétaires – au sens civil – de tous les actifs le composant. Identifier le patrimoine de l'entreprise comporte donc un premier obstacle de taille : élucider la notion d'appartenance (1°).

Cet écueil franchi, tout n'est pas résolu. À supposer même que le patrimoine de l'entreprise repose sur un lien d'appartenance, celui-ci ne permet pas de faire le tri entre les biens privés et les biens professionnels lorsqu'est en cause une entreprise

87. Art. L. 123-12, C. com.
88. CE, 21 févr. 1952, n° 24878, *Lebon*, p. 125.

sans personnalité morale – une entreprise individuelle, notamment[89]. Pour contourner cette difficulté, il faut faire appel à l'idée d'affectation. Ce qui compte, c'est que les biens soient « affectés » à une entreprise, autrement dit qu'ils soient destinés à une utilisation dans le cadre des activités de l'entreprise (2°).

1. Un lien d'appartenance

413 L'appartenance renvoie spontanément, pour le juriste français, à l'idée de propriété. Le principe de patrimonialité du bilan en est l'expression comptable[90]. Elle implique que ne peuvent figurer au bilan que les biens dont l'entreprise est juridiquement propriétaire et les dettes dont elle est juridiquement redevable. Cette confusion entre appartenance et propriété juridique n'est généralement pas problématique : elle reflète fidèlement une réalité économique selon laquelle le bien approprié est sous le contrôle effectif du propriétaire qui en retire par ailleurs les utilités.

414 Il peut cependant arriver que les attributs économiques de la propriété se trouvent en d'autres mains que les siennes. Ce constat intéresse au premier chef la comptabilité, notamment si l'on assigne à celle-ci une fonction d'information financière. Quelle est la valeur d'un bien juridiquement approprié, si une autre personne que le propriétaire empêche ce dernier d'exercer son emprise sur ce bien ? Faut-il traiter, du point de vue comptable et fiscal, le « propriétaire économique » comme s'il était le propriétaire juridique ? Questions essentielles, qui obligent à s'interroger sur le statut en droit français de la **propriété économique**, entendue comme « la relation d'une personne juridique relativement à un bien dont elle n'est pas juridiquement propriétaire, laquelle relation, d'une part, résulte d'un acte juridique, le plus souvent un contrat conclu entre cette personne et le propriétaire juridique et, d'autre part, confère à cette même personne un droit dont l'exercice lui donne vocation à bénéficier, pour elle-même et à titre exclusif, de la totalité de la substance économique du bien »[91].

415 Le droit français n'a pas attendu le développement des normes comptables internationales pour consacrer des cas de dissociation entre propriété juridique et propriété économique. Depuis longtemps, il est acquis que la clause de **réserve de propriété** figurant dans un contrat de vente n'empêche pas l'acheteur d'inscrire un actif immobilisé à son bilan et de l'amortir dès la livraison du bien[92], ou encore que l'entreprise qui construit un immeuble sur le sol d'autrui peut l'inscrire à son actif en dépit des règles civiles de l'accession conduisant à l'attribution immédiate de la propriété de l'immeuble au propriétaire du sol[93]. Dans le secteur financier, on peut interpréter comme une réception de l'idée de propriété économique le fait que certains transferts seulement temporaires de la propriété d'un titre sont fiscalement neutres. C'est le cas de la pension

89. N'oublions pas que le même problème se pose en présence d'une société en participation, dépourvue de personnalité morale.

90. Sur ce sujet, cf. F. Pasqualini, *Le principe de l'image fidèle en droit comptable*, Litec, 1992.

91. Définition empruntée à G. Blanluet, *Essai sur la notion de propriété économique en droit privé français. Recherches au confluent du droit fiscal et du droit civil*, préf. P. Catala et M. Cozian, LGDJ, Bibliothèque de droit privé, t. 313, 1999, n° 305.

92. Art. 313-3, PCG.

93. Art. 442/21, PCG.

de titres[94] ou du prêt de titres[95] qui opèrent plein transfert de la propriété juridique des titres concernés mais n'entraînent pas, sous certaines conditions, d'imposition des plus-values[96].

416 Le traitement fiscal de la **fiducie** est plus difficile à interpréter. Certes, comme pour les opérations ci-dessus, le transfert d'un bien dans le patrimoine du fiduciaire n'entraîne pas d'imposition des plus-values lorsqu'il s'opère sous certaines conditions fixées par la loi[97]. Il n'est cependant pas évident qu'il faille voir là une réception de l'idée de propriété économique. L'absence d'imposition paraît davantage s'expliquer par la combinaison entre l'imitation du régime fiscal des fusions et une certaine incompréhension de la diversité des finalités assignées à la fiducie, qui sont très différentes selon qu'est en cause une fiducie-gestion, une fiducie-sûreté ou une fiducie-transmission. Ainsi, si la constitution d'un patrimoine fiduciaire ne modifie pas l'attribution des utilités économiques de la chose lorsque le fiduciaire se contente de la gérer, il n'en va pas de même lorsque la fiducie constitue en réalité une étape vers la sortie définitive du bien du patrimoine[98]. Dans ce contexte, la « neutralité » de la fiducie dissimule difficilement une certaine méfiance envers l'institution elle-même.

417 Quoi qu'il en soit, les exemples de reconnaissance de la propriété économique en droit fiscal français sont toujours demeurés isolés. Or, la transposition récente dans les normes comptables françaises d'une définition de l'actif inspirée des normes IFRS entraîne un véritable changement d'approche qui produit un effet fiscal immédiat en raison de la connexité instaurée par l'article 38 *quater* de l'annexe III du CGI. C'est ainsi que l'article 211-1 du Plan comptable général n'utilise pas, pour identifier un actif, le critère de la propriété juridique. Selon ce texte, « un actif est un élément identifiable du patrimoine ayant une valeur économique positive pour l'entité, c'est-à-dire un élément générant une ressource que l'entité *contrôle* du fait d'événements passés et dont elle attend des avantages économiques futurs ».

418 La condition de contrôle utilisée par la loi comptable est beaucoup plus large que celle de propriété. Un actif est contrôlé, selon l'administration fiscale, lorsque l'entreprise « en maîtrise l'utilisation, en assume les coûts, notamment d'entretien, ainsi que la responsabilité en cas de dommage à autrui »[99]. Désormais, donc, le contrôle exercé par l'entreprise doit faire l'objet d'une analyse au cas par cas, contrat par contrat.

En voici un exemple particulièrement clair livré par l'administration fiscale dans son instruction précitée sur les actifs[100]. « Soit une société A ayant conclu un contrat de sous-traitance avec une société X afin de fabriquer des pièces destinées à être intégrées dans les machines outils qu'elle fabrique. Aux termes du contrat, la société X est chargée de concevoir les moules destinés à fabriquer ces pièces par

94. Art. L. 432-12, C. mon. fin.
95. Art. L. 432-6, C. mon. fin.
96. Art. 38 *bis*-0 A, CGI (pour la pension de titres) ; art. 38 *bis*, CGI (pour le prêt de titres).
97. Art. 223 V et s., CGI. La loi de finances rectificative pour 2014 a également renforcé la neutralité fiscale de la fiducie en prévoyant que le transfert de titres vers un patrimoine fiduciaire ne modifie pas les conditions de détention nécessaire pour faire jouer le régime de l'intégration fiscale ou le régime des sociétés mères.
98. En ce sens, et pour une critique du dispositif fiscal applicable à la fiducie, cf. G. Blanluet et J.-P. Le Gall, « La fiducie, une œuvre inachevée », *Dr. fisc.* 2007, n° 26, ét. 676 ; J. Turot, « Fiducie : être ou ne pas être neutre, voici la question », *Dr. fisc.* 2007, n° 16, ét. 433.
99. BOI-BIC-CHG-20-10-10 n° 40.
100. *Ibid., eod. loc.*

rapport aux caractéristiques techniques des machines et en assume les coûts. Toutefois, les coûts des moules sont refacturés à la société A dans le prix de vente des pièces fabriquées par X. Par hypothèse, le contrat prévoit également que les moules sont transférés gratuitement à l'issue de la production des pièces, ce transfert étant assorti de la faculté de les reprendre en cas de rupture anticipée du contrat. La société A assume les risques liés au défaut de conception technique ou à l'insuffisance de commandes, en indemnisant la société X du coût des moules non encore refacturés. Dans ces situations, les moules devront être inscrits à l'actif du donneur d'ordre, la société A, les clauses contractuelles permettant d'établir qu'il y a bien transfert des risques et des avantages économiques attachés à ces biens de la société X vers la société A ».

419 Il subsiste encore des hypothèses dans lesquels l'approche fondée sur la propriété économique ne s'applique pas. La définition fiscale des stocks est fondée sur le seul critère juridique de la propriété, et non sur la notion de contrôle[101]. De plus, la définition de l'actif inscrite à l'article 211-1 du PCG ne concerne pas les contrats de location, qu'il s'agisse de location simple ou de crédit-bail. Elle ne s'applique pas non plus au louage de brevets ou de marques, ni aux instruments financiers. Il en résulte que, dans ces cas, le propriétaire juridique demeure encore, en droit français, le seul à pouvoir inscrire le bien concerné à son actif.

420 Notons cependant que notre droit contraste sur ce point avec le contenu de nombreux **droits étrangers** beaucoup plus ouverts à l'idée de propriété économique[102]. Ceux-ci reconnaissent qu'en présence d'un contrat de crédit-bail ayant une fonction de financement (le « *leasing* financier »), le crédit-preneur doit inscrire le bien loué à l'actif de son bilan car il a droit au profit économique provenant de son utilisation. L'idée au fondement de cette règle est que le crédit-preneur n'est, du point de vue économique, rien d'autre qu'un acheteur à crédit de sorte que si la propriété est demeurée entre les mains du bailleur, c'est exclusivement à des fins de sûreté[103]. Par voie de conséquence, le loyer versé par le crédit-preneur ne s'analyse plus, comme dans le contrat de bail ordinaire, comme une charge intégralement déductible. Une partie est censée correspondre à l'intérêt rémunérant le crédit et est déductible à ce titre, tandis que le reste est censé correspondre au remboursement du crédit. La perte de la déduction intégrale est cependant compensée par la possibilité pour le crédit-preneur d'amortir le bien inscrit à son actif.

La distinction opérée dans les droits étrangers entre le « *leasing* financier » et le « *leasing* opérationnel » (où les loyers sont normalement constatés en charge) n'est pas évidente[104]. Les règles comptables en procédant sont d'ailleurs appelées à être modifiées à l'avenir[105]. Quant à la position française, elle est sans doute moins caricaturale qu'on ne le dit souvent, compte tenu de l'existence de techniques permettant exceptionnellement à l'administration de requalifier certains contrats de crédit-bail en vente à tempérament[106]. Il n'en reste pas moins que la coexistence de systèmes fiscaux opposés est à l'origine de nombreux montages. À titre d'exemple, lorsqu'une société française est propriétaire d'un bien sur lequel elle consent un « *leasing* financier » à un crédit-preneur établi dans un État qui fait jouer en ce cas le concept de propriété économique, le même bien peut être amorti simultanément dans les deux États. Il peut en résulter un avantage fiscal important, quoique nécessairement temporaire.

101. Art. 38 *ter* ann. III, CGI ; BOI-BIC-CHG-20-10-10 n° 40.

102. Citons, sans être exhaustif, l'Allemagne, le Luxembourg, la Suisse, les Pays-Bas ou les États-Unis.

103. Pour une présentation claire et détaillée de la question, cf. M. Coenen, « Leasing », in G. de Bont, P. Essers et E. Kemmeren (ed.), *Fiscal versus Commercial Profit Accounting in the Netherlands, France and Germany*, IBFD, 1996, p. 58 et s.

104. Elle repose essentiellement sur une analyse de l'économie du contrat en cause : on doit, dans cette perspective, comparer la durée de la location et la durée de vie usuelle du bien, comparer le prix d'exercice en cas de levée d'option avec la valeur du bien, etc., le tout pour savoir si les utilités et les risques de la chose ont véritablement été transmises au locataire.

105. Cf. le document publié le 19 mars 2009 par l'IASB et le FASB, intitulé « Leases-preliminary views », et l'article de P. Iweins, « Vers un nouveau mode de comptabilisation des contrats de location », *Option Finance,* n° 1037, 13 juill. 2009, p. 30 et s.

106. Cf. G. Blanluet, « Essai sur la notion de propriété économique » préc., n° 237 et s.

2. Un lien d'affectation

421 Le patrimoine de l'entreprise est un patrimoine « affecté » à celle-ci[107]. En droit fiscal, l'exigence d'une identification d'un patrimoine professionnel est systématique. Elle s'applique donc, que l'entrepreneur individuel ait ou non choisi d'adopter le statut civil d'entrepreneur individuel à responsabilité limitée et affecté en conséquence une partie de son patrimoine à son activité professionnelle.

En droit français, cette affectation repose normalement sur l'acte de volonté de l'entrepreneur, conformément au principe de liberté d'affectation. Celui-ci n'a cependant pas exactement la même signification en matière de BIC (a) et de BNC (b), même si l'évolution du droit positif a conduit à un rapprochement sensible des catégories de revenu (c).

a) Liberté d'affectation et BIC

422 Pour les BIC, il résulte de la jurisprudence que l'exploitant est libre d'inscrire à l'actif de son bilan n'importe quel bien, qu'il soit ou non affecté à l'exploitation[108]. Selon les mots du Conseil d'État, « lorsqu'une entreprise est exploitée par une personne physique, celle-ci a la faculté de comprendre dans les valeurs d'actif au bilan de l'entreprise tout bien provenant de son patrimoine privé alors même qu'il ne concourrait pas à l'exploitation »[109]. La solution est extrêmement libérale. Elle aboutit notamment à permettre à un exploitant individuel d'inscrire à l'actif de son bilan des biens sans rapport avec son activité.

423 Le principe de liberté d'affectation n'est toutefois pas sans limite car certains biens sont considérés comme professionnels par nature. Cela signifie que le lien entretenu par ces biens avec l'exploitation est tel que l'absence de leur inscription au bilan n'empêche pas de les qualifier de professionnels. Tel est notamment[110] le cas du fonds de commerce[111], du droit au bail[112] et des stocks[113].

424 En outre, il résulte de la loi du 15 juin 2010 sur l'EIRL qu'un commerçant désireux de se soumettre à ce régime est soumis aux contraintes propres au patrimoine

107. Sur ce sujet, cf. B. PLAGNET, « La distinction du patrimoine professionnel et du patrimoine privé », in C. DAVID, O. FOUQUET, B. PLAGNET et P. F. RACINE, thème 13 ; J. LE CALVEZ, « Les incertains contours du patrimoine de l'entrepreneur individuel », *D.* 2000, chron. 151 et s.

108. Décision de principe : CE, 24 mai 1967, n° 65436, *Dr. fisc.* 1967, n° 27, concl. SCHMELTZ. Cette règle ne s'applique cependant pas aux entreprises soumises au régime « micro », pour lesquelles le seul critère d'appartenance au patrimoine professionnel est celui tiré de l'affectation économique à l'exploitation.

109. CE, 8e et 9e s.-s., 8 sept. 1999, n° 179832, *Le Forestier de Quillien*, *Dr. fisc.* 2000, n° 6, concl. J. ARRIGHI DE CASANOVA ; *RJF* 11/99, n° 1323.

110. Autres exemples : les brevets et autres droits de propriété industrielle créés dans le cadre de l'activité de l'entreprise ou dont l'exploitation est l'objet même de l'entreprise (BOI-BIC-PVMV-10-10-10 nos 310 et 320) ; une marque déposée par une personne physique (CE, 3 sept. 2008, n° 300420, 300421, 300422, *RJF* 12/08, n° 1292, *BDCF* 12/2008, n° 142, concl. L. VALLÉE : sur cet arrêt, v. *infra*, n° 457) ; un immeuble, lorsqu'il est affecté par nature à l'exploitation (CE, 5 mai 2010, n° 316677, *M. Peltier*, *Dr. fisc.* 2010, n° 26, comm. 389, concl. N. ESCAUT, note P. FUMENIER).

111. CE, 10 juin 1970, n° 75161, *Dr. fisc.* 1971, n° 8, comm. 245, concl. DELMAS-MARSALET.

112. CE, 17 oct. 1990, n° 56991, *Ahner*, *RJF* 12/90, n° 1434.

113. CE, 25 juill. 1975, n° 89522, *Dr. fisc.* 1975, n° 45, comm. 1442, concl. LATOURNERIE.

d'affectation des titulaires de bénéfices non commerciaux[114]. Il résulte en effet de l'article L. 526-6 de la loi que « tout entrepreneur individuel peut affecter à son activité professionnelle un patrimoine séparé de son patrimoine personnel, sans création d'une personne morale. Ce patrimoine est composé de l'ensemble des biens, droits, obligations ou sûretés dont l'entrepreneur individuel est titulaire, *nécessaires* à l'exercice de son activité professionnelle. Il peut comprendre également les biens, droits, obligations ou sûretés dont l'entrepreneur individuel est titulaire, *utilisés pour* l'exercice de son activité professionnelle et qu'il décide d'y affecter ». La lettre de la loi est claire : on ne saurait affecter au patrimoine de l'EIRL des biens qui ne seraient pas utilisés à des fins extra-professionnelles.

425 Enfin et surtout, le principe de liberté d'affectation qui caractérise les BIC ne signifie pas que l'on puisse toujours tirer avantage de l'affectation au bilan de certains actifs. Certes, jusqu'à l'adoption de la loi de finances rectificative pour 2010, la situation était très avantageuse pour le contribuable qui pouvait tirer toutes les conséquences fiscales de son choix d'inscrire au bilan certains actifs, fussent-ils étrangers à l'activité de l'entreprise : amortissement, déduction des autres charges relatives au bien, etc. L'administration ne pouvait s'y opposer. Elle ne pouvait notamment estimer qu'il y avait là un acte anormal de gestion[115], même s'il fallait toujours réserver l'hypothèse où la loi elle-même faisait obstacle à la déduction de certaines dépenses présentant un caractère somptuaire[116]. L'étendue des facultés dont jouissaient les titulaires de BIC pouvait donc paraître choquante.

Cette présentation du droit antérieur mérite en réalité plus de nuance. Il faut en effet conserver à l'esprit que les avantages fiscaux de la liberté ont leur contrepartie. Dès lors qu'un bien appartient au patrimoine professionnel, les plus-values réalisées à l'occasion de la cession du bien sont soumises au régime des plus-values professionnelles. À titre d'exemple, le fait d'inscrire un actif mobilier au bilan et de l'amortir a pour effet d'en diminuer la valeur nette comptable. Le jour où le bien est cédé, la plus-value imposable en est augmentée d'autant. Ainsi, les gains fiscaux initialement engrangés sous la forme de déductions pratiquées sur le bénéfice imposable sont ultérieurement compensés sous la forme d'une imposition des plus-values. Par comparaison, si le bien était resté dans le patrimoine privé, il n'y aurait eu ni gain fiscal initial... ni charge fiscale ultérieure, les plus-values de cession des actifs mobiliers étant le plus souvent exonérées en application des principes régissant les plus-values des particuliers[117].

L'état du droit à compter du 1er janvier 2012 est différent. L'article 155 II 1 prévoit en effet désormais que les produits et les charges ne concourant pas à l'exercice de l'activité professionnelle ne peuvent plus être pris en compte pour la détermination du résultat[118]. Le principe de la liberté d'inscription reste donc formellement admis mais ses effets sont neutralisés[119]. La conséquence technique de cette mise à l'écart des

114. Cf. *infra*, n° 431.

115. Sur ce concept, cf. *infra*, n° 628 et s.

116. Art. 39. 4, CGI, sur lequel v. *infra*, n° 638 et s.

117. La neutralité du droit fiscal est supérieure pour le choix d'affecter un immeuble au patrimoine professionnel depuis que la loi de finances pour 2006 a introduit dans le CGI l'art. 151 *septies* qui aligne en quelque sorte les plus-values professionnelles immobilières à long terme sur le régime des plus-values des particuliers. Cf. sur ce point *infra*, n° 621.

118. Ces dispositions ne sont toutefois pas applicables, sur option du contribuable, lorsque les produits en question n'excèdent pas 5 % du total des produits de l'exercice.

119. À noter : cette réforme n'a aucun effet en matière de TVA. Comme on l'a relevé (Y. SÉRANDOUR, obs. à *L'année fiscale 2012*, *Dr. fisc.* 2012, n° 9, comm. 159, § 17), « il est parfaitement envisageable d'affecter à l'entreprise un bien totalement étranger à l'activité professionnelle et de récupérer toute la TVA

produits « qui ne proviennent pas de l'activité exercée à titre professionnel » et des « charges qui ne sont pas nécessitées par l'exercice de l'activité à titre professionnel » (formulations retenues par le texte légal) est que ces produits et charges sont extournés du résultat et imposés distinctement selon leur nature propre, dans la catégorie d'imposition correspondante, comme si les biens correspondants étaient demeurés dans le patrimoine privé de l'exploitant.

D'autres conséquences de la dissociation entre différents types de produits et charges se produisent en matière de traitement des plus-values de cession des éléments inscrits à l'actif[120]. Ces solutions concernent par exemple les hypothèses dans lesquelles des immeubles affectés à l'actif du bilan mais ne concourant pas à l'exercice de l'activité professionnelle sont loués à des tiers, ainsi que les cas dans lesquels des portefeuilles de titres sans lien avec l'activité professionnelle figurent à l'actif. Elles ont été conçues en ayant à l'esprit le cas particulier des sociétés de personnes exerçant une activité imposable relevant de la catégorie des BIC et des BA. En extournant du résultat imposable selon les BIC certains éléments du résultat, le nouveau régime favorise en effet indirectement une transparence accrue des sociétés de personnes.

426 Pour terminer, il résulte du principe de liberté d'affectation que le commerçant peut de même s'abstenir de faire figurer au bilan certains biens qui sont pourtant utilisés dans le cadre de l'exploitation. Le choix est, ici encore, à double tranchant. Il peut s'avérer judicieux si le bien est appelé à être cédé en réalisant une importante plus-value car la fiscalité des particuliers peut alors être plus avantageuse que la fiscalité des entreprises. Il peut ne pas l'être si les charges afférentes au bien sont importantes et qu'une cession future n'est pas envisagée. En tout état de cause, il est acquis qu'un entrepreneur ne peut *a posteriori* avancer qu'il a commis une erreur en s'abstenant d'affecter à l'actif un bien générateur de charges. L'administration lui rétorquera que cette non-affectation constitue une décision de gestion qui lui est opposable[121].

427 Les mêmes principes s'appliquent également aux dettes. Selon une jurisprudence constante du Conseil d'État, seules les dettes inscrites au passif du bilan sont considérées comme appartenant au patrimoine de l'entreprise. Lorsqu'un entrepreneur individuel contracte une dette à l'égard d'un tiers, il peut décider, prenant ainsi une décision de gestion qui lui est opposable, soit de regarder l'opération comme étrangère à l'exploitation de l'entreprise et ne pas la retracer dans les écritures de celle-ci, soit au contraire de regarder l'opération comme effectuée par l'entreprise et retracer dans les écritures de celle-ci tant l'encaissement de la somme prêtée que le montant de la dette contractée[122]. Les conséquences de la décision prise sont multiples. Si la dette est inscrite au passif, les intérêts de celle-ci sont en principe déductibles. En revanche, l'éventuel abandon de créance consenti à l'entreprise constitue pour elle un revenu imposable, alors que tel n'est pas le cas en présence d'une dette purement privée.

---

d'amont dès lors que la dépense a été engagée dans l'intention de l'affecter à des opérations imposables ». Reste que, conformément à la directive TVA, il faut réserver le jeu ultérieur des prestations à soi-même et des régularisations de TVA. Noter aussi que l'article 206, IV, 2 de l'annexe du CGI exclut du droit à déduction toute dépense non utilisée pour au moins 10 %) à la satisfaction des besoins de l'entreprise. Du même auteur et sur le même sujet, « Quelques réflexions autour de la suppression des effets de la théorie du bilan », *Dr. fisc.* 2012, n° 21, ét. 303.

120. Pour plus de détails, cf. *infra*, n° 609.

121. CE, 4 nov. 1970, n° 75564, *Dr. fisc.* 1971, n° 4, comm. 66, concl. Delmas-Marsalet. Et sur le concept de décision de gestion, cf. *infra*, n° 625.

122. V. par ex. CE, 10 déc. 1999, n° 164982, 8e et 9e s.-s., *min. c/ Freulon*, *RJF* 2/00, n° 167, concl. J. Arrighi de Casanova, *BDCF* 2/00, n° 19.

428 La séparation des patrimoines de l'entrepreneur produit des résultats qui, pour être logiques, n'en sont pas moins difficiles à comprendre pour le non-initié. Ainsi, par exemple, il est admis que l'entrepreneur qui conserve un immeuble dans son patrimoine privé et s'abstient, en conséquence, de l'inscrire à l'actif de son entreprise tout en l'affectant à l'exploitation de cette dernière, est en droit de comprendre dans les charges de celle-ci des sommes correspondant au loyer normal de cet immeuble[123]. Il s'agit d'un cas typique de contrat avec soi-même, le bailleur n'étant pas juridiquement distinct du locataire. En droit civil, le contrat est inexistant, le loyer purement virtuel. Fiscalement, cependant, le loyer vient en déduction du bénéfice imposable au titre des BIC (résultat souvent recherché car la réduction du bénéfice imposable produit un effet par ricochet sur l'assiette des cotisations sociales) et doit être déclaré en tant que revenu foncier par le propriétaire de l'immeuble.

429 De même, il est dans la logique de la séparation des patrimoines de traiter comme une plus-value professionnelle tout transfert d'un bien du patrimoine professionnel vers le patrimoine privé. Ce qu'on appelle le « retrait d'actif » est ainsi soumis au même régime qu'une cession de l'actif à un tiers[124].

430 Au vu de ce qui précède, on pourrait songer à aller jusqu'au bout de la logique en organisant d'autres flux entre patrimoines professionnel et privé. Le Conseil d'État s'y refuse cependant. S'il est possible d'être son propre locataire, on ne peut être son propre salarié ou son propre prêteur de fonds. L'entrepreneur ne peut donc déduire de son résultat imposable des salaires qu'il se verserait. Il ne peut davantage déduire les intérêts des capitaux personnels qu'il aurait affecté à l'entreprise. Cette règle est contestée par certains car elle refuse de prendre en considération des charges inhérentes à l'exploitation[125]. Elle peut cependant être contournée en adoptant, soit la forme juridique de l'EURL, soit même celle de l'EIRL puisque celle-ci est fiscalement considérée comme identique à celle de l'EURL.

b) Liberté d'affectation et BNC

431 En matière de BNC, les principes sont très proches de ceux applicables aux BIC[126]. Même si le bénéfice imposable n'est pas défini comme une variation d'actif net, l'article 93, 1 du CGI oblige à séparer les patrimoines dans la mesure où il énonce que la

123. CE, 8 juill. 1998, n° 164657, *Meissonnier*, *RJF* 8-9/98, n° 903 ; *Dr. fisc.* 1998, n° 42, comm. 896, concl. G. Bachelier. Sur ce point, cf. F. Deboissy, « Retour sur l'arrêt Meissonnier, le bail fiscal existe-t-il ? », *RTD com.* 2001, n° 4, p. 1013 et s. ; T. Schmitt, « Propos iconoclaste sur le bail fiscal », *Dr. fisc.* 2002, n° 16, p. 661 et s. La solution a été réaffirmée dans une intéressante affaire (CE, 3 juill. 2009, *Mme Noël*, *RDC* 2010/2, p. 695, note Ph. Neau-Leduc) où un entrepreneur individuel, initialement locataire d'un immeuble appartenant à un tiers, avait ensuite acquis la propriété de cet immeuble. Celui-ci étant demeuré dans son patrimoine privé, le droit au bail avait pu rester affecté à l'actif professionnel, et sa cession ultérieure avait pu être soumise au régime des plus-values professionnelles... exonérées par l'art. 151 *septies*, CGI.

124. CE, 5 déc. 1973, n° 86298 : *Lebon*, p. 693, *Dupont* 1974, p. 54.

125. Cf. J. Le Calvez, « Les incertains contours du patrimoine de l'entrepreneur individuel », *D.* 2000, chron. 151 et s., spéc. p. 153 ; v. également le grief d'incohérence adressé au droit fiscal par F. Douet, « Propos désobligeants sur certains aspects fiscaux du principe de la liberté d'affectation comptable », in M. Chadefaux, F. Deboissy et C. de la Mardière (dir.), *Écrits de fiscalité des entreprises. Études à la mémoire du Professeur Maurice Cozian*, Litec, 2009, p. 329 et s., spéc. p. 334.

126. Sur ce sujet, v. J. Maia, « BNC : la distinction entre patrimoines privé et professionnel à l'épreuve de l'utilisation professionnelle d'un immeuble », *RJF* 8-9/2001, p. 703 et s.

détermination du bénéfice non commercial tient comptes « des gains ou des pertes provenant [...] de la réalisation des éléments d'actif affectés à l'exercice de la profession ». Le même texte énonce dans son 2°, comme on l'a vu, que les amortissements doivent être calculés en suivant les règles applicables en matière de BIC.

On retrouve donc sans surprise en matière de BNC un balancement entre un principe de liberté d'affectation et une exception en présence de biens professionnels par nature tels que le droit de présentation de la clientèle, la finance des charges et offices, les matériels, outillages, installations et biens d'équipement servant spécifiquement à l'exercice de l'activité, etc.

432 Il existe cependant une différence avec les BIC concernant les biens qui peuvent être inscrits au registre des immobilisations. On peut en effet déduire de l'article 99 du CGI, qui définit les informations devant figurer dans le registre des immobilisations, que seuls les éléments d'actif affectés à l'exercice de la profession peuvent y figurer. Ainsi, si le professionnel libéral demeure libre de ne pas inscrire à l'actif un bien pourtant affecté à l'exercice de sa profession, il ne peut pas faire figurer à l'actif un bien étranger à l'exercice de la profession. En pratique, donc, il ne suffit pas qu'un bien soit inscrit dans le registre des immobilisations pour que son caractère professionnel soit reconnu. Il faut aussi que son utilisation à des fins professionnelles soit réelle[127].

Il y a là une source de contentieux non négligeable car ces règles conduisent par exemple à imposer, en tant que plus-value professionnelle, le retrait d'actif constitué par le fait, pour un professionnel libéral, de louer à un tiers un local qu'il occupait jusqu'alors à titre professionnel et ce, même si le local demeure sur le registre des immobilisations[128]. Ce type de problème serait évité si l'étendue de la liberté d'affectation consacrée pour les BIC prévalait également en matière de BNC. Un actif ne cesserait en effet pas d'être considéré comme professionnel s'il demeurait inscrit sur le registre des immobilisations.

c) Observations sur l'évolution du droit

433 On voit mal quelle raison décisive justifie aujourd'hui la permanence d'une différence de traitement entre titulaires de BIC et de BNC sur le terrain de la liberté d'affectation alors que les résultats auxquels aboutit le droit positif sont semblables : pour les BIC, une liberté de principe neutralisée par l'impossibilité de tirer les conséquences fiscales de l'inscription au bilan de biens sans rapport avec l'activité ; pour les BNC, une liberté plus encadrée aboutissant au final au même résultat. Si l'on pouvait comprendre cette différence tant que la gestion patrimoniale des professions non commerciales en était restée à un moindre degré de développement et de complexité que celui des professions industrielles et commerciales, ce qui pouvait justifiait la primauté du critère matériel d'affectation sur le critère formel de l'inscription au bilan, une telle explication semble aujourd'hui peu pertinente.

434 Force est d'ailleurs de constater que la jurisprudence s'oriente plus généralement vers un rapprochement des règles applicables en matière de BIC et de BNC. Ainsi, le Conseil d'État a étendu aux titulaires de BNC la règle du « bail fiscal », c'est-à-dire la déduction de loyers transférés du patrimoine professionnel au patrimoine privé, alors qu'il y avait été longtemps réticent. Il faut dire que l'article 93, 1° du CGI semblait s'y opposer, énonçant que « lorsque le contribuable est propriétaire de locaux affectés à l'exercice de sa profession, aucune déduction n'est apportée de ce chef au bénéfice imposable ». Ceci n'a pas empêché le Conseil d'État d'estimer que ces dispositions ne

127. CE, 28 nov. 1990, n° 55861, *Korber*, *RJF* 1/91, n° 50.

128. CE, 3 juin 1992, n° 90905, *Soulier*, *Dr. fisc.* 1993, n° 15, comm. 781, concl. Fouquet ; *RJF* 7/92, n° 971 ; CE, 6 avr. 2001, n° 208672, *Prince*, *RJF* 7/01, n° 939.

s'opposent pas à ce que, lorsque le titulaire de BNC maintient des locaux dans son patrimoine personnel et obtient, en contrepartie de leur utilisation pour les besoins de son activité professionnelle, une rémunération constitutive pour lui de revenus fonciers, il déduise de ses recettes professionnelles le montant des dépenses d'occupation effectuées à raison de l'utilisation des locaux nécessaires à son activité professionnelle[129].

435 La différence opérée par le droit fiscal entre BIC et BNC est d'autant plus périmée qu'avec l'adoption de la loi sur l'EIRL, certains titulaires de BIC se retrouvent logés à la même enseigne que les titulaires de BNC puisque le patrimoine affecté à l'EIRL comprend les éléments nécessaires à l'activité professionnelle, éventuellement complétés par d'autres éléments utiles à l'activité que l'entrepreneur choisit d'y intégrer.

436 La question de savoir dans quel sens l'unification devrait alors s'opérer est aujourd'hui aisée à trancher. L'adoption de la loi sur l'EIRL et la réforme de l'article 155 du Code général des impôts à compter de 2011 ont fait implicitement mais nécessairement du système des BNC le système de droit commun, non seulement en droit fiscal mais aussi en droit civil. Dans ce contexte, il est clair que la liberté d'affectation telle qu'elle était conçue en matière de BIC n'a plus véritablement de sens.

B. LA CLASSIFICATION DES ACTIFS DE L'ENTREPRISE

437 L'identification des actifs appartenant à l'entreprise permet de dissocier le patrimoine privé et le patrimoine professionnel. Celui-ci n'est cependant pas monolithique. Aux yeux de la comptabilité comme de la fiscalité, les différents éléments qui le composent obéissent à des régimes distincts. Ainsi, alors que les dépenses qualifiées de charges sont déductibles, celles conduisant à l'acquisition d'une immobilisation ne le sont pas. Il est donc primordial de connaître la définition de l'immobilisation (1°). Celle-ci permet de comprendre la différence entre immobilisation et stock (2°) et, plus généralement, la différence entre immobilisation et charge (3°). Reste à éclaircir, au moyen de ces différents instruments conceptuels, la notion fort complexe d'immobilisation incorporelle (4°).

1. La notion d'immobilisation

438 La loi fiscale ne contient pas de définition générale des immobilisations. Il convient donc de se référer sur ces points à la loi comptable, conformément à l'article 38 *quater* de l'annexe III du Code général des impôts.

Les immobilisations sont une catégorie d'« actifs ». Or, selon la réglementation comptable, « un actif est un élément identifiable du patrimoine ayant une valeur économique positive pour l'entité, c'est-à-dire un élément générant une ressource que l'entité contrôle du fait d'événements passés et dont elle attend des avantages économiques futurs »[130].

129. CE, 11 avr. 2008, 10e et 9e s.-s., n° 287808, *FR* 31/08, inf. 2, p. 5. L'administration a pris acte de cette jurisprudence (Rép. Lefranc : AN 23 sept. 2008, p. 8208, n° 17112). Le Conseil d'État a poursuivi la tendance en adoptant la même solution pour les agriculteurs relevant du bénéfice réel (CE, 26 sept. 2011, n° 340246, *M. Blestel*, *Dr. fisc.* 2012, n° 24, comm. 334).
130. Art. 211-1, PCG.

De cette définition de l'actif se dégagent trois critères : le caractère identifiable, le contrôle et l'existence d'avantages économiques futurs. La définition fait appel à des concepts peu familiers pour le juriste : le « contrôle », la « ressource », « l'avantage économique », etc. Les concepts sont si délicats à utiliser que le Plan comptable général prend la peine de préciser qu'un « avantage économique futur » représentatif d'un actif doit s'entendre du « potentiel qu'a cet actif de contribuer, directement ou indirectement, à des flux nets de trésorerie au bénéfice de l'entité »[131].

Au sein des actifs, les immobilisations constituent une catégorie particulière dont le plan comptable général ne livre cependant aucune définition générale. Il cumule deux définitions, l'une pour l'immobilisation corporelle, l'autre pour l'immobilisation incorporelle. Selon l'article 211-6 du Plan comptable général, « une immobilisation corporelle est un actif physique détenu, soit pour être utilisé dans la production ou la fourniture de biens ou de services, soit pour être loué à des tiers, soit à des fins de gestion interne et dont l'entité attend qu'il soit utilisé au-delà de l'exercice en cours ». Une immobilisation incorporelle se définit quant à elle comme « un actif non monétaire sans substance physique »[132].

439 Comme on peut le constater de prime abord, le propre d'une immobilisation est de servir durablement à l'entreprise dans le cadre de son activité. Les immeubles abritant l'exploitation, les machines utilisées dans le processus de production, les droits permettant à l'entreprise d'exercer son activité (par exemple une licence de brevet) sont ainsi – sous certaines conditions – qualifiés d'immobilisation. Ces quelques observations liminaires permettent de mieux comprendre la différence entre l'immobilisation et le stock.

2. La différence entre immobilisation et stock

440 À la différence de l'immobilisation, le stock se définit comme « un actif détenu pour être vendu dans le cours normal de l'activité, ou en cours de production pour une telle vente, ou destiné à être consommé dans le processus de production ou de prestation de services, sous forme de matières premières ou de fournitures »[133].

Comme on peut l'observer, la différence fondamentale entre immobilisation et stock tient à la finalité assignée à l'utilisation d'un actif. Si celui-ci a vocation à être écoulé dans le cadre ordinaire de l'exploitation, c'est un stock. Sinon, c'est une immobilisation. Cette différence explique pourquoi le même bien peut, selon les circonstances, être considéré comme un stock ou une immobilisation. À titre d'exemple (classique), un immeuble peut être considéré comme un stock lorsqu'il est inscrit à l'actif d'un marchand de biens, car il s'agit alors en quelque sorte d'une marchandise ordinaire. Il s'agit d'une immobilisation lorsque l'entreprise n'a pas pour activité d'acheter et de revendre des immeubles. Ainsi, la qualification de stock ou d'immobilisation dépend au premier chef de l'analyse de l'activité de l'entreprise.

441 Les enjeux fiscaux de la distinction entre immobilisation et stock sont multiples. Tout d'abord, l'acquisition à titre onéreux d'une immobilisation ne donne droit, pour l'entreprise acquéreuse, à aucune déduction du bénéfice imposable. En revanche, l'achat d'un élément de stock s'analyse en une charge déductible. Cela ne signifie pas

131. Art. 211-2, PCG.
132. Art. 211-5, PCG.
133. Art. 211-7, PCG.

que l'achat d'une immobilisation doive demeurer sans effet ultérieurement : les amortissements et/ou dépréciations pratiqués sur cette immobilisation seront, eux, déductibles sous certaines conditions[134]. Il s'agit là d'un autre enjeu de la distinction entre les deux catégories d'actifs puisque seules les immobilisations peuvent donner lieu à amortissement[135]. De plus, la cession d'une immobilisation est soumise au régime des plus-values professionnelles, lequel se distingue – sauf pour les sociétés soumises à l'impôt sur les sociétés[136] – du régime des profits ordinaires réalisés en cas de vente d'éléments du stock. Les plus-values professionnelles à long terme peuvent en effet être imposées à un taux proportionnel de 16 % lorsque certaines conditions sont réunies[137].

La distinction entre immobilisation et stock n'épuise cependant pas la classification des dépenses effectuées par l'entreprise. Il se peut en effet qu'une entreprise achète un bien ne faisant pas partie du stock, sans pour autant constituer une immobilisation. Ceci se produit en vertu d'une nouvelle distinction, cette fois-ci entre immobilisation et charge.

3. La distinction entre immobilisation et charge

442 Pour savoir si une dépense doit être traitée comme une charge ou comme faisant entrer dans le patrimoine une immobilisation, il convient de faire un raisonnement en deux temps.

Tout d'abord, il faut se demander si l'actif acquis répond aux caractères de l'immobilisation. Si tel n'est pas le cas, le coût d'acquisition d'un actif ou d'un service est traité comme une charge. Cette approche résulte directement du Plan comptable général, dont on sait qu'il fait dépendre la qualification d'immobilisation de la vocation de l'actif à servir durablement à l'exploitation[138]. Par symétrie, le Plan comptable général énonce que les charges comprennent notamment « les sommes ou valeurs versées ou à verser en contrepartie de marchandises, approvisionnements, travaux et services consommés par l'entité [...] »[139]. Le critère tiré de la consommation du bien ou du service illustre à nouveau l'opposition entre la charge et l'immobilisation. En pratique, lorsqu'une entreprise acquiert des biens dont la durée d'utilisation est inférieure à douze mois, elle doit traiter le coût de cette acquisition comme une charge[140].

443 Cette première étape du raisonnement, fondée sur l'analyse de l'objet de la dépense, doit cependant être confirmée par une deuxième étape destinée à vérifier qu'il n'existe pas de règle spécifique aboutissant à une qualification inverse.

Il arrive ainsi que certains actifs qui réunissent en théorie les conditions pour être immobilisés soient traités comme des charges pour des raisons de commodité. L'administration autorise ainsi les

134. Cf. *infra*, n° 576 et s., 594 et s.

135. Stocks et immobilisations peuvent en revanche faire tous deux l'objet de provisions, comme on le reverra plus tard (cf. *infra*, n° 594 et s.).

136. Cf. *infra*, n° 602.

137. Cf. *infra*, n° 603 et s.

138. Cf. *supra*, n° 438.

139. Art. 511-2, PCG.

140. CE, 18 mai 1998, n° 132260, *SA Comelli* ; CE, 21 mars 1991, n° 57777, *SARL Établissements Menet.*

entreprises à passer directement en charges déductibles le prix d'acquisition de certains biens de faible valeur[141].

En sens inverse, il arrive qu'une somme versée en contrepartie d'un service, qui devrait en théorie être traitée comme une charge, doive au contraire être rattachée à une immobilisation. Tel est le cas lorsque ce service a pour effet d'augmenter la valeur d'une immobilisation ou d'en prolonger d'une manière notable la durée probable d'utilisation. À titre d'exemple, les frais d'entretien et de réparation font l'objet d'un traitement différencié selon qu'ils n'ont pas d'autre effet que de maintenir le bien ou l'un de ses composants en état d'usage et de fonctionnement sans en augmenter la valeur ou la durée d'utilisation (auquel cas ils sont déductibles), ou qu'il s'agit de véritables travaux ayant l'effet inverse (auquel cas les dépenses doivent être immobilisées)[142].

444 Enfin, il peut arriver que des motifs de politique comptable et fiscale expliquent qu'un choix soit laissé à l'entreprise quant au traitement de certaines dépenses. À titre d'exemple, considérons les **frais de recherche et développement** exposés par les entreprises. Les frais de recherche peuvent se définir grossièrement comme toutes les dépenses qui permettent à une entreprise d'acquérir de nouvelles connaissances et de concevoir des produits ou services innovants[143]. Ces dépenses sont traitées comme des charges immédiatement déductibles[144]. Les frais de développement, quant à eux, se rattachent à la phase qui suit la recherche ; constituent par exemple des activités de développement la conception, la construction et le test de modèles, de prototypes, d'outils nouveaux, etc. Or, ces frais peuvent, au choix de l'entreprise, être immédiatement déduits ou être immobilisés[145]. Si l'entreprise choisit la déduction immédiate, elle bénéficie d'un avantage de trésorerie mais elle ne peut par la suite faire figurer le brevet parmi ses immobilisations incorporelles. Si l'entreprise choisit l'immobilisation des dépenses, ce qu'elle ne peut d'ailleurs faire que si elle a un projet opérationnel précis ayant de sérieuses chances de réussite technique et de rentabilité commerciale[146], elle renonce à une déduction immédiate au profit d'une déduction fractionnée sous la forme d'un amortissement ultérieur, mais elle respecte mieux le principe comptable de l'image fidèle car le brevet qu'elle obtiendra pourra être immobilisé[147]. C'est d'ailleurs pourquoi la méthode de l'immobilisation est considérée par les autorités comptables et fiscales comme préférentielle, ce qui implique qu'elle est définitive, sauf cas exceptionnel de changement de méthode.

141. Il s'agit des matériels et outillages, matériels et mobiliers de bureau, logiciels de valeur unitaire n'excédant pas 500 € hors taxe (BOI-BIC-CHG-20-30-10 ; BOI-BIC-CHG-20-30-10).

142. BOI-BIC-CHG-20-20-20 ; BOI-BIC-CHG-20-20-20 n° 140 et s. Pour une application de ce raisonnement en présence de dépenses de travaux de mise aux normes, v. CE, 23 déc. 2011, n° 327077, *Sté Secre Asteel Electronics*, *Dr. fisc.* 2012, n° 11, comm. 189, concl. V. Daumas, note C. Cassan et J. Moisy. Pour l'immobilisation de dépenses relatives à des travaux de mise en conformité aux règles de sécurité, CE, 22 oct. 2012, n° 327794, *SA Delaunay et Fils*, *Dr. fisc.* 2013, n° 7, comm. 64.

143. Pour une définition rigoureuse, cf. avis du CNC n° 2004-15 du 23 juin 2004, § 3.3.2 et 3.3.3.

144. Pour le droit comparé en la matière, montrant notamment que dans d'autres États une activation des dépenses de recherche est possible, cf. D. ENDRES *et alii*, *The Determination of Corporate Taxable Income in the EU Member States*, PriceWaterhouseCoopers, Kluwer Law International, 2007, § 4.3.1.2.2., p. 36 et s.

145. Pour le droit comparé, cf. D. ENDRES *et alii*, *op. cit.*, p. 38.

146. Il s'agit d'une illustration du critère des « avantages économiques futurs » qui justifie la qualification d'immobilisation.

147. Pour plus de détails sur le traitement des frais de recherche et développement, cf. BOI-BIC-CHG-20-30-30 I. Plus généralement, sur la fiscalité de la propriété industrielle, cf. J. SCHMIDT-SZALEWSKI et J.-L. PIERRE, *Droit de la propriété industrielle*, Litec, 4e éd., 2007, n° 1241 (toute une partie de l'ouvrage est consacrée à la fiscalité).

La frontière entre rémunération d'un service (déductible comme charge) et dépense d'acquisition d'une immobilisation est ainsi parfois très difficile à tracer. L'exemple précité révèle que c'est notamment le cas en présence d'immobilisations incorporelles, lesquelles méritent un développement spécifique.

4. La notion d'immobilisation incorporelle

445 Les actifs incorporels représentent dans une économie largement dématérialisée une richesse considérable[148]. Une étude publiée en 2007 par l'Observatoire de l'immatériel distingue ainsi huit actifs ou capitaux que l'on retrouve dans toutes les entreprises : le portefeuille clients, l'organisation (ce qui inclut le réseau de distribution comme la politique qualité à l'intérieur de l'entreprise), le système d'information, les fournisseurs, les marques, les technologies, les actionnaires (dont la « valeur » dépend de la connaissance du métier, de leur patience...), et les collaborateurs (le « capital humain », avec ses compétences, sa motivation, etc.)[149].

Or le fabuleux gisement représenté par les actifs immatériels n'est que partiellement retranscrit dans la comptabilité, faute pour celle-ci d'offrir des instruments suffisamment sûrs pour identifier et quantifier une richesse souvent incertaine quant à son existence et volatile quant à son devenir. D'un point de vue fiscal, la question de l'identification des actifs incorporels est également essentielle puisque la fiscalité dépend de la comptabilité. Elle l'est d'autant plus que le capital immatériel peut être aisément transféré d'un État à un autre, créant ainsi potentiellement un préjudice financier important à l'État de départ. La question de l'identification et de la valorisation des incorporels est donc au cœur de la problématique des prix de transfert[150].

Il n'est d'ailleurs pas sans intérêt d'observer que l'OCDE, dans la version 2017 de ses « Principes directeurs en matière de prix de transfert à l'intention des entreprises multinationales et des administrations fiscales » ait défini l'actif incorporel comme « une chose qui n'est pas un actif corporel ni un actif financier, qui peut être possédée ou contrôlée aux fins d'utilisation dans le cadre d'activités commerciales, et dont l'utilisation ou le transfert serait rémunéré s'il avait lieu dans le cadre d'une transaction entre parties indépendantes dans des circonstances comparables »[151]. Cette notion comprend les biens incorporels « classiques » comme les brevets, marques et savoir-faire. Pour autant, cette définition englobe bien d'autres réalités possibles, ce qui est susceptible d'entraîner d'abondants débats avec les administrations fiscales sur l'existence ou non d'un bien incorporel et, ainsi, sur l'existence et le prix d'une transaction. Il convient toutefois de mesurer que la définition de l'incorporel par les principes directeurs de l'OCDE n'a pas de caractère juridique et ne peut donc fournir la matrice de la reconnaissance d'un véritable actif au sens du droit comptable ou du droit fiscal.

L'évolution de la réglementation doit donc être étudiée (a) avant de prendre certains exemples qui permettent de se convaincre de la complexité de la matière (b).

a) L'évolution de la notion

446 Jusqu'à l'intégration en droit français de l'approche issue des nouvelles normes IFRS, la notion d'élément incorporel de l'actif immobilisé résultait de la jurisprudence.

148. Sur ce point, cf. le rapport Lévy-Jouyet, *L'économie de l'immatériel. La croissance de demain*, novembre 2006, disponible sur http://www.finances-gouv.fr.

149. http://www.observatoire-immateriel.com.

150. V. *infra*, n° 656 et s.

151. OCDE, *Principes directeurs en matière de prix de transfert à l'intention des entreprises multinationales et des administrations fiscales*, juillet 2017, § 6.6.

La modification des normes comptables a changé la donne, mais elle ne s'applique pas à toutes les immobilisations incorporelles. La jurisprudence fiscale a donc encore son mot à dire sur la question.

α) La jurisprudence antérieure à l'adoption des normes IFRS

447 Le « grand arrêt » (qui est loin d'être le premier) de la jurisprudence fiscale concernant l'immobilisation des actifs incorporels est l'arrêt *SIFE* du 21 août 1996[152]. Statuant sur le point de savoir si des redevances de licence de marque étaient des charges déductibles ou des dépenses devant être immobilisées, le Conseil d'État énonce que « ne doivent suivre le régime fiscal des éléments incorporels de l'actif immobilisé de l'entreprise que les droits constituant une source régulière de profits, dotés d'une pérennité suffisante et susceptibles de faire l'objet d'une cession ». Même si la portée de cet arrêt demeurait controversée, nombreux y avaient vu à l'époque une définition générale de l'immobilisation incorporelle[153].

448 Cette définition était intéressante à plus d'un titre. Elle reconnaissait que les droits retirés d'un contrat peuvent constituer un actif immobilisé, au même titre qu'un actif corporel, dès lors qu'ils représentent pour l'entreprise l'équivalent d'un moyen de production. Ceci se comprend aisément à la lumière d'un exemple simple : pour une entreprise dont l'essentiel du chiffre d'affaires provient de l'exploitation d'une invention brevetée, le contrat de licence portant sur le brevet constitue une valeur essentielle.

Les critères de l'immobilisation incorporelle reflétaient d'ailleurs le parallélisme possible avec les immobilisations corporelles. Pour être immobilisés, les droits devaient être une source régulière de profit : il fallait donc qu'ils puissent être exercés à des fins économiques (l'exploitation, dans l'exemple précité du brevet). Il fallait qu'ils soient dotés d'une pérennité suffisante, ce qui signifie que le cocontractant (c'est-à-dire le concédant d'une licence, lorsque se pose la question de l'immobilisation du contrat chez le licencié[154]) ne doit pas pouvoir mettre fin à tout instant et sans préavis au contrat[155]. Il fallait enfin qu'ils soient cessibles. Ce critère, dit de « patrimonialité » des droits, était censé refléter

152. CE, 21 août 1996, *SA SIFE*, n° 154448, *Dr. fisc.* 1996, n° 50, comm. 1482 ; concl. ARRIGHI DE CASANOVA ; *RJF* 10/96, chron. AUSTRY, p. 634 et s. ; *BDCF* 5/96, concl. ARRIGHI DE CASANOVA.

153. Sur le débat à l'époque de l'arrêt *SIFE* et sa persistance après la modification de la norme comptable, cf. M. COZIAN et J.-L. ROSSIGNOL, « Les immobilisations incorporelles à la lumière de la jurisprudence SA Sife : arrêt de principe ou arrêt d'espèce ? », *Dr. fisc.* 2007, n° 42, ét. 914.

154. Mieux vaut le dire puisque le Conseil d'État a dû le rappeler (CE, 24 sept. 2014, n° 348214, *SAS Beauté Créateurs*, *Dr. fisc.* 2015, n° 10, comm. 185, concl. D. HEDARY).

155. À titre d'exemple, le bénéfice d'un contrat d'exclusivité ne génère pas d'immobilisation incorporelle lorsqu'il peut être résilié à tout moment à la seule initiative du cocontractant : CE, 2 oct. 1985, n° 41539, *RJF* 11/1985, n° 1407. Il en va autrement, cependant, lorsqu'une clause de résiliation unilatérale anticipée reste limitée à la seule hypothèse où l'une des parties ne respecterait pas ses obligations (CE, 23 déc. 2011, n° 341217, *SARL Cambé Sport*, *Dr. fisc.* 2012, n° 7-8, comm. 145, concl. L. OLLÉON, note très complète de J.-L. PIERRE). De même, un contrat résiliable à tout moment sans indemnité et avec un préavis de soixante jours n'est pas suffisamment pérenne pour être immobilisé (CE, 16 oct. 2009, n° 308494, *Sté Pfizer Holding France*, *RJF* 1/10, n° 4 ; *BDCF* 1/10, n° 2, concl. J. BURGUBURU). En sens inverse, la concession pour dix ans d'une licence exclusive de fabrication moyennant le paiement d'une somme fixe et des redevances annuelles donne lieu à comptabilisation à l'actif du bilan de la valeur estimée des redevances annuelles à verser (CE, 5 nov. 1984, n° 43573, *RJF* 1/1985, n° 15 ; *Dr. fisc.* 1985, comm. 1376, concl. M.-A. LATOURNERIE).

l'idée selon laquelle un actif n'a de valeur économique que s'il peut être cédé[156]. Le droit de propriété ne comprend-il pas le droit le plus absolu d'aliéner la chose ?

L'approche jurisprudentielle a cependant été marginalisée avec la modification des normes comptables consécutive à l'intégration en droit français du référentiel IFRS.

β) L'apport des normes IFRS

449 Selon les normes comptables, une immobilisation incorporelle se définit comme un « actif non monétaire sans substance physique »[157]. À ce titre, elle doit réunir les critères qui définissent n'importe quel actif : être identifiable et contrôlée par l'entité, être source d'avantages économiques futurs.

450 Le Plan comptable général précise également : « une immobilisation incorporelle est identifiable :

— si elle est séparable des activités de l'entité, c'est-à-dire susceptible d'être vendue, transférée, louée ou échangée de manière isolée ou avec un contrat, un autre actif ou passif ;

— ou si elle résulte d'un droit légal ou contractuel même si ce droit n'est pas transférable ou séparable de l'entité ou des autres droits et obligations »[158].

451 De prime abord, la définition comptable de l'immobilisation incorporelle semble très proche de la définition héritée de la jurisprudence du Conseil d'État. Le critère de la source d'avantages économiques futurs (PCG) rejoint celui de la source régulière de profits (jurisprudence). Le critère du contrôle (PCG) peut être rapproché de celui de pérennité suffisante (jurisprudence).

Il existe cependant une vraie différence entre les deux approches : alors que le Conseil d'État exigeait dans l'arrêt *SIFE* du droit immobilisé qu'il fût cessible, tel n'est pas le cas de la loi comptable qui précise bien qu'un droit légal ou contractuel peut être immobilisé même s'il n'est pas transférable. L'approche comptable est sans doute plus réaliste d'un point de vue économique. Comme on l'a bien noté, « un droit peut constituer une source permanente de profits sans pour autant être cessible. Ainsi, l'aliénation onéreuse ne constitue pas le seul mode par lequel un profit peut être tiré d'un bien [...]. Il y a même un paradoxe à exiger d'un actif immobilisé qu'il soit cessible, alors que sa nature d'immobilisation suppose, au contraire, que l'entreprise entend le conserver et l'affecter durablement à l'exploitation »[159]. Il convient cependant de préciser que l'approche du Conseil d'État s'est elle-même modifiée avec le temps et ne requiert pas systématiquement que le critère tenant à la cessibilité soit constitué. C'est ce qui apparaît à l'étude du domaine résiduel de la jurisprudence fiscale.

γ) Le domaine résiduel de la jurisprudence fiscale

452 La définition de l'immobilisation incorporelle livrée par le Plan comptable général n'a pas une portée générale. L'avis du Conseil national de la comptabilité sur les

156. Pour les conséquences pratiques de cette condition en matière de rédaction des contrats, cf. M. Cozian et D. Gutmann, « Optimisation fiscale et choix de la bonne clause contractuelle », *Dr. fisc.* 2000, n° 50, p. 1669 et s.

157. Art. 211-1, PCG.

158. Art. 211-5, PCG.

159. G. Blanluet, *Essai sur la propriété économique en droit privé. Recherches au confluent du droit fiscal et du droit civil*, LGDJ, préf. P. Catala et M. Cozian, 1999, n° 652.

actifs[160] a ainsi précisé qu'un certain nombre de contrats étaient exclus du champ d'application des nouveaux textes. Il s'agit des contrats de location simple et du crédit-bail, ainsi que des contrats de licence de marques et de brevets. Il s'agit également des contrats de délégation de services publics, notamment des concessions de services publics. Pour ces contrats – au rang desquels, d'ailleurs, celui qui a donné naissance à l'arrêt *SIFE* – il faut donc encore s'en remettre à la jurisprudence du Conseil d'État pour savoir si l'on est en présence ou non d'une immobilisation incorporelle[161].

453 Deux remarques méritent d'être faites à ce sujet.

Premièrement, l'évolution de la jurisprudence démontre clairement que les trois critères de l'immobilisation énoncés par l'arrêt *SIFE* conservent toute leur pertinence lorsqu'il s'agit de savoir si les redevances versées en contrepartie de l'acquisition de certains droits de propriété intellectuelle doivent être immobilisés ou non[162]. Ce constat n'empêche pas d'observer que la jurisprudence consécutive à l'arrêt *SIFE* semble avoir adapté au monde contemporain[163] et surtout interprété largement la condition de cessibilité en la considérant comme remplie en présence de contrats de licence ne contenant aucune stipulation sur ce point[164]. La flexibilité demeure toutefois limitée : le Conseil d'État estime en effet qu'un contrat obligeant le licencié à demander un agrément discrétionnaire au concédant préalablement à toute cession de son droit ne peut être considéré comme cessible ; les redevances versées en exécution d'un tel contrat sont donc déductibles et ne peuvent être immobilisés[165].

Deuxièmement, lorsque la question de l'immobilisation d'actifs incorporels se présente en dehors du contexte de l'acquisition de droits de propriété intellectuelle, les trois critères énoncés par l'arrêt *SIFE* ne sont pas systématiquement utilisés. C'est notamment le cas du critère de cessibilité. Le Conseil d'État a par exemple estimé que les droits tirés de la qualité de preneur à un bail rural doivent être immobilisés alors même qu'ils ne sont pas cessibles[166]. La même solution a été retenue en présence d'une convention de foretage par laquelle l'exploitant d'une carrière verse une redevance au

160. Avis du CNC n° 2004-15 du 23 juin 2004, § 1er.

161. Voir à ce sujet J. Jeausserand, « Jurisprudence *Sife* : vingt ans après », *Dr. fisc.* 2015, n° 23, ét. 390.

162. Cf. notamment CE, 16 oct. 2009, n° 308494, *Sté Pfizer Holding France*, *RJF* 1/10, n° 4, concl. Burguburu, *RJF* 1/10, n° 2 ; CE, 30 déc. 2009, n° 305449, *Sté Beauté Créateurs*, *RJF* 3/10, n° 205, concl. E. Glaser, *BDCF* 3/10, n° 26. En faveur de cette analyse, cf. L. Olléon, chron. *RJF* 1/04, n° 5, p. 3, commentant l'arrêt *SA Trinôme* rendu par le Conseil d'État le 3 nov. 2003 (n° 232393) et V. Daumas, « Immobilisation des incorporels : stabilisations jurisprudentielles », *RJF* 4/10, p. 253 et s. V. également, ultérieurement, la décision du 19 juillet 2016, n° 368473, *Matheus, liquidateur amiable de la société Centre Informatique Arcachonnais*, appliquant le raisonnement « SIFE » aux dépenses d'acquisition de logiciels informatiques ou de licences d'utilisation de logiciels (*Dr. fisc.* 2016, n° 46, comm. 584, concl. R. Victor, note J.-L. Pierre montrant la difficulté d'interpréter la portée de cette décision).

163. V. à cet égard la décision *Sté eBay* du 7 déc. 2016 à propos des droits d'utilisation d'un nom de domaine sur internet (n° 369814, *Dr. fisc.* 2017, n° 8, concl. E. Bokdam-Tognetti, note J.-L. Pierre).

164. CE, 14 oct. 2005, n° 262219, *min. c/ SA Laboratoires Fournier*, *Dr. fisc.* 2007, n° 23, comm. 570. Solution confirmée par CE, 23 déc. 2011, n° 341217, *SARL Cambé Sport*, *Dr. fisc.* 2012, n° 7-8, comm. 145, concl. L. Olléon, note J.-L. Pierre. Ce dernier critique la solution en considérant que l'absence d'une clause relative à la cession éventuelle n'a pas la même signification d'un contrat à l'autre. Ainsi, à la différence d'un contrat tel que le bail commercial, dont la cession, en l'absence de clause spécifique, est libre en application de l'article 1717 du Code civil, les licences de droit de propriété industrielle ne peuvent être cédées, ni donner lieu à sous-licence, à défaut d'autorisation explicite du concédant. Ainsi, ce n'est pas parce qu'un contrat ne prévoit pas explicitement la non-cessibilité qu'il doit être toujours tenu pour juridiquement cessible.

165. CE, 16 oct. 2009, n° 308494, *Sté Pfizer Holding France*, *RJF* 1/10, n° 4 ; *BDCF* 1/10, n° 2, concl. J. Burguburu. Sur cet arrêt, cf. les articles de V. Daumas précité et de Y. de Kergos et J. Monsenego, « L'arrêt Pfizer Holding France : la jurisprudence SA Sife est pérenne ! », *Dr. fisc.* 2010, n° 4, comm. 94.

166. CE, 19 déc. 2008, n° 296312, *Bettinger*, *RJF* 3/09, n° 215. Solution « très implicite mais certaine » selon V. Daumas, art. préc., p. 254.

propriétaire du fonds[167]. Les deux critères fondamentaux de l'immobilisation incorporelle demeurent donc aujourd'hui les critères tenant à la source régulière de profits et à la pérennité des droits concédés.

Prenons à présent quelques exemples pour mettre en pratique les concepts évoqués ci-dessus.

b) Exemples d'immobilisations incorporelles

α) Les droits retirés d'un contrat

454 Comme on l'a vu ci-dessus, les droits retirés d'un contrat peuvent être considérés comme des immobilisations lorsqu'ils réunissent certaines conditions. Un contrat de distribution, de fourniture ou de concession peut donc être immobilisé. Cela s'explique économiquement par le fait que ces contrats sont autant de moyens permettant à certaines entreprises d'exercer l'essentiel de leur activité.

L'enjeu de la qualification dépasse d'ailleurs de loin la seule question du traitement de la somme versée pour rémunérer le contractant (la redevance dans la licence de brevet, par exemple). La qualification d'immobilisation affecte également le régime fiscal des sommes reçues lors de la cession du droit ou même de la résiliation du contrat. Ainsi, l'indemnité reçue à l'occasion de la résiliation d'un contrat peut tantôt être soumise au régime des plus-values professionnelles, lorsqu'elle répare la perte d'un élément de l'actif immobilisé, ou au régime des bénéfices ordinaires lorsqu'elle compense une perte de recettes résultant de la fin du contrat ou de sa non-reconduction. L'enjeu n'est pas mince puisque les plus-values professionnelles à long terme sont soumises à un taux proportionnel d'imposition de 16 % alors que les bénéfices ordinaires sont imposés au barème progressif de l'impôt sur le revenu.

455 Compte tenu de ces enjeux, il est clair que la rédaction des contrats en cause offre une clé de lecture indispensable à la qualification de l'indemnité[168]. Les praticiens ont donc intérêt à être précis dans la qualification de l'opération qu'ils entendent réaliser afin d'éviter des controverses sans fin avec l'administration. Les conseils d'un preneur à bail veilleront, par exemple, à qualifier par avance de bail commercial le contrat qui en présente les caractères : le droit au bail constituant par nature un élément incorporel de l'actif immobilisé, le non-renouvellement du bail dégage une plus-value susceptible d'être imposée au titre des plus-values à long terme[169]. De même, pour apprécier la pérennité du droit contractuel que l'on prétend immobilisé, il faut consulter les stipulations figurant au contrat. Dans un arrêt du 23 juin 2000, le Conseil d'État a par exemple considéré qu'un contrat de représentation pouvant prendre fin à l'initiative du représenté moyennant un préavis limité à quatre mois ne confère pas au représentant des droits dotés d'une pérennité suffisante. Il en a donc déduit que les indemnités versées au représentant à la suite de la rupture du contrat ont pour objet de compenser la perte de recettes d'exploitation et non celle d'un élément d'actif immobilisé. Elles ne peuvent de ce fait être soumises au régime des plus-values à long terme[170]. En revanche, il a estimé qu'un contrat de distribution conclu pour une durée indéterminée avec une faculté de résiliation unilatérale moyennant le respect

---

167. CE, 31 juill. 2009, n° 307305, *SAS Carrières Bonin*, *RJF* 11/09, n° 907 ; CE, 30 mai 2012, n° 323004, *M. et Mme Parouteau*, *Dr. fisc.* 2012, n° 27, comm. 360, note P. Fumenier et C. Maignan. La solution serait différente en application des règles comptables prévoyant l'inscription des redevances en charges (v. RES n° 2010/38 CFE, 6 juill. 2010, *Dr. fisc.* 2010, n° 28, Act. 273 ; rescrit repris au BOI-BIC-CHG-20-10-20, § 175). La doctrine comptable a évolué depuis lors (v. règlement n° 2014-05 du 2 oct. 2014 et les commentaires d'A. Colmet-Daâge, *Dr. fisc.* 2015, n° 11, ét. 198, spéc. § 3).

168. Dimension essentielle rappelée par V. Daumas, art. préc., p. 255-256, dressant notamment une liste des clauses contractuelles influant sur le « coefficient de précarité » du contrat (formule empruntée au Président Bachelier, concl. CE, 22 juill. 1994, n° 118860, *SA de Matériel et de Construction*, *RJF* 10/94, n° 1033, *BDCF* 13/94, p. 1).

169. Pour un exemple illustrant l'enjeu de cette qualification, cf. CE, 9e et 10e s.-s., n° 162659, 23 févr. 2000, *SA Seine-et-Oise Auto*, *Dr. fisc.* 2000, n° 26, comm. 529, concl. Courtial.

170. CE, 23 juin 2000, 8e et 3e s.-s., n° 188297, *SARL Ski tennis diffusion*, *JCP* E 2000, n° 31-34, p. 1268. Rapp., pour un contrat de distribution renouvelable annuellement par tacite reconduction et pouvant être résilié à la fin de chaque année sans indemnité, CE, 8 juill. 1985, n° 41276, *RJF* 10/85, n° 1256 ; CE, 26 févr. 2001, n° 221351, *RJF* 4/01, n° 586.

d'une durée d'un an constituait pour la société victime de la résiliation un élément incorporel de son actif immobilisé[171]. Le Conseil d'État a également rappelé que l'absence d'une clause d'exclusivité de clientèle dans un contrat de représentation ne fait pas obstacle à la qualification d'immobilisation incorporelle. Une telle clause constitue seulement un élément digne d'être pris en compte pour apprécier la régularité de la source de profits[172].

β) Les brevets

456 Comme on l'a vu plus haut[173], le contrat de licence de brevet fait naître un droit pour l'exploitant du brevet, qui peut être immobilisé sous certaines conditions. Lorsque l'exploitant d'une invention acquiert directement le brevet au lieu d'en prendre simplement une licence, le prix d'acquisition du brevet est également porté en immobilisation[174].

Cette analogie entre le droit du licencié et celui du propriétaire du brevet s'explique par le caractère flou de la frontière entre la cession d'un brevet (qui transfère la propriété de celui-ci) et la concession de brevet (qui ne transmet en théorie qu'un droit de jouissance et d'exploitation) : il existe des concessions de licence d'exploitation qui donnent lieu à un versement unique assimilable à un prix de cession, et, réciproquement, des cessions de brevet donnant lieu au versement de redevances proportionnelles au chiffre d'affaires, ce qui les rapproche de redevances de concession.

Enfin, lorsque le brevet est créé en interne, le régime fiscal est plus subtil : les frais de dépôt de brevets sont en principe constitutifs d'immobilisations incorporelles, mais peuvent faire l'objet d'une déduction si l'option en ce sens a été exercée globalement pour l'ensemble des frais de développement par l'entreprise[175].

γ) Les marques

457 L'une des richesses essentielles de l'entreprise contemporaine, c'est sa marque. Il n'est donc pas étonnant que celle-ci constitue un élément incorporel de l'actif immobilisé, même si son régime fiscal apparaît d'une singulière complexité. Lorsque la marque est acquise auprès d'un tiers, la solution ne pose pas de problème particulier. La jurisprudence du Conseil d'État concernant l'immobilisation de la dépense a longtemps été ambiguë[176] mais sa portée a été clarifiée par la doctrine administrative[177] et surtout par un arrêt du Conseil d'État du 28 décembre 2007[178] statuant dans une espèce où une société avait acquis un domaine viticole et la marque attachée à celui-ci. Selon les

171. CE, 16 févr. 2011, n° 315625, *Société TSVI*, *Dr. fisc.* 2011, n° 15, comm. 299, note P. Fumenier ; *RJF* 4/11, n° 547.

172. CE, 8e et 9e s.-s., n° 181526, 30 nov. 1998, *Le Blez*, *Dr. fisc.* 1999, n° 23, comm. 450 ; *JCP* E, n° 29, p. 1251, note D.F.

173. Cf. *supra*, n° 447 et s.

174. BOI-BIC-CHG-20-10-20 n° 100.

175. BOI-BIC-CHG-20-30-30 nos 100 et 110. Sur le traitement des frais de développement, cf. *supra*, n° 444.

176. CE, 24 mars 1982, n° 27576, *Dr. fisc.* 1982, comm. 1437, concl. P. Rivière ; *RJF* 1982, n° 455 (arrêt rendu en matière de brevet mais dont la portée est extensible aux marques) ; CE, 27 avr. 1987, n° 49616 et n° 49617, *Dr. fisc.* 1988, n° 7, comm. 319, concl. M. de Saint-Pulgent ; *RJF* 1987, n° 668, concl. M. de Saint-Pulgent.

177. BOI-BIC-CHG-20-10-20 n° 100.

178. CE, 9e et 10e s.-s., 28 déc. 2007, n° 284899 et n° 285506, *min. c/ SA Domaine Clarence Dillon*, *Dr. fisc.* 2008, n° 14, comm. 246, concl. L. Vallée, note J.-L. Pierre. *Adde*, dans le même numéro de la revue de *droit fiscal*, l'article de D. Villemot, « Le régime fiscal des immobilisations incorporelles », ét. n° 243, p. 8 et s. Cf. déjà, pour une reconnaissance de l'immobilisation de la marque acquise, CAA Paris, 25 févr. 1992, n° 89PA01165, *SA Lavin Trade marks*, *Dr. fisc.* 1993, n° 11, comm. 536, concl. F. Bernault ; *RJF* 1992, n° 1775 ; CAA Paris, 30 janv. 2004, n° 99PA02272, *Sté Solvay-pharma*,

termes de cet arrêt, « une marque viticole acquise en même temps que l'exploitation viticole à laquelle elle est légalement attachée, confère à son propriétaire un droit d'usage exclusif et produit ses effets sans limitation de durée ; [...] eu égard à cette durée illimitée, au haut degré de protection et au gain de parts de marché qu'elle implique, une telle marque constitue un élément autonome de l'actif incorporel de l'entreprise, alors même qu'elle n'est pas cessible par elle-même[179] ». On retrouve un raisonnement comparable dans un arrêt ultérieur du Conseil d'État d'où il résulte que la marque constitue un élément de l'actif incorporel immobilisé car « le dépôt d'une marque par son propriétaire, eu égard aux droits qui y sont attachés, est potentiellement une source de revenus futurs »[180].

458 En revanche, lorsque la marque est créée en interne par l'entreprise, elle ne peut être inscrite à l'actif du bilan. Selon le Plan comptable général, « les dépenses engagées pour créer en interne des fonds commerciaux, des marques [...] et autres éléments similaires en substance ne peuvent pas être distingués du coût de développement de l'activité dans son ensemble. Par conséquent, ces éléments ne sont pas comptabilisés en tant qu'immobilisations incorporelles. Il en est de même pour les coûts engagés ultérieurement relatifs à ces dépenses internes »[181]. Cette analyse comptable s'applique également en matière fiscale. Il en résulte que les coûts liés à la création de la marque, notamment les frais de recherche d'antériorité et de dépôt de marque à l'INPI ou de renouvellement liés aux marques développés en interne, doivent être déduits immédiatement en charges[182].

On ne peut se dissimuler que cette différence de traitement entre marques acquises (dont les coûts ne sont pas déductibles) et marques créées (pour lesquelles ils le sont) ne va pas de soi. Elle l'est d'autant moins que le Conseil d'État semble admettre, par ailleurs, que des dépenses rendant plus visibles les marques sont, elles, à considérer comme des immobilisations. Ainsi, les dépenses de conception de logos figurant sur les emballages ne peuvent être déduites car les logos, qui constituent des signes distinctifs d'une marque commerciale et sont susceptibles de faire l'objet d'une protection juridique sur le fondement de l'article L. 711-1 du Code de la propriété intellectuelle, contribuent à l'identification pérenne de la marque et sont donc à l'origine de profits sur une longue période[183]. Enfin, la

---

RJF 2004, n° 454 ; CAA Nancy, 3 mars 2006, n° 01NC00094, *SA Chocolats Klaus*, *Dr. fisc.* 2007, n° 24, comm. 602 ; *RJF* 2006, n° 1312, *BDCF* 2006, n° 124, concl. P. ROUSSELLE.

179. La formule « alors même qu'elle n'est pas cessible par elle-même » s'explique par le caractère particulier des marques viticoles qui ne peuvent être cédées séparément de l'exploitation car elles sont indissociables du lieu de production (Cass. com., 18 janv. 1955, *Domaine de Cassevert*, *Bull. civ.*, n° 31 ; *JCP* N 1955. II. 8755, obs. J. VIVEZ). Elle est cependant riche d'enseignements théoriques car elle confirme que la cessibilité n'est pas toujours requise par le Conseil d'État pour caractériser l'immobilisation.

180. CE, 3 sept. 2008, n° 300420, 300421, 300422, *RJF* 12/08, n° 1292, *BDCF* 12/2008, n° 142, concl. L. VALLÉE.

181. Art. 212-3.3, PCG.

182. BOI-BIC-CHG-20-30-30 n°s 120 et 130. Sont également déductibles les frais de procédure et de surveillance d'une marque (CE, 30 déc. 2009, n° 305449, Sté Beauté Créateurs, *Dr. fisc.* 2009, n° 11, comm. 231, concl. E. GLASER ; *Comm. Com. électr.* 2010, comm. 58, note Ph. NEAU-LEDUC). Jurisprudence confirmée par CE, 7 nov. 2012, n° 328670, *Sté France Immobilier Group*, *Dr. fisc.* 2013, n° 3, comm. 63, concl. C. LEGRAS, note R. POIRIER (au sujet des frais de renouvellement d'une marque).

183. CE, 30 mai 2012, n° 340485, *Sté Tipiak*, *Dr. Fisc.* 2012, n° 37, comm. 433, concl. V. DAUMAS, note P. FUMENIER. Rapp. CE, 30 mai 2012, n° 339321, *SA SCEM Mobiclub*, *Dr. fisc.* 2012, n° 41, concl. V. DAUMAS, note P. FUMENIER, refusant la déduction de dépenses de travaux effectués sur les façades des magasins exploités par des entreprises adhérentes d'un réseau de distribution en vue de normaliser et d'homogénéiser l'identité visuelle du réseau, valorisant ainsi les signes distinctifs de reconnaissance de cette marque.

distinction entre le traitement des marques acquises et des marques créées peut d'autant plus se discuter que l'amortissement des marques acquises demeure soumis à des conditions très strictes de sorte que les entreprises sont en quelque sorte pénalisées lorsqu'elles acquièrent des marques auprès de tiers. La solution réside peut-être dans un assouplissement des règles applicables à l'amortissement, mais on y reviendra plus loin[184].

δ) La clientèle

459 La clientèle, telle qu'elle est définie par le droit civil[185], constitue un actif professionnel immobilisé par nature. Ce dogme du droit fiscal n'a en réalité rien d'évident du point de vue théorique, sachant qu'un actif immobilisé est normalement un bien (corporel ou non) qui sert à l'exploitation. La clientèle, en effet, ne « sert » pas à l'activité de l'entreprise ; elle n'est pas utilisée comme instrument d'exploitation. L'immobilisation de la clientèle s'explique donc, de façon spécifique, par le lien particulier qu'elle entretient avec le fonds dont elle constitue l'essence. Lisons la doctrine administrative : « la clientèle est la valeur que représentent les rapports probables ou possibles avec les personnes qui demanderont des biens ou des services à l'exploitant du fonds » [...] « Sans clientèle, il n'existe plus, à proprement parler, de fonds de commerce, mais seulement des marchandises, des droits ou objets mobiliers ne constituant plus une entité juridique distincte, et sans rapport de destination les uns avec les autres »[186]. De même, la doctrine administrative voit dans le droit de présentation de la clientèle libérale « l'équivalent de ce qu'est un fonds de commerce pour le commerçant[187] ». La clientèle n'accède donc à l'existence, selon le droit fiscal, qu'en raison du rapport qu'elle noue avec le fonds de commerce ou le fonds libéral dans son ensemble. Si le droit fiscal accepte l'immobilisation des clientèles, ce n'est que par ricochet.

460 Partant de ce postulat, il est logique le prix d'acquisition d'un fonds de commerce ou d'une clientèle ne soit pas déductible[188]. Il est tout aussi logique de réserver le même traitement à toute dépense exposée en contrepartie de l'acquisition (même illicite) de clients appartenant à des tiers. C'est ainsi que dans un arrêt du 21 mars 1980[189], le Conseil d'État a estimé justifiée l'immobilisation de l'indemnité versée par le débiteur d'une obligation de non-concurrence qui n'avait pas respecté celle-ci. Le même

184. Pour cette suggestion, cf. J.-L. Pierre, note sous CE, 28 déc. 2007, *Dr. fisc.* 2008, n° 14, comm. 246, p. 36-37 ; et pour les conditions de l'amortissement des marques, cf. *infra*, n° 584.

185. Cf. sur ce point CE, 17 févr. 2010, n° 311953, *EURL Bosc Développement Loire*, *Dr. fisc.* 2010, n° 20, comm. 315, concl. E. Cortot-Boucher, note P. Fumenier. Le Conseil d'État apprécie l'existence de la clientèle du franchisé en se référant à la jurisprudence de la Cour de cassation en la matière. Cf. aussi, sur cet aspect, O. Fouquet, « L'interprétation par le Conseil d'État de la jurisprudence judiciaire sur le fonds de commerce », *Dr. fisc.* 2010, n° 20, Act. 172.

186. BOI-ENR-DMTOM-10-10-10 n° 10.

187. BOI-BNC-BASE-10-20 n° 100.

188. Jurisprudence constante réaffirmée par CE, 26 févr 2016, n° 383930, *Sté Pharmacie de la Porte d'Orléans*, *Dr. fisc.* 2016, n° 18-19, comm. 310, concl. N. Escaut, note J. Chateauneuf, qui précise qu'il en va de même lorsque l'activité du fonds de commerce acquis par l'entreprise est différente de celle qu'il exerce ou va exercer (cas d'une société de pharmacie qui avait acquis le fonds de commerce d'un bar-brasserie jouxtant ses locaux, afin de pouvoir agrandir sa propre surface de vente). La solution s'explique par l'idée que même si la pharmacie n'avait jamais eu l'intention d'exploiter un bar, l'augmentation de la surface profite à sa propre activité et accroît donc la valeur de son propre fonds.

189. CE, 21 mars 1980, n° 07681, *RJF* 5/80, n° 393.

principe a été réaffirmé dans un arrêt du 11 juillet 1991[190] rendu à propos du traitement fiscal d'une indemnité pour concurrence et manœuvres déloyales[191].

461 Les mêmes principes expliquent pourquoi une dépense tendant à l'augmentation de valeur de la clientèle existante de l'entreprise est traitée de la même façon qu'une dépense tendant à l'augmentation de valeur d'un actif corporel immobilisé quelconque. La jurisprudence repose sur l'idée selon laquelle toute dépense ayant pour effet d'étendre les débouchés commerciaux de l'entreprise fait naître un élément d'actif incorporel immobilisé. Tel est par exemple le cas d'un engagement de non-concurrence à caractère offensif, c'est-à-dire d'une clause qui ne se contente pas de protéger une entreprise contre la concurrence faite par un tiers, mais lui permet même de conquérir des parts de marché nouvelles. Le Conseil d'État l'a clairement affirmé dans l'arrêt *Société Trinome*[192], selon lequel « un engagement de non-concurrence ne constitue un élément incorporel de l'actif immobilisé que [...] s'il a pour effet d'accroître la valeur de l'actif incorporel de l'entreprise, notamment par le gain de parts de marché ». On retrouve la même inspiration dans l'arrêt *SA Polyclinique Saint-Odilon*[193], dans lequel le Conseil d'État énonce que la clause par laquelle un médecin renonce à se réinstaller dans le département pendant une durée de cinq ans à compter de son départ d'une polyclinique bénéficie à celle-ci, qui avait acquis, par l'effet de la transaction prévoyant cette clause, un élément d'actif incorporel[194]. Dans tous ces cas, il est donc affirmé qu'une dépense ayant pour effet l'augmentation de valeur du fonds existant (donc de la clientèle interne) doit être immobilisée.

462 Ce raisonnement est pourtant inadapté au cas de la clientèle, dont il néglige le caractère totalement original. Il existe, tout d'abord, une différence entre une dépense portant sur un actif *ponctuel* (telle machine, tel droit subjectif s'intégrant à l'actif incorporel immobilisé) et un actif représentatif d'une *universalité* (la clientèle, immobilisée en l'absence même d'inscription au bilan). Il existe surtout une

190. CE, 11 juill. 1991, n° 70437, 7e et 9e s.-s., *SARL Ateco*, *RJF* 10/91, n° 1196.

191. Dans les deux arrêts relatifs à la concurrence déloyale, le Conseil d'État s'est fondé sur une même affirmation de principe : « les sommes payées à un tiers à seule fin d'être autorisé à créer et exploiter une entreprise commerciale constituent, pour la personne qui les verse, un élément du prix de revient du fonds de commerce qui, à défaut de ce paiement, ne pourrait pas être exploité ».

192. CE, 9e et 10e s.-s., 3 nov. 2003, n° 232393, *Société Trinome*, *BDCF* 1/04, n° 1, concl. L. Vallée, *RJF* 1/04, chron. L. Olléon.

193. CE, 20 mars 2000, n° 196133, *min. c/ Briat* et n° 196168, *Sté Polyclinique Saint Odilon*, *RJF* 5/00, n° 604, concl. J. Arrighi de Casanova, *BDCF* 5/00, n° 58.

194. Comp. CE, 20 févr. 2002, n° 221437, *Sté La Chemise Lacoste*, *RJF*, 5 févr., n° 472, dans lequel le Conseil d'État réaffirme le même principe tout en le privant d'application au vu de l'espèce, en énonçant que des accords ayant « pour objet et pour effet de préserver et maintenir la protection juridique des marques dont (une partie) était déjà titulaire (...) sans entraîner pour autant l'acquisition d'une clientèle ou une restriction de concurrence » ne sont pas « de nature à accroître la valeur du fonds de commerce de la société et, par suite, à constituer une immobilisation incorporelle ». Rapp. CE, 8e et 9e s.-s., 9 avr. 1999, req. n° 171554, *SA Pierre Thomas*, *Dr. fisc.* 1999, comm. 661 : une indemnité versée par une société à son ancien président de conseil d'administration en contrepartie de la perte de son mandat est déductible, dès lors que le versement de cette somme a eu pour but, en gardant l'intéressé au service de la société comme directeur commercial, de conserver la clientèle qui lui était attachée et d'éviter tout litige résultant de la baisse de sa rémunération ; *adde*, CE, 19 juin 2006, n° 268940, *Sté Marne-et-Champagne devenue Sté Lanson International*, *Dr. fisc.* 2006, comm. 606, note E. Sarfati et D. Villemot, jugeant qu'une indemnité transactionnelle versée en contrepartie de la renonciation à des instances judiciaires visant à mettre fin à l'utilisation abusive d'un patronyme dans les marques déposées par la société n'a pas pour contrepartie l'acquisition d'un élément d'actif immobilisé.

différence de nature entre une dépense tendant à améliorer un *moyen* de l'exploitation et une dépense tendant à augmenter les *débouchés* potentiels de celle-ci.

En outre, une telle jurisprudence pourrait bien avoir des conséquences absurdes si l'on poussait sa logique trop loin, c'est-à-dire si l'on immobilisait toute dépense exposée pour accroître la clientèle existante : faudrait-il immobiliser tous les frais de déjeuner des dirigeants avec des clients potentiels, toutes les dépenses de communication destinées à faire mieux connaître l'entreprise ? Une telle solution conduirait à remettre en cause le principe de déductibilité de la majeure partie des dépenses exposées par l'entreprise, en même temps qu'il se heurterait systématiquement à l'écueil de l'évaluation. Il est déjà difficile d'évaluer un fonds de commerce ou un fonds libéral pris dans son ensemble ; que dire de l'évaluation de l'impact économique du versement d'une indemnité de non-concurrence ou de toute autre dépense comparable ? Comment savoir si une clause de non-concurrence conduit potentiellement à augmenter la valeur de l'actif incorporel de l'entreprise ? Comment établir un lien de causalité purement abstrait entre l'application d'une telle clause et la conquête de parts de marché ? Gageons que la référence à l'ampleur, à la durée et au degré de protection de l'entreprise bénéficiaire ne seront que d'un faible secours pour répondre à ces questions.

Fort heureusement, le Conseil d'État n'en est pas là. Il demeure admis que les dépenses de publicité sur le nom d'une société, son activité ou une marque dont elle est propriétaire constituent des charges déductibles. Il s'ensuit que les frais de réalisation de films publicitaires constituent par nature des charges et non des immobilisations, même si les films en question sont utilisés plus d'un an[195].

Ces différentes observations conduisent en tout cas à penser que le seul cas dans lequel l'immobilisation d'une dépense relative à la clientèle est légitime est celui dans lequel l'intégralité de la clientèle appartenant à un tiers fait l'objet d'un transfert au profit de l'auteur de la dépense. En pareille hypothèse, l'immobilisation est parfaitement justifiée puisque la clientèle n'est pas potentielle mais réelle ; de surcroît, l'intégration de la clientèle transférée dans l'actif incorporel de l'acquéreur ne soulève pas de difficulté puisqu'il ne s'agit pas pour lui d'augmenter la valeur de l'actif incorporel existant, mais bien d'acquérir un élément entièrement nouveau d'actif incorporel[196].

ε) Les immobilisations financières

463 Les immobilisations financières sont une catégorie de titres qui recouvre certains types de créances (prêts à long terme notamment) et certaines valeurs mobilières que l'entreprise a l'intention de conserver durablement.

Au sein des secondes, on distingue habituellement entre les titres de participation et les titres autres que les titres de participation, représentatifs de parts de capital ou de placement à long terme. Les titres de participation se définissent globalement comme les titres dont la possession durable est estimée utile à l'activité de l'entreprise, notamment parce qu'elle permet d'exercer une influence sur la société émettrice des titres ou d'en assurer le contrôle[197].

C. L'ÉVALUATION DES ACTIFS DE L'ENTREPRISE

464 L'inscription d'un bien à l'actif d'un bilan suppose que l'on puisse lui attribuer une valeur. Celle-ci n'est pas intangible : divers mécanismes (amortissement, dépréciation, réévaluation) permettront de le constater par la suite. Reste qu'au moment où le bien rentre à l'actif, il faut lui donner un prix de revient. Voyons donc quelles sont les règles applicables en la matière en distinguant successivement les stocks (1°) et les immobilisations (2°).

195. CE, 5 juin 1996, n° 143819.

196. Pour plus de détails sur ce raisonnement, cf. D. Gutmann, « Pour une clarification de la nature fiscale de la clientèle », *L'année fiscale 2004*, PUF, p. 185 et s.

197. Cf. *supra*, n° 321 et s.

1. L'évaluation des stocks

465 Les stocks (marchandises, matières premières, matières et fournitures consommables, etc.) sont en principe évalués à leur coût de revient[198]. Celui-ci se calcule, pour les produits achetés, en ajoutant au prix d'achat l'ensemble des coûts directement engagés pour l'acquisition des biens (frais de transport, de manutention, etc.).

Le coût de revient est supplanté par le cours du jour des produits en stock à la clôture de l'exercice lorsque celui-ci est inférieur au coût de revient. En pratique, cela signifie que l'entreprise risque de revendre moins cher les éléments du stock que ce qu'ils ont coûté. Elle doit d'ailleurs pratiquer une dépréciation pour en tenir compte[199].

Pour les biens produits par l'entreprise, le coût de revient s'entend du coût de production. Enfin, pour les stocks acquis à titre gratuit, on retient la valeur vénale[200].

466 L'évaluation du coût de revient des stocks pose différents problèmes pratiques dont certains exemples figurent ci-après.

Le premier se présente lorsque l'entreprise a acquis au cours de la dernière période de rotation de stock des biens identiques à des prix différents. Supposons par exemple qu'elle ait acheté 200 unités à 50 euros puis 300 unités à 60 euros sur les deux derniers mois (période de rotation des stocks). S'il reste en fin d'exercice 50 unités, il est impossible de savoir si celles-ci viennent du lot de 200 ou du lot de 300.

Deux méthodes peuvent alors être utilisées, le choix appartenant à l'entreprise :

– la méthode du coût moyen pondéré, qui consiste à évaluer chaque unité en prenant la moyenne des frais par unité exposés pendant la période en cause. Ici, le coût moyen pondéré par unité est égal à : [(200 × 50) + (300 × 60)] / 500 = 56 €. Le stock a donc une valeur de [56 × 50], soit 2 800 € ;

– la méthode *« first in, first out »* (FIFO) ou « premier entré, premier sorti » (PEPS), qui consiste à considérer que les éléments rentrés en premier dans le stock sont censés en être les premiers sortis. Dans notre cas, le fait qu'il reste seulement 50 unités démontre que le premier lot de 200 unités a déjà été totalement écoulé. Il ne reste donc plus que des éléments du second lot de 300 unités. La valeur totale du stock s'élève donc à [50 × 60], soit 3 000 €.

La méthode *« last in, first out »* (LIFO, dernier entré, premier sorti) est interdite en comptabilité. L'administration fiscale en refuse également application sauf lorsqu'elle correspond aux modalités effectives de stockage et de sortie des stocks[201].

Un autre problème intéressant concerne l'impact, sur le prix de revient des stocks, de ce qu'on a coutume d'appeler les « marges arrière ». Il est de pratique courante, dans le secteur de la distribution, que les prix d'achat versés par les distributeurs soient économiquement réduits par des « marges arrière » rémunérant les services qu'ils rendent à leurs fournisseurs, par exemple la promotion de leurs produits (en vertu de contrats dits de « coopération commerciale »). Une société peut-elle valablement réduire le prix de revient de ses stocks à due concurrence des marges arrière ? La réponse est à chercher dans la définition du « prix de revient » pour les besoins de l'article 38.3 du CGI. Le prix de revient s'entend, pour les biens acquis à titre onéreux, du prix d'achat des stocks minoré des « remises, rabais commerciaux et escomptes de règlement [...] et autres coûts directement engagés pour l'acquisition des biens » (CGI, ann. III, article 38 *nonies*). Or, selon le Conseil d'État[202], les « marges arrière » ne peuvent être regardées comme des « remises, rabais commerciaux et escomptes de règlement » au sens

---

198. Art. 38, 3, CGI.

199. Cf. *infra*, n° 598.

200. CE, 9 déc. 2009, n° 302059.

201. BOI-BIC-PDSTK-20-20-10-10 n° 140.

202. CE, 4 févr. 2015, n° 365815, *SA Colyrut France*, *Dr. fisc.* 2015, n° 24, comm. 399, concl. F. Aladjidi, note R. Torlet et M. Boivin ; v. aussi, pour plus de commentaires (notamment sur la portée de l'arrêt sur les services autres que les services de coopération commerciale), notre article à *Option Finance*, 7 avr. 2015.

de l'article 38 *nonies* précité[203]. La rémunération des services de coopération commerciale ne peut donc pas avoir d'influence sur le prix de revient des stocks au sens de l'article 38 *nonies* de l'annexe III du CGI[204].

2. L'évaluation des immobilisations

467 Le caractère évaluable d'une immobilisation est une condition nécessaire à son existence même. Ceci ressort clairement de l'article 311-1 du PCG : « une immobilisation corporelle, incorporelle ou un stock est comptabilisé à l'actif lorsque [...] son coût ou sa valeur peut être évalué avec une fiabilité suffisante ». Pour procéder à l'évaluation d'une immobilisation lors de son entrée dans le patrimoine de l'entreprise, il convient de déterminer sa valeur d'origine. Celle-ci constitue la valeur prise en considération pour le calcul des plus-values réalisées ultérieurement lors de l'aliénation de l'immobilisation. Elle est également la valeur de référence pour déterminer la base de l'amortissement.

468 La valeur d'origine dépend de la façon dont l'entreprise acquiert l'immobilisation[205].

Lorsque l'immobilisation est créée par l'entreprise, elle est inscrite à l'actif pour son coût de production. Celui-ci se compose du coût d'acquisition des matières et fournitures consommées augmenté de toutes les charges directes ou indirectes de production.

Lorsque l'immobilisation est acquise à titre onéreux, la démarche d'évaluation se veut historique. Il s'agit de refléter le coût effectivement supporté par l'entreprise pour acquérir le bien. L'immobilisation est ainsi inscrite au bilan pour son coût d'acquisition, entendu grossièrement comme le prix d'achat minoré des remises et rabais divers et majoré des coûts directement engagés pour mettre l'actif en place et en état de fonctionner. Certains frais encourus pour l'acquisition de l'immobilisation (notamment droits de mutation et d'enregistrement, honoraires des notaires, commissions versées à un intermédiaire) font l'objet d'une option : soit ils sont rattachés au coût d'acquisition (auquel cas ils pourront éventuellement être amortis sur les années suivant l'acquisition), soit ils sont immédiatement déductibles en tant que charges. Certaines règles particulières s'appliquent également aux frais d'acquisition de titres de participation par les sociétés soumises à l'IS : ceux-ci sont obligatoirement incorporés au prix de revient de titres et peuvent être amortis sur cinq ans[206].

Le prix de revient des titres peut être corrigé à la baisse postérieurement à l'acquisition lorsque l'entreprise reçoit une somme en exécution d'une clause de révision de prix par laquelle le cédant s'engage à garantir l'acquéreur de la baisse de valeur des titres cédés du fait de l'apparition d'un passif ou de la diminution d'un actif postérieurement à la cession. Cette somme n'est alors pas imposable. Attention, toutefois : lorsque la somme reçue procède, non d'une clause de révision de prix, mais d'une clause de garantie de passif entendue comme une clause par laquelle le cédant s'engage à prendre à sa charge tout ou partie des dettes ne figurant pas au bilan et apparues après la cession, elle s'analyse

203. Elles ne peuvent pas non plus être considérées comme des « autres éléments similaires » à ces remises, rabais commerciaux et escomptes de règlement visés par l'article 321-20 du plan comptable général (devenu l'article 213-31 dans la numérotation actuelle du PCG). Il importe peu, à cet égard, que ces marges arrières soient calculées en pourcentage du prix unitaire des produits auxquelles elles se rapportaient.

204. Cette analyse converge avec celle qui prévaut en matière de TVA, où les services de coopération commerciale sont considérés comme des services distincts de l'opération d'achat et sont soumis à facturation et à imposition séparée (BOI-TVA-DECLA-30-20-10, n° 30, à jour au 13 janv. 2014).

205. Art. 38 *quinquies* ann. III, CGI.

206. Art. 209 VII, CGI.

comme une indemnité imposable[207]. La frontière entre les deux types de clause est loin d'être toujours évidente en pratique, et le Conseil d'État lui-même n'a pas sur ce point une jurisprudence très claire.

469 Cette démarche historique ne peut cependant prospérer dans tous les cas. Il faut parfois, pour évaluer l'immobilisation, se référer à la valeur vénale du bien. C'est le cas lorsque l'immobilisation est acquise à titre gratuit. En présence d'immobilisations reçues à titre d'apport, l'inscription au bilan a lieu à la valeur d'apport. Celle-ci est en principe égale à la valeur vénale, sous réserve de certaines exceptions prévues par la loi en cas de fusion[208]. La solution retenue pour les apports s'applique également en cas de transfert du patrimoinc privé vers le patrimoine professionnel. C'est donc la valeur réelle du bien à la date du transfert qui sert de référence[209].

470 L'appréciation de la valeur vénale n'est pas toujours aisée, compte tenu du caractère fluctuant et parfois très incertain de cette référence. Par ailleurs, lorsqu'une entreprise acquiert un actif pour un prix distinct de sa valeur vénale, il n'est pas évident de déterminer laquelle des deux valeurs doit être préférée. À titre d'exemple, il arrive ainsi que, pour diverses raisons, une entreprise achète une immobilisation pour un prix supérieur à leur valeur réelle. Ce problème s'est posé de façon intéressante à l'occasion de plusieurs arrêts du Conseil d'État dont le plus significatif remonte au 27 avril 2001[210]. Les faits de l'espèce étaient les suivants : une société acquiert auprès de deux sociétés sœurs des actions représentatives de la quasi-totalité du capital d'une société tierce ; elle inscrit ces actions en tant que titres de participation, à l'actif immobilisé du bilan, pour la valeur d'acquisition. L'administration estime que la différence entre ce prix et la valeur vénale des actions constitue une libéralité dépourvue de contrepartie et réintègre la partie jugée excessive dans le résultat de la société acquéreuse. Cette solution est cependant repoussée par le Conseil d'État. L'administration, dit l'arrêt, « n'est pas en droit [...] de rehausser les bases de l'impôt du seul fait qu'un prix anormalement élevé aurait été consenti pour l'acquisition d'un élément d'actif immobilisé, dès lors que, cet élément ayant été inscrit à l'actif pour une valeur égale à ce prix, il n'est résulté de cette circonstance aucune diminution de la valeur de l'actif net ressortant du bilan de clôture de l'exercice ».

Attention, cependant : l'impossibilité de redresser la société du seul fait de l'inscription du bien à l'actif n'empêche pas l'administration de neutraliser les amortissements ou les provisions pratiqués sur cette base excessivement élevée. Selon les termes utilisés par le Conseil d'État, « pour l'application [de

207. CE, 24 avr. 1981, n° 18346, *Sté X*, *RJF* 7-8/81, n° 653 ; CE, 24 juin 2013, n° 350451, *M. Caron*, *Dr. fisc.* 2013, n° 37, comm. 412, concl. N. Escaut, note R. Poirier ; dans le même numéro de la revue, v. aussi l'aperçu rapide de S. de Monès et A. Robert (n° 484). L'analyse faite du côté du cessionnaire devrait conduire à une solution symétrique chez le cédant. Plusieurs cours d'appel ont ainsi estimé qu'une somme versée en exécution d'une clause de garantie de passif est déductible du résultat imposable du cédant (CAA Paris, 10 juin 1993, n° 91PA00973, *SA Gallay*, *Dr. fisc.* 1994, n° 5, comm. 125 ; *RJF* 8-9/1993, n° 1118 ; *BDCF* 7/93, p. 33, concl. J.-F. Gipoulon ; CAA Douai, 31 juill. 2012, n° 11DA00407, *SA Pafic*, *RJF* 12/12, n° 1102). Si la clause de garantie de passif conduit au versement d'une indemnité, non à l'acquéreur, mais à la cible, cette somme devrait en bonne logique être déductible chez le cédant et corrélativement imposable chez la bénéficiaire. Quant au cas d'une clause de révision de prix, la logique conduit ici encore à considérer que, puisque la somme est traitée comme une réduction du prix de revient chez le cessionnaire, elle devrait constituer une moins-value chez le cédant (non déductible s'il s'agit de titres de participation).

208. Cf. *infra*, n° 714.

209. CE, 13 juill. 1976, n° 91621, *RJF* 5/76, n° 220.

210. CE, 9e et 10e s.-s., 27 avr. 2001, req. n° 212680, *Sté Générale de Transport et d'Industrie*, *Dr. fisc.* 2001, n° 41, comm. 909, concl. J. Courtial ; *RJF* 7/01, n° 905.

l'article 38, 2 du CGI], l'Administration est fondée à rapporter, le cas échéant, aux bases de l'impôt les débours effectués par le contribuable en dehors du cadre d'une gestion commerciale normale et dont la comptabilisation a eu pour effet d'amoindrir la valeur de l'actif net à la clôture de l'exercice ». La sanction fiscale du sur-paiement d'actif immobilisé est donc repoussée jusqu'au moment où le bien fera l'objet d'amortissements ou de provisions.

471 Comment raisonner dans le cas inverse où une société achète un bien pour un prix sous-évalué ? Elle paie par exemple 100 alors que la valeur vénale du bien est de 150. La tentation est forte, au vu de ce qui précède, de raisonner par analogie avec l'arrêt cité dans le paragraphe précédent et de considérer que la sous-évaluation n'entraîne aucune variation d'actif net. Toutefois, le Conseil d'État estime qu'il n'en va pas ainsi. Selon les termes utilisés par le Conseil d'État, « dans le cas où le prix de l'acquisition d'une immobilisation a été volontairement minoré par les parties pour dissimuler une libéralité faite par le vendeur à l'acquéreur, l'administration est fondée à corriger la valeur d'origine de l'immobilisation, comptabilisée par l'entreprise acquéreuse pour son prix d'acquisition, pour y substituer sa valeur vénale, augmentant ainsi son actif net dans la mesure de l'acquisition faite à titre gratuit »[211]. La dissymétrie entre le traitement fiscal du sur-paiement et du sous-paiement d'un actif immobilisé, pour étonnante qu'elle paraisse au premier abord, est parfaitement logique au vu des règles qui gouvernent l'inscription au bilan des immobilisations acquises à titre gratuit.

La solution est en revanche nettement plus discutable lorsque le raisonnement « Raffypack » est étendu aux apports pour une valeur minorée. C'est pourtant ce qui résulte d'une décision de plénière fiscale du Conseil d'État selon laquelle il résulte des dispositions combinées de l'article 38.2 du CGI et l'article 38 quinquies de l'annexe III au CGI « que si les opérations d'apport sont, en principe, sans influence sur la détermination du bénéfice imposable, tel n'est toutefois pas le cas lorsque la valeur d'apport des immobilisations, comptabilisée par l'entreprise bénéficiaire de l'apport, a été volontairement minorée par les parties pour dissimuler une libéralité faite par l'apporteur à l'entreprise bénéficiaire. Dans une telle hypothèse, l'administration est fondée à corriger la valeur d'origine des immobilisations apportées à l'entreprise pour y substituer leur valeur vénale, augmentant ainsi l'actif net de l'entreprise dans la mesure de l'apport effectué à titre gratuit »[212]. La solution étonne : lorsqu'un associé unique fait un apport et que la valeur comptable est inférieure à la valeur réelle, l'associé ne s'appauvrit pas car la valeur réelle des titres qu'il reçoit en échange est identique à celle des biens apportés ; et s'il y a plusieurs associés, le déséquilibre qui s'instaure en faveur de ces derniers à raison de la moindre valorisation des titres reçus par l'apporteur ne fait naître aucune libéralité à l'égard de la société elle-même.

211. CE, 5 janv. 2005, *Sté Raffypack*, n° 254556, 3e et 8e s.-s., *Dr. fisc.* 2005, n° 13, comm. 318, note A. Bricet et M. Gauthier, concl. E. Glaser ; *RJF* 3/05, n° 213. Le tout sans préjudice de l'imposition des 50 en tant que distribution occulte. Sur la complexité de l'appréciation de l'intention libérale dans ce type de contentieux, v. P. Carcelero et Ch. Guincestre, *Appréciation de l'intention libérale dans le contentieux de l'acte anormal de gestion : des questions anciennes mais toujours d'actualité*, RJF 4/18.

212. CE, plén., 9 mai 2018, n° 387071, min. c/ société Cérès, *Dr. fisc.* 2018, n° 26, 317 ; RJF 7/18, n° 726, et la chronique d'A. Iljic.

SECTION 4 LE RATTACHEMENT TEMPOREL DES PRODUITS ET DES CHARGES

472 La vie de l'entreprise s'étale sur plusieurs années. En logique pure, ce n'est donc que lorsque l'entreprise prend fin que l'on peut savoir si, pendant tout le temps de son existence, elle a créé de la richesse, autrement dit si elle a été profitable ou déficitaire. Mais le temps du droit fiscal n'est pas le temps de l'économie réelle. C'est un temps saucissonné en exercices parce qu'il faut bien produire des comptes à intervalles réguliers[213] et parce qu'il faut prélever les ressources utiles à l'État. L'exercice fiscal consiste donc en un fractionnement artificiel du temps économique.

473 Ce fractionnement s'opère généralement selon une logique annuelle. Le principe de **l'annualité de l'impôt** est énoncé aux articles 12 et 36 du Code général des impôts. Il signifie que les bénéfices font chaque année l'objet d'une imposition établie au titre de l'année précédente : les bénéfices de l'année « N » sont imposés en « N + 1 ». Ceci ne signifie cependant pas que l'exercice fiscal coïncide nécessairement avec l'année civile. Si cette coïncidence est très fréquente en pratique, elle n'est obligatoire que pour les exploitations agricoles soumises au régime du forfait et les micro-entreprises. Il peut donc arriver – et ceci est extrêmement fréquent – qu'une entreprise clôture son exercice le 30 septembre et l'ouvre le 1er octobre. On en déduit, en matière d'impôt sur les sociétés, que le fait générateur de l'impôt est totalement indépendant de l'achèvement de l'année civile : c'est la clôture de l'exercice comptable, c'est-à-dire l'achèvement de la période de réalisation des profits imposables[214].

Cette dissociation entre exercice comptable et année civile pose problème lorsque le contribuable-entrepreneur est par ailleurs tenu de déposer une déclaration de revenus qui, elle, retient l'année civile comme durée de référence. Cette difficulté se résout en obligeant le contribuable à déclarer simultanément, en année « N + 1 », ses autres revenus au titre de l'année « N » (du 1er janvier au 31 décembre) et ses revenus d'entreprise dégagés au cours de l'exercice clos avant le 31 décembre de l'année « N ». Dans le cas ci-dessus, les résultats de l'exercice courant du 1er octobre « N – 1 » au 30 septembre « N » seront donc déclarés et imposés en « N + 1 ».

En outre, il est expressément admis par l'article 37 du Code général des impôts qu'un exercice s'étende sur une période de plus ou de moins de douze mois. En pareil cas, l'impôt est néanmoins établi d'après les résultats dudit exercice[215].

474 Le principe d'annualité de l'impôt a pour corollaire le principe de l'indépendance des exercices. Il convient de rattacher à chaque exercice fiscal les charges et les produits qui lui sont liés. L'administration peut parfaitement reprocher à une entreprise d'avoir déduit une charge trop tôt ou trop tard. Il en va de même pour un produit. Une erreur de rattachement temporel donne naissance à un pouvoir de rectification de l'administration fiscale, quel que soit par ailleurs le bien-fondé de la position adoptée par l'entreprise sur le fond. Du côté du contribuable, une erreur de rattachement ne peut être corrigée que

213. Il peut cependant être constaté que le droit commercial n'impose pas de durée particulière pour les exercices des entreprises industrielles et commerciales, même si l'article L. 123-12 du Code de commerce oblige à faire un inventaire tous les douze mois.

214. CE, ass., 16 mars 1956, n° 35663, *D.* 1956. 253, concl. P. Laurent.

215. Le même texte résout également certaines difficultés lorsqu'aucun bilan n'est dressé au cours d'une année quelconque ou lorsque plusieurs bilans successifs sont dressés au cours d'une même année.

selon certaines procédures bien précises[216] : en aucun cas l'oubli d'une charge ou d'un produit afférent à une année donnée ne peut être réparé par l'affectation « sauvage » de la charge ou du produit en question à une autre année.

Dans ce contexte, on comprend que les règles qui régissent le rattachement temporel des produits et des charges sont d'une importance considérable. À partir de quel moment un produit ou une charge méritent-ils de participer à la détermination du résultat ? À cette question, il existe des réponses de principe (§ 1), lesquelles sont largement modulables au gré des volontés individuelles (§ 2).

§ 1. LES PRINCIPES DU RATTACHEMENT TEMPOREL DES PRODUITS ET DES CHARGES

475 Le plus simple, pour bien comprendre le problème, est de partir d'un exemple. Lorsqu'une vente est conclue, le vendeur a contre son acheteur une créance égale au prix convenu. Celui-ci doit-il être imposé dès la conclusion de la vente ? C'est la solution à laquelle le droit civil paraît conduire, puisqu'on sait que l'article 1583 du Code civil répute conclue la vente dès lors qu'il y a accord sur la chose et sur le prix. Le vendeur est donc titulaire, dès la conclusion de la vente, d'une créance certaine qu'il serait concevable d'imposer en tant que telle.

Cependant, comme on l'a justement écrit, « ce n'est pas [...] parce qu'une créance est née, un contrat est conclu, que le bénéfice est pour autant réalisé économiquement. À la conclusion du contrat, le profit n'est qu'espéré, il n'est pas encore réalisé. Même si cet espoir s'appuie sur une obligation juridique irrévocable de la part de celui qui s'engage, il reste, dans sa réalisation, soumis à un aléa, qui est celui de l'exécution. Or le droit comptable interdit de comptabiliser des profits seulement espérés. L'article L. 123-21 du Code de commerce dispose que « seuls les bénéfices réalisés [...] peuvent être inscrits dans les comptes annuels »[217]. Il paraît donc prudent de retarder l'imposition au moment de la réalisation économique du bénéfice.

476 Un autre problème surgit alors. À quel moment un bénéfice doit-il être réputé économiquement réalisé ? Deux réponses s'offrent : soit le moment du paiement, soit celui de la facturation, c'est-à-dire de l'exécution par le vendeur de son obligation de délivrance. Chacune de ces voies présente des avantages et des inconvénients. Retarder l'imposition au moment du paiement présente l'avantage de n'intégrer dans l'assiette de l'impôt que des produits effectivement encaissés, mais l'inconvénient de donner prise à l'abus ou tout simplement de porter préjudice aux recettes publiques. Inversement, imposer les produits au moment de leur facturation présente l'avantage de constituer une voie médiane, mais au risque de créer un décalage entre le moment du décaissement de l'impôt et le moment de l'encaissement du produit.

477 En matière de bénéfices non commerciaux, la solution privilégiée est celle de la **comptabilité dite « de caisse »**. Les recettes professionnelles à prendre en compte dans la détermination du résultat sont celles effectivement encaissées ou mises à la disposition du contribuable. Réciproquement, les dépenses professionnelles sont déductibles sont celles qui ont été effectivement payées au cours de l'année d'imposition. La solution résulte de la lettre même de l'article 93, 1 du CGI qui définit le bénéfice à retenir au titre des BNC comme un excédent de « recettes » sur des « dépenses ». Il

216. Cf. *infra*, n° 625.

217. G. Blanluet, « Chronique de fiscalité de l'entreprise », *L'année fiscale*, PUF, 2003, p. 323, n° 5.

n'en va autrement que si les titulaires de BNC optent pour le régime de la **comptabilité dite « d'engagement »** qui s'applique aux titulaires de BIC[218].

478 En matière de BIC, en effet, c'est généralement la seconde voie qui est préférée pour coller aux règles de la comptabilité commerciale. Ainsi le veut la théorie dite des « créances acquises » (A). On parle également, pour désigner cette théorie, de « comptabilité d'engagement » (par opposition à la comptabilité « de caisse » applicable en matière de BNC et, plus généralement, dans la fiscalité des particuliers). Il est cependant instructif de constater qu'il existe un nombre croissant d'exceptions à la théorie des créances acquises (B).

A. LA THÉORIE DES CRÉANCES ACQUISES

479 La théorie des créances acquises constitue le propre de la fiscalité des entreprises industrielles et commerciales.

Pour bien le comprendre, il faut rappeler que dans le cadre de la fiscalité des particuliers, le revenu est imposable lorsqu'il est disponible[219]. Cela implique, selon une jurisprudence constante, que les sommes à retenir au titre d'une année déterminée pour l'assiette de l'impôt sur le revenu sont celles qui, au cours de cette année, ont été mises à disposition du contribuable soit par voie de paiement soit par voie d'inscription à un compte courant sur lequel l'intéressé a opéré ou aurait pu, en droit ou en fait, opérer un prélèvement au plus tard le 31 décembre de cette année[220]. La notion de disponibilité renvoie ainsi à la possibilité pour le contribuable de jouir effectivement du revenu[221], même s'il existe certaines exceptions à cette règle dans la fiscalité des particuliers[222].

480 Dans le cadre de la fiscalité des entreprises relevant des BIC, le revenu est imposable lorsqu'il est « acquis ». La différence entre les deux règles est simple : dans la fiscalité des particuliers, un revenu peut être déjà acquis, mais non encore disponible ; il n'est alors pas imposable. Par exemple, l'administration fiscale estime qu'un loyer s'acquiert au jour le jour, mais il n'est imposable qu'à la date de son échéance[223]. Inversement, dans la fiscalité des entreprises, un revenu peut être imposé avant d'avoir été effectivement appréhendé par son titulaire. Pour les entreprises relevant des BIC, en

218. Cf. les conditions énoncées par l'art. 93 A, CGI.

219. Art. 12, CGI.

220. Cf. par ex. CE, 7e et 8e s.-s., 24 mars 1976, n° 93352, *Dr. fisc.* 1976, n° 42, comm. 1457 ; *RJF* 1976, n° 209 ; CE, 9e et 8e s.-s., 3 mai 1993, n° 81447, *M. Villemagne*, *Dr. fisc.* 1993, n° 39, comm. 1763, *RJF* 1993, n° 823 ; CE, 10e et 9e s.-s., 15 juin 2001, n° 204999, *M. Amoretti*, *Dr. fisc.* 2001, n° 41, comm. 907, *RJF* 2001, n° 1173 ; CE, 10e et 9e s.-s., 20 déc. 2013, n° 344899, *Mme Montjarret*, *Dr. fisc.* 2014, n° 13, comm. 241, concl. D. Hedary, note C. Modicom et P. Gour.

221. Cf. cependant la rigueur de CE, 31 juill. 2009, n° 301191, *Salas*, *Dr. fisc.* 2009, n° 43, comm. 510, concl. J. Burguburu, aperçu rapide de R. Poirier, p. 2 ; *RJF* 11/09, n° 905.

222. En particulier, il est de jurisprudence constante que le fait générateur de l'imposition des plus-values sur valeurs mobilières est fixé au jour du transfert de propriété (CE, 26 juill. 1978, n° 1885, *Dr. fisc.* 1979, n° 23-24, comm. 1212, concl. B. Martin Laprade ; CE, 22 mars 1991, n° 67966, *Domenjoud*, *Dr. fisc.* 1991, n° 29, comm. 1510, *RJF* 91/5, n° 615 ; CE, 16 juill. 2014, n° 358415, *M. Sellem*, *Dr. fisc.* 2014, n° 41, comm. 574, concl. C. Legras ; CE, 20 mars 2015, n° 369167, *M. Caldier*, *Dr. fisc.* 2015, n° 16, comm. 267, note E. Kornprobst). La doctrine administrative est dans le même sens : BOI-RPPM-PVBMI-20-20-20-20, n° 20.

223. BOI-IR-BASE-10-10-10-40 n° 60.

effet, le bénéfice net est déterminé en tenant compte « non pas des seules opérations afférentes à la période d'imposition et qui avaient fait l'objet d'un règlement au cours de cette période, mais de l'ensemble des produits définitivement acquis et des dépenses engagées ou, en d'autres termes, des créances et des dettes devenues certaines dans leur principe et dans leur montant au cours de la période considérée »[224].

481 À partir de quel moment une créance peut-elle être fiscalement considérée comme certaine dans son principe et son montant ? Nul ne conteste qu'en principe, la date de naissance de la créance doive être déterminée par référence au droit civil. La doctrine administrative énonce de façon parfaitement claire[225] : « une créance ne peut être considérée comme acquise que si elle est certaine dans son principe et déterminée dans son montant, c'est-à-dire que si l'accord a été réalisé entre les parties sur la chose et sur le prix, même si ce prix n'est payable qu'ultérieurement. Ce principe a une portée générale et vise également : les créances correspondant à des fruits civils, qui en droit s'acquièrent au jour le jour et doivent, en principe, être pris en compte pour l'assiette de l'impôt dès lors qu'ils sont courus à la date de clôture de l'exercice ; les créances de toute nature acquises à l'entreprise et qui ne sont pas nécessairement la contrepartie de ventes de marchandises ou de services [...]. En définitive, une créance peut être considérée comme acquise indépendamment de la date de son exigibilité et de l'époque effective de son recouvrement ».

482 Symétriquement, une charge est fiscalement déductible dès qu'elle peut être considérée comme une dette certaine en son principe et son montant, quelle que soit sa date de paiement ou d'exigibilité.

Il importe peu, pour la déductibilité de la charge, que celle-ci produise un effet sur le chiffre d'affaires et le bénéfice d'exercices suivants[226]. Ce mécanisme de déductibilité immédiate de la dette certaine ne doit pas être confondu avec le mécanisme dit des « charges constatées d'avance », qui signifie qu'une charge est enregistrée au cours d'un exercice mais correspond à l'achat d'un bien ou d'un service dont la fourniture ou la prestation doit intervenir ultérieurement. De telles charges se rapportent, par définition, à des biens ou services non encore délivrés. Même si elles ont été payées en anticipant sur l'exécution par le contractant de ses obligations, elles ne peuvent donner lieu à une déduction immédiate. Elles doivent donc être retranchées des charges de l'exercice et inscrites dans un compte de régularisation spécifique[227].

483 Cet alignement de la date de naissance de la créance fiscale sur celle retenue par le droit civil peut conduire à des résultats assez rigoureux pour la trésorerie des entreprises, puisqu'elle aboutit à l'imposition de produits non encore perçus. Certes, le problème n'est sans doute pas aussi réel qu'on le dit, car la théorie aboutit aussi à anticiper fiscalement la déduction de charges non encore exposées, ce qui constitue cette fois-ci un avantage de trésorerie. Il a cependant paru suffisamment pertinent pour que le législateur, ému par les remous provoqués par un arrêt du Conseil d'État de 1971[228], apporte de très importants tempéraments à la règle de rattachement fondée sur l'article 1583 du

224. BOI-BIC-BASE-20-10 n° 220.
225. *Ibid.*, n° 4 à 6.
226. Cf. par ex. CE, 20 févr. 2002, n° 221437, *RJF*, 5 févr., n° 472.
227. La même observation peut être faite au sujet des produits constatés d'avance.
228. CE, 18 juin 1971, n° 77-988, *Dupont*, 1971 p. 308, concl. Delmas-Marsalet, *Dr. fisc.* 46/71 c. 1539.

Code civil[229]. Ainsi, depuis la loi de finances pour 1979, l'article 38, 2 *bis* du Code général des impôts reporte le rattachement des créances en matière de vente à l'exercice au cours duquel intervient la livraison des biens et, pour fournitures de services, à l'exercice au cours duquel la prestation est exécutée.

Si le Code général des impôts a rejeté le rattachement des créances au moment de l'accord des volontés, c'est parce que la date de naissance de la créance civile n'intéresse pas, en tant que telle, l'impôt sur le revenu. Comme son nom l'indique, l'impôt sur le revenu cherche à appréhender un bénéfice *net*, soit un excédent des produits sur les charges. Sachant qu'en matière de vente de stocks, les frais sont connus avec davantage de certitude après l'exécution de la livraison, il est raisonnable et prudent de considérer que le bénéfice n'est effectivement connaissable qu'à compter de ce moment. Il en va de même en présence de prestations de services.

Certaines précisions techniques s'imposent à présent sur la mise en œuvre des principes du Code général des impôts. Il convient donc de distinguer le cas des ventes (1°) de celui des prestations de services (2°).

1. Le cas des ventes

484 Le rattachement des ventes à l'exercice de livraison des biens appelle les observations suivantes.

Tout d'abord, le choix par le législateur du critère de la livraison ne concerne, selon l'interprétation dominante, que les ventes de stocks. Les ventes d'immobilisations, elles, demeurent soumises au principe selon laquelle la créance du vendeur est réputée acquise dès la conclusion du contrat, conformément à l'article 1583 du Code civil[230].

Ensuite, ainsi qu'on l'a relevé plus haut, le droit fiscal consacre l'idée selon laquelle une créance est réputée acquise – et une dette réputée certaine – à compter d'un fait d'exécution du contrat. La primauté de l'exécution sur tout autre critère est confirmée par le fait que la loi fiscale elle-même prévoit que « la livraison [...] s'entend de la remise matérielle du bien lorsque le contrat de vente comporte une clause de réserve de propriété ». C'est le signe que le déclenchement de l'imposition est totalement indépendant du transfert de propriété.

485 Cependant, il convient de conserver à l'esprit que la notion de livraison, qui constitue la clé de voûte du raisonnement, est elle-même plastique. S'il est vrai que la délivrance, au sens du droit civil, est généralement constituée par la remise de la chose vendue, il n'en est pas moins vrai que les parties peuvent, par le jeu de leurs volontés, dissocier la délivrance matérielle de la chose et la livraison au sens juridique. En effet, l'article 1606 du Code civil, qui définit la délivrance de la chose vendue, énonce en son alinéa 4 que la délivrance s'opère « même par le seul consentement des parties, si le transport ne peut s'en faire au moment de la vente ou si l'acheteur les avait en son pouvoir à un autre titre ». Or, c'est bien cette dernière qui constitue le point de repère

229. L'histoire de l'article 38,2 est rappelée par M. Cozian, *Les grands principes de la fiscalité des entreprises*, Litec, 1999, 4ᵉ éd, doc. 10, n° 10 et s.

230. Le fait que l'on raisonne de façon spécifique pour les immobilisations tient au fait que la loi de 1979 n'a pas entendu, semble-t-il, concerner les ventes d'immobilisations. Pour cette interprétation, cf. J. Schmidt et E. Kornprobst, « Les créances sur la clientèle et les bénéfices soumis aux bénéfices industriels et commerciaux et à l'impôt sur les sociétés », *Dr. fisc.* 1980, n° 1, p. 6 et B. Delignières, *J.-Cl. Fiscal*, fasc. 226-6.

de la loi fiscale[231]. Où l'on aperçoit déjà que les volontés individuelles peuvent substantiellement influer sur le rattachement temporel du bénéfice imposable[232]. Notons en outre que le Conseil d'État admet que la date de la délivrance puisse être appréciée à la lumière du droit civil étranger éventuellement applicable au litige : c'est ainsi que dans une affaire où se posait la question de l'année de rattachement d'un produit afférent à une vente soumise à un droit étranger (l'acte ne prévoyant par ailleurs aucune clause de réserve de propriété), il a censuré une cour administrative d'appel qui n'avait pas répondu à l'argument du contribuable selon lequel le droit étranger conditionnait la livraison du bien au paiement complet du prix[233]. La solution, parfaitement justifiée sur le fond, fournit un intéressant exemple d'application du droit civil étranger par le juge fiscal français.

2. Les prestations de services

486 Pour les prestations de services, l'article 38, 2 *bis* du Code général des impôts retient en principe comme facteur temporel de rattachement du produit l'exercice au cours duquel intervient l'achèvement des prestations. On retrouve donc, ici encore, l'idée selon laquelle la créance est considérée comme acquise lorsque l'exécution du contrat est achevée.

Lorsqu'une prestation de services est en cours d'exécution à la clôture de l'exercice, aucun produit ne peut donc être enregistré. Si l'exécution partielle de la prestation de services a entraîné des coûts qui ont d'ores et déjà été passé en charges, l'entreprise a alors l'obligation de comptabiliser la valeur des travaux en cours à l'actif de son bilan pour leur coût de revient[234]. Cette comptabilisation permet de compenser, dans le compte de résultat, les charges déduites et de ne pas donner une image faussée de la situation de l'entreprise.

Toutefois, les prestations de services obéissent à un régime plus complexe que les ventes. Ceci s'explique par le fait qu'elles peuvent s'inscrire dans le cadre de contrats à exécution successive qui s'échelonnent sur plusieurs exercices.

487 Le Code général des impôts distingue ainsi, outre les prestations de services ponctuelles, deux types de prestations de services :

— « Les prestations continues rémunérées notamment par des intérêts ou des loyers » : celles-ci donnent lieu à un rattachement « au fur et à mesure de l'exécution ». Les cas manifestement envisagés par le Code sont le prêt d'argent et les locations. On peut y ajouter les fournitures d'électricité, les contrats d'assurance, les contrats de garanties et d'entretien d'installation de chauffage, les opérations de location avec option d'achat, etc. On comprend donc que « si la prestation est continue, on doit la découper, la tronçonner aux bornes des exercices concernés en rattachant à chaque

231. Sur le renvoi à la notion de délivrance, cf. Rép. n° 1085 et 1579 à M. Barbier, *JO Sénat*, 19 janv. 1989, p. 91 ; *Dr. fisc.* 1991, n° 13, comm. 638. *Adde*, Rép. Armand, AN, 16 déc. 1996, p. 6597, n° 42662, *BF* 2/97, inf. 132, p. 99. La livraison « n'implique pas une remise matérielle de la marchandise, mais seulement la maîtrise par l'acquéreur des biens vendus, qui peut résulter du seul comportement des parties. Ainsi la livraison dépend des clauses contractuelles liant ces parties ».

232. Cf. *infra*, n° 500 et s.

233. CE, 4 févr. 2015, n° 362007, *Dr. fisc.* 2015, n° 17, comm. 281, concl. F. Aladjidi.

234. Art. 38, 3 CGI et art. 38 *ter* Ann. III CGI. Le Conseil d'État a précisé que cette règle s'applique également aux prestations en cours dont la rémunération n'est que conditionnelle (CE, 26 juill. 2011, n° 316081, *SA Coface Scrl Participations*, *Dr. fisc.* 2012, n° 2, comm. 51, concl. J. Boucher, note approbative de F. Deboissy).

exercice la fraction de la prestation exécutée pendant cet exercice, même si le contrat n'est pas arrivé à son terme »[235] ;

— « Les prestations discontinues mais à échéances successives échelonnées sur plusieurs exercices », pour lesquelles la même règle s'applique. Les contrats visés sont les contrats dans lesquels les phases d'exécution sont séparées dans le temps et échelonnées sur plusieurs exercices. Un contrat d'entretien, par exemple, rentre dans cette catégorie s'il prévoit un nombre limité d'interventions.

488 Par ailleurs, le Code général des impôts prévoit une règle spéciale pour les marchés de travaux, c'est-à-dire des marchés à long terme portant sur des ouvrages importants : travaux publics, usines clés en main, etc. On le comprend aisément. Si l'on appliquait sans nuance le principe de l'imposition à l'achèvement, les produits ne seraient imposables que lorsque les travaux ont été achevés, alors qu'une réception partielle des travaux peut intervenir antérieurement. C'est pourquoi le Code énonce, pour les travaux d'entreprise donnant lieu à réception complète ou partielle, que l'imposition a lieu à la date de cette réception, même si elle est seulement provisoire ou faite avec réserves, ou à celle de la mise à la disposition du maître de l'ouvrage si elle est antérieure. Mais la date de réception elle-même peut apparaître bien éloignée. D'où la possibilité pour les entreprises concernées de comptabiliser en produits les créances correspondant aux différents stades de l'exécution des travaux ; on peut de cette façon dégager un bénéfice partiel à la clôture de chaque exercice. Cette méthode, considérée comme préférentielle par le Plan comptable général[236], est la seule autorisée par les normes IFRS car elle est considérée comme reflétant mieux la situation réelle des entreprises.

Les principes étant posés, il convient de préciser que l'article 38, 2 *bis* a donné lieu à une jurisprudence abondante, née de l'ambiguïté des notions utilisées (a) ainsi que des modalités de rattachement « au fur et à mesure de l'exécution » (b).

a) Les notions de prestation continue et discontinue à échéances successives

489 **La notion de prestation continue**, tout d'abord, mérite quelques développements. En première analyse, elle ne paraît guère poser problème car la continuité de la prestation est souvent évidente. Ainsi, dans le contrat de bail, le bailleur est tenu de laisser son locataire jouir paisiblement du bien loué à tout moment pendant toute la durée du contrat. De même, dans le contrat de prêt, le prêteur laisse l'objet prêté à la disposition de l'emprunteur à chaque instant jusqu'à l'échéance. L'imposition des produits liés à la perception des loyers ou des intérêts est donc attribuée à l'exercice au cours duquel les prestations correspondantes ont été rendues, c'est-à-dire à l'exercice au cours duquel ces loyers ou intérêts ont couru.

490 Il existe cependant des cas dans lesquels un contrat à exécution successive fait naître des *obligations* continues, sans qu'il existe à proprement parler une *prestation* continue pendant la durée du contrat. Tel est le cas lorsque le contrat oblige l'une des parties à accomplir certains actes de façon espacée dans le temps.

Un bon exemple de ce problème peut être trouvé dans un arrêt du Conseil d'État admettant l'étalement de l'imposition des primes versées en une seule fois à des sociétés assurant le service après-vente de matériels audiovisuels et informatiques vendus par des distributeurs. Le Conseil jugea que

235. Selon les mots de G. Blanluet, « Chronique de fiscalité des entreprises », in *L'année fiscale*, PUF, 2003, p. 323, n° 6.

236. Art. 622-2 et s., PCG.

l'obligation d'assurer un service après-vente est continue, quand bien même les services de dépannage et de réparation correspondants seraient ponctuels et aléatoires[237]. Le Conseil admit donc ici, comme dans d'autres affaires[238], que la continuité de la « prestation », au sens de l'article 38, 2 *bis*, devait en réalité s'entendre de la continuité de l'obligation.

491 Certains ont voulu voir – pour s'en réjouir – dans cette politique jurisprudentielle l'expression d'une analyse essentiellement économique des concepts juridiques[239]. On cite notamment souvent, à titre d'exemple de cette primauté de la logique économique sur les qualifications juridiques, l'évolution de la jurisprudence relative à l'imposition des commissions reçues par les organismes qui, à la demande de leur client, acceptent de fournir à ces derniers une caution pour qu'ils puissent emprunter auprès d'une banque. Dans un arrêt du 1er février 1995[240], le Conseil d'État avait estimé que le service rémunéré par la commission présentait un caractère ponctuel : selon ses termes, « la commission de caution rémunère le service constitué par l'octroi d'une garantie [...] qui permet à son bénéficiaire de signer un contrat d'emprunt. Le service assuré devant ainsi être réputé rendu lors de la signature du contrat, ladite commission ne peut être regardée comme rémunérant une prestation continue [...] les recettes correspondantes doivent être rattachées en totalité à l'exercice durant lequel le contrat a été signé ».

Cet arrêt fut unanimement critiqué, mais de façon variable selon les auteurs. Pour certains, l'argument décisif à son encontre consistait à dire qu'il était économiquement inopportun car l'organisme qui accepte de se porter caution engage des frais dont la durée s'étale sur la durée du cautionnement, ce qui devrait en bonne logique impliquer que les produits rémunérant le service rendu fussent imposables de façon fractionnée. Cet argument est certes convaincant. Mais pour provoquer un revirement de jurisprudence, il est plus légitime de démontrer que l'arrêt critiqué est erroné en droit. Cela était bien le cas en l'espèce : comme on a pu l'écrire, « juridiquement, il est inexact de prétendre que le service rendu par la caution consiste à permettre au débiteur d'obtenir un prêt. La caution s'engage d'abord envers le créancier. Elle n'est pas liée au débiteur. C'est avant tout au créancier qu'elle rend un service en le garantissant d'un risque de défaillance du débiteur. Certes, le débiteur bénéficie indirectement de l'engagement de la caution car cet engagement lui permet d'emprunter. Mais il s'agit là d'un effet du contrat et non d'un service spécialement rendu par la caution indépendamment de son obligation principale de garantie»[241].

Le Conseil d'État revint donc sur sa position initiale pour estimer, dans un arrêt du 8 mars 2002, que « l'obligation contractée par l'organisme accordant sa caution et qui justifie la commission perçue par lui s'étend sur toute la durée couverte par le contrat de caution ». De plus, « alors même que l'octroi d'une caution permet à son bénéficiaire de réaliser l'opération nécessitant cette caution dès la

237. CE, 7 juin 2000, nº 199344, *RJF* 9-10/00, nº 1049, concl. Bachelier, *BDCF* 10/00, nº 99.

238. Pour un raisonnement semblable, cf. CE, 15 févr. 1999, nº 17643, *CRCAM du Gard, RJF* 4/99, nº 382, concl. Bachelier, *BDCF* 4/99, concluant à l'imposition échelonnée d'une commission versée à un établissement financier pour le suivi du placement de bons à cinq ans émis par un autre établissement financier. Le suivi du placement ne donne pas lieu à une prestation s'exécutant de manière continue. En revanche, l'obligation de suivre le placement est continue. V. aussi CE, 24 mai 2000, nº 193817, *RJF* 7-8/00, nº 887 ; CE, 7 juin 2000, nº 196758, *RJF* 9-10/00, nº 1050, estimant que les cotisations annuelles que versent les clients des banques à raison de la mise à disposition de cartes bancaires sont imposables de manière étalée sur la durée de validité de la carte, car l'obligation contractée par la banque est continue, même si les prestations de la banque ne le sont pas.

239. E. Mignon, « Prestations continues : la logique économique l'emporte », *RJF* 9-10/00, chron. p. 667.

240. CE, 1er févr. 1995, nº 131.940, *SA Caisse de garantie mutuelle pour le crédit et le crédit-bail, RJF* 3/95, nº 298 ; concl. Bachelier, *BDCF* 1995, 15/49, p. 4.

241. G. Blanluet, « Chronique de fiscalité des entreprises », *L'année fiscale*, 2003, p. 325, nº 8 ; v. déjà, dans le même sens, M. Cozian, « La méthode de la comptabilité d'engagement (ou la théorie des créances acquises) », *BF* 4/95, p. 219 ; O. Fouquet, « Le rattachement aux exercices des commissions de caution », *Revue Administrative* 1995, p. 151.

délivrance de celle-ci, la commission de caution doit être prise en compte par l'organisme qui la perçoit au fur et à mesure de l'exécution de la prestation de garantie à laquelle il s'est engagé »[242].

Victoire de l'économie sur le droit ? Non. Victoire du droit tout court.

492 **La notion de prestation « discontinue mais à échéances successives échelonnées sur plusieurs exercices** » a fait couler moins d'encre. Elle a cependant donné lieu à une décision de principe du Conseil d'État rendue le 10 janvier 2005[243] qui précise clairement que « pour déterminer si l'activité d'une entreprise relève du champ d'application des dispositions relatives aux prestations discontinues mais à échéances successives, il convient de rechercher si les conditions d'activité de cette entreprise permettent d'identifier des phases distinctes correspondant à des prestations individualisables et effectivement exécutées ; que, si le fait que les prestations de cette entreprise ont fait l'objet d'une facturation spécifique et de paiements distincts peut être considéré comme un indice de l'existence de prestations discontinues à échéances successives, cette circonstance ne saurait être considérée comme une condition nécessaire de leur existence ».

La décision a été rendue dans les circonstances suivantes. En l'espèce, un expert-comptable s'était manifestement abstenu de déclarer certains produits à recevoir de ses clients, considérant sans doute qu'il fournissait des services dont l'exécution n'avait pas pris fin. Il s'estimait ainsi soustrait à toute imposition, conformément au principe énoncé par l'article 38, 2 *bis* du CGI. Cette position ne trouva pas grâce devant l'administration fiscale. Celle-ci devait en effet requalifier les prestations fournies par l'expert-comptable en « prestations discontinues mais à échéances successives échelonnées sur plusieurs exercices » et imposer en conséquence les produits à recevoir « au fur et à mesure de l'exécution ». Toute la question posée aux juges était donc de qualifier correctement les prestations fournies par l'expert-comptable.

Or, la définition des prestations discontinues mais à échéances successives échelonnées sur plusieurs exercices demeurait floue en jurisprudence. Un arrêt du Conseil d'État rendu en 1989 pouvait laisser croire qu'elles consistaient en des prestations « subdivisées en phases successives donnant lieu à des facturations et à des règlements distincts »[244]. Toutefois, la jurisprudence ultérieure ne permettait pas de forger une conception précise de la notion[245]. On pouvait d'ailleurs douter que l'existence de règlements distincts fût un élément réellement pertinent de la qualification, car le mode de paiement n'éclaire en rien la nature de la prestation fournie[246]. Une clarification était donc attendue du Conseil d'État. Il est dès lors heureux que l'arrêt du 10 janvier 2005 affirme très clairement que le critère tiré de la nature de la prestation prévaut sur ceux tirés de la facturation et du règlement.

Reste à savoir selon quelle méthode doivent être comptabilisés les produits reçus par les prestataires de services continus ou discontinus à échéance successive.

---

242. CE, 8 mars 2002, 9e et 10e s.-s., n° 199468, *Banque française de crédit coopératif, Dr. fisc.* 2002, n° 38, comm. 704, concl. J. Courtial. Cf. aussi L. Olléon, « Autonomie du droit fiscal : le moribond se porte bien », *RJF*, 5 févr., p. 355 et s.

243. CE, 10 janv. 2005, n° 253490, 8e et 3e s.-s., *Droit & Patrimoine*, oct. 2005, n° 141, p. 106, obs. D. Gutmann. Dans le même sens, cf. CE, 28 déc. 2012, n° 339927, *SARL The Race Event, Dr. fisc.* 2013, n° 11, comm. 188, concl. F. Aladjidi.

244. CE, 19 juin 1989, n° 58246 et 59829, *OTH Loire-Bretagne*, *RJF* 8-9/89, n° 928, concl. Mme de Saint-Pulgent, p. 464.

245. À titre d'exemples, CAA Paris, 21 nov. 1991, n° 2415, *SA Thomson-CSF*, *RJF* 2/92, n° 175 ; CAA Bordeaux, 20 mai 1997, n° 95-198, *Association méditerranéenne de formation*, *RJF* 10/97, n° 886, concl. D. Peano, *BDCF* 5/97, n° 92.

246. Cf. sur ce point E. Mignon, « L'article 38-2 *bis* du CGI et le plus bel âge de la vie », *RJF* 2/99, p. 83 et s., spéc. p. 88.

b) La méthode de rattachement

493 Comme on l'a déjà vu, le rattachement des produits dans les contrats à exécution successive a lieu de façon fractionnée. Il en résulte que, même lorsque le prestataire reçoit le paiement en une seule fois au moment de la conclusion du contrat, il peut en étaler l'imposition sur la durée du contrat[247].

494 Il arrive cependant que les modalités de cet étalement ne soient pas évidentes. À titre d'illustration, cette affaire jugée par le Conseil d'État le 29 novembre 2000, dans laquelle le Conseil d'État affirme pour la première fois quels sont les principes applicables[248] : en l'espèce, une société exerçait une activité de location aux particuliers, avec option d'achat, de véhicules de tous genres selon un mécanisme proche du crédit-bail[249]. Le premier loyer était beaucoup plus élevé que les échéances suivantes, ce qui permettait au particulier client de réduire le prix de la levée d'option ultérieure. Il s'agissait ici de savoir si la société bailleresse pouvait répartir les loyers de façon linéaire sur la durée du contrat, ou si le premier loyer devait être intégralement imposé. Pour trancher ce problème, le Conseil d'État posa un principe assorti d'une exception.

Le principe, c'est que le rattachement linéaire des produits du contrat n'est pas de principe ! Ceci s'explique, selon les termes du Conseil d'État, par le fait que « la circonstance que la prestation fournie est continue n'implique pas, par elle-même, qu'elle soit effectuée avec une intensité constante pendant toute la durée de son exécution et que sa rémunération doive par suite être rattachée de manière linéaire et *prorata temporis* aux exercices durant lesquels cette exécution se poursuit ». Ainsi, « lorsque les loyers stipulés dans un contrat de location sont inégaux de période en période, il y a lieu en principe de réputer que cette inégalité des loyers stipulés correspond à une inégalité dans la valeur de la prestation fournie ». Le Conseil d'État en déduit que « dès lors, pour l'application de la règle selon laquelle la rémunération de la prestation continue est rattachée aux exercices au fur et à mesure de l'exécution de la prestation, il convient de comptabiliser les produits correspondant aux créances de loyers en fonction des échéances contractuelles ». Toutefois, et par exception, le Conseil d'État estime qu'il peut en aller autrement « si [...] la répartition contractuelle des loyers ne rend pas compte correctement des avantages économiques procurés au preneur par le bien loué au cours des périodes successives de la location ». En pareil cas, il est alors possible de retenir une répartition linéaire des loyers encaissés sur toute la période de location.

Comment comprendre ceci ? Par le fait que le premier loyer, ne correspondant pas à la rémunération d'une prestation particulière (*i.e.* plus importante quantitativement que les autres à suivre), n'avait pas de raison d'être imposé en totalité lors de l'exercice de perception. Si ce premier loyer est supérieur aux autres, c'est seulement parce qu'il est de l'intérêt du preneur à bail de payer plus cher au départ pour avoir un coût d'acquisition réduit par la suite. Ainsi, la réalité économique, c'est que les prestations de la première échéance sont identiques aux autres : « l'avantage économique » procuré au

247. CE, 21 juin 1995, *RJF* 8-9/95, n° 954, à propos d'un contrat par lequel une entreprise s'engageait, moyennant le paiement d'un prix forfaitaire versé à l'avance, à assurer l'entretien d'installations de chauffage ; CE, 20 juin 2006, n° 266796, *RJF* 10/06, n° 1152, à propos de l'étalement de l'imposition d'une somme rémunérant l'engagement pris par l'exploitant d'un café-restaurant de s'approvisionner de façon exclusive pendant dix ans auprès du même fournisseur de bières et d'acheter une quantité minimale.

248. CE, 29 nov. 2000, n° 192100 à 102 110, *SA Unifimo et a.*, *Dr. fisc.* 2002, n° 5, comm. 62, concl. E. Mignon ; *RJF* 2/01, n° 149 ; *BDCF* 2/01, concl. E. Mignon, p. 7 et s. ; *Juris-Data* n° 2000-061310 ; *Banque & Droit*, n° 75, janv-févr. 2001, p. 55, note C. Acard. Les règles dégagées par le Conseil d'État pour l'imposition du crédit-bailleur s'appliquent symétriquement pour le rattachement des charges chez le crédit-preneur (CE, 16 févr. 2011, n° 315625, *Société TSVI, Dr. fisc.* 2011, n° 15, comm. 299, note P. Fumenier ; *Dr. fisc.* 2011, n° 37, comm. 497, chron. C. Acard).

249. Cf. la description précise donnée par E. Mignon dans ses conclusions.

preneur, dans cette perspective, est identique lors du premier versement et lors des suivants ; d'où une imposition sur un mode linéaire[250].

En conclusion, les modalités du rattachement des produits correspondant à des prestations continues nécessitent un raisonnement pragmatique. La réalité économique est ici primordiale. C'est elle qui justifie aussi l'intrusion récente dans notre droit d'exceptions significatives à la théorie des créances acquises.

B. LES EXCEPTIONS À LA THÉORIE DES CRÉANCES ACQUISES

495 La théorie des créances acquises peut poser de redoutables problèmes de trésorerie pour les entreprises qui subissent les retards de paiement de débiteurs récalcitrants. Elle produit en effet une double conséquence : dans un premier temps, l'exécution d'une obligation contractuelle (livraison d'un bien, exécution d'un service) rend exigible l'impôt sur le revenu ou sur les sociétés à raison des sommes facturées, même si le règlement n'est pas encore intervenu (ce qui peut parfaitement s'expliquer par l'octroi contractuel d'un délai de paiement) ; par la suite, l'inobservation des délais de règlement par le débiteur fait naître une seconde créance acquise, correspondant aux intérêts moratoires[251] ou aux pénalités de retard. Dans cette dernière situation, non seulement l'entreprise créancière subit un préjudice économique du fait de l'inobservation des délais de règlement par le débiteur, mais encore elle doit acquitter un impôt correspondant à un profit... qui ne viendra peut-être jamais !

Certes, une entreprise qui craint de ne pas être réglée dispose de la faculté de constituer une provision déductible[252]. Il apparaît cependant que cette consolation est bien maigre, tant les conditions de déductibilité des provisions sont étroitement encadrées. Hors les situations d'insolvabilité avérée du débiteur, il est en effet très difficile de neutraliser l'impact mécanique de la théorie des créances acquises sur la détermination du bénéfice imposable.

496 La rigueur de ces solutions explique très largement pourquoi l'on observe un progressif déclin de la théorie des créances acquises lorsque celle-ci est mise en jeu à la suite d'une inexécution contractuelle présentant un caractère potentiellement durable[253]. On s'en convaincra en examinant deux questions particulières : celle du sort des pénalités de retard assortissant les créances commerciales (1°) et celle des créances douteuses détenues par les établissements bancaires (2°).

250. Comp. CE, 2 avr. 2003 n° 248230, 10e et 9e s.-s., *min. c/ Rondy*, *RJF* 6/03, n° 735 ; CE, 18 mai 2005, n° 261623 et 261791, *min. c/Banque populaire Loire et Lyonnais*, *RJF* 8-9/05, n° 817, concl. F. DONNAT, *BDCF* 8-9/05, n° 97-a, chron. Y. BENARD, *RJF* 10/05, p. 706 ; CE, 29 févr. 2008, n° 271799, 10e s.-s., *Caisse fédérale du Crédit Mutuel Centre Est Europe*, *RJF* 8-9/2008, n° 929.

251. CE, 21 janv. 1991, n° 72827, *Sté Motte et Porisse*, *RJF* 03/91, n° 259 ; BOI-BIC-BASE-20-10 nos 220 et 230.

252. Art. 39, 1, 5°, CGI, sur lequel *infra*, n° 567.

253. Pour plus de détails sur ces deux exemples, cf. D. GUTMANN, « Le sain déclin de la théorie des créances acquises », *RDC* 2005, n° 1, chron. de fiscalité des contrats.

1. Le déclin de la théorie en matière de pénalités de retard assortissant les créances commerciales

497 En matière de paiement tardif des créances commerciales, l'application systématique de la règle des créances acquises a longtemps conduit l'administration à considérer que le seul défaut de règlement suffisait à faire naître une créance au profit du vendeur ou du prestataire.

Un premier assouplissement à cette règle fut apporté par une instruction du 7 mai 1997 admettant que les créances ne soient prises en compte qu'au titre de l'exercice au cours duquel le client avait été mis en demeure par son fournisseur d'effectuer le règlement du prix convenu[254].

En outre et surtout, suite aux nouvelles règles de facturation introduites par la loi NRE du 15 mai 2001, et afin d'éviter aux fournisseurs se trouvant dans une situation de dépendance économique vis-à-vis de leurs clients d'être imposés sur des produits qui ne leur seraient pas versés en définitive, l'article 237 *sexies* du Code général des impôts vint préciser que les produits et charges correspondant aux pénalités de retard mentionnées aux articles L. 441-3 et L. 441-6 du Code de commerce seraient respectivement rattachés, pour la détermination du résultat imposable à l'impôt sur le revenu ou l'impôt sur les sociétés, à l'exercice de leur encaissement et de leur paiement[255]. Cette règle consacrait donc l'intrusion spectaculaire de la comptabilité « de caisse » dans la fiscalité des entreprises commerciales.

Elle ne devait initialement présenter qu'un caractère temporaire puisque, selon les termes de l'administration, elle visait « à accompagner la normalisation rapide des relations entre les fournisseurs et leurs clients »[256]. Le retour au droit commun devait donc s'opérer postérieurement au 31 décembre 2004. Le législateur s'est cependant ravisé, vraisemblablement convaincu par les principaux intéressés que la normalisation des relations entre les fournisseurs et leurs clients n'était pas aussi rapide qu'on pouvait l'espérer. C'est pourquoi l'article 18 de la loi de finances pour 2005 a finalement scellé le caractère définitif de cette mesure, pérennisant par-là l'abandon de la théorie des créances acquises en matière de pénalités de retard[257].

Le même phénomène peut être relevé en d'autres matières, comme l'illustre le traitement fiscal des créances douteuses détenues par les établissements bancaires.

2. Le déclin de la théorie en matière de créances douteuses détenues par les établissements bancaires

498 Les établissements bancaires sont concernés au premier chef par le risque d'impayés, dont ils doivent rendre compte dans leur comptabilité afin de respecter les obligations prudentielles qui pèsent sur eux. Si ces établissements devaient appliquer systématiquement la théorie des créances acquises, ils devraient comprendre dans leur résultat imposable tous les intérêts courus à la clôture de l'exercice, quelle que soit la situation de leurs clients.

254. Instruction du 7 mai 1997, prise à la suite de la loi n° 92-1141 du 31 décembre 1997, *BOI* 4 A-9-97, *Dr. fisc.* 1997, n° 23, instr. 11805.

255. Les modalités de mise en œuvre de cette règle introduite par la loi de finances rectificative pour 2002 ont été commentées par une BOI-BIC-BASE-20-10 n°s 220 à 240, *Dr. fisc.* 2003, n° 24, instr. 13023. À titre de règle pratique, ces mêmes modalités s'appliquaient également aux intérêts moratoires prévus à l'article 96 du Nouveau Code des marchés publics pour les intérêts afférents à des créances et dettes nées entre le 1er janvier 2002 et le 31 décembre 2004.

256. BOI précité.

257. Solution étendue par voie administrative aux intérêts moratoires prévus à l'article 98 du Code des marchés publics et aux indemnités forfaitaires pour frais de recouvrement en cas de retard de paiement dans les transactions commerciales instituées par l'article 121 de la loi n° 2012-387 du 22 mars 2012 (BOI-BIC-BASE-20-20, 4 déc. 2012).

Pourtant, depuis une instruction du 30 juillet 2004[258] tirant les conséquences d'un règlement comptable n° 2002-03 du 12 décembre 2002[259], les intérêts sur les créances douteuses « déclassées » dans la catégorie des « encours douteux compromis » ne sont plus à prendre en compte pour la détermination du résultat imposable de l'exercice au cours duquel ces intérêts sont acquis. Voici donc une illustration supplémentaire de recul de la théorie des créances acquises lorsque la probabilité d'un règlement effectif par le débiteur apparaît trop faible.

499 Les deux exemples analysés ci-dessus n'ont certes pas de portée générale, les textes les concernant possédant un domaine d'application parfaitement circonscrit. Ils témoignent cependant de la nécessité de repenser la théorie des créances acquises en y intégrant un paramètre ignoré jusqu'ici, le phénomène du retard de paiement ne procédant pas nécessairement d'une situation d'insolvabilité du débiteur. À défaut de disposer d'instruments légaux ou réglementaires spécifiques à chaque situation, on peut donc s'interroger sur l'opportunité d'introduire dans notre droit fiscal quelques assouplissements. Une première idée pourrait consister à conférer à chaque entreprise le droit de demander un sursis d'imposition d'une créance juridiquement acquise lorsqu'elle est en mesure de démontrer que sa créance sera acquittée avec un retard supérieur à un certain délai[260]. À défaut, une seconde voie consisterait à assouplir les conditions de constitution des provisions pour créances douteuses en détachant le concept fiscal de créances douteuses de celui de créances affectées d'un risque de non-recouvrement.

§ 2. L'INFLUENCE DE LA VOLONTÉ SUR LE RATTACHEMENT TEMPOREL DES PRODUITS ET DES CHARGES

500 Bien que les principes gouvernant le rattachement temporel des produits et des charges apparaissent au premier abord comme rigides, ils peuvent être largement modulés par les volontés individuelles. L'insertion dans les contrats passés par l'entreprise de modalités particulières permet ainsi de choisir dans une large mesure le rattachement d'un fait générateur d'impôt[261]. Le jeu avec le rattachement temporel du fait générateur de l'impôt peut alors avoir deux objectifs : soit il vise à reporter en avant le fait générateur de l'impôt (A), soit il entend le reporter en arrière (B).

A. LE REPORT EN AVANT DU FAIT GÉNÉRATEUR DE L'IMPÔT

501 Il est classique, pour éviter l'imposition, que les parties tentent de reporter l'effet de leur contrat dans le temps. On pense naturellement ici aux conditions suspensives, qui

258. BOI-BIC-BASE-20-10 n° 250 et s.

259. Sur le sujet, cf. C. Acard, « Provisionnement du risque crédit (avis CNC n° 2002-04 du 28 mars 2002 et règlement CRC n° 2002-03 du 12 décembre 2002) », *Banque & Droit*, n° 88, mars-avr. 2003, p. 69 et s.

260. Le délai pourrait être fixé par voie réglementaire, éventuellement secteur par secteur. Les modalités d'administration de la preuve pourraient intégrer, par exemple, le fait que le débiteur en cause a déjà connu des incidents de paiement dans le passé.

261. Pour un aperçu sur ce thème, cf. P. Serlooten, *La fiscalité des contrats d'affaires*, Economica, 1998, p. 65 et s. ; M. Cozian et D. Gutmann, « Optimisation fiscale et choix de la bonne clause contractuelle », *Dr. fisc.* 2000, n° 50, p. 1669 et s. ; *JCP* E, n° 1, 4 janv. 2001, p. 24 et s.

constituent la technique la plus efficace pour reporter en avant l'effet d'un contrat (1°). Toutefois, on peut imaginer d'autres techniques contractuelles qui, bien que proches de la condition, ne peuvent pas pour autant lui être assimilées (2°).

1. La condition suspensive

502 La condition suspensive consiste, selon l'article 1304 du Code civil issu de la réforme du droit des obligations par l'ordonnance n° 2016-131 du 10 février 2016, en un événement futur et incertain dont l'accomplissement rend l'obligation pure et simple. La condition suspensive dans un contrat a donc pour effet de retarder la formation du contrat jusqu'au jour de la réalisation de la condition. Depuis la réforme du droit des obligations de 2016, le droit civil prévoit la non-rétroactivité de la condition suspensive (sauf accord contraire des parties), c'est-à-dire que l'obligation devient pure et simple à compter de l'accomplissement de la condition[262]. Cette évolution du droit civil a eu pour effet de le faire converger avec le droit fiscal, qui, lui, n'a jamais reconnu l'effet rétroactif des conditions suspensives. En droit de l'enregistrement, l'article 676 alinéa 1er du Code général des impôts prévoit en effet qu'« en ce qui concerne les mutations et conventions affectées d'une condition suspensive, le régime fiscal applicable et les valeurs imposables sont déterminés en se plaçant à la date de la réalisation de la condition »[263].

Cette solution n'a rien de particulièrement rationnel. Au demeurant, jusqu'à l'intervention du décret-loi du 9 décembre 1948, la Cour de cassation appliquait le principe de l'ancien article 1179 du Code civil dans le silence de la législation fiscale. Et, si la règle est aujourd'hui différente, c'est apparemment pour la seule raison que la solution est apparue plus rentable, les taux des impôts augmentant avec le temps et les dépréciations monétaires ne cessant d'élever la valeur des biens[264].

503 La règle, quoique posée pour les besoins des droits d'enregistrement, possède une valeur générale. En particulier, la condition suspensive a également pour effet de retarder l'imposition du revenu (qu'il s'agisse de revenus d'entreprise ou de plus-values). Ainsi, par exemple, une remise de dette sous condition suspensive n'entraîne aucun produit imposable chez le débiteur tant que la condition ne s'est pas réalisée[265]. Une plus-value de cession voit son imposition retardée à la réalisation de la condition suspensive affectant le transfert de propriété[266]. De même, le fait générateur et l'exigibilité de la TVA sont suspendus tant que la condition ne s'est pas réalisée[267]. Au demeurant, l'article 247 de l'annexe II du Code général des impôts énonce clairement que « pour

262. Art. 1304-6 C. civ.

263. À noter cependant que, selon l'alinéa 2 du même texte, « toutefois, lorsqu'elle ne tient pas lieu des droits d'enregistrement, la taxe de publicité foncière est perçue sur l'acte conditionnel d'après le régime applicable à la date à laquelle la formalité de publicité foncière est requise. Les valeurs imposables sont déterminées en se plaçant à la date de l'acte ».

264. En faveur de cette interprétation du décret-loi de 1948, M. Chrétien, « Le fisc en face du droit international privé », *Travaux du comité français de droit international privé*, 1954, p. 5.

265. CAA Paris, 18 juin 1991, n° 89-2921, *RJF* 10/91, n° 1201 ; TA Rennes, 2e ch., 7 mai 1998, req. n° 94-1463, *Sté Henry, Dr. fisc.* 1999, n° 8, comm. 148.

266. CE, 30 juin 1976, n° 92674 et 93186, *RJF* 9/76, n° 397 ; CE, 29 déc. 2000, n° 182185, *Bellanne, RJF* 3/01, n° 311 ; CE, 16 mars 2009, n° 304749, *Gumuschian, RJF* 6/09, n° 540 ; *BDCF* 6/09, n° 67, concl. N. Escaut (s'agissant d'un apport) ; 26 janv. 2011, n° 312470, *SA PPR, Dr. fisc.* 2011, n° 17, comm. 325, concl. N. Escaut, *RJF* 4/11, n° 417 ; 4 mai 2011, n° 324579, *Mme Piponiot-Laroche, Dr. fisc.* 2011, n° 37, comm. 500, concl. E. Geffray.

267. Rép. min. *JOAN*, 17 nov. 1980, p. 4837.

les mutations affectées d'une condition suspensive, le régime fiscal applicable et les bases d'imposition sont déterminés en se plaçant à la date de la réalisation de la condition ».

504 La portée générale de l'effet fiscal attribué aux conditions suspensives explique leur fréquente utilisation pratique. Un célèbre exemple pratique remonte à l'époque à laquelle les cessions de parts et les cessions d'actions étaient soumises à un droit de mutation distinct (1 % pour les actions ; 4,80 % pour les parts) : les repreneurs d'une SARL souhaitent acheter les parts des associés tout en évitant de payer les droits de mutation de 4,80 %. Il leur suffit d'insérer, dans la convention qui les lie aux vendeurs, une condition suspensive de transformation préalable de la SARL en SA. Celle-ci permet en effet de considérer l'opération comme une cession d'actions soumise au droit nettement plus avantageux de 1 %. La Cour de cassation n'y a rien trouvé à redire. Au contraire, elle a considéré que l'intention des parties faisait apparaître que cette transformation présentait, au moment de la signature de l'accord, « le caractère d'un événement futur et incertain » permettant de retarder le fait générateur des droits[268].

505 Cet exemple, parmi tant d'autres, illustre tout autant l'intérêt que le risque de l'introduction dans certaines opérations de conditions suspensives. Celle-ci n'était-elle pas affectée d'un caractère purement potestatif ? Le risque que l'administration décèle un abus de droit dans cette orchestration des opérations peut-il être évacué avec certitude ? Ces questions ne peuvent être écartées d'un revers de main. La jurisprudence livre d'ailleurs des exemples de situations dans lesquelles le fait pour des parties d'avoir stipulé une condition suspensive n'a convaincu personne. En témoigne l'affaire qui a donné lieu à l'arrêt de la Cour de cassation du 27 juin 1995[269]. Un expert-comptable avait vendu son cabinet à une société moyennant une indemnité de clientèle de 80 % du montant des honoraires de l'exercice précédent. La convention contenait une clause, intitulée « condition suspensive », aux termes de laquelle le contrat ne devenait définitif qu'à la date à laquelle le prix pourrait être définitivement déterminé. Il était de surcroît prévu que la détermination définitive du prix interviendrait à l'issue d'une période de garantie, en fonction des clients conservés par l'acquéreur. Forte de cette condition suspensive, la société acquéreuse avait enregistré son accord au droit fixe, non au droit proportionnel. L'administration l'avait redressé de ce chef, en considérant qu'il ne s'agissait pas d'une véritable condition suspensive. La Cour de cassation, de même, a posé que « c'est hors toute dénaturation que les juges du fond ont décidé que, malgré l'épithète de suspensif attribué dans les actes à la clause litigieuse, celle-ci s'analysait en une clause de révision de prix et non en une condition suspensive ». En d'autres termes, l'habileté contractuelle ne peut, pour prospérer, se contenter de n'être que de l'habileté verbale.

2. Les autres techniques

506 Il existe d'autres techniques que la condition suspensive permettant de différer dans le temps l'exécution d'un contrat mais toutes n'ont pas les mêmes vertus fiscales. C'est notamment le cas du terme (a) et de la condition résolutoire (b). Cet effet peut

268. Cass. com., 9 févr. 1999, n° 97-10 907, *SA SAIM*, *Dr. fisc.* 1999, n° 27, comm. 550 ; *Dr. sociétés* juill. 1999, comm. 122.

269. Cass. com., 27 juin 1995, *RJF* 10/95, n° 1202.

également être attaché à certaines définitions contractuelles (c) ou à d'autres clauses du contrat (d).

a) *Le terme*

507 Le terme se distingue de la condition suspensive en ce qu'il ne suspend point l'engagement dont il retarde seulement l'exécution[270]. Le régime fiscal des contrats à terme est donc distinct de celui des contrats sous condition suspensive. Cette distinction est extrêmement importante, par exemple dans les cessions de droits sociaux, car il est fréquent qu'un ou plusieurs associés d'une société prévoient de céder à une époque déterminée leurs droits dans la société à leurs coassociés. Ces ventes, assimilables à des ventes à termes, entraînent l'exigibilité immédiate des droits de mutation proportionnels. Il est toutefois envisageable d'éviter le paiement immédiat en transformant l'opération en opération conditionnelle : on pourra ainsi songer à subordonner la cession à la survie du cessionnaire à l'époque de la cession, ou bien encore à la fixation ultérieure du prix.

b) *La condition résolutoire*

508 La condition suspensive ne doit pas non plus être confondue avec la condition résolutoire, laquelle implique l'anéantissement de l'obligation en cas de réalisation de la condition[271]. D'un point de vue fiscal, une convention affectée d'une condition résolutoire prend donc son plein effet conformément aux règles habituelles gouvernant la formation des conventions[272]. Il n'est pas toujours facile, en pratique, de distinguer la condition résolutoire de la condition suspensive. Parfois, c'est la loi elle-même qui règle la question de la qualification en prévoyant qu'un acte donné est assorti d'une condition résolutoire[273]. Mais cette solution se rencontre rarement, et la difficulté est entière lorsqu'il faut s'en remettre au contrat, surtout lorsque celui-ci ne dit rien de précis : comment distinguer clairement une vente sous condition suspensive de paiement du prix et une vente sous condition résolutoire de non-paiement du prix ? Selon

270. Art. 1305 C. civ. issu de la réforme du droit des obligations par l'ordonnance n° 2016-131 du 10 févr. 2016 (succédant à l'article 1185 du même code).

271. Art. 1304 al. 3 C. civ.

272. BOI-BIC-PDSTK-20-10 n° 120 (pour les ventes de stocks). Toutefois, lorsque la condition se réalise, il faut en tirer les conséquences. Ainsi, l'anéantissement du contrat entraîne en principe la restitution de l'impôt initialement payé : en matière de TVA, par exemple, l'art. 272, 1, CGI énonce que « la taxe sur la valeur ajoutée qui a été perçue à l'occasion de ventes ou de services est imputée ou remboursée dans les conditions prévues à l'article 271 lorsque ces ventes ou services sont par la suite résiliés ou annulés (...) ». Cependant, il résulte de l'article 1961 du CGI que les droits de mutation perçus initialement ne sont restituables que si la résolution a été prononcée par un jugement ou un arrêt passé en force de chose jugée. Pour une intéressante réflexion sur le sujet, cf. Ph. Neau-Leduc, « Les aspects fiscaux de la rétroactivité », *RDC* janv. 2008, p. 25 et s., spéc. p. 28 et s.

273. C'est le cas en matière de procédures collectives où la loi prévoit que certains abandons de créance consentis par les créanciers sont soumis à la condition résolutoire d'inexécution par le débiteur de ses engagements (article 80 de la loi du 25 janvier 1985 codifié à l'article L. 626-27 du Code de commerce). Pour les conséquences fiscales, v. CE, 21 nov. 2011, n° 340319, *M. Tanière*, *Dr. fisc.* 2012, n° 12, comm. 196, note P. Fumenier et C. Maignan, jugeant que l'imposition de la remise de dette doit avoir lieu dès l'exercice d'homologation du plan, et non au titre de l'exercice au cours duquel la complète exécution du plan a eu lieu. Il ne faut pas confondre les remises de dette relevant de l'article 80 précité et celle relevant de l'article 75 de la loi de 1985 (art. L. 626-19 C. com.) qui sont regardées comme faites sous condition suspensive...

l'administration fiscale, c'est l'intention des parties, telle qu'elle résulte des autres clauses de l'acte, qui permet de se prononcer. Il est vrai qu'en principe, une condition suspensive ne se présume pas : un contrat ne peut être considéré comme affecté d'une condition de cette nature que si les parties ont formellement exprimé leur volonté en ce sens[274]. Cette règle par défaut permet de régler un certain nombre de difficultés de qualification.

509 Un autre exemple où la différence entre condition suspensive et la condition résolutoire se fait malaisément vient de la pratique de l'abandon de créance assorti d'une **clause de retour à meilleure fortune**. Le mécanisme de la clause examinée se présente fréquemment de la façon suivante : une société, consentant un abandon de créance à une autre (souvent du même groupe), se réserve néanmoins le droit de poursuivre le recouvrement de sa créance si la société débitrice revient ultérieurement à une situation financière plus saine. Les principes fiscaux applicables en pareille circonstance sont simples et bien connus. Lorsque le créancier consent l'abandon de créance, il subit une perte qui vient en déduction de son résultat imposable. Symétriquement, le débiteur qui voit disparaître sa dette doit enregistrer au compte de résultat un produit correspondant à la créance abandonnée[275]. Si la clause de retour à meilleure fortune vient à jouer, les pendules sont remises à l'heure. Ainsi, la réalisation de bénéfices par la société bénéficiaire de l'abandon de créance fait naître une créance au profit de la société ayant consenti l'abandon. Il y a donc lieu, d'une part, d'imposer celle-ci à hauteur de la somme à laquelle elle peut désormais prétendre et, d'autre part, d'enregistrer en charges déductibles la dette de la société bénéficiaire de l'abandon. Il s'agit donc d'un traitement exactement inverse à celui applicable lors de l'abandon de créance.

Cette solution s'explique, selon la doctrine administrative, par le fait qu'« un abandon de créance assorti d'une clause de retour à meilleure fortune s'analyse [...] en une convention caractérisée d'une part, par l'extinction de l'obligation de l'entreprise débitrice qui entraîne pour elle la constatation d'un profit d'égal montant et, d'autre part, par la naissance d'une obligation nouvelle assortie d'une condition suspensive (le retour à meilleure fortune) »[276]. Il est ainsi remarquable que la solution fiscale retenue par l'administration s'appuie sur une analyse civile claire de la clause de retour à meilleure fortune, considérée, non comme une clause résolutoire assortissant l'abandon de la créance initiale, mais bien comme une condition suspensive de la naissance d'une nouvelle créance[277]. C'est également la position du Conseil d'État, selon lequel « une créance consentie avec clause de retour à meilleure fortune ne devient certaine, dans son principe et dans son montant, qu'à la date de réalisation des conditions de retour à meilleure fortune telles qu'elles sont stipulées dans cette clause »[278]. Ce constat est d'autant plus intéressant que les parties ont souvent tendance à qualifier elles-mêmes la clause de retour à meilleure fortune comme un mécanisme de résolution du contrat[279].

c) *Les définitions contractuelles*

510 Indépendamment des modalités telles que terme ou condition, le bon usage des définitions contractuelles permet parfois de retarder le paiement de l'impôt en

274. BOI-ENR-DG-20-20-70 n°s 20 à 60 ; BOI-ENR-DMTOI-10-10-30-10 n° 100.
275. BOI-BIC-BASE-50-20-10 n°s 280 et 290.
276. BOI-BIC-BASE-50-20-10, n° 280.
277. En faveur d'une telle analyse, cf. d'ailleurs Th. Jacomet et A. Bejinariu, « La clause de retour à meilleure fortune », *Bull. Joly* 1996, § 127, p. 365 et s., spéc. p. 369.
278. CE, 22 juill. 2016, n° 388147, *RJF* 11/16, n° 945, concl. E. Cortot-Boucher.
279. Pour un exemple relativement complexe, CE, 11 oct. 2004, n° 250153, 8e et 3e s.-s., *Sté Usines Claas France*, *RJF* 12/2004, n° 1227 ; *BDCF* 12/04, n° 147, concl. L. Olléon ; *Dr. fisc.* 2005, n° 8, comm. 227 ; *Revue des contrats* 2005, n° 3, note Gutmann.

repoussant son fait générateur à un exercice ultérieur. S'agissant d'une vente de stocks, par exemple, le Conseil d'État estime que la livraison du bien, dont la date permet de rattacher le produit à l'exercice, doit s'entendre de la délivrance du droit civil, laquelle peut s'opérer du seul consentement des parties conformément à l'article 1606 du Code civil[280]. De même, les contractants peuvent librement déterminer à quel moment sera achevée une prestation de services et opposer leur accord à l'Administration en vue de l'application de l'article 38, 2 *bis* du CGI. À titre d'illustration, on peut citer une affaire dans laquelle des prestations étaient accomplies par une société française qui représentait une société suisse auprès de certains clients. Il était prévu dans le contrat que ces prestations n'atteindraient leur terme qu'au moment du paiement des ventes par les clients à la société suisse. Il fallait donc en déduire, selon le Conseil d'État, que les créances détenues par la société française devaient être rattachées à l'exercice au cours duquel étaient intervenus les règlements par les clients à la société suisse[281].

d) Autres cas

511 Un usage encore meilleur de la liberté contractuelle peut conduire les contribuables avisés, non seulement à aménager le calendrier de leur imposition, mais aussi à limiter de façon substantielle le montant de l'impôt. Supposons par exemple qu'un commerçant, vingt-deux mois après avoir créé son fonds de commerce, souhaite céder celui-ci à un acquéreur tout en évitant de subir de plein fouet l'imposition de la plus-value à court terme ainsi réalisée. Peut-il retarder le fait générateur de l'impôt ? La réponse se trouve dans l'aménagement contractuel de l'opération réalisée. Il lui est en effet loisible de déterminer, en accord avec son partenaire, que le transfert de propriété du fonds de commerce aura lieu à une date lui permettant de bénéficier du régime des plus-values à long terme. On pourra décider, par exemple, de subordonner le transfert de propriété à l'immatriculation du cessionnaire au registre du commerce. Ce montage a été validé par le Conseil d'État[282], ce qui autorise à en tirer quelques enseignements. En matière de cession de fonds de commerce, il est acquis que la cession n'est réputée intervenir au jour de l'entrée en jouissance qu'en l'absence d'aucune clause contraire[283]. Plus généralement, il faut considérer que les plus-values « proviennent » de la cession, au sens de l'article 39 *duodecies* du Code général des impôts, dès lors que l'élément d'actif en cause est juridiquement sorti du patrimoine de l'entrepreneur. Toutefois, une telle conclusion n'implique nullement que les parties aient en la matière un pouvoir absolu, voire fantaisiste. En pratique, il n'est de l'intérêt, ni du vendeur, ni de l'acquéreur, de retarder à l'excès le transfert de propriété. En droit, on ne peut de surcroît oublier que sont inopposables à l'Administration les actes constitutifs d'abus de droit, ce qui incite à la plus grande prudence en la matière.

280. CE, 8e et 7e s.-s., 4 mars 1991, *Rec.* n° 97596, *Mme Quié*, *Dr. fisc.* 1991, n° 48, comm. 2285, concl. N. Chahid-Nouraï ; *RJF* 4/91, n° 431.

281. Pour un ex., cf. CE, 9e et 8e s.-s., 13 févr. 1995, *Rec.* n° 137490, *SARL Rieter France*, *Dr. fisc.* 1995, n° 25, comm. 1309. Dans le même sens, cf. CE, 23 déc. 2010, n° 313301, *SA Inglard Vanbremeersch*, *RJF* 4/11, n° 409.

282. CE, 7e et 8e s.-s., 11 janv. 1985, req. n° 38941, *Dr. fisc.* 1985, n° 13, comm. 659 ; *RJF* 3/85, n° 360.

283. Cf. déjà CE, 7e et 9e s.-s., 16 sept. 1983, req. n° 33148, *Dr. fisc.* 1984, n° 8, comm. 325 ; *RJF* 11/83, n° 1277.

B. LE REPORT EN ARRIÈRE DU FAIT GÉNÉRATEUR DE L'IMPÔT

512 Le report en arrière du fait générateur de l'impôt peut être aménagé au moyen de la clause de rétroactivité[284]. Celle-ci permet de donner au contrat une date d'effet antérieure à celle de sa conclusion. Elle est relativement rare dans les contrats ordinaires mais se rencontre très fréquemment dans les traités de fusion où elle permet de faire remonter la fusion au 1er janvier, date à laquelle les valeurs comptables servant de base au calcul des parités sont établies, et indirectement d'imputer une partie du déficit de la société absorbée sur les résultats de la société absorbante[285].

513 La flexibilité de la loi fiscale est ici plus limitée, car le principe de l'annualité de l'impôt et de l'indépendance des exercices empêche de modifier *a posteriori* les données ayant permis d'obtenir le résultat d'un exercice passé. C'est pourquoi une clause de rétroactivité insérée dans un contrat a un effet nécessairement limité : elle ne peut jamais remonter au-delà de l'exercice au cours duquel le contrat concerné est conclu[286]. Dans le cas particulier des fusions, la clause de rétroactivité ne peut avoir pour effet de remettre en cause les résultats du dernier exercice clos de la société absorbée ou de la société absorbante[287]. Elle ne produit par ailleurs son plein effet fiscal que si sa validité est reconnue au plan juridique.

En pratique, la portée de la rétroactivité des fusions est considérable. La rétroactivité étant entendue de façon « forte », elle signifie que l'absorbante ne se contente pas de reprendre fiscalement le résultat de l'absorbée, mais bien qu'elle est censée avoir réalisé elle-même les activités de l'absorbée. De là vient, par exemple, que toutes les opérations réalisées pendant la période intercalaire entre l'absorbante et l'absorbée, telles qu'abandons de créances, distributions de dividendes ou cession d'immobilisations, sont neutralisées au plan fiscal. Cette conception est expressément admise par l'administration[288]. De même, la rétroactivité de la fusion implique que le transfert des déficits de la société absorbée est réputé remonter à la date de l'effet de la fusion[289].

Il convient cependant de bien mesurer que si la rétroactivité d'une fusion peut affecter l'assiette de l'impôt (par attribution rétroactive de celle-ci à l'absorbante), elle ne

284. Sur ces points, cf. notamment O. Debat, *La rétroactivité et le droit fiscal*, préf. P. Serlooten, av.-pr. M. Cozian, éd. Defrénois, 2006, n° 312 et s. ; Ph. Neau-Leduc, « Les aspects fiscaux de la rétroactivité », *RDC*, janv. 2008, p. 25 et s.

285. V. sur ce point, D. Villemot, « Effet rétroactif ou différé des fusions, scissions et apports partiels d'actifs », *Dr. fisc.* 2001, n° 24, p. 897. Du même auteur, cf. *Fiscalité des fusions-acquisitions*, EFE, 2006, spéc. n° 99 et s.

286. CE, 8e et 9e s.-s., 14 mars 1979, n° 7630, *Dr. fisc.* 1979, n° 27, comm. 1424 ; *RJF* 5/79, p. 162 ; CE, 7e et 8e s.-s., 4 nov. 1983, n° 33823, *Dr. fisc.* 1984, n° 48, comm. 2110 ; CE, 1er juill. 1992, n° 76209, *Dr. fisc.* 1993, n° 17-18, comm. 883 ; CE, 6 mai 2015, n° 375880, *SAS Optique de précision Jean Fichou*, *Dr. fisc.* 2015, n° 24, comm. 400, note E. Kornprobst.

287. CE, 12 juill. 1974, n° 81753, *Dr. fisc.* 1974, n° 49, comm. 1525, concl. Mandelkern ; 26 janv. 2011, n° 312470, *SA PPR*, *Dr. fisc.* 2011, n° 17, comm. 325, concl. N. Escaut (extension des solutions valant pour les pertes à une opération se traduisant pour un produit).

288. BOI-IS-FUS-40-10.

289. CE, 18 janv. 2017, n° 389004, *Sté Stago International*, *Dr. fisc.* 2017, n° 20, comm. 304. Le Conseil d'État en déduit que l'économie d'impôt résultant du transfert de déficit doit être pris en compte dans le calcul du mali de fusion. Le raisonnement s'appuie sur le constat que les règles comptables applicables en matière de fusion tiennent compte de la notion d'impôt différé, actif ou passif, et regardent l'économie d'impôt correspondant au déficit transmis de l'absorbée à l'absorbante comme un impôt différé actif, à prendre en compte pour le calcul du mali technique.

peut pas affecter rétroactivement la qualité de redevable de l'impôt. Ainsi, par exemple, en matière de taxe professionnelle (avant son remplacement par la contribution économique territoriale), la jurisprudence a posé que dès lors que le fait générateur de l'impôt consistait dans le fait pour une société d'exercer une activité professionnelle au 1er janvier de l'année, une stipulation de rétroactivité insérée dans une convention de fusion conclue dans le courant de l'année civile ne pouvait avoir pour effet d'ôter à cette société la qualité de redevable de ladite imposition, qui lui avait légalement été impartie lors de la réalisation de son fait générateur[290].

On notera en passant que la question de la rétroactivité se pose de façon spécifique en matière de dissolution-confusion visée à l'article 1844-5 du Code civil. Selon la Chancellerie, en effet, la transmission universelle de patrimoine (TUP) ne peut produire un effet rétroactif au motif qu'aucune disposition légale ne l'autorise expressément[291]. S'appuyant sur cette analyse, le Comité de la réglementation comptable a indiqué dans son règlement 2004-01 du 4 mai 2004 que les prescriptions comptables relatives à la rétroactivité des fusions ne sont pas applicables à ce type d'opération. Il est toutefois admis que la TUP puisse être dotée d'une rétroactivité fiscale. L'administration fiscale considère en effet que « dès lors que la décision de dissolution sans liquidation comportera expressément une clause de rétroactivité, cette obligation contractuelle s'imposera à l'associé comme à l'administration fiscale en matière d'impôt sur les sociétés dans les mêmes conditions que celles [...] concernant les opérations de fusions, scissions et d'apports partiels d'actif »[292].

On retrouve le même type de questions liées à la rétroactivité lorsque des parties conviennent de conférer un effet rétroactif à la constitution d'une société. En matière d'imposition des bénéfices, le Conseil d'État estime en effet que l'apport d'un fonds de commerce à une société nouvelle peut produire des effets à une date antérieure à celle de l'immatriculation : ainsi, par exemple, il a admis qu'une société immatriculée le 21 novembre 1994 et ayant reçu par apport partiel d'actif réalisé le 25 novembre 1994 une branche d'activité avec effet rétroactif au 30 juin 1994, puisse, à la clôture de son exercice le 30 juin 1995, prendre en compte dans son propre résultat l'ensemble des opérations réalisées par la société apporteuse à compter du 1er juillet 1994.

Il a clairement admis à cette occasion que même si, en vertu de l'article L. 210-6 du Code de commerce, les sociétés commerciales ne jouissent de la personnalité morale qu'à compter de leur immatriculation au registre du commerce et des sociétés, cela ne fait obstacle ni à ce que les parties à un apport partiel d'actif soumises au régime des scissions donnent effet à l'opération à une date antérieure à celle à laquelle la personnalité de la société nouvelle est acquise, ni à ce que cet effet rétroactif soit pris en compte sur le plan fiscal, dans la limite du jour d'ouverture de l'exercice au cours duquel la société nouvelle a été immatriculée au registre du commerce et des sociétés, la convention rétroactive restant sans incidence sur le bilan de clôture du ou des exercices précédents de la société apporteuse[293]. Le

290. CE, 16 mars 2001, n° 202548, *Dr. fisc.* 2001, n° 28, com. 659, concl. G. Goulard ; *RJF* 6/01, n° 804. Cette solution, qui existait dans la jurisprudence antérieure, a été réaffirmée en d'autres matières par le Conseil d'État (CE, 23 nov. 2015, n° 370712, *Sté Exxonmobil France Holding*, *Dr. fisc.* 2016, n° 3, comm. 75, concl. F. Aladjidi ; CE, 23 nov. 2015, n° 371690, *Sté Darcy Estivin Limoges*, *Dr. fisc.* 2016, n° 3, comm. 76, concl. F. Aladjidi).

291. Lettres de la Chancellerie du 10 avril 2003 au président de la CNCC (Bull. CNCC, n° 129, § 7) et du 27 avril 2004 au délégué général de l'ANSA. Cette position est contestée par deux auteurs (B. Thomas et F. Danos, Transmission universelle de patrimoine et rétroactivité, *Option Finance*, n° 1447, 29 janv. 2018, p. 65 et s.) qui considèrent notamment que la liberté contractuelle devrait permettre de stipuler une clause de rétroactivité efficace dans les TUP, cet argument étant selon eux renforcée par la réforme du droit des contrats intervenue en 2016.

292. BOI-IS-FUS-40-40 n° 50.

293. CE, 29 juin 2011, n° 317212, *Sté Maurice Agofroy, Dr. fisc.* 2011, n° 36, comm. 494, concl. E. Cortot-Boucher, note P. Fumenier ; *Dr. fisc.* 2012, n° 9, comm. 158, § 22, obs. L. Lenczner. Comp.

même fondement juridique explique que le Conseil d'État admette qu'une société soit rétroactivement réputée propriétaire des titres d'une filiale acquise pour son compte par le fondateur de cette société. Elle peut donc valablement exercer l'option pour l'intégration fiscale au titre de l'exercice ouvert (par une curieuse fiction fiscale) avant même qu'elle n'ait acquis la personnalité juridique[294]. En matière d'imposition des plus-values d'apport, la solution est un peu différente car le fait générateur de la plus-value étant l'immatriculation de la société bénéficiaire au registre du commerce et des sociétés, la rétroactivité stipulée dans l'apport ne peut avoir pour effet de remonter au-delà de cette date[295].

CE, 22 avr. 1985, n° 39163, *SA Transports Paul Pacquet*, *Dr. fisc.* 1985, n° 30, comm. 1386, concl. M.-A. Latournerie, *RJF* 6/85, n° 850 ; CE, 28 févr. 1997, n° 141459 et 150985, *Mme Pinaton*, *Dr. fisc.* 1997, n° 50, comm. 1302, *RJF* 4/97, n° 313 ; *BDCF* 1997, n° 34, concl. J. Arrighi de Casanova ; CAA Lyon, 30 nov. 2010, n° 09LY01805, *M. Pradelles*, *Dr. fisc.* 2011, n° 7-8, comm. 214, note P. Monnier.

294. CE, 7 mars 2012, n° 335047, *Sté Alimentation générale Mail*, *Dr. fisc.* 2012, n° 22, comm. 316, concl. V. Daumas, note R. Poirier.

295. CE, 8 juill. 2009, n° 279018, *M. Dufis*, *Dr. fisc.* 2009, n° 37, comm. 456, concl. J. Burguburu.

CHAPITRE 2
LES PRINCIPAUX POSTES DU COMPTE DE RÉSULTAT

514 Il n'entre pas dans le cadre de cet ouvrage de détailler tous les éléments du compte de résultat. La tâche serait fastidieuse et en tout état de cause incomplète. Il convient donc de concentrer l'attention sur les postes principaux du compte de résultat en distinguant successivement les postes liés à l'activité de l'entreprise (Section 1) et ceux liés aux variations de valeur des actifs immobilisés (Section 2).

SECTION 1 LES POSTES LIÉS À L'ACTIVITÉ DE L'ENTREPRISE

515 Il résulte de l'article 38 du Code général des impôts que tous les produits et toutes les charges ont vocation à être pris en compte dans le résultat, y compris (pour les produits) lorsqu'ils ne sont pas directement liés à l'activité de l'entreprise. Rentrent par exemple ainsi dans la catégorie des produits imposables les revenus fonciers, du moment qu'ils se rattachent à un immeuble inscrit à l'actif du bilan, les produits financiers (intérêts de créances, dividendes, etc.), les subventions[1] ou encore les indemnités.

516 Du côté des charges, il faut compter avec les achats de matériels et marchandises, ainsi qu'avec la catégorie virtuellement infinie des « frais généraux »[2]. Leur déductibilité est encadrée, tant par des conditions de forme (ils doivent être régulièrement

1. Certaines règles particulières d'échelonnement de l'imposition existent pour les subventions d'équipement ou d'investissement versées par l'État, les collectivités publiques, les institutions européennes ou tout organisme public pour le financement d'immobilisations déterminées (art. 42 *septies*, CGI).

2. L'expression « frais généraux » figure à l'art. 39, 1.1°, CGI mais n'est pas définie. Il faut se reporter ici à une définition comptable qui englobe les postes suivants : services extérieurs ; impôts, taxes et versements assimilés ; charges de personnel ; autres charges de gestion courante ; charges financières ; charges exceptionnelles services extérieurs ; impôts, taxes et versements assimilés ; charges de personnel ; autres charges de gestion courante ; charges financières ; charges exceptionnelles.

comptabilisés en tant que tels et appuyés de pièces justificatives suffisantes) que par des conditions de fond (rejet de l'acte anormal de gestion[3], effet de diminution de l'actif net). Elle est parfois purement et simplement interdite : à titre d'exemple, la loi exclut certains impôts de la déductibilité, au premier rang desquels l'impôt sur les sociétés lui-même. Mais faute d'interdiction spéciale, les impôts sont en principe déductibles[4], y compris les impôts étrangers lorsqu'ils sont prélevés, soit en l'absence de convention fiscale, soit en contradiction avec une convention fiscale[5].

517 Toutefois, en règle générale, la loi fiscale se refuse à procéder à une identification *a priori* des produits imposables et des charges déductibles[6]. Plutôt, donc, que de se livrer à un exposé détaillé de tous ces éléments du compte de résultat, il apparaît opportun d'étudier certains postes particulièrement « sensibles », à savoir les rémunérations (§ 1), les charges financières (§ 2) et les provisions (§ 3). On abordera également quelques crédits d'impôts que la loi fiscale accorde aux entreprises qui font des dépenses jugées particulièrement utiles pour l'économie ou la société (§ 4).

§ 1. LES RÉMUNÉRATIONS

518 Les rémunérations, ce sont tout d'abord les salaires et autres rémunérations (A). Ce sont aussi, avec la mutation du statut du salarié[7], des avantages qu'on peut ici qualifier de « para-salariaux » (B).

A. LES SALAIRES ET AUTRES RÉMUNÉRATIONS

519 Les salaires et autres rémunérations sont en principe déductibles du résultat imposable (1°). Toutefois, le souci d'encadrer certaines pratiques jugées excessives explique le développement d'un contrôle de plus en plus strict sur les rémunérations versées (2°) ainsi que le développement d'une nouvelle technique : l'institution d'une taxe exceptionnelle sur les bonus des « traders » (3°).

1. Le principe de la déductibilité

520 Selon l'article 39, 1. 1° du Code général des impôts, les « dépenses de personnel et de main-d'œuvre » sont déductibles en principe. Cette déductibilité s'applique aux salaires versés au personnel ainsi qu'aux rémunérations versées aux dirigeants dans

3. Cf. *infra*, n° 628 et s.
4. Art. 39, 1, 4° CGI.
5. La règle résulte de l'article 14 de la loi de finances pour 2018. Elle était admise par certains juges du fond (TA Montreuil, 1er déc. 2014, n° 1301376, *SA L'Oréal*, *Dr. fisc.* 2015, n° 10, comm. 191, note A. Marmier) mais pas par tous (CAA Bordeaux, 13 déc. 2016, n° 15BX06155, 15BX01660 and 15BX01663, Société Smith International France).
6. Pour un aperçu de droit comparé sur la méthode législative en matière de déduction des charges, cf. C. David, « Déduction des charges, évasion fiscale internationale et droit communautaire. Étude comparative (Allemagne, France et Royaume-Uni) », in *Fiscalité et entreprise : politiques et pratiques, Liber amicorum Jean-Pierre Le Gall*, Dalloz, 2007, p. 243 et s.
7. Cf. *supra*, n° 152 et s.

les sociétés relevant de l'impôt sur les sociétés[8]. Elle s'applique également, par extension, aux indemnités de congés payés, aux indemnités de licenciement ou de congédiement des dirigeants, ainsi qu'aux sommes versées et aux charges supportées au titre des différents régimes légaux de participation ou d'intéressement des salariés. De même, les charges sociales liées aux rémunérations du personnel sont en principe déductibles.

521 Cette déductibilité des salaires et autres rémunérations trouve sa limite dans la logique du système fiscal pour les entrepreneurs individuels n'ayant pas choisi la forme de l'EIRL soumise à l'impôt sur les sociétés. Ainsi, les appointements que s'allouent les exploitants individuels en rémunération de leur travail personnel ne sont pas déductibles des bénéfices imposables de l'entreprise et sont soumis à l'impôt sur le revenu dans les mêmes conditions que ces derniers. Ceci s'explique par le fait que l'exploitant est considéré comme rémunéré par les bénéfices réalisés par son entreprise, peu important à cet égard qu'ils aient été appréhendés ou réinvestis. De même, les rémunérations prélevées par les associés de sociétés de personnes et assimilées constituent un élément du bénéfice social imposable à leur nom et ne sont pas donc pas déductibles[9].

522 Toutefois, il convient de souligner que depuis l'adoption de la loi du 15 juin 2010, un entrepreneur individuel peut constituer une EIRL et opter pour la soumission à l'impôt sur les sociétés. Il peut alors déduire du résultat imposable à l'IS une somme représentative des salaires qu'il se verse à lui-même.

Par ailleurs, la loi fiscale prévoit certains cas dans lesquels la déductibilité des rémunérations est sévèrement encadrée.

2. Le contrôle de la déductibilité

523 Selon l'article 39, 1, 1° du Code général des impôts, « les rémunérations ne sont admises en déduction des résultats que dans la mesure où elles correspondent à un travail effectif et ne sont pas excessives eu égard à l'importance du service rendu ». Il s'agit d'un contrôle général de la déductibilité (a), lequel se conjugue avec certaines limites prévues spécialement pour les dirigeants (b).

a) Le contrôle général

524 La règle générale énoncée par le Code général des impôts est d'application large. Selon le texte, elle s'applique à toutes les rémunérations directes ou indirectes, y compris les indemnités, allocations, avantages en nature et remboursements de frais. Par ailleurs, le droit de contrôle de l'administration peut s'exercer sur tous les bénéficiaires des rémunérations, qu'ils soient des salariés ordinaires ou des dirigeants, lesquels peuvent voir leur revenu requalifié, à hauteur de la fraction non déductible, comme un revenu mobilier imposable au barème progressif de l'impôt sur le revenu sans application des avantages liés à la qualification de salaire[10].

8. Les rémunérations, remboursements de frais et avantages attribués aux personnes les mieux rémunérées de l'entreprise doivent figurer sur le relevé détaillé de frais généraux. Un état des avantages en nature accordés au personnel doit également être tenu par l'entreprise.

9. Ce point a été vu et expliqué *supra*, n° 249.

10. Art. 111, d, CGI. La fraction non déductible pour l'entreprise est imposée, du côté du bénéficiaire, sur une base majorée de 25 % (art. 158, 7, CGI).

525 En pratique, cependant, les deux catégories ne sont pas soumises à un contrôle de même intensité. L'administration a précisé qu'elle n'entend remettre en cause le montant des salaires du personnel non dirigeant que dans des situations exceptionnelles, soit que les rémunérations versées sont manifestement exagérées par rapport au service rendu, soit que les circonstances de fait permettent de présumer que l'avantage consenti n'a pas été accordé dans l'intérêt direct de l'exploitation, mais, notamment, en fonction de liens affectifs ou d'intérêts unissant les bénéficiaires à des personnes possédant le contrôle de l'entreprise[11]. Il existe certes aussi une règle spécifique au contrôle des rémunérations versées au conjoint de l'exploitant dans une entreprise individuelle, mais son champ d'application est très limité[12]. C'est donc pour les dirigeants que la question du contrôle des rémunérations présente un intérêt particulier. D'un strict point de vue juridique, cet intérêt est renforcé par la nécessité de conjuguer la règle générale avec les différentes règles spéciales instituées à leur attention.

b) Le contrôle des rémunérations versées aux dirigeants

526 Le contrôle des rémunérations versées aux dirigeants diffère selon que l'on est en présence d'organes de direction au sens strict ou d'organes d'administration des sociétés. Dans le premier cas, la limite apportée à la déductibilité ne joue qu'en cas de rémunération excessive. Dans le second cas, l'encadrement de la déduction tient au statut même de ces dirigeants.

527 En principe, la loi fiscale n'hésite pas à accorder ses faveurs aux organes de direction des sociétés anonymes, qu'elle traite comme des salariés relevant du régime des traitements et salaires[13] et pour lesquels les rémunérations constituent des charges déductibles du résultat de la société. Cette tolérance s'arrête cependant où l'excès quantitatif de la rémunération commence. Non content de poser une règle générale telle que celle de l'article 39, 1, 1° du Code général des impôts, le législateur, sensible à la pression de l'opinion publique émue par divers scandales postérieurs à certains départs de grands patrons chèrement payés, a souhaité établir certaines règles spécifiques aux dirigeants de sociétés cotées. Ainsi, les rémunérations différées consenties par les sociétés anonymes cotées sur un marché réglementé à leurs présidents, directeurs généraux, directeurs généraux délégués, ou à un membre de leur directoire sont admises en déduction du bénéfice net dans la limite de trois fois le plafond annuel de la Sécurité sociale par bénéficiaire (soit 115 848 € pour 2016)[14]. Sont visés par cette limitation les rémunérations, indemnités ou autres avantages visés par le Code de commerce[15], parmi lesquels les « parachutes dorés » versés lors du départ de l'entreprise et les indemnités de

11. BOI-BIC-CHG-40-40-10 n° 100.

12. En principe, le salaire du conjoint de l'exploitant individuel adhérent à un centre ou à une association de gestion agrée est déductible en totalité, Cette déduction s'applique quel que soit le régime matrimonial adopté par les époux. En revanche, la déduction du salaire du conjoint de l'exploitant non adhérent est limitée à 17 500 lorsque les époux sont mariés sous un régime de communauté ou de participation aux acquêts.

13. Cf. *supra*, n° 155.

14. Art. 39, 5 *bis*, CGI. Le plafond était double jusqu'à l'intervention de la loi de finances pour 2016.

15. Art. L. 225-42-1 et L. 225-90-1, C. com.

non-concurrence ou encore les indemnités de retraite, notamment celles versées dans le cadre de régimes « chapeaux »[16].

Une telle règle laisse subsister certaines incertitudes pratiques : à supposer que des sommes dépassant le plafonnement légal soient exclues de la déductibilité, faut-il les requalifier en revenus distribués et les imposer en tant que telles chez le bénéficiaire ? C'est ce que l'approche ordinaire des rémunérations non déductibles laisse penser au premier abord, mais on peut se demander si la règle prévoyant – sous certaines conditions – l'exonération des indemnités de départ[17] ne devrait pas conduire à une solution inverse, quel que soit le statut des sommes en cause au regard de la déductibilité du côté de l'entreprise.

528 Le contrôle des rémunérations tenant au statut des dirigeants concerne, quant à lui, les organes d'administration des sociétés, à l'égard desquels le législateur conçoit une certaine méfiance : membres du conseil d'administration ou du conseil de surveillance sont ainsi considérés comme recevant des revenus mobiliers soumis au barème progressif de l'impôt sur le revenu sans abattement[18]. Ne demeurent assujettis au régime d'imposition des salaires que les émoluments qui sont attribués aux administrateurs ou aux membres du conseil de surveillance exerçant un emploi salarié pour les rétribuer de cet emploi[19]. Cette sévérité de l'imposition des jetons de présence se manifeste également dans les règles applicables à leur déductibilité : l'article 210 *sexies* du Code général des impôts n'admet ainsi la déduction que sous certaines limites très strictes[20].

3. Une nouvelle technique : de la taxe sur les bonus des « traders » à la taxe de 50 % sur les hautes rémunérations

529 L'idée d'encadrer les rémunérations, non plus par la restriction de la déductibilité, mais par une taxe spécifique, a surgi à la faveur de la crise financière de 2008 et du constat que certains acteurs du monde financier avaient reçu des rémunérations jugées indécentes. La loi de finances rectificative pour 2010[21], suivant l'exemple britannique, a donc institué une « taxe exceptionnelle » devant être acquittée par les établissements financiers soumis à l'impôt sur les sociétés en France. Cette taxe a été affectée, dans la limite de 360 millions d'euros, à l'établissement public OSEO en vue de financer une dotation en capital exceptionnelle au titre de sa mission de service public de financement de l'innovation et des petites et moyennes entreprises.

16. Cette stigmatisation fiscale des rémunérations excessives a son pendant social depuis la loi de financement de la Sécurité sociale pour 2009, laquelle a soumis aux cotisations sociales, à la CSG et à la CRDS dès le premier euro les indemnités de départ versées aux dirigeants dont le montant dépasse trente fois le plafond annuel de la Sécurité sociale (seuil que des réformes successives ont ramené à cinq fois le plafond annuel de la Sécurité sociale).

17. Art. 80 *duodecies*, CGI.

18. Ces règles établies pour les sociétés anonymes s'appliquent par extension aux dirigeants de SAS.

19. Art. 117 *bis*, CGI.

20. Le montant des jetons de présence est plafonné à la moyenne des rémunérations versées aux personnes les mieux rémunérées (5 ou 10, selon que la société a moins ou plus de 200 salariés), multipliée par 5 % et par le nombre d'administrateurs ou de membres du conseil de surveillance. Exemple : si la rémunération moyenne des personnes les mieux rémunérées est de 100 000 € et que le nombre d'administrateurs est de 6, les jetons de présence sont déductibles, dans leur ensemble, à due concurrence de 5 % de (6 × 100 000 €), soit 30 000 €.

21. Loi n° 2010-237 du 9 mars 2010.

La taxe était liquidée au taux de 50 % sur la part variable des rémunérations attribuées, au titre de la seule année 2009, aux « salariés, professionnels des marchés financiers dont les activités sont susceptibles d'avoir une incidence significative sur l'exposition aux risques de l'entreprise, ainsi qu'aux professionnels de marché sous le contrôle desquels opèrent ces salariés ». Seule la part variable de la rémunération individuelle excédant 27 500 euros était prise en compte dans l'assiette de la taxe. Ainsi conçue, cette taxe avait un périmètre relativement étendu[22]. Bien qu'« exceptionnelle », elle révèle l'existence d'une nouvelle technique de contrôle fiscal relativement agressif des rémunérations.

Cette technique est ressuscitée à l'occasion de la loi de finances pour 2014 dont l'article 15 a institué une taxe exceptionnelle de 50 % sur les rémunérations attribuées en 2014 et 2015 qui excèdent un million d'euros[23]. Cette taxe se cumulait, pour la plupart des éléments de rémunération qu'elle frappe, avec un taux moyen de taxes et contributions sociales ayant la même assiette et le même fait générateur de 25 %, ce qui porte le montant global du prélèvement à 75 % des rémunérations attribuées. Cette disposition n'a pas soulevé d'objection de la part du Conseil constitutionnel qui, dans sa décision nº 2013-685 DC, a estimé qu'elle ne méconnaissait aucune règle constitutionnelle.

B. LES RÉMUNÉRATIONS « PARA-SALARIALES »

530 Au titre des rémunérations « para-salariales », trois cas méritent d'être mentionnés : celui où une entreprise met en place un régime de retraite supplémentaire au profit de ses salariés ; celui où l'entreprise constitue un plan d'épargne entreprise ou un plan assimilé ; celui où l'entreprise adopte un dispositif d'actionnariat salarié.

531 Les entreprises peuvent créer librement des **régimes de retraite supplémentaires** au profit de l'ensemble de leurs salariés ou de certaines catégories d'entre eux (cadres et dirigeants notamment). Ceci permet de compléter les prestations déjà offertes par les régimes obligatoires de retraite. Pour le financement de ces régimes, elles ont le choix entre une gestion interne et une gestion externe. Dans le premier cas, les pensions sont versées directement par l'entreprise à ses salariés. Dans le second cas, l'entreprise verse à un organisme extérieur (caisse de retraite ou compagnie d'assurances) les cotisations nécessaires au paiement des prestations prévues. Quelle que soit l'option retenue, la déduction de ces dépenses est, selon le Conseil d'État, soumise à une double condition : les versements effectués doivent résulter d'un véritable engagement juridique, né le cas échéant d'un usage, opposable à l'employeur ; cet engagement doit présenter un caractère général et impersonnel, c'est-à-dire concerner l'ensemble du personnel ou une ou plusieurs catégories déterminées de celui-ci[24]. Lorsque l'entreprise choisit de confier le service des retraites à un organisme tiers, la déductibilité des cotisations et primes versées est soumise à deux conditions supplémentaires spécifiques : le fonds de retraite ou la compagnie d'assurance bénéficiaire des cotisations doit posséder une personnalité distincte de celle de l'entreprise et cette dernière ne doit conserver ni la propriété, ni la disposition des sommes versées[25].

532 Les autres cas où la question de la déductibilité se pose concernent ceux dans lesquels le salarié se mue, soit en épargnant, soit en actionnaire[26]. Le problème se résout simplement dans la première hypothèse : les sommes versées par les entreprises qui ont

22. Pour l'interprétation de la portée de la formule légale, cf. l'instruction du 30 avr. 2010, BOI-IS-DECLA-20-30 (assiette nº 170 à 200).

23. Pour le commentaire administratif de ce texte, v. BOI-TPS-THR, 30 avr. 2014.

24. CE, 31 oct. 1975, nº 94157, *RJF* 12/75, nº 546 ; CE, 9 nov. 1990, nº 88765, *RJF* 12/90 nº 1447.

25. BOI-BIC-CHG-40-40-50 nº 50 ; CE, 21 mars 1975, nº 84955, *RJF* 5/75, nº 237.

26. Pour les modalités d'imposition du salarié dans ces cas, cf. *supra*, nº 159 et s.

constitué un **plan d'épargne entreprise** sont en effet déductibles des bénéfices imposables et échappent même aux cotisations sociales, à l'exclusion toutefois du forfait social de 20 %[27].

533 La situation est légèrement plus complexe dans le cas où l'entreprise attribue des actions aux salariés, soit dans le cadre d'un plan de ***stock-options***, soit dans le cadre d'une **attribution gratuite**. Il faut en effet distinguer, en cette hypothèse, deux coûts distincts que la loi considère comme également déductibles[28] : d'une part, les charges afférentes à la mise en place de ces plans[29] et, d'autre part, les moins-values correspondant à la différence entre le prix payé par le salarié lors de la levée de l'option et la valeur des titres détenus par la société[30]. S'agissant des charges liées à la mise en place des plans, une difficulté particulière se présente dans les groupes de sociétés, où il est fréquent qu'une société attribue des actions, non à ses propres salariés, mais aux salariés de ses filiales ou de sociétés liées[31]. Les charges, n'étant pas exposées dans l'intérêt direct de la société mère, sont alors exclues de la déductibilité, à moins qu'elles ne soient refacturées à ses filiales. Cette règle, inscrite dans la doctrine administrative[32], s'applique aussi bien dans un contexte purement interne que dans le contexte de groupes mondiaux, auquel cas la refacturation appelle une réflexion supplémentaire sur la valorisation des frais concernés[33].

La société est soumise, par ailleurs, à une contribution sociale patronale spécifique déjà examinée plus haut[34].

§ 2. LES CHARGES FINANCIÈRES

534 L'endettement des entreprises est l'une des modalités de financement de la croissance. Son traitement fiscal joue un rôle considérable dans un contexte complexe où l'État doit tout à la fois veiller à encourager l'investissement, préserver son attractivité dans un monde où la concurrence fiscale est très vive.... et lutter contre l'optimisation. Le dosage entre ces différents paramètres de la politique fiscale est délicat et éminemment variable, ce qui explique que le droit en la matière soit à la fois mouvant et très différent d'un pays à l'autre[35].

27. Le forfait de 20 % s'applique aux sommes versées depuis le 1er août 2012. Il a été décuplé depuis 2009.

28. Art. 217 *quinquies*, CGI ; CE, 16 janv. 2006, n° 260150, *RJF* 4/06, n° 361, *BDCF* 4/06, n° 44.

29. Frais de rachat des titres destinés à être remis aux salariés, frais d'augmentation de capital lorsque l'attribution porte sur des titres à émettre, etc.

30. Dans le cas où le salarié achète des actions existantes, c'est la valeur d'origine qui est prise en compte pour déterminer la moins-value. Dans le cas où le salarié achète, non pas des actions existantes, mais des actions émises à l'occasion d'une augmentation de capital de la société autorisée par une assemblée générale extraordinaire, on retient la valeur des titres à la date de l'augmentation de capital (art. 217 *quinquies*, II, CGI).

31. Au sens de l'art. L. 225-197-2, C. com.

32. BOI-BIC-PROV-30-20-30 n° 110.

33. Il existe sur ce point une étude approfondie de l'OCDE intitulée *Options de souscription ou d'achat d'actions pour les salariés : incidence sur les prix de transfert* (2004).

34. Cf. *supra*, n° 170.

35. Pour une belle étude de la question (encore que rapidement dépassée par les évolutions législatives), cf. C. Acard et A. Loran, « Les dernières évolutions en France et dans le monde en matière de déductibilité des charges financières », *Dr. fisc.* 2013, n° 15, ét. 232.

L'endettement prend de multiples formes encadrées par le droit financier : celles-ci dépassent largement le seul cadre de l'emprunt « classique », figuré par le contrat de prêt connu par le Code civil. De multiples produits financiers hybrides (obligations à bons de souscription d'actions, obligations convertibles, obligations remboursables en actions, etc.) permettent ainsi de nuancer la distinction traditionnelle entre les capitaux propres et les dettes[36]. Faute de toutes les étudier dans le cadre de cet ouvrage, faute aussi pour les catégories du droit fiscal de refléter la diversité des techniques connues du droit financier, il importe surtout de bien comprendre les principes généraux qui gouvernent la déduction des charges financières (A) et de s'arrêter sur les dispositifs spécifiques destinés à lutter contre la sous-capitalisation des entreprises (B), la localisation artificielle d'une dette en France (C) et les instruments financiers hybrides (D).

A. PRINCIPES GÉNÉRAUX

1. La faveur de principe à l'endettement

535 L'endettement est le moteur de la croissance, même si la crise financière de 2008 a montré que l'excès d'endettement produit l'effet exactement inverse. Toujours est-il que le crédit est l'oxygène de l'économie : c'est lui qui permet aux entreprises d'investir dans des équipements plus performants et de réunir les capitaux permettant de connaître une croissance externe en l'absence de fonds propres suffisants. Dans ce contexte, la déductibilité des intérêts d'emprunt n'est pas seulement une conséquence technique de la définition comptable de l'intérêt en tant que charge financière. C'est aussi un encouragement à la prise de risque que constitue la dette.

536 Les intérêts sont donc déductibles, à la condition que la dette ait été contractée pour les besoins ou dans l'intérêt de l'entreprise et soit inscrite au bilan. C'est le cas, par exemple, des intérêts payés pour l'acquisition du fonds de commerce ou des éléments d'actif, des intérêts d'obligations émises par les sociétés, ainsi que des intérêts payés aux fournisseurs.

537 La déductibilité des intérêts d'emprunt s'applique également aux frais exposés à l'occasion de prises de participation dans des filiales. Elle est alors très intéressante, notamment dans le contexte de la quasi-exonération des dividendes et des plus-values de cession des titres de participation[37]. Il y a là, en effet, exception au principe selon lequel la déductibilité d'une charge est le corollaire d'un profit taxé. Il convient d'ailleurs de souligner le caractère avantageux du dispositif français à cet égard, notamment à la lumière du droit comparé[38]. De fait, dans la plupart des pays de l'OCDE, la déductibilité des différents frais d'acquisition ou des intérêts d'un prêt contracté en vue d'une acquisition est limitée, les plus-values de cession n'étant pas taxées. De plus, le régime de déductibilité des intérêts d'emprunt est rendu plus favorable par un taux nominal élevé de l'impôt sur les sociétés qui permet d'accroître l'effet de levier pour les entreprises endettées, et renforcé par un régime des sociétés mères avantageux dans la

36. V. par ex. sur ce sujet A. Guillemonat et O. Ramond, « Financements hybrides, prêts d'actionnaires et abus de droit : une entrée en *terra incognita* », *Dr. fisc.* 2017, n° 5-6, 145.

37. Ph. Oudenot, « La déductibilité des frais financiers liés à l'acquisition de participations : actualité législative et jurisprudentielle », *Dr. fisc.* 2012, n° 50, ét. 553.

38. Conseil des prélèvements obligatoires, *Les prélèvements obligatoires des entreprises dans une économie globalisée*, oct. 2009, p. 123.

mesure où il s'applique aux filiales étrangères. Au total, donc, le régime des intérêts favorise la constitution en France de sociétés *holding*, ce dont témoigne d'ailleurs l'évolution du nombre des *holdings* et de leur poids dans l'économie française : elles sont ainsi passées d'environ 2 900 en 1997 à 8 500 en 2006, et portaient en 2006 la moitié des dettes financières de l'ensemble des entreprises[39]. Dans le même sens, le FMI relève que le niveau d'endettement des entreprises non financières en France a augmenté de façon très significative depuis 2007 pour atteindre près de 130 % du PIB en 2015, ce qui est très supérieur au ratio observé chez certains de nos voisins[40].

Cette relative générosité des principes gouvernant la déductibilité des intérêts explique pourquoi le législateur a décidé l'adoption d'un « rabot » faisant obstacle au jeu normal de la déduction.

2. Le « rabot » des intérêts

538 La loi de finances pour 2013 a introduit à l'article 212 *bis* du CGI un nouveau dispositif de limitation forfaitaire des intérêts dont l'objectif, qui ressort clairement des rapports des Commissions des finances de l'Assemblée nationale et du Sénat, était de remettre en cause l'effet d'optimisation résultant de la déduction des intérêts en cas d'acquisition de titres ouvrant droit à des produits exonérés et de tirer les conséquences de l'inégalité censée exister entre PME et grands groupes[41].

Il en résulte un système rustique : la déduction des intérêts payés par les entreprises soumises à l'impôt sur les sociétés est désormais plafonnée, quel que soit le motif de l'endettement. Le plafond, initialement égal à 85 % des charges financières nettes, a été ramené à 75 % pour les exercices ouverts à compter du 1er janvier 2014. En pratique, cela signifie que pour tout intérêt net de 100 payé par une société soumise à l'IS, seul un montant de 75 est déductible.

Afin de ne pas toucher les PME, ce plafond ne s'applique que lorsque les charges financières nettes (c'est-à-dire, en résumé, la différence entre les charges financières et les produits financiers) dépassent un plafond de 3 M €.

Ce dispositif serait simple s'il excluait toute autre limite à la déduction des intérêts. Mais il n'en va pas ainsi. Le « rabot » forfaitaire doit se combiner avec d'autres règles spéciales encadrant la déduction des intérêts, notamment les règles sur la sous-capitalisation et celles relatives à la localisation artificielle de dettes en France, dont il va maintenant être question[42].

39. *Ibid.*, p. 153.

40. 53 % en Allemagne, 67 % au Royaume-Uni, 91 % au niveau du G20 (FMI, France : selected issues, IMF Country Report No. 17/289, sept. 2017, § 21).

41. Sur cette question, cf. *supra*, n° 278.

42. La combinaison, complexe, est prévue par le législateur lui-même puisque l'article 212 bis énonce que pour calculer le montant des charges financières à prendre en compte pour les besoins du rabot, il faut commencer par retrancher des charges réellement exposées celles non admises en déduction en application des articles 209 IX et 212 du CGI. Ne pas oublier, par ailleurs, que d'autres règles anti-abus encadrent la déduction des intérêts, en particulier « l'amendement Charasse » (sur lequel cf. *supra*, n° 351).

B. LA SOUS-CAPITALISATION

539 Le problème de la sous-capitalisation constitue un enjeu financier majeur, tant pour les entreprises que pour les États. Il faut en exposer les grandes lignes (1°) avant d'examiner les solutions données au problème par les droits étrangers (2°) et par la France (3°).

1. Exposé du problème

540 L'admission d'une déduction illimitée des intérêts d'emprunt pose un problème particulier lorsqu'une entreprise, au lieu de s'endetter auprès de tiers, le fait auprès de ses propres associés. Il existe en effet plusieurs raisons qui peuvent conduire à privilégier le financement par la dette plutôt que par le capital. Premièrement, la rémunération du capital au moyen du paiement de dividendes n'est pas déductible du résultat imposable.

Une société a donc fiscalement avantage à s'endetter puisque la rémunération du prêteur (l'intérêt) est en principe déductible. Deuxièmement, les associés eux-mêmes peuvent avoir intérêt à privilégier la solution de l'endettement. C'était par exemple le cas, en France, pour les personnes physiques tant qu'elles pouvaient opter pour le prélèvement libératoire proportionnel prévu par la loi fiscale pour les intérêts alors qu'une telle option n'était pas possible pour les dividendes qui restaient soumis au barème progressif de l'impôt sur le revenu (moyennant certains allégements destinés à éliminer la double imposition économique)[43].

541 Le risque majeur présenté par l'endettement auprès des associés se matérialise surtout dans les groupes internationaux. Il est en effet tentant, pour une société étrangère détenant le contrôle d'une filiale établie dans un État à fiscalité élevée (la France, par exemple) et désireuse d'en assurer le financement dans les meilleures conditions fiscales, d'organiser par la voie de l'endettement un flux d'intérêts déductibles du résultat de la filiale et par voie de conséquence un transfert indirect de bénéfices au profit d'un État dont le niveau d'imposition est plus faible qu'en France. Il en résulte alors une situation de « sous-capitalisation », c'est-à-dire de disproportion marquée entre le capital ou les fonds propres d'une société et le montant de son endettement auprès de ses associés.

Face à de tels risques de dissipation de la matière imposable, de multiples États se sont efforcés de réagir.

2. Diversité des systèmes possibles

542 Le problème de la sous-capitalisation, et derrière lui la distorsion créée par la fiscalité entre financement par la dette et financement par le capital, donnent lieu à des politiques législatives extrêmement diversifiées, y compris – et il faut peut-être le regretter, compte tenu des montages auxquels cette diversité invite[44] – à l'intérieur de l'Union européenne.

543 L'inventivité juridique et fiscale est ici à son comble. Pour traiter de façon comparable les dividendes et les intérêts, tout est virtuellement envisageable : aligner le

43. Cf. *supra*, n° 300 et s.

44. Cf. sur ce sujet, H. Kruger, *Liberté de gestion et endettement des entreprises en droit fiscal*, LGDJ, préf. P. Dibout, av.-pr. M. Cozian, 2007, spéc. p. 153 et s.

traitement des dividendes sur celui des intérêts, donc en autoriser la déduction (procédé rare en droit comparé, même si la France a connu un système approchant de façon éphémère au début des années 1990[45]) ; aligner, à l'inverse, le traitement des intérêts sur celui des dividendes, donc empêcher la déduction des frais financiers... Ceci est intellectuellement concevable et même parfois défendu par certains[46], mais on peut craindre que cela ne pénalise sérieusement l'investissement. Le système néerlandais n'est cependant pas éloigné de cette idée : pour les flux d'intérêts entre sociétés d'un même groupe, le taux d'imposition et de déduction n'est que de 5 %, ce qui rapproche considérablement le traitement des intérêts sortants de celui des dividendes tout en donnant une forte incitation, pour la société prêteuse, à bénéficier du taux réduit des intérêts entrants[47].

544 Ces techniques particulières mises à part, trois approches de la question dominent en droit comparé[48]. La première approche consiste à raisonner sur la sous-capitalisation de la même façon qu'en matière d'acte anormal de gestion[49]. Il s'agit alors pour l'administration de privilégier une approche casuistique de la question en requalifiant éventuellement les intérêts versés par les sociétés endettées en revenus distribués tout en empêchant la déduction des intérêts considérés comme excessivement élevés au regard d'un endettement « normal ». Cette approche caractérise historiquement un grand nombre de systèmes mis en place par la jurisprudence, en Europe comme aux États-Unis, dans les premiers stades de développement du droit en la matière. Elle prévaut encore d'une certaine façon au Royaume-Uni puisque cet État a fait en 2004 le choix de ne pas adopter de règle spécifique sur la sous-capitalisation, préférant y voir une déclinaison particulière de la problématique des prix de transfert.

545 Une seconde approche consiste à plafonner la déduction des intérêts d'emprunt, soit de façon spécifique lorsqu'une situation de sous-capitalisation est constatée, soit de façon générale pour toutes les entreprises quelle que soit leur situation, que leur

45. Comme le note un auteur américain, le défaut de ce système est qu'il rend particulièrement difficile le recouvrement de l'impôt sur les bénéfices à un moment quelconque lorsque les actionnaires, soit sont exonérés, soit sont non-résidents. On voulait lutter contre la double imposition... et l'on se retrouve confronté à un problème de double non-imposition (S. A. Bank, *From Sword to Shield*, Oxford University Press, 2010, p. xxi).

46. En 1992, le Département du Trésor américain avait proposé la mise en place d'une *comprehensive business income tax* dont le principe aurait été l'impossibilité de déduire les intérêts et les dividendes, les investisseurs étant quant à eux totalement exonérés à raison de la perception de l'un de ces deux types de revenus. Cette proposition ne fut cependant suivie d'effet.

47. Ce régime a été jugé conforme à la réglementation des aides d'État par la Commission dans une décision n° C4/2007 du 8 juill. 2009 (ex-N 465/2006), commentée par E. Raingeard de la Blétière dans *L'année fiscale* 2010, *Dr. fisc.* 2010, n° 8-9, comm. 201, § 24 et s.

48. Pour une bonne présentation générale du droit comparé, notamment dans sa dimension historique, cf. J. King, "Debt and Equity Financing", in P. Shome (ed.), *Tax Policy Handbook*, IMF, 1995, p. 158 et s. ; plus récemment, cf. entre autres études, les *Cahiers de droit fiscal international,* vol 97b, contenant les contributions au congrès de l'IFA de 2012 sur le thème « The Debt-Equity Conundrum », l'article de C. Acard et A. Loran, « Les dernières évolutions en France et dans le monde en matière de déductibilité des charges financières », *Dr. fisc.* 2013, n° 15, ét. 232 et l'article de D. Jervis, B. Jones et E. Van de Brande, "Deductibility of finance costs across Europe", *Tax Journal*, Issue 1187, 4 Oct. 2013, p. 14 et s. Pour une approche plus économique, v. S. Fatica, T. Hemmelgarn, G. Nicodème, *The Debt-Equity Tax Bias: consequences and solutions*, Taxation papers, Working Paper n° 33, 2012, European Commission.

49. Sur cette notion, cf. *infra*, n° 638 et s.

endettement soit contracté auprès d'autres entités du même groupe ou auprès d'entités non liées telles que des banques. Ce type de système se rencontre dans la plupart des pays européens à l'heure actuelle, étant d'ailleurs précisé que la tendance générale consiste à durcir les règles de déductibilité des intérêts bien au-delà des seules situations de sous-capitalisation ; c'est une illustration parmi d'autres du processus continu de réduction des taux d'imposition combiné avec un élargissement de l'assiette taxable. Le mouvement en ce sens est très clair en Allemagne, par exemple, où l'évolution législative a conduit à substituer à une règle spécifique prenant en compte le ratio de sous-capitalisation des entreprises une règle de portée générale tendant à limiter la déduction des intérêts. En résumé, la loi prévoit donc le système suivant : lorsque les intérêts versés par une société sont inférieurs aux intérêts reçus, ils sont déductibles. En cas d'excédent, celui-ci est entièrement déductible s'il est inférieur à trois millions d'euros[50]. Si ce seuil est lui-même dépassé, l'excédent des intérêts versés sur les intérêts reçus ne peut être déduit que dans la limite de 30 % du bénéfice courant avant impôt[51]. Le système allemand dit de la « barrière des intérêts » est aujourd'hui souvent présenté comme une source d'inspiration pour le législateur français. Il s'agit de l'une des illustrations possibles de la convergence franco-allemande en matière fiscale[52] dont la pertinence s'explique, selon la Cour des comptes, par le fait que la déduction des intérêts d'emprunt fait perdre à l'État d'importantes ressources fiscales et crée pour grandes entreprises un avantage considérable (réduction de près de 14 points de leur taux implicite d'imposition[53]).

Mais le système allemand est surtout une source d'inspiration majeure, tant pour l'OCDE, dont l'action 4 du projet BEPS entend généraliser l'adoption, que pour l'Union européenne : la directive du 12 juillet 2016[54] relative à la lutte contre les pratiques d'évasion fiscale qui ont une incidence directe sur le fonctionnement du marché intérieur préconise en effet dans son article 4 la mise en place d'une telle règle dans l'ensemble des pays de l'Union européenne. Il convient toutefois de signaler que la Cour fédérale des finances a exprimé le 18 décembre 2013[55] ses doutes sur la constitutionnalité de ce dispositif dans la mesure où il viole le principe du revenu net, selon lequel les dépenses effectivement affectées à des activités imposables devraient toujours pouvoir être déduites. Ce principe est lui-même à relier au principe du respect des capacités contributives.

546 Enfin, une troisième approche procède d'un tout autre point de départ : elle consiste, plutôt qu'à freiner la déduction des intérêts, à donner une incitation aux sociétés afin qu'elles privilégient l'augmentation de capital par rapport à l'endettement. En ce sens,

50. Il convient cependant de noter que le seuil a été relevé à 3 millions par une loi entrée en vigueur le 22 juillet 2009 afin de soulager les entreprises durement frappées par la crise financière et concerne, rétroactivement, les exercices ouverts à compter du 25 mai 2007 et clos avant le 31 décembre 2009.

51. Sur l'évolution du système allemand (plus complexe que les deux lignes ci-dessus ne le laissent entendre, bien sûr), cf. M. P. Scheunemann, "New German Tax Rules on Financing Expenses", *Intertax*, vol. 35, Issue 8/9, 2007, p. 518 et s. L'influence du système allemand se ressent dans d'autres États, notamment l'Italie : cf. à ce sujet G. A. Galeano et A. M. Rhode, "Italy seets the Barrier to deduction of Financing Costs at 30 % of EBITDA", *Intertax*, 2008, vol. 36, n° 6-7, p. 29 et s.

52. *Livre vert sur la coopération franco-allemande. Points de convergence sur la fiscalité des entreprises*, févr. 2012.

53. Cour des comptes, *L'État et le financement de l'économie*, Rapport publié en juillet 2012, p. 82.

54. Directive (UE) 2016/1164 du 12 juillet 2016.

55. Déc. I B 85/13.

on peut citer le système belge introduit par une loi du 22 juin 2005 qui permet à toutes les sociétés établies en Belgique de déduire un intérêt « notionnel »[56] dont le montant est égal à un pourcentage de leurs capitaux propres[57]. Une telle démarche est de nature, selon ses promoteurs, à permettre aux sociétés et notamment aux petites et moyennes entreprises de renforcer leurs fonds propres. Elle est cependant très coûteuse pour l'État sans que son impact positif sur l'économie soit aisé à mesurer et sans que les risques d'abus soient toujours correctement évalués[58]. C'est sans doute ce qui explique que le législateur belge ait introduit à compter de l'exercice d'imposition 2014 une « taxe d'équité » à la charge des sociétés belges qui distribuent des dividendes à leurs actionnaires. Cette taxe était égale à 5,15 % du montant des dividendes concernés. Elle s'appliquait aux « grandes sociétés » dont le résultat fiscal avait été diminué par la déduction d'intérêts notionnels au cours d'exercices antérieurs. Elle n'était pas sans rappeler la contribution de 3 % qui frappait en France les distributions faites par une société à ses actionnaires... et elle a d'ailleurs été considérée par la Cour de justice de l'Union européenne comme contraire à la directive mère-fille pour les mêmes raisons que la contribution de 3 %, à savoir son incompatibilité avec l'article 4 de la directive[59].

547 Dans la résolution du 8 juin 2010[60], le Conseil de l'Union européenne préconisait que les règles relatives à la sous-capitalisation respectent le principe de pleine concurrence. Il proposait également une liste non exhaustive des éléments qui laissent supposer l'existence d'un transfert artificiel de bénéfices. Cette liste comprenait notamment les éléments suivants :

— le niveau d'endettement sur fonds propres est excessif ;

— le montant des intérêts nets payés par la société dépasse un seuil déterminé du résultat d'exploitation (EBIT) ou de l'excédent brut d'exploitation (EBITDA) ;

— la comparaison entre le pourcentage de fonds propres de la société par rapport à celui du groupe au niveau mondial permet d'établir que la dette est excessive.

C'est là, presque fidèlement décrite, l'approche française actuelle de la sous-capitalisation.

56. La Belgique n'est pas le premier État à avoir adopté une réforme de ce type. Sur les expériences antérieures (notamment au Brésil), cf. par ex. A. Klemm, "Allowances for Corporate Equity in Practice", *IMF Working Paper*, 2006, WP/06/259 ; R. A. de Mooij et M. Devereux, "Alternative Systems of Business Tax in Europe: An applied analysis of ACE and CBIT Reforms", *Commission Taxation Paper, Working Paper* n° 17, 2009 ; D. Shaviro, "The 2008-09 Financial Crisis: Implications for Income Tax Reform", *Law & Economics Research Paper Series*, Aug. 2009, *Working Paper* n° 09-35. On retrouve en Italie depuis 2012 un exemple similaire, à la différence substantielle près que le dispositif italien ne porte que sur les capitaux propres nouvellement investis et non pas sur le stock de capitaux propres. V. à ce sujet E. Zangari, "Addressing the Debt Bias: A Comparison between the Belgian and Italian ACE Systems", *European Commission Taxation Papers, Working Paper* n° 44, 2014. C'est le système italien qui inspire la proposition de directive sur l'assiette commune de l'IS (v. *infra*, n° 807). On observe avec intérêt qu'une loi belge du 22 décembre 2017 a décidé l'alignement sur le système italien à partir de 2019.

57. Le taux de l'intérêt notionnel est de 1,131 % pour 2017. La réduction de l'avantage fiscal au fil du temps est sensible : en 2012, le taux était encore de 3,8 %.

58. Pour un bilan mitigé de cette réforme, cf. E. Traversa et A. Lecocq, « La déduction des intérêts notionnels en Belgique : premier bilan », *L'année fiscale 2009, Dr. fisc.* 2009, n° 9, ét. 208.

59. CJUE, 17 mai 2017, C-68/15.

60. Résolution 2010 C 156/01.

3. L'approche française

548 Pendant longtemps, le droit français n'avait pas pris la pleine mesure du problème spécifique de la sous-capitalisation. Il n'envisageait la problématique du surendettement des sociétés qu'au travers de l'abus par certains associés de la possibilité de recourir au mécanisme du compte courant qui, comme on le sait, permet à un associé de laisser à la disposition d'une société certaines sommes moyennant une rémunération. Le droit positif en porte encore la trace : l'article 39, 1, 3° du Code général des impôts énonce que les intérêts servis aux associés à raison des sommes qu'ils laissent ou mettent à la disposition de la société en sus de leur part du capital ne sont déductibles, quelle que soit la forme de la société, que dans la limite de ceux calculés à un taux égal à la moyenne annuelle des taux effectifs moyens pratiqués par les établissements de crédit pour des prêts à taux variable aux entreprises, d'une durée initiale supérieure à deux ans[61]. Cette limite à la déduction des intérêts concerne donc le taux de l'intérêt déductible. À titre d'exception, la limitation du taux de la rémunération s'efface lorsque les intérêts rémunèrent des avances d'associés résultant d'opérations commerciales dans lesquelles les associés interviennent à titre de clients ou de fournisseurs ordinaires[62] ou si la société démontre que le taux qui lui est appliqué par son associé prêteur (s'il s'agit d'une entreprise contrôlante ou plus généralement d'une entreprise liée au sens de l'article 39.12 du CGI) n'est pas plus élevé que celui qu'aurait exigé un établissement bancaire indépendant. Cette exception est très importante en pratique et de nombreux contentieux se nouent sur l'administration de la preuve du fait que le taux consenti à une entreprise liée est conforme aux pratiques de marché[63].

549 Par ailleurs, l'article 212 du Code général des impôts prévoyait, jusqu'à sa réforme intervenue pour les exercices ouverts à compter du 1er janvier 2007, que les intérêts versés par les sociétés relevant de l'impôt sur les sociétés et rémunérant les prêts dépassant globalement un seuil maximal d'endettement ne pourraient purement et simplement être déduits par la société emprunteuse. Ce seuil maximal d'endettement était fixé par référence à un ratio de sous-capitalisation simple : une société était réputée sous-capitalisée toutes les fois que son endettement global était supérieur à une fois et demi son capital social. Ce système ne s'appliquait cependant pas aux intérêts versés par une filiale à sa société mère au sens de l'article 145 du Code général des impôts, ce qui aboutissait en pratique à priver d'une grande partie de son efficacité le dispositif mis en place par l'article 212. Cette inefficacité était d'autant plus grande que le Conseil d'État jugea que l'inapplicabilité de l'article 212 s'étendait aux prêts consentis par les sociétés mères résidentes d'États étrangers appartenant à la Communauté européenne[64]

61. Cette déduction est subordonnée à la condition que le capital ait été entièrement libéré.

62. CE, 2 oct. 1985, n° 39587.

63. Voir ce qu'en dit la doctrine administrative, BOI-IS-BASE-35-20-10, n° 100 et s. Pour des exemples de jurisprudence, v. TA Montreuil, 30 mars 2017, *Sté BSA*, *Dr. fisc.* 2017, n° 25, 358 ; CAA Bordeaux, 4 avr. 2017, n° 15BX01177, *SNC Siblu* ; CE, 19 juin 2017, nos 392543, 392544 et 392545, *GE France et GE Capital*, *Dr. fisc.* 2017, n° 28, aperçu rapide par R. Coin et F. Rontani, *Dr. fisc.* 2017, n° 41, 495, concl. M.-A. Nicolazo de Barmon, note A. de Waal (à propos de l'impact de l'appartenance à un groupe sur la solvabilité de l'emprunteur et donc sur le taux pratiqué ; décision toutefois rendue en application d'une législation antérieure au droit actuel).

64. CE, 30 déc. 2003, n° 249047, *SARL Coréal Gestion*, *Dr. fisc.* 2004, n° 16, comm. 428, note A. Lefeuvre ; *RJF* 3/2004, n° 233, concl. G. Goulard ; *RJF* 2/2004, p. 83, chron. L. Olléon ; *L'année fiscale* 2004, p. 268 et s., obs. D. Gutmann ; cet arrêt tire les conséquences de l'arrêt *Lankhorst-Hohorst* de la CJCE, 12 déc. 2002, aff. C-324/00, *L'année fiscale* 2003, p. 367 et s., obs. D. Gutmann. V. plus

ou liés à la France par une convention fiscale contenant une clause de non-discrimination[65]. La lutte contre la sous-capitalisation était donc vidée de tout contenu dans les cas précis où elle était la plus nécessaire.

550 On conçoit que le législateur ait réagi. L'article 212 prévoit donc, en son état actuel, que les intérêts qui respectent le taux mentionné ci-dessus doivent être réintégrés en cas de constatation d'une sous-capitalisation définie sur la base de trois critères cumulatifs :

— un critère tenant au ratio d'endettement : les avances consenties par des entreprises liées excèdent une limite fixée à une fois et demie le montant des capitaux propres de la société, apprécié au choix de l'entreprise à l'ouverture ou à la clôture de l'exercice ;

— un critère de couverture des intérêts : le montant des intérêts servis à ces entreprises excède 25 % de son résultat courant avant impôts[66] ;

— un critère tenant au volume des intérêts reçus des autres sociétés du même groupe : le montant des intérêts versés à des sociétés liées excède celui des intérêts reçus de ces mêmes sociétés.

551 La fraction des intérêts excédant la plus élevée de ces limites est rapportée au résultat. Aucune réintégration ne doit cependant être effectuée si cette fraction excédentaire est inférieure à 150 000 euros ou si l'entreprise démontre que son endettement global est inférieur ou égal à celui du groupe auquel elle appartient (défini d'après la réglementation relative à l'établissement des comptes consolidés)[67].

La fraction des intérêts réintégrés peut être déduite au titre des exercices suivants dans la limite du seuil de 25 % du résultat courant avant impôts corrigé, diminué du montant des intérêts admis en déduction au titre de l'exercice. À compter de la deuxième année de report, une décote annuelle de 5 % s'applique à la fraction des intérêts reportables.

552 Comme on peut le constater, ce nouveau dispositif est d'application plus large que le précédent dans la mesure où il concerne les prêts et avances entre toutes les entreprises liées, et non plus les seuls prêts entre une filiale et ses associés directs n'ayant pas la qualité de société mère. Par d'autres aspects, son champ d'application est en revanche plus réduit car il ne vise pas les intérêts versés à des associés personnes physiques (pour lesquelles seule la limitation de taux prévue à l'article 39, 1, 3° du CGI leur est applicable) ni, sous certaines conditions, par une centrale de trésorerie. En outre, la France fait partie des rares pays où la déductibilité des intérêts excédentaires n'est pas définitivement perdue et peut faire l'objet d'un report sur les années ultérieures, sous déduction d'une décote de 5 %.

553 L'évolution semble cependant dans le sens du durcissement du régime. Alors que l'endettement bancaire n'était initialement pas concerné par ces règles d'encadrement,

généralement, pour la jurisprudence de la CJCE, A. Maitrot de la Motte, « La sous-capitalisation à l'épreuve des libertés de circulation », *L'année fiscale* 2010, *Dr. fisc.* 2010, n° 8-9, ét. 196, soutenant que la suppression des discriminations n'entraîne pas forcément la fin des entraves.

65. CE, 30 déc. 2003, n° 233894, *SA Andritz*, *Dr. fisc.* 2004, n° 16, comm. 427, concl. G. Bachelier ; *L'année fiscale* 2004, p. 268 et s., obs. D. Gutmann.

66. Le résultat courant doit faire l'objet de divers retraitements. Il doit notamment être majoré desdits intérêts, des amortissements déduits et de la quote-part de loyer de crédit-bail prise en compte pour la détermination du prix de cession du bien à l'issue du contrat.

67. Pour les effets de cette réintégration en cas d'intégration fiscale, cf. art. 223 B, al. 14 à 19, CGI.

contrairement à la pratique suivie dans la majorité des pays de l'OCDE[68], la loi de finances pour 2011 a introduit une règle destinée à restreindre la déduction des intérêts versés à des banques lorsque les prêts garantis par celles-ci sont garantis par une société liée[69].

Le dispositif apparaît assez rigoureux pour les sociétés sous-capitalisées lorsqu'elles sont endettées à l'égard du groupe auquel elles appartiennent. Les ratios choisis apparaissent en outre peu adaptés en période de crise, compte tenu de la fréquence des déficits réalisés par les entreprises. Les pertes subies affectent alors à l'évidence, non seulement le ratio de couverture d'intérêt, mais aussi les fonds propres des entreprises et indirectement le ratio d'endettement[70].

On notera par ailleurs que le comité de l'abus de droit fiscal n'hésite pas à sanctionner les montages qui ont pour objectif exclusif de limiter l'efficacité de l'encadrement de la déduction des intérêts en jouant sur les ratios de sous-capitalisation[71].

Enfin, on observera avec intérêt que le gouvernement allemand, confronté au même constat, a réagi avec efficacité : une loi du 18 décembre 2009 entrée en vigueur le 1er janvier 2010 a ainsi permis aux entreprises soumises à la règle de plafonnement des intérêts de reporter en avant pendant une durée de cinq ans la fraction du résultat courant avant impôt non absorbée par les intérêts nets versés par la société endettée[72]. Une source d'inspiration pour la France ?

C. LA LOCALISATION ARTIFICIELLE D'UNE DETTE EN FRANCE

554 La quatrième loi de finances rectificative pour 2011 a introduit à l'article 209 IX du CGI un dispositif dont l'objet est de limiter la déduction des charges financières afférentes à l'acquisition de titres de sociétés lorsque la société acquéreuse, bien que juridiquement propriétaire des titres, n'exerce pas un pouvoir de décision ou un contrôle effectifs. Le mécanisme consiste en la réintégration au résultat imposable de ces charges financières selon des modalités inspirées du dispositif de « l'amendement Charasse ».

Le but affiché de la règle est de lutter contre certains abus consistant à rattacher au résultat imposable en France des charges financières alors que la décision d'acquisition de la société cible est prise par une société étrangère. Le rapporteur général de la Commission des Finances a ainsi illustré l'utilité de la règle en citant le cas d'une entreprise américaine qui souhaite acheter une société en Allemagne ou en République tchèque et

68. Conseil des prélèvements obligatoires, *Les prélèvements obligatoires des entreprises dans une économie mondialisée*, oct. 2009, p. 121.

69. Il s'agit de lutter contre le « *back-to-back financing* ». La règle aboutit à traiter les intérêts versés à raison des emprunts auprès de sociétés non liées mais garantis par des sociétés liées comme des intérêts servis à des sociétés liées pour le calcul des ratios de sous-capitalisation. Pour le détail, v. l'article 212 II 3 du CGI. La solution a été jugée particulièrement inopportune pour les groupes intégrés lorsqu'une société du groupe s'endette avec la garantie d'une autre. Les intérêts subissent désormais la limitation de l'article 212 alors qu'aucune réintégration n'a lieu au titre des intérêts supportés par les filiales sous-capitalisées lorsque le financement de celles-ci est assuré exclusivement par des avances émanant d'autres sociétés membres (obs. de L. Lenczner, chronique de fiscalité des entreprises, *L'année fiscale* 2011, *Dr. fisc.* 2011, n° 9, ét. 232, spéc. § 6).

70. Pour la démonstration, cf. P.-Y. Bourtourault et P. Farey Da Rin, « Les règles de sous-capitalisation à l'épreuve de la crise », *L'année fiscale* 2010, *Dr. fisc.* 2010, n° 8-9, ét. 195.

71. CADF, séance du 6 mars 2015, affaire n° 2014-14.

72. La loi, joliment autoproclamée loi « d'augmentation de la croissance », a même permis de reporter en avant la fraction inutilisée du résultat courant avant impôt... de 2007 à 2009. On est donc allé rechercher en période de vaches grasses de quoi stimuler la déduction des intérêts acquittés en période de vaches maigres.

qui utilise à cette fin comme support une société française qu'elle endette et qui bénéficierait, faute de règle anti-abus spécifique, de la déductibilité totale de ses intérêts, alors qu'elle n'est pour rien dans la chaîne de décision qui aboutit au rachat de cette société tchèque ou allemande.

1. Opérations concernées

555 La nouvelle mesure frappe les charges financières afférentes à l'acquisition de titres de participation. Les titres visés sont donc les titres de participation ouvrant droit au régime des plus-values à long terme, exception faite de ceux détenus dans les sociétés à prépondérance immobilière. Il convient à cet égard de noter que si les travaux préparatoires montrent que la règle a été conçue pour frapper des acquisitions de titres de sociétés étrangères, la loi affecte également l'acquisition de titres de sociétés françaises.

Les opérations entraînant la réintégration des charges financières sont celles pour lesquelles la société acquéreuse n'est pas en mesure de démontrer que certaines conditions sont réunies. La règle institue donc un mécanisme d'inversion de la charge de la preuve au détriment de la société car c'est à elle de démontrer que la réintégration n'a pas lieu de s'appliquer.

La société acquéreuse doit ainsi rapporter par tous moyens la preuve de plusieurs éléments présentant un caractère cumulatif :

— son autonomie décisionnelle relative aux titres ;

— et, pour les participations conférant un contrôle ou une influence sur la société acquise, l'exercice effectif de ce contrôle ou de cette influence.

Cette preuve doit être rapportée au titre de l'exercice ou des exercices couvrant une période de douze mois à compter de la date d'acquisition des titres.

S'agissant des titres acquis au cours d'un exercice ouvert avant le 1er janvier 2012, la loi précise que la double preuve à rapporter par l'entreprise souhaitant échapper à la réintégration des intérêts doit être faite au titre du premier exercice ouvert après le 1er janvier 2012. Pour les entreprises qui ouvrent leur exercice à la date du 1er janvier, il semble donc résulter de la lettre de la loi que la réintégration ne pourra avoir lieu qu'à compter de l'exercice ouvert le 1er janvier 2013.

2. Modalités de la réintégration

556 Pour les acquisitions de titres réalisées au cours des exercices ouverts à compter du 1er janvier 2012, les modalités de la réintégration des charges financières sont les suivantes.

La réintégration s'applique :

– au titre de l'exercice ou des exercices couvrant une période de douze mois à compter de la date d'acquisition des titres ;

– et des exercices clos jusqu'au terme de la huitième année suivant celle de l'acquisition.

En pratique, il résulte de la loi que seules les acquisitions de titres de participation ayant eu lieu à compter du 1er janvier 2005 peuvent encore donner lieu à réintégration des charges financières.

Comme dans le dispositif de l'amendement Charasse, les charges réintégrées au résultat s'apprécient en retenant un prorata égal au rapport entre le prix d'acquisition et la dette totale. Les charges financières afférentes à l'acquisition des titres acquis sont ainsi réputées égales à une fraction des charges financières de l'entreprise les ayant acquis égale au rapport du prix d'acquisition de ces titres au montant moyen au cours de l'exercice de la dette de l'entreprise les ayant acquis. Le montant des charges financières et celui des dettes s'apprécient au titre de chaque exercice.

Par ailleurs, le prorata de réintégration s'applique, le cas échéant, aux entités venant aux droits de l'entreprise ayant initialement acquis les titres dans les cas de fusion, de scission ou d'apport partiel d'actif

3. Dispense de réintégration

557 La réintégration des charges financières au résultat imposable ne s'applique pas dans un certain nombre de cas.

Premièrement, afin de ne pas imposer de charge administrative supplémentaire aux PME, le dispositif n'est pas applicable lorsque la valeur totale des titres de participation détenus par une société est inférieure à un million d'euros.

Deuxièmement, la réintégration des intérêts n'a pas lieu au titre des exercices pour lesquels l'entreprise apporte la preuve que l'acquisition des titres de participation n'a pas été financée par des emprunts dont elle ou une autre société du groupe auquel elle appartient supporte les charges. Les travaux préparatoires du texte révèlent qu'on a voulu par là protéger les entreprises qui, tout en ayant emprunté au titre de l'exercice d'acquisition des titres, n'ont pas affecté cet emprunt à l'acquisition elle-même.

Troisièmement, la réintégration des intérêts peut encore être évitée si le ratio d'endettement du groupe auquel la société acquéreuse appartient est supérieur ou égal à son propre ratio d'endettement. La règle est inspirée de celle qui permet aux sociétés sous-capitalisées d'échapper à la limite de déduction des intérêts en rapportant la même preuve.

4. Observations conclusives

558 L'article 209 IX du CGI constitue le type même du texte insuffisamment mûri. Les conditions de sa mise en œuvre donnent prises aux interprétations les plus diverses et l'on peut s'interroger sur son efficacité réelle.

Dès l'adoption de ce dispositif, nous avions indiqué avoir un doute sérieux sur sa compatibilité avec le droit de l'Union européenne[73] en raison de la différence de traitement qu'il introduit entre les sociétés acquéreuses françaises contrôlées par d'autres sociétés françaises (qui échappent à la réintégration des charges financières) et les sociétés acquéreuses françaises contrôlées par des sociétés établies dans l'Union européenne. Le Parlement semble être arrivé à la même conclusion puisque le rapport de la Commission des finances de l'Assemblée nationale sur le projet de loi de finances pour 2018 fait expressément état des doutes affectant l'euro-compatibilité de l'article 209 IX du CGI et que le Gouvernement avait purement et proposé l'abrogation du texte. En définitive, le Parlement a choisi de maintenir le texte mais en le rendant conforme au droit de l'Union. À cette fin, le nouveau texte de l'article 209 IX du CGI assimile à une société établie en France toute société ayant son siège dans un État membre de l'Union européenne ou dans un autre État partie à l'accord sur l'Espace économique européen ayant conclu avec la France une convention d'assistance administrative en vue de lutter contre la fraude et l'évasion fiscales (cette dernière formule visant en pratique l'Islande, la Norvège et le Liechtenstein).

Il en résulte, en pratique, qu'une société française contrôlée par une société établie dans l'UE ou l'EEE et procédant à l'acquisition de titres de participation (français ou étrangers) pourra échapper à la réintégration des charges financières afférentes à cette acquisition si elle démontre que les décisions relatives aux titres sont prises par la société européenne qui la contrôle. Lorsque le contrôle ou une influence est exercé par la société acquéreuse sur la société dont les titres sont détenus, il appartient à la société qui détient ces titres de prouver, pour échapper à la réintégration des intérêts, que ce contrôle ou cette influence est effectivement exercé elle-même ou par une société mère ou sœur française ou établie dans l'UE ou l'EEE.

73. Également en ce sens, L. Lenczner, *L'année fiscale 2012*, *Dr. fisc.* 2012, n° 9, comm. 158, § 15 ; E. Dinh, *L'année fiscale 2012*, *Dr. fisc.* 2012, n° 9, comm. 162.

On peut de même s'interroger sur le point de savoir si ce texte est compatible avec les engagements internationaux de la France, notamment les clauses de non-discrimination figurant dans les conventions fiscales[74].

D. LES INSTRUMENTS FINANCIERS HYBRIDES

559 Le législateur, faisant suite aux recommandations formulées par l'OCDE[75] et des institutions communautaires[76], a choisi d'interdire la déduction des intérêts versés par une société établie en France à une autre société du même groupe lorsque celle-ci n'est pas – ou pas suffisamment – imposée sur les intérêts reçus. Comme le révèle le titre donné dans le projet de loi à la mesure (« lutte contre l'optimisation fiscale au titre des produits hybrides et de l'endettement artificiel »), il s'agit essentiellement de lutter contre les produits financiers hybrides, définis par l'OCDE comme des « instruments dont le régime fiscal est différent dans les pays concernés, étant le plus souvent considéré comme des titres de dette dans un pays et comme titres de participation dans un autre ». Il s'agit par exemple des obligations remboursables en actions (ORA) ou des prêts participatifs. La différence de qualification des produits hybrides par les États entraîne parfois une double non-imposition des flux en cause : les intérêts, déductibles dans l'État de l'emprunteur, peuvent n'être pas imposés chez le prêteur lorsque la loi applicable à ce dernier considère les paiements comme des dividendes (ou des revenus assimilés) ouvrant droit à exonération.

L'article 22 de la loi de finances pour 2014, déclaré conforme à la Constitution par la décision n° 2013-685 DC du 29 décembre 2013, a neutralisé ce cas de double non-imposition[77], que l'administration pourchassait jusqu'alors en tentant de s'appuyer sur la théorie de l'abus de droit[78]. Il est cependant allé au-delà en interdisant la déduction des intérêts dans d'autres hypothèses que celle d'une double non-imposition totale.

À cette fin, le législateur a modifié le I de l'article 212 en subordonnant la déducti bilité des intérêts afférents aux sommes laissées ou mises à disposition d'une entreprise par une entreprise liée à une nouvelle condition qui vient s'ajouter à celle relative au niveau taux d'intérêt (lequel doit, comme on le sait, être en principe inférieur à celui du premier alinéa du 3° du 1 du même article 39 ou, s'il est supérieur, ne pas dépasser le

74. Pour l'argumentation, v. E. Dinh, *L'année fiscale 2012*, *Dr. fisc.* 2012, n° 9, comm. 162.

75. Rapport de mars 2012 sur « les dispositifs hybrides » relayé par les recommandations formulées dans le cadre de l'action n° 2 du projet BEPS (Base Erosion and Profit Shifting). Sur les problèmes posés par les instruments hybrides, v. la somme réalisée par J. Bundgaard, *Hybrid Financial Instruments in International Tax Law*, Ex Tuto Publishing, 2017.

76. Il existe sur ce sujet plusieurs rapports du Groupe Code de conduite (2010 et 2012) dont les recommandations se retrouvent dans les propositions de la Commission européenne pour lutter contre l'évasion fiscale (v. notamment le Plan d'action pour lutter contre la fraude et l'évasion fiscales du 6 déc. 2012, COM (2012) 622 final). On en retrouve la traduction dans la directive (UE) 2016/1164 du 12 juillet 2016 dont l'article 9 prévoit que « dans la mesure où un dispositif hybride entraîne une déduction sans prise en compte, l'État membre du contribuable refuse la déduction de ce paiement ». Ces principes ont été étendus aux États tiers à l'Union européenne par une directive (UE) 2017/952 du 29 mai 2017.

77. Sur ce dispositif, v. A. Lagarrigue et B. Hardeck, « Dispositif anti-hybrides : retour sur les difficultés d'application », *Dr. fisc.* 2014, n° 22, comm. 352.

78. Pour un exemple, v. l'affaire jugée par le Conseil d'État le 13 janv. 2017, n° 391196, *SAS Ingram Micro*, *Dr. fisc.* 2017, n° 15, comm. 254, concl. E. Crépey. L'arrêt nous paraît toutefois consacrer le fait que la double non-imposition générée par l'opération (déduction des intérêts en France, non-imposition des produits aux États-Unis) n'est pas en soi un critère de l'abus de droit.

taux que cette entreprise emprunteuse aurait pu obtenir d'établissements ou d'organismes financiers indépendants dans des conditions analogues). Cette nouvelle condition figure dans un nouveau b du I de l'article 212 dont l'administration a d'ores et déjà fourni un premier commentaire en ligne (même s'il n'est encore que provisoire)[79] : il en résulte que les intérêts sont déductibles « sous réserve que l'entreprise débitrice démontre, à la demande de l'administration, que l'entreprise qui a mis les sommes à sa disposition est, au titre de l'exercice en cours, assujettie à raison de ces mêmes intérêts à un impôt sur le revenu ou sur les bénéfices dont le montant est au moins égal au quart de l'impôt sur les bénéfices déterminé dans les conditions de droit commun ».

1. La condition tenant au caractère imposable des intérêts

Pour que les intérêts versés soient déductibles, l'entreprise liée qui a mis les sommes à la disposition de l'emprunteur doit être « assujettie à raison de ces mêmes intérêts à un impôt sur le revenu ou sur les bénéfices dont le montant est au moins égal au quart de l'impôt sur les bénéfices déterminé dans les conditions de droit commun ».

Un nouvel alinéa 2 du b) du I de l'article 212 précise en outre désormais : « dans l'hypothèse où l'entreprise prêteuse est domiciliée ou établie à l'étranger, l'impôt sur les bénéfices déterminé dans les conditions de droit commun s'entend de celui dont elle aurait été redevable en France sur les intérêts perçus si elle y avait été domiciliée ou établie ».

L'enchaînement entre les deux alinéas précités appelle les observations suivantes.

Le texte n'est pas conçu pour s'appliquer seulement dans des situations transfrontalières. Il peut aussi jouer lorsque les sociétés emprunteuse et prêteuse sont toutes deux établies en France. Il résulte ainsi des travaux parlementaires qu'il pourrait s'appliquer lorsque le prêteur relève des régimes suivants : entreprises nouvelles (CGI, art. 44 *sexies*), entreprises implantées en zone franche urbaine (CGI, art. 44 *octies* et *octies* A), ou en zone de revitalisation rurale (CGI, art. 44 *quindecies*), jeunes entreprises innovantes (JEI) (CGI, art. 44 *sexies*-0A)[80]. On observe cependant que dans la plupart de ces régimes, les produits financiers sont exclus de l'exonération et sont imposés dans les conditions de droit commun. C'est pourquoi on peut se demander si le législateur est véritablement parvenu à immuniser, comme il affecte de le croire, le nouveau texte contre toute remise en cause sur le fondement de la liberté de circulation des capitaux.

Dans un certain nombre de situations, en effet, il est possible de déceler une différence de traitement entre des intérêts versés à une société française (qui sont déductibles en principe) et des intérêts versés à une société établie dans un autre État membre de l'Union européenne où leur niveau d'imposition serait très faible ou nul. Or, cette différence de traitement, quoique justifiée en principe par l'objectif de lutte contre l'évasion fiscale, paraît disproportionnée en l'absence de clause de sauvegarde permettant à l'entreprise emprunteuse de démontrer que les conditions dans lesquelles le prêt a été structuré s'expliquent par des raisons légitimes d'un point de vue économique. Cette analyse ne paraît pas affectée par le fait que, dans certaines circonstances très rares, les intérêts puissent faire l'objet d'un traitement identique quel que soit l'État d'établissement du prêteur. Dans la même veine, on peut également se demander si la nouvelle règle ne pourrait être utilement critiquée sur le fondement des clauses de non-discrimination figurant dans les conventions fiscales conclues par la France.

79. BOI-IS-BASE-35-50-20140415.

80. Rapport AN n° 1428 tome II.

Pour apprécier si la condition tenant au caractère imposable des intérêts est remplie, il faut s'intéresser au montant de l'impôt auquel est assujettie l'entreprise prêteuse « à raison de ces mêmes intérêts ». La loi invite ici à rechercher, non pas le niveau global d'imposition de l'entreprise prêteuse, mais le niveau d'imposition supportée par cette dernière sur le flux d'intérêts concerné. Ainsi, pour calculer le niveau d'imposition des intérêts entre les mains du prêteur, l'administration précise dans son commentaire précité que le produit en cause ne doit pas nécessairement donner lieu au versement effectif d'un impôt sur les bénéfices ou sur les revenus. Il n'est tenu compte que de son régime d'imposition et non des charges de toute nature qui viennent par ailleurs diminuer le résultat imposable de la société créancier. Par exemple, lorsque la société prêteuse a elle-même recouru à l'emprunt pour financer le prêt, on déterminera le taux d'imposition applicable aux produits reçus par la société prêteuse sans tenir compte des intérêts que celle-ci verse elle-même à son propre créancier. De même, le seul fait que l'entreprise créancière ait un résultat nul ou déficitaire n'est pas susceptible de rendre non déductibles les charges financières par la société emprunteuse. En revanche, l'administration a précisé que s'il existe dans l'État de la société prêteuse des règles d'assiette propres aux intérêts qui viennent limiter le montant imposable (par exemple une réfaction de 50 % sur les intérêts reçus), ces règles doivent être prises en considération pour apprécier le taux effectif d'imposition de l'entité prêteuse.

Reste à déterminer le niveau d'imposition de l'entreprise prêteuse en deçà duquel les intérêts cessent d'être déductibles chez l'emprunteur. Selon le texte du nouvel article 212, la déduction des intérêts est possible lorsque l'entreprise prêteuse est « assujettie [...] à un impôt sur le revenu ou sur les bénéfices dont le montant est au moins égal au quart de l'impôt sur les bénéfices déterminé dans les conditions de droit commun ». Les travaux parlementaires révèlent sur ce point sans ambiguïté que les conditions de droit commun s'entendent, s'agissant du taux, du taux de l'IS français (hors contributions exceptionnelle et additionnelle), soit 33,33 %. L'interdiction de déduction ne devrait donc s'appliquer que lorsque le taux d'imposition des intérêts entre les mains du prêteur est inférieur à 8,33 %[81].

2. Le cas particulier des sociétés de personnes et des OPCVM

Les sociétés de personnes étant souvent considérées comme transparentes par les systèmes fiscaux étrangers, et aucune imposition n'intervenant en toute hypothèse à leur niveau (même en France), le législateur a souhaité éviter qu'elles ne soient systématiquement considérées comme assujetties à un impôt nul, ce qui aurait eu pour effet d'empêcher systématiquement la déduction des intérêts qui leur sont versés. Il en va de même des organismes de placement collectif qui, soit en raison de leur transparence fiscale, soit en raison de l'exonération d'IS qui leur est applicable, n'acquittent effectivement aucun impôt à raison des intérêts qui leur sont versés.

C'est pourquoi l'article 212 I nouveau prévoit que lorsque l'entreprise prêteuse est une société ou un groupement soumis au régime d'imposition prévu à l'article 8 du présent code ou un organisme de placement collectif relevant des articles L. 214-1 à L. 214 191 du Code monétaire et financier, la nouvelle condition de déduction des intérêts ne s'applique que s'il existe également des liens de dépendance, au sens du 12 de

81. Curieusement, l'administration fiscale estime cependant que le taux de droit commun de l'IS doit être augmenté le cas échéant des contributions additionnelles à l'IS.

l'article 39, entre cette société, ce groupement ou cet organisme et un ou plusieurs détenteurs de parts de cette société, de ce groupement ou de cet organisme. Dans cette hypothèse, l'impôt sur ces intérêts est apprécié au niveau de ces détenteurs de parts.

Ces dispositions s'appliquent également aux organismes de même nature constitués sur le fondement d'un droit étranger et situés dans un État membre de l'Union européenne ou dans un autre État ou territoire ayant conclu avec la France une convention d'assistance administrative en vue de lutter contre la fraude et l'évasion fiscales et qui n'est pas un État non coopératif au sens de l'article 238-0 A du CGI.

L'administration retient une interprétation rigoureuse de ces règles. Elle estime ainsi que lorsque le taux global d'imposition des intérêts entre les mains des actionnaires ou porteurs de parts liés à la structure transparente est inférieur au taux de référence, c'est la totalité des charges financières (et non le prorata correspondant aux droits des actionnaires ou porteurs de parts insuffisamment imposés) qui est rapportée au résultat. Cette analyse paraît discutable au regard de la lettre de la loi et disproportionnée eu égard à l'objectif poursuivi par le législateur.

3. Articulation du nouvel article 212. I du CGI avec d'autres textes

Comme les développements qui précèdent l'ont montré, il existe de nombreuses règles ayant pour objet de limiter la déduction des charges financières.

L'ordre d'application est le suivant[82] :

— dispositif relatifs au taux d'intérêt limite rémunérant les sommes laissées ou mises à disposition par une entreprise liée (CGI, art. 212, I) ;

— dispositif de lutte contre la sous-capitalisation (CGI, art. 212, II) ;

— dispositif de limitation de la déduction des charges financières afférentes à certains titres de participation (CGI, art. 209, IX) ;

— mécanisme du plafonnement général de déduction des charges financières nettes (CGI, art. 212 *bis*).

Dès lors que le dispositif est inséré au I de l'article 212 du CGI, il a vocation à s'appliquer en premier.

Par ailleurs, ce dispositif doit se combiner avec l'article 238 A du CGI qui a également pour effet d'interdire la déduction des intérêts versés à des entreprises soumises dans leur État à un régime fiscal privilégié, à moins qu'il ne soit démontré que les dépenses correspondent à des opérations réelles et qu'elles ne présentent pas un caractère anormal ou exagéré. La combinaison entre les deux textes ne semble se présenter que si l'entreprise débitrice a passé avec succès le test imposé par l'article 212 I, soit parce que le prêt n'a pas un caractère hybride, soit parce que le niveau d'imposition de l'intérêt est supérieur à 8,33 % dans l'État du prêteur. Il n'en reste pas moins que si le niveau général d'imposition de la société prêteuse est inférieur à la moitié de l'IS français (16,67 %), la société étrangère doit être considérée comme soumise à un régime fiscal privilégié. L'intérêt peut donc n'être pas déductible, sauf application de la clause de sauvegarde figurant à l'article 238 A du CGI. C'est l'analyse faite par le Conseil constitutionnel dans sa décision n° 2013-685 DC (cons. 34).

82. BOI-IS-BASE-35-10 n° 70 à jour au 6 août 2013.

§ 3. LES PROVISIONS

560 La notion de « provision » n'est pas inconnue du langage ordinaire. « Faire des provisions » pour l'avenir, c'est « mettre de côté » des denrées ou de l'argent pour être en mesure, le jour venu, de faire face à un appauvrissement (une dépense, notamment) que l'on anticipe dès à présent. C'est donc renoncer volontairement à jouir ou à disposer de richesses que l'on possède en vue du jour où ces richesses devront effectivement être consommées ou aliénées. La provision, vue sous cet angle, est une quasi-amputation de l'actif net : bien que celui-ci ne diminue pas *stricto sensu*, il n'en reste pas moins qu'une partie de la richesse est affectée à la prévention de l'avenir, non à la jouissance du présent.

561 La définition comptable de la provision, héritée ici encore de la réglementation internationale, est évidemment plus complexe, mais elle n'en reste pas moins liée à cette première approche intuitive. Une provision pour risques et charges se définit comme un passif dont l'échéance ou le montant n'est pas fixé de façon précise[83]. Le passif est lui-même défini comme un élément du patrimoine de l'entreprise ayant une valeur économique négative pour l'entité, c'est-à-dire comme une obligation de l'entreprise à l'égard d'un tiers dont il est probable ou certain qu'elle provoquera une sortie de ressources au bénéfice de ce tiers, sans contrepartie au moins équivalente attendue de celui-ci[84].

Ainsi définies, les provisions doivent être distinguées de plusieurs concepts proches. Elles diffèrent tout d'abord des charges à payer (ou « dettes provisionnées ») qui, selon la définition du Plan comptable, constatent des dettes potentielles nettement précisées quant à leur objet et ayant vocation irréversible à se transformer ultérieurement en dettes, mais dont l'échéance ou le montant est encore incertain à la clôture de l'exercice. Elles diffèrent ensuite des réserves qui sont des affectations de résultats non distribués, non des charges.

562 Du point de vue fiscal, la question essentielle consiste à savoir dans quels cas et sous quelles conditions les provisions constituées par les entreprises peuvent être déduites du résultat imposable. Or, sur ce point, le droit comparé enseigne que les règles varient sensiblement d'un pays à l'autre. Bien que de nombreux États, notamment en Europe, aient adopté le référentiel comptable IAS-IFRS, l'application de ces normes diffère largement dans les États membres. En outre, sur le terrain fiscal, il existe plusieurs techniques possibles pour définir les conditions de déductibilité fiscale des provisions[85]. Certains États, soucieux de protéger leur base imposable contre les risques d'érosion engendrés par le flou lié aux notions de charge « probable » ou de « risque », énoncent que les provisions sont en principe non déductibles, tout en laissant aux entreprises la possibilité de constituer des provisions déductibles dans certains cas positivement énumérés. D'autres États procèdent exactement à l'inverse : ils posent un principe de déductibilité des provisions si certaines conditions de fond et de forme sont respectées, et assortissent ce principe d'une liste d'exceptions dans lesquelles les provisions ne peuvent être déduites. Cette seconde méthode est théoriquement plus favorable aux entreprises car elle leur permet de déduire toute provision qui respecte les critères

83. Art. 212-3, PCG.
84. Art. 212-1, PCG.
85. C'est le bilan dressé par les groupes de travail réunis par la Commission européenne à l'occasion des travaux autour de l'ACCIS.

généraux, à moins qu'elle ne figure sur une liste de provisions non déductibles. En pratique, cependant, il semble que les différences entre les États du premier et du second groupe tendent à se réduire dans la période récente[86].

Quoi qu'il en soit, la France appartient au second groupe d'États évoqué ci-dessous. Elle définit de façon générale les conditions de déductibilité des provisions (A) et réglemente le sort des provisions lorsque l'événement anticipé, soit se réalise, soit ne se réalise pas (B).

A. LES CONDITIONS DE DÉDUCTIBILITÉ DES PROVISIONS

563 Selon l'article 39, 1, 5° du Code général des impôts, sont déductibles « les provisions constituées en vue de faire face à des pertes ou charges nettement précisées et que des événements en cours rendent probables, à condition qu'elles aient été effectivement constatées dans les écritures de l'exercice ». Comme on le voit, il s'agit d'un principe général de déductibilité sous certaines conditions. Ce principe coexiste avec un certain nombre d'interdictions spécifiques. Par exemple, l'article 39, 1, 5° du CGI interdit la déduction fiscale des provisions pour indemnités de licenciement constituées en vue de faire face aux charges liées aux licenciements pour motif économique ou au versement d'allocations en raison du départ à la retraite ou préretraite des membres ou anciens membres de son personnel, ou de ses mandataires sociaux.

Il apparaît également à la simple lecture du CGI qu'il existe une différence entre les provisions pour charges probables et les provisions pour pertes probables, ce que confirme le Conseil d'État[87]. La particularité des secondes tient en ceci que **leur montant est un solde.** En effet, ainsi que la définissait le commissaire du Gouvernement Noël Chahid-Nouraï dans ses conclusions sur l'affaire *Société générale*, la perte « est un solde négatif résultant de la comparaison plus que décevante entre des produits et des charges déterminés ». La charge, par contraste, est une dépense, non un solde. De là vient la différence de régime entre les deux types de provisions. Selon le Conseil d'État, « à la différence d'une provision pour perte, qui peut être déduite si la probabilité de cette perte est justifiée par la comparaison, pour une opération ou un ensemble d'opérations suffisamment homogènes, entre les coûts à supporter et les recettes escomptées, une provision pour charges est évaluée en tenant compte des seules charges probables devant être supportées ultérieurement par l'entreprise ». Il s'ensuit qu'une provision pour charges ne doit pas tenir compte, lorsqu'elle est passée, des éventuels produits auxquels ces charges se rapportent. Par exemple, lorsqu'une société victime d'une tempête passe des provisions pour grosses réparations à hauteur d'une certaine somme (provision pour charges probables, non pour pertes probables), elle n'est pas tenue de réduire cette somme pour tenir compte du montant des indemnités d'assurance qu'elle pourrait recevoir[88].

86. C'est du moins ce qu'affirme la Commission européenne dans les groupes de travail « ACCIS ».

87. CE, ass., 28 juin 1991, n° 77921, *Min. c/Sté générale* ; *Dr. fisc.* 1991, n° 39, comm. 1694 ; *RJF* 8-9/1991, n° 1052, concl. N. CHAHID-NOURAÏ, p. 604 ; *RJF* 6/1992, p. 471, chron. J. TUROT.

88. CE, 9 févr. 2012, n° 334154, *Sté Traitements de surface et mécanique (TSM)*, *Dr. fisc.* 2012, n° 20, comm. 294, concl. V. DAUMAS, note P. FUMENIER et C. ELBAZ, et la chronique de C. RAQUIN à la *RJF* 5/12, p. 395 et s. On observera cependant que cette jurisprudence survient à un moment où la réglementation comptable encadre de façon beaucoup stricte qu'autrefois les possibilités de dotation des provisions. En application de la réglementation issue du règlement CRC n° 2000-06 et de l'avis du CNC n° 00-01, une provision pour risques ou charges ne peut actuellement être comptabilisée que s'il est probable, à la date d'établissement des comptes, que l'obligation dont elle tient compte provoquera une sortie de ressources au bénéfice de tiers sans contrepartie au moins équivalente attendue de ceux-ci après la date de clôture. Sous l'empire de ces règles, la société dont la situation a été examinée par le Conseil d'État n'aurait sans doute

564 Reprenons successivement les conditions de déductibilité des provisions. Premièrement, pour être déductibles, les provisions doivent avoir été effectivement constatées dans les écritures comptables de l'exercice[89]. Cette condition de déduction se présente comme une condition de forme. Elle est néanmoins à replacer dans le cadre plus large des relations entre comptabilité et fiscalité, avec à la clé une question d'une grande importance pratique : lorsqu'une provision a été constatée en comptabilité, l'entreprise est-elle libre de ne pas la provisionner fiscalement, ou bien est-il obligatoire de la déduire fiscalement si elle remplit les conditions de l'article 39, 1, 5° ? Cette question a suscité un débat passionné[90] à la hauteur de son enjeu : en effet, si l'on admet qu'il existe une obligation fiscale de provisionner, il s'ensuit que la reprise ultérieure de la provision qu'une entreprise a omis de déduire présente un caractère imposable. La reprise de la provision obéit en effet à un régime symétrique de celui qui aurait dû avoir lieu si l'entreprise avait déduit initialement la provision. Cette approche logique est rigoureuse puisque, par construction, l'entreprise n'a pas déduit sa provision initiale... et se voit ainsi soumise à une double imposition (non-déduction de la provision initiale combinée avec la taxation de la reprise). C'est cependant la solution retenue par le Conseil dans sa décision de plénière fiscale *SAS Foncière du Rond-Point*[91] qui repose sur une analyse littérale de l'article 39, 1, 5°, lequel ne laisse pas à l'entreprise la possibilité de s'abstenir de provisionner fiscalement lorsque les conditions de déduction sont réunies. Les conséquences de cette décision sont complexes pour les entreprises qui éprouvent des doutes sur la déductibilité fiscale d'une provision : soit elles passent la provision, mais elles prennent le risque que l'administration conteste ultérieurement son caractère déductible ; soit elles s'abstiennent de le faire... mais elles prennent le risque que l'administration estime que la reprise ultérieure de la provision présente un caractère imposable dès lors que la provision aurait dû être initialement déduite fiscalement.

565 Deuxièmement, la provision doit être destinée à faire face à une perte ou à une charge déductible. Cette condition, implicite dans le texte, s'oppose à la déduction des provisions constituées en prévision d'investissements qui se traduisent par un accroissement d'actif. Elle s'oppose aussi à la déduction des provisions destinées à couvrir des charges non déductibles sur le plan fiscal, soit que ces charges ne relèvent pas d'une

pas été conduite à provisionner la charge de réparation du sinistre ou aurait, à tout le moins, limité sa provision à la fraction du coût des réparations non couverte par la police d'assurance.

89. Pour que la déclaration du résultat soit complète, les provisions doivent figurer sur le relevé spécial prévu par l'article 38 de l'annexe III du CGI pris en application de l'article 53 A du CGI. En application de l'article 1763 du CGI, les manquements à cette obligation entraînent une amende – non déductible fiscalement – égale à 5 % du montant des provisions non déclarées, ramenée à 1 % si les provisions omises sont fiscalement déductibles.

90. O. Fouquet, « Provision comptable et provision fiscale : vrais ou faux jumeaux », *Rev. adm.* 2012, p. 53 ; G. Blanluet, « Du nouveau sur les provisions comptables non déduites fiscalement », *FR* 16/11, p. 11.

91. CE, plén., 23 déc. 2013, n° 346018, *Dr. fisc.* 2014, n° 1-2, Actu. 4, obs. O. Fouquet ; *Dr. fisc.* 2014, n° 14, comm. 250, concl. E. Crépey, note G. Blanluet. Sur cet arrêt v. aussi É. Bokdam-Tognetti, « Provisions et connexion fiscalo-comptable après la décision "min. c/SAS Foncière du Rond-Point" : Faisons le point ! », *RJF 3/2014, chron. p. 195.* Cassation de CAA Paris, 18 nov. 2010, n° 09PA04821, *Dr. fisc.* 2011, n° 10, comm. 244, note E. Meier et R. Torlet. Épilogue de l'affaire : CAA Paris, 15 oct. 2015, n° 13PA04863, *Dr. fisc.* 2016, n° 7-8, comm. 182, concl. Ch. Oriol, note C. Cassan et G. Tar. L'arrêt *Foncière du Rond-Point* a été confirmé dans une décision de plénière fiscale du 5 déc. 2016, n° 398859, *Sté Orange*, *Dr. fisc.* 2017, n° 28, 394, concl. V. Daumas, note M. Masclet de Barbarin.

gestion normale[92], soit que leur déduction soit expressément interdite par la loi (impôt sur les sociétés, par exemple).

566 Troisièmement, la perte ou la charge doit être « nettement précisée ». Ceci signifie, d'une part, qu'il doit y avoir une individualisation précise de l'élément d'actif déprécié ou de la nature de la charge ou de la perte escomptée, et d'autre part, que le montant de la perte ou de la charge doit pouvoir être évalué avec une approximation suffisante, le cas échéant selon une méthode statistique[93]. On observe à cet égard que s'il est possible à une entreprise d'utiliser une méthode statistique pour la fixation du quantum d'une provision (par exemple une provision pour créance douteuse), il n'est en revanche pas admis de recourir à une méthode statistique pour établir l'existence, au titre de l'exercice de constitution de la provision, d'un événement justifiant le principe de celle-ci. Le Conseil d'État a ainsi considéré qu'une entreprise ne pouvait valablement passer une provision fiscalement déductible sur des créances clients qui n'avaient connu aucun incident de paiement au titre d'un exercice donné en s'appuyant sur la seule circonstance que les clients concernés avaient provoqué, pour certains d'entre eux, des incidents de paiement lors d'exercices antérieurs. La probabilité statistique que ces incidents de paiement antérieurs conduisent au non-recouvrement de la créance ne peut en effet être regardée comme constituant un événement en cours pendant l'exercice susceptible de rendre probable la perte des créances au sens de l'article 39 du Code général des impôts[94]. Comme l'indiquait le rapporteur public ayant conclu dans cette affaire, il s'agit par là d'éviter de « déplacer l'usage de la statistique de la quantification du risque à la qualification de l'existence même du risque ».

567 Quatrièmement, la perte ou la charge doit être probable, ce qui exclut les provisions fondées sur des risques simplement éventuels (notamment les provisions de propre assureur). La probabilité doit être établie par des circonstances particulières, propres à la situation de l'entreprise. À titre d'exemple, les provisions constituées en vue de faire face aux charges liées à des licenciements qui peuvent être tenus pour probables à la clôture de l'exercice sont déductibles. Il en est ainsi des indemnités versées lors d'un licenciement pour motif personnel, ou dans le cadre d'un redressement ou d'une liquidation judiciaire, et des autres charges supportées dans ces hypothèses.

Il convient ici de souligner que si une charge est d'ores et déjà certaine en son principe et son montant, les principes ordinaires de la comptabilité d'engagement rendent obligatoire sa déduction. Ce n'est donc pas une provision. De même, lorsqu'une perte est certaine, elle doit être déduite immédiatement et la provision n'est pas la technique adéquate. Considérons par exemple le cas d'une entreprise qui détient une créance qu'elle considère comme irrécouvrable. Ce caractère justifie la déduction

92. Jurisprudence constante : cf. déjà CE, 7e et 9e s.-s., 6 juill. 1979, n° 9258, *Dr. fisc.* 1979, n° 41, comm. 1967 ; *Dr. fisc.* 1980, n° 48-49, comm. 2443, concl. J.-F. Verny, *RJF* 10/79, n° 570 ; et plus récemment, CE, 8e et 3e s.-s., 22 janv. 2010, n° 313868, *SAI*, *Dr. fisc.* 2010, n° 11, comm. 230, concl. N. Escaut, note D. Bocquet et C. Cassan.

93. Le Conseil d'État autorise l'utilisation de données statistiques dès lors que celles-ci, tirées de l'expérience de l'entreprise et établies d'après un ensemble d'opérations homogènes, permettent de déterminer de manière aussi exacte que possible le montant de la charge ou de la perte probable (voir par ex. CE, 26 mars 2008, n° 296625). Il appartient à l'administration, si elle entend critiquer cette méthode, de démontrer que la marge d'incertitude demeure appréciable et qu'il n'y a pas, dès lors, approximation suffisante. Exemples de provisions susceptibles d'être fondées sur des calculs statistiques : provisions pour dépréciation des stocks ; provisions pour créances douteuses ; provisions pour garantie après-vente ou garantie d'entretien.

94. CE, 17 févr. 2016, n° 377415, *Sté Éditions Atlas*, *Dr. fisc.* 2016, n° 22, comm. 347, concl. E. Crépey.

du montant de la créance des bénéfices de l'exercice au cours duquel sa perte apparaît certaine et définitive. Si, en revanche, la créance ne peut encore être considérée comme irrécouvrable mais qu'il existe un risque sérieux qu'elle ne soit pas honorée, une provision peut être constituée. C'est le cas lorsque la créance est compromise par la mauvaise situation du débiteur (créance « douteuse ») ou par la survenance d'un désaccord non encore tranché portant sur son existence même ou sa quotité (créance « litigieuse »). Dans ces deux hypothèses, les entreprises peuvent constituer des provisions, en principe à partir d'une estimation du risque de non-recouvrement opérée créance par créance[95].

568 Cinquièmement, la probabilité de la perte ou de la charge doit résulter d'événements en cours, c'est-à-dire se rattacher à des opérations déjà effectuées à cette date par l'entreprise, ou à des engagements qu'elle a déjà pris[96]. À titre d'exemple, une entreprise peut constituer des provisions pour impôts et autres charges fiscales déductibles au point de vue fiscal, qui se rattachent aux opérations déjà effectuées par l'entreprise et dont le fait générateur est intervenu avant la clôture de l'exercice de constitution de la provision[97]. L'administration admet également la constitution de provisions pour impôts lorsqu'il s'agit d'impôts déductibles qui présentent un caractère permanent et qui seront dus à raison de faits survenus au cours de l'exercice envisagé[98]. Autre exemple : les provisions pour litige. Les entreprises engagées dans un litige peuvent en effet constituer une provision afin de faire face à la charge probable qui en résultera. Le litige doit être déjà né à la clôture de l'exercice, ce qui suppose l'existence d'une réclamation, d'une procédure de rectification, d'une action en justice intentée contre l'entreprise ou d'une mise en jeu de sa responsabilité[99]. L'existence même du litige suffit à justifier la constatation d'une provision sans que le contribuable ou le juge de l'impôt ait à en apprécier l'issue[100].

569 Sixièmement, et ceci ne vaut que pour les provisions pour charges, le Conseil d'État subordonne la déduction des provisions constituées en fin d'exercice à la condition supplémentaire que « se trouvent comptabilisés, au titre du même exercice, les produits afférents à ces charges »[101]. Par exemple, les commissions dues à un intermédiaire ne peuvent être déduites par voie de provision dès lors que les produits résultant de l'intervention de l'intéressé ne seront réalisés qu'au cours d'exercices ultérieurs[102]. Cette exigence tend à éviter que le traitement des provisions pour charges soit plus favorable que celui des charges déjà exposées lesquelles, chaque fois qu'elles entrent dans le prix de revient d'une opération dont les produits n'ont pas encore été inclus dans le résultat imposable

95. Cependant, les entreprises qui pratiquent habituellement la vente à crédit sur une grande échelle sont fondées à provisionner le risque de perte affectant globalement leurs créances du moment que leurs propres statistiques établissent de manière irréfutable la permanence d'un pourcentage minimal de créances irrécouvrées et qu'elles s'en tiennent à cette évaluation raisonnable du risque encouru.

96. Aux engagements formels sont assimilables ceux qui découlent d'un usage constant (CE, 13 juill. 2007, n° 289233 et 289261, *RJF* 11/07, n° 1217, chron. J. Burguburu, p. 943 et concl. S. Verclytte, *BDCF* 11/07, n° 119).

97. CE, 25 oct. 1972, n° 80122 ; CE, 18 mai 1983, n° 29524, *RJF* 7/83, n° 862.

98. BOI-BIC-PROV-30-20-20 n° 1.

99. Cf. par ex. CE, 7 août 2008, n° 287712, *RJF* 11/08, n° 1165. À noter : l'existence d'un litige dans lequel la partie adverse décide de recourir à l'arbitrage conventionnel présente pour l'entreprise un risque comparable à celui d'une action de justice (CE, 4 déc. 2013, n° 354228, *SC Groupe Valois*, *Dr fisc.* 2014, n° 12, comm. 220, concl. V. Daumas).

100. CE, 24 mai 2000, n° 185647, *RJF* 7-8/00, n° 901 ; CE, 20 nov. 2002, n° 230530, *RJF* 2/03, n° 153 ; CE, 4 déc. 2013, n° 354228, *SC Groupe Valois*, précité.

101. CE, 28 juin 1991, n° 77921, *RJF* 8-9/91, n° 1052.

102. CAA Paris, 30 mars 1993, n° 92-226, *RJF* 7/93, n° 967.

(le bien vendu n'ayant pas encore été livré ou la prestation convenue n'ayant pas encore été achevée) doivent rester comprises dans un poste d'actif (stock ou en cours).

570 Enfin, il convient de signaler que le droit français, pour des raisons de politique économique, autorise la déduction de certaines provisions qui ne remplissent pas nécessairement toutes les conditions ci-dessus. Ce sont les provisions dites « réglementées ». Elles sont soumises au même formalisme que les autres provisions. Sur le plan comptable, en revanche, ces provisions ont le caractère de réserves et font partie des capitaux propres. Au titre de ces provisions, on peut citer, par exemple, la provision pour hausse des prix[103]. Lorsque, pour une matière ou un produit donnés, une entreprise constate, au cours d'une période n'excédant pas deux exercices successifs, une hausse de prix supérieure à 10 %, elle peut pratiquer une provision correspondant à la fraction de cette hausse excédant 10 %. Ouvrent droit à la provision les matières, produits et approvisionnements de toute nature existant en stock à la clôture de l'exercice qui ont connu une hausse de cette importance[104]. Un autre exemple de provision réglementée dérogeant aux conditions ordinaires de constitution des provisions concerne les entreprises qui réalisent à l'étranger des ventes ou des travaux pour lesquels elles consentent des crédits à moyen terme : celles-ci peuvent constituer en franchise d'impôt, sans avoir à justifier d'un risque particulier de non-recouvrement, une provision destinée à couvrir les risques afférents aux crédits dont il s'agit[105]. Il existe également des provisions spéciales pour certains secteurs d'activité, par exemple les entreprises d'assurances, lesquelles sont autorisées à constituer des provisions destinées à les prémunir contre certains risques exceptionnels[106].

B. LE DEVENIR DES PROVISIONS

571 Comme on l'a vu plus haut, la provision est un exercice d'anticipation. C'est un pari sur la réalisation future d'un événement. Que se passe-t-il donc lorsque l'événement se réalise ou lorsqu'il devient au contraire certain qu'il ne se réalisera pas ?

Lorsque la perte ou la charge en prévision de laquelle une provision a été constituée se réalise effectivement, la perte ou la charge donne lieu à déduction en tant que telle au titre de l'exercice au cours duquel elle a lieu. Toutefois, pour éviter que cette déduction n'aboutisse à un double avantage fiscal pour l'entreprise (dont il ne faut pas oublier qu'elle a déjà déduit une provision dans le passé), la déduction de cette perte ou de cette charge est compensée, à due concurrence, par la reprise de la provision, c'est-à-dire sa réintégration au résultat imposable. La situation est résumée par le tableau ci-dessous.

Exercice N Une charge de 100 est provisionnée	Exercice N + 1 La charge est effectivement supportée
Déduction du résultat imposable : – 100	Déduction de la charge : – 100 Reprise de la provision : + 100 Solde : 0

103. Art. 39, 1-5°, al. 11 à 14, CGI.
104. Le montant des dotations annuelles aux provisions pour hausse de prix est plafonné à 15 millions d'euros, ce plafond étant augmenté, s'il y a lieu, d'une fraction égale à 10 % de la provision qui aurait été déductible sans l'application de cette limitation (CGI, art. 39 1-5°).
105. CGI, annexe IV, art. 4 *bis* et 4 *ter*.
106. Art. 39 *quinquies* G, 39 *quinquies* GA, 39 *quinquies* GB et 39 *quinquies* GC, CGI.

Lorsque, au contraire, la perte ou la charge en vue de laquelle elle avait été constituée ne se réalise pas, la provision est considérée comme devenue sans objet. Elle doit alors être rapportée aux résultats imposables de l'exercice au cours duquel il est certain que l'événement ne se réalise pas[107]. Le tableau ci-dessous illustre ce mécanisme en s'appuyant sur l'exemple d'une provision pour créance douteuse.

Exercice N Provision pour créance douteuse de 100	Exercice N + 1 La charge est effectivement honorée
Déduction du résultat imposable : – 100	Produit imposable : + 100 Reprise de la provision : + 100
	Solde : + 200

Enfin, lorsqu'une provision est détournée de son objet, par exemple parce qu'elle est distribuée aux associés ou virée à un compte de réserve, elle doit être rapportée aux résultats de l'exercice au cours duquel elle a reçu un emploi non conforme à son objet.

§4. QUELQUES CRÉDITS D'IMPÔTS

572 Certaines dépenses exposées par les entreprises donnent lieu à des crédits d'impôt, c'est-à-dire à une réduction de l'impôt sur les sociétés lui-même, et non simplement à une déduction opérée sur son assiette. Ces crédits d'impôt sont relativement nombreux. Par souci de concision, on se concentrera sur trois d'entre eux, qui nous paraissent mériter une attention particulière : le crédit d'impôt recherche (A), le crédit d'impôt « compétitivité emploi » (B) et la réduction d'impôt mécénat[108] (C).

A. LE CRÉDIT D'IMPÔT RECHERCHE

573 Nous avons déjà vu que les dépenses de recherche et de développement sont soumises à un régime complexe qui peut conduire, selon les circonstances et les choix faits par les entreprises, à une déduction en charges ou à une inscription en

107. Le Conseil d'État fait preuve d'une certaine flexibilité dans la mise en œuvre de ce mécanisme. Il a ainsi jugé qu'une société qui a constitué une provision pour tenir compte de la dépréciation de son fonds de commerce peut, si cette provision n'a pas perdu son objet (formule un peu ambiguë), maintenir ou modifier le montant de la provision en cas de modification de la consistance de son fonds et de survenance d'événements justifiant toujours une dépréciation, sans procéder à une reprise de provision suivie d'une nouvelle dotation (CE, 30 juin 2016, nº 380916, *Sté Transat, Dr. fisc.* 2016, nº 40, 527, concl. E. Bokdam-Tognetti, note A. Morterol). En l'espèce, une société avait déprécié son fonds de commerce en considération de certains événements qui lui paraissaient, à l'époque, devoir produire des effets négatifs futurs. Le contexte ayant changé, elle aurait logiquement dû reprendre sa provision, mais de nouveaux événements distincts des premiers l'avaient conduite à laisser subsister la provision initiale (plutôt que de procéder à sa reprise suivie d'une nouvelle dotation), ce que le Conseil d'État a accepté dès lors que l'objet (c'est-à-dire la dépréciation du fonds de commerce) restait identique. Cette décision enseigne ainsi qu'on ne doit pas confondre l'objet des provisions et leurs causes ou leurs justifications : les secondes peuvent varier dans le temps sans altérer le premier.

108. Bien que l'on parle souvent en pratique de « crédit d'impôt » mécénat, cette terminologie est incorrecte car c'est bien d'une réduction d'impôt qu'il s'agit. Les deux techniques consistent à imputer un certain montant sur l'impôt normalement dû mais alors que la réduction d'impôt est plafonnée au montant de l'impôt dû, le crédit d'impôt peut donner lieu à un remboursement au profit du contribuable lorsqu'il est supérieur au montant de l'impôt dû.

immobilisation[109]. La dimension proprement incitative de la fiscalité se manifeste cependant différemment. Pour stimuler l'investissement dans la recherche, il existe en effet trois techniques de base[110]. Soit l'on accorde aux entreprises concernées un supplément de déduction pour les dépenses de recherche ; c'est le choix fait, par exemple, en Autriche ou au Royaume-Uni où les PME peuvent bénéficier d'une « super-déduction » allant jusqu'à 230 % des dépenses effectivement engagées (ce type de dispositif inspirant la proposition de directive sur l'assiette commune de l'impôt sur les sociétés présentée par la Commission européenne en octobre 2016[111]) ; soit l'on octroie aux entreprises un crédit d'impôt dont le montant dépend des dépenses de recherche ou de leur augmentation ; c'est le cas, par exemple, en Autriche, en Belgique, en Hongrie, en Irlande, en Italie, au Portugal et au Royaume-Uni. Soit enfin l'on peut favoriser la recherche en taxant plus faiblement les produits qu'elle génère, étant précisé que ces techniques peuvent être cumulées afin d'encourager, non seulement les activités de recherche et les dépenses qu'elles engendrent, mais aussi le maintien sur le territoire des actifs incorporels obtenus grâce à la recherche et générateurs de revenus futurs. On sait par exemple que le Royaume-Uni a introduit dans sa législation un système de taux réduit à 10 % sur les redevances perçues par les sociétés titulaires de brevets (la « *patent box* »), applicable à compter du 1er avril 2013[112]. D'autres États, sans accorder de taux réduit, exonèrent une fraction des revenus dérivés de la propriété intellectuelle et industrielle[113]. C'est notamment le cas de la Belgique, du Luxembourg et des Pays-Bas qui n'imposent au taux normal de l'IS que 20 % des revenus de brevets, ainsi que de l'Italie qui exonère 50 % des revenus : le taux effectif d'imposition s'en trouve considérablement réduit. À noter cependant : plusieurs législations d'États membres en matière de « patent box » ou assimilé font actuellement l'objet d'études approfondies de la part de la Commission, qui s'intéresse à leur compatibilité avec les règles sur les aides d'État. Les législations les plus favorables ont d'ailleurs été revues récemment afin de se conformer aux exigences formulées par l'OCDE dans le cadre de l'action 5 du plan d'action « BEPS », et selon lesquelles un régime attractif en matière de fiscalité des revenus de la propriété intellectuelle n'est légitime que si les activités de recherche ont effectivement été conduites sur le territoire de l'État qui accorde l'avantage fiscal.

Dans ce contexte, les choix faits par la France ne sont pas originaux, même s'il convient de souligner qu'elle cumule un taux réduit pour les produits de la propriété industrielle et la technique du crédit d'impôt octroyé à raison de certaines

109. Cf. *supra*, n° 444.

110. V. sur ce point, A. Bal et R. Offermanns, "R&D Tax Incentives in Europe", *European Taxation*, avr. 2012, p. 167 et s., les études de la Commission européenne : "A Study on R&D Tax Incentives" (Final Report 2014), "Patent Boxes Design, Patents Location and Local R&D", *Taxation Papers*, n° 57, 2015, et surtout l'ouvrage dirigé par W. Nykiel et A. Zalasinski, *Tax aspects of research and development within the European Union*, Lex, Warszawa, 2014. Pour une perspective encore plus large, v. les *Cahiers de droit fiscal international* de l'IFA sur "Tax incentives on Research and Development (R&D)", 2015, vol. 100 A avec l'impressionnant rapport général de R. Danon.

111. Cf. *infra*, n° 807.

112. Le taux de 10 % doit être comparé au taux ordinaire de l'IS au Royaume-Uni qui a connu une baisse spectaculaire depuis 2010 : 27 % en 2011, puis 26 % en 2012, 23 % en 2013, 24 % en 2014, 20 % en 2015 et 2016. Le gouvernement britannique a annoncé que le taux devrait être de 17 % en 2020. Pour une présentation de ce régime, cf. A. Gregory, A. Casley et K. Naisch, "United Kingdom: the Patent Box Regime", *International Transfer Pricing Journal*, 2013, vol. 20, n° 2.

113. Cf. les exemples donnés par E. Picq et P. Escaut, « Création, acquisition et exploitation des actifs incorporels en France ou à l'étranger : problématiques fiscales internes et internationales », *Dr. fisc.* 2010, n° 44, ét. 540, spéc. § 1.

dépenses[114]. Ce dernier est le crédit d'impôt recherche, lequel est supposé encourager les entreprises à se livrer à des activités de recherche en vue de développer la compétitivité de l'économie française. Créé par la loi de finances pour 1983, ce dispositif n'a cessé d'être réformé : en 2006, un auteur relevait que l'article 244 *quater* B du Code général des impôts, qui en constitue le support, avait déjà été réformé pas moins de 25 fois[115]... et l'auteur de ces lignes a renoncé à faire le compte depuis lors.

Cette réformite s'explique largement par le caractère encore insuffisant de l'effort de recherche français et la nécessité constante de trouver des moyens de l'accroître. Comme le montre le rapport rendu par le Conseil des prélèvements obligatoires en 2009[116] sur la base de données concernant 2006, le niveau global des dépenses de recherche et développement ramené au PIB (2,1 %) est inférieur à l'objectif communautaire de 3 %[117]. Ensuite, le financement de cette recherche repose plus largement sur l'État (38 %) que dans les autres pays de l'OCDE (29 %). L'investissement privé en recherche et développement de la France est ainsi sensiblement inférieur à celui constaté chez nos principaux concurrents (pays nordiques, Allemagne, États-Unis, Japon).

Tout ceci permet de comprendre pourquoi la technique du crédit d'impôt recherche a évolué dans un sens favorable aux entreprises qui en bénéficient. Calculé à l'origine en proportion de l'accroissement annuel des dépenses de recherche, il est aujourd'hui assis sur le volume absolu des dépenses de recherches engagées, ce qui en augmente considérablement l'assiette. Les dépenses prises en considération sont notamment les dotations aux amortissements des immobilisations affectées à la recherche, certaines dépenses de personnel liées à la recherche[118], les frais de maintenance des brevets et les dépenses de veille technologique. Le montant du crédit d'impôt est égal à 30 % des dépenses de recherche jusqu'à 100 millions d'euros et à 5 % au-delà. Son montant s'impute sur l'impôt sur le revenu ou l'impôt sur les sociétés[119] et, dans le cas où le

114. Ce cumul existe aussi en Belgique, pays qui applique simultanément les méthodes du crédit d'impôt recherche, du supplément de déduction des dépenses de recherche et de l'imposition d'une fraction seulement des revenus de la propriété industrielle.

115. Y. Bénard, « Quelles sont les entreprises qui peuvent bénéficier du crédit d'impôt recherche », *RJF* 10/06, p. 843 et s. Il faut lire l'introduction de cet article et l'historique de cette législation pour se convaincre avec son auteur que le crédit d'impôt recherche « est une remarquable illustration de l'anti-modèle français de réforme fiscale »...

116. Rapport 2009, p. 141.

117. Le site de la Banque mondiale, consulté en 2016, indique que le taux est de 2,23 % en 2014. Pas de grand changement, donc...

118. Le crédit d'impôt recherche prend en compte les dépenses de personnel afférentes aux chercheurs et techniciens de recherche affectés à ces opérations (CGI, art. 244 *quater* B), c'est-à-dire, selon les termes de l'article 49 *septies* I b. de l'annexe III au CGI : « les rémunérations et leurs accessoires ainsi que les charges sociales, dans la mesure où celles-ci correspondent à des cotisations sociales obligatoires ». Le Conseil d'État a jugé à ce sujet que la participation et l'intéressement servis au personnel de recherche entrent dans les bases de calcul du crédit d'impôt recherche car les sommes reçues à ce titre constituent, pour les salariés, un accessoire de leur rémunération au sens des dispositions de l'article 49 *septies* I b de l'annexe III au CGI précité et, pour la société, des dépenses de personnel pouvant être comprises dans l'assiette du crédit d'impôt recherche, sur le fondement des dispositions du II de l'article 244 *quater* B du CGI (CE, 12 mars 2014, n° 365875, *Sté Spécialités Pet Food* et *Sté Diana*, *Dr. fisc.* 2014, n° 17-18, comm. 291, concl. B. Bohnert, note D. Boucher). Il s'agit d'une décision dont les enjeux sont importants en pratique.

119. Cette imputation du crédit d'impôt recherche sur l'IS a suscité par ricochet un problème pratique de calcul de la participation des salariés car celle-ci est proportionnelle au bénéfice net réduit de « l'impôt correspondant » (art. L. 3324-1 C. trav.). L'impôt correspondant s'entend-il de l'IS décaissé par la société ou de l'IS avant imputation du crédit d'impôt recherche ? La question est importante car si l'on prend en compte la réduction d'IS engendrée par le crédit d'impôt recherche, l'effet recherché par ce dernier est amoindri puisque la participation augmente... Le Conseil a résolu le problème en énonçant que « l'impôt

crédit d'impôt serait supérieur à l'impôt dû, l'excédent constitue une créance contre l'État imputable sur l'impôt des trois années suivantes. Le solde subsistant à l'expiration de ce délai fait l'objet d'un remboursement. Il est toutefois possible pour certaines entreprises, notamment les PME communautaires, d'obtenir sous certaines conditions un remboursement immédiat de la créance de crédit d'impôt recherche[120].

Ainsi conçu, le régime français du crédit d'impôt recherche constitue un dispositif très compétitif, notamment comparé aux dispositifs ayant la même fonction à l'étranger[121]. Depuis 2008, le crédit d'impôt recherche est même devenu la première source de financement public des dépenses de recherche et développement des entreprises en profitant essentiellement à l'industrie électrique et électronique, à la pharmacie puis à l'automobile[122]. Est-il suffisant pour atteindre les objectifs fixés[123], compte tenu notamment de son coût budgétaire élevé[124] ? S'agit-il, fondamentalement, de la bonne technique pour les atteindre ? Les économistes demeurent assez circonspects sur ce point. Pour la plupart des économistes, l'intervention de l'État est justifiée quand il s'agit de dynamiser l'innovation dans ses déterminants culturels et humains (exemples : créer des modules d'entrepreneuriat dans les grandes écoles françaises et à l'université, augmenter le nombre de diplômés du supérieur dans les matières scientifiques...), c'est-à-dire de permettre un environnement favorable à l'innovation. L'OCDE juge néanmoins sur la base d'études empiriques que les crédits d'impôt recherche ont un impact faible sur le niveau des dépenses de recherche et développement et la productivité globale des facteurs, même si cet effet est plus important que dans le cas des aides directes[125]. En outre, le Conseil des prélèvements obligatoires estime que les PME sont largement bénéficiaires du crédit d'impôt recherche par rapport à leur poids dans les dépenses de R & D, au contraire de l'industrie[126]. L'OCDE résume ce qui précède ainsi : « le crédit d'impôt recherche français est parmi les plus généreux au monde. Le crédit d'impôt

correspondant au bénéfice que l'entreprise a réalisé au cours d'un exercice déterminé, qui doit être retranché de ce bénéfice, ne peut s'entendre que de l'impôt sur les sociétés, au taux de droit commun, résultant des règles d'assiette et de liquidation qui régissent ordinairement l'imposition des bénéfices ; que, dans le cas où une entreprise bénéficie de crédits d'impôt imputables sur le montant de cet impôt, il n'y a pas lieu, par suite, de tenir compte du montant de ces crédits » (CE, 20 mars 2013, nº 347633, *Sté Etudes et Productions Schlumberger*, *Dr. fisc.* 2013, nº 30-35, comm. 380, concl. C. Legras, note E. Meier et H. Quéré.).

120. Art. 199 *ter* B CGI.

121. Comme l'indique le rapport 2009 du Conseil des prélèvements obligatoires, aux États-Unis, le CIR fédéral est un système en accroissement, puisqu'il est accordé à raison de 14 % de l'excédent des dépenses de l'année par rapport à un montant égal à la moitié de la moyenne des dépenses de recherche des trois années précédentes. Ce crédit d'impôt est temporaire, son existence nécessitant un renouvellement annuel par le Congrès. En Espagne, le taux du CIR varie entre 10 % et 50 %, selon le type de dépenses engagées. En Italie, depuis 2015, le crédit d'impôt est égal à 25 % (voire à 50 % dans certains cas particuliers) des dépenses de R&D excédant le niveau moyen des trois dernières années (avec un plafond de 5 M €). Une étude de la Cour des comptes (*L'évolution et les conditions de maîtrise du crédit d'impôt en faveur de la recherche*, juill. 2013) commandée par la Commission des finances de l'Assemblée nationale, relate également qu'avec la réforme de 2008, la France s'est incontestablement dotée de l'aide fiscale à la R&D la plus avantageuse des pays membres de l'OCDE : 0,26 % du PIB, loin devant le Canada, qui occupe la deuxième place avec 0,21 % (v. sur ce point le Rapport d'information du député Alain Claeys du 17 sept. 2013, Doc. Ass. nat. nº 1359).

122. Ministère de l'Enseignement supérieur et de la recherche, *Bilan statistique du crédit d'impôt recherche en 2010*, publié sur le site internet du ministère le 18 juin 2012.

123. V. sur ce sujet J.-L. Pierre, « Crédit d'impôt recherche : observation et interrogations au sujet d'une dépense fiscale majeure », *in Écrits de droit de l'entreprise. Mélanges en l'honneur de Patrick Serlooten*, Dalloz, 2015.

124. Avec plus de 15 000 bénéficiaires en 2013, le CIR aurait coûté 5,6 milliards d'euros, ce qui représente à peu près 10 % des recettes totales de l'IS (Cour des comptes, *Les dépenses fiscales. Note d'analyse de l'exécution budgétaire*, 2016).

125. OCDE, *Étude économique de la France*, 2009 ; dans le même sens, *Examens de l'OCDE des politiques d'innovation : France*, 2014.

126. Conseil des prélèvements obligatoires, *Entreprises et « niches » fiscales et sociales*, oct. 2010, p. 297 et s.

recherche est en soi une bonne mesure, ce qui est l'une des raisons pour lesquelles la plupart des pays de l'OCDE et au-delà l'ont adoptée. Il a un effet positif sur la R & D des entreprises, mais probablement pas à la hauteur de son coût pour l'État : en effet, le coût n'est que l'un des déterminants de la R & D, et sa réduction ne peut lever totalement les autres obstacles à une augmentation de la R & D (capacités de l'entreprise, demande, coûts d'industrialisation, etc.). L'effet réel du crédit d'impôt recherche semble être plutôt de favoriser la survie des entreprises qui font de la R & D par rapport à celles qui n'en font pas. Sa générosité se justifie plutôt par un environnement fiscal (impôt sur les sociétés, etc.) difficile et complexe pour les entreprises, mais dont il limite les effets négatifs sur celles qui font de la R & D »[127].

B. LE CRÉDIT D'IMPÔT « COMPÉTITIVITÉ EMPLOI » (CICE)

574 Faisant suite aux conclusions du rapport Gallois du 5 novembre 2012, la troisième loi de finances rectificative pour 2012 a introduit dans le CGI un crédit d'impôt pour la compétitivité et l'emploi dont le montant est de 4 % des rémunérations versées aux salariés au cours de l'année civile 2013, ce taux ayant été porté à 6 % à compter de 2014 puis à 7 % à compter de 2017[128] et 6 % en 2018.

L'introduction dans la loi fiscale de ce nouveau crédit d'impôt vise à répondre aux critiques récurrentes du système français, accusé d'alourdir à l'excès le coût du travail et de pénaliser ainsi la compétitivité des entreprises françaises[129]. Le choix de la méthode consistant à créer un crédit d'impôt plutôt qu'à passer par une réduction des charges sociales supportées par les entreprises a fait débat. Toujours est-il que le Gouvernement a jugé que le levier fiscal était plus aisément maniable que le levier social et a introduit en conséquence un mécanisme qui, contrairement à ce qui est parfois affirmé, est relativement simple. En outre, le fait que le nouveau crédit d'impôt ait en grande partie été conçu d'après le modèle du crédit d'impôt recherche facilite sa compréhension et son intégration par la pratique.

Selon le I de l'article 244 *quater* C du CGI, ce crédit d'impôt a « pour objet le financement de l'amélioration de [la] compétitivité [des entreprises] à travers notamment des efforts en matière d'investissement, de recherche, d'innovation, de formation, de recrutement, de prospection de nouveaux marchés, de transition écologique et énergétique et de reconstitution de leur fonds de roulement. L'entreprise retrace dans ses comptes annuels l'utilisation du crédit d'impôt conformément aux objectifs mentionnés à la première phrase du présent I. Le crédit d'impôt ne peut ni financer une hausse de la part des bénéfices distribués, ni augmenter les rémunérations des personnes exerçant des fonctions de direction dans l'entreprise ».

Le crédit d'impôt pour la compétitivité et l'emploi a vocation à être utilisé pour payer l'IR ou l'IS. Ainsi, les articles 199 *ter* C et 220 C du CGI prévoient que le crédit d'impôt est imputé sur l'impôt sur le revenu ou l'impôt sur les sociétés dû par le contribuable au titre de l'année au cours de laquelle les rémunérations prises en compte pour le calcul du crédit d'impôt ont été versées.

127. *Examens de l'OCDE des politiques d'innovation : France*, 2014, p. 42.

128. Pour une analyse de ce dispositif, G. Benteux et Ch. Vezinhet, « Le crédit d'impôt compétitivité emploi, entre fausse complexité et véritable utilité », *Dr. fisc.* 2016, n° 9, ét. 189.

129. Cet objectif de diminution des charges de personnel explique que le Collège de l'Autorité des normes comptables ait considéré que le CICE doit être comptabilisé, dans les comptes individuels, au crédit d'un sous-compte dédié du compte 64 « charges de personnel » (ANC, note d'information du 28 févr. 2013).

À supposer que l'IS ou l'IR soit insuffisant pour absorber l'intégralité du crédit d'impôt, l'excédent constitue, au profit du contribuable, une créance sur l'État d'égal montant. Cette créance est utilisée pour le paiement de l'impôt dû au titre des trois années suivant celle au titre de laquelle elle est constatée, puis, s'il y a lieu, la fraction non utilisée est remboursée à l'expiration de cette période. En cas de fusion ou d'opération assimilée intervenant au cours de cette période, la fraction de la créance qui n'a pas encore été imputée par la société apporteuse est transférée à la société bénéficiaire de l'apport.

Toutefois, afin de ne pas pénaliser certaines entreprises qui ne peuvent sans dommage attendre trois ans pour profiter de l'imputation de l'excédent du crédit d'impôt, la loi prévoit que la créance représentative de cet excédent est immédiatement remboursable lorsqu'elle est constatée par certaines entreprises, notamment :

— les entreprises qui satisfont à la définition communautaire des micro, petites et moyennes entreprises ;

— les entreprises nouvelles dont le capital est entièrement libéré et détenu de manière continue à 50 % au moins par des personnes physiques ;

— les jeunes entreprises innovantes ;

— les entreprises ayant fait l'objet d'une procédure de conciliation ou de sauvegarde, d'un redressement ou d'une liquidation judiciaire. Elles peuvent demander le remboursement de leur créance non utilisée à compter de la date de la décision ou du jugement qui a ouvert ces procédures.

Le CICE n'aura vécu qu'assez brièvement. La loi de finances pour 2018 a ainsi prévu sa suppression à compter du 1er janvier 2019, cette disparition étant compensée par, en particulier, une baisse permanente des cotisations sociales de 6 points pour les rémunérations n'excédant pas 2,5 SMIC[130]. Dans le grand mouvement de balancier que constitue la législation fiscale, l'oscillation a pris la direction opposée de celle privilégiée fin 2012.

C. LA RÉDUCTION D'IMPÔT MÉCÉNAT

575 En règle générale, il n'est pas dans l'intérêt des entreprises de consentir des dons à des tiers. Il y a même là de quoi susciter des redressements sur le terrain de l'acte anormal de gestion. Toutefois, dans certains cas, la loi fiscale accepte voire encourage des transferts de richesse sans contrepartie directe et immédiate au profit de certaines entités exerçant des activités touchant à l'intérêt général. Il convient alors de distinguer entre deux types de financement : le parrainage et le mécénat.

Les dépenses de parrainage s'entendent de celles « engagées dans le cadre de manifestations de caractère philanthropique, éducatif, scientifique, social, humanitaire, sportif, familial, culturel ou concourant à la mise en valeur du patrimoine artistique, à la défense de l'environnement naturel ou à la diffusion de la culture, de la langue et des connaissances scientifiques françaises »[131]. Ces dépenses sont déductibles pour les entreprises « lorsqu'elles sont exposées dans l'intérêt direct de l'exploitation »[132]. C'est dire que les dépenses de parrainage ne sont pas des libéralités consenties dans un intérêt purement altruiste : ce sont des modes indirects de publicité permettant de rechercher l'intérêt bien compris de l'entreprise. Le parrainage constitue une démarche commerciale explicitement calculée et raisonnée, et sa retombée doit être quantifiable et proportionnée à l'investissement initial.

130. Art. 9 de la loi de financement de Sécurité sociale pour 2018.
131. Art. 39, 1, 7°, CGI.
132. *Ibid.*

Selon la doctrine administrative mise à jour le 5 août 2015, les opérations de parrainage sont ainsi destinées à promouvoir l'image du « parraineur » dans un but commercial et font l'objet d'un versement de l'entreprise qui correspond à la rémunération de la prestation rendue par l'organisme parrainé[133].

C'est là toute la différence avec le mécénat qui correspond au contraire à une démarche véritablement libérale, sans retombées commerciales quantifiables. Cette démarche étant réellement désintéressée, la loi fiscale se fait plus généreuse : elle substitue à une simple déduction fiscale (qui devient interdite) une réduction d'impôt. Celui-ci est égal à 60 % du montant des dons et subventions consenties à un certain nombre d'organismes à but non lucratif énumérés par la loi[134]. La doctrine administrative précise à cet égard que les dons peuvent prendre la forme soit d'un versement de somme d'argent, soit d'un abandon de recette, soit encore de dons en nature. Toutefois, pour éviter que ce crédit d'impôt ne devienne abusivement généreux, il ne s'applique qu'à l'intérieur d'un plafond égal à 5 pour mille du chiffre d'affaires annuel hors taxes de l'entreprise.

SECTION 2 LES POSTES LIÉS AUX VARIATIONS DE VALEUR DES ACTIFS IMMOBILISÉS

576 Le résultat fiscal étant défini comme une variation d'actif net, il est légitime que la variation de valeur d'un actif produise un effet sur celui-ci. Il faut donc se concentrer sur deux cas : celui où les actifs immobilisés perdent de la valeur et celui, inverse, où l'augmentation de valeur présente un caractère certain attesté par l'existence d'une plus-value de cession. Pour rendre compte de la perte de valeur de certains actifs, deux techniques coexistent : l'amortissement (§ 1) et la dépréciation (§ 2). Lorsque les actifs sont cédés, la variation de leur valeur est manifestée par l'existence d'une plus ou moins-value (§ 3).

§ 1. L'AMORTISSEMENT

577 Nous examinerons successivement la notion et la fonction de l'amortissement (A), les biens amortissables (B) et la technique de l'amortissement (C).

A. NOTION ET FONCTION DE L'AMORTISSEMENT

578 Il existe plusieurs approches possibles de l'amortissement. La première, la plus traditionnelle, considère l'amortissement comme le moyen de constater la dépréciation de certains actifs immobilisés détenus par l'entreprise. Ce constat intéresse la comptabilité, à laquelle revient la tâche de donner une image fidèle de la réalité patrimoniale de l'entreprise. Il intéresse aussi la fiscalité dans la mesure où la dépréciation d'un actif a un impact négatif sur l'actif net, donc sur le résultat imposable.

La seconde approche de l'amortissement est davantage financière. Elle décrit l'amortissement comme le fait de répartir le coût d'un actif sur la durée d'utilisation prévue par l'entreprise lorsque celle-ci est limitée dans le temps. L'amortissement,

133. BOI-BIC-RICI-20-30-10-20, n° 150.
134. Art. 238 *bis*, CGI.

dans cette perspective, est avant tout un moyen pour l'entreprise de lisser dans le temps le coût d'acquisition d'un actif. La différence entre charge ordinaire et dépense d'acquisition d'une immobilisation amortissable n'est, sous cet angle, qu'une différence de traitement temporel de la dépense : tandis que la charge est immédiatement déductible, l'immobilisation donne lieu à une déduction étalée sur plusieurs exercices.

Cette différence de traitement temporel est d'ailleurs critiquée par certains auteurs, notamment aux États-Unis, qui estiment qu'en vue d'encourager l'investissement des entreprises, il faudrait purement et simplement supprimer le mécanisme de l'amortissement pour autoriser une déduction immédiate de toutes les dépenses tendant à l'acquisition des immobilisations. L'idée repose sur le constat qu'une économie d'impôt immédiate vaut plus que la somme d'économies d'impôts différées[135].

Les deux approches de l'amortissement vues ci-dessus sont le plus souvent convergentes. Il ne s'agit que de deux façons différentes de décrire la même réalité. Toutefois, les deux logiques à l'œuvre dans l'amortissement sont parfois en conflit : lorsque le législateur interdit l'amortissement de certains actifs – tels les clientèles – au motif que ceux-ci ne se déprécient pas, par nature, avec l'écoulement du temps, il met de côté la logique financière et ne considère l'amortissement que sous son angle comptable ; inversement, lorsque le législateur fiscal met en place des techniques d'amortissement accéléré ou dérogatoire permettant de déduire très rapidement des annuités d'amortissement beaucoup plus importantes qu'à l'ordinaire, il privilégie la fonction financière de l'amortissement. Il se désintéresse du point de savoir si tel ou tel actif se déprécie effectivement, et à quelle vitesse, pour donner aux entreprises un instrument d'incitation à l'investissement. Le droit français contient un grand nombre de techniques de ces amortissements dits « exceptionnels » qui n'ont en réalité de l'amortissement que le nom : pour n'en signaler que quelques-unes, diverses règles permettent d'amortir sur douze mois les matériels destinés à économiser l'énergie[136] ou les investissements en faveur de l'environnement (immeubles antipollution[137], véhicules non polluants[138], etc.).

Ce conflit larvé entre les logiques de l'amortissement explique le caractère parfois peu lisible de la politique fiscale en matière d'amortissement. Il se manifeste clairement lorsqu'il s'agit de déterminer les biens amortissables.

B. LES BIENS AMORTISSABLES

579 En droit français, les biens amortissables sont ceux dont la nature est de se déprécier avec le temps (1°). L'amortissement concerne, soit l'actif lui-même, soit ses composants pris séparément (2°).

135. Pour un exemple, v. A. J. Auerbach, *A Modern Corporate Tax*, The Hamilton Project, Center for American Progress, Dec. 2010. Pour une critique, v. R. Avi-Yonah, *Dejà Vu All Over Again?, Reflections on Auerbach's Modern Corporate Tax*, Public Law and Legal Theory Working Paper Series, WP n° 226, Dec. 2010.

136. Art. 39 AB, CGI.

137. Art. 39 *quinquies* E et F, CGI.

138. Art. 39 AC à AF, CGI.

1. La nature des biens amortissables

a) Généralités

580 Comme on l'a déjà vu, la détermination du résultat imposable s'appuie en principe sur les règles comptables. C'est donc à la réglementation comptable que revient la définition des biens amortissables. Selon l'article 214-1 du Plan comptable général, « un actif amortissable est un actif dont l'utilisation par l'entité est déterminable. L'utilisation pour une entité se mesure par la consommation des avantages économiques attendus de l'actif [...]. L'utilisation d'un actif est déterminable lorsque l'usage attendu de l'actif par l'entité est limité dans le temps ».

Pour résumer, sont ainsi amortissables les biens, corporels ou incorporels, qui constituent des immobilisations figurant à l'actif du bilan et qui se déprécient avec le temps. Il convient également que les biens en question aient une valeur significative : en dessous de 500 euros, les entreprises peuvent comptabiliser en frais généraux immédiatement déductibles leurs dépenses. La durée de vie de l'actif est en revanche sans impact sur son caractère amortissable. Même un actif de durée de vie très courte peut devoir être amorti selon les règles ordinaires, sans pouvoir être passé en charge déductible[139].

581 La notion d'immobilisation ayant déjà été étudiée, le point essentiel ici consiste à bien comprendre ce que sont les biens qui se déprécient avec le temps. Pour un actif corporel, cette dépréciation peut en effet avoir toutes sortes de causes : l'usure (dépréciation physique), certes, mais aussi l'obsolescence (autrement dit, le fait qu'un actif apparaît rapidement périmé en raison de l'évolution technologique, même s'il est encore en parfait état de marche).

S'agissant d'un actif incorporel, il est également légitime de pratiquer un amortissement lorsqu'il est normalement prévisible, dès sa création ou son acquisition, que l'avantage qu'en tire l'entreprise prendra fin à une date déterminée[140]. Ainsi, par exemple, la durée de vie d'un brevet étant limitée, un brevet peut être amorti par l'entreprise qui l'acquiert. Il en est de même, selon la jurisprudence, d'une autorisation de mise sur le marché d'un médicament alors même qu'elle est susceptible d'être renouvelée[141]. Tel n'est pas le cas, en revanche, des droits de construire acquis par une entreprise lorsqu'ils ne prennent pas fin au fur et à mesure de la réalisation de constructions qu'ils rendent possibles[142]. Le critère permettant d'établir la dépréciation est alors purement juridique.

---

139. Tel n'est pas le cas dans d'autres États (Danemark, Finlande, Luxembourg, Suède) où les actifs ayant une durée d'utilité très courte peuvent être passés en charges indépendamment du coût d'acquisition. Pour un aperçu comparatif de la diversité des systèmes à ce sujet, insistant notamment sur la différence entre pays de droit civil et pays de *common law*, v. R. K. Gordon, "Depreciation, Amortization and Depletion", in V. Thuronyi (ed.), *Tax Law Design and Drafting*, IMF, 1998, vol. 2, chap. 17. Plus récemment, v. A. Chouc et T. Madiès, *Comment se situe la France dans la concurrence internationale en matière d'impôt sur les sociétés ?*, rapport particulier n° 5 publié en annexe au rapport du Conseil des prélèvements obligatoires sur l'impôt sur les sociétés (2016), p. 147 et s.

140. CE, 3 févr. 1989, n° 58260, *RJF* 3/89, n° 263.

141. CE, 14 oct. 2005, n° 260511, *RJF* 1/06, n° 4 ; *Dr. fisc.* 2005, n° 48, comm. 767, concl. S. Verclytte et M. Sieraczek-Abitan. Une autorisation de mise sur le marché est une condition préalable à la commercialisation d'un nouveau médicament. Elle est normalement délivrée pour une période de cinq ans renouvelable.

142. CE, 23 déc. 2010, n° 308206, *M. Thirode*, *Dr. fisc.* 2011, n° 15, comm. 297, concl. P. Collin, note J.-P. Maublanc.

582 Certains actifs, ne réunissant pas les conditions ci-dessus, ne peuvent pas être amortis. Le seul moyen de constater leur perte de valeur consiste alors à recourir à la méthode de dépréciation[143]. Ainsi, aux termes de l'article 38 *sexies* de l'annexe III au Code général des impôts, « la dépréciation des immobilisations qui ne se déprécient pas de manière irréversible, notamment les terrains, les fonds de commerce, les titres de participation, donne lieu à la constitution de provisions [...] ». Ceci s'explique assez aisément : si des titres de sociétés ne peuvent pas être amortis, c'est tout simplement parce qu'il est impossible de prédire si leur valeur va augmenter ou diminuer.

En pratique, il est fréquent que des actifs réunissent des éléments amortissables et des éléments qui ne le sont pas. L'exemple typique est celui d'un ensemble immobilier, où l'amortissement doit porter uniquement sur la valeur de la construction à l'exclusion de la valeur du sol. Cela n'est pas sans poser de délicates questions de méthode pour identifier les valeurs respectives du terrain et des constructions[144].

La frontière entre ce qui est amortissable et ce qui ne l'est pas est souvent difficile à tracer. C'est notamment le cas pour certains actifs incorporels, notamment le fonds de commerce et la marque[145].

b) Le cas du fonds de commerce et de la marque

583 S'agissant du **fonds de commerce**, le Conseil d'État estime « qu'un élément d'actif incorporel identifiable, y compris un fonds de commerce, ne peut donner lieu à une dotation à un compte d'amortissement que s'il est normalement prévisible, lors de sa création ou de son acquisition par l'entreprise, que ses effets bénéfiques sur l'exploitation prendront fin à une date déterminée ; qu'en outre, cet élément d'actif incorporel, lorsqu'il fait partie des éléments constitutifs d'un fonds de commerce et qu'il est représentatif d'une certaine clientèle attachée à ce fonds, ne peut donner lieu à une dotation spécifique d'amortissement que si, en raison de ses caractéristiques, il est dissociable à la clôture de l'exercice des autres éléments représentatifs de la clientèle attachée au fonds»[146].

Il a ainsi estimé, au cas d'une société exerçant l'activité d'administrateur de biens, que l'acquisition d'un portefeuille de mandats de gestion ne pouvait donner lieu à amortissement car ces mandats de gestion ne différaient pas, de par leurs caractéristiques, des autres mandats qu'elle exploitait, et se sont indissociablement intégrés dans un portefeuille qui, se renouvelant en permanence au fur et à mesure de la résiliation de certains mandats et de l'obtention de nouveaux, ne pouvait prévisiblement se déprécier de manière irréversible avec le temps. Cette position du Conseil d'État a été ultérieurement confirmée[147].

Comme on peut le constater, la position du Conseil d'État est rigoureuse : la possibilité d'amortissement des fonds de commerce, quoique concédée par les arrêts précités, apparaît plus théorique que

143. Cf. *infra*, n° 594.

144. La méthode est décrite dans la décision du CE, 15 févr. 2016, n° 367467 et n° 380400, *SARL Daves place des EU et Sté LG Services*.

145. Sur ce sujet, cf. Y. Bénard, « Amortissement des incorporels : la boîte de Pandore entrouverte », *RJF* 2006, p. 3.

146. CE, 1er oct. 1999, n° 177809, *Sté Foncia Particimo*, *RJF* 11/99, n° 1324 ; concl. Goulard, p. 832 ; *BDCF* 11/99, n° 101, concl. Goulard.

147. CE, 17 mai 2000, n° 188975, 8e et 3e s.-s., *Sté Les Fils Charvet*, *RJF* 7-8/2000, n° 883 ; *Dr. fisc.* 2000, n° 50, comm. 995, concl. Bachelier. Le même raisonnement est adopté par le Conseil d'État pour refuser la déduction d'une moins-value afférente à un élément d'actif incorporel non dissociable des autres éléments représentatifs de la clientèle attachée au fonds (CE, 10 mai 2012, n° 328263 et n° 328302, *SARL Cabinet Lionel Triquet*, *Dr. fisc.* 2012, n° 45, comm. 504).

réelle à partir du moment où l'on estime que des contrats conclus avec certains clients sont en réalité indissociables de la clientèle dans son ensemble et que celle-ci ne se déprécie pas spontanément par nature. Cette position est sujette à controverse, certains estimant que l'impossibilité d'amortir les fonds de commerce constitue une incitation indirecte à procéder à l'acquisition d'entreprises françaises par le biais de véhicules d'acquisition situés dans un pays étranger acceptant l'amortissement fiscal du fonds de commerce. De façon plus générale, on pourrait souhaiter que la loi fiscale, s'éloignant de la vision traditionnelle de l'amortissement en tant que constat de dépréciation, mette ici davantage l'accent sur sa fonction financière et reconnaisse qu'il s'agit d'un véritable outil de politique fiscale[148].

L'évolution du droit français apparaît vraisemblable compte tenu de la pratique comptable internationale, même si celle-ci apparaît sur ce terrain assez fluctuante : alors que les normes comptables internationales permettaient l'amortissement des fonds de commerce jusqu'en 2004, la directive 2013/34/UE du 26 juin 2013[149] autorise désormais sous certaines conditions l'amortissement du fonds de commerce. L'article 12. 11 prévoit que « les immobilisations incorporelles sont amorties sur leur durée d'utilisation. Dans des cas exceptionnels, lorsque la durée d'utilisation du fonds de commerce et les frais de développement ne peuvent être estimés de manière fiable, ces actifs sont amortis sur une période maximale fixée par l'État membre. Cette période maximale ne peut être inférieure à cinq ans et ne peut dépasser dix ans. Une explication de la période d'amortissement du fonds de commerce est fournie dans l'annexe ». Le droit français a donc évolué. Désormais, l'article R. 123-87 du Code de commerce prévoit que « dans les cas exceptionnels, lorsque la durée d'utilisation des éléments du fonds de commerce inscrits au poste « fonds commercial » ne peut être déterminée de façon fiable, ces éléments sont amortis sur une période de dix ans ». Le Plan comptable général a également été modifié pour tenir compte de cette évolution, et cette évolution constitue un argument de poids pour faire évoluer la jurisprudence du Conseil d'État[150].

584 Un autre cas complexe est celui de la **marque** acquise par l'entreprise, dont on sait qu'elle constitue sous certaines conditions un actif immobilisé[151]. Suivant le régime des actifs incorporels, la marque « ne peut être amortie que s'il est possible de déterminer la durée prévisible durant laquelle cette marque produira des effets bénéfiques sur l'exploitation »[152]. Il faut également que la marque puisse être regardée comme dissociable du fonds de commerce. En pratique, l'application de ces critères au cas des marques est très délicate. Comment prévoir la fin des effets bénéfiques d'une marque alors que, par opposition à d'autres actifs incorporels tels que les brevets, la marque a en principe une durée de vie illimitée ? Il suffit, pour qu'une marque continue à exister, qu'elle soit renouvelée à échéances régulières, par son propriétaire. Dès lors, les cas réels dans lesquels une marque a une durée de vie limitée sont rares, et le Conseil d'État juge d'ailleurs qu'un contrat de licence de marque conclu pour une durée de

148. Thèse également défendue par E. Picq et P. Escaut, « Création, acquisition et exploitation des actifs incorporels en France ou à l'étranger : problématiques fiscales internes et internationales », *Dr. fisc.* 2010, n° 44, ét. 540, spéc. § 13.

149. Transposée en France par l'ordonnance n° 2015-900 et le décret n° 2015-903 du 23 juillet 2015 relatifs aux obligations comptables des commerçants.

150. La réécriture des articles 214-1 du PCG découle du règlement n° 2015-06 du 23 novembre 2015. La note de présentation de ce règlement précise les facteurs à prendre en compte pour apprécier si l'immobilisation en cause a une durée de vie limitée ou non, notamment les cycles de vie des produits résultant de l'actif, l'obsolescence technologique, commerciale ou autre, etc. Pour plus de détails, v. A. Colmet-Daage et M. Ferré, « Comptabilité et fiscalité : retour sur l'année 2015 », *Dr. fisc.* 2016, n° 28, ét. 409.

151. Cf. *supra*, n° 457.

152. CE, 9e et 10e s.-s., 28 déc. 2007, n° 284899 et n° 285506, *min. c/ SA Domaine Clarence Dillon*, *Dr. fisc.* 2008, n° 14, comm. 246, concl. L. Vallée, note J.-L. Pierre. *Adde*, dans le même numéro de la *revue de droit fiscal*, l'article de D. Villemot, « Le régime fiscal des immobilisations incorporelles », ét. n° 243, p. 8 et s. Pour l'épilogue, v. CE, 2 nov. 2011, n° 340969, *SA Domaine Clarence Dillon*, *Dr. fisc.* 2012, n° 11, comm. 190, concl. D. Hedary, note J.-M. Vié.

vingt ans et assorti d'une clause de tacite reconduction, bien que donnant naissance à un actif immobilisé chez le concessionnaire, ne peut donner lieu à amortissement, faute de possibilité de fixer la date de fin des effets bénéfiques produits par la marque[153]. Une telle date peut toutefois être identifiée lorsque l'acquéreur d'une marque prend l'engagement de la céder à un terme connu à l'avance, ou bien lorsqu'il prend la décision de cesser l'exploitation de la marque à un certain moment dans le futur. Il est d'ailleurs intéressant de constater à cet égard que la note de présentation du règlement ANC du 23 novembre énonce qu'en cas de décision prise d'arrêter, à une échéance donnée, l'utilisation d'une marque dont la durée d'utilisation était antérieurement non limitée, cette marque devient amortissable, et le plan d'amortissement commence à compter de cette décision jusqu'à la date d'échéance prévue. On peut également citer le cas de certains produits dont le cycle de vie est limité, compte tenu de l'évolution des techniques scientifiques ou des habitudes de consommation : c'est le cas pour des produits tels que des voitures ou des parfums, encore que tout dépende de « l'entretien » de la marque par son propriétaire. D'autres indices encore peuvent être imaginés pour déceler le caractère « fini » de la durée de vie d'une marque[154], mais aucun n'est décisif. La casuistique est ici reine.

2. L'identification des biens amortissables

585 Une fois exposée la nature des biens amortissables, il faut à présent préciser l'objet précis sur lequel porte l'amortissement. Traditionnellement, le droit français a toujours amorti les biens sans se préoccuper de la façon dont ils étaient constitués. Il se désintéressait, en particulier, du fait que les éléments constitutifs des actifs amortissables aient une durée de vie différente et ne retenait pour procéder à l'amortissement que la durée de vie globale.

Les normes comptables internationales ont changé cette façon de voir les choses. Depuis le 1er janvier 2005, il faut procéder à un amortissement « par **composants** », ce qui signifie qu'il faut distinguer, pour chaque bien amortissable, sa structure et ses éléments constitutifs afin de les soumettre le cas échéant à un traitement différencié[155]. Le principal enjeu de l'amortissement par composants concerne la durée sur laquelle le bien peut être amorti : la durée de vie du siège d'un avion, par exemple, n'est pas identique à celle de sa carlingue. On retrouve ce type de problématique, en pratique, pour les immeubles, les gros équipements industriels et les moyens de transport.

153. CE, 15 juin 2016, n° 375446, *SARL D Distribution*, *Dr. fisc.* 2016, n° 48, comm. 611 ; *RJF* 10/2016, n° 797. Le renouvellement du contrat de licence n'est pas nécessairement un obstacle à la reconnaissance de l'amortissement puisque, par une décision du 14 octobre 2005 (n° 260511, *SA Chiesi*), le Conseil d'État a jugé que le seul fait que l'autorisation de mise sur le marché d'un médicament puisse être renouvelée ne pouvait, en soi, faire obstacle à l'amortissement des droits détenus sur cette autorisation. On notera toutefois qu'à l'exception des marques pharmaceutiques, pour lesquelles, compte tenu des progrès technologiques, la durée d'utilisation peut parfois être déterminable, ce n'est que dans des cas exceptionnels (par exemple en cas d'acquisition d'une marque acquise dans le but de mettre fin à son utilisation) qu'une entreprise parviendra à déterminer la durée prévisible durant laquelle la marque sera susceptible d'avoir des effets bénéfiques sur l'exploitation.

154. Cf. les ex. donnés par L. Vallée, concl. sous CE, 28 déc. 2007, préc.

155. Art. 214-9, PCG ; art. 15 *bis*, ann. II, CGI. Pour la technique de mise en œuvre de l'amortissement par composants, cf. BOI-BIC-AMT-10-40-10.

586 Le droit français se refuse cependant encore à suivre le modèle anglais pour ce qui concerne l'amortissement de masses de biens. Contrairement au droit anglais, qui pratique le « ***pooling*** » entre biens de même nature (parfois traduit comme « amortissement par catégories »), le droit français n'amortit les biens qu'à l'unité, voire, comme on vient de le dire, à l'infra-unité. La technique du *pooling* n'est pourtant pas sans intérêt : elle permet de réunir des masses de biens ayant des caractéristiques communes et de procéder à un amortissement d'ensemble de tous ces biens. Par exemple, si deux machines ayant les mêmes caractéristiques ont respectivement une valeur de 1 000 euros et 2 000 euros, l'amortissement est pratiqué pour un exercice sur une base de 3 000 euros. Il s'agit donc d'une technique relativement simple qui dispense les entreprises de suivre, actif par actif, l'évolution de leur valeur. L'intérêt de cette technique apparaît de surcroît en cas de cession de l'une des machines. Au lieu de constater une plus-value imposable à raison de cette cession, le droit anglais conduit à réduire la valeur du « pool » et à pratiquer, au titre de l'exercice concerné, un amortissement sur une base réduite. Il s'ensuit que l'entreprise n'a pas à faire face à la sortie de trésorerie que constitue, dans notre système, le paiement de l'impôt sur la plus-value.

Qu'il s'agisse là de vertus décisives pour changer de système peut se discuter. En dépit de son apparente simplicité, le *pooling* est en effet un système d'une relative complexité dans la mesure où les systèmes qui le pratiquent le combinent généralement avec un système d'amortissement individuel des biens qui ne peuvent figurer dans aucun pool (les immeubles et les actifs incorporels, par exemple). En outre, le résultat final du *pooling* n'est pas fondamentalement différent de celui auquel parvient le système français puisque l'amortissement sur une base réduite postérieurement à la cession du bien appartenant à un pool produit le même effet, en termes de résultat, que l'acquittement d'un impôt sur la plus-value. Il reste que le *pooling* est largement répandu dans le monde[156] et qu'il sera peut-être de droit positif en France un jour prochain si l'assiette commune consolidée de l'impôt sur les sociétés voit le jour au niveau communautaire[157]. La Commission y est en tout cas favorable, considérant qu'elle est plus simple à appliquer que la méthode de l'amortissement individuel, même si elle peut s'avérer marginalement moins précise en ce qui concerne la durée d'utilité d'un actif[158].

C. LA TECHNIQUE DE L'AMORTISSEMENT

587 L'amortissement fiscal est pratiqué sur la base du prix d'achat ou du prix de revient de l'actif immobilisé. Ces concepts ayant déjà été expliqués[159], il faut ici se concentrer sur la durée (1°), les méthodes (2°) et les contraintes (3°) de l'amortissement.

1. La durée de l'amortissement

588 En droit comptable, un actif est amorti d'après sa durée réelle d'utilisation attendue par l'entreprise. Cette durée est déterminée lors de l'acquisition du bien compte tenu de

156. À titre d'exemple, en Europe : Allemagne (pour les petites sommes), Danemark, Royaume-Uni, Suède.

157. Cf. le document publié par la Commission, « ACCIS : ébauche d'un cadre technique », du 26 juill. 2007, ACCIS/WP057\doc\fr, spéc. n° 56 et s.

158. La partie du site internet de la Commission consacrée à l'ACCIS contient, à ce propos, différents documents de travail consacrés à la question de l'amortissement (cf. notamment CCCTB/WP04, « Actif et amortissement fiscal », 23 nov. 2004). Le document rédigé par l'UNICE concernant le choix entre amortissement individuel et amortissement par catégories est également très riche.

159. Cf. *supra*, n° 467 et s.

ses caractéristiques techniques et de l'utilisation que l'entreprise entend en faire. Ceci vaut pour les biens non décomposés ainsi que pour les éléments constitutifs du bien.

En droit fiscal, la règle est différente car l'article 39, 2° du Code général des impôts retient depuis toujours que les amortissements déductibles sont ceux réellement effectués « dans la limite de ceux qui sont généralement admis d'après les usages de chaque nature d'industrie, de commerce ou d'exploitation ». Les usages s'entendent, pour les besoins de cette règle, comme les pratiques qui, du fait notamment de leur ancienneté, de leur fréquence ou de leur généralité, sont regardées comme normales dans chaque nature d'industrie, de commerce ou d'exploitation à la date d'acquisition du bien[160]. À titre d'exemple, l'usage veut que les bâtiments industriels soient amortis sur vingt ans, ce qui représente un taux d'amortissement annuel de 5 %. Les autres taux usuels sont de 10 % pour le mobilier, de 10 à 15 % pour le matériel, de 20 à 25 % pour les automobiles et le matériel roulant, de 20 % pour les brevets, de 33,1/3 % pour les micro-ordinateurs...

Cette référence à l'usage est à l'avantage de l'entreprise. Elle lui permet d'amortir un bien plus vite que si elle avait dû se référer à la durée d'utilisation réelle du bien. Mieux encore, l'administration accepte que l'entreprise amortisse un bien plus rapidement que ce que prévoit l'usage lorsque les circonstances particulières le justifient (utilisation intensive, matériel risquant de se démoder rapidement ou ne devant être utilisé que pour l'exécution de commandes limitées et non renouvelables, etc.)[161]. Il appartient toutefois à l'entreprise de rapporter la preuve de l'usage dont elle se prévaut[162].

En l'absence d'usage, la durée normale d'utilisation correspond à la durée de vie estimée de l'élément[163].

Quant au point de départ de l'amortissement, il est fixé par le droit comptable (suivi par le droit fiscal) à la date de début de consommation des avantages économiques attachés à l'actif. Cette date correspond généralement à celle de sa mise en service.

2. La méthode de l'amortissement

589 La loi comptable ne prévoyant pas de méthode particulière d'amortissement, les entreprises doivent effectuer un choix reflétant le mieux possible l'évolution dans le temps de la valeur de leurs actifs. À chaque fois que l'entreprise enregistre dans ses comptes une annuité d'amortissement, la valeur nette comptable du bien diminue, jusqu'à devenir nulle lorsque le bien est totalement amorti.

En pratique, deux méthodes d'amortissement dominent : la méthode de l'amortissement linéaire et celle de l'amortissement dégressif.

590 La méthode de l'amortissement **linéaire**, qui a valeur de principe, est la plus simple. Elle consiste à pratiquer chaque année un amortissement d'égal montant calculé en fonction de la durée totale conforme aux usages. Par exemple, si un bien acquis 100 000 euros doit être amorti sur vingt ans, une annuité de 5 000 euros par an est déduite du résultat imposable au titre de l'amortissement. Le défaut de la méthode de l'amortissement linéaire est qu'elle ne reflète généralement pas le rythme effectif de dépréciation d'un actif. Il est fréquent, en effet, qu'un bien se déprécie plus vite dans les premiers temps, et moins vite par la suite.

La méthode de l'amortissement **dégressif** permet de prendre en considération cela. Elle repose sur l'idée que les premières annuités d'amortissement doivent être plus élevées que les suivantes. En

160. CE, 11 mars 1988, n° 46415, 50774 et 80363, *RJF* 4/88, n° 385 et 386.

161. BOI-BIC-AMT-10-40-30 n°s 30 et 80. Il faut cependant que la différence par rapport à l'usage soit inférieure à 20 %. La solution est consacrée par la jurisprudence (cf. CE, 24 nov. 2010, n° 324205, *Dr. fisc.* 2011, n° 4, comm. 127, concl. L. Olléon).

162. CE, 29 oct. 2012, n° 326813, *Sté First International Production*, *Dr. fisc.* 2013, n° 3, comm. 65.

163. CE, 14 oct. 2005, n° 360511.

pratique, l'annuité d'amortissement dégressif est obtenue en multipliant la valeur nette comptable de l'immobilisation par un taux constant. Ce coefficient est de 1,25 si la durée d'utilisation est de trois ou quatre années, de 1,75 si la durée d'utilisation est de cinq ou six années et de 2,25 si la durée d'utilisation est supérieure à six années[164]. Au bout d'un certain temps d'amortissement, cependant, l'annuité dégressive peut apparaître moins élevée que celle qui s'appliquerait si l'on retenait la méthode linéaire pour amortir la valeur résiduelle du bien. L'entreprise peut alors choisir de substituer à la méthode progressive la méthode linéaire au titre des dernières années d'amortissement.

591 Voici ci-dessous un exemple permettant d'illustrer les deux méthodes d'amortissement en prenant le cas d'un bien amortissable sur 10 ans, acquis (pour simplifier) au 1er janvier de l'année N pour un prix de revient de 100.

Exercice	Amortissement linéaire	Valeur nette comptable (fin de l'exercice)	Amortissement dégressif (coeff. : 2,25)	Valeur nette comptable (fin de l'exercice)	Observations *Les chiffres des deux dernières colonnes sont arrondis par souci de simplification*
N	10	90	25 *(1)*	75	*(1) : 25 = annuité linéaire (10 % 100) × 2,25*
N + 1	10	80	17 (2)	58	*(2) : 17 = 22,5 % (75)*
N + 2	10	70	13	45	*etc.*
N + 3	10	60	10	35	*etc.*
N + 4	10	50	8	27	*etc.*
N + 5	10	40	6	21	*etc.*
N + 6	10	30	5,2 *(3)*	15,8	*(3) 4,7 serait le résultat obtenu en continuant le système dégressif. Il est plus avantageux de passer au système linéaire*
N + 7	10	20	5,2	10,4	
N + 8	10	10	5,2	5,2	
N + 9	10	0	5,2	0	

592 Au total, le droit français de l'amortissement apparaît très avantageux pour les entreprises, notamment lorsqu'il est regardé sous la lumière du droit comparé. Les durées d'amortissement en France sont ainsi généralement plus courtes que celles admises par les autres pays européens. De plus, le taux d'amortissement dégressif maximal s'établit à 41,67 % (biens dont la durée d'utilisation est de trois années), alors que le

164. Ces coefficients ont été majorés d'un demi-point pour les biens acquis ou fabriqués entre le 4 déc. 2008 et le 31 déc. 2009 (art. 39 A, CGI). Il s'agit d'une mesure « anti-crise » destinée à encourager l'investissement. Pour la méthode de l'amortissement dégressif, cf. art. 22 et s. ann. II, CGI.

taux plafond moyen retenu est généralement de l'ordre de 25 % à 30 % (Danemark, Finlande, Suède et Royaume-Uni)[165].

Le caractère très favorable de l'amortissement dégressif explique qu'il ne soit applicable qu'à certains types d'immobilisation limitativement énumérés[166]. Il s'agit notamment des matériels et outillages utilisés pour des opérations industrielles de fabrication, de transformation ou de transport, des matériels de manutention, de certaines installations permettant de faire des économies d'énergie, des matériels et outillages utilisés à des opérations de recherche scientifique ou technique. En revanche, les immeubles sont en principe exclus du système dégressif, sauf lorsqu'il s'agit d'investissements hôteliers ou de bâtiments industriels dont la durée normale d'utilisation n'excède pas quinze années.

À noter : afin de stimuler l'investissement industriel des entreprises, la loi « Macron » sur la croissance et l'activité du 6 août a permis aux entreprises de bénéficier d'une déduction exceptionnelle (couramment appelée « **suramortissement** ») lorsqu'elles investissent dans certains types d'immobilisation, limitativement énumérées, qui ouvrent par ailleurs droit à l'amortissement dégressif prévu à l'article 39 A du CGI. Il s'agit d'une déduction purement fiscale, distincte de l'amortissement comptable, qui est répartie linéairement sur la durée normale d'utilisation des biens. La déduction exceptionnelle s'élève à 40 % de la valeur des actifs concernés hors frais financiers, affectés à l'activité de l'entreprise. Pour un investissement éligible de 100, l'amortissement s'élève donc avec ce dispositif à 140. La règle était prévue pour ne s'appliquer qu'aux biens d'équipement acquis ou fabriqués du 15 avril 2015 au 14 avril 2016[167], mais a été étendue jusqu'au 14 avril 2017.

3. Les contraintes de l'amortissement

593 Nous avons vu au paragraphe précédent que les entreprises peuvent choisir les modalités et le calendrier de l'amortissement des actifs. Ce choix est cependant encadré par certaines contraintes tenant notamment à l'existence d'un **amortissement minimal obligatoire**[168]. Ainsi, la somme des amortissements effectivement pratiqués depuis l'acquisition ou la création d'un élément donné ne peut être inférieure, à la clôture de chaque exercice, au montant des amortissements calculés suivant le système linéaire et répartis sur la durée normale d'utilisation.

Deux situations peuvent donc se présenter. Lorsqu'une entreprise ne pratique pas un amortissement sur un actif au titre d'un exercice et qu'il en résulte que la somme totale des amortissements sur cet actif est inférieure au montant de l'amortissement minimal obligatoire, on dit que l'entreprise a irrégulièrement différé une partie de l'amortissement. Elle perd alors le droit de déduire ultérieurement la fraction d'amortissement irrégulièrement différé[169].

Inversement, si une entreprise décide, au titre d'un exercice, de ne pas pratiquer d'amortissement sur un bien tout en respectant la règle de l'amortissement minimal, il n'y a pas de problème. Il s'agit d'un amortissement régulièrement différé. Ceci se produit souvent lorsqu'une entreprise est déficitaire au titre d'un exercice et préfère reporter l'amortissement à un exercice ultérieur dont elle espère qu'il sera bénéficiaire. Une telle pratique est facile à comprendre dans l'hypothèse où l'entreprise amortit un bien en utilisant la méthode dégressive. Il suffit d'ailleurs de se reporter au tableau d'amortissement dégressif figurant au paragraphe précédent pour voir que, dans ce cas, l'amortissement dégressif pratiqué en exercice N est plus que deux fois supérieur à l'amortissement linéaire. On peut donc tout à fait

165. Conseil des prélèvements obligatoires, *Les prélèvements obligatoires des entreprises dans une économie mondialisée*, oct. 2009, p. 113.

166. Art. 39 A et s., CGI.

167. En général, les lois sont votées et l'on attend les instructions. Ici, c'est l'inverse. La doctrine administrative a commenté le dispositif avant même son adoption : BOI-BIC-BASE-100, publié le 21 avril 2015.

168. Art. 39 B, CGI.

169. La perte du droit à déduction ne fait cependant pas obstacle à la prise en compte de l'amortissement irrégulièrement différé dans le calcul de la valeur nette comptable du bien en cas de plus-value réalisée ultérieurement à l'occasion de la cession du bien.

imaginer que l'entreprise, dans cet exemple, s'abstienne de pratiquer un amortissement au titre de l'exercice N + 1 sans violer la règle de l'amortissement minimal[170].

Il convient également de signaler que la loi contient des dispositifs de plafonnement de l'amortissement déductibles pour éviter certains montages défiscalisants. Ceci concerne notamment le cas dans lequel une entreprise amortit un bien donné en location[171].

§ 2. LES DÉPRÉCIATIONS

594 Les biens non amortissables ne sont pas éternels pour autant. Même s'ils ne sont pas naturellement sujets au dépérissement, ils peuvent se déprécier sous l'effet de certaines circonstances : un fonds de commerce peut perdre de sa valeur lorsque le marché est déprimé ; des titres de société peuvent également enregistrer de fortes chutes de valeur, ce que la crise financière post-2008 n'a pas manqué de rappeler. Pour rendre compte de ces phénomènes, il convient de constater une « dépréciation » : ce mot est issu de la terminologie comptable en vigueur depuis 2005, même si le Code général des impôts continue de parler, de façon quelque peu impropre, de « provision ».

Le mécanisme en est simple : il consiste à imputer le montant de la dépréciation sur la valeur nette comptable de l'actif concerné. En ce sens, la dépréciation se rapproche techniquement de l'amortissement. Elle s'en distingue cependant par le fait qu'elle n'a pas un caractère définitif : lorsque l'actif reprend de la valeur lors d'un exercice ultérieur, par exemple, un ajustement doit être opéré à la hausse, ce qui augmente corrélativement les produits imposables au titre de l'exercice du rehaussement.

On examinera rapidement ci-dessous les conditions de dépréciation des immobilisations (A) et des stocks (B).

A. LA DÉPRÉCIATION DES IMMOBILISATIONS

595 Conformément à l'article 214-16 du Plan comptable général, les entreprises doivent apprécier à chaque clôture des comptes ou chaque situation intermédiaire, s'il existe un indice de perte de valeur d'un actif. En présence d'un tel indice, elles doivent effectuer un test de dépréciation consistant à comparer la valeur nette comptable de l'immobilisation concernée à sa valeur actuelle, définie comme la valeur la plus élevée de la valeur vénale ou de la valeur d'usage.

La valeur vénale s'entend du montant qui pourrait être obtenu, à la date de clôture, de la vente d'un actif lors d'une transaction conclue à des conditions normales de marché, net des coûts de sortie. La valeur d'usage est la valeur des avantages économiques futurs attendus de l'utilisation de l'actif et de sa sortie, généralement déterminés en fonction des flux nets de trésorerie attendus[172].

Lorsque la valeur actuelle est notablement inférieure à la valeur nette comptable, la dépréciation est constatée dans les comptes de l'entreprise.

596 Du point de vue fiscal, la dépréciation ainsi comptabilisée peut ouvrir droit à une déduction fiscale, pour les biens amortissables comme pour les biens non amortissables. Cette déduction s'opère selon les modalités applicables aux charges par le droit

170. Sur les modalités de comptabilisation ultérieure de l'amortissement régulièrement différé, v. art. 25 ann. II, CGI.

171. Art. 39 C, CGI.

172. Art. 214-6, PCG.

commun, sous la réserve notamment du cas particulier des titres de participation dont la dépréciation obéit au régime des moins-values à long terme[173].

Dans le cas le plus fréquent, la dépréciation porte sur des biens non amortissables : elle constitue alors une forme de substitut technique à l'impossibilité d'amortir. Toutefois, il est parfaitement envisageable qu'une dépréciation concerne un bien amortissable : il s'agit alors de prendre en compte une obsolescence ou une usure physique qui n'avaient pas été prévus lors de l'établissement du plan d'amortissement. La jurisprudence le confirme, manifestant par-là l'influence décisive de l'approche comptable sur le droit fiscal[174].

597 La doctrine administrative insiste cependant sur le fait que le caractère probable de la perte doit être étayé par l'existence d'une dépréciation effective, par référence soit à des événements particuliers ayant affecté la valeur de l'immobilisation, soit à une valeur de marché s'il en existe un, soit à une valeur d'expertise indépendante. D'une manière générale, la simple baisse de performance, la baisse de valeur liée à une évolution purement financière (taux d'intérêt ou de rendement), ou une évolution défavorable de l'environnement économique général ou des anticipations de marché de l'entreprise (mauvaise appréciation des *cash-flows* futurs) ne peuvent être admises comme seule justification d'une perte probable, en particulier si la dépréciation porte sur des actifs isolés, mais peuvent seulement être prises en compte en tant qu'éléments d'un faisceau d'indices justifiant la dépréciation[175]. La jurisprudence admet cependant que la baisse importante du chiffre d'affaires et du bénéfice qui a entraîné une dépréciation effective du fonds de commerce peut justifier la constitution d'une provision[176].

B. LA DÉPRÉCIATION DES STOCKS

598 D'un point de vue comptable, la dépréciation des stocks doit être constatée par voie de provision pour dépréciation, lorsque le prix de revient des stocks inscrits à l'actif est considéré comme supérieur à leur valeur de marché en tenant compte du prix et des perspectives de vente[177]. Une évaluation directe par le prix de détail constitue une méthode exceptionnelle, qui ne peut être appliquée qu'à défaut de pouvoir effectuer une évaluation précise du coût de revient des éléments figurant dans les stocks ou d'éléments similaires[178].

Fiscalement, il en va en principe de même, en application des dispositions de l'article 38 *decies* de l'annexe III du Code général des impôts, qui impose aux entreprises de comptabiliser une provision pour dépréciation à concurrence de la différence entre le coût de revient des stocks et le cours du jour à la date de l'inventaire.

173. Sur ce régime, cf. *infra*, n° 611.

174. Pour deux exemples, CE, 10 déc. 2004, n° 236706, *Société Roissy Films*, *Dr. fisc.* 2005, n° 13, comm. 320, concl. L. Vallée ; *RJF* 2/05, n° 118 ; CE, 12 janv. 2005, n° 253865, *SA Pricel*, *RJF* 3/05, n° 217. Ces deux arrêts précisent également que la constitution d'une provision pour dépréciation n'est pas subordonnée à l'intention de vendre l'élément d'actif concerné. Sur ce sujet, et pour une réflexion plus générale sur la relation comptabilité-fiscalité, cf. F. Bereyziat, « Amortissements et provisions : les règles comptables crèvent l'écran », *RJF* 2/05, p. 63 et s.

175. BOI-BIC-PROV-40-10-10.

176. CE, 23 déc. 2011, n° 329282, *SARL Hôtel Arriel Astrid*, *Dr. fisc.* 2012, n° 6, comm. 133, concl. F. Aladjidi.

177. Art. 322-6, PCG.

178. Art. 322-8, PCG.

§ 3. LES PLUS ET MOINS-VALUES

599 Les plus et moins-values réalisées par les entreprises constituent des types de bénéfice ou de perte un peu particuliers. Si elles ont vocation à s'intégrer au résultat imposable au même titre que les revenus ou pertes ordinaires, elles n'en demeurent pas moins soumises à un régime spécifique. Pour comprendre la technique en la matière (B), il faut commencer par analyser la problématique de l'imposition des plus et moins-values (A).

A. PROBLÉMATIQUE DE L'IMPOSITION DES PLUS ET MOINS-VALUES

1. Présentation générale

600 Le concept de plus ou moins-value s'entend d'un gain en capital, par opposition à un profit ordinaire. Une entreprise réalise en général une plus-value lorsqu'elle réalise un gain à l'occasion de la vente d'un actif immobilisé[179]. La vente d'un élément de stock, par opposition, ne constitue pas une plus-value.

Pour comprendre le problème posé à la fiscalité par les plus et moins-values, il faut avoir à l'esprit que le droit est ici tiraillé entre plusieurs exigences contradictoires. D'un côté, il n'existe en effet aucune raison particulière d'imposer les plus et moins-values de façon différente des revenus et pertes d'exploitation ordinaires. Il découle en effet de la théorie du bilan que toute variation d'actif net doit être prise en considération pour la détermination du résultat fiscal : peu importe à cet égard l'origine de cette variation. L'article 38, 1 du Code général des impôts énonce en outre, comme on l'a vu, que le bénéfice imposable est le bénéfice net, déterminé d'après les résultats d'ensemble des opérations de toute nature effectuées par les entreprises, y compris notamment les cessions d'éléments quelconques de l'actif, soit en cours, soit en fin d'exploitation. Cette définition exclut toute distinction entre profits ou pertes en capital ou en revenu.

D'un autre côté, cependant, plusieurs raisons commandent de ne pas traiter les plus et moins-values exactement comme les autres types de gains ou pertes. La première tient au fait que le gain réalisé à l'occasion de la cession d'un actif immobilisé peut n'être qu'apparent, sans traduire un véritable enrichissement : c'est notamment le cas lorsque l'augmentation de la valeur nominale de l'actif s'explique avant tout par l'inflation. Dans ces conditions, taxer la plus-value revient à faire supporter à l'entreprise un impôt sur la dévaluation monétaire. De là vient l'idée de distinguer entre plus-values à court et à long terme, les secondes étant en général moins lourdement imposées afin d'éviter l'impact de l'inflation.

La deuxième raison de traiter de façon spécifique les plus-values s'explique par des raisons de politique économique. Lorsqu'une entreprise cède un bien d'investissement, la plus-value qu'elle réalise peut être réinvestie pour acquérir un nouveau bien servant à son exploitation. L'imposition de la plus-value peut alors être perçue comme un facteur dissuadant les entreprises de réaliser leurs actifs, donc comme un frein à la modernisation des équipements. De même, l'entrepreneur qui envisage, à la fin de sa vie professionnelle, de céder son fonds de commerce ou son fonds libéral, vit généralement assez

179. La vente n'est cependant qu'un fait générateur de plus-value parmi d'autres, comme on le verra *infra*, n° 607.

mal le fait de devoir verser à l'État une fraction de la plus-value réalisée. Le même constat peut être fait lorsqu'une société disparaît, non en raison d'une cessation d'activité, mais en raison d'une fusion ou d'une scission : elle se poursuit alors sous une autre forme juridique, et l'on ne voit pas pourquoi la fiscalité devrait pénaliser ce type de restructuration[180].

Le conflit entre les différentes logiques à l'œuvre dans le système fiscal explique pourquoi le droit comparé révèle l'existence d'une multitude de systèmes d'imposition des plus-values. Quant au droit français, après avoir longtemps oscillé entre plusieurs pôles, il demeure encore aujourd'hui un droit de compromis.

2. Diversité des systèmes possibles

a) Aperçu de droit comparé

601 Les techniques d'imposition des gains en capital réalisés par les entreprises varient de façon substantielle d'un État à l'autre. Le constat en est fait, à l'intérieur de l'Europe, depuis longtemps. Dès 1992, le comité Ruding constatait en la matière « une grande diversité dans leurs conditions d'imposition, qui se traduit par des différences considérables en ce qui concerne la charge fiscale et le moment de l'imposition »[181]. Il en déduisait que « l'objectif fondamental est de taxer uniquement les plus-values réelles et de ne pas imposer l'élément résultant de l'inflation. Cela comporte deux conséquences : a) l'exonération des plus-values réinvesties ; b) l'exonération des plus-values purement nominales au moment de leur réalisation, s'il n'y a pas réinvestissement »[182]. Le comité Ruding allait même jusqu'à proposer l'adoption d'une directive incorporant ces principes.

La directive rêvée par le comité Ruding n'a pas vu le jour mais l'objectif d'harmonisation de la fiscalité des plus-values n'est pas pour autant oublié, comme en témoignent les travaux préparatoires à l'institution d'une assiette commune consolidée au niveau européen. Il faut dire que l'on peut faire aujourd'hui un constat très similaire à celui opéré en 1992. Il résulte ainsi d'un document de travail publié par la Commission en 2005[183] que les modalités d'imposition des plus-values sont très variables. Certes, dans la plupart des États membres, les plus-values sont intégrées aux revenus normalement tirés de l'exploitation et elles sont imposées en tant que tels. D'autres États membres frappent toutefois d'un impôt spécial chaque plus-value ou le total des plus-values de l'exercice.

Dans d'autres États membres encore, les plus-values ne sont pas soumises à l'impôt sur le bénéfice des sociétés, ni à aucun autre impôt spécial.

Au titre des différences fondamentales existant entre les États membres, certaines avaient déjà été signalées par le rapport Ruding. On retrouve en particulier à l'heure actuelle une ligne de démarcation entre les États qui exonèrent les plus-values sous condition de réinvestissement dans un certain délai et ceux qui n'accordent aucune exonération de ce chef. On ne s'étonnera pas du fait que l'UNICE, qui représente les entreprises au niveau européen, soit favorable à ce type d'exonération sous condition, mécanisme jugé important pour favoriser l'investissement et la croissance[184], et que les projets de

180. Sur l'origine et les raisons du régime de faveur des fusions, cf. *infra*, n° 701.

181. Rapport du comité de réflexion des experts indépendants sur la fiscalité des entreprises, Commission des Communautés européennes, mars 1992, p. 231. V. d'ailleurs le tableau 3.A.6, p. 256, où la pluralité des politiques d'imposition des plus-values apparaît très clairement.

182. *Ibid.*, p. 232.

183. CCCTB\WP\010\doc\fr, GT ACCIS, Documents de travail « plus-values et moins-values », 2 juin 2005.

184. Pour un bon état des lieux, cf. J.-M. Tirard, *La fiscalité des sociétés dans l'UE*, Groupe Revue fiduciaire, 2010, p. 33-34.

directive « ACCIS » présentés par la Commission le 16 mars 2011 puis le 25 octobre 2016 le reprennent à leur compte[185].

Une autre différence entre systèmes, apparemment plus récente, tient à l'impact des méthodes d'amortissement sur le système d'imposition des plus-values. Comme on l'a vu plus haut, certains États pratiquent l'amortissement par catégories d'actifs (le « pooling »). Dans ces systèmes, le calcul des plus-values réalisées à l'occasion de cessions d'actifs individuels n'a pas de sens car la valeur fiscale résiduelle d'un actif donné n'est tout simplement pas connue. Dès lors, le seul moyen de tenir compte de la cession réalisée consiste, sans calculer la plus-value afférente au bien cédé, à amputer la valeur du « pool » du produit de la vente. La valeur de la catégorie d'actifs étant ainsi diminuée, les possibilités d'amortissement du « pool » sont réduites d'autant, ce qui constitue économiquement l'équivalent d'un étalement de l'imposition de la plus-value sur un certain nombre d'années.

À la lumière du droit comparé, l'historique du droit français est particulièrement intéressant dans la mesure où la France a expérimenté – et parfois abandonné – la plupart des systèmes connus.

b) Bref historique du système français

602 Le droit français reconnaît de longue date la nécessité d'une imposition spécifique des plus-values réalisées par les entreprises. Certes, dès avant l'intervention de la loi du 12 juillet 1965, les plus-values réalisées par les entreprises industrielles commerciales et artisanales et par les sociétés à l'occasion de la cession d'éléments d'actif immobilisé étaient en principe comprises dans les bénéfices imposables au même titre que les bénéfices tirés de l'exploitation[186]. Toutefois, deux importantes dérogations venaient tempérer cette règle. D'une part, lorsqu'elles étaient réalisées en cours d'exploitation, les plus-values dont il s'agit pouvaient être exonérées sous condition d'un remploi en immobilisations[187]. D'autre part, lorsqu'elles étaient réalisées en fin d'exploitation ou à l'occasion de cessions ou de cessations partielles d'entreprises, ces plus-values étaient soumises à une taxation atténuée[188].

L'exonération sous condition de remploi nécessitait de nombreuses opérations comptables et imposait un contrôle particulier. Des règles complexes avaient dû être édictées pour définir les biens qui pouvaient faire l'objet d'un remploi. Au surplus, le régime fiscal antérieur à la loi du 12 juillet 1965 comportait un défaut d'harmonie entre le sort qui était réservé aux plus-values dont l'imposition était atténuée ou différée et celui qui était accordé aux moins-values. Ces dernières, en effet, pouvaient être intégralement déduites des bénéfices imposables sans qu'aucune compensation ne fût opérée avec les plus-values.

Enfin, les avantages que ce régime apportait aux entreprises étaient compensés par des difficultés qui faisaient obstacle à la mobilité des biens et à l'adaptation des structures industrielles et commerciales. La majeure partie des entreprises industrielles et commerciales étaient conduites, soit à différer des cessions qu'eut exigé une saine gestion, soit à procéder à des réinvestissements dont l'utilité économique était discutable en vue d'échapper à l'application de l'impôt. Le régime d'imposition des plus-values tendait donc à développer une mainmorte.

Constatant les inconvénients de ce dispositif, le législateur opéra une profonde réforme à la faveur de la loi du 12 juillet 1965. Le régime d'exonération sous condition de remploi fut supprimé. Pour

185. Cf. *infra*, n° 803 et s.

186. Les présents développements constituent le résumé de l'historique restitué, de façon assez surprenante, par la doctrine administrative et non dans les ouvrages d'histoire : cf. BOI-BIC-PVMV-40-10-60.

187. Anc. art. 40, CGI. Un tel dispositif subsiste encore aujourd'hui dans de nombreux pays étrangers (Allemagne, Malte, Royaume-Uni par exemple). Il demeure souhaité par certains : cf. en ce sens le rapport de la Chambre de commerce et d'industrie de Paris, *Libérer la croissance, 3 % c'est possible*, La Documentation française, 2006, appelant au renforcement de la capacité d'autofinancement des entreprises, donc de l'innovation et de l'investissement, au moyen de l'exonération des plus-values sous condition de remploi.

188. Anc. art. 152-1 et 2, CGI, art. 200, CGI.

compenser cette rigueur accrue à l'égard des plus-values, une distinction fut introduite entre les plus-values à court et à long terme. Cette distinction ne s'appliquait initialement qu'aux plus-values réalisées par les entreprises relevant des bénéfices industriels et commerciaux et par les personnes morales soumises à l'impôt sur les sociétés. Une loi du 19 juillet 1976 devait ultérieurement étendre le régime des plus-values à court terme et à long terme à l'ensemble des plus-values réalisées sur des immobilisations dans le cadre d'une activité professionnelle.

Cette même loi de 1976 introduisit également un mécanisme d'exonération des plus-values réalisées par les petites entreprises, qui constitue encore aujourd'hui une mesure fondamentale d'incitation au développement et à la transmission de ce type d'entreprises.

Depuis lors, les traits structurels du système français n'ont que peu changé. Il convient seulement d'ajouter que la distinction entre plus-values à court et long terme ne s'applique plus aux sociétés relevant de l'impôt sur les sociétés depuis 1997 : toutes les plus-values réalisées par ces sociétés sont donc imposables comme des revenus ordinaires, ce qui a d'ailleurs suscité en son temps d'abondantes controverses sur le terrain de la politique économico-fiscale[189]. Par ailleurs, il existe aujourd'hui un florilège d'exonérations réservées, non tant aux entreprises, qu'aux entrepreneurs qui décident de mettre fin à leur activité et de la céder à un tiers. On espère par-là encourager la transmission de l'entreprise et pérenniser ainsi le tissu économique.

Mais venons-en à la technique.

B. LA TECHNIQUE DE L'IMPOSITION DES PLUS-VALUES

603 À l'heure actuelle, le régime des plus et moins-values professionnelles est applicable aux entreprises qui, sous forme individuelle ou de sociétés non soumises à l'impôt sur les sociétés, réalisent des bénéfices industriels et commerciaux, des bénéfices agricoles ou des bénéfices non commerciaux. Certaines personnes physiques, non assimilables à des entrepreneurs individuels, réalisent également parfois des plus-values professionnelles : c'est le cas lorsqu'elles exercent leur activité dans le cadre d'une société de personnes. Dans ce cas, comme nous l'avons vu, la cession de parts est soumise au régime des plus-values professionnelles[190].

Nous examinerons successivement la notion de plus-values (1°) puis le régime des plus-values (2°).

1. La notion de plus ou moins-value professionnelle

604 Selon l'article 39 *duodecies* 1 du Code général des impôts, sont imposables « les plus-values provenant de la cession d'éléments de l'actif immobilisé ». La notion d'immobilisation ayant déjà été étudiée[191], on n'y reviendra pas. En revanche, le reste de la formule légale est intéressant. De façon pédagogique, la doctrine administrative l'interprète comme signifiant que « les plus-values imposables et les moins-values déductibles doivent s'entendre, de façon générale, de celles qui, résultant de la cession d'éléments de l'actif, peuvent être considérées comme réalisées »[192]. Cette présentation impose de distinguer deux notions : la « réalisation de la plus-value » (a) et la « cession des éléments de l'actif » (b).

189. En témoignent les travaux préparatoires de la loi n° 97-1026 du 10 nov. 1997 portant mesures urgentes à caractère fiscal et financier, notamment les critiques cinglantes adressées par la Commission des finances du Sénat à la suppression du régime du long terme, ayant pour effet de doubler l'imposition des plus-values (cf. notamment le rapport n° 434 présenté par le sénateur A. Lambert, 1996-1997).

190. Art. 151 *nonies*, CGI. Cf. *supra*, n° 256.

191. Cf. *supra*, n° 438 et s.

192. BOI-BIC-PVMV-10-10 n° 20.

a) *La réalisation de la plus-value*

605 Selon la doctrine administrative toujours, « il convient de ne prendre en compte, pour l'établissement de l'impôt dans le cadre du régime des plus-values, que les plus-values (ou moins-values) réalisées (ou subies) qui résultent, au cours d'un exercice donné, d'une cession ou d'une aliénation quelconque, même si cette cession ou cette aliénation n'a pas, en fait, pour contrepartie l'entrée dans l'actif d'un nouvel élément, d'une créance ou de disponibilités (par exemple en cas de donation ou de retrait pur et simple par l'exploitant de tel ou tel élément) »[193].

606 La doctrine administrative en déduit logiquement que les **plus-values latentes** n'ont en principe aucune incidence fiscale. Ainsi, lorsque la valeur réelle d'une immobilisation est supérieure à sa valeur comptable, le principe de prudence s'oppose en principe à la constatation d'une plus-value en comptabilité, et *a fortiori* à l'imposition d'un tel gain purement théorique[194]. Cependant, lorsque l'entreprise procède elle-même à la réévaluation de ses éléments d'actifs afin d'aligner les valeurs comptables sur les valeurs réelles, cette réévaluation produit une augmentation d'actif net méritant à ce titre d'être imposée[195]. Ce n'est que lorsque l'entreprise procède à la réévaluation de l'ensemble de ses immobilisations corporelles et financières, à l'exclusion des immobilisations incorporelles et des stocks[196], que l'augmentation de valeur des actifs immobilisés produit un effet sur le résultat imposable[197]. C'est la raison pour laquelle la

193. *Ibid.*, n° 4.

194. Il existe cependant quelques exceptions légales au principe de non-imposition des plus-values latentes. Cf. par ex. l'imposition des plus-values latentes sur les parts d'organismes de placement collectif de valeurs mobilières, à moins que leur actif ne soit composé d'actions à 90 % au moins (art. 209-0 A, CGI). On notera par ailleurs que lorsqu'une société de personnes relevant de l'article 8 du CGI et ayant pour associés des particuliers procède à une réévalution libre, la plus-value dégagée à l'occasion de la réévaluation ne constitue pas un élément du résultat et doit être portée au compte de capitaux propres « écart de réévaluation ». Elle n'est donc pas imposable tant que l'immobilisation ainsi réévaluée n'a pas été cédée. En revanche, le transfert de tout ou partie des sommes inscrites au compte « écart de réévaluation » sur des comptes courants d'associés, alors que les immobilisations n'ont pas été cédées, a pour effet de faire perdre à la plus-value son caractère latent et rend celle-ci immédiatement imposable entre les mains des associés (CE, 12 juill. 2013, n° 338278, *Sté Cofathim*, *Dr. fisc.* 2013, n° 50, comm. 547, note J. Chateauneuf ; *Droit et patr.* 2014, n° 232, obs. E. Pornin).

195. Cela n'a pas toujours été le cas : en période de forte inflation (par exemple en 1977 et 1978), il est arrivé à la loi fiscale d'autoriser la réévaluation des actifs en franchise d'impôt pour éviter que l'augmentation de la valeur nominale des actifs, non compensée par la possibilité d'amortir les biens sur leur valeur réelle, n'aboutisse à constater des plus-values ultérieures aux montants très élevés.

196. Exception gênante car les immobilisations incorporelles sont souvent les postes qui recèlent les plus-values latentes les plus importantes. L'exclusion des immobilisations incorporelles semble cependant s'expliquer par le principe de prudence, compte tenu de la difficulté à les évaluer objectivement, ainsi que par les objectifs de la directive comptable n° 78/660/CEE du 25 juillet 1978 (cf. sur ce thème V. Daumas, « Conséquences fiscales de la réévaluation libre d'un élément d'actif : les infortunes fiscales de la vertu comptable », *RJF* 3/09, p. 187 et s.). NB : la directive précitée est aujourd'hui abrogée et remplacée par la directive n° 2013/34/UE, du 26 juin 2013.

197. Au regard du droit comparé, le droit français apparaît relativement isolé. Il ressort ainsi d'une étude menée en 2007 que six autres pays européens autorisent la réévaluation des actifs corporels au-delà du coût historique d'acquisition mais neutralisent l'imposition y afférente tandis que dix-huit autres pays européens interdisent purement et simplement ce mécanisme (D. Endres et alii, *The Determination of Corporate Taxable Income in the EU Member States*, PriceWaterhouseCoopers, Kluwer Law International, 2007, § 4.2.4., p. 33). La réévaluation des actifs incorporels n'est autorisée, quant à elle, que dans quatre pays (sans effet fiscal).

réévaluation n'intervient que rarement, soit avant une opération de fusion[198], soit à un moment où l'entreprise dispose de nombreux déficits reportables qui peuvent ainsi être épongés par le surcroît de bénéfice dégagé par la réévaluation[199]. L'opération est alors très avantageuse car elle permet, sans imposition supplémentaire, d'augmenter pour l'avenir la base de l'amortissement et de tenir compte, en cas de cession ultérieure, de la valeur nette réévaluée pour calculer la plus-value de cession.

Notons que la réévaluation libre opérée par une entreprise non commerciale n'obéit pas aux mêmes règles que celle opérée par une entreprise commerciale. L'article 93 du CGI ne range en effet parmi les profits imposables que les gains provenant de la réalisation des éléments d'actif affectés à l'exercice de la profession. *A contrario*, donc, en l'absence de réalisation d'éléments d'actifs, la réévaluation libre est sans impact sur le résultat imposable[200].

Du côté des moins-values latentes, la réalité est plus subtile : si les moins-values latentes ne sont pas, en tant que telles, à l'origine de déductions fiscales, la technique de la dépréciation constitue au fond un moyen d'en tirer les conséquences[201].

b) La cession des éléments de l'actif

607 Qu'est-ce qu'une cession ? La conception civiliste, qui assimile intuitivement la cession à la vente, est ici hors de propos. Il faut lui préférer une conception fiscale, selon laquelle le fait générateur de la plus-value est « une opération ou un événement qui se traduit, en fait, par la disparition à l'actif de l'entreprise des éléments dans lesquels ces plus-values (ou moins-values) étaient latentes »[202].

La cession peut, dans cette perspective, revêtir une multitude de formes : la vente, bien sûr, mais aussi toute autre opération se traduisant par une sortie de l'actif du bilan. Sont notamment concernés : l'apport en société, l'échange, la cessation d'activité, le partage et même la donation. Peu importe, par ailleurs, que la cession de l'actif soit volontaire ou involontaire. L'expropriation, la destruction par incendie ou le vol sont autant de sources potentielles de plus-values ou de moins-values.

198. La réévaluation des actifs de la société appelée à être absorbée supprime, ou atténue, les inconvénients résultant de la non-transmission de plein droit à la société absorbante des déficits de l'absorbée. Le risque de remise en cause de l'opération pour abus de droit n'est alors pas absent. Cf. sur ce point Rép. Poncelet : Sén., 12 mai 1982, p. 1897, n° 2059, BOI-IS-GPE-20-20-90 n° 90 et CAA Douai, 22 mai 2001 n° 96-2857, 2e ch., *min. c/ SA Établissements Alfred Dupont, RJF* 11/01, n° 1425, jugeant qu'une société qui procède à la clôture de l'exercice précédant son absorption à la réévaluation libre de son bilan et compense les plus-values constatées par l'utilisation de déficits reportables de telle façon que la société absorbante ne devra s'acquitter d'aucune imposition sur les plus-values n'a pas procédé à un montage dont le but exclusif aurait été d'éluder ses propres impositions. Pour un cas de réévaluation libre justifiée, donc non abusive, cf. CE, 7e et 8e s.-s., 22 juin 1983, n° 32956, *Dr. fisc.* 1983, n° 50, comm. 2380 ; *RJF* 8-9/83, p. 423, chron. P.-F. Racine.

199. On appelle cette opération, prévue par l'art. L. 123-18, al. 4, C. com., la « réévaluation libre ». Signalons qu'un régime de faveur d'imposition a été mis en place, pour les réévaluations pratiquées entre le 1er janvier 2004 et le 31 décembre 2009 et portant sur les immeubles et titres assimilés à des immeubles. Les plus-values ainsi dégagées ont été imposées au taux de 16,5 % pour les premiers exercices de la période, puis au taux de 19 % pour les exercices clos à compter du 1er janvier 2009 (art. 238 *bis* JA, CGI).

200. CE, 21 avr. 2017, n° 386896, *RJF* 7/17, n° 666, concl. E. Crépey. Sur la conséquence de cette analyse en cas de transformation d'une société de personnes en société de capitaux postérieurement à la réévaluation, v. *infra*, n° 686.

201. Sur la notion de dépréciation, cf. *supra*, n° 594.

202. BOI-BIC-PVMV-10-10-20 n° 90.

608 Compte tenu de son large domaine d'application, le régime des plus-values s'applique à des cas *a priori* surprenants. Ainsi, par exemple, une plus ou moins-value peut être constatée en cas de retrait d'actif, c'est-à-dire de transfert par l'exploitant individuel d'une immobilisation figurant au bilan dans son patrimoine privé[203]. Souvenons-nous, en effet, que le principe de séparation des patrimoines de l'entrepreneur individuel impose de considérer que tout bien qui sort du patrimoine professionnel est considéré comme « cédé » pour les besoins de l'article 39 *duodecies* du Code général des impôts. La plus-value imposable se calcule alors par rapport à la valeur réelle de l'immobilisation au jour du « retrait ».

Un autre cas peu intuitif d'application du régime des plus-values apparaît en cas de résiliation d'un contrat à exécution successive (bail commercial, contrat de représentation, etc.) moyennant le paiement d'une indemnité. Si l'indemnité compense une perte de recettes résultant de la fin du contrat ou de sa non-reconduction, elle est imposable au taux de droit commun. En revanche, si elle peut être analysée comme tendant à la réparation de la perte d'un élément de l'actif immobilisé, elle peut être imposable suivant le régime des plus-values professionnelles, donc éventuellement suivant le régime plus favorable des plus-values à long terme[204].

2. Le régime des plus et moins-values professionnelles

a) Le calcul de la plus ou moins-value

609 Dans la fiscalité des particuliers, le montant de la plus-value est très simple à calculer : il s'agit de la différence entre le prix de vente et le prix d'achat du bien, éventuellement augmenté des frais d'acquisition. Cette simplicité s'explique par le fait que les particuliers ne tiennent pas de comptabilité permettant de suivre l'évolution de la valeur du bien depuis son entrée dans le patrimoine jusqu'à sa sortie. L'enrichissement qu'ils sont censés retirer de la cession se mesure donc en supposant que le patrimoine s'accroît effectivement d'un montant égal à la différence entre prix de vente et prix d'achat.

Or, les entreprises, contrairement aux particuliers, tiennent une comptabilité, à moins que leur très petite taille ne les en dispense de façon précise. La valeur des actifs immobilisés dont elles sont propriétaires fait l'objet d'un suivi dans le temps, qui prend techniquement la forme de l'amortissement. Il s'ensuit qu'au jour de la cession, l'actif cédé peut avoir une valeur nette fiscale différente de son prix d'achat ou de revient. Sachant que l'article 38, 1, du Code général des impôts définit le bénéfice imposable comme une variation de l'actif net, le bénéfice réalisé ou la perte subie à l'occasion de la cession d'actif immobilisé se mesure donc en comparant son prix de cession[205] et sa valeur nette fiscale[206].

203. Cf. *supra*, n° 429.

204. CE, 6 nov. 1985, n° 41920, *RJF* 1/86, n° 8.

205. Le prix de cession s'entend de la somme effectivement perçue par le vendeur après déduction des frais inhérents à la cession et des taxes qui ont grevé l'opération. Lorsqu'il n'existe pas de prix monétaire (échange, apport, retrait d'actif, etc.), le prix de cession s'entend, soit de la valeur actuelle du bien (cas de l'échange ou du retrait d'actif, par exemple), soit de la valeur d'apport constituée par la valeur réelle des titres reçus en rémunération de l'apport.

206. On parle ici de valeur nette fiscale, non de valeur nette comptable, car la loi fiscale permet dans certains de pratiquer des amortissements dérogatoires déductibles inconnus du droit comptable.

Un élément de complication tient au fait que certains actifs inscrits au bilan ne concourent pas forcément à l'activité professionnelle de l'entreprise. Or, nous avons vu plus haut que bien que le principe de liberté d'affectation subsiste formellement, il n'est plus possible aujourd'hui d'en tirer toutes les conséquences et de faire « comme si » ces actifs avaient véritablement un caractère professionnel[207]. Il en découle, en matière de plus-values, qu'une plus-value de cession d'un actif inscrit au bilan n'a pas systématiquement un caractère professionnel. C'est le cas, notamment, lorsque le bien n'a jamais été utilisé pour l'exercice de la profession. Dans le cas plus complexe où un bien a été utilisé, un temps pour l'exercice de la profession, un temps à des fins extra-professionnelles, l'article 155 du CGI prévoit un système complexe de prorata permettant de considérer que la cession fait apparaître deux types de plus-value : une plus-value professionnelle et une plus-value privée. Schématiquement, le principe de ventilation entre ces deux plus-values tient compte de la durée d'utilisation des biens pour l'exercice de l'activité professionnelle au cours de leur durée d'inscription à l'actif de l'entreprise.

Cette définition de la plus ou moins-value vaut pour toutes les entreprises, y compris les sociétés soumises à l'impôt sur les sociétés. En revanche, la distinction entre plus-values à court et long terme ne concerne que les sociétés relevant de l'impôt sur le revenu. Comme on l'a déjà vu, elle n'a plus cours pour les sociétés soumises à l'impôt sur les sociétés, sauf dans certains cas précis[208].

b) La distinction du court terme et du long terme

610 Pour les entreprises soumises à l'impôt sur le revenu, le régime applicable aux plus-values distingue entre plus-values à court terme et plus-values à long terme. Cette distinction est souvent mal comprise par certains étudiants qui pensent, avec un bon sens qui les honore, que toutes les plus-values réalisées à l'expiration d'un certain délai de détention sont imposées à un taux privilégié, au contraire des autres. Cette erreur vient du fait qu'ils prennent au sérieux la terminologie « court terme/long terme ». Ils croient que certaines plus ou moins-values sont, par essence, à court ou long terme selon la durée de détention de l'actif cédé.

Il s'agit cependant partiellement d'une erreur. Le droit fiscal ne distingue pas des essences : il établit des *régimes d'imposition*. C'est pourquoi des plus-values réalisées plus de deux ans après l'acquisition d'un actif peuvent être entièrement soumises au régime des plus-values à court terme... et pourquoi des revenus ne constituant pas des plus-values *stricto sensu* sont néanmoins imposés selon le régime des plus-values à long terme : c'est le cas notamment des produits de la propriété industrielle qui se composent, non seulement des produits issus de la cession de brevets[209], mais aussi des redevances perçues par le propriétaire de tels actifs incorporels en rémunération de la licence d'exploitation concédée à un tiers[210]. Autant dire que le langage est ici trompeur et que non seulement les étudiants, mais aussi les citoyens non versés dans la matière fiscale, auraient tout intérêt à une clarification terminologique du droit. On ferait mieux de parler de régime « spécial » plutôt que du régime des « plus-values à long terme ».

207. Cf. *supra*, n° 425.
208. Cf. *supra*, n° 602.
209. La loi couvre aussi les inventions brevetables et les perfectionnements qui y sont apportés.
210. Art. 39 *terdecies*, 1, CGI.

Ceci étant posé, en quoi consiste la différence entre ces régimes, et quelles sont les opérations donnant prise à chacun d'entre eux ?

α) Les régimes d'imposition

611 La plus ou moins-value soumise au régime du court terme est traitée comme n'importe quel autre revenu ou n'importe quelle autre perte. La plus-value est ajoutée aux autres éléments du résultat pour être imposée au barème progressif ; la moins-value est retranchée des autres éléments du résultat à la même fin. Si ces autres éléments ne sont pas suffisants pour imputer la totalité de la moins-value, la fraction non imputée constitue un déficit reportable dans les conditions du droit commun. Seule spécificité des plus-values à court terme, qui tient à leur caractère exceptionnel : l'imposition des plus-values peut être étalée, à la demande de l'entreprise, sur une durée de trois ans : le montant de la plus-value nette est alors rattaché par fractions égales aux résultats de l'exercice de sa réalisation et des deux exercices suivants[211].

Les plus ou moins-values soumises au régime du long terme sont imposées à des conditions spécifiques[212]. Le montant net des plus-values à long terme fait l'objet d'une imposition séparée au taux de 12,8 % (+ 17,2 % de prélèvements sociaux)[213]. Ce taux proportionnel d'imposition est souvent plus avantageux que l'application du barème progressif. Un autre avantage des plus-values à long terme est que celles-ci peuvent être compensées avec les moins-values de même nature subies au cours des dix exercices antérieurs et qui n'ont pas encore été imputées, ou avec le déficit d'exploitation de l'exercice. Le déficit ainsi annulé ne peut plus être reporté sur les bénéfices des exercices ultérieurs.

En revanche, les moins-values nettes à long terme sont imputables uniquement sur les plus-values nettes à long terme réalisées au cours des dix exercices (ou années) suivants. Aucune imputation sur le bénéfice ordinaire ou le revenu global n'est possible.

β) La ventilation des opérations relevant du court et du long terme

612 Pour comprendre quelles sont les opérations qui relèvent du court et du long terme, il est possible de faire confiance à son bon sens terminologique dans tous les cas où une entreprise cède un actif immobilisé moins de deux ans après l'avoir acquis ou créé. En pareil cas, la plus ou moins-value est toujours considérée comme à court terme.

613 La situation se complique davantage lorsque l'actif est cédé après l'expiration du délai de deux ans. Dans ce cas, il faut distinguer deux situations : celle où le bien n'est pas amortissable et celle où le bien est amortissable.

Lorsque le bien n'est pas amortissable, la plus ou moins-value relève toujours du long terme. Ici aussi, l'intuition est respectée. Par exemple, lorsqu'un fonds de commerce acheté il y a cinq ans pour un prix de 500 000 euros est revendu 600 000 euros, le cédant doit déclarer une plus-value de 100 000 euros imposable selon le régime du long terme. En cas de revente pour un prix de 400 000 euros, c'est une moins-value à long terme de 100 000 euros qui doit être déclarée. Il convient cependant de noter que tout ceci ne dispense pas de tirer les conséquences comptables et fiscales de la cession sur le terrain des dépréciations, lorsque celles-ci ont été constatées antérieurement à la cession. Par exemple, lorsque l'entreprise a pratiqué une dépréciation de 300 000 euros pour tenir compte de la

211. Art. 39 *quaterdecies*, CGI.

212. Art. 39 *quindecies* et s., CGI (ici simplement résumés).

213. Le montant « net » s'entend de l'excédent de ces plus-values sur les moins-values de même nature constatées au cours du même exercice.

diminution de la clientèle, elle doit rapporter (c'est-à-dire ajouter) cette dépréciation au résultat imposable dans les conditions de droit commun au jour de la cession. La cession produit donc deux effets distincts et complémentaires : constat d'une plus ou moins-value relevant du régime du long terme ; imposition dans les conditions ordinaires de la dépréciation réintégrée au résultat.

Lorsque le bien est amortissable, la plus ou moins-value réalisée est égale à la différence entre prix de cession et valeur nette fiscale.

Le cas le plus simple est celui où une moins-value est réalisée. Celui-ci se produit lorsqu'une entreprise cède un actif pour un prix inférieur à sa valeur nette fiscale. Considérons l'exemple qui figure dans le tableau 1 ci-dessous : une entreprise achète un actif pour 100 000 euros (*case B3*) et le déprécie pendant trois ans pour un montant total de 60 000 euros (*case B4*). À l'issue de cette période, sa valeur nette fiscale n'est plus que de 40 000 euros (*case B6*). Supposons que cette entreprise cède l'actif pour un prix de 30 000 euros (*cases C1 et C2*). Elle réalise une moins-value de 10 000 euros, soit la différence négative entre le prix de vente et la valeur nette fiscale (*cases B8 et C8*).

Comment traiter cette moins-value ? Pour le comprendre, il faut se placer sur un terrain économique. L'entreprise savait que son actif avait perdu de sa valeur : elle avait donc pratiqué un amortissement substantiel de 60 000 euros qu'elle avait déduit des résultats imposables au taux ordinaire. Or, la cession démontre que cet amortissement n'avait pas suffi à rendre compte de la dépréciation effective du bien. Si l'amortissement avait totalement rempli son rôle de miroir de la dépréciation de l'actif, il aurait dû être supérieur. La moins-value réalisée doit donc être traitée comme s'il s'agissait d'un supplément d'amortissement de dernière minute. Elle doit être déduite des résultats imposables conformément au droit commun. On lui applique donc le régime du court terme.

	A	*B*	*C*
1	**Bien cédé**		**Prix vente**
2			30 000
3	**Prix achat**	100 000	
4	**Amortissements**	(60 000)	
5		———	
6	**Valeur nette fiscale**	40 000	
7			
8		**Montant de la moins-value**	10 000
9		**Régime de la moins-value**	**CT**

Supposons à présent, sur la base des mêmes faits de départ, que l'entreprise dégage une plus-value (*tableau 2 ci-dessous*) parce qu'elle cède l'actif, soit pour un prix de 90 000 euros (*cas 1, cases C1-C2*), soit pour un prix de 120 000 euros (*cas 2, cases D1-D2*).

Considérons le premier cas, où l'entreprise cède l'actif pour un prix de 90 000 euros. Elle réalise alors une plus-value de 50 000 euros, égale à la différence entre le prix de vente et la valeur nette fiscale (*case C8*). Comment l'imposer ? Il faut, pour le comprendre, avoir à l'esprit ce que révèle cette plus-value : un excès d'amortissement. L'entreprise a déduit pendant trois ans des résultats imposables au taux normal des annuités d'amortissement censées refléter la dépréciation du bien, et voici qu'à l'occasion de la cession, il apparaît que le bien valait finalement bien davantage que ce qu'on pensait. Il faut donc raisonner de façon symétrique par rapport au passé, et imposer la plus-value comme un bénéfice imposable au taux normal. Toute la plus-value doit, dans le cas 1, être soumise au régime du court terme.

Cette logique de retour sur le passé a cependant ses limites. C'est ce que montre le cas 2 du tableau n° 2 (*colonne D*). Ici, la plus-value est encore supérieure, puisque le bien est même revendu plus cher (120 000 euros, *cases D1-D2*) que son prix d'achat (100 000 euros). Faut-il imposer la totalité de la plus-value (80 000 euros) selon le régime du court terme ? La loi ne va pas si loin. Si le retour symétrique sur le passé s'applique à hauteur des amortissements pratiqués (régime du court terme sur 60 000 euros, *case D9*), le surplus mérite le régime de faveur des plus-values à long terme (même case). On peut craindre, en effet, que cette revente dans des conditions financières particulièrement avantageuses ne soit que l'effet de l'inflation.

	A	*B*	*C*	*D*
1	**Bien cédé**		**Prix de vente (cas 1)**	**Prix vente (cas 2)**
2			90 000	120 000
3	**Prix achat**	100 000		
4	**Amortissements**	(60 000)		
5				
6	**Valeur nette fiscale**	40 000		
7				
8		**Montant de la plus-value**	50 000	80 000
9		**Ventilation CT/LT**	50 000 CT (PV ‹ amortissements cumulés)	60 000 CT (amortissements cumulés) 20 000 LT

614 Pour conclure sur cette présentation du régime des plus-values professionnelles, on peut se référer à l'arbre de raisonnement suivant, lequel résume les résultats de tout ce qui précède.

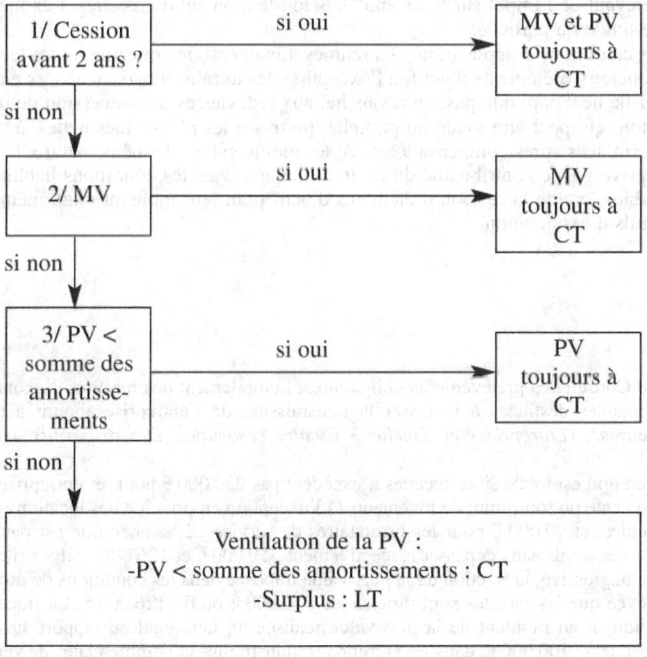

c) *Cas particuliers*

615 Comme on l'a vu plus haut, l'imposition des plus-values est affaire de logique, mais aussi de politique. Dans le souci de ne pas faire peser aux entreprises et à leurs propriétaires une charge fiscale excessive, le législateur réserve donc un sort particulier à certains types de plus-values. Sans examiner l'intégralité des régimes particuliers existants, on se contentera de signaler les exonérations applicables aux petites entreprises, les régimes concernant la transmission des PME et le régime particulier des plus-values immobilières à long terme[214].

α) Les exonérations des plus-values réalisées par les petites entreprises

616 En vertu de l'article 151 *septies* du Code général des impôts, les plus-values réalisées en cours ou en fin d'exploitation par les contribuables dont les recettes n'excèdent pas certains seuils[215] sont exonérées en tout ou partie, à condition que l'activité ait été exercée à titre professionnel pendant au moins cinq ans et que le bien cédé ne soit pas un terrain à bâtir. Pour bénéficier de l'exonération, le régime d'imposition de l'entreprise (régime réel, micro ou forfait agricole) est indifférent.

L'exonération est réservée aux plus-values réalisées dans le cadre d'une activité agricole, artisanale, commerciale, industrielle ou libérale, exercée à titre professionnel, ce qui implique la participation personnelle, directe et continue du contribuable à l'accomplissement des actes nécessaires à l'exploitation. Il peut s'agir d'une activité exercée dans une entreprise individuelle ou dans le cadre d'une société de personnes relevant de l'impôt sur le revenu[216]. Selon le montant de recettes, l'exonération des plus-values peut être totale ou partielle.

Lorsque ses conditions d'application sont réunies, l'exonération concerne toutes les transmissions à titre gratuit ou onéreux d'éléments d'actif, à l'exception des terrains à bâtir, réalisées en cours ou en fin d'exploitation. Elle ne s'applique pas, en revanche, aux redevances de concession de brevets.

L'exonération, qui peut être totale ou partielle, porte sur les plus-values nettes, à court terme ou à long terme, déterminées après compensation avec les moins-values de même nature. L'exonération des plus-values ne prive pas le contribuable du droit de déduire dans les conditions habituelles les moins-values nettes subies lors de la cession d'éléments d'actif pour leur montant total, même si ses recettes excèdent les seuils d'exonération.

214. Selon le Conseil des prélèvements obligatoires, l'empilement des mesures d'exonération des plus-values professionnelles destinées à favoriser la transmission de l'entreprise aboutit à un coût total de 775 millions d'euros... (*Entreprises et « niches » fiscales et sociales. Des dispositifs dérogatoires nombreux*, oct. 2010).

215. L'exonération est totale si les recettes n'excèdent pas 250 000 € pour les entreprises industrielles et commerciales de vente ou fourniture de logements (à l'exception en principe des locations meublées), et les exploitants agricoles, et 90 000 € pour les prestataires de services. L'exonération est partielle lorsque les recettes excèdent ces seuils sans dépasser respectivement 350 000 € et 126 000 €. Il s'agit alors d'une exonération partielle dégressive, la fraction de la plus-value imposée dans les conditions de droit commun étant d'autant plus élevée que les recettes sont proches de 350 000 € ou de 126 000 €. La fraction exonérée est obtenue en appliquant au montant de la plus-value réalisée un taux égal au rapport suivant : (350 000 € – montant des recettes) / 100 000 €, dans les entreprises industrielles et commerciales de vente ou fourniture de logement et les exploitations agricoles dont les recettes sont comprises entre 250 000 € et 350 000 € ; (126 000 € – montant des recettes) / 36 000 €, chez les prestataires de services dont les recettes sont comprises entre 90 000 € et 126 000 €.

216. Dans ce dernier cas, l'exonération peut concerner tant les plus-values réalisées par la société que celles réalisées par les associés à l'occasion de la cession de leurs droits sociaux.

β) Les plus-values exonérées en raison de la transmission de l'entreprise

617 Afin d'encourager la transmission d'entreprise à titre gratuit comme à titre onéreux, la loi fiscale prévoit un certain nombre d'exonérations de l'impôt sur les plus-values professionnelles. Comme on l'a finement observé, « les régimes d'exonération mis en place montrent ainsi que le législateur a voulu privilégier le principe de continuité de l'entreprise par rapport à celui de l'imposition des plus-values professionnelles, ce qui revient finalement à opposer l'enrichissement en cours d'exploitation à l'enrichissement en fin d'activité, et donc à faire ressurgir sous une autre forme la distinction entre la théorie de la source et celle de l'enrichissement »[217].

618 La première exonération tient à la **faible valeur des éléments transmis**. L'article 238 *quindecies* du Code général des impôts se place donc dans le prolongement de l'article 151 *septies* examiné ci-dessus lorsqu'il prévoit ainsi que les plus-values réalisées à l'occasion de la transmission d'une entreprise individuelle ou d'une branche complète d'activité sont exonérées à condition que l'activité ait été exercée pendant au moins cinq ans[218] et que la valeur des éléments transmis se situe en dessous de certains seuils[219]. L'exonération est totale si cette valeur est inférieure à 300 000 euros, partielle si elle est comprise entre 300 000 euros et 500 000 euros[220]. L'exonération ne s'applique pas si le cédant possède le contrôle de l'entreprise cessionnaire du fait de la participation qu'il y détient ou des fonctions qu'il y exerce. Il s'agit par-là d'éviter que l'exonération d'imposition sur les plus-values permette d'organiser des cessions à soi-même en franchise d'impôt[221].

619 La seconde exonération s'applique en cas de transmission **à titre gratuit d'une entreprise individuelle**[222]. Elle trouve son siège à l'article 41 du Code général des impôts.

217. J.-P. Casimir, « La mutation génétique des plus-values », in M. Chadefaux, F. Deboissy et C. de la Mardière (dir.), *Écrits de fiscalité des entreprises. Études à la mémoire du Professeur Maurice Cozian*, Litec, 2009, p. 171 et s., spéc. p. 183.

218. Cette exonération s'applique aussi à la cession d'une branche d'activité par une société relevant de l'impôt sur les sociétés, lorsque deux conditions sont réunies : premièrement, elle emploie moins de 250 salariés et soit réalise un chiffre d'affaires annuel inférieur à 50 millions d'euros, soit a un total de bilan inférieur à 43 millions d'euros ; deuxièmement, son capital ou ses droits de vote ne sont pas détenus à hauteur de 25 % ou plus par une ou plusieurs entreprises ne remplissant pas les conditions d'effectif ou de chiffre d'affaires (ou de total de bilan) précitées.

219. Pour un cas d'application, cf. CE, avis, 13 juill. 2012, n° 358931, *SAS Ondupack*, *Dr. fisc.* 2012, n° 39, concl. B. Bohnert, note Th. Massart.

220. La fraction exonérée est obtenue en appliquant au montant de la plus-value réalisée un taux égal au rapport suivant : (500 000 – valeur des éléments transmis) / 200 000.

221. L'existence d'un tel contrôle est établie lorsque le cédant, ou, s'il s'agit d'une société, l'un de ses associés détenant directement ou indirectement au moins 50 % des droits de vote ou des droits dans les bénéfices sociaux ou en assurant la direction effective :
– soit exerce la direction effective de l'entreprise cessionnaire ;
– soit détient directement ou indirectement plus de 50 % des droits de vote ou des droits dans les bénéfices sociaux de cette entreprise.
Ces conditions doivent être satisfaites de façon continue au cours des trois années qui suivent la cession, sous peine de remise en cause de l'exonération des plus-values.

222. Sur ce mécanisme, cf. A. Delfosse, « La fiscalité dérogatoire de la transmission à titre gratuit d'une entreprise individuelle », in M. Chadefaux, F. Deboissy et C. de la Mardière (dir.), *Écrits de fiscalité des entreprises. Études à la mémoire du Professeur Maurice Cozian*, Litec, 2009, p. 443 et s.

Ce texte, issu de la loi de finances pour 1981, ne prévoyait initialement qu'un cas de sursis à l'imposition des plus-values en cas de transmission par décès ou par donation de l'entreprise individuelle. Ce sursis n'était, par définition, que provisoire : la réalisation de certains événements ultérieurs – notamment la cession de l'entreprise – y mettait fin et la plus-value non imposée à l'occasion de la transmission à titre gratuit rentrait alors dans le champ de l'impôt. C'est la loi de finances rectificative pour 2003 qui, en réécrivant l'article 41 du Code général des impôts, en a également transformé substantiellement le mécanisme.

Désormais, les bénéficiaires d'une transmission à titre gratuit d'entreprise individuelle[223] peuvent, en cas de poursuite de l'activité, opter pour un régime de *report* d'imposition des plus-values d'actif constatées au jour de la transmission. Ce report se transforme en exonération définitive des plus-values si l'activité est poursuivie pendant au moins cinq ans par l'un des bénéficiaires de la transmission.

La combinaison de ce dispositif avec les régimes d'exonération des plus-values applicables en fonction des recettes[224] ou de la valeur des éléments cédés[225] est interdite.

620 La troisième exonération qu'il convient de signaler concerne les plus-values réalisées lors de la cession à titre onéreux d'une PME relevant de l'impôt sur le revenu, pour cause de **départ à la retraite** de l'exploitant. En vertu de l'article 151 *septies* A du Code général des impôts, celles-ci sont exonérées à condition que l'activité ait été exercée pendant au moins cinq ans.

Applicable quelle que soit la nature de l'activité (commerciale, artisanale, libérale ou agricole), l'exonération est réservée aux entreprises qui répondent à la définition communautaire des PME[226]. L'exonération s'applique à la totalité des plus-values, à court terme ou à long terme, dégagées à l'occasion de la cession, à l'exception des plus-values immobilières qui restent imposables dans les conditions de droit commun. Les plus-values en report d'imposition taxables à cette occasion peuvent également être exonérées sous certaines conditions.

γ) Le régime particulier des plus-values immobilières à long terme

621 Lorsqu'une entreprise cède un immeuble en réalisant une plus-value, la logique de notre système voudrait que cette plus-value soit imposée conformément au régime des plus-values professionnelles. Or, ce régime apparaît singulièrement défavorable lorsqu'on le compare avec celui qui s'applique aux plus-values immobilières des particuliers : on sait en effet que celles-ci peuvent être totalement exonérées au bout de trente ans[227]. Pour éviter cette différence de traitement et encourager les entrepreneurs à ne pas conserver les immeubles affectés à l'exploitation dans leur patrimoine privé, la loi de finances pour 2006 a donc introduit un mécanisme, codifié à l'article 151 *septies* B du Code général des impôts, permettant par le biais d'un abattement applicable après cinq années de détention d'aboutir à une exonération totale de la plus-value au bout de quinze ans. Ce texte s'applique essentiellement aux cessions d'immeubles bâtis ou non bâtis affectés par l'entreprise à sa propre exploitation, à l'exclusion des immeubles

223. La transmission doit en principe porter sur l'ensemble des éléments de l'actif immobilisé affectés à l'exercice de l'activité professionnelle (ou sur une branche complète d'activité). Il est toutefois admis que les immeubles d'exploitation ne soient pas transmis.

224. Art. 151 *septies*, CGI : cf. *supra*, n° 616.

225. Art. 238 *quindecies*, CGI : cf. *supra*, n° 618.

226. Il s'agit des entreprises :
– qui emploient moins de 250 salariés et soit réalisent un chiffre d'affaires annuel inférieur à 50 M €, soit ont un total de bilan inférieur à 43 M € ;
– dont le capital ou les droits de vote ne sont pas détenus à hauteur de 25 % ou plus par une ou plusieurs entreprises ne remplissant pas les conditions d'effectif ou de chiffre d'affaires (ou de total de bilan) précitées.

227. Art. 150 VC, I, CGI.

de placement des terrains à bâtir. Le délai de quinze ans a de quoi étonner, puisqu'on vient de voir que l'exonération pour les particuliers s'applique au bout de trente ans seulement. Il s'explique par le fait que l'article 151 *septies* B a été introduit dans le CGI à une époque où les plus-values immobilières des particuliers étaient exonérées au bout de quinze ans... et n'a pas été révisé lorsque le régime applicable aux particuliers a changé.

CHAPITRE 3

LE CONTRÔLE DE LA DÉTERMINATION DU RÉSULTAT D'ENTREPRISE

622 La comptabilité, on l'a vu, a pour fonction de fournir des comptes de l'entreprise une image fidèle. Elle a, en ce sens, un caractère descriptif : rendre des comptes, c'est rendre compte. Un comptable objecterait à juste titre qu'il y a, dans l'élaboration du résultat comptable, une multitude de choix de méthode qui démontrent l'absence de caractère mécanique de la construction du résultat comptable. On répliquera que, s'il y a plusieurs façons de décrire la même réalité, il ne s'agit pas moins de descriptions. Or, la fiscalité se démarque de cette approche descriptive en introduisant dans le résultat fiscal un jugement de valeur. L'entreprise n'a-t-elle pas *indûment* minoré son résultat imposable ? Cette question inquiète légitimement les vérificateurs. Elle se traduit, concrètement, par la possibilité pour l'administration de rectifier un résultat fiscal lorsqu'il existe un ou plusieurs actes de gestion « anormaux » ; c'est la mise en œuvre de la théorie de l'acte anormal de gestion (Section 2). Avant d'en venir à la description de cette théorie, il est cependant nécessaire de la replacer dans le contexte plus général des techniques de rectification du résultat (Section 1).

SECTION 1 LES TECHNIQUES DE RECTIFICATION DU RÉSULTAT

623 L'objet du présent ouvrage n'est pas d'initier l'étudiant aux procédures suivies par l'administration pour contrôler l'exactitude des résultats déclarés par les entreprises : nous renvoyons donc à des sources plus spécialisées pour l'étude des délais de reprise encadrant l'action de l'administration, des modalités de l'exercice du contrôle, etc. Il est en revanche nécessaire de comprendre dans quelles conditions un résultat peut être rectifié par l'administration (§ 1) et de mesurer les effets d'une telle rectification (§ 2).

§ 1. LES CONDITIONS DE LA RECTIFICATION

624 L'administration fiscale a le droit de rectifier les résultats imposables dans la limite de ceux couverts par le droit de reprise[1]. Ce droit est la contrepartie logique d'un système fiscal où la détermination du résultat dépend au premier chef des déclarations faites par le contribuable. Il constitue néanmoins une entorse au principe d'intangibilité des écritures comptables consacré par le droit commercial[2]. C'est pourquoi il s'exerce dans des conditions bien définies. Si les erreurs comptables peuvent ainsi être rectifiées par l'administration, tel n'est pas le cas des décisions de gestion. L'étendue des pouvoirs de l'administration dépend donc de la distinction cardinale entre les erreurs comptables et les décisions de gestion[3] (A). Toutefois, la jurisprudence enseigne que l'état du droit est plus complexe car l'administration peut en réalité rectifier certaines décisions de gestion procédant d'une erreur délibérée (*sic*) ou d'une gestion anormale (B).

A. LA DISTINCTION ENTRE ERREURS COMPTABLES ET DÉCISIONS DE GESTION

625 Lorsqu'un contribuable a commis une erreur lors de l'élaboration de sa déclaration, il est souhaitable que celle-ci puisse être rectifiée. Chacun peut s'être trompé de bonne foi. C'est pourquoi l'administration comme le contribuable lui-même peuvent agir à cette fin. Ce point est acquis depuis longtemps en jurisprudence, étant entendu que le contribuable ne peut réclamer la correction de ses propres erreurs que s'il en justifie la matérialité et le montant[4] et si le délai de réclamation contentieuse n'est pas expiré[5].

Encore faut-il définir ce qu'on entend par erreur comptable. Selon le Commissaire du gouvernement Fabre, celle-ci « s'analyse en une défaillance involontaire dans le récolement ou dans la traduction comptable de données de fait dont l'enregistrement comptable ne laisse place à aucune option ». L'erreur comptable se distingue ainsi de la décision de gestion qui, elle, laisse place à la volonté du contribuable : il s'agit de « la décision de procéder à une écriture ou à un ensemble d'écritures comptables dont la passation est facultative, ou de fixer le quantum de ces écritures en utilisant une marge de choix que les prescriptions légales laissent ouvertes[6] ».

1. On rappelle que, pour l'impôt sur le revenu et sur les sociétés, le délai de reprise expire en principe à la fin de la troisième année suivant celle au titre de laquelle l'imposition est intervenue (art. L. 169, LPF).

2. Art. L. 123-12 et s., C. com.

3. V. sur ce point C. Louit, *J.-Cl. Impôts et Contributions*, fasc. 226-10, 2014 ; le bel article de G. Dedeurwaerder, « La distinction des erreurs et des décisions de gestion. Essai de présentation renouvelée d'une théorie générale », *Dr. fisc.* 2014, n° 28, ét. 427, plaidant notamment pour une extension de la distinction au-delà de la fiscalité des entreprises. V. aussi, dans le prolongement de cet article, la note de M. Ferré sous CE, 19 nov. 2014, *Dr. fisc.* 2015, n° 17, comm. 280.

4. CE sect., 10 mars 1999, n° 154859, *Dr. fisc.* n° 44, comm. 797.

5. Le contribuable peut également demander la rectification de l'erreur par compensation avec des rehaussements dont il fait l'objet par ailleurs. Il ne peut, en revanche, pas rectifier spontanément l'erreur commise dans les écritures d'un exercice ultérieur (CE, 2 oct. 1981, n° 14655, 8e et 9e s.-s., *RJF* 11/81, n° 950).

6. Concl. sous CE, 4 juill. 1979, n° 5511, *Dr. fisc.* 1980, n° 16, comm. 890. Sur le fait qu'une décision de gestion suppose nécessairement l'existence d'une faculté juridique d'option, v. par ex. CE, 25 mars 2013, n° 355035, *Sté Merlett France*, *Dr. fisc.* 2013, n° 25, comm. 342, concl. N. Escaut ; CE, 29 mai

Il est admis par la doctrine administrative et la jurisprudence que l'erreur comptable peut être, soit une erreur de fait (lorsqu'elle résulte d'une appréciation purement objective de faits matériels), soit une erreur de droit (lorsqu'elle procède de l'interprétation erronée de textes fiscaux)[7]. Relèvent par exemple de l'erreur de fait, les erreurs d'évaluation d'actifs ou l'omission d'éléments que le contribuable devait enregistrer. Constituent une erreur de droit une erreur concernant la date de rattachement d'une créance ou d'une dette ou encore la non-comptabilisation d'une charge que l'on croyait non déductible.

L'effet pratique de la distinction entre erreur comptable et décision est simple : tandis que les erreurs peuvent être corrigées, les décisions ne le peuvent pas (en principe)[8]. Ceci implique qu'un contribuable ne peut se plaindre *a posteriori* du fait qu'il n'a pas fait un choix fiscal qui aurait été plus avantageux pour lui. Sa décision de gestion lui est opposable. Ainsi, par exemple, un contribuable ne peut pas rectifier à la hausse une annuité d'amortissement linéaire déductible au motif qu'il a « oublié » que le bien amortissable concerné ouvrait droit à l'amortissement dégressif[9]. S'il n'a pas fait le choix de recourir à l'amortissement dégressif, c'est qu'il est censé avoir fait le choix inverse. En revanche, un contribuable peut rectifier une véritable erreur : l'oubli d'une charge déductible, notamment, peut ainsi être rectifié car la loi ne laisse ici aucun choix et oblige le contribuable à déclarer un bénéfice net de charges.

Réciproquement, l'administration ne peut pas reprocher à un contribuable d'avoir pris une décision de gestion qui lui a procuré un avantage fiscal, dès lors que la loi lui permettait de le faire.

En pratique, cependant, le domaine de l'action réservée à l'administration est plus large que cette présentation ne le laisse croire car il s'étend au-delà de la seule rectification des erreurs comptables. La distinction entre erreurs comptables et décisions de gestion a ses limites.

B. LES LIMITES DE LA DISTINCTION ENTRE ERREURS COMPTABLES ET DÉCISIONS DE GESTION

626 Certaines erreurs comptables ne sont pas de véritables erreurs et peuvent être rectifiées à ce titre par l'administration fiscale, mais pas par le contribuable : c'est ce qu'exprime la notion paradoxale d'erreur comptable délibérée[10] (1°). Par ailleurs, certaines décisions de gestion régulières d'un strict point de vue comptable peuvent être remises en cause au nom de considérations d'opportunité économique. C'est là qu'intervient la théorie de l'acte « anormal » de gestion (2°).

2017, n° 405083, *Sté Vivendi, Dr. fisc.* 2017, n° 24, Act. 340 par O. Fouquet ; *FR* 30/17, p. 6 et s., art. de S. Austry et C. Lopater.

7. BOI-BIC-BASE-40-10 n° 20.

8. Jurisprudence constante depuis CE, 23 janv. 1961, n° 47543, 7e s.-s., *Dupont* 1961, n° 3, p. 44, *RO*, p. 270, *BOCD* 1961-II-1507 et CE, 25 janv. 1961, n° 48210, 8e s.-s., *Dupont*, 1961, n° 3, p. 45, *RO*, p. 282, *BOCD* 1961-II-1510.

9. CE, 1er oct. 1986, n° 44245, *Dr. fisc.* 1986, n° 51, comm. 2307.

10. La terminologie utilisée en jurisprudence a fluctué, le Conseil d'État se référant tantôt à des « décisions de gestion irrégulières », tantôt d'erreurs comptables « volontaires » ou « délibérées », alors d'ailleurs que les concepts ne sont pas rigoureusement identiques (cf. en ce sens, S. Austry, « Une survivance du « moralisme » en droit fiscal : la théorie des erreurs comptables délibérées », *RJF* 6/1997, p. 359). Ces deux dernières expressions paraissent avoir supplanté la première dans la jurisprudence récente.

1. La notion d'erreur comptable délibérée

627 Certains contribuables peuvent être tentés de commettre intentionnellement des erreurs comptables. Il s'agit le plus souvent de minorer le résultat imposable, par exemple en « se trompant » sur le montant des charges déductibles. Il s'agit parfois de le majorer pour donner de l'entreprise une image de santé non conforme à la réalité et obtenir, par exemple, un prêt bancaire qui n'aurait pas été octroyé sans cela[11]. Si l'on appliquait mécaniquement à ce type de situation la théorie des erreurs comptables « ordinaires », il en résulterait que le contribuable pourrait à tout moment rectifier ultérieurement l'erreur lorsque cela lui est favorable (notamment lorsque la fausse erreur a conduit à augmenter le résultat) et échapper à toute sanction en cas de découverte par l'administration de l'erreur commise à son détriment (dans le cas inverse). C'est pourquoi la jurisprudence a inventé le concept d'erreur comptable délibérée et le régime qui l'assortit : lorsqu'un contribuable commet une telle erreur, il ne peut en demander la rectification à son profit, cependant que l'administration conserve, elle, la possibilité de la rectifier à tout moment. Le caractère asymétrique du régime fiscal de l'erreur comptable délibérée est ainsi destiné à dissuader les contribuables de violer la législation fiscale en feignant de se tromper.

La théorie des erreurs comptables délibérées a donné lieu à certaines critiques. Outre les difficultés tenant à la nécessité de prouver la mauvaise foi du contribuable, on lui a reproché de créer une situation asymétrique entre l'administration et le contribuable, au détriment d'une application objective et symétrique de la loi fiscale. Un autre reproche, procédant d'ailleurs de la même idée, est que la prise en considération de l'intention du contribuable devrait rester sans influence sur le droit pour celui-ci de demander la correction d'une erreur qui l'a conduit à acquitter un impôt supérieur à celui prévu par la loi[12]. Elle a néanmoins été fermement maintenue par le Conseil d'État dans le souci de conforter le respect, non seulement des prescriptions comptables[13], mais aussi d'une forme de morale, en empêchant le contribuable de se prévaloir de sa propre turpitude[14]. La jurisprudence a toutefois précisé les limites du concept d'erreur comptable délibérée en clarifiant que celle-ci ne se confond pas avec l'erreur comptable fondée sur le comportement frauduleux d'un salarié qui, pour des raisons qui lui sont propres, dépose des déclarations fausses au nom de la société. Dans l'hypothèse d'un salarié qui avait outrepassé l'exercice normal de ses fonctions et artificiellement majoré le résultat de la société par l'enregistrement de produits fictifs (ce qui produisait, semble-t-il, des effets favorables sur sa rémunération), le Conseil d'État a ainsi jugé que la société était fondée à corriger les résultats déclarés sans que puisse lui être opposée une décision de gestion. Le Conseil d'État a jugé que quelles qu'aient été les carences de la société dans l'organisation et la mise en œuvre des dispositifs de contrôle interne, les irrégularités comptables litigieuses ne sauraient résulter d'une erreur volontairement commise par la société et ne présentaient pas le caractère d'une erreur comptable délibérée[15].

Cette dimension « moraliste » de la jurisprudence se retrouve également dans la reconnaissance du droit de l'administration de rectifier les opérations procédant d'un acte anormal de gestion.

11. C'est dans un cas de ce type que s'est prononcé le Conseil d'État dans la décision *Intraco* par laquelle la théorie des erreurs comptables délibérée a été réaffirmée avec éclat (cf. CE, 12 mai 1997, n° 160777, *RJF* 6/97, n° 535).

12. Cf. à ce sujet M. Cozian, « On ne badine pas avec les écritures comptables : la théorie des erreurs comptables délibérées », in *Les grands principes de la fiscalité des entreprises*, Litec, 1999, 4e éd., p. 191 et s.

13. Souvenons-nous que, sauf exception, les écritures comptables servent de base à l'élaboration du résultat fiscal (cf. *supra*, n° 389 et s.).

14. Cf. O. Fouquet, « Morale, fiscalité et expertise comptable », *Rev. adm.* 1997. 404 et s. ; S. Austry, « Une survivance du moralisme en droit fiscal : la théorie des erreurs comptables délibérées », *RJF* 6/1997, p. 359 et s.

15. CE, 9 mars 2016, n° 380808, *Dr. fisc.* 2016, n° 21, comm. 335, concl. E. Bokdam-Tognetti, note J. Ardouin et M. Ferré.

2. La rectification des actes de gestion procédant d'une gestion anormale

628 En principe, le Conseil d'État a plusieurs fois jugé qu'il existe un principe de liberté de gestion interdisant à l'administration de s'immiscer dans les décisions des entreprises. Selon la formule utilisée par la Haute juridiction, « il n'appartient pas à l'administration de se prononcer sur l'opportunité des choix arrêtés par une entreprise pour sa gestion »[16]. Ce principe de non-immixtion implique qu'un contribuable n'est jamais de tenu de tirer des affaires qu'il traite le maximum de profit que les circonstances lui auraient permis de réaliser. De même, une entreprise peut librement opter, en principe, pour la solution la moins imposée[17]. Enfin, le principe de non-immixtion implique qu'une entreprise doit être laissée libre de choisir entre plusieurs modalités de financement, notamment entre l'emprunt et le recours aux fonds propres[18], ce dont découle qu'il ne peut en principe lui être reproché de financer par emprunt une distribution de dividendes[19].

Certaines décisions de gestion prises par l'entreprise peuvent néanmoins être parfaitement correctes au regard de la comptabilité et ne pas donner lieu à déduction sur le terrain fiscal. C'est le cas lorsque ces décisions procèdent d'une « gestion anormale ». Il s'opère ainsi une dissociation entre le caractère parfaitement correct de la « décision de gestion » et le caractère incorrect de « l'acte anormal de gestion ». Ceci tient au fait que le terme « gestion » ne revêt pas la même signification dans les deux expressions : lorsqu'on parle de décision de gestion, on ne s'intéresse en réalité qu'à une décision ayant trait au principe ou aux modalités de la comptabilisation d'une opération donnée ; lorsqu'on parle d'acte de gestion, on entend plus largement la gestion comme les opérations

16. CE, 23 janv. 2015, n° 369214, *SAS Rottapharm*, *Dr. fisc.* 2015, n° 16, comm. 268, concl. M.-A. NICOLAZO DE BARMON, note A. DE MASSIAC et R. BAGDASSARIAN.

17. « Le choix de la solution fiscalement la plus favorable ne constitue pas, par lui-même, un abus de droit » (concl. O. FOUQUET, *RJF* 5/86 p. 268 sur CE, 21 mars 1986, n° 53002, *Sté Auriège*, *RJF* 5/86, n° 470). Dans le même sens, Mme Cortot-Boucher rappelle qu' « entre deux voies, le contribuable n'est jamais tenu de choisir celle qui est fiscalement la moins avantageuse » (concl. CE, 11 février 2011, n° 314950, 3e et 8e s.-s., *Picoux*, *BDCF* 5/11, n° 64).

18. CE, Sect., 30 déc. 2003, n° 233894, *SA Andritz*, *Dr. fisc.* 2004, n° 16, comm. 427, concl. G. BACHELIER. Dans le même sens, l'entreprise peut librement choisir de renflouer sa filiale par un abandon de créance plutôt que par la souscription à une augmentation de son capital : en ce sens, CE, 17 déc. 1984 n° 52341, *RJF* 2/05 n° 205, concl. O. FOUQUET *Rev. sociétés* 1/85 p. 145 et s. Le même raisonnement explique la jurisprudence qui ne voit pas d'acte anormal de gestion dans le fait pour une banque étrangère possédant une succursale en France de financer celle-ci par prêt plutôt que par dotation en capital (CE, 11 avr. 2014, n° 346687, *Banca di Roma Spa* ; n° 344990, *Bayerische Hypo und Vereinsbank AG* ; n° 359640, *Caixa Geral de Depositos*, *Dr. fisc.* 2014, n° 23, comm. 364, chron. C. ACARD, n° 3 et s., *Dr. fisc.* 2014, comm. 365, concl. D. HEDARY). La même solution s'impose, dans le cas symétrique où l'administration reproche à une banque française d'avoir surcapitalisé une succursale étrangère et corrélativement renoncé à percevoir des produits financiers, le Conseil d'État affirmant ici aussi le principe de la liberté des modalités de financement (CE, 17 juin 2015, n° 369722, Banque AIG SA). Pour un point sur la question, v. C. ACARD et H. CHRISTOPHE, « Le financement d'entreprise en liberté "surveillée" », *Dr. fisc.* 2015, n° 23, ét. 388.

19. Dans une affaire où était reproché à une société d'avoir financé par emprunt une distribution de dividendes, le Conseil d'État a considéré qu'une cour administrative d'appel, « qui n'a pas entendu juger que le choix de financer une distribution de dividendes en recourant à l'emprunt était, en lui-même, constitutif d'un abus de droit, n'a pas commis d'erreur de droit ». Le Conseil d'État indique ainsi clairement que l'administration ne saurait donc remettre en cause systématiquement (sur le terrain de l'abus de droit) la déduction d'intérêts afférents à un emprunt souscrit pour financer une distribution (CE, 13 janv. 2017, n° 391196, *SAS Ingram Micro*, *Dr. fisc.* 2017, n° 15, comm. 254, concl. E. CRÉPEY).

ayant trait à la vie de l'entreprise, à son « management » : contracter à telles ou telles conditions, rémunérer les dirigeants de telle ou telle manière, etc. Aussi les actes de gestion pouvant être rectifiés en raison de leur caractère anormal sont-ils ceux qu'une entreprise accomplit bien au-delà de la sphère comptable. En d'autres termes, l'acte de gestion est plus large que la décision de gestion, même si toutes les opérations faites par les entreprises ne sont pas forcément des actes de gestion : une fusion, par exemple, ne constitue pas un acte de gestion dans la mesure où elle est décidée, non par les dirigeants (seuls habilités à gérer au sens strict), mais par les assemblées générales extraordinaires des sociétés fusionnantes[20]. On devrait de même considérer qu'une réduction de capital ne peut être considérée comme un acte de gestion critiquable sur le fondement de l'acte anormal de gestion dès lors qu'il s'agit d'une décision des actionnaires de la société, non de la société elle-même[21]. On peut à tout le moins considérer que si l'assemblée générale est susceptible dans certains cas de représenter « l'ultime organe de gestion de la société », selon les mots de Claire Acard, il n'en résulte pas pour autant que toutes les décisions prises par l'assemblée générale sont des décisions de gestion. Comme le note cet auteur, c'est notamment le cas des décisions relatives à la remontée de fonds, qui relèvent du domaine de la répartition des bénéfices entre les actionnaires et ne sont donc pas directement liées à l'activité ou la gestion de la société[22].

629 La théorie de l'acte anormal de gestion ne concerne, en droit strict, que les entreprises qui réalisent des bénéfices industriels et commerciaux[23]. Cette théorie ne repose sur aucun fondement textuel sérieux. L'article 39, 1 du Code général des impôts se contente d'énoncer que « le bénéfice net est établi sous déduction de toutes charges »... ce qui ne se réfère nullement explicitement au caractère normal de celles-ci ou à l'intérêt de l'exploitation. Quant à l'idée de redresser une entreprise au motif qu'une recette aurait dû être perçue mais ne l'a pas été, elle ne repose sur aucun texte du tout[24]. Le juge administratif a toutefois pioché dans les principes généraux pour dégager une théorie permettant d'encadrer les libertés excessives que s'accorderaient certains contribuables. Certains y voient une conséquence du principe d'égalité de

20. Ceci explique pourquoi, contrairement à ce que paraît entendre la doctrine administrative (BOI-IS-FUS-10-40 n° 1 à 40), une fusion entre une société holding et sa cible ne devrait pas donner prise à la théorie de l'acte anormal de gestion.

21. La jurisprudence sur ce sujet est assez ambiguë. Saisi d'une affaire où était en cause la déduction d'intérêts afférents à un emprunt souscrit pour financer le rachat d'une partie de ses propres titres par une société (dans le cadre de la sortie du capital de l'un des associés), le Conseil d'État a estimé qu'il appartient aux juges du fond de contrôler si l'opération peut être regardée comme réalisée dans l'intérêt de la société (CE, 15 févr. 2016, n° 376739, *SNC Pharmacie Saint-Gaudinoise*, *Dr. fisc.* 2016, n° 13, aperçu rapide n° 199 par H. Kruger ; *Dr. fisc.* 2017, n° 5-6, chron. C. Acard, § 4 ; *Dr. fisc.* 2017, n° 10, comm. 195, concl. F. Aladjidi). Le Conseil d'État semble donc considérer que le financement d'une opération décidée par les actionnaires n'est pas soustrait au contrôle de l'acte anormal de gestion. Le même type de raisonnement a été fait par la cour administrative d'appel de Versailles le 24 janv. 2012 (no 10VE03601, *Dr. fisc.* 2012, no 21, comm. 308, concl. L. Dioux-Moebs, note M. Chadefaux ; v. à ce sujet l'analyse de J.-P. Bidegainberry et M. Gauthier, FR 20/12, p. 9), dont l'arrêt confirmait (sur la méthode, non sur le fond) le jugement du tribunal administratif de Cergy-Pontoise (3 sept. 2010, n° 0811640, *SAS Yoplait*, *Dr. fisc.* 2011, n° 11, comm. 254, note critique G. Ladreyt). Pour une réflexion générale mettant en lumière l'apport de la science financière à la réflexion fiscale, v. J.-L. Médus, « Gestion des fonds propres et stratégies d'endettement : pour une vision renouvelée de l'intérêt social », *Dr. fisc.* 2017, n° 10, ét. 192.

22. C. Acard, chron. *Dr. fisc.* 2017, n° 5-6, § 4.

23. Les titulaires de bénéfices non commerciaux voient également leur gestion encadrée, mais selon des modalités spécifiques (quoique proches) qui seront vues au paragraphe suivant.

24. P. Serlooten, n° 34.

l'impôt et de l'exigence de prise en compte des capacités contributives, d'où résulterait qu'un contribuable ne saurait définir ni moduler entièrement à sa guise son bénéfice ou son revenu imposable[25]. Le Conseil d'État s'appuie quant à lui sur une lecture des dispositions combinées des articles 38 et 209 du Code général des impôts selon laquelle « le bénéfice imposable à l'impôt sur les sociétés est celui qui provient des opérations de toute nature faites par l'entreprise, à l'exception de celles qui, en raison de leur objet ou de leurs modalités, sont étrangères à une gestion commerciale normale »[26]. La formule du Conseil d'État se réfère à l'impôt sur les sociétés, mais elle a vocation générale à s'appliquer pour toutes les entreprises relevant des bénéfices industriels et commerciaux.

630 En matière de bénéfices non commerciaux, le Code général des impôts est plus disert qu'en matière de bénéfices industriels et commerciaux. C'est du moins le cas lorsqu'il envisage les conditions de déductibilité des charges puisque l'article 93 énonce que le bénéfice imposable se définit comme « l'excédent des recettes totales sur les dépenses nécessitées par l'exercice de la profession ». Cette formule suggère, lue *a contrario,* que les dépenses non nécessitées par l'exercice de la profession ne sont pas déductibles. Elle invite l'administration et le juge à faire preuve d'une rigueur toute particulière en matière de bénéfices non commerciaux. Il en découle en particulier que certaines dépenses, qui seraient déductibles en matière de bénéfices industriels et commerciaux, ne peuvent l'être en matière de bénéfices non commerciaux. C'est le cas, par exemple, de certaines dépenses illicites réalisées en infraction à la législation économique, qui sont en principe déductibles des bénéfices industriels et commerciaux (sauf interdiction spécifique[27]), mais ne peuvent l'être lorsqu'elles sont supportées par un membre d'une profession réglementée.

En sens inverse, cependant, on n'attend pas toujours d'un professionnel libéral qu'il soit mû exclusivement par la recherche du gain. Un médecin, un avocat peuvent par délicatesse renoncer à demander des honoraires « normaux » à certaines personnes en difficulté financière. L'article 93 du Code général des impôts contrôle l'excès de leurs dépenses, mais n'offre pas de support à la réintégration systématique des bénéfices auxquels ils ont renoncé. C'est ce que reconnaît en creux le Conseil d'État lorsqu'il énonce que « ces contribuables sont, en principe, sous réserve en ce qui concerne les professions libérales et les professions réglementées du contrôle qu'exercent les instances de supervision spécialement instituées à cet effet, seuls juges de l'opportunité des décisions qu'ils prennent ». Certes, le Conseil d'État va au-delà du silence du Code général des impôts en admettant que l'Administration réintègre dans le résultat imposable des titulaires de bénéfices non commerciaux « le montant des recettes non déclarées qu'ils n'auraient normalement pas dû renoncer à percevoir ». Mais pour apprécier la renonciation anormale à recettes, le Conseil d'État précise que la renonciation en cause doit non seulement être dépourvue de contrepartie équivalente pour ces contribuables, mais aussi ne pas être regardée comme relevant de l'exercice normal de leur profession ou d'une pratique normale dans le cadre de leur occupation et n'être justifiée par aucun autre

25. E. Bokdam-Tognetti, *RJF* 2014, p. 108.
26. CE, 6 mars 2006, n° 281034 ; *RJF* 5/06, n° 502 ; CE, 30 juin 2008, n° 291710, *Sté civile du groupe Comte*, *Dr. fisc.* 2008, n° 42, comm. 541, concl. E. Glaser, note A. Bonnet.
27. Cf. *infra*, n° 642, pour des exemples.

motif légitime[28]. Il reste à examiner, avant l'analyse plus approfondie de ces théories[29], les effets d'une rectification par l'administration du résultat d'une entreprise.

§ 2. L'EFFET D'UNE RECTIFICATION DU RÉSULTAT PAR L'ADMINISTRATION

631 Lorsque l'administration rectifie des écritures inexactes, ceci produit un effet direct constitué par l'imposition du bénéfice indûment soustrait à l'impôt (A). Toutefois, il arrive fréquemment que l'inexactitude d'une ou plusieurs écritures n'affecte pas un seul exercice, mais plusieurs. La rectification opérée au titre d'un exercice a alors des conséquences en chaîne que l'on résumera en disant qu'elle produit un effet par ricochet (B).

A. L'EFFET DIRECT DE LA RECTIFICATION

632 Supposons, pour commencer par la situation la plus simple, qu'une entreprise ait commis une erreur (intentionnelle ou non) ou un acte anormal de gestion à l'occasion de l'élaboration des comptes d'un exercice et d'un seul.

Du côté de l'entreprise dont le résultat est rectifié, l'effet de la rectification est simple : la fraction insuffisamment déclarée du résultat fait l'objet d'une réintégration dans le résultat imposable. L'insuffisance du produit constaté est ajoutée au résultat pour être imposée.

La rectification du résultat peut également produire un effet pour les tiers lorsque ceux-ci sont également soumis à une procédure de vérification. Tel est le cas, notamment, lorsqu'un acte anormal de gestion a été accompli par une société relevant de l'impôt sur les sociétés. L'avantage conféré au moyen de l'acte anormal de gestion peut en effet s'analyser comme un revenu distribué ou un avantage occulte et donner lieu à l'imposition au titre des revenus de capitaux mobiliers[30]. Par exemple, lorsque le bénéficiaire d'un acte anormal de gestion reçoit un prix de 150 pour un bien ou un service dont la valeur est de 100, il reçoit indiscutablement une libéralité de 50. Si le bénéficiaire a la qualité d'associé de la société, il relève de l'article 109 1, 2° du CGI selon lequel sont considérées comme revenus distribués « toutes les sommes ou valeurs mises à la disposition des associés, actionnaires ou porteurs de parts et non prélevées sur les bénéfices ».

Si le bénéficiaire n'est pas un associé de l'auteur de l'acte, il faut recourir à l'article 111 c du CGI selon lequel sont également traités comme revenus distribués les avantages occultes.

Le domaine de cet article est en effet interprété largement par le Conseil d'État : alors qu'une cour administrative d'appel avait écarté l'article 111 dans une affaire où une société avait acquis un actif à un prix excessif, mais sans dissimuler la comptabilisation de l'acquisition, le Conseil d'État a censuré cette

28. CE, plén. fisc., 23 déc. 2013, n° 350075, *M. Uguen*, *Dr. fisc.* 2014, n° 14, comm. 252, concl. V. Daumas, note M. Buchet. Sur cette décision, v. la précieuse chronique d'E. Bokdam-Tognetti à la *RJF* 2/2014, p. 107 et s., dont nous nous inspirons pour interpréter les critères de réintégration des recettes comme des critères cumulatifs.

29. Cf. *infra*, n° 638 et s.

30. Art. 109 et 111, CGI.

décision en énonçant de façon très générale : « considérant qu'en cas d'acquisition par une société à un prix que les parties ont délibérément majoré par rapport à la valeur vénale de l'objet de la transaction [...] sans que cet écart de prix comporte de contrepartie, l'avantage ainsi octroyé doit être requalifié comme une libéralité représentant un avantage occulte constitutif d'une distribution de bénéfices au sens des dispositions [...] de l'art. 111 c du CGI, alors même que l'opération est portée en comptabilité et y est assortie de toutes les justifications concernant son objet et l'identité du cocontractant, dès lors que cette comptabilisation ne révèle pas, par elle-même, la libéralité en cause ; que la preuve d'une telle distribution occulte doit être regardée comme apportée par l'administration lorsqu'est établie l'existence, d'une part, d'un écart significatif entre le prix convenu et la valeur vénale du bien cédé, d'autre part, d'une intention, pour la société, d'octroyer, et pour le cocontractant, de recevoir, une libéralité du fait de la cession »[31]. Comme on peut le constater, ce qui apparaît choquant est en réalité de ne pas avoir fait apparaître sur le terrain comptable l'existence de deux actes distincts et d'avoir passé sous silence l'existence de la libéralité. Tout déséquilibre contractuel n'est cependant pas sanctionné : encore faut-il que la libéralité soit intentionnelle et qu'elle soit significative[32]. S'agissant de la preuve de l'intention de recevoir une libéralité, le Conseil d'État estime que l'absence de contrepartie ne révèle pas, par elle-même, que le cédant ait eu l'intention de recevoir une libéralité. Toutefois, le Conseil a estimé, en présence d'un directeur technique de société qui avait cédé des actions fortement surévaluées, que celui-ci ne pouvait légitimement ignorer la valeur réelle des parts et qu'alors même qu'il ne détenait qu'1 % du capital, l'administration rapportait suffisamment la preuve de l'intention pour la société acquéreuse d'octroyer une libéralité et pour le cédant de la recevoir[33].

Passons à présent au cas plus complexe où l'inexactitude du résultat déclaré par une entreprise se retrouve sur plusieurs exercices.

B. L'EFFET PAR RICOCHET DE LA RECTIFICATION

633 Il arrive fréquemment que la rectification des écritures comptables par l'administration fiscale ait pour effet de modifier à la hausse le bilan de clôture d'un exercice donné. Or, le bénéfice imposable étant défini à l'article 38, 2 du Code général des impôts comme une variation d'actif net, le rehaussement de l'actif à la clôture de l'exercice a pour effet mécanique de dégager un surcroît de bénéfice imposable.

Une telle solution ne pose pas problème lorsque, comme dans le cas examiné aux paragraphes précédents, l'inexactitude révélée par la rectification trouve sa source dans l'exercice vérifié et lui seul. Il arrive cependant souvent que tel ne soit pas le cas. Supposons, par exemple, qu'une entreprise soit vérifiée lors d'une année (N). Le délai de reprise étant de trois ans, cette vérification concerne les exercices (N-1), (N-2) et (N-3). Le vérificateur se rend compte qu'à l'actif du bilan de clôture de l'année (N-1) aurait dû figurer une créance contre un tiers existant depuis (N-2), et qui n'a jamais été comptabilisée. Le vérificateur doit alors procéder au rehaussement du bilan de clôture de l'année (N-1). Toutefois, il serait absurde que l'entreprise soit imposée au titre de cet

31. CE, Sect., 28 févr. 2001, n° 199285, *Thérond*, *Dr. fisc.* 2001, n° 26, comm. 592, concl. G. Bachelier ; *RJF* 5/01, n° 620. On retrouve semblable principe la jurisprudence ultérieure. V. CE, 13 déc. 2002, *SARL Wedge Group Europe*, n° 224975 ; CE, 10 août 2005, n° 375983 ; CE, 26 sept. 2011, n° 327782, *M. Chalumeau*, *Dr. fisc.* 2011, n° 48, comm. 605 ; CE, 16 oct. 2013, n° 339166, *SAS Adélaïde*, *Dr. fisc.* 2014, n° 7-8, comm. 1165, concl. D. Hedary ; CE, 5 oct. 2016, n° 390706, *Dr. fisc.* 2017, n° 15, comm. 241. V. également les décisions citées dans les notes ci-dessous.

32. Point confirmé par CE, 31 mars 2010, n° 297307, estimant que le prix de cession de titres consenti par une société à un contribuable ne peut pas être considéré comme un avantage occulte constitutif de revenus distribués dans une hypothèse où l'écart entre ce prix et celui auquel le contribuable les a revendus le même jour à un tiers ne s'élève qu'à 14,75 %.

33. CE, 19 juill. 2011, n° 327762, *M. et Mme Girardot*, *Dr. fisc.* 2011, n° 37, comm. 499, concl. D. Hedary.

exercice à raison d'un bénéfice qui, en réalité, trouve sa source dans un exercice antérieur. D'ailleurs, l'irrégularité qui affecte le bilan de clôture de l'exercice (N-1) existe aussi, par hypothèse, au bilan d'ouverture du même exercice. C'est pourquoi le vérificateur, non content de rectifier le bilan de clôture de l'exercice (N-1), doit également rectifier le bilan d'ouverture du même exercice. Ce faisant, il met en œuvre la théorie dite des « corrections symétriques » (1°).

Ce premier effet par ricochet de la rectification n'est cependant pas le seul. Après avoir modifié le bilan d'ouverture de l'exercice (N-1), il faut faire de même avec le bilan de clôture de l'exercice (N-2). Celui-ci est en effet le même que celui d'ouverture de l'exercice (N-1). Dans l'exemple ci-dessus, la chaîne des rectifications s'arrête là puisque nous avons supposé que la créance omise en comptabilité est née au cours de l'exercice (N-2). *Quid*, cependant, si la créance est née il y a plus longtemps, par exemple en (N-5) ? Dans ce cas, la chaîne des rectifications continue : il faut alors rectifier le bilan de l'ouverture de l'exercice (N-2), et ainsi de suite... mais ces rectifications en chaîne doivent bien s'arrêter quelque part. Le point d'arrêt, c'est le bilan d'ouverture du premier exercice non atteint par la prescription, à savoir (N-3). C'est le résultat du principe de l'intangibilité du bilan d'ouverture du premier exercice non prescrit (2°).

1. La théorie des corrections symétriques

634 La théorie des corrections symétriques trouve sa source dans la jurisprudence du Conseil d'État[34]. Elle signifie que tout rehaussement affectant l'actif net de clôture d'un exercice entraîne mécaniquement le rehaussement de l'actif net du bilan d'ouverture du même exercice lorsque la même erreur se retrouve dans celui-ci.

L'effet pratique de la théorie des corrections symétriques consiste à maintenir inchangé le résultat de l'exercice concerné par la première rectification. En effet, pour reprendre l'exemple ci-dessus, si la rectification du bilan de clôture de l'exercice (N-1) consiste à y réintégrer une créance omise à tort depuis l'exercice (N-2), la créance doit également être réintégrée au bilan d'ouverture de l'exercice (N-1). En conséquence, la rectification pratiquée au titre de l'exercice (N-1) n'entraîne le constat d'aucune variation d'actif net au titre de cet exercice[35].

Au titre de (N-2), la théorie des corrections symétriques implique de rectifier le bilan de clôture de l'exercice puisqu'il est forcément identique à celui de l'ouverture de l'exercice (N-1). Sachant que la créance est née au cours de l'exercice (N-2), elle ne pouvait pas figurer au bilan d'ouverture de cet exercice. Aucune correction symétrique n'est alors pratiquée au titre de (N-2). Finalement, la rectification pratiquée au titre de l'exercice (N-2) fait donc apparaître une variation d'actif net puisque le bilan de clôture a été rehaussé, mais pas le bilan d'ouverture. Le but de la théorie des corrections symétriques est alors atteint. L'erreur commise en (N-2) a bel et bien donné lieu à un rehaussement d'actif net au titre de ce seul exercice, même si elle s'est propagée à l'exercice suivant.

34. Jurisprudence constante depuis CE, 15 juin 1966, n° 62140, *Rec.* p. 399.

35. Précisons que tout ceci ne s'applique pas aux cas d'erreurs volontaires ou délibérées commises par le contribuable (CE, 27 juill. 1979, n° 11717, *Dr. fisc.* 1980, n° 27, comm. 1495, concl. Fabre ; CE, Ass., 7 juill. 2004, n° 230169, *SARL Ghesquière Équipement*, *RJF* 10/04, n° 1019, chron. L. Olléon, p. 719 ; *Dr. fisc.* 2005, n° 12, comm. 302, note J.-L. Pierre, concl. P. Collin). En revanche, la théorie des corrections symétriques s'applique, tant aux rectifications à l'initiative de l'administration qu'à celles à l'initiative du contribuable.

Il arrive cependant que la situation soit plus délicate. Lorsque l'inexactitude des écritures comptables remonte à un exercice non couvert par la vérification, en raison des règles de prescription, la théorie des corrections symétriques se heurte à l'obstacle de l'intangibilité du bilan d'ouverture du premier exercice non prescrit.

2. La règle de l'intangibilité du bilan d'ouverture du premier exercice non prescrit

635 Imaginons à présent que la créance omise au bilan soit née en (N-5) et que l'administration applique mécaniquement la théorie des corrections symétriques : la rectification de l'exercice (N-1) porterait sur le bilan de la clôture et d'ouverture, donc n'entraînerait aucune variation d'actif net au titre de cet exercice ; il en irait de même pour l'exercice (N-2) et pour l'exercice (N-3). L'exercice de rectification serait finalement purement esthétique. Les bilans seraient corrigés mais aucun impact fiscal ne se ferait sentir pour l'entreprise vérifiée puisque, en définitive, aucune variation d'actif net ne pourrait être constatée au titre des exercices vérifiés.

D'un certain point de vue, il n'y a là rien de choquant. Si l'inexactitude remonte à une date antérieure à la période couverte par le droit de reprise, il apparaît parfaitement légitime qu'aucun rehaussement fiscal ne puisse être pratiqué au prétexte de la vérification d'exercices ultérieurs. Il est donc parfaitement concevable qu'aucune limite ne soit apportée à la mise en œuvre de la théorie des corrections symétriques.

D'un autre côté, cependant, l'application de la théorie des corrections symétriques pose un sérieux problème juridique au regard précisément des règles de prescription. Ce problème apparaît lorsque, parvenant à la fin de la chaîne des rectifications, l'administration se pose la question de la rectification du bilan d'ouverture de l'exercice (N-3). On sait en effet que celui-ci n'est en réalité que la reproduction du bilan de clôture de l'exercice (N-4). On ne peut donc modifier le bilan d'ouverture de l'exercice (N-3) sans remettre en cause, indirectement mais nécessairement, le bilan de clôture de l'exercice (N-4). Or, l'exercice (N-4) est atteint par la prescription. Le bilan de clôture de l'exercice (N-4) ne peut plus être modifié par quiconque. On peut donc soutenir que l'application de la théorie des corrections symétriques constitue, dans ce cas, une violation des règles de prescription. D'où la nécessité d'y apporter une limite : l'intangibilité du bilan d'ouverture du premier exercice non prescrit.

Entre ces deux approches, il faut choisir. Tandis que la première garantit à l'entreprise la neutralité des redressements fondés sur des erreurs remontant à une période prescrite, la seconde permet à l'administration de tirer les conséquences pécuniaires de telles erreurs, y compris à l'occasion de la vérification d'exercices ultérieurs.

Il convient toutefois de signaler que le principe d'intangibilité du bilan d'ouverture du premier exercice non prescrit joue parfois à l'avantage du contribuable. C'est le cas lorsque celui-ci a omis d'inscrire au bilan une dette devenue certaine en période prescrite, entraînant une surestimation de l'actif net à la clôture du dernier exercice prescrit. Si cette dette donne lieu à un paiement effectif en période non prescrite, ce paiement s'analyse comme le paiement d'une dette qui, par hypothèse, ne figure pas au bilan d'ouverture du premier exercice non prescrit. Ce paiement constitue donc une charge déductible dudit exercice[36]. Le même raisonnement peut être fait dans le cas où

36. CE, 1er juill. 1992, n° 84938, *RJF* 10/92, n° 1404.

l'entreprise a prématurément constaté un produit, de sorte que son bilan d'ouverture du premier exercice non prescrit est affecté d'une surestimation.

La subtilité des problèmes juridiques et l'importance des enjeux financiers en présence expliquent sans doute pourquoi le droit français a connu en cette matière d'incroyables oscillations. La règle de l'intangibilité du bilan d'ouverture du premier exercice non prescrit a été instituée de façon prétorienne dans des arrêts remontant à 1952[37] avant d'être abandonnée en 1958[38], rétablie spectaculairement en 1973[39], de nouveau abandonnée de façon tout aussi spectaculaire dans une décision d'assemblée *SARL Ghesquière Équipement* de 2004... puis rétablie avec certains tempéraments, mais cette fois par le législateur, dans la loi de finances rectificative pour 2004[40].

636 En l'état actuel du droit, l'article 38, 4 *bis* du Code général des impôts énonce donc que « pour le calcul de la différence entre les valeurs de l'actif net à la clôture et à l'ouverture de l'exercice, l'actif net d'ouverture du premier exercice non prescrit [...] ne peut être corrigé des omissions ou erreurs entraînant une sous-estimation ou surestimation de celui-ci ». C'est la consécration du principe d'intangibilité du bilan d'ouverture du premier exercice non prescrit.

Ce principe est toutefois assorti de deux exceptions. Tout d'abord, les dispositions ci-dessus « ne s'appliquent pas lorsque l'entreprise apporte la preuve que ces omissions ou erreurs sont intervenues plus de sept ans avant l'ouverture du premier exercice non prescrit ». Les inexactitudes très anciennes sont ainsi pardonnées. En pratique, le délai de reprise étant de trois ans, cela signifie que bénéficient de cette exception les omissions ou erreurs commises au cours d'un exercice ouvert plus de dix ans avant l'année de notification de la proposition de rectification[41]. Encore faut-il, pour qu'une entreprise puisse se prévaloir de l'exception au principe de l'intangibilité du bilan d'ouverture, que l'erreur commise il y a plus de dix ans n'ait pas été répétée de façon annuelle : le Conseil d'État a ainsi jugé que l'inscription non justifiée en provision d'une somme pendant plusieurs exercices successifs, même si les montants sont identiques, constitue la répétition d'une erreur si bien que « cette erreur, même lorsqu'elle a été commise pour la première fois au cours d'un exercice clos plus de sept ans avant l'ouverture du premier des exercices non prescrits, ne peut être corrigée dans le bilan d'ouverture du premier de ces exercices »[42].

Ensuite, le principe de l'intangibilité du bilan d'ouverture du premier exercice non prescrit ne s'applique pas non plus à certaines opérations plus récentes mais pratiquées en période prescrite : amortissements trop rapides eu égard aux usages, immobilisations passées à tort en charges[43].

Les corrections des erreurs ou omissions faisant l'objet de la mansuétude législative restent sans influence sur le résultat imposable lorsqu'elles affectent l'actif du bilan. Il y a lieu d'appliquer ici la

37. CE, 20 déc. 1952, n° 86821, *RO*, p. 172.

38. CE, 27 oct. 1958, n° 39769, *RO*, p. 226, *Dupont* 1959, p. 111.

39. CE, Plén., 31 oct. 1973, n° 88207, *Dupont* 1974, p. 20.

40. Les dispositions de la loi sont commentées par l'administration dans le BOI-BIC-BASE-40-20-10.

41. Ce délai correspond à la durée de conservation des documents comptables imposée aux entreprises par l'art. L. 123-22, C. com.

42. CE, 11 mai 2015, n° 370533, *SCP Stock Promotion*, RJF 8-9/15, n° 716, chron. N. LABRUNE ; p. 635. La solution de cette décision tient à ce que, contrairement à d'autres postes du bilan, la constatation d'une provision nécessite qu'une appréciation soit portée, à chaque clôture d'exercice, sur le bien-fondé du maintien de la provision au passif du bilan tant dans son principe que dans son montant. Lorsque tel n'est pas le cas, comme en ce qui concerne un passif injustifié, le contribuable dispose de la possibilité de corriger cette erreur sans que l'intangibilité du bilan d'ouverture du premier exercice non prescrit puisse lui être opposée (CE, 24 janvier 2018, n° 397732, Société Bar du centre, *Dr. fisc.* 2018, n° 16-17, 259, note P. FUMENIER).

43. Plus précisément, le texte se réfère ici « aux omissions ou erreurs qui résultent de dotations aux amortissements excessives au regard des usages mentionnés au 2° du 1 de l'art. 39 déduites sur des exercices prescrits ou de la déduction au cours d'exercices prescrits de charges qui auraient dû venir en augmentation de l'actif immobilisé ».

théorie des corrections symétriques jusqu'à rectification du bilan de l'exercice concerné par l'erreur. Toutefois, la neutralité voulue par le législateur pour ces opérations ne doit pas aboutir à conférer aux entreprises concernées de nouveaux avantages. La loi précise donc que la rectification à la hausse du prix d'acquisition d'actifs immobilisés en période prescrite ne donne pas à l'entreprise le droit de pratiquer de ce fait un surcroît d'amortissement ou de provisions. L'entreprise ne peut pas davantage prendre en compte ce prix de revient rehaussé pour le calcul des plus-values ultérieures réalisées à l'occasion de la cession des biens concernés par le rehaussement.

SECTION 2 LA THÉORIE DE L'ACTE ANORMAL DE GESTION

637 Nous examinerons le concept d'acte anormal de gestion (§ 1) et sa preuve (§ 2). Nous finirons par l'examen de certains exemples présentant un intérêt particulier (§ 3).

§ 1. LES COMPOSANTES DE L'ACTE ANORMAL DE GESTION

638 La théorie de l'acte anormal de gestion s'applique sans conteste toutes les fois qu'une charge exposée par l'entreprise présente un caractère anormal. Réciproquement, et bien que le CGI soit silencieux sur ce point, la jurisprudence admet qu'une insuffisance de recettes peut présenter un caractère également critiquable. Le fait pour une entreprise de renoncer sans contrepartie à un produit donne donc lieu à imposition au titre de la théorie de l'acte anormal de gestion. Comme on le reverra plus loin, la gratuité constitue même un fait suffisamment grave pour justifier un renversement de la charge de la preuve de l'anormalité[44].

639 Comme nous l'avons vu plus haut[45], le Conseil d'État définit les actes anormaux comme ceux qui, « en raison de leur objet ou de leurs modalités, sont étrang [er] s à une gestion commerciale normale ». Il convient donc *a priori* de distinguer l'anormalité par les modalités (A) et l'anormalité par l'objet (B).

A. UN ACTE ANORMAL PAR SES MODALITÉS

640 Un acte est anormal par ses modalités, tout d'abord, lorsque la charge ou le manque à gagner constatés par une entreprise sont excessivement élevés. Cette appréciation quantitative de l'anormalité est facile à comprendre, mais l'est moins à apprécier en pratique. Le moyen le plus classique consiste à comparer les modalités de la transaction critiquée avec celle d'une transaction dans le cadre de relations de marché librement organisées entre personnes indépendantes. Ainsi, par exemple, l'appréciation du caractère normal de la rémunération d'avances de fonds consenties par une entreprise à une

44. Cf. *infra*, n° 649.
45. Cf. *supra*, n° 628 et s.

autre doit être évaluée par rapport à la rémunération que le prêteur pourrait obtenir d'un établissement financier ou d'un organisme assimilé auprès duquel il placerait dans des conditions analogues, des sommes d'un montant équivalent[46]. Tout le problème est cependant de trouver des prêts comparables à ceux pratiqués par l'entreprise en but au grief d'acte anormal de gestion. De façon plus générale, l'identification de modalités anormales pour un acte de gestion pose toujours le problème du choix des termes de la comparaison.

Certains ont pu trouver un repère intéressant dans la théorie civiliste en estimant qu'un acte partiellement ou totalement privé de cause devrait être réputé anormal[47]. L'idée est intéressante, mais tout dépend de la conception de la cause retenue. Certains actes à titre onéreux sont dépourvus de contrepartie immédiate et n'ont donc pas de cause objective, mais reposent sur la considération d'un objectif qui justifie le sacrifice (la conquête ou la conservation espérée du client, etc.). Or, la jurisprudence fiscale nous paraît clairement privilégier la cause subjective sur la cause objective, lorsqu'elle accepte de considérer comme normal un acte déséquilibré mais correctement justifié. En quoi l'anormalité par les modalités est en réalité subordonnée à l'anormalité par l'objet, bien que le Conseil d'État présente les deux types d'anormalité sous une forme alternative neutre.

B. UN ACTE ANORMAL PAR SON OBJET

641 L'anormalité par l'objet est très difficile à définir. Le premier réflexe consiste à avancer qu'un acte est anormal par l'objet lorsqu'il n'est pas justifié par l'intérêt de l'entreprise. Ainsi, par exemple, il n'est pas normal que l'entreprise achète à ses frais des biens ou des services ayant exclusivement vocation à être utilisés par son dirigeant. De même, il n'est pas normal qu'une entreprise consente à des clients des remises qui ne seraient pas justifiées par un objectif commercial démontrable. Il n'y a rien d'anormal, en revanche, à ce qu'une société s'abstienne de réaliser une marge bénéficiaire lorsqu'elle est instituée, conformément aux principes du droit des sociétés, pour faire réaliser des économies à ses associés[48]. On ne saurait pas davantage présumer le caractère anormal d'une opération particulière au seul motif qu'elle serait réalisée sans marge : dans une affaire où l'administration reprochait à une société française d'avoir facturé sans marge commerciale à sa société mère italienne les frais de lancement et de promotion d'un produit qu'elle envisageait de distribuer en France pour le compte de sa société mère, le Conseil d'État a ainsi relevé que la mise en évidence par l'administration de l'absence de facturation d'une marge commerciale ne suffisait pas à considérer que l'administration apporte la preuve du caractère anormal de cette facturation. La cour administrative d'appel avait donc méconnu dans ce litige les règles gouvernant la charge de la preuve en se bornant à relever, pour confirmer la position de

46. CE, 10e et 9e s.-s., 31 juill. 2009, n° 301935, *SARL Jean-March Brocard* ; CAA Paris, 2e ch., 29 sept. 2009, n° 08PA00082, *SA France Immobilier Group*, *Dr. fisc.* 2010, n° 22, comm. 348, note E. Bonneaud.

47. Fradin et Geffroy, n° 537, p. 821.

48. Le Conseil d'État a ainsi jugé qu'une filiale commune constituée par plusieurs sociétés afin de faire réaliser des économies à ses associés peut leur facturer des prestations à prix coûtant (c'est-à-dire sans marge bénéficiaire) dans la mesure où ses conditions d'exploitation sont définies dans le respect de l'art. 1832, C. civ. dans sa rédaction issue de la loi du 4 janvier 1978 (CE, 25 nov. 2009, n° 307227, *min. c/ Cie Rhénane de Raffinage*, *Dr. fisc.* 2010, n° 7, comm. 186, concl. E. Geffray, note R. Schneider ; *RJF* 2/10, n° 106, concl. E. Geffray, *BDCF* 2/10, n° 15 et l'étude de V. Daumas, « Société de capitaux constituée en vue d'organiser la coopération entre ses associés : la jurisprudence sur l'acte anormal de gestion se raffine », *RJF* 3/10, p. 165 et s.).

l'administration, que la société n'avait pas établi les contreparties qu'elle avait retirées de la facturation sans marge qu'elle avait consentie[49].

La prévalence du critère de l'intérêt de l'entreprise peut se recommander de certains textes : ainsi, l'article 39, 5 du CGI permet à l'administration de réintégrer dans les bénéfices imposables certaines dépenses (notamment frais de voyage, dépenses et charges afférentes aux immeubles non affectés à l'exploitation, cadeaux, frais de réception) « dans la mesure où elles sont excessives et où la preuve n'a pas été apportée qu'elles ont été engagées dans l'intérêt direct de l'entreprise »[50]. On retrouve la même idée à l'article 39, 1, 7° du CGI, concernant le versement de subventions à des manifestations de caractère philanthropique, éducatif, scientifique, social, etc.[51] : les dépenses engagées doivent avoir été « exposées dans l'intérêt direct de l'exploitation » (art. 39-1-7°)[52]. On peut donc estimer que le critère de l'intérêt de l'entreprise se trouve en filigrane dans le Code général des impôts, et que c'est à lui que se réfère implicitement le Conseil d'État.

642 Toutefois, le critère tiré de l'intérêt de l'entreprise laisse subsister certaines zones d'incertitude. Ainsi, on peut se demander jusqu'où la prise de risque par une entreprise est compatible avec son intérêt. La jurisprudence a longtemps répondu que le principe de non-immixtion dans la gestion de l'entreprise cesse de s'appliquer lorsque l'entreprise prend des **risques excessifs**. Ainsi, par exemple, le Conseil d'État a pu affirmer que pour savoir si des placements financiers correspondent à des actes de gestion commerciale normale, il faut rechercher si les risques qui ont été pris ont excédé manifestement ceux qu'un chef d'entreprise peut être conduit à prendre pour améliorer les résultats de son entreprise[53]. Le critère du risque excessif a également été utilisé par le Conseil d'État dans une affaire où une société mère avait consenti une avance en compte courant à sa filiale en difficulté puis avait déduit une perte de même montant lorsque l'avance est devenue irrécouvrable[54]. Le Conseil d'État a estimé que le fait de consentir une avance peut être considéré comme un acte anormal de gestion si, compte tenu de la solvabilité de la filiale et du montant de l'avance, l'entreprise prend un risque qui, au regard de l'intérêt que présente pour elle l'accès de sa filiale à des facilités de trésorerie, excède manifestement les risques qu'un chef d'entreprise peut, eu égard aux

49. CE, 23 janv. 2015, n° 369214, *SAS Rottapharm*, *Dr. fisc.* 2015, n° 16, comm. 268, concl. M.-A. NICOLAZO DE BARMMON, note A. DE MASSIAC et R. BAGDASSARIAN.

50. Pour un exemple, cf. CE, 11 févr. 2011, n° 316500, *Sté Philips France*, *Dr. fisc.* 2011, n° 18-19, comm. 335, concl. E. CORTOT-BOUCHER, note L. FAULCON et A. FOURNIER ; *RJF* 5/11, n° 554 et la chron. de V. DAUMAS, p. 475 et s.

51. Le texte poursuit : « ... humanitaire, sportif, familial, culturel ou concourant à la mise en valeur du patrimoine artistique, à la défense de l'environnement naturel ou à la diffusion de la culture, de la langue et des connaissances scientifiques françaises ». Pour un exemple, CE, 15 févr. 2012, n° 340855, *SARL Les Sources Sera*, *Dr. fisc.* 2012, n° 20, comm. 293.

52. On ne doit pas confondre la déduction des sommes versées à de telles manifestations avec la réduction d'impôt égale à 60 % de leur montant les versements, pris dans la limite de 5 pour mille du chiffre d'affaires, instituée par l'art. 238 *bis* du CGI au profit des entreprises se livrant à des opérations de mécénat.

53. CE, 27 avr. 2011, n° 327764, *Société Legeps*, *Dr. fisc.* 2011, n° 25, comm. 399, concl. L. OLLÉON, note O. FOUQUET. V. également sur cette décision C. RAQUIN, « L'évaluation du risque pris par les entreprises conduit-elle l'Administration à s'immiscer dans leur gestion ? », *RJF* 7/11, p. 700 et s. Sur renvoi, v. CAA Paris, 8 juin 2012, n° 11PA02271, *Dr. fisc.* 2012, n° 38, comm. 438, chron. C. ACARD, § 5. Et pour un approfondissement du débat, Y. RUTSCHMANN et J. GAYRAL, « Le risque manifestement excessif : immixtion rampante dans la gestion de l'entreprise ou simple garde-fou ? », *Dr. fisc.* 2012, n° 45, ét. 500 ; F. DEBOISSY, Prise de risque excessif et acte anormal de gestion, *Dr. fisc.* 2015, n° 23, ét. 386.

54. CE, 16 nov. 2011, n° 326913, *Sté Fralsen Holding*, *Dr. fisc.* 2012, n° 5, comm. 122, chron. C. Acard, § 9. Puis, statuant en dernier lieu après renvoi et nouveau pourvoi, CE, 11 juin 2014, n° 363168, *Sté Fralsen Holding*, *Dr. fisc.* 2015, n° 5, comm. 115, note P. FUMENIER et C. MAIGNAN, et n° 7-8, chron. C. ACARD, ét. 142, § 5.

informations dont il dispose, être conduit à prendre, dans une situation normale, pour améliorer la situation de son entreprise. Une telle jurisprudence démontre que le Conseil d'État, qui semblait jusqu'alors cantonner le recours au critère du risque excessif à des hypothèses exceptionnelles[55], a progressivement encouragé les juges à s'y référer dans des circonstances nettement plus banales[56]. Ainsi, le juge fiscal semblait admettre la faculté pour l'administration fiscale de rejeter la déduction de pertes consécutives au non-remboursement d'avances rémunérées accordées à une filiale contrôlée, en se prévalant du concept de risque manifestement excessif. Comme on l'a justement noté, l'effet d'une telle jurisprudence était paradoxal car « les sociétés mères consentant des avances à une filiale active en difficulté de trésorerie pourraient être dorénavant contraintes de s'interroger sur le point de savoir si la persistance de leur comportement n'est pas de nature à révéler une prise excessive du risque de non-remboursement, et cela à l'heure où pourtant les pouvoirs publics encouragent les entreprises à soutenir leurs branches d'activité en péril et les emplois qui y sont attachés »[57]. Cette jurisprudence semble cependant avoir subi un coup d'arrêt en raison de la grande incertitude entourant la notion de « risque excessif »[58]. Dans une décision du 13 juillet 2016[59], le Conseil d'État a en effet considéré qu'indépendamment du cas de détournements de fonds rendus possibles par le comportement délibéré ou la carence manifeste des dirigeants, il n'appartient pas à l'Administration, dans le cadre de l'appréciation de l'acte anormal de gestion, de se prononcer sur l'opportunité des choix de gestion opérés par l'entreprise et notamment pas sur l'ampleur des risques pris par elle pour améliorer ses résultats. Il y a là, semble-t-il, un abandon pur et simple de la théorie du risque excessif[60].

55. Sur le recours par la jurisprudence au critère du risque excessif pour caractériser l'acte anormal de gestion, v. déjà CE, 28 sept. 1983, n° 34626, *Dr. fisc.* 1984, n° 4, comm. 75, *RJF* 11/83, n° 1284 ; CE 17 oct. 1990 n° 83310, *Loiseau* : *Dr. fisc.* 48/91 comm. 2281 concl. O. Fouquet, *RJF* 11/90 n° 1317 et chron. J. Turot p. 735 et s. ; CE, 30 mai 2007 n° 285575, *SA Perronet* : *RJF* 10/07 n° 1012. Plus récemment, v. CE, 23 janv. 2015, n° 365525, *Société Ferrari et Cie*, faisant jouer la théorie du risque excessif dans une situation où une société avait déduit des provisions afférentes au non-remboursement d'avances sans intérêts consenties à sa filiale. Le Conseil d'État a écarté la déduction en relevant que les avances consenties par la société mère étaient manifestement disproportionnées par rapport à l'avantage commercial qu'elle avait pu en retirer. Le fait que la société mère ait « dès l'origine admis le caractère irrécouvrable » des avances « en les provisionnant » a aussi joué en défaveur de cette société, le Conseil d'État considérant que ce fait faisait présumer l'anormalité de l'opération.

56. Cf. l'analyse de Claire Acard dans sa chronique précitée.

57. P. Le Roux, « Le risque manifestement excessif : extension dans les relations intra-groupe ou nouveau cas d'espèce ? », *FR* 35/14, p. 21 et s.

58. Observation à rapprocher des nombreuses occurrences de « l'excès », avec la part de flou qu'il comporte, en droit fiscal : F. Le Mentec, « L'excès en droit fiscal », *Mélanges en l'honneur du Professeur Henri Hovasse*, LexisNexis, 2016, p. 419 et s.

59. CE, 13 juill. 2016, *SA Monte Paschi Banque*, n° 375801, *Dr. fisc.* 2016, n° 36, comm. 464, concl. E. Bokdam-Tognetti, note O. Fouquet ; *RJF* 11/16, n° 937, chron. N. Labrune, p. 1245.

60. On peut rapprocher de la décision *SA Monte Paschi Banque* une décision ultérieure du Conseil d'État où celui-ci a considéré que l'administration ne pouvait pas, pour démontrer que la rémunération de prospection commerciale ne procédait pas d'une gestion commerciale normale, se contenter de mettre en rapport le montant payé à ce titre au prestataire avec le chiffre d'affaires à l'export de cette entreprise, pour en tirer un critère d'efficacité des prestations ainsi rémunérées (CE, 22 févr. 2017, n° 387786, *Sté Additek*, *Dr. fisc.* 2017, n° 28, 395, concl. E. Bodkam-Tognetti, note O. Fouquet). Comme le relevait le rapporteur public dans cette affaire, « un raisonnement faisant du critère du succès la condition *sine qua non* de normalité d'une dépense ne serait pas sans lien avec la défunte théorie du risque manifestement excessif ».

Un autre problème intéressant se pose par exemple toutes les fois qu'une entreprise commet un acte illicite pour développer son activité : violation d'une obligation de non-concurrence, corruption... Il semble alors exister un conflit entre le souci de prévenir la délinquance de l'entreprise (qui justifierait le refus de la déduction) et le principe selon lequel un acte commercialement productif est conforme à l'intérêt de son auteur (qui justifierait la solution inverse, fidèle à l'amoralisme du droit fiscal).

En matière fiscale, la solution est toute en nuances. Lorsqu'est en cause la violation par l'entreprise d'une obligation légale ou réglementaire, la solution procède de la même inspiration que celle du droit pénal. Il ressort ainsi de l'article 39, 2 du CGI que les sanctions pécuniaires et pénalités de toute nature mises à la charge des contrevenants à des obligations légales ne sont pas admises en déduction des bénéfices soumis à l'impôt[61]. Dans le même sens, les sommes versées à des agents publics étrangers à des fins de corruption, qui étaient pendant longtemps déductibles lorsqu'elles étaient justifiées par la nécessité de conquérir de nouveaux marchés, sont aujourd'hui exclues de la déductibilité par l'article 39, 2 du CGI à titre de corollaire de son interdiction par le droit pénal[62]. De même, le Conseil d'État affirme que les pertes résultant des détournements de fonds commis au détriment d'une société ne sont pas déductibles de ses résultats, s'ils ont été commis par les principaux dirigeants, mandataires sociaux ou associés ou si, commis par une autre personne, ils n'ont pu être ignorés d'eux ou ont été rendus possibles par leur comportement délibéré ou leur carence manifeste dans la mise en œuvre des dispositifs de contrôle interne de l'entreprise[63].

En revanche, lorsqu'une entreprise commet un acte engageant sa responsabilité contractuelle ou délictuelle et conduisant au versement de dommages-intérêts, l'indemnité dont elle est redevable doit être considérée comme déductible. Sous-jacente à cette solution, l'idée selon laquelle l'acte, bien que répréhensible, n'en est pas moins un événement ordinaire de la vie économique[64]. De même, la Section des finances du Conseil d'État, saisie par le ministre du budget d'une question rappelant étonnamment une affaire fortement médiatisée intéressant un trader d'une grande banque, est d'avis que la jurisprudence relative à la non-déductibilité de pertes en cas de carence manifeste des dirigeants dans l'organisation de l'entreprise est à ce jour limitée au cas de détournement de fonds par un salarié. Elle ne s'étend pas au cas où un salarié aurait mené des opérations conformément à l'objet social de l'entreprise traduisant un risque excessif que des défaillances organisationnelles n'ont pas permis d'éviter. Sous réserve de l'hypothèse où les dirigeants auraient sciemment accepté une telle prise de risque par une

61. Pour une intéressante décision à ce sujet, v. CE, 20 juin 2012, n° 342714, *Sté Sosaca*, *Dr. fisc.* 2012, n° 38, comm. 440, concl. E. Cortot-Boucher, où le Conseil d'État considère que les sommes versées au titre d'une astreinte prononcée par une décision de justice ne rentrent pas dans le champ de l'article 39. 2 (car une astreinte n'est pas une « amende » ou une « pénalité » mise à la charge d'un contrevenant aux dispositions légales énumérées par le texte), mais elle n'est pas déductible pour autant. En raison de sa finalité qui est de contraindre la personne qui s'y refuse à exécuter les obligations qui lui ont été assignées par une décision de justice et, ainsi, à respecter l'autorité de la chose jugée, elle ne figure pas au nombre des frais généraux déductibles.

62. Depuis l'entrée en vigueur sur le territoire de la République de la convention de l'OCDE sur la lutte contre la corruption d'agents publics étrangers dans les transactions commerciales internationales, les sommes versées ou les avantages octroyés, directement ou par des intermédiaires, au profit d'un agent public au sens du 4 de l'article 1er de ladite convention ou d'un tiers pour que cet agent agisse ou s'abstienne d'agir dans l'exécution de fonctions officielles, en vue d'obtenir ou conserver un marché ou un autre avantage indu dans des transactions commerciales internationales, ne sont pas admis en déduction des bénéfices soumis à l'impôt. Pour l'interprétation de ce texte, v. CE, 4 févr. 2015, n° 364078, *Sté Alcatel Lucent*, *Dr. fisc.* 2015, n° 15, comm. 255, concl. F. Aladjidi.

63. CE, 8e et 3e s.-s., 6 juin 2008, n° 285629, *SA Gustave Muller*, *Dr. fisc.* 2008, n° 39, comm. 507, concl. L. Olléon, note P. Fumenier. Comp. CE, 8e et 3e s.-s., 5 oct. 2007, n° 291049, *Dr. fisc.* 2008, comm. 165, concl. N. Escaut, note A. de Bissy ; *JCP* E 2008, 1280, n° 2, obs. J.-J. Caussain, F. Deboissy et G. Wicker ; *RJF* 4/2008, p. 331, chron. J. Burguburu. La solution est transposable en matière de BNC : CE, 27 avril 2011, n° 319472, *M. Ferrand*, *Dr. fisc.* 2011, n° 26, comm. 403.

64. Pour une illustration dans une affaire où un médecin n'avait pas versé le prix d'acquisition d'une clientèle comme il s'y était engagé, cf. CE, 8e et 3e s.-s., 19 févr. 2003, n° 232753, *Dr. fisc.* 2003, n° 20, comm. 376 ; *RJF* 5/03, n° 571 ; concl. P. Collin, *BDCF* 5/03, n° 64 ; et les commentaires de M. Cozian, « Querelles de dentistes et querelles fiscales (variations sur le traitement fiscal des indemnités en matière de bénéfices non commerciaux) », *JCP* E 2003, n° 38, p. 1468.

absence totale d'encadrement et de contrôle de l'activité du salarié, de telles opérations ne doivent donc pas, selon la Section des finances du Conseil d'État, « être regardées comme relevant d'une gestion anormale mais devraient être analysées comme des accidents d'exploitation que le juge fiscal se défend de sanctionner »[65].

Le droit fiscal a ainsi atteint une forme de compromis pragmatique qui distingue selon les circonstances pour accorder la déductibilité de certaines charges. Il apparaît donc presque impossible de définir de façon théorique l'anormalité d'un acte au sens du droit fiscal, sauf à dire que la jurisprudence s'en réfère généralement à « un certain standard de gestion supposant des actes ayant pour objet la recherche du profit et celle de l'intérêt bien compris de l'entreprise »[66].

643 Pour certains, cependant, une approche plus systématique devrait être adoptée pour éviter les errements de la jurisprudence. Un auteur estime ainsi que « déterminer le caractère normal ou anormal d'un acte de gestion au regard des usages implique [...] de comparer des comportements (le comportement particulier de l'entreprise par rapport aux comportements « moyens », généralement constatés). Si une telle opération n'exclut pas toute forme de subjectivité, elle réduit le débat à l'appréciation d'éléments matériels – de comportements – et non plus d'éléments strictement immatériels que sont le « mobile » d'un acte de gestion, l'intention de son auteur, son intérêt. L'établissement de la preuve échappe ainsi aux ornières moralistes et aux jugements de valeur : la question n'est plus de savoir si l'entreprise a bien ou mal agi (dans ou contre son intérêt) mais si le comportement qu'elle a adopté est commun ou non »[67]. Une telle approche est séduisante par son souci de sécurité juridique. Elle permet notamment de mettre en lumière le lien qui existe le plus souvent entre le comportement d'une entreprise et la pratique généralement suivie dans un secteur ou des circonstances spécifiques. Elle est cependant difficile à suivre avec rigueur, sauf à pénaliser en pratique les entreprises ayant des comportements innovants.

Ainsi, par exemple, il semble qu'une telle méthode d'appréciation de l'acte anormal de gestion aurait dû conduire à réputer anormales les pratiques originales d'entraide entre membres de certains réseaux de distribution, alors que le Conseil d'État a considéré que l'intérêt bien compris de chacun des membres du réseau justifiait pleinement les sacrifices consentis. En l'espèce, il s'agissait de savoir si l'administration pouvait considérer comme anormal le fait, pour un membre du réseau de distribution Leclerc, de « parrainer » un nouvel adhérent du réseau en cautionnant ses emprunts dans la limite d'un plafond, en lui faisant des avances puis en renonçant (en cas de difficulté) aux intérêts sur celles-ci, et en lui consentant des abandons de créances. Le Conseil d'État, dans un arrêt du 26 septembre 2001[68], a reconnu la légitimité de l'argumentation développée par la société et considéré que l'intérêt propre du membre du réseau était de consentir certains avantages aux autres membres du réseau en contrepartie de l'intérêt qu'il retirait lui-même de l'appartenance au réseau. Il a repris le raisonnement dans un arrêt du 6 mars 2006[69], cette fois-ci dans une affaire où était en cause la déduction des cotisations versées par un membre du réseau Leclerc à une association chargée de la formation de personnels du réseau, destinés à être affectés à de nouvelles unités, dans d'autres États membres de l'Union européenne. Ce dernier arrêt

65. Avis nº 385088 du 24 mai 2011 publié dans le Rapport public 2012 du Conseil d'État (v. le résumé *in Dr. fisc.* 2012, nº 26, comm. 346, point 28 et l'analyse d'O. Fouquet, *FR* 31/12, p. 24 et s.). Cet avis peut être rapproché d'une décision ultérieure selon laquelle, quelles qu'aient été les carences d'une société dans l'organisation et la mise en œuvre des dispositifs de contrôle interne, les irrégularités comptables commises par un salarié qui avait outrepassé l'exercice normal de ses fonctions ne sauraient résulter d'une erreur volontairement commise par la société et ne présentaient pas le caractère d'une erreur comptable délibérée (CE, 9 mars 2016, nº 380808).

66. Fradin et Geffroy, nº 537, p. 820-21.

67. M. Collet, « Contrôle des actes de gestion : pour un retour à l'anormal », *Dr. fisc.* 2003, nº 14, p. 536 et s., spéc. p. 541.

68. *Dr. fisc.* 2002, nº 24, comm. 490, concl. G. Bachelier ; *RJF* 12/01, nº 1491.

69. CE, 6 mars 2006, nº 281034 ; *RJF* 5/06, nº 502.

est intéressant dans la mesure où le Conseil d'État considère que, bien que la société requérante ne puisse établir, pour l'exploitation de son centre commercial, l'existence d'une quelconque contrepartie directe à ces actions de formation, l'appartenance au réseau est à la source de nombreux avantages liés au renom de l'enseigne et aux économies réalisées sur les approvisionnements[70].

§ 2. LA PREUVE DE L'ACTE ANORMAL DE GESTION

644 Le flou de la notion d'acte anormal de gestion explique l'extrême importance des questions de preuve en la matière[71]. Ces questions sont d'autant plus délicates à trancher que les éléments de fait qui permettent de caractériser l'acte anormal de gestion posent problème, à la fois quant à leur existence (existe-t-il bel et bien une contrepartie à telle charge déduite par l'entreprise ?) et quant à leur appréciation (la charge est-elle « normale » ?).

En présence d'un contentieux relatif à la déductibilité des charges exposées par l'entreprise, plusieurs questions se posent : la charge a-t-elle véritablement été supportée ? A-t-elle une contrepartie économique ? Cette contrepartie est-elle normale ? Les deux premières questions ont trait au principe de la déductibilité de la charge (A). La troisième question a trait à la preuve de l'anormalité de celle-ci (B).

A. LA PREUVE DE LA DÉDUCTIBILITÉ DE LA CHARGE

645 Pour bien comprendre les difficultés posées par la succession des questions, considérons un exemple tiré de l'arrêt *Société Sylvain Joyeux* du 21 mai 2007[72]. L'administration fiscale contestait la déductibilité de commissions versées à diverses sociétés en rémunération de leur rôle d'intermédiaires pour l'obtention de marchés publics. Elle considérait notamment que le seul fait, pour le contribuable, de produire des factures émises par les intermédiaires était insuffisant pour établir la réalité de la contrepartie reçue en échange des sommes versées.

En pareil cas, il s'agit de savoir qui, du contribuable ou de l'administration fiscale, supporte la charge de la preuve que les dépenses ont été faites. Sur ce point, la jurisprudence est dépourvue d'ambiguïté. Depuis la célèbre décision *Renfort Service*[73], le Conseil d'État énonce que, pour une écriture de charges, il appartient au contribuable de justifier que celle-ci est exacte dans son principe et dans son montant, c'est-à-dire que la charge constitue effectivement une charge déductible et qu'il y a adéquation entre la somme inscrite en comptabilité et celle effectivement dépensée.

70. Pour un autre exemple tiré cette fois de l'appartenance au réseau « Pricewaterhouse », v. CE, 21 novembre 2012, n° 348864, *Société Pricewaterhousecoopers Audit SA*, *Dr. fisc.* 2013, n° 6, comm. 139 (arrêt admettant la déduction chez un membre du réseau d'une partie des frais généraux de l'ensemble du réseau PwC, tous métiers confondus, et refusant corrélativement la déduction de la seule quote-part des frais généraux concernant les membres du réseau exerçant le même métier que l'auteur de la déduction).

71. Cf. sur ce sujet cf. Ch. DE LA MARDIÈRE, *La preuve en droit fiscal*, Litec, 2009, n° 330 et s. ; A. FAUCHON, « La preuve de l'acte anormal de gestion », in C. PUIGELIER (dir.), *La preuve*, Economica, 2004, p. 150 et s.

72. CE, 21 mai 2007, n° 284719, *Dr. fisc.* 2007, n° 46, comm. 970, concl. E. GLASER, note C. DE LA MARDIÈRE.

73. CE, 27 juill. 1984, n° 34.588, *Dr. fisc.* 1985, n° 596, *RJF* 10/84, p. 562, concl. RACINE.

646 La question suivante est plus délicate. Lorsqu'une charge a été effectivement souscrite, se pose la question de savoir si la dépense faite a effectivement une contrepartie, autrement dit si l'entreprise a reçu quelque chose (un bien, une prestation de service) de la part du bénéficiaire de la dépense.

Pendant longtemps, cette seconde question était en quelque sorte placée sous la dépendance de la première, du moins lorsque le contribuable disposait d'une facture sur la base de laquelle il avait passé son écriture de charges. Il ressortait en effet de la décision *Renfort Service* que le contribuable qui présentait une facture établissait à la fois l'exactitude de la charge et l'existence d'une contrepartie à celle-ci. Il existait en quelque sorte une présomption attachée à la facture, celle-ci se suffisant à elle-même pour apporter la preuve de la déductibilité fiscale de la charge. On conçoit que ce système rendait la tâche particulièrement difficile pour l'administration fiscale, qui devait renverser la situation résultant de la présomption attachée à la facture en démontrant l'inexistence de la contrepartie reçue par le contribuable.

C'est pourquoi une décision *Société Établissements Lebreton* du 20 juin 2003[74] vint préciser « qu'il appartient [...] au contribuable de justifier tant du montant des charges [...] qu'il entend déduire du bénéfice net défini à l'article 38 du Code général des impôts que de la correction de leur inscription en comptabilité, c'est-à-dire du principe même de leur déductibilité ; qu'en ce qui concerne les charges, le contribuable apporte cette justification par la production de tous éléments suffisamment précis portant sur la nature de la charge en cause, ainsi que sur l'existence et la valeur de la contrepartie qu'il en a retirée ; que dans l'hypothèse où le contribuable s'acquitte de cette obligation, il incombe ensuite au service, s'il s'y croit fondé, d'apporter la preuve de ce que la charge en cause n'est pas déductible par nature, qu'elle est dépourvue de contrepartie, qu'elle a une contrepartie dépourvue d'intérêt pour le contribuable ou que la rémunération de cette contrepartie est excessive ». Comme on l'a relevé, cette décision est plus contraignante vis-à-vis du contribuable que la jurisprudence antérieure dans la mesure où elle exige que le contribuable apporte, pour établir le principe même de la déductibilité, des éléments précis relatifs à l'existence et à la valeur de la contrepartie qu'il a retirée de cette charge[75].

La décision *Société Établissements Lebreton* donna lieu à des interprétations contrastées en doctrine comme en jurisprudence car on pouvait se demander si elle avait ou non entendu abandonner purement et simplement le principe selon lequel la facture permettait de présumer l'existence d'une contrepartie économique à la charge. Dans un souci de clarification, le Conseil d'État se prononça donc à nouveau et aboutit dans l'arrêt *Société Sylvain Joyeux* à un système de compromis que l'on peut résumer de la façon suivante :

— lorsque l'entreprise produit une facture, celle-ci crée une présomption simple de régularité de la charge ; l'arrêt *Société Sylvain Joyeux* met donc fin à la controverse sur ce point en [r] établissant la présomption de preuve attachée aux factures régulières ;

— si, malgré la présomption attachée à cette facture, l'administration entretient des doutes sur la réalité ou la valeur de la contrepartie reçue, elle peut demander au contribuable qu'il lui fournisse tous éléments d'information en sa possession susceptibles de justifier la réalité et la valeur des prestations ou biens ainsi acquis : contrats, rapports d'activité, échanges de courriers, etc. L'arrêt *Société Sylvain Joyeux* prend soin de préciser, à ce sujet, que la seule circonstance que l'entreprise n'aurait pas suffisamment répondu à cette demande ne permet pas à l'administration de remettre en cause la déductibilité de la charge, l'administration devant alors fournir devant le juge tous éléments de nature à étayer sa contestation du caractère déductible de la dépense. On sait en effet que certaines prestations, notamment immatérielles, ne donnent lieu à la rédaction d'aucun contrat et que le souci de confidentialité peut expliquer qu'aucun autre élément tangible ne permette d'établir la réalité de la contrepartie. La solution du conflit

74. CE, Sect., 20 juin 2003, n° 232832, *Sté Établissement Lebreton*, *Dr. fisc.* 2004, n° 5, comm. 200 ; *RJF* 2003, n° 1140, concl. P. Collin, p. 754 et s.

75. E. Glaser, concl. sous CE, 21 mai 2007, *Sté Sylvain Joyeux*, *Dr. fisc.* 2007, n° 46, comm. 970, spéc. p. 45. V. également, sur la portée de l'arrêt *Sté Établissement Lebreton*, O. Fouquet, « Une facture suffit-elle à apporter la preuve de la déductibilité fiscale d'une charge ? », *Rev. adm.* 2004, p. 272.

probatoire dépend donc, en définitive, de la capacité de l'administration à remettre en cause la vraisemblance économique de la présomption régularité attachée à la facture.

Comme on l'a noté, « cette matière est bien trop compliquée et [...] les contribuables ont du mal à connaître l'étendue de leurs obligations. Ne serait-il pas raisonnable, dans ces conditions, de renoncer à un critère d'attribution de la charge de la preuve, qu'il soit issu de la loi ou de la jurisprudence ? ». Et l'auteur de cette question de poursuivre : « on retournerait alors au droit commun du contentieux administratif, où le juge forme son intime conviction au vu des éléments fournis par les parties, sans que l'une ou l'autre n'ait *a priori* à supporter la charge probatoire. Soit le principe de la preuve objective »[76]. Une telle suggestion est stimulante. Il n'est cependant pas certain qu'elle doive se traduire par une nouvelle césure jurisprudentielle dans la mesure où le Conseil d'État semble s'orienter dans le sens souhaité tout en restant formellement fidèle aux principes énoncés par l'arrêt *Société Sylvain Joyeux*[77]. Il faut également reconnaître que la jurisprudence contemporaine, en dépit de la répartition quelque peu artificielle qu'elle établit entre obligations des uns et des autres, a du moins le mérite pédagogique d'expliquer le contenu de celles-ci.

B. LA PREUVE DU CARACTÈRE ANORMAL DE L'ACTE DE GESTION

647 Il découle du principe de liberté de gestion qu'on ne saurait demander au contribuable de justifier de la normalité de ses actes. Si l'administration estime qu'un acte est anormal, il lui appartient de le démontrer. Il existe cependant certaines dérogations à ce principe. Ainsi, le CGI présume que certaines décisions sont anormales, ce qui a pour effet de renverser la charge de la preuve (1°). La jurisprudence a également apporté son lot d'exceptions aux principes ordinaires (2°).

1. Les exceptions légales

648 Certaines dépenses faites par les entreprises sont plus suspectes que d'autres car elles semblent davantage servir un intérêt extra-professionnel que celui de l'entreprise elle-même. C'est pourquoi la loi inverse, à leur propos, la charge de la preuve et requiert de l'entreprise la démonstration de la normalité. Nous avons déjà eu l'occasion de mentionner l'article 39, 5 du CGI qui permet à l'administration de réintégrer dans les bénéfices imposables certaines dépenses (notamment frais de voyage, dépenses et charges afférentes aux immeubles non affectés à l'exploitation, cadeaux, frais de réception)[78] « dans la mesure où elles sont excessives et où la preuve n'a pas été apportée qu'elles ont été engagées dans l'intérêt direct de l'entreprise ». Ce même texte

76. Ch. de La Mardière, note sous CE, 21 mai 2007, *Sté Sylvain Joyeux*, préc., p. 50. Du même auteur, v. également l'étude « La preuve objective dans le contentieux fiscal », *Dr. fisc.* 2006, n° 14, ét. 13.

77. Cf. en ce sens CE, 16 mai 2008, 16 mai 2008, n° 288101, *Sté SELAFA Géomat*, *Dr. fisc.* 2008, n° 30-35, comm. 430, concl. F. Séners, note Ch. de la Mardière ; CE, 6 oct. 2008, n° 283014, *SCOP UTB* ; CE, 19 déc. 2008, n° 286913, *SA SMLS Briens Lamoureux* ; CE, 24 juin 2009, n° 298582, *M. Maréchal*, *Dr. fisc.* 2009, n° 44-45, comm. 520, concl. L. Olléon, note Ch. de la Mardière ; CE, 15 déc. 2010, n° 320693, *Mme Retman*, *Dr. fisc.* 2011, n° 11, comm. 259, note P. Fumenier. L'arrêt du 16 mai 2008 émet cependant une réserve lorsque la facture émane d'une personne liée au contribuable : en ce cas, l'entreprise doit réunir d'autres éléments pour consolider la présomption née de la facture.

78. Le texte vise précisément : a. Les rémunérations directes et indirectes, y compris les remboursements de frais versés aux personnes les mieux rémunérées ;
b. Les frais de voyage et de déplacements exposés par ces personnes ;
c. Les dépenses et charges afférentes aux véhicules et autres biens dont elles peuvent disposer en dehors des locaux professionnels ;

précise que lorsque ces dépenses « augmentent dans une proportion supérieure à celle des bénéfices imposables ou que leur montant excède celui de ces bénéfices, l'administration peut demander à l'entreprise de justifier qu'elles sont nécessitées par sa gestion ». On retrouve un enchaînement analogue entre principe et exception à l'article 39, 4 du CGI qui interdit la déduction de certaines dépenses somptuaires[79], sauf démonstration de ce que les charges sont « exposées pour les besoins de l'exploitation ».

On peut également ranger dans la liste des exceptions légales aux principes gouvernant la charge de la preuve la règle anti-évasion instituée par l'article 238 A du Code général des impôts, selon lequel un certain nombre de frais (intérêts et redevances notamment) payés par des personnes physiques ou morales domiciliées ou établies en France à des personnes physiques ou morales domiciliées ou établies à l'étranger et qui y sont soumises à un régime fiscal privilégié ne sont admis comme charges déductibles pour l'établissement de l'impôt que si le débiteur apporte la preuve qu'ils correspondent à des opérations réelles et qu'ils ne présentent pas un caractère anormal ou exagéré. Une fois que l'administration a justifié l'existence d'un régime fiscal privilégié[80], c'est donc à l'entreprise de justifier de la réalité de l'opération et de son caractère normal.

En outre, pour les exercices ouverts depuis les 1er janvier 2011, la règle est encore durcie lorsque le bénéficiaire des versements est domicilié ou établi dans un État ou territoire non coopératif. Pour que la déduction soit possible, le débiteur doit démontrer, outre la réalité de l'opération et l'absence de caractère anormal des dépenses, que les opérations ont principalement un objet et un effet autres que de permettre la localisation des dépenses dans un État ou territoire non coopératif. Cette règle issue de la loi de finances rectificative pour 2009 est parfois analysée comme faisant reposer sur le débiteur une preuve impossible.

2. Les exceptions jurisprudentielles

649 La jurisprudence a établi certaines présomptions d'anormalité pour certains actes de gestion. Il appartient alors au contribuable de démontrer qu'ils sont justifiés. Tel est le cas d'un abandon de créances ou d'une avance sans intérêt[81]. Le Conseil d'État estime ainsi que « les prêts sans intérêts ou l'abandon de créances accordés par une entreprise

---

d. Les dépenses et charges de toute nature afférentes aux immeubles qui ne sont pas affectés à l'exploitation ;

e. Les cadeaux de toute nature, à l'exception des objets de faible valeur conçus spécialement pour la publicité ;

f. Les frais de réception, y compris les frais de restaurant et de spectacles.

Pour l'application de ces dispositions, les personnes les mieux rémunérées s'entendent, suivant que l'effectif du personnel excède ou non 200 salariés, des dix ou des cinq personnes dont les rémunérations directes ou indirectes ont été les plus importantes au cours de l'exercice.

79. Petit divertissement : l'article vise « d'une part, les dépenses et charges de toute nature ayant trait à l'exercice de la chasse ainsi qu'à l'exercice non professionnel de la pêche et, d'autre part, les charges, à l'exception de celles ayant un caractère social, résultant de l'achat, de la location ou de toute autre opération faite en vue d'obtenir la disposition de résidences de plaisance ou d'agrément, ainsi que de l'entretien de ces résidences (...) ».

80. Cf. *infra*, n° 816.

81. CE, 11 mars 1988, n° 46846, *Sté Ascinter Otis*, *Dr. fisc.* 1988, n° 26, comm. 1331, concl. Mme M. de Saint-Pulgent ; *RJF* 5/88, n° 565 ; 29 juin 1988, n° 56414, *Sté du 17 bis, rue Erlanger*, *Dr. fisc.* 1988, n° 45, comm. 2089 ; *RJF* 10/88, n° 1062 ; 19 déc. 1988, n° 55655, *Sté Sonacar*, *Dr. fisc.* 1989, n° 11, comm. 531 ; *RJF* 2/89, n° 158 ; 20 janv. 1992, n° 67917, *SA Socodis*, *Dr. fisc.* 1992, n° 17, comm. 897, concl. J. Arrighi de Casanova ; *RJF* 3/92, n° 290 ; 26 juin 1992, n° 68646, *SA Bisch Marley*, *Dr. fisc.* 1992, n° 50, comm. 2324 ; *RJF* 8-9/92, n° 1116 ; CE, 9e et 10e s.-s., 26 févr. 2003, req. n° 223092, 223293, *Dr. fisc.* 2003, n° 24, comm. 436, concl. G. Goulard ; CE, 4 juin 2012, n° 350003, *Sté Oldtown*, *Dr. fisc.* 2012, n° 38, comm. 438, obs. C. Acard § 4 (appliquant le principe au cas d'une absence de renégociation d'une clause relative au taux d'intérêt).

au profit d'un tiers ne relèvent pas, en règle générale, d'une gestion commerciale normale, sauf s'il apparaît qu'en consentant de tels avantages l'entreprise a agi dans son propre intérêt ; que, s'il appartient à l'Administration d'apporter la preuve des faits sur lesquels elle se fonde pour estimer qu'un abandon de créances ou d'intérêts consenti par une entreprise à un tiers constitue un acte anormal de gestion, elle est réputée apporter cette preuve dès lors que cette entreprise n'est pas en mesure de justifier qu'elle a bénéficié en retour de contreparties »[82]. Le contribuable pourra par exemple démontrer que l'avance sans intérêts est justifiée par les usages de la profession[83]. Le même principe s'applique en matière de concession de licence de marque et de savoir faire, où le fait de renoncer à obtenir une contrepartie financière est présumé anormal, sauf si l'entreprise agit dans son propre intérêt[84].

Les principes de dévolution de la charge de la preuve étant désormais connus, il est possible de se concentrer sur certains exemples présentant un intérêt particulier.

§ 3. EXEMPLES PRÉSENTANT UN INTÉRÊT PARTICULIER

650 Il est impossible, dans le cadre du présent ouvrage, de rendre compte de l'ensemble des problèmes illustrés par la jurisprudence. On se concentra donc sur certaines questions d'un intérêt pratique et théorique particulier, à savoir le traitement fiscal des abandons de créance (A) et celui des actes anormaux de gestion dans les groupes de sociétés (B). Un paragraphe particulier sera également consacré à la question des prix de transfert, déclinaison particulière de la thématique de l'acte anormal de gestion dans les relations internationales (C).

A. LE TRAITEMENT FISCAL DES ABANDONS DE CRÉANCE

651 Le Conseil d'État distingue deux types principaux d'abandon de créance : l'abandon de créance à caractère commercial et l'abandon de créance à caractère financier (1°). Certaines règles particulières ont également été dégagées à propos des abandons de créance préalables à des opérations de reprise (2°).

82. CE, 26 févr. 2003, cité à la note précédente. On retrouve les mêmes formules dans la jurisprudence postérieure (cf. notamment CE, 30 mai 2007, n° 285575, *SA Peronnet*, *Dr. fisc.* 2007, n° 46, comm. 958, concl. F. Séners, note A. Bonnet ; *RJF* 10/07, n° 1012, concl. F. Séners *BDCF* 10/07, n° 104) ; CE, 17 déc. 2010, n° 307463 et 308023, *SARL Olam*, *Dr. fisc.* 2011, n° 11, comm. 258, concl. S.-J. Lieber.

83. CE, 9 oct. 1991, n° 67283, *SARL Bouly de Lesdain*, *RJF* 11/91, n° 1434.

84. CE, 26 sept. 2011, n° 328762, *SARL Holding Financière Séguy*, *Dr. fisc.* 2011, n° 46, comm. 587, note P. Fumenier ; *RJF* 12/11, n° 1275, et la chronique de C. Raquin, *RJF* 12/11, p. 1147 et s. La même décision juge que la perception escomptée de dividendes et la valorisation potentielle des actifs ne constituent pas un mode de rémunération normale d'un contrat de concession de licence, alors même qu'elle aurait été prévue au contrat.

1. La distinction entre abandon de créance à caractère commercial et abandon de créance à caractère financier

652 Lorsqu'un abandon de créance est consenti à un partenaire afin de sauvegarder un débouché commercial, sa déductibilité ne pose pas problème. C'est le cas lorsque ce partenaire est, soit le client final de l'entreprise auteur de l'abandon, soit celui qui commercialise les produits à destination du client final. Ainsi en décident la jurisprudence comme la doctrine administrative[85]. Dans cette mesure, les aides consenties à une société filiale comme à une société sœur sont parfaitement déductibles[86].

Le traitement d'un abandon de créance à caractère financier – autrement dit d'un abandon de créance consenti par une société mère à sa filiale ne revêtant pas un aspect commercial marqué et prédominant – est inverse. Il résulte en effet de l'article 39. 13 du CGI, introduit par la deuxième loi de finances rectificative pour 2012, que sont exclues des charges déductibles les aides de toute nature consenties à une autre entreprise, à l'exception des aides à caractère commercial. Symétriquement, toutefois, le profit né de l'abandon n'est pas imposé du côté de la filiale. Cette exonération est subordonnée à l'engagement pris par la filiale d'augmenter son capital dans les deux ans pour un montant égal à l'aide qui lui a été consentie[87].

L'interdiction de déduire les abandons de créance à caractère financier s'explique par plusieurs raisons. Tout d'abord, ce type d'abandon de créance, en tant qu'il génère un bénéfice pour la filiale, peut avoir pour conséquence de revaloriser la participation de la société mère dans la filiale. Il se peut donc que l'abandon de créance ne provoque pas un véritable appauvrissement de la société mère, autrement dit pas de diminution de son actif net.

Par ailleurs, l'interdiction de la déduction est censée mettre fin à l'utilisation par certaines entreprises de possibilités indirectes de faire remonter des pertes étrangères lorsque la filiale bénéficiaire est située hors de France. Jusqu'à la réforme intervenue en 2012, la doctrine administrative[88] et le Conseil d'État[89] n'excluaient effectivement pas de façon absolue la déduction. La jurisprudence posait ainsi le principe selon lequel lorsque la situation nette de la société bénéficiaire de l'abandon de créance demeure négative à la suite de celui-ci, la perte qui en résulte pour la société auteur de l'abandon est pleinement déductible. Ceci s'explique par le fait que la remise de dette a bel et bien appauvri la société mère qui l'a consentie. Les travaux parlementaires énoncent toutefois qu'un certain nombre d'entreprises ont tiré parti de cette opportunité de déduction pour multiplier les aides à caractère financier à des filiales en difficulté plutôt qu'à les recapitaliser, ce qui a engendré un coût budgétaire important pour l'État français. On peut ajouter que, dans certaines circonstances, la déduction en France n'était compensée par aucune imposition à l'étranger dans le chef de la société bénéficiaire, le droit

85. En ce sens, CE, 27 nov. 1981, req. n° 16814, et une jurisprudence constante depuis lors.

86. Pour les sociétés sœurs, cf. CE, 1er mars 1984, n° 237013, *Sté AS Représentation*, *RJF* 5/04, n° 459, concl. G. Goulard, *BDCF* 5/04, n° 58.

87. Art. 216 A, CGI.

88. BOI-BIC-BASE-50-20-10.

89. CE, plén., 30 avr. 1980, n° 16253, *RJF* 6/1980, n° 467, concl. Martin-Laprade, *Rev. sociétés* 1980, n° 4, p. 785, note B. Plagnet.

comptable et/ou fiscal étranger analysant parfois l'opération comme un supplément d'apport[90].

En pratique, l'interdiction de déduction embrasse un vaste champ d'application. Il résulte explicitement des travaux parlementaires qu'elle couvre, non seulement les abandons de créance à caractère financier, mais aussi les « aides » au sens large, ce qui comprend les subventions (aides versées par une entreprise à une autre sans contrepartie directe) et les renonciations à recettes non assimilables à des abandons de créance (par exemple la non-facturation de ventes ou de services).

Même si la règle s'applique sans distinction aux aides consenties à des sociétés françaises ou étrangères, son impact sera plus lourd pour les groupes procédant à des abandons de créance au profit de sociétés étrangères. Rappelons en effet que dans le cadre de l'intégration fiscale, l'article 223 B du CGI empêche que les abandons de créance et les subventions directes ou indirectes entre sociétés intégrées soient pris en compte pour la détermination du résultat d'ensemble aussi longtemps que la société auteur de l'aide et celle qui en bénéficie restent membres du groupe. En outre, comme on l'a rappelé, l'article 216 A du CGI prévoit que lorsqu'il n'est pas déductible des résultats imposables de la société mère, un abandon de créance consenti à la filiale n'est pas pris en compte pour la détermination des résultats imposables de celle-ci lorsqu'elle s'engage à augmenter son capital au profit de la société mère d'une somme au moins égale à l'abandon de créance avant la clôture du second exercice suivant ce dernier.

Notons qu'à titre d'exception au principe, le second alinéa de l'article 39.13 réintroduit une faculté de déduction des aides lorsque celles-ci sont consenties dans le cadre d'une procédure judiciaire intéressant une entreprise en difficulté. C'est le cas lorsque l'aide est consentie :

— en application d'un accord homologué ou constaté dans les conditions prévues au II de l'article L 611-8 du Code de commerce : ce renvoi de texte vise le cas où, suite à l'intervention d'un conciliateur désigné par le président du tribunal de commerce, le débiteur et ses principaux créanciers ainsi que, le cas échéant, ses contractants habituels, sont parvenus à un accord amiable destiné à mettre fin aux difficultés de l'entreprise. En principe, cet accord n'a pas besoin d'être homologué : le président du tribunal, sur la requête conjointe des parties, constate leur accord et donne à celui-ci force exécutoire. Toutefois, à la demande du débiteur, le tribunal homologue l'accord obtenu si les conditions suivantes sont réunies : (i) le débiteur n'est pas en cessation des paiements ou l'accord conclut y met fin ; (ii) les termes de l'accord sont de nature à assurer la pérennité de l'activité de l'entreprise ; (iii) l'accord ne porte pas atteinte aux intérêts des créanciers non-signataires ;

90. Le Conseil d'État a toutefois justement jugé que la circonstance que le droit comptable étranger qualifie une opération d'augmentation de fonds propres ne suffit pas à établir sa nature réelle pour les besoins du droit fiscal français (CE, 31 mars 2017, n° 393129, *Sté Senoble*, *Dr. fisc.* 2017, n° 23, comm. 338, note P. Fumenier). Cette solution a été confirmée dans une décision ultérieure (CE, 13 avril 2018, n° 398271, Société LVMH Möet Hennessy Louis Vuitton) dans laquelle le Conseil a explicitement confirmé que la circonstance que l'abandon de créance consenti à une société étrangère par sa mère française, comptabilisé comme un apport en capital sur le fondement de la législation en vigueur dans l'État de la filiale, n'aurait fait l'objet d'aucune imposition dans cet État n'est pas de nature à remettre en cause la déductibilité en France de cet abandon de créance, lorsque les conditions de cette déductibilité sont réunies. La solution intéresse sur le plan des principes généraux mais est caduque au cas particulier depuis l'adoption de l'article 39.13 du CGI interdisant la déduction des abandons de créance à caractère financier.

— dans le cadre d'une procédure de sauvegarde, de redressement judiciaire ou de liquidation judiciaire.

Lorsque l'une ou l'autre des conditions sont réunies, l'alinéa 3 de l'article 39.13 du CGI prévoit l'application des règles dégagées par la jurisprudence antérieurement à la réforme. Ainsi, les aides consenties par une société mère à une filiale ayant conclu un accord homologué ou soumise à une procédure collective qui ne revêtent pas un caractère commercial sont déductibles à hauteur de la situation nette négative de l'entreprise qui en bénéficie et, pour le montant excédant cette situation nette négative, à proportion des participations détenues par d'autres personnes que l'entreprise qui consent les aides. Plus généralement, dans le cas des aides consenties par des sociétés en leur qualité de fournisseur d'une entreprise en difficulté, le texte permet également de maintenir la déduction fiscale des sacrifices que ces sociétés sont conduites à consentir sur le montant de leurs créances.

Reste à savoir ce que recouvre, de façon générale, la distinction entre aides à caractère commercial et aides à caractère financier. Ce n'est que lorsqu'une aide n'est pas motivée par un but commercial qu'elle est mécaniquement considérée comme « financière »... Cependant, il arrive fréquemment qu'une société mère et sa fille soient simultanément dans une relation commerciale et dans une relation financière. Pour déterminer laquelle des deux dimensions l'emporte en présence d'un abandon de créance, le Conseil d'État recherche les motifs prépondérants qui ont pu conduire à l'octroi de l'avantage en cause[91]. À titre d'illustration, on peut citer une décision du Conseil d'État[92] rendue dans une affaire où une société holding contrôlant des sociétés de distribution dont elle détenait de 99,5 % à 100 % du capital et auxquelles elle facturait diverses prestations avait consenti des abandons de créances à certaines de ses filiales. L'administration estimait que ces abandons de créance présentaient un caractère financier et n'avait admis que partiellement la perte correspondante en déduction des résultats de la société requérante (en l'application du droit antérieur à l'adoption de l'article 39. 13 du CGI). La société soutenait pour sa part que les abandons de créance en cause revêtaient un caractère commercial. Le Conseil d'État a relevé que la société mère n'était pas seulement une société holding, mais qu'elle fournissait également à ses filiales des prestations de référencement, négociant à cet effet à des conditions tarifaires favorables avec les fournisseurs du groupe. Elle entretenait ainsi des relations commerciales avec ses filiales, avec lesquelles elle réalisait l'essentiel de son chiffre d'affaires, dont le montant était au demeurant très supérieur à celui des dividendes que lui versaient les mêmes filiales. S'appuyant sur ces éléments, le Conseil d'État confirme le caractère commercial de l'abandon de créances dès lors que le chiffre d'affaires de la société holding était presque uniquement procuré par ces prestations de service facturées aux sociétés de distribution qu'elle contrôlait, caractérisant ainsi des relations commerciales avec ces sociétés. Le Conseil d'État note également que la défaillance éventuelle des sociétés concernées aurait été de nature à amputer significativement sa propre activité[93].

91. CE, 27 oct. 2010, n° 325281, *RJF* 1/11, n° 22, et les références citées dans la note.

92. CE, 7 février 2018, n° 398676, *SARL France Frais*.

93. On peut observer que selon la doctrine administrative, le fait qu'une société mère ou qu'une société du groupe assure, pour le compte de ses filiales ou des autres sociétés du groupe, des services internes d'intérêt commun n'est pas, en principe, de nature à caractériser des relations commerciales significatives (BOI-BIC-BASE-50-10 n° 160 à jour au 19 janvier 2013). Mais la situation de la société holding était ici assez particulière puisqu'elle jouait au sein du groupe le rôle de centrale de référencement pour une

Au vu de la grande casuistique à laquelle donne inévitablement lieu la mise en œuvre de la distinction entre abandons de créance à caractère commercial et financier et de la nécessaire flexibilité dont il convient de faire preuve à cet égard[94], on est fondé à se demander si cette distinction est véritablement utile dans notre ordre juridique...

2. L'abandon de créance préalable à une opération de reprise

653 Lorsqu'une société A acquiert le contrôle d'une société B dont les titres sont majoritairement détenus par une société C, l'achat des titres est normalement considéré comme l'acquisition d'un actif immobilisé et ne donne pas lieu à déduction. Or, si A détient une créance contre C préalablement à la cession, il est tentant de prévoir que le prix d'acquisition sera acquitté pour partie au moyen d'un abandon de créance, et pour le surplus au moyen d'un paiement ordinaire. Cet abandon de créance est-il déductible ? La réponse est non. Il est de jurisprudence constante qu'un abandon de créance intervenant au cours du même exercice qu'une prise de contrôle (ou préalablement à l'absorption d'une filiale) ne peut constituer une charge immédiatement déductible des résultats imposables que s'il répond à l'intérêt commercial de la société créancière (A) et si celle-ci a payé sa participation au *juste prix*, de sorte que l'aide octroyée à C ne peut être considérée comme un élément du prix de revient de la participation[95].

En revanche, le Conseil d'État a admis qu'un abandon de créances consenti à une société en difficulté peut être justifié par un projet de prise de participation à moyen ou long terme. Pour reprendre ses termes, « des avances de trésorerie accordées par une société à une entreprise en difficulté dans le cadre d'un plan de continuation de cette dernière, et le cas échéant, la renonciation à ces créances, ne constituent pas un acte de gestion anormal dès lors que cette pratique vise au développement de la société créancière, dans une stratégie de croissance externe, par la prise de participation, fût-elle minoritaire et postérieure aux aides consenties, dans le capital de la société aidée et ne lui fait pas courir un risque manifestement exagéré »[96].

quarantaine de distributeurs de produits frais. Elle centralisait ainsi la négociation et les approvisionnements et ventes, ce qui permettait d'améliorer le pouvoir de négociation du groupe. L'activité de la société holding était donc loin de constituer un simple service administratif. Dans ces conditions, on ne peut à notre sens pas considérer que le Conseil d'État prend totalement le contre-pied de la doctrine administrative. Il en tempère seulement la portée en considération des circonstances de l'espèce.

94. Pour un exemple intéressant d'approche mesurée des relations mère-filiale, v. CJUE, 31 mai 2018, Hornbach-Baumarkt AG contre Finanzamt Landau, C-382/16, énonçant qu'une société mère peut avoir un intérêt économique propre à se porter gratuitement caution des engagements financiers de sa filiale, alors même que des sociétés indépendantes les unes des autres auraient convenu d'une rémunération en contrepartie de telles garanties. Selon la Cour, cela « pourrait s'expliquer par l'intérêt économique propre de [*la société mère*] au succès commercial des sociétés étrangères du groupe, auquel elle prend part par la distribution des bénéfices, ainsi que par une certaine responsabilité de [*la société mère*], en tant qu'associée, dans le financement de ces sociétés ». Le raisonnement de la CJUE semble nettement plus souple pour les entreprises que la jurisprudence du Conseil d'État (CE, 17 février 1992, n° 81690 et 82782).

95. CE, 15 oct. 1982, n° 26585, *Dr. fisc.* 1983, n° 15, comm. 754, concl. Rivière ; CE, 23 oct. 1991, n° 71791, 71792 et 72822, *Sté Electrolux*, *Dr. fisc.* 1993, n° 19, comm. 969, 952 et 954 ; *RJF* 1991, n° 1482, concl. O. Fouquet, p. 852 et s. et la chron. de J. Turot, *RJF* 1/1992, p. 3 ; CE, 20 mars 1996, n° 96238, *Dr. fisc.* 1996, n° 29, comm. 933, concl. Martin.

96. CE, 30 mai 2007, n° 285575, *SA Peronnet*, préc.

B. LES ACTES ANORMAUX DE GESTION DANS LES GROUPES DE SOCIÉTÉS

654 La question des actes anormaux de gestion dans les groupes est intéressante car elle met en scène un conflit entre l'exigence théorique d'égoïsme qui caractérise la vie des affaires et la réalité pratique de la plus ou moins grande confusion des patrimoines et des intérêts qui existe entre sociétés appartenant au même groupe. Ainsi, il est fréquent qu'une société mère consente certains avantages à l'une de ses filiales ou, au contraire, qu'elle exige de celles-ci certains sacrifices ayant une contrepartie très indirecte. La jurisprudence tente alors de trouver un certain équilibre entre le principe d'indépendance des sociétés et la nécessaire prise en considération de la réalité économique du groupe.

Le principe d'indépendance des sociétés du groupe demeure le principe fondamental qui gouverne la jurisprudence. Les sociétés étant fiscalement indépendantes des unes des autres, une société ne peut déduire une aide, quelle qu'en soit la forme, à une filiale, à une société sœur ou à sa société mère, que si elle a un intérêt propre à le faire[97]. Une société appartenant à un groupe (société mère, filiale ou sœur) ne peut donc exciper de son appartenance au groupe pour échapper au grief de l'acte anormal de gestion[98].

En pratique, cependant, l'application de ce principe a lieu avec une certaine flexibilité. Une société mère ne peut ainsi se voir reprocher, par exemple, des aides apportées à fonds perdus, dès lors qu'elle cherche ainsi à sauvegarder son propre renom[99] ou des avances sans intérêt consenties à l'une de ses filiales (sauf dans l'hypothèse où l'avance ne présente aucun intérêt pour elle[100]). La légitimité d'un abandon de créance peut également être appréciée avec une certaine bienveillance lorsque les circonstances l'exigent. Ainsi, une société a un intérêt propre à consentir un abandon de créances à la société qui est son unique client lorsque le montant des dettes de celle-ci et le chiffre de sa situation nette négative révèlent que son existence même est menacée[101]. Cette considération suffit à justifier l'abandon de créances : l'administration ne peut prétendre, par exemple, que la société mère aurait dû recapitaliser la filiale au lieu d'abandonner la créance qu'elle détient contre elle[102]. Le Conseil d'État admet même le versement de subventions de la société mère à la filiale s'il existe des liens commerciaux étroits entre les deux[103]. Le même libéralisme explique que le Conseil d'État ne juge pas anormal le fait, pour une société, de prendre en charge à titre définitif l'exécution d'un engagement de caution prise par ses associés pour garantir les dettes d'une filiale. S'il est

97. Cf. par ex. CE, 12 oct. 1984, n° 41196, *M. Liégois* ; CE, 17 févr. 1986, n° 41796, *Dr. fisc.* 1986, n° 20-21, comm. 999 ; CE, 8e et 3e s.-s., 22 janv. 2010, n° 313868, *SAI*, *Dr. fisc.* 2010, n° 11, comm. 230, concl. N. ESCAUT, note D. BOCQUET et C. CASSAN ; *RJF* 4/10, n° 335 ; CE, 29 oct. 2012, n° 326813, *Sté First International Production*, *Dr. fisc.* 2013, n° 3, comm. 65.

98. Cf. par ex. CE, 4 mars 1985, n° 35066, *RJF* 5/85, n° 682 ; CE, 27 avr. 1988, n° 57048, *RJF* 6/88, n° 707 ; CE, 21 juin 1995, n° 132531, *SA Sofige*, *RJF* 8-9/95, n° 963, concl. Ph. MARTIN, p. 559 ; CE, 1er mars 2004, n° 237013, 9e et 10e s.-s., *Sté AS Représentation*, *RJF* 5/04, n° 459 ; *BDCF* 5/04, n° 58, concl. G. GOULARD.

99. CE, plén., 20 nov. 1974, n° 85191, *RJF* 1975, p. 21.

100. CE, 2 juin 1982, n° 23342, *Dr. fisc.* 1983, comm. 191, concl. SCHRICKE, *RJF* 1982, n° 637 ; CE, 26 nov. 1982, n° 24360, *Dr. fisc.* 1983, n° 22, comm. 1127, concl. BISSARA, *RJF* 1983, n° 16.

101. CE, 1er mars 2004, préc.

102. CE, 21 juin 1984, n° 35030, *RJF* 8-9/94, n° 937 ; CE, 11 mars 1988, n° 46846, *min. c/ Sté Ascinter-Otis*, *RJF* 5/88, n° 565.

103. CE, 16 févr. 1983, n° 37868, *Dr. fisc.* 1983, comm. 1450, concl. SCHRICKE, *RJF* 1983, n° 492.

certain que cette pratique confère un avantage aux actionnaires dispensés d'exécuter personnellement le cautionnement, cet avantage n'est pas anormal en lui-même. Il ne le serait que s'il était contraire ou étranger aux intérêts de la société[104]. De même encore, le Conseil d'État a admis – sans l'appliquer dans l'affaire concernée – qu'une société holding pourrait avoir intérêt à céder à des cadres de sa filiale des titres de cette dernière pour un prix inférieur à la valeur réelle si elle pouvait démontrer par des éléments précis que cette cession à prix minoré s'inscrivait dans le cadre d'une politique de fidélisation des cadres dirigeants de la filiale[105].

La souplesse de la jurisprudence connaît cependant certaines limites. Ainsi, le Conseil d'État a jugé que le fait, pour une sous-filiale, de consentir une avance de trésorerie à la société mère en difficulté, qui contrôle la filiale, et avec laquelle elle n'entretient aucune relation commerciale, ne relève pas, en règle générale, d'une gestion commerciale normale, dès lors que cette avance, même assortie du versement d'intérêts, est d'un montant manifestement hors de proportion avec la solvabilité du bénéficiaire. Il n'en va autrement que si l'auteur de l'avance établit qu'en consentant celle-ci, elle a agi dans son propre intérêt : tel serait le cas si la sous-filiale justifiait que cette avance était nécessaire pour éviter la liquidation de la société mère dans des conditions telles qu'elle entraînerait elle-même sa liquidation[106]

655 Les mêmes principes s'appliquent en présence de transactions intervenant entre sociétés appartenant au même **groupe intégré**. Il est tentant, pourtant, de considérer qu'un acte anormal de gestion ne devrait pas être proscrit lorsqu'il intervient entre deux entités incluses dans le périmètre de l'intégration fiscale. Puisque les résultats de ces entités sont finalement consolidés entre les mains de la société mère du groupe, qu'importe au fond le résultat individuel déclaré par chaque société ? Pour prendre un exemple simplifié où deux sociétés, A et B, appartiennent au même groupe, il paraît *a priori* indifférent que A et B aient chacune un bénéfice de 100, ou que A ait un bénéfice de 50 (parce qu'elle consent un avantage anormal à B) et B un bénéfice de 150. Au fond, le résultat du groupe n'est-il pas toujours égal à 200 ? C'est la thèse qu'a soutenue avec audace la cour administrative d'appel de Paris dans plusieurs arrêts[107]. En

104. CE, 3e et 8e s.-s., 30 juin 2008, n° 291710, *Sté civile du groupe Comte*, *Dr. fisc.* 2008, n° 42, comm. 541, concl. E. Glaser, note A. Bonnet. Cet arrêt constitue un revirement par rapport à une décision du 22 avr. 1985 (CE, 7e et 8e s.-s., 22 avr. 1985, n° 45813, *Dr. fisc.* 1985, comm. 1420, concl. M.-A. Latournerie, *RJF* 1985, n° 844). Dans l'affaire de 2008, la normalité de la substitution de la société à ses associés procède du fait que les engagements personnels de ces derniers étaient nécessaires au fonctionnement de la filiale et avaient été en pratique imposés par les banques. Toute autre serait la situation si la société mère n'avait pris en charge les dettes de ses associés qu'en vue de leur conférer un avantage personnel. On rapprochera ces éléments de jurisprudence de la position du Conseil d'État selon laquelle une société empruntant auprès d'une autre société ne peut être systématiquement présumée bénéficier implicitement du soutien du groupe dans l'hypothèse où elle deviendrait défaillante (CE, 19 juin 2017, nos 392543, 392544 et 392545, *GE France et GE Capital)*.

105. CE, 16 oct. 2013, n° 339166, *SAS Adélaïde*, *Dr. fisc.* 2014, n° 7-8, comm. 1165, concl. D. Hedary.

106. CE, 8e et 3e s.-s., 22 janv. 2010, n° 313868, *SAI*, *Dr. fisc.* 2010, n° 11, comm. 230, concl. N. Escaut, note D. Bocquet et C. Cassan.

107. Outre l'arrêt du 10 déc. 2004 (v. note suivante), CAA Paris, 21 janv. 2005, n° 01-873, *Sté Sias France*, *RJF* 5/05, n° 433, concl. F. Bataille, *BDCF* 5/05, n° 57 ; 13 mai 2005, n° 01-2334, *Sté CSN Industrie*.

particulier, dans un arrêt du 10 décembre 2004[108], elle a affirmé que les dispositions relatives à l'intégration fiscale « ont reconnu, au plan fiscal, la constitution d'un groupe de sociétés », d'où il suit qu'une société mère d'un groupe intégré « est fondée à soutenir que c'est au regard de l'intérêt du groupe intégré ainsi constitué que doit être apprécié le caractère normal de l'acte de gestion en cause ». Cette solution a été jugée par certains conforme au bon sens économique[109]. Elle n'a cependant pas trouvé grâce aux yeux du Conseil d'État qui a statué sur la question dans plusieurs arrêts du 28 avril 2006[110]. Celui-ci a ainsi rappelé que, dans le régime d'intégration fiscale, l'article 223 B du Code général des impôts prévoit que les résultats de chacune des sociétés du groupe fiscal intégré sont calculés conformément au droit commun, sous la seule réserve des dérogations expressément autorisées par les dispositions propres à ce régime d'exception. L'appréciation du caractère anormal d'un acte de gestion accompli par une société appartenant à un groupe intégré doit donc avoir lieu en faisant abstraction du régime de l'intégration fiscale.

La solution est-elle pérenne ? Certains en doutent et se demandent si l'arrêt *Wolseley* rendu par le Conseil d'État le 12 mars 2010 et consacrant le principe de liberté de répartition de la charge fiscale à l'intérieur du groupe intégré ne serait pas le prélude à une reconnaissance de l'intérêt fiscal du groupe[111]. La jurisprudence ultérieure semble cependant infirmer cette position[112].

Cette approche fondée sur l'indépendance des membres du groupe est également suivie pour apprécier la normalité des « prix de transfert » pratiqués entre sociétés françaises et étrangères.

C. LA PROBLÉMATIQUE DES PRIX DE TRANSFERT

656 Lorsqu'une société française contracte avec une société étrangère, le risque d'acte anormal de gestion est plus élevé qu'à l'ordinaire. C'est notamment le cas lorsque les deux sociétés concernées appartiennent à un même groupe. On peut alors craindre que les flux financiers au départ de la France ne soient artificiellement gonflés afin de réduire la base imposable en France et de l'augmenter à due concurrence dans un État étranger où la pression fiscale est plus faible qu'en France. La notion de prix de « transfert » renvoie ici à cette idée que des bénéfices normalement imposés en France sont

108. CAA Paris, 10 déc. 2004, n° 00-36, 2e ch B, *min. c/ Sté SEEEE*, *RJF* 4/05, n° 312 ; *BDCF* 4/05, n° 42, concl. F. Bataille. Sur l'arrêt, v. B. Boutemy et E. Meier, « Acte anormal de gestion et intégration fiscale », *LPA*, 7 mars 2005, n° 46, p. 3.

109. A. Legendre, « Pour la reconnaissance d'une part de l'intérêt propre d'une filiale, non détachable de l'intérêt du groupe », *Dr. fisc.* 2006, n° 11, p. 606 et s.

110. CE, 28 avr. 2006, n° 277572, 3e et 8e s.-s., *min. c/ Sté SEEEE*, *RJF* 7/06, n° 836, chron. Y. Bénard, *RJF* 6/06, p. 499, concl. F. Séners, *BDCF* 7/06, n° 83 ; CE, 28 avr. 2006, n° 278738, 3e et 8e s.-s., *min. c/ Sté Atys France*, *RJF* 7/06, n° 83, chron. Y. Bénard, *RJF* 6/06, p. 499, concl. F. Séners, *BDCF* 7/06, n° 84. Dans cette seconde affaire, qui fournit un bon exemple du problème exposé, une filiale française d'une société mère française avait pris en charge les cotisations sociales dues pour les cadres expatriés dans des sociétés sœurs étrangères et des indemnités d'expatriation versées auxdits cadres. Selon le Conseil d'État, s'il est de l'intérêt de la société mère française d'une société française d'assurer à ses cadres une carrière internationale en prenant à sa charge les surcoûts supportés par ses filiales étrangères accueillant des cadres expatriés, il n'en va pas de même de sa filiale française qui ne justifie d'aucun intérêt propre à aider des sociétés sœurs étrangères.

111. CE, 12 mars 2010, préc., *supra* n° 356, et pour cette analyse, la note de B. Delaunay, *JCP* 2010, 506, *in fine*.

112. CE, 10 nov. 2010, n° 309148, *Sté Corbfi*, *Dr. fisc.* 2010, n° 51-52, comm. 605, concl. E. Cortot-Boucher, note D. Bocquet et J. Sayag.

indirectement « transférés » à une société étrangère soumise à un traitement fiscal moins rigoureux[113].

Les enjeux financiers des prix de transfert sont considérables. À titre d'exemple, le groupe pharmaceutique américain GlaxoSmithKline a soldé en 2006 un litige qui l'opposait à l'administration fiscale américaine concernant les prix de transfert de ses biens incorporels de commercialisation après 14 ans de procédure. Le groupe pharmaceutique a conclu avec l'administration fiscale un accord prévoyant le versement d'un montant de 3,1 milliards de dollars[114]. Les enjeux des prix de transfert sont également soulignés – parfois avec une certaine tendance à l'exagération ou à la systématisation – par certaines ONG qui voient dans ce type de pratique un moyen d'appauvrir les pays en développement qui se voient privés de recettes fiscales précieuses. Il faut également souligner que les prix de transfert sont au centre des préoccupations de l'OCDE dont les travaux se concentrent depuis 2012 en priorité sur l'élaboration d'une méthode permettant aux États de lutter contre l'érosion de leur bas d'imposition qui résulte des pratiques des groupes internationaux. Ces travaux ont notamment conduit l'OCDE à concentrer une importante partie de son plan « BEPS » à la question des prix de transfert. Les rapports finaux élaborés par l'OCDE et consacrés aux prix de transfert ont été publiés entre octobre et décembre 2015 et les apports de ces travaux ont été transcrits dans une convention multilatérale dont les premiers signataires se sont réunis à Paris le 7 juin 2017.

Pour prévenir l'érosion de la base imposable en France, le droit interne français contient certaines règles particulières permettant à l'administration de rectifier les résultats des entreprises se livrant à des pratiques anormales (1°). La question des prix de transfert fait également l'objet d'un traitement spécifique dans les conventions fiscales (2°) et de nombreux travaux lui sont consacrés au niveau de l'Union européenne (3°).

1. Le droit interne

657 Contrairement à l'idée reçue selon laquelle les prix de transfert seraient un problème récent, l'étude historique révèle que certains États ont commencé à élaborer des règles à leur encontre dès 1919 (cas de l'Allemagne)[115]. La France s'est intéressée à la question au tout début des années 1930 en commençant par inclure certaines dispositions spécifiques dans les conventions fiscales avec la Belgique, l'Italie et les États-Unis, et ce n'est que postérieurement qu'une loi du 31 mai 1933 est intervenue pour transposer les formules conventionnelles dans le droit interne. Le texte promulgué en 1933 a ultérieurement été incorporé dans l'article 57 du Code général des impôts[116], lequel a subi plusieurs modifications jusqu'à nos jours.

L'article 57 du Code général des impôts énonce :

« Pour l'établissement de l'impôt sur le revenu dû par les entreprises qui sont sous la dépendance ou qui possèdent le contrôle d'entreprises situées hors de France, les bénéfices indirectement transférés à ces dernières, soit par voie de majoration ou de diminution des prix d'achat ou de vente, soit par tout autre moyen, sont incorporés

113. Pour plus de détails sur la question, cf. notamment X. Daluzeau, S. Gélin, B. Gibert et A. Le Boulanger, *Prix de transfert*, Éd. Francis Lefebvre, 3e éd., 2016. Voir également l'intéressant rapport établi par la Commission Fiscalité du Club des Juristes, *Prix de transfert. Analyse critique des pratiques actuelles*, avr. 2012. Pour un aperçu pratique de la question dans de nombreux États, C. Silberztein, « Les différends en matière de prix de transfert et leurs causes », *Dr. fisc.* 2013, n° 3, ét. 60.

114. BNA International, Tax Planning International – Transfer Pricing, nov. 2006, *A European View on Transfer Pricing after Glaxo.*

115. Pour le passionnant exposé de l'histoire de la matière, cf. G. Gest et G. Tixier, *Droit fiscal international*, PUF, 1990, n° 418 et s. Les auteurs citent également deux lois, britannique et américaine, datant de 1920. C'est la loi américaine qui influença directement le législateur français.

116. Ceci eut lieu avec le décret n° 48-1986 du 9 déc. 1948.

aux résultats accusés par les comptabilités. Il est procédé de même à l'égard des entreprises qui sont sous la dépendance d'une entreprise ou d'un groupe possédant également le contrôle d'entreprises situées hors de France.

La condition de dépendance ou de contrôle n'est pas exigée lorsque le transfert s'effectue avec des entreprises établies dans un État étranger ou dans un territoire situé hors de France dont le régime fiscal est privilégié au sens du deuxième alinéa de l'article 238 A ».

Ce texte appelle plusieurs observations concernant le fond du droit (a) et les problèmes de preuve (b).

a) *Problèmes de fond*

658 Premièrement, il s'agit d'un dispositif qui vise avant tout les groupes de sociétés. C'est pourquoi l'article 57 vise tous cas dans lesquels une société française entretient une relation de dépendance avec une société étrangère. Sont concernés les cas où la société française est une société mère d'une filiale étrangère, une filiale d'une mère étrangère ou une société sœur d'une société étrangère appartenant à un groupe contrôlé depuis l'étranger.

On constate cependant que l'article 57 peut aussi s'appliquer entre sociétés non apparentées. C'est le cas lorsque la dépendance visée au premier alinéa n'a pas une nature non pas juridique, mais économique[117]. C'est également le cas lorsque la société étrangère est située dans un État ou territoire dont le régime fiscal est privilégié[118] ou dans un État ou territoire non coopératif.

Deuxièmement, le texte énonce que le transfert de bénéfices peut s'opérer, soit par voie de majoration ou de diminution des prix d'achat ou de vente, soit par tout autre moyen. La portée de cette formule est extrêmement vaste[119]. Elle désigne clairement la situation dans laquelle une société française achète un bien ou un service pour un prix surévalué ainsi que celle dans laquelle une société française vend un bien ou un service pour un prix sous-évalué. L'expression « par tout autre moyen » ouvre, quant à elle, un large pouvoir de contrôle à l'administration fiscale. C'est ainsi que l'article 57 est utilisé par l'administration, par exemple, pour contester les modalités d'une restructuration à

117. Exemples de dépendance économique : la société étrangère fixe seule les prix d'achat et de vente ; elle consent à la société française des avances sans lesquelles celle-ci ne pourrait survivre, etc. Pour des détails sur l'appréciation de la dépendance, cf. BOI-BIC-BASE-80-20 n° 40 et B. Gouthière, n° 76500 et s. Voir également CE, 15 avr. 2016, n° 372097, *LifeStand Vivre Debout*, *Dr. fisc.* 2016, n° 51-52, comm. 676, concl. E. Bokdam-Tognetti, note C. Silberztein et B. Granel, où le Conseil d'État considère qu'une dépendance de fait est établie entre une société française et une société suisse lorsque la société suisse est établie en Suisse à une adresse de domiciliation sans qu'aucun loyer afférent à des locaux commerciaux ne figure dans sa comptabilité, l'essentiel des fonctions confiées à la société suisse continue à être exercé par la société française et le gérant de la société française exerce en fait la direction et le contrôle de la société suisse.

118. Sur la portée exacte de cette notion, nous renvoyons aux développements consacrés à l'art. 209 B, CGI : cf. *infra*, n° 816.

119. Pour une comparaison entre le contrôle fiscal et le contrôle civil de l'équilibre contractuel, v. l'intéressant article de J. Monsenego, « La correction des prix de transfert entre sociétés apparentées au regard du concept civiliste de liberté contractuelle. Vers un renforcement de la théorie de l'autonomie du droit fiscal ? », *L'année fiscale 2012*, *Dr. fisc.* 2012, n° 9, comm. 156.

l'intérieur d'un groupe international lorsqu'elle estime que cette restructuration conduit des sociétés françaises à renoncer indûment à des bénéfices[120].

Troisièmement, l'article 57 repose sur le postulat que la société française a contracté à des conditions anormales. D'ailleurs, le même article précise qu'à défaut d'éléments précis pour opérer les redressements sur la base du premier alinéa, « les produits imposables sont déterminés par comparaison avec ceux des entreprises similaires exploitées *normalement* ». Toute la question est donc de savoir ce que sont des conditions contractuelles « normales ». Pour y répondre, il faut tenter d'identifier ce que seraient un prix ou des conditions contractuelles « de pleine concurrence »[121], c'est-à-dire pratiquées dans le cadre d'une transaction comparable entre entreprises indépendantes. C'est la difficulté majeure de la matière, étant précisé que plusieurs domaines du droit tentent d'appréhender ce prix idéal par différentes méthodes. C'est le cas du droit de la concurrence[122]. C'est aussi le cas du droit douanier, les entreprises devant en pratique naviguer à vue entre les exigences de plusieurs administrations qui cherchent à démontrer que les prix d'achat sont tantôt trop élevés (c'est le cas de l'administration fiscale), tantôt trop faibles (c'est le cas de l'administration douanière)... En matière fiscale, la méthode reine pour cerner le prix de pleine concurrence est la méthode dite du « prix comparable sur le marché libre », qui consiste à rechercher les situations comparables au regard de certains critères tels que les caractéristiques des biens et services faisant l'objet du contrat, les fonctions exercées et les risques assumés par les parties, l'impact financier des clauses figurant au contrat etc. Lorsque le marché fait défaut et que la recherche de transactions comparables se révèle ainsi difficile ou impossible, on peut recourir à plusieurs autres méthodes décrites par l'OCDE dans ses travaux, chacune de ces méthodes étant appropriée à tel ou tel type de transaction. Leur étude relève davantage de la science économique que du droit : elle échappe donc au domaine de cet ouvrage[123].

En pratique, le calcul du prix de pleine concurrence est souvent délicat quand il n'est pas franchement très (trop ?) complexe. Certains dénoncent également la fragilité théorique d'un raisonnement qui, sur la base d'un dogme économique selon lequel les sociétés d'un même groupe doivent être considérées comme totalement indépendantes, alloue des droits d'imposer aux États[124]. D'autres estiment que

120. Sur ce sujet, cf. notamment le document publié par l'OCDE le 22 juill. 2010, intitulé « Report on the transfer pricing aspects of business restructurings ». Pour des exemples tirés de la pratique française, cf. B. Gouthière, n° 76610 et s.

121. « *Arm's length price* », en anglais.

122. Pour ceux qu'intéresse, au-delà des mots, la rencontre entre le principe fiscal de pleine concurrence et le droit... de la concurrence, v. E. Bonneaud et F. Fontaine, « Prix de transfert et droit de la concurrence : les liaisons dangereuses », *Dr. fisc.* 2011, n° 49, ét. 612.

123. Cf. notamment sur ce sujet les « Principes applicables en matière de prix de transfert à l'intention des entreprises multinationales et des administrations fiscales » publié par l'OCDE. Ces principes directeurs ont été publiés pour la première fois en 1995. Ils sont régulièrement révisés par l'OCDE. La dernière version à ce jour date du mois de juillet 2017. Il existe aussi en la matière des travaux de l'ONU (sur lesquels v. C. Silberztein, « Les travaux des Nations unies en matière de prix de transfert », *Dr. fisc.* 2012, n° 10, aperçu rapide n° 113). Enfin, pour une présentation des théories et des pratiques de l'évaluation en droit fiscal, v. S. Jemmar, *L'évaluation des biens et services en droit fiscal*, préf. D. Gutmann, av.-pr. L. Chatel et C. Goarant-Moraglia, L'Harmattan, 2010.

124. V. notamment sur ce sujet W. Schön, "International Tax Coordination for a Second-Best World, part III", *World Tax Journal*, oct. 2010, p. 261 et s., et l'abondante bibliographie citée par l'auteur. Pour une réflexion très approfondie sur les fondements théoriques du principe de pleine concurrence, v. l'article exceptionnel de L. E. Schoueri, "Arm's Length: Beyond the Guidelines of the OECD", *IBFD Bulletin for international taxation*, déc. 2015, p. 690 et s.

le principe de pleine concurrence conduit en pratique à une répartition mondiale de la base taxable très déséquilibrée en faveur des paradis fiscaux et ruine de ce fait l'idée d'une certaine équité dans le partage de l'assiette imposable entre les nations[125]. Pourrait-on donc vivre sans le principe de pleine concurrence ? L'exemple du Brésil montre que c'est possible. Dans ce système, on applique la méthode des marges fixes qui consiste à exiger l'application d'une marge bénéficiaire moyenne, prédéterminée à l'échelle d'un secteur économique, pour calculer l'assiette imposable dans un pays d'une entité d'un groupe. On pourrait aussi imaginer qu'à l'échelle de plusieurs États, les autorités fiscales acceptent de déterminer de façon globale le profit d'un groupe et de le ventiler entre les entités sur la base de critères autres que le prix des transactions (immobilisations, masse salariale). C'est la méthode dite de « formulary apportionment » qui fonctionne aux États-Unis entre les différents États et qui sert de modèle pour le projet de directive européenne sur l'assiette commune consolidée de l'impôt sur les sociétés (dans sa version de 2011)[126]. Toutefois, on a justement montré que les alternatives au principe de pleine concurrence présentent elles aussi leurs défauts[127]. Transposé à l'échelle mondiale, le modèle brésilien « ne garantirait pas que la somme des profits taxés localement n'excède pas le profit réel global dégagé par le groupe ; inversement, une telle méthode pourrait donner lieu à des pratiques dommageables (marges fixées à un niveau bas) au détriment, d'une part, des entreprises indépendantes opérant dans l'État considéré, d'autre part, des États voisins ». Quant à la technique du « *formulary apportionment* », elle ne peut fonctionner qu'au sein d'un espace économique intégré et ne saurait constituer, à l'échelle mondiale, une alternative crédible à la régulation des prix de transfert.

Quatrièmement, lorsque l'administration réintègre dans le résultat de la société française un bénéfice qu'elle considère comme indirectement transféré à une société étrangère, elle constate simultanément l'existence d'un revenu réputé distribué à la société en question. Elle prélève donc une retenue à la source de 30 % sur ledit revenu[128], ce qui n'est pas sans susciter la critique sous l'angle du droit de l'Union européenne lorsque la société bénéficiaire du revenu réputé distribué est situé sur le territoire de l'Union[129]. On notera toutefois que l'article L. 62 A du Livre des procédures fiscales permet à une entreprise qui a fait l'objet d'une rectification portant sur des transferts de bénéfices à l'étranger au sens de l'article 57 du CGI de bénéficier de la non-application de la retenue à la source prélevée sur les montants transférés à l'étranger et réputés distribués

125. L. Benzoni et J. Pellefigue, « Replacer l'équité au cœur de la réglementation des prix de transfert : une perspective économique », *Dr. fisc.* 2013, n° 6, ét. 138. Les auteurs s'appuient sur les études de Hines et Rice (*Fiscal paradise : foreign tax havens and American business*, National Bureau of Economic Research, 1990) qui montrent qu'au début des années 1990, les paradis fiscaux représentent moins de 1 % de la population mondiale alors qu'y sont stockés 26 % des actifs et 31 % des profits des entreprises américaines. Les auteurs estiment que la situation est probablement plus déséquilibrée encore aujourd'hui dans la mesure où la localisation des actifs incorporels dans les paradis fiscaux ne s'est pas ralentie.

126. V. *infra*, n° 803 et s.

127. Ch. Comolet-Tirman, « Peut-on en finir avec les prix de transfert ? », *Dr. fisc.* 2012, n° 22, ét. 313.

128. Art. 119 *bis*, 2, CGI. En pratique, cependant, le taux de la retenue est de 30/70 pour la raison suivante : comme l'explique B. Gouthière (n° 76965), « le taux général de 30/70 part de l'idée logique selon laquelle la prise en charge de la retenue constitue un supplément de revenu lui-même imposable ; si un revenu distribué de 100 subit une retenue de 30, de sorte que le bénéficiaire ne reçoit que 70, il est logique qu'il paye 30/70, soit 42,85 %, lorsqu'il a perçu un « net » de 100. Il est en effet dans la même situation finale que celui qui perçoit un brut de 142,85 amputé d'une retenue de 30 %, soit 42, 85, et dont le revenu net final est bien égal à 100 ». Le tout sous réserve de l'impact éventuel de la convention fiscale conclue par la France avec l'État de résidence de la société bénéficiaire du revenu réputé distribué.

129. La critique porte sur la conformité à la directive mère-fille et à la liberté d'établissement d'une telle retenue. V. sur ce point les arguments développés par L. Leclercq et J. du Pasquier, « Revenus réputés distribués et retenue à la source dans un contexte communautaire : Rien À Signaler ou Rappels À Supprimer ? », *Dr. fisc.* 2016, n° 2, ét. 61. La jurisprudence est toutefois à ce jour en faveur de la compatibilité : CAA Versailles, 19 mars 2013, n° 11VE01051, *SAS Bayer* ; le pourvoi dans cette affaire a donné lieu à une décision de non-admission du Conseil d'État (CE (na), 23 juin 2014, n° 370193, *Sté Bayer SAS* ; v. C. Acard, *Dr. fisc.* 2015, n° 24, comm. 396, n° 20).

à condition que les sommes qualifiées de revenus distribués soient rapatriées chez la société auteur du transfert.

Comme on peut le constater, l'application de l'article 57 est d'une certaine complexité. Elle l'est d'autant plus qu'aux problèmes purement théoriques posés par les concepts de dépendance et de normalité s'ajoutent certaines questions particulières intéressant la répartition du fardeau probatoire.

b) Problèmes de preuve

659 En théorie, les choses sont claires. Selon le Conseil d'État[130], l'article 57 oblige à raisonner à deux temps : l'administration doit d'abord démontrer l'existence d'un lien de dépendance (lorsque la société étrangère n'est pas établie dans un pays à fiscalité privilégiée) ainsi que l'existence d'un avantage accordé par la société établie en France à la société établie à l'étranger. Si elle y parvient, c'est alors au contribuable d'établir l'existence d'une contrepartie à cet avantage[131]. Par exemple, le Conseil d'État a reconnu qu'il pouvait être légitime pour une société d'accorder des prêts sans intérêts à sa filiale étrangère en période de démarrage[132] ou de contribuer aux dépenses de publicité exposées par la société qui assure localement la distribution de ses produits[133].

Ce dispositif crée au profit de l'administration une situation avantageuse, comparée à celle qui existe dans une situation purement interne. Tandis qu'un acte anormal de gestion « franco-français » fait supporter à l'administration l'intégralité de la preuve de l'anormalité de l'acte, un acte anormal de gestion accompli dans une transaction internationale soulage l'administration d'une partie de la charge de la preuve. Ce constat est renforcé depuis qu'une loi du 12 avril 1996 a introduit dans le Livre des procédures fiscales un article L. 13 B permettant à l'administration, lorsqu'elle a réuni au cours d'une vérification de comptabilité des éléments « faisant présumer qu'une entreprise a opéré un transfert indirect de bénéfices au sens des dispositions de l'article 57 »[134], de demander à l'entreprise des informations et documents concernant notamment la nature de ses relations avec les sociétés étrangères concernées et la méthode de détermination des prix des opérations qu'elle effectue avec ces entreprises. Ce texte a été renforcé par la loi de finances rectificative pour 2009 qui a instauré, pour les grandes entreprises ou les entreprises liées à celles-ci, une obligation documentaire de nature à permettre un contrôle

130. CE, Plén., 27 juill. 1988, n° 50020, *SARL Boutique 2M*, *Dr. fisc.* 1988, n° 49, comm. 2202 ; *RJF* 10/88, n° 1130, concl. O. FOUQUET, p. 577 ; CE, 8 juill. 2005, n° 255918, *SA Vetter*, *Dr. fisc.* 2005, n° 38, comm. 624 ; *RJF* 2005, n° 893, *BDCF* 8-9/2005, n° 108, concl. L. VALLÉE.

131. La lettre de l'arrêt *SARL Boutique 2M* précité conduit souvent à présenter ce raisonnement en disant que, lorsque l'administration s'est libérée de son obligation probatoire, une présomption de transfert indirect de bénéfices naît à l'encontre du contribuable, qu'il lui appartient de renverser. Cette présentation est relativement trompeuse. En effet, on voit mal comment le succès probatoire de l'administration dans le premier stade du raisonnement pourrait faire naître une « présomption » : une présomption est instituée par la loi ou par le fait de l'homme, mais elle n'est pas le résultat d'un processus probatoire ; en outre, il est absurde de demander au contribuable de démontrer l'inverse de ce que l'administration a démontré dans le premier temps du raisonnement, puisqu'on admet que l'administration s'est valablement libérée de sa propre obligation probatoire. En réalité, donc, il faut considérer que l'administration doit démontrer l'existence d'un avantage, ce qui suppose qu'elle démontre une différence entre ce que la société étrangère a effectivement reçu et ce qu'elle aurait reçu d'une autre entreprise française indépendante et opérant dans des conditions similaires (première étape). Une fois cet avantage démontré, ce n'est pas à un « renversement de la charge de la preuve » que l'on assiste. La société française doit prouver, non pas l'inverse de ce qu'a démontré l'administration, mais autre chose, à savoir que l'avantage était légitime (deuxième étape).

132. CE, 2 juin 1982, n° 23342.

133. CE, 18 nov. 1983, n° 32817.

134. Le verbe « présumer » paraît, ici encore, inadéquat. En réalité, l'article L. 13 B n'a pour fonction que de permettre à l'administration d'obtenir certaines informations lorsqu'elle découvre des *indices* lui permettant de suspecter l'existence d'un transfert indirect de bénéfices.

plus efficace des échanges intra-groupe[135]. La loi du 6 décembre 2013 relative à la lutte contre la fraude fiscale et la grande délinquance économique et financière a encore complexifié le millefeuille en instituant une obligation de transmettre annuellement à l'administration fiscale une documentation « allégée » dans les six mois qui suivent les déclarations de résultat[136]. Cette obligation, qui s'appliquait initialement aux seules entreprises soumises à l'obligation documentaire ordinaire, a été étendue par la loi « Sapin 2 »[137] à toutes les entreprises dont le chiffre d'affaires annuel hors taxe ou l'actif brut figurant au bilan est supérieur ou égal à 50 millions d'euros.

660 Certains voient dans le dispositif français une différence de traitement posant problème à la lumière du droit de l'Union européenne[138], voire une atteinte au droit de ne pas s'auto-incriminer au sens de la jurisprudence relative à l'article 6 de la Convention européenne des droits de l'homme[139]. Il n'est cependant pas certain que ce reproche fait au droit français soit légitime.

Tout d'abord, il convient de constater que la jurisprudence tend à resserrer ses exigences probatoires, même dans le contexte d'une transaction purement interne, lorsqu'une société se voit reprocher un acte anormal de gestion au profit d'une entité liée. Ainsi, le Conseil d'État a indiqué dans l'arrêt *SELAFA Géomat* du 16 mai 2008 que la présomption de régularité attachée à une facture se trouve amoindrie lorsque la facture émane d'une personne liée au contribuable. Dans ce cas, les principes dégagés par l'arrêt *Éts Lebreton* doivent s'appliquer pleinement, et il revient alors au contribuable de démontrer l'existence et la valeur de la contrepartie reçue. On assiste alors à une « contamination » du droit interne par les règles de prix de transfert[140], ce qui réduit la portée de la différence de traitement réservé aux transactions internes et internationales.

Ensuite, la jurisprudence de la Cour de justice enseigne, au sujet précisément des règles concernant les prix de transfert, que le fait d'imposer plus lourdement certaines transactions internationales que des transactions internes comparables peut se justifier par les objectifs de prévention de l'évasion fiscale et de protection de la répartition équilibrée du pouvoir d'imposer. Il convient seulement de vérifier que ces règles ne vont pas au-delà de ce qui est nécessaire pour atteindre ces objectifs et que le contribuable, pour échapper à ce traitement défavorable, puisse être mis en mesure, sans être soumis à des contraintes administratives excessives, de produire des éléments concernant les éventuelles raisons commerciales pour lesquelles une transaction soumise à l'examen de l'administration a été conclue[141]. À la lumière des exigences formulées par la Cour, il y a donc lieu de penser que le mécanisme probatoire mis en place par l'article 57 pourrait résister à l'épreuve du droit de l'Union européenne.

135. Art. L. 13 AA, LPF, révisé à la lumière du projet BEPS par la loi de finances pour 2018. Les exigences documentaires sont renforcées en présence de transactions avec des partenaires établis ou constitués dans un État ou territoire non coopératif (art. L. 13 AB, LPF). Sur la mise en œuvre de ces obligations, v. l'article de P.-Y. Bourtourault et M. Bénard, « Les nouvelles obligations documentaires en matière de prix de transfert », *Dr. fisc.* 2011, n° 4, ét. 121. Les sanctions applicables en cas de non-respect des obligations documentaires figurent à l'article 1735 *ter* du CGI.

136. Art. 223 *quinquies* B du CGI.

137. Loi n° 2016-1691 du 9 déc. 2016.

138. M. Taly et P. Schiele, « Les dispositions françaises tendant au contrôle des prix de transfert sont-elles euro-compatibles ? », *Dr. fisc.* 2003, n° 29, p. 960 et s.

139. Pour une présentation des termes du débat, cf. C. Silberztein et J.-M. Priol, « Contrôle des prix de transfert : un dispositif critiquable ? », *Dr. fisc.* 1998, n° 42, p. 1285 et s.

140. Selon la formule et l'analyse développées par P.-Y. Bourtourault et M. Bénard, « Relations intragroupe, prix de transfert et acte anormal de gestion : Vers une convergence des règles de preuve applicables aux opérations nationales et internationales ? », *Dr. fisc.* 2009, n° 50, ét. 576, n° 3 et s.

141. Cf. en ce sens CJUE, 21 janv. 2010, *SGI c/ État belge*, aff. C-311/08, spéc. points 70 et s. et le commentaire de G. Meussen, *European Taxation*, juin 2010, p. 245 et s. ainsi que les obs. L. Bernardeau, *Dr. fisc.* 2010, n° 41, comm. 520, § 72 et s. ; et déjà CJCE, *Test Claimants in the Thin Cap Group Litigation*, 13 mars 2007, aff. C-524/04, point 82. Sur la portée de cette jurisprudence, cf. J. Tronnet, « La décision CJCE Test Claimants in the Thin Group Cap Litigation (13 mars 2007, aff. C-524/04) : un plaidoyer indirect "en faveur de l'euro-compatibilité" de l'article 57 du CGI ? », *Dr. fisc.* 2008, n° 21, ét. 327. La solution de l'arrêt SGI a été confirmée ultérieurement (CJUE, 31 mai 2018, Hornbach-Baumarkt AG contre Finanzamt Landau, C-382/16).

Du côté du droit constitutionnel, la question est en tout cas réglée : le Conseil d'État a refusé de transmettre au Conseil constitutionnel une question prioritaire de constitutionnalité sur le point de savoir si la présomption de transfert indirect de bénéfices établie par l'article 57 est contraire aux principes d'égalité devant la loi fiscale et d'égalité devant les charges publiques découlant des articles 6 et 13 de la Déclaration des droits de l'homme et du citoyen. La question n'a pas été jugée sérieuse[142].

661 En pratique, le Conseil d'État contrôle avec une certaine rigueur la mise en œuvre du dispositif de l'article 57. Un exemple tiré d'une décision « *Cap Gemini* »[143] permet de l'illustrer. En l'espèce, la société holding du groupe Cap Gemini Sogeti n'avait exigé le paiement, en contrepartie de la concession de l'usage et de l'exploitation de sa marque et de son logo, d'aucune redevance de la part de ses filiales européennes et américaine alors que ses filiales françaises lui versaient, à ce titre, une somme égale à 4 % de leur chiffre d'affaires annuel. Regardant l'absence de rémunération comme un transfert indirect de bénéfices au sens de l'article 57, l'administration avait procédé à la réintégration dans le résultat de la holding française des bénéfices qu'elle aurait dû, selon elle, percevoir. Le Conseil d'État estima cependant que l'administration ne pouvait se contenter, pour établir l'existence d'un avantage concédé aux filiales étrangères, de comparer les redevances facturées aux filiales françaises et celles facturées aux filiales étrangères. Le Conseil d'État relève ainsi, suivant la cour administrative d'appel, que la valeur d'usage d'une marque et d'un logo est susceptible de variations au cours du temps et suivant le marché où ils sont utilisés : les circonstances peuvent donc expliquer des taux de redevance différenciés d'un pays à l'autre. Pour établir l'existence d'un avantage et faire basculer la charge de la preuve sur le contribuable, l'administration aurait donc dû comparer les pratiques de facturation de la société française avec celle d'une autre société française exploitée normalement ou établir l'existence d'un écart injustifié entre le prix convenu et la valeur vénale du bien cédé ou du service rendu. On notera que depuis l'arrêt *Cap Gemini*, la jurisprudence du Conseil d'État semble avoir subi une inflexion, car il estime aujourd'hui que l'administration est fondée à procéder à un redressement sur le terrain de l'article 57 dès l'instant qu'elle constate que les prix facturés par une entreprise établie en France à une entreprise étrangère qui lui est liée sont inférieurs à ceux pratiqués *par cette entreprise* avec d'autres clients dépourvus de liens de dépendance avec elle. Ainsi, même si l'administration ne peut pas comparer les prix pratiqués par une entreprise A avec ceux pratiqués par une entreprise B, elle peut obtenir gain de cause si elle démontre, en comparant les prix pratiqués par la seule entreprise A à ses clients liés et à ses clients indépendants, qu'il existe une différence injustifiée entre les deux[144]. Réciproquement, il devrait être possible pour une entreprise de défendre sa politique de prix de transfert en produisant, non seulement des « comparables externes » (à savoir des transactions réalisées par d'autres entreprises),

142. CE, 2 mars 2011, n° 342099, *Dr. fisc.* 2011, n° 18-19, comm. 339, concl. E. Geffray ; *RJF* 6/11, n° 733.

143. CE, 7 nov. 2005, n° 266436 et n° 266438, *Sté Cap Gemini, Dr. fisc.* 2006, n° 14, comm. 311, concl. E. Glaser ; *Dr. sociétés* 2006, comm. 15, note J.-L. Pierre ; *RJF* 2006, n° 17, concl. E. Glaser, p. 11 et s.

144. CE, 16 mars 2016, n° 372372, *Sté Amycel France, Dr. fisc.* 2016, n° 49, comm. 639, concl. F. Aladjidi, note C. Silberztein et L. Ngûyen-Lapierre ; *RJF* 6/16, n° 514, chron. N. Labrune, p. 689 ; CE, 29 mai 2017, n° 401491, *Sté Galerie Ariane A*. Notons toutefois que ces comparables internes à l'entreprise ne sont pertinents que si les clients sont dans la même situation. Or, il peut exister un écart légitime entre le prix facturé par une entreprise A à ses distributeurs liés et le prix facturé par cette même entreprise A à des consommateurs finaux.

mais aussi des « comparables internes » (à savoir des transactions réalisées par elle-même avec d'autres parties), pour peu que ceux-ci soient suffisamment fiables[145].

Lorsque l'administration n'est pas en mesure de produire des comparables, elle doit, à tout le moins, établir l'existence d'un écart injustifié entre le prix convenu et la valeur vénale du bien cédé ou du service rendu[146].

Ces décisions illustrent à la fois la rigueur de la jurisprudence dans le respect des deux étapes du raisonnement probatoire et la difficulté de bien distinguer entre chacune des deux étapes : la notion d'avantage portant en elle-même l'idée d'une différence entre la pratique suivie et la pratique ordinaire, il y a une ligne très ténue entre la preuve de l'avantage reçu par l'entreprise et la preuve du caractère anormal dudit avantage... Du coup, c'est une approche très pragmatique des situations de fait qui prévaut pour établir l'existence de l'avantage consenti à la société étrangère[147]. On comprend, au vu de la subtilité et du caractère casuistique de la matière, que le contentieux parvenant jusqu'à un stade judiciaire soit relativement réduit en comparaison du contentieux réel sur les prix de transfert[148].

662 On comprend également que l'administration fiscale ait progressivement développé une technique offrant aux entreprises une sécurité juridique *ex ante*. Depuis l'adoption de la loi de finances rectificative pour 2004 (légalisant une pratique administrative antérieure[149]), il est ainsi possible pour une entreprise française de soumettre à l'administration un dossier contenant une description précise des méthodes de calcul des prix des transactions intra-groupe et de lui demander une prise de position sur le caractère correct de ces prix au regard de l'article 57 du Code général des impôts. C'est ce qu'on appelle « l'accord préalable unilatéral », ou encore le « rescrit prix de transfert »[150]. Cette pratique, dont on a vu qu'elle contribue de façon essentielle à la sécurité juridique, est placée sous le contrôle croissant des autorités communautaires qui redoutent que la technique du rescrit soit utilisée afin d'octroyer à certaines entreprises des aides d'État. Si le risque paraît faible en France, il est plus sérieux dans d'autres États

145. La fiabilité des comparables internes est bien entendu essentielle pour que ceux-ci puissent être utilisés, ainsi que le rappellent les principes de l'OCDE appplicables en matière de prix de transfert (§ 3.29) et le Forum conjoint sur les prix de transfert de l'Union européenne (*Discussion paper on Comparables in the EU*, JTPF/001/2017/EN, févr. 2016, § 10).

146. CE, 29 mai 2017, n° 401491, *Sté Galerie Ariane A.*

147. Pour d'autres illustrations de la mise en œuvre de ces maximes de méthode, cf. par ex., CAA Paris, 2e ch., 25 juin 2008, *Novartis France SA*, n° 06PA02841, *BDCF* 2/2009, n° 15, concl. J. Evgenas ; CAA Versailles, 3e ch., 5 mai 2009, *Man Camions et Bus*, n° 08VE02411, *Dr. fisc.* 1221009, n° 41, comm. 500, note E. Bonneaud, affirmant qu'« il appartient à l'administration, sur qui repose la charge de la preuve de l'existence d'avantages consentis par l'entreprise, d'établir en quoi les méthodes et éléments de comparaison qu'elle propose pour démontrer celle-ci revêtent un caractère pertinent ».

148. Cf. cependant, pour un excellent aperçu de la jurisprudence (antérieure à 2005), H. Israël et Th. Bouhours, « Contentieux en matière de prix de transfert : quelles leçons faut-il tirer de la jurisprudence ? », *Dr. fisc.* 2005, n° 9, p. 481 et s. Plus récemment, C. Silberztein, « Les différends en matière de prix de transfert et leurs causes », *Dr. fisc.* 2013, n° 3, ét. 60. V. aussi TA Paris, 11 mai 2011, *Société Nestlé Finance International Limited*, n° 0902095 et dans la même affaire CAA Paris, 5 févr. 2013, n° 11PA00214, *Dr. fisc.* 2013, n° 23, comm. 307, § 7, obs. C. Acard (sur le transfert sans contrepartie par une société française de ses activités de centrale de trésorerie à une société de droit suisse) ; CAA Versailles, 27 mars 2012, n° 10VE01171, *Nestlé Entreprises* (confirmation de la position de l'administration dans une affaire où une société française ne fournissait pas d'élément convaincant pour justifier du taux de marge excessivement élevé qu'elle accordait à ses filiales japonaises par rapport à tous ses autres distributeurs).

149. Cf. BOI-SJ-RES-20, sur laquelle C. Silberztein et V. Schmitt, « Le dispositif français d'accord préalable en matière de prix de transfert : une petite révolution fiscale », *Dr. fisc.* 2000, n° 5, p. 253 et s.

150. Art. L. 80 B, 7°, LPF. Pour la procédure simplifiée d'accord préalable applicable aux PME, cf. BOI-SJ-RES-20-30 n° 30 et s.

européens où certaines « décisions anticipatives » (ou encore « rulings ») prises par le Luxembourg et l'Irlande en faveur de certains groupes industriels et du numérique ont été considérées comme critiquables par la Commission européenne[151]. C'est pourquoi la directive nº 2011/16/UE concernant l'échange automatique et obligatoire d'informations dans le domaine fiscal a été réformée par une directive nº 2015/2376 du 8 décembre 2015 en vue d'obliger les États à échanger entre eux les rescrits et accords préalables qu'ils délivrent en matière de prix de transfert[152].

Le rescrit « prix de transfert » peut aussi, dans certains cas, concerner plusieurs pays à la fois, ce qui constitue évidemment la meilleure solution dans la mesure où la sécurité juridique procède d'un accord entre les administrations concernées. La France a ainsi conclu des accords préalables bilatéraux ou multilatéraux avec un certain nombre de pays de l'Union européenne et, en dehors de cette zone, avec la Corée du Sud, les États-Unis, le Japon et Singapour. Faute d'assurances émanant de tous les États concernés par le problème des prix de transfert, il reste alors à se tourner vers la convention fiscale.

2. Le droit conventionnel

663 En 1963, l'article 9 du modèle de convention établi par l'OCDE permettait déjà aux États de rectifier la comptabilité des entreprises lorsqu'elle ne donne pas une image fidèle des bénéfices réellement réalisés, étant donné les relations spécifiques entre les entreprises ayant effectué les transactions en cause.

À l'heure actuelle, l'article 9 du modèle OCDE reprend la même idée tout en la développant substantiellement. Le texte prévoit tout d'abord que chaque État contractant peut rectifier les bénéfices d'une entreprise résidente lorsque celle-ci est « associée » à une entreprise résidente de l'autre État contractant. L'association, dans ce contexte, est à rapprocher des critères prévus par l'article 57 du Code général des impôts, ce qui permet de constater la compatibilité de principe de ce texte avec les stipulations des conventions fiscales.

De plus, il est apparu aux auteurs du modèle OCDE qu'une lutte unilatérale des prix de transfert par chaque État ne permettait pas de remédier aux problèmes posés par les flux intra-groupe et créait de nouvelles difficultés. La plus fréquente se rencontre lorsqu'un État contractant, jugeant anormal le prix d'une transaction, procède à un redressement (ou, dans la terminologie de l'OCDE, à un « **ajustement primaire** ») alors que l'autre État contractant estime quant à lui qu'il n'y a pas de raison de remettre en cause les conditions convenues entre les entreprises.

Imaginons par exemple qu'une entreprise d'un État A ait facturé à une entreprise d'un État B une somme de 100 pour un service donné. Il arrive fréquemment que l'État B remette en cause la déduction de 100 et réintègre dans le bénéfice de l'entreprise une fraction de cette somme, disons 30, correspondant à l'excès par rapport à un prix de pleine concurrence. Ces 30 deviennent donc imposables dans l'État B. Or, si rien ne se produit dans le pays A, cette somme fait l'objet d'une double imposition

151. Sur ce sujet, v. E. *Raingeard de la Blétière*, « Les décisions individuelles à la lumière des aides d'État : coup de projecteur sur un risque méconnu », *Dr. fisc.* 2015, nº 27, comm. 452. Dans le même numéro de la *Revue de droit fiscal* (comm. 453), v. aussi l'article de L. Leclercq et J. du Pasquier, « Aides d'État à caractère fiscal : mieux comprendre pour mieux se défendre. À propos des entreprises multinationales ayant bénéficié de *rulings* ».

152. COM (2015) 136 final. Sur ce document, v. l'article d'E. Raingeard de la Blétière, *Dr. fisc.* 2015, nº 22, ét. 326.

économique : une première fois dans le pays A, en tant qu'elle est incluse dans le prix du service facturé et imposé dans cet État entre les mains de l'entreprise qui y réside ; une seconde fois dans le pays B, du fait de l'ajustement primaire pratiqué par l'administration sur les résultats de l'entreprise qui y réside.

Pour résoudre ce problème de double imposition économique, le modèle OCDE prévoit deux méthodes. La première, qui figure au second paragraphe de l'article 9, oblige l'État A à procéder à un **ajustement « corrélatif »** qui tient compte de l'ajustement primaire pratiqué dans l'État B. Pour reprendre l'exemple ci-dessus, la réintégration de 30 dans le bénéfice imposable dans l'État B a pour effet d'obliger l'État A à ajuster à la baisse le résultat constaté par l'entreprise qui y réside. Cette technique permet d'éviter la double imposition économique des mêmes bénéfices. Le recours à cette méthode suppose évidemment que les deux États aient la même conception de la « normalité » du prix pour une transaction donnée, ce qui est précisément l'ambition de l'OCDE et la raison d'être de l'ensemble des travaux conduits par cette organisation pour harmoniser les pratiques à ce sujet.

664 En pratique, cependant, les ajustements corrélatifs ne sont pas toujours pratiqués par les États, soit parce qu'ils n'y ont pas intérêt et font donc preuve d'une certaine réticence à abandonner une partie de leur matière imposable, soit en raison d'une divergence de fond quant à l'appréciation du prix de pleine concurrence. Il reste alors aux entreprises à espérer que les deux États trouveront un terrain d'entente en recourant à la **procédure amiable** prévue par l'article 25 du modèle OCDE. Cette procédure figure dans la grande majorité des conventions mais n'offre en tant que telle aucune garantie de résultat au contribuable car les États ne sont pas obligés de recourir à cette procédure et, s'ils le font, ils ne sont pas davantage obligés de parvenir à un accord[153]. C'est pourquoi l'article 25 du modèle OCDE s'est enrichi en 2008 d'une **clause d'arbitrage** : celle-ci permet à un contribuable de contraindre deux administrations à se soumettre à une procédure d'arbitrage lorsqu'il a fait l'objet d'une imposition non conforme aux dispositions de la convention fiscale applicable et que les autorités fiscales des deux États concernés n'ont pas réussi à se mettre d'accord dans un délai de deux ans à compter du déclenchement de la procédure amiable. L'action 14 du projet « BEPS » de l'OCDE a souhaité renforcer l'efficacité de cette procédure et cette action résolue de l'OCDE en faveur de l'arbitrage a trouvé sa consécration avec la convention multilatérale signée le 7 juin 2017 par laquelle 44 États, dont la France, se sont engagés à introduire une procédure d'arbitrage dans leurs conventions fiscales. On notera toutefois que malgré le souhait de la France de promouvoir cette technique de résolution des différends entre États, les réserves émises par ses partenaires conventionnels ont pour effet que seule une vingtaine de conventions conclues par la France sont effectivement impactées (ce qui est déjà mieux que les huit conventions contenant une clause d'arbitrage avant la signature de la convention multilatérale)[154].

665 Un dernier problème méritant d'être mentionné au titre des prix de transfert concerne l'effet indirect produit par le redressement opéré dans l'État B. Dans le cas où cet État est la France, nous avons vu que la somme de 30 réintégrée dans le bénéfice de l'entreprise française au titre de l'article 57 du Code général des impôts est considérée comme un revenu distribué et passible à ce titre d'une retenue à la source. C'est ce

153. Selon les données de l'OCDE, la procédure amiable connaît cependant un succès croissant (augmentation de plus de 40 % du nombre de procédures amiables ouvertes dans les États membres entre 2006 et 2010 : www.oecd.org/ctp/tp/dr.). Fin 2010, il existait en France 490 procédures ouvertes, dont 263 ouvertes depuis moins de 2 ans.

154. On pourra consulter sur cette question le dossier sur « Arbitrage et fiscalité » coordonné par M. Sadowsky et K. Sid Ahmed et publié par la Revue européenne et internationale de droit fiscal, n° 2017/4, avec, pour la partie sur l'arbitrage fiscal post-BEPS, des articles de P. Saint-Amans et E. Barrett, B. Delaunay et D. Gutmann.

que les commentaires du modèle OCDE appellent un « **ajustement secondaire** ». Or, cet ajustement crée à son tour un problème de double imposition, non plus économique, mais bien juridique. La même personne, autrement dit l'entreprise de l'État A, est alors imposée deux fois sur la même somme : une première fois par l'État A, en tant que les 30 sont inclus dans le prix facturé à la société française et imposés à ce titre ; une deuxième fois par la France, par le moyen de la retenue à la source.

Cette double imposition juridique n'est pas éliminée de façon systématique par les conventions fiscales. L'article 9 du modèle OCDE, en tout cas, n'y fait pas obstacle. Pour savoir si l'État B – la France dans notre hypothèse – peut maintenir en tout ou en partie sa retenue à la source, il faut donc consulter l'article relatif aux dividendes de la convention fiscale applicable et rechercher si celui-ci définit largement les dividendes en y incluant éventuellement les revenus réputés distribués, ce qui est admis par les commentaires de l'article 10 du modèle OCDE[155]. Si tel n'est pas le cas, il faut se tourner vers l'article « autres revenus » de la convention fiscale et rechercher quel est l'État compétent pour imposer ces revenus qui ne rentrent dans le domaine d'aucun autre article conventionnel : s'il s'agit de l'État de source (ce qui est de plus en plus rare), la retenue à la source demeure applicable ; au cas contraire, la retenue à la source doit être écartée[156].

À supposer que le test de compatibilité avec la convention fiscale laisse subsister la retenue à la source, on peut encore se demander si celle-ci respecte le **droit communautaire** toutes les fois qu'elle frappe un flux à destination d'un bénéficiaire établi dans un autre État membre. Supposons par exemple qu'une filiale française facture insuffisamment une prestation réalisée au profit de sa société mère située dans un autre État membre. En pareil cas, son résultat est rehaussé du montant de cette insuffisance et le vérificateur établit parallèlement un rappel au titre de la retenue à la source exigible sur le revenu distribué à la société mère étrangère. Dans une rectification de même nature visant des prestations insuffisamment facturées par une filiale à sa société mère française, le rappel se limiterait à l'impôt sur les sociétés éludé par la filiale. La société mère serait elle-même à l'abri d'une quelconque rectification de son résultat fiscal, étant donné qu'elle a été imposée sur le montant de l'avantage anormal qu'elle a reçu. On peut donc se demander si, dans une telle hypothèse, la retenue à la source ne pourrait être considérée comme portant atteinte à la liberté d'établissement. Comment admettre, en effet, que l'appropriation de l'avantage concédé par la filiale française à sa société mère crée un fait générateur d'imposition en France dans le cas où celle-ci est établie dans un autre État membre alors que tel n'est jamais le cas lorsqu'il s'agit d'une société mère française ? Ce type de question démontre que l'Union européenne a un rôle évident à jouer dans la réglementation des prix de transfert.

3. Le droit de l'Union européenne

666 Le droit de l'Union européenne sur la question de prix de transfert est en développement, comme en témoigne l'existence d'une convention d'arbitrage conclue entre États membres à ce sujet (a), l'activité déployée par la Commission en vue de favoriser une harmonisation des pratiques en matière de documentation relative aux prix de transfert (b) et sur d'autres sujets connexes (c).

a) La convention d'arbitrage

667 Il n'existe pas à l'heure actuelle de droit matériel de l'Union européenne concernant les méthodes de calcul et de contrôle des prix de transfert. Toutefois, il existe depuis le 23 juillet 1990 une « Convention relative à l'élimination des doubles impositions en cas de correction des bénéfices d'entreprises associées » (dite « convention

155. La qualification de dividende au sens de la convention permet alors d'obtenir un taux réduit de retenue à la source dans l'État A et un crédit d'impôt dans l'État B.

156. CE, 13 oct. 1999, n° 190083, 8e et 9e s.-s., *min. c/SA Banque française de l'Orient*, *RJF* 12/99, p. 938, concl. J. Arrighi de Casanova.

d'arbitrage »)[157] afin de résoudre les différends résultant de la double imposition frappant des entreprises de différents États membres en raison de la correction à la hausse des bénéfices d'une de ces entreprises dans un État membre. L'intérêt de ce dispositif est de tenter de remédier à l'insuffisance des procédures amiables existant dans les conventions bilatérales en mettant en place un mécanisme plus contraignant pour les États conduisant à l'élimination de la double imposition.

Son application demeurant limitée[158], la Commission a créé en 2002 un « forum conjoint de l'Union européenne sur les prix de transfert », autrement dit une commission d'experts chargés de formuler des recommandations permettant d'harmoniser les pratiques des États membres en la matière. Les premiers travaux de ce forum ont conduit, le 7 décembre 2004, à l'adoption par le Conseil de l'UE et les représentants des États membres d'un « code de conduite » pour la mise en œuvre de la convention d'arbitrage[159]. Ce code de conduite a été révisé le 22 décembre 2009 suite aux travaux complémentaires du forum sur la question.

La convention multilatérale est vouée à s'effacer à terme devant un autre instrument plus efficace : la directive du 10 octobre 2017[160] concernant les mécanismes de règlement des différends fiscaux dans l'Union européenne, qui prévoit une procédure contraignante en vue d'éliminer la double imposition dans un champ très large qui dépasse d'ailleurs celui des seuls prix de transfert[161].

b) L'harmonisation de la documentation en matière de prix de transfert

668 Le code de conduite, qui s'inspire des travaux accomplis par le forum conjoint de l'UE sur les prix de transfert, a pour but de réduire significativement les difficultés liées à la fiscalité que les entreprises rencontrent lorsqu'elles effectuent des transactions avec des entreprises associées établies dans d'autres États membres. Les entreprises se plaignent en effet fréquemment des divergences entre les exigences en matière de documentation qu'elles doivent respecter dans les différents États membres concernés, ainsi que des coûts que celles-ci entraînent.

Le Conseil a adopté le 27 juin 2006 un code de conduite sur la documentation des prix de transfert pour les entreprises associées au sein de l'Union européenne[162]. Ce code de conduite vise à harmoniser la documentation que les entreprises multinationales doivent fournir aux autorités fiscales au sujet de la méthode de fixation des prix de transfert qu'elles utilisent pour leurs transactions intragroupe transfrontalières. Il s'agit d'un engagement politique ne créant pas d'obligations pour les États.

157. Convention approuvée en France par la loi n° 91-1391 du 31 déc. 1991 et publiée par le décret n° 95-144 du 6 févr. 1995. Cette convention a été en vigueur du 1er janv. 1995 au 31 déc. 1999 pour une période initiale de cinq ans. À la suite de diverses péripéties, son extension a été suspendue mais la Convention d'arbitrage est à nouveau entrée en vigueur, avec effet rétroactif à compter du 1er janv. 2000, le 1er nov. 2004.

158. Il y avait environ 250 procédures amiables ouvertes en application de la convention européenne d'arbitrage au 31 décembre 2009 (selon le rapport du Forum conjoint sur les prix de transfert de juillet 2011).

159. 2006/C-176/02.

160. Directive (UE) 2017/852.

161. Cette directive s'applique à toute réclamation introduite à compter du 1er juillet 2019 qui porte sur des différends relatifs à des revenus ou à des capitaux perçus au cours d'un exercice fiscal commençant le 1er janvier 2018 ou après cette date.

162. 2006/C-176/01.

c) *Autres sujets*

669 Le forum sur les prix de transfert a développé d'autres activités sur des sujets connexes à ceux qui précèdent, comme en témoigne la communication publiée par la Commission européenne le 25 janvier 2011[163]. En 2009 et 2010, ses travaux ont porté sur deux questions, à savoir les transactions intragroupe à faible valeur ajoutée et le règlement des différends en matière de double imposition lorsqu'une entreprise associée établie en dehors de l'UE participe à une transaction (cas triangulaires non-UE).

Le 4 mars 2011, il a adopté un rapport sur les petites et moyennes entreprises et les prix de transfert. Le rapport examine les défis spécifiques auxquels les PME sont confrontées dans le domaine des prix de transfert et contient des recommandations concrètes.

Pour le futur, on peut attendre du forum sur les prix de transfert qu'il livre d'autres pistes d'harmonisation des pratiques nationales.

163. COM (2011) 16 final.

CHAPITRE 4
LES RESTRUCTURATIONS DE L'ENTREPRISE

670 Les chapitres qui précèdent n'ont traité l'entreprise que de façon statique. Ils n'ont pas envisagé les modifications pouvant affecter son activité et ses structures. L'objet de ce chapitre est de combler cette lacune en distinguant, d'un côté, les opérations n'ayant pas pour objet de transformer la composition du capital d'une ou plusieurs sociétés (Section 1) et, de l'autre côté, les opérations ayant au contraire cet objet (Section 2).

SECTION 1 LES OPÉRATIONS NON CAPITALISTIQUES

671 Les entreprises (au sens large d'entreprise individuelle et de société) peuvent connaître des changements d'ampleur inégale. Elles peuvent se transformer. Elles peuvent disparaître. On traitera d'abord du cas de la disparition, même s'il constitue chronologiquement le dernier dans la vie réelle, dans la mesure où les effets de la cessation d'entreprise sont ceux auxquels renvoie la loi fiscale pour toutes les autres hypothèses, moins drastiques, où l'entreprise survit économiquement mais pas fiscalement.

§ 1. LA DISPARITION DE L'ENTREPRISE

672 La disparition de l'entreprise peut venir, dans le cas de l'entreprise individuelle, d'une simple cessation d'activité (A). Dans le cas des sociétés, il faut également examiner le traitement fiscal de la liquidation (B).

A. LA CESSATION D'ACTIVITÉ

673 Il résulte de l'article 201 du Code général des impôts que « dans le cas de cession ou de cessation, en totalité ou en partie, d'une entreprise industrielle, commerciale,

artisanale ou minière, ou d'une exploitation agricole dont les résultats sont imposés d'après le régime du bénéfice réel, l'impôt sur le revenu dû en raison des bénéfices réalisés dans cette entreprise ou exploitation et qui n'ont pas encore été imposés est immédiatement établi ». Il en va de même en cas de cession ou cessation d'une entreprise passible de l'impôt sur les sociétés[1] ou de la cessation de l'exercice d'une profession non commerciale[2].

Cette imposition immédiate des bénéfices s'applique en cas d'abandon de l'ensemble de l'activité industrielle ou commerciale. Elle peut résulter notamment de la fermeture définitive du ou des établissements où était exercée l'activité. Elle a également lieu en cas de cession ou de cessation partielle d'entreprise, c'est-à-dire lorsqu'un contribuable, ayant plusieurs branches d'activité ou plusieurs établissements, cède ou abandonne l'une de ces branches d'activité ou l'un de ces établissements. Enfin, la loi prévoit que le décès de l'exploitant d'une entreprise est un cas d'imposition immédiate[3]. Peu importe à cet égard que l'exploitation soit continuée par les héritiers du défunt.

L'assiette imposable à l'occasion d'une cessation d'activité est constituée des éléments suivants :

— bénéfices d'exploitation réalisés depuis la fin du dernier exercice taxé, déterminés dans les conditions de droit commun ;

— bénéfices en sursis d'imposition et, en particulier, provisions précédemment constituées qui deviennent sans objet du fait de la cession ou cessation ;

— plus ou moins-values professionnelles réalisées ou constatées à l'occasion de la cession ou cessation.

674 Pour les contribuables relevant de la catégorie des bénéfices non commerciaux, les règles de détermination des bénéfices immédiatement imposables du fait de la cessation d'activité ou du décès du contribuable sont pour l'essentiel les mêmes que celles applicables en cas de cessation d'une activité industrielle ou commerciale. Toutefois, une particularité doit être mentionnée : il s'agit de la prise en compte, par exception au principe ordinaire de la comptabilité de caisse, des créances acquises et non encore recouvrées[4]. Cette exception s'explique par la nécessité de régler définitivement le sort fiscal de l'entreprise libérale, même si tous ses encaissements n'ont pas encore eu lieu.

675 Lors de la cession ou de la cessation de l'entreprise, le contribuable est soumis à certaines obligations déclaratives dans un délai de soixante jours (ou six mois en cas de décès)[5].

B. LA LIQUIDATION DE LA SOCIÉTÉ

676 Comme on le sait, il existe de multiples causes possibles de dissolution des sociétés, énumérées par l'article 1844-7 du Code civil. La dissolution d'une société n'est

1. Art. 221, CGI.
2. Art. 202, CGI.
3. Art. 201.4, CGI.
4. En contrepartie, l'administration admet la déduction des dépenses engagées et non encore acquittées : BOI-BNC-CESS-10-20 n° 1 et s.
5. Art. 202, CGI.

cependant pas, en tant que telle, un fait générateur d'impôt[6]. Ce qui donne prise à l'impôt, c'est la liquidation de la société, entendue comme « l'ensemble des opérations consécutives à sa dissolution, qui ont pour objet de régler le passif, de convertir les éléments d'actifs en argent (en liquide), en vue de procéder au partage entre les associés de l'actif net existant »[7]. Cette liquidation entraînant une cessation d'activité, elle produit pour la société les conséquences qui s'y attachent (1°). Elle produit également un effet pour les associés (2°).

1. L'imposition de la société

677 Que la société relève du régime des sociétés de personnes ou de l'impôt sur les sociétés, sa dissolution est assimilée à une cessation d'entreprise et entraîne l'imposition immédiate des bénéfices et des plus-values non encore taxés[8]. L'impôt est acquitté par la société lorsqu'elle relève de l'impôt sur les sociétés et par les associés, conformément aux principes ordinaires, lorsqu'il s'agit d'une société de personnes.

Le moment de l'imposition est dicté par les besoins de la liquidation. La personnalité morale de la société subsistant jusqu'à la clôture des opérations de liquidation, c'est seulement à cette date qu'intervient effectivement la cessation. La date de cessation coïncide plus précisément avec la date d'approbation des comptes définitifs de liquidation, qui marque le point de départ du délai de 60 jours imparti pour effectuer les déclarations prévues en cas de cessation d'activité[9]. Si une liquidation judiciaire se prolonge pendant plusieurs années, les déclarations annuelles établies par le liquidateur dans les délais habituels présentent un caractère provisoire ; les impositions établies au vu de ces déclarations viennent ensuite en déduction de l'imposition définitive[10].

On comprend, au vu de l'impact fiscal de la liquidation, que certaines sociétés tentent de l'éviter par tous les moyens possibles. La mise en sommeil constitue l'un d'entre eux : elle n'est en effet pas constitutive d'une cessation d'activité sur le plan fiscal dès lors qu'aucune procédure de dissolution et de liquidation n'est engagée[11].

2. L'imposition des associés

678 Lorsque les associés peuvent récupérer quelque chose de la société en liquidation[12], la problématique de la liquidation se résume à deux points : premièrement, ils sont considérés comme récupérant les apports qu'ils ont initialement consentis à la société ; deuxièmement, ils peuvent recevoir un complément représentant un pourcentage des sommes résiduelles à l'issue des opérations de liquidation (le « boni de liquidation »[13]).

La reprise des apports n'est jamais imposable. La solution vaut tant pour les associés de sociétés de personnes que pour les associés de sociétés de capitaux. Elle

6. Juste observation de P. Serlooten, n° 785.

7. Ph. Merle, *Droit commercial. Sociétés commerciales*, Dalloz, 13e éd., n° 116.

8. Art. 221-2, CGI (sociétés IS).

9. CE, 11 févr. 1987, n° 47157, *RJF* 3/87, n° 273-a.

10. BOI-IS-DECLA-10-10-10 n° 110 et s.

11. CE, 10 nov. 1980, n° 18139, *RJF* 1/81, n° 18 ; rép. Sénat (Herment), 27 avr. 1989, p. 673, n° 593.

12. Lorsque la liquidation d'une société fait au contraire apparaître une perte pour les associés (non-remboursement de tout ou partie de leurs apports), cette perte, qui ne constitue pas un déficit déductible mais une perte en capital, ne peut pas être retranchée du revenu global des intéressés. Elle peut en revanche être déduite des plus-values de même nature réalisées au cours de la même année ou des dix années suivantes (art. 150-0 D 11 et 12, CGI).

13. Celui-ci se définit comme la somme d'argent restant à partager après soustraction de l'actif social de l'ensemble des dettes de la société et des apports remboursés aux associés.

s'explique par le fait que la reprise des apports n'est pas une distribution de bénéfices : elle est généralement considérée – ce qui ne va pas de soi – comme le remboursement d'une dette sociale envers les associés[14]. Le principe est codifié, pour les associés de sociétés de capitaux, à l'article 112, 1° du Code général des impôts qui énonce que ne sont pas considérés comme revenus distribués « les répartitions présentant pour les associés ou actionnaires le caractère de remboursements d'apports ou de primes d'émission »[15].

Pour le reste, les règles diffèrent sensiblement selon que l'on est en présence de sociétés de personnes ou de sociétés de capitaux.

Pour les associés de sociétés de personnes, la question de l'imposition du boni de liquidation ne se pose pas puisque les associés ont déjà été imposés sur les bénéfices sociaux, même lorsqu'ils n'ont pas été distribués. Les réserves de la société ont donc déjà donné prise à l'imposition. Il convient cependant de signaler que, pour le contribuable qui exerçait son activité professionnelle dans la société, la cessation d'activité de la société implique mécaniquement la cessation d'activité de l'associé. Les parts de la société, jusqu'alors qualifiées de biens professionnels, passent donc dans le patrimoine privé de l'associé, déclenchant au passage l'imposition d'une plus-value professionnelle. Un tempérament est apporté à cet automatisme par l'article 151 *nonies* IV du Code général des impôts, mais son effet est de courte durée en cas de liquidation : l'imposition de la plus-value sur les parts dont le contribuable conserve la propriété est reportée jusqu'à la date de cession, de rachat ou d'annulation des parts[16].

Pour les associés de sociétés soumises à l'impôt sur les sociétés, la question principale résiduelle est celle du traitement du boni de liquidation. Celui-ci est en effet imposable au titre des revenus distribués[17]. La solution est logique puisque, contrairement aux associés des sociétés de personnes, les associés des sociétés de capitaux n'ont pas été imposés sur les réserves constituées par la société[18]. C'est pourquoi le boni de liquidation est traité, en quelque sorte, comme le dernier dividende distribué par la société.

La solution n'est pourtant pas jugée satisfaisante par tous. Selon un auteur, « les dividendes ne se conçoivent qu'en cours de vie sociale et tant que les titres ne sont pas annulés. Ils représentent la rémunération du capital, or ce n'est évidemment pas le cas des sommes qui sont versées à la suite de l'annulation des titres (et *a fortiori* lors de la liquidation de la société). Dans cette hypothèse, la substance est atteinte ; les répartitions perdent leur nature de fruits pour revêtir celle de produits ». De là l'idée qu'il serait peut-être plus cohérent de considérer le boni de liquidation comme une plus-value, et non comme l'équivalent d'un dividende[19].

Pour calculer correctement le boni de liquidation, il convient de tenir compte du prix effectivement payé par l'associé pour acquérir les titres de la société. Ainsi,

14. P. Serlooten, n° 786.

15. L'article précise : « toutefois, une répartition n'est réputée présenter ce caractère que si tous les bénéfices et les réserves autres que la réserve légale ont été auparavant répartis. Les dispositions prévues à la deuxième phrase ne s'appliquent pas lorsque la répartition est effectuée au titre du rachat par la société émettrice de ses propres titres ».

16. En cas de constatation d'une moins-value à long terme, celle-ci peut s'imputer sur la plus-value à long terme réalisée par la société à l'occasion de la cessation d'activité et imposable au nom des associés de cette société (BOI-BIC-PVMV-40-30-20).

17. Art. 112-3°, CGI.

18. L'art. 112-3°, CGI prend d'ailleurs soin de préciser que les réserves incorporées au capital ne peuvent être considérées comme des apports dont le remboursement échapperait à l'impôt.

19. A. De Bissy, note sous CE, 31 juill. 2009, *Dr. fisc.* 2009, n° 43, comm. 509, § 15.

lorsqu'un associé a acheté une action pour une valeur nominale augmentée d'une prime d'émission, le boni de liquidation se calcule par différence entre la somme effectivement reçue par l'associé et le prix effectivement acquitté par l'associé pour entrer au capital de la société liquidée[20]. Au cas où l'associé serait une personne morale pouvant se prévaloir du régime des sociétés mères, le boni de liquidation pourrait ouvrir droit à l'exonération prévue dans le cadre de ce régime[21].

§ 2. LA TRANSFORMATION DE L'ENTREPRISE

679 Hormis les hypothèses de disparition pure et simple de l'entreprise, il existe de nombreux cas où une entreprise modifie ses conditions d'existence : voici une formule délibérément large pour englober des situations allant du changement d'activité au changement de forme juridique ou fiscale. Pour tenter d'opérer un classement dans cet univers bigarré, on peut distinguer les cas où la modification porte sur le statut juridico-fiscal de la société (A) et ceux où elle porte sur la substance même de l'activité de l'entreprise (B).

A. LA TRANSFORMATION JURIDIQUE

680 Il n'est pas rare qu'une société change de forme. On passe de la SA à la SAS, de la société civile à la société anonyme, etc. Si le changement de forme purement juridique est en principe sans effet fiscal (1°), il n'en va pas toujours de même lorsqu'est en cause un changement de statut fiscal de la société (2°).

1. Le changement de forme juridique

681 Le changement de forme juridique peut affecter l'entreprise individuelle (a) ou la société (b).

a) Le changement de forme juridique de l'entreprise individuelle

682 Il aurait paru incongru, jusqu'à l'entrée de l'EIRL dans notre ordre juridique, de consacrer un paragraphe au changement de forme juridique de l'entreprise individuelle. En effet, comment une entreprise individuelle pourrait-elle changer de forme tout en restant une entreprise individuelle ?

La question doit aujourd'hui être posée puisqu'il est possible pour un entrepreneur individuel, tout en conservant cette casquette, d'adopter la forme de l'EIRL. En pareil cas, on peut se demander comment traiter fiscalement cette transformation. Une première approche consiste à relever qu'en l'absence de création d'une personne morale nouvelle, aucune conséquence fiscale ne serait à tirer de cet événement. Une seconde approche consiste à considérer qu'à partir du moment où l'EIRL est fiscalement assimilée à une société unipersonnelle, l'affectation du patrimoine à l'EIRL s'analyse en un apport susceptible d'entraîner l'imposition des plus-values. Le législateur a tranché en

20. Art. 161, CGI.
21. Cf. *supra*, n° 316.

faveur de la première approche à l'occasion de la loi de finances rectificative pour 2011 (article 1655 *sexies*, CGI).

b) Le changement de forme juridique de la société

683 Selon l'article 1844-3 du Code civil, « la transformation régulière d'une société en une société d'une autre forme n'entraîne pas la création d'une personne morale nouvelle ». Ce principe juridique produit toutes ses conséquences en matière fiscale : il n'y a pas cessation d'entreprise lorsqu'une société se transforme en respectant les règles légales. La Cour de cassation en a tiré toutes les conséquences dans un célèbre arrêt *Le Joncour* rendu en matière de droits d'enregistrement[22], mais la portée de cet arrêt dépasse cette seule matière.

La neutralité fiscale de la transformation est cependant soumise à une condition essentielle : que le changement juridique ne s'accompagne pas d'une transformation du régime fiscal. Ainsi, par exemple, la transformation d'une société à responsabilité limitée en société anonyme ne crée pas de frottement fiscal car les deux entités relèvent de l'impôt sur les sociétés. En revanche, la transformation d'une société relevant de l'impôt sur les sociétés en une société de personnes, ou la transformation en sens inverse, produit des effets bien plus considérables.

2. Le changement de régime fiscal

684 Deux changements peuvent intervenir en pratique : le passage de l'impôt sur les sociétés à l'impôt sur le revenu (a) ou l'inverse (b)[23].

a) Le passage de l'impôt sur les sociétés à l'impôt sur le revenu

685 La transformation d'une société relevant de l'impôt sur les sociétés en une société relevant du régime des sociétés de personnes n'est pas rare. La transparence recherchée peut être utile pour consolider « sauvagement » les résultats de la société et de son associé lorsque celui-ci est également une société. Elle peut aussi prendre la forme d'une simple option destinée à imputer des déficits sur le revenu global d'un foyer, comme dans le cas des SARL de famille[24].

Selon l'article 221, 2 du Code général des impôts, la transformation d'une société relevant de l'impôt sur les sociétés en une société relevant du régime des sociétés de personnes (ou l'exercice d'une option aboutissant au même résultat) est en principe considérée comme une cessation d'entreprise. Cela ne doit pas étonner : la disparition d'un sujet fiscal est effectivement comparable, au regard de la loi fiscale, à celle d'un sujet économique.

Elle entraîne donc les mêmes conséquences que celles d'une liquidation, tant au niveau de la société elle-même qu'au niveau des associés[25]. Le changement de régime

22. Cass. com., 7 mars 1984, n° 246, *Dr. fisc.* 1984, comm. 1182.

23. Pour un approfondissement de ce sujet, cf. Ph. Oudenot, *Fiscalité approfondie des sociétés*, Litec, 2e éd., 2001, n° 1463 et s.

24. Cf. *supra*, n° 230.

25. Art. 111 *bis*, CGI : « lorsqu'une personne morale soumise à l'impôt sur les sociétés cesse d'y être assujettie, ses bénéfices et réserves, capitalisés ou non, sont réputés distribués aux associés en proportion de leurs droits ».

fiscal d'une société soumise à l'impôt sur les sociétés entraîne également la perte du droit au report des déficits reportables subis avant l'opération. Ces déficits peuvent cependant être imputés sur les bénéfices et plus-values imposables au titre de l'exercice de cessation.

Fort heureusement, l'article 221 *bis* du Code général des impôts permet, depuis une ordonnance datant de 1967, d'échapper à cette cascade d'impositions lorsque certaines conditions sont réunies. Il s'agit du dispositif dit « d'atténuation conditionnelle ». L'imposition immédiate des bénéfices en sursis d'imposition, des plus-values latentes et des profits latents sur stocks de la société est ainsi écartée lorsque les trois conditions suivantes sont satisfaites :

— aucune personne morale nouvelle n'est créée ;

— aucune modification n'est apportée aux valeurs comptables des éléments d'actif ;

— leur imposition demeure possible dans le cadre du nouveau régime fiscal dont relève l'entreprise : c'est le cas, par exemple, lorsqu'une société de capitaux se transforme en société de personnes exerçant une activité industrielle et commerciale continuant de relever de la catégorie des bénéfices industriels et commerciaux.

La réunion de ces conditions permet également aux associés d'échapper à l'imposition du boni de liquidation intégrant les bénéfices en sursis d'imposition et les plus-values latentes[26].

Comme on peut le constater, ce régime est inspiré par une philosophie unique : éviter l'imposition lorsque l'entreprise continue d'exister (première condition) et qu'il n'y a pas de raison de craindre une érosion de l'assiette imposable (deuxième et troisième conditions). En pratique, cependant, il existe de nombreux cas dans lesquels il est impossible de bénéficier de l'atténuation conditionnelle prévue par la loi. Cela tient notamment à l'exigence selon laquelle les plus-values latentes non imposées lors de la transformation doivent pouvoir l'être ultérieurement sous le nouveau régime fiscal applicable à la société. Supposons par exemple qu'une société de capitaux, ayant pour associées des personnes physiques et ne détenant que des immeubles, se transforme en société de personnes. Sous l'empire de la situation initiale, les immeubles ont été amortis, ce qui a eu pour effet d'augmenter avec le temps la base imposable des plus-values réalisables par la société. En revanche, après transformation, la cession d'un immeuble par la société de personnes donne lieu, éventuellement (si elle a lieu dans le cadre d'une activité non professionnelle de la société), au régime des plus-values immobilières des particuliers. Ainsi, la plus-value, au lieu d'augmenter avec le temps, diminue grâce au mécanisme de l'abattement annuel applicable dans le régime des plus-values immobilières des particuliers. C'est pourquoi la transformation d'une société de capitaux en une société civile immobilière entraîne l'imposition immédiate des plus-values latentes[27].

Cet exemple apparemment ponctuel révèle un problème plus profond. L'exigence d'imposabilité de la plus-value sous l'empire du régime applicable à la société issue de la transformation, qu'il était facile de satisfaire en 1967 lors de la mise en place de la mesure d'atténuation conditionnelle, est aujourd'hui minée par le développement d'une multitude de régimes tendant à faciliter les cessions d'entreprise en exonérant les plus-values[28]. C'est pourquoi certains projets de réforme du droit sont à l'étude afin de supprimer les multiples frottements résultant de l'évolution législative. Une idée proposée consiste par exemple à exclure l'imposition des plus-values latentes lors du changement du régime fiscal d'une société, mais à exclure ces plus-values du bénéfice des exonérations prévues par le régime fiscal applicable à l'entité issue de la transformation. Une telle démarche permettrait, dans l'exemple ci-dessus, de surseoir à l'imposition de la plus-value immobilière lors de la transformation mais à

26. BOI-BIC-CESS-30-20 n° 330.

27. BOI-IS-CESS-20-10 n° 460. Solution confirmée par CE, 28 juill. 2000, n° 138342, *Dr. fisc.* 2001, n° 5, comm. 59, concl. J. Courtial ; *RJF* 11/2000, n° 1240.

28. Exonération des plus-values en cas de départ à la retraite, facilitation des transmissions à tire gratuit, exonération des cessions de titres de participation et des plus-values immobilières à long terme, etc.

l'imposer lors de la cession ultérieure de l'immeuble par la société de personnes, quitte à réserver le bénéfice de l'exonération à la fraction résiduelle de la plus-value tenant à l'augmentation de la valeur de l'immeuble postérieurement à la transformation.

b) Le passage de l'impôt sur le revenu à l'impôt sur les sociétés

686 Cette transformation, dans le sens inverse de celui examiné au paragraphe précédent, produit en principe les mêmes effets. Il y a, là aussi, une cessation d'entreprise au sens fiscal puisque des associés redevables de l'impôt sur le revenu transfèrent leur dette fiscale à une société devenue opaque. Ce principe est cependant tempéré par le mécanisme de l'atténuation conditionnelle déjà examiné aux paragraphes précédents[29]. En règle générale, ce mécanisme s'applique plus aisément dans l'hypothèse du passage de l'impôt sur le revenu à l'impôt sur les sociétés que dans l'hypothèse d'une opération inverse, car la transformation d'une société de personnes en société de capitaux n'entraîne normalement aucune déperdition de matière imposable, c'est-à-dire que les plus-values latentes au moment de la transformation demeurent pleinement imposables postérieurement au passage à l'impôt sur les sociétés. Il peut toutefois arriver que le mécanisme de l'atténuation conditionnelle ne puisse pas jouer. C'est le cas, par exemple, lorsqu'une société de personnes exerçant une activité non commerciale procède à une réévaluation libre de ses actifs avant la transformation : en pareil cas, la réévaluation ne déclenche aucune imposition ; or, le bien réévalué, une fois la transformation opérée, est réputé avoir un prix de revient égal à sa valeur nouvelle, si bien que lorsqu'il est cédé, la plus-value imposable ne tient pas compte de l'écart de réévaluation. C'est pourquoi le Conseil d'État a considéré qu'il faut alors faire obstacle au jeu de l'atténuation conditionnelle dans cette circonstance[30].

Du côté des associés, l'enjeu du passage à l'impôt sur les sociétés est double. Les parts qu'ils détiennent dans la société, considérés comme actifs professionnels lorsqu'ils exercent leur activité dans la société, sont transférées dans leur patrimoine privé. Nous avons cependant déjà vu[31] que la plus-value constatée à cette occasion fait l'objet d'un report d'imposition, qui trouve ici tout son intérêt, jusqu'à la date de cession, de rachat ou d'annulation des parts.

Par ailleurs, la transformation en société de capitaux pose le problème, également examiné plus haut, de l'imposition immédiate des créances acquises et non encore recouvrées pour les sociétés de personnes relevant des bénéfices non commerciaux. Ce problème se pose notamment avec acuité lorsqu'une société civile professionnelle de notaires ou d'avocats se transforme en société d'exercice libéral (SEL) soumise à l'impôt sur les sociétés. Le législateur, soucieux de ne pas pénaliser ce type de transformation, a donc mis en place un double dispositif permettant, au choix, de fractionner sur trois ou cinq années l'imposition du surcroît d'imposition généré par cette règle[32], ou de transférer à la société de capitaux nouvellement créée la charge fiscale correspondant à la différence entre les créances acquises et les dépenses engagées au titre des trois mois qui précèdent la transformation[33].

29. Art. 202 *ter*, CGI (pour le principe et l'exception). L'article 202 *ter*, issu de la loi de finances rectificative pour 1989, s'est appuyé sur le modèle de l'article 221 *bis* vu plus haut, qui existait depuis la loi n° 59-1472 du 29 décembre 1959 portant réforme du contentieux fiscal et divers aménagements fiscaux.

30. CE, 21 avr. 2017, n° 386896, *RJF* 7/17, n° 666, concl. E. Crépey.

31. Art. 151 *nonies* IV, CGI. Cf. *supra*, n° 678.

32. Art. 1663 *bis*, CGI.

33. Art. 202 *quater*, CGI.

B. LA TRANSFORMATION SUBSTANTIELLE

687 La principale transformation substantielle de l'entreprise concerne le cas où celle-ci change d'activité (1°). Une hypothèse un peu différente se présente lorsque c'est le mode d'exercice de l'activité qui est modifié, parce qu'un fonds n'est plus exploité directement par son propriétaire et devient exploité par un locataire (2°).

1. Le changement d'objet ou d'activité

688 L'article 221, 5 du CGI, dans sa rédaction issue de la loi de finances pour 1986, a tiré toutes les conséquences de la jurisprudence de la Cour de cassation reconnaissant la neutralité fiscale des transformations de sociétés n'ayant pas pour conséquence la création d'une personne morale nouvelle[34].

Il fixe cependant certaines limites à l'indifférence du droit fiscal à l'égard des modifications pouvant affecter la société, lorsque celle-ci relève de l'impôt sur les sociétés. C'est ainsi, selon ce texte, que « le changement de l'objet social ou de l'activité réelle d'une société [*soumise à l'impôt sur les sociétés*] emporte cessation d'entreprise »[35]. La mise en œuvre de l'article 221, 5 du CGI a donné lieu à beaucoup d'incertitudes, au point qu'une réforme intervenue à l'occasion de la deuxième loi de finances rectificative pour 2012 a tenté de mettre de l'ordre dans une matière dont la lisibilité devenait douteuse (a). Le droit français en ressort plus rigoureux pour les entreprises, mais demeure relativement flexible au regard du droit comparé (b).

a) Le contenu de l'article 221, 5 du Code général des impôts

689 L'article 221, 5 s'explique par le souci d'éviter que des sociétés déficitaires n'excitent la convoitise d'acquéreurs de sociétés désireux de commencer une activité totalement nouvelle en imputant sur les bénéfices de l'activité nouvelle les déficits dégagés par l'activité ancienne. Les déficits vaudraient alors de l'or... et la constitution d'un marché de cet or-là n'est pas souhaitable.

La mise en œuvre de l'article 221, 5 du Code général des impôts est cependant loin d'être évidente. Le changement d'objet social est certes aisé à cerner puisqu'il résulte en principe des statuts[36]. Mais qu'est-ce qu'un changement de l'activité réelle de la société ? Tant que le législateur n'avait pas donné de définition de cette expression, il y avait là, en perspective, de belles interrogations sur ce qui demeure par-delà le changement, bref, sur l'identité de l'entreprise[37]. Le problème devenait franchement métaphysique si l'on estimait, avec l'administration, que les dispositions de l'article 221, 5 ne sont applicables que si le changement d'activité est *profond*[38].

34. Cf. *supra*, n° 683.

35. Les dispositions de l'article 221 *bis* sont toutefois applicables, sauf en ce qui concerne les provisions dont la déduction est prévue par des dispositions légales particulières.

36. L'administration précise cependant que les dispositions de l'art. 221-5, CGI ne sont cependant applicables que si le changement d'objet social qui résulte d'une modification statutaire s'accompagne d'un changement effectif de l'activité exercée... (BOI-BIC-CESS-10-20-30).

37. Philosophes, M. Cozian et F. Deboissy affirment, dans la droite ligne de la pensée de Locke sur le concept d'identité personnelle, qu'« en cas de changement d'activité réelle, la société cesse d'être elle-même (...) » (n° 1352).

38. Doc. adm. préc., n° 30.

L'administration éclairait cependant un peu notre lanterne. Selon elle, le changement d'activité réelle d'une entreprise pouvait résulter de la modification de la nature :
— des opérations réalisées (par exemple, abandon de la fabrication de produits pour la fourniture de services, ou l'inverse) ;
— des biens produits ou des services rendus (par exemple, activité de conditionnement de produits remplacée par celle de fabrication d'emballages ; activité d'ingénieur conseil substituée à celle de réparation de matériels).

Le Conseil d'État est en outre intervenu à de nombreuses reprises pour clarifier autant que possible certains points délicats. S'agissant tout d'abord des situations, fréquentes en pratique, où une société opérationnelle se transforme en société holding (ou l'inverse), il a estimé qu'il y avait là un cas de changement d'activité emportant cessation d'entreprise[39]. Par exemple, dans le cas d'une société opérationnelle qui filialise son activité en l'apportant à une filiale détenue à 99 % et devient donc une holding financière, le Conseil d'État a estimé que le changement d'activité est réel dès lors que l'activité initiale n'est plus exercée et que les moyens d'exploitation ne sont plus les mêmes[40]. La rigueur de cette solution contraste avec le pragmatisme dont le Conseil d'État tentait de faire preuve par ailleurs. Ainsi, dans l'hypothèse où une entreprise modifie progressivement son activité au point d'abandonner une grande partie de ses activités, le Conseil d'État adoptait une position plutôt favorable à la restructuration des entreprises en leur permettant d'abandonner certaines de leurs activités, par exemple celles qui sont déficitaires, pour se recentrer sur leurs autres activités, par exemple celles qui sont bénéficiaires. Pour autant, les activités abandonnées peuvent constituer le cœur du métier exercé jusqu'alors. Le Conseil d'État considérait alors qu'en cas de pluralité d'activités, la poursuite d'une seule d'entre elles suffisait à maintenir l'identité de l'entreprise. Encore fallait-il que l'activité initiale ne devienne pas « marginale » par rapport aux activités nouvelles[41].

L'état du droit a été substantiellement renouvelé par la deuxième loi de finances rectificative pour 2012. Ce texte a tout d'abord ajouté un nouveau cas de cessation d'entreprise assimilé à celui du changement d'activité réelle. Il s'agit de la disparition des moyens de production nécessaires à la poursuite de l'exploitation pendant une durée de plus de douze mois, sauf en cas de force majeure, ou lorsque cette disparition est suivie d'une cession de la majorité des droits sociaux.

Par ailleurs, l'article 221-5 s'est enrichi d'une définition précise de la notion de changement d'activité réelle. Le texte livre une approche quantitative des modifications des conditions d'exercice de l'activité devant être qualifiées de changement d'activité réelle. Le b du 5 de l'article 221 fixe ainsi les critères objectifs d'un changement d'activité réelle, qui peut survenir soit par « adjonction », soit par « abandon ou transfert » d'une ou plusieurs activités. Dans les deux cas, il faut que le fait générateur entraîne, au titre de l'exercice de sa survenance ou de l'exercice suivant, une augmentation (en cas d'adjonction) ou une diminution (en cas de transfert ou d'abandon) de plus de 50 % soit du chiffre d'affaires de la société, soit de l'effectif moyen du personnel **et** du montant des éléments d'actif immobilisé de la société.

39. Il faut toutefois préciser que dans le cadre de réorganisations de groupe, les règles spécifiques aux fusions, scissions et apports partiels d'actifs tempèrent la portée de la règle (cf. *infra*, n° 699 et s.).

40. CE, 30 juin 2010, n° 308531, *SA Cie Financière Montrachet*, *RJF* 11/10, n° 1001. Sur cet arrêt, v. N. Jacquot, « Le sort des déficits en cas de filialisation », *Option Finance*, n° 1093, 27 sept. 2010, p. 37.

41. CE, 10 juill. 2007, n° 288484, *SARL Final*, *RJF* 11/07 n° 1219 ; CE, 30 nov. 2007, n° 28462, *Société le Marché actif*, *RJF* 2/08, n° 123.

Enfin, par tempérament à ce qui précède, l'article 221-5 prévoit une procédure d'agrément administratif permettant de faire obstacle aux effets de la cessation d'entreprise lorsque certaines conditions sont réunies. Ainsi, ne sont pas considérées comme emportant cessation d'entreprise :

i) la disparition temporaire des moyens de production pendant une durée de plus de douze mois mentionnée plus haut lorsque l'interruption et la reprise sont justifiées par des motivations principales autres que fiscales ;

ii) les opérations d'adjonction ou d'abandon d'activité mentionnées plus haut lorsqu'elles sont indispensables à la poursuite de l'activité à l'origine des déficits et à la pérennité des emplois.

b) Aperçu de droit comparé

690 Un rapide survol du droit comparé démontre que d'autres États sont beaucoup plus réticents que la France à admettre le report en avant des déficits à l'occasion de modifications substantielles affectant l'activité.

De nombreux pays connaissent certes la même règle que la France, mais ils ne l'interprètent pas tous de la même façon. À titre d'illustration, le Royaume-Uni admet, comme le droit français, que le changement d'activité entraîne la perte du droit au report des déficits. Toutefois, une société peut se voir priver de ce droit, même si elle conserve la même activité, lorsqu'elle change le mode d'exercice de celle-ci[42]. Par exemple, le fait de vendre certains produits, non plus à des distributeurs, mais directement aux consommateurs est interprété comme un changement créant une discontinuité dans la personnalité fiscale.

Par ailleurs, de nombreux États considèrent que certains changements dans la structure de l'actionnariat produisent le même effet, créant une sorte de présomption selon laquelle la mutation du contrôle opère *ipso facto* changement d'activité. Ce type de règle se rencontre fréquemment[43], avec d'ailleurs des modalités très différentes selon les États. En particulier, la notion de « contrôle » retenue varie substantiellement, traduisant un esprit différent des règles en cause. Il est difficile de comparer, par exemple, la règle autrichienne qui ne considère comme pertinent un changement de contrôle que lorsque plus de 75 % des titres de la société sont cédés, et la règle néerlandaise qui ne retient qu'un seuil de 30 %, en combinant toutefois celui-ci avec le constat que les activités antérieures ont diminué de plus de 70 %. Le droit allemand retient quant à lui une solution plus nuancée en admettant un pourcentage variable de pertes reportables selon que le changement de l'actionnariat est plus ou moins substantiel[44].

2. La location du fonds

691 De nombreux commerçants, désireux d'exploiter leurs fonds de commerce autrement ou de préparer sa transmission, décident de donner celui-ci en location-gérance (également appelée « gérance libre »). Il se produit alors une dissociation entre les

42. Le critère retenu par le droit britannique (sect. 768, ICTA 1988) est le « changement majeur dans la nature ou le mode d'exercice de l'activité » (traduction imparfaite de « *major change in the nature or conduct of a trade carried on by the company* »).

43. Allemagne, Autriche, Belgique, Espagne, Italie, Pays-Bas, Royaume-Uni...

44. L'idée de base du système allemand est la suivante : lorsque le changement d'actionnaire entraîne une cession de plus de 25 % des titres, la perte du déficit reportable est proportionnelle à l'importance de la participation cédée ; lorsque le transfert porte sur plus de 50 % des titres, le droit au report du déficit est totalement perdu. Ce système a cependant été assoupli par plusieurs lois, en 2009 et 2017, notamment lorsque la restructuration du capital permet de secourir une entreprise en difficulté. Par ailleurs, la règle a été déclarée contraire à la Constitution par la Cour constitutionnelle fédérale dans une décision du 20 mars 2017 (2 BvL 6/11). Sur cette décision, v. M. Weiss et M. Brühl, German Rules on Loss Forfeiture Ruled Partly Unconstitutional, *European Taxation*, Oct. 2017, p. 450 et s.

prérogatives du bailleur, qui demeure propriétaire du fonds, et celles du locataire-gérant qui acquiert la qualité d'exploitant.

Le droit fiscal favorise d'une certaine façon ce type de transformation du mode d'exploitation du fonds de commerce. En effet, tandis que le bailleur cesse, pour le droit commercial, d'être considéré comme un commerçant, il demeure considéré comme tel pour la loi fiscale car la mise en location-gérance du fonds n'est généralement pas analysée comme une cessation d'activité[45]. La seule différence qui le sépare de son passé consiste en ceci que, selon l'administration fiscale, les redevances qui lui sont versées par le locataire-gérant doivent être imposées au titre des bénéfices industriels et commerciaux non professionnels. De même, le Conseil d'État a jugé, pour l'application d'un régime de plus-values des personnes physiques sur les titres de sociétés dont il est exigé qu'elles exercent une activité industrielle ou commerciale, que « la société propriétaire d'un fonds de commerce qui, après l'avoir exploité directement, le donne en location-gérance, doit être regardée, compte tenu de la nature de ce contrat, comme poursuivant, selon des modalités différentes, son activité antérieure »[46]. La même solution prévaut pour les professionnels libéraux qui peuvent, eux aussi, donner leur clientèle en location. Cela n'est pas considéré comme une cessation d'activité[47] et les redevances versées par le locataire demeurent imposables dans la catégorie des bénéfices non commerciaux[48].

Toutefois, le sort fiscal de la location-gérance n'est pas homogène en jurisprudence car les conséquences de la mise en location-gérance sur la qualification de l'activité exercée par le propriétaire du fonds varient selon la logique et l'objet des dispositions fiscales à appliquer[49].

Au titre des contraintes imposées par le nouveau statut, il convient en outre de citer le fait que le propriétaire ne peut plus se prévaloir de l'exonération d'impôt de solidarité sur la fortune attachée aux biens professionnels. Le propriétaire du fonds est également considéré comme solidairement responsable des impôts directs dus par le gérant à raison de l'exploitation du fonds[50].

SECTION 2 LES OPÉRATIONS EN CAPITAL

692 Les restructurations de sociétés prennent fréquemment la forme d'une réorganisation de leur capital. Plusieurs hypothèses peuvent alors se présenter : soit la société subsiste, mais son capital augmente ou diminue (§ 1) ; soit elle se transforme beaucoup plus radicalement. Le regroupement d'activités exercées par plusieurs

45. CE, 29 juill. 1983, n° 24158, *RJF* 10/83, n° 1095 ; CE, 28 juill. 1993, n° 70812, *RJF* 8-9/93, n° 1107.
46. CE, 10 mai 2017, n° 395897, *M. Chevet*.
47. CE, 11 mai 1984, n° 38025 et 37522, *RJF* 7/84, n° 824 et 825.
48. CE, 3 déc. 1990, n° 42927 et 42928, *Dr. fisc.* 1991, n° 7, comm. 242 ; *RJF* 2/91, n° 162.
49. V. sur ce sujet les conclusions d'E. Bokdam-Tognetti dans ses conclusions sur la décision de plénière du 9 mars 2016, n° 374893, *Sté Hachette Filipacchi Presse*, *Dr. fisc.* 2016, n° 46, comm. 586 (avec la note d'O. Fouquet) et les conclusions de M.-A. de Barmon au sujet de l'affaire *Chevet* citée à la note précédente.
50. Art. 1684-3, CGI.

sociétés peut conduire à une fusion, tandis que le processus inverse de séparation d'activités exercée par une société peut aboutir à un apport partiel d'actif voire à une scission (§ 2).

§1. LES VARIATIONS DU CAPITAL DE LA SOCIÉTÉ

693 Le capital peut varier, soit à la hausse, soit à la baisse. C'est une évidence, mais elle n'épuise pas la réalité... car il existe des opérations en capital qui laissent celui-ci globalement intact. C'est le cas, par exemple, du regroupement d'actions, opération par laquelle le nombre de titres d'une société est réduit sans pour autant entraîner la diminution du capital social : on remplace, par exemple, 10 actions d'une valeur nominale de 100 par 1 action d'une valeur nominale de 1 000. L'opération ne produit aucun effet fiscal du côté de la société et donne lieu, lorsqu'elle s'opère à valeurs comptables constantes, à sursis d'imposition de la plus-value du côté des actionnaires[51]. Elle ne présente donc pas de problème fiscal particulier[52]. La même solution s'impose pour l'opération inverse que constitue la division d'actions de sociétés[53].

La fiscalité de l'augmentation de capital ne pose pas non plus de problème fiscal considérable mais mérite quelques développements (A). La réduction du capital, en revanche, donne lieu à davantage de débats (B).

A. L'AUGMENTATION DE CAPITAL

694 Lorsqu'une société est créée, elle reçoit un capital de ses fondateurs. Ce capital n'est cependant pas fixé une fois pour toutes. Les associés existants ainsi que les tiers peuvent faire en cours de vie sociale des apports complémentaires conduisant à augmenter la mise de départ. Toutes ces opérations intéressent le droit de l'enregistrement, qui sera traité plus loin[54]. Au regard de l'imposition du revenu, elles intéressent surtout la société (1°) et l'apporteur (2°).

1. L'impact fiscal pour la société

695 Lorsqu'une société augmente son capital, il est évident que ceci produit un effet sur l'actif net. Toutefois, nous avons déjà observé que cet effet est neutralisé pour la détermination du bénéfice imposable car l'article 38, 2 du Code général des impôts énonce que « le bénéfice net est constitué par la différence entre les valeurs de l'actif net à la clôture et à l'ouverture de la période dont les résultats doivent servir de base à l'impôt diminuée des suppléments d'apport [...] ». Pour la société dont le capital est augmenté, l'opération se fait donc en parfaite neutralité fiscale.

51. Rescrit 2009/54 (FE) du 15 sept. 2009 sur le traitement des plus-values des actionnaires personnes morales soumises à l'impôt sur les sociétés et, pour les personnes physiques, art. 150-0 B, CGI.

52. Pour une description plus approfondie, cf. H. Quéré et A. Pruhlière, « Regroupement d'actions : quelles conséquences fiscales pour les actionnaires ? », *Revue Lamy Droit des Affaires*, févr. 2010, n° 46, p. 10 et s.

53. Rescrit du 5 avr. 2011 n° 2011/5 (FE).

54. Cf. *infra*, n° 968.

2. L'impact pour l'apporteur

696 Lorsqu'une personne physique ou une entreprise relevant de l'impôt sur le revenu ou de l'impôt sur le revenu apporte un bien en société, cet apport se traduit juridiquement dans le patrimoine de l'apporteur par la sortie du bien apporté et par l'entrée des titres représentatifs de la société bénéficiaire de l'apport. Il s'agit donc d'une mutation à titre onéreux justifiant, tant pour les personnes physiques que pour les entreprises, l'imposition d'une plus-value conformément aux règles applicables à l'apporteur.

697 La loi fiscale contient cependant de nombreuses exceptions à l'imposition immédiate de la plus-value résultant d'un apport en société. Il s'agit par-là d'éviter que des opérations de restructuration du patrimoine privé ou de l'activité professionnelle n'ayant pas pour objet de dégager des liquidités pour l'apporteur ne soient indirectement pénalisées ou même découragées par un prélèvement fiscal.

La technique législative pour parvenir à cette fin est celle du report d'imposition de la plus-value : ceci signifie qu'au moment de l'apport, le fait générateur de l'impôt est constaté et quantifié (la plus-value) mais que l'exigibilité de l'impôt est reportée à une date ultérieure. Cette technique est par exemple utilisée lorsqu'un inventeur personne physique apporte un brevet, une invention brevetable ou un procédé de fabrication à une société chargée de l'exploiter. Le contribuable peut, sur demande expresse, demander que l'imposition de la plus-value réalisée à l'occasion de l'apport soit reportée jusqu'à la cession, au rachat, à l'annulation ou à la transmission à titre gratuit des droits sociaux reçus en rémunération de l'apport[55]. La plus-value en report d'imposition est même réduite d'un abattement d'un tiers pour chaque année de détention échue des droits reçus en rémunération de l'apport au-delà de la cinquième.

De même, l'imposition de la plus-value constatée lors de l'apport par un associé de la clientèle ou des éléments d'actif affectés à l'exercice de sa profession, à une société civile professionnelle est reportée au moment où s'opérera la transmission ou le rachat des droits sociaux de cet associé[56].

Des règles comparables s'appliquent aux commerçants désireux de transformer leur entreprise individuelle en société. Ceux-ci peuvent ainsi apporter leur entreprise individuelle ou une branche complète d'activité[57] à une société en franchise d'imposition sur les plus-values[58]. Ce dispositif, prévu à l'article 151 *octies* du Code général des impôts

55. Art. 93 *quater* I *ter*, CGI. Cet article contient des conditions précises d'application auxquelles le lecteur est renvoyé.

56. Art. 93 *quater* II, CGI.

57. Le régime de report d'imposition s'applique même si les immeubles servant à l'exploitation ne sont pas apportés à la société bénéficiaire des apports mais la loi exige alors que ces immeubles soient mis à disposition de la société bénéficiaire de l'apport dans le cadre d'un contrat d'une durée d'au moins neuf ans. Le non-respect de la règle entraîne la déchéance du régime de faveur réservé à l'apport (art. 151 *octies* I al. 11, CGI).

58. Encore faut-il que l'ensemble des actifs effectivement affectés à l'activité soient apportés et que l'apport soit exclusivement rémunéré par des actions ou parts sociales de la société bénéficiaire (CE, 16 avr. 2010, n° 309608, *M. et Mme Vandamme, Dr. fisc.* 2010, n° 29-34, comm. 426, concl. L. Olléon, note P. Fumenier). Sur ce sujet, v. M. Chadefaux, « Le régime fiscal de la mise en société de l'entreprise individuelle : faveurs fiscales et réalité économique », *in Écrits de droit de l'entreprise. Mélanges en l'honneur de Patrick Serlooten*, Dalloz, 2015.

et étendu d'ailleurs à d'autres situations comparables[59], est cependant plus complexe car il convient alors de distinguer entre deux types d'immobilisations :

— les immobilisations non amortissables, pour lesquelles le report fonctionne selon des modalités identiques aux cas examinés ci-dessus. Il est ainsi prolongé jusqu'à la date de la cession, du rachat ou de l'annulation des droits sociaux reçus en rémunération de l'apport de l'entreprise ou jusqu'à la cession de ces immobilisations par la société si elle est antérieure ;

— les immobilisations amortissables, pour lesquelles l'imposition est déplacée sur la tête de la société bénéficiaire de l'apport : c'est elle, et non plus l'apporteur, qui devra acquitter l'imposition sur la plus-value en la fractionnant sur plusieurs années[60]. Le texte de l'article 151 *octies* du Code général des impôts renvoie sur ce point au régime de faveur des fusions qui sera détaillé plus loin[61]. Il suffit pour l'heure de comprendre que ce transfert de la charge fiscale vers la société bénéficiaire de l'apport s'explique par le fait que c'est cette société qui, à l'avenir, pourra pratiquer des amortissements sur les biens apportés. Or, l'assiette des amortissements futurs est constituée par la valeur d'apport. Cette valeur intégrant la plus-value réalisée lors de l'apport, l'augmentation des annuités d'amortissement consécutivement à l'apport se trouve ainsi compensée par la charge fiscale relative à la plus-value d'apport.

B. LA RÉDUCTION DE CAPITAL

698 La réduction du capital social produit des effets différents selon qu'elle est ou non motivée par l'existence de pertes[62]. Lorsqu'il existe des pertes figurant au passif du bilan, la réduction de capital constitue un moyen, sans changer le montant total des capitaux propres, de modifier la présentation du bilan en expurgeant celui-ci des pertes. La réduction du capital constitue, dans ces conditions, une contribution des associés aux pertes puisque ceux-ci voient se réduire le nombre ou la valeur nominale de leurs titres. Cette opération ne procure pour eux aucun enrichissement.

La situation est totalement différente lorsque la réduction de capital se justifie par des considérations autres que l'existence de pertes à éponger. Elle répond alors à des finalités diverses : stabiliser le cours de Bourse, diminuer le nombre d'actions existantes afin d'augmenter le dividende servi par action, racheter les droits d'un associé sur le départ ou d'un actionnaire minoritaire, accroître la participation des actionnaires de références afin de lutter contre les OPA ou les OPE, promouvoir une politique d'actionnariat salarié en rachetant des actions à certains actionnaires en vue de les redistribuer aux salariés, etc. Dans tous ces cas, la société rachète ainsi à ses propres associés ou à certains d'entre eux les actions qu'ils possèdent. Les actions sont alors, soit annulées (auquel cas le capital social est bel et bien réduit), soit détenues par la société dans les limites prévues par le Code de commerce en matière d'auto-contrôle, soit réattribuées à

59. Cf. l'art. 151 *octies* A, CGI pour l'imposition des associés de sociétés civiles professionnelles à l'occasion de restructurations opérées par celles-ci ; l'art. 151 *octies* B, CGI, qui retient un régime similaire quoique non identique pour l'imposition des apports consentis par des personnes physiques exerçant une activité commerciale, industrielle, artisanale, libérale ou agricole à titre professionnel et portant sur l'intégralité des droits ou parts nécessaires à l'exercice de leur activité.

60. La charge fiscale demeure entre les mains de l'apporteur s'il opte pour l'imposition au taux réduit du long terme de la plus-value globale afférente à ses immobilisations amortissables.

61. Cf. *infra*, n° 713 et s.

62. Sur cette opération, R. Mortier, *Opérations sur capital*, Litec, 2010, n° 647 et s.

d'autres personnes[63] (auquel cas le rachat d'actions ne provoque pas de réduction du capital[64]).

Il arrive parfois qu'une société, qui rachète ses propres titres dans un but autre que la réduction du capital (par exemple dans le cadre de la mise en place de plans d'attribution aux salariés de stock-options et en vue de la régularisation du cours de Bourse) change de politique après avoir procédé au rachat et finisse par annuler les titres rachetés[65].

Pour l'actionnaire, le rachat d'actions dans les conditions ci-dessus pose un problème d'impôt sur le revenu. Il se peut en effet que les sommes reçues dépassent le montant dépensé pour acquérir ou souscrire les actions. Le rachat peut alors créer un enrichissement de l'associé donnant prise à l'impôt. La loi fiscale est ici très subtile... lorsqu'elle est explicite, ce qui n'est pas le cas pour les sociétés de personnes[66].

1. L'état du droit avant 2015

L'état du droit applicable avant 2015 peut être résumé de la façon suivante. Pour les sociétés de capitaux procédant à une réduction de capital au profit de personnes redevables de l'impôt sur le revenu, il résulte de l'article 109 du Code général des impôts que les sommes versées par la société en pareille hypothèse constituent des revenus distribués. Toutefois, cela ne signifie pas qu'elles soient imposables à ce titre dans leur intégralité. Comme pour le boni de liquidation, l'article 161 du Code général des impôts ne soumet à ce régime que l'excédent du prix de remboursement sur le prix d'acquisition[67].

63. Art. L. 225-209 et L. 225-209-2 du Code de commerce applicables respectivement aux sociétés cotées et non cotées.

64. Le lecteur étudiant pardonnera l'auteur de cet ouvrage de cette impardonnable faute de plan, qui consiste à traiter le rachat d'actions non suivi de leur annulation dans une section consacrée à la réduction de capital. Cette entorse aux règles ordinaires s'explique par le fait que la problématique du rachat d'actions, vue du côté de l'actionnaire, ne varie pas selon que les titres sont annulés ou non, comme on va le voir.

65. Le Conseil d'État a eu à connaître d'un tel cas dans une affaire où la société avait constaté, entre la date du rachat et celle de l'annulation, que les actions concernées avaient perdu de la valeur. Elle avait donc déduit une perte, et le Conseil d'État lui a donné raison en considérant que la décision d'annuler les titres en vue de la réduction de capital, qui n'intervient pas en même temps que le rachat, doit être regardée comme emportant les mêmes effets économiques qu'une cession des titres suivie de leur rachat au même prix, si bien que l'administration ne peut réintégrer au résultat de l'exercice la perte qui a été constatée à ce titre, que ce soit sous forme d'une provision éventuellement passée pour l'anticiper ou de la déduction de la perte correspondante (CE, 1er avril 2015, n° 362317, *Sté Rexel Distribution, Dr. fisc.* 2015, n° 19-20, Act. 284, obs. A. de Bissy ; v. également la chronique de N. Labrune, « Rachat d'actions propres : les bons comptes font les bons contribuables », *RJF* 6/15, p. 443).

66. Sur les incertitudes en la matière, cf. F. Lacroix et S. Girelli, « Quel régime fiscal pour le rachat de ses titres par une société non soumise à l'IS ? », *Option Finance*, n° 1054, 30 nov. 2009, p. 28 et s. Et pour une réflexion plus générale, V. Dumont, « Rachat par une société de ses propres titres : une "chère rédemption" ? », *BF* 10/10, p. 753 et s.

67. Ce texte s'applique même si les réserves de la société (autres que la réserve légale) n'ont pas toutes été réparties entre les actionnaires, autrement dit même si les conditions prévues par l'article 112, 1° ne sont pas réunies pour qualifier une partie de la somme reçue de remboursement d'apport. Le Conseil d'État l'a jugé plusieurs fois, notamment dans la décision *Roesch* du 29 déc. 2000 pour les personnes physiques (n° 179647, *Dr. fisc.* 2001, n° 15, comm. 337, concl. J. Courtial ; *JCP* E 2001, ét. C. Acard, p. 1178 ; *Rev. sociétés* 2001, p. 109, note O. Fouquet ; v. aussi l'article de J.-C. Parot, *Dr. fisc.* 2001, n° 21, p. 814 et s., et n° 22-23, p. 865 et s.) et dans l'arrêt *Sté Pfizer Holding France* du 26 juillet 2011 (n° 325464) pour les personnes morales étrangères.

L'actionnaire personne physique est alors imposable au titre de l'impôt sur le revenu comme s'il recevait un dividende : le gain rentre dans la catégorie des revenus de capitaux mobiliers[68].

Lorsque l'actionnaire est une personne morale soumise à l'impôt sur les sociétés, il résulte de la jurisprudence que les articles 109 et suivants ne sont pas applicables car ils ne concernent que l'imposition du revenu des personnes physiques[69]. Le gain net réalisé par un associé ou actionnaire passible de l'impôt sur les sociétés semble donc devoir être traité comme un produit de participation à concurrence de la différence entre le prix de rachat et la valeur d'acquisition des titres inscrite à son bilan d'ouverture. Conformément aux dispositions de l'article 38. 2 combinées avec celle de l'article 209 du Code général des impôts, ce produit net de participations résulte de l'inscription, d'un côté, d'un produit financier égal au montant du prix de rachat et, de l'autre, de la disparition de l'actif des titres en cause. Le régime des sociétés mères s'applique donc si ses conditions ordinaires sont réunies[70].

Cette analyse du gain de rachat en revenu distribué souffre cependant certains tempéraments qui ont été historiquement conçus pour les seules personnes physiques. L'article 112, 6° du Code général des impôts prévoit en effet que, lorsque des titres sont rachetés en vue d'une attribution aux salariés ou dans le cadre d'un plan de rachat par une société cotée en Bourse[71], l'actionnaire personne physique est soumis au régime d'imposition des plus-values mobilières des particuliers[72] ou au régime des plus-values professionnelles[73], non au régime des dividendes. Cela peut, dans certains cas, constituer un avantage non négligeable. Sa portée a même été accrue par la loi du 14 mars 2012 de finances rectificative pour 2012 qui, en introduisant un nouvel article L. 225-209-2 du Code de commerce, a étendu l'usage des programmes de rachat d'actions aux sociétés non cotées sous certaines conditions, et prévu par voie de renvoi que les plus-values dégagées lors de la mise en œuvre de ces programmes sont taxées comme des plus-values[74].

Le caractère avantageux de l'imposition selon le régime des plus-values explique d'ailleurs pourquoi certains ont soutenu qu'il devait également s'appliquer, au-delà des cas prévus par l'article 112, 6°, toutes les fois que la société qui rachète ses titres n'annule pas ces derniers à la suite du rachat. L'argumentation est simple. Après tout, existe-t-il une différence significative entre l'actionnaire qui cède ses titres à un tiers et réalise en passant une plus-value, et l'actionnaire qui cède ses titres à la société dont il est actionnaire ? Certains ont toujours pensé que non et considèrent que la nature véritable du gain réalisé s'apparente davantage à une plus-value qu'à un revenu mobilier[75].

68. Cf. *supra*, n° 301.

69. CE, 20 mars 2013, n° 349669, *Société Générale*, *Dr. fisc.* 2013, n° 21, comm. 291, concl. E. Cortot-Boucher, note E. Davoudet et K. Gruzdova, *RJF* 6/13, n° 594, et la chronique d'E. Bokdam-Tognetti, p. 515 et s.

70. Cf. *supra*, n° 314 et s.

71. Art. L. 225-207 et s., C. com.

72. Art. 150-0A ou 150 UB, CGI.

73. Art. 39 *duodecies*, CGI.

74. Sur ce texte, cf. A. Couret, Ch. Blondeau et J.-E. Cros, « Le rachat de ses actions par une société non cotée », *Semaine Juridique Entreprise et Affaires*, 2012, n° 21, 1324 ; et pour l'utilisation possible de ce texte en matière fiscale, v. H. Hovasse, « La réduction de capital, instrument d'optimisation de la fiscalité des dividendes », *Dr. fisc.* 2012, n° 21, ét. 301.

75. A. de Bissy, note sous l'arrêt cité à la note suivante et note sous CAA Paris, 15 mars 2011, n° 09PA05607, *SA Société Générale*, *Dr. fisc.* 2012, n° 2, comm. 53. L'analyse de cet auteur est à

Le Conseil d'État n'a pas souhaité aller jusque-là. Rejetant dans une décision *Fiteco* la qualification de plus-value lorsqu'elle n'est pas prévue par la loi, il a qualifié de revenu mobilier tous les rachats de droits sociaux, que ceux-ci aient été ou non annulés après leur rachat par la société émettrice[76]. Mais le débat a rebondi devant le Conseil constitutionnel et celui-ci, saisi d'une QPC, a fini par déclarer inconstitutionnelles les dispositions de l'article 112, 6° du CGI[77]. Selon le Conseil constitutionnel, « la différence de traitement entre les actionnaires ou associés personnes physiques cédants pour l'imposition des sommes ou valeurs reçues au titre du rachat de leurs actions ou parts sociales par la société émettrice ne repose ni sur une différence de situation entre les procédures de rachat ni sur un motif d'intérêt général en rapport direct avec l'objet de la loi ». La décision est d'autant plus intéressante que le Conseil constitutionnel, non content d'abroger pour l'avenir le 6° de l'article 112 à compter du 1er janvier 2015 (afin de laisser le temps au législateur de décider de quelle façon mettre fin à la différence de traitement), a pris soin de préserver l'effet utile de sa décision en décidant que les sommes ou valeurs reçues avant le 1er janvier 2014 par les actionnaires ou associés personnes physiques au titre du rachat de leurs actions ou parts sociales par la société émettrice, lorsque ce rachat a été effectué selon une procédure autorisée par la loi, ne seraient pas considérées comme des revenus distribués et seraient imposées selon le régime des plus-values de cession (sous réserve de la prescription). Par un intéressant paradoxe, la règle d'imposition la plus favorable déclarée inconstitutionnelle s'est ainsi vue étendue pour le passé aux contribuables y ayant intérêt.

2. L'état du droit depuis 2015

Le législateur a tenu compte de la décision du Conseil constitutionnel à l'occasion de l'adoption de la loi de finances rectificative pour 2014 : les gains réalisés à compter de 2015 par les associés ou actionnaires au titre du rachat de leurs parts ou actions sont donc imposables selon le seul régime des plus-values.

Aucune distinction n'est plus faite entre diverses formes de rachat : tous les rachats par des sociétés soumises à l'IS sont donc concernés, quels que soient leurs modalités et l'objectif poursuivi par la société qui rachète (annulation des titres ou conservation dans l'attente d'une cession ou d'une attribution à des salariés par exemple), quelles que soient les sociétés qui procèdent au rachat (société cotée ou non, société civile ou commerciale, société établie en France ou non : ce dernier point résultant expressément de l'article 120 du CGI corrélativement mis à jour), et quel que soit le domicile fiscal de l'associé ou actionnaire (la qualification de plus-value s'applique tant lorsque l'associé ou actionnaire est fiscalement domicilié en France que lorsqu'il ne l'est pas).

Par ailleurs, la qualification de plus-value vaut aussi bien pour les associés et actionnaires qui sont imposables à l'IR que pour ceux qui sont imposables à l'IS. L'article 209

---

rapprocher de celle qu'il propose pour le boni de liquidation, qui devrait lui-même être considéré comme une plus-value, non comme le « dernier dividende ». Cf. *supra*, n° 678.

76. Clairement en ce sens, CE, 31 juill. 2009, n° 296052, *Dr. fisc.* 2009, n° 43, comm. 509, concl. E. Glaser, note A. de Bissy. L'arrêt est également intéressant en ce qu'il admet l'application de la retenue à la source de l'article 119 *bis* 2 du CGI à ce revenu distribué lorsque l'actionnaire est non-résident, à hauteur de l'assiette définie par l'article 161 du CGI. La solution, que la décision *Fiteco* limitait aux seules personnes physiques, a été étendue aux personnes morales par une décision ultérieure (CE, 26 juill. 2011, n° 325464, *Sté Pfizer Holding France*, *Dr. fisc.* 2011, n° 47, comm. 600, concl. E. Cortot-Boucher, note R. Schneider et O. Janoray ; *RJF* 11/11, n° 1150).

77. Décision n° 2014-404 QPC du 20 juin 2014, *Dr. fisc.* 2014, n° 30, note A. de Bissy et M. Ferré.

du CGI, concernant les associés et actionnaires relevant de l'IS, a en effet été aménagé pour rendre les règles fixées aux articles 108 à 117 du CGI relatives aux « revenus de capitaux mobiliers » applicables à la détermination des bénéfices passibles de l'impôt sur les sociétés.

Cette importante réforme produit des conséquences par ricochet. Elle a par exemple l'avantage d'éviter à la société racheteuse de pratiquer des retenues à la source sur les répartitions faites aux non-résidents, et de lui éviter d'acquitter le prélèvement de 12,8 % et les prélèvements sociaux de 17,2 % sur les répartitions faites aux personnes physiques résidentes. Pour les actionnaires ou associés relevant de l'IS, la qualification de plus-value peut cependant s'avérer défavorable dès lors que la participation atteint au moins 5 % du capital de la filiale : on se souvient en effet que le régime des plus-values à long terme susceptible de s'appliquer à la cession de ces titres (ou au rachat) consiste en une exonération en contrepartie de la réintégration au résultat imposable au taux normal d'une quote-part de frais et charges de 12 %[78], alors que les dividendes et les distributions assimilées sont exonérés en application du régime des sociétés mères en contrepartie d'une réintégration de seulement 5 % (voire 1 %)[79].

§ 2. LES FUSIONS, APPORTS PARTIELS D'ACTIF ET SCISSIONS

699 Les fusions et apports partiels d'actifs se rencontrent fréquemment en pratique, ce qui n'est pas le cas des scissions. Elles répondent à un besoin économique de regroupement de plusieurs sociétés en une seule (fusion) ou, au contraire, à l'objectif de ventiler entre plusieurs structures juridiques des activités initialement exercées par une seule entité (apport partiel d'actif ou scission). Compte tenu de la logique économique qui justifie généralement ce type d'opération, le droit fiscal se veut ici un droit d'accompagnement : sous réserve que certaines conditions soient réunies, les restructurations peuvent être soumises par leurs acteurs à un régime de neutralité fiscale qui permet de changer de peau juridique sans être pénalisés fiscalement. Selon les mots utilisés par le Conseil d'État lui-même, « le législateur a entendu assurer la neutralité au plan fiscal des opérations de fusion des sociétés et, à cette fin, sauf lorsqu'il en a disposé autrement, regarder de telles opérations comme des opérations intercalaires »[80]. La même neutralité (bienveillante) se rencontre en présence d'opérations présentant un caractère international, ce qui explique la place importante du droit de l'Union européenne en la matière.

On ne peut se dissimuler que le régime des fusions, apports partiels d'actif et scissions est marqué par une certaine complexité qui tient à l'enchevêtrement des sources du droit et à la technicité intrinsèque de ces opérations. C'est pourquoi l'exposé doit être progressif : une présentation générale des normes (A) et des concepts (B) s'impose avant de rentrer dans le détail des régimes de la fusion (C), des apports partiels d'actifs et des scissions (D).

78. Art. 219 I a *quinquies* CGI.

79. Art. 216 CGI.

80. CE, 11 févr. 2013, n° 356519, *Sté Heineken France*, *Dr. fisc.* 2013, n° 26, comm. 354, concl. B. Bohnert, note M. Chadefaux. Pour un autre exemple, v. CE, plén. fisc., 4 juill. 2014, n° 357264, *Sté Bolloré SA*, *Dr. fisc.* 2014, n° 38, comm. 536, concl. M.-A. Nicolazo de Barmon, note J. Ardouin ; *Dr. sociétés* 2014, comm. 200, note J.-L. Pierre.

A. DROIT INTERNE ET DIRECTIVE « FUSIONS »

700 Le droit fiscal des restructurations repose sur l'articulation du droit de source interne (le Code général des impôts) et du droit de l'Union européenne (la directive « fusions », comme on a coutume de l'appeler). Ce jeu de règles fiscales se double de règles comptables, mais on reviendra sur celles-ci un peu plus loin[81].

Comment aménager le domaine respectif du droit interne et du droit issu de la directive ? Pour le comprendre, il faut rappeler que la directive n° 90/434/CE du 23 juillet 1990 a pour objectif de faciliter les opérations de restructuration intéressant des sociétés d'États membres différents. Pour mieux y parvenir, elle a d'ailleurs été modifiée plusieurs fois depuis son adoption dans le but d'étendre son champ d'application à des opérations initialement non envisagées[82]. En l'état actuel du droit, le contenu de la directive de 1990 figure dans une nouvelle directive n° 2009/133/CE du Conseil du 19 octobre 2009 qui, dans un souci de clarté et de rationalité, a procédé à la consolidation en un seul texte de l'instrument initial et de ses modifications ultérieures[83]. Ce texte prévoit un certain nombre de définitions des opérations qu'il concerne et énonce le régime fiscal qui doit leur être appliqué par les États membres. Il s'agit donc d'un texte de droit substantiel qui s'impose à tous les États membres.

Il n'est pas dans le propos de cet ouvrage de décrire en détail le régime des opérations prévues par la directive « fusions ». Il convient en revanche de signaler que la directive est d'une grande précision technique et contient des règles que le Code général des impôts n'a pas reprises dans le même luxe de détails. Il faut donc se reporter à la directive « fusions » pour connaître, dans le silence du Code, le régime fiscal d'une opération rentrant dans son champ d'application.

Il faut surtout, pour la suite de l'exposé, bien comprendre l'articulation du droit de l'Union européenne et du droit interne. L'objet de la directive « fusions » laisse en effet entendre que ce texte ne s'applique qu'à des opérations transfrontalières. Littéralement, cette interprétation est exacte : selon son article 1er, chaque État membre applique la directive aux « opérations de fusion, de scission, de scission partielle, d'apport d'actifs et d'échange d'actions qui concernent des sociétés de deux ou plusieurs États membres ». Ceci semble impliquer, *a contrario*, que le droit de l'Union européenne n'a aucun impact sur le traitement fiscal des opérations n'intéressant que des sociétés établies en France. Une telle conclusion serait cependant trop grossière : s'il est bien exact que la directive fusions n'est invocable qu'au regard d'opérations concernant des sociétés d'au moins deux États membres, ce que le Conseil d'État a d'ailleurs confirmé[84], il n'en reste pas moins que la directive peut jouer un rôle dans l'interprétation du droit interne, y compris dans des situations purement internes.

Il résulte en effet de l'arrêt *Leur-Bloem* rendu par la Cour de justice le 17 juillet 1997 que celle-ci est compétente pour interpréter le droit interne d'un État lorsque ce droit renvoie au contenu d'une directive pour déterminer les règles applicables à une

81. Cf. *infra*, n° 714.

82. Directive n° 2005/19/CE du Conseil du 17 février 2005 ; directive n° 2006/98/CE du Conseil du 20 novembre 2006.

83. On se référera dans la suite des développements à la numération des articles issue de la directive de 2009.

84. CE, 3 déc. 2014, n° 367822, *M. et Mme Joulin, Dr. fisc.* 2015, n° 6, comm. 133.

situation purement interne à cet État[85]. Ainsi, même si une fusion, une scission ou un apport partiel d'actif intervient entre deux sociétés françaises, il peut être nécessaire de procéder à une interprétation de la directive du 23 juillet 1990 toutes les fois que la législation française se conforme, pour les solutions qu'elle apporte à des situations purement internes, à celles retenues par la directive.

En pratique, la portée de l'arrêt *Leur-Bloem* est la suivante. Sans aucun doute, les *concepts* utilisés par le droit national doivent être interprétés à la lumière de la directive « fusions » toutes les fois qu'ils en constituent la transposition. Un exemple peut être tiré de l'article 210 B du Code général des impôts qui prévoit un régime de neutralité fiscale de l'apport portant sur une « branche complète d'activité ». Selon le Conseil d'État, ce concept constitue la transposition de la notion de « branche d'activité » figurant à l'article 2, j) de la directive. Il doit donc être interprété conformément à la directive et à la jurisprudence de la Cour de justice sur ce point. C'est la conséquence logique de la transposition sur ce point de la directive « fusions » par la loi de finances pour 1991[86]. Dans le même sens, le Conseil d'État a estimé dans un arrêt du 17 juin 2011[87] que la dissolution-confusion d'une filiale détenue à 100 %, au sens de l'article 1844-5 du Code civil, devait être considérée comme une fusion dès la transposition de la directive par la loi de finances pour 1991, alors même que cette opération ne concernerait que des sociétés françaises et alors surtout qu'à cette époque, il n'existait encore dans le Code général des impôts aucune définition de la fusion permettant d'y inclure la dissolution-confusion. L'apport de cet arrêt doit être correctement mesuré, car la technique d'interprétation de la loi conformément à la directive retenue par le Conseil d'État nécessite que deux conditions cumulatives soient réunies : d'une part, que la loi nationale soit prise pour la transposition d'une directive, et, d'autre part, que le législateur n'ait pas entendu introduire un traitement différent pour les opérations purement internes visées par cette loi. Enfin et surtout, cette technique n'est possible que pour autant qu'il y ait lieu à interprétation[88]. Dans l'hypothèse où la loi nationale serait clairement contraire à la directive, le juge de l'impôt ne pourrait en effet que prendre acte de cette non-conformité mais sans pouvoir en tirer la moindre conséquence dès lors que

85. CJCE, 17 juill. 1997, aff. C-28/95, *Mme Leur-Bloem, Dr. fisc.* 1997, n° 38, comm. 979, chron. Ph. DEROUIN ; *RJF* 10/97, n° 1002 ; dans le même sens, cf. CJCE, 15 janv. 2002, *Andersen & Jensen ApS*, aff. C-43/00, *Dr. fisc.* 2002, n° 28, comm. 602, et n° 27, ét. P. DIBOUT, p. 991 ; *RJF* 4/02, n° 458 ; CJUE, 20 mai 2010, aff. C-352/08, *Modehus A. Zwijnenburg BV* ; CJUE, 10 nov. 2011, C-126/10, *Foggia*.

86. CE, 8e et 3e s.-s., 27 juill. 2005, n° 259052, *Sté B. L., Dr. fisc.* 2006, n° 8, comm. 191, concl. L. OLLÉON.

87. CE, 17 juin 2011, n° 324392, *SARL Méditerranée Automobiles, Dr. fisc.* 2011, n° 37, comm. 502, concl. P. COLLIN, note P.-F. RACINE ; *RJF* 10/11, n° 1035, et la chronique de C. RAQUIN, p. 1019 et s. ; *BDCF* 10/11, n° 110, concl. P. COLLIN. Sur le sujet, cf. également S. AUSTRY et D. GUTMANN, « L'invocabilité et la portée de la directive "fusions" », *FR* 37/11, p. 13 et s. ; P. COLLIN, « L'application du droit de l'Union européenne dans les situations purement internes », *Dr. fisc.* 2012, n° 47, ét. 531. La solution a été réaffirmée dans CE, 20 janv. 2016, n° 376980, *Société EBS*. Pour d'autres exemples d'application de la jurisprudence *Leur-Bloem*, mais cette fois-ci pour la mise en œuvre de la directive mère-filiale, v. CE, 20 févr. 2012, n° 321224, *Sté civile Participasanh, Dr. fisc.* 2012, n° 17, comm. 276, concl. D. HEDARY, note O. FOUQUET ; CAA Versailles, 18 mars 2014, n° 13VE00873, *Technicolor, Dr. fisc.* 2013, n° 23, comm. 367 . Cf. aussi l'affaire *Metro Holding* commentée *supra*, n° 314.

88. Point clairement confirmé par la décision *Sté Ambulances de France* du Conseil d'État (CE, 30 janvier 2013 n° 346683, 9e et 10e s.-s., *Dr. fisc.* 2013, n° 10, comm. 185, concl. C. LEGRAS, note O. FOUQUET ; v. également la chronique de Mme BOKDAM-TOGNETTI, *RJF* 4/13, p. 331 et s., et notre commentaire avec S. AUSTRY, « Scissions et régime de faveur : le Conseil d'État précise la portée de la jurisprudence Leur-Bloem », *Feuillet rapide Francis Lefebvre*, 10/13, 15 mars 2013, p. 32 et s.).

la situation qui lui est soumise est purement interne : dans ces situations les directives européennes ne sont ainsi invocables que pour autant qu'une hésitation soit permise sur la portée de la loi nationale.

Faut-il aller plus loin et admettre que l'arrêt *Leur-Bloem* implique que les opérations internes doivent obéir au même *régime* fiscal que les opérations intra-communautaires ? Ce point est controversé car il n'est pas évident que le législateur français ait entendu appliquer en tout point le contenu de la directive fusions aux opérations purement internes. Les juges du fond ne livrent pas de solution certaine au problème[89] et le Conseil d'État, dans les deux arrêts cités plus haut, paraît très réticent à s'engager dans cette voie. Une réponse positive semble donc très audacieuse au regard de la formulation de l'arrêt *Leur-Bloem*. Il est dès lors prudent de raisonner comme suit :

— lorsqu'est en cause une opération transfrontalière entrant dans le champ d'application matériel de la directive, le droit fiscal français doit être en tout point conforme à la directive, tant en ce qui concerne le régime fiscal applicable qu'en ce qui concerne les concepts utilisés ;

— lorsqu'est en cause une opération purement interne, le droit français a vocation exclusive à en fixer le régime fiscal, sous la seule réserve d'une interprétation conforme des concepts directement issus de la directive « fusions».

Il convient cependant de noter que la jurisprudence du Conseil d'État sur le recours « interprétatif » aux directives dans des situations internes est encore évolutive. Ainsi, dans l'affaire *Technicolor* relative à l'interprétation de la condition de conservation de deux ans des titres éligibles au régime des sociétés mères[90], le Conseil d'État a reconnu a accepté de faire plusieurs efforts interprétatifs, en particulier au regard des critères posés par sa jurisprudence antérieure, pour qu'il soit légitime de procéder à une interprétation du droit français à la lumière de la directive dans des situations purement internes. Il a reconnu, en premier lieu, que l'article 145 du CGI avait été pris pour la transposition de la directive mères-filiales alors pourtant que cet article était antérieur à la loi de finances rectificative pour 1991 qui avait pour objet de procéder à la transposition. Pour y parvenir, le Conseil d'État a affirmé qu'en dépit de son absence de modification en 1991, l'article 145 « doit être regardé comme assurant la transposition de ses objectifs [ceux de la directive] ». Cette analyse s'explique par le fait que la non-révision de l'article 145 reposait sur la conviction des parlementaires que le texte était d'ores et déjà conforme à la directive. Il n'en reste pas moins que la reconnaissance par le Conseil d'État d'une transposition implicite, dans un instant de raison où le législateur a contemplé l'état du droit existant pour le considérer comme conforme à la directive, n'allait pas de soi et doit être saluée. Le Conseil d'État a considéré, en second lieu, que le texte de l'article 145 n'était pas suffisamment clair pour exclure toute lecture à la lumière de la directive. Sans affirmer que ce texte était obscur, il a énoncé que ses dispositions « doivent être interprétées à la lumière de ses objectifs [ceux de la directive] dès lors qu'une interprétation n'est pas contraire à leur lettre ». La formule mérite d'être notée. Elle présente le caractère d'une formule de principe qui nuance de façon significative la présentation du raisonnement que l'on trouvait dans la jurisprudence antérieure, sans pourtant qu'il existe une rupture dans l'évolution de la position du Conseil d'État. Dans la décision *Ambulances de France*, le Conseil affirmait que l'intention de

89. CAA Lyon, 15 avr. 1998, n° 97-26 et 98-25, *RJF* 10/98 n° 1191 ; comp. CAA Nantes, 20 nov. 2002, n° 99-2268, 1re ch., *Bouvet* ; *RJF* 4/03 n° 437.

90. CE, 15 déc. 2014, n° 380942, *Dr. fisc.* 2015, n° 11, comm. 203, concl. E. Crépey, note O. Fouquet ; voir aussi notre article au *FR* 4/15, p. 3 et s. Voir *supra*, n° 314 pour le détail.

transposition d'une directive et le souhait de traiter identiquement situations internes et situations transfrontalières « ne saurait conduire à donner des dispositions [du droit français] une interprétation contraire à leur lettre ». Dans la décision *Technicolor*, l'objectif de transposition et de traitement uniforme conduit le Conseil d'État à poser un **principe d'interprétation à la lumière de la directive, dès lors que cette interprétation n'est pas contraire à la lettre du texte**. La mutation est subreptice mais n'en semble pas moins réelle, le Conseil d'État paraissant bel et bien s'orienter vers un objectif d'interprétation uniforme des textes français, toutes les fois du moins que cela lui apparaît possible en recourant aux méthodes habituelles d'interprétation de la loi.

B. DÉFINITION DES OPÉRATIONS DE FUSION, SCISSION ET APPORT PARTIEL D'ACTIF

701 Les opérations de fusion, scission et apport partiel d'actifs sont définies par des règles appartenant à différents ordres normatifs : le droit commercial et le droit fiscal.

S'agissant du droit commercial, on rappelle ici pour mémoire que selon l'article L. 236-1 du Code de commerce[91], « une ou plusieurs sociétés peuvent, par voie de fusion, transmettre leur patrimoine à une société existante ou à une nouvelle société qu'elles constituent. Une société peut aussi, par voie de scission, transmettre son patrimoine à plusieurs sociétés existantes ou à plusieurs sociétés nouvelles [...]. Les associés des sociétés qui transmettent leur patrimoine dans le cadre des opérations mentionnées aux [...] alinéas précédents reçoivent des parts ou des actions de la ou des sociétés bénéficiaires et, éventuellement, une soulte en espèces dont le montant ne peut dépasser 10 % de la valeur nominale des parts ou des actions attribuées ». Le droit commercial connaît également la figure de l'apport partiel d'actif et permet aux sociétés qui y sont parties de soumettre l'opération au régime des scissions défini par l'article L. 236-22 du Code de commerce. Enfin, pour les fusions transfrontalières, la loi du 3 juillet 2008 a transposé en droit français des sociétés les dispositions de la directive du 26 octobre 2005 et permet la réalisation de fusions transfrontalières lorsque certaines conditions sont réunies[92].

Jusqu'en 2002, le droit fiscal était aligné sur le droit commercial, dans la mesure où l'application du régime fiscal de faveur des fusions était réservée aux opérations juridiquement qualifiées de telles. Une telle situation n'était cependant pas satisfaisante : l'absence de définition fiscale des fusions et opérations assimilées rendait difficile l'application de la directive « fusions » et aboutissait notamment à exclure du régime spécial des fusions les opérations de confusion de patrimoine prévues à l'article 1844-5 du Code civil[93], ce qui était unanimement regretté[94]. La loi de finances pour 2002 a donc introduit dans le Code général des impôts une définition fiscale des opérations de fusion et de scission, créant de ce fait une divergence – certes limitée – entre les définitions du droit commercial et celles du droit fiscal. L'article 210-0 A du CGI, qui énumère les différentes opérations éligibles au régime de faveur, définit aussi depuis 2018 la notion d'apport partiel d'actifs. On notera à ce sujet qu'il est admis que le régime fiscal de faveur réservé à l'apport partiel d'actif peut s'appliquer à la société apporteuse même si l'apport n'a pas été juridiquement placé sous le régime des scissions. Il y a là une marque de l'autonomie de la matière fiscale, et ce, dans l'intérêt des entreprises elles-mêmes.

Examinons à présent le détail des définitions fiscales ouvrant droit à l'application des régimes de faveur prévus par la loi.

91. Cet article ne vise que les sociétés commerciales. Par souci de simplicité, on ne traitera donc dans les développements qui suivent que le cas de fusions entre sociétés relevant de l'impôt sur les sociétés.

92. Art. L. 236-25 et s., C. com.

93. Cf. *infra*, n° 703, pour la définition.

94. L'arrêt du 17 juin 2011 (cf. *supra*, n° 700) a toutefois montré qu'on avait tort, avant 2002, de raisonner de la sorte.

1. La fusion

702 La fusion est la transmission à titre universel du patrimoine d'une société à une autre. Elle peut se produire de différentes façons : par absorption d'une société par une autre ou par création d'une société nouvelle. Dans le premier cas, seule la société absorbée disparaît. Cette absorption peut concerner une société tierce, une société dans laquelle la société absorbante dispose d'un certain niveau de participation, voire une filiale à 100 % (auquel cas la fusion est dite « simplifiée » et se produit selon des modalités procédurales allégées). Dans le second cas, ce sont les deux sociétés fusionnantes qui disparaissent (même si cela est nettement plus rare).

Ces deux modalités de la fusion sont celles que prévoit l'article 210-0 A du Code général des impôts, lequel définit la fusion au sens d'un certain nombre de textes fiscaux, notamment l'article 210 A qui édicte le contenu du régime de faveur. Constituent ainsi une fusion l'une des deux opérations ci-après :

— une ou plusieurs sociétés absorbées transmettent, par suite et au moment de leur dissolution sans liquidation, l'ensemble de leur patrimoine à une autre société préexistante absorbante, moyennant l'attribution à leurs associés de titres de la société absorbante et, éventuellement, d'une soulte ne dépassant pas 10 % de la valeur nominale de ces titres ;

— deux ou plusieurs sociétés absorbées transmettent, par suite et au moment de leur dissolution sans liquidation, l'ensemble de leur patrimoine à une société absorbante qu'elles constituent, moyennant l'attribution à leurs associés de titres de la société absorbante et, éventuellement, d'une soulte ne dépassant pas 10 % de la valeur nominale de ces titres.

703 Cette définition de la fusion par le Code général des impôts appelle plusieurs observations.

Tout d'abord, la définition de la fusion est identique pour toutes les fusions, que celles-ci soient purement internes ou qu'elles concernent des sociétés établies dans des États différents. Ce souci d'unification est l'une des raisons qui ont conduit le législateur à adopter une définition fiscale de la fusion. Il en résulte que sont éligibles au régime de faveur des fusions les opérations réalisées par des sociétés françaises, celles réalisées par des sociétés d'un ou plusieurs États membres de l'Union européenne, et celles réalisées par des sociétés ayant leur siège dans un État ou territoire ayant conclu avec la France une convention fiscale contenant une clause d'assistance administrative en vue de lutter contre la fraude et l'évasion fiscales[95].

Pour autant, il convient de signaler que la définition française de la fusion n'est pas exactement identique à celle de la directive « fusions », bien qu'elle en soit très proche. Cette divergence terminologique a jusqu'à présent semblé sans conséquences, mais elle ne peut manquer d'être relevée puisqu'il résulte de l'arrêt *Leur-Bloem* que le droit fiscal français, ayant choisi de donner la même définition aux fusions internes et aux fusions transfrontalières, ne peut s'écarter de la notion issue de la directive « fusions».

Ensuite, la définition fiscale de la fusion – donc l'étendue de son régime de faveur – s'applique de façon relativement large. Elle s'applique en particulier à cette opération très proche de la fusion qu'est la dissolution-confusion d'une filiale détenue à 100 %. Il ne s'agit pas d'une fusion au sens juridique, mais de la dissolution de la filiale opérant

95. Art. 210-0 A II, CGI. Cf. également sur ce point l'instruction du 25 oct. 2002, *BOI* 4 I-2-02, § 19 et s.

transmission universelle du patrimoine à la société mère, associé unique, conformément à l'article 1844-5 alinéa 3 du Code civil. La « TUP », comme on l'appelle fréquemment, produit les mêmes effets fiscaux qu'une fusion depuis que la loi de finances pour 2002 lui a étendu le régime de faveur des fusions pour les impôts directs. Ceci permet d'ailleurs de rendre le droit français conforme à la directive « fusions » dont l'article 2 a) contient une définition de la fusion englobant la TUP. Le régime de faveur des fusions ne s'étend pas, cependant, à la fusion d'associations, celles-ci fussent-elles soumises à l'IS[96].

La TUP et la fusion simplifiée sont devenues très similaires en pratique depuis les simplifications apportées aux règles sur les fusions par la loi de simplification et d'amélioration de la qualité du droit du 17 mai 2011 et par un décret du 9 novembre 2011 relatif aux formalités de communication des sociétés commerciales. Dans les deux cas, il y a dissolution sans liquidation de la filiale, transmission universelle de son patrimoine à sa société mère et absence d'intervention d'un commissaire aux apports. Les différences résiduelles concernent notamment la date de réalisation de l'opération, la possibilité de la rendre rétroactive (ce qui est comptablement impossible pour une TUP) et le droit d'opposition des créanciers[97].

On peut enfin observer que le régime tolère un échange de titres accompagné d'une soulte, à la condition que celle-ci demeure dans le cadre de la tolérance du dixième instituée par le droit des sociétés[98]. Il existe cependant sur ce point une « divergence regrettable » entre le plafond fiscal de la soulte institué par la loi fiscale et la possibilité de stipuler, dans les fusions transfrontalières, une soulte supérieure à 10 % de la valeur nominale des titres reçus[99].

2. La scission

704 Elle est définie par l'article 210-0 A du Code général des impôts comme l'opération par laquelle la société scindée transmet, par suite et au moment de sa dissolution sans liquidation, l'ensemble de son patrimoine à deux ou plusieurs sociétés préexistantes ou nouvelles, moyennant l'attribution aux associés de la société scindée, proportionnellement à leurs droits dans le capital, de titres des sociétés bénéficiaires des apports et, éventuellement, d'une soulte ne dépassant pas 10 % de la valeur nominale de ces titres.

Cette définition de la scission s'applique, comme celle de la fusion et sous les mêmes limites, aux opérations internes et transfrontalières. Elle est d'ailleurs conforme à l'article 2, b) de la directive « fusions »[100].

96. Rescrit n° 2011/8 (FE et ENR), 26 avr. 2011 ; rapp. CAA Douai, 21 oct. 2010, n° 08DA01310, *Dr. fisc.* 2011, n° 3, comm. 114.

97. Sur ces différents points, v. Ch. Guénard, « TUP et fusion simplifiée : subsiste-t-il des différences entre leurs régimes juridiques ? », *Option Finance*, 21 mai 2012, p. 13.

98. Art. L. 236-1, C. com. Sur la notion de soulte au sens de la directive « fusions », cf. CJCE, 5 juill. 2007, *Kofoed*, aff. C-321/05, *RJF* 10/07, n° 1185. Pour une réflexion sur cette notion, cf. P. Coudin, « La notion de soulte dans la fiscalité des échanges d'actions », in *Fiscalité et entreprise : politiques et pratiques, Mélanges en l'honneur de Jean-Pierre Le Gall*, Dalloz, 2007, p. 165 et s.

99. Art. L. 236-26, C. com.

100. L'art. 2 c) de la directive « fusions » prévoit également le cas de la « scission partielle », mais nous verrons plus loin que cette opération ressemble davantage (pour le juriste français) à une opération d'apport partiel d'actif suivie de distribution des titres reçus par la société apporteuse à ses propres actionnaires. Cf. *infra*, n° 730.

On peut également noter que cette définition contient en elle-même un élément « anti-abus » constitué par l'exigence que chacun des associés de la société scindée reçoive une participation proportionnelle à ses droits dans toutes les sociétés issues de la scission. Ceci permet d'exclure du régime de faveur les scissions constitutives en pratique d'un simple partage entre les associés de la société scindée : ce type d'opération se produit notamment lorsque chaque associé reçoit, à la suite de la scission, la totalité des parts d'une seule société issue de la scission (opération couramment appelée « scission-partage »).

3. L'apport partiel d'actif

705 Il s'agit de l'opération par laquelle une société apporte à une autre société (nouvelle ou préexistante) une partie de ses éléments d'actif et reçoit, en échange, des titres émis par la société bénéficiaire de l'apport. L'article 210-0 A du CGI énonce ainsi que le régime spécial s'applique « aux opérations par lesquelles une société apporte, sans être dissoute, l'ensemble ou une ou plusieurs branches complètes de son activité à une autre société, moyennant la remise de titres représentatifs du capital social de la société bénéficiaire de l'apport ». L'apport partiel d'actif permet notamment de filialiser une ou plusieurs branches d'activité d'une entreprise en les attribuant à une entité juridiquement autonome. Il peut également favoriser la réunion au sein d'une même société de branches d'activité identiques exercées par des sociétés distinctes.

La notion d'apport partiel d'actif est l'équivalent français de la notion d'« apport d'actifs » prévue par l'article 2, d) de la directive « fusions » qui la définit comme « l'opération par laquelle une société apporte, sans être dissoute, l'ensemble ou une ou plusieurs branches de son activité à une autre société, moyennant la remise de titres représentatifs du capital social de la société bénéficiaire de l'apport ».

L'article 210 B du CGI énonce que le régime de faveur des fusions s'applique à l'apport partiel d'actif d'une branche complète d'activité (a) ou d'éléments assimilés (b).

a) La notion de branche complète d'activité

706 La notion de branche complète d'activité n'est pas définie par le Code général des impôts mais elle l'est par la directive « fusions » qui recourt à l'expression de « branche d'activité ». Selon son article 2, j), il s'agit de « l'ensemble des éléments d'actif et de passif d'une division d'une société qui constituent, du point de vue de l'organisation, une exploitation autonome, c'est-à-dire un ensemble capable de fonctionner par ses propres moyens ». La Cour de justice a d'ailleurs eu l'occasion de préciser dans un arrêt *Andersen og Jensen*[101] qu'un apport ne pouvait donner lieu à l'application du régime de faveur de la directive que s'il portait sur l'ensemble des éléments d'actif et de passif inhérents à l'activité transférée. Elle en a conclu, dans l'affaire en cause, que l'apport à une société d'une dette bancaire sans le produit de l'emprunt correspondant ne portait pas sur une branche d'activité au sens de la directive. La Cour a rappelé dans le même arrêt que les actifs transférés à l'occasion de l'apport doivent être en mesure de fonctionner de façon autonome sans avoir besoin d'investissements ou d'apports supplémentaires.

101. Cf. *supra*, n° 700, pour les références.

Cette jurisprudence de la Cour de justice est directement applicable, non seulement aux apports faits à des sociétés étrangères, mais aussi aux opérations purement internes. C'est, comme on l'a vu, la conséquence de la jurisprudence *Leur-Bloem*[102] car le droit français a ici entendu transposer un concept issu de la directive « fusions ». D'après le Conseil d'État, l'existence d'une exploitation autonome doit donc être établie chez la société apporteuse et chez la société bénéficiaire de l'apport. Il convient que le transfert porte sur les éléments essentiels de l'activité tels qu'ils existaient dans le patrimoine de la société apporteuse et dans des conditions permettant à la société bénéficiaire de l'apport de disposer durablement de tous ces éléments[103].

La notion de branche complète d'activité suscite un certain nombre de difficultés d'interprétation en pratique. À certains égards, la jurisprudence du Conseil d'État est plus souple que ce que prévoit la directive puisque l'arrêt du 27 juillet 2005 admet l'existence d'une branche complète lorsque seuls des éléments « essentiels » de l'activité sont transférés, nonobstant le fait que la directive se réfère à un transfert des éléments « dans leur globalité ». De même, le Conseil d'État fait preuve de pragmatisme en admettant qu'un apport partiel d'actif porte bien sur une branche complète d'activité alors même que la société apporteuse conserve la propriété de la marque servant à l'exploitation. Selon le Conseil, « s'agissant d'un élément d'actif incorporel du fonds de commerce tel qu'une marque, la circonstance que celle-ci, détenue en pleine propriété par la société apporteuse, ne soit pas apportée en pleine propriété mais sous la forme d'un droit d'usage ne fait pas obstacle à ce que la branche d'activité soit regardée comme complète et autonome dès lors que ce droit est concédé dans des conditions permettant à la société bénéficiaire d'en disposer pour une durée suffisante sans que les stipulations du traité d'apport ne permettent à la société apporteuse de résilier discrétionnairement l'usage de la marque »[104]. Le Conseil d'État a estimé, dans la même veine, que « l'absence d'apport en pleine propriété d'immeubles ne fait pas obstacle à ce que le transfert soit regardé comme complet dès lors qu'il garantit à son

102. Cf. *supra*, n° 700.

103. CE, 27 juill. 2005, préc., *supra*, n° 700 ; CE, 16 mai 2012, n° 325370, *Sté GDF Suez Energie Services*, *Dr. fisc.* 2012, n° 39, comm. 453, concl. D. Hedary, note M. Chadefaux (espèce intéressante dans la mesure où l'apport portait sur les parts d'un GIE) ; CE, 10 juin 2013, n° 337137, *Sté Fresenius Medical Groupe France*, *Dr. fisc.* 2013, n° 40, comm. 458, *RJF* 10/13, n° 974 ; *BDCF* 10/13, n° 106, concl. Hedary (censure de l'arrêt de la CAA de Paris qui avait considéré que l'apport de dettes afférente à une activité sans apport des créances détenues sur les clients ne pouvait constituer une branche complète d'activité, sans vérifier au préalable que ces créances étaient « indispensables à l'exploitation autonome de cette activité chez la société apporteuse comme chez la société bénéficiaire de l'apport ». Comp., pour l'application de l'article 238 quindecies du CGI, CE, avis, 13 juill. 2012, n° 358931, *SAS Ondupack*, *Dr. fisc.* 2012, n° 39, concl. B. Bohnert, note Th. Massart (sur l'incidence du refus de certains membres du personnel d'être transférés) ; CE, 16 oct. 2013, n° 346063, *M. Mainguy*, *Dr. fisc.* 2014, n° 6, comm. 152, concl. E. Crépey, note Th. Lamulle ; CE, 23 oct. 2013, n° 359516, *Dr. fisc.* 2013, n° 47, comm. 517 ; CE, 9 avr. 2014, n° 366200 et 3662626, *M. Tenet*, *Dr. fisc.* 2014, n° 26, comm. 398, concl. B. Bohnert ; CE, 22 sept. 2017, n° 400613. Pour une réflexion sur ces questions, cf. notre article avec S. Austry, « L'invocabilité et la portée de la directive "fusions" », *FR* 37/11, p. 13 et s.

104. CE, 6 déc. 2013, n° 34609, *Promo Art*, *Dr. fisc.* 2014, n° 9, comm. 184, concl. E. Crépey, note Ch. Menard. La doctrine administrative admettait déjà avant cet arrêt que la marque ne soit pas apportée en pleine propriété lorsqu'elle n'est pas exclusivement utilisée par la branche d'activité apportée mais l'est conjointement par d'autres branches d'activité de la société apporteuse ou par d'autres sociétés, filiales ou non (BOI 4 I-2-00 du 3 août 2000 n° 70 et 71 repris au BOI-IS-FUS-20-20, n° 200, à jour au 12 sept. 2012). Il faut aussi, selon la doctrine administrative, que la société apporteuse concède la ou les marques en cause à la société bénéficiaire de l'apport pour une durée suffisamment longue, au moins égale à dix ans. Dans l'affaire ayant donné lieu à la décision du Conseil d'État, il n'est pas évident de savoir si la société apporteuse, qui avait conservé la propriété de la marque, se trouvait dans l'épure de la doctrine administrative et si elle avait éventuellement invoqué cette dernière. Quoi qu'il en soit, elle avait souscrit un engagement de non-concurrence pendant une durée de cinq ans. Il n'existait par ailleurs dans le traité aucune clause de résiliation du droit d'usage de la marque, ce qui conférait à ce droit une pérennité certaine. Le Conseil d'État a donc admis que le maintien de la propriété de la marque chez la société apporteuse ne faisait pas obstacle à la qualification de branche complète d'activité, en des termes plus souples que la doctrine administrative (pas de référence à la durée de dix ans, notamment). Cette décision apporte ainsi un assouplissement supplémentaire par rapport à la doctrine administrative.

bénéficiaire, pour une durée suffisante au regard de la nature de l'activité transmise, le libre usage de ces immeubles aux fins de l'exploitation de cette activité »[105]

En sens inverse, on peut sérieusement s'interroger sur le point de savoir si la double condition d'autonomie de la branche posée par le Conseil d'État (autonomie préalable et postérieure au transfert) n'ajoute pas à la directive une contrainte qu'elle ne contient pas, à savoir celle de la préexistence d'une branche autonome avant son transfert. La jurisprudence laisse également planer certaines incertitudes sur la qualification de branche complète d'activité dans les cas où n'ont pas été transférés certains éléments affectés à l'activité, ainsi que dans les cas, inverses, où ont été apportés certains éléments étrangers à l'activité. À titre d'exemple, l'administration estime que pour être admis de plein droit au bénéfice du régime de faveur en tant qu'il porte sur une branche complète d'activité, l'apport doit comporter les « éléments de bas de bilan » (comptes clients, dettes fournisseurs) se rapportant à l'activité apportée[106]. Cette exigence apparaît bien excessive au regard de la décision B.L. du Conseil d'État ainsi d'ailleurs que de la jurisprudence de la Cour de cassation relative au concept de branche complète d'activité[107].

b) *Les éléments assimilés à une branche complète d'activité*

707 Il est fréquent qu'une société, plutôt que d'apporter à une société des actifs et des passifs, préfère apporter des titres représentatifs d'une participation majoritaire dans une filiale. D'un point de vue économique, ces deux opérations sont comparables, mais juridiquement, elles sont sensiblement différentes.

Le souci de neutralité du droit fiscal explique toutefois que l'apport de titres soit considéré sous certaines conditions comme l'équivalent d'un apport de l'activité sous-jacente. Certaines participations sont ainsi assimilées à une branche complète d'activité, ce qui permet de leur appliquer le régime de faveur prévu par la loi fiscale. Notons cependant que ce régime de faveur n'est aujourd'hui plus aussi attractif que par le passé puisque, même en droit commun, les plus-values de cession de titres de participation sont exonérées sous réserve de l'imposition de la quote-part de frais et charges de 12 %[108].

Selon l'article 210 B 1 *in fine* du Code général des impôts, les éléments assimilés à une branche complète d'activité s'entendent des participations portant sur plus de 50 % du capital de la société dont les titres sont apportés sous réserve que l'apporteur ne reçoive pas une soulte supérieure à 10 % et que celle-ci n'excède pas la plus-value réalisée. Sont également éligibles au régime de faveur les opérations d'apport de titres venant renforcer une participation majoritaire déjà détenue par la société bénéficiaire de l'apport[109]. Il en est de même, depuis la loi de finances pour 2002, des apports qui

105. CE, 8 déc. 2017, n° 407128, *M. Yvon Querleroux*, *Dr. fisc.* 2018, n° 22, 290, concl. R. Victor, note T. Lamulle (arrêt rendu en application de l'article 238 quindecies du CGI, mais dont à la solution est transposable à l'article 210 B du CGI).

106. BOI-SJ-AGR-20-10 n° 20.

107. Cass. com., 15 mai 2012, n° 11-17972. Arrêt rendu pour l'application de l'article 724 *bis* du CGI qui prévoyait, entre 2004 et 2005, une exonération de droits de mutation lorsqu'une cession portait sur une branche complète d'activité pour un montant inférieur à 300 000 €. En l'espèce, le fait que les créances client d'un cabinet d'expertise comptable et de commissariat aux comptes n'avaient pas été transmises n'a pas empêché la Cour d'estimer que la cession, portant sur le droit de présentation du successeur, les dossiers et documents concernant la clientèle, les immobilisations, les contrats etc., avait permis au cessionnaire d'exploiter de façon autonome et durable l'activité transmise. Cet arrêt, quoique rendu dans un contexte juridique différent de celui de l'article 210 B, n'en est pas moins susceptible d'inspirer la jurisprudence administrative.

108. Cf. *supra*, n° 321 et s.

109. Modification introduite par la loi de finances rectificative pour 2017.

confèrent à la société bénéficiaire la détention directe de plus de 30 % des droits de vote si aucun associé ne détient une fraction supérieure et de ceux effectués au profit de sociétés détenant déjà 30 % de ces droits de vote si le bénéficiaire acquiert de ce fait la fraction des droits de vote la plus élevée dans la société. Cette définition n'est pas identique à celle de « l'échange d'actions » prévu par la directive « fusions » mais elle englobe les hypothèses visées par elle[110].

C. LE RÉGIME FISCAL DE LA FUSION

708 Pour bien comprendre les enjeux fiscaux des fusions tout en s'en tenant à l'essentiel[111], il convient de distinguer le traitement fiscal des sociétés qui y participent (1°) et celui des associés desdites sociétés (2°).

1. Le traitement fiscal des sociétés parties à la fusion

709 Le traitement fiscal des sociétés parties à la fusion est le plus souvent le régime dit « de faveur » prévu par les articles 210 A et suivants du Code général des impôts. Comme son nom l'indique, ce régime de faveur se présente comme un régime dérogatoire au droit commun.

Il faut pourtant commencer par le commencement et exposer, fût-ce, brièvement ce qui se passe lorsque les sociétés qui fusionnent n'optent pas pour le régime de faveur. En effet, les fusions et opérations assimilées entraînent, pour la ou les sociétés qui disparaissent, cessation d'entreprise. Elles donnent donc lieu en principe à une imposition immédiate dans les conditions fixées par l'article 201 du Code général des impôts[112]. Cela signifie l'imposition immédiate des bénéfices d'exploitation réalisés depuis la fin du dernier exercice taxé, des bénéfices en sursis d'imposition (notamment des provisions précédemment constituées qui deviennent sans objet du fait de la fusion), et enfin des plus ou moins-values réalisées ou constatées à l'occasion de la fusion, compte tenu de la différence entre la valeur réelle et de la valeur nette comptable des actifs de la société absorbée. Par ailleurs, lorsqu'une société disparaît à l'occasion d'une fusion, ses déficits ne peuvent normalement plus être reportés en avant puisque, par hypothèse, il n'y a plus de bénéfices futurs sur lesquels imputer les déficits antérieurs. C'est la conséquence logique de la mort de la société.

Le cumul des règles du droit commun explique pourquoi le droit commun des fusions est généralement considéré comme dissuasif des restructurations. Le législateur l'a compris très tôt : dès l'adoption d'une loi du 12 août 1942, il avait prévu, notamment en matière d'impôt sur les bénéfices industriels et commerciaux, certaines dispositions

110. L'article 2, e) de la directive définit l'échange d'actions comme « l'opération par laquelle une société acquiert, dans le capital social d'une autre société, une participation ayant pour effet de lui conférer la majorité des droits de vote de cette société ou, si elle détient déjà une telle majorité, acquiert une nouvelle participation moyennant l'attribution aux associés de l'autre société, en échange de leurs titres, de titres représentatifs du capital social de la première société et, éventuellement, d'une soulte en espèces ne dépassant pas 10 % de la valeur nominale ou, à défaut, de valeur nominale, du pair comptable des titres qui sont remis à l'échange ».

111. Pour plus de détails, cf. J.-Y. Mercier, *Fusions, apports partiels d'actif, scissions*, Éd. Francis Lefebvre, 2009 ; M. Chadefaux, *Les fusions de sociétés, Régime juridique et fiscal*, Groupe Revue fiduciaire, 8e éd., 2017.

112. Cf. *supra*, n° 673.

particulières en faveur des fusions de sociétés anonymes, en commandite par actions ou à responsabilité limitée, soit par voie d'absorption, soit par voie de création d'une société nouvelle. Ces dispositions ont été complétées par une loi du 16 juin 1948 qui a étendu leur champ d'application aux apports partiels d'actifs. Depuis lors, le régime a été maintes fois retouché, notamment par la loi du 12 juillet 1965 qui a donné au dispositif l'essentiel de sa physionomie contemporaine[113].

Le contenu du régime spécial des fusions se décline en plusieurs séries de règles : les premières concernent le sort des déficits antérieurs à la fusion (a) ; les secondes, le sort des bénéfices (b) et plus-values générés par la fusion (c). On dira pour finir quelques mots des fusions internationales (d).

a) *Le sort des déficits*

710 Lorsqu'une société en absorbe une autre, il se peut que la société absorbante ait subi des déficits antérieurement à la fusion. La **société absorbante** conservant sa personnalité juridique et fiscale, ces déficits antérieurs peuvent être reportés en avant conformément au droit commun. Il n'en va autrement que si la société absorbante change d'activité réelle à l'occasion de la fusion (par exemple, lorsqu'une holding pure devient une société industrielle). Dans ce cas, on sait que les déficits ne peuvent plus être reportés en avant car le changement d'activité réelle est assimilé à une cessation d'entreprise[114].

Lorsque c'est la **société absorbée** qui dispose de déficits antérieurs à la fusion, nous avons vu que la cessation de sa personnalité fiscale entraîne la perte du droit au report en avant des déficits[115]. Cette solution ne s'applique toutefois pas, semble-t-il aux moins-values nettes à long terme détenues par la société absorbée qui, elles, peuvent être librement transmises[116].

S'agissant des déficits, l'article 209, II du Code général des impôts apporte fort heureusement un tempérament à la règle de la non-transmission à la société absorbante.

113. Pour les détails de l'histoire, cf. Doc. prat. FL, IS-VI, 115 et s.

114. Cf. *supra*, n° 688 et s.

115. Pas de problème, en revanche, pour la créance sur le Trésor issue de l'option pour le report en arrière (« créance de *carry-back* »). Celle-ci est transférée de plein droit à la société absorbante, que la fusion soit ou non placée sous le régime de faveur (cf. en ce sens art. 220 *quinquies*, CGI).

116. En ce sens, CE, 30 déc. 2011, n° 316194, *Caisse d'épargne et de prévoyance des Pays de Loire*, *Dr. fisc.* 2012, n° 12, comm. 198, concl. D. Hedary, note M. Chadefaux. En l'espèce, le Conseil d'État admet la possibilité pour une société absorbante d'imputer sur ses plus-values à long terme postérieures à une fusion faite aux valeurs comptables des moins-values à long terme résultant de la constitution par l'absorbée, antérieurement à la fusion, de provisions pour dépréciation de titres. Le Conseil d'État fait reposer cette solution sur la combinaison entre les articles 210 A et 39, 1, 5° du CGI qui lui paraissent imposer un principe de continuité fiscale du régime des plus et moins-values à long terme à l'occasion d'une fusion. Les provisions pour dépréciation chez l'absorbée étant, selon ses termes, « reprises au passif » de l'absorbante, elles doivent pouvoir être utilisées par cette dernière sous la forme d'une imputation sur ses propres plus-values à long terme. La solution contredit une doctrine administrative constante. Elle dément l'analyse largement partagée selon laquelle il n'existe pas, à proprement parler, de transmission de la provision à la société absorbante L'intérêt pratique de la décision est en outre essentiellement rétrospectif. Sous l'empire de la réglementation actuelle, le Conseil d'État n'ouvre la porte au transfert à la société absorbante des moins-values antérieures à la fusion et non encore imputées que dans les rares cas où subsiste un régime de moins-values à long terme sur les provisions transférées (titres de sociétés à prépondérance immobilière cotées). La prudence demeure toutefois de mise sur l'avenir de cette jurisprudence. Il paraît difficilement imaginable que l'administration reste de marbre devant une solution qui aboutit indirectement à un contournement de l'exigence de l'agrément en cas d'absorption d'une société déficitaire.

Selon ce texte, les déficits antérieurs peuvent être transférés dans leur intégralité[117] à la société absorbante sous réserve de l'obtention d'un agrément délivré par l'administration fiscale[118]. Les mêmes règles s'appliquent lorsqu'une société absorbée dispose d'un « stock » d'intérêts versés dans le passé à des sociétés liées, qu'elle n'a pas encore pu déduire en raison du jeu des règles relatives à la sous-capitalisation des entreprises[119]. Ces intérêts non encore déduits peuvent également être utilisés à l'avenir sous la même condition d'obtention d'agrément.

L'agrément est délivré lorsque :

a. L'opération est justifiée du point de vue économique et obéit à des motivations principales autres que fiscales ;

b. l'activité à l'origine des déficits ou des intérêts dont le transfert est demandé n'a pas fait l'objet par la société absorbée ou apporteuse pendant la période au titre de laquelle ces déficits et ces intérêts ont été constatés, de changement significatif notamment en termes de clientèle, d'emploi, des moyens d'exploitation effectivement mis en œuvre, de nature et de volume d'activité. Cette condition vise à empêcher le transfert du déficit lorsque, préalablement à la fusion, la société absorbée avait déjà elle-même fait évoluer de façon significative l'activité qui est à l'origine du déficit[120] ;

c. l'activité à l'origine des déficits ou des intérêts dont le transfert est demandé est poursuivie par la ou les sociétés absorbantes ou bénéficiaires des apports pendant un délai minimum de trois ans sans faire l'objet, pendant cette période, de changement significatif notamment en termes de clientèle, d'emploi, des moyens d'exploitation effectivement mis en œuvre, de nature et de volume d'activité ;

d. les déficits et intérêts susceptibles d'être transférés ne proviennent ni de la gestion d'un patrimoine mobilier par des sociétés dont l'actif est principalement composé de participations financières dans d'autres sociétés ou groupements assimilés, ni de la gestion d'un patrimoine immobilier.

711 Ces conditions, dont la rédaction actuelle est issue de la seconde loi de finances rectificative pour 2012 qui codifie en grande partie la pratique antérieure du Bureau des agréments, sont d'appréciation délicate.

Considérons par exemple la dernière condition envisagée au d) de l'article 209 II du CGI, qui vise à exclure la possibilité d'imputer les déficits d'une société holding absorbée. Doit-on conclure de cette exigence qu'une société de personnes absorbée se trouve privée de la possibilité de transférer les déficits qu'elle réalise en sa seule qualité d'associée d'une ou plusieurs sociétés opérationnelles déficitaires ? La réponse nous semble positive.

Statuant en application de *l'ancien* article 209 du CGI, le Conseil d'État[121] a admis que ce texte ne fait pas obstacle à ce que les déficits enregistrés, en l'absence d'intégration fiscale, par une société holding absorbée à raison des déficits réalisés par des sociétés de personnes qu'elle détenait soient transférés à la société holding absorbante, dès lors que celle-ci continue à détenir les titres de

117. Pendant longtemps, les déficits transférables étaient plafonnés mais ce mécanisme a été supprimé pour les opérations de fusion et assimilées réalisées à compter du 1er janvier 2005.

118. Art. 209, II, CGI renvoyant à l'art. 1649 *nonies*, CGI.

119. Art. 212, CGI, sur lequel cf. *supra*, n° 551.

120. Pour une illustration, v. CE, 25 octobre 2017, n° 401403, Société Serena caoutchouc.

121. CE, 19 sept. 2014, n° 349084, *Sté Numéricable*, n° 362345, *SNC Prisma Media*, et n° *370163, SAS Estivin Group Holding Finances*, *Dr. fisc.* 2014, n° 45, comm. 603, concl. N. Escaut, note Ch. Ménard. Rapp. CE, 25 janv. 2017, n° 387187, *Sté Korian*, et n° 38834, *Sté A2micile Europe*, *Dr. fisc.* 2017, n° 20, comm. 305, concl. R. Victor.

participation dans les sociétés dont l'activité est à l'origine des déficits pendant un délai minimum de trois ans et que ces sociétés poursuivent pendant ce même délai cette activité. Cette solution favorable au transfert des déficits d'une société holding (lorsque celle-ci détient les parts d'une société de personnes) peut-elle être maintenue sous l'empire du droit actuel ? La réponse semble positive car la position du Conseil d'État dans l'arrêt du 19 septembre nous paraît reposer sur l'admission implicite mais nécessaire de l'idée selon laquelle, dans le cas où une holding détenant des titres d'une société de personnes est absorbée, l'activité à l'origine du déficit est celle de la société de personnes, non celle de la holding. Le Conseil d'État rappelle ainsi au considérant 2 de sa décision qu'en vertu du II de l'article 209 du CGI dans sa rédaction applicable en 2006, l'agrément est délivré lorsque « l'activité à l'origine des déficits [...] dont le transfert est demandé est poursuivie par la ou les sociétés bénéficiaires des apports pendant un délai minimum de trois ans [...] ». Or, au considérant 3, le Conseil d'État énonce que ces dispositions ne font pas obstacle à ce que les déficits enregistrés par une holding absorbée à raison « des déficits réalisés par des sociétés qu'elle détenait soient transférés à la société holding absorbante » [...]. Dans ces conditions, le Conseil d'État admet nécessairement que le déficit transféré, bien qu'étant fiscalement attribué à la holding (en raison des règles applicables aux sociétés de personnes), a son origine dans l'activité de la société de personnes. Le même raisonnement nous paraît pouvoir être fait sous l'empire du droit actuel. Le d) du II de l'article 209 énonce que le déficit susceptible d'être transféré ne doit pas provenir de la gestion d'un patrimoine mobilier. Or, lorsqu'une société absorbée détient des parts de sociétés de personnes dont elle enregistre le déficit à son niveau, ce déficit ne doit pas, si l'on suit la logique du Conseil d'État, être considérée comme afférent à la gestion d'un patrimoine mobilier. C'est un déficit qui trouve son origine dans l'activité de la société de personnes dont les parts sont détenues. Il nous semble donc que le droit actuel, tout en empêchant en principe le transfert des déficits attribuables à une activité de holding pure, autorise le transfert des déficits d'une holding associée d'une société de personnes, car les déficits sont alors attribuables à l'activité de cette dernière.

S'agissant du contrôle de fond exercé à l'occasion de la demande, l'administration se réserve de refuser l'agrément s'il apparaît qu'une opération non critiquable sur le plan juridique apparaît principalement motivée par la volonté de la société absorbante d'appréhender les déficits de la société absorbée et de les imputer sur ses bénéfices disponibles.

S'agissant de la condition tenant à la continuation de l'activité, le droit actuel tente de ménager un équilibre entre le réalisme économique, qui conduit à admettre qu'une société déficitaire modifie ses conditions d'exploitation, et le souci de lutter contre l'usage fiscalement optimisant des déficits, qui implique que la société recevant les déficits s'engage à poursuivre l'activité de la société qui les lui transmet. À cet égard, l'administration précise également que la notion de maintien de l'activité de la société absorbée ne doit pas être confondue avec celle d'identité d'activité telle qu'elle est définie à l'article 221, 5 du CGI, celle-ci pouvant faire obstacle le cas échéant à l'imputation des déficits propres de la société absorbante. Comme on l'a constaté[122], cette condition est dans une certaine mesure plus contraignante, dès lors qu'elle impose à l'absorbante de poursuivre l'activité apportée dans des conditions similaires à celles exercées par la société absorbée. En pratique, cependant, l'administration admet que la restructuration soit suivie de mesures de réorganisation destinées par exemple à rationaliser la production et à préserver la viabilité de l'activité transférée. Le respect de la condition de maintien de l'activité est donc considéré comme compatible avec des modifications apportées aux conditions de son exercice, pouvant consister en l'abandon de certains produits non rentables ou la réalisation d'économies d'échelle.

En somme, il existe ici une grande place laissée à l'appréciation administrative des faits, même si l'on enseigne que, depuis 2002, l'agrément est délivré de plein droit lorsque ses conditions sont réunies[123]... Cette relative incertitude juridique entourant les conditions de délivrance de l'agrément,

122. Encycl. prat. FL, IS, VI, 17280.

123. Le Conseil constitutionnel énonce d'ailleurs clairement que « le pouvoir donné par la loi à l'Administration de fixer, contribuable par contribuable, les modalités de détermination de l'assiette d'une imposition méconnaît la compétence du législateur dans des conditions qui affectent, par elles-mêmes, le principe d'égalité devant les charges publiques. Les anciennes dispositions de l'article 209 II du CGI n'ont donc été jugées constitutionnelles que sous réserve d'être interprétées comme permettant à l'Administration de refuser cet agrément pour un autre motif que celui tiré de ce que l'opération de restructuration en cause

quoique partiellement dissipée par la seconde loi de finances rectificative pour 2012, contribue à expliquer mesure pourquoi certaines sociétés tentent d'éviter d'y recourir. Certaines procèdent à une réévaluation libre préalablement à la fusion, en profitant de l'imputation des déficits sur les plus-values dégagées à l'occasion de la réévaluation[124]. D'autres recourent parfois à une inversion du sens *a priori* « naturel » de la fusion et décident de faire absorber la société bénéficiaire par la société déficitaire. Dans une fusion « à l'envers », aucun agrément n'est alors à demander puisqu'on a vu plus haut que les déficits de la société absorbante sont de plein droit reportables en avant sur les résultats futurs. L'administration se réserve toutefois la possibilité de poursuivre ce type de fusion sur le terrain de l'abus de droit[125], ce que la jurisprudence contrôle rigoureusement. Un célèbre arrêt *Auriège* du Conseil d'État a ainsi refusé de voir un tel abus dans le cadre d'une fusion à l'envers dès lors que la fusion n'avait pas un caractère fictif et qu'il existait un intérêt économique à l'opération[126]. La solution semble pérenne[127], et l'on ne voit nulle contradiction de principe entre la décision *Auriège* et la décision *SARL Garnier Choiseul Holding* du 11 avril 2014[128] qui a reconnu l'existence d'un abus de droit dans une situation de fusion à l'envers entre deux sociétés « coquilles » qui, selon le juge, n'avait aucune justification économique et n'a pu être inspirée par aucun autre motif que de permettre l'imputation des reports déficitaires de l'une des sociétés sur le bénéfice imposable de l'autre, par une application littérale de l'article 209, I du Code général des impôts, sans avoir à solliciter l'agrément prévu au II du même article. Au-delà du cas des fusions à l'envers, on peut relever une décision du Comité de l'abus de droit fiscal refusant de faire jouer la théorie de l'abus de droit dans une hypothèse d'acquisition d'une société suivie de son absorption à bref délai, succession d'opérations que l'administration considérait comme impulsée par le seul objectif de trouver un terrain d'imputation des déficits de la société absorbante[129].

b) *Le sort des bénéfices*

712 Pour éviter que la fusion ne déclenche les impositions immédiates prévues par le droit commun, l'article 210 A du Code général des impôts prévoit la neutralité de la fusion au regard des provisions constituées par la société absorbée antérieurement à la fusion : l'impôt sur les sociétés n'est ainsi applicable aux provisions figurant au bilan de la société absorbée que si elles deviennent sans objet.

Cette mesure est censée garantir le caractère « intercalaire » de la fusion. La restructuration est considérée, non comme une cessation d'entreprise, mais comme la continuation de l'entreprise sous une autre forme.

Cette neutralité n'est cependant accordée que s'il n'y a pas, en définitive, de perte en ligne pour le Trésor public. Surseoir à imposer, oui ; exonérer, non. Aussi certaines conditions sont-elles posées par la loi fiscale pour que le régime de faveur ne se transforme pas en un moyen de défiscaliser purement et simplement des revenus qui ont vocation à être imposées un jour.

ne satisfait pas aux conditions fixées par la loi » (C. const., 28 nov. 2014, n° 2014-431 QPC, *Sté ING Direct NV* et *ING Bank NV*, *Dr. fisc.* 2015, n° 7-8, comm. 159, note C. Cassan et Ph. Durand). V. également CE, 18 janv. 2017, n° 389004, *Sté Stago International*, *Dr. fisc.* 2017, n° 20, comm. 304.

124. Sur le mécanisme de la réévaluation libre, cf. *supra*, n° 606.

125. Sur ce concept, cf. *infra*, n° 983.

126. CE, 21 mars 1986, *Auriège*, *RJF* 1986, p. 267, concl. O. Fouquet. Dans cette affaire, la société absorbante réalisait pourtant avant la fusion un chiffre d'affaires près de cinq fois inférieur à celui de la société absorbée.

127. Cf. CE, 8 juill. 2015, n° 370656, *Ministre du Budget c/ Société Peugeot*, *Dr. fisc.* 2015, n° 46, comm. 680, concl. F. Aladjidi, note D. Gutmann et S. Austry.

128. CE, 11 avr. 2014, n° 352999, *Dr. fisc.* 2014, n° 26, concl. F. Aladjidi, note M. Buchet.

129. Affaire n° 2015-25 (*Dr. fisc.* 2017, n° 23, comm. 335).

C'est pourquoi l'article 210 A du Code général des impôts oblige la société absorbante à s'engager, dans l'acte de fusion, à respecter les prescriptions suivantes :

— elle doit reprendre à son passif les provisions dont l'imposition est différée[130] ;

— elle doit se substituer à la société absorbée pour la réintégration des résultats dont la prise en compte avait été différée pour l'imposition de cette dernière.

La même continuité des écritures comptables est requise concernant les stocks. La société absorbante doit ainsi inscrire à son bilan les éléments autres que les immobilisations pour la valeur qu'ils avaient, du point de vue fiscal, dans les écritures de la société absorbée. À défaut, elle doit comprendre dans ses résultats de l'exercice au cours duquel intervient l'opération le profit correspondant à la différence entre la nouvelle valeur de ces éléments et la valeur qu'ils avaient, du point de vue fiscal, dans les écritures de la société absorbée.

On retrouve le même type de logique concernant l'imposition des plus-values.

c) *Les plus-values*

713 En matière de plus-values comme ailleurs, la loi fiscale offre un cadre afin de garantir le caractère intercalaire de la fusion. Toutefois, la loi fiscale est ici étroitement dépendante de la réglementation comptable : l'existence même de plus-values dépend de la valeur à laquelle les actifs transférés à l'occasion de la fusion sont comptabilisés chez la société absorbante.

α) *Les règles comptables*

714 Jusqu'à l'intervention du règlement CRC 2004-01 du 4 mai 2004, applicable aux fusions réalisées depuis le 1er janvier 2005, les sociétés parties à une fusion disposaient d'une large marge de manœuvre quant au choix des valeurs des actifs transférés. Elles pouvaient inscrire ces actifs, soit à leur valeur comptable, soit à leur vénale. Le règlement précité a cependant mis fin à cette flexibilité pour lui substituer un cadre impératif qui concerne non seulement les fusions, mais aussi les scissions et les apports partiels d'actifs[131]. Les sociétés ne continuent donc de disposer d'un choix entre valeur comptable et valeur réelle que lorsque les nouvelles normes comptables ne s'appliquent pas, ce qui est le cas lorsque la société absorbante n'a pas son siège en France[132].

---

130. Le sort des provisions dans les fusions est d'une grande complexité. Au titre des questions délicates, relevons celle qui se pose lorsqu'une société absorbante, qui s'est vu transmettre des provisions constituées avant la fusion par la société absorbée, reprend ces provisions après la fusion (que l'on suppose soumise au régime spécial). Cette reprise de provision est-elle taxable ? La réponse est positive si la provision a été déduite chez la société absorbée. Dans le cas inverse, la doctrine administrative prévoit la non-imposition de la reprise de provision (*i. e.* la déduction extra-comptable de la reprise), sauf si la non-déduction initiale procède d'une convenance personnelle de la société absorbée (par exemple en raison de sa situation déficitaire ; v. BOI-IS-FUS-10-20-40-10, n° 220). La solution ne paraît pas remise en cause par l'arrêt « *Sté Oddo et Cie* », aboutissant à une solution inverse dans une affaire où un apport partiel d'actif avait été placé sous le régime de droit commun (CE, 25 sept. 2013, n° 356382, *Dr. fisc.* 2014, n° 4, Aperçu rapide par Y. Rutschmann et J. Gayral ; comm. 522, concl. N. Escaut, note M. Chadefaux ; v. aussi sur cet arrêt R. Marsella, « Le traitement fiscal des provisions dans les opérations de restructuration », *Option Finance*, 12 nov. 2013).

131. Pour une présentation pédagogique des règles comptables applicables à une fusion, cf. M. Cozian et P.-J. Gaudel, *La comptabilité racontée aux juristes*, Litec, 2006, n° 727 et s.

132. Par ailleurs, les règles comptables issues du règlement n° 2004-01 ne s'appliquent pas à l'opération de fusion concernant des sociétés contrôlées par une personne physique (BOI-IS-FUS-30-10 n° 30). Le

La réglementation comptable prévoit que lorsque la fusion (ou l'apport partiel d'actif auquel s'appliquent les mêmes règles) a lieu entre deux **sociétés placées sous contrôle commun** d'une autre société (fusion entre sociétés sœurs, entre une société mère et sa filiale, fusions simplifiées, transmissions universelles de patrimoine[133]), elle doit obligatoirement être réalisée sur la base des valeurs comptables. Il en va de même lorsque la fusion a lieu « à l'envers » au sens que la règle comptable attribue à cette expression[134].

En revanche, lorsqu'une fusion à l'endroit intervient entre deux sociétés qui ne sont pas placées sous contrôle commun, la fusion a obligatoirement lieu aux valeurs réelles. Cela signifie que le traité d'apport ou de fusion doit mentionner la valeur réelle de chacun des éléments figurant ou non à l'actif ou au passif de la société apporteuse ou absorbée à la date d'effet de l'opération. La portée de la règle est considérable, notamment en ce qu'elle prévoit la prise en compte des éléments ne figurant pas au bilan de la société absorbée. Ainsi, à titre d'exemple, doivent figurer pour leur valeur réelle dans le traité d'apport les éléments d'actif comme les marques non comptabilisées, mais également et de façon plus surprenante, les impôts différés actifs[135], notamment les éventuels déficits fiscaux transférés de la société absorbée à la société absorbante, générateurs d'économies d'impôts futures.

Voici le tableau récapitulatif des modes de valorisation des apports, tel qu'il figure dans le règlement CRC 2004-01[136].

Valorisation des apports

Notion de contrôle	Valeur comptable	Valeur réelle
Opération impliquant des sociétés sous contrôle commun		
Opération à l'endroit	X	
Opération à l'envers	X	
Opération impliquant des sociétés sous contrôle distinct		
Opération à l'envers	X	
Opération à l'endroit		X

CNC a ainsi précisé que les opérations impliquant des sociétés sous contrôle de personnes physiques doivent être considérées comme des opérations entre entités distinctes, dont les apports doivent être évalués à la valeur réelle (lettre du CNC à la CNCC du 9 nov. 2005).

133. Pour définir la situation de contrôle au moment de l'opération, le règlement n° 2004-01 a retenu la même définition du contrôle que celle retenue dans les comptes consolidés.

134. Pour définir le sens de la fusion, on considère ici que la fusion est « à l'endroit » lorsque, après l'opération, l'actionnaire principal de la société absorbante ou de la société bénéficiaire des apports est dilué mais conserve son pouvoir de contrôle. La fusion est « à l'envers » quand l'actionnaire principal de l'absorbée ou de l'apporteuse prend le contrôle de l'absorbante ou de la société bénéficiaire des apports. Ainsi, contrairement à ce que laisse penser le langage ordinaire, la fusion « à l'envers » ne renvoie pas au cas de l'absorption d'une société mère par sa fille, ce cas étant visé dans les opérations impliquant des sociétés sous contrôle commun. La fusion est « à l'envers » lorsque la valeur réelle de la structure transférée est plus importante que celle de la société bénéficiaire de l'apport ou de l'absorbante (cf. sur ce point, J.-É. Cros, R. Grob, Ph. Grousset, Ch. Lefaillet et O. de Saint-Chaffray, « Le traitement comptable des fusions et opérations assimilées et ses incidences fiscales », *Droit & patrimoine*, avr. 2005, n° 136, p. 48 et s.).

135. Sur ce concept, cf. *supra*, n° 391 et s.

136. Le lecteur est renvoyé au règlement pour l'examen des dérogations à ces méthodes d'évaluation.

β) Les règles fiscales

715 Le fonctionnement des règles fiscales est étroitement dépendant des règles comptables. Ainsi, lorsqu'une fusion s'opère d'après les valeurs comptables et est soumise au régime de faveur, aucune plus-value n'est dégagée dans les comptes et l'opération revêt un caractère totalement intercalaire du point de vue fiscal. Il n'y a tout simplement pas de plus-value de fusion à imposer (ou dont l'imposition est à différer)[137]. En revanche, lorsque la fusion s'opère d'après les valeurs réelles, les plus-values d'apport sont dégagées dans les comptes et c'est dans ce cas qu'il faut recourir au régime fiscal de faveur pour éliminer l'impôt au nom du caractère intercalaire de la fusion.

Le traitement fiscal des plus-values réalisées à l'occasion d'une fusion repose, selon l'article 210 A du Code général des impôts, sur une distinction entre immobilisations non amortissables (les terrains, les titres du portefeuille dont le résultat de cession est exclu du régime des plus ou moins-values à long terme conformément à l'article 219, etc.) et immobilisations amortissables (autres immeubles, biens d'investissement, etc.).

Pour les actifs non amortissables, la fusion donne lieu à un sursis d'imposition : fiscalement, elle ne produit aucun effet tant que la société absorbante ne les cède pas. En contrepartie de cette faveur, la société absorbante devra calculer les plus-values réalisées à l'occasion de la cession ultérieures de ces immobilisations d'après la valeur qu'elles avaient, du point de vue fiscal, dans les écritures de la société absorbée. Pour savoir si la plus-value (ou la moins-value) réalisée par la société absorbante doit être considérée comme à court terme ou à long terme, il faut alors se demander depuis quand les actifs figuraient dans le patrimoine de la société absorbée. C'est la conséquence du caractère intercalaire des fusions, et la même règle s'applique *mutatis mutandis* en matière d'apport partiel d'actif. Comme l'a jugé le Conseil d'État, le législateur, en adoptant les articles 210 A et suivants du CGI, « a entendu assurer la neutralité au plan fiscal des opérations de fusion des sociétés et, à cette fin, sauf lorsqu'il en a disposé autrement, regarder de telles opérations comme des opérations intercalaires ; [...] il en résulte qu'eu égard à cet objectif et en l'absence de dispositions contraires, lorsque des éléments de l'actif immobilisé ont été reçus en apport par une société à l'occasion d'une fusion placée sous le régime de l'article 210 A, ces éléments doivent être regardés comme figurant dans le patrimoine de la société bénéficiaire de l'apport depuis la date de leur acquisition ou de leur création par la société absorbée »[138].

Pour les actifs amortissables, le régime fiscal est différent. La plus-value n'est pas mise en sursis, mais elle est imposée de façon fractionnée dans le temps, étant entendu que c'est la société absorbante qui se trouve instituée redevable de cette imposition. L'article 210 A énonce ainsi que la société absorbante doit réintégrer dans ses bénéfices imposables les plus-values dégagées lors de l'apport des biens amortissables. La

137. À noter, cependant, qu'une dissociation entre traitement comptable et fiscal de la plus-value peut exister. Ainsi, lorsqu'une fusion a lieu d'après les valeurs comptables mais est soumise au régime de droit commun, la fiscalité oblige à imposer les plus-values au nom de la société absorbée alors que la fusion ne dégage comptablement aucune plus-value. Cette situation produit des effets curieux. La société absorbante ne pourra après la fusion calculer les amortissements que sur la base des valeurs comptables, limitant ainsi ses marges de déduction. Mais le système retrouve sa cohérence lors de la cession des biens par l'absorbante : c'est à ce moment qu'il sera tenu compte de l'impôt supporté par la société absorbée lors de l'apport (BOI-IS-FUS-30-20, n° 180 et s.).

138. CE, 11 févr. 2013, n° 356519, *Sté Heineken France*, *Dr. fisc.* 2013, n° 26, comm. 354, concl. B. Bohnert, note M. Chadefaux.

réintégration s'effectue en principe par parts égales sur une période de cinq ans. Cette durée est étendue à quinze ans dans certains cas.

La réintégration des plus-values est effectuée par parts égales sur une période de quinze ans pour les constructions et les droits qui se rapportent à des constructions ainsi que pour les plantations et les agencements et aménagements des terrains amortissables sur une période au moins égale à cette durée[139].

d) *Les fusions internationales*

716 Il existe à l'heure actuelle peu de fusions internationales au sens strict du terme. En conséquence, le Code général des impôts ne prévoit que peu de règles spécifiques à ce type d'opérations. Jusqu'à l'intervention de la seconde loi de finances rectificative pour 2017, l'article 210 C se contentait de préciser à cet égard que les apports faits à des personnes morales étrangères par des personnes morales françaises ne pouvaient bénéficier du régime de faveur des fusions que si elles donnent lieu à la délivrance d'un agrément dans les conditions prévues au 3 de l'article 210 B[140].

La directive « fusions » est pourtant plus diserte. Elle se donne pour objectif, dans son cinquième considérant introductif, d'éviter toute imposition à l'occasion d'une fusion entre sociétés d'États membres distincts, « tout en sauvegardant les intérêts financiers de l'État membre de la société apporteuse ou acquise ». En pratique, donc, tout l'enjeu consiste à trouver le juste équilibre entre la neutralité fiscale de la fusion et le souci d'éviter que celle-ci ne se traduise par une perte budgétaire substantielle pour les États. Le problème de fond se pose surtout pour l'État de la société absorbée : c'est elle, en effet, qui disparaît de la scène juridique ; c'est elle qui, de ce fait, ne peut plus acquitter les impôts afférents aux revenus ou aux plus-values qui trouvent leur source sur le territoire de l'État en cause. À titre d'exemple, lorsqu'une société française cesse d'exister parce qu'elle est absorbée par une société non-résidente, tous ses actifs sont réputés appartenir, pour l'avenir, à cette dernière. Si les actifs transmis sont constitutifs d'un établissement (au sens de la jurisprudence relative au principe de territorialité) ou d'un établissement stable (au sens conventionnel), la perte fiscale subie par la France est certes modérée. Mais si tel n'est pas le cas – comme, par exemple, lorsque l'actif de la société française est essentiellement composé de titres – la fusion risque fort d'entraîner pour la France la perte du droit d'imposer des revenus et des plus-values qui, jusqu'alors, lui revenaient de droit.

Le droit positif a toutefois évolué depuis l'intervention de l'arrêt *Euro Park Service* de la Cour de justice de l'Union européenne censurant le droit français pour incompatibilité, tant avec la directive fusions qu'avec la liberté d'établissement[141].

139. Lorsque le total des plus-values nettes sur les constructions, les plantations et les agencements et aménagements des terrains excède 90 % de la plus-value nette globale sur éléments amortissables, la réintégration des plus-values afférentes aux constructions, aux plantations et aux agencements et aménagements des terrains est effectuée par parts égales sur une période égale à la durée moyenne pondérée d'amortissement de ces biens. Toutefois, la cession d'un bien amortissable entraîne l'imposition immédiate de la fraction de la plus-value afférente à ce bien qui n'a pas encore été réintégrée. En contrepartie, les amortissements et les plus-values ultérieurs afférents aux éléments amortissables sont calculés d'après la valeur qui leur a été attribuée lors de l'apport.

140. Le juge pénal s'intéresse également aux conséquences d'une abstention de demander l'agrément et a déjà sanctionné pour fraude fiscale un contribuable qui avait organisé une transmission universelle de patrimoine dans un contexte transfrontalier dans des conditions douteuses et sans demander l'agrément (Cass. crim. 22 oct. 2014, n° 13-84419, *Dr. fisc.* 2015, n° 5, comm. 113, obs. R. Salomon). Cette décision pénale contraste avec la reconnaissance par le juge fiscal du fait que l'obligation de demander l'agrément dans un contexte intra-communautaire est contraire à la directive fusions et à la liberté d'établissement (v. note suivante).

141. CJUE, 8 mars 2017, *Euro Park Service*, aff. C-14/16, concl. M. Wathelet ; *Dr. fisc.* 2017, n° 20, comm. 306, note N. de Boynes ; FR 16/17 inf. 3, p. 5, note L. Leclercq et P. Trédaniel. Les conséquences

S'agissant de la directive fusions, les principaux arguments relevés par la Cour relèvent de la procédure et du fond. Sur le terrain procédural, la Cour estime en résumé que le droit à la neutralité du traitement fiscal des fusions transfrontalières que les contribuables tirent de la directive doit être assuré dans des conditions respectant le principe de sécurité juridique. Or, selon la Cour, tel n'est pas le cas, en raison notamment de la divergence entre les conditions d'octroi de l'agrément (qui étaient au nombre de trois dans l'article 210 B du CGI avant sa réforme) et la pratique administrative telle que décrite par le Gouvernement français à l'audience (celui-ci ayant allégué que la seule vérification opérée par l'administration fiscale concernait l'existence d'un motif économique à l'opération). L'absence de motivation en cas de refus implicite d'agrément est également critiquée par la Cour, qui conclut en conséquence que les modalités procédurales de délivrance de l'agrément méconnaissent l'exigence de sécurité juridique.

Sur le fond, la Cour a considéré notamment que la clause anti-abus de la directive fusions (qui figure aujourd'hui à l'article 15) ne permet à un État de refuser le bénéfice du régime de faveur que lorsque l'opération a comme objectif principal ou comme l'un de ses objectifs principaux la fraude ou l'évasion fiscales, alors que le droit interne soumet l'octroi de l'agrément aux trois conditions prévues par l'article 210 B du CGI. Elle a également estimé que l'obligation systématique de demander un agrément en cas de fusion transfrontalière, sans que l'administration soit tenue de fournir ne serait-ce qu'un commencement de preuve de l'absence de motifs économiques valables ou d'indices de fraude ou d'évasion fiscales, repose sur une présomption générale de fraude ou d'évasion fiscales qui est contraire aux objectifs poursuivis par la directive.

S'agissant de la contrariété du dispositif français à la liberté d'établissement, la Cour a relevé qu'en posant une exigence systématique d'agrément en présence de fusions transfrontalières, la législation traite différemment les opérations de fusion transfrontalière et les opérations de fusion interne, ce qui constitue une entrave à la liberté d'établissement. Cette entrave ne peut être justifiée par la nécessité de préserver la répartition équilibrée du pouvoir d'imposition entre les États membres, puisque cette répartition équilibrée est déjà assurée par la directive fusions elle-même. La Cour relève à cet égard « qu'il résulte des quatrième et sixième considérants de cette directive que celle-ci n'établit qu'un régime de report de l'imposition des plus-values afférentes aux biens apportés, lequel, tout en évitant que l'apport d'activité ne donne lieu par lui-même à une imposition, sauvegarde les intérêts financiers de l'État de la société apporteuse en assurant l'imposition de ces plus-values au moment de leur réalisation effective ».

Enfin, la Cour a estimé que la présomption générale de fraude ou d'évasion fiscale instituée par le droit français est contraire, non seulement à la directive, mais également à la liberté d'établissement en ce qu'elle va au-delà de ce qui est nécessaire pour lutter contre la fraude et l'évasion fiscales. Elle viole donc le principe de proportionnalité qui constitue un pilier de la jurisprudence de la Cour en matière de contrôle de conformité des règles anti-abus.

Suite à l'arrêt *Euro Park Service*, le législateur a dû intervenir pour réformer la fiscalité des opérations internationales. La réforme a ainsi supprimé la procédure d'agrément préalable au profit d'un contrôle *a posteriori* de l'absence d'abus[142]. L'article 210-0 A du CGI a été complété afin de prévoir qu'en présence d'une opération de fusion, de scission ou d'apport partiel d'actif, placée sous le régime spécial et réalisée au profit d'une personne morale étrangère, la société apporteuse est tenue de souscrire une déclaration spéciale « permettant d'apprécier les motifs et conséquences de cette opération »[143].

de cet arrêt ont été tirées par le Conseil d'État dans sa décision du 26 juin 2017 (nº 369311, *Dr. fisc.* 2017, nº 43-44, 526).

142. L'article 210-0 A III du CGI énonce ainsi que ne peuvent pas bénéficier du régime de faveur des fusions (largement défini) « les opérations de fusion, de scission ou d'apport partiel d'actif ayant comme objectif principal ou comme un de leurs objectifs principaux la fraude ou l'évasion fiscales ». Pour l'application de ce texte, « l'opération est regardée, sauf preuve contraire appréciée dans le cadre d'une procédure de contrôle contradictoire en application de l'article L. 10 du livre des procédures fiscales, comme ayant pour objectif principal ou pour un de ses objectifs principaux la fraude ou l'évasion fiscales lorsqu'elle n'est pas effectuée pour des motifs économiques valables, tels que la restructuration ou la rationalisation des activités des sociétés participant à l'opération ».

143. Cette déclaration, conforme à un modèle établi par l'administration, doit être souscrite par voie électronique, dans le même délai que la déclaration de résultat de l'exercice au cours duquel l'opération a été réalisée (soit au plus tard dans les trois mois de la clôture de l'exercice ou, si l'exercice est arrêté le

L'article 210 C du CGI issu de la réforme énonce également désormais que les articles 210 A et 210 B ne sont applicables « aux opérations de fusion, de scission et d'apport partiel d'actif d'une branche complète d'activité réalisées au profit de personnes morales étrangères par des personnes morales françaises que si les éléments apportés sont effectivement rattachés à un établissement stable de la personne morale étrangère situé en France ». Cette réforme codifie la pratique administrative qui exigeait un tel rattachement pour octroyer l'agrément en cas de restructuration internationale.

2. Le traitement fiscal des associés

717 La fusion produit inéluctablement des conséquences sur les associés des sociétés qui y participent. Du côté de la société absorbante, ces conséquences sont en principe inexistantes puisqu'ils ne participent pas à l'augmentation de capital de celle-ci. L'impact fiscal de la fusion est alors nul, sauf lorsque la fusion entraîne une dilution de la participation des associés de l'absorbante qui les fait passer en dessous d'un seuil pertinent, par exemple celui du régime des sociétés mères.

L'essentiel des conséquences de la fusion se situe donc au niveau des associés de la société absorbée. Ceux-ci perdent en effet les titres qu'ils détenaient jusqu'alors pour acquérir de nouveaux titres, ceux de la société absorbante. Il convient d'examiner le traitement fiscal de cette substitution, laquelle peut effectivement conduire à un enrichissement (a). Un autre problème se pose également dans le cas particulier où une société en absorbe une autre dans laquelle elle détient une participation : puisque, par hypothèse, la société détenue disparaît, il faut tenir compte du fait que ses titres disparaissent du bilan de la société absorbante. Cette disparition peut, selon les circonstances, entraîner la constatation d'un boni ou d'un mali de fusion (b).

a) La problématique générale de l'imposition des associés de la société absorbée

718 Il serait logique, puisque la société absorbée cesse d'exister, que le gain éventuellement réalisé par les associés à l'occasion de la fusion soit soumis aux règles ordinaires régissant le boni de liquidation. Toutefois, cette conséquence est écartée par l'article 115, 1 du Code général des impôts qui énonce qu'« en cas de fusion [...] de sociétés, l'attribution de titres, sommes ou valeurs aux membres de la société apporteuse en contrepartie de l'annulation des titres de cette société n'est pas considérée comme une distribution de revenus mobiliers ».

Le gain ou la perte réalisée à l'occasion de la fusion doit alors être qualifié de gain en capital. Celui-ci fait l'objet d'un régime de sursis qui ne dépend aucunement de l'application à la fusion du régime de faveur. Lorsque l'associé relève de la fiscalité des particuliers, le Code général des impôts prévoit que la plus-value est neutralisée et sa prise en compte différée jusqu'à la cession ultérieure, le rachat, le remboursement ou l'annulation des titres reçus à l'occasion de la fusion. La plus-value ultérieure est alors calculée à partir du prix ou de la valeur d'acquisition des titres de la société absorbée[144] et donne éventuellement lieu aux abattements prévus par la loi comme si les titres de la société absorbante avaient été détenus depuis l'origine par le cédant. Lorsque l'associé

31 décembre, au plus tard le deuxième jour ouvré suivant le 1er mai). Ainsi, contrairement à la demande d'agrément qui devait être préalable à l'opération en cause, la déclaration est postérieure à l'opération.

144. Art. 150-0 B et 150-0 D, 9, CGI.

relève de la fiscalité des entreprises (autrement dit lorsque les titres de la société absorbée figurent au bilan d'une entreprise soumise aux bénéfices industriels et commerciaux), le même mécanisme s'applique : la loi prévoit ainsi que le profit ou la perte réalisé lors de l'échange de droits sociaux résultant d'une fusion peut être compris dans le résultat de l'exercice au cours duquel les droits sociaux reçus en échange sont cédés[145]. Enfin, quel que soit le statut fiscal de l'associé, le montant de la plus ou moins-value ultérieurement réalisée tient compte de l'éventuelle soulte versée à l'associé de la société absorbée. Il convient cependant que cette soulte soit d'un montant inférieur à 10 % de la valeur nominale des parts ou actions attribuées, faute de quoi le régime de sursis ne peut pas s'appliquer[146].

b) Le cas particulier de l'absorption d'une société dans laquelle l'absorbante détient une participation

719 Lorsqu'une société absorbe une société qu'elle détient déjà partiellement, un problème particulier se pose : la société absorbante étant initialement associée de la société absorbée, elle devrait à l'issue de la fusion recevoir des actions... d'elle-même, ce qui est contraire au droit commercial[147]. D'où la pratique consistant, pour la société absorbante, à annuler dans ses comptes la participation qu'elle détenait jusqu'alors dans la société absorbée. Il se produit alors un double mouvement : d'un côté, la société absorbante reçoit, par l'effet de la transmission universelle du patrimoine de la société absorbée, l'actif net de celle-ci ; de l'autre, la société absorbante doit faire disparaître de son bilan les titres de la société absorbée. Ce jeu d'écritures peut faire apparaître, soit un boni de fusion (α), soit un mali de fusion (β).

α) Le boni de fusion

720 D'un point de vue comptable, le boni de fusion représente l'écart positif entre l'actif net reçu par la société absorbante à hauteur de sa participation détenue dans la société absorbée et la valeur comptable de cette participation. Autrement dit, il y a lieu de comptabiliser un boni de fusion lorsque la perte causée par l'annulation de la participation dans la société absorbée se révèle inférieure à l'actif net reçu par la société absorbante.

Lorsque la fusion est soumise au régime de faveur, le boni de fusion est exonéré d'impôt sur les sociétés, quelles que soient l'importance et l'ancienneté de la participation détenue dans la société absorbée[148]. Lorsque la fusion n'est pas soumise au régime de faveur, la plus-value éventuellement dégagée par la société absorbante lors de l'annulation des actions ou parts qui correspondent à ses droits dans la société absorbée est imposable, soit dans les conditions prévues pour les titres de participation si celles-ci sont réunies[149], soit au taux de droit commun dans les autres cas.

145. Art. 38-7 *bis*, CGI.

146. L'art. 38-7 *bis*, CGI prévoit également que le sursis ne s'applique pas si la soulte excède la plus-value réalisée.

147. Art. L. 236-3, C. com.

148. Art. 210 A-1, al. 2, CGI.

149. Cf. *supra*, n° 321 et s.

β) Le mali de fusion

721 Le traitement du mali de fusion pose plus de difficultés. D'un point de vue comptable, le mali de fusion se présente comme le symétrique du boni de fusion. Il représente l'écart négatif entre l'actif net reçu par la société absorbante à hauteur de sa participation détenue dans la société absorbée, et la valeur comptable de cette participation.

Toutefois, un calcul arithmétique trop simpliste du mali de fusion ne rend pas forcément compte de la réalité économique. Supposons par exemple qu'une société A détienne des titres d'une société B, lesquels ont une valeur comptable de 100 au jour de la fusion. La société A absorbe la société B, ce qui conduit à l'annulation de ces titres. Supposons également que l'actif net transmis par la société B ait une valeur comptable de 20 et que cette valeur soit précisément celle retenue pour la fusion, conformément aux règles examinées plus haut gouvernant la comptabilisation des apports[150].

En apparence, cette fusion entraîne un appauvrissement de la société A puisque la société absorbante annule des titres ayant une valeur de 100 pour ne recevoir qu'un actif net ayant une valeur de 20. Le mali de fusion est ici de 80. Or, cette apparence peut être trompeuse. En effet, l'actif net transmis à la société A peut en réalité être gorgé de plus-values latentes, c'est-à-dire que sa valeur réelle peut être supérieure à sa valeur comptable. Si l'on suppose par exemple que la valeur réelle de l'actif transmis est, non pas de 20, mais de 70, on s'aperçoit que l'appauvrissement véritable de la société A n'est plus que de (100-70), soit 30. Il faut donc distinguer, à l'intérieur du mali de fusion, ce qui constitue un véritable appauvrissement (le « vrai mali », ici 30), et ce qui constitue un appauvrissement seulement formel consécutif à l'adoption des règles de comptabilisation des apports dans les fusions (le « faux mali », ou « mali technique », ici 50).

La distinction entre vrai et faux mali est fondamentale. Parce que le vrai mali constitue un appauvrissement véritable, il est traité par la loi comptable comme une charge. Pour la loi fiscale, il est considéré comme une moins-value à long terme si les titres répondent à la définition des titres de participation et sont détenus depuis au moins deux ans, ce qui entraîne sa non-déductibilité. Dans les autres cas, le vrai mali est traité comme une charge ou comme une moins-value à court terme, ce qui revient au même : il est alors pleinement déductible.

En revanche, le faux mali n'est rien d'autre qu'une conséquence de l'absence de constatation des plus-values latentes sur les actifs transférés à l'occasion de la fusion[151]. Il ne peut donc ouvrir droit à déduction fiscale[152], et la réglementation comptable oblige à l'immobiliser dans un compte spécial.

La déduction du vrai mali de fusion souffre une exception depuis l'intervention de la deuxième loi de finances rectificative pour 2012, en vue d'éviter le cumul des effets favorables de cette déduction et du régime des sociétés mères dans des circonstances particulières. Celles-ci se présentent lorsqu'une société mère, ayant reçu de sa filiale des dividendes exonérés en vertu des articles 145 et 216 du CGI, absorbe en régime de faveur sa filiale moins de deux ans après en avoir acquis les titres. Dans cette hypothèse, en effet, l'article 145 prévoit expressément que l'exonération acquise grâce au régime des

150. Cf. *supra*, n° 714 et s.

151. En pratique, tout est évidemment plus compliqué : la distinction entre vrai et faux mali doit tenir compte, non seulement des plus-values latentes, mais également des passifs latents qui n'ont pas été comptabilisés.

152. Art. 210 A 1, al. 3, CGI.

sociétés mères n'est pas remise en cause. Pourtant, la distribution de dividendes à la mère peut avoir eu pour effet de réduire à peu de choses, voire à rien, la valeur des actifs encore détenus par la filiale au jour de la fusion. Il s'ensuit qu'il existe à cette date un vrai mali dont la déduction fait double emploi avec l'exonération antérieure des dividendes. Ce dysfonctionnement a donc été corrigé par le législateur à l'article 210 A du CGI.

D. LE RÉGIME FISCAL DES SCISSIONS ET APPORTS PARTIELS D'ACTIFS

722 Les scissions et les apports partiels d'actifs se ressemblent beaucoup d'un point de vue économique. Dans les deux cas, en effet, une société cesse d'exercer elle-même une partie de son activité pour la transférer à une autre société. Dans le cas de la scission, cette cessation d'activité se traduit par la création de plusieurs structures juridiques qui se partagent les activités antérieurement exercées par la société scindée. Dans le cas de l'apport partiel d'actif, une partie de l'activité est apportée à une société tierce en échange de l'attribution de titres à la société apporteuse. Ces restructurations juridiques ont, comme les fusions, un caractère « intercalaire », en ce sens qu'elles n'affectent pas la pérennité de l'activité économique transférée. C'est pourquoi la loi fiscale s'inspire très largement du régime des fusions pour traiter le cas de l'apport partiel d'actif (1°) et celui de la scission (2°).

1. Le régime fiscal de l'apport partiel d'actif

723 L'apport partiel d'actif constitue en principe, pour la société apporteuse, un fait générateur d'impôt : celle-ci doit en effet être imposée sur les plus-values d'apport et les provisions qui deviennent sans objet en raison de l'apport. Pour éviter cela, la loi réserve à l'opération un régime spécial calqué, à quelques réserves près, sur celui des fusions. Ce régime s'applique à la société apporteuse (a) et à ses associés (b).

a) Le traitement de la société apporteuse

724 Les questions à aborder pour la société apporteuse dans le cadre d'un apport partiel sont les mêmes que celles qui se posent à une société absorbée dans le cadre d'une fusion, à savoir le traitement des déficits antérieurs de l'activité transférée, le régime des bénéfices non encore imposés et celui des plus-values. En matière de transfert de déficit, les réponses sont alors les mêmes que celles prévalant en matière de fusion, en ce sens qu'ils peuvent être transmis à la société bénéficiaire de l'apport sous réserve d'un agrément préalable[153]. On notera toutefois que les enjeux du transfert des déficits ne sont pas les mêmes qu'en matière de fusion puisque, contrairement à une société absorbée dans le cadre d'une fusion, la société qui apporte une partie de son actif continue d'exister après l'opération et peut donc imputer son déficit antérieur sur son propre bénéfice global. Pour les autres aspects (résultats, plus-values, etc.), le régime des fusions est également applicable mais à la condition que certaines conditions spécifiques à l'apport partiel d'actif soient réunies. On distingue alors deux situations : celle où le régime de faveur s'applique de plein droit et celle où le régime de faveur s'applique sous réserve de l'obtention d'un agrément, en réservant le cas particulier des opérations à caractère international.

153. Art. 209. II, CGI, sur lequel cf. *supra*, n° 710.

α) Les cas d'application de plein droit du régime de faveur

725 Selon l'article 210 B, 1 du Code général des impôts, l'application de plein droit du régime spécial des fusions en matière d'impôt sur les sociétés est subordonnée au fait que l'apport partiel d'actif porte sur une branche complète d'activité ou sur des éléments assimilés[154].

Par ailleurs, jusqu'à l'intervention de la seconde loi de finances rectificative pour 2017, la société apporteuse devait également prendre l'engagement, dans l'acte d'apport :

— de conserver les titres reçus en contrepartie de l'apport pendant trois ans[155] ;

— et de calculer ultérieurement les plus-values de cession de ces mêmes titres par référence à la valeur que les biens apportés avaient, du point de vue fiscal, dans ses propres écritures.

Ce régime a été réformé pour les opérations d'apport partiel d'actifs intervenant à compter du 1er janvier 2018. Ainsi, l'engagement de conservation pendant trois ans des titres reçus en contrepartie de l'apport n'est plus une condition de l'application de plein droit du régime de faveur. A corrélativement été supprimée la phrase qui prévoyait que la rupture de l'engagement entraînait la déchéance rétroactive du régime de faveur. Pour autant, l'engagement de conservation de trois ans n'est pas totalement effacé du droit positif car il reste exigible, comme on le reverra plus loin, lorsque le régime de faveur ne s'applique pas de plein droit.

Par ailleurs, les plus-values de cession afférentes aux titres remis en contrepartie de l'apport demeurent calculées par référence à la valeur que les biens apportés avaient, du point de vue fiscal, dans les écritures de la société apporteuse mais ce mode de calcul constitue désormais une conséquence de l'application du régime de faveur et non plus, comme dans le droit antérieur, un engagement qui doit être pris dans le traité d'apport.

726 Les conditions d'accès au régime de faveur et leur évolution méritent quelques commentaires.

S'agissant tout d'abord de l'engagement de conservation des titres pendant trois ans, celui-ci peut s'interpréter autant comme le souhait du législateur de favoriser, via cette détention prolongée, la persistance d'une implication durable de la société apporteuse dans l'activité apportée, que comme le souci d'éviter que, très peu de temps après l'apport, les titres de la société bénéficiaire ne soient cédés, révélant ainsi que l'intention véritable de l'apport partiel d'actif était de se défaire de l'activité elle-même en évitant les droits d'enregistrements afférents aux cessions de fonds de commerce[156]. On peut cependant se demander si cet engagement de conservation, lorsqu'il a lieu dans un apport partiel d'actif présentant un caractère international, est compatible avec la directive « fusions », laquelle ne subordonne pas la neutralité fiscale de l'opération à cette condition[157]. Notons qu'en tout état de cause, l'obligation de

154. Sur cette notion, cf. *supra*, n° 706.

155. L'article 210 B prévoit que la rupture de l'engagement de conservation des titres remis en contrepartie de l'apport entraîne la déchéance rétroactive du régime de l'article 210 A appliqué à l'opération d'apport partiel d'actif. La déchéance intervient et produit ses effets à la date de réalisation de cette opération.

156. Sur la problématique de l'abus de droit dans les apports partiels d'actifs suivis de cession, cf. *infra*, n° 1003.

157. L'engagement de conservation n'est ni imposé ni même prévu par la directive « fusions ». En outre, certains estiment que cet engagement de conservation, « par son caractère général et systématique, ne paraît pas suffisamment proportionné à l'objectif de prévention de la fraude ou de l'évasion fiscales pour lequel il a été mis en place » (Ch. Ménard, « La directive fusions confrontée à la jurisprudence communautaire », *Dr. fisc.* 2013, n° 24, ét. 316, spéc. n° 4). L'apport à une entité étrangère doit, en tout état de cause, être soumis à un agrément préalable (*infra*, n° 728), ce qui déplace éventuellement le débat sur le terrain de la proportionnalité de cette mesure fiscale à l'objectif poursuivi, à savoir la lutte contre l'évasion fiscale.

conservation n'était pas absolue, même avant la réforme opérée à la fin de 2017 : l'article 210 B *bis* du Code général des impôts permettait en effet d'apporter, sans remise en cause du régime de faveur, les titres représentatifs d'un apport partiel d'actif (ou d'une scission) grevés de l'engagement de conservation de trois ans sous réserve notamment que ce nouvel apport ait lieu dans le cadre d'une fusion, d'une scission ou d'un apport partiel d'actif lui-même soumis au régime de faveur. Logiquement, ce texte a toutefois été supprimé pour les apports intervenant à compter du 1er janvier 2018 puisqu'il devenait inutile avec la suppression de l'engagement de conservation de trois ans.

S'agissant ensuite de la nécessité de calculer les plus-values ultérieures de cession des titres par référence à la valeur comptable, elle est unanimement critiquée par la pratique qui dénonce la **double imposition** créée par ce mécanisme. En effet, lorsqu'un apport partiel d'actif porte sur une branche complète d'activité porteuse de plus-values latentes, les titres reçus par la société apporteuse ont une valeur réelle supérieure à leur valeur comptable. Il s'ensuit que la cession ultérieure des titres dégagera forcément une plus-value, compte tenu de l'obligation pour la société apporteuse de retenir la valeur comptable comme prix de revient des titres cédés. Or cette plus-value imposée entre les mains de la société apporteuse fait, par ailleurs, l'objet d'une imposition entre les mains de la société bénéficiaire de l'apport. Le propre du régime de faveur des fusions consiste en effet à reporter dans le temps les plus-values générées par l'apport des éléments d'actif et de passif contenus dans la branche complète d'activité transférée. L'imposition a lieu entre les mains de la société bénéficiaire de l'apport à la date de cession par celle-ci des éléments non amortissables ou est fractionnée sur une période de cinq à quinze ans pour les éléments pour les éléments amortissables.

Certes, cette double imposition vise surtout les biens non amortissables. Pour les actifs amortissables, la réintégration de façon échelonnée des plus-values d'apport est compensée, chez la société bénéficiaire, par l'amortissement des biens reçus sur la base des valeurs d'apport. La double imposition n'est en outre pas systématique : si les titres reçus en contrepartie de l'apport ont le caractère de titres de participation, l'imposition de la plus-value réalisée par la société apporteuse est exonérée, sous réserve de la quote-part de 12 %[158]. Toutefois, si les titres n'ont pas le caractère de titres de participation ou constituent des titres de société à prépondérance immobilière ou à prépondérance financière, ils ne bénéficient pas de l'exonération, ce qui laisse subsister la double imposition. On peut donc se demander dans quelle mesure la condition prévue par l'article 210 B est économiquement justifiée. D'un point de vue juridique, la question se pose aussi pour les opérations intra-communautaires dans la mesure où la directive « fusions » ne prévoit pas de telles exigences.

Lorsque les conditions ci-dessus ne sont pas remplies, le régime de faveur des fusions n'est pas totalement écarté. Il ne peut cependant s'appliquer que sur agrément préalable délivré par le ministre de l'Économie et des Finances[159].

β) Le régime de l'agrément

727 Lorsque les conditions prévues pour bénéficier de plein droit du régime de faveur ne sont pas réunies (c'est-à-dire en l'absence d'apport d'une ou plusieurs branches complètes d'activité ou d'éléments assimilés), les apports partiels d'actif peuvent en bénéficier dans le cadre d'un agrément administratif.

Selon l'article 210 B, 3 du Code général des impôts, l'agrément est de droit, lorsque, compte tenu des éléments faisant l'objet de l'apport :

— a. L'opération est justifiée par un motif économique, se traduisant notamment par l'exercice par la société bénéficiaire de l'apport d'une activité autonome et l'amélioration des structures, ainsi que par une association entre les parties formalisée par un engagement de conservation pendant trois ans des titres remis en contrepartie de l'apport.

158. Cf. *supra*, n° 322.

159. Art. 1649 *nonies*, CGI. Il résulte de ce texte que le non-respect des conditions de l'agrément entraîne « le retrait de l'agrément, la déchéance des avantages qui y sont attachés et l'exigibilité des impositions non acquittées du fait de celui-ci, assorties de l'intérêt de retard prévu à l'article 1727 du CGI et décompté de la date à laquelle ils auraient dû être acquittés ».

— b. L'article 210-0 A est respecté (il s'agit de la clause anti-abus introduite par la loi de finances rectificative pour 2017 afin de permettre à l'administration d'écarter le régime de faveur lorsqu'une opération ouvrant droit au régime de faveur a « comme objectif principal ou comme un de ses objectifs principaux la fraude ou l'évasion fiscale »).

— c. Les modalités de l'opération permettent d'assurer l'imposition future des plus-values mises en sursis d'imposition.

Ce texte montre qu'il existe en réalité deux sortes d'agrément : l'agrément de plein droit, qui doit obligatoirement être accordé lorsque les conditions ci-dessus sont réunies[160], et l'agrément discrétionnaire, qui peut être accordé au vu de circonstances particulières ne réunissant pas les caractéristiques précitées. La situation des apports partiels d'actif peut donc être résumée comme suit :

<table>
<tr><td>Apport partiel d'actif – caractères</td><td>Apport d'une ou plusieurs branches complètes d'activité ou d'éléments assimilés</td><td colspan="2">Apport non qualifiant</td></tr>
<tr><td rowspan="2">Application du régime de faveur</td><td rowspan="2">De plein droit (sans agrément)</td><td colspan="2">Agrément nécessaire</td></tr>
<tr><td>Agrément de plein droit si
– motif économique
– pas d'évasion et
– possibilité future d'imposer les plus-values</td><td>Discrétionnaire sinon</td></tr>
</table>

Cette distinction suggère que, dans le cas de l'agrément de plein droit, le pouvoir d'appréciation de l'administration doit demeurer très limité. C'est d'ailleurs ce qu'a décidé le Conseil constitutionnel qui n'a admis la constitutionnalité de l'article 210 B dans sa version modifiée par la loi de finances pour 2000 qu'à la condition que l'administration puisse vérifier la réalité du motif économique allégué par les parties, sans pouvoir néanmoins se prononcer sur son opportunité[161]. En pratique, cependant, l'incertitude sur le sort d'une demande d'agrément demeure fréquemment, compte tenu du contraste entre le caractère théoriquement automatique de celui-ci et le caractère flou des deux premières conditions qui doivent être vérifiées par l'administration[162]. Il est donc heureux que le juge contrôle que l'administration, sous couvert d'apprécier la réalité du motif économique d'un apport partiel d'actif, ne procède pas en réalité à une appréciation de son opportunité.

Pour un intéressant exemple, on peut citer un arrêt de la cour administrative d'appel de Lyon[163] dans lequel était en cause un apport partiel d'actif soumis au régime de l'agrément « de plein droit ».

160. L'apparition de cette forme d'agrément de plein droit remonte à l'art. 22 de la loi de finances pour 2000 (n° 99-1172 du 30 déc. 1999).

161. Cons. const., 29 déc. 1999, n° 99-424 DC, *RJF* 2/00, n° 248. Le Conseil d'État s'est référé directement à cette décision dans son arrêt du 28 nov. 2016 (n° 3768793, *H&M Hennes et Mauritz SARL*, *Dr. fisc.* 2017, n° 3, com. 62, concl. E. Crépey), d'où ressort qu'est nul un refus d'agrément procédant de la vérification par l'administration de conditions non prévues par la loi alors que la délivrance de l'agrément prévu par les dispositions du 3 de l'article 210 B du CGI constitue un droit pour les sociétés qui remplissent les conditions objectives, nécessaires et suffisantes fixées par ces dispositions.

162. Pour des précisions administratives sur la mise en œuvre de ce texte, cf. Instr. 27 juin 2000, 13 D-1-00 n° 5 et s.

163. CAA Lyon, 6 oct. 2011, n° 10LY02921, *SA Floréal*, *Dr. fisc.* 2012, n° 3, comm. 62, concl. P. Monnier, note M. Chadefaux. L'arrêt confirme la position du tribunal administratif (TA Lyon, 12 oct. 2010, *Dr. fisc.* 2010, n° 10, chron. 242, n° 8 ; *RJF* 6/11, n° 687 ; *BDCF* 6/11, n° 67, concl. C. Meillier).

L'administration avait refusé d'octroyer cet agrément en se fondant essentiellement sur le fait que l'apport envisagé n'avait pour objet d'une branche complète d'activité. La Cour estima que ce raisonnement était erroné puisqu'il résulte de l'article 210 B. 3 a du CGI que l'octroi de l'agrément n'est pas subordonné à la condition que l'apport partiel d'actif porte sur une branche complète d'activité, mais à la condition qu'il soit justifié par un motif économique. Or, ce motif existait bel et bien en l'espèce.

γ) La spécificité des opérations internationales

728 Jusqu'à la réforme législative intervenue à la suite de l'arrêt *Euro Park Service* de la CJUE[164], le droit français établissait une différence de traitement entre les opérations internes et les opérations intra-communautaires constat s'impose : alors que certains apports partiels d'actif entre sociétés françaises étaient dispensés d'agrément, tel n'était jamais le cas d'apports partiels d'actif consentis à une société étrangère, puisque, dans ce cas, l'agrément était toujours nécessaire en vertu de l'article 210 C du Code général des impôts[165].

Cette différence ne paraissait pas facile à critiquer sur le fondement de la directive. La conformité de la procédure d'agrément à la directive fusions semblait résulter de l'article 15, paragraphe 1, a) de la directive « fusions », qui permet aux États de refuser le bénéfice du régime de faveur lorsque l'opération « a comme objectif principal ou comme un de ses objectifs principaux la fraude ou l'évasion fiscales ; le fait qu'une des opérations visées à l'article 1er n'est pas effectuée pour des motifs économiques valables, tels que la restructuration ou la rationalisation des activités des sociétés participant à l'opération, peut constituer une présomption que cette opération a pour objectif principal ou comme un de ses objectifs principaux la fraude ou l'évasion fiscale ». Or, la Cour de justice avait considéré, dans l'arrêt *Leur-Bloem* du 17 juillet 1997 précité[166], « qu'en l'absence de dispositions communautaires plus précises concernant la mise en œuvre de la présomption prévue à l'article 11[167], paragraphe 1, sous a), il appartient aux États membres de déterminer, dans le respect du principe de proportionnalité, les modalités nécessaires aux fins de l'application de cette disposition »[168].

Pour expliciter les modalités d'application du principe de proportionnalité, la Cour de justice avait énoncé que « l'institution d'une règle revêtant une portée générale excluant automatiquement certaines catégories d'opérations de l'avantage fiscal, sur la base [de critères généraux prédéterminés], qu'il y ait ou non effectivement évasion ou fraudes fiscales, irait au-delà de ce qui est nécessaire pour éviter une telle fraude ou une telle évasion fiscales et porterait atteinte à l'objectif poursuivi par la directive[169]. » Elle avait également précisé que « tel serait également le cas si une règle de ce type était assortie d'une simple possibilité de dérogation laissée à la discrétion de l'autorité administrative »[170]. Dans ces conditions, l'exigence de l'agrément posée par l'article 210 C du Code général des impôts pour appliquer le régime de faveur en présence d'un apport partiel d'actif à une personne morale étrangère pouvait paraître compatible avec la directive fusions, dès lors que les conditions de délivrance de l'agrément sont

164. CJUE, 8 mars 2017, *Euro Park Service*, aff. C-14/16, concl. M. Wathelet ; *Dr. fisc.* 2017, n° 20, comm. 306, note N. de Boynes ; FR 16/17 inf. 3, p. 5, note L. Leclercq et P. Trédaniel.

165. Autre situation, symétrique de celle-ci : une société étrangère, disposant d'un établissement stable en France, décide de le filialiser, c'est-à-dire de l'apporter à une société française dont elle devient actionnaire. Une telle opération donne également lieu à la délivrance d'un agrément. Pour la pratique de l'agrément en ce cas, cf. D. Villemot, *Fiscalité des fusions-acquisitions*, EFE, 2010, n° 210 et s.

166. Cf. *supra*, n° 700.

167. Numérotation antérieure à la directive « fusions » recodifiée en 2009.

168. CJCE, 17 juill. 1997, aff. C-28/95, *Leur-Bloem*, point 43. Rapp. la jurisprudence ultérieure de la Cour, notamment les arrêts du 5 juill. 2007, *Kofoed*, aff. C-321/05, et du 11 déc. 2008, aff. C-285/07, *A.T. contre Finanzamt Stuttgart-Körperschaften*. Sur tous ces points, cf. K. Petrosovitch, « Abuse under the Merger Directive », *European Taxation*, déc. 2010, p. 558 et s.

169. CJCE, 17 juill. 1997, aff. C-28/95, *Leur-Bloem*, points 44 et 48.

170. *Ibid.*, point 44.

définies par la loi dans le respect du principe de proportionnalité et que l'agrément est accordé de plein droit lorsque ces conditions sont réunies[171].

729 La question de la compatibilité du droit français avec la liberté d'établissement a cependant dû être reconsidérée à la lumière de l'arrêt *Euro Park Service* rendu en matière de fusions transfrontalières[172], puisque les modalités d'octroi de l'agrément ont en ce domaine été jugées contraires tant à la directive fusions qu'à la liberté d'établissement. C'est pourquoi, en matière d'apport partiel d'actifs comme en matière de fusions, l'article 210 C a été réformé et l'obligation de demander un agrément préalable à un apport partiel d'actifs consenti à une société étrangère a été supprimée au profit d'un contrôle *a posteriori* de l'absence d'abus[173]. On rappelle toutefois que l'applicabilité du régime de faveur à une telle opération est subordonnée au rattachement des éléments apportés à un établissement stable de la personne morale étrangère situé en France.

b) Le traitement des associés de la société apporteuse

730 Lorsqu'une société procède à un apport partiel d'actif, cette opération ne concerne *a priori* pas ses associés. Les éléments d'actif et de passif transférés sont simplement remplacés par des titres représentatifs de l'apport. Cependant, tel n'est pas le cas si, postérieurement à l'opération, la société apporteuse décide de distribuer à ses propres associés les titres reçus à l'occasion de l'apport. L'enchaînement entre apport partiel d'actif et distribution (couramment appelée **« apport-attribution »**) constitue, en droit français, l'équivalent de ce que la directive « fusions » appelle **« scission partielle »**[174].

Une telle distribution peut en effet avoir une double conséquence : du côté de la société apporteuse, elle est assimilée à une cession et entraîne donc l'imposition de la plus-value égale à la différence entre la valeur réelle des titres et leur valeur comptable[175] ; du côté des associés, l'attribution gratuite des titres reçus à l'occasion

171. En ce sens, D. Villemot, « Les aménagements apportés au régime des apports partiels d'actifs et des scissions : des avancées incontestables qui doivent se poursuivre », *Dr. fisc.* 2000, p. 1117 ; également, Ph. Derouin, « Fiscalité des fusions de sociétés et échanges d'actions (À propos de l'arrêt *Leur-Bloem* de la CJCE du 17 juill. 1997) », *Dr. fisc.* 1997, p. 1100 ; P. Dibout, « Le régime fiscal français des fusions et opérations assimilées sous la lumière de la directive du 23 juill. 1990 (À propos de l'arrêt de la CJCE *Andersen og Jensen* du 15 janvier 2002) », *Dr. fisc.* 2002, n° 27, ét. 24, p. 991 et s., spéc. § 32 et 33. En sens inverse, position qui nous semble trop radicale : Allard De Waal, « Le traitement fiscal des scissions internationales », *RDAI* 2001, p. 661.

172. Sur lequel v. *supra* n° 716. CJUE, 8 mars 2017, *Euro Park Service*, aff. C-14/16, concl. M. Wathelet ; *Dr. fisc.* 2017, n° 20, comm. 306, note N. de Boynes ; FR 16/17 inf. 3, p. 5, note L. Leclercq et P. Trédaniel.

173. Sur l'impact de cette réforme, Ch. Ménard, *La sécurité juridique appliquée aux opérations de restructurations : de l'agrément au rescrit ?*, BF 4/2018.

174. La définition donnée par l'article 2, c) de la directive est la suivante : « opération par laquelle une société transfère, sans être dissoute, une ou plusieurs branches d'activité à une ou plusieurs sociétés préexistantes ou nouvelles, en laissant au moins une branche d'activité dans la société apporteuse, en échange de l'attribution à ses associés, au prorata, de titres représentatifs du capital social des sociétés qui bénéficient des éléments d'actif et de passif et, éventuellement, d'une soulte en espèces ne dépassant pas 10 % de la valeur nominale ou, à défaut de valeur nominale, du pair comptable de ces titres ». Pour une analyse des relations entre « scission partielle » et « apport-attribution », cf. notre analyse avec S. Austry, « L'invocabilité et la portée de la directive "fusions" », *FR* 37/11, p. 13 et s.

175. Ou leur valeur fiscale, si elle est différente.

de l'apport est en principe considérée comme un revenu mobilier imposable dans les conditions de droit commun.

Pour éviter cette double imposition, l'article 115, 1 du CGI prévoit que l'attribution de titres représentatifs d'un apport partiel d'actif aux membres de la société apporteuse n'est pas considérée comme une distribution de revenus mobiliers, mais à certaines conditions qui ont évolué au fil du temps. Jusqu'à l'intervention de la seconde loi de finances rectificative pour 2017, ces dispositions ne s'appliquaient que sur agrément délivré à la société apporteuse lorsque cette attribution, proportionnelle aux droits des associés dans le capital, avait lieu dans le délai d'un an à compter de la réalisation de l'apport. Ce régime de neutralité fiscale en matière d'impôt direct et d'impôt de distribution s'appliquait, à condition d'obtenir :

— d'une part, un agrément qui délie la société apporteuse de son engagement de conservation des titres ;

— d'autre part, un agrément autorisant la répartition des titres, cet agrément étant accordé lorsque l'apport et l'attribution sont justifiés par un motif économique, l'apport est placé sous le régime de faveur et enfin, l'apport et l'attribution n'ont pas comme objectif la fraude ou l'évasion fiscales.

La réforme opérée à la fin de 2017 a supprimé le mécanisme d'agrément en cas d'attribution de titres représentatifs d'un apport partiel d'actif d'une branche complète d'activité aux membres de la société apporteuse, lorsque les trois conditions suivantes sont remplies :

— l'apport est placé sous le régime de l'article 210 A du CGI ;

— la société apporteuse dispose encore au moins d'une branche complète d'activité après la réalisation de l'apport ;

— cette attribution, proportionnelle aux droits des associés dans le capital, a lieu dans un délai d'un an à compter de la réalisation de l'apport.

Ce nouveau régime constitue une avancée significative pour faciliter les opérations d'apport-attribution. On observe toutefois que lorsque l'apport partiel d'actif a porté sur des titres assimilés à une branche complète d'activité, l'attribution des titres reçus en contrepartie aux associés de la société apporteuse ne paraît pas pouvoir donner lieu à l'application de plein droit du nouveau régime de neutralité fiscale, car celui-ci ne s'applique que si l'apport a porté une branche complète d'activité au sens strict.

L'article 115 du CGI s'est par ailleurs enrichi, à l'occasion de la même réforme, d'un paragraphe 2 bis qui énonce les nouvelles conditions de l'agrément lorsque la neutralité de l'attribution des titres aux membres de la société n'a pas lieu de plein droit.

Selon ce texte, lorsque l'apport partiel d'actif n'est pas représentatif d'une branche complète d'activité ou lorsque la société apporteuse ne dispose pas encore au moins d'une branche complète d'activité après la réalisation de l'apport, la neutralité de l'attribution peut néanmoins s'appliquer sur agrément délivré à la société apporteuse dans les conditions prévues à l'article 1649 nonies. La demande d'agrément doit être déposée préalablement à la réalisation de l'apport.

L'agrément est délivré lorsque :

— les conditions prévues pour l'octroi de l'agrément d'un apport partiel d'actif sont remplies (a, b et c du 3 de l'article 210 B) ;

— l'attribution est justifiée par un motif économique, se traduisant notamment par l'exercice par la société apporteuse d'une activité autonome et l'amélioration des structures, ainsi que par une association entre les parties formalisée par un engagement de conservation des titres de la société apporteuse par ses associés pendant trois ans à compter de la réalisation de l'apport.

Toutefois, l'obligation de conservation des titres de la société apporteuse ainsi que l'obligation de conservation des titres mentionnée au a du 3 de l'article 210 B ne sont exigées que des associés qui détiennent dans cette société, à la date d'approbation de l'apport, 5 % au moins des droits de vote ou qui y exercent ou y ont exercé, dans les six mois précédant cette date, directement ou par l'intermédiaire de leurs mandataires sociaux ou préposés, des fonctions de direction, d'administration ou de surveillance et détiennent au moins 0,1 % des droits de vote dans la société.

2. La scission

731 Comme la fusion, la scission entraîne la dissolution de la société scindée. En matière d'impôt sur les sociétés, elle produit donc en principe les effets d'une cessation d'entreprise. Toutefois, le régime de faveur des fusions s'applique également à la scission, tant au regard de l'imposition de la société scindée (a) que de l'imposition des associés (b).

a) L'imposition de la société scindée

732 Pour que la scission bénéficie de plein droit du régime spécial des fusions en matière d'impôt sur les sociétés, l'article 210 B 1 du Code général des impôts prévoyait, jusqu'à l'intervention de la loi de finances rectificative pour 2017, la réunion de certaines conditions :

— la société scindée comporte au moins deux branches complètes d'activité[176] ;

— les sociétés bénéficiaires reçoivent chacune une ou plusieurs de ces branches d'activité ;

— les associés s'engagent à conserver pendant trois ans les titres de chaque société bénéficiaire des apports résultant de la scission[177]. Cet engagement n'est exigé que des actionnaires titulaires d'une participation substantielle. Ils doivent ainsi détenir 5 % au moins des droits de vote de la société scindée à la date d'approbation de l'opération et de ceux qui, détenant au moins 0,1 % de ces droits de vote, ont exercé dans la société des fonctions de direction, d'administration ou de surveillance au cours des six mois

176. Les branches complètes d'activité dont il s'agit ne peuvent consister en des titres de participation *assimilés* à des branches complètes d'activités par l'art. 210 B du CGI. Point jugé par la décision *Sté Ambulances de France* du Conseil d'État (CE, 30 janv. 2013, n° 346683, 9e et 10e s.-s., *Dr. fisc.* 2013, n° 10, comm. 185, concl. C. Legras, note O. Fouquet ; v. aussi la chronique de Mme Bokdam-Tognetti, *RJF* 4/13, p. 331 et s. et notre commentaire avec S. Austry, « Scissions et régime de faveur : le Conseil d'État précise la portée de la jurisprudence Leur-Bloem », *Feuillet rapide Francis Lefebvre*, 10/13, 15 mars 2013, p. 32 et s.).

177. Selon l'article 1768 du Code général des impôts, le non-respect de l'obligation de conservation par un associé entraîne l'application à son encontre d'une amende égale à 25 % de la valeur réelle, estimée au moment de la scission, des titres qui ne sont pas conservés. Son montant est plafonné à 30 % des résultats de la société scindée non imposés retenus dans la proportion des titres de la société bénéficiaire des apports que l'associé n'a pas conservés par rapport à l'ensemble des titres émis. Le défaut de souscription de l'engagement est également sanctionné par une amende (qui s'ajoute, le cas échéant, à la précédente, sans plafonnement) égale à 1 % de la valeur réelle des titres attribués, estimée au moment de la scission, pour lesquels l'engagement n'a pas été souscrit (BOI-IS-FUS-20-30-20 nos 1 à 130). Chaque société bénéficiaire des apports est solidairement responsable du paiement de l'amende dans la proportion des titres cédés qu'elle a émis.

précédant l'opération. Les droits de vote détenus par ces actionnaires doivent représenter ensemble au moins 20 % du capital de la société scindée.

La seconde loi de finances rectificative pour 2017 a supprimé la condition de conservation des titres dans le cas des scissions de sociétés comportant au moins deux branches complètes d'activité lorsque chacune des sociétés bénéficiaires reçoit une ou plusieurs de ces branches. Comme pour les apports partiels d'actif, les plus-values de cession des titres remis en contrepartie de l'apport doivent être calculées par référence à la valeur que les biens apportés avaient, du point de vue fiscal, dans les écritures de la société apporteuse.

Lorsque les conditions du régime de faveur de plein droit ne sont pas remplies, le régime spécial s'applique sur agrément préalable, conformément à l'article 210 B 3 du Code général des impôts. Ainsi, comme pour les apports partiels d'actifs, l'agrément est délivré lorsque, compte tenu des éléments faisant l'objet de l'apport :

— a. L'opération est justifiée par un motif économique, se traduisant notamment par l'exercice par la société bénéficiaire de l'apport d'une activité autonome et l'amélioration des structures, ainsi que par une association entre les parties formalisée par un engagement de conservation pendant trois ans des titres remis en contrepartie de l'apport ;

— b. L'article 210-0 A est respecté ;

— c. Les modalités de l'opération permettent d'assurer l'imposition future des plus-values mises en sursis d'imposition.

Pour les opérations de scission, l'obligation de conservation des titres mentionnée au a n'est toutefois exigée que des associés qui détiennent dans la société scindée, à la date d'approbation de la scission, 5 % au moins des droits de vote ou qui y exercent ou y ont exercé dans les six mois précédant cette date, directement ou par l'intermédiaire de leurs mandataires sociaux ou préposés, des fonctions de direction, d'administration ou de surveillance et détiennent au moins 0,1 % des droits de vote dans la société.

b) L'imposition des associés de la société scindée

733 Comme en matière de fusion, le régime de faveur en matière d'impôt de distribution s'applique de plein droit. À la suite d'une scission, même non placée sous le régime spécial, l'attribution gratuite des titres représentatifs de l'apport aux membres de la société apporteuse n'est pas considérée comme une distribution de revenus mobiliers. De même, les plus-values réalisées par les associés à l'occasion de l'échange de titres bénéficient d'un sursis ou d'un report d'imposition applicable quel que soit le régime fiscal des opérations, que les titres soient détenus par des particuliers ou qu'ils figurent à l'actif d'une entreprise.

CHAPITRE 5
LA PORTÉE TERRITORIALE DE L'IMPÔT SUR LES SOCIÉTÉS

734 C'est une évidence : la plupart des transactions économiques s'opèrent à l'heure actuelle dans un espace mondial. De nombreuses sociétés françaises, quelle que soit leur taille, opèrent ainsi sur des marchés étrangers. La réciproque s'applique identiquement pour les sociétés étrangères intervenant sur le territoire français. Il convient donc d'étudier dans quelle mesure l'impôt français sur les sociétés s'applique aux opérations faites par les sociétés françaises et étrangères. Pour ce faire, le plus simple consiste à reprendre la distinction opérée dans le premier titre de ce livre et à distinguer entre les sociétés considérées individuellement (Section 1) et les groupes de sociétés (Section 2).

SECTION 1 LES SOCIÉTÉS CONSIDÉRÉES INDIVIDUELLEMENT

735 Le droit français est gouverné par le principe de territorialité de l'impôt sur les sociétés. Ceci implique que l'impôt français sur les sociétés ne frappe que les revenus de source française, que ceux-ci soient réalisés par des sociétés ayant leur siège en France ou par des sociétés ayant leur siège à l'étranger[1]. Ce principe doit

1. La notion de siège intervient en droit fiscal international pour déterminer le lieu de résidence d'une société. Lorsque deux États prétendent qu'une même société est résidente de chacun d'eux, le modèle OCDE les départageait jusqu'en 2017 en choisissant celui où la société a son « siège de direction effective » (art. 4 § 3). Cette notion n'est pas inconnue du droit français, même s'il est plus courant de parler de siège « réel ». Sur ce concept, cf. l'instruction relative à la convention du 17 octobre 1999 entre la France et l'Algérie, BOI-INT-CVB-DZA-10 n° 170. Les exemples de jurisprudence française sont relativement rares mais le Conseil d'État considère que le siège de direction effective s'entend du lieu où les personnes exerçant les fonctions les plus élevées prennent les décisions stratégiques qui déterminent la conduite des affaires de cette entreprise dans son ensemble (CE, 16 avr. 2012, n° 323592, *Paupardin*). On notera que depuis la révision du modèle OCDE en 2017, le paragraphe 3 de l'article 4 ne prévoit plus de faire prévaloir le siège de direction effective mais invite les autorités compétentes des États contractants à s'efforcer de déterminer d'un commun accord l'État contractant duquel cette personne est réputée être un résident aux fins de

tout d'abord être expliqué (§ 1). Nous examinerons ensuite ses difficultés particulières d'application pour les sociétés étrangères disposant de revenus de source française (§ 2). Un paragraphe devra également être consacré au traitement fiscal des – rares – sociétés qui passent du statut de société française à celui de société étrangère : c'est tout le problème du transfert de siège (§ 3).

§ 1. LE PRINCIPE DE TERRITORIALITÉ DE L'IMPÔT SUR LES SOCIÉTÉS

736 Selon l'article 209 du Code général des impôts, l'assiette de l'impôt sur les sociétés comprend les bénéfices des « entreprises exploitées en France ». Cette formule est ambiguë. Il faut donc rechercher la signification du principe de territorialité (A) puis son fondement (B). Vient alors l'analyse technique des critères de « l'entreprise exploitée en France » (C) et des exceptions au principe de territorialité (D). On terminera ce paragraphe par quelques observations sur l'avenir du principe de territorialité (E).

A. LA SIGNIFICATION DU PRINCIPE DE TERRITORIALITÉ

737 À l'orée de l'étude du principe de territorialité, certaines précisions terminologiques s'imposent. Le principe de territorialité « à la française » (1°) se distingue sensiblement du principe de territorialité au sens où l'entend parfois la jurisprudence communautaire (2°).

1. Le principe de territorialité « à la française »

738 L'impôt sur les sociétés s'applique aux bénéfices des entreprises exploitées en France. Que signifie cette phrase ? À s'en tenir aux mots du législateur, la réponse n'est pas évidente. Faut-il, pour que l'impôt sur les sociétés s'applique, qu'une société ait sa résidence fiscale en France ? Ce serait soustraire à l'impôt toutes les sociétés ayant leur siège à l'étranger mais exerçant régulièrement des activités en France. Or, tel n'est pas le but recherché. Il faut donc comprendre la notion d'entreprise exploitée en France comme signifiant, très généralement, que les bénéfices trouvant leur source dans une activité d'entreprise exercée en France rentrent dans le champ de l'impôt sur les sociétés. Ainsi, on peut comprendre que les sociétés étrangères comme les sociétés françaises relèvent de cet impôt.

Cette seule explication ne suffit cependant pas à rendre compte de la spécificité du système français. Tous les États imposent les entreprises étrangères à raison des bénéfices qu'elles réalisent sur leur territoire au moyen d'une installation fixe d'affaires. Dans tous les systèmes fiscaux, il existe donc un système d'imposition territoriale des entreprises non-résidentes. Il s'agit en quelque sorte du décalque de la règle applicable

la Convention, eu égard au lieu où se situe son siège de direction effective, au lieu où elle a été constituée en société ou en toute autre forme juridique et à tout autre facteur pertinent. En l'absence d'un tel accord, la personne ne pourra prétendre à aucun des allègements ou exonérations prévus par la Convention sauf dans la mesure et selon les conditions convenues par les autorités compétentes des États contractants.

aux personnes physiques non-résidentes, qui ne sont soumises qu'à une obligation fiscale limitée[2].

Le principe de territorialité « à la française » tire donc sa spécificité de la technique d'imposition des sociétés ayant leur résidence fiscale *en France*. Il implique que les sociétés françaises ne sont pas soumises à une obligation fiscale illimitée, contrairement aux personnes physiques ayant leur domicile fiscal en France. Tandis que les personnes physiques sont imposables sur leurs revenus d'où qu'ils proviennent[3], tel n'est pas le cas des sociétés relevant de l'impôt sur les sociétés.

Ceci étant posé, la portée exacte de l'obligation fiscale qui pèse sur les sociétés françaises demeure ambiguë. Intuitivement, le principe de territorialité paraît rendre nécessaire l'établissement d'une ligne stricte de démarcation entre les revenus de source française et les revenus de source étrangère. Tandis que tous les premiers seraient imposables en France, les seconds ne le seraient jamais. Le droit français est cependant plus complexe qu'il n'y paraît. En effet, la pratique administrative[4] et jurisprudentielle[5] conduit certains auteurs à estimer que l'impôt dû par les sociétés dont le siège est localisé en France n'est régi par le principe de territorialité que lorsque sont en cause les bénéfices résultant d'opérations caractéristiques de l'exercice habituel d'une activité hors de France. Il serait donc plus juste de présenter le système français, non comme un pur système de territorialité, mais comme un système ayant retenu un principe de mondialité de l'imposition des bénéfices des sociétés françaises tempérées par un mécanisme d'exemption des revenus « actifs »[6] qu'elles réalisent dans des entreprises exploitées à l'étranger[7].

2. Le principe de territorialité au sens de la jurisprudence de la Cour de justice

739 Il existe une divergence entre la territorialité « à la française » et « le principe de territorialité » au sens où l'entend la Cour de justice. Quelles que soient les incertitudes qui subsistent dans notre pays concernant l'interprétation du principe de territorialité, une chose est sûre : ce principe ne s'applique qu'aux relations entre un siège et sa succursale et plus généralement entre un siège et son établissement stable. Ce principe permet de ventiler, au sein des bénéfices d'une même société, ceux qui sont imposables en France et ceux qui sont imposables à l'étranger.

En revanche, la CJUE utilise l'expression « principe de territorialité » dans un sens complètement différent, puisque dans certains arrêts, notamment l'arrêt *Futura Participations et Singer*[8], le principe de territorialité se caractérise par l'exigence d'un lien logique entre l'imposition par un État des bénéfices d'une entreprise et l'octroi par ce même État d'allégements fiscaux (déductions, exonérations, report de pertes, etc.) à l'entreprise en cause.

Dans l'hypothèse de l'arrêt *Futura*, une société française ayant un établissement stable au Luxembourg souhaitait bénéficier d'un report en avant de pertes dans ce dernier État. Pour autoriser ce report,

2. Art. 4 A al. 2, CGI.

3. Art. 4 A al. 1er, CGI.

4. BOI-IS-CHAMP-60-10-20 n° 10.

5. V. notamment CE plén., 25 oct. 1972, req. n° 81999 ; CE, 23 juin 1978, req. n° 99444.

6. La notion de « revenu actif » s'oppose à celle de revenu « passif ». Le revenu « passif » est réalisé indépendamment de toute activité. Il regroupe les redevances, intérêts, dividendes, revenus immobiliers et gains en capital.

7. Pour les tenants et les aboutissants de cette analyse, cf. N. Melot, *Territorialité et mondialité de l'impôt, Étude de l'imposition des bénéfices des sociétés de capitaux à la lumière des expériences française et américaine*, préf. P. Dibout, Dalloz, 2004, n° 951 et s., spéc. n° 962 à 970.

8. 15 mai 2007, aff. C-250/95.

la loi luxembourgeoise exigeait, parmi diverses conditions, que les pertes reportées soient en relation économique avec les revenus réalisés au Luxembourg, de sorte que les seules pertes susceptibles d'être reportées étaient celles qui résultaient de l'activité de la société française sur le territoire du Luxembourg. La Cour estima qu'un tel régime est conforme au « principe fiscal de territorialité »[9]. Elle refit un raisonnement proche dans une affaire ultérieure où elle admit que ce même principe explique que seuls des frais professionnels ayant un lien direct avec l'activité exercée par un non-résident dans un État membre et y ayant généré des revenus imposables soient pris en compte pour être déduits[10].

Qu'il y ait un lien logique entre le principe de territorialité du droit français et celui de la jurisprudence communautaire est certain. Dès lors que le droit français exempte les bénéfices réalisés par une société française lorsqu'ils sont réalisés au moyen d'une « entreprise exploitée à l'étranger », il est compréhensible qu'il n'admette pas la déduction des coûts ou pertes de cette société qui se rattachent à l'activité exonérée.

Toutefois, un lien logique n'est pas une synonymie. La territorialité, au sens du droit communautaire, se présente comme un principe de connexion spatiale entre des éléments positifs et négatifs du résultat, voire entre des bénéfices et des pertes. La territorialité, au sens du droit français, est un principe de ventilation de la matière imposable d'une société en vue de l'attribution à la France d'une fraction de ses bénéfices. Ce sont là deux choses totalement différentes.

B. LE FONDEMENT DU PRINCIPE DE TERRITORIALITÉ

740 S'interroger sur le fondement du principe de territorialité, c'est indirectement s'interroger sur les raisons de l'exception française. La France est en effet aujourd'hui l'un des rares États au monde à connaître, en droit interne, un principe de territorialité de l'impôt sur les sociétés qui contraste singulièrement avec le principe de mondialité de l'impôt sur le revenu des personnes physiques[11]. À la vérité, cette originalité de notre droit interne n'aboutit pas, en pratique, à un résultat très différent de celui auquel parviennent d'autres systèmes fiscaux qui combinent un principe interne de mondialité de l'impôt sur les sociétés avec une politique conventionnelle d'exemption des revenus étrangers des sociétés lorsque ceux-ci sont attribuables à un établissement stable situé dans un autre État. Le droit français atteint donc en une seule étape un résultat que d'autres droits atteignent en deux étapes. La différence entre le droit français et ces droits étrangers ne peut toutefois être minimisée. Elle se manifeste notamment en l'absence de convention fiscale, car le droit interne n'est alors contrarié par aucun instrument juridique international.

Quoi qu'il en soit, il est pour le moins délicat d'expliquer la véritable raison d'être de notre principe de territorialité. Pour un auteur, sa justification serait à rechercher dans l'existence du système des colonies françaises : les flux de capitaux vers l'extérieur de la métropole étant à l'époque essentiellement concentrés dans les colonies, l'exonération des revenus en résultant aurait constitué une incitation à l'investissement dans ces territoires[12]. Selon une autre théorie, le principe de territorialité ne serait en réalité qu'une erreur de l'histoire. Hérité d'une époque à laquelle les bénéfices industriels et

9. *Ibid.*, point 18. La Cour estime, sur le fond, que cette limitation territoriale des pertes reportables par les sociétés non-résidentes ne peut être considérée comme comportant une discrimination, ostensible ou déguisée, par rapport aux sociétés résidentes pour lesquelles le droit au report des pertes s'applique sans considération du lieu de l'activité.

10. CJCE, 15 févr. 2007, *Centro Equestre da Leziria Grande Lda*, aff. C-345/05, points 21 et s.

11. Le droit comparé révèle que si le principe de territorialité a été longtemps appliqué dans de nombreux pays (souvent en dehors de la zone OCDE), la plupart l'ont abandonné à la fin du XXe siècle.

12. E. Owens, *The foreign tax credit, a study of the credit for foreign taxes under United States income tax law*, Cambridge, Law School of Harvard University, 1961, p. 540-44. Il est exact qu'en vertu de l'article 2 de l'ancien code des contributions directes, le principe de territorialité aboutissait à l'exonération des bénéfices afférents à des établissements situés en Algérie, dans les colonies et les pays de protectorat

commerciaux n'étaient eux-mêmes imposés que sur une base territoriale[13], transposé mécaniquement à l'impôt sur les sociétés du fait de l'applicabilité aux sociétés des règles des BIC, le principe se serait ainsi fondu dans le système de l'impôt sur les sociétés. Le passage de l'impôt sur le revenu à un principe général de mondialité aurait en 1976 laissé de côté le principe de territorialité spécifique à l'impôt sur les sociétés. Le principe de territorialité n'aurait ainsi subsisté qu'en vertu d'un oubli du législateur.

Cette dernière présentation suffit peut-être à expliquer pourquoi les réformes successives ont laissé subsister un principe de territorialité de l'impôt sur les sociétés à côté d'un principe de mondialité de l'impôt sur le revenu. Elle ne suffit cependant pas, avec le recul des décennies écoulées depuis 1959 et surtout l'internationalisation croissante de la vie économique, à justifier pourquoi l'erreur, à supposer que c'en fût une, subsiste dans le droit positif. La réponse est à rechercher, à n'en pas douter, dans des considérations d'ordre théorique (1°) et surtout économique (2°).

1. Fondements théoriques

741 Deux systèmes théoriques peuvent se concevoir pour aborder l'imposition des revenus des sociétés de capitaux : le système mondial, qui signifie que les sociétés sont imposées par l'État où elles ont leur résidence fiscale sur l'ensemble de leurs revenus, d'où qu'ils proviennent (a) ; le système territorial, qui signifie que l'État de la résidence n'impose les sociétés que sur les revenus trouvant leur source sur son territoire (b). La confrontation des théories suscite d'intéressantes discussions doctrinales (c).

a) Arguments en faveur du système mondial

742 Le système mondial repose sur l'idée qu'il n'existe pas de raison fondamentale d'opérer une distinction entre les personnes physiques et les sociétés. Si les premières sont imposées sur leur revenu mondial, pourquoi devrait-il en aller autrement pour les personnes juridiques ? La question est d'autant plus pertinente que la mondialité de l'imposition se relie au principe du respect de la capacité contributive : c'est l'ensemble des revenus réalisés par une personne qui permet de saisir son enrichissement effectif au cours d'une période donnée ; c'est donc l'ensemble des revenus qui doit servir de base à l'imposition. En ce sens, le principe de mondialité semble parfaitement adapté à une économie mondialisée en tant qu'il présuppose l'analogie fondamentale entre revenu local et revenu étranger, les deux étant soumis à des règles identiques[14].

Le présupposé de l'unité du revenu imposable, fondement de l'évaluation de la capacité contributive, demeure donc extrêmement actuel, après avoir été mis en lumière par Wagner dès 1880[15]. Tout aussi actuelle est l'idée que l'exclusion de la vocation extra-territoriale de l'État créerait finalement une

(cf. l'instruction générale publiée par le Service des contributions directes le 31 janvier 1928, Imprimerie nationale, 1928, n° 11, p. 28).

13. La taxe proportionnelle appliquée à partir de 1949 aux BIC des personnes physiques concernait les « bénéfices réalisés par des personnes physiques dans des entreprises exploitées en France » (anc. art. 34, CGI). En revanche, la surtaxe progressive frappait indistinctement tous les revenus mis à la disposition des contribuables assujettis, que leur origine fût française ou étrangère. La formule de l'article 34 figurait depuis la loi du 31 juillet 1917 à l'article 2 du Code général des contributions qui définissait les bénéfices des sociétés entrant dans la cédule des bénéfices industriels et commerciaux. Seuls certains dividendes et intérêts de source étrangère étaient imposables en France.

14. À ce sujet, cf. D. Gutmann, « Globalisation et justice fiscale », *L'année fiscale*, 2003, PUF, p. 109 et s.

15. Wagner, *Finanzwissenschaft, Zweiter Teil : Gebühren und allgemeine Steuerlehre*, Leipzig, 1880, p. 296 et s.

discrimination inacceptable entre les résidents[16]. L'argument est même fondamental si l'on doit considérer, depuis l'avis rendu par le Conseil d'État le 12 avril 2002, que les stipulations combinées des articles 14 de la Convention EDH et 1er du protocole additionnel à la Convention « peuvent être utilement invoquées pour soutenir que la loi fiscale serait à l'origine de discriminations injustifiées entre contribuables »[17].

Le principe de mondialité peut également s'expliquer, d'un point de vue théorique, par le fait que la localisation du fait générateur d'un revenu est souvent délicate. Lorsqu'une société, résidente d'un pays A, exécute une prestation isolée dans un pays B au profit d'un client établi dans un pays C, d'où provient le paiement, où le revenu trouve-t-il sa source ? Dans le pays A ? On objectera que ce n'est pas le lieu de la prestation rémunérée par le revenu. Dans le pays B ? On s'y opposera en faisant valoir qu'une prestation isolée n'est pas concevable en l'absence d'une structure globale établie dans le pays A. Dans le pays C ? Ce serait également discutable compte tenu du caractère contingent de la localisation du débiteur du paiement. Bref, les critères de localisation territoriale du revenu étant tous sujets à caution, on pourrait juger préférable de faire dépendre l'attribution du pouvoir d'imposer à l'État dans lequel est établi un fait plus aisément vérifiable, à savoir la résidence de la société concernée. Toutes ces raisons expliquent certainement pourquoi la plupart des États retiennent le principe de mondialité de l'impôt sur les sociétés.

b) Arguments en faveur du système territorial

743 Les arguments théoriques en faveur du système territorial se rattachent à l'idée de la souveraineté. Certains auteurs ont ainsi défendu l'idée selon laquelle il existerait un lien entre la souveraineté étatique et la détermination du champ de l'impôt[18]. L'État étant territorial par essence, il ne pourrait imposer que les revenus trouvant leur source dans son territoire. L'argument est objectivement faible : si l'État ne peut certes mobiliser la puissance publique au-delà de son territoire, on ne voit pas en quoi il serait empêché de prendre en considération des faits survenus à l'étranger pour déterminer l'assiette de l'impôt.

Dans un passé récent, divers auteurs américains[19] et européens ont donc repensé la théorie de la territorialité pour soutenir que celle-ci, déjà défendue dans le passé par Von Schanz[20] et par l'école sud-américaine de droit fiscal[21], devrait constituer la base d'une nouvelle conception des rapports internationaux[22]. L'idée essentielle partagée par ces auteurs est que la compétence fiscale doit appartenir par priorité à l'État dans lequel

16. A. Steichen, « La justice fiscale entre justice commutative et justice distributive », *Archives de Philosophie du Droit*, 2002, p. 243 et s., spéc. p. 262.

17. Avis n° 239693, *SA Financière Labeyrie, RJF* 6/02, n° 673 ; *BDCF* 6/02, n° 83, concl. F. Séners ; *AJDA*, mai 2002, chron. M. Guyomar et P. Collin ; *L'année fiscale* 2003, chron. de fiscalité européenne, par D. Gutmann.

18. V. notamment M. Chrétien, *Contribution à l'étude du droit international fiscal actuel : le rôle des organisations internationales dans le règlement des questions d'impôt entre les divers États*, RCADI 1954-II, t. 86. Pour une réflexion sur le lien entre doctrine territorialiste et idée de souveraineté étatique, cf. M. Norr, "Jurisdiction to tax and international income", *Tax Law Review*, 1962, n° 17, p. 431 et s.

19. Sur le débat américain, cf. N. Melot, « Territorialité et mondialité de l'impôt. Le droit américain, un modèle pour la France ? », *L'année fiscale*, PUF, 2003, p. 129 et s.

20. G. von Schanz, *Zur Frage der Steuerpflicht*, in *Finanzarchiv (alte Fassung)*, Bd. 9, 1882, p. 365 et s.

21. C. Giuliani Fonrouge, *Derecho Financiero*, 1976, vol. I, p. 333 ; R. Valdés Costa, *La Experiencia Latinoamericana en la Imposiciòn Internacional*, in *Estudios de Derecho Tributario Latinoamericano*, 1982, p. 283.

22. En Allemagne, cf. notamment K. Vogel, "World-wide or source taxation of income?", *Rassegna tributaria*, 1988, p. 259 et s. ; *World-wide vs. Source Taxation of Income – A Review and Reevaluation of Arguments*, 1990, réimpr. in K. Vogel, *Der offene Finanz-und Steuerstaat*, Heidelberg, 1991, p. 77 et s. (spéc. p. 117 et s.) ; Zuber, *Anknüpfungsmerkmale und Reichweite der internationalen Besteuerung*,

se déroule l'activité effective, c'est-à-dire à l'État de la source. L'imposition territoriale se présente en effet comme une juste forme de réciprocité entre l'État et les opérateurs économiques qui exercent sur le territoire une « activité substantielle de production de revenu »[23].

Il y a là une rémanence de l'idée médiévale, reformulée par la théorie du contrat social, selon laquelle l'impôt est le prix de la protection apportée aux personnes et aux biens par l'État. Selon les mots de Griziotti, « dans l'État de droit, la cause de l'impôt consiste dans les avantages généraux ou particuliers qui résultent pour l'individu de l'association, État, province ou commune, à laquelle il appartient. Le fondement juridique de l'impôt s'identifie avec son fondement éthique »[24].

À titre de corollaire, il peut être soutenu que la territorialité se justifierait par la nécessité de préserver l'autonomie fiscale effective de l'État de la source, laquelle est bafouée en pratique par le système de la résidence assortie du crédit d'impôt étranger. Cet argument est souvent soulevé par les États en développement qui apprécient peu le fait d'accorder de substantiels avantages fiscaux aux investisseurs étrangers et constatent que l'État de résidence de ces derniers en nient l'efficacité en imposant les revenus sur une base mondiale sans accorder de crédit d'impôt[25]. Le principe de territorialité permettrait ainsi de faire converger les exigences, tant de la justice individuelle que de la justice entre les Nations[26].

c) *Discussion*

744 Cette âpre critique adressée au système de la résidence est partiellement légitime. Il est indubitable, en effet, que l'imposition dans le pays de résidence devient de moins en moins réaliste dans la mesure où la résidence, entendue comme moyen exclusif de localisation des personnes, réduit la réalité à une dimension unique. Dans un monde globalisé, il existe de nombreuses situations de « pluri-résidence », comme il existe des « pluri-nationaux » au sens du droit international privé.

Notons d'ailleurs qu'en dépit de son ouverture apparente à la globalisation, la théorie de la mondialité constitue une forme aiguë de défiance à son égard, dès lors qu'elle entend neutraliser les différences entre législations fiscales pour maintenir intact le pouvoir de l'État de résidence. Il s'agit en effet d'un moyen efficace d'éviter que ceux qui savent exploiter la globalisation économique sachent aussi tirer profit de la diversité des systèmes fiscaux en retirant l'essentiel de leurs revenus de pays à fiscalité faible. La théorie de la résidence est ainsi étroitement solidaire d'une politique dont l'objectif est de maintenir un niveau de recettes budgétaires acceptable et de limiter les excès de la globalisation. Si cette politique n'est pas nécessairement critiquable, elle procède bien davantage de considérations économiques que de postulats théoriques très solides.

D'un autre côté, cependant, il faut reconnaître que les fondements théoriques du principe de territorialité ne sont guère plus convaincants. Ainsi, l'école territorialiste ne semble voir aucune difficulté dans le fait de transformer le rapport commutatif entre l'État de la source et le contribuable en un critère d'attribution de la compétence fiscale. Cette transformation mériterait pourtant un débat beaucoup plus approfondi : à supposer même qu'il existe un rapport de réciprocité entre l'État et le contribuable, il ne s'ensuit pas que celui-ci soit un critère valable de résolution du conflit de lois fiscales. Il convient de rappeler, à ce propos, que le principe du bénéfice (*benefit principle*) a vu le jour, non pas dans le cadre du droit fiscal international, mais dans celui du droit interne. Il s'agissait, pour ses partisans, de résoudre le problème de la juste répartition de la charge fiscale entre contribuables[27] ou, plus récemment, de

---

Hamburg, 1991. Le combat pour la territorialité a été repris aux Pays-Bas par E. Kemmeren, *Principle of Origin in Tax Conventions – A Rethinking of Models*, Pijnenburg-Dongen, 2001.

23. La formule est de Eric Kemmeren (ouvrage cité à la note précédente).

24. B. Griziotti, *L'imposition fiscale des étrangers*, RCADI, 1926, t. 13, vol. III, p. 13.

25. À ce sujet, cf. D. Gutmann, « Quelle justice pour les pays en développement dans un monde globalisé ? », *Revue générale du contentieux fiscal* 2010/2, p. 97 et s.

26. Selon la distinction opérée par P. Musgrave, *Taxation of Foreign Investment Income, An Economic Analysis*, Boston, 1963.

27. En ce sens, E. R. Seligman, *Progressive Taxation in Theory and Practice*, 2e éd., American Economic Association Quarterly, 3d series 9, n° 4, 1908, p. 158-204, citant Grotius, Pufendorf, Hobbes, Locke, Rousseau et Smith.

déterminer le niveau le plus approprié de la dépense publique directe[28]. En somme, le principe du bénéfice – qui est au demeurant aujourd'hui l'objet de critiques très vives[29] – sert avant tout à déterminer *combien* d'impôts le contribuable doit payer, et non *à quel État* ils doivent l'être.

Une autre cause de fragilité de la théorie de la territorialité tient au fait que les rapports entre États ne se caractérisent pas par la courtoisie mais par la concurrence, ce qui expose l'État qui retient la territorialité à une délocalisation de la base imposable insurmontable, si ce n'est à travers de nombreuses exceptions qui finissent par ruiner le principe lui-même. À cet égard, les nombreuses entorses apportées au principe de territorialité par la loi et la jurisprudence françaises sont là pour démontrer que l'imposition territoriale de l'impôt sur les sociétés relève largement du mythe. Si le principe de territorialité devait donc devenir le modèle général adopté par de nombreux États, le seul moyen d'éviter de nouveaux dommages liés à la globalisation serait la coordination multilatérale des États en ce qui concerne le niveau de la pression fiscale. Où l'on retrouve l'aspect idéaliste de la territorialité.

Enfin, on peut se demander si, dans un monde où de nombreuses activités présentent un caractère immatériel marqué, l'idée d'une imposition faisant du territoire le critère de rattachement de l'impôt ne devrait pas être reconsidérée, du moins pour ces activités. C'est en tout cas la thèse défendue par les auteurs d'un rapport sur la fiscalité du secteur numérique qui démontrent que les critères techniques de rattachement retenus par la loi française et les conventions fiscales sont largement inadaptés à saisir la réalité de l'économie numérique[30].

Pour conclure, il apparaît que ni le principe de mondialité ni le principe de territorialité ne reposent sur des fondements théoriques incontestables. Il faut sans doute admettre que chaque système a ses mérites et surtout que les deux peuvent s'appliquer de façon distributive à certains types de revenus. C'est d'ailleurs la voie choisie dans le cadre des conventions fiscales bilatérales.

Le caractère insatisfaisant des théories classiques explique l'idée, qui commence à faire son chemin, d'une troisième voie consistant à taxer les bénéfices des entreprises dans un État qui ne serait ni celui de leur résidence, ni celui de la source du revenu, mais celui où les biens et services produits par les entreprises sont consommés. Cette théorie, développée à partir des années 2000[31], a pris une certaine ampleur avec le développement des activités numériques qui manifestent de façon spectaculaire comment des entreprises établies dans un État donné peuvent réaliser un chiffre d'affaires important dans des États où elles ne paient presque aucun impôt, faute d'y exercer des activités suffisamment tangibles ou d'y avoir leur résidence fiscale. La localisation du marché, en l'état actuel du droit, n'est pas un critère de rattachement reconnu par la fiscalité internationale. Certains estiment néanmoins que cette situation devrait évoluer pour plusieurs raisons[32] : certaines sont d'ordre pratique, et tiennent au fait que le lieu de résidence d'une société, comme le lieu d'exercice de son activité productive, sont très mobiles donc très manipulables, donc propices à l'optimisation fiscale, par contraste avec le lieu d'établissement des consommateurs ; d'autres sont d'ordre théorique et reposent sur l'idée que la justice entre les nations commanderait de reconnaître la légitimité pour l'État de situation du marché de taxer les profits de ceux qui en tirent avantage. Cette théorie a l'avantage de stimuler la réflexion. Elle peut s'appuyer, d'un point de vue technique, sur l'expérience acquise en matière de TVA, où de nombreuses règles, notamment européennes, permettent d'établir de façon précise où un acte de consommation est réputé avoir lieu (encore que les défenseurs d'un IS établi au lieu de « destination » entendent ne pas confondre l'IS et la TVA)[33].

28. La distinction entre les différents usages du principe du bénéfice est opérée par R. Musgrave, *The Theory of Public Finance*, New York, 1959, chap. 4.

29. L. Murphy et T. Nagel, *The Myth of Ownership. Taxes and Justice*, Oxford, 2002, p. 16 et s.

30. P. Collin et N. Colin, *Mission d'expertise sur la fiscalité du secteur numérique*, Rapport remis le 18 janvier 2013 aux ministres de l'Économie et des finances, du Redressement productif, du Budget et des PME, de l'innovation et de l'économie numérique.

31. R. Avi-Yonah, "Globalization, Tax Competition and the Fiscal Crisis of the Welfare State" (2000) *Harvard Law Review* 113 (7), p. 1573 et s. ; S.R. Bond et M.P. Devereux, "Cash Flow Taxes in an Open Economy", *CEPR Discussion Paper* 3401

32. M. Devereux et R. de la Feria, "Designing and implementing a destination-based corporate tax", Oxford University Centre for Business Taxation, *Working Paper* 14/07, May 2014.

33. Sur les règles de territorialité de la TVA, particulièrement en matière de services où les questions sont les plus sensibles, v. *infra*, n° 912 et s.

2. Fondements économiques

745 Les économistes, en particulier aux États-Unis, se sont affrontés avec passion sur les mérites respectifs des systèmes de mondialité et de territorialité de l'impôt sur les sociétés, surtout depuis que plusieurs commissions officielles ont suggéré d'orienter le système américain vers une approche plus territoriale[34]. Le pas a d'ailleurs été franchi en 2011 par le Royaume-Uni, pays traditionnellement emblématique du système de la mondialité avec crédit d'impôt étranger, qui a choisi de permettre aux sociétés britanniques d'opter pour une exonération d'impôt au Royaume-Uni des profits de leurs succursales étrangères[35]. Il existe donc sur la question du rattachement territorial des bénéfices des sociétés une littérature abondante.

À chaque système correspond, selon une approche traditionnelle, une certaine compréhension de ce que doit être la neutralité de l'impôt sur les sociétés dans les relations internationales[36]. Le système de mondialité est ainsi présenté comme un système neutre envers l'exportation des capitaux (*capital export neutrality*). De fait, une société soumise à un régime mondial est imposée de la même manière, qu'elle réalise l'essentiel de ses investissements sur le territoire où elle a son siège ou à l'étranger. L'exportation de ses capitaux est ainsi sans répercussion sur le poids de l'impôt qu'elle supporte. Cette argumentation participe de l'idée selon laquelle l'État devrait s'abstenir le plus possible d'intervenir dans l'économie et laisser les agents économiques faire les investissements qu'ils considèrent comme les plus rentables sans que la variable fiscale oriente leur choix.

Inversement, le système de territorialité de l'impôt sur les sociétés est censé tirer sa légitimité de la neutralité envers l'importation des capitaux (*capital import neutrality*). Autrement dit, la territorialité de l'impôt sur les sociétés garantit qu'une société étrangère sera imposée, à raison des activités qu'elle exerce en France, comme une société française. De même, ce principe permet à une société française qui exerce une partie de ses activités dans un pays étranger d'être soumise dans cet État au même impôt que ses concurrents locaux. Il apparaît clairement que lorsque cette activité étrangère se déroule dans un État à fiscalité plus faible qu'en France, la territorialité de l'impôt sur les sociétés est à l'avantage des sociétés françaises. Elles sont en effet assurées de profiter localement des conditions fiscales attractives réservées par le pays d'accueil. Le problème d'une telle approche est évidemment qu'elle constitue une incitation fiscale à l'investissement à l'étranger lorsque le pays d'accueil connaît une fiscalité plus faible que le pays de résidence de l'investisseur.

En définitive, donc, le débat entre partisans de la mondialité et de territorialité se résume à bien des égards au problème du choix d'une certaine conception de la neutralité du droit fiscal[37] ainsi qu'à une

34. President's Advisory Panel on Federal Tax Reform, 2005, *Simple, Fair, and Pro-Growth : Proposals to Fix America's Tax System* (Washington : U.S. Government Printing Office) ; Joint Committee on Taxation, Options to Improve Tax Compliance and Reform Tax Expenditures, 27 janv. 2005, JCS-02-05, p. 186-197.

35. Les motivations de cette réforme sont exposées dans le document publié sur internet par l'administration fiscale britannnique : HRMC, *Corporate tax reform: delivering a more competitive system*, 2010. V. également à ce sujet la chronique de fiscalité britannique de F. Le Mentec, *L'année fiscale, Dr. fisc.* 2011, n° 9, ét. 236.

36. Pour une présentation générale des termes du débat, cf. par ex. P. Mullins, "Moving to Territoriality? Implications for the United States and the Rest of the World", IMF Working Paper, WP/06/161, 2006.

37. Il existe d'ailleurs d'autres moyens d'envisager la neutralité du droit. M. A. Desai et J. R. Hines Jr ont par exemple estimé, dans plusieurs écrits très discutés dans la littérature économique, qu'un bon système d'imposition des entreprises devrait prendre en considération, non seulement le lieu de l'investissement, mais également la propriété des moyens de production. Ils ont ainsi développé un concept de « *capital ownership neutrality* », censé guider le législateur américain (v. en ce sens "Evaluating International Tax Reform", *National Tax Journal* 56, n° 3, sept. 2003, p. 487-502 ; "Old Rules and New Realities: Corporate Tax Policy in a Global Setting", *National Tax Journal* 57, n° 4, déc. 2004, p. 937-60). Pour d'autres façons d'envisager le débat, cf. notamment R. Avi-Yonah, "Back to the Future? The Potential Revival of Territoriality", University of Michigan Law School, Public Law and Legal Theory Working Paper n° 114, John M. Olin Center for Law & Economics, Working Paper n° 08-012, juill. 2008.

opposition entre plusieurs conceptions de l'intérêt économique du pays de résidence de la société concernée. Les partisans de la mondialité avancent qu'il est de l'intérêt du pays de résidence d'éviter des phénomènes de délocalisation par lesquels des entreprises déplaceraient certains centres d'activité vers des États à fiscalité faible dans le but d'échapper à l'impôt sur les sociétés. Les partisans de la territorialité considèrent que l'intérêt bien compris de l'État de résidence de la société est de faire en sorte que l'impôt sur les sociétés ne génère pas un handicap de compétitivité pour les entreprises qui exercent une partie de leur activité sur des marchés étrangers.

Dans ce débat, les entreprises françaises n'ont pas hésité à faire savoir que leur préférence allait à la territorialité de l'impôt[38]. Elles avancent notamment que la France est un pays à fiscalité élevée et qu'il est essentiel pour les entreprises françaises de lutter à armes égales avec leurs concurrents sur les marchés étrangers. À cela s'ajoutent d'autres raisons plus pratiques de préférer le système territorial : l'identité de traitement entre succursales et filiales étrangères, et surtout la simplicité du système de territorialité par opposition à un système mondial dans lequel les impôts étrangers doivent être retranchés de l'impôt français pour calculer la charge fiscale définitive due en France, ce qui crée immanquablement une certaine complexité. À l'heure actuelle, donc, le système territorial semble continuer d'avoir une majorité de partisans.

Le Conseil des prélèvements obligatoires est sur la même tonalité. S'il admet qu'un passage à un système de mondialité aurait en théorie l'avantage de taxer le bénéfice où qu'il soit réalisé, ce qui permettrait d'éviter les stratégies de localisation des profits dans certains États plutôt qu'en France, il n'en considère pas moins que ce type d'optimisation est d'ores et déjà pourchassé par le droit positif[39] et que, en toute hypothèse, la mondialité de l'IS serait écornée en présence de conventions fiscales toutes les fois qu'il existe un établissement stable à l'étranger. Il observe en outre que la mondialité de l'IS aurait des effets différents selon les entreprises : favorables pour celles qui démarrent des activités déficitaires à l'étranger, défavorables pour celles qui sont bien implantées à l'étranger avec des établissements profitables. Dans ces conditions, et faute d'étude d'impact très complète, « le passage de la territorialité à la mondialité ne constitue donc pas une piste qui s'impose de manière évidente »[40].

C. LES CONDITIONS D'APPLICATION DU PRINCIPE DE TERRITORIALITÉ

746 Les conditions d'application du principe de territorialité doivent tout d'abord être étudiées en droit interne[41] (1°). Nous verrons ensuite l'impact des conventions internationales en la matière (2°).

38. MEDEF/AFEP, Rapport du groupe de travail présidé par H. Lehérissel, *Territorialité et fiscalité des entreprises*, 2005.

39. Voir notamment l'art. 209 B du CGI (sur lequel v. *infra*, n° 813 et s.).

40. Conseil des prélèvements obligatoires, *Adapter l'impôt sur les sociétés à une économie ouverte*, déc. 2016, p. 102.

41. Sur ce sujet, cf. J.-L. Pierre, « La territorialité de l'impôt sur les sociétés en droit interne pour les personnes morales étrangères », in *Écrits de fiscalité des entreprises. Études à la mémoire du professeur Maurice Cozian*, Litec, 2009, p. 643 et s.

1. Le droit interne

747 Comme nous l'avons vu, il résulte de l'article 209 du Code général des impôts que les bénéfices réalisés dans des entreprises exploitées à l'étranger par des sociétés ayant leur siège en France se trouvent soustraits à l'application de l'impôt français. En revanche, les entreprises dont le siège est situé hors de France sont, quelle que soit leur nationalité, imposables dans notre pays à raison des profits tirés de leurs exploitations en France.

À cet égard, la notion d'exploitation s'entend de l'exercice habituel d'une activité qui peut, soit s'effectuer dans le cadre d'un établissement autonome, soit être réalisée, en l'absence d'un établissement, par l'intermédiaire de représentants sans personnalité professionnelle indépendante ou encore résulter de la réalisation d'opérations formant un cycle commercial complet[42]. Examinons rapidement ces trois critères.

a) Le critère de l'établissement

748 La condition d'exercice habituel d'une activité en France est notamment remplie lorsque l'entreprise exploite un « établissement » qui se caractérise, en principe, par l'existence d'un organisme professionnel dont l'installation présente un certain caractère de permanence et qui possède une autonomie propre.

Selon la doctrine administrative[43], il y a lieu de considérer comme tel toute unité de production ou d'échange formant un ensemble cohérent, apte à poursuivre certains buts économiques déterminés et siège d'opérations normalement génératrices de profits. Cet organisme est généralement concrétisé par une installation matérielle possédant une certaine permanence. Enfin, l'établissement doit constituer une unité propre ayant une certaine autonomie au sein de l'entité juridique constituée par l'entreprise. L'autonomie de l'établissement peut être caractérisée, notamment, par l'existence d'un personnel distinct ou d'un préposé spécialement délégué, de services commerciaux, financiers ou techniques propres, d'une comptabilité séparée de celle du siège ou d'un centre de décision.

D'une manière générale, sont ainsi considérés comme constituant des établissements le siège de la direction d'une entreprise, une usine ou un atelier de fabrication, une succursale, un magasin, une agence, une mine, carrière ou tout autre lieu d'extraction de ressources naturelles, ou encore un chantier nécessitant des travaux importants, continus, de longue durée ainsi que la prise de décisions techniques par des responsables se trouvant sur ce chantier.

b) Le critère du représentant

749 Selon la doctrine administrative, l'exercice habituel d'une activité peut également s'exercer – en l'absence de toute installation présentant le caractère d'un « établissement » – par l'intermédiaire de « représentants ». Il convient alors de distinguer selon que les « représentants » possèdent ou non une personnalité professionnelle distincte de celle de l'entreprise qui a recours à leurs services.

Lorsque les « représentants » ont une personnalité professionnelle indépendante (commissionnaires, courtiers et d'une manière générale, tous intermédiaires à statut indépendant), l'entreprise qui effectue des opérations par leur entremise dans un pays étranger doit être considérée comme n'exerçant personnellement aucune activité dans ce pays.

42. Sur tous ces points, cf. RM à M. Jean Valleix, *JO* AN du 22 sept. 1980, p. 4019 ; BOI-IS-CHAMP-60-10-20 n° 180.

43. *Ibid., eod. loc.*

Lorsqu'au contraire, les « représentants » n'ont pas de personnalité professionnelle indépendante de celle de l'entreprise qui les emploie, agissent pour son compte et apparaissent en fait comme ses préposés (représentants permanents par exemple), l'entreprise doit être considérée comme exerçant directement et personnellement dans le pays en cause une activité imposable.

En pratique, l'existence d'un agent dépourvu de personnalité indépendante est souvent relevée par l'administration fiscale pour soumettre à l'impôt en France une société étrangère n'ayant pas sur notre sol un établissement matériel. À titre d'exemple, les juges ont eu à connaître sur ce terrain d'affaires concernant un agent recruté localement sur la base d'un engagement annuel et renouvelable[44] ou encore des salariés occupant de façon permanente un bureau en France[45]. En pareil cas, il n'existe pas de véritable difficulté juridique liée à la notion de représentant dépendant. Il en va cependant différemment dans d'autres situations. La question – fréquente en pratique – de savoir si le dirigeant d'une société étrangère peut être considéré comme tel est par exemple très difficile à résoudre : d'un côté, sa présence continue en France peut laisser penser que la société étrangère dispose en France d'un agent habilité à prendre les décisions qui engagent la société ; d'un autre côté, l'incompatibilité entre la fonction de dirigeant et celle de préposé laisse planer un doute – du moins au regard des critères du droit interne – sur le point de savoir si le dirigeant constitue réellement un agent dépourvu de personnalité indépendante[46].

c) Le critère du cycle commercial complet

750 Selon la doctrine administrative, l'exercice habituel d'une activité peut enfin résulter de la réalisation d'un cycle commercial complet d'opérations, alors même que l'entreprise ne posséderait dans le pays concerné aucun établissement ou représentant permanent. Un cycle complet correspond généralement à une série d'opérations commerciales, industrielles ou artisanales dirigées vers un but déterminé et dont l'ensemble forme un tout cohérent.

L'exemple le plus caractéristique du cycle complet est celui des opérations d'achat de marchandises suivies de leur revente. Peuvent également constituer un cycle commercial complet les opérations d'extraction, de transformation, de lotissement de terrain, de prestations de services ou les opérations financières, dès lors qu'elles correspondent à l'exercice habituel d'une activité distincte. Ces exemples n'ont pas un caractère exhaustif, la jurisprudence recourant à un faisceau d'indices pour aboutir à la qualification de cycle commercial complet[47]. En matière de services, la notion de cycle commercial peut également trouver à s'appliquer : c'est le cas, par exemple, lorsqu'une entreprise étrangère se livre à des opérations de crédit en vue de l'achat par des résidents français de véhicules automobiles immatriculés en France[48] ou lorsqu'une société de radiodiffusion étrangère recueille des ordres d'annonces publicitaires destinées à être diffusées à des auditeurs français[49].

44. CAA Bordeaux, 5 févr. 2004, n° 00-833, 4e ch., *Sté Something Special, RJF* 6/04, n° 632.

45. TA Dijon, 16 avril 2002, *RJF* 10/02, n° 1069.

46. Pour une réflexion plus approfondie, cf. D. Gutmann, « Un dirigeant de société peut-il être considéré comme un établissement stable ? », *Liber Amicorum Jacques Malherbe*, Bruylant, 2006, p. 545 et s.

47. Cf. par ex. CAA Paris, 2 oct. 2013, n° 12PA01844, *M. Stassart, Dr. fisc.* 2014, n° 13, comm. 246, concl. E. Ygloff, note A. Calloud et S. Dardour-Attali. On notera avec intérêt que dans le même arrêt, la cour, qui avait conclu à l'existence d'un cycle commercial complet en France, a néanmoins considéré que la société étrangère en cause ne disposait pas en France d'un établissement stable au sens de la convention franco-britannique du 22 mai 1968.

48. CE, 19 mai 1965, n° 58784, *Dupont* 1965, n° 718.

49. CE, 13 juill. 1968, n° 66503, *Dupont* 1968, p. 447.

Il convient ici de noter que la notion de cycle commercial complet ne produit pas le même effet selon qu'elle est utilisée par l'administration pour imposer une société étrangère ou une société française. En particulier, les opérations réalisées à l'étranger par une société française dans le cadre d'un cycle complet demeurent soumises à l'impôt français si elles ne sont pas détachables, par leur nature ou par leur mode d'exécution, des opérations réalisées en France par l'entreprise[50]. Il ressort ainsi de la jurisprudence que des opérations commerciales réalisées matériellement à l'étranger, mais décidées, traitées et contrôlées directement en France ne peuvent être détachées de celles qui sont effectuées dans ce pays ni, par conséquent, être considérées comme constituant un cycle commercial distinct échappant à l'impôt français[51]. La jurisprudence traite ainsi de façon dissymétrique le cycle commercial complet selon qu'il se déroule en France ou à l'étranger, ce dont l'administration fiscale profite de son côté pour tenter d'imposer en France les entreprises étrangères n'y disposant pas de présence physique. Cette situation n'est guère satisfaisante sur le plan des principes, même s'il faut reconnaître que la notion somme toute désuète de cycle commercial complet présente l'intérêt – pour l'État français – de fournir une « catégorie-balai » susceptible d'englober des situations très contemporaines, telles par exemple celle d'une société étrangère faisant du commerce électronique à destination de clients français[52].

2. L'impact des conventions fiscales sur la portée de la loi française

751 Les conventions fiscales conclues par la France ont généralement pour but de remédier à des situations de double imposition juridique. Au cas particulier des sociétés, elles servent donc à éviter qu'une même société ne soit imposée dans deux États différents à raison des mêmes revenus. Pour y parvenir, les conventions reposent sur le mécanisme suivant : en premier lieu, elles posent un critère de rattachement de la matière imposable pour déterminer quel est l'État prioritairement compétent pour imposer le bénéfice ; en second lieu, elles contiennent un mécanisme d'élimination de la double imposition permettant à l'autre État, soit d'exonérer purement et simplement les bénéfices qui échappent à sa compétence, soit de les imposer à son tour mais en accordant un crédit d'impôt[53].

Le rattachement des bénéfices d'entreprise dans les conventions fiscales fonctionne toujours de la même façon. Selon l'article 7 du modèle OCDE de convention fiscale, « les bénéfices d'une entreprise d'un État contractant ne sont imposables que dans cet État, à moins que l'entreprise n'exerce son activité dans l'autre État contractant par l'intermédiaire d'un établissement stable qui y est situé »[54]. Comme on peut l'observer, ce texte contient un principe d'imposition dans l'État de résidence. Toutefois, ce principe est immédiatement tempéré par l'affirmation de la compétence exclusive de l'État d'accueil lorsqu'existe sur son territoire un établissement stable. Le modèle OCDE procède donc d'un dosage subtil entre mondialité et territorialité : s'il retient la mondialité à titre de principe, la territorialité l'emporte toutes les fois qu'une entreprise s'implante à l'étranger de façon suffisamment stable. Dans ce contexte, le concept juridique d'établissement stable revêt une importance particulière : c'est lui qui permet de délimiter les

50. RM à M. Jean Valleix, *JO* AN, 22 sept. 1980, p. 4019.

51. À titre d'exemple, cf. CE, 5 févr. 1968, req. n° 62333 ; CE, 4 juill. 1997, n° 146930, *SA Marbrek*.

52. Sur ces questions, cf. le rapport français rédigé par T. Pons et S. Gélin dans les *Cahiers de droit fiscal international*, vol. LXXXVIa, « Taxation of income derived from electronic commerce », 2001, p. 383 et s., spéc. p. 387-89.

53. Cf. *supra*, n° 48 et s.

54. On retrouve les mêmes critères généraux de rattachement dans le modèle de convention fiscale élaboré sous l'égide de l'ONU.

compétences respectives des États contractants ; c'est lui qui permet de savoir si la France conserve son pouvoir d'imposer toutes les fois qu'est en cause une société non résidente exerçant sur son territoire certaines activités que le droit interne fait rentrer dans les catégories d'établissement, de représentant dépendant ou de cycle commercial complet. La définition de l'établissement stable présente donc des enjeux très importants pour les États : parce qu'à travers elle se dévoilent les équilibres économiques entre États contractants ; parce que les entreprises peuvent tenter d'éviter la qualification d'établissement stable afin de ne pas faire entrer dans le champ de la loi fiscale de l'État d'accueil une partie de leurs activités, ce qui explique pourquoi l'OCDE a redéfini (en l'élargissant) le concept d'établissement stable dans le cadre de l'action 7 du projet BEPS[55] ayant débouché sur une nouvelle formulation du modèle OCDE en novembre 2017 ainsi que sur la convention multilatérale signée à Paris en juin 2017.

752 L'établissement stable est défini à l'article 5 du modèle OCDE. Si ce texte n'est évidemment qu'un modèle que les conventions peuvent écarter ou amender, force est de constater qu'il constitue la matrice de la grande majorité des articles définissant l'établissement stable dans les conventions conclues par la France. L'examen de l'économie générale de l'article 5 est donc nécessaire, notamment pour mesurer les différences qui le séparent du droit interne. Pour y procéder, lisons le texte par fragments.

753 ***Art. 5. 1.*** *Au sens de la présente Convention, l'expression « établissement stable » désigne une installation fixe d'affaires par l'intermédiaire de laquelle une entreprise exerce tout ou partie de son activité.*

Commentaire : la définition générale de l'établissement stable permet de bien différencier le cas d'une entreprise qui réalise ponctuellement des opérations à l'étranger de celle qui s'y établit de façon durable, en y ayant une « installation fixe d'affaires »[56]. La première n'y est pas réputée avoir un établissement stable, ce qui ne signifie d'ailleurs pas qu'elle échappe à toute imposition dans l'État d'accueil. Ainsi, par exemple, une entreprise recevant des intérêts de source étrangère peut parfaitement être assujettie à une retenue à la source dans l'État où se trouve l'établissement payeur des intérêts en vertu de l'article 11 du modèle OCDE, et ce, sans y avoir d'établissement stable. Cette observation permet de mesurer que le critère de l'établissement stable n'est pertinent que pour déterminer l'État compétent pour imposer les bénéfices liés à l'activité d'entreprise, à l'exclusion des revenus « passifs » tels que les intérêts ou les dividendes[57]. Ceci résulte d'ailleurs du texte même de l'article 7. 7 du modèle selon

55. Projet OCDE/G20 sur l'érosion de la base d'imposition et le transfert de bénéfices, *Empêcher les mesures visant à éviter artificiellement le statut d'établissement stable*, Action 7, Rapport final (2016).

56. Pour un exemple presque caricatural dans lequel une société étrangère peut être considérée comme ayant une installation fixe d'affaires en France, cf. CE, 12 mars 2010, n° 307235, *Sté Imagin'Action Luxembourg, RJF* 5/10, n° 465 ; *BDCF* 5/10, n° 53, concl. L. Olléon. En l'espèce, une société luxembourgeoise avait une filiale française dans les locaux de laquelle l'administration avait pu trouver des centaines d'exemplaires de documents à en-tête de la société luxembourgeoise, dont des factures adressées à des clients étrangers et des correspondances à des fournisseurs, ainsi que des balances clients et des extraits de compte clients ; une salariée de la société française avait signé des documents émanant de la société luxembourgeoise, était destinataire de la correspondance adressée à cette dernière et donné des ordres de livraison et d'enlèvement de marchandises ; en outre la société luxembourgeoise avait de nombreux comptes bancaires en France, et n'employait qu'un comptable à mi-temps au Luxembourg. L'administration fiscale et le juge avaient ici l'embarras du choix pour justifier que la société luxembourgeoise disposait d'une exploitation française : il n'aurait pas été invraisemblable de considérer qu'elle disposait aussi en France d'un siège de direction effectif. Le Conseil d'État a préféré insister sur le fait que les moyens d'exploitation de la société luxembourgeoise étaient situés dans les locaux de la société française.

57. Les redevances sont également des revenus passifs mais le modèle OCDE (art. 12) attribue en principe une compétence exclusive à l'État de résidence de l'entreprise qui les perçoit, ce qui ne laisse aucune place à l'État de source.

lequel « lorsque les bénéfices comprennent des éléments de revenus traités séparément dans d'autres articles de la présente convention, les dispositions de ces articles ne sont pas affectées par les dispositions du présent article ».

Encore faut-il, pour que l'article 5-1 s'applique, qu'il existe une installation « fixe », ce qui n'est pas toujours facile à caractériser. En témoignent par exemple les travaux de l'OCDE sur le commerce électronique et notamment les conditions auxquelles un serveur hébergeant des sites web peut être considéré comme un établissement stable[58].

754 ***Art. 5. 2. L'expression « établissement stable » comprend notamment :***

a) un siège de direction[59],

b) une succursale,

c) un bureau,

d) une usine,

e) un atelier et

f) une mine, un puits de pétrole ou de gaz, une carrière ou tout autre lieu d'extraction de ressources naturelles.

3. Un chantier de construction ou de montage ne constitue un établissement stable que si sa durée dépasse douze mois.

Commentaire : les exemples donnés par le modèle OCDE démontrent qu'un « établissement » au sens du droit français, constitue normalement un « établissement stable » au sens des conventions fiscales.

755 ***Art. 5. 4. Nonobstant les dispositions précédentes du présent article, on considère qu'il n'y a pas « établissement stable » si :***

a) il est fait usage d'installations aux seules fins de stockage, d'exposition ou de livraison de marchandises appartenant à l'entreprise ;

b) des marchandises appartenant à l'entreprise sont entreposées aux seules fins de stockage, d'exposition ou de livraison ;

c) des marchandises appartenant à l'entreprise sont entreposées aux seules fins de transformation par une autre entreprise ;

d) une installation fixe d'affaires est utilisée aux seules fins d'acheter des marchandises ou de réunir des informations, pour l'entreprise ;

e) une installation fixe d'affaires est utilisée aux seules fins d'exercer, pour l'entreprise, toute autre activité ;

f) une installation fixe d'affaires est utilisée aux seules fins de l'exercice cumulé d'activités mentionnées aux alinéas a) à e),

à condition que cette activité ou, dans le cas de l'alinéa f), l'activité d'ensemble de l'installation fixe d'affaires, ait un caractère préparatoire ou auxiliaire. »

Commentaire : la fonction de ce paragraphe est d'écarter de la qualification d'établissement stable des activités ayant pour trait commun d'être des opérations préparatoires ou auxiliaires. Cette formulation du modèle OCDE date de novembre 2017[60]. L'article 5.4. est par ailleurs complété par une règle figurant à l'article 5.4.1, non reproduite ici, visant à neutraliser des opérations coordonnées entre entités appartenant à un même groupe ayant pour objet de fragmenter des opérations qui, considérées isolément, pourraient être considérées comme préparatoires ou auxiliaires mais qui, mises bout à bout, révèlent une véritable présence économique caractéristique d'un établissement stable. Comme l'indiquent les commentaires du modèle, le caractère préparatoire ou auxiliaire des activités menées dans une installation fixe d'affaires doit être déterminé à la lumière d'autres activités qui constituent des fonctions

58. Cf. sur ce point les § 42.1 et s. des commentaires de l'article 5 du modèle OCDE.

59. Sur ce concept, cf. CE, 7 mars 2016, n° 371435, *Compagnie internationale des wagons lits et du tourisme, Dr. fisc.* 2016, n° 20, aperçu rapide F. Le Mentec ; *Dr. fisc.* 2016, n° 46, comm. 591, concl. A. Bretonneau, note E. Meier. V. aussi la chronique d'E. Dinh dans *L'Année fiscale* 2016, *Dr. fisc.* 2017, n° 9, 180, § 2 et s.

60. L'article 13 de la convention multilatérale de 2017 ouvre aux États d'autres options de formulation pour tenir compte des activités préparatoires ou auxiliaires.

complémentaires qui font partie d'un ensemble cohérent d'activités d'entreprise et que la même entreprise ou des entreprises étroitement liées exercent dans le même État.

756 ***Art. 5. 5.*** Nonobstant les dispositions des paragraphes 1 et 2, mais sous réserve des dispositions du paragraphe 6, lorsqu'une personne autre qu'un agent jouissant d'un statut indépendant auquel s'applique le paragraphe 6 agit dans un État contractant pour le compte d'une entreprise et dispose dans un État contractant de pouvoirs qu'elle y exerce habituellement lui permettant de conclure des contrats, et, ce faisant, conclut habituellement des contrats ou joue habituellement le rôle principal menant à la conclusion de contrats qui, de façon routinière, sont conclus sans modification importante par l'entreprise, et que ces contrats sont :

— au nom de l'entreprise, ou

— pour le transfert de la propriété de biens, ou pour la concession du droit d'utiliser des biens, appartenant à cette entreprise ou que l'entreprise a le droit d'utiliser, ou

— pour la prestation de services par cette entreprise.

Cette entreprise est considérée comme ayant un établissement stable dans cet État pour toutes les activités que cette personne exerce pour l'entreprise, à moins que les activités de cette personne ne soient limitées à celles qui sont mentionnées au paragraphe 4 et qui, si elles étaient exercées par l'intermédiaire d'une installation fixe d'affaires (autre qu'une installation fixe d'affaires à laquelle le paragraphe 4.1 s'appliquerait), ne permettraient pas de considérer cette installation comme un établissement stable selon les dispositions de ce paragraphe.

Art. 5. 6. Une entreprise n'est pas considérée comme ayant un établissement stable dans un État contractant du seul fait qu'elle y exerce son activité par l'entremise d'un courtier, d'un commissionnaire général ou de tout autre agent jouissant d'un statut indépendant, à condition que ces personnes agissent dans le cadre ordinaire de leur activité. Le paragraphe 5 ne s'applique pas lorsque la personne qui agit dans un État contractant pour le compte d'une entreprise de l'autre État contractant exerce dans le premier État une activité d'entreprise comme agent indépendant et agit pour l'entreprise dans le cadre ordinaire de cette activité. Toutefois, lorsqu'une personne agit exclusivement ou presque exclusivement pour le compte d'une ou de plusieurs entreprises auxquelles elle est étroitement liée[61], cette personne n'est pas considérée comme un agent indépendant au sens du présent paragraphe en ce qui concerne chacune de ces entreprises.

Commentaire : les paragraphes 5 et 6 de l'article 5 du modèle OCDE constituent la version conventionnelle de la notion, connue du droit interne français, d'agent dépourvu de personnalité professionnelle distincte. Les critères retenus pour caractériser l'agent rejoignent sur les grands principes ceux connus en droit interne : statut dépendant et pouvoirs de conclure des contrats au nom de l'entreprise dans le cadre de son activité génératrice de profit.

61. Pour les besoins de ce texte, une personne ou une entreprise est étroitement liée à une entreprise si, compte tenu de l'ensemble des faits et circonstances pertinents, l'une contrôle l'autre ou toutes deux sont sous le contrôle des mêmes personnes ou entreprises. Dans tous les cas, une personne ou une entreprise sera considérée comme étroitement liée à une entreprise si l'une détient directement ou indirectement plus de 50 % des droits ou participations effectifs dans l'autre (ou, dans le cas d'une société, plus de 50 % du total des droits de vote et de la valeur des actions de la société ou des droits ou participations effectifs dans les capitaux propres de la société), ou si une autre personne ou entreprise détient directement ou indirectement plus de 50 % des droits ou participations effectifs (ou, dans le cas d'une société, plus de 50 % du total des droits de vote et de la valeur des actions de la société ou des droits ou participations effectifs dans les capitaux propres de la société) dans la personne et l'entreprise ou dans les deux entreprises.

Néanmoins, la formulation du modèle OCDE issue de la révision en novembre 2017 (et dont on retrouve la trace dans la convention multilatérale de juin 2017) est fortement teintée par le souci de lutter contre l'évitement du statut d'établissement stable.

Une attention particulière est ainsi portée aux faits, ceux-ci étant considérés comme prédominants par rapport aux qualifications juridiques retenues par les parties. Les pouvoirs de fait de l'agent sont par exemple décisifs pour déterminer si celui-ci constitue ou non un établissement stable. À cet égard, on portera une attention particulière à la rédaction du paragraphe 5 qui indique qu'une personne dispose d'un pouvoir d'engagement, au sens du modèle OCDE, dès l'instant qu'elle dispose dans un État contractant de pouvoirs qu'elle y exerce habituellement lui permettant de conclure des contrats, et, ce faisant, conclut habituellement des contrats *ou joue habituellement le rôle principal menant à la conclusion de contrats qui, de façon routinière, sont conclus sans modification importante par l'entreprise.* La formule qui précède date de 2017 et vise à lutter contre une approche juridique « formaliste » qui s'attache, pour déterminer le pouvoir de l'agent, à une analyse du statut juridique de celui-ci. De même, c'est pour lutter contre l'illusion de l'indépendance juridique que le modèle OCDE prévoit que lorsqu'une personne agit exclusivement ou presque exclusivement pour le compte d'une ou de plusieurs entreprises auxquelles elle est étroitement liée, cette personne n'est pas considérée comme un agent indépendant au sens du présent paragraphe en ce qui concerne chacune de ces entreprises.

La jurisprudence française est d'une certaine visée par cette évolution car elle s'était montrée fermement attachée au respect de la réalité juridique lorsqu'un agent, quoique dépendant économiquement, est doté d'un statut juridique autonome et n'engage pas juridiquement son commettant à l'égard des tiers. En témoigne l'importante décision *Société Zimmer Ltd* rendue par le Conseil d'État dans une affaire où un commissionnaire a été considéré comme ne pouvant constituer un établissement stable de son commettant[62], dont le médiatique jugement rendu par le tribunal administratif de Paris dans l'affaire *Google* est le prolongement par son raisonnement très juridique[63].

Dans l'affaire *Zimmer*, une société de droit britannique commercialisait des produits orthopédiques en France par l'intermédiaire d'une société française appartenant au même groupe, agissant en tant que distributeur. Ces deux sociétés décidèrent en 1995 de transformer leurs relations commerciales, la société française devenant le commissionnaire de sa société mère. L'administration fiscale estima qu'au lendemain de cette transformation, la société mère disposait en France d'un agent dépendant au sens de la convention franco-britannique du 22 mai 1968 et que la fraction des bénéfices de la société britannique imputable à son établissement stable français devait être imposée en France. Le Conseil d'État ne l'entendit cependant pas de cette oreille : censurant l'arrêt de la cour administrative d'appel de Paris[64], il affirma clairement que « les contrats conclus par le commissionnaire, alors même qu'ils

62. CE, 10e et 9e s.-s., 31 mars 2010, *Sté Zimmer Ltd*, n° 304715 et 308525, *RJF* 6/10, n° 568, et l'étude de S. Austry, S. Gélin et D. Gutmann, *RJF* 6/10, p. 451 et s. ; *Dr. fisc.* 2010, n° 16, comm. 289, concl. J. Burguburu, note E. Rivière, P. Escaut et E. Bonneaud ; *Dr. fisc.* 2010, n° 16, Actualités, 127, note G. Blanluet ; *L'année fiscale, Dr. fisc.* 2011, n° 9, ét. 235, obs. B. Castagnède ; *European Taxation*, Aug. 2010, p. 350 et s., note B. Gouthière ; *International Transfer Pricing Journal* July/Aug. 2010, p. 266 et s., note P.-J. Douvier et X. Lordkipanidze. Pour un arrêt ultérieur reprenant le raisonnement de l'arrêt *Zimmer*, v. CE, 6 oct. 2010, n° 307680, *Sté Iota, RJF* 2/11, n° 143. Pour un arrêt illustrant l'approche juridique de la notion de pouvoirs permettant d'engager la société étrangère, v. CAA Paris, 10 févr. 2011, n° 09PA06295, *Dr. fisc.* 2011, n° 23, comm. 381, note F. Rontani.

63. TA Paris, 12 juill. 2017, n° 1505113/1-1, *Sté Google Ireland Limited, Dr. fisc.* 2017, n° 39, 482, concl. A. Segretain, note R. Zaghdoun et Q. Philippe. Dans le même sens dans une affaire comparable, v. CAA Paris, 1er mars 2018, n° 17PA01538. Le raisonnement tenu dans l'affaire Google a été fortement critiqué par F. Deboissy et G. Wicker dans un article intitulé « Ne pas confondre signature et consentement pour une qualification d'établissement stable conforme à la réalité », *Dr. fisc.* 2018, n° 10, 209. La critique s'appuie notamment sur l'idée que si l'administration peut démontrer qu'il existe une contradiction entre la situation contractuelle apparente, à savoir les énonciations du contrat conclu entre filiale française de Google et la société irlandaise du même groupe, et la situation contractuelle réellement voulue par les parties, qui correspond à la réalité de leur pratique contractuelle, elle est en droit d'écarter les stipulations du contrat qui ne correspondent pas à la réalité, et qui sont dès lors fictives, pour établir l'impôt à partir de la réalité de la situation contractuelle.

64. CAA Paris, 2 févr. 2007, n° 05-2361, 2e ch. B, concl. F. Bataille, *RJF* 2007, n° 603 ; *Dr. fisc.* 2007, n° 26, comm. 685 ; *JCP* E, n° 51, 20 déc. 2007, chron. 2605 par E. Meier ; *Dr. sociétés*, n° 6, juin 2007,

sont conclus pour le compte de son commettant, n'engagent pas directement ce dernier vis-à-vis des cocontractants du commissionnaire ; [...] par suite, un commissionnaire ne peut en principe constituer, du seul fait de ce qu'en exécution de son contrat de commission il vend, tout en signant les contrats en son propre nom, les produits ou services du commettant pour le compte de celui-ci, un établissement stable du commettant ». Il n'en va autrement, selon le Conseil d'État, que « s'il ressort soit des termes mêmes du contrat de commission, soit de tout autre élément de l'instruction, qu'en dépit de la qualification de commission donnée par les parties au contrat qui les lie, le commettant est personnellement engagé par les contrats conclus avec des tiers par son commissionnaire qui doit alors, de ce fait, être regardé comme son représentant et constituer un établissement stable ». La solution est fondée sur l'article L. 132-1 du Code de commerce et est conforme à l'approche civile du contrat de commission. Elle démontre que le pouvoir d'engagement de l'agent ne peut s'entendre qu'en droit, et non en fait.

L'avenir de la solution retenue par l'arrêt *Zimmer Ltd* paraît aujourd'hui compromis, compte tenu de l'actuelle rédaction de la convention modèle de l'OCDE et du contenu de la convention multilatérale de juin 2017 qui, sur ce point, n'a fait l'objet d'aucune réserve de la part de la France.

757 ***Art. 5. 7.*** *Le fait qu'une société qui est un résident d'un État contractant contrôle ou est contrôlée par une société qui est un résident de l'autre État contractant ou qui y exerce son activité (que ce soit par l'intermédiaire d'un établissement stable ou non) ne suffit pas, en lui-même, à faire de l'une quelconque de ces sociétés un établissement stable de l'autre.*

Commentaire : cette formule négative est destinée à éviter qu'une administration fiscale ne qualifie systématiquement une filiale d'établissement stable. En principe, l'administration doit en effet tirer les conséquences de la personnalité juridique distincte de la filiale. Ceci n'empêche cependant pas, lorsque les conditions d'existence d'un établissement stable sont réunies, d'en constater le plein effet juridique. Tel est le cas, notamment, lorsqu'une filiale constitue en réalité une installation fixe d'affaires à travers laquelle la société mère exerce son activité sur son territoire, ou lorsqu'une filiale constitue un agent dépendant au sens des stipulations conventionnelles figurant dans la convention bilatérale entre les États de résidence des deux sociétés.

Ce type de situation n'est pas abstrait, ainsi qu'en témoigne l'arrêt de section *Interhome AG* rendu par le Conseil d'État le 20 juin 2003[65].

En l'espèce, la société suisse Interhome AG avait pour activité de conclure avec des propriétaires de résidences secondaires situées dans divers pays européens un mandat pour donner ces résidences en location. À cette fin, elle éditait un catalogue de ces résidences et conviait les locataires éventuels à entrer en relation avec ses filiales locales, qui veillaient à l'entretien des résidences, signaient les baux et en contrôlaient la bonne exécution avant et après remise des clés. La société Interhome AG avait une filiale française dont elle était l'unique client et à laquelle elle versait de façon récurrente, outre des commissions, une subvention d'équilibre.

Dans cette affaire, l'administration fiscale avait estimé que la société française constituait un établissement stable de sa mère en s'appuyant sur l'article 5 de la convention franco-suisse du 9 septembre 1966. Le Conseil d'État en admit le principe et affirma en substance : « une société résidente de France

---

comm. 125, note J.-L. Pierre ; *Option finance*, 14 mai 2007, art. de S. Gélin. Sur cette affaire, v. également D. Gutmann, « La filiale commissionnaire : un établissement stable ? », *Études à la mémoire du Professeur Cozian*, Litec, 2009, p. 537 et s. ; G. Blanluet, « Le commissionnaire, établissement stable du commettant ? Réflexions autour de l'affaire Zimmer », *Dr. fisc.* 2010, n° 3, ét. 79. Pour d'autres problèmes posés par la conversion d'un acheteur-revendeur en commissionnaire, notamment en matière de prix de transfert, v. CAA Paris, 13 déc. 2012, n° 10PA00748, *Sté de participations et d'études des boissons sans alcool*, *Dr. fisc.* 2013, n° 15, comm. 238, concl. A. Bernard, note B. Lunghi, Ch. Perez-Cuccureddu et F. Garcia (jugeant que cette conversion ne peut être regardée comme opérant transfert de la clientèle au commettant). Le Conseil d'État a confirmé l'analyse des juges parisiens en refusant d'admettre le pourvoi formé contre cet arrêt. Dans le même sens, v. CAA Versailles, 12 juin 2014, n° 11VE006431, *SARL Fortune Brands International Holdings* et CE, 9 avril 2014, n° 366493, *SA Sopebsa*, *Dr. fisc.* 2014, n° 40, comm. 563, note C. Silberztein et B. Granel.

65. CE, 20 juin 2003, n° 224407, sect., *RJF* 10/03, 1147 et chr. L. Olléon, p. 751, concl. S. Austry, *BDCF* 10/03, n° 130.

contrôlée par une société résidente de Suisse ne peut constituer un établissement stable de cette dernière que si elle ne peut être considérée comme un agent indépendant de la société résidente de Suisse et si elle exerce habituellement en France, en droit ou en fait, des pouvoirs lui permettant d'engager cette société dans une relation commerciale ayant trait aux opérations constituant les activités propres de cette société ». Le Conseil d'État établissait par-là deux critères nécessaires à la qualification d'établissement stable : la dépendance et l'exercice d'un pouvoir d'engagement. Pour étayer le lien de dépendance, le Conseil releva que la filiale exerçait son activité exclusivement pour l'exécution des mandats obtenus par sa société mère et que l'insuffisance des commissions reçues de celle-ci n'était comblée que par le versement d'une subvention d'équilibre. Quant au critère du pouvoir d'engagement, il ressort de l'arrêt qu'il s'applique toutes les fois qu'une filiale exerce un pouvoir, soit de droit, soit de fait.

Compte tenu des observations faites ci-dessus au sujet des paragraphes 5 et 6 de l'article 5 du modèle OCDE, l'analyse retenue par le Conseil d'État paraît conforme à l'esprit du modèle OCDE et de ses commentaires[66]. Que le Conseil d'État ait, dans l'affaire Interhome AG, vraisemblablement commis sur ce terrain une erreur de raisonnement au regard du droit civil[67], n'entame pas la portée générale qu'il convient d'attribuer à l'arrêt : une filiale peut bel et bien être considérée comme un agent dépendant de sa société mère lorsque certaines conditions sont réunies. Reste à savoir comment calculer le bénéfice attribuable à cet établissement stable, ce qui peut s'avérer fort complexe, et comment articuler l'imposition de la filiale et celle de la société mère. Autant de questions délicates, en théorie comme en pratique[68].

D. LES EXCEPTIONS AU PRINCIPE DE TERRITORIALITÉ

758 Le principe de territorialité de l'impôt sur les sociétés a une facette positive et une facette négative. Positivement, il implique qu'une société n'est imposable en France que sur les éléments de bénéfice se rattachant à une exploitation française. Négativement, et par symétrie, il en résulte que les pertes et déficits se rattachant à une exploitation étrangère ne peuvent en principe affecter les résultats d'une société imposable en France[69].

Or, la facette négative du principe de territorialité est évidemment perçue comme gênante par les sociétés françaises car elle les empêche d'imputer les charges liées à leurs activités à l'étranger sur leurs bénéfices de source française. Pour tenter de contourner cette difficulté, elles ont donc tenté de consentir à leurs succursales étrangères des aides ou des abandons de créance (pour autant que ces formules signifient quelque chose en présence d'entités dépourvues de personnalité juridique). Ces opérations, engendrant une déduction au niveau du siège, permettent indirectement de rapatrier la perte étrangère.

La doctrine administrative refusa de jouer ce jeu et décida que ces différentes formes d'aides ne pouvaient donner lieu à une quelconque déduction, compte tenu de l'absence de personnalité juridique

66. Commentaires de l'article 5.5, § 31 et s.

67. En l'espèce, le Conseil d'État estima que la société française ne pouvait être considérée comme établissement stable car elle n'agissait pas dans le domaine caractérisant les activités propres de la société mère. On a justement fait observer que cette analyse faisait abstraction du fait que la société filiale, mandataire substitué de sa société mère, avait un pouvoir d'engagement de celle-ci dans son domaine d'activité, nonobstant le fait que les deux sociétés entraient en relation avec des personnes différentes (P. Dibout et J.-P. Le Gall, art. préc., n° 34 et s., p. 1667 et s.). Pour une analyse approfondie des points de vue civil et fiscal, faisant une large place au droit comparé, cf. J.-P. Le Gall, "The David R. Tillinghast lecture. Can a Subsidiary be a Permanent Establishment of its Foreign Parent?", *Tax Law Review*, vol. 60, n° 3, 2007, p. 179 et s.

68. Pour une réflexion sur ce thème, cf. notre article précité, « La filiale commissionnaire : un établissement stable ? », in *Écrits de fiscalité des entreprises, Études à la mémoire du Professeur Maurice Cozian*, Litec, 2009, p. 537 et s.

69. CE, 12 nov. 1969, n° 75410 ; 25 oct. 1972, n° 91999, *Dr. fisc.* 1973, n° 22, comm. 843, concl. L. Mehl ; 18 mars 1985, n° 38036, *Dr. fisc.* 1985, n° 26, comm. 1210.

de la succursale étrangère et d'autonomie de celle-ci par rapport au siège[70]. Suite à une évolution jurisprudentielle assez chaotique, cette position rigoureuse fut pourtant partiellement remise par un arrêt de section *Société Télécoise*[71] qui affirma que « si la succursale entretient avec le siège des relations commerciales favorisant le maintien ou le développement des activités en France de la société, celle-ci peut déduire de ses résultats imposables les pertes, subies ou régulièrement provisionnées, résultant des aides apportées à la succursale dans le cadre de ces relations ».

La portée exacte de cet arrêt n'est pas aisée à cerner. Certes, il en ressort à coup sûr que la déduction d'aides consenties à la succursale ne peut se concevoir que dans le cadre de relations commerciales – ce qui exclut le cas d'un abandon de créance à caractère financier – et lorsque l'aide est consentie en vue du maintien et du développement de l'activité exploitée en France. D'un certain point de vue, la rédaction de l'arrêt *Télécoise* laisse ainsi entendre que la déduction accordée à la société française, loin de constituer une exception au principe de territorialité, ne serait finalement que la conséquence logique du principe lui-même.

En outre, la frontière entre l'intérêt propre du siège et celui de la succursale apparaît souvent délicate à tracer, et la jurisprudence devra encore trancher le point de savoir jusqu'à quel point l'intérêt bien compris du siège (illustré par l'objectif de préservation du renom de la société, par exemple) passe nécessairement par le soutien aux succursales étrangères. On conçoit que ce soit le cas lorsque la société française fabrique des produits qui sont distribués à l'étranger par l'intermédiaire des succursales[72]. Peut-être est-ce également le cas pour d'autres types de relations commerciales, du moment qu'elles ont un impact sur l'exploitation française et sur la réalisation de produits imposables en France[73]. Encore faudra-t-il que la question persiste à se poser, compte tenu des incertitudes qui pèsent sur l'avenir du principe de territorialité lui-même.

E. L'AVENIR DU PRINCIPE DE TERRITORIALITÉ

759 L'avenir du principe de territorialité « à la française » est incertain à plusieurs égards.

En premier lieu, on peut noter que le droit de l'Union européenne pourrait à terme entraîner une révision substantielle de nos critères de territorialité de l'impôt sur les

70. BOI-IS-CHAMP-60-10-40 n° 530.

71. CE, Sect., 16 mai 2003, n° 222956, *Droit fiscal* 2003, n° 30-35, comm. 582, concl. M.-H. Mitjaville ; *RJF* 7/03, n° 823, chron. L. Olléon, p. 571-574 et concl. M.-H. Mitjaville in *BDCF* 7/03, n° 91 ; *L'année fiscale* 2004, p. 284 et s. et l'article de G. Gest, « Télécoise, réelle avancée ou décision à contre-courant ? ». Voir également N. Chahid-Nouraï, « Abandon de créances à caractère commercial entre siège français et succursale étrangère », *BGFE* 4/03, p. 21-24 ; B. Gouthière, « Le Conseil d'État précise la portée du principe de territorialité de l'IS », *FR* n° 26-03, p. 23 à 25.

72. Pour un exemple, v. CAA Paris, 2e ch, 12 mai 2010, n° 08PA05384, *Beauté Créateurs SAS*, *Dr. fisc.* 2011, n° 10, comm. 247, note G. Le Camus et A. Calloud : en l'espèce, la succursale britannique d'une société française promouvait les ventes par correspondance de la société française, démarchait les clients britanniques et recevait leurs commandes. La Cour estima que le chiffre d'affaires important généré par la succursale britannique démontrait que son activité avait permis de développer l'activité en France. Elle admit donc la perte résultant de l'aide apportée à la succursale. Pour une application négative du principe, v. CE, 4 déc. 2013, n° 355694, *Sté Kepler Equities*, *Dr. fisc.* 2014, n° 30, comm. 465, concl. V. Daumas, note Ph. Legentil où le Conseil d'État confirme l'arrêt de la cour administrative d'appel qui avait relevé qu'il n'était pas contesté qu'une fraction des avances litigieuses faites par le siège à ses succursales étrangères (et ayant ultérieurement donné lieu à un abandon de créances) avait eu pour objectif et contrepartie le développement d'une activité imposable en France par le biais de commissions versées par les succursales bénéficiaires de l'aide ou liées à l'activité de celles-ci, mais estimé que la société Kepler Equities n'apportait, ainsi qu'il lui incombait, aucun élément permettant d'apprécier l'importance relative de l'activité des succursales contribuant à la réalisation de produits imposables en France, et par suite, de justifier qu'une partie des abandons de créances consentis était déductible des résultats imposables en France.

73. B. Gouthière, n° 5957.

sociétés afin de faire face à la difficulté de taxer certaines sociétés étrangères n'ayant pas en France une présence physique susceptible de caractériser un établissement stable. On a vu plus haut que l'affaire « Google » illustrait à la perfection cette inadéquation des « vieux » critères de territorialité aux nouveaux modèles d'affaires développés par certains acteurs du numérique[74]. Or, s'il est vrai que le concept d'établissement stable a beaucoup évolué à la faveur de la révision du modèle OCDE et de l'adoption de la convention multilatérale de 2017, il n'en reste pas moins vrai que tous les États n'ont pas signé cette convention et que, même lorsqu'ils l'ont signée, ils ont pu émettre des réserves faisant obstacle à l'application d'un concept élargi d'établissement stable.

C'est pourquoi une proposition de directive de la Commission européenne du 21 mars 2018[75] invite les États à adopter dès que possible une directive ayant pour objet d'étendre la notion d'établissement stable pour élargir le champ de leur compétence territoriale. En parallèle, la Commission recommande aux États membres d'inclure dans les conventions qu'ils ont conclues avec les États tiers à l'Union européenne une définition de l'établissement stable consacrant le concept de « présence numérique significative ». Une telle présence serait réputée exister si l'activité exercée par une entreprise consiste en la fourniture de services numériques par l'intermédiaire d'une interface numérique et qu'une ou plusieurs conditions sont remplies : la part du total des produits tirés au cours de l'exercice et résultant de la fourniture de ces services numériques à des utilisateurs situés dans un État membre est supérieure à 7 millions d'euros ; le nombre d'utilisateurs de l'un ou plusieurs de ces services situés dans cet État membre est supérieur à 100 000 ; le nombre de contrats commerciaux pour la fourniture de tels services numériques conclus au cours de la période d'imposition (au sens de l'impôt sur les sociétés) par des utilisateurs situés dans l'État membre concernés est supérieur à 3 000. Il est trop tôt pour évaluer la probabilité d'adoption d'une telle directive mais elle démontre que le droit de l'Union européenne pourrait bien, demain, impacter le droit des traités.

En second lieu, plusieurs arrêts de la CJCE conduisent à penser que l'impossibilité absolue pour une société française d'imputer les pertes de ses succursales étrangères constitue une atteinte à la liberté d'établissement incompatible avec l'article 43 CE. C'est notamment le cas de l'arrêt *Lidl Belgium*[76], rendu en présence d'une société allemande qui avait un établissement stable luxembourgeois déficitaire.

Les autorités allemandes refusaient l'imputation du déficit sur les résultats imposables en Allemagne car la convention fiscale conclue avec le Luxembourg appliquait aux bénéfices d'entreprise la méthode de l'exonération, ce qui avait selon l'administration allemande pour corollaire que les pertes ne pouvaient, pas davantage que les bénéfices, influer sur le bénéfice imposable en Allemagne. Le problème était simple : sachant qu'une société allemande ayant une succursale en Allemagne peut librement utiliser un déficit réalisé sur son territoire, le fait de refuser la prise en compte d'un déficit réalisé dans la succursale étrangère est-il constitutif d'une atteinte à la liberté d'établissement ? Comme on le voit, la question posée à la CJCE n'était pas *stricto sensu* relative au principe de territorialité de l'impôt sur les sociétés, mais elle s'en rapprochait sensiblement puisque l'Allemagne appliquait, dans le cadre de sa convention fiscale avec le Luxembourg, un principe d'exonération des bénéfices étrangers.

74. V. aussi à ce sujet N. Vergnet, *Les fondements théoriques de l'établissement stable à l'épreuve de la modernisation de l'économie*, *Dr. fisc.* 2017, n° 39, 476.

75. Proposition de directive du 21 mars 2018 établissant les règles d'imposition de sociétés ayant une présence numérique significative : COM (2018) 147 final.

76. CJCE, 15 mai 2008, *Lidl Belgium GmbH & Co. KG c/ Finanzamt Heilbronn*, aff. C-414/06, *Dr. fisc.* 2008, n° 39, comm. 512, note M.-Ch. Bergerès.

Pour trancher le problème, la Cour de justice relève, dans un premier temps, que « la situation fiscale d'une société qui a son siège statuaire en Allemagne et qui possède un établissement stable dans un autre État membre est moins favorable que celle qui serait la sienne si cette dernière entité était établie en Allemagne. En raison de cette différence de traitement fiscal, une société allemande pourrait être dissuadée d'exercer ses activités par l'intermédiaire d'un établissement stable situé dans un autre État membre. Force est de conclure que le régime fiscal en cause au principal comporte une restriction à la liberté d'établissement »[77].

Dans un deuxième temps du raisonnement, la Cour estime néanmoins que cette restriction peut être justifiée par deux raisons impérieuses d'intérêt général[78].

La première tient au respect de la répartition du pouvoir d'imposition entre les États membres. Selon la Cour, « donner aux sociétés la faculté d'opter pour la prise en compte de leurs pertes dans l'État membre où se situe leur établissement ou dans un autre État membre compromettrait sensiblement une répartition équilibrée du pouvoir d'imposition entre les États membres ». Une telle liberté de choix créerait en effet une dissymétrie entre l'impossibilité d'imposer les bénéfices (en raison de la clause d'exonération prévue par la convention fiscale) et l'obligation d'imputer les pertes (si l'on faisait droit à l'argumentation de la société requérante). En outre, une autre justification de la restriction à la liberté d'établissement se rattache à la nécessité de prévenir une double utilisation par la société allemande de la même perte : une fois en Allemagne (si l'on autorisait la société allemande à imputer sa perte luxembourgeoise), puis une seconde fois au Luxembourg l'année suivante (par le jeu du report en avant des déficits dans les sociétés de capitaux). À ce stade du raisonnement, la Cour estime donc qu'il existe des justifications valables à l'impossibilité pour la société allemande d'imputer ses pertes luxembourgeoises.

Reste à vérifier, dans la dernière étape du raisonnement, que le régime fiscal en cause ne va pas au-delà de ce qui est nécessaire pour atteindre les objectifs poursuivis. C'est le principe de proportionnalité.

Cette vérification est essentielle puisque la Cour considère, depuis l'arrêt *Marks & Spencer* du 13 décembre 2005[79], que l'impossibilité pour une filiale de transférer ses déficits à sa société mère située dans un autre État membre viole le principe de proportionnalité lorsque la filiale a épuisé les possibilités de prise en compte des pertes subies dans l'État membre où elle est située au titre de l'exercice fiscal concerné ainsi que des exercices fiscaux antérieurs et lorsqu'il n'existe pas de possibilité pour que les pertes de ladite filiale puissent être prises en compte dans ledit État au titre d'exercices futurs.

L'idée est simple : lorsqu'une perte ne peut pas être utilisée dans l'État où elle est réalisée, il n'existe aucun risque d'atteinte à la répartition des pouvoirs d'imposer entre États, ni *a fortiori* de risque de double utilisation de la même perte. Dans l'arrêt *Lidl*, ce même raisonnement est repris. Il s'applique donc, non seulement dans le cadre des relations entre sociétés mères et filiales, mais également à l'intérieur d'une même société, toutes les fois que celle-ci dispose d'un établissement stable à l'étranger. Et si *Lidl* perdit en l'espèce son procès, la société ayant effectivement pu imputer sa perte lors d'une année ultérieure au Luxembourg, la Cour n'en dégagea pas moins un principe général qui transcende les faits de l'espèce.

La portée de l'arrêt Lidl demeure ambiguë en raison d'une jurisprudence ultérieure particulièrement difficile à interpréter[80]. En particulier, il semblait résulter d'un arrêt « Nordea Bank Danmark »[81] que la Cour subordonnait la comparabilité entre un établissement stable domestique et un établissement stable étranger au fait que l'État du siège taxe les profits sur une base mondiale et procède ainsi à l'assimilation entre les profits de source domestique et ceux de source étrangère. On voit qu'a contrario, un système purement territorial en droit interne pourrait être considéré comme rendant par nature incomparable profits locaux et profits étrangers, ce qui ferait du même coup obstacle à la reconnaissance d'une atteinte à la liberté d'établissement. Cette lecture a toutefois été démentie par un arrêt ultérieur,

77. Arrêt *Lidl*, points 25 et 26.

78. Arrêt *Lidl*, points 27 à 37.

79. C-446/03, point 55. Pour plus de détails sur cet arrêt, cf. *infra*, n° 795.

80. Cf. notamment CJCE, 23 oct. 2008, aff. C-157/07, *Krankenheim Ruhesitz Wannsee-Seniorenheimstatt GmbH* ; CJUE, 17 juill. 2014, *Nordea Bank Danmark*, C-48/13.

81. Cité à la note précédente.

l'arrêt « Bevola »[82], dans lequel la Cour a reconnu que même un système reposant sur la territorialité de l'impôt sur les sociétés peut porter atteinte à la liberté d'établissement s'il fait systématiquement obstacle à la prise en compte des pertes d'un établissement étranger supportant des pertes définitives affectant la capacité contributive de la société.

Au cas particulier, la société Bevola, dont le siège est au Danemark, avait en Finlande une succursale qu'elle avait fermée au cours de l'année 2009. Les pertes subies par la succursale s'élevaient alors à environ 375 000 €, somme qui n'a pas pu être déduite en Finlande. La société Bevola a alors demandé à pouvoir déduire ces pertes de son revenu imposable au Danemark, au titre de l'exercice 2009, ce qui lui a été refusé. L'administration fiscale danoise faisait, d'une part, valoir que la loi relative à l'impôt sur les sociétés danois ne permettait pas cette imputation et que, d'autre part, la société aurait pu procéder à cette imputation si elle avait opté pour le régime d'intégration fiscale internationale alors applicable aux sociétés danoises.

La CJUE a constaté, tout d'abord, qu'il existe en droit danois une différence de traitement entre des situations qu'elle juge comparables au vu de la finalité des dispositions nationales en cause, consistant à taxer des sociétés ayant un établissement stable supportant des pertes définitives en tenant compte de leur capacité contributive. Elle a jugé ensuite que la préservation de la cohérence du régime fiscal constitue une justification de la différence de traitement en cause et ajoute que le risque de double emploi des pertes, bien que non explicitement invoqué par le gouvernement danois, est également de nature à justifier une entrave à la liberté d'établissement (points 51 et 52). Pour autant, dès lors qu'il n'existe plus aucune possibilité de déduire les pertes de l'établissement stable non-résident dans l'État où celui-ci est situé, et que la société a cessé de percevoir de l'établissement une quelconque recette, de sorte qu'il n'existe plus aucune possibilité pour que lesdites pertes puissent être prises en compte dans ledit État membre, le risque de double déduction des pertes n'existe pas et la législation qui empêche cette déduction va donc au-delà de ce qui est nécessaire quand bien même la société résidente n'a pas opté pour un régime d'intégration fiscale internationale (application du principe de proportionnalité).

Le droit français ne peut rester indifférent à cette jurisprudence, tant il est manifeste qu'il viole le principe de proportionnalité toutes les fois qu'une société française dispose d'une succursale dans un autre État membre dont les déficits ne peuvent être utilisés localement, faute de recettes futures susceptibles de servir de base d'imputation. Il convient donc d'en tirer les conséquences et de modifier le Code général des impôts afin de permettre aux sociétés d'imputer sur leurs résultats imposables en France les déficits réalisés dans le cadre des sociétés étrangères lorsqu'il apparaît, même plusieurs années après la survenance de ces déficits, que ceux-ci ne peuvent – en tout ou en partie – être utilisés localement.

Une autre solution pourrait consister à autoriser les sociétés françaises à imputer immédiatement les pertes réalisées dans leurs établissements stables situés dans un autre État membre, quitte à réintégrer celles-ci dans leur résultat imposable lorsque la succursale étrangère redevient profitable et que ses bénéfices peuvent ainsi servir de support à l'utilisation locale des déficits antérieurs. Cette seconde solution aurait l'avantage de généraliser une technique déjà codifiée par la loi de finances pour 2009 à l'article 209 C du CGI (mais supprimée par la loi de finances pour 2014) au seul bénéfice des petites et moyennes entreprises[83].

§ 2. L'IMPOSITION DES SOCIÉTÉS ÉTRANGÈRES DISPOSANT DE REVENUS DE SOURCE FRANÇAISE

760 Il résulte du principe de territorialité que les sociétés ayant leur siège à l'étranger sont imposables en France sur leurs revenus de source française. Le principe est identique à celui qui s'applique aux sociétés françaises. Toutefois, la mise en œuvre de ce principe obéit à certaines spécificités lorsque la société en cause est étrangère. Il convient à cet effet de distinguer la situation où la société étrangère dispose en France d'un établissement stable (A) et la situation où tel n'est pas le cas (B).

82. CJUE, 12 juin 2018, C-250/16.

83. Sur ce régime, cf. *infra*, n° 802.

A. LE CAS DES SOCIÉTÉS DISPOSANT D'UN ÉTABLISSEMENT STABLE EN FRANCE

761 Lorsqu'une société étrangère exploite en France une entreprise au sens de l'article 209 du CGI ou y dispose d'un établissement stable (ce qui suppose que l'on se trouve dans un cadre conventionnel, situation la plus fréquente), deux problèmes se posent : celui de la détermination du bénéfice imposable de l'établissement stable (1°), et celui des modalités de son imposition (2°).

1. La détermination du bénéfice de l'établissement stable

762 L'existence en France d'un établissement stable commande l'application à la société étrangère de l'impôt sur les sociétés français. Il s'ensuit que les règles ordinaires du Code général des impôts s'appliquent à la détermination du bénéfice imposable, comme si la société étrangère avait son siège en France.

La soumission de l'établissement stable au droit commun souffre toutefois quelques exceptions. Du point de vue comptable, le Conseil d'État a ainsi reconnu que les succursales françaises des sociétés étrangères ne sont pas soumises à l'obligation de tenir une comptabilité selon les modalités prévues par les articles L. 123-12 et suivants du Code de commerce pour les commerçants. Elles doivent cependant présenter à l'administration fiscale, sur demande de celle-ci, les documents comptables de nature à justifier l'exactitude des résultats indiqués dans les déclarations annuelles de résultats qu'elles sont tenues de souscrire[84].

Sur le terrain fiscal, la soumission des établissements stables au droit commun souffre également quelques exceptions concernant les **quartiers généraux et les centres de logistique** de certains groupes multinationaux : afin de les attirer en France, ceux-ci peuvent être autorisés à calculer leur bénéfice imposable sur la base d'un pourcentage fixe de leurs dépenses selon la méthode dite du « *cost plus* »[85]. Il n'entre cependant pas dans le propos de cet ouvrage de détailler ces régimes totalement dérogatoires du droit commun. Ceci d'autant plus qu'il existe déjà suffisamment de difficultés inhérentes à la détermination selon les règles ordinaires des profits et des charges qu'il convient d'attribuer à l'établissement stable français d'une société étrangère.

Pour l'essentiel, les problèmes de calcul du résultat d'un établissement stable se rattachent à deux catégories. La première catégorie englobe les situations où une société étrangère dispose de plusieurs types de revenus de source française, sans que tous ces revenus soient imputables à l'activité de l'établissement stable (a). La seconde série de difficultés tenant à la détermination du bénéfice de l'établissement stable tient au fait qu'en pratique, il est souvent artificiel de tracer une frontière étanche entre l'établissement stable et le siège étranger (b).

a) Le problème du cumul entre revenus attribuables à l'établissement stable et autres revenus

763 Une société étrangère peut avoir une activité commerciale par l'intermédiaire de l'établissement stable français et faire d'autres affaires directement depuis son siège. Il se peut encore qu'une entreprise étrangère retire de son implantation en France des revenus directement liés à l'activité économique de son établissement stable et des

84. CE, 13 juill. 2011, n° 313440, *Sté Stanford Research Institute International*, *Dr. fisc.* 2011, n° 39, comm. 529, concl. C. LEGRAS.

85. Sur ces régimes, nous renvoyons à B. CASTAGNÈDE, n° 421 et s.

revenus n'ayant pas la nature de bénéfices d'entreprise. C'est le cas lorsqu'une société étrangère dispose en France d'une succursale ayant une activité commerciale et reçoit par ailleurs des revenus locatifs, des intérêts ou des dividendes. Dans tous ces cas, il s'agit de savoir si l'ensemble des revenus de source française doivent être pris en compte au titre de l'établissement stable ou s'il convient de distinguer entre les revenus de l'établissement stable *stricto sensu*, imposables à l'impôt sur les sociétés dans les conditions de droit commun, et les autres revenus, pour soumettre ces derniers aux prélèvements et retenues à la source qui s'appliquent ordinairement aux non-résidents.

On distingue habituellement deux moyens de répondre à cette question. Selon la théorie du « caractère attractif » de l'établissement stable, l'ensemble des revenus de source française doit être attribué à l'établissement stable. Cette théorie repose sur l'idée que l'existence de celui-ci manifeste en quelque sorte l'intention de la société étrangère de se placer sous l'empire de l'impôt sur les sociétés pour tous les revenus de source française. En revanche, selon la théorie du « lien effectif », le pouvoir d'imposition de la France se limite aux seuls bénéfices ou revenus effectivement rattachables à l'établissement.

L'article 7 du modèle OCDE tranche nettement en faveur de la théorie du lien effectif en énonçant que, par exception au principe d'imposition dans l'État de résidence, les bénéfices d'une entreprise sont imposables dans l'État de l'établissement stable, mais uniquement dans la mesure où ils sont imputables à cet établissement stable[86]. Il en découle que des revenus ou bénéfices réalisés directement par le siège ne peuvent être ajoutés à ceux de l'établissement stable. Quant à des revenus n'ayant pas la nature de revenus d'entreprise (dividendes, intérêts, redevances, etc.), ils ne sont imposables en tant que bénéfices de l'établissement stable que s'ils s'y rattachent effectivement, ce qui signifie en pratique qu'il doit s'agir de biens ou valeurs figurant à l'actif de l'établissement stable. La pratique conventionnelle française suit généralement ces principes, même si les solutions peuvent substantiellement varier d'un traité à l'autre en fonction de leur date de conclusion et du type de revenu considéré[87].

b) Le problème de la frontière entre siège et établissement stable

764 L'établissement stable n'a pas la personnalité juridique : il n'est qu'un démembrement d'une société étrangère qui n'agit qu'en son seul nom. Le droit fiscal oblige donc à séparer ce qui, en droit civil, ne l'est pas. À titre d'exemple, il est fréquent qu'une société étrangère fasse des dépenses qui intéressent l'ensemble de ses établissements, qu'ils soient français ou non : dépenses de marketing, de gestion du personnel, de comptabilité, etc. Faut-il admettre qu'une partie de ces dépenses soit considérée comme une charge de l'établissement stable au motif que si celui-ci avait été une entreprise autonome, il les aurait normalement supportées ? Un autre exemple concerne les actifs incorporels appartenant à la société étrangère et exploités par l'établissement stable (marques ou brevets notamment). Faut-il déduire du bénéfice de celui-ci une redevance d'un montant équivalent à celui qui aurait été acquitté par une société française ayant pris la licence de ces éléments auprès d'un tiers ? Ces questions sont fort délicates et leurs enjeux sont considérables, non seulement en raison de leur importance financière, mais aussi parce qu'il s'agit ni plus ni moins que de rechercher un traitement fiscal permettant de traiter de la même façon les entreprises dotées de la personnalité morale (les filiales de sociétés étrangères, par exemple) et les implantations sans personnalité morale.

Le modèle OCDE invite à y répondre en faisant comme si l'établissement stable était en réalité une entreprise séparée. L'article 7 § 2 du modèle dans sa version

86. Cette formule figure dans la version de l'article 7 antérieure à sa révision de 2010. Elle n'est pas reprise dans la version de 2010 mais le principe n'est pas remis en cause. Le modèle ONU réserve en revanche davantage de place à la force attractive de l'établissement stable.

87. Sur la pratique conventionnelle, cf. B. Castagnède, n° 325 et s.

antérieure à 2010 énonce ainsi que les bénéfices imputables à l'établissement stable sont ceux « qu'il aurait pu réaliser s'il avait constitué une entreprise distincte exerçant des activités identiques ou analogues dans des conditions identiques ou analogues et traitant en toute indépendance avec l'entreprise dont il constitue un établissement stable »[88]. Dans sa version issue de la révision de 2010, l'article 7 § 2 énonce que les bénéfices de l'établissement stable s'entendent de ceux « qu'il aurait pu réaliser, en particulier dans ses opérations internes avec d'autres parties de l'entreprise, s'il avait constitué une entreprise distincte et indépendante exerçant des activités identiques ou analogues dans des conditions identiques ou analogues, compte tenu des fonctions exercées, des actifs utilisés et des risques assumés par l'entreprise par l'intermédiaire de l'établissement stable et des autres parties de l'entreprise »[89]. L'esprit du modèle OCDE est ainsi clair : il s'agit de mettre fiscalement l'établissement stable dans une situation identique à celle d'une entreprise indépendante[90].

La réalité démontre cependant que cette approche est souvent difficile à mettre en musique pour les administrations des États de l'OCDE. Les interprétations de l'article 7 en sa version antérieure à 2010 varient d'un État à l'autre, au point de faire naître de nombreuses situations de double imposition et parfois d'imposition insuffisante. Pour y remédier, le comité des affaires fiscales de l'OCDE a publié le 17 juillet 2008 un volumineux rapport sur l'attribution des bénéfices aux établissements stables en vue de favoriser une harmonisation des pratiques nationales et de dégager une « approche autorisée de l'OCDE »[91]. Ce rapport insiste sur la nécessité de concevoir l'établissement stable comme une entité fonctionnellement distincte du siège, c'est-à-dire comme une entreprise à laquelle il convient d'attribuer, sur la base d'une analyse des activités réelles de l'établissement, des fonctions, des risques et des actifs propres. Cette attribution constitue l'étape préalable à la détermination des profits et des charges que sont censés dégager ces fonctions, risques et actifs. Le rapport de l'OCDE a conduit à intégrer dans la version 2010 de l'article 7 du modèle la règle selon laquelle pour déterminer les bénéfices attribuables à l'établissement stable, il faut tenir compte « des fonctions exercées, des actifs utilisés et des risques assumés par l'entreprise par l'intermédiaire de l'établissement stable et des autres parties de l'entreprise ».

Par ailleurs, le rapport de l'OCDE déduit du principe de l'entité fonctionnellement distincte que l'établissement stable est censé contracter avec le siège dans des conditions analogues à celles d'une entité indépendante. Les charges engagées et les profits retirés de ces contrats doivent donc être déterminés conformément à un principe de pleine concurrence, c'est-à-dire en recherchant les conditions financières qui se seraient appliquées entre opérateurs économiques non liés. Il existe ainsi un lien étroit et intentionnel entre les principes dégagés par l'OCDE en matière de prix de transfert[92] et ceux

88. De plus, dans la version du modèle OCDE antérieure à 2010, le paragraphe 3 de l'article 7 prévoit que « pour déterminer les bénéfices d'un établissement stable, sont admises en déduction les dépenses exposées aux fins poursuivies par cet établissement stable, y compris les dépenses de direction et les frais généraux d'administration ainsi exposés, soit dans l'État où est situé cet établissement stable, soit ailleurs ».

89. Le paragraphe 3 ajoute que « lorsque, conformément au paragraphe 2, un État contractant ajuste les bénéfices qui sont attribuables à un établissement stable d'une entreprise d'un des États contractants et impose en conséquence des bénéfices de l'entreprise qui ont été imposés dans l'autre État, cet autre État procède à un ajustement approprié du montant de l'impôt qui a été perçu sur ces bénéfices dans la mesure nécessaire pour éliminer la double imposition de ces bénéfices ».

90. Le § 4 du modèle OCDE dans sa version antérieure à 2010 admet néanmoins le recours à une méthode de ventilation basée sur la répartition des bénéfices totaux de l'entreprise entre ses différentes parties lorsqu'elle est d'usage dans un État contractant et que le résultat est conforme aux principes contenus dans l'article 7.

91. Le rapport a été révisé en 2010 pour tenir compte de la nouvelle mouture de l'article 7.

92. Cf. *supra*, n° 657.

gouvernant la détermination du bénéfice de l'établissement stable. Il n'est donc pas étonnant que ces principes aient trouvé une traduction dans le texte même de l'article 7 du modèle OCDE en 2010[93].

La France suit généralement, dans sa pratique conventionnelle et même en l'absence de convention, l'essentiel des recommandations de l'OCDE[94]. L'administration admet par exemple qu'une quote-part des frais généraux du siège soit considérée comme charges déductibles pour l'établissement stable ou, faute de convention, par un établissement tout court. Quant au Conseil d'État, il considère qu'un établissement stable ayant consenti des avances à son siège doit facturer des intérêts à raison de cette avance, faute de quoi il commet un acte anormal de gestion[95], ce qui constitue une claire mise en œuvre de l'idée selon laquelle les profits attribuables à un établissement stable doivent être calculés comme si celui-ci était une entité distincte du siège. Le Conseil d'État admet, dans la situation inverse, la déductibilité des intérêts versés par les succursales françaises de banques à leur siège à l'étranger (même si ce traitement distinct des établissements stables ne va pas jusqu'à autoriser l'administration à traiter les succursales de banques comme des entités indépendantes devant respecter la réglementation bancaire, notamment en termes de contraintes tenant au niveau de capitalisation des entités). L'administration fiscale ne saurait donc substituer au montant des fonds propres figurant dans les écritures comptables un autre montant dont la succursale aurait dû être dotée, en vertu de la réglementation applicable ou au regard, notamment, de l'encours des risques auxquels elle est exposée, si elle avait joui de la personnalité morale[96].

2. Les modalités d'imposition des établissements stables

765 Le bénéfice réalisé dans le cadre d'une « entreprise exploitée en France » ou d'un établissement stable est imposé conformément au droit commun de l'impôt sur les sociétés. Cette règle n'appelle pas de commentaire particulier, si ce n'est pour souligner que les sociétés étrangères sont ainsi placées à égalité avec les sociétés françaises et que cette solution est imposée, pour les sociétés établies dans un État de l'Union européenne, par le droit de l'Union européenne lui-même[97].

93. Cf. par ex. à ce sujet la fresque dressée par J. Malherbe et Ph. Daenen, "Permanent Establishments Claim Their Share of Profits: Does the Taxman Agree?", *Bulletin for International Taxation*, vol. 64, nº 7 ; v. aussi M. Bennett, « La mise à jour 2010 du modèle de convention fiscale de l'OCDE », *Dr. fisc.* 2010, nº 39, ét. 500.

94. Pour une description de l'approche française de l'attribution des profits aux établissements stables, cf. O. Ferrari et P. Serouin, « France », in R. Russo (ed.), *The Attribution of Profits to Permanent Establishments. The taxation of intra-company dealings*, IBFD, préf. K. Van Raad, 2005, p. 177 et s. Cet article permet notamment de pointer du doigt l'ensemble des cas où aucune certitude n'existe quant au traitement des opérations internes existant entre siège étranger et établissement stable français.

95. CE, 9 nov. 2015, nº 370974, *Sodirep Textiles SA-NV*, *RJF* 2/16, nº 121, concl. M.-A. Nicolazo de Barmon, p. 227 ; *Dr. fisc.* 2016, nº 24, comm. 377, concl. M.-A. Nicolazo de Barmon, note C. Silberztein, B. Granel, A. Calloud et M. Valeteau.

96. CE, 11 avr. 2014, nº 346687, *Banca di Roma Spa* ; nº 344990, *Bayerische Hypo und Vereinsbank AG* ; nº 359640, *Caixa Geral de Depositos*, *Dr. fisc.* 2014, nº 23, comm. 364, chron. C. Acard, nº 3 et s. On ne peut toutefois tirer de ces décisions un principe absolu de liberté de financement des établissements stables français de sociétés étrangères. En effet, si les succursales bancaires peuvent s'émanciper des contraintes des règles fiscales encadrant la sous-capitalisation (CGI, art. 212), cela tient au fait que ces règles ne s'appliquent pas aux intérêts dus par les établissements de crédit ou les sociétés de financement mentionnés à l'article L. 511-1 du Code monétaire et financier et, par extension, par les succursales en France d'établissements de crédit ayant leur siège dans d'autres États membres de l'Union européenne (BOI-IS-BASE-35-20-20-20, à jour au 29 mars 2013, nº 60). Tel n'est en revanche pas le cas des sociétés « ordinaires » pour lesquelles les critères de sous-capitalisation de l'article 212 s'appliquent et peuvent donc influer sur la méthode d'attribution des bénéfices aux établissements stables français de sociétés étrangères.

97. Cf. notamment en ce sens CJCE, 28 janv. 1986, *Commission c/ France*, aff. 270/83 ; CJCE, 21 sept. 1999, *Saint-Gobain*, aff. C-307/97.

Un impôt spécifique s'ajoute cependant à l'impôt sur les sociétés. Il s'agit de la retenue à la source de 30 % prévu par l'article 115 *quinquies* du CGI. Celle-ci n'est pas un supplément d'impôt sur les sociétés. Il s'agit bien plutôt d'un prélèvement qui frappe le transfert présumé du bénéfice (après déduction de l'impôt sur les sociétés) à la société étrangère. Comme l'explique le texte de l'article 115 *quinquies*, « les bénéfices réalisés en France par les sociétés étrangères sont réputés distribués au titre de chaque exercice à des associés n'ayant pas leur domicile fiscal ou leur siège social en France ».

Quoiqu'étrange au premier abord, cet impôt ne doit pas étonner si l'on se souvient que les personnes morales non-résidentes sont assujetties à une retenue à la source de 30 % lorsqu'elles reçoivent des dividendes versés par des sociétés françaises de capitaux[98]. Ainsi, lorsqu'une filiale française distribue un dividende à sa mère étrangère, celui-ci est théoriquement soumis à cette retenue à la source, sauf naturellement si la convention fiscale ou la directive mère-filiales en dispose autrement. Compte tenu du fait que les bénéfices engrangés par une succursale française sont souvent transférés à la société étrangère, il est donc compréhensible que la loi fiscale interne traite ce transfert comme l'équivalent économique d'une distribution de dividendes.

Encore convient-il de souligner qu'il existe plusieurs moyens de modérer cet impôt ou même d'y échapper. Tout d'abord, la présomption de transfert est réfragable. Le 2 de l'article 115 *quinquies* précise ainsi que « la société peut demander que la retenue à la source [...] fasse l'objet d'une nouvelle liquidation dans la mesure où les sommes auxquelles elle a été appliquée excèdent le montant total de ses distributions effectives. L'excédent de perception lui est restitué. Il en est de même dans la mesure où elle justifie que les bénéficiaires de ces distributions ont leur domicile fiscal ou leur siège en France et qu'elle leur a transféré les sommes correspondant à la retenue ».

Par ailleurs, la retenue à la source de l'article 115 *quinquies* ne s'applique pas, conformément au 3 de l'article, lorsque la société étrangère a son siège de direction effective dans un État membre de l'Union européenne, en Islande, en Norvège ou au Liechtenstein et y est passible de l'impôt sur les sociétés, sans possibilité d'option et sans en être exonérée, et sans bénéficier d'une exonération spécifique sur les bénéfices qu'elle réalise au titre de son établissement stable français.

Enfin, la retenue à la source peut être écartée en présence d'une convention fiscale.

Le cas le plus simple est évidemment celui où la convention la supprime nommément mais il arrive aussi que la convention ait le même effet sans stipulation expresse. Pour le comprendre, il faut rappeler que la retenue à la source de l'article 115 *quinquies* ne frappe pas directement le bénéfice : elle ne peut donc être confrontée à l'article des conventions fiscales déterminant l'État compétent pour imposer les bénéfices d'entreprise. Elle ne peut davantage être subsumée sous l'article relatif aux dividendes puisque le revenu frappé par la retenue n'est pas une distribution de dividendes. Bien plutôt, l'article 115 *quinquies* institue un impôt sur un revenu réputé distribué. Or, le Conseil d'État considère que, lorsqu'une convention ne contient pas de stipulation spécifique concernant les revenus réputés distribués, ceux-ci doivent être analysés comme « d'autres revenus » rentrant dans le champ d'application de la clause-balai des conventions fiscales[99]. Lorsque cette clause « autres revenus » attribue (ce qui est le cas le plus fréquent, du moins dans les conventions récentes) le droit d'imposer à l'État de résidence du bénéficiaire du revenu (donc à l'État de la société étrangère), la France perd le droit de percevoir la retenue à la source de l'article 115 *quinquies*.

98. Art. 119 *bis* 2, CGI.

99. CE, 31 janv. 2001, n° 199543, 8e et 3e s.-s., *SA Bank Polska Kasa Opieki*, *RJF* 4/01, n° 489.

B. LE CAS DES ENTREPRISES NE DISPOSANT PAS D'UN ÉTABLISSEMENT STABLE EN FRANCE

766 Une société ne disposant pas d'établissement stable en France, ou n'y exploitant pas une entreprise au sens du droit interne, peut néanmoins recevoir des revenus de source française : produits financiers, produits de la propriété industrielle ou commerciale, revenus fonciers, rémunérations de services etc. Ces revenus trouvant leur source en France, au sens de l'article 164 B du CGI, ils doivent être soumis à l'impôt dans notre pays, conformément au droit interne (1°). Reste à savoir dans quelle mesure la compétence française résiste à la confrontation avec les conventions internationales (2°) et le droit de l'Union européenne (3°).

1. Le droit interne

767 Lorsqu'une société de capitaux étrangère reçoit des revenus de source française, la première question qu'il faut se poser est de savoir si ces revenus sont imposables au titre de l'impôt sur les sociétés ou s'ils subissent les prélèvements et retenues à la source ordinairement applicables aux non-résidents. La réponse à la question varie selon le type de revenus considérés : lorsque les revenus et plus-values de source française sont afférents à des immeubles situés en France, il résulte de l'article 209 du Code général des impôts, tel que réformé par la loi de finances rectificative pour 2009, que ceux-ci sont imposables à l'impôt sur les sociétés (a). En présence d'autres types de revenus, il faut appliquer les prélèvements et retenues à la source ordinaires (b).

a) La soumission à l'impôt sur les sociétés des revenus et plus-values afférents à des immeubles situés en France

768 La soumission à l'impôt sur les sociétés des revenus et plus-values immobilières des sociétés étrangères suscite depuis longtemps un vif débat en doctrine et en jurisprudence. Avant l'adoption de la loi de finances rectificative pour 2009, l'article 209 du CGI prévoyait seulement que l'impôt sur les sociétés s'appliquait aux bénéfices réalisés dans le cadre d'entreprises exploitées en France. Il ne contenait pas de règle spécifique sur les profits immobiliers. Il semblait en découler, en première analyse, que tous les bénéfices réalisés en dehors de ce cadre échappaient à l'impôt sur les sociétés pour relever du droit commun applicable aux non-résidents.

Cette interprétation de l'article 209 était cependant contrebalancée par la formule figurant à la fin du premier paragraphe de l'article 206 du CGI, selon lequel sont passibles de l'impôt sur les sociétés, non seulement les sociétés de capitaux et autres entités françaises énumérées par le texte, mais aussi « toutes autres personnes morales se livrant à une exploitation ou à des opérations de caractère lucratif ». En lisant ce texte, il était donc possible de soutenir qu'une société étrangère relevait de l'impôt sur les sociétés, même en l'absence d'entreprise exploitée en France, toutes les fois qu'elle était assimilable à une société de capitaux ou se livrait à une exploitation ou à des opérations de caractère lucratif. C'était la position soutenue par l'administration fiscale[100].

La combinaison entre les deux articles précités a soulevé de nombreuses discussions en doctrine[101]. Le Conseil d'État, quant à lui, a pris position en faveur de l'assujettissement à l'impôt sur les sociétés

100. Rép. Seitlinger, *JO déb. AN*, 30 nov. 1078, p. 8544, n° 383.

101. En dernier lieu, v. le bel article de P. Kouraleva-Cazals, « Les critères d'assujettissement des sociétés étrangères à l'impôt sur les sociétés français : plaidoyer pour une clarification », *Dr. fisc.* 2012, n° 2, ét. 50. Pour les termes classiques du débat, v. notamment G. Gest et G. Tixier, *Droit fiscal*

d'une entité étrangère propriétaire d'immeubles en France au seul motif que celle-ci exerçait des activités à caractère lucratif au sens de l'article 206 du Code général des impôts. C'est ainsi notamment que l'imposition de personnes morales établies au Liechtenstein a été validée par le Conseil d'État à plusieurs reprises, en l'absence de tout contexte conventionnel[102].

Cette jurisprudence dite des *Anstalt* prêtait le flanc à la discussion. En effet, l'article 206 a pour vocation d'énumérer les types d'entités relevant de l'impôt sur les sociétés. Il ne peut se substituer ou s'ajouter à la règle définissant le champ d'application territorial de l'impôt sur les sociétés figurant au seul article 209 du même code. En outre, si l'on tirait toutes les conséquences logiques du fait que des sociétés étrangères relèvent de l'impôt sur les sociétés français en vertu de l'article 206, il faudrait admettre que tous les revenus des sociétés étrangères relèvent de l'impôt sur les sociétés, quelle que soit leur nature. Il faudrait étendre la solution bien au-delà des revenus immobiliers qui ont lui donné naissance et l'appliquer aux revenus financiers de toute nature ainsi qu'aux redevances et plus-values de tous ordres. Cette extension du domaine de l'impôt sur les sociétés priverait alors de raison d'être les prélèvements et retenues à la source du droit commun des non-résidents, ce qui serait absurde.

Le Conseil d'État semblait d'ailleurs, dans sa jurisprudence plus récente, s'orienter vers une remise en cause de sa position. Un arrêt du 31 juillet 2009 a en effet jugé, pour retenir le caractère imposable en France de la mise à disposition d'immeubles par une société britannique, que la compétence française était établie en vertu de la combinaison de l'article 206, de la convention franco-britannique du 22 mai 1968 attribuant à la France le droit d'imposer et de l'article 209, I, alinéa 1er *in fine* du Code général des impôts qui énonce que les bénéfices imposables en France incluent ceux qu'une convention fiscale attribue à la France le droit d'imposer. Or, si le Conseil d'État s'est référé dans cette décision à l'article 209, I, c'est bien, semble-t-il, parce qu'il admet implicitement que l'article 206 ne peut suffire à fonder la compétence française dans une telle hypothèse[103].

769 Finalement, le législateur a pris position. La loi de finances rectificative pour 2009 a en effet modifié la rédaction de l'article 209 pour indiquer clairement que les revenus et plus-values afférents à des immeubles situés en France ou à des titres de société à prépondérance immobilière[104] rentraient dans le champ d'application de l'impôt sur les sociétés[105]. Cette réaction législative s'explique sans doute par le fait que l'abandon de la jurisprudence des *Anstalt*, s'il avait été confirmé, aurait conduit à une forme de paradoxe, puisque les sociétés étrangères résidentes d'un État lié à la France par une convention fiscale se seraient trouvées plus lourdement imposées que celles qui ne résident pas dans un tel État. La réforme peut donc être approuvée sur le terrain de l'équité, même si ses modalités d'application pratique devront encore être précisées[106].

international, PUF, 2e éd., 1990, n° 217 et s. ; B. Castagnède, « Évolution et cohérence des règles de territorialité de l'impôt sur les sociétés », *RFFP*, déc. 1999, p. 286 et s. ; du même auteur, *Précis de fiscalité internationale*, PUF, 2e éd., 2006, n° 220 et s.

102. Cf. notamment CE, 18 janv. 1984, n° 24343, *RJF* 3/84, n° 283, concl. M.-A. Latournerie, *Dr. fisc.* 27/84, comm. 1307 ; CE, 18 mars 1985, n° 38104, *RJF* 5/85, n° 690, concl. M. de Guillenchmidt, *Dr. fisc.* 85, comm. 1322 ; CE, 24 févr. 1986 n° 54253 et 54256 : *RJF* 4/86, n° 353, concl. O. Fouquet, *Rev. sociétés* 2/86, p. 268 ; CE, 26 janv. 1990, n° 64211, *min c/ Fondation « Arts et Industries »*, *RJF* 3/90, n° 264, concl. O. Fouquet, *GP* 143-144/90, p. 306 ; CE, 31 mars 1993, n° 82395, *Gioza Établissement*, *RJF* 6/93, n° 792.

103. Pour un commentaire plus approfondi de cette décision, cf. S. Austry et D. Gutmann, « L'imposition des sociétés étrangères propriétaires d'immeubles en France : une nouvelle orientation de la jurisprudence ? », *FR* 41/09, p. 9 et s.

104. Au sens de l'art. 164 B, Code général des impôts.

105. Pour le commentaire de cette disposition, cf. B. Castagnède, « chronique de fiscalité internationale », *L'année fiscale 2010*, *Dr. fisc.* 2010, n° 8-9, ét. 202 ; J.-Y. Charriau et R. Foissac, « La réforme de l'article 209 du CGI », *Option Finance*, n° 1067, 8 mars 2010, p. 24-25 (montrant notamment l'effet nuisible de la réforme pour les actionnaires non-résidents détenant moins de 10 % d'une SIIC, SPPICAV ou société étrangère assimilée).

106. On pense par exemple au caractère interprétatif donné à la réforme par le législateur.

Le champ d'application de la réforme est cependant limité aux seuls revenus et plus-values concernant des biens immobiliers. Pour les autres types de revenus, les sociétés étrangères ne disposant pas en France d'un établissement stable sont soumises aux retenues à la source et prélèvements de droit commun.

b) Les autres revenus de source française

770 Les sociétés non-résidentes sont assujetties à de multiples prélèvements et retenues à la source : citons par exemple la retenue à la source de 30 % sur les produits distribués[107], le prélèvement sur les plus-values de cessions de participations substantielles[108], la retenue à la source de 33,1/3 % ou 15 % (pour les prestations sportives) sur certains revenus non salariés et assimilés, principalement les rémunérations de prestations de services, les revenus de professions libérales et les produits de propriété industrielle[109], etc.

Ces prélèvements et retenues à la source sont augmentés, lorsque le bénéficiaire du revenu réside ou lorsque le paiement est fait dans un État ou territoire non coopératif[110]. Ils s'élèvent alors à 50 % voire à 75 % pour les revenus de capitaux mobiliers. Ce taux dissuasif s'applique même à des flux qui, tels les intérêts, semblent pourtant désormais soustraits à tout prélèvement fiscal lorsqu'aucun paradis fiscal n'est impliqué. Il est cependant possible de s'exonérer de retenue à la source quand bien même les intérêts seraient versés dans un État ou territoire non coopératif, si le débiteur démontre que les opérations en cause ont principalement un objet et un effet autres que de permettre la localisation de produits dans un État ou territoire non coopératif.

2. L'impact des conventions fiscales

771 L'impact des conventions fiscales se fait sentir différemment selon que la société étrangère relève en France de l'impôt sur les sociétés *stricto sensu* (a) ou des différents prélèvements et retenues à la source des non-résidents (b).

a) La société étrangère est assujettie en France à l'impôt sur les sociétés

772 Lorsque le droit interne conduit à l'application de l'impôt sur les sociétés à certains revenus de source française, la confrontation avec la convention fiscale est un exercice délicat. Le point de départ du raisonnement, souvenons-nous-en, est que la société

107. Art. 119 *bis* 2 et 187, CGI. Ce taux de 30 % est remplacé par le taux normal de l'IS pour les exercices ouverts à compter du 1er janvier 2020, date à laquelle le taux de l'IS sera de 28 %. Rappelons que ce taux sera de 26,5 % en 2021 et 25 % en 2022. Le taux est réduit à 12,8 % lorsque les dividendes bénéficient à des personnes physiques qui ont leur domicile fiscal hors de France dans un État membre de l'Union européenne ou dans un autre État partie à l'accord sur l'Espace économique européen ayant conclu avec la France une convention fiscale qui contient une clause d'assistance administrative en vue de lutter contre la fraude ou l'évasion fiscale.

108. Art. 244 *bis* B, CGI. Le taux du prélèvement est aligné sur celui de l'IS lorsque le cédant est une personne morale. Il est de 12,8 % pour les personnes physiques. Le même prélèvement concerne, sous des conditions de détention similaires (25 %), les plus-values distribuées par des OPCVM français, ainsi que les distributions d'une fraction des actifs d'un FCPR, d'un OPCI ou d'un fonds professionnel de capital investissement (visées aux nouveaux f *bis* et f *ter* du I de l'article 164 B qui contient la liste des revenus de source française). Sont visés les plus-values et les actifs répartis qui sont de source française. Par ailleurs, le non-résident personne physique peut demander le remboursement du prélèvement qui excéderait l'imposition qui serait calculée au barème de l'IR (après abattement).

109. Art. 182 B, CGI.

110. Sur le concept d'État ou territoire non coopératif, cf. *supra*, n° 314.

étrangère ne dispose pas en France d'établissement stable, même si elle y est soumise à l'impôt sur les sociétés. Or, on sait qu'en droit interne français, les revenus d'une société imposée à l'impôt sur les sociétés ont nécessairement la nature fiscale de bénéfices industriels et commerciaux, quelle que soit leur nature civile. Des revenus immobiliers, notamment, ressortent à la catégorie des bénéfices industriels et commerciaux toutes les fois qu'ils sont encaissés par des entités relevant de l'impôt sur les sociétés.

Toutefois, ce n'est pas parce que le droit français considère tous les revenus des sociétés soumises à l'impôt sur les sociétés comme des bénéfices industriels et commerciaux que cette qualification s'impose dans les conventions fiscales. À titre d'exemple, l'article 6. 4 du modèle OCDE considère que les revenus provenant des biens immobiliers d'une entreprise doivent être considérés comme des revenus immobiliers relevant de la compétence de l'État où est situé l'immeuble, et non comme des revenus d'entreprise relevant de la compétence de l'État où la société a son siège.

Aussi, la compatibilité entre le droit français et les conventions fiscales dépend de la façon dont la convention fiscale qualifie le type de revenu imposé à l'impôt sur les sociétés en France. Pour reprendre l'exemple des revenus immobiliers de source française reçus par une société étrangère, de deux choses l'une :

– soit la convention avec l'État où est situé le siège de la société étrangère suit le modèle OCDE, et la France demeure compétente pour imposer à l'impôt sur les sociétés les revenus afférents à des immeubles situés sur son sol[111] ;

– soit la convention avec l'État où est situé le siège de la société étrangère inclut les revenus immobiliers dans la catégorie des bénéfices d'entreprise, et ceux-ci doivent être imposés dans l'État de résidence de la société qui les réalise. Sachant qu'il n'existe par hypothèse aucun établissement stable dans notre pays, la France doit alors renoncer à les imposer. Le Conseil d'État a consacré ce raisonnement dans l'arrêt *Raffaella* du 22 mai 1992[112].

b) La société étrangère est assujettie en France aux prélèvements et retenues à la source ordinaires des non-résidents

773 Dans les cas où une société étrangère est assujettie en France, non à l'impôt sur les sociétés *stricto sensu*, mais à un prélèvement ou une retenue à la source ordinaire, la confrontation avec la convention fiscale est plus aisée. On recherche alors si, compte tenu de la qualification du revenu considéré, la compétence de la France subsiste au vu des stipulations conventionnelles. Sans rentrer dans l'examen de toutes les situations possibles, disons seulement que trois cas de figure peuvent se présenter.

Dans le premier cas, la France conserve intégralement son droit d'imposer. Cela se produit, par exemple, lorsque la France impose la plus-value réalisée par une société étrangère à raison de la cession d'une participation substantielle dans une société de capitaux française et que l'article de la convention relatif aux gains en capital accorde le droit d'imposer ceux-ci à l'État dans lequel est située la société dont les titres sont cédés.

Dans le deuxième cas, la convention fiscale ne laisse pas subsister intégralement le droit d'imposer de la France, mais elle ne le supprime pas intégralement non plus. Elle opère un partage entre États, ce qui signifie concrètement que la France doit réduire le taux de son prélèvement (sur les dividendes ou les intérêts, par exemple), quitte pour l'État étranger à imposer à son tour le bénéficiaire du revenu (dividende ou intérêt) moyennant l'octroi d'un crédit d'impôt égal à l'impôt français.

Dans le dernier cas, la convention fiscale écarte purement et simplement la compétence fiscale française. Ceci se produit fréquemment en matière de redevances ou de plus-values mobilières concernant

111. CE, 31 juill. 2009, précité : en l'espèce, la convention franco-britannnique du 22 mai 1968 excluait les revenus immobiliers de la catégorie des bénéfices industriels et commerciaux, suivant en cela le modèle OCDE actuel.

112. CE, 22 mai 1992, n° 62266, *Dr. fisc.* 1992, n° 42, comm. 1892, *RJF* 7/92, n° 960 ; rapp. CE, 18 mars 1994, n° 79971, *SARL Société d'investissement agricole et forestier*, *RJF* 5/94, n° 530.

des biens autres que des participations substantielles, où les conventions fiscales accordent généralement une compétence exclusive à l'État de résidence du bénéficiaire du revenu ou de la plus-value.

Reste une dernière vérification de la compétence française, dont l'importance ne cesse de croître : celle de la conformité du droit français au droit de l'Union européenne.

3. L'impact du droit de l'Union européenne

774 Lorsque le droit interne français conduit à l'application d'une retenue à la source au revenu perçu par une société non-résidente, la première question que l'on peut se poser est de savoir si le droit de l'Union européenne s'accommode d'une telle technique d'imposition spécifique des non-résidents (a). Cette réponse étant – pour l'instant – positive, la retenue à la source ne peut en tant que telle être considérée comme contraire au droit de l'Union européenne. Elle ne peut l'être que dans certains cas précis prévus par voie de directive (b) ou lorsqu'elle heurte une liberté fondamentale (c). Parfois, l'impact du droit de l'Union européenne est plus modéré, seules les modalités de calcul de la retenue devant être revues pour y être conformes (d).

a) La légitimité de la technique de la retenue à la source

775 Lorsqu'une société étrangère est redevable en France d'une retenue à la source à raison d'un revenu de source française, il est permis de se demander dans quelle mesure cette technique d'imposition respecte les exigences du droit communautaire. La retenue à la source frappe en effet immédiatement le revenu, à la différence de l'impôt sur les sociétés ordinaires qui ne frappe qu'un revenu déclaré dans les conditions du droit commun. Pour le non-résident, cette technique présente certains avantages pratiques, notamment celui d'être débarrassé de toute obligation déclarative. Ceci n'est pas négligeable, compte tenu de la difficulté d'avoir à comprendre une législation étrangère, de remplir une déclaration annuelle dans un autre État et d'assumer les frais relatifs à ces obligations. Toutefois, dans la plupart des cas, la retenue à la source crée à l'encontre du non-résident un désavantage de trésorerie dont on pourrait arguer qu'il constitue à lui seul une restriction à l'une des libertés protégées par le TFUE.

Quant à la justification de la retenue à la source, il est traditionnellement avancé qu'elle réside dans la nécessité pour l'État de source de recouvrer l'impôt auprès du non-résident et d'éviter par là qu'un contribuable étranger ne se soustraie ultérieurement à ses obligations fiscales en France. Or, un tel régime de retenue forfaitaire peut sembler disproportionné au regard de l'exigence d'assurer le recouvrement effectif de l'impôt dû auprès de contribuables non-résidents. La directive nº 2011/16/UE sur l'assistance mutuelle entre États permet en effet à chaque État membre de demander aux autorités compétentes de l'État membre sur le territoire duquel réside le contribuable en cause de lui communiquer toutes les informations susceptibles de lui permettre de connaître sa situation personnelle. Il existe également une possibilité pour les États membres de s'entraider dans le recouvrement des créances fiscales. Dans cette mesure, on peut douter que les difficultés d'ordre administratif qui peuvent découler, pour une administration fiscale nationale, du fait que le contribuable réside dans un autre État membre doivent être considérées comme pouvant justifier, en tant que telles, de faire supporter à ce contribuable une retenue à la source sur ses revenus.

Telle n'est cependant pas la position retenue par la CJCE dans l'arrêt *Truck Center*[113]. Saisie de la question dans une affaire intéressant une retenue à la source prélevée sur des intérêts versés par une société belge à une société d'un autre État membre (alors qu'aucune retenue n'aurait été prélevée si les

113. CJCE, 4e ch., 22 déc. 2008, aff. C-282/07, *Truck Center SA* ; *Dr. fisc.* 2009, nº 26, comm. 389. Pour une appréciation de l'arrêt, cf. notamment E. Meier et R. Torlet, « Le fabuleux destin des retenues à la source... », *Dr. fisc.* 2009, nº 26, ét. 382. Cf. aussi, au stade antérieur des conclusions de l'avocat général

intérêts avaient été versés à une société belge), la Cour estima que la différence de traitement, consistant dans l'application de techniques d'imposition différentes selon que les sociétés bénéficiaires du versement sont établies en Belgique ou dans un autre État membre, concerne des situations qui ne sont pas objectivement comparables.

Selon la Cour, « lorsque la société distributrice d'intérêts et la société bénéficiaire de ces intérêts résident en Belgique, la position de l'État belge est différente de celle qui est la sienne lorsqu'une société résidant dans cet État verse des intérêts à une société non-résidente puisque, dans le premier cas, l'État belge agit en sa qualité d'État de résidence des sociétés concernées et que, dans le second cas, il agit en tant qu'État de la source des intérêts »[114]. De plus, « le versement d'intérêts par une société résidente à une autre société résidente et le versement d'intérêts par une société résidente à une société non-résidente donnent lieu à des impositions distinctes, fondées sur des bases juridiques différentes »[115]. D'où la conclusion que « ces différentes modalités de perception de l'impôt constituent donc le corollaire du fait que les sociétés bénéficiaires résidentes et non-résidentes sont soumises à des impositions différentes »[116]. En dernier lieu, la Cour estime que « ces différentes techniques d'imposition reflètent la différence des situations dans lesquelles se trouvent ces sociétés en ce qui concerne le recouvrement de l'impôt. En effet, si les sociétés bénéficiaires résidentes sont directement soumises au contrôle de l'administration fiscale belge, qui peut assurer le recouvrement forcé de l'impôt, tel n'est pas le cas des sociétés bénéficiaires non-résidentes puisque, pour ces dernières, le recouvrement de l'impôt requiert l'assistance de l'administration fiscale de leur État de résidence »[117].

Comme on peut le constater, la CJCE a tranché dans le vif. En tant que telle, la technique de la retenue à la source ne crée pas de restriction à l'une des libertés protégées par le Traité. Forte de cette conviction, la Cour n'a même pas examiné la question de la justification de la retenue à la source ni, *a fortiori*, celle de la conformité de la retenue à la source avec le principe de proportionnalité. La décision de la Cour n'est, à la vérité, guère convaincante. Si l'on tirait toutes les conséquences du raisonnement sur lequel elle repose, la situation des résidents et des non-résidents ne pourrait presque jamais être considérée comme comparable, ce qui ruinerait toute la construction jurisprudentielle consistant précisément à retenir l'inverse, quelles que soient les différences juridiques existant entre les deux catégories (imposition limitée des non-résidents vs imposition illimitée des résidents, fondements distincts des impôts, etc.). Il est donc prudent de considérer que l'arrêt *Truck Center* ne règle pas définitivement la question, et ce, d'autant plus que la configuration très particulière du cas soumis à la Cour est de nature à en expliquer la résolution[118].

Quel que soit son mérite, l'état de la jurisprudence invite à considérer qu'une retenue à la source ne peut être éliminée qu'en vertu d'une directive spécifique ou lorsque son montant discriminatoire porte atteinte aux libertés fondamentales.

b) Les directives prévoyant une élimination de la retenue à la source

776 Les directives prohibant les retenues à la source sont relativement rares à ce jour.

Pour les entreprises, sont concernés les dividendes versés par les filiales françaises à leurs sociétés mères étrangères, ainsi que les intérêts et les redevances.

Kokott, l'article de S. Austry et M. Wathelet, « Retenues à la source au sein de l'Union européenne : des conclusions inquiétantes pour le contribuable », *FR* 50/08, p. 5 et s.

114. Point 42 de l'arrêt.

115. Point 44 de l'arrêt.

116. Point 46 de l'arrêt.

117. Points 47 et 48 de l'arrêt.

118. Cf. en ce sens les observations présentées par la Confédération fiscale européenne aux institutions communautaires en février 2009 (disponibles sur http://www.cfe-eutax.org et publiées dans *European Taxation*, avr. 2009, p. 215 et s.).

α) La directive « mères-filiales »

777 Le régime des sociétés mères est encadré par le droit communautaire depuis l'adoption de la directive n° 90/435/CEE du 23 juillet 1990[119] dont l'objet consiste à éliminer la double imposition des flux de dividendes entre sociétés d'États membres différents[120]

La raison d'être de cette directive mérite d'être rappelée. Lorsqu'une société mère d'un État membre reçoit des dividendes en provenance d'une filiale d'un autre État membre, plusieurs impôts peuvent en effet se cumuler. Tout d'abord, rappelons que l'État de la filiale a généralement prélevé un impôt sur les sociétés sur les bénéfices de la filiale. Lorsque ces bénéfices après impôt sont distribués à la société mère sous forme de dividende, une double imposition économique se produit, comme pour n'importe quelle distribution de dividende purement interne.

Or, cette double imposition économique est complétée par un phénomène de double imposition juridique lorsque le dividende est lui-même imposé deux fois : par l'État de source et par l'État de résidence. L'État de la filiale peut en effet imposer le dividende en considérant qu'il s'agit d'un revenu de source locale reçu par un non-résident. En pratique, cela signifie que l'État de la filiale prélève une retenue à la source dont le montant est fixé par son droit interne et peut éventuellement être réduit par la convention fiscale conclue avec l'État de la société mère. L'État de la société mère, quant à lui, peut également imposer le dividende en tant qu'il s'agit d'un revenu d'un résident.

On comprend que cette superposition d'impôts risque de constituer un réel obstacle au développement des relations internationales.

Pour la prévenir, plusieurs techniques sont possibles. La première consiste, pour l'État de la filiale, à ne prélever aucune retenue à la source. On pourrait dire, sans jeu de mots, que le problème est ainsi supprimé à sa source. La seconde consiste, pour l'État de la société mère, à exonérer purement et simplement le dividende reçu (méthode dite de l'exonération) ou à l'imposer, mais en accordant un crédit d'impôt. Ce crédit d'impôt peut alors lui-même se dédoubler. Pour lutter contre la double imposition juridique, il doit être au moins égal à la retenue à la source prélevée par l'État de la filiale à l'occasion de la distribution. On parle alors de crédit d'impôt « direct »[121]. Pour aller plus loin et éliminer aussi la double imposition économique, il doit également

119. La directive de 1990 a été modifiée par la directive n° 2003/123/CE du 22 déc. 2003 puis recodifiée par la directive 2011/96/UE du 30 nov. 2011.

120. Le régime fiscal prévu par la directive n'est donc pas applicable en présence de distributions de dividendes entre deux sociétés françaises, ce que le Conseil d'État a dû rappeler (CE, 25 nov. 2009, n° 308306, *Société Osiatis Ingénierie*). Cf. déjà en ce sens CE, 27 juin 2008, n° 276848, *Société d'exploitation des sources Roxane*, jugeant « qu'il résulte des termes de l'article 1er de la directive du Conseil du 23 juillet 1990 que celle-ci ne crée d'obligations à l'égard des États membres qu'au regard des opérations qui concernent des sociétés d'États membres différents ; que même si le législateur, en transposant la directive, a entendu appliquer le même traitement aux situations internes et à celles régies par le droit communautaire, le moyen tiré de ce que l'article 43 de la loi de finances pour 1999 aurait porté atteinte aux principes communautaires, de sécurité juridique et de confiance légitime n'est opérant qu'à l'égard des impositions nées du produit des participations de filiales d'autres États membres ». Tout ceci sous réserve des cas où la contrariété d'une règle interne à une directive conduit, via le principe constitutionnel d'égalité, à étendre la règle de la directive au-delà de son champ d'application originel (v. l'affaire *Metro Holding* commentée *supra*, n° 314).

121. Cette méthode était jusqu'à récemment appliquée par le Royaume-Uni et les pays qui s'en inspiraient. Elle a cependant été abandonnée par le Royaume-Uni lors de la loi de finances pour 2009 et remplacée par un système d'exonération, sous la seule condition que la société distributrice ne soit pas

inclure un montant égal à l'impôt sur les sociétés acquitté par la filiale dans son État de résidence à raison de son bénéfice.

Pour régler le problème de la double imposition des dividendes, la directive mère-fille prend nettement position. En vue de parvenir à l'élimination de la double imposition économique, elle énonce que l'État de la société mère doit, soit s'abstenir d'imposer le dividende reçu de sa filiale, soit imposer le dividende mais en accordant un crédit d'impôt correspondant à l'IS sous-jacent préalablement acquitté par la filiale (article 4). Pour éliminer la double imposition juridique, la directive prévoit qu'il appartient à l'État de la filiale d'éliminer la retenue à la source sur les dividendes distribués à la société mère (article 5).

778 En France, l'élimination de la double imposition économique a lieu en recourant à la méthode de l'exonération codifiée aux articles 145 et 216 du CGI (dans le cas où la France est l'État de la société mère)[122]. Lorsque la France est l'État de la filiale distributrice, la transposition de la directive se trouve codifiée à l'article 119 *ter* du Code général des impôts. Selon le paragraphe 2 de ce texte, la société qui reçoit le dividende doit, pour bénéficier de l'exonération de retenue à la source, justifier auprès du débiteur ou de la personne qui assure le paiement de ces revenus qu'elle est le bénéficiaire effectif des dividendes et qu'elle remplit les conditions suivantes :

a) Avoir son siège de direction effective dans un État membre de l'Union européenne, en Islande, en Norvège ou au Liechtenstein, et n'être pas considérée, aux termes d'une convention en matière de double imposition conclue avec un État tiers, comme ayant sa résidence fiscale hors de la Communauté ;

b) Revêtir l'une des formes énumérées sur une liste établie par arrêté du ministre chargé de l'économie conformément à l'annexe à la directive mère-fille ;

c) Détenir directement, de façon ininterrompue depuis deux ans ou plus, 10 %[123] au moins du capital de la personne morale (en propriété ou en nue-propriété) qui distribue les dividendes, ou prendre l'engagement de conserver cette participation de façon ininterrompue pendant un délai de deux ans au moins et désigner, comme en matière de taxes sur le chiffre d'affaires, un représentant qui est responsable du paiement de la retenue à la source visée au 1 en cas de non-respect de cet engagement ;

d) Être passible, dans l'État membre où elle a son siège de direction effective, de l'impôt sur les sociétés de cet État, sans possibilité d'option et sans en être exonérée[124].

Enfin, le 3 de l'article 119 *ter* énonce, pour transposer la règle anti-abus de la directive du 17 janvier 2015 ayant transposé la directive mère-fille[125], que l'exonération ne

résidente d'un paradis fiscal (cf. sur la réforme la chronique de F. Le Mentec, *L'année fiscale 2010, Dr. fisc.* 2010, n° 8-9, ét. 203, n° 10 et s.).

122. Cf. *supra*, n° 314 et s.

123. Ce taux de 10 % est applicable aux dividendes distribués depuis le 1er janvier 2009. Il était jusqu'en 2005 de 25 % et a été diminué graduellement. À noter également : depuis la loi de finances rectificative pour 2015, l'exonération de retenue à la source peut également jouer en cas de participation inférieure à 10 % mais supérieure à 5 % afin de tirer les conséquences de l'arrêt *Denkavit* de la Cour de justice (CJUE, 14 déc. 2006, C-170/05, *Sté Denkavit Internationaal BV* : sur cette affaire, v. *infra*, n° 781).

124. L'exonération de retenue à la source s'applique aussi, selon l'art. 119 *ter* 2 *bis*, aux dividendes distribués aux établissements stables des personnes morales remplissant les conditions fixées au 2, lorsque ces établissements stables sont situés en France ou dans un autre État membre de la Communauté européenne.

125. Le 3 de l'article 119 *ter* énonçait, avant la réforme opérée par la loi de finances rectificative pour 2015, que l'exonération est écartée lorsque les dividendes distribués bénéficient à une personne morale

s'applique pas aux dividendes distribués dans le cadre d'un montage ou d'une série de montages qui, ayant été mis en place pour obtenir, à titre d'objectif principal ou au titre d'un des objectifs principaux, un avantage fiscal allant à l'encontre de l'objet ou de la finalité de l'exonération, n'est pas authentique compte tenu de l'ensemble des faits et circonstances pertinents[126].

Le système mis en place par la directive « mères-filiales » a servi de modèle à la directive « intérêts-redevances ».

β) La directive « intérêts-redevances »

779 La directive « intérêts-redevances » 2003/49/CE du 6 juin 2003 prévoit que les États membres doivent exonérer de retenue à la source les paiements d'intérêts et de redevances effectués par une société française à une société liée d'un autre État membre. Cette obligation a été transposée en France à l'article 119 *quater* du Code général des impôts. En résumé, ce texte subordonne l'exonération de retenue à la source à l'existence d'une participation directe de 25 % de l'une des sociétés dans l'autre et à l'existence d'une détention ininterrompue (ou d'un engagement de conservation) de ladite participation d'une durée d'au moins deux ans.

La structure de l'article 119 *quater* présente de nombreuses analogies avec celle de l'article 119 *ter* applicable aux dividendes versés par des filiales françaises à leurs sociétés mères européennes :

Premièrement, l'exonération de retenue à la source est subordonnée à la preuve par la société bénéficiaire des intérêts ou redevances qu'elle a son siège de direction effective dans un État membre de la Communauté européenne. Le même texte exige que la société bénéficiaire soit passible, au titre des intérêts ou redevances reçus, de l'impôt sur les sociétés de cet État sans pouvoir en être exonérée.

Deuxièmement, l'exonération est écartée lorsque les revenus bénéficient à une personne morale ou à un établissement stable d'une personne morale contrôlée directement ou indirectement par un ou plusieurs résidents d'États qui ne sont pas membres de la Communauté européenne et si la chaîne de

---

contrôlée directement ou indirectement par un ou plusieurs résidents d'États qui ne sont pas membres de la Communauté, sauf si cette personne morale justifie que la chaîne de participations n'a pas comme objet principal ou comme un de ses objets principaux de tirer avantage de l'exonération. Cette formulation a conduit à s'interroger sur le point de savoir si l'attribution à la société bénéficiaire de la distribution de la charge de la preuve de l'absence d'abus, ainsi que la définition large de l'abus (par référence à l'objet fiscal « principal ») respectent la jurisprudence de la CJUE selon laquelle la fraude à la loi en droit de l'Union ne vise que des opérations dont il appartient à l'administration de démontrer qu'elles sont réalisées dans le but exclusif (et non principal) de bénéficier d'un avantage fiscal prévu par la réglementation (voir en ce sens CJCE, 12 sept. 2006, *Cadbury Schweppes*, C-196/04, point 35). Le Conseil d'État a renvoyé à la Cour de justice plusieurs questions préjudicielles portant notamment sur ce point (CE, 30 déc. 2015, n° 366268, *Société Cameron France ;* n° 374836, *Société Holcim France* ; n° 374841, *Enka, Dr. fisc.* 2016, n° 13, comm. 257, concl. E. Bokdam-Tognetti, note A. Maitrot de la Motte) et la Cour a effectivement conclu à l'incompatibilité du système français avec la directive mères-filiales et avec la liberté d'établissement (CJUE, 7 sept. 2017, *Eqiom SAS, anciennement Holcim France SAS, Enka SA c. Ministre des Finances et des Comptes publics*, C-6/16). Elle a en particulier considéré que l'ancien article 119 *ter* ne respectait pas les conditions requises par la jurisprudence européenne car, en écartant en principe l'exonération de retenue à la source en présence de sociétés européennes contrôlées par des résidents d'États tiers, il visait des situations trop générales alors que, dit la Cour, *« la seule circonstance qu'une société résidant dans l'Union soit contrôlée directement ou indirectement par des résidents d'États tiers n'implique pas, en elle-même, l'existence d'un montage purement artificiel, dépourvu de réalité économique, créé uniquement* [c'est nous qui soulignons] *dans le but de bénéficier d'un avantage fiscal »* (point 34).

126. Rappelons à cet égard que le texte précise qu' « un montage peut comprendre plusieurs étapes ou parties » et qu' « un montage ou une série de montages est considéré comme non authentique dans la mesure où ce montage ou cette série de montages n'est pas mis en place pour des motifs commerciaux valables qui reflètent la réalité économique ».

participations a comme objet principal ou comme l'un de ses objets principaux de tirer avantage de l'exonération de retenue à la source.

780 La conformité du dispositif français avec les exigences de la directive « intérêts-redevances » – et par ricochet, d'ailleurs, avec celles de la directive « mères-filiales » peut être discutée. Ce constat peut être dressé à la lumière d'une étude de la Commission européenne envoyée au Conseil de l'UE le 17 avril 2009, faisant le bilan de la mise en œuvre de la directive dans les différents États membres près de six ans après son adoption. Si la France n'y est jamais citée nommément, il suffit de se référer à notre droit interne pour comprendre que, derrière les observations portant de façon générale sur la transposition défectueuse de la directive, se cache une critique bien réelle du droit français.

Plusieurs points posent ainsi problème aux yeux de la Commission :

— l'exigence de l'imposition *effective* des intérêts et redevances dans l'État de résidence ne figure pas dans la directive. Si la directive s'accommode d'une exigence *d'imposabilité* de la société bénéficiaire en tant qu'entité, elle ne permet pas d'exiger que le paiement de l'intérêt ou de la redevance soit lui-même imposé ;

— l'écartement de l'exonération en cas de contrôle de la société mère par une société d'un État tiers est jugée incompatible avec le principe de proportionnalité, étant donné qu'elle n'a pas pour objet spécifique d'exclure d'un avantage fiscal les montages purement artificiels. À notre sens, cependant, la portée de ce grief doit être relativisée : la retenue à la source de l'article 119 *quater* n'est en effet rétablie, en présence de sociétés contrôlées par des résidents d'États tiers, qu'en cas de montage artificiel destiné à tirer profit de l'exonération. L'administration française pourrait donc opposer à l'argumentation de la Commission que le droit français satisfait au critère de proportionnalité ;

— la Commission s'intéresse également au sort des intérêts jugés excessifs par l'administration fiscale pour estimer que, si les États membres sont libres de les requalifier en distribution de bénéfices, ils doivent en tirer les conséquences et leur réserver le bénéfice de l'exonération de retenue à la source résultant de la directive n° 90/435/CE du 23 juillet 1990 sur les sociétés mères et filiales. La France, en ne le faisant pas, se rendrait ainsi coupable d'une violation de cette dernière directive. Cette position s'appuie sur l'analyse développée par l'avocat général Mischo dans ses conclusions sous l'affaire Lankhorst-Hohorst[127]. Elle constitue un leitmotiv de la Commission européenne qui avait proposé dès 1998 d'inclure dans le texte de la directive intérêts-redevances que les intérêts requalifiés en bénéfices distribués doivent être soumis à la directive mères-filiales.

Pour l'avenir, il est également intéressant de citer les voies esquissées par la Commission, qui vont, dans l'ensemble, vers un élargissement du champ d'application de la directive. Une proposition de directive datée du 11 novembre 2011 vise en effet à élargir le champ de la dispense de retenue sur les paiements d'intérêts et de redevances entre entreprises associées (proposition de directive COM/2011/714). La proposition de directive entend notamment ramener de 25 % à 10 % le taux de détention requis pour caractériser le lien d'association (qu'il soit direct ou provienne de l'existence d'un contrôle commun). Cette proposition constitue un compromis entre la situation actuelle et l'objectif, caressé un temps par la Commission européenne, d'éliminer toutes les retenues à la source sur intérêts et redevances indépendamment de toute relation capitalistique entre débiteur et créancier.

Indépendamment des directives, le droit communautaire se manifeste par l'impact croissant des libertés fondamentales dans la matière des retenues à la source.

127. C-324/00.

c) Les cas de retenues à la source non conformes à des libertés fondamentales

781 Comme nous l'avons vu plus haut, le simple fait pour un État de prélever une retenue à la source ne peut, en l'état actuel du droit communautaire, être considéré comme une violation du Traité sur le fonctionnement de l'Union européenne. Il se peut cependant que, dans certains cas, l'imposition d'un non-résident présente un caractère discriminatoire aboutissant à la violation d'une liberté fondamentale reconnue par le Traité.

À titre d'exemple, il convient ici de citer l'arrêt ***Denkavit*** du 14 décembre 2006[128]. Dans cette affaire, il était question de la mise en œuvre de l'article 119 *bis* paragraphe 2 du CGI qui soumettait à la retenue à la source de 25 % les dividendes distribués par une société résidente de France à une personne physique ou morale n'ayant pas son domicile fiscal ou son siège en France. En l'espèce, une société française avait distribué des dividendes à sa société mère établie aux Pays-Bas. Conformément à l'article 10 paragraphe 2 de la convention franco-néerlandaise, la retenue à la source avait été réduite à 5%.

Le premier intérêt de l'arrêt est d'estimer que le droit interne français applicable à l'époque des faits (1987 à 1989) constituait une atteinte à la liberté d'établissement : en effet, « alors que les sociétés mères résidentes ont la possibilité de bénéficier d'une exonération presque totale des dividendes perçus, les sociétés mères non résidentes sont en revanche soumises à une imposition, par voie de retenue à la source, s'élevant à 25 % du montant des dividendes distribués »[129]. Or, « une telle différence de traitement fiscal des dividendes entre sociétés mères en fonction de leur siège constitue une restriction à la liberté d'établissement, en principe interdite par les articles 43 CE et 48 CE »[130].

Le second intérêt de l'arrêt *Denkavit* est de poser que l'atteinte à la liberté d'établissement dépend, non seulement du droit interne français, mais de la combinaison entre celui-ci, le droit conventionnel et le droit interne de l'autre État membre. Comme le rappelle la Cour, la société néerlandaise était en principe autorisée, en vertu de la convention franco-néerlandaise, à imputer sur son impôt dû aux Pays-Bas la retenue à la source de 5 % prélevée sur les dividendes de source française (sans excéder le montant de l'impôt néerlandais normalement dû sur ces dividendes). Or, le droit interne néerlandais exemptait de tout impôt les dividendes de source étrangère, de sorte qu'aucune réduction n'était accordée au titre de la retenue à la source française.

De prime abord, on pourrait penser que cette impossibilité de procéder à l'imputation ne regardait en rien la France et qu'ainsi l'impossibilité d'éliminer la double imposition des dividendes ne lui était pas imputable. Ainsi que l'a d'ailleurs fait valoir le gouvernement français devant la cour, on pourrait estimer que « c'est à l'État de résidence du contribuable, et non à celui de la source des revenus imposés, qu'il appartient de corriger les effets d'une double imposition »[131]. La Cour ne fut cependant pas sensible à l'argument : selon ses termes, « la République française ne saurait exciper de la convention franco-néerlandaise aux fins d'échapper aux obligations qui lui incombent en vertu du traité »[132]. Et la Cour de conclure que « les articles 43 CE et 48 CE doivent être interprétés en ce sens qu'ils s'opposent à une législation nationale prévoyant, pour les seules sociétés mères non-résidentes, une imposition par voie de retenue à la source des dividendes distribués par des filiales résidentes, quand bien même une convention fiscale entre l'État membre en cause et un autre État membre, autorisant cette retenue à la source, prévoit la possibilité d'imputer sur l'impôt dû dans cet autre État la charge supportée en application de ladite législation nationale, lorsqu'une société mère est dans l'impossibilité, dans cet autre État membre, de procéder à l'imputation prévue par ladite convention »[133].

Une première lecture de l'arrêt *Denkavit* consiste à en limiter la portée à la seule hypothèse qu'il concerne. C'est la démarche suivie prudemment par l'administration fiscale qui, dans deux instructions de 2007[134] a décidé de modifier, depuis le 1er janvier 2007, le traitement fiscal des distributions de source française effectuées au profit de sociétés ayant leur siège soit dans un autre État de la

128. Aff. *Denkavit Internationaal BV et Denkavit France SARL*, aff. C-170/05.
129. *Ibid.*, point 27.
130. *Ibid.*, point 29.
131. *Ibid.*, point 51.
132. *Ibid.*, point 53.
133. *Ibid.*, point 56.
134. BOI-RPPM-RCM-30-30-20-40 nos 1 à 40 ; BOI-RPPM-RCM-30-30-20-40 nos 50 à 160.

Communauté européenne, soit dans un autre État partie à l'accord sur l'Espace économique européen ayant conclu avec la France une convention d'élimination des doubles impositions comportant une clause d'assistance administrative en vue de lutter contre la fraude ou l'évasion fiscale[135]. Cette solution a été consacrée par la loi de finances rectificative pour 2015 qui a modifié l'article 119 *ter* du CGI.

Il va de soi, cependant, que les questions posées par l'arrêt *Denkavit* dépassent la seule situation d'espèce tranchée par la Cour. Il semble notamment résulter de l'arrêt que la France devrait, avant de prélever toute retenue à la source prévue par une convention avec un autre État membre, vérifier l'effectivité de l'imputation de celle-ci dans l'État étranger. Ce résultat concerne virtuellement tous les flux financiers, et non pas seulement les dividendes.

La logique de l'arrêt *Denkavit* peut d'ailleurs tourner à l'avantage de l'État français lorsqu'il s'avère que la retenue à la source, quoique créant une différence de traitement entre un résident français et un non-résident, peut être éliminée par une convention de double imposition. Ce résultat a d'ailleurs été confirmé expressément par un arrêt ultérieur de la Cour, l'arrêt *Amurta* du 8 novembre 2007[136].

Dans cette affaire, une société mère portugaise avait été assujettie à une retenue à la source à raison d'un dividende reçu par elle de sa filiale néerlandaise détenue à hauteur de 14 %. Il n'y avait là rien de contraire à la directive mère-filiales dans la mesure où la participation dans la filiale était inférieure au seuil retenu par la directive pour bénéficier de l'exonération de retenue à la source. En revanche, il existait un argument fondé sur la liberté de circulation des capitaux pour estimer que cette retenue à la source n'aurait pas dû être prélevée. La Cour releva en effet que cette imposition de la société mère non-résidente constituait une différence de traitement avec une société mère néerlandaise qui, elle, aurait été exonérée d'impôt sur les sociétés sur les dividendes reçus d'une filiale également néerlandaise et détenue dans les mêmes conditions. Or, dit la Cour, « un tel traitement désavantageux des dividendes versés aux sociétés bénéficiaires établies dans un autre État membre, par rapport au traitement réservé aux dividendes versés aux sociétés bénéficiaires établies aux Pays-Bas, est susceptible de dissuader les sociétés établies dans un autre État membre de procéder à des investissements aux Pays-Bas et constitue, par conséquent, une restriction à la libre circulation des capitaux prohibée, en principe, par l'article 56 CE » (§ 28). À ce stade, l'arrêt *Amurta* n'innove pas par rapport à l'arrêt *Denkavit*. Il a d'ailleurs été confirmé par plusieurs arrêts ultérieurs, dont l'un intéressant des dividendes versés par une société d'un État membre à une société d'un État partie à l'accord sur l'Espace économique européen[137].

La suite de l'arrêt *Amurta* est en revanche plus instructive car la Cour devait également répondre à une autre question posée par la juridiction néerlandaise : il s'agissait en effet de savoir si, nonobstant la différence de traitement créée par la retenue à la source, les Pays-Bas pouvaient maintenir celle-ci s'ils démontraient qu'elle pouvait être imputée au Portugal sur l'impôt acquitté par la société mère. La retenue à la source « redevient-elle » conforme au droit communautaire si elle donne lieu à un crédit d'impôt dans l'État de résidence ?

La réponse de la Cour est toute en nuance. Elle revient à distinguer selon que le crédit d'impôt est accordé unilatéralement par l'État de résidence ou qu'il procède de la convention fiscale bilatérale entre l'État de source et l'État de résidence. Dans le premier cas, la Cour ne fait preuve d'aucune mansuétude à l'égard de l'État de source : s'il n'a rien fait pour remédier à l'atteinte qu'il a porté lui-même à la

135. Selon le paragraphe 5 de l'instruction, « désormais, en l'absence de montage artificiel, lorsqu'une société européenne bénéficie de dividendes de source française afférents à une participation supérieure à 5 % du capital de la société distributrice et se trouve, du fait d'un régime d'exonération applicable dans son État de résidence, privée de toute possibilité d'imputer la retenue à la source prélevée en France sur le fondement du 2. de l'article 119 *bis* du Code général des impôts, les distributions en question ne seront plus soumises à ladite retenue. Si l'impossibilité d'imputer tout ou partie de la retenue à la source apparaît postérieurement à la date de la distribution (situation déficitaire, liquidation...), la restitution de la quote-part de retenue non imputable pourra être demandée par voie de réclamation contentieuse ».

136. C-379/05. Dans le même sens que l'arrêt *Amurta*, v. aussi CJUE, 3 juin 2010, aff. C-487/08, *Commission c/Royaume d'Espagne*. Pour une analyse du courant de jurisprudence *Denkavit-Amurta*, cf. H. de Feydeau, « Vers la fin de la retenue à la source sur les dividendes intra-communautaires ? », *Dr. fisc.* 2007, n° 51, ét. 1053.

137. CJCE, 11 juin 2009, aff. C-521/07, *Commission c/Royaume des Pays-Bas*. L'exonération des dividendes versés à de telles sociétés était ici soumise par les Pays-Bas à une condition de détention des titres de la société distributrice plus stricte que celle exigée de sociétés néerlandaises ou d'autres sociétés établies dans un État membre de la Communauté. Comp. CJCE, 18 juin 2009, aff. C-303/07, *Aberdeen*.

liberté de circulation des capitaux, il ne peut se reposer sur l'attitude de l'autre État pour échapper à ses obligations. En l'espèce, donc, le Royaume des Pays-Bas ne pouvait invoquer l'existence d'un avantage concédé de manière unilatérale par le Portugal afin d'échapper aux obligations qui lui incombaient en vertu du traité. En revanche, lorsque c'est la convention bilatérale elle-même qui prévoit le crédit d'impôt, la situation est différente. La Cour considère que le fait, pour l'État de source, de conclure une convention fiscale avec un autre État constitue un moyen de garantir le respect de ses obligations résultant du traité CE. Elle est en quelque sorte l'instrument qui remédie au mal, puisqu'elle permet de neutraliser la restriction à la libre circulation des capitaux[138].

782 La jurisprudence communautaire ne peut manquer d'influencer la jurisprudence interne. C'est ainsi que le Conseil d'État n'hésite pas à écarter le droit interne lorsque celui-ci crée une discrimination contraire au droit communautaire. Saisi par la voie du recours en excès de pouvoir, il a ainsi annulé deux instructions administratives conduisant à l'application d'une retenue à la source sur des dividendes versés à des fonds de pension néerlandais en retenant que ceux-ci ne pouvaient être traités plus défavorablement que des caisses de retraite françaises qui n'auraient, elles, acquitté aucun impôt sur de telles distributions[139]. Cette décision est d'autant plus intéressante qu'elle cite expressément au titre de ses visas un arrêt de la CJCE rendu dans des circonstances comparables[140], au même titre que le traité instituant la Communauté européenne. Elle eut pour conséquence une modification de la loi française, qui soumet aujourd'hui les dividendes versés aux organismes à but non lucratifs résidents et non-résidents à une retenue à la source de 15 %[141].

De même, le Conseil d'État a censuré pour atteinte à la liberté de circulation des capitaux l'application de la retenue à la source sur des dividendes de source française versés à un résident belge, alors même qu'elle avait été prélevée au taux conventionnel de 15 % (et non au taux du droit interne), dès lors qu'en toute hypothèse un résident français aurait acquitté un impôt inférieur à 15 % du dividende, compte tenu des abattements et crédits d'impôt en vigueur à l'époque du versement (cas très rare en pratique) et que cette discrimination ne pouvait pas être corrigée par le bénéfice d'un crédit d'impôt dans l'État de résidence conformément à la convention fiscale[142]. On retrouve

138. Solution confirmée par CJUE, 3 juin 2010, aff. C-487/08, *Commission c/Espagne*, *Dr. fisc.* 2010, n° 39, chron. 486, note C. Acard, § 14.

139. CE, 13 févr. 2009, n° 298108, *société Stichting Unilever pensioenfonds progress et autres*. Sur l'arrêt, cf. S. Austry et D. Gutmann, « Libertés communautaires et fonds de pension : suite. À propos de CE, 13 févr. 2009 », *FR* 15/09, p. 11 et s. L'arrêt du Conseil d'État avait été annoncé par la non-admission du pourvoi en cassation formé par le ministre contre l'arrêt *ministre c/ Fondation Stichting Unilever* par lequel la CAA de Paris avait jugé non conforme au principe de libre circulation des capitaux l'application de l'art. 244 *bis* A, CGI au gain en capital réalisé par un fonds de pension néerlandais, motif pris de ce que ces mêmes gains ne sont pas taxables lorsqu'ils sont perçus par les caisses de retraite françaises (CE, 27 oct. 2008, n° 313135, *min. c/ Fondation Stichting Unilever Pensioenfonds Progress, RJF* 2/09, n° 113 et CAA Paris, 6 déc. 2007, *min. c/ Fondation Stichting Unilever, RJF* 4/08, n° 409, avec étude S. Austry, D. Gutmann et P. Le Roux, « Le traitement fiscal des fonds de pension étrangers », *RJF* 4/2008, p. 337). Dans le même sens, CE, 5 juill. 2010, n° 309693, *Pinacothèque d'Athènes, Dr. fisc.* 2010, n° 44, comm. 543, concl. E. Cortot-Boucher, note F. Dieu ; *BF* 4/11, p. 331 et s., et l'article de MM. de Boynes, Bachelerie et Message, statuant en application de la clause de non-discrimination de la convention fiscale franco-grecque.

140. *Centro di Musicologia Walter Stauffer*, 14 sept. 2006, aff. C-386/04.

141. Art. 219 *bis* CGI, tel que modifié par l'article 34 de la loi n° 2009-1674 du 30 déc. 2009.

142. CE, 7 mai 2014, n° 356760, *min. c. / M. Reynaerts, Dr. fisc.* 2014, n° 36, comm. 506, concl. M.-A. Nicolazo de Barmon, note B. Delaunay, et la chronique d'E. Dinh, *Dr. fisc.* 2015, n° 9, ét. 172, § 14 et s.

ici, en matière d'imposition des personnes physiques, une logique analogue à celle de l'arrêt *Denkavit* examiné plus haut en matière d'imposition des personnes morales.

Autre exemple intéressant : l'arrêt *Santander Asset Management SGIIC SA*[143]rendu le 10 mai 2012 a estimé que le droit français était incompatible avec le droit de l'Union européenne en ce qu'il prévoyait l'exonération des OPCVM français recevant des dividendes de source française alors que des OPCVM établis dans d'autres États membres étaient soumis à la retenue à la source de l'article 119 *bis* du CGI sur les mêmes flux. Cet arrêt, par ses conséquences financières considérables pour l'État français, est à l'origine de l'abrogation de la retenue à la source sur les dividendes distribués aux OPCVM étrangers comparables aux OPCVM français et de la mise en place par la deuxième loi de finances rectificative pour 2012 de la contribution de 3 % sur les dividendes versés par les sociétés françaises, avant que celle-ci soit à son tour contestée avec succès pour incompatibilité avec le droit de l'Union européenne et le droit constitutionnel[144].

Notons enfin qu'il est même arrivé au législateur d'anticiper une condamnation de la Cour de justice et d'introduire dans le droit interne une exonération de retenue à la source... alors même que la contrariété du système antérieur avec le droit de l'Union européenne n'était pas évidente[145].

En d'autres circonstances, toutefois, le Conseil d'État se refuse à sanctionner une différence de traitement au nom du droit de l'Union européenne. On peut illustrer cela par une décision *GBL Energy*[146] dont l'intérêt se situe dans les conséquences qu'il y a lieu de tirer de la différence de traitement existant entre deux sociétés déficitaires auxquelles sont versés des dividendes de source française, selon qu'elles sont résidentes ou non résidentes. L'argument essentiel développé par la société GBL Energy était que l'obligation au paiement de la retenue à la source, fût-ce à un taux conventionnel plus faible que celui du droit interne (15 % en l'espèce), la plaçait dans une situation moins favorable que celle d'une société française déficitaire détenant une participation ne lui permettant pas de revendiquer le bénéfice du régime des sociétés mères. La société GBL Energy estimait ainsi qu'elle avait été tenue au paiement d'un impôt à raison de la distribution soumise à retenue alors qu'aucun impôt sur les sociétés n'aurait été exigé d'une société française en situation déficitaire au titre de l'exercice au cours duquel est intervenue la distribution. Elle en déduisait

143. CJUE, 10 mai 2012, aff. jointes C-338/11 à C-347/11, aperçu rapide de S. Defert, V. Louvel et E. Raingeard de la Blétière, *Dr. fisc.* 2012, n° 20, act. 215 ; *RJF* 7/12, n° 775. Pour une présentation plus approfondie du problème, v. notre article « France : the *Bourges-Maunoury* and *Heintz*, *France Télécom*, *EDF* and the *FIM Santander and others* Cases », in M. Lang, P. Pistone, J. Schuch, C. Staringer, A. Storck (eds), *ECJ – Recent Developments in Direct Taxation 2011*, Linde, Vienna, 2012, p. 103 et s.

144. Cf. *supra*, n° 306.

145. Voir à cet égard l'introduction par la loi de finances rectificative pour 2015 d'une exonération de retenue à la source en cas de distribution de dividendes par une société française à une société européenne déficitaire soumise à une procédure de liquidation (art. 119 *quinquies* CGI). Cette nouvelle exonération de retenue à la source fait suite à une procédure d'infraction ouverte par la Commission européenne à l'encontre de la France reposant sur l'idée que l'application d'une retenue à la source sur les dividendes reçus par des sociétés non-résidentes crée une différence de traitement avec des sociétés résidentes, lorsque ces dernières sont en situation déficitaire ou en liquidation. En effet, selon la Commission, les sociétés résidentes placées dans cette situation ne sont pas soumises à l'IS sur les dividendes qu'elles reçoivent : lorsqu'elles sont déficitaires, le déficit, quoique minoré par les dividendes reçus, n'engendre aucune obligation au paiement de l'IS ; lorsqu'elles sont en liquidation, elles ne sont généralement pas imposables (ce qui est faux, d'un strict point de vue juridique, puisqu'une société en liquidation n'est pas exonérée d'IS de ce seul fait).

146. CE, 9 mai 2012, n° 342221, *GBL Energy*, *RJF* 7/12, n° 774, et la chronique de E. Bokdam-Tognetti, p. 587 et s., *BDCF* 7/12 n° 92, concl. L. Olléon ; *Dr. fisc.* 2013, n° 4, comm. 80, concl. L. Olléon, note G. Blanluet. Sur cette décision, cf. aussi D. Gutmann et S. Austry, « Retenues à la source : où s'arrêtera la jurisprudence ? », *FR* 30/12, p. 5 et s.

l'existence d'une discrimination constitutive d'une atteinte à la liberté de circulation des capitaux et au principe de non-discrimination consacré par la convention fiscale franco-luxembourgeoise.

Le Conseil d'État a cependant écarté cette argumentation au motif qu'une société non-résidente en situation déficitaire dans son État de résidence n'est pas dans une situation objectivement comparable à celle d'une société déficitaire établie en France dès lors que « la détermination du résultat imposable de ces deux sociétés procède des règles fiscales propres à la législation de chacun de ces États membres ». La position du Conseil d'État, éclairée par les conclusions de son rapporteur public Laurent Olléon, s'explique par l'idée que le déficit fiscal est issu du retraitement d'un résultat comptable en vertu de règles fiscales propres à chaque État. Son existence peut donc n'être imputable qu'aux particularités du droit fiscal étranger. Autrement dit, un déficit fiscal au sens du droit étranger n'est pas comparable *par nature* à un déficit fiscal au sens du droit français, ce qui altère corrélativement la comparabilité intrinsèque entre la situation d'une société étrangère déficitaire et celle d'une société française déficitaire[147].

En outre, le Conseil d'État a indiqué « qu'en toute hypothèse », une société établie en France qui reçoit des dividendes versés par une société résidente et ne relève pas du régime fiscal des sociétés mères n'est pas exonérée d'impôt en France à raison de ces dividendes. Ceux-ci sont effectivement compris dans le résultat de cette société et viennent en diminution de son déficit reportable. Lorsque le résultat de cette société redevient bénéficiaire, la diminution de ce déficit reportable implique que ces dividendes seront effectivement imposés à l'impôt sur les sociétés au titre d'une année ultérieure au taux de droit commun alors applicable. S'il en résulte un décalage dans le temps entre la perception de la retenue à la source afférente aux dividendes payés à la société non-résidente et l'impôt établi à l'encontre de la société établie en France au titre de l'exercice où ses résultats redeviennent bénéficiaires, ce décalage procède d'une technique différente d'imposition des dividendes perçus par la société selon qu'elle est non-résidente ou résidente et ne peut être regardé comme constituant une différence de traitement caractérisant une restriction à la liberté de circulation des capitaux.

Il n'est toutefois pas dit que cette solution soit figée dans le marbre puisque le Conseil d'État a ultérieurement renvoyé à la Cour de justice de l'Union européenne une question préjudicielle portant sur l'exigibilité des retenues à la source frappant les dividendes versés à des sociétés étrangères déficitaires[148].

d) *L'impact du droit communautaire sur les modalités de calcul des retenues à la source*

783 Nous avons vu jusqu'ici qu'une retenue à la source peut être écartée lorsqu'elle aboutit à imposer un non-résident alors qu'un résident serait libéré de toute charge fiscale. Toutefois, il arrive que la retenue à la source ne puisse être purement et simplement éliminée. Tel est le cas lorsqu'un résident, placé dans une situation comparable à un non-résident, serait bel et bien imposé, mais de façon *moins élevée*. En pareille circonstance, c'est donc le montant de l'imposition frappant le non-résident qui est en

147. Il n'en résulte cependant pas, nous semble-t-il, qu'une société étrangère déficitaire ne soit *jamais* comparable à une société française déficitaire. Si le cadre procédural du recours pour excès de pouvoir – et notamment le caractère général et abstrait de la question posée au Conseil d'État – explique que le Conseil d'État n'ait pas examiné la situation d'une société étrangère dont le résultat fiscal aurait fait l'objet d'un retraitement conformément aux règles du CGI en vue de le comparer à celui d'une société française, il ne nous paraît pas contraire au principe émis par la décision *Société GBL Energy* qu'une société étrangère déficitaire soit admise à rapporter la preuve *in concreto* de son identité de situation avec une société française déficitaire en vue de l'application d'un principe de non-discrimination de source communautaire ou même conventionnelle. La décision commentée ne devrait donc pas faire obstacle à ce qu'une société étrangère établisse que si, en application des règles fiscales françaises, elle était déficitaire, elle se trouverait dans la même situation qu'une société française déclarant un déficit fiscal. Cette analyse est toutefois audacieuse compte tenu du refus réitéré par le Conseil d'État de saisir la CJUE d'une question préjudicielle dans ce type de circonstance (CE, 5 mars 2014, n° 361779, *SNC Lidl*, *Dr fisc.* 2014, n° 36, comm. 505, note A. DE WAAL et L. RAGOT).

148. CE, 20 sept. 2017, n° 398662, n° 398663, 398666, 398672, 398674, 398675, *sociétés Sofina, Rebelco et Sidro.*

cause, et non son principe. Il convient alors de rechercher si la discrimination ainsi opérée concerne l'assiette de la retenue à la source ou son taux.

α) L'assiette de la retenue à la source

784 La détermination de l'assiette de la retenue à la source constitue un exercice délicat. Il a longtemps paru évident que les retenues à la source, pour constituer un moyen immédiat et efficace de prélever l'impôt sur les revenus perçus par les non-résidents, devaient s'exercer sur une base brute. Ceci signifie que les frais engagés par un non-résident en relation avec un revenu de source française ne peuvent, en principe, être déduits de l'assiette de la retenue à la source.

Ce temps est cependant révolu. La CJCE estime en effet qu'il convient de réserver un traitement fiscal équivalent aux revenus trouvant leur source dans un État membre selon qu'ils sont versés à des résidents de cet État ou à des non-résidents, dès lors que l'État de la source a décidé d'exercer sa compétence fiscale non seulement sur les revenus versés à des résidents mais aussi sur des revenus versés à des non-résidents[149].

La première décision à avoir appliqué ce principe est l'arrêt ***Gerritse*** du 12 juin 2003[150]. Les faits de l'affaire étaient fort simples : M. Gerritse, musicien de son état, néerlandais par sa résidence, avait exercé son art sur les ondes d'une radio berlinoise, ce qui lui avait valu une rémunération brute d'environ 6 000 DM en 1996, laquelle avait fait l'objet d'une retenue à la source de 25 %. M. Gerritse, batteur mais aussi lutteur, entreprit alors une longue bataille. Il fit notamment observer que la retenue à la source s'opérait sur une base brute, ce qui constituait une discrimination au regard du traitement réservé aux résidents, pour lesquels l'imposition des revenus professionnels avait lieu sur une base nette. Il emporta sur ce point la conviction de la Cour. Celle-ci relève en effet que les dépenses professionnelles sont directement liées à l'activité génératrice de revenu imposable en Allemagne, de sorte que résidents et non-résidents sont placés dans une situation comparable à cet égard. En pareille circonstance, la Cour estime donc qu'une disposition nationale qui refuse d'autoriser les non-résidents à déduire des dépenses professionnelles, alors que les résidents seraient autorisés à le faire, constitue une discrimination indirecte sur le fondement de la nationalité qui contredit en principe les articles 59 et 60 du Traité (aujourd'hui articles 49 et 50).

La portée de l'arrêt *Gerritse* fut confirmée par un arrêt *Scorpio*[151], rendu également sur le fondement de l'atteinte à la liberté de prestation de services. Cet arrêt précise également que c'est au moment du paiement de la retenue à la source par le destinataire des services que les frais professionnels doivent être déduits. Selon la Cour, « le fait de devoir engager, même lorsque le prestataire de services non-résident a informé le débiteur de sa rémunération du montant de ses frais professionnels directement liés à ses activités, une procédure de remboursement *a posteriori* desdits frais est susceptible de gêner la fourniture de prestations de services. En effet, dans la mesure où l'engagement d'une telle procédure entraîne des charges administratives et économiques supplémentaires et qu'elle s'impose inévitablement au prestataire de services, la législation fiscale en cause constitue une entrave à la libre prestation des services »[152]. Un arrêt *Brisal* confirme l'applicabilité du raisonnement en matière d'intérêts[153].

À la lumière de cette jurisprudence, plusieurs règles françaises mériteraient d'être revues. C'est le cas, tout d'abord, de l'article 182 A du Code général des impôts instaurant une retenue à la source sur

149. CJCE, 12 déc. 2006, aff. C-374/4, *Test Claimants in Class IV of the ACT Group Litigation* ; 14 déc. 2006, aff. C-170/05, *Denkavit Internationaal et Denkavit France.*

150. CJCE, 12 juin 2003, aff. C-234/01. Pour la portée de cet arrêt, au-delà de la seule question de l'assiette de la retenue à la source, cf. nos observations in *L'année fiscale,* 2004, PUF, p. 263 et s.

151. CJCE, 3 oct. 2006, aff. C-290/04.

152. Point 47 de l'arrêt. La position de la Cour a été reprise par la CAA de Versailles, 15 nov. 2016, nº 15VE01251, *SA Vetoquinol*, *Dr. fisc.* 2017, nº 45, 534, concl. B. Coudert. Sur ce sujet v. aussi Ph. Derouin, La retenue à la source de l'article 182 B à l'épreuve du principe d'égalité et des droits de la défense : *Dr. fisc.* 2017, nº 45, étude 532).

153. CJUE, 13 juill. 2016, aff. C-18/15, *Dr. fisc.* 2016, nº 38, 509, chron. C. Acard, § 9.

les traitements, salaires et pensions versés à des personnes non-résidentes. Ce texte prévoit que la retenue est appliquée au « montant net des sommes versées, déterminé conformément aux règles applicables en matière d'impôt sur le revenu, à l'exclusion de celles qui prévoient la déduction des frais professionnels réels ». Le texte semble permettre la déduction de la base imposable de 10 % au titre des frais professionnels, mais il n'autorise pas la déduction de frais réels directement liés à la prestation, ce qui paraît contraire à la jurisprudence communautaire.

Le même constat de non-conformité peut vraisemblablement être fait à propos de l'article 182 B du Code général des impôts qui frappe d'une retenue à la source de 15 % voire plus (selon les cas) certaines prestations de services réalisées par des personnes non-résidentes[154]. Selon la jurisprudence[155] et la doctrine administrative[156], la retenue à la source s'applique au montant brut des sommes payées et aucun abattement professionnel n'est applicable. Ce n'est qu'au stade de la souscription ultérieure de la déclaration par le non-résident qu'il peut être tenu compte des frais professionnels[157].

De façon plus générale, on peut aujourd'hui se demander si le principe de l'imposition des non-résidents sur une base nette affecte tous les revenus ou seulement certains d'entre eux. S'il s'applique identiquement aux prestations de services, aux redevances et même aux intérêts, force est de constater que notre droit est encore appelé à évoluer de façon substantielle[158].

β) Le taux de la retenue à la source

785 Il arrive fréquemment, en matière de fiscalité des sociétés, que le taux d'une retenue à la source soit inférieur ou égal à celui de l'impôt sur les sociétés de droit commun. De même, l'article 182 A organise une forme de progressivité avec un taux maximal de 20 % qui s'applique au-delà d'environ 40 000 euros. Compte tenu du barème de l'impôt sur le revenu, la probabilité que la retenue à la source soit supérieure à l'impôt exigible en application des règles applicables aux résidents est faible. Lorsque ces conditions sont réunies, il n'y a pas lieu de redouter une discrimination à l'encontre des personnes non-résidentes.

Tel n'est toutefois pas toujours le cas. Or la CJCE condamne en effet clairement les législations qui ont pour effet d'imposer plus lourdement les non-résidents que les résidents dans la même situation. Certes, elle n'a pas frontalement remis en cause sa jurisprudence issue de l'arrêt *Schumacker* du

154. En ce sens, cf. notamment B. Castagnède, n° 184. On notera à ce sujet que, du point de vue constitutionnel, le Conseil d'État a refusé de transmettre au Conseil constitutionnel une QPC relative à la différence de traitement entre les résidents (qui sont taxés sur une base nette) et les non-résidents (qui le sont sur une base brute), en considérant que les dispositions de l'article 182 B visent à imposer des personnes physiques ou morales à l'égard desquelles l'administration fiscale ne dispose pas de moyens de contrôle dès lors qu'elles ne résident pas sur le territoire national. Dès lors, la différence de traitement instituée par le c du I de cet article, qui met à la charge des bénéficiaires de prestations fournies ou utilisées en France par des sociétés qui n'y ont pas d'installation professionnelle permanente une retenue à la source portant sur la totalité des sommes qu'ils ont payées, sans que puissent être déduites de celles-ci les charges exposées par le prestataire à raison de cette opération, est en rapport direct avec l'objet de la loi (CE, 17 juill. 2017, n° 407269, *Sté Easyvista*).

155. CE, 13 mars 1996, n° 148038, *Clappier*.

156. BOI-IR-DOMIC-10-20-20-50 n°s 50 à 70.

157. La retenue de l'article 182 B s'impute en effet sur l'impôt sur le revenu ou l'impôt sur les sociétés éventuellement dû par le bénéficiaire des sommes versées.

158. La CJUE semble implicitement l'admettre : saisie dans l'arrêt *Commission c/République portugaise* (17 juin 2010, aff. C-105/08) de la conformité aux règles européennes d'une retenue à la source sur les intérêts bruts bénéficiant à des établissements financiers non-résidents, la Cour rejeta le recours en manquement au motif que la Commission européenne n'apportait pas la preuve que des établissements avaient effectivement subi un tel traitement défavorable. On a justement vu là une occasion manquée de définir plus précisément le critère du lien direct entre les charges et l'acquisition du revenu pour l'établissement d'une discrimination condamnable (v. la chronique de droit de l'Union européenne d'E. Raingeard de la Blétière, in *L'année fiscale*, *Dr. fisc.* 2011, n° 9, ét. 234, § 18).

14 février 1995[159], en vertu de laquelle la situation des résidents et celle des non-résidents dans un État n'est, en règle générale, pas comparable (sauf dans le cas particulier des non-résidents percevant dans un autre État membre l'essentiel de leurs revenus). Toutefois, dans l'affaire *Gerritse*, qui concernait pourtant un non-résident qui percevait dans l'autre État membre une fraction minime de son revenu, la CJCE a estimé qu'« au regard de la règle de progressivité, les non-résidents et les résidents sont dans une situation comparable, de telle sorte que l'application aux premiers d'un taux d'imposition sur le revenu plus élevé que celui applicable aux seconds et aux contribuables qui leur sont assimilés serait constitutif d'une discrimination indirecte ». Elle a ainsi invité la juridiction de renvoi à vérifier « si le taux d'imposition de 25 % appliqué aux revenus de M. Gerritse est supérieur à celui qui découlerait de l'application du barème progressif ». Il apparaît donc que, selon la Cour, la fixation d'un taux proportionnel pour la retenue à la source est justifiée, mais à la condition que le taux en question ne soit pas supérieur à celui qui s'appliquerait effectivement à la personne en question, conformément au barème progressif, à raison de son revenu net[160].

Cette affaire démontre d'ailleurs que la véritable comparaison opérée par la Cour ne concerne pas seulement le taux d'imposition, ni même d'ailleurs la seule assiette. La Cour s'intéresse bien plutôt à la charge fiscale globale exprimée par la combinaison du taux et de l'assiette de l'impôt.

On en retrouve une illustration dans l'arrêt *Hollmann*[161]. Le droit portugais en cause dans cette affaire assujettissait les plus-values immobilières des non-résidents à un prélèvement de 25 % sur leur montant global, alors que les résidents portugais étaient, quant à eux, soumis à imposition progressive sur la moitié de la plus-value réalisée. Sachant que le taux marginal du barème progressif s'élevait à 42 %, il était aisé de démontrer que l'impôt payé par les résidents était systématiquement inférieur à celui payé par les non-résidents[162]. La législation portugaise fut de ce fait jugée contraire à la liberté de circulation des capitaux.

À la lumière de la jurisprudence communautaire, certains cas d'incompatibilité de la loi française sont apparus. On sait par exemple que, jusqu'à l'intervention de la loi de finances rectificative pour 2009, l'article 244 *bis* du Code général des impôts assujettissait les marchands de biens n'ayant pas d'établissement en France à un prélèvement de 50 % sur les profits résultant de leurs opérations en France[163] alors qu'une société française accomplissant les mêmes opérations n'était redevable que de l'impôt sur les sociétés au taux normal. À identité d'assiette, une telle différence de traitement paraissait clairement contraire à la liberté de circulation des capitaux. Elle a donc été supprimée. Aujourd'hui, le taux de 50 % a été remplacé par le taux de l'IS, sauf si la société étrangère concernée est domiciliée, établie ou constituée dans un État ou territoire non coopératif.

§ 3. LE TRANSFERT DE SIÈGE DES PERSONNES SOUMISES À L'IMPÔT SUR LES SOCIÉTÉS

786 Le principe de territorialité de l'impôt sur les sociétés connaît une déclinaison particulière lorsqu'une société française relevant de cet impôt transfère son siège à l'étranger. En effet, lorsqu'une société cesse d'être assujettie à l'impôt en France (ce qui est le cas lorsqu'elle ne laisse subsister aucun établissement stable en France postérieurement au transfert), elle « meurt » fiscalement même si elle continue d'exister

159. Aff. C-279/93.

160. Pour être précis : à raison de son revenu net dépassant le seuil à partir duquel un résident serait lui-même imposable.

161. CJCE, 11 oct. 2007, aff. C-443/06.

162. Exemple chiffré (qui néglige la progressivité du barème portugais et n'en retient que le taux marginal)
– Résidents : 42 % de 50 % de la plus-value = 21
– Non-résidents : 25 % de 100 % de la plus-value = 25

163. Les personnes visées sont celles décrites à l'art. 35, CGI, notamment celles qui, habituellement, achètent en leur nom en vue de les revendre, des immeubles, des fonds de commerce, des actions ou parts de sociétés immobilières.

juridiquement. C'est pourquoi l'article 221. 2 du CGI considérait jusqu'à l'intervention de la loi de finances pour 2013, le transfert du siège ou d'un établissement à l'étranger comme un cas de cessation d'entreprise.

Ce principe était assorti de deux exceptions :

— l'une, purement formelle, s'appliquait lorsque le transfert est décidé par l'assemblée générale dans les conditions prévues à l'article L. 225, 97 du Code de commerce, c'est-à-dire à la condition que le pays d'accueil ait conclu avec la France une convention spéciale permettant ces opérations et conservant à la société sa personnalité juridique. Toutefois, ce dispositif est demeuré sans application, aucune convention n'ayant eu pour objet de neutraliser les effets du transfert de siège[164] ;

— l'autre concernait le cas d'un transfert de siège à l'intérieur de l'Union européenne : l'alinéa 3 de l'article 221. 2 énonçait que « le transfert de siège dans un autre État membre de la Communauté européenne, qu'il s'accompagne ou non de la perte de la personnalité juridique en France n'emporte pas les conséquences de la cessation d'entreprise ». Cette exception était cependant interprétée restrictivement : l'administration considérait ainsi – sans avoir jamais publié l'instruction qu'elle avait projetée en 2007 – que la neutralité fiscale du transfert de siège était subordonnée à la subsistance en France d'un établissement stable de la société concernée. Cet état du droit n'était plus conforme aux exigences du droit de l'Union européenne tel qu'interprété par la Cour de justice de l'Union européenne dans l'arrêt *National Grid Indus BV* rendu le 29 novembre 2011[165], jugeant que le droit néerlandais est incompatible avec le principe de la liberté d'établissement dans la mesure où il impose immédiatement les plus-values latentes sur les actifs d'une société néerlandaise qui transfère son siège de direction effective dans un autre État membre.

C'est pourquoi le législateur est intervenu en introduisant dans l'article 221.2 du CGI un principe de neutralité fiscale du transfert de siège ou du transfert d'un établissement dans les États membres de l'Union européenne et de certains États de l'Espace économique européen, assorti d'une exception lorsque le transfert de siège s'accompagne d'un transfert d'éléments d'actif.

L'article 221. 2 nouveau du CGI conduit à la distinction suivante :

— **lorsque le transfert de siège a lieu dans un État autre qu'un État membre de l'UE ou un État partie à l'accord sur l'EEE** ayant conclu avec la France une convention d'assistance administrative en vue de lutter contre la fraude et l'évasion fiscales ainsi qu'une convention d'assistance mutuelle en matière de recouvrement ayant une portée similaire à celle prévue par la directive 2010/24/UE du Conseil, du 16 mars 2010, concernant l'assistance mutuelle en matière de recouvrement des créances relatives aux taxes, impôts, droits et autres mesures, il continue de produire les conséquences d'une cessation d'entreprise et provoque donc l'imposition immédiate des bénéfices d'exploitation réalisés depuis la clôture du dernier exercice clos jusqu'au jour du transfert, des bénéfices en sursis d'imposition et des plus-values latentes... ;

164. Une exception : le Traité franco-éthiopien du 12 novembre 1959 fixant le nouveau régime de la compagnie de chemin de fer de Djibouti à Addis-Abéba (art. 3).

165. C-371/10. Sur cet arrêt, cf. notre article « Liberté d'établissement et transfert de siège » : *FR Lefebvre 48/2011, p. 21* et les commentaires de G. Blanluet, *Dr. fisc.* 2012, n° 5, comm. 125 ; E. Raingeard de la Blétière, *L'année fiscale 2012, Dr. fisc.* 2012, n° 9, comm. 161 ; Ch. Panayi, *British Tax Review*, 2012, n° 1, p. 41 et s. ; H. Van den Broek et G. Meussen, *European Taxation*, avr. 2012, p. 190 et s. ; P. J. Wattel, *Tax Notes International*, 30 janv. 2012, p. 361 et s.

— **lorsque le transfert de siège a lieu dans un État de l'UE ou de l'EEE** (sous les conditions vues ci-dessus), il n'est pas considéré comme entraînant une cessation d'entreprise.

Il paraît logique d'en déduire qu'un tel transfert ne devrait pas produire de conséquence sur l'imposition des associés de la société qui transfère son siège. L'article 111 *bis* du CGI, qui impose les associés au titre des revenus mobiliers qu'ils sont réputés recevoir lorsqu'une personne morale soumise à l'IS cesse d'y être assujettie, nous paraît donc inapplicable, non seulement lorsque la société qui transfère son siège laisse en France un établissement stable (car elle ne cesse alors pas d'être soumise à l'IS), mais aussi lorsque la société qui transfère son siège n'est pas réputée dissoute conformément au nouveau texte. Toute autre conclusion nous paraîtrait poser un sérieux problème de conformité à la liberté d'établissement.

La neutralité du transfert de siège est toutefois entamée lorsque le transfert « s'accompagne du transfert d'éléments d'actifs ». En ce cas, la société dispose d'une option entre une imposition immédiate des plus-values latentes, en report ou en sursis, et une imposition fractionnée sur cinq ans. Plus précisément, l'impôt sur les sociétés calculé à raison des plus-values latentes constatées sur les éléments de l'actif immobilisé transférés et des plus-values en report ou en sursis d'imposition est acquitté dans les deux mois suivant le transfert des actifs :

— soit pour la totalité de son montant ;

— soit, sur demande expresse de la société, pour le cinquième de son montant. Le solde est acquitté par fractions égales au plus tard à la date anniversaire du premier paiement au cours des quatre années suivantes.

L'impôt devient immédiatement exigible lorsqu'intervient, dans le délai de cinq ans, la cession des actifs ou leur transfert dans un État tiers (i.e. hors UE/EEE avec convention) ou la dissolution de la société. L'impôt devient également exigible en cas de non-respect de l'une des échéances de paiement.

On peut donc résumer la situation comme suit :

Transfert de siège dans un État hors UE ou hors EEE avec convention	**Transfert de siège dans un État de l'UE ou de l'EEE avec convention**	
	Transfert de siège sans transfert d'actifs	Transfert de siège « accompagné » d'un transfert d'actifs
Imposition immédiate (cessation d'entreprise)	Pas d'imposition (neutralité)	Option entre imposition immédiate des plus-values et imposition fractionnée sur 5 ans

Ce nouveau texte, conçu pour rendre conforme le droit français au droit de l'Union européenne, nous paraît n'atteindre qu'imparfaitement son objectif[166]. Il peut en effet être soutenu que l'imposition

166. Pour le détail de l'argumentation, cf. notre contribution avec G. Blanluet dans le compte rendu de la soirée de l'IFA du 7 novembre 2012 sur « la localisation des centres de décision : critères et enjeux », *Dr. fisc.* 2013, n° 13, ét. 214. V. également les observations d'E. Raingeard de la Blétière dans *L'année fiscale* 2013, *Dr. fisc.* 2013, n° 9, ét. 169. Pour le commentaire administratif de l'article 221. 2 du CGI, v. BOI-IS-CESS, 3 sept. 2013.

fractionnée des plus-values latentes demeure encore disproportionnée au regard de l'objectif légitime poursuivi par le mécanisme, à savoir la préservation par la France du pouvoir d'imposer les plus-values constituées tant que la société était résidente. Il faut cependant reconnaître qu'après les arrêts *DMC*[167] et *Verder LabTec*[168] de la Cour de justice, les chances de succès d'une contestation portant sur le principe de l'imposition fractionnée de la plus-value paraissent désormais assez faibles. On peut en revanche estimer qu'en cas de transfert d'actifs d'un siège français à un établissement stable étranger (ou d'un établissement stable français à un siège étranger), la doctrine administrative écartant l'application du mécanisme de fractionnement de l'imposition[169] ne respecte pas le principe de proportionnalité et porte donc atteinte au principe de liberté d'établissement.

Le droit de l'Union européenne s'est intéressé par touches à la question du traitement fiscal du transfert de siège. D'une part, la directive n° 2008/7/CE du 12 février 2008 sur les impôts indirects frappant les rassemblements de capitaux énonce en son article 5 que « les États membres exonèrent les sociétés de capitaux de toute forme d'imposition indirecte [à l'occasion du] transfert, d'un État membre dans un autre État membre, du siège de direction effective ou du siège statutaire d'une société de capitaux ». D'autre part, une directive du 17 février 2005 a modifié la directive fusions du 23 juillet 1990 en y insérant une disposition particulière concernant le transfert transfrontalier du siège statutaire d'une société européenne (SE) ou d'une société coopérative européenne (SCE). La directive « fusions » contient ainsi un article prévoyant que le transfert du siège statutaire n'entraîne pas d'imposition des plus-values dans l'État membre de départ lorsque les éléments d'actif et de passif de la SE ou de la SCE restent effectivement rattachés à un établissement stable de la SE ou de la SCE dans ledit État membre. *A contrario*, la directive semble ainsi admettre l'imposition des plus-values latentes afférentes à des actifs qui ne restent pas effectivement rattachés à un établissement stable. Mais il n'est pas interdit de s'interroger sur la compatibilité, à cet égard, entre le contenu de la directive fusions et les libertés fondamentales. Cette question est toutefois renouvelée par l'adoption de la directive du 12 juillet 2016[170] destinée à lutter contre certaines pratiques d'évasion fiscale. L'article 3 de la directive oblige en effet les États membres à imposer les plus-values latentes (moyennant un échelonnement sur cinq ans de la dette fiscale selon un mécanisme très proche de celui du droit français lorsque le transfert a lieu vers un autre État membre) constatées, non seulement lors d'un transfert de siège vers l'étranger, mais également en cas de transfert d'actifs entre siège et établissement stable situé dans un autre État.

D'autres mesures de coordination auraient pu être envisagées afin de trouver des solutions pragmatiques aux problèmes posés par l'imposition des transferts de résidence des sociétés[171]. Un auteur suggère par exemple de distinguer entre actifs amortissables et non amortissables : tandis que la plus-value latente afférente aux seconds ne pourrait être imposée que lors de leur cession effective, celle afférente aux premiers pourrait être imposée de façon fractionnée, le surcroît d'imposition étant compensée par l'amortissement[172]. Le tout pourrait être intégré dans le projet plus large d'harmonisation de l'assiette imposable des groupes de sociétés en Europe.

167. CJUE, 23 janv. 2014, C-164/12, *DMC Beteiligungsgesellschaft mbH*, *Dr. fisc.* 2014, n° 14, comm. 253, note N. De Boynes.

168. CJUE, 21 mai 2015, C-657/13, *Verder LabTec GmbH & Co. KG*.

169. BOI-IS-CESS-30, § 70, à jour au 3 sept. 2013.

170. Directive (UE) 2016/1164 du 12 juillet 2016.

171. Pour des suggestions en ce sens, E. Kemmeren, note *H & I* 6/2010, p. 70.

172. E. Röder, "Coordination of Corporate Exit Taxation in the Internal Market and Beyond", *British Tax Review*, 2014, Nr. 5, p. 574 et s. L'article contient une liste exhaustive de l'ensemble des mesures de coordination qui pourraient être prises par les États membres en la matière.

SECTION 2 LES GROUPES DE SOCIÉTÉS

787 Lorsqu'une société mère établie en France dispose de filiales établies dans plusieurs États étrangers, il s'agit de savoir dans quelle mesure les résultats de ces filiales sont pris en compte dans la détermination du résultat imposable en France[173]. Les principes applicables sont théoriquement simples : les filiales étrangères, étant par hypothèse des entités indépendantes de la société mère française, sont soumises au régime fiscal de leur État d'accueil, de sorte que leur résultat demeure sans influence sur celui de la société tête de groupe. En droit commun, donc, il n'existe pas de reconnaissance particulière du groupe international (§ 1). Toutefois, ces principes souffrent un certain nombre d'exceptions tenant, non seulement à la nécessité de prendre en compte la réalité du groupe international (§ 2) mais aussi à la politique de lutte contre l'évasion fiscale internationale. On étudiera donc pour finir les règles françaises relatives aux sociétés étrangères contrôlées (§ 3).

§ 1. LE GROUPE INTERNATIONAL IGNORÉ DU DROIT

788 Envisageons successivement le cas des groupes non intégrés (A) et celui des groupes intégrés (B).

A. LES GROUPES NON INTÉGRÉS

789 Le principe traditionnel du droit français en la matière veut que les filiales étrangères soient considérées comme parfaitement indépendantes, ce qui implique que les bénéfices et les pertes réalisées par celles-ci soient sans effet sur le résultat de la société mère (1°). Ce principe subit cependant certaines atténuations pratiques afin notamment de permettre la remontée des pertes des filiales étrangères (2°).

1. *L'absence d'impact du résultat de la filiale étrangère*

790 Lorsqu'une filiale réalise un bénéfice, celui-ci est imposable entre ses seules mains. Le principe, qui vaut pour les filiales françaises, s'applique tout autant pour les filiales étrangères. Il en découle que ce bénéfice subit l'impôt sur les sociétés de l'État où elle est implantée. La société mère française n'a vocation à l'appréhender qu'en cas de distribution par la filiale de dividendes, lesquelles relèvent du régime des sociétés mère prévu à l'article 145 du Code général des impôts si ses conditions d'application sont réunies. Dans l'État d'établissement de la filiale, il se peut que la distribution de dividendes donne lieu à une retenue à la source et corrélativement à un crédit d'impôt

173. Pour une bonne présentation des problèmes contemporains, cf. N. Melot, « Fiscalité et multinationales : les groupes de sociétés, ces enfants terribles », in *Écrits de fiscalité des entreprises. Études à la mémoire du professeur Maurice Cozian*, Litec, 2009, p. 553 et s. Voir également, sur la question plus spécifique du rattachement territorial des pertes, D. Gutmann, « L'attribution des déficits dans un groupe multinational : quelles perspectives ? », *Dr. fisc.* 2012, n° 50, ét. 555.

utilisable en France[174]. Les modalités d'imposition du dividende dépendent en pratique, soit de l'applicabilité de la directive mères-filiales du 23 juillet 1990, soit de la convention bilatérale conclue par l'État de la filiale avec la France.

Logiquement, les pertes réalisées par une filiale étrangère n'impactent en rien le résultat de la société mère française. Elles ne peuvent guère qu'être reportées en avant ou en arrière dans l'État d'établissement de la filiale, conformément aux règles applicables dans cet État. Ce principe souffre cependant certaines exceptions.

2. Les techniques permettant la remontée des pertes des filiales étrangères

791 Lorsqu'une filiale étrangère connaît des difficultés financières importantes, il est fréquent que sa société mère française lui apporte son aide. Celle-ci peut alors prendre différentes formes : abandon de créance, prise en charge de dépenses directement liées à son activité, etc. Ces mécanismes constituent en pratique des moyens indirects de transférer à la société mère les pertes réalisées par les filiales étrangères. Encore faut-il qu'ils puissent effectivement être déduits du côté de la société mère.

La question ne va pas complètement de soi, dans la mesure où le principe de territorialité paraît s'opposer à la déduction en France de pertes qui se rattachent en pratique à des activités développées en territoire étranger. Ceci explique d'ailleurs pourquoi la jurisprudence s'est montrée hésitante en la matière.

Aujourd'hui, cependant, l'état du droit est clair. L'appréciation de la normalité des aides accordées aux filiales étrangères repose exactement sur les mêmes critères que ceux applicables dans un contexte purement interne. Lorsqu'elles ont un caractère commercial, le principe de territorialité ne fait donc pas obstacle à leur déductibilité[175]. Il y a là une certaine logique, à partir du moment où l'on admet que les aides sont consenties dans l'intérêt propre de la société mère, par hypothèse située en France. Cette solution respecte en outre les principes d'identité de traitement imposés par le droit communautaire, ce qui lui confère une légitimité indiscutable.

Le Conseil d'État a également précisé que l'abandon de créance consenti par une société française à une succursale étrangère d'une filiale également étrangère devait être considéré, compte tenu du défaut de personnalité juridique de la succursale, comme directement consenti à la filiale étrangère elle-même[176]. Il en résulte que l'abandon de créance ne peut donner lieu à déduction que si la filiale étrangère a besoin de disposer de fonds propres nécessaires au développement d'activités permettant à la société mère d'écouler ses produits sur les marchés étrangers. Dans le cas où la filiale est bénéficiaire et distribue même à sa société mère des dividendes significatifs, la déduction est exclue même si la succursale étrangère connaît par ailleurs des difficultés financières.

174. Dans l'hypothèse où le dividende est reçu par une société mère, le crédit d'impôt ne peut être imputé sur l'impôt français puisqu'on sait que le propre du régime des sociétés mères est d'exonérer le dividende à hauteur de 95 %. Le crédit d'impôt ne peut donc être utilisé qu'en étant imputé sur la retenue à la source exigible lors de la distribution par la société mère elle-même d'un dividende à ses associés étrangers.

175. Pour une remise en perspective de la règle, v. G. Blanluet, « La gestion internationale des aides intragroupe », *Dr. fisc.* 2012, n° 50, ét. 557.

176. CE, 11 avr. 2008, n° 281033, *SA Guerlain*, *Dr. fisc.* 2008, n° 18, comm. 302, concl. C. Verot, note M. Taly.

B. LES GROUPES INTÉGRÉS

792 Comme nous l'avons vu plus haut[177], le droit français reconnaît la réalité du groupe à travers le régime très particulier de l'intégration fiscale. Une société peut ainsi se constituer tête de groupe lorsqu'elle détient 95 % au moins du capital d'une autre société. Ceci lui permet notamment d'agréger les pertes de sa filiale sur ses propres résultats bénéficiaires.

Lorsque l'intégration fiscale fut mise en place en 1988, il paraissait évident que celle-ci ne pouvait s'appliquer que dans un contexte purement interne. Il était hors de question de permettre l'intégration de filiales étrangères, ce que traduit la formule selon laquelle les filiales intégrées doivent être soumises à l'impôt sur les sociétés.

Certes, ceci n'empêche pas un groupe dont la société mère est située à l'étranger de bénéficier du régime de l'intégration fiscale lorsqu'elle dispose en France d'une filiale qui se constitue elle-même tête de groupe et inclut dans le périmètre du groupe d'autres sociétés françaises. Une société étrangère peut donc détenir une société française à plus de 95 % sans priver celle-ci de son droit à créer un groupe intégré. De même, il est aujourd'hui admis qu'une société étrangère peut constituer en France un établissement stable qui inscrit à son actif les titres des sociétés françaises intégrées. Le rôle de la tête de groupe est alors conféré à l'établissement stable.

Avec l'évolution de la jurisprudence communautaire, l'intégration fiscale ne se limite plus aujourd'hui à cela. On sait désormais que le droit français ne peut empêcher une société mère française de former un groupe intégré avec une sous-filiale française lorsque la filiale intermédiaire est résidente d'un autre État membre (1°). On sait aussi que des sociétés sœurs établies en France, détenues à 95 % au moins par une mère établie dans un autre État membre, ne peuvent être empêchées de compenser entre elles leurs résultats alors qu'elles seraient en droit de le faire (en y ajoutant les résultats de leur société mère), grâce au régime de l'intégration fiscale, si la société tête de groupe était établie en France (2°). On peut enfin s'interroger sur l'opportunité d'admettre, sinon l'intégration pure et simple des filiales établies dans un autre État membre, du moins une remontée des pertes de ces dernières sous certaines conditions. La jurisprudence semble toutefois fermer la voie à cette possibilité (3°).

1. L'intégration de sous-filiales françaises détenues par l'intermédiaire d'une société étrangère

793 Depuis l'arrêt *Papillon* du 27 novembre 2008[178], la cause est entendue : l'intégration fiscale ne concerne plus seulement les groupes « franco-français ». Ce n'était pas évident. L'interprétation commune de l'article 223 A du Code général des impôts voulait en effet que la société mère du groupe ne pouvait détenir indirectement une autre

177. Cf. *supra*, n° 332 et s.

178. CJCE, 27 nov. 2008, aff. C-418/07, *Société Papillon*, concl. Kokott, *Dr. fisc.* 2008, n° 52, comm. 644, note J.-L. Pierre. L'arrêt est rendu sur question préjudicielle du Conseil d'État du 10 juill. 2007 (n° 284785, *Dr. fisc.* 2007, n° 42, comm. 916, note J.-L. Pierre ; *BDCF* 2007, n° 120, concl. Collin). Sur l'arrêt de la CJCE, cf. notamment P. Dibout, « Le périmètre des groupes de sociétés et la liberté d'établissement », *Dr. fisc.* 2008, n° 52, ét. 640 ; Y. Rutschmann, P. Dibout et L. de La Roque, « Arrêt *Sté Papillon* : quelles incidences pratiques ? », *Dr. fisc.* 2009, n° 16, comm. 277 ; L. Lenczner, « Chronique de fiscalité des entreprises », *L'année fiscale*, *Dr. fisc.* 2010, n° 8-9, comm. 199, n° 8 et s.

société membre du groupe que par l'intermédiaire d'une société elle-même membre du groupe intégré et donc soumise à l'impôt sur les sociétés en France.

Il fallut donc une belle audace à la société Papillon pour appliquer directement une solution qui lui paraissait découler du droit communautaire. C'est ainsi que cette société, qui détenait 100 % du capital d'une société néerlandaise, laquelle détenait à son tour 99,99 % d'une SARL française, décida d'opter pour le régime de l'intégration fiscale en incluant dans le périmètre du groupe sa petite-fille. Le résultat ne se fit pas attendre : le bénéfice de l'intégration lui fut refusé pour celle-ci et le contentieux s'engagea.

La question posée à la Cour de justice n'était pas de savoir si l'on pouvait reprocher au droit français d'interdire l'intégration de sociétés étrangères dans le périmètre du groupe. Elle était de savoir si le principe de la liberté d'établissement s'opposait à ce qu'une société française soit incluse dans le périmètre du groupe au seul motif qu'elle était détenue par l'intermédiaire d'une société établie dans un autre État membre et n'exerçant pas d'activité en France.

Pour répondre à cette question, la Cour de justice adopta un raisonnement classique et commença par se demander s'il existait une restriction à la liberté d'établissement. À cette fin, elle constata qu'il existe une différence de traitement entre les sociétés mères françaises selon qu'elles détiennent leurs participations indirectes au moyen d'une filiale établie en France ou dans un autre État membre. En effet, une société mère ayant son siège en France, qui détient ses sous-filiales françaises au moyen d'une filiale établie dans un autre État membre, ne peut bénéficier du régime de l'intégration fiscale. En revanche, une société mère française a la faculté de constituer une intégration fiscale avec ses sous-filiales françaises lorsque la filiale intermédiaire est établie en France. La Cour en déduisit : « en tant qu'elles défavorisent, sur le plan fiscal, les situations communautaires par rapport aux situations purement internes, les dispositions du CGI en cause [...] constituent donc une restriction en principe interdite par les dispositions du traité relatives à la liberté d'établissement »[179].

Au titre des justifications possibles d'une telle restriction, la Cour ne retint finalement que celle tirée de la préservation de la cohérence du régime de l'intégration fiscale. L'idée était la suivante. En droit français, l'intégration fiscale implique qu'après avoir fait la somme algébrique des résultats des sociétés du groupe, certains ajustements se produisent pour éviter que certains revenus ou certaines pertes ne soient pris en compte deux fois. Par exemple, lorsqu'une société mère détient des titres dans une filiale déficitaire, on sait qu'elle peut pratiquer dans ses propres comptes une provision pour dépréciation qui, jusqu'à 2007, était fiscalement déductible. Or, du fait de l'intégration, la consolidation des résultats entre sociétés du groupe aboutit à une seconde prise en considération du déficit de la filiale. C'est pour éviter ceci que les provisions faites par la mère sont ultérieurement neutralisées dans la détermination du résultat d'ensemble du groupe. La cohérence du régime de l'intégration suppose donc l'établissement d'un lien direct entre la consolidation des résultats du groupe (l'avantage fiscal de l'intégration) et la réintégration des provisions constituées par la société mère (la compensation fiscale de cet avantage par un prélèvement déterminé).

Or, avançait l'administration française, un tel lien direct ne peut exister lorsqu'une société mère française détient une sous-filiale française par l'intermédiaire d'une société établie dans un autre État membre. En effet, si l'on admettait l'intégration entre la société mère et sa sous-filiale, les pertes éventuelles de la sous-filiale remonteraient automatiquement au niveau de la mère, mais le droit français ne permettrait pas d'endiguer la double utilisation de ces pertes. Celles-ci pourraient donner lieu, d'abord, à une provision dans les comptes de la filiale étrangère. Si celle-ci devenait à son tour déficitaire du fait de cette provision, la société mère française pourrait passer une provision pour dépréciation des titres de sa filiale, laquelle n'aurait pas à être réintégrée dans le bénéfice du groupe puisque la filiale ne relève pas de l'intégration fiscale. D'où l'administration déduisait que la cohérence du régime français de l'intégration filiale imposait d'exclure de la constitution du groupe intégré une sous-filiale française détenue par l'intermédiaire d'une filiale établie dans un autre État membre.

C'est précisément cette conclusion que la Cour refusa. Si elle admit certes qu'il fallait préserver la cohérence du régime français de l'intégration fiscale en empêchant une double prise en compte en France des pertes de la sous-filiale, elle estima dans la troisième étape de son raisonnement que le refus pur et simple de l'intégration de la sous-filiale était excessif eu égard à l'objectif poursuivi. Le droit français était ainsi en contradiction avec le principe de proportionnalité.

179. Point 32 de l'arrêt.

L'administration française avait pourtant entrepris de démontrer qu'il n'existait pas d'autres mesures moins restrictives de la liberté d'établissement que le refus d'intégration pour préserver la cohérence du régime de l'intégration. Elle avait notamment fait valoir que le refus de l'intégration était rendu nécessaire par la difficulté de vérifier l'existence d'un risque de double emploi de pertes lorsqu'une société non-résidente est interposée entre la société mère et ses sous-filiales. Elle alléguait que le montant d'une provision ne correspond généralement pas à l'importance de la perte de la filiale et qu'il est tout simplement impossible d'identifier l'origine exacte d'une provision.

Cette argumentation ne trouva pas grâce aux yeux de la Cour. Celle-ci rappela tout d'abord que la réglementation communautaire, à savoir la directive n° 77/799/CEE du Conseil, du 19 décembre 1977, concernant l'assistance mutuelle des autorités compétentes des États membres dans le domaine des impôts directs (aujourd'hui directive n° 2011/16/UE), permet aux États membres de solliciter des autorités compétentes des autres États membres toutes les informations susceptibles d'intéresser le calcul exact notamment de l'impôt sur les sociétés.

Elle estima ensuite que lorsque des sociétés mères françaises sollicitent le bénéfice du régime de l'intégration fiscale avec des sous-filiales résidentes détenues par l'intermédiaire de filiales résidentes d'un autre État membre, les autorités fiscales françaises pourraient simplement demander à ces filiales de fournir les éléments de preuve qu'elles estiment nécessaires pour que soit pleinement assurée la transparence des provisions opérées par ces dernières. Elles pourraient ainsi examiner si les provisions comptabilisées par la société mère pour dépréciation de ses participations dans le capital de la filiale doivent s'expliquer indirectement par une perte de la sous-filiale répercutée dans des provisions comptabilisées dans ladite filiale.

La réforme du droit français était donc nécessaire. Elle intervint avec la loi de finances rectificative pour 2009, laquelle autorise, pour les exercices clos à compter du 31 décembre 2009, une société mère française à intégrer une sous-filiale française même lorsqu'elle est détenue par l'intermédiaire d'une société étrangère non soumise à l'impôt sur les sociétés en France, lorsque cette société a son siège social situé dans l'Union européenne ou dans un État partie à l'accord sur l'Espace économique européen ayant conclu avec la France une convention fiscale d'assistance administrative en vue de lutter contre la fraude et l'évasion fiscale[180]. Cette intégration de la sous-filiale française a lieu moyennant certains retraitements destinés à éviter la double déduction des pertes de la sous-filiale ou la double imposition de ses bénéfices[181].

2. L'intégration de sociétés sœurs françaises détenues par une société mère étrangère

L'arrêt *Papillon* avait laissé en suspens la situation de sociétés sœurs établies en France, détenues à 95 % au moins par une mère établie dans un autre État membre, qui sont empêchées de compenser entre elles leurs résultats alors qu'elles seraient en droit de le faire (en y ajoutant les résultats de leur société mère), grâce au régime de l'intégration fiscale, si la société tête de groupe était établie en France.

La question a été posée à la CJUE dans le cadre, très proche, du régime néerlandais de l'entité fiscale, régime qui permet d'imposer un groupe de sociétés comme une entité unique. Au cas particulier, trois sociétés établies aux Pays-Bas, dont la mère est établie en Allemagne, se sont vu refuser le bénéfice du régime de l'entité fiscale au motif que leur mère commune était établie dans un autre État membre sans avoir aux Pays-Bas un établissement stable. La question de la discrimination et de l'atteinte corrélative à la liberté d'établissement était donc clairement posée.

180. Les établissements stables situés dans ces mêmes États peuvent également servir d'entité intermédiaire.

181. Pour la mise en œuvre de la règle, v. BOI-IS-GPE-20-20-40-20 n° 30.

Conformément aux conclusions de son Avocat général, la CJUE s'est prononcée le 12 juin 2014 sans ambiguïté en faveur de la possibilité de constituer une entité fiscale dans la configuration présentée[182]. La restriction prévue par la loi néerlandaise, qui empêchait les sociétés sœurs de constituer une entité unique, est une restriction à la liberté d'établissement qui n'est justifiée, ni par une différence de situation objective, ni par une raison impérieuse d'intérêt général tirée de la cohérence du système fiscal en lien avec la prévention du double emploi des pertes évoquée par la juridiction de renvoi. L'existence de cette restriction n'est pas remise en cause par la circonstance que la société mère commune des filiales à consolider se trouve à un niveau plus élevé de la chaîne de participations du groupe (détention indirecte), dès lors que les sociétés intermédiaires, dont le siège n'est pas aux Pays-Bas et qui n'y disposent pas d'un établissement stable, ne peuvent pas elles-mêmes faire partie d'une entité fiscale.

Cette décision majeure est transposable au régime d'intégration fiscale français. La jurisprudence l'a reconnu en admettant la possibilité de former, pour le passé, des réclamations fondées sur l'atteinte à la liberté d'établissement résultant de l'impossibilité pour des sociétés sœurs françaises de créer un groupe d'intégration fiscale dans une hypothèse où ces sociétés sont toutes détenues à plus de 95 % par une société mère établie sur le territoire de l'Union européenne[183].

Le législateur est intervenu à son tour dans le même sens. L'article 63 de la loi nº 2014-1655 de finances rectificative pour 2014 a ainsi réformé le dispositif de l'intégration fiscale afin de permettre à des sociétés françaises détenues par une même entité européenne de constituer entre elles, à compter des exercices clos le 31 décembre 2014, un groupe d'intégration fiscale, dite intégration « horizontale » par opposition à l'intégration « verticale » ayant seule cours avant cette modification législative[184]. Dans cette configuration « horizontale », les sociétés sœurs, cousines et filles établies et assujetties à l'impôt sur les sociétés en France peuvent consolider fiscalement leurs résultats. Restent exclus de cette consolidation les résultats des sociétés étrangères non soumises à l'impôt sur les sociétés français : l'entité mère et les éventuelles sociétés étrangères interposées.

La particularité de cette forme d'intégration tient au fait que la société tête de groupe est choisie parmi les sociétés sœurs et assure le rôle de « société mère » au sens de l'intégration. Comme dans le régime de l'intégration « verticale », les groupes peuvent choisir quelles sont les filiales qu'ils souhaitent intégrer.

Le groupe est donc composé de la façon suivante :

— au sommet figure « **l'entité mère non-résidente** » : c'est la société européenne (EEE compris) qui est placée à la tête de la chaîne de détention permettant la création d'un groupe d'intégration horizontale en France ;

— entre l'entité mère non-résidente et les filiales françaises peuvent être interposées des « **sociétés étrangères** » (expression revêtant dans ce contexte un sens technique précis) : il s'agit des sociétés européennes (EEE compris) placées entre l'entité mère non-résidente et les sociétés françaises composant le groupe d'intégration

182. CJUE, 12 juin 2014, *SCA Group Holding BV*, C-39/13. Sur cette décision, v. l'aperçu rapide de L. Leclercq, A.-M. Merle et J. du Pasquier, *Dr. fisc.* 2014, nº 26, 347 et la note de R. Schneider, *Dr. fisc.* 2014, nº 37, comm. 524.

183. CE, 30 mars 2016, nº 387164, *Zambon France*, rejetant le pourvoi contre CAA Versailles, 2 déc. 2014, *Zambon France*, nº 12VE03684.

184. Les commentaires administratifs de cette loi (en consultation publique) ont été publiés le 6 mai 2015 (v. *Dr. fisc.* 2015, nº 25, comm. 412).

horizontale. Ces sociétés peuvent ne pas être établies dans le même État que l'entité mère non-résidente. On veillera à ne pas confondre la notion de « société étrangère » avec celle de « société intermédiaire » qui, dans le système « Papillon », désigne les sociétés étrangères établies dans un État de l'Union européenne (EEE compris) qui assurent le lien entre une société membre d'un groupe intégré et sa sous-filiale membre de ce même groupe intégré ;

— quant à la « **société mère** », il s'agit de la société française choisie parmi les sociétés détenues à 95 % au moins par l'entité mère non-résidente (directement ou indirectement) pour prendre le rôle de la mère d'intégration, sans que ses liens capitalistiques avec les autres membres du groupe intégré soient nécessairement ceux d'une « véritable » société mère.

Les retraitements, obligations déclaratives, règles de paiement de l'impôt, réintégrations des charges financières « Charasse », solutions particulières en cas de passage d'un groupe à un autre, etc., sont adaptés mais restent calqués sur le modèle de ce qui existe en cas d'intégration verticale « classique ».

Pour finir, on notera que la loi dispose expressément que le passage d'un groupe d'intégration verticale existant à un groupe d'intégration horizontale entraîne la cessation du groupe vertical avec toutes les conséquences d'une cessation de groupe (article 223 L. 6-j nouveau du CGI). La solution est particulièrement rigoureuse.

Reste à savoir si, et dans quelle mesure, l'on pourrait aller plus loin en critiquant l'absence de prise en compte des pertes de filiales étrangères détenues à 95 % par une société mère française. C'est le point suivant.

3. La non-intégration des filiales étrangères

794 Il résulte de l'article 223 A du Code général des impôts que seules les filiales établies en France peuvent être intégrées dans un groupe fiscal. Par conséquent, lorsqu'une société mère française détient plus de 95 % du capital d'une société établie dans un autre État membre, celle-ci ne peut être incluse dans le périmètre de l'intégration. Ses pertes ne peuvent donc pas être prises en considération pour la détermination de l'assiette de l'impôt au niveau du groupe. Cela est-il contraire au droit de l'Union européenne?

La Cour de justice ne s'est jamais prononcée directement sur cette question concernant le droit français. Elle a cependant eu à connaître du régime du « *group relief* » britannique dans un arrêt *Marks & Spencer* du 13 décembre 2005[185] qui a conduit à douter de l'entière conformité du droit français au droit de l'Union européenne (a). À la suite de cette décision, la jurisprudence communautaire est devenue plus difficile à lire, certains arrêts semblant refermer la porte ouverte par l'arrêt *Marks & Spencer*, d'autres semblant au contraire maintenir le raisonnement (b). Fort heureusement, le Conseil d'État a compris en un trait de temps ce que personne n'avait saisi avant lui :

185. CJCE, gde ch., *Marks & Spencer*, 13 déc. 2005, aff. C-446/03, concl. Poiares Maduro du 7 avr. 2005 ; *RJF* 2/06, n° 227. Pour une analyse détaillée de l'arrêt, v. *L'année fiscale*, PUF, 2006, p. 265 et s. avec nos observations. La littérature européenne sur l'arrêt est par ailleurs considérable. Cf. notamment M. P. Scheunemann, "Decision in the Marks & Spencer Case: a Step Forward, but No Victory for Cross-Border Group Taxation in Europe", *Intertax*, févr. 2006, p. 54 et s. ; M. Lang, "The Marks & Spencer case – The Open Issues Following the ECJ's Final Word", *European Taxation*, p. 54 et s. Pour plus de références, on peut se reporter à l'impressionnante liste figurant à la suite de l'arrêt sur le site http://eur-lex.europa.eu.

il a donc clos la controverse sur la compatibilité de l'intégration fiscale française avec le droit de l'Union européenne sans même saisir la Cour de justice d'une question préjudicielle (c).

a) *L'arrêt Marks & Spencer*

795 La société Marks & Spencer plc, résidente du Royaume-Uni, détenait des participations dans de multiples filiales britanniques et étrangères. À l'occasion de la cession de certaines de ses filiales étrangères, elle demanda à bénéficier du régime du *group relief*, dispositif qui permet à une filiale de transférer, sous certaines conditions, ses pertes à sa mère. Cette requête fut rejetée par l'administration fiscale au motif que la loi britannique n'autorise une telle imputation, pour une filiale étrangère, que lorsque celle-ci exerce une partie de son activité au Royaume-Uni à travers une succursale ou une agence.

La société décida alors d'exercer un recours contre la décision de l'inspecteur des impôts, en arguant que les dispositions britanniques qui empêchent une société résidente de l'Union européenne exerçant ses activités en dehors du Royaume-Uni de transférer ses pertes à sa mère britannique (ou à une autre société membre du groupe et résidente du Royaume-Uni) sont contraires aux articles 43 et 48 du traité CE (aujourd'hui articles 49 et 50 du TFUE) consacrant la liberté d'établissement.

Saisie par voie de question préjudicielle, la Cour examine la question en suivant son raisonnement ordinaire. Elle commence par constater l'existence d'une restriction à la liberté d'établissement. Elle examine ensuite les justifications pouvant être apportées à une telle atteinte. Considérant que de telles justifications existent, elle en examine le caractère proportionné à l'objectif poursuivi.

Sur l'existence d'une restriction à la liberté d'établissement, la Cour énonce qu'« un dégrèvement de groupe tel que celui en cause dans l'affaire au principal constitue un avantage fiscal pour les sociétés concernées. En accélérant l'apurement des pertes des sociétés déficitaires au moyen de leur imputation immédiate sur les bénéfices d'autres sociétés du groupe, il confère à celui-ci un avantage de trésorerie. L'exclusion d'un tel avantage en ce qui concerne des pertes subies par une filiale établie dans un autre État membre et qui ne se livre à aucune activité économique dans l'État membre de la société mère est de nature à entraver l'exercice par celle-ci de sa liberté d'établissement, en la dissuadant de créer des filiales dans d'autres États membres. Elle constitue ainsi une restriction à la liberté d'établissement [...] en tant qu'elle opère une différence de traitement fiscal entre des pertes subies par une filiale résidente et des pertes subies par une filiale non-résidente »[186].

Cette restriction à la liberté d'établissement peut-elle être justifiée ? L'arrêt *Marks & Spencer* est sur ce point fortement novateur. On lui doit d'avoir inventé des méthodes de raisonnement qu'on ne trouvait dans aucun arrêt antérieur et d'avoir notamment dégagé de nouvelles justifications : la répartition équilibrée du pouvoir d'imposition et le risque de double emploi des pertes.

Ainsi, l'arrêt énonce que « la préservation de la répartition du pouvoir d'imposition entre les États membres pourrait rendre nécessaire l'application, aux activités économiques des sociétés établies dans l'un de ces États, des seules règles fiscales de celui-ci, en ce qui concerne tant les bénéfices que les pertes » [...] « En effet, donner aux sociétés la

186. Points 32 à 34 de l'arrêt.

faculté d'opter pour la prise en compte de leurs pertes dans l'État membre de leur établissement ou dans un autre État membre compromettrait sensiblement une répartition équilibrée du pouvoir d'imposition entre les États membres, l'assiette d'imposition se trouvant augmentée dans le premier État et diminuée dans le second, à concurrence des pertes transférées »[187].

Le risque de double emploi des pertes est également érigé en justification possible à une restriction. Un tel risque se matérialise notamment si l'on admet que les pertes de la filiale étrangère, qui sont le plus souvent utilisables dans le pays où cette filiale est établie grâce aux règles du report en avant, doivent également être consolidées avec les résultats de la société mère dans l'État de cette dernière[188].

Le dernier élément de justification examiné par la Cour est celui relatif au risque d'évasion fiscale. Selon elle, « il y a lieu d'admettre que la possibilité de transférer les pertes d'une filiale non-résidente à une société résidente comporte le risque que des transferts de pertes soient organisés au sein d'un groupe de sociétés en direction des sociétés établies dans les États membres appliquant les taux d'imposition les plus élevés et dans lesquels, par conséquent, la valeur fiscale des pertes est la plus importante » [...] « Une exclusion du dégrèvement de groupe pour les pertes subies par des filiales non-résidentes fait obstacle à de telles pratiques, susceptibles d'être inspirées par la constatation d'écarts sensibles entre les taux d'imposition appliqués dans les différents États membres »[189].

Reste alors à se demander si l'impossibilité pour les filiales étrangères de transférer leurs pertes à la société mère britannique viole le principe de proportionnalité. La Cour adopte ici un raisonnement pragmatique. Toutes les justifications avancées par le Royaume-Uni (répartition équilibrée du pouvoir d'imposer, double utilisation des mêmes pertes, risque d'évasion fiscale) reposaient en effet sur le postulat selon lequel la filiale étrangère pouvait utiliser ses pertes, tant au Royaume-Uni que dans son propre État de résidence. Dans cette mesure, toutes ces justifications perdent leur raison d'être s'il est établi que la filiale ne peut en réalité pas utiliser ses pertes dans son propre État. Une telle situation se produit par exemple lorsque la filiale est mise en liquidation ou lorsque l'État où elle est implantée ne connaît pas le mécanisme du report en avant (cas d'école aujourd'hui) ou du report en arrière (cas très fréquent). Elle existe également lorsque le droit local contient une règle prévoyant l'impossibilité de reporter ses pertes en avant au-delà d'une certaine date[190]. De nombreux États prévoient également que la restructuration par fusion, le changement de contrôle ou d'activité d'une société sont des événements empêchant le report en avant des déficits[191].

En bref, lorsque la prise en compte des pertes de la filiale apparaît définitivement impossible dans l'État où celle-ci est établie, l'atteinte à la liberté d'établissement de la société mère n'est plus justifiable par les raisons reconnues théoriquement légitimes par

187. Points 45 et 46 de l'arrêt.

188. Il semblait, à la lumière de l'arrêt *Marks & Spencer*, que la justification tirée du double emploi des pertes devait se cumuler, pour être admise, avec la répartition équilibrée du pouvoir d'imposition et la prévention de l'évasion fiscale. La jurisprudence ultérieure a dissipé ce malentendu et démontré que ces justifications peuvent être efficaces séparément les unes des autres (cf. notamment en ce sens, pour une autre affaire concernant la fiscalité des groupes, CJCE, 18 juill. 2007, aff. C-231/05, *Oy AA*, et CJUE, 25 févr. 2010, *X Holding*, sur lequel cf. *infra*, n° 796).

189. Points 49 et 50 de l'arrêt.

190. Pour des exemples, cf. *supra*, n° 690.

191. Pour des exemples, cf. *supra*, n° 690.

la Cour. Si le droit communautaire s'oppose ainsi au double emploi fiscal des pertes, il n'en exige pas moins que les pertes puissent être utilisées au moins une fois.

L'arrêt *Marks & Spencer* était un arrêt habile. Il laissait aux États membres de l'Union européenne une grande marge de manœuvre et ne remettait pas frontalement en question leurs systèmes de consolidation de groupe, quelle qu'en soit la forme (intégration à la française, *Organschaft*, *group relief*, etc.). Dans cette perspective, les autorités françaises pouvaient être rassurées. L'arrêt *Marks & Spencer* n'introduisait qu'une brèche limitée dans la territorialité de l'intégration fiscale.

La jurisprudence postérieure est toutefois venue obscurcir le tableau, la CJUE paraissait hésiter sur la portée qu'il convenait de conférer à cet arrêt inaugural.

b) Les hésitations de la jurisprudence postérieure à l'arrêt Marks & Spencer

796 Le doute sur la portée exacte de l'arrêt *Marks & Spencer* est né, en particulier, avec l'arrêt *X Holding BV*[192]. Cette décision a été rendue au sujet du droit néerlandais, qui contient un dispositif très proche de notre intégration fiscale en ce qu'il permet à des sociétés mères résidentes des Pays-Bas et à leurs filiales détenues à 95 %, résidentes du même État, d'être imposées comme si elles formaient une seule entité fiscale. Il s'agissait de savoir si ce dispositif porte atteinte à la liberté d'établissement dans la mesure où il ne permet pas à une société mère d'inclure dans le périmètre de l'intégration une filiale étrangère détenue dans les mêmes proportions.

La Cour de justice estime que la limitation territoriale du dispositif néerlandais constitue une restriction à la liberté d'établissement. Elle considère néanmoins que cette restriction est justifiée par la préservation de la répartition équilibrée du pouvoir d'imposer entre États membres car « la société mère pouvant décider à son gré de constituer une entité fiscale avec sa filiale et de dissoudre cette entité tout aussi librement d'une année à l'autre, la possibilité d'inclure dans l'entité fiscale unique une filiale non-résidente reviendrait à lui laisser la liberté de choisir le régime fiscal applicable aux pertes de cette filiale et le lieu où celles-ci seraient prises en compte »[193]. S'agissant du point de savoir si ce dispositif heurte le principe de proportionnalité, la réponse de la Cour est ambiguë. La société concernée ainsi que la Commission avançaient en effet que les Pays-Bas auraient pu sauvegarder leur pouvoir d'imposer en appliquant aux filiales étrangères un dispositif comparable à celui existant à l'époque en droit néerlandais pour les établissements stables, à savoir la déduction provisoire des pertes suivie de la réintégration de celles-ci dans le chef de la société mère au fur et à mesure du retour des filiales à une situation bénéficiaire. La Cour rejeta cependant cette argumentation en considérant que les établissements stables étrangers ne pouvaient être comparés aux filiales étrangères, ces dernières échappant à la compétence de la loi fiscale néerlandaise, au contraire des premiers.

Le premier constat, à la lecture de l'arrêt *X Holding*, est qu'il ne reconnaît pas le droit pour la société mère d'imputer les pertes devenues inutilisables de ses filiales à

192. CJUE, 25 févr. 2010, aff. C-337/08, *RJF* 5/10, n° 552, et l'étude de M. Wathelet, « L'arrêt *X Holding* : le divorce entre la liberté de circulation et le shopping fiscal », *RJF* 5/10, p. 377 et s. ; v. aussi la chronique de droit de l'Union européenne d'E. Raingeard de la Blétière, in *L'année fiscale*, *Dr. fisc.* 2011, n° 9, ét. 234, les obs. de L. Bernardeau, *Dr. fisc.* 2010, n° 41, comm. 520, § 60 et s. et l'article de S. Van Thiel et M. Vascega, « X Holding : Why Ulysses Should Stop Listening to the Siren », *European Taxation*, August 2010, p. 333 et s.

193. Point 31 de l'arrêt.

l'étranger. La validation en bloc du droit néerlandais peut donc s'interpréter, en première analyse, comme un revirement par rapport à la position prise dans l'arrêt *Marks & Spencer* et la jurisprudence qui l'a suivi[194]. Il n'est cependant pas certain que cette interprétation soit correcte, compte tenu de l'ambiguïté de sa rédaction et des conclusions de l'Avocat général, et la jurisprudence postérieure est venue redonner à l'arrêt *Marks & Spencer* une nouvelle jeunesse.

797 C'est ainsi, notamment, que l'arrêt *A Oy* rendu par la CJUE le 21 février 2013[195] est venu ressusciter le raisonnement *Marks & Spencer* dans une affaire finlandaise où il était démontré qu'il existait une impossibilité pour une société mère résidente de Finlande de prendre en compte les pertes d'une filiale étrangère à l'occasion d'une fusion, alors qu'elle pourrait le faire si la filiale était établie en Finlande. Pour apprécier la compatibilité de la législation en cause avec la liberté d'établissement, la Cour reproduisit exactement les étapes du raisonnement dégagées par la Cour dans l'arrêt *Marks & Spencer*. Ce constat présentait deux intérêts majeurs. Premièrement, il démontrait que l'arrêt *A Oy* a une portée qui dépasse le cadre des fusions transfrontalières et s'étend à la consolidation entre profits et pertes des entités d'un même groupe. Deuxièmement, la Cour opérait une clarification importante : en refusant de suivre son avocat général, qui préconisait de ne pas appliquer le test de proportionnalité comme dans l'affaire *X Holding* BV, elle indiquait qu'en matière de pertes transfrontalières, une société mère peut réclamer l'imputation des pertes dégagées par ses filiales étrangères lorsque deux conditions sont réunies : d'une part, ces filiales doivent être dans une situation comparable à des filiales résidentes dont les pertes sont, par hypothèse, imputables sur les profits de la société mère ; d'autre part, les pertes de ces filiales étrangères doivent être devenues inutilisables localement.

Il était donc permis de penser que la jurisprudence communautaire n'était pas clairement fixée et que l'exception *Marks & Spencer* était encore vivante. Mais ce n'est pas ainsi que le Conseil d'État vit les choses.

c) *La portée de l'arrêt* Marks & Spencer *en France*

Pour le droit français, l'impact de l'arrêt *Marks & Spencer* paraissait être le suivant : lorsqu'une société mère française détient plus de 95 % de filiales établies dans d'autres États membres, celles-ci doivent pouvoir imputer les pertes réalisées par celles-ci sur les résultats de la société mère lorsque ces pertes sont devenues inutilisables localement.

On pouvait, au lendemain de l'arrêt *Marks & Spencer*, se poser de nombreuses questions sur les modalités pratiques de mise en œuvre de la solution qu'il dégageait. Le caractère inutilisable des pertes posait de nombreuses difficultés d'appréciation[196].

194. Notamment l'arrêt *Lidl Belgium*, sur lequel cf. *supra*, n° 759.

195. C-123/11. Sur cette décision, v. la chronique d'E. Raingeard de la Blétière, in *L'année fiscale*, *Dr. fisc.* 2014, n° 10, ét. 196.

196. Au passage, signalons que le législateur britannique s'est essayé, dans le Finance Act de 2006, à une telle définition. Les conditions posées par cette nouvelle loi sont cependant si strictes que la Commission européenne a décidé de traduire à nouveau le Royaume-Uni devant la CJCE en raison de l'exécution incorrecte de l'arrêt de 2005 (cf. le communiqué de presse du 8 oct. 2009, IP/09/1461). Il est par exemple requis de la société mère britannique que « toutes les mesures » aient été prises pour permettre l'utilisation des pertes de la filiale dans son propre État... preuve très complexe, procédant d'une interprétation jugée par la Commission inutilement restrictive de la condition selon laquelle il ne doit pas être possible d'utiliser les pertes dans l'État où est établie la filiale. L'arrêt de la CJCE n'a en outre pas mis fin au contentieux de *Marks & Spencer* avec l'administration fiscale britannique. À la suite de l'arrêt, les parties se sont ainsi

Pour les sociétés françaises, l'arrêt *Marks & Spencer* laissait en outre ouvertes de nombreuses interrogations sur les modalités concrètes de l'imputation des pertes de filiales étrangères pour lesquelles, par hypothèse, aucune option en faveur de l'intégration n'a été exercée[197] : en vertu de quelle législation fiscale calculer ces pertes ? Au titre de quel exercice fiscal doivent-elles être imputées ? Selon quelles modalités doivent-elles l'être ?

Le principe de l'imputabilité exceptionnelle des pertes des filiales étrangères paraissant cependant acquis, l'arrêt *Marks & Spencer* a incité certains groupes français à contester les limitations territoriales de l'intégration fiscale en réclamant l'imputation sur les profits dégagés au niveau du résultat d'ensemble de certaines pertes des filiales étrangères détenues dans des conditions comparables à leurs filiales françaises intégrées. Cette position paraissait admise en pratique par l'administration fiscale qui, bien qu'elle n'ait publié à ce sujet aucune doctrine opposable, semblait distinguer entre les pertes devenues inutilisables à l'étranger en raison de la cessation d'activité de la filiale ou de sa liquidation (pertes imputables en vertu de la jurisprudence *Marks & Spencer*) et les pertes devenues inutilisables à raison d'une règle fiscale étrangère prévoyant, par exemple, l'impossibilité de reporter en avant les déficits au-delà d'une certaine période (pertes non imputables en vertu de la jurisprudence *Marks & Spencer*). Cette distinction selon la nature des pertes en cause semblait elle-même confirmée par la Cour de justice dans sa jurisprudence récente[198]. Elle paraissait également reprise par la cour administrative d'appel de Versailles qui, dans un arrêt rendu le 26 février 2013[199], avait jugé qu'une société mère intégrante française n'était pas fondée à déduire les pertes de ses filiales italienne et polonaise non-résidentes détenues à plus de 95 %, dont le caractère définitif résultait en l'espèce de l'expiration du régime fiscal de report dans leur État de résidence. La position de la cour aurait semble-t-il été différente si les filiales avaient cessé leur activité et *a fortiori* avaient été liquidées.

Le Conseil d'État a cependant rendu, le 15 avril 2015[200], une décision qui semble condamner toute possibilité d'imputer les déficits réalisés par des filiales étrangères détenues à plus de 95 % sur le résultat d'ensemble d'un groupe intégré. Saisi sur pourvoi dans l'affaire *Agapes* précitée, le Conseil a jugé qu'une société mère ne peut imputer les pertes subies par une filiale sur le résultat d'ensemble du groupe fiscal intégré qu'en application des dispositions de l'article 223 A du CGI. Il a en conséquence considéré que les déficits réalisés par une filiale étrangère et devenus inutilisables localement

affrontées sur de nombreux points, notamment le moment auquel il doit être acquis que les pertes étrangères sont inutilisables localement ainsi que le test permettant de l'établir avec certitude. Il existe donc aujourd'hui un autre arrêt *Marks & Spencer*, britannique cette fois, sur les modalités d'application de la décision communautaire... (UK First-Tier Tribunal (Tax) : *Marks & Spencer plc v. Revenue and Customs* [2009] UKFTT TC00005 (TC) (SC 3050/02)).

197. Pour une vision pratique de la question, cf. J. Saïac, « Compensation transfrontalière des pertes en Europe : de nouvelles possibilités », *FR* 46/06, 24 nov. 2006.

198. CJUE, 3 févr. 2015, *Commission c. Royaume-Uni*, C-172/13, concl. J. Kokott, *Droit fiscal* n° 15, 9 avr. 2015, comm. 263, note J. Ardouin et F. Sicard.

199. CAA Versailles, 26 févr. 2013, n° 10VE04169, *Société Agapes, Dr. fisc.* 2013, n° 21, comm. 295, note L. Leclercq et P. Trédaniel. V. déjà TA Montreuil, 14 oct. 2010, n° 0809608 et 0902754, *Dr. fisc.* 2011, n° 27, comm. 415, note L. Leclercq et P. Trédaniel.

200. CE, 15 avr. 2015, n° 368135, *Société Agapes*, *Dr. fisc.* 2015, n° 24, comm. 407, concl. E. Bokdam-Tognetti, note L. Leclercq et P. Trédanie ; *L'année fiscale, Dr. fisc.* 2016, n° 9, ét. 196, obs. E. Dinh. V. également notre article critique intitulé « De l'arrêt *Marks & Spencer* à la décision Agapes : quel bilan ? », *in Écrits de droit de l'entreprise. Mélanges en l'honneur de Patrick Serlooten*, Dalloz, 2015, p. 667 et s.

en application d'une loi fiscale étrangère ne pouvaient pas affecter le résultat d'un groupe intégré français. Cette position rigoureuse, adoptée sans même prendre le soin de renvoyer la question à la CJUE[201], procède de la transposition à l'intégration fiscale « à la française » du raisonnement fait par la Cour de justice dans l'arrêt *X Holding BV*, qui est cité au considérant 6 de la décision du Conseil d'État. La position du Conseil d'État, éclairée par les conclusions de son rapporteur public, repose sur l'idée selon laquelle l'arrêt *X Holding BV* serait plus pertinent que la jurisprudence *Marks & Spencer* pour apprécier la conformité à la liberté d'établissement du régime de l'intégration fiscale, dont la physionomie technique se rapproche davantage de « l'unité fiscale » néerlandaise que du « group relief » britannique. Le Conseil d'État semble ainsi considérer que la divergence entre les arrêts *Marks & Spencer* et *X Holding BV* s'expliquerait par la différence de logique de ces systèmes : alors que le « groupe relief » britannique se borne à autoriser les cessions intragroupes de pertes qui sont ainsi « échangées » entre sociétés liées, les bénéfices restant quant à eux distincts et imposables au niveau de chaque société, les régimes d'intégration fiscale globaux tels les régimes néerlandais et français, aboutissent à l'imposition d'un résultat fiscal unique au niveau de la tête de groupe.

La rédaction de la décision du 15 avril laisse encore planer une certaine ambiguïté puisque la Haute Assemblée, après avoir énoncé que dans les considérants 6 et 7 de sa décision que le seul fondement possible de l'imputation des pertes des filiales détenues à plus de 95 % est à rechercher dans l'article 223 A du CGI, prend le soin de préciser au considérant 8 qu'au cas particulier, il n'incombe pas à la France (État de résidence de la société mère du groupe) « d'assurer la neutralisation de la charge fiscale que la société filiale supporte ou supportera du fait de la décision de l'État membre où elle réside elle-même, au titre de l'exercice de sa compétence fiscale, de limiter le droit d'imputer les pertes subies ». Ce raisonnement, qui rappelle celui fait par la cour administrative d'appel de Versailles, semble donner un certain crédit à la thèse selon laquelle ce n'est que lorsque les pertes sont inutilisables en raison du contenu de la loi fiscale de l'État de résidence de la filiale que celles-ci ne peuvent être imputées en France. Mais il se peut aussi que la rédaction du considérant 8 s'explique par le souci du Conseil d'État de répondre de façon complète au moyen de cassation tiré de ce que la liberté d'établissement était méconnue lorsque les pertes dont le report était périmé à l'étranger ne pouvaient être utilisées en France.

Si telle est bien l'interprétation qu'il convient de retenir de cette décision, l'étroite porte qui paraissait ouverte afin d'imputer les pertes des filiales étrangères détenues à plus de 95 % s'est presque certainement fermée. Cela ne fait en tout cas aucun doute lorsque les pertes étrangères sont devenues inutilisables à raison de la péremption du report en avant dans l'État de la filiale.

S'agissant du cas où les pertes des filiales étrangères détenues à plus de 95 % présentent un caractère définitif au sens de la jurisprudence Marks & Spencer, l'arrêt *Agapes* ne nous paraît pas clôturer définitivement le débat, et une interprétation totalement fermée de son contenu nous paraîtrait discutable pour les raisons qui sont exposées dans

201. Ce non-renvoi est extrêmement discutable, compte tenu de l'obscurité de la jurisprudence de la Cour. Voir les observations à ce propos de L. Bernardeau, *Dr. fisc.* n° 19-20, ét. 285. On observera par contraste que le tribunal des finances de Cologne a, lui, renvoyé une question à la Cour de justice sur la compatibilité du droit allemand avec le droit de l'UE, s'agissant des pertes des établissements stables étrangers (décision du 19 févr. 2014, 13 K 3906/99, commentée par F. Hellio et A. Kenk, *Dr. fisc.* 2015, n° 9, comm. 173, § 4).

le paragraphe suivant. En toute hypothèse, il nous semble que la jurisprudence la plus récente doit porter à considérer que l'arrêt *Agapes* ne constitue pas la fin de feuilleton, compte tenu de la jurisprudence Bevola du 12 juin 2018 dont il a été question plus haut[202]. Bien que cet arrêt soit relatif au traitement fiscal des pertes des établissements stables étrangers et non des filiales étrangères, il manifeste clairement l'attachement de la CJUE à l'idée selon laquelle deux sociétés dont la capacité contributive est identiquement affectée par des pertes définitives doivent être traitées de façon identique. Or, dès l'instant que, comme l'indique le Conseil constitutionnel, l'objectif du régime de l'intégration fiscale est de « garantir aux groupes se plaçant sous ce régime un traitement fiscal équivalent à celui d'une unique société dotée de plusieurs établissements »[203], il nous semble soutenable que les conditions d'imputation des pertes définitives des établissements stables étrangers doivent être étendues aux pertes définitives des filiales étrangères détenues dans des conditions identiques à des filiales intégrées.

La position retenue par le Conseil d'État dans l'affaire *Agapes* nous paraît à plus d'un égard insatisfaisante. Elle semble reposer sur l'idée qu'il existerait dans la jurisprudence communautaire deux courants de jurisprudence qui se seraient développés en parallèle : un courant propre aux régimes d'intégration reposant sur un mécanisme de consolidation des résultats des entités du groupe entre les mains de leur société mère (dont l'illustration est fournie par l'arrêt *X Holding BV*) et un courant adapté aux régimes de groupe ayant des conséquences moins drastiques et reposant davantage sur l'idée d'un transfert ponctuel de pertes (courant inauguré par l'arrêt *Marks & Spencer*). Une telle lecture *a posteriori* de la jurisprudence de la Cour de justice nous paraît quelque peu surprenante, car la distinction opérée entre les différents types de régime de groupe ne ressort nullement de la formulation même des arrêts rendus par la Cour de justice. Dans l'arrêt *Marks & Spencer*, les formules retenues par la Cour étaient très larges et pouvaient sans difficulté particulière s'appliquer à d'autres systèmes de groupe que le *group relief*, qu'ils reposent ou non sur une approche de consolidation. On ne trouve pas davantage de distinction selon les régimes de groupe dans la jurisprudence postérieure de la CJUE. Au demeurant, même l'avocat général Juliane Kokott, dans le plaidoyer vigoureux auquel elle s'est livrée dans ses conclusions sous l'affaire *Commission contre Royaume-Uni* présentées le 23 octobre 2014, en vue de faire abandonner l'exception *Marks & Spencer*, ne présentait pas la jurisprudence *X Holding* comme l'illustration d'un courant *concurrent* à celui de l'arrêt *Marks & Spencer*, mais comme le signe d'une *contradiction* entre l'arrêt *Marks & Spencer* et la jurisprudence qui l'a suivi[204]. Signe, s'il en était besoin, que la Cour n'avait pas entendu développer une typologie de différents régimes de groupe pour appliquer à chaque catégorie de régimes un traitement distinct au regard de la liberté d'établissement. Ajoutons pour faire bonne mesure que s'il était apparu clair depuis le départ que l'arrêt *Marks & Spencer* ne concernait en réalité que le *group relief* britannique, il n'aurait pas donné lieu à 142 publications scientifiques éparses dans toute l'Europe...[205]

Pourquoi, dans ce contexte, le Conseil d'État a-t-il cru pouvoir trouver dans l'arrêt *X Holding BV* l'expression d'une théorie implicite de l'unité fiscale justifiant un raisonnement distinct de celui fait dans l'arrêt *Marks & Spencer* ? La lecture du considérant 6 de la décision suggère que l'impossibilité de rapatrier les pertes des filiales étrangères s'explique par le fait que les bénéfices d'une filiale ne sont pas soumis à la loi fiscale de l'État membre de la société mère. Il n'y aurait donc pas de place, dans un système où les profits *et* les pertes sont consolidés entre les mains d'une société mère (alors que tel n'est pas le cas dans un système de *group relief*, où les profits demeurent entre les mains des filiales qui les réalisent), pour un rapatriement de pertes sans taxation corrélative des profits. Ce raisonnement serait fidèle à l'exigence, présente dans plusieurs arrêts de la CJUE, d'une symétrie entre droit d'imposer des profits et obligation de prendre en compte des pertes[206].

202. V. *supra*, n° 759.

203. Décision n° 2018-699 QPC, 13 avril 2018, Société Life Sciences Holdings France, *Dr. fisc.* 2018, n° 20, 277, note L. Nayberg et N. Vergnet.

204. Voir notamment le point 51 des conclusions.

205. Ce chiffre est donné par J. Kokott à la note 6 de ses conclusions précitées.

206. V. notamment CJUE, 23 oct. 2008, *Krankenheim Ruhesitz am Wannsee Seniorenheimstatt GmbH*, C-157/07, *Dr. fisc.* 2008, n° 50, comm. 616, note J.-Ch. Gracia ; CJUE, 7 nov. 2013, C-322/11, faisant

Encore faut-il comprendre la portée de cette exigence de symétrie dans la jurisprudence de la Cour de justice. Rappelons, une fois encore, que tout cela figurait déjà dans l'arrêt *Marks & Spencer*, qui a affirmé sans ambages que « la préservation de la répartition du pouvoir d'imposition entre les États membres pourrait rendre nécessaire l'application, aux activités économiques des sociétés établies dans l'un de ces États, *des seules règles fiscales de celui-ci, en ce qui concerne tant les bénéfices que les pertes* » [...] « En effet, donner aux sociétés la faculté d'opter pour la prise en compte de leurs pertes dans l'État membre de leur établissement ou dans un autre État membre compromettrait sensiblement une répartition équilibrée du pouvoir d'imposition entre les États membres, l'assiette d'imposition se trouvant augmentée dans le premier État et diminuée dans le second, à concurrence des pertes transférées »[207]. L'exigence du respect d'un principe de symétrie entre le droit d'imposer des profits et l'obligation de prendre en compte les pertes est donc présente dans la jurisprudence de la Cour dès l'arrêt fondateur de la saga *Marks & Spencer*, ce qui n'a pas empêché la Cour d'admettre le jeu du principe de proportionnalité dans ce même arrêt.

Enfin, s'agissant du fond du problème, il ne nous semble pas convaincant de faire une distinction entre le régime du *group relief* et les régimes de consolidation fiscale pour une raison extrêmement simple : quel que soit le régime en cause, il ne fait aucun doute que dans une situation transfrontalière, les profits des filiales ne sont jamais imposés entre les mains de la société mère. Dans le *group relief*, cela participe de l'essence du système où les profits des filiales ne sont pas attribués à la société mère, indépendamment des questions de territorialité. Dans l'intégration ou dans les systèmes assimilés, ce résultat est la conséquence, non de l'essence du système de groupe, mais de la territorialité de l'intégration. Mais en quoi cela importe-t-il au regard de la liberté d'établissement ? Force est de constater que dans tous les cas, les profits de la filiale échappent à l'imposition entre les mains de la mère ; il n'existe donc aucune raison légitime, si l'on admet que les pertes étrangères peuvent à titre exceptionnel être imputées sur le résultat de la société mère (dans le cadre d'un raisonnement de type *Marks & Spencer*), d'aboutir à un résultat différent en présence d'un autre type de dispositif.

On objectera sans doute – et c'est vraisemblablement cette objection qui a guidé le Conseil d'État – que l'imputation des pertes dans un système de type « intégration fiscale » ne peut se faire *que* dans le cadre des règles régissant l'intégration. C'est ce qu'indique le Conseil d'État dans la décision « *Agapes* » lorsqu'il énonce que « pour l'application du dispositif d'intégration fiscale prévu à l'article 223 A du CGI, seuls peuvent être membres du groupe les sociétés et établissements dont les résultats sont soumis à l'impôt sur les sociétés en France ; qu'une société mère ne peut imputer les pertes subies par une filiale sur le résultat d'ensemble du groupe fiscal intégré qu'en application de ces dispositions ». Le Conseil d'État semble donc avoir implicitement considéré que s'il avait admis l'imputation des pertes des filiales étrangères détenues à plus de 95 %, il aurait d'une certaine façon fait jouer les règles de l'intégration fiscale en dehors de leur cadre naturel, puisque l'intégration ne permet pas d'imputer des pertes sans taxation corrélative des profits.

Mais cette objection nous paraît méconnaître une donnée essentielle : tirer les conséquences, en France, de l'arrêt *Marks & Spencer*, n'aurait pas nécessairement eu pour conséquence d'appliquer les règles de l'intégration fiscale à la seule fin d'imputer des pertes inutilisables à l'étranger. Il n'a jamais été question, semble-t-il, de se fonder sur les règles de l'intégration fiscale pour demander, par exemple, l'imputation des déficits rendus inutilisables par la liquidation ou la cessation d'activité de la filiale. Appliquer le raisonnement *Marks & Spencer* aurait seulement conduit à revendiquer le bénéfice d'une déduction *sui generis* du résultat d'ensemble d'un groupe intégré, déduction présentant un caractère dérogatoire en raison du caractère disproportionné de la territorialité de l'intégration fiscale dans certains cas exceptionnels. N'oublions pas que « l'exception *Marks & Spencer* » était seulement une sorte de garde-fou pour tempérer le caractère excessivement restrictif d'un régime national. Il n'est donc nullement évident que l'application en France du raisonnement *Marks & Spencer* aurait conduit à faire jouer les règles de l'intégration fiscale, quand bien même cette application aurait conduit à l'imputation d'une perte étrangère sur le résultat d'ensemble.

Ce constat est d'ailleurs – et peut-être paradoxalement – ce qui pourrait conduire à minorer la portée de la décision *Agapes*, voire d'en inverser totalement l'interprétation, au risque de faire dire au

référence au point 68 à la « logique symétrique » qui justifie que des cessions d'immeubles sis en France par des résidents finlandais ne puissent, tout à la fois, être soumises à l'impôt en France en cas de profit, tandis que les pertes seraient imputables en Finlande.

207. Points 45 et 46 de l'arrêt.

Conseil d'État ce qu'il n'a pas voulu dire. Nul ne disconvient, comme l'énonce le Conseil d'État dans ses considérants 6 et 7, que le groupe intégré ne peut inclure dans son périmètre que des sociétés soumises à l'impôt sur les sociétés en France. Nul ne disconvient que l'imputation des pertes des filiales détenues à plus de 95 % ne peut avoir lieu, en principe, qu'en application de l'article 223 A du CGI. Tout cela n'est pas contradictoire avec le jeu de l'exception *Marks & Spencer*... puisque celle-ci n'est pas fondée sur l'application de l'article 223 A du CGI !

§ 2. LA RECONNAISSANCE FISCALE DU GROUPE INTERNATIONAL

798 La reconnaissance fiscale du groupe international s'explique essentiellement par le souci d'inciter les entreprises à développer leurs activités à l'international en leur donnant la garantie que les déficits qu'elles subissent dans certains États pourront être compensés avec les résultats bénéficiaires des entités situées dans d'autres. L'approche économiquement réaliste du groupe va donc de pair avec une politique fiscale de soutien à l'exportation.

Cette problématique est d'ailleurs exactement celle mise en avant par la Commission européenne selon laquelle « le traitement différent des pertes transfrontalières par les États membres a des conséquences sur le fonctionnement du marché intérieur. Les questions liées à la compensation transfrontalière des pertes influencent les décisions des entreprises quant à l'opportunité d'entrer sur un nouveau marché. Le manque (ou la limitation) de compensation transfrontalière constitue un obstacle à l'entrée sur d'autres marchés, maintenant ainsi une segmentation artificielle du marché intérieur selon une logique nationale »[208]. Ce constat explique dans une très large mesure la proposition de directive de mars 2011 dont on reparlera plus loin[209].

Au vu de ces observations liminaires, il apparaît immédiatement que le droit commun de l'impôt sur les sociétés est en France peu favorable aux sociétés ayant une activité en dehors du territoire français. Lorsqu'une société française dispose à l'étranger de succursales, les pertes de celles-ci ne peuvent être utilisées en France en raison du principe de territorialité. Lorsqu'elle dispose de filiales, leur personnalité fiscale distincte empêche également que leurs pertes soient automatiquement imputables sur les éventuels bénéfices de la société mère.

En comparaison de systèmes étrangers admettant un principe de mondialité de l'impôt sur les sociétés – donc une remontée automatique des pertes des exploitations directes étrangères, le droit français apparaît donc particulièrement strict[210].

Cette rigueur du droit commun explique sans doute pourquoi la France fut historiquement l'un des premiers pays à instituer un régime dérogatoire de groupe ouvert aux filiales étrangères : il s'agissait du bénéfice mondial ou consolidé institué par la loi du 12 juillet 1965. Ce régime ayant été supprimé, ne demeura jusqu'en 2014 que le régime réservé aux petites et moyennes entreprises exerçant des activités à l'étranger, pour lesquelles une sorte d'intégration fiscale « *bis* » avait été imaginée en 2009. Mais ce

208. Communication de la Commission au Conseil, au Parlement européen et au Comité économique et social européen, « le traitement fiscal des pertes dans les situations transfrontalières », 19 déc. 2006, COM (2006) 824 final, § 1.3, p. 3.

209. Cf. *infra*, n° 803 et s.

210. Pour un aperçu comparatif, cf. R. KOK, « Domestic and Cross-Border Loss Relief in the European Union », *Intertax*, 2010, vol. 38, issue 12, p. 663 et s.

système fut son à son tour supprimé, reléguant les deux innovations fortes de la France au rang des curiosités historiques (A). L'avenir se situe donc aujourd'hui du côté de l'Europe et plus particulièrement du projet initié par la Commission européenne de créer au niveau communautaire une assiette commune consolidée pour l'impôt sur les sociétés (« ACCIS ») (B).

A. RAPPELS HISTORIQUES

1. Le bénéfice mondial ou consolidé

799 Sous l'appellation de « bénéfice mondial ou consolidé » coexistaient en réalité deux régimes distincts[211] :

— un régime permettant à certaines sociétés françaises de déroger au principe de territorialité pour agréger à leurs propres résultats ceux de leurs exploitations directes à l'étranger : il s'agit du « régime mondial » ;

— un régime permettant à certaines sociétés françaises de faire masse, non seulement des résultats de leurs exploitations directes, mais aussi de ceux des sociétés de capitaux françaises ou étrangères dans lesquelles elles possèdent directement et indirectement 50 % des droits de vote, auxquels il faut ajouter les droits détenus dans des sociétés de personnes françaises ou étrangères (sans condition de pourcentage minimal). C'est surtout ce régime dit « du bénéfice consolidé », qui fait l'objet des développements qui suivent.

800 L'intérêt du régime du bénéfice consolidé apparaît immédiatement : il consistait à traiter le groupe international comme une unité économique et à permettre une consolidation entre résultats des différentes entités le composant[212]. L'avantage essentiel de ce dispositif était donc de permettre l'utilisation en France des pertes dégagées dans des succursales ou des filiales étrangères. En bénéficiant immédiatement d'un avantage fiscal lié à l'imputation des pertes étrangères, les sociétés étaient incitées à développer leurs activités à l'international. Cette perspective était intéressante pour les groupes désireux d'entreprendre des activités dont ils savaient qu'elles seraient déficitaires pendant quelque temps, autrement dit pour les groupes ayant de véritables projets industriels à long terme. C'est d'ailleurs dans cet esprit que le système avait été créé.

Un autre intérêt du bénéfice mondial consolidé consistait à consolider fiscalement les revenus de filiales françaises non intégrées (détenues entre 50 % et 95 %). Aussi étrange que cela puisse paraître, il arrivait ainsi que des sociétés françaises demandent à bénéficier de ce régime pour imputer sur leurs propres résultats ceux de leurs filiales déficitaires... françaises.

801 Le dispositif avait cependant plusieurs inconvénients. Le premier tenait à l'existence d'une barrière étanche à l'accès. Pour bénéficier du régime, les groupes devaient obtenir un agrément préalable délivré par le ministre de l'Économie et des Finances avec la plus grande parcimonie[213], au point qu'en 2011, seules cinq groupes en

211. Art. 209 *quinquies*, CGI ; art. 103 à 134 *ter* A annexe II, CGI. Sur ces régimes, cf. BOI-IS-DECLA-30-20 n° 40.

212. Pour les filiales étrangères, la consolidation ne s'opère qu'à hauteur de la proportion des droits de la société mère dans la distribution des bénéfices.

213. Même solution en Italie. Solution inverse en Autriche et au Danemark.

bénéficiaient[214]. Le périmètre du groupe était en outre rigide dans la mesure où, contrairement au mécanisme de l'intégration fiscale, celui de la consolidation concernait obligatoirement toutes les entités répondant à la condition de détention. Cette rigidité était accentuée par l'impossibilité d'obtenir la révocation de l'agrément pour une durée de cinq ans.

Le deuxième inconvénient du régime était de laisser subsister certains frottements fiscaux tenant à la structure des groupes ou à leur dimension internationale (absence d'élimination de la quote-part de frais et charges sur les distributions de dividendes intra-groupe, impossibilité d'utiliser les pertes antérieures à la consolidation, limitation des crédits d'impôts étrangers imputables sur l'IS français, caractère seulement temporaire de l'économie d'impôt réalisée etc.). En outre, les résultats étrangers devaient être **retraités** conformément aux règles françaises et faire l'objet de certains ajustements, ce qui supposait une gymnastique comptable complexe et coûteuse.

Enfin et surtout, le dispositif du bénéfice consolidé coûtait cher à l'État car il conduisait à renoncer à d'importances ressources budgétaires. Le Conseil des prélèvements obligatoires en recommanda donc la suppression[215]. Après certaines propositions parlementaires non couronnées de succès[216], le contexte de rigueur conjugué avec le sentiment que les grandes entreprises ne respectent pas leur obligation citoyenne d'acquitter l'IS eurent raison du dispositif qui fut abrogé par la deuxième loi de finances rectificative pour 2011 adoptée le 19 septembre 2011.

À titre de comparaison, on peut constater que certains États étrangers ont introduit dans leurs systèmes d'imposition des groupes une composante internationale moyennant une imputation immédiate des pertes étrangères, mais sous réserve d'une réintégration ultérieure au fur et à mesure des bénéfices réalisés. Un pays pionnier en la matière fut le Danemark, qui mit en place dès 1992 un tel système, en réponse à une proposition de directive formulée en ce sens par la Commission européenne en 1990[217]. Lorsqu'il fut introduit, le système danois s'efforçait de trouver un équilibre entre, d'un côté, une flexibilité importante caractérisée par l'absence d'universalité du périmètre et de durée minimale d'application du régime et, de l'autre côté, un ensemble sophistiqué de règles anti-abus encadrant l'utilisation des pertes étrangères. Son évolution a modifié son caractère. S'il est plus aisément accessible que par le passé (la société mère doit détenir le contrôle de la filiale, et non plus l'intégralité des titres comme initialement), il est aussi plus rigide (système « *all-in, all out* », engagement de dix ans). Le système autrichien contient également un dispositif d'imputation provisoire des pertes qui pourrait inspirer le législateur français[218].

L'abrogation du système du bénéfice consolidé ne laissait subsister, au titre des régimes internationaux de groupe, que le régime spécial des PME, sorte de ballon d'expérimentation empruntant à la fois à la technique de l'intégration et au mécanisme de type danois décrit plus haut.

2. Le régime spécial des petites et moyennes entreprises

802 Afin de stimuler l'implantation internationale de petites et moyennes entreprises françaises, la loi de finances pour 2009 avait instauré un régime de groupe spécifique codifié à l'article 209 C du Code général des impôts. Ce régime était particulièrement bienvenu car les petites et moyennes entreprises effectuant de nouveaux

214. Dont quatre cotées : Total, Vivendi, Euro Media et NRJ.

215. *Entreprises et « niches » fiscales et sociales. Des dispositifs dérogatoires nombreux*, oct. 2010, proposition 54.

216. Proposition de loi « tendant à améliorer la justice fiscale, à restreindre le « mitage » de l'impôt sur les sociétés et à favoriser l'investissement », *Doc. Sénat*, session 2010-2011, n° 321.

217. COM (90) 595. Sur le système danois, cf. le rapport national de C. Amby dans le volume des *Cahiers de l'IFA* consacré à la fiscalité des groupes (« Group Taxation », 2004, vol. 89 b, p. 233 et s.).

218. Sur le système autrichien entré en vigueur le 1er janvier 2005, sur lequel on pourra lire H. B. Ganz, « La réforme de l'imposition des groupes de sociétés », *L'Année fiscale*, PUF, 2005, p. 460 et s., et G. Gahleitner and S. Ratzinger, "International Group Taxation: an Overview of Austria's New Tax Incentive", *European Taxation*, nov. 2005, p. 509 et s.

investissements à l'étranger subissent souvent des pertes en phase de démarrage et risquent, à défaut de mesures ciblées les concernant, de ne pas avoir les reins financiers suffisamment solides pour les supporter.

L'idée sous-jacente à ce dispositif n'est pas nouvelle. La France a connu entre 1972 et 2003 un régime de provisions pour implantation à l'étranger permettant à des entreprises françaises de constituer des provisions afférentes à des implantations commerciales, industrielles et de services à l'étranger. Ces provisions étaient ultérieurement réintégrées selon des modalités dépendant de la réalisation de bénéfices à l'étranger et du temps écoulé[219]. Elles constituaient donc un avantage de trésorerie accordée aux entreprises exportatrice de capitaux.

L'article 209 C s'inspirait nettement de ce dispositif en l'adaptant à la situation des groupes de sociétés. Pour l'essentiel[220], ce texte prévoyait que les petites ou moyennes entreprises[221] soumises à l'impôt sur les sociétés dans les conditions de droit commun qui disposent de succursales ou qui détiennent directement et de manière continue au moins 95 % du capital de filiales, établies et soumises à un impôt équivalent à l'impôt sur les sociétés dans un État de l'Union européenne ou dans un État ayant conclu avec la France une convention fiscale qui contient une clause d'assistance administrative en matière d'échange de renseignements et de lutte contre la fraude et l'évasion fiscale pouvaient déduire de leur résultat imposable de l'exercice les déficits de ces succursales et filiales subis au cours du même exercice dans l'État où elles sont imposées.

Les déficits déduits du résultat d'un exercice étaient rapportés au résultat imposable de ses exercices suivants, au fur et à mesure des résultats bénéficiaires ultérieurs de la succursale ou de la filiale et au plus tard au résultat imposable du cinquième exercice suivant celui de leur déduction.

Comme on peut le constater, ce mécanisme se rapproche à certains égards de celui de l'intégration fiscale, notamment ce qui concerne le seuil de détention exigé dans les filiales incluses dans le périmètre du groupe. Il s'agit d'une contrainte importante, même si elle est contrebalancée par un autre point commun avec le régime de l'intégration fiscale, à savoir l'absence d'agrément préalable requis pour bénéficier de ce régime. Notons également que l'article 209 C n'instaurait pas d'obligation de retraitement du déficit étranger selon les règles françaises, ce qui allégeait considérablement les obligations des entreprises bénéficiaires et permettait de remédier ainsi à l'un des inconvénients majeurs du système du bénéfice consolidé.

Au final, la véritable originalité du dispositif consistait dans la combinaison entre une déduction immédiate des pertes étrangères et leur réintégration ultérieure, lorsque l'exploitation étrangère redevient bénéficiaire. En l'adoptant, la France a remis au goût du jour une ancienne proposition de directive émise par la Commission européenne qui recommandait aux États membres de mettre en place ce régime pour tous les groupes exerçant une activité dans un autre État membre[222].

Il va cependant de soi que ce régime n'était pas une consolidation fiscale pure et simple. L'avantage fiscal conféré aux entreprises n'était qu'un avantage de trésorerie dans la mesure où les pertes étrangères pouvaient donner lieu à une économie fiscale immédiate, ce qui n'aurait pas été le cas en l'absence de règle le permettant. Dès lors, le régime français applicable aux PME ne constituait qu'une amorce timide – quoique louable – de reconnaissance du groupe de sociétés dans l'espace communautaire.

219. Anciens art. 39 *octies*-A à 39 *octies*-D, CGI introduits par la loi de finances pour 1972. Le dispositif a été abrogé pour l'avenir par l'art. 31 de la loi de finances rectificative pour 2003, suite à une décision de la Commission européenne du 21 novembre 2001 (comm/2001/3451) considérant que ce régime de provision constituait une aide d'État contraire au droit communautaire. Le dispositif de l'art. 209 C du CGI échappait, lui, à la critique sous l'angle du droit de l'Union européenne car l'avantage fiscal accordé aux entreprises bénéficiaires était subordonné au respect du règlement (CE) nº 1998/2006 de la Commission du 15 décembre 2006 concernant l'application des articles 87 et 88 du traité aux aides *de minimis*.

220. Pour une analyse détaillée du fonctionnement de ce dispositif, cf. *Dr. fisc.* 2009, nº 1-2, comm. 40. V. BOI-IS-CHAMP-60-20-40.

221. Sont concernées les entreprises dont l'effectif est inférieur à un seuil de 2000 salariés et dont le capital et les droits de vote ne sont pas détenus, directement ou indirectement, à hauteur de 25 % ou plus par une entreprise ou conjointement par plusieurs entreprises ne respectant pas ce seuil.

222. COM(90) 595 final. Proposition retirée, *JO* C 5 du 9 janv. 2004, p. 20.

Tout ce qui précède appartient pourtant désormais à l'histoire. L'article 209 C a été supprimé dans la plus totale indifférence et sans aucune justification par la loi de finances pour 2014. Peut-être n'était-il pas beaucoup appliqué. Peut-être craignait-on qu'il ne le devienne trop et ne coûte trop cher à l'État.

C'est en tout cas vers la Commission européenne qu'il faut aujourd'hui se tourner pour imaginer le droit de demain. Son ambition est impressionnante : elle consiste à mettre place une véritable assiette commune consolidée pour l'impôt sur les sociétés soumises à des règles homogènes.

B. LE PROJET D'ASSIETTE COMMUNE CONSOLIDÉE POUR L'IMPÔT SUR LES SOCIÉTÉS (« ACCIS »)

803 L'avenir de la fiscalité des groupes viendra certainement de l'Europe. On doit ainsi à la Commission d'avoir mis en place une réflexion approfondie sur les objectifs et les moyens d'une harmonisation fiscale concernant l'assiette de l'impôt sur les sociétés en Europe, qui pourrait bien déboucher sur de profondes réformes du droit français en la matière. Le contexte dans lequel se situe ce projet d'ACCIS doit tout d'abord être présenté dans ses grandes lignes (1°). De façon plus précise, on s'intéressera ensuite au contenu du projet en examinant la définition des groupes relevant de l'ACCIS (2°), les règles de détermination du revenu imposable (3°) et le mécanisme de partage de l'assiette entre les différents États (4°). Le cadre administratif dans lequel l'ensemble de ce dispositif devra s'inscrire n'est pas ici examiné, mais la Commission ne l'a pas négligé et lui a consacré un document spécifique[223].

1. Présentation générale du projet d'ACCIS

804 L'idée de parvenir à une coordination active des droits fiscaux nationaux en matière de fiscalité des groupes remonte au mois d'octobre 2001, date à laquelle la Commission a publié à la demande du Conseil une étude approfondie sur la fiscalité des entreprises dans le marché intérieur[224] ainsi qu'un document faisant état des différentes politiques pouvant être menées au niveau communautaire à l'avenir[225]. L'idée fondamentale de la Commission est qu'il existe de nombreux obstacles fiscaux à la réalisation du marché intérieur. On peut citer, au titre des principaux, les limites à la compensation transfrontalière des pertes, les problèmes de prix de transfert résultant de l'absence de règles homogènes au niveau communautaire, les multiples frottements fiscaux engendrés par les retenues à la source et autres prélèvements dans les flux intra-groupes, les coûts représentés par l'obligation pour les entreprises d'établir des comptes fiscaux devant respecter les législations des différents États membres dans lesquelles elles sont implantées, etc. Il en résulte, selon la Commission, que « la base commune consolidée de l'impôt sur les sociétés couvrant l'ensemble des activités réalisées dans l'Union européenne est le seul moyen qui permettra aux sociétés opérant sur le marché intérieur de

223. CCCTB : possible elements of the administrative framework, CCCTB/WP061\doc\en., 13 nov. 2007.

224. SEC (2001) 1681.

225. « Vers un marché intérieur sans entraves fiscales. Une stratégie pour permettre aux entreprises d'être imposées sur la base d'une assiette consolidée de l'impôt sur les sociétés couvrant l'ensemble de leurs activités dans l'Union européenne », COM (2001) 582.

surmonter ces difficultés de manière systématique et d'établir de véritables conditions de marché unique dans le domaine de la fiscalité des entreprises»[226].

Pour parvenir à l'objectif d'une fiscalité plus respectueuse de l'idée de marché intérieur, de multiples travaux ont été réalisés par la Commission avec l'aide des États et des représentants du monde des entreprises. La Commission a ainsi mis en place un groupe de travail composé d'experts des États membres et des services de la Commission. Ce groupe s'est également réuni en formation élargie pour recueillir les observations des milieux d'affaires. La tâche du groupe a consisté à aborder les principales questions techniques qu'il faudra régler pour aboutir à ce nouvel édifice normatif. À titre d'exemple, ont été traités par ce groupe : la notion de bilan fiscal, les principes généraux de la fiscalité des sociétés, la définition des actifs, les règles concernant les amortissements, les plus et moins-values, les éléments du passif, provisions et réserves, la notion de revenu imposable, etc.[227].

La doctrine universitaire s'est également montrée très productive en la matière car le sujet intéresse, non seulement les juristes européens[228], mais aussi les juristes nord-américains – qui ont effectivement leur mot à dire sur un système proche à de nombreux égards du système de répartition des résultats entre États fédérés[229] – et les économistes[230].

La démarche entamée par la Commission a finalement débouché sur la publication le 16 mars 2011 d'une proposition de directive « concernant une assiette commune

226. Communication de la Commission du 24 novembre 2003, COM (2003) 726 final, « Un marché intérieur sans obstacles liés à la fiscalité des entreprises : réalisations, initiatives en cours et défis restants », p. 4.

227. V. la Communication de la Commission du 2 mai 2007 intitulée « Mise en œuvre du programme communautaire pour l'amélioration de la croissance et de l'emploi et pour le renforcement de la compétitivité des entreprises de l'UE : progrès accomplis en 2006 et étapes suivantes en vue de la proposition d'une assiette commune consolidée pour l'impôt des sociétés (ACCIS) », COM (2007) 223. Par ailleurs, toutes les informations concernant les travaux du groupe de travail figurent sur le site internet de la Commission.

228. Cf. notamment P. Scheunemann, *Imposition transfrontalière des groupes de sociétés. Opportunités et limites d'une consolidation des résultats européenne vue sous l'angle des régimes français et allemand de l'impôt sur les sociétés*, th. Paris-1/Osnabrück, 2004 ; S. Cnossen, « Reform and Coordination of Corporation Taxes in the European Union : An Alternative Agenda », *IBFD Bulletin*, avr. 2004, p. 134 et s. ; L. Cerioni, "The Introduction of Comprehensive Approaches to Business Taxation: At the Root of Competition and Discrimination Dilemmas or The Long and Winding Road to a Solution?", *European Taxation*, dec. 2005, p. 541 et s. ; F. Bendotti, *Nuove prospettive di tassazione dei gruppi europei su base consolidata*, th. Milan (Univ. Bocconi), 2007 ; M. Lang, P. Pistone, J. Schuch, C. Staringer (ed.), *Common Consolidated Corporate Tax Base, Series on International Tax Law*, vol. 53, Linde Verlag, 2008 ; M. Aujean, « Comment réformer la fiscalité des sociétés pour la rendre moins sensible à la concurrence fiscale et mieux adaptée à l'économie du marché unique européen ? Le projet d'assiette commune consolidée d'imposition et l'avenir de la fiscalité des sociétés en Europe », in M. Aujean et C. Saint-Étienne (dir.), *Stratégies fiscales des États et des entreprises : souveraineté et concurrence*, PUF, Descartes & Cie, 2009, p. 131 et s.

229. Cf. notamment les multiples articles parus dans le numéro spécial de la *New York University School of Law Tax Law Review*, Fall, 2008, dans lesquels on trouve d'ailleurs aussi des articles écrits par des Européens ; *adde*, pour une approche critique du dispositif « Home State Taxation », I. Benshalom, "A Comprehensive Solution for a Targeted Problem: A Critique of the European Union's Home State Taxation Initiative", *European Taxation*, dec. 2008, p. 630 et s. Une intéressante comparaison entre les exemples nord-américain, canadien et suisse se trouve également chez F. Bendotti, *Nuove prospettive di tassazione dei gruppi europei su base consolidata*, th. Milan (Univ. Bocconi), 2007, spéc. p. 299 et s, et chez S. Mayer, *Formulary Apportionment for the Internal Market*, IBFD, Doctoral Series 17, 2009. V. enfin les obs. de N. Melot, « Fiscalité et multinationales : les groupes de sociétés, ces enfants terribles », in *Écrits de fiscalité des entreprises. Études à la mémoire du professeur Maurice Cozian*, Litec, 2009, p. 553 et s., spéc. § 64 et s., p. 587 et s.

230. V. notamment C. Spengel, "Concept and Necessity of a Common Tax Base", in W. Schön, U. Schreiber et C. Spengel (ed.), *A Common Consolidated Tax Base for Europe*, Heidelberg, 2008, p. 26 et s. ; A. Oestreicher, T. Reister et C. Spengel, "Common Corporate Tax Base and Effective Tax Burdens in the EU Member States", *World Tax Journal*, sept. 2009, p. 46 et s.

consolidée pour l'impôt sur les sociétés (ACCIS) »[231]. Cette proposition reposait sur deux piliers indissociables l'un de l'autre : l'harmonisation de l'assiette imposable à l'IS pour les groupes de sociétés (sur une base optionnelle) et la consolidation des résultats au niveau du groupe. Une fois calculé le résultat du groupe consolidé, la proposition de 2011 prévoyait sa ventilation entre États membres selon une clé de répartition tenant compte des ventes, des actifs corporels et de la main-d'œuvre.

La démarche a toutefois été revisitée par deux propositions émises par la Commission le 25 octobre 2016. Ces textes n'innovent pas fondamentalement par rapport à la proposition de 2011, sauf sur un point : ils dissocient les deux piliers de la proposition de 2011. Pour des raisons politiques tenant à la difficulté des États membres à s'accorder sur le mécanisme de consolidation, la Commission a choisi d'avancer sur le terrain de l'harmonisation (« ACIS »[232]), quitte à reporter à une seconde étape l'adoption de règles en matière de consolidation (« ACCIS »). Elle a donc présenté deux propositions de directive : l'une, ayant vocation à être appliquée très rapidement, sur l'harmonisation de l'assiette commune[233] ; l'autre, dont la négociation est renvoyée à plus tard, sur le mécanisme de consolidation[234].

La proposition de directive sur l'assiette commune emprunte un grand nombre de traits à celle de 2011. Elle s'inspire également de certaines règles issues de la directive (UE) 2016/1164 du 12 juillet 2016 établissant des règles pour lutter contre les pratiques d'évasion fiscale qui ont une incidence directe sur le fonctionnement du marché intérieur (la directive « ATAD »), mais on observera que sur plusieurs points (imposition à la sortie, charges financières, sociétés étrangères contrôlées, produits hybrides...), les deux textes divergent dans leur formulation et leurs conséquences techniques. Ceci s'explique par la vocation différente des deux directives : la proposition de directive sur l'assiette commune a pour but une harmonisation quasi complète des règles applicables aux groupes, alors que la directive « ATAD » laisse ouverte certaines options aux États membres dans le mécanisme de transposition. Cette divergence de traitement fiscal des mêmes situations pourrait aboutir à une complexité accrue à terme, si les États devaient appliquer deux standards, l'un pour les groupes soumis à l'ACCIS, l'autre pour les sociétés hors du champ de l'ACCIS. Il est toutefois raisonnable de supposer que les États tenteront, autant que possible, de transposer la directive ATAD de telle sorte qu'il ne soit plus nécessaire de réformer à nouveau les règles concernées lors de l'adoption ultérieure de la directive sur l'assiette commune.

De façon plus générale, les directives adoptées (ATAD) ou proposées (A [C] CIS) renouvellent assez profondément les relations entre directives et droit interne. Alors qu'il était jusqu'ici admis que le législateur interne peut se montrer plus favorable aux contribuables que ne le prévoit la directive qu'il transpose (ce qui explique par exemple que notre seuil de 5 % pour appliquer le régime des sociétés mères soit plus avantageux que celui de 10 % prévu par la directive mères-fille), tel n'est plus nécessairement le cas à l'heure actuelle. La directive ATAD interdit au législateur interne d'être plus

231. COM (2011) 121/4. Pour un commentaire article par article, v. le numéro spécial de la revue *Highlights & Insights on European Taxation* 6/2011. V. également les articles réunis par D. Weber (ed.), *CCCTB. Selected Issues*, Wolters Kluwer, 2012 et l'article de M. Lang, "The Principle of Territoriality and Its Implementation in the Proposal for a Council Directive on a Common Consolidated Tax Base (CCCTB)", *Florida Tax Review*, 2012, vol. 13, n° 6, p. 305 et s.

232. Assiette « commune » (mais pas « consolidée ») pour l'impôt sur les sociétés.

233. COM (2016) 685 final.

234. COM (2016) 683 final.

généreux à l'endroit des contribuables, ce qui est cohérent avec l'idée qu'elle introduit un standard minimum de lutte contre l'évasion fiscale. Et la proposition de directive sur l'assiette commune tente de limiter au maximum les marges de manœuvre du législateur interne en vue d'aboutir à une harmonisation quasi totale des règles d'assiettes de l'IS.

805 L'objectif affiché par la Commission est clair : d'une part, il s'agit de parvenir à l'élaboration d'un corps de règles homogène approuvé par l'ensemble des pays européens ; d'autre part, une fois que l'on a déterminé le résultat du groupe, une clé de répartition permet d'attribuer à chaque entité du groupe le résultat qui lui revient et de l'imposer, conformément au taux local de l'impôt sur les sociétés. Comme on peut le constater, le projet actuel a donc pour ambition d'uniformiser les règles d'assiette de l'impôt sur les sociétés, non celles concernant les taux. La concurrence fiscale entre États en ressort intacte. Elle devient cependant plus transparente dans la mesure où la seule comparaison des taux permettra de connaître les États offrant les conditions d'imposition les plus avantageuses aux entreprises.

Il convient également d'insister sur le caractère totalement novateur pour le juriste français de cette méthode de répartition de la matière imposable entre États. Cette méthode repose sur l'idée que l'activité économique d'une entreprise multinationale doit être appréciée de façon unitaire, sans s'arrêter au fait qu'elle est exercée à travers certaines entités juridiquement indépendantes. Selon cette approche, le fait que ces entités tiennent une comptabilité séparée et déclarent des résultats propres n'a pas de pertinence pour allouer aux États où elles résident une matière imposable économiquement réaliste. En outre, il est de plus en plus difficile de déterminer la source précise d'un revenu dans des économies fortement intégrées. Par conséquent, le dispositif proposé vise à identifier et localiser objectivement les principaux facteurs de production (salariés, localisation des investissements, données des ventes) permettant d'opérer une juste répartition de la profitabilité du groupe entre les États participant à sa création. On l'aura compris : ce système de partage de la matière imposable entre États n'a plus rien à voir avec la logique territoriale classique qui structure notre conception de la portée spatiale de l'impôt sur les sociétés.

Examinons à présent les éléments techniques sur lesquels porte actuellement la discussion.

2. Les groupes relevant de l'ACCIS

806 La première question qu'il s'agit de régler consiste à savoir quels sont les groupes soumis à l'ACCIS. Cette question est à la fois économique (tous les groupes, quelle que soit leur taille, y ont-ils accès ?) et juridique (quelles sont les conditions à remplir ?).

Dans un premier temps, la Commission s'est prononcée en faveur de l'application de l'ACCIS aux grandes entreprises et elles seules. S'agissant des **petites et moyennes entreprises**, la Commission européenne avait adopté une communication[235] proposant aux États membres de donner la possibilité à ces entreprises de calculer leurs bénéfices imposables selon les règles fiscales de l'État de résidence de la société mère ou du siège social. Une petite ou moyenne entreprise souhaitant établir une filiale ou une succursale dans un autre État membre pourrait ainsi se conformer à ses obligations fiscales et déposer sa déclaration d'imposition dans un pays dont les règles lui sont familières. L'« imposition selon les règles de l'État de résidence » (« Home State Taxation »[236]) aurait un caractère facultatif aussi bien pour les États membres que pour les entreprises et prendrait la forme d'un système pilote d'une durée de cinq ans.

235. COM (2005) 702 final, 23 déc. 2005.

236. Le concept d'imposition selon les règles de l'État de résidence a été développé à l'origine dans un article de doctrine : S.-O. Lodin et M. Gammie, *Home State Taxation*, IBFD, Amsterdam, 2001.

Aujourd'hui, ce projet semble abandonné et tous les groupes entrent dans le champ de l'ACCIS, quelle que soit leur taille. Les grands et les petits ne sont toutefois pas tous logés à la même enseigne : pour ceux dont le chiffre d'affaires consolidé est supérieur à 750 millions d'euros, l'application des règles de l'ACCIS serait obligatoire (c'est du moins ce que suggère la proposition de 2016, qui contredit sur ce point celle de 2011 qui laissait ouverte une option) ; pour ceux ayant un chiffre d'affaires inférieur, l'ACCIS ne serait pas obligatoire, mais ils pourraient néanmoins opter pour l'ACCIS pour une durée de cinq ans, avec renouvellement possible. Ils devront donc faire une comparaison entre les règles fiscales françaises ordinaires et celles prévues par la directive pour choisir ce qui leur paraîtra le plus avantageux (art. 2).

Les sociétés considérées comme appartenant au groupe pour les besoins de l'ACCIS sont, en résumé, toutes les filiales situées dans l'UE et détenues directement ou indirectement à hauteur de 50 % des droits de vote et de 75 % du capital ou des droits sur le bénéfice (art. 3).

3. La détermination de l'assiette imposable

807 La détermination de l'assiette imposable est l'objet de nombreuses règles insérées dans les propositions de directives de 2011 et 2016. La directive « ACIS », si elle était adoptée, aurait ainsi pour vocation de constituer un corpus autonome gouvernant le résultat fiscal des sociétés concernées.

La directive ne prend donc logiquement pas position sur le lancinant problème du **lien entre comptabilité et fiscalité**, et plus spécifiquement de l'impact des normes IAS/IFRS sur la détermination des comptes fiscaux des sociétés soumises à l'ACCIS. Compte tenu du fait que de nombreux États membres n'autorisent pas l'utilisation des normes IAS/IFRS pour la comptabilité des sociétés individuelles et, qu'en tout état de cause, ces normes ne sont pas forcément adaptées dans le contexte fiscal, la Commission n'a pas souhaité proposer une solution contraignante au problème de la connexion entre résultat comptable et résultat fiscal.

Ce point n'est en soi pas problématique mais suscite clairement la difficulté dans l'hypothèse, qui ne manquera pas de survenir, où le texte relatif à l'assiette commune se révélera lacunaire sur certains points précis. La proposition de directive ne règle pas ce point. Faudra-t-il alors en revenir par défaut aux règles comptables nationales ? On ne voit guère comment procéder autrement, mais on aperçoit par là même que l'harmonisation voulue par le législateur communautaire ne sera pas totale, compte tenu des différences entre systèmes nationaux. Faudra-t-il plutôt faire référence aux règles IAS/IFRS, en tant qu'elles constituent le référentiel comptable commun des sociétés consolidées en Europe ? À notre sens, une telle solution serait juridiquement fort discutable dès lors que ces règles ne font pas l'objet d'une transposition homogène dans les comptes sociaux des sociétés des différents États membres. Il est donc plus raisonnable de s'en tenir à l'approche préconisée par la Commission et de parier – avec un risque d'erreur globalement limité – sur l'alignement progressif des règles comptables nationales sur le référentiel IAS/IFRS.

Quelles sont les règles fiscales applicables à la **détermination du résultat imposable global du groupe** ? Bornons-nous ici à faire ressortir quelques points saillants du projet.

De façon générale, les principes fiscaux auxquels nous sommes accoutumés se retrouvent très largement dans le projet ACCIS : approche globale du revenu d'entreprise destinée à englober tous les types de revenus et à exclure les capitaux propres levés par le contribuable ; application du principe des créances acquises et des dettes certaines ; imposition des plus-values dans les mêmes conditions que les produits ordinaires ; définition des charges déductibles comme les charges supportées par la contribuable en vue d'obtenir ou de préserver ses revenus ; distinction entre biens amortissables et non amortissables.

Il est cependant indubitable que l'adoption de l'ACCIS devrait conduire à réviser certaines règles françaises, parfois de façon très substantielle.

Qu'on en juge au vu de cette liste non limitative des innovations proposées par la Commission : non-déductibilité de 50 % des coûts de représentation (art. 12, b), non-déductibilité des coûts supportés par une société en vue de l'obtention de revenus exonérés tels que dividendes ou plus-values (art. 12, g), redéfinition des modalités de déduction des créances douteuses (art. 25), combinaison d'un système d'amortissement individualisé de certains biens (bâtiments et incorporels, notamment) avec un système d'amortissement collectif (*pooling*) ayant une vocation résiduelle sur le modèle des systèmes fiscaux de *Common law* (art. 30 et s.), consécration du principe de la propriété économique pour déterminer le titulaire du droit d'amortir (art. 32), interdiction du report en arrière des déficits (art. 41), exonération des plus-values de cession d'immobilisations sous condition de réinvestissement (art. 35), faculté laissée aux États d'autoriser la déduction des provisions pour retraites (art. 24)...

On trouvera ci-après quelques précisions relatives à certains points particulièrement saillants.

a) Règles de territorialité

808 La proposition de directive prévoit que les bénéfices des établissements stables étrangers mais situés dans l'Union européenne sont en principe exonérés (et les déficits non imputables) dans l'État du siège (art. 8). Une définition nouvelle (par rapport à 2011) de l'établissement stable figure dans le texte (art. 5) ; elle est très fortement inspirée de celle qui résulte des travaux « BEPS » de l'OCDE, mais ne concerne que l'hypothèse dans laquelle le siège comme l'établissement stable sont situés sur le territoire de l'Union européenne. La proposition de directive ne règle donc intentionnellement pas le cas des établissements stables situés dans des États tiers à l'Union européenne, dont la définition est laissée aux conventions fiscales bilatérales conclues avec ces États.

Cette règle de territorialité est complétée par une règle autorisant à titre dérogatoire l'imputation des déficits réalisés par des filiales ou des établissements stables situés dans un autre État membre de l'Union européenne (art. 42). Le mécanisme mis en place est une imputation dans l'État de la mère ou du siège avec clause de récupération ultérieure lorsque la filiale ou l'établissement stable redevient bénéficiaire et peut alors imputer ses déficits passés dans son État d'établissement ou, en tout état de cause, à l'expiration d'une durée de cinq ans. Il s'agit là de la résurrection du mécanisme que prévoyait l'article 209 C de notre Code général des impôts. Il est à noter que, selon la Commission européenne, cette disposition sera caduque et cessera donc de s'appliquer dès l'adoption de la « phase 2 » de la mise en place de l'ACCIS, car le passage à un système de consolidation aura pour effet mécanique de permettre la compensation transfrontalière des résultats.

b) Régime des sociétés mères

809 La proposition de directive retient un principe d'exonération des dividendes reçus par une société mère de ses filiales détenues plus de douze mois à hauteur de plus de 10 % des droits en capital ou en droits de vote (art. 8, d). La même règle s'applique pour les plus-values sur de tels titres (art. 8, c). L'exonération n'empêcherait pas la réintégration d'une quote-part de frais et charges dont le taux n'est pas précisé, mais qui devrait être égale aux dépenses exposées par une société pour réaliser le revenu exonéré en vertu des points c) et d) de l'article 8 précité (art. 12, g).

La soumission obligatoire à cette règle aurait pour effet de changer substantiellement le fonctionnement du régime français des sociétés mères et des plus-values sur cessions de titres de participations.

De surcroît, il est à noter que la proposition de directive sur l'assiette commune réintroduit le mécanisme très désavantageux du *switch over* qui avait été écarté lors de l'adoption de la directive ATAD du 12 juillet 2016. L'exonération des dividendes et plus-values afférents à des titres d'une filiale étrangère pourrait donc être remise en cause lorsque l'impôt dans l'État de la résidence de cette filiale est inférieur à 50 % du taux légal d'IS dans l'État de la société mère. Elle serait remplacée par un mécanisme d'imposition avec crédit d'impôt étranger, à moins, précise le texte, qu'une convention fiscale conclue entre l'État de résidence de la société mère et celui de résidence de la filiale ne s'oppose au *switch over* (art. 53).

c) Création d'une « super-déduction » pour les dépenses de R & D

810 Afin d'encourager les activités de recherche et de développement, la proposition de directive s'inspire de systèmes existant dans certains États de l'Union européenne et autorise, pour toutes les sociétés concernées par l'assiette commune, la déduction de 100 % des dépenses de R & D, avec de surcroît une déduction supplémentaire automatique (art. 9.3). Celle-ci s'élève à 50 % des dépenses jusqu'à due concurrence de 20 millions d'euros, et de 25 % pour la partie excédant 20 millions d'euros. Ainsi, par exemple, une dépense de 30 millions d'euros engendre une déduction totale de 42,5 millions d'euros. Les start-up bénéficieraient même d'une déduction supérieure.

d) Un nouveau régime fiscal pour le financement de l'entreprise

811 Le traitement des charges financières dans la proposition de directive sur l'assiette commune est totalement différent de celui envisagé en 2011. La proposition combine en effet deux règles :

— l'une, qui figure à l'article 13, est inspirée de la directive ATAD et prévoit un mécanisme de « barrière d'intérêts » conduisant à plafonner les charges financières nettes à 30 % de l'EBITDA[237] ;

— l'autre vise, non plus à restreindre la déduction des intérêts d'emprunt, mais à inciter les entreprises à augmenter leur capital (art. 11). Elle institue donc un mécanisme (inspiré du droit italien[238]) qui consiste à appliquer à toute augmentation du capital au cours d'un exercice un taux (déterminé par référence au taux moyen des obligations d'État d'une durée de dix ans dans la zone euro, augmenté d'une prime de risque de

237. On retrouve ici l'influence du droit allemand sur lequel v. *supra*, n° 545.
238. Sur lequel v. *supra*, n° 546.

2 %), le chiffre obtenu étant traité comme une charge déductible. Ce mécanisme de déduction d'une charge notionnelle paraît de prime abord avantageux pour les sociétés ; il aura toutefois une contrepartie, car toute diminution du capital conduira par symétrie à l'imposition d'un produit notionnel.

La Commission se voit conférer par la proposition de directive le pouvoir de prendre des actes délégués pour mettre en œuvre cette règle et éviter l'optimisation à laquelle elle pourrait donner lieu.

4. Le mécanisme de répartition

812 Le dispositif de l'ACCIS est conçu de telle sorte que le résultat consolidé du groupe soit ventilé entre les différentes entités du groupe, celles-ci étant ensuite imposées dans leur État d'implantation au taux local de l'impôt sur les sociétés.

En l'état de la proposition de 2016 (qui reprend largement celle de 2011), il est prévu que la formule de répartition comprenne trois facteurs affectés d'une même pondération (main-d'œuvre, immobilisations et chiffre d'affaires). Le facteur « main-d'œuvre » est lui-même subdivisé en deux postes comptant pour moitié : il tient compte, d'une part, de la masse salariale (ce qui avantage les États où les salaires sont élevés) et, d'autre part, des effectifs (ce qui avantage les États où les salaires sont faibles). Le facteur « immobilisations » est constitué de toutes les immobilisations corporelles, en excluant de la formule les immobilisations incorporelles et les actifs financiers en raison de leur caractère mobile et des risques de fraude. Enfin, le chiffre d'affaires permet de rendre compte de la participation de l'État membre de destination. Ces facteurs et pondérations devraient garantir que les bénéfices sont imposés là où ils sont dégagés. Faisant exception à ce principe général, lorsque le résultat de la répartition ne reflète pas fidèlement l'étendue des activités économiques, une clause de sauvegarde prévoit une méthode de remplacement.

Enfin, du point de vue administratif, il est prévu que les groupes de sociétés traitent avec une seule administration fiscale (« autorité fiscale principale »), à savoir l'administration de l'État membre dans lequel la société mère du groupe (« contribuable principale ») est résidente fiscale. Une clause anti-abus générale est également introduite afin de permettre à l'administration d'écarter le jeu des règles de l'ACCIS en présence de transactions artificielles réalisées dans le seul but d'échapper à l'impôt.

Cet aperçu du projet d'ACCIS aura suffi à démontrer que l'ambition de la Commission est immense. Si l'on peut souhaiter que le projet aboutisse en raison de l'intérêt objectif qu'il présente[239], notamment la compensation des résultats transfrontaliers et l'élimination de la problématique des prix de transfert intra-communautaires, répétons qu'il ne faut pas se bercer d'illusions quant à sa « simplicité ». Les nouveautés techniques qu'il introduit dans le droit positif sont considérables et impliqueront forcément une période d'acclimatation et de rodage. Entre le moment de son entrée en vigueur et celui de la stabilisation de sa pratique, il s'écoulera plusieurs années[240]. Le délai de transposition proposé par la Commission pour la directive « harmonisation » est en tout cas extrêmement bref : les États membres sont en effet invités à intégrer dans leur

239. Également en ce sens, v. le rapport d'A. Bénassy-Quéré, A. Trannoy et G. Wolff pour le Conseil d'analyse économique, *Renforcer l'harmonisation fiscale en Europe*, *Les notes du CAE*, n° 14, juill. 2014.

240. Pour une appréciation plus approfondie, cf. notre article, Les enjeux de l'ACCIS pour les groupes français, *Dr. fisc.* 2012, n° 47, ét. 528.

droit interne le contenu de la directive avant le 31 décembre 2018, pour une application au 1er janvier 2019.

Il reste à examiner, au titre des règles relatives aux groupes internationaux, celles relatives aux sociétés étrangères contrôlées.

§ 3. LES RÈGLES SUR LES SOCIÉTÉS ÉTRANGÈRES CONTRÔLÉES

813 Nous n'avons envisagé jusqu'ici la fiscalité des groupes internationaux que sous un angle « positif » : la reconnaissance du groupe y était conçue comme un moyen d'octroyer à celui-ci certains avantages en vue de stimuler le développement économique. Il arrive cependant que la reconnaissance du groupe soit conçue de façon très différente, comme un instrument permettant d'éviter que certaines sociétés ne délocalisent certaines activités dans des filiales établies dans des pays étrangers à fiscalité faible à la seule fin d'échapper à l'impôt dans leur État d'origine.

Certains groupes peuvent en effet être tentés, lorsque leur société mère est établie dans un État à fiscalité élevée, de créer une ou plusieurs filiales dans des États stratégiquement choisis pour leur fiscalité plus faible afin d'y transférer certaines activités productives de revenus. Ceux-ci y sont alors soumis à un impôt nul ou très faible et peuvent être thésaurisés jusqu'à leur distribution à la société mère. Ce type de montage se révèle particulièrement intéressant lorsque cette distribution est à son tour exonérée en totalité ou presque grâce à l'application du régime des sociétés mères. La combinaison entre les différents systèmes fiscaux aboutit alors à une double exonération de fait de certains bénéfices.

Pour limiter les pertes budgétaires pouvant résulter de la diffusion à grande échelle de ce type de structure, plusieurs solutions sont envisageables. La première consiste à neutraliser fiscalement le transfert d'actifs au profit d'entités étrangères établies dans des États à fiscalité privilégiée. C'est ce que fait, par exemple, l'article 238 *bis*-0 I du Code général des impôts lorsqu'il énonce que les entreprises sont imposables annuellement sur les produits des actifs qu'elles ont transférés hors de France entre les mains d'une entité chargée de gérer ces actifs dans leur intérêt ou d'assumer pour leur compte un engagement existant ou futur[241]. Tout se passe ainsi comme si les actifs en question avaient continué d'être gérés par l'entreprise française redevable de l'impôt sur les sociétés. Ce type de règle est intéressant mais ne peut pas régler tous les problèmes posés par l'utilisation des paradis fiscaux. Elle frappe un transfert d'actifs hors de France mais ne peut pas appréhender le cas où une société française crée *ex nihilo* une filiale étrangère dans un État à fiscalité privilégiée.

On comprend à la lumière de cette observation l'intérêt présenté par un dispositif plus ambitieux reposant sur l'adoption de règles relatives aux sociétés étrangères contrôlées. Le mécanisme mis en place consiste à faire comme si la filiale établie à l'étranger (la « société étrangère contrôlée »[242]) n'avait pas de personnalité fiscale et à

241. Ce texte a été conçu pour toucher notamment certaines opérations financières telles que les émissions restructurées de titres subordonnés à durée indéterminée (TSDI) et les opérations de défaisance de dettes (transferts d'actifs à charge pour le tiers d'assumer le service d'une dette incombant à l'auteur du transfert).

242. Traduction de l'expression anglaise « *controlled foreign corporation* ». On parle souvent en pratique de règle « CFC ».

imposer ses résultats directement entre les mains de sa société mère. Une autre technique proche consiste à imposer la société mère sur un revenu fictif, autrement dit sur un revenu réputé distribué par sa filiale. Quelle que soit la technique utilisée, peu importe en tout cas que la filiale étrangère distribue ou non ses bénéfices à la société mère. Le but d'une règle sur les sociétés étrangères contrôlées est précisément d'imposer immédiatement les résultats étrangers au niveau de la société mère et de neutraliser toute tentative de différer l'exigibilité de la charge fiscale[243].

Dès 1937, les États-Unis adoptèrent une règle de ce type en imposant entre les mains d'un ou plusieurs résidents détenant au moins 50 % du capital d'une société étrangère les revenus de celle-ci, dès lors que 60 % au moins desdits revenus avaient une nature passive (c'est-à-dire qu'ils ne provenaient pas d'une activité industrielle ou commerciale). Une loi de 1962 devait étendre le mécanisme, souvent connu par le nom de la section du chapitre de l'Internal Revenue Code, la « Subpart F »[244]. Les enjeux sont considérables : en 2002, une étude faite par l'administration fiscale américaine devait constater que les 7 500 sociétés étrangères contrôlées les plus grandes représentaient l'équivalent d'un bénéfice imposable aux États-Unis de plus de 31 milliards de dollars[245].

Le mécanisme, adopté par le Canada et l'Allemagne en 1972, devait être transposé en France en 1980 et dans de nombreux pays par la suite[246]. Dans le cadre de l'Union européenne, douze États l'ont adopté[247]. L'OCDE elle-même recommanda le recours à ce type d'instrument pour lutter contre les paradis fiscaux dans son rapport de 1998 sur la concurrence fiscale dommageable[248], et le sujet est central dans le plan « BEPS » de lutte contre l'érosion de l'assiette fiscale et les transferts de bénéfices. La directive ATAD 2016/1164 du 12 juillet 2016 oblige également les États membres de l'Union européenne à se doter d'une telle clause, de même que la proposition de directive du 25 octobre 2016 sur l'assiette commune de l'impôt sur les sociétés. C'est dire que les règles sur les sociétés étrangères, initialement conçues comme le prolongement naturel de systèmes fiscaux reposant sur le principe de mondialité de l'impôt sur les sociétés, se sont acclimatées à tous les environnements.

La règle française sur les sociétés étrangères contrôlées figure à l'article 209 B du Code général des impôts. Ce texte a connu une histoire chaotique et a fait l'objet de nombreuses réformes depuis son adoption. Comme il n'est pas dans le propos de cet ouvrage de restituer toutes les phases de cette évolution, nous nous contenterons

243. La terminologie anglaise range les règles « CFC » dans la catégorie des « *anti-deferral rules* ». *To defer* : reporter dans le temps.

244. Sur le sujet, cf. B.J. ARNOLD, *The Taxation of Controlled Foreign Corporations: An International Comparison*, Toronto, The Canadian Tax Foundation, 1986 ; du même auteur, v. aussi le rapport général rédigé en collaboration avec P. DIBOUT dans les *Cahiers de droit fiscal international*, vol. 86 b, 2001, *Limits on the use of low-tax regimes by multinational businesses: current measures and emerging trends: General Report* ; B.J. ARNOLD et H. AULT, *Comparative Income Taxation: A Structural Analysis*, Kluwer, La Haye, 2010, 3e éd. ; J. MALHERBE et Ph. MALHERBE, « La levée du voile social en droit fiscal : une revanche des principes », *Liber Amicorum Guy Keutgen*, Bruylant, 2008, p. 249 et s.

245. Cf. M. REDMILES et J. WENRICH, *A History of Controlled Foreign Corporations and the Foreign Tax Credit*, § 6, sur http://www.irs.gov/pub/irs-soi/historycfcftc.

246. Certains pays se sont néanmoins toujours refusés à adopter une législation de ce type, notamment les pays du Bénélux et la Suisse.

247. Pour un aperçu comparatif, cf. R. FONTANA, "The Uncertain Future of CFC Regimes in the Member States of the European Union – Part 1", *European Taxation*, juin 2006, p. 259 et s. Au-delà de l'Europe, l'analyse très complète de R. AVI-YONAH et N. SARTORI, "US Subpart F Legislative Proposals: A Comparative Perspective", 30 oct. 2011). *U of Michigan Law & Econ Research Paper* No. 12-003 ; *U of Michigan Public Law Working Paper* n° 264. Téléchargeable sur http : //ssrn. com.

248. OCDE, *Concurrence fiscale dommageable – Un problème mondial*, 1998, p. 45. V. déjà OCDE, *Études sur l'imposition des revenus de source étrangère. Législation relative aux sociétés étrangères contrôlées*, 1996.

d'examiner successivement les conditions actuelles d'application de l'article 209 B[249] (A) résultant de la loi de finances pour 2005[250], le régime de l'imposition de la société mère (B) ainsi que la question de la compatibilité entre ce texte et les engagements internationaux de la France (C).

A. LES CONDITIONS D'APPLICATION DE L'ARTICLE 209 B

814 La mise en œuvre de l'article 209 B suppose une détention majoritaire (1°) dans une entité établie dans un État ou territoire à fiscalité privilégiée (2°), un sort particulier étant réservé aux entités établies sur le territoire d'un État de la Communauté européenne (3°). Il arrive cependant que la société mère française puisse échapper à la rigueur de l'article 209 B lorsqu'elle exerce à l'étranger une activité économique exclusive de toute intention frauduleuse. Ce cas est appréhendé par la « clause de sauvegarde » insérée dans le texte (4°).

1. Les conditions de détention

815 Selon l'article 209 B, lorsqu'une personne morale établie en France et passible de l'impôt sur les sociétés exploite une entreprise hors de France ou détient directement ou indirectement plus de 50 % des actions, parts, droits financiers ou droits de vote dans une entité juridique : personne morale, organisme, fiducie ou institution comparable, établie ou constituée hors de France, les bénéfices ou revenus positifs de cette entreprise ou entité juridique sont imposables à l'impôt sur les sociétés.

Le texte requiert donc une participation majoritaire pour l'imposition en France de la société mère à raison des bénéfices de sa filiale étrangère. Cela n'a pas toujours été le cas, les conditions de détention ayant, selon les époques, été de 25 % ou 10 %. À cet égard, l'actuel article 209 B est moins rigoureux qu'il ne l'a été envers les entreprises françaises même s'il convient de constater que le taux de 50 % subit depuis 2006 une exception lorsque plusieurs entreprises détenant des participations inférieures agissant de concert[251], ce qui rejoint une tendance suivie par d'autres États qui, plutôt que de retenir une approche purement individuelle du test de contrôle, s'intéressent aussi à un contrôle collectif par des entités résidentes de l'État de la société mère[252]. Au regard du droit comparé, le taux français apparaît identique à celui retenu en Espagne et en Italie, par exemple. Il est plus élevé que dans d'autres États, tels la Hongrie, la Suède et le Portugal qui retiennent un seuil de 25 %.

Il convient également de constater que l'article 209 B s'applique, non seulement dans le cas où une société française s'établit à l'étranger par l'intermédiaire d'une filiale, mais également lorsqu'elle

249. Pour une réflexion sur la fonction de l'art. 209 B, v. Th. Pons, « L'article 209 B : règle de territorialité élargie ou mesure anti-évasion ? », *BF* 4/11, p. 319 et s. Pour une présentation pédagogique de son fonctionnement, v. l'article de Ph. Oudenot, *Dr. fisc.* 2014, n° 38, ét. 528.

250. Un décret en Conseil d'État n° 2006-1309 du 25 octobre 2006 (*JO*, 27 oct. 2006) précise les conditions d'application de ce dispositif.

251. Le taux de détention mentionné à l'alinéa précédent est ramené à 5 % lorsque plus de 50 % des actions, parts, droits financiers ou droits de vote de l'entité juridique établie ou constituée hors de France sont détenus par des entreprises établies en France qui, dans le cas où l'entité étrangère est cotée sur un marché réglementé, agissent de concert ou bien par des entreprises qui sont placées directement ou indirectement dans une situation de contrôle ou de dépendance au sens de l'article 57 à l'égard de la personne morale établie en France.

252. Les pratiques des États sont très variables à cet égard, comme le démontre l'article de R. Avi-Yonah et N. Sartori, « US Subpart F Legislative Proposals : A Comparative Perspective », précité.

dispose à l'étranger d'une exploitation directe (succursale, agent dépendant ou cycle commercial complet). Le dispositif constitue alors une exception au principe de territorialité de l'impôt sur les sociétés. Ce point ne doit pas être omis, même si l'on ne se référera dans la suite des développements qu'à l'hypothèse plus fréquente où l'implantation à l'étranger prend la forme d'une filiale.

Enfin, on observera que l'article 209 B a vocation à s'appliquer une grande diversité d'entités juridiques : « organismes », « fiducie ou institution comparable » (le mot de « fiducie » désignant ici, non la fiducie du droit français, d'ailleurs inconnue lors de la rédaction de l'article, mais le trust au sens anglo-saxon).

2. La notion de société établie dans un territoire fiscal privilégié

816 L'article 209 B n'a pas vocation à appréhender toutes les situations dans lesquelles une société française détient une participation majoritaire dans une société étrangère. S'agissant d'une règle destinée à prévenir l'évasion fiscale, elle n'a lieu de jouer que si la société étrangère est établie dans un territoire où la fiscalité apparaît « privilégiée ».

Ce choix législatif permet de classer la France (sous certaines réserves tenant à la pertinence de tout classement en la matière) dans l'ensemble des États qui ont choisi une approche « juridictionnelle » des règles CFC, par opposition à l'approche « transactionnelle » ou « globale ». Selon cette seconde approche, retenue notamment aux États-Unis, au Canada ou en Afrique du Sud, le critère pertinent pour appliquer une règle CFC n'est pas tant le niveau d'imposition de la filiale étrangère que la nature des revenus qu'elle réalise. S'il s'agit essentiellement de revenus passifs, par exemple, ceux-ci (voire tous les revenus de la filiale) doivent être imposés entre les mains de la société mère en toute hypothèse[253]. L'approche « transactionnelle » vise donc essentiellement à frapper la délocalisation des profits, où qu'ils soient réalisés. L'approche « juridictionnelle » veut plutôt frapper la défiscalisation en valeur absolue. Les deux approches sont cependant plus souvent combinées qu'opposées dans la pratique législative des États, et la France n'échappe pas à ce constat. On retrouve le mélange des approches dans la directive 2016/1164 du 12 juillet 2016 relative à la lutte contre l'évasion fiscale (directive ATAD) dont l'article 7 consacré à la règle CFC, tout en retenant un critère de taux comparativement faible dans l'État de la filiale, permet aux États membres de n'appliquer la règle que pour des revenus passifs limitativement énumérés. L'application (non optionnelle cette fois) aux revenus passifs se retrouve dans l'article 59 de la proposition de directive du 25 octobre 2016 sur l'assiette commune de l'impôt sur les sociétés (ACIS).

Pour déterminer si une entreprise est établie dans un État à fiscalité « privilégiée », plusieurs techniques législatives sont envisageables. La première, utilisée dans plusieurs pays européens dont notamment l'Italie, consiste à établir une liste nominative (« *black list* ») des États réservant aux sociétés un tel traitement. La solution a ses avantages – notamment la sécurité juridique – et ses inconvénients – le défaut de flexibilité ou la révision permanente. La seconde technique, beaucoup plus souvent utilisée en droit comparé, repose sur une approche relative : elle consiste à rechercher, non si un État étranger offre dans l'absolu un régime privilégié, mais si ce caractère découle de la comparaison entre ledit régime et celui qui s'appliquerait dans les mêmes circonstances à la société mère. C'est le système français.

Jusqu'à l'intervention de la loi de finances pour 2005, la notion de régime fiscal privilégié n'était pourtant pas définie par la législation fiscale. L'article 209 B renvoyait certes à l'article 238 A du Code général des impôts pour la définition d'un tel régime, mais ce texte énonçait de façon vague qu'il fallait entendre par là que la société étrangère, soit n'était pas imposable, soit était soumise à un impôt d'un niveau notablement moins élevé qu'en France. C'était donc la doctrine administrative, confortée par la jurisprudence, qui avait créé le droit en la matière, estimant notamment, à titre indicatif, qu'un régime fiscal étranger devait être considéré comme privilégié lorsque l'impôt acquitté localement était inférieur de plus d'un tiers à celui de l'impôt français. À ce compte, bon nombre d'États étrangers passaient dans la catégorie des paradis fiscaux... La réforme opérée en 2005 devait revenir à une approche plus satisfaisante en inscrivant la définition du régime fiscal privilégié dans le texte de la loi elle-même.

253. Pour les exemples, cf. encore R. Avi-Yonah et N. Sartori, « US Subpart F Legislative Proposals : A Comparative Perspective », précité.

Selon l'article 238 A, des personnes morales étrangères sont regardées comme soumises à un régime fiscal privilégié dans l'État ou le territoire considéré si elles n'y sont pas imposables ou si elles y sont assujetties à des impôts sur les bénéfices ou les revenus dont le montant est inférieur de plus de la moitié à celui de l'impôt sur les bénéfices ou sur les revenus dont elles auraient été redevables dans les conditions de droit commun en France, si elles y avaient été domiciliées ou établies[254].

Le caractère privilégié d'un régime fiscal étranger s'apprécie donc sur la base d'une comparaison effectuée *in concreto*. Il y a lieu de comparer, au titre d'un exercice donné, la charge fiscale effectivement supportée à raison des mêmes bénéfices ou revenus. À titre d'exemple, depuis que les plus-values de cession de titres de participation font l'objet en France d'une exonération sous réserve d'une quote-part de frais et charges égale à 12 % du montant de la plus-value, l'imposition réelle des plus-values de cession de titres de participation s'effectue au taux de 4 % (12 % x 33,1/3 %[255]). Un régime étranger prévoyant une exonération équivalente de ce type de plus-values est donc réputé ne pas constituer à lui seul un régime fiscal privilégié. Peu importe à cet égard la charge globale supportée par l'entreprise établie à l'étranger. Ce constat permet de mesurer que l'article 209 B joue aujourd'hui un rôle beaucoup moins important que celui qui était le sien à l'époque où la France imposait encore les plus-values de cession de titres de participation alors que de nombreux pays pratiquaient déjà un système complet de « participation exemption ».

Bien que le dispositif actuel définisse mieux que par le passé la notion de régime fiscal privilégié, toutes les difficultés n'ont pas pour autant disparu. En témoigne une décision du Conseil d'État rendue au sujet d'une société française qui notamment détenait 20 % du capital et 27 % des droits de vote d'une société ayant son siège social au Vanuatu. Celle-ci disposait par ailleurs d'un établissement en Malaisie à raison duquel elle supportait une charge fiscale sensiblement équivalente à celle qu'elle aurait supportée en France à raison de l'ensemble de ses résultats. Dès lors, en prenant en compte les impositions cumulées des deux États où était établie la société, on aboutissait à la conclusion qu'elle ne pouvait pas être regardée comme soumise à un régime fiscal privilégié. C'est d'ailleurs la conclusion à laquelle a abouti la cour administrative d'appel. Le Conseil d'État a toutefois cassé l'arrêt de la cour en estimant que l'impôt acquitté à l'étranger sur les revenus d'un établissement stable ne doit pas être pris en considération[256]. Cette solution s'explique par le fait qu'aux termes mêmes de l'article 209 B, le résultat de la filiale étrangère doit être reconstitué selon les normes du Code général des impôts qui excluent la prise en compte des résultats réalisés via un établissement stable exploité hors de l'État d'implantation. Le Conseil d'État a en revanche précisé que l'impôt acquitté par la filiale hors de l'État dans lequel elle est établie sous la forme d'une retenue à la source frappant les dividendes qu'elle a encaissés, doit, lui, être pris en compte. Il s'agissait au cas particulier d'un impôt français, mais l'interprétation suivie par le Conseil d'État conduit à considérer qu'il en irait de même pour une retenue à la source supportée dans n'importe quel autre État.

3. Le cas particulier des sociétés situées sur le territoire de l'Union européenne

817 L'applicabilité de l'article 209 B en présence d'une filiale ou d'un établissement stable situé dans un autre établissement stable de l'Union européenne pose indiscutablement problème au regard de la liberté d'établissement protégée par le droit de l'Union européenne[257]. Compte tenu de la jurisprudence de la Cour de justice relative

254. À titre de comparaison, l'Allemagne considère que la fiscalité est privilégiée lorsque le taux d'impôt étranger est inférieur à 25 %. Aux Pays-Bas, on retient le taux de 10 %.

255. Taux existant à la date d'établissement de la quote-part de 12 %.

256. CE, 21 nov. 2011, n° 327207, *Société Compagnie des Glénans*, et n° 325214, *Société SIFA*, *Dr. fisc.* 2012, n° 5, concl. P. Collin, note Ph. Durand ; *L'année fiscale 2012*, *Dr. fisc.* 2012, n° 9, comm. 162, chron. E. Dinh, § 28 et s.

257. Pour les termes du débat, v. déjà P. Dibout, « L'article 209 B du CGI est-il compatible avec les conventions fiscales et le droit communautaire ? », *Dr. fisc.* 1990, n° 43, p. 1485 et s. Pour une approche

à la compatibilité entre les règles sur les sociétés étrangères contrôlées et l'article 43 du Traité (a), il est heureux que le droit français contienne une réserve spécifique à ce sujet (b).

a) La jurisprudence de la Cour de justice relative aux sociétés étrangères contrôlées

818 La Cour de justice s'est prononcée sur l'euro-compatibilité des règles sur les sociétés étrangères contrôlées dans un arrêt *Cadbury Schweppes plc*[258], confirmé depuis lors[259], concernant le droit britannique.

Les faits de l'espèce étaient simples : la société mère du groupe Cadbury Schweppes détenait des participations dans diverses filiales, dont certaines situées en Irlande, plus précisément dans l'International Financial Services Center de Dublin. Ces filiales, dont l'activité consistait à lever des fonds et à les mettre à la disposition des filiales du groupe Cadbury Schweppes, avaient été imposées en Irlande au taux de 10 %. Elles rentraient de ce fait dans le domaine des dispositions de l'Income and Corporation Tax Act de 1988 soumettant à l'impôt sur les sociétés britannique les bénéfices des sociétés étrangères contrôlées et localisées dans des États à fiscalité faible, selon un mécanisme similaire à celui de l'article 209 B du Code général des impôts. D'où l'argumentation développée par la société mère du groupe Cadbury Schweppes : si les filiales avaient été établies au Royaume-Uni ou dans un autre État de l'Union européenne ayant un niveau d'imposition plus élevé, la société mère n'aurait pas été imposée à raison des bénéfices réalisés par celles-ci ; le fait même d'imposer la société mère à raison de l'implantation de ses filiales à Dublin serait donc incompatible avec la liberté d'établissement de la société mère.

La Cour répond à cette argumentation en suivant un raisonnement classique : elle examine tout d'abord si la législation britannique porte atteinte à la liberté d'établissement ; constatant que tel est le cas, elle se demande si cette atteinte est justifiée par la poursuite d'un objectif légitime et si la restriction de la liberté d'établissement ne va pas au-delà de ce qui est nécessaire pour atteindre cet objectif.

Concernant l'atteinte à la liberté d'établissement, la Cour constate que la législation britannique crée une différence de traitement pour la société mère résidente, selon que sa filiale est ou non résidente d'un État où elle est soumise à un niveau inférieur d'imposition. Elle en déduit logiquement que la loi britannique apporte une restriction à la liberté d'établissement.

La partie de l'arrêt consacrée à la justification de l'atteinte est plus riche. Après avoir rappelé que le fait de créer une filiale dans un État étranger à fiscalité plus faible ne peut donner lieu à l'édiction d'une présomption générale de fraude fiscale, la Cour énonce, suivant une jurisprudence constante, qu'une mesure nationale restreignant la liberté d'établissement peut en revanche être justifiée lorsqu'elle vise spécifiquement « les montages purement artificiels dont le but est d'échapper à l'emprise de la législation de l'État membre concerné »[260]. L'arrêt présente alors l'intérêt d'expliquer clairement comment le caractère purement artificiel des montages répréhensibles doit être apprécié : forte de l'affirmation selon laquelle « la liberté d'établissement entend [...] permettre à un ressortissant communautaire de participer, de façon stable et continue, à la vie économique d'un État membre autre que son État membre d'origine et d'en tirer profit »[261], la Cour estime que la notion d'établissement « implique l'exercice

du même problème à l'étranger, cf. A. Rust, « CFC Legislation and EC Law », *Intertax*, 2008, vol. 36, Issue 11, p. 493. ; M. Lang, H.J. Aigner, U. Scheuerle, M. Stefaner (ed.), *CFC Legislation, tax treaties and EC Law, Eucotax Series on European Taxation*, vol. 8, Kluwer Law International, 2004.

258. CJCE, gde ch., 12 sept. 2006, aff. C-196/04, *RJF* 12/06, n° 1644 ; *Dr. fisc.* 2006, n° 39, act. 176 ; *BDCF* 12/06, n° 146, concl. Ph. Léger ; sur cet arrêt, cf. G. Meussen, "Cadbury Schweppes: The ECJ Significantly Limits the Application of CFC Rules in the Member States", *European Union*, janv. 2007, p. 13 ; D. Gutmann, « L'arrêt *Cadbury Schweppes* et son impact sur le droit français », *Les Nouvelles Fiscales*, 15 déc. 2006, n° 970, p. 4 et s.

259. V. notamment CJCE, 13 mars 2007, *Test Claimants in the Thin Cap Group Litigation*, aff. C-524/04.

260. Arrêt *Cadbury Schweppes*, point 51.

261. *Ibid.*, point 53.

effectif d'une activité économique au moyen d'une installation stable dans cet État pour une durée indéterminée »[262].

Elle précise également qu'un montage purement artificiel est forcément « dépourvu de réalité économique »[263]. Cette expression est elle-même définie par la Cour, qui estime que l'administration doit l'apprécier au regard d'« éléments objectifs et vérifiables par des tiers, relatifs, notamment, au degré d'existence physique de la société étrangère contrôlée en termes de locaux, de personnel et d'équipements »[264]. Il est enfin précisé que « la société résidente, qui est la mieux placée à cet effet, doit être mise en mesure de produire des éléments concernant la réalité de l'implantation de la société étrangère contrôlée et le caractère effectif des activités de celle-ci »[265].

Enfin, l'arrêt présente l'intérêt de souligner que le fait, pour le législateur britannique, d'avoir prévu certaines exceptions à l'imposition de la société mère, n'est pas en soi suffisant pour lui octroyer l'immunité au regard du droit communautaire. Le risque existe en effet que certaines situations existent, où une société britannique ne serait pas concernée par les exceptions alors qu'on ne pourrait lui reprocher aucun « montage purement artificiel ». Aussi la Cour exige-t-elle de la Cour de renvoi qu'elle vérifie la primauté du critère tiré de l'existence desdits montages.

À la lumière de l'arrêt *Cadbury Schweppes*, peut-on dire que le droit français respecte les exigences du droit communautaire ?

b) La position du droit français

819 L'article 209 B énonce que l'imposition de la société mère française n'a pas lieu :

— si l'entreprise ou l'entité juridique est établie ou constituée dans un État de la Communauté européenne et ;

— si l'exploitation de l'entreprise ou la détention des actions, parts, droits financiers ou droits de vote de l'entité juridique par la personne morale passible de l'impôt sur les sociétés ne peut être regardée comme constitutive d'un montage artificiel dont le but serait de contourner la législation fiscale française.

Comme on peut le constater, la rédaction de l'article emprunte au style de la Cour de justice. Il faut d'autant plus s'en féliciter que ce texte a été rédigé alors que l'arrêt *Cadbury Schweppes* n'avait pas encore été rendu – même si son résultat était largement prévisible. L'administration fiscale a, quant à elle, pris acte de cette jurisprudence dans l'instruction concernant la réforme de l'article 209 B du Code général des impôts par la loi de finances pour 2005[266]. L'instruction énonce ainsi : « conformément à l'arrêt *Cadbury Schweppes plc* en date du 12 septembre 2006 de la Cour de justice des Communautés européennes, l'existence d'un montage artificiel dont le but est de contourner la législation fiscale s'apprécie au regard de critères objectifs. Les dispositions de l'article 209 B du Code général des impôts ne trouveront pas à s'appliquer lorsque la réalité de l'implantation (existence physique en termes de locaux, personnels et équipements) et l'exercice effectif d'une activité économique seront établis [...] ».

On peut rapprocher cette formule de celle retenue par le Conseil de l'UE dans sa résolution du 8 juin 2010 portant notamment sur la coordination des règles relatives aux sociétés étrangères contrôlées[267]. Le Conseil recommande en effet que les États membres adoptent une liste non exhaustive des éléments qui laissent supposer que des bénéfices pourraient avoir été détournés artificiellement vers une société étrangère contrôlée. Cette liste comprend notamment les suivants :

a) l'attribution des bénéfices ne repose pas sur un nombre suffisant de raisons économiques ou commerciales valables et ne reflète donc pas la réalité économique ;

b) la société constituée ne correspond pas pour l'essentiel à une implantation réelle ayant pour objet l'exercice d'activités économiques effectives ;

262. *Ibid.*, point 54.
263. *Ibid.*, point 55.
264. *Ibid.*, point 67.
265. *Ibid.*, point 70.
266. BOI-IS-BASE-60-10-40 nº 20.
267. Résolution 2010/C 156/01.

c) il n'existe pas de corrélation proportionnée entre les activités apparemment exercées par la société étrangère contrôlée et la mesure dans laquelle celle-ci existe physiquement, sous la forme de locaux, de personnel et d'équipements ;

d) la société non-résidente est surcapitalisée ; elle dispose d'un capital nettement supérieur à celui qui est nécessaire pour l'exercice de son activité ;

e) l'assujetti a participé à des accords qui ne correspondent à aucune réalité économique, ne servent que peu, voire aucun objectif commercial, ou qui pourraient être préjudiciables aux intérêts commerciaux dans leur ensemble, s'ils n'étaient pas conclus aux fins d'éluder l'impôt.

Certains points demeurent cependant en suspens. La loi française ne précise pas clairement qui, de l'administration ou de la société mère, doit rapporter la preuve du caractère artificiel (ou non) du montage. L'instruction publiée par l'administration ne prend pas non plus position sur cette question, alors que le droit communautaire paraît clairement imposer que la charge de la preuve du caractère artificiel du montage pèse sur l'administration fiscale. Lorsque l'abus d'une liberté communautaire est en cause, il appartient à celui qui l'allègue d'en démontrer l'existence.

Par ailleurs, une autre source d'interrogation vient du fait que la loi française mentionne le cas du montage « artificiel », alors que la CJCE évoque les montages « *purement* artificiels ». Gageons qu'il ne s'agit que d'une différence de style, non de fond, même si la remarque n'est pas sans importance compte tenu du risque que l'administration fiscale cherche à sanctionner des montages n'ayant qu'un but partiellement fiscal. En effet, la jurisprudence communautaire paraît bien exiger, au titre de la définition du montage purement artificiel, que la société française ait eu exclusivement en vue un avantage fiscal. La lettre de la jurisprudence est en ce sens : il s'agit de sanctionner les montages « dont le but est d'échapper à l'emprise de la législation de l'État membre concerné ». *Le* but, non *l'un des buts*. Le Conseil d'État a d'ailleurs fait sien le raisonnement dans l'arrêt *Sagal* du 18 mai 2005[268] : il n'est loisible à l'administration fiscale de se fonder sur la théorie de l'abus de droit pour imposer une société française à raison des bénéfices de sa filiale étrangère que lorsqu'il s'agit d'« exclure du bénéfice de dispositions fiscales favorables les montages *purement* artificiels dont *le seul* objet est de contourner la législation fiscale française ».

Sous ces quelques réserves d'interprétation, le droit français paraît conforme au droit de l'Union européenne[269].

4. La clause de sauvegarde

820 Toutes les sociétés ayant choisi de s'établir dans un État ou territoire à fiscalité privilégiée ne sont pas visées par l'article 209 B. Celui-ci ne s'applique pas, en effet, lorsque la personne morale établie en France démontre que les opérations de l'entreprise ou de l'entité juridique établie ou constituée hors de France ont principalement un objet et un effet autres que de permettre la localisation de bénéfices dans un État ou territoire où elle est soumise à un régime fiscal privilégié[270].

Le texte énonce que « cette condition est réputée remplie notamment lorsque l'entreprise ou l'entité juridique établie ou constituée hors de France a principalement une

268. CE, 18 mai 2005, n° 267087, *min. c/ Société Sagal*, *RJF* 8-9/05, n° 910, concl. P. Collin ; *BDCF* 8-9/05, n° 110, obs. N. Chahid-Nouraï, *BGFE* 4/05, *Rev. adm.* 5/05, art. O. Fouquet, *BNA International*, June 2005, vol. 7, n° 6, p. 8 et s., art. F. Le Mentec.

269. Le droit antérieur à l'actuel article 209 B n'était en revanche pas conforme au droit de l'UE. C'est ce qui ressort de la décision du CE du 4 juill. 2014 (n° 357264, *Sté Bolloré SA*, *Dr. fisc.* 2014, n° 38, comm. 536, concl. M.-A. Nicolazo de Barmon, note J. Ardouin ; *Dr. sociétés* 2014, comm. 200, note J.-L. Pierre), où la version de l'article 209 B applicable à des exercices clos de 2000 à 2005 a été jugée non conforme à la liberté d'établissement dans la mesure où le texte pouvait avoir pour effet d'inclure dans l'assiette de l'IS les résultats bénéficiaires de filiales étrangères ayant pourtant une implantation réelle et exerçant, quoiqu'à titre non principal, une activité économique effective. L'exigence de proportionnalité n'était donc pas respectée.

270. Pour une bonne compréhension de ce texte, v. les observations d'E. Dinh, *L'année fiscale*, *Dr. fisc.* 2013, n° 9, ét. 170.

activité industrielle ou commerciale effective exercée sur le territoire de l'État de son établissement ou de son siège »[271].

La rédaction de la clause de sauvegarde appelle deux observations : premièrement, l'exception faite en faveur des sociétés ayant de telles activités n'étonne pas. Il n'y a pas lieu de redouter l'évasion fiscale lorsqu'une activité réelle se déroule à l'étranger, fût-ce dans un petit paradis. Par cette clause de sauvegarde, le droit français aboutit donc à un résultat comparable à celui des règles analogues existant à l'étranger et qui ne font rentrer dans le champ du dispositif que les revenus « passifs ». La formulation de la clause d'exonération de l'article 209 B mérite cependant l'attention. Sont ainsi exclues du bénéfice de la clause d'exonération automatique les activités civiles par nature et les activités libérales par nature[272]. En pratique, il convient également de remarquer que la notion d'activité « effective » ainsi que la localisation de ladite activité (surtout lorsqu'elle est immatérielle) donne souvent lieu à de nombreuses interrogations[273].

Deuxièmement, la clause de sauvegarde a pour objet, non de stigmatiser de façon générale tous les groupes dont une partie de l'activité se déroule dans les paradis fiscaux, mais bien les groupes qui ont tenté par ce moyen d'échapper à l'impôt français. Cet acquis de la jurisprudence[274] démontre que l'article 209 B doit être compris, non comme une arme générale anti-délocalisation, mais comme une mesure de lutte contre l'érosion de la base fiscale française[275]. Cette observation présente une grande importance pratique pour tous les groupes français qui rachètent à un certain moment de leur vie un groupe étranger ayant déjà établi des filiales dans des paradis fiscaux, car on ne peut objectivement pas reprocher au groupe acheteur d'avoir entendu se soustraire à l'impôt français.

B. LE RÉGIME DE L'IMPOSITION DE LA SOCIÉTÉ MÈRE

821 Lorsque l'article 209 B s'applique, il a pour effet d'ajouter aux résultats imposables de la société mère les résultats positifs de la filiale étrangère (1°). L'objectif du

271. La possibilité pour l'entreprise d'échapper à l'imposition en rapportant cette preuve justifie le refus par le Conseil d'État de transmettre au Conseil constitutionnel une question prioritaire de constitutionnalité relative à l'article 209 B. Selon lui, l'application de ce texte repose sur des critères objectifs et rationnels qui sont proportionnés à l'objectif constitutionnel de lutte contre l'évasion fiscale poursuivi par le législateur. Il ne méconnaît donc pas le principe d'égalité devant les charges publiques résultant de l'article 13 de la Déclaration des droits de l'homme et du citoyen (CE, 2 févr. 2012, n° 351600, *Sté Sonepar ; L'année fiscale 2012, Dr. fisc.* 2012, n° 9, chron. 165, obs. P. Collin ; *RJF* 5/12, n° 504, et la chronique de C. Raquin, *RJF* 4/12, p. 299 et s. ; v. également CE, 9e et 10e ss-sect., 13 déc. 2015, n° 372522, *Min. c/ Sté BNP Paribas International* (1re esp.), *Dr. fisc.* 2016, n° 21, comm. 342, concl. É. Bokdam-Tognetti, note S. Austry). Reste à voir dans quelle mesure la preuve quasiment négative exigée du contribuable ne risque pas de remettre en cause la portée réelle de la clause de sauvegarde, ainsi que l'observe S. Austry (note sous CE, 28 nov. 2012, n° 338682 et n° 341128, *Sté BNP Paribas, Dr. fisc.* 2013, n° 7-8, concl. F. Aladjidi). Les arrêts rendus par la cour d'appel de renvoi dans les affaires précitées sont plutôt rassurants à cet égard (CAA Versailles, 18 juill. 2013, n° 12VE04357, n° 12VE4358 et 12VE04203, *SA BNP Paribas*).

272. Location d'immeubles non aménagés, activités de conseil ou d'expertise, etc.

273. V. à cet égard les décisions précitées du Conseil d'État du 28 nov. 2012 et les décisions du 26 déc. 2012 (n° 349070 et 349071).

274. Cf. sur ce point les décisions *Sonepar* et *BNP Paribas* précitées.

275. Pour la mise en théorie de cette distinction, v. Th. Pons, « L'article 209 B : règle de territorialité élargie ou mesure anti-évasion ? », *BF Lefebvre* 4/2011.

dispositif n'étant pas de créer des situations de double imposition, le texte prévoit différents moyens de prévenir une telle situation (2°).

1. L'imposition des résultats positifs de la filiale étrangère

822 Jusqu'en 2005, les résultats des entreprises et entités étrangères appréhendés par l'article 209 B faisaient l'objet d'une imposition séparée. Il s'agissait d'éviter, en cas notamment de pertes françaises et de bénéfices étrangers, que la consolidation opérée par l'article 209 B puisse jouer au bénéfice des entreprises alors que l'objectif du législateur était de faire jouer un mécanisme de sanction.

Dans la version actuelle du texte, la situation est différente. Les résultats positifs étrangers sont ajoutés à ceux de la personne morale française, ce qui a pour conséquence que d'éventuels déficits de celle-ci peuvent se compenser avec les bénéfices en question. Encore faut-il, pour que cela se produise, que les résultats de la structure étrangère soient retraités pour être en conformité avec les dispositions de la législation fiscale française[276].

Au-delà de l'aspect mathématique de l'opération, la loi donne une qualification des sommes imposées en France. Il est ainsi précisé que lorsqu'ils sont réalisés par une entité juridique, les bénéfices étrangers sont « réputés constituer un revenu de capitaux mobiliers imposable de la personne morale établie en France dans la proportion des actions, parts ou droits financiers qu'elle détient directement ou indirectement ». Cette qualification en revenus réputés distribués est intéressante en théorie. Elle révèle que l'article 209 B est moins un mécanisme de transparence fiscale qu'une fiction de distribution. Elle est surtout riche d'enjeux potentiels en pratique, comme on le reverra lors de la discussion de la compatibilité entre ce texte et les conventions fiscales internationales[277].

2. La prévention de la double imposition

823 L'article 209 B a été institué pour éviter un phénomène de double non-imposition mais il n'a pas pour vocation de pénaliser les sociétés en leur imposant une surcharge fiscale. C'est pourquoi le texte prévoit divers moyens de prévenir la double imposition. En particulier, l'impôt acquitté localement par l'entreprise ou l'entité juridique, établie hors de France, est imputable sur l'impôt établi en France, à condition d'être comparable à l'impôt sur les sociétés et, s'il s'agit d'une entité juridique, dans la proportion de sa participation. De plus, lorsqu'une société étrangère contrôlée distribue à sa société mère française des dividendes ou d'autres produits de participation, ces distributions sont neutralisées fiscalement puisque, par construction, elles sont réputées être intervenues antérieurement à leur existence effective.

C. LA COMPATIBILITÉ ENTRE L'ARTICLE 209 B ET LES CONVENTIONS FISCALES

824 La question de savoir si l'article 209 B doit être écarté en présence d'une convention fiscale internationale se pose dans deux cas : celui où la société française dispose d'un établissement stable à l'étranger et celui où elle y dispose d'une filiale.

Pour savoir si l'article 209 B doit être écarté en présence d'un **établissement stable** étranger, il convient de consulter la convention fiscale applicable. Selon l'article 7 du modèle OCDE, il existe un

276. Il existe cependant quelques exceptions à cette obligation de retraitement.
277. Cf. *infra*, n° 824 et s.

droit d'imposition de l'État d'accueil de l'établissement stable, mais sans que s'y attache une exclusivité de principe[278]. Les bénéfices de l'entreprise dont dépend l'établissement sont « imposables » dans ledit État d'accueil, mais il n'est pas spécifié qu'ils ne sont imposables « que » par lui. Le dispositif laisse ouverte, autrement dit, la possibilité d'une imposition des bénéfices imputables à l'établissement stable par l'État de résidence de l'entreprise dont il est une émanation, sous réserve, bien entendu, de la mise en œuvre par ce dernier État de l'une des méthodes permettant de parvenir à l'élimination de la double imposition ainsi que de l'applicabilité de la clause de sauvegarde de l'article 209 B qui devrait, dans bon nombre de cas, supprimer le problème à la racine. En revanche, lorsque la convention fiscale applicable énonce que les bénéfices de l'établissement stable sont uniquement imposables dans l'État de sa situation, l'article 209 B n'est pas applicable[279].

Le problème est plus délicat en présence d'une **filiale** étrangère. L'imposition de ses bénéfices entre les mains de la société mère française ne porte-t-elle pas atteinte au droit d'imposer de l'État étranger?

Le problème a beaucoup occupé la doctrine et la jurisprudence françaises au point de donner lieu à un arrêt de section du Conseil d'État en 2002[280], arrêt qui ne clôt d'ailleurs pas le débat. Curieusement, pourtant, la question n'intéresse pas beaucoup d'autres pays, même si des décisions remarquées en Finlande et au Royaume-Uni ont conclu à la compatibilité sur la base de raisonnements d'ailleurs très différents[281]. Le comité des affaires fiscales de l'OCDE considère d'ailleurs que la question est purement et simplement dépourvue de pertinence : selon les commentaires figurant sous l'article 7 du modèle de convention fiscale, le principe d'imposition des sociétés dans leur État de résidence « ne restreint pas le droit d'un État contractant d'imposer ses propres résidents aux termes de dispositions relatives aux sociétés étrangères contrôlées figurant dans sa législation nationale, même si l'impôt ainsi appliqué à ces résidents peut être calculé par référence à la partie des bénéfices d'une entreprise qui est résidente de l'autre État contractant qui est attribuable à la participation de ces résidents dans cette entreprise. L'impôt ainsi appliqué par un État à ses propres résidents ne réduit pas les bénéfices de l'entreprise de l'autre État et on ne saurait donc considérer qu'il est prélevé sur ces bénéfices »[282]. Partant, l'OCDE estime que même les pays qui prévoient dans leurs conventions bilatérales l'applicabilité de règles sur les sociétés étrangères contrôlées le font à titre parfaitement superfétatoire. La France fait partie de ces États. Près d'une trentaine de conventions réservent à la France le droit d'appliquer l'article 209 B lorsque la société étrangère est résidente de l'autre État contractant. La France fait également partie des États qui estiment que l'existence de l'article 209 B pose un réel problème de droit lorsque la convention ne prévoit pas son application.

On examinera la résolution de cet intéressant problème par le Conseil d'État sous l'empire de l'article 209 B en sa version originelle (1°) puis les perspectives offertes par le droit actuel (2°).

1. Le problème sous l'empire de la version originelle de l'article 209 B

825 En sa première version, applicable aux créations ou acquisitions de filiales étrangères intervenues jusqu'au 29 septembre 1992, l'article 209 B énonçait que l'entreprise française « est soumise à l'impôt sur les sociétés sur les résultats bénéficiaires de la société étrangère dans la proportion des droits sociaux qu'elle y détient ». C'est cette première mouture du texte qui fut soumise au Conseil d'État dans l'affaire *Société*

278. Nous reprenons ici les développements de B. Castagnède, « Chronique de fiscalité internationale », *L'année fiscale*, PUF, 2003, p. 385 et s., spéc. n° 10, p. 392.

279. C'est la position de l'administration fiscale elle-même : cf. BOI-IS-BASE-60-10-10 n° 40.

280. Cf. *infra*, n° 825.

281. Pour un aperçu du problème à l'étranger, cf. M. J. Peters, *EUCOTAX Series on European Taxation CFC : vol. 8 Legislation, Tax Treaties and EC Law*, Kluwer Law International, 2004 ; R. Fontana, "The uncertain Future of CFC regimes in the Member States of the European Union" – Part 1, *European Taxation* juin 2006, p. 263 et s., et Part 2, juill. 2006, p. 332 et s.

282. Voir aussi le paragraphe 23 des commentaires sur l'art. 1 et les § 37 à 39 des commentaires sur l'art. 10.

Schneider Electric qui donna lieu à une décision du 28 juin 2002[283]. Statuant au contentieux dans sa formation la plus solennelle, le Conseil d'État y affirma en effet pour la première fois l'incompatibilité entre l'article 209 B et l'article 7, alinéa 1 de la convention fiscale franco-suisse du 9 septembre 1966.

En l'espèce, la société Schneider, établie en France, détenait la totalité du capital de la société Paramer, laquelle était établie dans le canton de Genève et avait pour seule activité de gérer un portefeuille de titres. S'appuyant sur l'article 209 B, l'administration française entendait donc imposer les bénéfices de la société Paramer. Elle se vit cependant opposer que le texte fondant l'imposition devait être écarté comme contraire à l'article 7 de la Convention franco-suisse. Selon ce texte, en effet, « les bénéfices d'une entreprise d'un État contractant ne sont imposables que dans cet État, à moins que l'entreprise n'exerce son activité dans l'autre État contractant par l'intermédiaire d'un établissement stable qui y est situé ». Cette seconde argumentation finit par prévaloir devant le Conseil d'État, au terme d'un débat judiciaire riche en rebondissements.

L'essentiel de la décision du Conseil d'État tient en cette affirmation : « il ressort des termes mêmes [des dispositions du paragraphe I de l'article 209 B] qu'elles ont pour objet de permettre l'imposition en France des bénéfices résultant de l'exploitation d'une société établie à l'étranger et non, contrairement à ce que soutient le ministre, des distributions de bénéfices réputées opérées par cette société étrangère à son actionnaire résidant en France ». Cette analyse conduit le Conseil d'État à estimer que « la cour n'a pas commis d'erreur de droit en jugeant qu'il y a identité de nature entre les bénéfices d'exploitation de la société Paramer dont l'imposition est attribuée à la Suisse par le 1° de l'article 7 de la convention fiscale franco-suisse et les résultats bénéficiaires de la société Paramer imposés en France au nom de la société Schneider sur le fondement de l'article 209 B ».

Ces formules, ciselées pour les besoins du « grand » arrêt, sont merveilleusement trompeuses : elles accréditent l'idée d'une évidence juridique (« il ressort des termes mêmes de ces dispositions... ») dont le Conseil se serait seulement fait l'oracle. Ce faisant, elles masquent la complexité de l'analyse du mécanisme de l'article 209 B dont, pourtant, le Commissaire du gouvernement[284] Stéphane Austry avait parfaitement rendu compte.

Stéphane Austry avait en effet soigneusement démontré que le texte et l'économie de l'article 209 B étaient plus ambigus qu'on ne pouvait le croire au premier abord, ce qui suffisait à démontrer que l'article 209 B ne peut être considéré comme un « texte clair ». S'appuyant sur les travaux préparatoires de la loi de finances pour 1980 instituant l'article 209 B, il soutenait en effet que ladite loi avait principalement pour but d'éviter la double exonération des bénéfices réalisés par des filiales situées à l'étranger lorsque celles-ci distribuent en franchise d'impôt – grâce au régime des sociétés mères – des profits déjà peu taxés grâce à leur localisation dans des pays à faible fiscalité. L'article 209 B aurait donc historiquement pour but de remédier à un résultat excessivement favorable engendré par le régime mère-fille. À cette première finalité s'en ajouterait une seconde, tenant au souci d'appréhender en France des bénéfices volontairement thésaurisés dans des filiales localisées dans des pays à fiscalité privilégiée. La convergence de ces deux objectifs conduisait ainsi le Commissaire du gouvernement à analyser l'article 209 B comme instituant une forme de présomption légale de distribution de revenus étrangers à la société mère française. Logiquement, il s'en déduisait que, ces revenus réputés distribués n'étant pas expressément visés par la convention franco-suisse, ils tombaient sous le coup de la clause dite balai (article 23 de la convention) donnant le pouvoir d'imposer à l'État du bénéficiaire, donc à la France.

283. Sur l'arrêt, cf. également P. Dibout, « L'inapplicabilité de l'article 209 B du CGI face à la Convention fiscale franco-suisse du 9 septembre 1966 » (À propos de l'arrêt CE, Ass., 28 juin 2002, *Schneider Electric*, *Revue de droit fiscal* 2002, n° 36, p. 1133 et s.) ; C. Acard, note in *Banque & Droit*, n° 84, juillet-août 2002, p. 56 et s. ; B. Castagnède, chronique de fiscalité internationale, *L'année fiscale*, 2002, PUF, p. 385 et s. ; D. Gutmann, R. J. Danon et H. Salomé, « Point de vue franco-suisse sur l'arrêt *Société Schneider Electric* du 28 juin 2002. Réflexions sur le problème de l'attribution du revenu en droit fiscal international », *RDAI* 2002, n° 8, p. 911 et s.

284. On ne parlait pas encore de rapporteur public à l'époque de cet arrêt.

2. Le problème en l'état de la version actuelle de l'article 209 B

826 Depuis 2006, nous avons vu que l'article 209 B énonce que « les bénéfices [...] de cette entreprise [étrangère] [...] sont réputés constituer un revenu de capitaux mobiliers imposable de la personne morale établie en France »[285]. Ces bénéfices ne font plus l'objet d'une imposition séparée.

Selon l'administration, la qualification de revenus de capitaux mobiliers permet de pallier les difficultés issues de la jurisprudence *Schneider Electric* du Conseil d'État. En effet, ces revenus ne relèvent plus de l'article « bénéfices des entreprises » des conventions fiscales conclues par la France, qui réservent généralement l'imposition de ces bénéfices aux États dans lesquels sont implantés les filiales des entreprises françaises. L'administration estime donc que ces revenus sont désormais régis par les dispositions de l'article « Autres revenus » des conventions fiscales et imposables à ce titre dans l'État de résidence de la personne bénéficiaire toutes les fois que telle est la solution retenue par les conventions[286].

Le raisonnement rejeté par le Conseil d'État dans l'affaire *Schneider Electric* au vu de la rédaction de l'article 209 B applicable à l'époque pourrait donc bien aujourd'hui être accepté par la même juridiction au vu de la nouvelle rédaction du texte.

285. Comp. la deuxième version du texte, qui précisait que « le résultat bénéficiaire de l'entreprise [étrangère] est réputé constituer un résultat » de la personne morale française.

286. BOI-IS-BASE-60-10-10 n° 10, citant CE, 13 oct. 1999, *Banque française de l'Orient*, n° 190083, et CE, 31 janv. 2001, *SA Banque Polska*, n° 199543.

DEUXIÈME PARTIE
LA TAXE SUR LA VALEUR AJOUTÉE

827 La taxe sur la valeur ajoutée (TVA) est l'impôt le plus banal qui soit. À chaque achat (ou presque) d'un bien ou d'un service, nous acquittons cette taxe, le plus souvent sans nous en apercevoir. L'impôt est si bien intégré dans notre vie quotidienne qu'il est réputé « indolore ». La douleur de l'acquitter ne surgit que lorsque la taxe sur la valeur ajoutée s'invite dans le débat médiatique : les amateurs de bonne chère en savent quelque chose depuis que les restaurateurs ont fait de la baisse du taux de la TVA leur leitmotiv.

Pour banale qu'elle soit, la TVA est pourtant un impôt très sophistiqué. Supporté économiquement par le consommateur final, il est versé à l'État par tous les acteurs économiques impliqués dans la chaîne de production et de distribution ayant permis à ce consommateur de faire son achat. En matière de TVA, le contribuable est le consommateur final. Les entreprises qui l'acquittent sont appelées « redevables », subtile expression qui porte en elle la dissociation entre l'assujettissement juridique et l'assujettissement économique. Cette relative complexité théorique de l'impôt justifie qu'avant d'en exposer la technique, on en donne une approche générale (Chapitre 1). On examinera ensuite le champ d'application de la taxe sur la valeur ajoutée (Chapitre 2), les modalités de son fonctionnement (Chapitre 3) et son application aux opérations internationales (Chapitre 4).

CHAPITRE 1
APPROCHE GÉNÉRALE DE LA TVA

828 En 1965, deux États dans le monde avaient adopté le système de la TVA. Il en existe aujourd'hui environ cent cinquante. Même aux États-Unis, où la TVA n'a jamais rencontré un accueil favorable, des voix s'élèvent aujourd'hui pour inciter à la réflexion sur les mérites de cet impôt[1]. Ce succès foudroyant s'explique par l'efficacité du mécanisme de la TVA (Section 1). Il a conduit à ériger la TVA en impôt harmonisé à l'échelle de l'Union européenne, ce qui en fait un impôt unique au regard des sources du droit (Section 2).

SECTION 1 LE MÉCANISME DE LA TAXE SUR LA VALEUR AJOUTÉE

829 La taxe sur la valeur ajoutée est un impôt proportionnel qui frappe les ventes de biens et de services. Du point de vue de l'acheteur, c'est un impôt sur la dépense. Il est également souvent qualifié d'impôt sur la consommation mais les deux expressions ne sont pas absolument synonymes car la dépense d'acquisition d'une marchandise ne signifie pas nécessairement qu'on la consomme... Disons que c'est un impôt sur une dépense dont on suppose abstraitement qu'elle donnera à un acte de consommation ultérieure. Du point de vue de la théorie fiscale, c'est une taxe sur le chiffre d'affaires[2], mais elle n'est pas comme les autres... Il existe en effet deux types de taxes sur le chiffre d'affaires : les taxes « en cascade », c'est-à-dire les taxes qui

1. Cf. par ex. R. Avi-Yonah, "The Three Goals of Taxation", *Tax Law Review* 60, n° 1 (2006) : 1-28 ; du même auteur, "Structuring a US Federal VAT", *International VAT Monitor* 20, No. 4 (2009) : 275-9. Pour le détail des discussions aux États-Unis, cf. A. Schenk et O. Oldman, *Value Added Tax: A Comparative Approach*, Cambridge University Press, 2007, p. 433 et s.

2. Bien que la TVA soit considérée par les économistes comme un impôt indirect, elle n'est pas juridiquement considérée comme telle en droit français. Son contentieux échappe donc aux juridictions judiciaires.

frappent toute vente de produits à chaque fois qu'elle survient et renchérissent d'autant plus le prix facturé au consommateur final que le nombre d'intermédiaires est élevé ; les taxes « uniques », comme la taxe sur la valeur ajoutée, qui n'ont pas cet effet cumulatif.

Pour parvenir à cette neutralité par rapport à la longueur du circuit de distribution, la spécificité de la taxe sur la valeur ajoutée est la suivante : toutes les fois qu'un opérateur économique achète des biens ou des services qu'il utilise dans le cadre de son activité, il peut déduire la TVA payée à ses fournisseurs de la TVA qu'il facture à ses clients. La TVA payée « en amont » ne constitue donc pas, pour l'opérateur économique, un coût final ayant vocation à s'incorporer au prix de revient du bien ou du service qu'il propose à ses clients. C'est la clé de la TVA. La différence entre la TVA reçue en aval (TVA « collectée ») et la TVA payée en amont (TVA « déductible » ou « récupérable ») est reversée à l'État. La TVA n'est donc qu'une taxe sur la différence entre ce qu'un opérateur paie à ses fournisseurs et ce qu'il reçoit de ses clients : c'est bel et bien une taxe sur sa « valeur ajoutée ».

Certes, le droit comparé enseigne que la physionomie de la TVA n'est pas exactement identique d'un État à l'autre et qu'il n'existe donc vraisemblablement pas une essence de la TVA, une « vraie » TVA par opposition à une TVA par abus de langage[3]. Toutefois, pour s'en tenir au modèle qui prévaut en France et dans le cadre de l'Union européenne, on peut définir la TVA, suivant la Cour de justice, comme un impôt présentant les quatre caractéristiques suivantes :

— l'application **générale** de la taxe aux transactions ayant pour objet des biens ou des services ;

— la fixation de son montant **proportionnellement** au prix perçu par l'assujetti en contrepartie des biens et des services qu'il fournit ;

— la perception de la taxe à **chaque stade** du processus de production et de distribution, y compris celui de la vente au détail, quel que soit le nombre de transactions intervenues précédemment ;

— la **déduction** de la taxe due par un assujetti des montants acquittés lors des étapes précédentes du processus, de telle sorte que la taxe ne s'applique, à un stade donné, qu'à la valeur ajoutée à ce stade et que la charge finale de la taxe repose en définitive sur le consommateur[4].

L'encadré ci-dessous illustre la spécificité et l'intérêt de la TVA par un exemple.

3. Cf. les nuances terminologiques suggérées par les différences d'appellation d'un État à l'autre : « impôt sur la consommation » au Japon (où la physionomie de la taxe, introduite en 1989, est sensiblement différente de celle qui prévaut en Europe compte tenu de son taux très faible et de l'absence d'un système de récupération de la taxe sur la base de factures individualisées), « General sales tax » au Canada, en Nouvelle-Zélande ou en Australie. Pour diverses réflexions sur les modèles possibles de TVA, cf. D. Williams, "Value-Added Tax", in V. Thuronyi (ed.), *Tax Law Design and Drafting*, IMF, 1996, vol. 1, p. 164 et s. ; L. Ebril, M. Keen, J.-P. Bodin et V. Summers, in *The Modern VAT*, IMF, Washington D.C., 2001 ; V. Thuronyi, *Comparative Tax Law*, Kluwer Law International, 2003, p. 305 et s. ; R. Bird et P.-P. Gendron, *VAT revisited. A New Look at the Value Added Tax in Developing and Transitional Countries*, USAID, oct. 2005 ; A. Schenk et O. Oldman, *Value Added Tax: A Comparative Approach*, Cambridge University Press, 2007 ; R. F. van Brederode, *Systems of General Sales Taxation. Theory, Policy and Practice*, Kluwer Law International, Series on International Taxation, 33, 2009. En France, voir aussi le numéro de la *Revue française des finances publiques* intitulé « La TVA : 60 ans après » (n° 128, nov. 2014) et le rapport du Conseil des prélèvements obligatoires, *La taxe sur la valeur ajoutée*, déc. 2015.

4. CJCE, 8 juin 1999, *Pelzl e.a.*, aff. C-338/97, aff. C-344/97 et C-390/97, point 21 ; CJCE, 3 oct. 2006, *Banca Popolare di Cremona*, aff. C-475/05, point 28.

Exemple de la différence entre la TVA et une taxe en cascade

Imaginons la chaîne suivante : un producteur (P) fabrique un bien qu'il vend 100 à un grossiste (G). Celui-ci souhaite revendre le même bien à un détaillant (D) en faisant une marge commerciale de 10 %. Le détaillant souhaite faire la même marge lorsqu'il revend au consommateur final (C).

I – Imaginons que cette chaîne de distribution ne donne lieu à **aucun impôt**

Prix facturé par P : 100

Prix facturé par G : 100 + 10 % (marge) = 110

Prix facturé par D : 110 + 10 % (marge) = 121 (prix final payé par C)

II – Examinons l'impact sur cette chaîne d'une **taxe en cascade (TC) de 20 %.**

Prix facturé par P : 100 (HT)[5] + 20 (TC) = 120

Prix facturé par G :

– prix HT : 120 + 10 % (marge) = 132

– TC : 20 % (132) = 26,4

– prix TTC[6] : 132 + 26,4 = 158,4

Prix facturé par D à C :

– prix HT : 158,4 + 10 % (marge) = 174,24

– TC : 20 % (174,24) = 34,85

– prix TTC : 174,24 + 34,85 = 209,09 (prix final payé par C)

III – Examinons l'impact sur cette chaîne d'une ***TVA à 20 %.***

Situation de P :

– prix facturé à G : 100 (HT) + 20 (TVA) = 120

– TVA à reverser à l'État : 20

Situation de G :

– prix HT payé en amont : 100 ==> prix HT facturé en aval : 100 + 10 % (marge) = 110

– TVA :

– payée en amont : 20

– facturée en aval : 20 % 110 = 22

– différence à reverser à l'État : 22 – 20 = 2

– prix TTC facturé à D : 110 + 22 = 132

Situation de D :

– prix HT payé en amont : 110 ==> prix HT facturé en aval : 110 + 10 % (marge) = 121

TVA :

– payée en amont : 22

– facturée en aval : 20 % 121 = 24,2

– différence à reverser à l'État : 24,2 – 22 = 2,2

– prix TTC facturé à C : 121 + 24,2 = 145,2 (prix final payé par C)

Les chiffres parlent-ils d'eux-mêmes ?

5. « HT » : « hors taxes ».
6. « TTC » : « toutes taxes comprises ».

830 Au cas où le tableau ci-dessus ne livrerait pas au lecteur une évidence mystique, en voici quelques commentaires.

Premièrement, la TVA est un système à l'avantage des consommateurs. Il apparaît immédiatement que le prix final payé par un consommateur dans un système fiscal où existe la TVA est moins élevé que s'il existait une taxe en cascade de même taux. Ceci tient à une raison simple : tandis que les taxes en cascade sont incluses dans le prix de revient des produits et sont donc prises en compte par les commerçants pour calculer leur marge, tel n'est pas le cas de la TVA qui, étant déductible, ne joue pas sur la détermination du prix de revient. Certes, on pourrait imaginer un système de taxe en cascade ayant un taux beaucoup plus faible (sous les 5 %, par exemple) afin de ne pas pénaliser les circuits économiques longs. Toutefois, même un tel système souffrirait toujours d'une absence de neutralité économique, dans la mesure où, plus le circuit serait long, plus l'effet « boule de neige » de la cascade serait démultiplié.

On oppose certes souvent à la TVA un argument tiré de son caractère injuste. Contrairement à l'impôt sur le revenu, la TVA joue identiquement pour tous les consommateurs, quelle que soit leur aisance financière. Ce n'est pas un impôt progressif. L'argument ne peut être sous-estimé mais demeure à certains égards discutable. La TVA n'est prélevée que lorsqu'il existe un acte de consommation : sachant que les ménages les plus aisés sont généralement ceux qui consomment le plus, la charge fiscale représentée par la TVA s'en ressent forcément et la justice de cet impôt se manifeste alors par la corrélation entre le montant global de l'impôt et l'intensité de ce que le consommateur retire de la société[7]. Par ailleurs, la modulation des taux en fonction du caractère indispensable ou socialement utile de certains biens ou services évite de donner à l'impôt un effet discriminatoire trop marqué[8]. Enfin, on peut soutenir que l'appréciation du caractère injuste d'un impôt ne peut pas être faite de façon isolée. Ce qui est juste ou injuste, c'est un système fiscal, non un impôt. On peut donc considérer que la légitimité de la TVA est à rechercher dans son caractère d'impôt de rendement, la justice du système étant à rechercher dans la combinaison de la TVA avec l'impôt sur le revenu qui, lui, présente un caractère redistributif garanti par son caractère progressif.

Deuxièmement, la TVA est un système intéressant pour les États. Le tableau ci-dessus démontre en effet que, si le consommateur final est le seul à supporter définitivement le poids de la TVA (à hauteur de 24,2), ce n'est pas lui qui paie directement l'impôt à l'État. Les redevables de la TVA sont les opérateurs économiques, qui se partagent le versement : 20 pour le producteur, 2 pour le grossiste, 2,2 pour le détaillant. L'État ne tire qu'avantage à ce système : au lieu de n'avoir qu'un seul débiteur (donc un risque élevé de non-recouvrement), il en a trois (donc un fractionnement du risque). En particulier, si la TVA afférente à la vente au consommateur final n'est pas reversée par le vendeur à l'État, la perte budgétaire qui s'ensuit demeure relativement limitée. Par ailleurs, le système est avantageux en termes de recouvrement : au lieu de recouvrer l'impôt auprès du consommateur, l'État délègue en quelque sorte cette fonction aux entreprises. Dans une conférence de novembre 2007, le directeur adjoint chargé de la

7. Cet argument, développé par Hobbes dans le *Léviathan* (1651) se retrouve dans une abondante littérature ultérieure et, ce, jusque dans les propositions de généralisation de l'impôt sur la dépense émises par les prix Nobel d'économie, Nicholas Kaldor et James Meade dans la deuxième partie du XXe siècle. Il est de nouveau formulé par A. CHARLET et J. OWENS, « Une perspective internationale sur la TVA », *Dr. fisc.* 2010, n° 39, ét. 499.

8. Pour des éléments de réflexion récents, v. A. CHARLET et L. GODBOUT, « Les taxes à la consommation : enjeux, perceptions et perspectives », *Dr. fisc.* 2011, n° 18-19, ét. 333.

TVA à la direction de la Législation fiscale estimait ainsi que « 83 % de la TVA est collectée par 5 % des contribuables, ceux qui ayant une assise professionnelle et la nécessité, au moins vis-à-vis de leurs actionnaires, de tenir correctement leurs écritures, donnent à l'État les meilleures garanties comptables et de solvabilité»[9].

Tout ceci explique que la TVA soit, dans de nombreux États, un impôt générateur de très importantes recettes fiscales. Dans les États membres de l'Union européenne, les recettes de la TVA représentaient 20,1 % des recettes fiscales (cotisations sociales comprises) en 2015[10]. Ce chiffre s'élève à environ 20 % dans les pays membres de l'OCDE[11]. En outre, on observe que le taux moyen de TVA dans l'Union européenne, en stagnation de 2002 à 2009, a augmenté de 1,7 % de 2009 à 2015[12] pour s'établir à 21,5 % en 2017. En France, la TVA et les autres impôts indirects (selon la classification économique) représentent chaque année depuis 2000 entre 15 et 16 % du PIB, contre environ 11 % pour les impôts directs et un peu plus de 16 % pour les cotisations sociales. À elle seule, elle rapporte des recettes se situant, selon les années, entre 6,8 % et 7,3 % du PIB, ce qui représente (pour 2014) le double du rendement de l'impôt sur le revenu et près du quadruple des recettes de l'impôt sur les sociétés si l'on en croit le rapport du Conseil des prélèvements obligatoires sur la TVA de 2015[13].

Les marges de manœuvre budgétaires en matière de TVA sont d'ailleurs très importantes. Si l'on fait abstraction de la répulsion politique que suscite souvent cet impôt que l'on tient toujours à présenter comme totalement indolore, il convient de signaler que le taux normal de la TVA ne couvre, dans les États de l'UE, que deux tiers de la consommation totale, le tiers faisant l'objet de différentes exonérations ou taux réduits[14]. Dans les États membres de l'Union qui sont également membres de l'OCDE, les recettes effectives de la TVA représentent seulement 53 % des recettes moyennes qui pourraient théoriquement être perçues si l'ensemble de la consommation était imposé au taux normal. Dans d'autres pays de l'OCDE, comme le Japon, la Corée du Sud ou la Suisse, ce chiffre s'élève à environ 70 %[15]. Ce constat mérite d'être médité à l'heure où les baisses de recettes de l'impôt sur les sociétés sont significatives et où les États connaissent une pression budgétaire accrue[16].

Les caractéristiques de la TVA expliquent le développement de cet impôt dans la période récente.

9. Intervention de M. Wolf relatée dans le compte rendu de la conférence IFA du 22 nov. 2007, « TVA : crise de croissance ? », *Dr. fisc.* 2008, nº 14, ét. 244, § 5.

10. Eurostat, *Taxation trends in the European Union*, éd. 2017.

11. Source : site internet de l'OCDE.

12. Eurostat, *Taxation trends*, 2015.

13. Conseil des prélèvements obligatoires, *La taxe sur la valeur ajoutée*, 2015, p. 48.

14. "Study on reduced VAT applied to goods and services in the Member States of the European Union", *Copenhagen Economics*, 21 juin 2007.

15. OCDE, *Consumption Tax Trends 2016, VAT/GST and excise rates, trends and administrative issues*, p. 110.

16. A. Charlet et J. Owens, « Une perspective internationale sur la TVA », *Dr. fisc.* 2010, nº 39, ét. 499, § 3.

SECTION 2 LES SOURCES DU DROIT DE LA TAXE SUR LA VALEUR AJOUTÉE

831 Si la TVA trouve son origine en France (§ 1), c'est aujourd'hui un impôt harmonisé au niveau communautaire (§ 2).

§ 1. LA TVA EN FRANCE

832 La France s'enorgueillit d'être la patrie du « père de la TVA », Maurice Lauré, auteur en 1952 d'une monographie sur ce sujet et inventeur de la TVA en tant que mécanisme généralisé d'imposition de la consommation[17]. Il semble cependant que la conception originelle du mécanisme de la TVA doive être attribuée à un homme d'affaires allemand, von Siemens, ayant écrit à ce sujet dans les années 1920[18]. Quoi qu'il en soit, il est exact que la France est le premier pays à avoir introduit la TVA dans son système fiscal. Si des taxes sur le chiffre d'affaires existaient depuis 1917[19], aucune ne présentait les caractères spécifiques de la TVA. L'apparition de la TVA se fit ainsi progressivement. Un décret du 25 septembre 1948 réforma la « taxe unique générale à la production » en autorisant la déduction des taxes d'amont grevant les dépenses d'acquisition de matières premières affectant les produits par la suite revendus par les opérateurs (système des déductions « physiques »). C'était l'amorce du régime des déductions que l'on connaît actuellement, à cette différence – essentielle – près que la déductibilité des taxes d'amont ne s'appliquait qu'à certaines dépenses. Les taxes grevant les investissements ou les frais généraux, qui interviennent pourtant dans le prix de revient des produits ou services proposés à la clientèle, n'étaient toujours pas déductibles.

C'est en 1954 que la taxe à la production fut remplacée par la TVA. Son esprit n'était pas fondamentalement différent, mais la logique du système était poussée à son terme. La loi du 10 avril 1954 ajouta aux déductions « physiques » un système de déductions « financières » permettant désormais aux entreprises de déduire les taxes grevant en amont le coût des machines et outillages nécessaires à la fabrication de leurs produits. On peut ainsi considérer qu'avec la loi de 1954, les caractères contemporains de la TVA étaient déjà bien affirmés.

Il manquait cependant un élément à ce dispositif pour être totalement cohérent avec l'idée fondatrice de la TVA : son caractère général. Seul le secteur industriel était concerné. En outre, la première TVA coexistait encore avec diverses taxes locales cumulatives (notamment la taxe sur les prestations de services, également créée en 1954), et un certain nombre de taxes uniques spéciales s'appliquant à des produits déterminés. Ce système fut donc progressivement réformé avec, dans un premier

17. De M. Lauré, *La taxe sur la valeur ajoutée*, préf. H. Laufenburger, Sirey, 1952 ; *Au secours de la TVA*, PUF, 1957.

18. En ce sens, cf. L. Ebrill *et alii*, *The Modern VAT*, préc., p. 4.

19. Loi du 31 déc. 1917 instituant la taxe sur les paiements civils et commerciaux, transformée par une loi du 25 juin 1920 la remplaçant par l'impôt général sur le chiffre d'affaires. Cette taxe en cascade fut remplacée par une taxe unique générale à la production, perçue en principe au dernier stade de la production, par une loi du 31 déc. 1936. Diverses autres taxes furent introduites ultérieurement. Pour un historique très complet, cf. J.-P. Fradin et J.-B. Geffroy, n° 380.

temps, l'inclusion en 1963 des opérations immobilières dans le champ de la TVA[20] et, dans un second temps, la généralisation opérée par la loi du 6 janvier 1966, entrée en vigueur le 1er janvier 1968. « Unifier, simplifier et généraliser le régime de la taxe sur la valeur ajoutée pour en faire un impôt moderne et unique sur la dépense », tels étaient – résumés dans l'exposé des motifs de la loi – les objectifs de la réforme qui, en contrepartie de cette généralisation, abrogea la plupart des autres taxes.

La suite de l'histoire – en résumé – passe par l'Union européenne.

§ 2. LA TVA ET L'UNION EUROPÉENNE

833 L'article 99 du Traité de Rome du 25 mars 1957 faisait obligation à la Commission d'examiner « de quelle façon les législations des différents États membres relatives aux taxes sur le chiffre d'affaires, aux droits d'accise et autres impôts indirects, y compris les mesures de compensation applicables aux échanges entre les États membres, peuvent être harmonisées dans l'intérêt du marché commun ». Divers groupes de travail furent donc nommés par la Commission afin de répondre à l'invitation faite par le Traité[21] pour aboutir finalement à la première directive du 11 avril 1967[22], prescrivant aux États membres d'harmoniser leurs législations relatives aux taxes sur le chiffre d'affaires. Selon les considérants de ce texte, l'harmonisation des législations relatives aux taxes sur le chiffre d'affaires devait permettre d'établir un marché commun comportant une concurrence non faussée et ayant des caractéristiques analogues à celles d'un marché intérieur, en éliminant les différences d'impositions fiscales susceptibles de fausser la concurrence et d'entraver les échanges. L'institution d'un système commun de TVA a été réalisée par la deuxième directive du Conseil, du 11 avril 1967[23], consacrée à la structure et aux modalités d'application du système commun de taxe sur la valeur ajoutée. Elle prit sa physionomie actuelle avec la sixième directive du Conseil, du 17 mai 1977[24], transposée en France par la loi de finances rectificative pour 1978.

Depuis la « sixième directive », les traits fondamentaux de la TVA n'ont pas été modifiés, même si de nombreux autres textes intéressant la matière sont intervenus, rendant d'ailleurs nécessaires l'adoption le 28 novembre 2006 d'une directive refondant la sixième directive telle qu'elle avait été modifiée au fil des ans (ci-après appelée « la directive TVA »)[25]. Faute de les citer tous, il faut notamment relever la directive du 16 décembre 1991 abolissant les frontières fiscales à l'intérieur de l'espace communautaire et fixant en conséquence de nouvelles règles permettant la suppression de tout contrôle et de toute

20. Loi du 15 mars 1963.

21. Pour le détail de l'histoire, cf. B. Terra et P. Wattel, *European Tax Law*, 4e éd., Kluwer Law International, 2005, § 4.1. Pour des ouvrages détaillés sur la TVA et l'Union européenne, cf. R. de la Feria, *The EU VAT System and the Internal Market*, IBFD, Doctoral Series 16, 2009 ; B. Terra et J. Kajus, *A Guide to the European VAT Directives*, 2 vol., IBFD, 2009.

22. Directive n° 67/227/CEE.

23. Directive n° 67/228/CEE.

24. Directive n° 77/388/CEE. Toutes les directives ne présentent pas un intérêt égal du point de vue de l'étude de la TVA. À titre d'exemple, les troisième, quatrième et cinquième directives se sont contentées d'allonger le délai de transposition de la première et de la seconde directive. C'est pourquoi le présent ouvrage n'abordera que les directives éclairant substantiellement le mécanisme de la TVA.

25. Directive n° 2006/112/CE, transposée en France par l'article 57 de la loi de finances rectificative pour 2007. Le règlement d'application de cette directive a été adopté le 15 mars 2011 (règlement n° 282/2011).

formalité à finalité fiscale lors du franchissement des frontières intracommunautaires[26]. Les règles de territorialité de la TVA ont également été revues à l'occasion de l'adoption du « paquet TVA » adopté par le Conseil le 12 février 2008[27] ainsi que celles relatives à la facturation[28].

Plusieurs textes ont par ailleurs entendu renforcer la coopération entre les administrations des États membres pour assurer l'efficacité du système et lutter contre la fraude à la TVA, une préoccupation aujourd'hui centrale et prioritaire pour les institutions de l'Union européenne[29]. Ainsi, le Conseil de l'Union européenne a adopté, le 7 octobre 2003, un règlement concernant la coopération administrative dans le domaine de la taxe sur la valeur ajoutée, réformant et perfectionnant le droit antérieur[30]. Ce règlement est remplacé, à compter du 1er janvier 2012, par un nouveau règlement daté du 7 octobre 2010[31]. Il est vrai que la fraude nuit, non seulement aux États membres, mais aussi à l'Union européenne elle-même, car la TVA constitue un élément fondamental de son financement. Un prélèvement sur les ressources de la TVA perçues par chaque État membre est en effet affecté au budget de la Communauté européenne à raison de 0,30 % de l'assiette harmonisée de l'imposition, sans que cela puisse excéder 50 % du revenu national brut.

La TVA est ainsi une matière en constante évolution, sous l'impulsion notamment de la Commission européenne[32]. Celle-ci se produit sur le terrain législatif, mais aussi sur le terrain jurisprudentiel. Comme on le reverra maintes fois dans les développements qui suivent, la jurisprudence de la Cour de justice est essentielle pour comprendre les concepts de la directive et, par ricochet, ceux du Code général des impôts. Le fait que les dispositions de la loi française constituent la transposition de la directive TVA implique en effet que l'on doive les interpréter à la lumière de la directive[33]. C'est « l'invocabilité d'interprétation » du droit communautaire, déjà étudiée dans l'introduction générale de cet ouvrage[34].

Venons-en à présent à la technique.

26. Cf. la transposition opérée par la loi n° 92-677 du 17 juillet 1992.

27. Sur ce point, cf. *infra*, n° 912 et s.

28. Directive n° 2010/45/UE du 13 juillet 2010 applicable à compter du 1er janvier 2013.

29. Un rapport de la Cour des comptes européenne sur la lutte contre la fraude à la TVA (rapp. n° 24/2015, 3 mars 2016) évalue à 40-60 milliards d'euros les pertes annuelles de recettes de TVA des États membres imputables aux groupes criminels organisés.

30. Règlement n° 1798/2003.

31. Règlement (UE) n° 904/2010 du Conseil du 7 octobre 2010 concernant la coopération administrative et la lutte contre la fraude dans le domaine de la taxe sur la valeur ajoutée.

32. V. par ex. la Communication de la Commission du 6 décembre 2011 « sur l'avenir de la TVA. Vers un système de TVA plus simple, plus robuste et plus efficace, adapté au marché unique », COM (2011) 851 final.

33. CE, Sect., 22 déc. 1989, *Min. du Budget c/ Cercle militaire mixte de la caserne Mortier*, n° 86113, *RJF* 1990, n° 130, concl. HAGELSTEEN.

34. Cf. *supra*, n° 103.

CHAPITRE 2
LE CHAMP D'APPLICATION DE LA TVA

834 Selon l'article 256, I du Code général des impôts, « sont soumises à la taxe sur la valeur ajoutée les livraisons de biens et les prestations de services effectuées à titre onéreux par un assujetti agissant en tant que tel ». Voici une formule simple dont chacun des termes mérite commentaire. Il faut ainsi délimiter le cercle des assujettis (Section 1) puis celui des opérations soumises à la TVA (Section 2).

SECTION 1 LES ASSUJETTIS À LA TAXE SUR LA VALEUR AJOUTÉE

835 Selon l'article 256 A du Code général des impôts, l'assujetti se définit sur la base de deux critères cumulatifs[1] : l'indépendance (§ 1) et l'exercice d'activités économiques (§ 2). Pour qu'une opération relève de la TVA, il faut en outre que l'assujetti agisse « en tant que tel » (§ 3).

§ 1. LE CRITÈRE DE L'INDÉPENDANCE

836 Un assujetti est tout d'abord un indépendant. Peu importe à cet égard son statut juridique, sa situation au regard des autres impôts et la forme ou la nature de son intervention. L'article 256 A du Code général des impôts précise notamment que ne sont pas considérés comme agissant de manière indépendante les salariés et les autres personnes qui sont liés par un contrat de travail ou par tout autre rapport juridique créant des liens de subordination en ce qui concerne les conditions de travail,

1. Pour une réflexion générale sur ce point, Y. Sérandour, « La notion d'assujetti à la TVA », *Dr. fisc.* 2015, n° 22, ét. 325.

les modalités de rémunération et la responsabilité de l'employeur[2]. La loi fiscale précise également que l'assujetti, agissant en son nom propre mais pour le compte d'autrui, qui s'entremet dans une livraison de bien ou une prestation de services, est réputé avoir personnellement acquis et livré le bien, ou reçu et fourni les services considérés[3].

Enfin, un assujetti s'entend nécessairement d'une entreprise isolée. Le groupe de sociétés, reconnu en matière d'impôts directs, ne l'est pas au regard de la TVA, du moins en France. Notre pays se distingue sur ce point des seize autres États qui ont choisi d'exercer l'option ouverte par l'article 11 de la directive TVA qui énonce que « chaque État membre peut considérer comme un seul assujetti les personnes établies sur le territoire de ce même État membre qui sont indépendantes du point de vue juridique, mais qui sont étroitement liées entre elles sur le plan financier, économique et de l'organisation »[4]. L'intérêt du système de groupe en matière de TVA est de permettre aux États membres, à des fins de simplification administrative ou de lutte contre les abus (par exemple lorsqu'une entreprise est scindée en plusieurs assujettis dont chacun peut bénéficier d'un régime particulier), de ne pas considérer comme distincts les assujettis dont l'« indépendance » est purement juridique.

Au vu de ces avantages, il n'est pas étonnant qu'un premier pas ait été fait en France avec l'introduction dans notre ordre juridique d'un dispositif moins ambitieux mais novateur par la quatrième loi de finances rectificative pour 2010[5] : il s'agit, sans remettre en cause la personnalité de chaque société appartenant à un groupe au regard de la TVA, de rendre redevable sur option la société mère du paiement de la TVA pour le groupe. Ainsi, les opérations intra-groupe restent taxées mais la trésorerie afférente à la TVA est centralisée : il n'y a donc qu'un paiement unique ou une demande de remboursement unique de la TVA au niveau du groupe.

Pour les besoins de cette option pour le paiement consolidé de la TVA, le groupe se compose d'une société mère et des sociétés assujetties dont elle détient, directement ou indirectement et de manière continue sur la période couverte par l'option, plus de la moitié du capital et des droits de vote. Le groupe au sens de la TVA ne se confond donc pas avec le groupe au sens de l'intégration fiscale.

---

2. Pour un exemple intéressant de mise en œuvre du critère de subordination dans une hypothèse où une société recourait à des dépositaires agréés pour vendre sur les marchés les produits qu'elle fabriquait, et qui ont été considérés comme placés en état de subordination, cf. CE, 20 déc. 2011, n° 322295, *Sté Baillardran Spécialités*, *Dr. fisc.* 2012, n° 10, comm. 177, concl. P. Collin.

3. Art. 256, V du CGI. Pour une application de ce texte, cf. CE, 21 nov. 2011, n° 320089, *SARL Éditions Ixora*, *Dr. fisc.* 2012, n° 12, comm. 203, concl. L. Olléon, dans une affaire où un éditeur de magazines distribuait ceux-ci par l'intermédiaire des Nouvelles messageries de la presse parisienne (NMPP) et estimait que son chiffre d'affaires imposable devait être diminué d'un montant égal à la rémunération des services de l'entreprise de messagerie. Le Conseil d'État ne l'a pas suivi en s'appuyant sur le caractère transparent du distributeur. Selon lui, il résulte de l'aticle 256, V du CGI que le chiffre d'affaires imposable de l'éditeur qui donne mandat à une entreprise de messagerie d'assurer la distribution d'un périodique mais ne lui en transfère à aucun moment la propriété est constitué par le montant total du produit des ventes au public sans qu'il y ait lieu d'en retrancher le montant ci-dessus. Il n'en va différemment, précise le Conseil d'État, que si l'entreprise de messagerie agit en son nom propre mais pour le compte de cet éditeur et a ainsi la qualité d'intermédiaire opaque au sens de l'article 256, V.

4. Devant l'intérêt croissant des États membres pour ce dispositif, la Commission a publié une communication en vue d'une meilleure harmonisation des règles en la matière (communication du 2 juill. 2009, COM 2009 (325) final). Pour le droit comparé en la matière, cf. K. Vyncke, "EU VAT Grouping from a Comparative Tax Law Perspective", *EC Tax Review* 2009-6, p. 299 et s. ; A. Parolini, "Cross-Border Groupe Taxation Regimes: VAT/GST v. Direct Taxation", in M. Lang, P. Melz et E. Kristoffersson, *Valued Added Tax and Direct Taxation. Similarities and Differencies*, IBFD, 2009, p. 931 et s. ; v. aussi le compte rendu du séminaire de l'IFA tenu en 2010 sur le sujet, publié à *TNS : 2010-08-23 : IFA-1 ; EVAT.*

5. Art. 1693 *bis* et 1693 *ter* CGI. V. sur ce sujet M. Guichard, « La gestion du régime de paiement consolidé de la TVA : vers un véritable régime de groupe en matière de TVA ? », *Dr. fisc.* 2012, n° 50, ét. 559.

L'option est subordonnée à un acte de volonté, non seulement de la société mère, mais aussi des filiales qui doivent donner leur accord à la consolidation.

De lege ferenda, le MEDEF a fait savoir qu'il convenait d'aller plus loin et rendre obligatoire dans tous les États de l'Union européenne la faculté d'opter pour un régime de groupe[6].

§2. LE CRITÈRE DE L'ACTIVITÉ ÉCONOMIQUE

837 Un assujetti est par ailleurs un opérateur économique. Les activités économiques pertinentes pour la qualification d'assujetti sont, d'après l'article 256 A du Code général des impôts, toutes les activités de producteur, de commerçant ou de prestataire de services, y compris les activités extractives, agricoles[7] et celles des professions libérales ou assimilées. Cette liste est très large et permet de comprendre l'amplitude du champ d'application de la directive.

La loi fiscale énonce également, conformément à la directive, qu'« est notamment considérée comme activité économique une opération comportant l'exploitation d'un bien meuble corporel ou incorporel en vue d'en retirer des recettes ayant un caractère de permanence ». Cette précision permet en particulier de faire rentrer dans le champ de la TVA les activités de location et plus généralement toutes les opérations, quelle que soit leur forme juridique, procurant des recettes liées à l'utilisation d'un bien.

Par ailleurs, la Cour de justice indique de façon constante que la notion d'activités économiques présente un caractère objectif, en ce sens que l'activité est considérée en elle-même, indépendamment de ses buts ou de ses résultats (lucratifs ou non)[8].

Le critère de l'activité économique appelle certaines précisions concernant le traitement des opérations isolées (A) et la délimitation des opérations hors champ (B).

A. LE TRAITEMENT DES OPÉRATIONS ISOLÉES

838 Le lien établi par la directive entre l'activité économique et la permanence des recettes invite à se demander si une opération isolée peut être considérée comme activité économique. Selon la Cour, une activité est, en règle générale, qualifiée d'économique lorsqu'elle présente un caractère permanent et est effectuée contre une rémunération perçue par l'auteur de l'opération[9].

Toutefois, on ne saurait déduire de cette règle générale que toute opération isolée échappe par nature à la TVA. Bien que la synthèse de la jurisprudence en la matière ne soit pas évidente, on peut tenter de résumer le raisonnement de la façon suivante :

— Lorsqu'un bien, par sa nature, peut tout aussi bien être utilisé à des fins d'ordre privé qu'économique, il est nécessaire d'examiner les conditions de l'exploitation pour déterminer s'il est utilisé en vue d'en retirer des recettes présentant effectivement un caractère de permanence. Ce raisonnement a été adopté par la Cour de justice dans

6. Réponse au Livre vert de la Commission européenne sur l'avenir de la TVA (COM (2010) 695 final).

7. La TVA applicable aux activités agricoles fait l'objet de règles particulières qui ne sont pas étudiées dans le cadre du présent ouvrage.

8. CJCE, 29 oct. 2009, *Commission c/ Finlande*, aff. C-246/08, point 37 ; 21 févr. 2006, *University of Huddersfield*, aff. C-223/03, point 47 ; 12 sept. 2000, *Commission c/ Grèce*, aff. C-260/98, point 26.

9. CJCE, *Commission c/ Pays-Bas*, 26 mars 1987, 235/85, points 9 et 15 ; 13 déc. 2007, *Götz*, aff. C-408/06, point 18.

une affaire de mise en location occasionnelle d'un camping-car que son propriétaire utilisait par ailleurs à titre essentiellement privé, afin d'en déduire qu'il ne s'agissait pas en l'occurrence d'une activité économique[10] ;

— Lorsqu'un bien, par sa nature, ne peut faire que l'objet d'une activité économique, toute opération isolée le concernant (notamment une cession) doit être considérée comme une opération économique. Cette analyse a implicitement été adoptée par le Conseil d'État dans une affaire intéressant cette fois-ci la cession d'une marque non exploitée[11]. L'administration fiscale interpréta d'ailleurs cette décision comme signifiant qu'« au regard des règles applicables en matière de TVA, une marque commerciale constitue un bien professionnel par nature dont la concession et la cession ne peuvent relever que d'une activité économique taxable, exclusive de toute gestion patrimoniale privée »[12].

Faut-il y voir la pénétration dans le droit de la TVA de l'idée, inspirée des impôts directs, selon laquelle la cession d'un bien « professionnel » doit être réputée avoir un caractère économique à raison de son objet ? L'hésitation est permise, et le doute autorisé quant à la légitimité de l'approche adoptée car on peut se demander si un bien ne faisant l'objet d'aucune exploitation se rattache véritablement à une activité économique. On voit ici apparaître une tension entre la logique des impôts directs (qui qualifie d'actif professionnel immobilisé un bien sur la base de sa capacité à produire des recettes dans le futur) et la logique de l'assujettissement à la TVA (qui semble davantage tournée vers le constat d'actes économiques accomplis dans le passé). Le Conseil d'État avait d'ailleurs, dans un arrêt de 2000 relatif à une cession de brevets, paru suivre un autre raisonnement qui, sans forcément convaincre à la lumière des faits, avait du moins le mérite d'une lisibilité supérieure sur le terrain des principes de la TVA[13]. Le Commissaire du gouvernement avait affirmé dans cette affaire que la cession d'un brevet par son inventeur n'est pas seulement l'exercice « d'un droit de propriété sur un hypothétique capital intellectuel, mais, beaucoup plus prosaïquement, même si l'invention surgit un matin en ouvrant les volets, [...] une opération, qui, pour être intellectuelle, n'en est pas moins, comme une profession libérale, une opération économique ». La qualification d'activité économique venait ainsi du fait que la cession du brevet constituait, selon son heureuse formule, « l'écume d'une activité économique sous-jacente de créativité intellectuelle ».

B. LA DÉLIMITATION DES OPÉRATIONS HORS CHAMP

839 Le souci de la directive et de la jurisprudence de conférer à la TVA le spectre le plus large possible n'empêche pas que certaines opérations ne rentrent pas dans le champ qu'elle circonscrit. Ces activités « non économiques » sont couramment appelées « opérations hors champ », ce qui signifie qu'elles échappent par nature à la TVA.

Tel est le cas, tout d'abord, des activités des services administratifs, sociaux, éducatifs, culturels et sportifs des personnes morales de droit public. Ces entités n'exercent pas d'activité économique et ne sont donc pas assujetties, sauf lorsqu'elles concurrencent le secteur privé, auquel cas leur non-assujettissement entraînerait une distorsion dans les conditions de la concurrence et il faut donc revenir à l'assujettissement[14]. Le

10. CJCE, 26 sept. 1996, aff. 230/94, 4e ch., *Enkler*, *RJF* 11/96, n° 1370.

11. CE, 3 sept. 2008 n° 300420, 300421, 300422, *RJF* 12/08 n° 1292, *BDCF* 12/08, n° 142, concl. L. Vallée (très éclairantes sur le raisonnement suivi).

12. BOI-TVA-CHAMP-10-10-30 n° 220.

13. CE, 8e et 3e s.-s., 20 oct. 2000, n° 204129, *M. Cambon*, *RJF* 1/01, n° 19 ; *Dr. fisc.* 2001, n° 18, comm. 431, obs. E. Mignon. Décision rendue sous l'empire des dispositions de l'art. 256 A, CGI, dans leur rédaction antérieure à la loi 92-677 du 17 juillet 1992 qui se référait aux opérations effectuées « à titre habituel ou occasionnel ».

14. Art. 256 B, CGI.

même raisonnement s'applique pour déterminer si les associations et autres organismes à but non lucratif doivent être considérés comme assujetties à la TVA. Lorsqu'elles n'exercent aucune activité de livraison de biens ou de prestations de services à titre onéreux, elles n'ont pas d'activité économique et sont donc placées hors du champ de la TVA[15]. En revanche, si leur activité peut être qualifiée d'économique, les opérations qu'elles réalisent sont en principe imposables, ce qui ne les empêche pas d'être exonérées si elles réunissent certaines conditions[16].

N'ont pas davantage d'activité économique les **sociétés holding** dont l'unique objet est la prise de participations dans d'autres sociétés sans immixtion dans leur gestion. L'arrêt *Polysar* rendu par la CJCE le 20 juin 1991[17] a ainsi estimé que « la simple acquisition et la simple détention de parts sociales [n'est pas] une activité économique, au sens de la 6e directive, conférant à son auteur la qualité d'assujetti » (point 13). La simple prise de participations financières dans d'autres entreprises ne constitue pas une exploitation d'un bien visant à produire des recettes ayant un caractère de permanence parce que l'éventuel dividende, fruit de cette participation, résulte de la simple propriété du bien[18]. Il en découle que la perception de dividendes, qui n'est la contrepartie d'aucune activité économique au sens de la 6e directive, n'entre pas dans le champ d'application de la TVA[19].

Le même raisonnement s'applique pour conclure que la cession de participations détenues dans des filiales ne constitue pas, en elle-même, une activité économique[20]. De même, la simple acquisition et la simple vente d'autres titres négociables ne sauraient constituer une exploitation d'un bien visant à produire des recettes ayant un caractère de permanence, l'unique rétribution de ces opérations étant constituée par un éventuel bénéfice lors de la vente de ces titres. Il s'ensuit qu'une entreprise qui se livre à des activités consistant en la simple vente d'actions et d'autres titres négociables, tels que des participations dans des fonds d'investissement, doit être considérée, en ce qui concerne lesdites activités, comme se limitant à gérer un portefeuille d'investissements à l'instar d'un investisseur privé.

Cependant, la Cour a jugé qu'il en va différemment lorsque la participation est accompagnée d'une **immixtion** directe ou indirecte dans la gestion des sociétés où s'est opérée la prise de participations, sans préjudice des droits que détient l'auteur des participations en sa qualité d'actionnaire ou d'associé[21]. Doit ainsi être considérée

15. Pour l'analyse des critères de la soumission à la TVA des organismes à but non lucratif, cf. l'instruction du 18 déc. 2006 destinée à fournir des solutions communes pour tous les impôts commerciaux (v. *supra*, n° 239). Cette instruction ne précise pas clairement si l'absence de TVA procède d'une activité hors champ ou d'une exonération, mais force est de constater que le statut des organismes à but non lucratif est précisé par l'article 261, 7 du CGI qui figure dans une section consacrée aux exonérations. La frontière entre les deux concepts est ici très tenue.

16. Les services de caractère social, éducatif, culturel ou sportif rendus à leurs membres ou à des tiers par les organismes à but non lucratif sont ainsi exonérés par l'art. 261, 7, CGI.

17. CJCE, 20 juin 1991, aff. 60/90, *Polysar Investments Netherlands BV*, *RJF* 10/91, n° 1324.

18. CJCE, 22 juin 1993, aff. 333/91, Plén., *SA Sofitam*, *RJF* 7/93, n° 986, avec conclusions W. van Gerven, p. 548.

19. CJCE, *SA SATAM*, préc., point 12.

20. CJCE, 20 juin 1996, *Wellcome Trust*, aff. C-155/94, point 33 ; CJCE, 26 juin 2003, *KapHag*, aff. C-442/01, points 38 et 40 ; 29 avr. 2004, *EDM*, aff. C-77/01, point 59 ; CJCE, 8 févr. 2007, *Inverstrand*, aff. C-435/05, point 25.

21. CJCE, *Polysar*, préc., point 14 ; CJCE, *Floridienne et Berginvest*, 14 nov. 2000, aff. C-142/99, point 18.

comme une activité économique au sens de la directive une telle immixtion dans la gestion des filiales, dans la mesure où elle implique la mise en œuvre de transactions soumises à la TVA, telles que la fourniture de services administratifs, financiers, commerciaux et techniques par un holding à ses filiales[22]. La Cour a également eu l'occasion de préciser que les exemples d'activités traduisant, dans sa jurisprudence, une immixtion de la société holding dans la gestion de sa filiale ne constituent pas une énumération exhaustive. Le critère de l'immixtion doit en effet être entendu comme recouvrant toutes les opérations constitutives d'une activité économique, au sens de la directive TVA, effectuées par la holding au profit de sa filiale. C'est ainsi que la location immobilière est constitutive d'une immixtion dans la gestion des filiales locataires à condition, précise la Cour et eu égard à la nature d'une telle prestation, qu'elle présente un caractère de permanence, qu'elle soit effectuée à titre onéreux et qu'elle soit effectivement soumise à la TVA[23].

De même, les opérations portant sur des titres peuvent relever du champ d'application de la TVA lorsqu'elles consistent à retirer des recettes ayant un caractère permanent d'activités qui excèdent le cadre de la simple acquisition et de la vente de titres, telles que les opérations effectuées dans l'exercice d'une activité commerciale de transaction de titres[24].

Il résulte ainsi de la jurisprudence de la Cour de justice que la même opération peut, selon les circonstances, être considérée comme dans le champ ou hors du champ de la TVA. À titre d'exemple, lorsqu'une société cède la totalité de la participation qu'elle détient dans sa filiale, cette cession est hors champ si la société mère s'est jusqu'alors contentée de recevoir des dividendes sans fournir à sa fille de services caractéristiques d'une « immixtion ». Elle rentre en revanche dans le champ de la TVA, si cette cession s'inscrit dans le contexte d'une immixtion antérieure dans la gestion de la filiale. La Cour l'a fermement affirmé dans l'arrêt *AB SKF* du 29 octobre 2009[25]. Il résulte de cet arrêt qu'« une telle cession effectuée en vue de la restructuration d'un groupe de sociétés par la société mère peut être considérée comme une opération qui consiste à retirer des recettes ayant un caractère permanent d'activités qui excèdent le cadre de la simple vente d'actions » [...] Cette opération présente un lien direct avec l'organisation de l'activité exercée par le groupe et constitue ainsi le prolongement direct, permanent et nécessaire de l'activité taxable de l'assujetti[26] [...]. Une telle opération relève, par conséquent, du champ d'application de la TVA.

Il est donc essentiel de distinguer clairement entre les sociétés dont la seule activité consiste à gérer leur portefeuille comme un investisseur privé quelconque et celles qui vont plus loin, soit qu'elles fournissent des services taxables à leurs filiales, soit qu'elles en négocient leurs titres dans le cadre d'une véritable activité commerciale. Cette

22. CJCE, 27 sept. 2001, *CIBO*, aff. C-16/00, point 22.

23. CJUE, 5 juillet 2018, C-320/17, Marle Participations SARL. Arrêt rendu sur question préjudicielle du Conseil d'État (CE, 22 mai 2017, n° 396945, *Dr. fisc.* 2017, n° 39, 481, concl. E. Cortot-Boucher).

24. CJCE, *EDM*, préc., point 59.

25. CJCE, 29 oct. 2009, *AB SKF*, aff. C-29/08, point 33. Sur cet arrêt, v. les commentaires de Ph. Tournès, *Dr. fisc.* 2009, n° 50, comm. 578 et la chronique de Y. Sérandour, *L'année fiscale* 2010, *Dr. fisc.* 2010, n° 8-9, ét. 200, n° 1 et s.

26. Cette référence au prolongement direct, permanent et nécessaire constitue l'application du critère selon lequel l'assujetti doit agir « en tant que tel » (cf. *infra*, n° 840). Il est cependant curieux que, dans l'arrêt *AB SKF* (point 31), la Cour semble en avoir fait un critère autonome d'assujettissement à la TVA. Il s'agit sans doute d'une rapidité de plume.

distinction produit, comme on le verra, des effets importants pour déterminer l'étendue de la TVA déductible par les holdings[27].

On peut toutefois noter que la connexion établie par la Cour de justice entre gestion du patrimoine privé et non-assujettissement à la TVA donne lieu à discussion dans certaines situations. Considérons ainsi le cas où une société holding fait des prêts à ses filiales. Lorsque de tels prêts n'ont d'autre objectif que de placer des excédents de trésorerie, il serait concevable d'y voir une simple activité de gestion du patrimoine privé, de la même façon qu'un bon père de famille fait fructifier son patrimoine en souscrivant à des obligations et en percevant corrélativement des intérêts. Si l'on admettait cette thèse, il faudrait en déduire que les intérêts échappent au domaine d'application de la TVA. Telle n'est cependant pas la position de la Cour. Selon elle, les intérêts perçus par un holding en rémunération des prêts accordés aux sociétés dans lesquelles il détient des participations ne sauraient être exclus du champ d'application de la TVA, dès lors que le versement de ces intérêts ne résulte pas de la simple propriété du bien, mais constitue la contrepartie d'une mise à disposition d'un capital au profit d'un tiers[28]. Les intérêts sont ainsi considérés comme la contrepartie d'une véritable prestation de service. Ils rentrent dans le champ de la TVA, même si nous verrons plus tard qu'ils sont exonérés[29].

Se pose alors une autre question : ces prêts, à supposer qu'ils constituent une activité économique, ne pourraient-ils être exclus du champ de la TVA au motif qu'ils ne sont pas (ou pas toujours) faits par un assujetti « agissant en tant que tel » ? La réponse – négative[30] – dépend du sens de cette énigmatique formule...

§ 3. LA NOTION D'ASSUJETTI « AGISSANT EN TANT QUE TEL »

840 Selon la directive, une opération ne relève de la TVA que si l'assujetti « agit en tant que tel ». Cette formule relève apparemment du bon sens : elle signifie que lorsqu'une personne exerçant une activité économique indépendante agit, non en tant qu'opérateur économique, mais comme simple particulier, les opérations qu'elle réalise ne sont pas soumises à la TVA.

En pratique, toutefois, il n'est pas toujours facile de savoir à quel titre une opération est accomplie. C'est pourquoi la Cour de justice a dû préciser dans l'arrêt *Régie dauphinoise* du 11 juillet 1996 qu'une personne agit en tant qu'assujetti « lorsqu'elle effectue des opérations qui constituent le prolongement direct, permanent et nécessaire de son activité taxable »[31]. Elle a estimé dans l'arrêt *EDM* du 29 avril 2004 qu'il en est ainsi, *a fortiori*, « lorsque les opérations concernées sont effectuées dans le cadre d'un objectif d'entreprise ou dans un but commercial, caractérisé notamment par une volonté de rentabilisation des capitaux investis »[32]. Ceci lui a permis d'en déduire, s'agissant de prêts, qu'une société holding agit bien en qualité d'assujetti lorsqu'elle utilise des fonds faisant partie de son patrimoine pour octroyer des prêts rémunérés à des sociétés dans lesquelles il détient des participations, que ces prêts soient octroyés en tant que soutien économique auxdites sociétés ou en tant que placement d'excédents de trésorerie ou pour d'autres raisons.

27. Cf. *infra*, n° 874 et s.
28. CJCE, 11 juill. 1996, *Régie dauphinoise*, aff. C-306/94, point 17.
29. Cf. *infra*, n° 867.
30. Cf. *infra*, n° 840.
31. CJCE, *Régie dauphinoise*, préc., point 18 ; CJCE, *EDM*, préc., point 66.
32. CJCE, *EDM*, préc., point 67.

Il découle de la jurisprudence de la Cour de justice que l'assujettissement de principe d'une *entreprise* à la TVA n'empêche pas la reconnaissance du fait que certaines *opérations* sont hors champ. À cette fin, il faut « décomposer l'activité de l'opérateur économique concerné pour examiner la qualification de chaque opération à l'égard de TVA »[33]. Appliquant ce principe, le Conseil d'État a ainsi jugé qu'une société commerciale n'agit pas en tant qu'assujetti lorsqu'elle revend des lingots d'or acquis 18 ans auparavant non comme objet de négoce mais à titre de simple placement[34].

841 L'arbre de raisonnement ci-dessus résume les conditions auxquelles une opération entre dans le champ de la TVA.

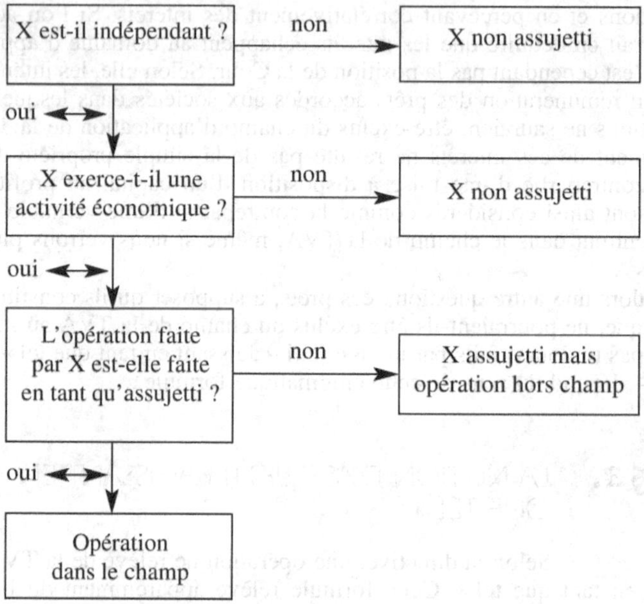

SECTION 2 LES OPÉRATIONS SOUMISES À LA TAXE SUR LA VALEUR AJOUTÉE

842 Pour comprendre quelles sont les opérations soumises à la TVA, il faut distinguer entre les opérations obligatoirement imposables (§ 1), les opérations exonérées (§ 2) et celles qui, exonérées en principe, peuvent néanmoins être imposées à

33. G. Goulard, « Champ d'application de la TVA. Exclusion des opérations effectuées par un assujetti n'agissant pas en tant que tel », *RJF* 2/96, p. 91.

34. Cf. CE, 9e et 8e s.-s., *Sté Suer (ex-GTMF)*, *Dr. fisc.*, *RJF* 2/96, n° 186, *Dr. fisc.* 1996, n° 78, comm. 22, concl. Ph. Martin, chron. G. Goulard citée à la note précédente.

titre optionnel (§ 3). L'ensemble des développements concernant les opérations du commerce international est traité dans un chapitre ultérieur[35].

§ 1. LES OPÉRATIONS OBLIGATOIREMENT IMPOSABLES

843 Les opérations obligatoirement imposables sont les livraisons de biens (A) et les prestations de services (B) : autant de notions qu'il convient de préciser car, même si les deux catégories d'opérations sont imposables, leur régime fiscal n'est pas identique. L'exigibilité et la territorialité de la TVA, notamment, varient selon que l'on est en présence d'une livraison de biens ou d'une prestation de services. Par ailleurs, ces opérations ne donnent prise à la TVA que si elles sont effectuées à titre onéreux (C).

A. LES LIVRAISONS DE BIENS

844 Il faut ici examiner la définition générale de la livraison de bien (1°) avant d'exposer rapidement certaines opérations particulières (2°).

1. Définition générale de la livraison de biens

845 Selon l'article 256, II du Code général des impôts, « est considéré comme livraison d'un bien, le transfert du pouvoir de disposer d'un bien corporel comme un propriétaire ». Cette définition appelle quelques commentaires concernant la notion de livraison (a) et son objet (b).

a) La notion de livraison

846 Comme on peut le constater, la directive n'énonce pas que la TVA est due à l'occasion des « ventes ». Elle retient comme critère la *livraison* d'un bien[36]. Ceci s'explique par le fait que les conditions de formation de la vente et les modalités de transfert de propriété d'un bien ne sont pas harmonisées dans le cadre de l'Union européenne. Pour que chaque État membre puisse utiliser les mêmes concepts, il fallait donc retenir une définition faisant appel, non à une notion variable selon les États, mais à une notion spécifique à la matière de la TVA.

On retrouve la trace de cette analyse dans la jurisprudence de la Cour de justice. Selon elle, la dissociation entre transfert de propriété et livraison « est conforme à la finalité de la directive, qui vise entre autres à fonder le système commun de TVA sur une définition uniforme des opérations taxables. Or, cet objectif pourrait être compromis si la constatation d'une livraison de biens [...] était soumise à la réalisation de conditions qui varient d'un État membre à l'autre, comme c'est le cas de celles relatives au transfert de propriété en droit civil ». La Cour en déduit logiquement « qu'est considéré comme livraison d'un bien, le transfert du pouvoir de disposer d'un bien corporel comme un propriétaire, même s'il n'y a pas transfert de la propriété juridique du bien »[37].

35. Cf. *infra*, n° 898 et s.

36. On notera pourtant avec intérêt que jusqu'à la loi 92-677 du 17 juillet 1992, le critère retenu par l'article 256 du CGI était celui du transfert de propriété... C'est à cette loi que l'on doit la mise en conformité du droit français avec l'article 5, 1 de la sixième directive.

37. CJCE, 8 févr. 1990, n° 320/88, 6e ch., *SAFE Rekencentrum BV, RJF* 4/90, n° 504, points 8 et 9.

Reste à savoir ce que signifie le transfert du pouvoir de disposer d'un bien corporel « comme un propriétaire ». À l'évidence, qui peut le plus peut le moins. Lorsqu'il y a transfert de propriété, les conditions d'applicabilité de la TVA sont réunies. Ventes, échanges, prêts de consommation, apports en société, sont donc considérés comme des livraisons de biens au sens de la directive. Mais le propre de la directive est d'étendre la TVA à des opérations qui, sans entraîner le transfert de la propriété, ont néanmoins un effet concret comparable. La Cour de justice a ainsi considéré que le transfert de la « propriété économique » (concept du droit finlandais, en l'occurrence) pouvait suffire à caractériser la livraison dès lors qu'il avait pour effet la mise à la disposition effective du bien au cocontractant, élément qui devrait normalement contribuer à la constatation du transfert du pouvoir effectif d'en disposer[38]. On trouve d'ailleurs en droit français plusieurs exemples de cette logique économique dans la détermination des opérations taxables. Ainsi, l'article 256, II du Code général des impôts assimile expressément à des livraisons de biens la remise matérielle d'un bien meuble corporel en vertu d'un contrat qui prévoit la location de ce bien pendant une certaine période ou sa vente à tempérament et qui est assorti d'une clause selon laquelle la propriété de ce bien est normalement acquise au détenteur ou à ses ayants droit au plus tard lors du paiement de la dernière échéance[39]. De même, constitue une livraison de bien la remise matérielle d'un bien meuble corporel en vertu d'un contrat de vente qui comporte une clause de réserve de propriété.

Du point de vue théorique, on peut se demander comment valablement considérer que le transfert d'un pouvoir de disposer d'un bien peut procéder d'un simple acte matériel de mise à disposition du bien. La simple remise d'un bien ne peut jamais avoir un tel effet, sauf lorsque les parties ou la loi le prévoient. L'ossature juridique de la définition « économique » de la livraison paraît ainsi bien fragile. Il est sans doute plus convaincant d'expliquer la définition communautaire de la livraison en n'en retenant que le critère du transfert matériel du bien et en le dépouillant corrélativement de son effet pseudo-juridique de transfert du pouvoir de disposer « comme un propriétaire ». Quant à l'imposition immédiate des ventes sous réserve de propriété ou d'autres opérations assimilées, elle ne paraît guère s'expliquer que par le souci d'éviter que le paiement de la TVA ne soit retardé à l'excès[40].

b) L'objet de la livraison

847 La livraison de biens s'entend d'une livraison de biens **corporels**[41]. Il y a dans cette définition une exclusion : celle des biens meubles incorporels. Ceci s'explique par le fait que les livraisons de biens meubles incorporels sont considérées comme des prestations de services ; on y reviendra donc plus loin[42].

En revanche, les biens corporels englobent à la fois **les biens meubles et les biens immeubles**. Cette application homogène de la TVA à ces deux types de biens est extrêmement récente. Jusqu'à la loi de finances rectificative pour 2010, en effet, l'article 256 du Code général des impôts ne soumettait à la TVA que les livraisons de biens *meubles* corporels. Les livraisons de biens immeubles relevaient d'un ensemble de règles spécifiques (la « TVA immobilière ») édictées par les articles 257, 7° et 7 *bis* du Code général des impôts. Ces textes s'appliquaient à toutes les opérations « concourant à la production ou à la livraison d'immeubles ». La réforme opérée par la loi du 10 mars 2010 a cependant eu pour effet de faire rentrer les opérations immobilières dans le giron de la TVA de droit commun afin de se conformer aux dispositions de la directive n° 2006/112/CE du 28 novembre 2006[43]. Il en a résulté la

38. CJCE, *SAFE Rekencentrum*, préc., point 12.

39. Le crédit-bail, en revanche, est traité comme une prestation de services.

40. Pour cette explication, cf. B. Plagnet, *La taxe sur la valeur ajoutée*, LGDJ, 1990, n° 43.

41. La notion de bien meuble corporel est empruntée au droit civil mais la loi fiscale précise que le gaz, l'électricité, la chaleur, le froid et les biens similaires sont considérés comme des biens meubles corporels (art. 256. II, 2°, CGI).

42. Cf. *infra*, n° 849 et s.

43. Cette intégration de la TVA immobilière dans le cadre du droit commun justifie que le présent ouvrage n'en expose pas les détails de fonctionnement, même s'il faut reconnaître que toute spécificité de la matière n'a pas disparu, tant s'en faut. Pour une présentation plus détaillée de la réforme, cf. le dossier publié par la revue de droit fiscal, *Dr. fisc.* 2010, n° 12, comm. 246 et s., avec les annotations de J.-C. Bouchard et W. Stemmer. V. également, suite à l'adoption du décret d'application n° 2010-1075

suppression du mot « meuble » dans l'article 256 et la soumission à la TVA de toutes les livraisons de biens immeubles effectuées par des assujettis dans le cadre de leur activité économique.

Afin d'empêcher le cumul de la TVA et des droits de mutation à titre onéreux, la loi prévoit que les acheteurs d'immeubles, au lieu d'acquitter le droit d'enregistrement au taux global ordinaire de 5,09 %[44], peuvent n'être redevables que d'un droit de mutation au taux réduit de 0,715 %[45] ou d'un droit fixe de 125 euros[46].

2. Opérations particulières : le cas des transmissions d'universalités

848 Certaines opérations ne rentrant pas dans le cadre théorique de la livraison de biens sont néanmoins assimilées par la directive à une livraison de biens. C'est notamment le cas des « livraisons à soi-même » mais cette technique est si étroitement liée au système des déductions qu'on l'examinera dans le cadre de l'étude des déductions[47]. De même, le Code général des impôts traite comme des livraisons certains transferts internationaux qui seront étudiés dans un chapitre distinct[48].

Le présent paragraphe est donc consacré à un seul cas particulier qui mérite l'étude. L'article 19 de la directive n° 2006/112 du 28 novembre 2006 prévoit en effet que les États membres peuvent considérer que, à l'occasion de la transmission d'une universalité totale ou partielle de biens, aucune livraison de biens n'est intervenue et que le bénéficiaire continue la personne du cédant. Il s'ensuit que, lorsqu'un État membre fait usage de cette faculté, la transmission d'une universalité totale ou partielle de biens n'est pas considérée comme une livraison de biens aux fins de la sixième directive. Conformément à l'article 2 de celle-ci, une telle transmission n'est donc pas soumise à la TVA. La même règle s'applique d'ailleurs aux prestations de services liées au transfert d'universalité[49].

La France a fait usage de la faculté ouverte par la directive en adoptant l'article 257 *bis* du CGI[50]. Il résulte de ce texte que les livraisons de biens et les prestations de services réalisées entre redevables de la taxe sur la valeur ajoutée sont dispensées de celle-ci lors de la transmission à titre onéreux ou à titre gratuit, ou sous forme d'apport à une société, d'une universalité totale ou partielle de biens.

Encore faut-il comprendre ce que signifie la transmission d'une universalité dans ce cadre. La Cour de justice indique que la notion de « transmission d'une universalité totale ou partielle de biens » couvre le transfert d'un fonds de commerce ou d'une partie autonome d'une entreprise comprenant des éléments corporels et, le cas échéant, incorporels qui, ensemble, constituent une entreprise ou une partie d'une entreprise susceptible de poursuivre une activité économique autonome[51]. Il découle de cette

du 10 septembre 2010 et de l'instruction du 29 décembre 2010 (BOI-TVA-IMM-10-10), le « mode d'emploi » décrit par W. Stemmer et M. Coraboeuf, « Réforme de la TVA applicable aux opérations immobilières », *Dr. fisc.* 2011, n° 6, ét. 203.

44. Voir toutefois *infra*, n° 946, pour les variations possibles de ce taux.

45. Le taux réduit s'applique lorsque la mutation est obligatoirement soumise à TVA sur le prix total (art. 1594 F *quinquies*, CGI) ou si l'acquéreur est un assujetti à la TVA qui prend l'engagement de revendre dans les cinq ans (art. 1115, CGI).

46. Le droit fixe s'applique lorsque l'acquéreur s'engage à effectuer dans un délai de quatre ans les travaux conduisant à la production d'un immeuble neuf, ou nécessaires pour terminer un immeuble inachevé (art. 1594-0 G, CGI).

47. Cf. *infra*, n° 895 et s.

48. Cf. *infra*, n° 901.

49. Art. 29 de la directive.

50. Ce texte résulte de l'article 89 de la loi de finances rectificative pour 2005. Avant l'adoption de cette loi, la doctrine administrative appliquait déjà ce mécanisme de façon partielle. L'administration l'avait admis en cas de transmission de certains éléments faisant l'objet d'une transmission universelle de patrimoine, tels notamment que les biens mobiliers d'investissement (BOI-TVA-CHAMP-10-10-50-10 n° 60) ou les marchandises en stock (BOI-TVA-CHAMP-10-10-50-10 n° 60). La réforme de 2006 est donc une généralisation par la loi de la faculté offerte par la directive.

51. CJCE, 27 nov. 2003, *Zita Modes*, aff. C-497/01, point 40.

définition que la notion de transmission d'universalité ne couvre généralement pas la simple cession de biens, telle que la vente d'un stock de produits. Toutefois, l'approche de la Cour est très pragmatique : c'est ainsi qu'elle a admis que le transfert de la propriété du stock de marchandises et de l'équipement commercial d'un magasin de vente au détail, concomitant à la location au cessionnaire des locaux dudit magasin pour une durée indéterminée mais résiliable à court terme par les deux parties, constitue une transmission d'universalité à la condition que les biens transférés suffisent pour que ledit cessionnaire puisse poursuivre de manière durable une activité économique autonome[52]. Le Conseil d'État suit cette logique pragmatique en admettant que la cession d'un immeuble locatif puisse être considérée comme une cession d'universalité[53].

Par contraste, les cessions isolées d'un ou plusieurs éléments corporels ou incorporels du fonds de commerce constituent des actes normaux de la profession qui entraînent l'exigibilité de la TVA. Elles sont toutefois dispensées de cette taxe lorsqu'elles s'accompagnent d'une cession, même implicite, de clientèle et sont de ce fait soumises au droit proportionnel d'enregistrement.

Au surplus, l'administration a une appréciation souple de la transmission d'universalité concernant les immeubles : ainsi, la cession d'un immeuble inscrit à l'actif immobilisé d'une entreprise qui l'avait affecté à la réalisation d'une activité de location immobilière, avec reprise, avec ou sans négociation, du ou des baux en cours, doit être regardée comme intervenant dans le cadre de la transmission d'une universalité de biens puisque dans cette hypothèse, la transmission en cause s'inscrit dans une logique de transmission d'entreprise[54].

La Cour a également précisé dans l'arrêt *AB SKF* que la vente d'actions d'une filiale par sa société mère pourrait éventuellement être considérée comme une transmission d'universalité s'il apparaissait, à la lumière des faits de l'espèce, qu'elle avait également pour conséquence la cession totale ou partielle des actifs des entreprises concernées[55]. Cette décision a suscité une certaine perplexité car une cession de titres, même si elle opère une modification dans l'organisation du pouvoir au sein de la société, n'a pas en elle-même de conséquence sur l'actif sous-jacent, dont elle ne constitue pas l'aliénation. C'est d'ailleurs sur ce fondement que la Cour de cassation et le Conseil d'État[56] rejettent depuis 1984 la requalification d'une cession de contrôle en cession du fonds de commerce lui-même, que ce soit au regard des droits de mutation à titre onéreux ou de l'imposition du revenu consécutif à une cessation d'entreprise. Cette objection fondamentale au raisonnement de l'arrêt *AB SKF* semble avoir été entendue par la Cour puisque dans un arrêt ultérieur[57], elle a affirmé que « les actionnaires ne sont pas propriétaires des actifs de l'entreprise dans laquelle ils détiennent leur participation, mais sont propriétaires de la participation » et qu'en conséquence, « une simple cession d'actions qui n'est pas accompagnée de la transmission d'actifs ne permet pas au cessionnaire de poursuivre une activité économique indépendante en tant qu'ayant droit du cédant ». Elle a ainsi estimé que « la transmission des actions d'une société ne peut, indépendamment de l'importance de la participation, être assimilée à la transmission d'une universalité totale ou partielle de biens, au sens de l'article 5, paragraphe 8, de la sixième directive, que si la participation fait partie d'une unité indépendante qui permet l'exercice d'une activité économique indépendante et que cette activité est poursuivie par l'acquéreur ». Derrière cet attendu de principe très ambigu[58], il est en réalité permis d'estimer que la Cour a, sans le dire ouvertement, opéré un réel revirement par rapport à l'arrêt *AB SKF*.

L'administration fiscale française a précisé, de son côté, que la notion d'universalité ne couvre pas les transferts de biens et de services réalisés au profit d'un acquéreur qui n'entend pas exploiter l'universalité ainsi transmise mais simplement liquider immédiatement l'activité concernée. Il n'est en

52. CJUE, 10 nov. 2011, *Schriever*, C-444/10, *RJF* 2/12, n° 202 ; *L'année fiscale 2012, Dr. fisc.* 2012, n° 9, comm. 159, § 9, obs. Y. Sérandour.

53. CE, 23 nov. 2015, n° 375054 et 375055, *JM3 FOR et JM5 SAR, Dr. fisc.* 2016, n° 16, comm. 292, concl. B. Bohnert, note C. Deleu. La portée de cette décision a été précisée par une réponse ministérielle à la question écrite n° 7359 posée par M. Romain Grau, député, JOAN du 10 juillet 2018, p. 6063.

54. RES 2006/58, 26 déc. 2006.

55. CJCE, *AB SKF*, préc., points 38 et s.

56. CE, 9e et 7e s.-s., 27 juill. 1984, n° 16580, *Dr. fisc.* 1984, n° 49, comm. 2202, concl. P.-F. Racine ; *JCP* 1985. II. 20419, note C. David ; *RJF* 10/1984, n° 1136.

57. CJUE, 30 mai 2013, *Staatssecretaris van Financien c/X BV*, C-651/11.

58. On comprend mal à quelle réalité concrète renvoie « une participation qui fait partie d'une unité indépendante qui permet l'exercice d'une activité économique indépendante »...

revanche pas exigé qu'il ait préalablement exercé la même activité que le cédant ou qu'il poursuive strictement la même activité que celle précédemment exercée par le cédant. Conformément à ces principes, sont notamment regardés comme la transmission d'une universalité totale ou partielle de biens :

– les apports globaux, effectués dans le cadre d'une opération de fusion, d'absorption ou de scission et les apports partiels d'actifs constatés à l'occasion, par exemple, de la restructuration d'un groupe (apport d'une branche complète d'activité) ;

– les mutations à titre onéreux et apports de fonds de commerce ou d'exploitations agricoles, commerciales ou professionnelles. Il en est ainsi notamment des apports de fonds de commerce donnés en location-gérance qui permettent la poursuite d'une activité économique autonome, la location-gérance ne constituant qu'un simple mode d'exploitation du fonds ;

– la transmission d'une entreprise à la suite d'une procédure d'apurement collectif du passif ;

– la transmission universelle du patrimoine réalisée dans le cadre d'une opération de dissolution sans liquidation par confusion de patrimoine (article 1844-5 du Code civil)[59].

B. LES PRESTATIONS DE SERVICES

849 Les prestations de services sont en principe aisées à définir. Il s'agit des opérations autres que les livraisons de biens ! Cette définition générale très large (1°) ne suffit cependant pas à faire disparaître tout problème de frontière avec d'autres qualifications (2°).

1. Définition générale

850 La définition négative des prestations de services donnée par l'article 256, IV, 1° du Code général des impôts est heureusement assortie de quelques précisions. Le texte énonce que la catégorie des prestations de services englobe notamment :

— la cession ou la concession de biens meubles incorporels. La jurisprudence en déduit que sont imposables les cessions de brevets[60] et les cessions de marques, sous la réserve dans ce dernier cas qu'elles ne s'accompagnent pas de la cession d'une clientèle[61] ;

— le fait de s'obliger à ne pas faire ou à tolérer un acte ou une situation (obligation de non-concurrence, obligation de ne pas faire de publicité pour un concurrent, etc.) ;

— les opérations de façon[62], étant précisé que la délivrance d'un travail à façon est définie comme la remise à son client par l'entrepreneur de l'ouvrage d'un bien meuble qu'il a fabriqué ou assemblé aux moyens de matières ou d'objets que le client lui a confiés à cette fin, que l'entrepreneur ait fourni ou non une partie des matériaux utilisés ;

— les travaux immobiliers ;

— l'exécution des obligations du fiduciaire.

59. Sur tous ces points, cf. BOI-TVA-CHAMP-10-10-50-10. V. également la décision de rescrit du 12 sept. 2006, n° 2006/34 TCA.

60. Sur le cas des cessions de brevets, cf. *supra*, n° 838.

61. Cf. *supra*, n° 838.

62. Une prestation est une opération de façon lorsqu'elle remplit les conditions suivantes :
– le façonnier ne doit pas devenir propriétaire des biens apportés par le donneur d'ouvrage (son client) ;
– le façonnier peut fournir une partie des matériaux utilisés. Toutefois, la valeur de ceux-ci ne doit pas excéder la valeur des matières premières fournies par le client augmentée des frais de façon ;
– les matériaux apportés par le client doivent être restitués à l'identique ou, sous certaines conditions, à l'équivalent.

Par ailleurs, la loi fiscale prévoit que sont également considérées comme des prestations de services un certain nombre d'opérations portant sur les devises, les banques et les monnaies, les opérations portant sur les actions, les parts de sociétés, les obligations et les autres titres[63]. Enfin, la jurisprudence tire parfois des résultats inattendus : la Cour de justice a ainsi considéré, par exemple, qu'une entreprise qui remet à ses salariés des bons d'achat contre la renonciation par ces derniers à une partie de leur rémunération en espèces réalise une prestation de services rendue à titre onéreux et, partant, soumise à la TVA[64]. La solution n'était pas évidente. Les échanges de prestations de services sont également considérées comme des opérations à titre onéreux au sens de la directive[65].

2. Problèmes de frontière

851 La définition large de la notion de prestation de services n'empêche pas la survenance de certaines difficultés de qualification de certaines opérations particulières. Il n'est pas question de les envisager toutes ici mais, à titre d'illustration, on peut relever que la ligne de démarcation entre la prestation de services et la livraison de biens n'est pas toujours évidente (a). Un problème de frontière particulièrement intéressant se pose également toutes les fois que des parties à un contrat prévoient une indemnité au profit de l'une d'entre elles (b), lorsque des réductions de prix sont consenties par une partie à une autre (c) ou lorsqu'une créance est cédée par une entreprise à une autre pour un montant inférieur à sa valeur nominale (d).

a) Prestations de services et livraisons de biens

852 Dans un certain nombre de cas, il est extrêmement délicat de déterminer si une opération constitue une prestation de service ou une livraison de bien. À titre d'exemple, comment qualifier une opération par laquelle une société qui fabrique des logiciels les vend, les installe voire les adapte ultérieurement aux besoins de ses clients ? Comment qualifier le fait pour une entreprise de faire des copies de certains documents tout en modifiant leur présentation, leur format voire certains éléments de leur contenu ? Comment qualifier l'opération qui consiste, pour un garagiste, à identifier le problème technique rencontré par un automobiliste et faire une réparation impliquant la pose de pièces détachées sur le véhicule ? Dans tous ces exemples, le choix de la bonne qualification n'est pas évident car toutes ces opérations combinent à la fois une vente et une prestation de services.

La méthode de raisonnement à suivre en pareille circonstance est donnée de façon très claire par la Cour de justice. Celle-ci indique ainsi que lorsqu'une opération est constituée par un faisceau d'éléments et d'actes, il y a lieu de prendre en considération toutes les circonstances dans lesquelles se déroule l'opération en question, aux fins de déterminer si l'on se trouve en présence de deux ou de **plusieurs prestations distinctes ou d'une prestation unique**[66].

---

63. Pour le détail, cf. art. 256 IV 2°, CGI.

64. CJUE, 29 juill. 2010, aff. C-40/09, *Astra Zeneca UK Ltd*, *L'année fiscale* 2011, *Dr. fisc.* 2011, n° 9, ét. 233, obs. critiques O. Courjon.

65. CJUE, 26 sept. 2013, C-283/12, *Serebryannay vek EOOD*, *Dr. fisc.* 2014, n° 10, comm. 194, chron. Y. Sérandour.

66. Cf. en ce sens, arrêts du 2 mai 1996, *Faaborg-Gelting Linien*, aff. C-231/94, points 12 à 14 ; du 27 oct. 2005, *Levob Verzekeringen et OV Bank*, aff. C-41/04, point 19 ; du 29 mars 2007, *Aktiebolaget NN*, aff. C-111/05, point 17 ; du 11 févr. 2010, *Graphic Procédé*, aff. C-88/09, point 18 ; du 2 déc. 2010,

Si l'on est en présence de prestations distinctes, chacune d'entre elle doit être correctement identifiée et soumise à son propre régime. Si l'on est en revanche en présence d'une prestation unique, celle-ci doit être qualifiée, soit de livraison de biens, soit de prestation de services.

Comment savoir si un ensemble de prestations peut être considéré comme une prestation unique ? Réponse de la Cour dans les arrêts précités : une prestation doit être considérée comme unique lorsque deux ou plusieurs éléments ou actes fournis par l'assujetti au client sont si étroitement liés qu'ils forment, objectivement, une seule prestation économique indissociable dont la décomposition revêtirait un caractère artificiel[67].

Dernière étape : comment choisir, lorsqu'une prestation complexe est considérée comme unique, entre la qualification de livraison de biens ou de prestation de services ? Réponse de la Cour : en identifiant ses **éléments prédominants**. Il faut, pour le dire autrement, déterminer si la dimension principale de l'opération est la livraison de biens ou la prestation de service. L'accessoire suit alors le principal. Et la jurisprudence de préciser qu'une prestation doit être considérée comme accessoire à une prestation principale lorsqu'elle constitue pour la clientèle non pas une fin en soi, mais le moyen de bénéficier dans les meilleures conditions du service principal du prestataire.

On peut illustrer ce raisonnement en relatant une affaire soumise à la Cour[68] par le Conseil d'État[69]. Il s'agissait en l'espèce de déterminer la qualification de l'activité consistant pour une société de reprographie à réaliser avec ses propres matériaux des copies de documents, de dossiers et de plans à la demande d'une clientèle variée. L'enjeu de la question était de savoir à quel moment la taxe devait être payée par la société : on reverra en effet plus loin que la solution n'est pas la même selon que l'on est en présence d'une livraison de biens ou d'une prestation de services[70].

Pour établir la qualification de l'activité au regard de la TVA, la Cour de justice fit le raisonnement suivant. Dans un premier temps, elle commença par constater que l'activité de cette société devait être considérée comme une opération unique dans la mesure où la reproduction des documents, le choix et la programmation des photocopieurs, l'assemblage, le brochage et la mise en ordre des copies apparaissent nécessaires à l'activité de reprographie et sont étroitement liés entre eux. Elle considéra que la décomposition de cette activité revêtirait un caractère artificiel alors que la fin en soi de l'activité du reprographe consiste à mettre à la disposition de la clientèle des copies, les opérations préalables à cette mise à disposition n'étant qu'un moyen de faire bénéficier la clientèle de sa prestation dans les meilleures conditions.

La Cour ayant établi que les opérations considérées n'en formaient en réalité qu'une seule, elle devait choisir entre la qualification de livraison de biens et celle de prestation de services. Pour trancher, elle constata tout d'abord que la société de reprographie opérait un transfert du pouvoir de disposer d'un bien corporel comme un propriétaire. Elle constata également que la livraison des documents reproduits constituait l'essentiel des prestations effectuées par la société de reprographie. Ainsi, la Cour pouvait conclure au fait que l'ensemble des opérations effectuées par la société devait s'analyser comme une opération unique qualifiable de livraison de biens.

La Cour ne s'arrêta toutefois pas là. Soucieuse sans doute de préciser sa jurisprudence, elle précisa que sa solution était éminemment dépendante des circonstances. Si la prestation de services se révélait prédominante au vu des actes accomplis par la société, c'est cette qualification qui devrait l'emporter. Pour reprendre les termes de l'arrêt, « la qualification de livraison de biens ou de prestation de services d'une activité de reprographie telle que celle en cause au principal doit tenir compte de l'ensemble des circonstances dans lesquelles cette activité est exercée. En particulier, l'activité d'un reprographe peut ne pas se limiter à la simple reproduction d'un original, mais s'accompagner de différentes prestations

Everything Everywhere Ltd, aff. C-276/09, points 20 et s. ; du 10 mars 2011, aff. C-497/09, aff. C-499/09, aff. C-501/09 et C-502/09, points 53 et s. ; du 19 juill. 2012, aff. C-44/11, points 18 et s. V. aussi CE, 24 juin 2015, n° 365849, *Sté Center Parc Resorts France*.

67. Sur la méthode suivie par la Cour, v. Y. Sérandour, « La TVA sur les opérations complexes », *Dr. fisc.* 2017, n° 5-6, 146.

68. CJUE, 11 févr. 2010, *Graphic Procédé*, aff. C-88/09.

69. CE, 8e et 3e s.-s., 27 juin 2008, n° 296591, *Sté Graphic Procédé*, *RJF* 11/08, n° 1178 ; *BDCF* 11/08, n° 130, concl. L. Olléon (contenant un exposé de la jurisprudence du Conseil d'État en la matière). Pour la conclusion de l'affaire après l'arrêt de la Cour de justice, v. CE, 8e et 3e s.-s., 10 juin 2010, n° 296591, *Dr. fisc.* 2010, n° 38, comm. 492, concl. L. Olléon.

70. Cf. *infra*, n° 869.

de services complémentaires telles que le conseil et l'adaptation, la modification et l'altération de l'original en fonction des souhaits du client, aux fins de la production de copies qui diffèrent plus ou moins sensiblement du document original fourni initialement par celui-ci. Dans ces circonstances, et eu égard au caractère unique de l'opération complexe de reprographie, il [convient] de vérifier, en fonction de l'importance que revêtent ces prestations pour le client, de l'ampleur du traitement du document original fourni par le client, du temps que nécessite l'exécution de ces prestations et de la part du coût total qu'elles représentent, si lesdites prestations sont susceptibles d'être considérées comme des opérations, qui, loin de n'être que mineures ou accessoires, revêtent un caractère prédominant par rapport à la livraison des documents reproduits, de sorte qu'elles constituent, au-delà de cette simple reproduction, une fin en soi pour le destinataire de ces prestations »[71].

Comme on peut le constater, la démarche de la Cour laisse une place très importante à l'appréciation des faits. Cette méthode est d'ailleurs suivie par l'administration fiscale dans certains cas. Elle considère ainsi que lorsqu'une prestation de service est accompagnée de la pose d'une pièce détachée, comme dans le cas précité d'un garagiste, l'opération doit être qualifiée de prestation de services dans sa totalité si la valeur globale des biens fournis représente moins de la moitié du coût total facturé. On en déduit, en matière d'exigibilité, que la TVA ne sera exigible qu'à l'encaissement et non au moment de la livraison du véhicule réparé[72].

On peut d'ailleurs se demander si elle aboutit toujours à des résultats très cohérents entre eux. Ainsi, par exemple, la formule longuement citée au paragraphe précédent suggère que la vente d'un meuble corporel pourrait être regardée comme une prestation de services lorsqu'elle concerne un bien dont toute la valeur est concentrée dans l'effort intellectuel qui lui a donné naissance (une œuvre d'art, par exemple). Or, telle n'est pas la position de la Cour, qui estime au contraire que la vente d'un objet constitue toujours une livraison de bien même lorsque la valeur de la matière première est faible par rapport au coût de conception du produit. Elle a ainsi jugé que la vente d'un objet d'art réalisée par son auteur constitue la livraison d'un bien et non une prestation de services, alors même que la valeur de cette œuvre provient pour l'essentiel du travail de création de l'artiste[73]. La solution s'explique sans doute par le fait que l'on n'est pas ici en présence d'une opération complexe, c'est-à-dire d'une pluralité d'actes concourant à la réalisation d'une seule transaction économique. Nul ne disconvient du fait que la vente d'un objet d'art est une opération unique. Ce raisonnement n'est pourtant pas évident si l'on considère que la vente de l'objet d'art n'est au fond que le dernier maillon d'une chaîne d'actes ayant tous un autre objet que la livraison du bien lui-même... On aperçoit ainsi que la méthodologie élaborée par la Cour, quoique très claire en principe, ne supprime pas toutes les difficultés rencontrées dans le monde réel.

b) Prestations de services et indemnités

853 Dans la plupart des cas, il n'existe aucune confusion possible entre la rémunération d'un service et l'octroi à une personne d'une indemnité. La première constitue le paiement d'une prestation ; la seconde, la réparation d'un dommage. La pratique enseigne pourtant que la frontière entre les deux n'est pas toujours évidente à cerner. Or, l'enjeu est de taille. Il est en effet évident que les indemnités ne constituent la contrepartie, ni d'une prestation de service, ni d'une livraison de bien. Leur bénéficiaire n'est donc pas tenu de facturer une quelconque TVA à son débiteur[74]. Et si la TVA est facturée à tort,

71. *Ibid.*, points 31 et 32.

72. Rép. min. n° 27804, *JOAN* Q, 4 déc. 1995, p. 5148.

73. CJCE, 7 mars 2002, aff. C-169/00, *Commission c/ Finlande*, *RJF* 6/02, n° 734. Suivant la Cour de justice, cf. CE, 5 juin 2002, n° 204741, *SA Charrier*, *RJF* 8-9/02, n° 919, concl. J. Courtial, *BDCF* 8-9/02, n° 106.

74. Solution jurisprudentielle confirmée par le BOI-TVA-BASE-10-10-10 n°s 260 à 280 ; CE, 20 juin 2006, n° 264316, *SARL Cyan 100 – Magenta 60*, *RJF* 10/06 n° 1173, concl. S. Verclytte, *BDCF* 10/06, n° 117 ; CE, 30 mai 2018, n° 402447SCI, Armor Immo.

elle ne peut donner lieu à aucune déduction chez le débiteur de l'indemnité, même si celui-ci croyait de bonne foi que l'indemnité entrait dans le champ de la TVA[75].

Voici trois cas dans lesquels la question a pu se poser. Le premier d'entre eux concerne la **qualification « d'indemnité » retenue par les parties à un contrat** pour désigner le mécanisme conduisant l'une d'elles à verser une certaine somme à une autre[76]. Ainsi, dans l'affaire ayant conduit à l'arrêt *SA Polyclad Europe* rendu par le Conseil d'État le 15 décembre 2000[77], une société A avait conclu avec une société B un contrat aux termes duquel elle s'engageait à mettre en place et à réserver les moyens matériels et humains nécessaires à la fabrication de circuits imprimés répondant aux spécifications définies par la société B. Il était stipulé au contrat que, si la société B était amenée à renoncer à ses commandes dans certaines circonstances limitativement énumérées, il lui incomberait de verser à la société une « indemnité » d'un montant proportionnel à celui des investissements et frais de formation supportés par elle afin de se mettre en mesure d'exécuter le marché. Cette qualification contractuelle d'indemnité était-elle pertinente au regard de la TVA ? Le Conseil d'État ne l'a pas pensé. Il a plutôt considéré que « « l'indemnité » perçue par la société [A] constitue la contrepartie directe et la rémunération – selon l'une des modalités dont les parties étaient convenues pour assurer l'équilibre économique du contrat – du service que cette société a fourni à son cocontractant, en prenant envers lui l'engagement de satisfaire à ses besoins d'approvisionnement »[78]. Il a donc estimé que la cour administrative d'appel avait correctement jugé que la somme litigieuse avait été la rémunération d'une prestation de services, au sens du I de l'article 256 du Code général des impôts et que, dès lors, en application des dispositions dudit article elle entrait dans le champ de la TVA.

Un second exemple peut être trouvé dans la pratique foisonnante des **arrhes**, dédits et autres mécanismes mis en place lors de la formation d'un contrat pour permettre à une partie d'éviter de se lier définitivement, et qui donnent tous lieu à interrogation sur le terrain de la TVA. La matière est ici fort complexe car les mécanismes ne sont pas tous identiques les uns aux autres. La faculté de dédit s'analyse par exemple comme l'exercice d'un droit de retrait d'un contrat déjà formé, moyennant le paiement d'une certaine somme. Différente est « l'indemnité d'immobilisation » dans les promesses unilatérales de vente immobilière, qui peut être considérée comme la prestation de service consistant, pour le promettant, à ne pas vendre son bien à un tiers pendant la période couverte par la promesse. De telles analyses prédisposent le fiscaliste à soumettre de tels versements à la TVA, en tant qu'ils constituent la contrepartie d'une prestation de service. Pourtant, la jurisprudence sur ce point est difficile à saisir. Elle apparaît conforme au droit civil lorsque le Conseil d'État soumet à la TVA la somme conservée par le promettant lors d'une vente d'immeuble pour laquelle l'option n'a pas été levée par le bénéficiaire de la promesse[79]. En revanche, la Cour de justice a pris une voie différente en estimant, s'agissant des arrhes conservées par l'hôtelier à la suite de l'annulation d'une réservation par un client, que ceux-ci constituaient des indemnités forfaitaires de résiliation versées en réparation du préjudice subi à la suite

75. CE, 21 nov. 2011, n° 316485, *Sté Tobacco Exporters International (TEI), Dr. fisc.* 2012, n° 3, comm. 65, concl. P. Collin.

76. Pour une approche générale de ce sujet, cf. et F. Deboissy et G. Wicker, « Indemnités dues à raison d'un contrat et TVA », *Bull. FL* 8-9/02, p. 593 et s. Pour un autre exemple, CE, 17 mai 2013, n° 339526, *Sté internationale de recouvrement, de récupération et de redressement, Dr. fisc.* 2013, n° 39, comm. 445, note C. Deleu.

77. *Dr. fisc.* 2001, n° 16, comm. 378, concl. G. Goulard et note R. Jouffroy.

78. On comparera la solution de l'arrêt « Polyclad » avec celle de l'arrêt « Magnetti Marelli France » du 28 mai 2004 (n° 250817) dans lequel le Conseil d'État a considéré qu'une indemnité de résiliation unilatérale d'un contrat n'était pas imposable car « le versement en cause, qui ne résultait pas des modalités dont les parties étaient convenues pour assurer l'équilibre économique du contrat, ne constituait pas la contrepartie directe et la rémunération d'une prestation individualisable de préparation de la fabrication des tableaux de bord dont s'agit, distincte de leur fourniture proprement dite, mais avait pour objet de réparer le préjudice subi par la société X du fait de la résiliation unilatérale du contrat par Y ».

79. CE, 23 oct. 1998, n° 154039, *Sté foncière et d'aménagement de l'Hautil* : *Dr. fisc.* 1998, n° 52, comm. 1179, concl. J. Arrighi de Casanova ; *RTD com.* 2001, p. 271, chron. F. Deboissy.

de la défaillance du client, sans lien direct avec un quelconque service rendu à titre onéreux et, en tant que telles, non soumises à TVA[80].

Une telle solution, quel que soit son mérite au regard des principes civilistes français, a du moins le mérite de rappeler que l'assujettissement à la TVA d'une opération déterminée ou son exonération ne sauraient dépendre de sa qualification en droit national[81]. Selon les termes utilisés par la Cour de justice, « selon une jurisprudence constante, il découle des exigences tant de l'application uniforme du droit communautaire que du principe d'égalité que les termes d'une disposition du droit communautaire qui ne comporte aucun renvoi exprès au droit des États membres pour déterminer son sens et sa portée doivent normalement trouver, dans toute la Communauté, une interprétation autonome et uniforme qui doit être recherchée en tenant compte du contexte de la disposition et de l'objectif poursuivi par la réglementation en cause »[82].

Un troisième exemple est celui de la nature de la somme **conservée par une compagnie aérienne lorsque le client n'utilise pas le billet qu'il a acheté.** Dans un arrêt du 23 décembre 2015[83], la Cour a ainsi rejeté l'argumentation de plusieurs compagnies aériennes suivant laquelle la somme que la compagnie aérienne conserve lorsque le billet n'est ni utilisé ni remboursé constituerait une indemnité contractuelle réparant le préjudice subi par la compagnie et ne serait donc pas imposable. La Cour juge que la situation est ici distincte de celle des arrhes dès lors que le montant conservé par la compagnie aérienne est égal à l'intégralité du prix à payer par le passager, que la vente est ferme et définitive dès son paiement et, enfin, que la compagnie se réserve le droit de revendre le service non utilisé à un autre passager sans être tenue de rembourser le passager initial.

c) *Prestations de services et réductions de prix*

854 Les **contrats de distribution** génèrent un contentieux fiscal non négligeable né de l'incertitude entourant l'effet de certaines clauses contractuelles au regard de la taxe sur la valeur ajoutée. Le problème est le suivant : il est fréquent, dans le cadre des contrats de distribution, que le fournisseur consente certaines réductions du prix d'approvisionnement au distributeur, en échange de services divers fournis par ce dernier (publicité, stockage, fournitures d'information sur la clientèle, etc.). C'est ce qu'on appelle la pratique des « **marges arrière** ». Il s'agit alors de savoir si l'on est en présence d'un rabais ordinaire consenti par le vendeur ou si, en réalité, la soi-disant réduction de prix n'est pas en réalité la rémunération d'une véritable prestation de service effectuée par le distributeur au profit de son fournisseur. On notera que le problème, ainsi formulé, concerne les obligations de facturation reposant sur le distributeur, non sur le fournisseur[84].

En pratique, la distinction n'est pas toujours aisée à opérer car les contrats de distribution recèlent les clauses les plus diverses. La jurisprudence invite cependant à rechercher, au cas par cas, quelle est la

80. CJCE, 18 juill. 2007, aff. C-277/05, *Société thermale d'Eugénie-les-Bains*. Pour un commentaire critique, cf. Y. et I. Sérandour, « Les arrhes, hors du champ de la TVA », *Dr. fisc.* 2007, n° 37, comm. 794.

81. CJCE, 26 mai 2005, aff. C-498/03, *Kingscrest Associates Ltd, Montecello Ltd*, point 25, *RJF* 2005, n° 984. Y. Sérandour, « L'exonération de TVA de l'organisme à caractère social et lucratif selon la CJCE », *Dr. fisc.* 2005, n° 38, ét. 32. V. également CJCE, 11 janv. 2001, aff. C-76/99, *Commission c/ France*, point 26, *RJF* 2001, n° 575 ; CJCE, 16 janv. 2003, aff. C-315/00, *Maierhofer*, point 26, *Dr. fisc.* 2003, n° 12, comm. 238 ; *RJF* 2003, n° 523 ; Y. Sérandour, « La notion de location immobilière ne dépend pas du droit civil de chaque État membre », *L'année fiscale* 2004, p. 224.

82. CJUE, 3 déc. 2009, aff. C-433/08, *Yaesu Europe BV*, *Dr. fisc.* 2009, n° 50, act. 372. Cf. déjà CJCE, 18 janv. 1984, *Ekro*, 327/82, point 11 ; 19 sept. 2000, *Linster*, aff. C-287/98, point 43 ; 16 juill. 2009, *Infopaq International*, aff. C-5/08, point 27.

83. CJUE, 23 déc. 2015, C-250/14 et C-289/14, *Air France KLM* et *Hop !-Brit Air*.

84. Le problème de la qualification se pose cependant aussi du côté du fournisseur car l'art. 267 II, 1°, CGI exclut de la base imposable du vendeur les « escomptes de caisse, remises, rabais, ristournes et autres réductions de prix consenties directement aux clients ».

contrepartie exacte de la « réduction de prix » consentie. Ainsi, par exemple, lorsqu'un distributeur exerce certaines activités de promotion et de stockage en faveur de son fournisseur, la réduction de prix doit être considérée comme la contrepartie d'une prestation de service imposable à la TVA[85]. Il en découle que le distributeur doit établir une facture distincte à l'adresse de son fournisseur faisant apparaître la prestation effectuée, son montant hors taxe et la TVA.

En apparence, la solution peut apparaître choquante car l'administration sort gagnante de l'opération à tous égards. Selon les termes utilisés par le Commissaire du Gouvernement ayant conclu dans l'affaire précitée, « c'est [...] un coup double pour l'administration, qui peut taxer la livraison de bien avant rabais chez le fournisseur et la prestation de services chez le distributeur »[86]. Cependant, si le mécanisme est un peu complexe, il n'est en rien anormal à la lumière de la directive TVA et de la jurisprudence de la Cour de justice[87]. Il n'est donc pas surprenant que dans des situations proches, le Conseil d'État ait maintenu le cap[88], même si l'analyse *in concreto* des contrats l'a conduit à une solution différente lorsqu'il lui apparaissait que la prestation de services n'était pas caractérisée[89].

Les développements de la législation commerciale conduisent cependant à s'interroger sur la pérennité des solutions adoptées dans le cadre d'une application orthodoxe de la directive TVA. La loi de modernisation de l'économie du 4 août 2008 encadre en effet plus strictement que par le passé la pratique des marges arrière en imposant aux parties à un contrat de distribution de faire figurer dans leur contrat « les obligations auxquelles se sont engagées les parties en vue de fixer le prix à l'issue d'une négociation commerciale »[90]. Le Code de commerce distingue désormais entre les conditions de vente proprement dites, les services « propres à favoriser la commercialisation des produits » (services dits de coopération commerciale) et les « autres obligations destinées à favoriser la relation commerciale entre le fournisseur et le distributeur ou le prestataire de services ». Ces trois catégories d'obligations ne sont cependant pas traitées de la même manière : tandis que les conditions de vente et les « autres obligations » sont considérées comme « concourant à la détermination du prix convenu », tel n'est pas le cas des services de coopération commerciale.

L'administration a tiré les conséquences fiscales de cette réforme du droit commercial. Elle considère ainsi que les « autres obligations » assumées par les distributeurs, en tant qu'elles concourent à la détermination du prix de vente, ne peuvent être regardées comme des prestations de services faisant l'objet d'une facturation distincte[91]. Les services de coopération commerciale ne sont en revanche pas concernés par cette évolution. Or, si cette prise de position de l'administration permet un alignement du droit fiscal sur le droit commercial, certains font à juste titre valoir qu'elle s'inscrit en faux contre la directive TVA et la jurisprudence de la Cour de justice qui prescrivent, en toutes circonstances, d'identifier avec précision l'existence de prestations de services et de leurs contreparties afin d'en tirer toutes les conséquences, notamment en matière de facturation[92]. Le fait de ne pas obliger le distributeur à

85. CE, 8e et 3e s.-s., 10 avr. 2002, n° 212014, *SA Somagri*, *Dr. fisc.* 2002, n° 50, comm. 994, *RJF* 7/02, n° 777 ; *BDCF* 7/02, n° 91, concl. MIGNON ; *L'année fiscale* 2003, p. 341, n° 36 et s., obs. SÉRANDOUR.

86. L. VALLÉE, concl. *BDCF* 1/04, p. 28.

87. Y. SÉRANDOUR, obs. à *L'année fiscale*, 2003, n° 39, p. 342.

88. Ainsi, dans un arrêt *SA Grundig Électronique* (29 juill. 2002, n° 233966, *Dr. fisc.* 2002, n° 51, comm. 1016, *RJF* 11/02, n° 1230 ; *L'année fiscale* 2003, p. 341, n° 38 et s., obs. SÉRANDOUR), il a considéré que la réduction de prix consentie par la société Grundig électronique à la SA Grundig France rémunérait divers services, en particulier la mise à disposition d'emplacements spécialement aménagés en vue d'entreposer les téléviseurs jusqu'à la vente, ainsi que la garde et l'entretien de ces derniers.

89. CE, 8e et 3e s.-s., 30 déc. 2002, n° 205131, *Juris-Data* n° 202-080260, *Dr. fisc.* 2003, n° 10, comm. 183, note GUICHARD et JEANNIN, concl. BACHELIER ; *RJF* 3/03, n° 284 ; *BDCF* 3/03, n° 35, concl. BACHELIER ; CE, 9e et 10e s.-s., 3 nov. 2003, n° 246606, *SA Gorrias Véhicules Industriels*, *BDCF* 1/04, n° 8, concl. L. VALLÉE, *RJF* 1/04, n° 31. Pour des détails sur cette jurisprudence, cf. BOI-TVA-BASE-10-10-40 n° 40. *Adde*, D. GUTMANN, « Les clauses de réduction de prix dans les contrats de distribution (rabais, "primes de volume", "primes d'objectifs", "primes de services", etc.) : un maniement délicat au regard de la TVA », *Revue des contrats* 2004, p. 763 et s.

90. Art. L. 441-7, C. com., issu de l'art. 97 de la loi n° 2008-776 du 4 août 2008.

91. Instr. 18 nov. 2008, *BOI* 3 E-2-08.

92. N. VALLUIS, V. DELANNOY et F. MANIN, « La réforme des relations commerciales par la LME est-elle compatible avec la directive TVA ? », *Dr. fisc.* 2009, n° 10, ét. 224 ; Y. SÉRANDOUR, « "Marges arrière" et TVA », *Dr. fisc.* 2010, n° 2, ét. 70.

facturer une prestation à son fournisseur s'analyse alors comme l'introduction par voie administrative d'une exonération de TVA, ce qui contredit les principes du droit de l'Union européenne. Il existe donc à l'heure actuelle une forte insécurité juridique qui ne peut que préjudicier aux relations entre fournisseurs et distributeurs, alors que le législateur commercial s'est au contraire efforcé de les assainir...

d) Prestations de services et cession de créance pour un prix inférieur à la valeur nominale

855 Il est fréquent, en période de crise, que des entreprises cherchent à céder leurs créances douteuses et recourent à cette fin à des organismes extérieurs. La question se pose alors de savoir dans quelle mesure le fait pour l'acquéreur d'acheter la créance peut être considéré comme une prestation de service imposable à la TVA.

La CJUE répond à cette question de façon variable en fonction des circonstances. Ainsi, dans une affaire *MKG-Kraftfahrzeuge-Factoring* du 26 juin 2003[93], le cessionnaire des créances s'engageait à fournir des services d'affacturage au cédant, en contrepartie desquels il recevait une rémunération, à savoir une commission d'affacturage et une prime ducroire. La Cour a estimé qu'il y avait là un service rendu par le cessionnaire au cédant, consistant à décharger ce dernier du risque de défaillance du débiteur et du recouvrement des créances, moyennant rémunération, pour une période déterminée.

En revanche, la Cour a estimé, dans un arrêt *Allemagne c/GFKL Financial Services AG*[94], que le même raisonnement ne peut être adopté lorsque le cessionnaire des créances ne reçoit aucune contrepartie de la part du cédant, de sorte qu'il n'accomplit pas une activité économique au sens de l'article 4 de la sixième directive, ni ne fournit une prestation de services au sens de l'article 2, point 1, de cette directive. Certes, la Cour note qu'il existe bien une différence entre la valeur nominale des créances cédées et le prix d'achat de ces créances, qui pourrait théoriquement être réputée constituer la contrepartie attendue. Toutefois, selon la Cour, contrairement à la commission d'affacturage et à la prime ducroire qui, dans le litige ayant donné lieu à l'arrêt *MKG-Kraftfahrzeuge-Factoring*, étaient retenues par l'affacturеur, cette différence ne constitue pas une rémunération visant à rétribuer directement un service fourni par l'acheteur des créances cédées. En effet, la différence entre la valeur nominale des créances cédées et le prix d'achat de ces créances constitue non pas la contrepartie d'un tel service, mais le reflet de la valeur économique effective desdites créances au moment de leur cession, qui est tributaire du caractère douteux de celles-ci et d'un risque accru de défaillance des débiteurs.

La comparaison de ces deux arrêts démontre qu'en matière de cession de créances, la qualification de prestation de services dépend éminemment des circonstances de fait.

C. LE CARACTÈRE ONÉREUX

856 Pour qu'une livraison de biens ou une prestation de services soit soumise à la TVA, encore faut-il qu'elle soit effectuée à titre onéreux. Cette expression est interprétée comme signifiant qu'elle doit avoir une contrepartie (1°) et qu'il doit exister un lien direct entre la prestation et ladite contrepartie (2°).

1. La contrepartie

857 Il ressort de la jurisprudence de la Cour que, dans le cadre du système de la TVA, les opérations taxables supposent l'existence d'une transaction entre les parties

93. C-305/01.

94. CJUE, 3e ch., 27 oct. 2011, aff. C-93/10, *Dr. fisc.* 2012, n° 5, comm. 122, § 11, et les obs. de C. Acard. V. aussi sur cet arrêt A. Colonna d'Istria et B. Lacombe, « Le rachat d'une créance douteuse en dessous de sa valeur est-il une prestation de services ? », *FR* 43/11, p. 53 et s.

comportant stipulation d'un prix ou d'une contre-valeur. Ainsi, lorsque l'activité d'un prestataire consiste à fournir exclusivement des prestations sans contrepartie directe, il n'existe pas de base d'imposition et ces prestations ne sont donc pas soumises à la TVA[95]. Il en résulte, selon la jurisprudence, qu'une prestation de services n'est effectuée « à titre onéreux », au sens de l'article 2, point 1, de la sixième directive, que s'il existe entre le prestataire et le bénéficiaire un rapport juridique au cours duquel des prestations réciproques sont échangées, la rétribution perçue par le prestataire constituant la contre-valeur effective du service fourni au bénéficiaire.

Cette notion de « **contre-valeur effective** » est de prime abord difficile à cerner. Interprétée littéralement, elle paraît signifier qu'une opération n'est considérée comme à titre onéreux que s'il existe une équivalence objective entre la valeur de la prestation et la contrepartie reçue. Or, tel n'est pas le cas. L'équilibre économique du contrat n'est pas une condition de soumission d'une transaction à la TVA. Il convient donc seulement de distinguer entre les opérations ne prévoyant aucune contrepartie (non imposables en l'absence d'assiette) et celles qui en prévoient une, fût-elle lésionnaire (imposables du seul fait de l'existence d'une contrepartie). La forme de la contrepartie est indifférente : paiement en espèces, paiement en nature, attribution de titres en échange d'un apport, etc.

La contrepartie exigée pour caractériser le caractère onéreux peut émaner, soit du bénéficiaire de l'opération (le client), soit d'un tiers. Cette seconde situation se rencontre notamment en présence de ce qu'on appelle une « **subvention complément de prix** ». Pour en donner un exemple, il est fréquent qu'une entreprise rendant des services au public facture aux usagers un prix relativement faible afin de favoriser l'accès à des services jugés essentiels. Si cette entreprise se contentait de cette seule rémunération, elle ne pourrait pas faire face à l'ensemble de ses dépenses. C'est pourquoi elle peut bénéficier de subventions versées par des collectivités publiques, lesquelles constituent l'équivalent monétaire d'un « complément de prix »[96]. De telles subventions s'analysent comme une contrepartie car elles sont « directement liées au prix de ces opérations », selon la formule du Code général des impôts[97]. Pour être imposables, ces subventions doivent réunir les trois conditions cumulatives suivantes :

— elles doivent être versées par un tiers à celui qui réalise la livraison ou la prestation ;

— elles doivent en constituer la contrepartie totale ou partielle ;

— elles doivent permettre au client de payer un prix inférieur au prix de marché ou, à défaut, au prix de revient[98].

---

95. CJCE, 1er avr. 1982, *Hong-Kong Trade Development Council*, 89/81, points 9 et 10 ; 3 mars 1994, *Tolsma*, aff. C-16/93, point 12.

96. Cf. BOI-TVA-BASE-10-10-10 n° 380 et s. : subventions versées aux entreprises de transport public de personnes en relation avec leurs obligations tarifaires ; sommes versées à un organisme de recherche assujetti à la TVA en complément des recettes afférentes aux prestations de recherche qu'il réalise au profit d'une entreprise et contractuellement destinées à abaisser le prix de ces prestations en dessous de leur prix de marché ; subventions versées à un organisateur de spectacles afin que ce dernier diminue, en deçà du prix de marché, les prix qu'il pratique vis-à-vis du public, et ce, en rapport avec le montant des subventions octroyées.

97. Art. 266, 1, a), CGI (transposant la directive).

98. Comp. CJCE, 22 nov. 2001, aff. C-184/00, *Office des produits wallons*, *Dr. fisc.* 2002, n° 5, comm. 74 ; *RJF* 2/02, n° 250 et concl. L. A. Geelhoed au *BDCF* 2/02, n° 20 ; *L'année fiscale*, 2003, PUF, chron. TVA, p. 355, obs. Y. Sérandour. Pour un exemple d'application en droit français, cf. par ex. CE, 27 janv. 2010, n° 299113, *SARL Les Jardins de la Beauce*, *Dr. fisc.* 2010, n° 21, comm. 329, arrêt également

Un effet un peu inattendu de ce concept de « subvention complément de prix » se vérifie dans les relations intra-groupe, où il vient jouer en pratique le rôle de correcteur à l'inapplicabilité de la théorie de l'acte anormal de gestion en matière de TVA[99]. En témoigne la décision *Géodis* du Conseil d'État[100], rendue dans une affaire où la société mère d'un groupe avait consenti un abandon de créance à l'une de ses filiales dont l'activité consistait à fournir des prestations de services administratifs à l'ensemble des sociétés du groupe. Cet abandon de créance se justifiait par le fait que la rémunération que percevait la filiale en application des accords en vigueur au sein du groupe était structurellement insuffisante pour couvrir ses coûts de fonctionnement. La filiale avait estimé que l'abandon de créance présentait un caractère financier sans lien avec une prestation de services individualisée et se trouvait donc placé hors champ de la TVA. Le Conseil d'État estima pourtant que dès lors que la filiale n'était pas maîtresse de la fixation de ses tarifs, cet abandon de créance constituait en réalité une subvention complément de prix lui permettant de sous-facturer ses prestations. Il aurait donc dû être soumis à la TVA par la filiale qui en a bénéficié.

2. Le lien direct

858 Pour qu'une transaction soit soumise à la TVA, il ne suffit pas de constater qu'une personne ait reçu de l'argent d'une autre. Encore faut-il identifier avec précision le « lien direct » existant entre ce transfert monétaire (ou tout autre avantage) et une livraison de bien ou une prestation de service sous-jacente.

À première vue, cette exigence paraît redondante avec celle de l'existence d'une contrepartie mentionnée au paragraphe précédent. Dans les contrats synallagmatiques courants, il est évident que le prix ou la rémunération reçue par un vendeur ou un prestataire de services constitue la contrepartie de l'opération effectuée. L'existence d'un lien direct n'est donc pas douteuse.

Toutefois, cette notion de lien direct présente une utilité dans certaines circonstances où une entreprise bénéficie d'un avantage financier dont la cause[101] n'est pas certaine. Le meilleur exemple de ce problème peut être trouvé dans l'arrêt fondateur de la jurisprudence de la Cour de justice sur la notion de lien direct. Dans l'arrêt *Apple and Pear Development Council* du 8 mars 1988[102], la Cour était ainsi saisie de la situation fiscale d'un comité « de développement de la pomme et de la poire » dont les fonctions concernaient essentiellement la publicité, la promotion et l'amélioration de la qualité des pommes et des poires produites en Angleterre et au pays de Galles. Ce comité était financé par une taxe obligatoirement prélevée sur les producteurs professionnels de ces délicieux fruits afin de lui permettre de subvenir aux frais qu'il encourait dans l'exercice de ses fonctions. Le comité avait estimé qu'il se livrait à des prestations de services à titre onéreux en faveur des producteurs de pommes et de poires relevant de sa compétence et qu'il était donc en droit de déduire la TVA grevant ses dépenses.

Or, l'analyse n'était pas correcte, faute pour le comité de rendre des services individualisés à des personnes déterminées. Comme le releva la Cour, les fonctions du comité « concernent les intérêts communs des producteurs. Dans la mesure où il est un prestataire de services, les avantages qui découlent de ces services profitent à l'ensemble du secteur concerné. Si les producteurs individuels de pommes et de poires bénéficient d'avantages, ils les tirent indirectement de ceux qui reviennent de façon

commenté par une instruction du 29 sept. 2010 (BOI-TVA-BASE-10-10-10 n° 390) ; CE, 10 juin 2010, n° 301586, *Société Carilis,* cet arrêt se livrant à une analyse assez peu rigoureuse des conditions de la qualification dans une affaire où l'on pouvait soutenir que la subvention reçue s'analysait en une subvention d'équilibre exonérée. Sur ces deux arrêts, v. V. DAUMAS, « Subventions et TVA : que mettre dans son assiette ? », *RJF* 10/10, p. 715 et s.

99. Sur l'insensibilité théorique de la TVA à l'acte anormal de gestion, v. *infra*, n° 889.

100. CE 16 avr. 2012, n° 323232, 10ᵉ et 9ᵉ s.-s., *Sté Geodis Division Messageries Servicess, RJF* 7/12, n° 693, *BDCF* 7/12, n° 85, concl. J. BOUCHER ; *Dr. fisc.* 2012, n° 46, comm. 519, note C. SNIADOWER. V. également sur cette décision V. AGULHON, « Prestations de services insuffisamment rémunérées au sein d'un groupe : attention au risque de TVA », *Option Finance*, 7 mai 2012, n° 1172, p. 23.

101. Entendons la « cause objective » au sens de la doctrine classique du droit des obligations.

102. CJCE, 8 mars 1988, aff. C-102/86, *Apple and pear development council, Dr. fisc.* 1989, n° 15, comm. 813 ; *RJF* 8-9/88, n° 970.

générale à l'ensemble du secteur »[103]. En outre, la Cour releva qu'il n'existait pas de relation entre le niveau des avantages que les producteurs individuels tiraient des services prestés par le comité et le montant des taxes obligatoires qu'ils étaient obligés de lui payer. Ces taxes étaient systématiquement recouvrées auprès des producteurs individuels indépendamment de la question de savoir si un service spécifique du comité leur conférait ou non un avantage[104]. Tout ceci conduisit la Cour à estimer qu'il n'existait pas, en l'espèce, de lien direct permettant de soumettre à la TVA les opérations du comité.

La portée générale de cet arrêt fut reconnue par toute la jurisprudence ultérieure de la Cour de justice, qui pose désormais de façon systématique qu'un lien direct suppose nécessairement l'existence d'un **service individualisé rendu à bénéficiaire déterminé en échange d'une contrepartie**. En France, la jurisprudence de la Cour de justice a également profondément renouvelé la pratique administrative et la jurisprudence du Conseil d'État qui, préalablement à l'apparition de la notion de lien direct, avaient tendance à réputer imposables toutes les subventions perçues à raison et dans le cadre d'une activité imposable. On est donc passé d'une méthode « globalisante » à une méthode « analytique » pour déterminer les opérations imposables[105].

Le raisonnement produit ses effets dans de multiples circonstances concrètes. Il sert à déterminer, dans des cas proches de ceux envisagés par l'arrêt *Apple and Pear Development Council*, si les services rendus par un groupement professionnel à ses adhérents sont soumis à TVA. Il permet de savoir, dans la même logique, si les subventions versées par une collectivité publique à une entreprise doivent donner lieu, de la part de cette dernière, à facturation de la TVA. Dans la plupart des cas, la réponse est négative car la subvention s'analyse en une libéralité sans contrepartie, mais il peut arriver que la « subvention » constitue en réalité la rémunération d'un service rendu par l'entreprise, auquel cas la réponse est inverse. De même, lorsqu'une société mère accorde une « subvention » ou une « aide » à une filiale en difficulté, soit qu'elle lui verse une somme pour la renflouer, soit qu'elle procède à un abandon de créance, la question pertinente qu'il faut se poser en matière de TVA est de savoir si cette « subvention » ou cette « aide » constituent la contrepartie d'un service précis rendu à la société mère.

§ 2. LES OPÉRATIONS EXONÉRÉES

859 Les opérations exonérées de TVA sont des livraisons de biens ou des prestations de services qui ont, de par leur nature, vocation à entrer dans le champ de la TVA. Toutefois, bien qu'étant dans le champ, ces opérations ne sont pas soumises à TVA. Une fois n'est pas coutume, et pour comprendre l'esprit qui préside à la réglementation en cette matière, on examinera l'effet des exonérations (A) avant la liste des cas d'exonération (B).

A. L'EFFET DE L'EXONÉRATION

860 Les effets produits par une exonération de TVA doivent être étudiés dans leur dimension juridique (1°) et économique (2°).

1. Les effets juridiques de l'exonération

861 Une exonération de TVA produit un double effet juridique pour l'assujetti. D'une part, il est dispensé de facturer la TVA à son client. D'autre part, il ne peut déduire la

103. Point 14 de l'arrêt.

104. Point 15 de l'arrêt.

105. Selon la juste formule utilisée par M. Cozian et F. Deboissy, n° 768. Les auteurs notent d'ailleurs que la méthode globalisante est inspirée de celle qui prévaut en matière de bénéfices industriels et commerciaux où tout produit augmentant l'actif net est imposable, quelle que soit sa nature.

TVA grevant les dépenses qu'il a exposées en relation directe avec une opération exonérée. À ces deux effets, qui se produisent systématiquement (a), il faut parfois ajouter un troisième effet qui ne se produit que lorsque 90 % au moins du chiffre d'affaires d'un assujetti est absorbé par des activités exonérées de TVA : la soumission à la taxe sur les salaires (b).

a) Les effets au regard de la TVA

862 L'exonération implique tout d'abord que l'assujetti ne puisse facturer la TVA à son client à raison de l'opération réalisée. Ce point ne présente pas de difficulté juridique.

En contrepartie de la non-facturation de la TVA sur l'opération d'aval, l'exonération implique que l'assujetti ne puisse récupérer la TVA grevant les opérations d'amont. Cette impossibilité résulte de la lecture *a contrario* de l'article 168 de la directive TVA qui prévoit que l'assujetti ne jouit d'un droit à déduction de la TVA d'amont que « dans la mesure où les biens et les services sont utilisés pour les besoins de ses opérations taxées ». On verra plus loin que cette formule pose de délicats problèmes lorsqu'il s'agit de déterminer l'étendue du droit à déduction[106] et mérite certains tempéraments s'agissant des opérations internationales[107].

b) L'application de la taxe sur les salaires

863 Selon l'article 231 du Code général des impôts, les employeurs qui ne sont pas assujettis à la TVA ou ne l'ont pas été sur 90 % au moins de leur chiffre d'affaires sont assujettis à une taxe proportionnelle au montant des salaires qu'ils versent à leurs employés : la taxe sur les salaires, instituée dans sa forme primitive par un décret du 9 décembre 1948 maintes fois modifié depuis lors[108]. Cette taxe est une quasi-spécificité française puisque dans les autres pays de l'Union européenne, elle n'existe pas, sauf au Danemark, où il n'existe quasiment pas de cotisations sociales employeurs, et en Suède (sous une forme un peu différente).

L'assiette de la taxe est constituée par une partie des rémunérations versées, déterminée en appliquant à l'ensemble de ces rémunérations le rapport existant, au titre de cette même année, entre le chiffre d'affaires qui n'a pas été passible de la taxe sur la valeur ajoutée et le chiffre d'affaires total[109].

106. Cf. *infra*, n° 877.
107. Cf. *infra*, n° 910 et s.
108. L'appellation de « taxe sur les salaires » résulte de la loi n° 66-10 du 6 janvier 1966 portant réforme au 1er janvier 1968 des taxes sur le chiffre d'affaires. Cette loi n'a cependant pas modifié les règles d'assiette, de calcul ou de recouvrement de l'ancienne taxe, qualifiée de « versement forfaitaire ».
109. La détermination de l'assiette de la taxe sur les salaires est parfois difficile lorsque certaines personnes reçoivent des rémunérations correspondant à des activités mixtes. C'est le cas, notamment, en présence de dirigeants ou de salariés de sociétés holding ayant à la fois un « secteur financier » non soumis à TVA (perception d'intérêts et de dividendes) et des activités de prestations de services aux filiales imposables à la TVA. Le Conseil d'État estime à ce sujet qu'en principe, les pouvoirs des dirigeants de sociétés anonymes s'étendent au secteur financier. Ce n'est que dans des conditions très particulières que la rémunération d'un dirigeant doit être regardée comme relevant entièrement des secteurs passibles de la TVA, et par suite, comme placée hors du champ de la taxe sur les salaires (CE, 8 juin 2011, 8e et 3e s.-s., n° 331848, 331849, 341018 et 340863, *Dr. fisc.* 2011, n° 29, comm. 425, concl. N. Escaut. V. à ce sujet le commentaire de B. Jeannin, *Dr. fisc.* 2012, n° 4, ét. 50). La complexité du débat est renforcée par le fait que la formulation de la loi a évolué : alors qu'antérieurement au 1er janvier 2013, l'art. 231 CGI visait « les sommes versées à titre de rémunération », il vise depuis le 1er janvier 2013 « les sommes payées à titre de rémunération *aux salariés* »... D'où la question, désormais tranchée par le Conseil d'État, de savoir quels dirigeants doivent être considérés comme « salariés » au sens de ce texte (v. CE, 21 janv. 2016, n° 388676,

La taxe comporte un taux normal de 4,25 % et des taux majorés qui frappent les rémunérations individuelles dépassant un certain chiffre (8,50 % pour la fraction des rémunérations individuelles annuelles comprise entre 7 666 euros et 15 308 euros, et 13,60 % pour la fraction de ces rémunérations supérieure à 15 308 euros[110]).

Même si cette taxe comporte un certain nombre d'exonérations[111], elle représente une charge financière considérable pour certains secteurs, notamment les banques, les assurances, les hôpitaux et les associations qui représentent 26 % des recettes de la taxe[112]. Certains s'interrogent d'ailleurs sur l'opportunité d'en organiser la suppression par étapes, considérant que son caractère original dans l'espace européen risque de pénaliser la compétitivité des établissements de crédit et d'assurance français[113]. Sa constitutionnalité ne peut cependant plus être mise en doute[114], non plus que sa conformité à la Convention européenne des droits de l'homme[115], et le Conseil des prélèvements obligatoires a pris le parti du *statu quo*[116].

C'est dire que les effets juridiques de l'exonération de TVA se couplent avec des effets économiques importants. Si la taxe sur les salaires n'en constitue qu'une facette applicable à certaines entreprises, d'autres enjeux concernent l'intégralité des redevables de la TVA.

2. Les effets économiques de l'exonération

864 Les exonérations perturbent profondément le système de la TVA en transformant la taxe en un coût définitif à la charge de l'opérateur exoneré. Or, lorsque la TVA d'amont cesse d'être déductible pour un opérateur, l'effet s'en fait immédiatement pour son client. L'opérateur désireux de réaliser une certaine marge commerciale calcule en effet celle-ci sur la base d'un prix de revient égal, non au prix hors taxe qu'il a dû verser à son fournisseur (comme il le ferait s'il pouvait récupérer la TVA), mais au prix toutes taxes comprises. Dans un circuit de distribution portant sur des biens, l'effet néfaste de ce phénomène est démultiplié puisque l'exonération d'un membre de la chaîne a pour effet mécanique de renchérir le prix de revient du bien de l'opérateur suivant, et ainsi de suite. L'exonération a donc pour effet de transformer, pour un opérateur, la TVA en une taxe présentant les mêmes caractères économiques qu'une taxe en cascade[117]. Elle constitue donc une atteinte au principe de neutralité qui subordonne le montant de la

SAS Sovaro, et n° 388989, *Sté Juliane, Dr. fisc.* 2016, n° 11, comm. 223, note J. Cuber ; aperçu rapide n° 146 par Ph. Breton et A.-L. Benoist).

110. Il existait aussi un taux de 20 % applicable à la fraction de rémunération excédant 152 279 €, mais il a été supprimé par la loi de finances pour 2018.

111. Cf. art. 231 à 231 *bis* U, CGI.

112. Conseil des prélèvements obligatoires, *Les prélèvements obligatoires et les entreprises du secteur financier*, 2013, p. 116.

113. Pour une réflexion sur ce sujet, cf. le rapport d'information fait par le sénateur A. Lambert sur ce sujet en 2001 (*Doc. Sénat*, n° 8, 2001-2002, annexe au procès-verbal de la séance du 10 octobre 2001). Ce débat demeure plus que jamais d'actualité avec la crise financière.

114. V. à ce sujet la position du Conseil constitutionnel saisi d'une question prioritaire de constitutionnalité par le Conseil d'État : Cons. const., 17 sept. 2010, n° 2010-28 QPC, *RJF* 12/10, n° 1214, sur renvoi de CE, 24 juin 2010, n° 338581, *Ass. sportive Football Club de Metz, Dr. fisc.* 2010, n° 27, comm. 404.

115. Le Conseil d'État a jugé que la taxe sur les salaires est compatible avec la règle de non-discrimination prévue à l'article 14 de la Convention EDH ainsi qu'avec l'exigence de clarté et d'accessibilité de la norme découlant de l'article 1er du premier protocole additionnel à la Convention (CE, 20 juin 2016, n° 386146, *SA Société Générale et a., Dr. fisc.* 2016, n° 42-43, 559, concl. R. Victor).

116. Conseil des prélèvements obligatoires, *Les prélèvements obligatoires et les entreprises du secteur financier*, 2013, p. 178. Le Conseil se prononce toutefois pour un assouplissement de l'option offerte aux opérateurs pour la taxation à la TVA des services bancaires.

117. Cf. *supra*, n° 829.

TVA généré par un circuit économique à la valeur ajoutée globale produite par un ou plusieurs acteurs, non au nombre d'opérateurs impliqués dans la chaîne.

Cet effet perturbateur des exonérations explique pourquoi la Cour de justice considère de façon constante qu'elles doivent s'interpréter de façon stricte. Il ne peut s'agir que de dérogations au principe général selon lequel la TVA est perçue sur chaque livraison de biens et chaque prestation de services effectuées à titre onéreux par un assujetti[118]. On peut d'ailleurs noter à cet égard que des États n'appartenant pas à l'Union européenne admettent un nombre d'exonérations beaucoup plus limité que celui prévu par la directive TVA[119]. Certains en déduisent que le système de l'Union européenne pourrait être sensiblement amélioré[120].

On comprend également pourquoi, contrairement à une idée répandue dans le public, l'exonération de TVA ne tourne pas toujours à l'avantage du consommateur final. Certes, l'exonération se présente à première vue comme un avantage financier pour celui-ci. L'accès aux soins et à la connaissance est facilité par l'exonération des activités médicales et d'enseignement. L'accès au crédit est renforcé par l'exonération des activités bancaires, etc. Il existe donc un certain nombre de situations dans lesquelles l'exonération s'accompagne d'un véritable allègement de la facture pour le client final. Force est cependant de constater que cette règle ne se vérifie pas toujours car le prix acquitté par le client final dépend dans une large mesure des coûts supportés par l'opérateur avec lequel il contracte et ceux qui l'ont précédé dans la chaîne de distribution.

Quant à l'opérateur exonéré, son intérêt apparaît finalement variable. Lorsque cet opérateur a pour principaux clients des consommateurs qui ne peuvent récupérer la TVA, l'exonération peut s'avérer profitable. L'inconvénient représenté par l'impossibilité de récupérer la TVA d'amont peut être largement compensé par la possibilité d'accéder à une clientèle plus large en lui proposant un prix TTC égal au prix hors taxe. En revanche, lorsque l'opérateur a des clients eux-mêmes professionnels qui peuvent récupérer la TVA, l'exonération ne présente aucun intérêt. La facturation de la TVA aux clients est indifférente, puisque ceux-ci peuvent la déduire. En revanche, l'impossibilité de déduire la TVA d'amont diffuse en ce cas tout son venin. Les « **rémanences de TVA** », autrement dit les sommes non déduites, constituent alors un obstacle sérieux à la compétitivité des entreprises auquel s'ajoute, pour les opérateurs exonérés sur la quasi-totalité de leurs opérations, le coût supplémentaire que représente la taxe sur les salaires.

Par ailleurs, les exonérations de TVA ont parfois pour effet d'influer de façon indue sur les modes d'organisation interne des entreprises. Un intéressant exemple de cet effet de distorsion peut être trouvé dans le domaine des assurances, auquel la directive TVA applique un principe d'exonération qui concerne « les opérations d'assurance et de réassurance ainsi que les prestations de services afférentes à ces opérations effectuées par les courtiers et intermédiaires d'assurances »[121]. Confronté à un mouvement d'unification du marché financier et des règles juridiques au niveau européen, ce secteur a vu s'exacerber la compétition entre acteurs. Pour faire face à la concurrence, la plupart des assureurs ont donc cherché à réduire leurs coûts de fonctionnement et ont « externalisé » une partie de leurs activités (administration, suivi de contentieux, etc.) en recourant à des prestataires de services extérieurs. Or, ces prestataires ne sont pas exonérés de TVA : la Cour de justice l'a d'ailleurs plusieurs fois précisé, rappelant au passage le principe d'interprétation stricte des exonérations prévues par la directive[122]. En

118. Cf. par ex. CJCE, 26 juin 2003, *MKG-Kraftfahrzeuge-Factoring*, aff. C-305/01, point 63 ; 19 avr. 2007, *Velvet & Steel Immobilien*, aff. C-455/05, point 14.

119. L'exemple de la Nouvelle-Zélande est souvent donné pour illustrer la divergence des politiques fiscales en matière de détermination de l'assiette de la TVA.

120. Cf. sur ce point V. Lenoir, « April 1954-April 2004. VAT Exemptions : the Original Misunderstanding », *European Taxation*, oct. 2004, p. 456 et s., rappelant que le régime de l'exonération constitue « une anomalie ayant un pedigree purement français »...

121. Art. 261 C, CGI.

122. L'opération d'assurance se caractérise, selon la Cour de justice, « par le fait que l'assureur se charge, moyennant le paiement préalable d'une prime, de procurer, en cas de réalisation du risque couvert, la prestation convenue lors de la conclusion du contrat » (CJCE, 25 févr. 1999, aff. C-349/96, *Card Protection Plan Ltd, RJF* 4/99, n° 512). Il n'y a donc pas d'opération d'assurance lorsqu'une société, fût-elle une compagnie d'assurances, se contente de prendre en charge la gestion administrative de l'activité d'une autre compagnie d'assurances (CJCE, 8 mars 2001, aff. C-240/99, *RJF* 6/01, n° 892). Des services de « back

conséquence, l'externalisation s'est révélée fiscalement dissuasive, puisque les assureurs se sont trouvés confrontés à une TVA facturée et non déductible diminuant d'autant leurs propres profits, alors qu'ils n'auraient pas supporté une telle charge fiscale définitive s'ils avaient continué à assumer ces fonctions en interne.

De même, le MEDEF fait valoir que l'exonération applicable aux secteurs de la santé et de l'éducation, qui était initialement motivée par la volonté de ne pas alourdir le coût lié aux soins et à l'enseignement dispensés aux particuliers, n'atteint plus son but. En effet, par souci d'efficacité économique, ces secteurs font désormais appel à des entreprises du secteur privé pour des activités « annexes » (restauration, informatique, services généraux) et supportent donc une TVA d'amont qui n'est pas déductible alors que les investissements réalisés sont très coûteux. L'impossibilité de déduire la TVA freine ainsi l'externalisation souhaitée des services et ne conduit donc pas à protéger le consommateur final car il existe un surcoût lié à cette non-déduction, sans parler de la taxe sur les salaires[123].

Il est donc fréquent que l'exonération de TVA, loin d'être vue comme un avantage par les opérateurs économiques, constitue à leurs yeux un inconvénient. Ce constat est essentiel pour comprendre l'intérêt des options en matière de TVA, lesquelles permettent à un opérateur exonéré en principe de rentrer dans le giron du droit commun s'il le souhaite[124].

B. LES CAS D'EXONÉRATION

865 Les exonérations de TVA couvrent un large domaine (1°) mais cela ne signifie pas qu'elles s'appliquent systématiquement. Certaines d'entre elles sont « réversibles » en ce sens qu'elles peuvent être écartées par l'assujetti auquel se voit conférer le droit d'opter pour la TVA (2°).

1. Le domaine des exonérations

866 La directive TVA et la loi fiscale française prévoient un grand nombre d'exonérations qu'il serait fastidieux de décrire par le menu. En fournir un classement n'est pas chose beaucoup plus aisée et l'on trouve d'ailleurs autant de classements que d'auteurs pour classer... Sans innover, on peut cependant distinguer entre les exonérations à caractère « économique » et « social »[125].

Les exonérations à **caractère social** s'expliquent par le souci de faciliter l'accès du public, y compris des personnes dont les ressources sont les plus faibles, à certains biens et services considérés comme fondamentaux[126]. Relèvent de cette catégorie les exonérations portant sur les soins médicaux, l'enseignement public, le service universel postal, les services de caractère social, culturel, éducatif et sportif rendus à leurs membres par les organismes à but non lucratif etc.[127]. À mi-chemin entre les

office » rendus à une compagnie d'assurances ne sont pas davantage des « prestations de services afférentes à des opérations d'assurance » (CJCE, 3 mars 2005, aff. C-472/03, *Arthur Andersen*, *RJF* 5/05, n° 516). Comp. CJCE, 3 avr. 2008, aff. C-124/07, *Beheer BV*, *RJF* 7/08, n° 916, affirmant de façon intéressante (ce qui n'est d'ailleurs pas la première fois dans la jurisprudence de la Cour) qu'« il résulte du principe de neutralité fiscale que les opérateurs doivent pouvoir choisir le modèle d'organisation qui, du point de vue strictement économique, leur convient le mieux, sans courir le risque de voir leurs opérations exclues de l'exonération prévue à l'article 13, B, sous a), de la sixième directive » (point 28).

123. MEDEF, réponse au Livre vert de la Commission européenne sur l'avenir de la TVA (COM (2010) 695 final).

124. Cf. *infra*, n° 867.

125. Nous empruntons ces adjectifs à J.-P. Fradin et J.-B. Geffroy, n° 407 et s. sans toutefois y mettre exactement les mêmes éléments. Les auteurs y ajoutent d'ailleurs des exonérations à caractère « technique » fondées sur le risque de cumul avec d'autres impôts.

126. L'exonération permet en ce sens d'éviter l'effet régressif de la TVA.

127. Sur tous ces points, cf. art. 261, CGI.

exonérations à caractère social et économique se trouvent l'exonération de certaines locations d'immeubles : l'exonération systématique des locations portant sur des immeubles à usage d'habitation (nue ou meublée[128]) s'explique ainsi par le souci d'éviter l'augmentation des loyers[129]. Les exonérations à **caractère économique** s'expliquent plutôt par des considérations diverses, notamment le souci de ne pas fragiliser des secteurs exposés à la concurrence et la difficulté d'appliquer les principes ordinaires de la TVA à certaines opérations. Ainsi, par exemple, la directive TVA prévoit l'exonération de principe des services bancaires et financiers[130], en particulier les intérêts et les agios[131]. Cette exonération s'explique traditionnellement par la nécessité d'éviter l'augmentation du coût du crédit à la consommation, mais une telle justification n'est pas suffisante. Elle procède également de la difficulté pratique d'identifier avec précision la fraction de la rémunération qui correspond exactement au service rendu[132]. À titre d'exemple, le taux d'intérêt facturé à un emprunteur s'analyse indistinctement comme le coût du capital, la rémunération du risque supporté par le prêteur, l'anticipation du taux d'inflation pendant la durée du prêt, etc. Les économistes formulent ceci par l'idée que la rémunération du service est « implicite » mais n'est pas clairement extériorisée par le banquier. On retrouve la même idée au fondement de l'exonération des opérations d'assurance et de réassurance : lorsqu'un assuré verse à l'assureur une prime, celle-ci ne représente qu'en partie la rémunération du service rendu par l'assureur ; elle constitue également le moyen pour l'assureur de faire face aux risques qu'il encourt et qui sont mutualisés entre tous les assurés[133].

D'autres exonérations à caractère économique s'expliquent par le souhait d'éviter à des entreprises de petite taille les soucis et les obligations qu'engendre la soumission à la TVA. C'est pourquoi les « **micro-entreprises** », déjà rencontrées en matière d'imposition des revenus, sont également dispensées du paiement de TVA, ce qui revient en pratique à les exonérer[134].

Enfin, la directive exonère les services rendus à leurs adhérents par les groupements de moyens (également appelés fréquemment « groupements de frais »), à savoir les groupements constitués par

128. Exception à noter : l'exonération de terrains non aménagés et de locaux nus ne s'applique plus lorsque les locations constituent pour le bailleur un moyen de poursuivre, sous une autre forme, l'exploitation d'un actif commercial ou d'accroître ses débouchés ou lorsque le bailleur participe aux résultats de l'entreprise locataire (art. 261 D, 2°, CGI). Solution à comparer avec l'analyse de ce type de location en matière d'impôts directs (cf. *supra*, n° 238).

129. Par contraste, les locations présentant un caractère commercial sont obligatoirement soumises à TVA : c'est le cas, notamment, de celles portant sur des immeubles professionnels équipés, des garages ou des parkings, etc. Ne rentrent pas non plus dans le domaine de l'exonération les prestations d'hébergement fournies par les hôtels et autres institutions comparables. Sur tous ces points, cf. art. 261 D, CGI.

130. Ces exonérations posent de nombreux problèmes de frontières. Ainsi, bien que les opérations sur titres de sociétés soient en principe exonérées de TVA, tel n'est pas le cas des prestations de gestion de portefeuille de valeurs mobilières effectuées par les banques (CJUE, 19 juill. 2012, aff. C-44/11, *Finanzamt Frankfurt am Main v-Höchst c/Deutsche Banke AG*, *Dr. fisc.* 2012, n° 39, comm. 454, note I. Féron et L. Cornély).

131. V. la liste précise de l'art. 261 C, CGI. À noter cependant que certaines recettes des banques sont imposables de plein droit à la TVA lorsqu'elles ne se rattachent pas au commerce des valeurs et de l'argent. C'est le cas, par exemple, des opérations de recouvrement de créance, de garde et de gestion des valeurs mobilières, des locations de coffres-forts, etc.

132. L'origine de l'exonération des services financiers et d'assurance est rappelée par la Commission dans son « document de consultation sur la modernisation des obligations TVA concernant les services financiers et d'assurance » (2006).

133. Sur ces points, cf. en particulier A. Schenk et O. Oldman, *Value Added Tax: A Comparative Approach*, Cambridge University Press, 2007, p. 304 et s. ; pour des références complémentaires, R. F. van Brederode, *Systems of General Sales Taxation, Theory, Policy and Practice*, Kluwer Law International, Series on International Taxation, 33, 2009, § 8.2.6.1.

134. Les critères permettant de distinguer les micro-entreprises et celles relevant des régimes normal et simplifié sont les mêmes que ceux utilisés en matière d'imposition des bénéfices (cf. *supra*, n° 372), si ce n'est que le régime micro s'applique, en matière de TVA, à toutes les entreprises (individuelles ou sous forme sociétaire) qui en réunissent les conditions de chiffre d'affaires. Le régime du réel simplifié en matière de TVA a pour conséquence que l'entreprise acquitte quatre acomptes trimestriels de TVA, et non douze mensualités comme dans le cadre du régime normal.

des personnes physiques ou morales exerçant une activité exonérée de TVA ou pour laquelle elles n'ont pas la qualité d'assujetti, à la condition qu'ils concourent directement et exclusivement à la réalisation de ces opérations exonérées ou exclues du champ d'application de la TVA et que les sommes réclamées aux adhérents correspondent exactement à la part leur incombant dans les dépenses communes[135].

Comme on peut le constater, la plupart de ces exonérations reposent sur le postulat selon lequel l'exonération est profitable à l'entité exonérée. Toutefois, comme on l'a vu plus haut en abordant les effets économiques des exonérations, il n'en va pas toujours ainsi. C'est pourquoi certaines sont réversibles.

2. Les cas d'option pour la TVA

867 Les cas d'option prévus par la directive ne sont pas aussi nombreux qu'on pourrait le penser à première vue. Il convient en particulier de signaler que toutes les exonérations ne sont pas réversibles : le domaine des options est ainsi beaucoup plus réduit que celui des exonérations, ce qui peut s'expliquer, soit par le caractère socialement fondamental de l'exonération, soit par le souci plus technique d'éviter qu'une même opération ne soit soumise à plusieurs impôts[136].

En résumé, les options concernent tout d'abord certaines **locations immobilières**. Une option pour la TVA est ainsi ouverte lorsque la location porte sur des locaux nus à usage professionnel (locaux à usage industriel, commercial ou de bureaux loués à des assujettis).

Lorsque le locataire n'est pas assujetti lui-même (par exemple lorsqu'il s'agit d'une administration publique), l'option est possible à la condition qu'elle fasse l'objet d'une clause figurant dans le contrat de bail[137]. L'option couvre obligatoirement une période de dix années. Elle est renouvelable par tacite reconduction, par période de dix ans. L'option peut être dénoncée à tout moment à partir du 1er janvier de l'année suivant celle d'expiration de l'option initiale.

Une autre option importante en pratique concerne les opérations qui se rattachent aux **activités bancaires, financières** et, d'une manière générale, au commerce des valeurs et de l'argent[138]. Celles-ci peuvent, lorsqu'elles sont exonérées, être soumises à la TVA sur option à la condition d'être réalisées à titre habituel par l'assujetti[139]. Cette option permet par exemple de soumettre à la TVA un certain nombre de prestations effectuées par les établissements de crédits, telles que les opérations concernant les comptes et chèques bancaires, l'émission de titres-restaurants, l'affacturage ou certaines opérations concernant les valeurs mobilières. Toutefois, cette option ne concerne pas tous les services bancaires et financiers exonérés. Ainsi, les intérêts, agios et autres rémunérations assimilées ne peuvent jamais être

135. Cette exonération figure à l'article 132, § 1, f de la directive et est transposée à l'article 261 B du CGI. Elle était d'une grande importance pratique dans certains secteurs, notamment dans le secteur financier, où la constitution de tels groupements permettait d'éviter des rémanences de TVA à l'intérieur d'un groupe. Ce secteur a donc vu comme une bombe un arrêt de la CJUE décidant que l'exonération ne s'appliquait pas aux activités financières et notamment bancaires et d'assurance (CJUE, 4e ch., 21 sept. 2017, aff. C-326/15, DNB Banka AS, aff. C-605/15, Minister Finansow c/Aviva Towarzystwo Ubezpieczen na Zycie S.A. w Warszawie et aff. C-616/15, Commission c/Allemagne : *Dr. fisc.* 2017, n° 39, act. 522 ; *Dr. fisc.* 2017, n° 40, act. 529, aperçu rapide par O. Courjon). Le problème sous-jacent était de savoir si le champ d'application de l'exonération est limité aux groupements de personnes exerçant des activités exonérées relevant de l'intérêt général ou si ce mécanisme peut être utilisé, comme de nombreux acteurs économiques et Etats membres le pensaient, dans tous les secteurs d'activité exonérées ou placées en dehors du champ d'application de la TVA. En optant pour la première interprétation, la décision a accentué le débat sur l'opportunité pour la France d'adopter un véritable système de groupe en matière de TVA pour remédier aux problèmes de rémanence de TVA qui naissent de l'arrêt de la Cour (sur lequel v. *supra*, n° 836).

136. Ainsi, par exemple, les opérations soumises à la taxe sur les conventions d'assurance sont exclues de l'option, afin d'éviter le cumul de la TVA et de cette taxe spécifique aux assurances.

137. Art. 260, CGI. Même solution pour la sous-location : cf. CE, 16 nov. 2005, *RJF* 2/06, n° 130.

138. Art. 260 B et C, CGI.

139. Décision de rescrit du 12 sept. 2006, n° 2006/36 TCA, mettant fin à la condition tenant à l'exercice de l'activité à titre principal.

augmentés de la TVA. Il en va de même de certaines opérations effectuées entre elles par les caisses d'épargne ou les banques populaires.

L'option prévue pour les services bancaires et financiers s'applique à l'ensemble des opérations pour lesquelles elle est possible. Elle peut être dénoncée à tout moment à partir du 1er janvier de la cinquième année qui suit celle au cours de laquelle elle a été exercée[140].

Enfin, les micro-entreprises dispensées en principe du versement de la TVA peuvent se soumettre à celle-ci sur option, ce qui constitue une règle comparable à celle existant en matière d'impôts directs.

140. BOI-TVA-SECT-50-10-30-20.

CHAPITRE 3
LES MÉCANISMES DE LA TVA

868 Lorsqu'une opération est soumise à la TVA, il faut déterminer quand elle est due, ce qui renvoie à la distinction entre fait générateur et exigibilité (Section 1). Il faut la liquider, ce qui suppose de déterminer l'assiette et le taux de la taxe (Section 2). Il faut ensuite rechercher dans quelle mesure la TVA grevant les opérations d'amont peut être déduite (Section 3).

SECTION 1 FAIT GÉNÉRATEUR ET EXIGIBILITÉ DE LA TVA

869 Le fait générateur et la date d'exigibilité de la TVA sont définis par l'article 62 de la directive TVA dans les termes suivants : le fait générateur de la taxe est « le fait par lequel sont réalisées les conditions légales nécessaires pour l'exigibilité de la taxe » ; l'exigibilité de la taxe constitue « le droit que le Trésor peut faire valoir aux termes de la loi, à partir d'un moment donné, auprès du redevable pour le paiement de la taxe, même si le paiement peut en être reporté ».

Ces deux concepts permettent de distinguer, d'un point de vue théorique, entre le fait qui donne naissance à la dette fiscale (le fait générateur) et la date à laquelle le Trésor est en droit d'exiger le règlement de celle-ci (l'exigibilité). Ils permettent aussi de comprendre, d'un point de vue juridique, pourquoi le paiement de la TVA intervenant à un moment donné peut éventuellement être soumis à des règles qui ne sont plus en vigueur au jour du paiement. C'est en effet le fait générateur qui détermine la législation applicable en matière de TVA.

En pratique, l'attention des entreprises se porte naturellement vers la date d'exigibilité. Celle-ci sert en effet à déterminer, tant la date à laquelle le vendeur ou le prestataire de services doit acquitter la TVA collectée que la date à laquelle son cocontractant (acheteur du bien ou du service) doit procéder à la déduction. La symétrie entre TVA collectée et TVA déductible est posée clairement par l'article 271 du Code général des impôts qui énonce que « le droit à déduction prend naissance lorsque la taxe déductible devient exigible chez le redevable ».

Pour déterminer la date d'exigibilité de la TVA, plusieurs solutions sont concevables : retenir la date à laquelle la créance du redevable contre son client devient certaine, retenir la date de paiement de prix, etc. On retrouve en matière de TVA le même type de problème que celui déjà exposé en matière d'impôts directs, à savoir celui du choix entre un système de comptabilité d'engagement et un système de comptabilité de caisse[1]. La spécificité de la TVA tient cependant au fait que, contrairement à ce qui se produit en matière d'imposition du revenu, aucune solution générale n'est adoptée. Il existe ainsi une myriade de règles spécifiant, dans un certain nombre de situations particulières, comment déterminer la date de l'exigibilité. Plutôt que de toutes les citer, concentrons-nous sur les principes généraux applicables aux catégories fondamentales que sont les livraisons de biens et les prestations de services.

En matière de **livraisons de biens** corporels, le fait générateur de la taxe et son exigibilité sont identiques : il s'agit de la livraison elle-même. Il en résulte que la date du paiement du bien est en principe indifférente pour déterminer la date d'exigibilité de la TVA. Peu importe que ce paiement ait lieu avant ou après la livraison : c'est toujours cette dernière qui permet de rattacher temporellement l'exigibilité de la taxe.

En matière de **prestations de services**, la dissociation entre fait générateur et exigibilité prend tout son sens. Alors que le fait générateur est constitué par l'exécution du service[2], l'exigibilité n'intervient en principe qu'à la date de l'encaissement par le prestataire des acomptes, du prix ou de la rémunération[3].

La notion d'encaissement du prix est précisée par le CGI. Ainsi, par exemple, en cas d'escompte d'effet de commerce ou de transmission de créance (ce qui inclut les cessions de créances, l'affacturage, la cession Dailly, etc.), l'exigibilité intervient respectivement à la date du paiement de l'effet par le client ou à celle du paiement de la dette transmise entre les mains du bénéficiaire de la transmission[4]. Cette solution, classique en cas d'escompte d'un effet de commerce, n'est applicable aux autres hypothèses que depuis le 1er janvier 2011[5]. Elle contrecarre la jurisprudence du Conseil d'État qui avait jugé que lorsqu'un prestataire de services cède sa créance à un tiers, la somme versée par le tiers vaut encaissement du prix[6].

Le principe de l'exigibilité à la date de l'encaissement peut être écarté par les redevables qui l'estiment opportun. La loi fiscale permet en effet aux prestataires de services et aux entrepreneurs de travaux immobiliers d'opter pour le paiement de la TVA d'après les « **débits** »[7]. Ceci signifie que la TVA devient exigible dès que le prestataire de services a inscrit la somme due par son client au débit du compte

1. Cf. d'ailleurs la terminologie identique employée par certains auteurs pour exposer le problème du rattachement temporel des opérations de *TVA* (A. Schenk et O. Oldman, *Value Added Tax. A Comparative Approach*, Cambridge University Press, 2007, chap. 8, p. 224 et s.).
2. Art. 269, 1, a), CGI.
3. Art. 269, 2, c), CGI.
4. Art. 269, 2, c), al. 2 CGI.
5. À ce sujet, cf. C. Sniadower, « TVA et transmission de créances : *non bis in idem* ou *perseverare diabolicum*, on y perdrait son latin ! », *Dr. fisc.* 2011, n° 21, ét. 355.
6. CE, 8e et 3e s.-s., 24 juill. 2009, n° 305222, *SAS Groupe Cayon*, concl. N. Escaut, *Dr. fisc.* 2009, n° 46, comm. 541, note critique Y. Sérandour.
7. Art. 269, 2, c), CGI. Les entrepreneurs de travaux immobiliers peuvent en outre opter pour une troisième voie, à savoir le paiement de la TVA lors de la livraison des travaux (*i.e.* la remise des ouvrages en la possession du maître de l'ouvrage).

« client » de sa comptabilité. Cette inscription a en principe lieu au moment de la facturation, donc à l'achèvement de la prestation... où l'on retrouve la règle applicable aux livraisons de biens. Ainsi, le système des débits permet de retenir la même date d'exigibilité pour les prestations de services et les livraisons de biens.

On observera que les principes régissant l'exigibilité recoupent substantiellement (mais pas totalement) ceux régissant le rattachement temporel du revenu pour les besoins de son imposition. Les livraisons de biens procèdent le plus souvent de ventes, c'est-à-dire d'opérations relevant des bénéfices industriels et commerciaux. Lorsque ces ventes portent sur des éléments de stocks, la livraison a donc un double effet fiscal : elle constitue l'événement qui justifie l'imposition du revenu conformément à l'article 38, 2 *bis* du Code général des impôts ; elle déclenche simultanément l'exigibilité de la TVA. Pour les prestations de services, la situation est plus complexe car certaines relèvent des bénéfices industriels et commerciaux, tandis que d'autres relèvent des bénéfices non commerciaux. Dans le premier cas, il existe une claire divergence entre les règles de rattachement temporel de l'exigibilité de l'impôt, selon que l'on se situe dans le cadre de la TVA ou de l'impôt sur le revenu. Dans le second cas, en revanche, c'est l'encaissement du prix qui constitue l'événement pertinent pour l'exigibilité de la dette fiscale. La solution intéresse notamment tous les professionnels libéraux.

En outre, et comme en matière d'imposition du revenu, la déconnexion entre exigibilité de la TVA et encaissement conduit les entreprises à devoir s'acquitter de leur dette envers le Trésor public alors qu'elles n'ont encore reçu aucun paiement de leur débiteur... et n'en recevront peut-être jamais ! C'est pourquoi la loi fiscale prévoit certains cas dans lesquels il est possible d'obtenir du Trésor public le remboursement de la taxe versée ou son imputation sur la taxe due par le redevable. Tel est le cas lorsqu'une vente est résiliée ou annulée ou lorsque les créances correspondantes sont devenues définitivement irrécouvrables[8].

SECTION 2 ASSIETTE ET TAUX DE LA TVA

870 Chaque mois ou chaque trimestre, selon le régime applicable, le redevable doit calculer la TVA dont il est débiteur envers l'État en opérant la différence entre la TVA collectée et la TVA récupérable. Or, la TVA collectée est elle-même égale au produit d'un taux (§ 2) et d'une assiette (§ 1).

8. Art. 272, CGI. Les mêmes règles s'appliquent aux services. Lorsque le client est soumis à une procédure de liquidation judiciaire, la TVA peut être récupérée dès la date de la décision prononçant la liquidation judiciaire (même texte). L'imputation ou la restitution est subordonnée à la justification, auprès de l'administration, de la rectification préalable de la facture initiale. Cette formalité prévue par la loi est exigée même si la société cliente est en liquidation judiciaire (CE, 28 mars 2012, n° 320470, *Sté Saint-Germain Automobile*, *Dr. fisc.* 2012, n° 26, comm. 352, concl. J. Boucher).

§ 1. L'ASSIETTE

871 Selon l'article 266 du Code général des impôts, la base d'imposition est constituée par toutes les sommes, valeurs, biens ou services reçus ou à recevoir par le fournisseur ou le prestataire en contrepartie de ces opérations, de la part de l'acheteur, du preneur ou d'un tiers, y compris les subventions directement liées au prix de ces opérations.

Cette formule fait référence à divers concepts déjà examinés plus haut[9] : les subventions complément de prix, la notion de contrepartie. Elle doit par ailleurs s'interpréter largement : l'expression « toutes les sommes, valeurs, etc. » invite au réalisme économique et au dépassement de la notion strictement juridique de prix. C'est d'ailleurs pourquoi l'article précité contient un luxe de détails afin d'apporter certaines précisions relatives à des opérations spécifiques.

L'esprit pragmatique qui préside à la détermination de l'assiette est confirmé à l'article 267 du Code général des impôts, qui précise que sont à comprendre dans la base d'imposition les impôts, taxes, droits et prélèvements de toute nature à l'exception de la taxe sur la valeur ajoutée elle-même, ainsi que les frais accessoires aux livraisons de biens ou prestations de services tels que commissions, intérêts, frais d'emballage, de transport et d'assurance demandés aux clients. En revanche, ne sont pas à comprendre dans la base d'imposition les escomptes de caisse, remises, rabais, ristournes et autres réductions de prix consenties directement aux clients[10]. De même, sont exclues de l'assiette les sommes remboursées aux intermédiaires qui effectuent des dépenses au nom et pour le compte de leurs commettants[11]. Cette exclusion est logique puisque le remboursement de frais ne s'analyse pas comme la rémunération d'un service rendu.

Le Conseil d'État contrôle toutefois que l'excès de pragmatisme ne conduise pas à des résultats juridiquement erronés. Ainsi, par exemple, lorsqu'une société vend des marchandises à ses clients tout en assortissant cette vente d'un « crédit gratuit », le Conseil d'État estime que l'assiette imposable est le prix convenu, et non ce prix diminué des intérêts pris en charge par le vendeur[12]. Les modalités de paiement utilisées dans la relation entre un acheteur et un fournisseur ne peuvent donc pas affecter la base d'imposition, même s'il est économiquement exact que le crédit gratuit diminue d'une certaine façon le prix pour l'acheteur.

§ 2. LES TAUX DE TVA

872 Le choix du nombre de taux de TVA et la détermination de leur montant constituent une dimension essentielle de la **politique fiscale**[13]. Les pratiques en la matière se sont révélées extrêmement fluctuantes selon les États et les époques, car toutes les politiques se justifient dans une certaine mesure. Un système à taux multiples présente l'avantage d'imposer plus lourdement les biens de luxe et les biens dont la

9. Cf. *supra*, n° 857.

10. Sur le cas des réductions de prix dissimulant la rémunération d'une prestation de service effectuée par le client, cf. *supra*, n° 854.

11. Cette exclusion a lieu à condition que ces intermédiaires rendent compte à leurs commettants, portent ces dépenses dans leur comptabilité dans des comptes de passage, et justifient auprès de l'administration des impôts de la nature ou du montant exact de ces débours.

12. CE, 20 nov. 2013, n° 358331, *SA des Galeries Lafayette*, *Dr. fisc.* 2014, n° 4, comm. 85, chron. C. Acard, § 11.

13. Sur ce sujet, on pourra consulter L. Ebrill, M. Keen, J.-P. Bodin et V. Summers, *The Modern VAT*, IMF, 2001, chap. 7, "Rate Differentiation", p. 68 et s. Pour un bilan récent des politiques fiscales, cf. International Tax Dialogue, Background Paper, *The Value added-tax – Exprimences and Issues* (2005), p. 14 ; I. Lejeune, J. Daou-Azzi, M. Powell, "The Balance Has Shifted to Consumption Taxes – Lessons Learned and Best Practices for VAT", in M. Lang, P. Melz et E. Kristoffersson, *Valued Added Tax and Direct Taxation. Similarities and Differencies*, IBFD, 2009, p. 59 et s., spéc. p. 84-85.

demande est inélastique (en ce sens que l'augmentation de leur prix ne réduit pas ou seulement très peu leur demande). Il permet aussi, à travers l'introduction de taux réduits, de limiter le caractère régressif de la TVA en facilitant l'accès de tous à certains biens ou services de première nécessité, ainsi que de soutenir certaines politiques économiques et sociales. Le problème d'un système à taux multiples est toutefois d'obliger à un classement fastidieux des opérations selon le taux dont elles relèvent, de créer des problèmes de frontière entre les catégories et d'augmenter les contraintes administratives liées au respect de la réglementation fiscale. C'est pourquoi plus de 70 % des nouvelles lois en matière de TVA adoptées entre 1995 et 2005 ne contiennent qu'un seul taux de TVA[14], ce qui constitue l'orientation préconisée notamment par le Fonds monétaire international et l'OCDE.

La politique de l'Union européenne en la matière consiste à imposer aux États membres de n'avoir qu'un nombre limité de taux. Il résulte ainsi des articles 96 et suivants de la directive TVA qu'à côté d'un taux normal qui ne peut être inférieur à 15 %, les États membres peuvent appliquer, soit un, soit deux taux réduits. Ceux-ci ne peuvent cependant concerner que certaines opérations limitativement énumérées par l'annexe III de la directive TVA et ne peuvent être inférieurs à 5 %. Tel n'a cependant pas toujours été le cas. Lorsque la sixième directive entra en vigueur, les États membres étaient libres d'imposer des taux plus élevés ou plus faibles que le taux ordinaire à certaines livraisons de biens ou prestations de services, sans limite particulière tenant à la nature des biens ou services concernés ou au nombre de taux applicables. La limitation de la liberté des États membres en cette matière date d'une directive adoptée le 19 octobre 1992[15].

En dépit de son apparente simplicité, le système communautaire est complexe. La directive TVA ne se contente pas d'énoncer le principe général énoncé ci-dessus mais contient également certaines dispositions relatives à des opérations particulières telles que les livraisons de gaz ou d'électricité, ainsi que de multiples règles temporaires, des règles de droit transitoire ou encore des règles concernant certains pays seulement. Une directive du 5 mai 2009 a par ailleurs relâché les contraintes encadrant l'adoption de taux réduits par les États membres en autorisant à titre permanent l'application facultative de taux réduits pour certains services à forte intensité de main-d'œuvre prestés au niveau local, y compris les services de restauration, pour lesquels il n'existe pas de risque de concurrence déloyale entre les prestataires de services dans les différents États membres[16]. Le tout confère un caractère très touffu à la réglementation des taux de TVA et conduit à la conclusion que la diversité des taux applicables dans les États membres constitue aujourd'hui comme hier une source importante de distorsion du commerce intra-communautaire. On comprend pourquoi, par souci de réalisme et de simplification, une communication de la Commission européenne du 7 avril 2016 envisage qu'à l'avenir, les États membres puissent devenir libres d'appliquer un taux réduit aux biens et services de leur choix[17].

Il est par ailleurs intéressant de constater que la Cour de justice accepte désormais d'examiner la validité de la directive au regard du principe d'égalité de traitement énoncé à l'article 20 de la Charte

14. Exemples : Singapour, Thaïlande, Liban, Australie, Nouvelle-Zélande. Dans ces États où n'existe qu'un seul taux, celui-ci est notablement plus faible que ceux pratiqués en Europe. À titre d'exemple, le taux est de 7 % à Singapour, de 12,5 % en Nouvelle-Zélande (15 % depuis le 1er oct. 2010) et de 10 % en Australie. Pour un aperçu des différents modèles en droit comparé, cf. A. Charlet et J. Owens, « Une perspective internationale sur la TVA », *Dr. fisc.* 2010, n° 39, ét. 499. Les auteurs notent que certains États, naguère proches du modèle européen, évoluent vers un système à taux unique et à base large. C'est notamment le cas de la Suisse.

15. Directive n° 92/77/CEE. Pour l'histoire et la problématique générale des taux de TVA en Europe, cf. R. de la Feria, *The EU VAT System and The Internal Market,* IBFD, 2009, p. 72 et s., 127 et s.

16. Directive n° 2009/47/CE du 5 mai 2009.

17. COM (2016) 148 final du 7 avr. 2016.

des droits fondamentaux[18]. Si elle a, en l'espèce, considéré qu'il était conforme au principe d'égalité de traiter différemment les fournitures de livres sur support électronique et sur support physique, la décision ouvre une phase d'incertitude sur les frontières établies par la directive entre le champ des taux normaux et celui des taux réduits.

873 En France, le taux normal de TVA s'élève à 20 %[19], le taux intermédiaire à 10 %[20] et le taux réduit à 5,5 %[21]. À ces trois taux, il faut ajouter le taux super-réduit de 2,1 % qui touche par exemple des publications de presse et des médicaments remboursables par la Sécurité sociale[22].

Le taux normal est le taux de droit commun. Il s'applique en principe à toutes les livraisons de biens et prestations de services. Le taux intermédiaire vise essentiellement les biens de consommation courante, le transport de voyageurs ou certains spectacles (mais la liste figurant aux articles 278 *bis* et suivants du CGI est très longue...). Le taux réduit concerne des produits considérés comme de première nécessité. Il s'applique à certains appareillages, équipements et matériels médicaux, aux livres, à certaines fournitures de logement à caractère social, et à certaines denrées alimentaires. L'idée commune aux taux intermédiaire et réduit est donc de stimuler certains secteurs à forte densité de main-d'œuvre ou dont l'utilité sociale est avérée. La combinaison des taux donne cependant des résultats complexes et parfois difficilement explicables (rationnellement, s'entend). Ainsi, par exemple, l'alimentation est soumise à deux taux distincts : le taux réduit pour l'eau, les boissons non alcooliques et les produits destinés à l'alimentation humaine, et le taux intermédiaire pour les produits alimentaires qui sont préparés en vue d'une consommation immédiate. Subtil exercice de qualification, que celui qui consiste à se demander si un produit alimentaire est préparé ou non en vue d'une consommation immédiate...

À la lumière du droit comparé, les taux français se situent dans une fourchette moyenne, étant précisé que le taux normal moyen au niveau de l'UE s'élève à 21,5 %[23]. Les taux ordinaires les plus élevés de l'Union européenne se rencontrent en Hongrie (27 %), au Danemark, en Suède et en Croatie (25 %) ainsi qu'en Finlande et en Roumanie (24 %). Le plus faible se rencontre au Luxembourg (17 %) Le taux super-réduit français est le plus bas des sept États membres qui utilisent ce mécanisme.

Ajoutons pour terminer qu'il existe dans notre système TVA un **taux zéro pour les exportations**. Si cette terminologie ne figure nulle part dans la directive et dans le droit français, elle est pourtant bien plus conforme à la réalité du droit que la notion d'exonération retenue par les textes. En effet, si les exportations étaient exonérées au sens strict, la TVA grevant les dépenses affectées à des exportations ne serait jamais déductible. Or, c'est l'inverse puisque, comme on le reverra plus loin, ces dépenses ouvrent droit à déduction. Il est donc plus exact de parler de taux zéro (ce qui laisse subsister un droit à déduction) que d'exonération[24].

---

18. CJUE, 7 mars 2017, C-390/15, *RPO*, *Dalloz IP/IT*, juill.-août 2017, p. 407 et s., note E. Ashworth.

19. Art. 278 CGI. Ce taux, qui était censé passer à 21,2 % au 1er oct. 2012, est resté au même niveau en raison du changement de majorité politique et du rejet corrélatif de l'idée de « TVA sociale » qui reposait sur une augmentation du taux de TVA pour financer la baisse du coût du travail (charges patronales). Mais la même majorité a finalement décidé en décembre 2012 de voter un relèvement de la TVA pour financer la création du crédit d'impôt pour la compétitivité et l'emploi. Le taux de 20 % s'applique ainsi depuis le 1er janv. 2014.

20. Pour la liste des opérations soumises au taux intermédiaire de 10 %, cf. CGI, art. 278 *bis*, 278 *quater*, art. 278 *sexies* A, 278 *septies*, 279, 279-0 *bis* et 279-0 *bis* A.

21. Pour la liste des opérations soumises au taux réduit de 5,5 %, cf. CGI, art. 278-0 *bis*, art. 278-0 *ter*, art. 278 *sexies*.

22. Cf. CGI, art. 281 *quater* à 281 *nonies*.

23. Eurostat, *Taxation trends in the European Union*, 2017.

24. En faveur de cette analyse, cf. par ex. D. Williams, "Value-Added Tax", in V. Thuronyi (ed.), *Tax Law Design and Drafting*, IMF, 1996, vol. 1, p. 164 et s., spéc. p. 215.

SECTION 3 DÉDUCTIONS

874 Le droit à déduction de la TVA constitue l'essence du système mis en place par cet impôt. C'est ce qui le distingue des taxes en cascade et lui permet d'atteindre son objectif de neutralité économique[25]. Comme l'énonce la Cour de justice dans de multiples arrêts, « le droit à déduction fait partie intégrante du mécanisme de la TVA et ne peut, en principe, être limité. Il s'exerce immédiatement pour la totalité des taxes ayant grevé les opérations effectuées en amont. En effet, le régime des déductions vise à soulager entièrement l'entrepreneur du poids de la TVA due ou acquittée dans le cadre de toutes ses activités économiques. Le système commun de la TVA garantit ainsi la neutralité quant à la charge fiscale de toutes les activités économiques, quels que soient les buts ou les résultats de celles-ci, à condition que lesdites activités soient, en principe, elles-mêmes soumises à la TVA »[26].

Le droit à déduction repose sur l'idée que le bien est affecté à une opération imposée. C'est ce qu'on verra en étudiant l'exercice du droit à déduction (§ 1). Il se peut cependant que ce postulat d'affectation à une opération imposée ne résiste pas à l'épreuve du temps : il faut alors procéder à une régularisation (§ 2). Il faut enfin étudier le mécanisme très particulier de la livraison à soi-même qui constitue le complément naturel des règles de déduction et un substitut possible aux règles de régularisation (§ 3).

§ 1. L'EXERCICE DU DROIT À DÉDUCTION

875 Pour que la taxe grevant les opérations d'amont soit déductible, il faut que soient réunies certaines conditions de fond (A) et de forme (B). Les modalités de la déduction sont elles-mêmes variables (C).

A. LES CONDITIONS DE FOND DE LA DÉDUCTION

876 La principale condition à remplir est positive : il faut qu'il existe un lien entre la dépense d'amont grevée de TVA et une opération d'aval ouvrant droit à déduction (1°). La seconde condition est négative : il ne doit exister aucune norme s'opposant à la déduction (2°).

25. Sur le lien entre droit à déduction et principe de neutralité, v. A. Magnant, « La neutralité de la TVA : propos introductifs », *Revue française des finances publiques*, « La TVA : 60 ans après », n° 128, nov. 2014, p. 47 et s., et dans le même numéro de cette revue, p. 65 et s., E. Ashworth, « Le droit à déduction : pierre angulaire et talon d'Achille ».

26. Cf. en ce sens, CJCE, 13 mars 2008, *Securenta*, aff. C-437/06, points 24 et 25 ; 29 oct. 2009, *AB SKF*, aff. C-29/08, points 55 et 56, et la jurisprudence citée. Pour un exposé complet des principales problématiques liées aux déductions en matière de TVA, v. D. Bouchet et J. Marx, « TVA : soixante ans, soixante questions-clés (3e volet) », *Dr. fisc.* 2015, n° 5, ét. 112.

1. Un lien entre la dépense grevée de TVA et une opération ouvrant droit à déduction

877 L'exigence d'un lien entre la dépense d'amont et l'opération d'aval est formulée par l'article 168 de la directive TVA en ces termes : « dans la mesure où les biens et les services sont utilisés pour les besoins de ses opérations taxées, l'assujetti a le droit, dans l'État membre dans lequel il effectue ces opérations, de déduire du montant de la taxe dont il est redevable la TVA due ou acquittée dans cet État membre pour les biens qui lui sont ou lui seront livrés et pour les services qui lui sont ou lui seront fournis par un autre assujetti ». La directive est sur ce point transposée à l'article 271 du Code général des impôts qui énonce que « la taxe sur la valeur ajoutée qui a grevé les éléments du prix d'une opération imposable est déductible de la taxe sur la valeur ajoutée applicable à cette opération ». Le paragraphe II du même texte précise que la déduction a lieu « dans la mesure où les biens et les services sont utilisés pour les besoins de leurs opérations imposables, et à la condition que ces opérations ouvrent droit à déduction ».

Pour comprendre comment ces deux textes s'appliquent, il faut raisonner en plusieurs étapes :

— rechercher s'il existe un lien direct et immédiat entre la dépense d'amont et une seule opération d'aval (a) ;

— si tel n'est pas le cas, rechercher s'il existe un lien direct et immédiat entre la dépense d'amont et plusieurs opérations d'aval précisément déterminées (b) ;

— si tel n'est toujours pas le cas, rechercher s'il existe un lien direct et immédiat entre la dépense d'amont et l'ensemble de l'activité économique (c).

a) Le lien direct et immédiat entre la dépense d'amont et une opération précisément déterminée en aval

878 Pour qu'un droit à déduction de la TVA d'amont soit reconnu à l'assujetti et pour déterminer l'étendue d'un tel droit, il est nécessaire qu'existe « un lien direct et immédiat entre une opération particulière en amont et une ou plusieurs opérations en aval ouvrant droit à déduction »[27]. Le droit à déduction de la TVA grevant l'acquisition de biens ou de services en amont présuppose que les dépenses effectuées pour acquérir ceux-ci fassent partie des éléments constitutifs du prix des opérations taxées en aval ouvrant droit à déduction.

Cette jurisprudence permet de mettre en lumière que le droit à déduction ne dépend pas, en tant que tel, du caractère « imposable » de l'opération d'aval. Une opération « imposable » peut en effet être imposée ou exonérée. Or, comme on le sait, une dépense affectée à une opération effectivement imposée ouvre droit à déduction alors que tel n'est pas le cas lorsque la dépense est affectée à une opération exonérée.

Il résulte du principe général énoncé ci-dessus que lorsque la TVA d'amont grève des dépenses affectées à une opération non imposable, elle n'est pas déductible. Cette non-déductibilité peut en pratique se rencontrer dans deux hypothèses : soit l'opération

27. CJCE, 6 avr. 1995, aff. C-4/94, *BLP Group*, point 19 ; 8 juin 2000, *Midland Bank*, aff. C-98/98, point 24 ; 22 févr. 2001, aff. C-408/98, *Abbey National*, point 26 ; 8 févr. 2007, *Inverstrand*, aff. C-435/05, point 23 ; 29 oct. 2009, *AB SKF*, aff. C-29/08, point 57.

d'aval est exonérée, soit elle est hors champ. Dans ces deux cas, il n'y a pas de perception de taxe en aval. Il ne peut donc y avoir de déduction de la taxe en amont[28].

879 Jusqu'ici, rien de compliqué. Le raisonnement fait ci-dessus peut être résumé de la façon suivante.

Arbre de raisonnement sur la déduction de la TVA (phase 1)

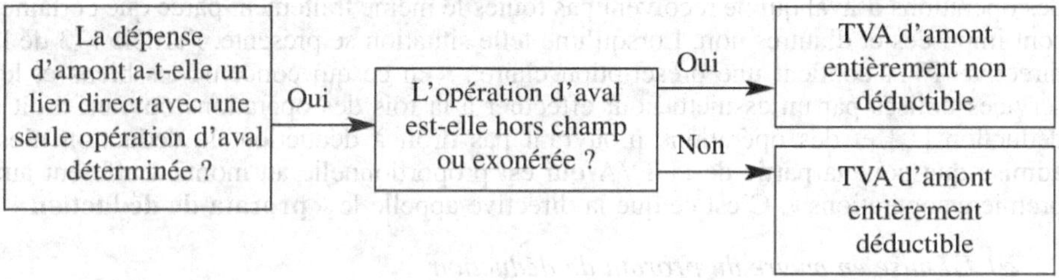

Les choses se corsent lorsqu'une dépense grevée de TVA en amont est affectée à plusieurs opérations déterminées en aval.

b) Le lien direct et immédiat entre la dépense d'amont et plusieurs opérations précisément déterminées en aval

880 Il arrive fréquemment qu'une dépense faite par une entreprise ne soit pas affectée à une opération d'aval en particulier, mais à plusieurs d'entre elles. L'acquisition d'un logiciel peut servir à plusieurs activités exercées par l'entreprise. La rémunération d'un avocat peut concerner plusieurs opérations en cours, etc.

Or, il est tout aussi courant que les entreprises se livrent à des activités qui n'ont pas toutes le même statut au regard de la TVA. Certaines sont hors champ, d'autres sont imposées, d'autres sont exonérées. Ainsi, une entreprise peut réaliser à la fois des opérations imposées et des opérations hors champ. C'est le cas, par exemple, lorsqu'une société réalise des opérations commerciales soumises à TVA et détient des participations dans des filiales sans s'immiscer dans leur activité (activité hors champ, comme on l'a vu plus haut[29]). Une telle entreprise est traditionnellement qualifiée d'« **assujetti partiel** » car seule une partie de son activité rentre dans le champ de la TVA. De même, certaines entreprises réalisent à la fois des opérations imposées et des opérations exonérées. Songeons ainsi au cas d'un vendeur de matériel informatique se livrant à des ventes imposées et à des activités de formation continue exonérées. De telles entreprises sont couramment qualifiées de « **redevables partiels** ». Si elles sont assujetties (donc théoriquement imposables) sur l'ensemble de leurs activités, elles n'en sont pas moins redevables de la TVA sur une fraction seulement de leur chiffre d'affaires. Reste le cas des entreprises qui combinent la qualité d'assujetti partiel et de redevable partiel parce qu'elles cumulent des activités imposées, des activités exonérées et des activités hors champ.

28. V. par ex. en ce sens CJCE, 30 mars 2006, *Uudenkaupungin kaupunki*, aff. C-184/04, point 24 ; 14 sept. 2006, *Wollny*, aff. C-72/05, point 20 ; 12 févr. 2009, *Vereniging Noordelijke Land-en Tuinbouw Organisatie*, aff. C-515/07, point 28 ; 29 oct. 2009, *AB SKF*, aff. C-29/08, point 59.

29. Cf. *supra*, n° 839.

Lorsqu'un assujetti partiel ou un redevable partiel acquiert des biens ou des services qui sont exclusivement affectés, soit à des activités ouvrant droit à déduction (car effectivement imposées), soit à des activités n'ouvrant pas droit à déduction (car hors champ ou exonérées), il n'y a pas de difficulté particulière. La TVA grevant ces dépenses est alors intégralement déductible ou intégralement non déductible selon que l'opération d'aval est imposée ou non.

Un problème particulier se pose cependant lorsque la TVA d'amont est affectée à des opérations d'aval qui ne reçoivent pas toutes le même traitement parce que certaines sont imposées et d'autres non. Lorsqu'une telle situation se présente, l'article 173 de la directive TVA contient une prescription claire : « en ce qui concerne les biens et les services utilisés par un assujetti pour effectuer à la fois des opérations ouvrant droit à déduction [...] et des opérations n'ouvrant pas droit à déduction, la déduction n'est admise que pour la partie de la TVA qui est proportionnelle au montant afférent aux premières opérations ». C'est ce que la directive appelle le « **prorata de déduction** ».

α) La mise en œuvre du prorata de déduction

881 La mise en œuvre du prorata de déduction a donné lieu, en France, à l'adoption d'un décret du 16 avril 2007 présentant de façon mathématique les modalités de calcul du droit à déduction[30]. Il en résulte que la TVA grevant un bien ou un service qu'un assujetti à cette taxe acquiert est déductible à proportion d'un « **coefficient de déduction** » (autre expression pour parler de prorata de déduction) qui constitue le produit de trois autres coefficients : le coefficient d'assujettissement, le coefficient de taxation et le coefficient d'admission.

Bien qu'apparemment complexe, cette formule mathématique repose sur un raisonnement simple : le droit à déduction dépend de l'étendue de l'assujettissement (coefficient d'assujettissement), de la ventilation entre opérations imposées et opérations exonérées (coefficient de taxation) et de l'existence de règles spécifiques empêchant la déduction (coefficient d'admission).

Plus précisément :

— le **coefficient d'assujettissement** d'un bien ou d'un service est égal à sa proportion d'utilisation pour la réalisation d'opérations imposables. Les opérations imposables s'entendent des opérations situées dans le champ d'application de la taxe sur la valeur ajoutée en vertu des articles 256 et suivants du Code général des impôts, qu'elles soient imposées ou légalement exonérées.

Exemple

Un entrepreneur individuel A acquiert pour un million d'euros HT un immeuble neuf de 245 mètres carrés, qu'il entend affecter en partie à son entreprise. Il décide de conserver dans son patrimoine privé la partie de l'immeuble qu'il réserve à son usage privatif (logement à usage d'habitation), d'une surface de 85 mètres carrés. Le coefficient d'assujettissement de l'immeuble, déterminé l'année de son acquisition, est égal à (245 – 85)/245, soit 0,65306... arrondi à 0,66.

— Le **coefficient de taxation** d'un bien ou d'un service est égal à l'unité lorsque les opérations imposables auxquelles il est utilisé ouvrent droit à déduction. Le

30. Décret n° 2007-566 modifiant l'annexe II, CGI (art. 205 et s.), commenté par l'administration dans le BOI-TVA-DED-20-10. Pour le détail cf. T. Benoit, « Coup de tonnerre sur la TVA ou comment tailler une nouvelle face de la pierre angulaire », *Dr. fisc.* 2007, n° 30-35, ét. 776 ; O. Courjon et J-C. Bouchard, « Le droit à déduction de la TVA ou comment une refonte à droit quasi constant a fait émerger le principe de l'affectation » : *Dr. fisc.* 2008, n° 6, ét. 144 ; obs. Y. Sérandour in *L'année fiscale*, *Dr. fisc.* 2008, Hors série, p. 12.

coefficient de taxation d'un bien ou d'un service est nul lorsque les opérations auxquelles il est utilisé n'ouvrent pas droit à déduction. Lorsque le bien ou le service est utilisé concurremment pour la réalisation d'opérations imposables ouvrant droit à déduction et d'opérations imposables n'ouvrant pas droit à déduction, le coefficient de taxation résulte de la fraction suivante :

$$\frac{\text{montant annuel du chiffre d'affaires afférent aux opérations ouvrant droit à déduction}}{\text{montant total annuel du chiffre d'affaires afférent aux opérations imposables}}$$ [31]

Pour le calcul du coefficient de taxation, il est fait abstraction du montant du chiffre d'affaires afférent aux cessions des biens d'investissements corporels ou incorporels et au produit des opérations immobilières et financières accessoires exonérées de la taxe sur la valeur ajoutée[32]. La finalité de cette règle ressort de l'exposé des motifs accompagnant la proposition de sixième directive[33] selon lequel « [l] es éléments visés doivent être exclus du calcul du prorata, afin d'éviter qu'ils puissent en fausser la signification réelle dans la mesure où de tels éléments ne reflètent pas l'activité professionnelle de l'assujetti. Tel est le cas de ventes de biens d'investissement et des opérations immobilières ou financières qui ne sont effectuées qu'à titre accessoire, c'est-à-dire qui n'ont qu'une importance secondaire ou accidentelle par rapport au chiffre d'affaires global de l'entreprise. Ces opérations ne sont d'ailleurs exclues que si elles ne relèvent pas de l'activité professionnelle habituelle de l'assujetti ».

En pratique, la mise en œuvre de ces règles donne lieu à d'importantes difficultés. En témoigne l'affaire *SNC Ariane* soumise au Conseil d'État[34] où était en cause le traitement, au regard de la TVA, des produits financiers perçus par un administrateur de biens. En l'espèce, la SNC Ariane qui exerce une activité de location, de gérance et d'exploitation de biens et droits immobiliers pour son propre compte et pour celui d'investisseurs et de propriétaires, a opté pour l'assujettissement des loyers à la TVA. S'obligeant à verser aux propriétaires un revenu annuel forfaitaire garanti, elle a, dans le but de couvrir ses risques d'exploitation et d'assurer le financement d'opérations immobilières d'envergure, conclu divers contrats avec des organismes bancaires et financiers et perçu d'importants revenus financiers.

À l'issue d'une vérification de sa comptabilité, l'administration a considéré que les produits financiers perçus par la société Ariane étaient le prolongement direct, permanent et nécessaire de l'activité de gestion de droits immobiliers et qu'ils ne pouvaient en conséquence être exclus du calcul du prorata de déduction alors défini à l'article 212 de l'annexe II au CGI, puisqu'il ne s'agissait pas de produits financiers accessoires au sens du § 2, b de cet article. Le Conseil d'État a validé ce raisonnement en considérant que « le placement en cause, en visant la production de recettes locatives à caractère permanent, avait bien le caractère d'une activité économique, menée par une assujettie agissant en tant que telle dès lors qu'elle était le prolongement direct, permanent et nécessaire de l'activité taxable de gestion immobilière et que, par suite, ces revenus ne trouvaient pas leur origine dans la simple gestion passive de son patrimoine propre mais apparaissaient indissociablement liés à l'activité économique taxable de la

31. Le dénominateur et le numérateur de la fraction incluent dans le chiffre d'affaires les subventions complément de prix.

32. Sont considérées comme accessoires les opérations qui présentent un lien avec l'activité principale de l'entreprise et dont la réalisation nécessite une utilisation limitée au maximum à 10 % des biens et des services grevés de taxe sur la valeur ajoutée qu'elle a acquis. Ce pourcentage est apprécié en fonction de la proportion d'utilisation pour ces opérations de chaque bien et service grevé de taxe sur la valeur ajoutée. Cette proportion est appliquée à la valeur d'acquisition par le redevable de chacun de ces biens et services pour déterminer leur valeur d'utilisation. Le pourcentage résulte du rapport entre, au numérateur, la somme des valeurs d'utilisation ainsi déterminées et, au dénominateur, le montant total de la valeur d'acquisition de ces biens et services.

33. Proposition présentée par la Commission des Communautés européennes au Conseil des Communautés européennes le 29 juin 1973 (voir *Bulletin des Communautés européennes*, supplément 11/73, p. 20).

34. CE, 21 oct. 2011, n° 315469, *SNC Ariane*, *Dr. fisc.* 2012, n° 2, comm. 55, concl. C. Legras, note C. Sniadower ; *RJF* 1/12, n° 24, et l'étude de Ph. Tournès, p. 9 et s.

requérante et devaient dès lors s'analyser comme la contrepartie d'opérations de prestations de services effectuées à titre onéreux au sens des dispositions précitées de l'article 256 du Code général des impôts ». S'étant prononcé en faveur de l'inclusion des intérêts dans le champ de la TVA, le Conseil d'État devait encore se prononcer sur le caractère accessoire des recettes. À cet égard, le Conseil d'État énonce « qu'il résulte des décisions rendues par la Cour de justice des Communautés européennes dans les affaires C-306/94 Régie dauphinoise le 11 juillet 1996, C-77/01 EDM le 29 avril 2004, C-98/07 Nordania Finans et BG Factoring le 6 mars 2008 et C-174/08 NCC Construction Danmark A/S le 29 octobre 2009 qu'une activité économique ne saurait être qualifiée d'accessoire au sens des dispositions de l'article 19, paragraphe 2 de la sixième directive, si elle constitue le prolongement direct, permanent et nécessaire de l'activité taxable de l'entreprise ou si elle implique une utilisation significative de biens et de services pour lesquels la taxe sur la valeur ajoutée est due »[35]. En pratique, l'arrêt commenté n'est évidemment pas une bonne nouvelle pour les entreprises qui, telles la SNC Ariane, sont conduites à faire des placements financiers, non tant dans leur intérêt propre, mais dans celui de leurs clients dont elles doivent sécuriser les revenus. Il conduit en effet à leur imposer une sévère réduction de leurs droits à déduction dès lors que le prorata est affecté par les revenus financiers issus de leurs placements. Il convient toutefois d'observer que la portée de l'arrêt doit être correctement circonscrite. Comme le relevait le rapporteur public Claire Legras, il existe une ligne de démarcation entre l'hypothèse dans laquelle est en cause l'utilisation par une société de fonds qui font partie de son patrimoine propre et l'hypothèse dans laquelle une société perçoit des intérêts produits par le placement des sommes reçues de ses clients dans le cadre de la gestion d'immeubles appartenant à ces derniers. Si, dans le second cas, le critère du lien direct, nécessaire et permanent aboutit presque mécaniquement à inclure les recettes financières dans le champ de la TVA et à leur reconnaître un caractère non accessoire, il en va tout autrement dans le premier cas, qui est celui dans lequel une société procède à la gestion de sa propre trésorerie.

Un autre problème relatif au calcul du coefficient de taxation s'est posé lorsqu'une entreprise française réalise une partie de son chiffre d'affaires à l'étranger. Dans une affaire intéressant le Crédit Lyonnais[36], la CJUE a ainsi jugé que pour calculer le prorata de déduction applicable aux dépenses supportées en France par son siège, une entreprise n'est pas autorisée à retenir le chiffre d'affaires qu'elle réalise à partir de ses succursales à l'étranger (qu'il s'agisse d'un État membre de l'Union européenne ou d'un pays tiers)[37]. Dans cette affaire, le Crédit Lyonnais entendait que les intérêts que le siège facturait à ses succursales étrangères fussent pris en considération au numérateur et au dénominateur du prorata de déduction. Il estimait que si le montant des intérêts facturés par le siège aux succursales ne pouvait être pris en compte au motif que son siège relèverait, avec ses succursales étrangères, d'une seule et même entité, alors les recettes des opérations que ces dernières réalisaient avec des tiers devraient être regardées comme étant les siennes et être prises en compte pour le calcul du prorata de déduction qui lui était appliqué. C'est ainsi que le litige a débouché sur la question de la légitimité du « prorata mondial ». Le refus de la Cour se justifie par l'idée selon laquelle un assujetti à la TVA est soumis, à côté du régime applicable dans l'État de son siège, à autant de régimes de déductions nationaux que d'États membres dans lesquels il dispose d'établissements stables. Il serait donc contraire, selon la Cour, à « la répartition rationnelle des sphères d'application des législations nationales en matière de TVA » de tenir compte du chiffre d'affaires réalisé par tous les établissements stables dont un assujetti dispose dans les autres États membres de l'Union pour calculer le prorata applicable à l'établissement principal d'un assujetti établi dans un État membre. On aurait pu s'attendre, au vu de l'arrêt *Crédit Lyonnais*, que l'administration s'abstienne en toutes circonstances de faire application du

35. Pour l'explication de la solution de compromis trouvée par le Conseil d'État pour concilier diverses décisions de la CJUE, v. les conclusions de C. Legras sous l'arrêt. Pour un autre exemple d'interprétation de la notion de « prolongement direct, permanent et nécessaire », v. CE, 1er oct. 2015, n° 369846, *Société Edenred France, Dr. fisc.* 2016, n 7-8, comm. 179, concl. E. Crépey, note L. Chetcuti et R. Dayan ; *RJF* 12/15, n° 1008 et l'étude de G. Berger-Picq, p. 962 et s.

36. CJUE, 12 sept. 2013, C-388/11, *Le Crédit Lyonnais*, *Dr. fisc.* 2013, n° 41, comm. 471, note I. Féron et R. Zana ; *Dr. fisc.* 2014, n° 10, comm. 194, chron. Y. Sérandour. V. aussi sur cet arrêt C. Aldebert, E. Ashworth et C. Reinbold, « Droit à déduction dans une relation siège-succursale », *FR* 39/13, comm. 11.

37. Pour l'arrêt de renvoi, v. CE, 28 mai 2014, n° 301849 et 328713, *Le Crédit Lyonnais*, et la chronique d'E. Bokdam-Tognetti, « TVA et prorata de déduction : la force du territoire », *RJF* 8-9/14, p. 731.

prorata mondial, y compris lorsqu'est en cause le prorata de déduction de la succursale française d'une banque étrangère. Il n'en est rien... et une cour administrative d'appel a cru devoir lui donner raison[38].

— Le **coefficient d'admission** d'un bien ou d'un service est égal à l'unité, sauf lorsqu'une règle particulière prohibe la déduction de la TVA[39]. Le coefficient d'admission est alors nul.

L'application de ces trois coefficients suppose, comme on peut le constater, une individualisation extrêmement poussée du lien entre chaque dépense effectuée par l'entreprise et la ou les opérations auxquelles cette dépense est affectée. Or une telle subtilité n'est pas toujours possible dans la vie réelle, faute de temps et de ressources pour les entreprises qui réalisent chaque jour de multiples opérations. Certaines mesures de simplification pratique sont ainsi, soit imposées, soit offertes par la réglementation.

β) Les mesures de simplification

882 L'article 209, I de l'annexe II au Code général des impôts prévoit que les opérations situées hors du champ d'application de la taxe sur la valeur ajoutée et les opérations imposables doivent être comptabilisées dans des comptes distincts pour l'application du droit à déduction. En outre, pour les entreprises qui ne réalisent que des opérations dans le champ de la TVA, les opérations qui ne sont pas soumises à des dispositions identiques au regard de la TVA doivent être comptabilisées dans des comptes distincts pour l'application du droit à déduction[40]. L'intérêt de cette « **sectorisation** » est d'obliger les entreprises à affecter telle ou telle dépense à un secteur donné pour aboutir plus aisément, soit à la déduction intégrale de la TVA d'amont, soit à l'absence de déduction. Lorsqu'une dépense est commune à plusieurs secteurs, le coefficient de déduction prend en compte les chiffres d'affaires respectifs des secteurs concernés.

Par ailleurs, les coefficients d'assujettissement et de taxation peuvent faire l'objet d'un **calcul forfaitaire** par le contribuable au titre de chaque année civile, quitte à faire l'objet d'une régularisation *a posteriori*. L'assujetti peut ainsi retenir, pour l'ensemble de ses biens et services utilisés concurremment à des opérations imposables et à des opérations non imposables, un coefficient d'assujettissement unique, sous réserve d'en justifier. De même, il peut retenir, pour l'ensemble de ses biens et services, un coefficient de taxation unique. En pratique, donc, lorsqu'au titre d'une année civile « N », une dépense est utilisée concurremment pour la réalisation d'opérations imposées et d'opérations exonérées, la déduction s'applique à hauteur d'un coefficient forfaitaire provisoire égal au coefficient de taxation forfaitaire définitif de l'année civile « N – 1 ».

883 On peut désormais compléter notre arbre de raisonnement relatif aux déductions de TVA de la façon suivante.

38. CAA Versailles, 27 janv. 2015, n° 10VE01053 et n° 11VE03805, *Sté Morgan Stanley & Co International Plc*, *Dr. fisc.* 2015, n° 16, concl. B. Coudert, note I. Féron. Cette décision a fait l'objet d'un pourvoi et le Conseil d'État a transmis à la Cour de justice une question préjudicielle (CE, 29 mars 2017, n° 389105, *Sté Moran Stanley et Co International plc*, *Dr. fisc.* 2017, n° 23, comm. 337, concl. E. Cortot-Boucher ; dans le même numéro de *Droit fiscal*, v. l'article de Y. Sérandour, ét. 333).

39. Pour l'exposé de ces règles, cf. *infra*, n° 887.

40. Le même texte énumère, en outre, un certain nombre d'activités économiques dans lesquelles la constitution d'un secteur distinct est obligatoire. En ce cas, le secteur peut comprendre des activités imposées et des activités exonérées, ce qui rend nécessaire la détermination d'un coefficient de déduction propre à ce secteur.

Arbre de raisonnement sur la déduction de la TVA (phases 1 et 2)

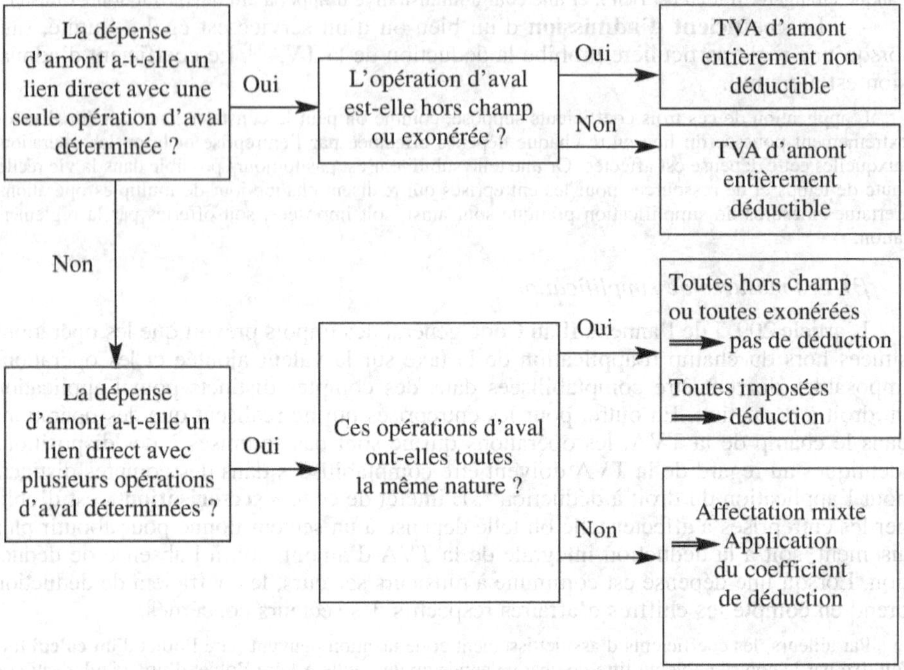

Il reste à examiner le cas dans lequel une dépense d'amont n'est pas affectée à des opérations particulières mais à l'ensemble de l'activité économique de l'entreprise.

c) *Le lien direct avec l'ensemble de l'activité économique*

884 Comme on l'a vu plus haut, la reconnaissance d'un droit à déduction de la TVA d'amont implique en principe qu'existe « un lien direct et immédiat entre une opération particulière en amont et une ou plusieurs opérations en aval ouvrant droit à déduction ». Il en résulte qu'en l'absence de lien direct entre la dépense d'amont et une ou plusieurs opérations d'aval clairement identifiées et ouvrant droit à déduction, il ne peut théoriquement y avoir de droit à déduction pour l'entreprise.

La Cour de justice a cependant apporté à cette règle de non-déductibilité une exception essentielle en pratique. Elle estime en effet qu'un droit à déduction peut exister en faveur de l'assujetti, même en l'absence de lien direct et immédiat entre une opération particulière en amont et une ou plusieurs opérations en aval ouvrant droit à déduction, lorsque les coûts des services en cause font partie des **frais généraux** de ce dernier et sont, en tant que tels, des **éléments constitutifs du prix** des biens ou des services qu'il fournit. De tels coûts entretiennent, en effet, un lien direct et immédiat avec l'ensemble de l'activité économique de l'assujetti[41].

41. En ce sens, notamment, arrêts précités *Midland Bank*, points 23 et 31 ; *Abbey National*, point 35 ; *Kretztechnik*, 26 mai 2005, aff. C-465/03, point 36 ; *Inverstrand*, point 24 ; *AB SKF*, point 58.

La théorie des frais généraux a notamment permis à la Cour d'admettre la possibilité pour un assujetti de déduire la TVA grevant des honoraires afférents à une transmission d'universalité de biens, alors même que cette opération est réputée une « non-opération » sans effet sur la TVA par l'État membre concerné[42]. Le même raisonnement a permis d'affirmer la déductibilité de la TVA grevant le coût de prestations d'avocat fournies à l'occasion de litiges nés de l'échec d'un rachat de société[43]. La Cour a également admis que la TVA ayant grevé des prises de participation par une société holding faisait partie de ses frais généraux et entretenait un lien direct et immédiat avec l'ensemble de son activité économique[44]. D'autres exemples encore existent dans la jurisprudence de la Cour[45]. Le Conseil d'État a également admis que les dépenses exposées par une société holding pour renforcer sa prise de participation dans une filiale ou participer à l'augmentation de capital de celle-ci peuvent être regardées comme faisant partie de ses frais généraux et entretiennent ainsi, en principe, un lien direct et immédiat avec l'ensemble de son activité économique. Il en va ainsi pour les dépenses exposées en vue seulement de conserver une participation si ces dépenses ne se rattachent pas à une activité purement patrimoniale de gestion de titres mais peuvent être imputées à l'activité économique de la holding[46]. De façon plus audacieuse, le Conseil d'État a même admis qu'une société holding puisse déduire, au titre de ses frais généraux, la TVA afférente aux frais qu'elle supporte pour l'acquisition de titres de participation qui seront portés par l'une de ses filiales (en l'espèce des honoraires versés à une banque d'affaires et à un cabinet d'audit pour la réalisation d'études préalables)[47]. La haute juridiction juge en effet qu'à la condition de produire des pièces justificatives établissant que, compte tenu de l'organisation du groupe, elle seule effectuera au profit des sous-filiales des prestations de services donnant lieu à des opérations caractérisant une activité économique et soumises à la TVA, la société holding peut déduire ces dépenses préparatoires à l'investissement, lesquelles doivent dès lors être regardées comme faisant partie de ses frais généraux et entretiennent un lien direct et immédiat avec l'ensemble de son activité économique. La solution n'est toutefois pas extensible au cas où une société holding décide la prise de participations dans des sociétés dont les titres seront détenus par une filiale ayant un objet exclusivement patrimonial[48].

Pour résumer le raisonnement en reprenant les mots parfaitement clairs de la Cour, « l'existence du droit à déduction est déterminée en fonction des opérations en aval auxquelles les opérations en amont sont affectées. Ainsi, ledit droit existe dans le cas où l'opération en amont soumise à la TVA se trouve en lien direct et immédiat avec une ou plusieurs opérations en aval ouvrant droit à déduction. Si tel n'est pas le cas, il y a lieu d'examiner si les dépenses effectuées pour acquérir des biens ou des services en amont font partie des frais généraux liés à l'ensemble de l'activité économique de

42. Arrêt *Abbey National* précité, points 35 et 36.

43. Arrêt *Midland Bank* préc.

44. CJCE, 27 sept. 2001, aff. C-16/00, *Cibo Participations*, point 33. Sur la portée de cet arrêt, cf. BOI-TVA-DED-20-10-20 n° 60.

45. Pour des frais d'introduction en Bourse et d'émission de titres, v. l'arrêt *Kretztechnik* précité ; pour des frais d'émission de titres, v. l'arrêt *Securenta* précité ; pour des frais afférents à une cession de titres, v. l'arrêt *AB SKF* préc.

46. CE, 9e et 10e s.-s., 26 déc. 2013, n° 350797, *Sté France Telecom*, *Dr. fisc.* 2014, n° 11, comm. 207, concl. F. Aladjidi, note Th. Hénique et A. Moraine.

47. CE, 24 juin 2013, n° 350588, *Sté L'Air Liquide*, *Dr. fisc.* 2013, n° 37, comm. 414, concl. N. Escaut, note F. Deboissy ; *Dr. fisc.* 2014, n° 10, comm. 194, chron. Y. Sérandour.

48. CE, 6 oct. 2008, n° 299265, *Sté Axa*.

l'assujetti. Dans l'un ou l'autre cas, l'existence d'un lien direct et immédiat présuppose que le coût des prestations en amont est incorporé respectivement dans le prix des opérations particulières en aval ou dans le prix des biens ou des services fournis par l'assujetti dans le cadre de ses activités économiques »[49].

Cette subtile dialectique n'est cependant pas aisée à appliquer. Considérons par exemple le cas dans lequel une société expose un certain nombre de frais grevés de TVA dans le cadre de la préparation d'une opération de **cession d'actions**. Ces frais sont-ils déductibles ? La Cour de justice répond dans l'arrêt *AB SKF* du 29 octobre 2009 que tout dépend des circonstances : si ces frais entretiennent un lien direct et immédiat qu'avec la cession d'actions, la réponse est négative, car la cession d'actions a dans cet arrêt été considérée comme une opération imposable mais exonérée ; si, en revanche, ces frais entretiennent un lien direct et immédiat avec l'ensemble de l'activité économique de la société, ils peuvent être considérés comme des frais généraux déductibles à ce titre. Or, l'identification d'un tel lien direct est forcément très complexe. La Cour invite à cet égard à rechercher si les dépenses encourues sont susceptibles d'être incorporées dans le prix des actions que la société vise à céder (auquel cas elles sont rattachables à la cession elle-même) ou si elles font partie des seuls éléments constitutifs du prix des produits de SKF (auquel cas elles constituent des frais généraux)[50].

Suivant les indications données par la Cour, le Conseil d'État s'est prononcé sur la méthode à suivre dans deux arrêts du 23 décembre 2010[51]. Il distingue ainsi entre deux types de frais : les frais de préparation de la cession, d'une part, et les frais inhérents à la transaction elle-même, d'autre part. S'agissant des frais de préparation (par exemple les frais d'audit destinés à évaluer l'entreprise ou encore les honoraires des avocats liés à la préparation de la cession), le Conseil d'État estime qu'ils sont réputés faire partie des frais généraux et se rattacher aux éléments constitutifs du prix des opérations relevant de l'activité économique du futur cédant (que la cession ait finalement ou lieu, d'ailleurs). L'administration est toutefois fondée à remettre en cause la déductibilité de la TVA ayant grevé de telles dépenses dans deux cas : soit lorsqu'elle établit que ces dépenses ont été incorporées dans le prix de cession des titres ; soit lorsqu'elle établit que l'opération de cession a revêtu un caractère patrimonial dès lors que le produit de cette cession a été distribué, quelles que soient les modalités de cette distribution[52]. S'agissant des frais de cession à proprement parler, la TVA les ayant grevés n'est pas déductible, sauf pour l'entreprise à démontrer que les dépenses n'ont pas été incorporées dans le prix de cession et font donc partie des frais généraux. Cette preuve négative n'est pas aisée à rapporter (à l'exception du cas où la cession s'opère selon la valeur de cotation sur un marché réglementé, hypothèse dans laquelle les frais de cession ne sont pas compris dans le prix stipulé). Les modalités concrètes de la preuve de l'absence d'incorporation de frais de cession dans les frais généraux laissent donc subsister un certain nombre d'interrogations[53].

49. CJCE, 29 oct. 2009, *AB SKF*, aff. C-29/08, point 60.

50. Arrêt *AB SKF*, préc., point 62.

51. CE, 23 déc. 2010, n° 307698, *Sté Pfizer Holding France*, et n° 324181, *Michel Thierry*, *Dr. fisc.* 2011, n° 6, comm. 206, concl. L. Olléon ; *RJF* 3/11, n° 301 et 302. Sur ces arrêts, v. Y. Sérandour, « Déductibilité de la TVA sur les frais de cession de titres de participation », *Dr. fisc.* 2011, n° 6, ét. 202 ; O. Courjon, obs. *L'année fiscale* 2011, *Dr. fisc.* 2011, n° 9, ét. 233, § 17 ; V. Daumas, chron. *RJF* 3/11, p. 235 et s. Pour d'autres cas, cf. CE, 13 juill. 2012, n° 345204, *SA Entreprises Franque*, *Dr. fisc.* 2012, n° 37, comm. 435, concl. B. Bohnert, note Y. Sérandour (arrêt estimant notamment que doivent être rattachés à la cession, et ne peuvent donc être déductibles, les honoraires d'avocat versés postérieurement à la cession dans le cadre d'un litige relatif à une garantie de passif – solution critiquée par Y. Sérandour) ; CE, 4 févr. 2015, n° 370525, *Sté Nexity SA*, *Dr. fisc.* 2015, n° 22, comm. 335, concl. A. Bretonneau.

52. Pour une critique de cette référence au caractère patrimonial de l'opération de cession, v. les obs. de Y. Sérandour, chron. préc. à la note précédente.

53. Cf. les obs. de Ph. Tournès dans sa note sous l'arrêt *AB SKF*, *Dr. fisc.* 2009, n° 50, comm. 578, spéc. § 13 et celles de Y. Sérandour, chron. préc. Pour un exemple concret, v. aussi CAA Versailles, 31 mars 2015, n° 13VE02435, *SA Orange*, *Dr. fisc.* 2015, n° 30, comm. 496, concl. B. Coudert, note S. Dorin. Pour démontrer que des honoraires de conseil exposés à l'occasion d'une cession de titres n'ont pas été inclus dans le prix de cession, la société s'est prévalue avec succès d'un contrat d'achat et de vente d'actions qui stipulait que « le vendeur et l'acheteur supportent leurs propres frais de justice (...) ainsi que

Un autre exemple, parmi d'autres[54], de mise en œuvre des principes dégagés par la Cour de justice peut être trouvé dans une décision du Conseil d'État du 10 juin 2010[55]. Une société, rencontrant de graves et durables difficultés financières qui ont d'ailleurs conduit à sa liquidation judiciaire, a été contrainte, faute de trouver d'autres sources de financement, de céder les valeurs mobilières de placement cotées en Bourse qu'elle avait acquises à titre de placement de ses disponibilités. À l'occasion d'une vérification de comptabilité, l'administration a remis en cause le droit à déduction de la TVA supportée à raison des frais de courtage relatifs à ces cessions. Le Conseil d'État, suivant la Cour de justice, affirma en substance que « si la vente de valeurs mobilières de placement ne constitue pas en elle-même une activité économique et ne relève donc pas du champ d'application de la taxe sur la valeur ajoutée, il y a lieu de rechercher si, en tenant compte de toutes les circonstances dans lesquelles cette opération s'est effectuée, les frais ayant grevé la cession de telles valeurs peuvent être regardés comme constituant des frais généraux présentant un lien direct et immédiat avec l'ensemble de l'activité économique de l'assujetti ». Appliquant ce principe, le Conseil d'État estima, à la suite de la cour administrative d'appel, que le produit des cessions de valeurs mobilières avait été nécessaire au maintien de son activité. Il en déduisit que les frais de courtage acquittés par la société à l'occasion de ces opérations faisaient partie de ses frais généraux et étaient, en tant que tels, des éléments constitutifs du prix des produits qu'elle fabriquait. Ils entretenaient ainsi un lien direct et immédiat avec l'ensemble de l'activité économique taxable de la société.

D'autres difficultés pratiques se présentent au sujet des modalités de détermination du droit à déduction de la TVA grevant les dépenses supportées par une société holding pour l'acquisition de participations dans des filiales auxquelles elle rend diverses prestations de services soumises à TVA. Pour certains services de contrôle, confortés dans leur démarche par une décision *Ginger* du Conseil d'État se référant à l'arrêt Securenta[56], le droit à déduction de la TVA devrait être limité dans la mesure où ces dépenses concourraient à la fois à des opérations économiques et aux opérations non économiques que constitue en particulier la perception de dividendes. Or, cette analyse est contestable. La Cour de justice[57] a en effet rappelé que les frais liés à l'acquisition de participations dans ses filiales supportés par une société holding qui participe à leur gestion et qui, à ce titre, exerce une activité économique doivent être considérés comme des frais généraux affectés à l'activité économique de cette société et que la TVA acquittée sur ces frais ouvre, en principe, droit à déduction intégrale sous la seule limite de ce que les activités économiques de l'assujetti ouvrent toutes droit à déduction. Selon la Cour, ce n'est que dans la seule hypothèse où les frais d'acquisition ne concerneraient pas exclusivement des filiales dans la gestion desquelles la holding s'immisce, mais également d'autres filiales dans lesquelles elle ne s'immisce pas, qu'il conviendrait de déterminer un droit à déduction partiel à concurrence de la participation des dépenses aux seules activités économiques[58]. Fort heureusement, le Conseil d'État a révisé sa position au vu de la jurisprudence de la Cour et, dans l'affaire *Ginger* précitée où il a statué une seconde fois, il a reconnu que la taxe grevant les frais généraux des holdings qui s'immiscent dans la gestion de leurs filiales est entièrement déductible[59].

885 Il est à présent possible de compléter notre arbre de raisonnement...

l'ensemble de leurs autres débours » et a produit un contrat de vente dont il résultait que les honoraires en litige n'avaient pas été inclus dans le prix de cession des actions.

54. V. aussi CAA Versailles, 8 juill. 2010, n° 08-970, *Ets Rémy Martin et Cie* et n° 07-985, *SA Cointreau.*

55. CE, 8e et 3e s.-s., 10 juin 2010, n° 292389, *sté SIVA, Dr. fisc.* 2010, n° 38, chron. 486, note C. Acard, § 6.

56. CE, 27 juin 2012, n°s 350526, *Sté Ginger, Dr. fisc.* 2012, n° 39, comm. 456, note G. Decordes et A. Morane.

57. CJUE, 16 juillet 2015, C-108/14 et C-109/14, Beteiligungsgesellschaft Larentia & Minerva GmbH é Co. KG.

58. Sur cet arrêt, v. G. Berger-Picq, « Déduction de la TVA par les holdings animatrices : un vrai choc de simplification ? », FR 33/15, p. 3 et s.

59. CE, 20 mai 2016, n° 371940, *Sté Ginger, Dr. fisc.* 2016, n° 22, aperçu rapide par H. Bitar et F. Bertacchi ; *Dr. fisc.* 2016, n° 37, 474, ét. J.H. Miller et C. Gainet.

Arbre de raisonnement sur la déduction de la TVA (phases 1 à 3)

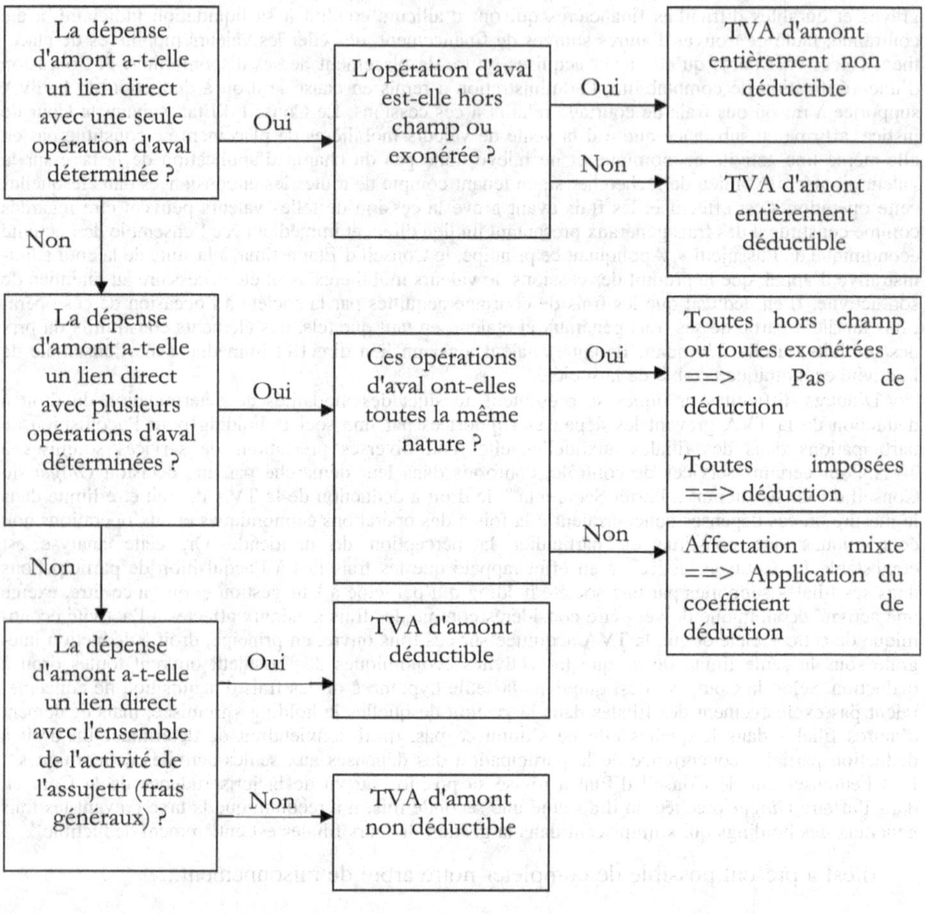

2. Les normes s'opposant à la déduction

886 La méthode de raisonnement exposée ci-dessus pour déterminer le droit à déduction ne s'applique pas lorsque des normes prévoient que la déduction est impossible. Ces normes sont tantôt des règles spécifiques s'opposant à la déduction (a), tantôt des principes généraux (b).

a) Les règles spécifiques

887 Des règles particulières excluent du droit à déduction certaines opérations énumérées par l'article 206 de l'annexe II au Code général des impôts. Par souci de cohérence avec l'édifice intellectuel des coefficients, le texte présente les cas d'exclusion comme des cas dans lesquels le coefficient d'admission est nul.

Tel est le cas, en résumant :

— lorsque le bien ou le service acquis en amont est utilisé par l'assujetti à plus de 90 % à des fins étrangères à son entreprise ;

— lorsque le bien ou le service acquis en amont est relatif à la fourniture à titre gratuit du logement des dirigeants ou du personnel de l'entreprise, à l'exception de celui du personnel de gardiennage, de sécurité ou de surveillance sur les chantiers ou dans les locaux de l'entreprise ;

— lorsque le bien acquis en amont est par la suite cédé sans rémunération ou moyennant une rémunération très inférieure à son prix normal, notamment à titre de commission, salaire, gratification, rabais, bonification, cadeau, quelle que soit la qualité du bénéficiaire ou la forme de la distribution, sauf quand il s'agit de biens de très faible valeur ;

— lorsque le service ou les biens acquis en amont concernent des prestations de transport de personnes et des prestations accessoires à ce transport ; ceci ne couvre pas, *a contrario*, les véhicules conçus pour le transport des marchandises[60] ; on peut rapprocher de ce cas d'exclusion les limitations à la déduction de la TVA grevant l'achat de produits pétroliers, notamment des carburants ;

— lorsque des services acquis en amont concernent des biens exclus du droit à déduction conformément aux règles ci-dessus.

Cet éventail d'exclusions du droit à déduction se combine avec l'application à la TVA de certains principes généraux dégagés par le Conseil d'État et la jurisprudence de la Cour de justice.

b) Les principes généraux

888 Pour endiguer la déduction de la TVA, on peut songer à deux théories générales : la théorie de l'acte anormal de gestion et la théorie de **l'abus de droit**. La seconde faisant l'objet d'une analyse plus loin[61], on se contentera pour l'instant d'y faire allusion en observant qu'elle irrigue la TVA au point d'en trouver une transcription dans l'article 272-3 du Code général des impôts qui énonce que « la taxe sur la valeur ajoutée afférente à une livraison de biens ou à une prestation de services ne peut faire l'objet d'aucune déduction lorsqu'il est démontré que l'acquéreur savait ou ne pouvait ignorer que, par son acquisition, il participait à une fraude consistant à ne pas reverser la taxe due à raison de cette livraison ». Ce texte s'explique par le souci de lutter contre les **fraudes dites « carrousel »**, par lesquelles une chaîne d'opérateurs organise la circulation (réelle ou virtuelle) de biens au sein de l'Union européenne et profite des règles de territorialité de la TVA en évitant de la reverser à l'État.

Brièvement résumée, la fraude se présente de la façon suivante : un opérateur établi dans un État A vend un bien à un autre opérateur établi dans un État B. Cette livraison intracommunautaire est facturée hors taxe, comme on le reverra plus loin[62]. L'opérateur établi dans l'État B revend alors à son tour le bien toutes taxes comprises à un troisième opérateur établi dans le même État. Le troisième opérateur déduit la TVA sur l'acquisition... tandis que le second disparaît dans la nature et s'abstient de verser à l'État la taxe qu'il a collectée. Pour lutter contre ce type de pratique, source de pertes

60. Le lecteur est renvoyé à l'art. 206, IV, 2-6° de l'annexe II, CGI pour mesurer toute la subtilité des droits à déduction lorsque sont en cause les véhicules acquis par les entreprises.

61. Pour la notion d'abus de droit, cf. *infra*, n° 983 et s.

62. Cf. *infra*, n° 911.

de recettes budgétaires considérables[63], l'un des moyens choisis par le droit français consiste à empêcher la déduction de la TVA par le troisième opérateur lorsqu'il savait ou ne pouvait ignorer qu'il participait à une fraude de cette nature[64]. Dans le même esprit, l'article 283 4 *bis* du Code général des impôts institue une solidarité dans l'acquittement de la TVA entre l'assujetti en faveur duquel a été effectuée une livraison de bien (ou une prestation de services) et le vendeur du bien ou du service en question lorsque le premier « savait ou ne pouvait ignorer que tout ou partie de la taxe sur la valeur ajoutée due sur cette livraison ou sur toute livraison antérieure des mêmes biens ne serait pas reversée de manière frauduleuse ».

En pratique, il résulte de la doctrine administrative[65] que pour refuser la déduction de la TVA en application de l'article 272-3 du CGI, l'administration doit, d'une part, apporter la preuve, sur la base d'éléments objectifs incontestables, que l'acquéreur avait connaissance de la fraude de son fournisseur. Si elle n'est pas en mesure de les apporter, l'administration doit apporter la preuve que l'acquéreur ne pouvait ignorer la fraude c'est-à-dire que « les éléments de faits qu'elle a réunis sont tels que l'opérateur ne peut valablement prétendre avoir ignoré l'existence de la fraude ». Afin de le démontrer, l'administration doit réunir un certain nombre d'indices (classés par ordre d'importance) :

— l'existence de liens juridiques, économiques et personnels entre les opérateurs participant au carrousel ;

— un prix payé soit inférieur au prix le plus faible que l'acquéreur pouvait raisonnablement s'attendre à payer pour ces biens sur le marché, soit inférieur au prix exigé pour toute livraison antérieure des mêmes biens;

— des acquisitions sur de courtes périodes et pour des montants importants auprès des fournisseurs successifs qui s'avèrent défaillants ;

— une adresse de domiciliation du fournisseur, l'absence de personnel et de moyens d'exploitation en adéquation avec le volume des transactions alléguées ;

— l'absence de documents relatifs à la livraison de marchandises ;

— une activité économique du fournisseur sans lien avec les livraisons de biens effectuées ;

— un mode de règlement des achats qui ne correspond pas à un usage commercial normalement établi dans la profession.

La doctrine administrative précise que « la pertinence des indices retenus par l'administration est propre à chaque espèce et ne revêt aucun caractère d'automaticité, mais les éléments réunis quelle qu'en soit la nature, doivent être précis et convergents ».

63. Près de 10 % des recettes nettes de TVA des États membres de l'Union européenne, selon le rapport du Sénat sur le projet de loi de finances rectificative pour 2006 (examen de l'art. 30).

64. L'adoption de cette règle par l'article 93 de la loi de finances rectificative pour 2006 fait suite à sa validation par la CJCE dans un arrêt du 11 mai 2006, aff. C-384/04, 3e ch., *Federation of Technological Industries*, *RJF* 8-9/06, n° 1135, concl. L. M. Poiares et P. Maduro, *BDCF* 8-9/06, n° 100. Sur l'interprétation administrative de la règle, cf. BOI-TVA-CHAMP-30-20-10 n° 170 et n° 230. Pour des exemples de mise en œuvre, v. CE, 30 juill. 2010, n° 316757 et 316758, *RJF* 11/2010, n° 1010, *BDCF* 11/10, n° 114, concl. P. Collin ; CE, 16 déc. 2010, n° 308586, *Société Applitec*, *RJF* 6/11 n° 690 (arrêts rendus dans des cas où les faits étaient antérieurs à l'entrée en vigueur de l'art. 272-3 du CGI, mais la solution paraît transposable sous l'empire du nouveau texte).

65. BOI-TVA-CHAMP-30-20-10 n° 170 et n° 230.

Peut-on lutter plus efficacement contre la fraude carrousel ? Un ancien haut fonctionnaire le pense[66] et propose la mise en place d'une déclaration spéciale des achats réalisés par les assujettis à la TVA, limitée aux seules indications du montant de l'opération et du numéro d'identification du vendeur. Le propre de cette obligation serait d'avoir lieu en temps réel, c'est-à-dire au plus tard dans la nuit suivant l'enregistrement de l'opération dans le système d'information de l'entreprise acheteuse. Cette proposition de réforme s'inspire de l'idée que les progrès de la technologie rendent désormais possible la transmission et le traitement quotidiens d'un nombre extrêmement élevé d'informations et que l'administration serait ainsi en mesure de déceler très rapidement des fournisseurs peu recommandables. Reste à savoir si cette idée est praticable, tant pour les entreprises qui seraient ainsi assujetties à une contrainte opérationnelle forte, que pour l'administration qui devrait gérer un flux extraordinaire de données.

889 La confrontation de la TVA à la **théorie de l'acte anormal de gestion** issue de l'imposition des bénéfices est également particulièrement intéressante. Elle fait en effet apparaître que si la TVA est presque insensible à un acte de gestion anormal par ses modalités, tel n'est pas le cas d'un acte de gestion anormal par son objet[67].

Lorsqu'une opération est facturée à un prix dont le montant apparaît excessif ou insuffisant, la théorie de l'acte anormal de gestion peut s'appliquer en matière d'impôt sur le revenu ou d'impôt sur les sociétés, mais elle demeure sans effet en matière de TVA. Pour le vendeur ou le prestataire de services qui ne se fait pas assez payer, aucun redressement n'est à attendre sur ce terrain. Le Conseil d'État l'a clairement affirmé dans un arrêt du 19 février 1975[68], dans lequel une entreprise de construction avait facturé des travaux à des prix anormalement bas. Le Conseil d'État n'a pas admis le rehaussement de la base de la TVA, car il résulte des articles 266 et 269 du Code général des impôts que celle-ci ne peut être assise que sur les sommes réellement encaissées[69]. L'administration ne peut pas davantage remettre en cause la TVA supportée en amont par un assujetti qui vend des marchandises ou rend des services pour un prix très inférieur à leur coût de revient, à moins que ce prix ne soit purement symbolique[70].

Réciproquement, la TVA demeure en principe intégralement déductible même lorsqu'elle grève un prix d'un niveau anormalement élevé et donne lieu à un redressement de l'impôt sur le revenu ou l'impôt sur les sociétés sur le terrain de l'acte anormal de gestion.

Le Conseil d'État l'a jugé dans une affaire intéressant une société qui avait déduit de son bénéfice imposable à l'impôt sur les sociétés, au titre des frais généraux, des

66. M. Wolf, « Éradiquer la "fraude carrousel" à la TVA », *Dr. fisc.* 2014, n° 51-52, ét. 696. Du même auteur, v. aussi « Enjeux de la fraude et stratégies de riposte », *Revue française des finances publiques*, « La TVA : 60 ans après », n° 128, nov. 2014, p. 97 et s. V. également M. Wolf, O. Courjon et J.-C. Bouchard, « Une déclaration électronique des achats pour éradiquer la fraude carrousel à la TVA », *BF* 7/14, et A. Grousset, « Lutte contre la fraude carrousel : à la recherche d'un juste équilibre entre les obligations des entreprises et celles des administrations fiscales », *Dr. fisc.* 2015, n° 37, ét. 538.

67. Sur cette distinction, cf. *supra*, n° 638.

68. CE, 7e et 8e s.-s., 19 févr. 1975, req. n° 93362, *SARL Entreprise Bonnafous Frères*, *Dr. fisc.* 1975, n° 23, comm. 799, concl. M.-A. Latournerie ; *RJF* 4/75, n° 183.

69. Ce raisonnement est conforme à la jurisprudence de la Cour de justice : V. CJUE, 9 juin 2011, aff. C-285/10, *Campsa Estaciones de Servicios SA*, points 25 et s. ; 20 janv. 2005, aff. C-412/03, point 22.

70. CJUE, 22 juin 2016, aff. C-267/15. Sur cet arrêt, v. Y. Sérandour, « Contrepartie inférieure au prix de revient et TVA », *Dr. fisc.* 2016, n° 36, ét. 458.

sommes versées à certaines personnes physiques et morales qu'elle avait présentées comme ses sous-traitants[71]. Le vérificateur avait considéré que les relations nouées avec les personnes et entreprises en question s'analysaient, en fait, comme de pures prestations de main-d'œuvre, facturées à un prix très supérieur au prix normal d'une telle prestation. Il avait donc regardé le paiement de ces prestations comme constituant, à hauteur d'un quart de leur prix, un acte anormal de gestion dont le montant devait être réintégré dans les bases d'imposition de la société. En outre, il avait estimé que les factures correspondantes faisaient état d'un prix qui n'aurait pas dû être effectivement acquitté par l'acheteur, et, dans cette mesure, n'ouvraient pas droit à déduction de la taxe sur la valeur ajoutée. L'arrêt rendu par le Conseil d'État est très net sur l'impact en matière de déductibilité de la TVA d'un redressement opéré au titre de l'acte anormal de gestion. Pour reprendre ses termes, « si, pour refuser la déduction de la taxe qui y était portée, l'administration invoque la requalification opérée par le vérificateur des contrats liant cette société auxdits sous-traitants, elle ne soutient pas ni n'établit que les factures des prestations en cause auraient revêtu un caractère fictif ou de complaisance ». D'où le Conseil déduit qu'il n'existait pas de fondement juridique permettant valablement à l'administration de contester *a posteriori* la déduction de TVA initialement opérée.

Si les règles applicables en matière de TVA se désintéressent ainsi de l'anormalité quantitative d'une transaction, sous la réserve toutefois du cas où un prix excessivement bas révélerait une subvention complément de prix accordée à l'acquéreur d'un bien ou d'un service[72], on ne peut en dire autant de l'utilisation d'un droit à déduction à des fins étrangères à l'exploitation. Cette sensibilité de la TVA aux déductions qualitativement anormales est inhérente au système de la TVA car elle permet d'enrayer la déduction de la taxe grevant des opérations affectées à des opérations étrangères à l'activité économique de la société. Elle est depuis toujours exprimée par l'article 271, II. 1 du Code général des impôts qui énonce que la déduction de la TVA d'amont concerne les biens et les services qui « sont utilisés pour les besoins de leurs opérations imposables ».

Cette référence faite par la loi aux besoins des opérations imposables a longtemps été redoublée par l'article 230, 1 de l'annexe II au CGI, qui subordonnait la déduction de la TVA d'amont au fait qu'elle grève des « dépenses nécessaires à l'exploitation ». Cette notion de « nécessité » avait d'ailleurs donné lieu à une jurisprudence sévère du Conseil d'État qui, dans un arrêt *Disvalor* de 2006, avait admis qu'un redressement puisse être opéré sur le terrain de la déduction de la TVA alors que l'acte n'était pas qualifiable d'acte anormal de gestion au regard des impôts directs[73]. L'article 230 de l'annexe II a toutefois été abrogé par le décret n° 2007-566 du 16 avril 2007 relatif aux règles générales de la déduction[74], cependant que la solution issue de l'arrêt *Disvalor* a été abandonnée par le Conseil d'État dans un arrêt ultérieur[75].

71. CE, 8e et 3e s.-s. réunies, 30 juill. 2003, n° 232004, *Sté Azur Industrie*, *Dr. fisc.* 2004, n° 11, comm. 338, concl. P. Collin ; *RJF* 11/03, n° 1273 ; *Bull. Joly* 2004, n° 276, note J.-C. Parot.

72. Cf. *supra*, n° 857.

73. CE, 8e et 3e s.-s., 6 mars 2006, n° 281034, *Dr. fisc.* 2007, n° 19, comm. 490, note J.-L. Rossignol, *RJF* 2006, n° 502, *Rev. adm.* 2006. 271, obs. O. Fouquet. Cet arrêt rendu dans le contexte des prestations effectuées entre membres du réseau Leclerc a également été commenté *supra*, n° 643.

74. V. à ce sujet le rescrit du 23 oct. 2007 n° 2007/41 TCA.

75. CE, 8e et 3e s.-s., 29 août 2008, n° 309330, *SA Auxerdis* et n° 309089, *SAS Chambry distribution : JurisData* n° 2008-081361 ; *Dr. fisc.* 2008, n° 46, comm. 572, concl. L. Olléon, note Y. Sérandour.

Aujourd'hui, donc, l'anormalité qualitative d'une déduction ne peut être combattue qu'en recourant à l'article 271 du Code général des impôts et à l'article 206 de l'annexe II du même Code qui prévoit, comme on l'a vu plus haut, que le coefficient d'admission est nul lorsque le bien ou le service acquis en amont est utilisé par l'assujetti à plus de 90 % à des fins étrangères à son entreprise. On peut également voir une application de la théorie de l'acte anormal de gestion dans cette autre règle insérée dans l'article 206, et selon laquelle on ne peut déduire la TVA grevant l'acquisition de biens qui sont ensuite cédés sans contrepartie ou moyennant une rémunération très inférieure au prix normal : on soupçonne en effet l'entreprise de réaliser ces libéralités en dehors de son activité économique ordinaire.

En conclusion, si la théorie de l'acte anormal de gestion n'est pas en tant que telle directement transposable en matière de TVA, il est évident que son inspiration s'y retrouve substantiellement.

B. LES CONDITIONS DE FORME DE LA DÉDUCTION

890 La déductibilité de la TVA d'amont n'obéit pas seulement à des conditions de fond. Elle est également subordonnée au respect de conditions de forme. La TVA n'est ainsi déductible que si elle figure sur une **facture** délivrée par le fournisseur de biens ou de service. Pour tenter d'endiguer la pratique des factures fictives ou de complaisance et faciliter le contrôle par les services fiscaux, de nombreuses règles ont été élaborées au fil du temps pour renforcer le formalisme des factures.

Sans rentrer dans tous les détails, mentionnons que toute facture doit mentionner certaines informations essentielles[76] : le numéro d'identification TVA du fournisseur et du client[77] ; le numéro de série de la facture ; la date d'exécution de l'opération ; le prix hors taxe, le taux de TVA et le montant toutes taxes comprises ; les mesures d'exonération ; les régimes particuliers éventuellement applicables.

Depuis la transposition de la directive 2010/45/UE du 13 juillet 2010, les entreprises peuvent recourir soit à la facturation papier soit à un système électronique de facturation à la condition que le système utilisé garantisse l'authenticité de l'origine de la facture, son intégrité et sa lisibilité. Il est ainsi désormais possible de recourir soit aux systèmes EDI ou de signature électronique avancée, soit à toute autre solution technique ou sous format papier à condition alors que des contrôles documentés et permanents soient mis en place par l'entreprise et permettent d'établir une piste d'audit fiable entre la facture émise ou reçue et la livraison de biens ou la prestation de services qui en est le fondement[78]. Toutefois, selon la doctrine administrative, une facture conçue sur support papier, puis numérisée au format PDF « simple » envoyée et reçue sous format électronique ne constitue pas une facture électronique mais une facture papier. Le client qui accepte la transmission de la facture par PDF simple prend donc le risque de se voir refuser le droit à déduction de la taxe qui y figure puisque le document dont il est en possession n'est pas la facture papier établie par son fournisseur[79].

76. Pour les obligations relatives à la facturation, cf. art. 289 CGI, et art. 242 *nonies* et 242 *nonies* A de l'ann. II, CGI.

77. Sur le numéro individuel d'identification, cf. art. 286 *ter*, CGI.

78. Art. 289 VII CGI. Ce dispositif est assorti d'une procédure de contrôle des systèmes de facturation par l'administration fiscale (LPF, art. L 13 D et suivants). Sur les règles de facturation résultant de la directive 2010/45/UE, v. L. Chetcuti et Ph. Neau-Leduc, « Les dernières évolutions en matière de facturation électronique : la facture devient un jeu de piste... », *Dr. fisc.* 2013, n° 7-8, ét. 151. Les commentaires administratifs des règles issues de la directive sont reproduits et expliqués à *Dr. fisc.* 2013, n° 47, comm. 521.

79. Cette solution, dont la conformité avec la directive se discute, est affirmée à BOI-TVA-DECLA-30-20-30-10, n° 80 et s. Certaines mesures de tolérance sont cependant prévues.

Le non-respect du formalisme de la facturation entraîne en effet l'impossibilité de récupérer la TVA, même si elle a été régulièrement payée[80]. Par ailleurs, lorsque la facture ne correspond pas à la livraison d'une marchandise ou à l'exécution d'une prestation de services, ou fait état d'un prix qui ne doit pas être acquitté effectivement par l'acheteur, la taxe est due par la personne qui l'a facturée[81].

L'article 1737 du Code général des impôts sanctionne enfin par des amendes substantielles ceux qui commettent des infractions aux règles de facturation. Toute omission ou inexactitude constatée dans les factures ou documents en tenant lieu donne lieu à l'application d'une amende de 15 euros (sous réserve d'un plafond égal, pour chaque facture ou document, au quart du montant qui y est ou aurait dû y être mentionné). Surtout, le texte prévoit le fait de travestir ou dissimuler l'identité ou l'adresse de ses fournisseurs ou de ses clients, le fait de délivrer une facture ne correspondant pas à une livraison ou une prestation de service réelle ou encore le fait de ne pas délivrer de facture entraîne l'application d'une amende égale à 50 % des sommes versées ou reçues.

C. LES MODALITÉS DE LA DÉDUCTION

891 La déduction de la TVA a lieu selon deux modalités : l'imputation ou le remboursement. **L'imputation** constitue la règle. Selon l'article 271, I. 3 du Code général des impôts, « la déduction de la taxe ayant grevé les biens et les services est opérée par imputation sur la taxe due par le redevable au titre du mois pendant lequel le droit à déduction a pris naissance ». Lorsque l'imputation de la TVA déductible sur la TVA collectée laisse subsister un solde positif, celui-ci doit être reversé au Trésor public.

Ce n'est que lorsque l'imputation de la taxe déductible n'a pu être opérée que celle-ci peut faire l'objet d'un **remboursement**[82]. Si aucune demande de remboursement n'est formulée, le crédit s'impute sur les périodes déclaratives suivantes.

Le remboursement intervient sur demande du contribuable et porte sur le crédit de taxe déductible constaté au terme de chaque année civile, à la condition que le crédit dépasse 150 euros[83]. Certaines règles permettent cependant d'obtenir des remboursements en fin de trimestre (si le crédit dépasse 760 euros) voire en fin de mois. La périodicité mensuelle des remboursements, traditionnellement prévue pour les seules opérations d'exportation ou de livraison intracommunautaires[84], a été étendue dans le cadre du plan de relance de l'économie française aux entreprises soumises à un régime réel d'imposition[85]. Les conditions d'option pour ce régime en faveur des PME qui relèvent du régime simplifié d'imposition ont également été assouplies.

Signalons à ce sujet que les **assujettis établis en dehors de France** peuvent également demander le remboursement de la TVA qu'ils ont acquitté en France lorsque celle-ci a grevé l'acquisition de biens ou de services affectés à des opérations non imposables en France. Ce droit à remboursement est justifié par l'essence même de la TVA, qui veut que la TVA grevant les opérations d'amont puisse être récupérée, même si les opérations d'aval ne sont pas soumises à la TVA en France.

Dans le cadre de l'Union européenne, le droit au remboursement a été harmonisé par la « huitième directive » n° 79/1072/CEE du Conseil, du 6 décembre 1979 dont l'objectif premier était d'éviter qu'un assujetti établi dans un État membre se trouve soumis à une double imposition en raison du fait qu'il devrait supporter définitivement la taxe qui lui a été facturée dans un autre État membre. Le droit, pour un assujetti établi dans un État membre, d'obtenir le remboursement de la TVA acquittée dans un autre État membre est le pendant du droit instauré en sa faveur de déduire la TVA payée en amont dans son propre État membre[86]. La huitième directive a été remplacée par la directive n° 2008/9 du 12 février

80. Art. 271, II. 2, CGI.
81. Art. 283.4, CGI. Pour une application, cf. CE, 16 avr. 2010, *Dr. fisc.* 2010, n° 37, comm. 477, concl. L. Olléon, note Y. Sérandour.
82. Art. 271, IV, CGI.
83. Art. 242-0 A ann. II, CGI.
84. Les modalités du remboursement de TVA figurent aux art. 242-0 A et s. ann. II, CGI.
85. Décret n° 2009-109 du 29 janv. 2009 ; BOI-TVA-DED-50-20-10.
86. En ce sens, CJCE, 28 juin 2007, aff. C-73/06, *Planzer Luxembourg*, point 35.

2008 qui, pour l'essentiel, tire les conséquences de la jurisprudence de la Cour de justice relative à son interprétation[87] mais surtout harmonise les procédures dans l'ensemble des États membres et la modernise par la mise en place d'une procédure de remboursement par voie électronique. La directive n° 2008/9/CE a été transposée en France par plusieurs décrets et arrêtés qui sont décrits et commentés par l'administration fiscale dans une instruction du 29 juillet 2010[88].

La procédure de remboursement applicable aux assujettis établis dans l'Union européenne[89] ou en dehors de l'Union européenne[90] tient cependant compte de certaines contraintes. Pour les assujettis établis dans l'Union européenne, le droit à remboursement est mesuré à l'aune du droit à déduction qui aurait été ouvert si le lieu d'imposition avait été situé en France. Pour les assujettis établis en dehors de l'Union européenne, le droit au remboursement est refusé s'il apparaît que cet assujetti est établi dans un pays ou territoire qui n'accorde pas d'avantages comparables en ce qui concerne les taxes sur le chiffre d'affaires aux assujettis établis en France, et qui figure sur une liste fixée par un arrêté du ministre chargé du budget.

§ 2. LA RÉGULARISATION

892 Comme l'énonce l'article 207 de l'annexe II du Code général des impôts, la déduction de TVA opérée dans les conditions précédemment décrites est en principe définitivement acquise à l'entreprise. Toutefois, ce principe souffre certaines exceptions lorsqu'il apparaît opportun de réviser le droit à déduction initial.

Techniquement, cette révision se traduit, soit par la régularisation de la TVA, soit par le constat d'une livraison à soi-même. Cette seconde opération étant étudiée plus loin[91], concentrons-nous sur la première.

La régularisation de la TVA peut se définir comme une forme de caducité partielle ou totale d'une déduction opérée par une entreprise en raison de la survenance d'un événement postérieur à la déduction. Pour en donner un exemple simple, soit une entreprise redevable de la TVA pour toutes ses activités. Cette entreprise acquiert un bien et déduit à cette occasion 100 de TVA. Supposons que l'année suivante, ce bien soit affecté à une activité exonérée ou hors champ. Il apparaît, à l'occasion de ce changement d'affectation du bien, que la déduction de TVA initialement pratiquée est partiellement illégitime : partiellement car, si le bien a été affecté à des opérations imposées pendant un certain temps, il ne l'est plus à partir du moment où son affectation est modifiée. Si l'on utilisait ici une terminologie civiliste, on pourrait dire que la déduction initiale se retrouve *a posteriori* privée de cause dans la mesure où la déduction était fondée sur un objectif d'affectation du bien à une activité imposée. C'est ce constat qui justifie le mécanisme de la régularisation, lequel aboutit à faire peser sur l'entreprise une obligation de reversement au Trésor d'un montant de TVA correspondant à la fraction indûment déduite du montant initial. Notons toutefois que la notion de régularisation ne signifie pas toujours que l'entreprise doive verser un complément de TVA. L'hypothèse inverse est parfaitement envisageable. La régularisation se traduit alors par un droit à déduction complémentaire accordé à l'entreprise.

87. Cf. notamment CJCE, 13 juill. 2000, aff. C-136/99, *Société Monte Dei Paschi di Siena* (cas intéressant la France).

88. BOI-TVA-DED-50-20-30.

89. Art. 242-0 M à 242-0 Z *ter* ann. II, CGI.

90. Art. 242-0 Z *quater* à 242-0 Z *decies* ann. II, CGI.

91. Cf. *infra*, n° 895 et s.

L'article 207 de l'annexe II du Code général des impôts prévoit deux cas de régularisation. Le premier est indépendant d'un événement précis et trouve sa source dans la variation annuelle des coefficients permettant le calcul de la déduction. On parle ici de « régularisation annuelle » (A). Le second cas est lié à un événement précis justifiant la révision de la déduction initiale : on parle alors de « régularisation globale » (B).

A. LA RÉGULARISATION ANNUELLE

893 L'idée de base de la régularisation annuelle est de tenir compte de l'évolution du coefficient d'assujettissement et/ou du coefficient de taxation d'une entreprise d'une année sur l'autre. Ainsi, par exemple, lorsqu'une entreprise acquiert des biens affectés cumulativement à une activité exonérée (50 % de son chiffre d'affaires) et une activité imposée (50 %), cette entreprise a un droit à déduction de la TVA d'amont égal à son coefficient de taxation qui est ici de 0,5. Elle déduit donc la moitié de la TVA grevant ses opérations d'amont. Supposons maintenant que l'année suivante, le coefficient de taxation passe à 0,3 (tous les autres coefficients demeurant identiques par ailleurs). Cela signifie que son chiffre d'affaires exonéré est désormais représentatif de 70 % de son chiffre d'affaires, ce qui entraîne une diminution corrélative de l'étendue de son droit à déduction. Cette variation à la baisse du coefficient de taxation constitue un cas de régularisation de la TVA : celle-ci s'opère à hauteur de la différence entre l'étendue de la déduction initiale et l'étendue du nouveau droit à déduction.

Pour procéder à la régularisation, voici en résumé les règles énoncées par l'article 207 de l'annexe II du Code général des impôts.

Premièrement, la régularisation annuelle ne concerne que la TVA ayant grevé les immobilisations. Elle ne concerne pas les stocks.

Deuxièmement, la régularisation a lieu chaque année. Elle doit en principe intervenir avant le 25 avril de l'année suivante. C'est en ce sens que l'on parle de régularisation « annuelle ». Toutefois, la régularisation ne s'opère pas pendant une période infinie. Elle n'a lieu que pendant cinq ans pour les meubles, et vingt ans pour les immeubles. Cela signifie que chaque année à compter de l'acquisition, la régularisation se fait à hauteur d'1/5e pour les meubles et d'1/20e pour les immeubles.

Troisièmement, la régularisation ne s'opère que si la variation des coefficients est suffisamment significative. Pour apprécier si tel est le cas, la réglementation fait abstraction de l'évolution du coefficient d'admission. C'est logique, car celui-ci reflète la position plus ou moins rigoureuse du législateur à l'égard de certaines dépenses mais n'a rien à voir avec l'affectation réelle du bien à une activité imposée, exonérée ou hors champ. Les deux seuls coefficients pertinents sont donc le coefficient d'assujettissement et le coefficient de taxation[92]. Par ailleurs, les variations insignifiantes du produit entre le coefficient d'assujettissement et de taxation ne donnent lieu à aucune régularisation. Celle-ci n'est obligatoire que si la variation est supérieure à un dixième.

Quatrièmement, il n'y a pas lieu à régularisation s'agissant des biens dont le coefficient d'assujettissement de référence est nul, c'est-à-dire des biens qui, dès l'origine ou au cours de leur utilisation, ont été utilisés exclusivement à la réalisation d'opérations placées hors du champ d'application de la taxe[93].

92. Attention, cependant : la variation du coefficient d'admission peut donner à une régularisation globale (cf. *infra*, n° 894).

93. CJCE, 11 juill. 1991, aff. C-97/90, *Lennartz*.

Exemple simplifié de régularisation annuelle

Données de départ :

– immobilisation de nature mobilière acquise en année « N » avec un coefficient de référence (coefficient d'assujettissement initial x coefficient de taxation initial) de 0,5.

– prix HT de l'immobilisation : 1 000 € ; TVA : 200 €

– TVA déduite en « N » : 0,5 × 200 = 100

Année « N + 1 »

– coefficient d'assujettissement × coefficient de taxation : 0,3 → variation pertinente (supérieure à 0,1)

– régularisation : 1/5 × [(0,5-0,3) × 200] = 8 → l'entreprise doit reverser au Trésor 8

Année « N + 2 »

– coefficient d'assujettissement x coefficient de taxation : 0,5

– pas de régularisation puisque le coefficient de référence est égal au coefficient initial.

... et ainsi de suite. La régularisation est obligatoire jusqu'à la prise en considération du coefficient de référence de l'année « N + 4 ».

B. LA RÉGULARISATION GLOBALE

894 Dans un certain nombre de cas, énumérés au 1 du III de l'article 207, l'assujetti est tenu de procéder à des régularisations globales, exigibles dès la survenue des événements qui en sont à l'origine. Ces régularisations globales ont pour objet d'apurer la situation d'un bien qui change de statut pour toute la période restant à courir des quatre ou dix-neuf années suivant celle de la déduction initiale, selon qu'on est en présence de biens mobiliers ou immobiliers. Elles conduisent l'assujetti à procéder globalement et en une fois à toutes les régularisations annuelles auxquelles il serait tenu jusqu'à l'expiration de la période de régularisation si sa situation, telle qu'elle résulte de l'événement en cause, demeurait en l'état jusqu'à ce terme. Contrairement à la régularisation annuelle, la régularisation globale doit s'opérer quelle que soit l'importance de l'écart entre le coefficient de référence et celui calculé suite à l'événement qui la déclenche.

La régularisation globale est opérée lorsque se produit l'un des événements suivants affectant un bien immobilisé :

– lorsqu'un bien dont l'acquisition a donné lieu à déduction est cédé ou apporté sans que cette opération soit soumise à la taxe sur le prix total ou la valeur totale. Il en va de même lorsque le bien cesse d'être utilisé à des opérations imposables et lorsque le bien est transféré entre secteurs d'activité distincts (opération assimilée à une cession non soumise à TVA) ;

Le bénéficiaire de l'apport ou de la cession peut, en contrepartie, déduire une fraction de la taxe ayant initialement grevé le bien égale au rapport existant entre le nombre d'années restant à courir dans le délai de régularisation et le nombre d'années que comporte la période de régularisation. Ce transfert est subordonné à la condition que le bien constitue également une immobilisation pour le bénéficiaire de la cession ou de l'apport et que le cédant ou l'apporteur lui délivre une attestation[94]. Une nouvelle période (complète) de régularisation s'ouvrira alors chez le nouveau titulaire du bien.

94. Art. 207-III 3 ann. II, CGI.

En pratique, ce cas concerne essentiellement les cessions d'immeubles non soumises à la TVA, les immeubles concernés étant notamment ceux qui sont cédés pour la première fois plus de cinq ans après leur achèvement.

– lorsqu'un bien dont l'acquisition n'a pas intégralement donné lieu à déduction est cédé ou apporté, et que cette opération est soumise à la taxe sur le prix total ou la valeur totale (sauf dans le cas où le bien était affecté dès l'origine à des opérations hors champ). La régularisation globale prend alors la forme d'un complément de déduction ;

– lorsque la réglementation modifie la valeur du coefficient d'admission d'un bien en cours d'utilisation ;

– lorsqu'un bien en cours d'utilisation vient à être affecté à des opérations ouvrant droit à déduction ou cesse d'être utilisé à des opérations ouvrant droit à déduction (selon que l'acquisition du bien a ou non ouvert droit à déduction initiale).

Par exception à ce qui précède, aucune régularisation n'est opérée lorsque le transfert porte sur une universalité, ce qui est cohérent avec l'idée selon laquelle un tel transfert est un « non-événement » au regard de la TVA[95].

De même, aucune régularisation n'a lieu lorsque des biens ont été volés ou détruits, dès lors qu'il est justifié du vol ou de la destruction, ce qui se justifie par l'idée selon laquelle la modification de l'affectation du bien est indépendante de la volonté de l'assujetti[96]. En revanche, lorsque des marchandises ont disparu avant d'avoir reçu l'utilisation en vue de laquelle elles avaient été acquises, le redevable est tenu d'opérer la régularisation des déductions antérieures.

Exemple simplifié de régularisation globale

Données de départ :

– Immeuble neuf acquis en année « N » avec un coefficient de déduction égal à l'unité (bien intégralement affecté à des opérations imposées)

– prix HT de l'immobilisation : 1 M€ ; TVA : 200 000 €

– TVA déduite en « N » : 1 × 200 000 = 200 000 €

Année « N + 1 »

– aucune régularisation n'a lieu

Année « N + 2 »

– le bien cesse totalement d'être affecté à des opérations imposées

– régularisation globale : 17/20 x 200 000 = 170 000 €

§ 3. LA LIVRAISON À SOI-MÊME

895 La livraison à soi-même est un contrat avec soi-même, autrement dit une opération juridiquement inexistante. Toutefois, l'article 257 du Code général des impôts en fait une véritable opération imposable, ce qui s'explique par le lien étroit qu'entretient ce mécanisme avec le système des déductions.

On verra en effet dans ce paragraphe que le constat d'une livraison à soi-même se comprend tout d'abord comme le moyen d'assurer l'effectivité des règles de déduction, et particulièrement de celles qui limitent le droit à déduction de la TVA d'amont par le

95. Cf. *supra*, n° 848.

96. Cas classique : celui de la « démarque inconnue » dans les commerces de détail ou les grandes surfaces, plus couramment appelée « vol à la tire ». Ces vols n'entraînent pas de régularisation dès lors que le taux de la démarque inconnue n'est pas exagéré. Il n'est même pas nécessaire à cet effet que l'entreprise ait déposé une plainte (BOI-TVA-DED-60-30 n° 50).

redevable. En ce sens, la livraison à soi-même constitue un support des règles de déduction (A). On verra ensuite que la livraison à soi-même peut avoir la même fonction que les règles de régularisation des déductions auxquelles elles servent alors de substitut (B).

A. LA LIVRAISON À SOI-MÊME, SUPPORT DES RÈGLES DE DÉDUCTION

896 La livraison à soi-même sert de support des règles de déduction dans les cas **d'autofabrication** par l'entreprise de biens destinés à son usage[97]. On trouve dans le Mémento publié par les Éditions Francis Lefebvre[98] une explication extrêmement pédagogique de la raison d'être du mécanisme de la livraison à soi-même en les termes suivants : « une entreprise décide de réaliser un investissement dans un nouveau bien (outillage, matériel, aménagements ou installations dans des locaux existants...) destiné à l'exploitation :

— ou bien (cas le plus courant) elle acquiert ce bien auprès d'un fournisseur ; sur la TVA facturée par celui-ci, elle pourra exercer son droit à déduction ; mais si ce droit est supprimé ou réduit par l'effet de l'une des exclusions ou limitations prévues par la loi, elle conservera la charge de la taxe (ou fraction de taxe) non récupérable ;

— ou bien elle décide de fabriquer elle-même le bien par ses propres moyens (travail de son personnel, notamment). En l'absence d'une disposition spéciale, ces opérations purement internes ne donneraient pas ouverture à la TVA et l'entreprise échapperait ainsi à la « rémanence » de taxe susceptible d'être constatée dans la première hypothèse ; d'où une distorsion entre les deux situations. C'est précisément pour respecter la neutralité fiscale que la loi prévoit, en cas de fabrication en interne, le recours à la technique de la livraison à soi-même. En pratique, l'entreprise sera considérée, par une sorte de « fiction » fiscale, comme étant à la fois le « fournisseur » et l'« acquéreur » du bien. En tant que « fournisseur », elle sera redevable de la TVA sur le prix de revient du bien. En tant qu'« acquéreur », elle pourra exercer son droit à déduction, mais (comme dans l'hypothèse d'une acquisition externe) ce droit sera éventuellement supprimé ou réduit par l'effet des exclusions ou limitations légales ».

Cette explication permet de mettre en lumière que la livraison à soi-même constitue une technique destinée à garantir l'égalité, au regard du droit à déduction de la TVA d'amont, entre opérateurs économiques achetant des biens et des services auprès de tiers et opérateurs économiques pourvoyant eux-mêmes à leurs besoins.

Le Code général des impôts en donne la transcription technique à l'article 257, II, 2° selon lequel est considérée comme une livraison de biens à titre onéreux « l'affectation par un assujetti aux besoins de son entreprise d'un bien produit, construit, extrait, transformé, acheté, importé ou ayant fait l'objet d'une acquisition intracommunautaire dans le cadre de son entreprise lorsque l'acquisition d'un tel bien auprès d'un autre assujetti, réputée faite au moment de l'affectation, ne lui ouvrirait pas droit à déduction complète parce que le droit à déduction de la taxe afférente au bien fait l'objet d'une exclusion ou d'une limitation ou peut faire l'objet d'une régularisation ».

97. Le terme d'autofabrication est ici emprunté à M. Cozian et F. Deboissy, n° 978. Les auteurs distinguent autofabrication et autoconsommation, cette dernière étant analysée par nous comme un cas où la livraison à soi-même constitue un substitut des règles de régularisation (cf. *infra*, n° 897).

98. Éd. 2010, n° 47380.

B. LA LIVRAISON À SOI-MÊME, SUBSTITUT DES RÈGLES DE RÉGULARISATION

897 Le second cas où il convient de constater une livraison à soi-même se présente lorsqu'un bien initialement affecté à une activité imposable (et ayant ouvert droit à déduction en conséquence) cesse de l'être. La livraison à soi-même constitue alors une technique comparable à la régularisation en ce qu'elle aboutit à remettre en cause partiellement le droit à déduction initialement exercé.

La loi fiscale assimile à une livraison de biens à titre onéreux « le prélèvement par un assujetti d'un bien de son entreprise pour ses besoins privés ou ceux de son personnel ou qu'il transmet à titre gratuit ou, plus généralement, qu'il affecte à des fins étrangères à son entreprise, lorsque ce bien ou les éléments le composant ont ouvert droit à une déduction complète ou partielle de la taxe sur la valeur ajoutée »[99].

La même règle s'applique en matière de prestation de services. Sont ainsi assimilées à des prestations de services effectuées à titre onéreux :

— l'utilisation d'un bien affecté à l'entreprise pour les besoins privés de l'assujetti ou pour ceux de son personnel ou, plus généralement, à des fins étrangères à son entreprise, lorsque ce bien a ouvert droit à une déduction complète ou partielle de la taxe sur la valeur ajoutée ;

— les prestations de services à titre gratuit effectuées par l'assujetti pour ses besoins privés ou pour ceux de son personnel ou, plus généralement, à des fins étrangères à son entreprise.

En présence de telles opérations, il convient de constater une livraison à soi-même toutes les fois que la taxe ayant grevé les biens ou éléments utilisés pour réaliser la prestation de services a ouvert droit à une déduction totale ou partielle. Peu importe à cet égard que le service constitutif de la livraison à soi-même ait été rendu à titre gratuit.

Lorsqu'une livraison à soi-même est constatée, la TVA est calculée sur le prix de revient des biens ou, pour les services, par les dépenses engagées pour leur exécution (ce qui revient au même)[100]. Elle est exigible au moment de la première utilisation[101].

Dans les situations où la technique de la livraison à soi-même et celle de la régularisation remplissent la même fonction, on peut légitimement s'interroger sur la ventilation à opérer entre les deux techniques : dans quels cas faut-il utiliser la première ? dans quels cas faut-il utiliser la seconde ? La réponse est le plus souvent à rechercher dans les textes précités, lesquels livrent des critères précis permettant de rattacher tel ou tel événement à l'une des deux techniques. Il arrive cependant que certains événements soient susceptibles de déclencher, soit une régularisation de la déduction initiale, soit le constat d'une livraison à soi-même. Lorsqu'un tel conflit de techniques se présente, un choix se présente pour l'entreprise, qui trouve généralement une maxime d'action dans la doctrine administrative. Dans certains rescrits publiés, la doctrine indique ainsi qu'il convient d'opérer une distinction selon que le bien est un bien meuble ou un bien immeuble. S'il s'agit d'un bien meuble, il y a lieu de constater une livraison à soi-même (à l'exception toutefois du cas des biens meubles devenant utilisés pour la réalisation d'opérations ouvrant droit à déduction). S'il s'agit d'un bien immeuble, il y a lieu

99. Art. 257, II, 1, 1°, CGI. Le même texte précise toutefois que ne sont pas visés les prélèvements effectués pour les besoins de l'entreprise pour donner des cadeaux de faible valeur et des échantillons.

100. Art. 266, 1, c), CGI.

101. Art. 175 ann. II, CGI.

d'effectuer une régularisation[102]. D'autres critères de ventilation apparaissent en fonction des circonstances. Ainsi, lorsque l'exploitant d'une entreprise individuelle opère des prélèvements pour ses besoins privés « normaux » et ceux de sa famille, ces prélèvements ne sont pas considérés comme des livraisons à soi-même. Ils doivent donner lieu à régularisation de la taxe d'amont ayant grevé les biens prélevés[103].

102. Décision de rescrit 23-10-2007 n° 2007/42 TCA. Il s'agissait ici de savoir si l'affectation d'une immobilisation en cours d'utilisation à un secteur d'activité au titre duquel les opérations sont exonérées de TVA entraîne la constatation d'une livraison à soi-même prévue au 8° de l'article 257 du Code général des impôts ou une régularisation sur le fondement de l'article 207 nouveau de l'annexe II au même code. Dans le même sens, v. le rescrit du même jour n° 2007/43 TCA (concernant l'impact d'une cessation d'entreprise).

103. BOI-TVA-CHAMP-10-20-20 n° 110.

CHAPITRE 4
LES OPÉRATIONS INTERNATIONALES

898 Comme on le sait, le commerce des biens et des services est essentiellement international. Il met en présence des vendeurs et des acheteurs, des prestataires de services et des clients localisés dans des États différents. Comment, dans ces conditions, déterminer l'État dont les règles de TVA doivent être appliquées, le régime fiscal applicable aux opérations en cause ainsi que le redevable de la taxe ?

La législation sur ce point est d'une grande complexité. On se contentera donc d'en proposer une synthèse en abordant successivement les opérations portant sur des biens corporels (Section 1) et les prestations de services (Section 2).

SECTION 1 LES OPÉRATIONS PORTANT SUR DES BIENS CORPORELS

899 Les règles de territorialité en matière de TVA ont un double objet : elles visent tout d'abord à localiser le fait générateur de la TVA, qui permet de déterminer l'État dont la loi est applicable ; une fois ce fait générateur localisé, elles définissent un régime d'imposition (dont l'exonération est une modalité)[1]. Il faut donc distinguer nettement entre les règles de localisation (§ 1) et les règles d'imposition (§ 2).

§ 1. LES RÈGLES DE LOCALISATION

900 Comme on le sait, le Code général des impôts considère à titre de principe que la TVA s'applique à toutes les livraisons de biens. Toutefois, pour que la

1. La technique législative adoptée ne repose pas sur la méthode du conflit de lois bien connue des spécialistes du droit international privé. C'est une méthode unilatéraliste par laquelle un État, la France par exemple, énonce dans quelles conditions il établit sa propre compétence.

loi française s'applique à de telles livraisons, encore faut-il que celles-ci aient lieu en France (A). Le Code contient par ailleurs certaines dispositions spécifiques à des opérations internationales par nature, également soumises à la loi française. Ceci concerne les importations (B) et les acquisitions intracommunautaires (C).

A. LES LIVRAISONS DE BIENS

901 Selon l'article 258 du Code général des impôts, le lieu de livraison de biens meubles corporels (hors gaz naturel et électricité[2]) est réputé se situer en France lorsque le bien se trouve en France :

— Au moment de l'expédition ou du transport par le vendeur, par l'acquéreur, ou pour leur compte, à destination de l'acquéreur ;

Exemple 1 : la TVA française s'applique à un bien expédié depuis la France jusqu'en Allemagne.

Exemple 2 : la TVA française s'applique à un bien transféré par une société française à un établissement situé dans un autre État membre de l'Union européenne. Ce transfert intra-entreprise est en effet assimilé à une livraison de biens[3].

— Lors du montage ou de l'installation par le vendeur ou pour son compte ;

Exemple 1 : la TVA française s'applique à la livraison d'une machine réalisée par un fournisseur étranger lorsque cette machine est installée en France par ce dernier.

— Lors de la mise à disposition de l'acquéreur, en l'absence d'expédition ou de transport ;

Exemple 2 : la TVA française s'applique à l'achat d'une machine située en France par une société française à une société étrangère dans l'hypothèse où cette machine était déjà louée par la société française.

— Au moment du départ d'un transport dont le lieu d'arrivée est situé sur le territoire d'un autre État membre de la Communauté européenne, dans le cas où la livraison, au cours de ce transport, est effectuée à bord d'un bateau, d'un aéronef ou d'un train.

Exemple : les biens vendus aux passagers d'un vol Paris-Londres sont soumis à la TVA française. Pour le vol retour, ce sera la TVA du Royaume-Uni.

Ces principes généraux souffrent certaines exceptions. La principale concerne les « **ventes à distance** » (par exemple, les ventes réalisées par internet) pour lesquelles on applique la TVA de l'État d'arrivée du bien si les ventes annuelles du fournisseur dépassent un seuil fixé par ledit État. Sont ainsi imposables en France les ventes à distance effectuées à partir d'un autre État membre de l'Union européenne lorsque le montant annuel de ces livraisons réalisées par le vendeur étranger excède 35 000 euros HT et que le destinataire résident français est une personne non assujettie[4]. Ce régime est promis à une évolution importante à partir de 2021, suite à la réforme entreprise avec la directive adoptée le 5 décembre 2017[5] en vue de modifier la directive TVA de 2006. On signale en particulier à cet égard que le seuil prévu par le droit actuel devrait disparaître afin de généraliser l'imposition dans l'État de consommation.

Exemple : une société britannique vend des CD via internet à des acquéreurs privés dans toute l'Union européenne. Lorsque des CD sont vendus à des acquéreurs établis en France, la TVA française doit être appliquée lorsque le seuil de 35 000 euros HT annuel fixé par la France est dépassé. La TVA des autres pays des clients s'applique aux ventes réalisées dans ces autres pays si le seuil annuel prévu

2. Art. 258-III, CGI.

3. Art. 256-III, CGI. Le texte prévoit cependant certaines exceptions, notamment lorsque le bien est installé ou monté à l'étranger ou lorsqu'il n'est transféré à l'étranger que pour faire l'objet de travaux avant réexpédition en France.

4. Pour les conditions précises, v. art. 258 A et 258 B, CGI.

5. Directive (UE) n° 2017/2455.

par leur législation interne est dépassé. Si ces seuils ne sont pas dépassés, il convient d'appliquer la TVA du Royaume-Uni, à moins que la société britannique n'ait elle-même opté pour l'imposition dans l'État membre de destination[6].

Au-delà des cas visés ci-dessus se présentent certaines situations plus complexes. Quel est l'État lieu de livraison dans le cas suivant ? Une société établie dans un État membre (par exemple l'Italie) vend un bien à un acquéreur établi dans un autre État membre (par exemple la France). Toutefois, avant le transfert du bien à l'acquéreur, le bien est expédié par le vendeur à un prestataire établi en France, afin que celui-ci réalise pour le compte du vendeur des travaux de finition visant à rendre ce bien apte pour la livraison. Une fois ces travaux accomplis, le vendeur demande au prestataire d'expédier le bien à destination de l'acquéreur. La Cour répond, en s'appuyant sur l'article 8 de la directive TVA, que la livraison doit être réputée avoir lieu dans l'État où l'acquéreur est établi[7]. En effet, les biens *finis*, qui sont les seuls à faire l'objet du contrat entre le fournisseur et l'acquéreur, se trouvent déjà « au moment du départ de l'expédition ou du transport à destination de l'acquéreur » dans l'État où ce dernier est établi. Cette interprétation est au surplus corroborée, selon la Cour, par la définition plus générale de la livraison qui désigne le transfert du pouvoir de disposer d'un bien corporel comme un propriétaire. Or, dans le cas analysé, lorsqu'un fournisseur expédie des marchandises à un prestataire chargé des travaux de finition, il ne transfère pas à l'acquéreur le pouvoir de disposer des biens concernés comme un propriétaire. Ce transfert n'intervient qu'à la dernière étape, lorsque les biens sont expédiés par le prestataire à l'acquéreur.

En pratique, il découle de ce raisonnement que si le vendeur italien a supporté de la TVA au titre des travaux de façon réalisés en France, il ne peut en demander le remboursement par le biais de la procédure prévue par la huitième directive[8]. Tel serait en revanche le cas si, au cas d'espèce, les travaux de finition n'avaient pas été effectués pour le compte du vendeur, mais pour le compte de l'acquéreur. Comme le relèvent les commentateurs de la décision à la *Revue de droit fiscal*, « dans cette hypothèse, la livraison pourra être considérée comme parfaite dès le départ, au sens de la TVA, puisque le bien sera livré conforme au contrat, même s'il est livré dans les locaux d'un prestataire à la demande de l'acquéreur ».

B. LES IMPORTATIONS

902 L'importation constitue un fait générateur de TVA soumis à la loi française. Elle se définit, en résumé[9], comme l'entrée en France d'un bien, originaire ou en provenance d'un État ou d'un territoire n'appartenant pas à la Communauté européenne ou d'un territoire d'un autre État membre de la Communauté européenne situés en dehors du champ d'application de la directive TVA[10].

La définition de l'importation permet d'apercevoir que c'est le passage de la frontière qui constitue le fait générateur de la TVA. L'administration ne peut donc connaître ce fait générateur qu'en procédant à un contrôle à la douane. La TVA est ainsi recouvrée par l'administration des douanes au moment de l'entrée du bien sur le territoire français[11].

6. Régime organisé par les articles 33 et 34 de la directive TVA.

7. CJUE, 2 oct. 2014, *Sté Fonderie 2A*, C-446/13, *Dr. fisc.* 2014, nº 49, note A. Moraine et T. Stoss. L'arrêt fait suite au renvoi d'une question préjudicielle par le Conseil d'État (CE, 25 juill. 2013, nº 345103, *Dr. fisc.* 2013, nº 42, comm. 484, concl. E. Crépey, note A. Moraine et T. Stoss).

8. Voir *supra*, nº 891.

9. V. art. 291, CGI.

10. Certains territoires appartenant à des États membres sont en effet exclus du champ de la TVA, par exemple Jersey, Guernesey ou les îles Canaries. En France, les DOM (sauf la Guyane) sont soumis à la TVA mais sont néanmoins considérés comme des territoires d'exportation vis-à-vis de la France métropolitaine (art. 294 et s., CGI). Sont également considérés comme territoires d'exportation les TOM, la collectivité territoriale de Saint-Pierre et Miquelon et le département d'Outre-mer Mayotte.

11. Art. 1695, CGI.

C. LES ACQUISITIONS INTRACOMMUNAUTAIRES

903 Depuis la mise en place du marché unique au 1er janvier 1993, les contrôles et formalités à la frontière sont supprimées lorsqu'un bien circule entre différents États membres. La TVA n'est donc plus acquittée au moment du passage en douane. En ce sens, on peut dire qu'il n'existe plus de frontières fiscales entre pays de l'Union européenne. Cette réforme majeure a conduit à l'abandon des termes « exportation » et « importation », désormais impropres pour caractériser les mouvements de marchandises à l'intérieur de l'espace communautaire. Il faut donc désormais parler de « livraison intracommunautaire » (l'équivalent de l'exportation) et « d'acquisition intracommunautaire » (l'équivalent de l'importation). Cette terminologie devrait elle-même être périmée depuis l'entrée en vigueur du traité de Lisbonne, comme le note justement la Commission européenne qui relève qu'il faudrait utiliser les expressions « livraisons et acquisitions intra-UE »[12], mais elle est conservée par souci de commodité dans la suite des développements, compte tenu de l'absence de modification de la directive TVA en ce sens.

Une livraison intracommunautaire effectuée depuis la France constitue en principe un événement donnant prise à la loi française : c'est l'application des principes généraux de localisation des livraisons de biens énoncés par l'article 258 du Code général des impôts. Aucune règle spécifique n'est donc nécessaire pour prévoir la compétence de la loi française en la matière. Il faut en revanche une règle particulière pour exonérer ce type d'opération, ce qu'on reverra plus loin[13].

Une acquisition intracommunautaire, en revanche, ne peut être soumise à la loi française en vertu des seuls principes généraux. C'est pourquoi le Code général des impôts prévoit une règle spéciale aux acquisitions intracommunautaires. L'article 256 *bis* 1° énonce ainsi que sont soumises à la TVA les acquisitions intracommunautaires de biens meubles corporels effectuées à titre onéreux par un assujetti agissant en tant que tel ou par une personne morale non assujettie lorsque le vendeur est un assujetti agissant en tant que tel et qui ne bénéficie pas dans son État du régime particulier de franchise des petites entreprises. Le 3° du même texte définit par ailleurs l'acquisition intracommunautaire comme l'obtention du pouvoir de disposer comme un propriétaire d'un bien meuble corporel expédié ou transporté en France par le vendeur, par l'acquéreur ou pour leur compte, à destination de l'acquéreur à partir d'un autre État membre de la Communauté européenne[14].

La définition de l'acquisition intracommunautaire est complétée par une règle spécifique de localisation figurant à l'article 258 C du Code général des impôts : ainsi, le lieu d'une acquisition intracommunautaire de biens meubles corporels est réputé se situer en France lorsque les biens se trouvent en France au moment de l'arrivée de l'expédition ou du transport à destination de l'acquéreur.

Il arrive en outre que certaines acquisitions intracommunautaires soient réputées localisées en France alors même que ce pays ne serait pas celui de l'arrivée des biens : ceci se produit toutes les fois que l'acquéreur est identifié à la TVA en France mais que

12. Commission européenne, *Livre vert sur l'avenir de la TVA. Vers un système de TVA plus simple, plus robuste et plus efficace*, 1er déc. 2010, COM (2010) 695 final, p. 5, note 6.

13. Cf. *infra*, n° 911.

14. Le II de l'art. 256 *bis* assimile à une acquisition intracommunautaire le transfert en France d'un bien par une entreprise étrangère (mouvement intra-entreprise). Cette règle est symétrique de celle qui assimile à une livraison de biens le mouvement en sens inverse (cf. art. 256-III préc., *supra*, n° 901).

l'opération qu'il réalise consiste à acheter un bien à une entreprise établie dans un État membre A (l'Allemagne, par exemple) et à le faire transporter dans un État membre B (le Royaume-Uni, par exemple). En pareille circonstance, le lieu de l'acquisition est également réputé se situer en France si l'acquéreur a donné au vendeur son numéro d'identification à la TVA en France et s'il n'établit pas que l'acquisition a été soumise à la TVA dans l'État membre de destination des biens (ici le Royaume-Uni). Cette règle, dite du « **filet de sécurité** », permet de garantir l'imposition à la TVA des acquisitions intracommunautaires lorsque l'acquéreur n'est pas identifié dans l'État d'arrivée. Toutefois, si l'acquisition est ultérieurement soumise à la TVA dans l'État membre où est arrivé le bien expédié ou transporté, la base d'imposition en France est diminuée du montant de celle qui a été retenue dans cet État. Il s'agit par-là d'éviter une double imposition à la TVA de la même opération. Il convient de noter que bien que la règle du filet de sécurité aboutisse à l'imposition en France de l'acquisition intracommunautaire, la TVA ayant grevé cette opération n'est pas pour autant déductible. Cette règle se justifie notamment par le fait que les biens n'étant pas réellement introduits en France par l'acquéreur, ils ne peuvent y être utilisés pour les besoins de ses opérations taxables[15].

Le périmètre d'application de la loi française étant défini, il est à présent possible d'examiner le contenu des règles d'imposition.

§ 2. LES RÈGLES D'IMPOSITION

904 Lorsque la loi française est compétente pour s'appliquer à une opération, deux possibilités se présentent : soit la TVA française doit effectivement être exigée, soit l'opération est exonérée. Le choix entre ces deux régimes dépend de considérations générales (A) qui permettent de comprendre pourquoi notre droit repose sur un principe d'exonération des biens sortant de France (B) et d'imposition des biens entrant en France (C).

A. PROBLÉMATIQUE GÉNÉRALE

905 Il existe fondamentalement deux approches possibles du conflit de lois en matière de TVA :

— soit l'on considère que le droit effectif d'imposer doit être attribué à l'État dans lequel se trouve le vendeur du bien ;

— soit l'on considère que le droit effectif d'imposer doit être attribué à l'État dans lequel se trouve le consommateur.

La première approche repose sur ce qu'on appelle communément le « **principe d'origine** ». La seconde privilégie un « **principe de destination** ». Le principe d'origine revient au fond à considérer que la TVA applicable est celle du pays où est exercée l'activité économique à l'origine de la consommation, quel que soit l'endroit où celle-ci

15. CE, 23 déc. 2011, n° 330608, *Sté Subtil France*, *Dr. fisc.* 2012, n° 6, comm. 134, qui suit en ce sens CJUE, 22 avr. 2010, *Staatssecretaris van Financiën c/X et Fiscale eenheid Facet BV*, C-536/10 et C-539/09.

a lieu[16]. À certains égards, le principe d'origine peut donc être interprété comme un principe de mondialité de la TVA fondée sur la résidence du vendeur, où l'on retrouve une conception proche de l'imposition du revenu[17]. Le principe de destination, en revanche, est plus conforme à l'idée intuitive selon laquelle la TVA, étant un impôt sur la consommation et non sur le revenu, doit être perçue par l'État du consommateur.

La coexistence en droit comparé de ces deux conceptions de la territorialité est à l'origine d'importantes difficultés : si le vendeur est situé dans un État qui applique le principe d'origine tandis que l'acheteur relève d'un État qui retient le principe de destination, la même transaction risque de donner lieu à une double imposition. Cela explique le besoin d'une harmonie internationale des solutions.

De facto, cette harmonie internationale existe cependant dans une large mesure. Seuls de rares États, tels que la Nouvelle-Zélande, l'Afrique du Sud, et dans une moindre mesure l'Australie et Singapour, adoptent le principe d'origine. La plupart des États privilégient le principe de destination, conformément aux recommandations de l'OCDE[18]. La conséquence d'un tel système est double : les importations sont taxées ; les exportations sont exonérées. Ce système est d'ailleurs connu par la France depuis longtemps. La loi du 25 juin 1920 prévoyait déjà que l'impôt général sur le chiffre d'affaires, l'ancêtre de la TVA, s'appliquait aux seules affaires faites en France. Ceci signifiait que la taxe frappait les ventes comportant la livraison de la marchandise en France et les autres opérations réalisées en France. Cette loi prévoyait donc déjà l'exonération des exportations et l'imposition des importations.

Dans le cadre de l'Union européenne, nous avons vu plus haut que les notions d'exportation et d'importation n'ont plus cours. Toutefois, le principe fondamental demeure le même : les acquisitions intracommunautaires sont en principe imposées ; les livraisons intracommunautaires sont en principe exonérées.

Il est vrai que le dispositif européen n'est théoriquement que provisoire. La Commission avait en effet estimé en 1987 que la seule technique acceptable pour rendre totalement effective la réalisation du marché unique consisterait à passer du principe de destination au principe d'origine et à poser à titre de règle générale que la TVA est facturée au taux en vigueur dans le pays dans lequel le fournisseur est établi. Un tel système s'accompagnait, dans l'esprit de la Commission, d'un mécanisme destiné à affecter la TVA perçue dans le pays exportateur au pays de consommation sous forme de compensation entre États. Sur la base des déclarations périodiques de TVA remplies par les entreprises, chaque État aurait ainsi fourni à la Commission un décompte mensuel récapitulant de façon globale les recettes de TVA collectées et les TVA déduites. Sur le solde de la position ainsi calculée, les pays membres auraient versé les montants en cause à une caisse de compensation[19]. Cette évolution s'est cependant révélée inacceptable pour les États membres, les taux de TVA étant par trop différents et aucun mécanisme adéquat n'étant en place pour redistribuer les recettes de la TVA d'une façon qui reflète la consommation effective. En conséquence, le passage au système « définitif » (imposition dans le pays d'origine), initialement prévu pour 1997, n'a pas eu lieu en dépit d'une proposition présentée par la Commission européenne en 1996.

Le débat sur l'opportunité de taxer les livraisons intracommunautaires (et de passer ainsi au principe d'origine) a cependant resurgi dans les années 2000 avec la nécessité de lutter contre la fraude engendrée par le dispositif actuel. Il a été relancé avec une certaine prudence par la Commission en

16. A. Schenk et O. Oldman, *Value Added Tax: A Comparative Approach*, Cambridge University Press, 2007, p. 183.

17. Cette analogie est établie par A. Schenk, "Worldwide v. Territorial Tax Systems: Comparison of Value Added Tax and Income Tax", in M. Lang, P. Melz et E. Kristoffersson, *Valued Added Tax and Direct Taxation. Similarities and Differencies*, IBFD, 2009, p. 257 et s. ; dans le même ouvrage, v. également R. Millar, *Echoes of Source and Residence in VAT Jurisdictional Rules*, p. 275 et s.

18. OCDE, *Principes directeurs internationaux pour l'application de la TVA/TPS*, Note de févr. 2006 (accessible sur le site internet de l'OCDE).

19. Sur toutes ces propositions, cf. COM (87) 320, 321, 322 et 323.

2008[20] et dans un Livre vert sur l'avenir de la TVA datant du 1er décembre 2010[21]. Ce dernier relève en substance que les obstacles principaux au passage au système de l'imposition dans l'État membre d'origine ne sont plus aussi importants que par le passé : une certaine convergence des taux normaux a été observée au cours de ces dernières années, et l'amélioration des technologies de l'information permettrait aujourd'hui plus facilement de mettre en place le système de compensation permettant de garantir que les recettes de la TVA reviennent à l'État membre de consommation. La Commission relève cependant avec un certain réalisme que les dernières directives concernant le lieu d'imposition de certaines opérations[22] se sont clairement éloignées du principe de l'imposition dans l'État membre d'origine, étant donné qu'elles font du lieu de consommation ou du lieu d'établissement du preneur ou de l'acquéreur le lieu d'imposition. On notera en outre que le MEDEF, dans la réponse qu'il a rédigée en réponse au Livre vert publié par la Commission européenne, a clairement indiqué que la priorité majeure des entreprises n'était pas de passer à un tout autre système d'imposition des opérations transfrontalières, mais plutôt de disposer d'un environnement juridique stable dans lequel l'environnement administratif soit satisfaisant. Tout ceci explique pourquoi, dans une communication du 6 décembre 2011[23], dans une communication du 7 avril 2016 concernant un plan d'action sur la TVA[24] puis dans une proposition de directive du 25 mai 2018[25], la Commission européenne envisage finalement l'abandon de l'objectif d'instauration d'un régime définitif fondé sur un principe d'imposition dans le pays d'origine. Le système, qui entrerait en vigueur en 2022, fonctionnerait de la façon suivante : la TVA serait en principe déclarée et payée par le vendeur à l'État membre de destination à partir de l'État dans lequel cette entreprise est établie *via* un guichet unique (*one-stop-shop*, « OSS ») c'est-à-dire sans qu'il lui soit nécessaire de s'identifier dans l'État où les biens sont livrés. La TVA pourrait toutefois être autoliquidée par l'acquéreur s'il est établi dans l'État de destination et qu'il s'agit d'une entreprise « fiable », certifiée comme telle par les autorités fiscales suivant des modalités qui ne sont pas précisées.

Dans l'intervalle, il est vraisemblable que le Conseil de l'Union aura adopté la directive dite « quick fixes », dont le projet a été présenté le 4 octobre 2017 et qui comporte, dans sa dernière version connue[26], plusieurs dispositions ayant pour objet de consolider l'actuel régime des livraisons intracommunautaires de biens auxquelles s'ajouterait un aménagement du régime des groupements de moyens qui permettraient aux États membres d'appliquer, sur leur territoire, ce régime à toutes les activités exonérées ou hors du champ de l'application de la taxe (et non aux seules activités d'intérêt général comme l'a imposé la Cour de justice par sa jurisprudence). La date d'entrée en application de cette directive « quick fixes », initialement fixée au 1er janvier 2019, serait désormais repoussée au 1er janvier 2020.

B. L'IMPOSITION DES BIENS ENTRANT EN FRANCE

906 Étudions successivement le régime des importations (1°) et le régime des acquisitions intracommunautaires (2°).

20. Communication du 22 février 2008 relative à des mesures modifiant le système de TVA pour lutter contre la fraude, COM (2008) 109 final, spéc. § 3.

21. *Livre vert sur l'avenir de la TVA. Vers un système de TVA plus simple, plus robuste et plus efficace*, COM (2010), 695 final, 1er déc. 2010.

22. Services fournis par voie électronique à partir de pays tiers à des particuliers établis dans l'UE (directive n° 2002/38/CE), fournitures d'électricité et de gaz naturel (directive n° 2003/92/CE) et prestations de services (directive n° 2008/8/CE).

23. COM (2011) 851 final du 6 décembre 2011.

24. COM (2016) 148 final du 7 avr. 2016.

25. Proposition de directive du Conseil du 25 mai 2018, COM(2018) 329 final.

26. Document FISC 266 du 20 juin 2018.

1. Les importations

907 L'imposition des importations a lieu au **moment** du passage de la douane. La TVA française doit donc être acquittée entre les mains de l'administration des douanes lorsque le bien arrive en France[27].

Le **redevable** de la taxe est la personne désignée comme destinataire réel des biens sur la déclaration d'importation[28]. Ce point mérite d'être souligné : contrairement à une opération purement interne, dans laquelle le redevable de la TVA est la personne qui réalise l'opération imposable[29], une opération internationale déplace l'obligation au paiement de la TVA sur l'acquéreur. Ceci se comprend, eu égard à la facilité accrue pour l'administration fiscale de recouvrer la TVA entre les mains d'un assujetti établi sur son territoire. Cette personne peut ensuite déduire la TVA payée à l'importation dans les conditions de droit commun[30].

Par exception, certaines importations sont exonérées de TVA. L'exonération peut s'expliquer par la nature du produit importé (biens faisant l'objet d'une « franchise fiscale communautaire », organes, sang, lait humain, devises, œuvres d'art, etc.[31]). Elle peut également se justifier par le fait que les biens sont destinés à faire l'objet d'une livraison intracommunautaire exonérée[32] : l'exonération de l'importation est alors une forme d'achat en franchise de TVA réservée aux entreprises exportatrices[33]. D'autres exonérations de TVA à l'importation lorsque le bien est destiné à être placé sous un régime douanier économique[34]. Signalons enfin que les assujettis qui exercent une activité imposable dans les départements de la Guadeloupe, de la Martinique ou de la Réunion et qui y ont un établissement stable peuvent importer en franchise de droits certains biens d'investissement (autrement dit des immobilisations) neufs tout en étant autorisés à récupérer la TVA grevant cette importation comme s'ils l'avaient effectivement acquittée. Ce système dit de « TVA non perçue récupérable » est issu d'une décision ministérielle de 1953 destinée à éviter des niveaux de vie trop élevés dans ces territoires en raison des contraintes liées à leur ultrapériphéricité. Il a été légalisé par une loi du 27 mai 2009[35].

2. Les acquisitions intracommunautaires

908 Les acquisitions intracommunautaires sont soumises aux mêmes principes que les importations, si ce n'est que le passage de la frontière n'est pas le fait générateur de la taxe. L'exigibilité est elle-même reportée au 15 du mois suivant la livraison du bien à l'acquéreur ou lors de la délivrance de la facture, sous réserve qu'elle soit délivrée avant le 15 du mois suivant la livraison du bien[36].

27. Art. 293 A, CGI.

28. Le « déclarant en douane » est solidaire du paiement de la TVA. Il s'agit d'une personne ayant reçu un agrément et agissant en son nom propre mais pour le compte de l'importateur.

29. Art. 283-1, CGI.

30. Saisie d'une question préjudicielle par le Conseil d'État, la Cour de justice a jugé à ce sujet que la directive TVA ne permet pas à un État membre de subordonner le droit à déduction de la TVA à l'importation au paiement effectif préalable de ladite taxe par le redevable lorsque ce dernier est également le titulaire du droit à déduction (CJUE, 29 mars 2012, C-414/10, *Sté Véléclair*, *Dr. fisc.* 2012, nº 18-19, comm. 286, note A.-G. Hamonic-Gaux). Le législateur en a tiré la conséquence puisque l'article 271 II du CGI permet depuis le 31 décembre 2012 la déduction de la taxe « due » à l'importation, et non plus seulement de la taxe « perçue ».

31. Liste complète à l'art. 291 II, CGI.

32. Art. 291-III-4, CGI.

33. Sur l'achat en franchise, cf. *infra*, nº 910.

34. Ce type de régime permet d'importer des marchandises en franchise de droits de douane en vue de les stocker, de les utiliser ou de les transformer ces marchandises avant de les réexporter hors de l'Union européenne.

35. Pour les détails, v. BOI-TVA-GEO-20-30.

36. Art. 269, 2 d, CGI.

Le **redevable** de la TVA est l'acquéreur du bien[37]. Si l'acquéreur est établi dans la Communauté sans être établi en France, il est tenu de s'identifier à la TVA en France, directement ou par l'intermédiaire d'un mandataire. S'il est établi hors de l'Union européenne sans être établi en France, il doit désigner un représentant fiscal[38]. Par ailleurs, lorsque l'acquéreur n'est pas établi en France, le vendeur est solidairement tenu au paiement de la TVA[39].

Il existe certaines **exceptions** au principe selon lequel c'est l'acquéreur qui est redevable de la TVA. Celles-ci concernent essentiellement les ventes à distance et les ventes de moyens de transport neufs aux personnes non assujetties (notamment les particuliers).

Exemple 1 : lorsqu'une entreprise britannique vend par correspondance des biens à des particuliers français, elle est toujours tenue de verser la TVA. Si les ventes annuelles dépassent le seuil de 35 000 euros fixé par la loi française, la TVA due est la TVA française en vertu des règles de localisation étudiées plus haut (ce qui oblige l'entreprise britannique à se faire identifier à la TVA en France). Sinon, c'est la TVA britannique.

Exemple 2 : lorsqu'une personne physique française (non assujettie) se rend en Espagne pour y acheter un véhicule automobile, elle doit acquitter la TVA... française. Elle ne pourra obtenir sa carte grise en France qu'après avoir payé son dû à la recette française des impôts et obtenu une attestation de paiement. Il s'agit d'un moyen d'éviter les distorsions exagérées de concurrence qui constitue une exception par rapport à la règle générale applicable aux particuliers, et selon laquelle chacun peut se rendre dans n'importe quel État de l'Union européenne pour y faire ses achats, y payer la TVA locale et revenir en France sans subir de contrôle à la frontière.

Comme en matière d'importation, la taxe due par l'acquéreur est déductible dans les conditions du droit commun. En revanche, lorsque la TVA française a été payée en application de la règle du « filet de sécurité »[40] (autrement dit pour la seule raison que l'acquéreur a fourni à son fournisseur un numéro d'identification en France), elle n'est pas déductible. Cela s'explique de la façon suivante : le bien n'ayant pas, dans ce cas, transité par la France, le fondement du droit à déduction (à savoir l'utilisation du bien pour les besoins des opérations taxées) n'est pas constitué. La Cour de justice considère en outre le fait d'accorder un droit à déduction dans un tel cas de figure risquerait de porter atteinte à l'effet utile de la règle du filet de sécurité, étant donné que l'assujetti, s'il bénéficiait du droit à déduction dans l'État membre d'identification (la France dans notre hypothèse), ne serait plus incité à établir la taxation de l'acquisition intracommunautaire en cause dans l'État membre d'arrivée de l'expédition ou du transport. Une telle solution pourrait, en fin de compte, mettre en péril l'application de la règle de base selon laquelle, s'agissant d'une acquisition intracommunautaire, le lieu d'assujettissement est réputé se situer dans l'État membre d'arrivée de l'expédition ou du transport, à savoir l'État membre de consommation finale[41].

Certaines exonérations sont également prévues pour les acquisitions intracommunautaires, à raison notamment de la nature des biens acquis. D'autres visent à assurer un parallélisme entre l'exonération des acquisitions intracommunautaires et l'exonération qui aurait été applicable en régime purement interne ou en régime d'importation[42].

---

37. Art. 283, CGI.

38. L'article 289 A du CGI dispense toutefois de représentant fiscal les personnes établies dans un État non-membre de l'Union européenne avec lequel la France dispose d'un instrument juridique relatif à l'assistance mutuelle ayant une portée similaire à celle prévue par la directive n° 2010/24/UE du 16 mars 2010 en matière d'assistance au recouvrement des créances fiscales et par le règlement (UE) n° 904/2010 du 7 octobre 2010 concernant la coopération administrative et la lutte contre la fraude dans le domaine de la TVA.

39. Art. 283-2 *bis*, CGI.

40. Sur cette règle, cf. *supra*, n° 903.

41. CJUE, 22 avr. 2010, aff. C-536/08 et C-539/08, points 40 à 44.

42. Art. 262 *ter* II, CGI. Pour un exemple, cf. CE, 25 févr. 2011, n° 312290, *Sté Abacus Équipement Électronique*, *RJF* 5/11, n° 561, *BDCF* 5/11, n° 58, concl. N. Escaut ; *Dr. fisc.* 2011, n° 22, comm. 375, concl. N. Escaut, note J.-M. Vié ; 25 févr. 2011, n° 309574, *RJF* 5/11, n° 563.

C. L'EXONÉRATION DES BIENS SORTANT DE FRANCE

909 Étudions successivement le régime des exportations (1°) et le régime des livraisons intracommunautaires (2°).

1. Le régime des exportations

910 Les exportations sont exonérées de TVA en vertu de l'article 262 du Code général des impôts. Cette exonération s'applique toutes les fois que les marchandises sont expédiées ou transportées par le vendeur ou pour son compte[43]. L'exonération s'étend aux prestations de services directement liées à l'exportation.

Ce principe général appelle plusieurs commentaires.

Du côté de la théorie, il faut relever que la notion « d'exonération » est ici utilisée par le Code général des impôts de façon impropre[44]. En effet, contrairement à ce qui se produit en présence d'une exonération ordinaire, la TVA d'amont acquittée par l'exportateur est déductible. Il n'existe donc pas, en matière d'exportation, de symétrie exonération/non déductibilité. C'est pourquoi il est beaucoup plus juste de parler de « taux zéro » de TVA que d'exonération au sens strict.

Par ailleurs, l'exonération des exportations n'implique pas forcément que l'opération sera soumise à la TVA dans le pays d'arrivée. La TVA ne sera due que si ce pays a lui-même adopté un impôt comparable à la TVA et s'il prévoit que l'importation donne lieu au paiement de l'impôt.

Du côté de la pratique, l'exonération est subordonnée à la justification de la réalité de l'exportation. Quant à la déduction de la TVA ayant grevé les éléments du prix de revient des biens exportés, elle a théoriquement lieu par voie d'imputation dans les conditions ordinaires. Toutefois, il arrive fréquemment qu'une entreprise exportatrice ne puisse pas imputer la TVA d'amont sur la TVA d'aval, faute pour celle-ci d'être suffisante. Il existe donc une procédure de remboursement de la TVA applicable aux entreprises réalisant des opérations relevant du commerce extérieur. Celles-ci ont droit à un remboursement mensuel de leurs crédits de TVA.

Par ailleurs, afin d'épargner aux entreprises exportatrices l'obligation systématique de payer la TVA d'amont puis d'en demander le remboursement, elles peuvent acquérir en franchise de TVA les biens et matières (hors immobilisations) qu'elles destinent à l'exportation, ainsi que les services portant sur ces biens[45]. Pour bénéficier de ce système d'achat en franchise, l'exportateur doit remettre à son fournisseur une attestation visée par le service des impôts dont il relève et certifiant que les produits commandés sont destinés à l'exportation.

2. Le régime des livraisons intracommunautaires

911 Comme les exportations, les livraisons intracommunautaires sont exonérées[46] ; comme les exportations, elles ouvrent droit à déduction de la TVA d'amont, à remboursement selon la procédure spéciale et à achat en franchise de TVA.

Les seules différences notables entre les deux opérations concernent les formalités auxquelles elles donnent lieu. Si une livraison intracommunautaire peut être faite sans contrôle aux frontières, son auteur doit néanmoins justifier du transport en dehors de France des biens vendus[47]. Par ailleurs, lorsque la livraison intervient au profit d'un client ayant également la qualité d'assujetti dans son État membre,

43. Elle s'applique de façon plus limitée lorsque c'est l'acheteur qui prend à sa charge le transport ou l'expédition des marchandises.

44. Cf. déjà *supra*, n° 873.

45. Du côté des fournisseurs des entreprises exportatrices, la franchise de TVA ne s'analyse évidemment pas comme une exonération. Ils conservent donc l'intégralité de leurs droits à déduction.

46. Art. 262 *ter*, CGI.

47. La jurisprudence du Conseil d'État encadre très strictement la preuve du transport : v. CE, 6 mars 2014, n° 362827, *Sté Pacoclean.com*.

l'entreprise française doit être en mesure de justifier du numéro d'identification de ce dernier[48]. Elle doit également déclarer les opérations qu'elle a réalisées concernant des biens en provenance ou à destination d'autres États membres[49]. La raison de ce formalisme est simple : puisque les administrations ne font plus de contrôles aux frontières, elles doivent néanmoins disposer des informations leur permettant d'obtenir le paiement de la TVA dans l'État d'arrivée du bien. On comprend pourquoi la mise en place du marché unique est indissociable du renforcement constant de la coopération entre administrations fiscales.

La jurisprudence de la Cour de justice n'est toutefois pas dépourvue d'une certaine souplesse. Elle juge ainsi que le principe de neutralité fiscale exige que l'exonération de la TVA soit accordée si ces conditions de fond sont satisfaites, même si certaines exigences formelles ont été omises par les assujettis[50]. À cet égard, la Cour a jugé, dans le contexte d'une livraison intra-communautaire, qu'une obligation de communiquer le numéro d'identification à la TVA de l'acquéreur du bien constitue une exigence formelle au regard du droit à l'exonération de la TVA[51]. Il en va de même en ce qui concerne une obligation de transmettre, dans le cadre d'un transfert intracommunautaire, le numéro d'identification à la TVA de l'assujetti attribué par l'État membre de destination[52].

Le non-respect d'une exigence formelle peut toutefois entraîner la perte du droit à l'exonération de la TVA lorsqu'il a pour effet d'empêcher d'apporter la preuve certaine que les exigences de fond ont été satisfaites.

En outre, certaines règles de fond s'opposent à l'exonération des livraisons intracommunautaires afin d'éviter les montages frauduleux destinés à utiliser le système intracommunautaire en vue de se soustraire totalement au paiement de la TVA[53]. Ainsi, l'exonération ne s'applique pas lorsqu'il est démontré que le fournisseur savait ou ne pouvait pas ignorer que le destinataire présumé de l'expédition ou du transport n'avait pas d'activité réelle[54].

La connaissance par le fournisseur du fait que le destinataire n'a pas d'activité est parfois aisée à établir. Tel est le cas, par exemple, lorsqu'à l'occasion d'une livraison intracommunautaire, le fournisseur dissimule l'identité du véritable acquéreur afin de permettre à ce dernier d'éluder le paiement de la TVA[55]. En dehors de ces hypothèses grossières, la situation est cependant beaucoup plus incertaine pour les opérateurs économiques. L'expression « savait ou ne pouvait pas ignorer » est floue, il est donc revenu à la jurisprudence de fixer les conditions dans lesquelles l'administration peut remettre en cause le droit à exonération, ainsi que celles dans lesquelles l'opérateur peut apporter la preuve de sa bonne foi.

En France, la décision fondatrice en la matière est la décision *Société Fauba France* du 27 juillet 2005[56]. Il en résulte que l'assujetti est présumé avoir effectué une livraison intracommunautaire exonérée, dès lors qu'il dispose d'une part, du numéro d'identification à la TVA de l'acquéreur dans un autre État membre et, d'autre part, de justificatifs de l'expédition de ses biens. Il s'agit en quelque sorte d'une présomption de bonne foi en faveur de l'assujetti disposant de justificatifs de l'expédition des biens. Cette présomption n'est toutefois pas irréfragable. L'administration fiscale peut la renverser en établissant l'absence de livraison des biens, notamment, comme dans l'affaire en cause, en cas d'absence d'activité réelle des sociétés destinataires, révélée par l'absence de comptabilité ou le non-respect de leurs obligations comptables et fiscales dans leur pays[57]. Cela dit, il résulte de l'arrêt *Téléos* rendu par la

48. V. toutefois au paragraphe suivant les nuances introduites à cette obligation par la jurisprudence européenne.

49. Art. 289 B et C, CGI.

50. V., par analogie, arrêt du 27 sept. 2007, C-146/05, *Collée*, point 31.

51. En ce sens, CJUE, 27 sept. 2012, C-587/10, *VSTR*, point 51.

52. CJUE, 20 oct. 2016, aff. C-25/15, *Joseph Plöckl, Dr. fisc.* 2016, n° 46, aperçu rapide par V. Alvarez-Le Mentec.

53. Pour un point sur la question, Y. Sérandour, « La fraude à la TVA sur les livraisons intracommunautaires », *Dr. fisc.* 2011, n° 36, ét. 491.

54. Art. 262 *ter* I, 1° al. 2, CGI.

55. CJUE, gde ch., 7 déc. 2010, *R*, C-285/09, *Europe* 2011, comm. 84, obs. A.-L. Mosbrucker.

56. CE, 8e et 3e ss-sect., 27 juill. 2005, n° 273619 et n° 273620, *Sté Fauba France* : *Dr. fisc.* 2006, n° 12, comm. 268, concl. L. Olléon ; *RJF* 11/2005, n° 1173 ; *BDCF* 11/2005, concl. L. Olléon.

57. Dans le même sens, CE, 25 févr. 2011, n° 312290, *Sté Abacus Équipement Électronique*, *Dr. fisc.* 2011, n° 22, comm. 375, concl. N. Escaut, note J.-M. Vié ; *RJF* 5/11, n° 562.

CJCE le 27 septembre 2007[58] que le simple fait pour l'administration de démontrer l'absence de livraison des biens ne suffit pas à renverser la présomption initialement posée en faveur de l'auteur de la livraison intracommunautaire. Ainsi, lorsque les preuves de la livraison intracommunautaire se révèlent être fausses, sans toutefois que soit établie la participation du fournisseur à la fraude fiscale, l'exonération ne devait pas être remise en cause pourvu que ce dernier ait pris toute mesure raisonnable en son pouvoir pour s'assurer que la livraison qu'il effectue ne le conduit pas à participer à une fraude à la TVA[59]. L'opérateur de bonne foi est donc préservé.

Le régime de preuve ainsi défini est un régime de preuve objective : il appartient au vendeur d'apporter des éléments permettant de justifier du transport des biens vers un autre État membre. C'est même lui qui supporte en pratique l'essentiel de la charge de la preuve puisque les éléments de preuve qu'une partie est seule en mesure de détenir ne sauraient être réclamés qu'à celle-ci. Si l'administration souhaite remettre en cause la réalité de la livraison, il lui appartient d'apporter tous éléments en ce sens. Ce régime de preuve objectif est encadré par le principe communautaire de proportionnalité selon lequel les mesures que les États membres ont la faculté d'adopter ne doivent pas aller au-delà de ce qui est nécessaire pour atteindre les objectifs visant à assurer l'exacte perception de la taxe et à éviter la fraude[60]. Il en découle par exemple que l'administration ne peut refuser le bénéfice de l'exonération des livraisons intracommunautaires à un assujetti au seul motif que celui-ci n'a pas consulté la base de données des numéros d'identification à la TVA de l'acquéreur[61].

SECTION 2 — LES OPÉRATIONS PORTANT SUR LES SERVICES

912 L'application de la TVA aux prestations de services présentant un caractère international est un exercice très délicat en raison du caractère immatériel d'un grand nombre de services et de la difficulté corrélative à localiser ce type de prestation. Certes, il n'est pas impossible de raisonner par analogie avec les règles existant en matière de livraisons de biens et de se demander, à chaque fois qu'une prestation de service est réalisée, si elle est « exportée » (autrement dit effectuée au profit d'un client étranger) ou « importée »... Cette analogie n'est pas absurde et l'on verra plus loin qu'elle correspond dans une certaine mesure à la réalité du droit.

Toutefois, le raisonnement tenu pour appliquer dans l'espace la TVA aux services internationaux ne peut pas être absolument identique à celui tenu pour les biens corporels. Les services ne sont pas des marchandises pouvant faire l'objet de contrôle aux frontières. La dissociation exportation/importation est donc privée de pertinence,

58. CJCE, 3e ch., 27 sept. 2007, aff. C-409/04, *Teleos e.a.* et aff. C-184/05, *Twoh International, Dr. fisc.* 2007, n° 40, act. 1041 ; *RJF* 12/2007, n° 1511.

59. V. également, CJCE, 4e ch., 21 févr. 2008, aff. C-271/06, *Netto Supermarkt (DE)* : *Dr. fisc.* 2008, n° 10, act. 66 ; *Europe* 2008, comm. 127, note D. Simon ; *RJF* 2008, n° 654. En jurisprudence interne, v. CE, 9 mars 2012, n° 330760, *Sté Rebmeister Automobiles*, *Dr. fisc.* 2012, n° 21, comm. 310, concl. E. Geffray.

60. CJUE, *R*, préc., point 45. En l'espèce, est jugée conforme au principe de proportionnalité la législation allemande qui refuse l'exonération de la livraison intracommunautaire lorsque le contribuable présente de fausses factures ou de fausses déclarations, ce qui est d'autant plus intéressant que l'impôt allemand n'était nullement éludé, mais seulement l'impôt qui aurait dû être acquitté au Portugal (en raison de la dissimulation de l'identité du véritable acquéreur).

61. CE, 25 févr. 2011, n° 312290, *Sté Abacus Équipement Électronique*, préc.

même s'il faut parfois distinguer selon que le prestataire ou le client est situé dans ou en dehors de l'Union européenne.

En outre, la typologie des prestations de services est si variée qu'il est difficile de raisonner à leur sujet en s'appuyant sur les seules ressources de l'analogie et de l'intuition. La législation est ici casuistique par nécessité, la matière complexe. Elle a cependant gagné en lisibilité depuis que les directives n° 2008/8/CE et 2008/9/CE du 12 février 2008, communément désignées sous le terme de « paquet TVA », ont aménagé les règles de territorialité des services[62].

Il faut donc, comme pour les opérations portant sur des biens corporels, distinguer entre des règles de localisation (§ 1) et les règles d'imposition (§ 2).

§ 1. LES RÈGLES DE LOCALISATION

913 Le principal cardinal du dispositif issu du « paquet TVA » consiste à faire dépendre le lieu d'imposition des services de la qualité du preneur (assujetti ou non) (A). Ce principe connaît toutefois un nombre important d'exceptions (B).

A. LE PRINCIPE GÉNÉRAL

914 La détermination du lieu d'imposition des services repose principalement sur le point de savoir si le preneur est un assujetti agissant en tant que tel (opération « **B to B** »[63]) ou si le preneur est un non assujetti (opération « **B to C** »[64]). Sont considérés comme des assujettis pour l'application des règles de territorialité des services, non seulement les assujettis partiels mais aussi les personnes morales non assujetties mais identifiées à la TVA[65]. La catégorie des non assujettis regroupe, outre les particuliers, les personnes morales non assujetties et non identifiées, de même que les assujettis pour les achats qu'ils réalisent pour leurs besoins privés ou ceux de leur personnel.

Pour les opérations « B to B », le lieu d'imposition est en principe le lieu d'établissement du preneur. Cette règle est le reflet de l'idée selon laquelle l'imposition doit avoir lieu dans l'État de consommation. Par conséquent, lorsqu'un assujetti établi en France bénéficie d'un service rendu par un prestataire étranger, le lieu de l'imposition est situé en France. Un preneur assujetti est considéré comme établi en France, pour les besoins de cette règle, lorsqu'il y a le siège de son activité économique (sauf s'il dispose d'un établissement stable non situé en France auquel les services sont fournis), ou un établissement stable auquel les services sont fournis ou, à défaut, son domicile ou sa résidence habituelle[66]. Inversement, lorsqu'un assujetti établi en France rend un service à un assujetti établi dans un autre État, le service est réputé localisé dans cet autre État.

62. Ces règles ont été transposées par la loi de finances pour 2010 complétée par un décret en Conseil d'État et un arrêté interministériel du 12 juillet 2010. Elles sont applicables depuis le 1er janvier 2010. On consultera utilement à ce sujet l'ouvrage d'A. Beetschen, *TVA et territorialité des services*, Dossiers Pratiques Francis Lefebvre, 2010.

63. Business to Business.

64. Business to Consumer.

65. Art. 259-0, CGI.

66. Art. 259, 1°, CGI. Pour une comparaison entre ces critères et ceux retenus par le modèle OCDE en matière d'imposition du revenu, cf. H. Stensgaard, "Nexus for Taxpayers in Respect of VAT v. Direct Tax Treaties", in M. Lang, P. Melz et E. Kristoffersson, *Valued Added Tax and Direct Taxation. Similarities*

La notion de « lieu où l'assujetti a établi le siège de son activité économique » s'entend, selon l'article 10 du règlement n° 282/2011 du 15 mars 2011, comme « le lieu où sont exercées les fonctions d'administration centrale de l'entreprise ». Sont pris en considération le lieu où sont prises les décisions essentielles concernant la gestion générale de l'entreprise, le lieu de son siège statutaire et le lieu où se réunit la direction[67]. Lorsque ces critères ne permettent pas de déterminer avec certitude le lieu du siège de l'activité économique, le lieu où sont prises les décisions essentielles concernant la gestion générale de l'entreprise est le critère prépondérant. En tout état de cause, la présence d'une adresse postale ne peut déterminer à elle seule le lieu où l'assujetti a établi le siège de son activité économique.

Quant à la notion d'établissement stable, elle désigne, selon l'article 11 du même règlement, tout établissement autre que le siège de l'activité économique qui se caractérise par un degré suffisant de permanence et une structure appropriée, en termes de moyens humains et techniques, lui permettant de recevoir et d'utiliser les services qui sont fournis pour les besoins propres de cet établissement. Le fait de disposer d'un numéro d'identification TVA n'est pas en soi suffisant pour considérer qu'un assujetti a un établissement stable[68].

Pour les opérations « B to C », la prestation de services est réputée avoir lieu dans l'État d'établissement du prestataire. Cette règle s'explique par sa simplicité et surtout par la difficulté, à l'inverse, de mettre en œuvre la règle d'imposition dans le pays du client lorsque celui-ci n'est pas assujetti. Le client non assujetti ne peut en effet autoliquider la TVA, ce qui est en effet une composante essentielle du régime « B to B », comme on le reverra plus loin[69]. En application du principe de localisation dans l'État du prestataire, sont réputées localisées en France les prestations réalisées par un assujetti établi en France au profit d'un preneur non assujetti établi dans un autre État.

L'établissement en France du prestataire est déterminé de la même façon qu'au paragraphe précédent[70].

Ces règles de localisation souffrent cependant de nombreuses exceptions justifiées par la nature particulière de certains services.

B. LES RÈGLES DE LOCALISATION PARTICULIÈRES

915 Par dérogation aux principes énoncés ci-dessous, certains services ayant une nature spécifique obéissent à un régime qui leur est propre. Sans souci d'exhaustivité, on peut esquisser la classification ci-dessous.

Premièrement, lorsque la **prestation de service est matériellement localisable**, elle est juridiquement réputée avoir lieu dans l'État où elle se déroule effectivement[71].

Ceci explique que soient imposables en France :

— les locations de moyens de transport lorsqu'elles sont de courte durée[72] et que le moyen de transport est effectivement mis à la disposition du preneur en France ;

— les prestations de services se rattachant à un bien immeuble situé en France ;

and Differencies, IBFD, 2009, p. 609 et s. V. également, sous l'angle du droit français, M.-H. Pinard-Fabro, « Établissement stable : un regain d'actualité », *BF* 6/10, p. 517 et s.

67. Pour un exemple, CE, 9 févr. 2012, n° 330852, *Sté SF Diffusion*, *Dr. fisc.* 2012, n° 20, comm. 295, concl. V. Daumas.

68. Formules très proches de celles retenues par la jurisprudence antérieure : CJCE, 28 juin 2007, aff. C-73/06, *Planzer Luxembourg* ; 17 juill. 1997, *ARO Lease*, aff. C-190/95, point 15 ; 20 févr. 1997, aff. C-260/95, point 20 ; 4 juill. 1985, *Berkholz*, 168/84, point 18. V. aussi, en jurisprudence française, CE, 6 oct. 2010, n° 307680, *Sté Iota*. Sur le sujet, cf. l'article d'A. Benoit et A. Moraine, « L'instable notion d'établissement stable en matière de TVA », *Dr. fisc.* 2013, n° 13, ét. 212.

69. Cf. *infra*, n° 917.

70. Art. 259, 2°, CGI.

71. Art. 259 A, CGI.

72. La location de courte durée s'entend de la possession ou de l'utilisation continue du moyen de transport pendant une période ne dépassant pas trente jours ou, dans le cas d'un moyen de transport maritime, quatre-vingt-dix jours (art. 259 A, 1°, CGI).

— les prestations de transport intracommunautaire de biens effectuées pour des personnes non assujetties lorsque le lieu de départ du transport est en France ;

— lorsqu'elles sont matériellement exécutées ou exercées en France, les prestations de services ayant pour objet des activités culturelles, artistiques, sportives, scientifiques, éducatives, de divertissement ou similaires[73], les ventes à consommer sur place, etc. ;

— lorsqu'elles sont matériellement exécutées en France au profit d'une personne non assujettie, les activités accessoires au transport, telles que le chargement, le déchargement, la manutention et les activités similaires, ou encore les expertises ou les travaux portant sur des biens meubles corporels.

Deuxièmement, certaines **prestations de services non matériellement localisables et rendus à des non assujettis établis en dehors d'un État membre** échappent au principe d'imposition dans l'État d'imposition du prestataire :

Il en découle que ne sont pas imposables en France les opérations suivantes faites par des assujettis français au profit de non-assujettis extracommunautaires[74] :

— cessions et concessions de droits d'auteur, de brevets, de droits de licence, de marques de fabrique et de commerce et d'autres droits similaires ;

— locations de biens meubles corporels autres que des moyens de transport ;

— prestations de publicité ;

— prestations des conseillers, ingénieurs, bureaux d'études dans tous les domaines y compris ceux de l'organisation de la recherche et du développement, prestations des experts-comptables ;

— traitements de données et fournitures d'informations ;

— opérations bancaires, financières et d'assurance ou de réassurance à l'exception des locations de coffres-forts ;

— mise à la disposition de personnel ;

— obligation de ne pas exercer, même à titre partiel, une activité professionnelle ;

— prestations de télécommunication ;

— services de radiodiffusion et de télévision ;

— services fournis par voie électronique ;

— accès aux réseaux de transport et de distribution d'électricité ou de gaz naturel, acheminement par ces réseaux, et tous les autres services qui lui sont directement liés.

Par symétrie, lorsqu'un assujetti établi en dehors de la Communauté européenne rend certains services à un non-assujetti en France, on écarte la règle de l'imposition au lieu du prestataire pour retenir la compétence de la loi française :

Cette règle s'applique aux cas suivants[75] :

— prestations de services autres que celles mentionnées aux articles 259 A (prestations matériellement localisables) et 259 D du CGI (services électroniques) lorsqu'elles sont fournies à des personnes qui sont établies ou ont leur domicile ou leur résidence habituelle dans un État membre de la Communauté européenne ;

— locations de moyens de transport autres que de courte durée lorsque le preneur est établi ou a son domicile ou sa résidence habituelle en dehors de la Communauté européenne.

73. Pour les modalités d'application de cette règle au cas des foires et salons, cf. BOI-TVA-CHAMP-20-50-30.

74. Art. 259 B, CGI.

75. Art. 259 C, CGI.

Une règle similaire s'applique aux services électroniques effectués au profit de non assujettis établis en France par un assujetti qui a établi le siège de son activité économique ou dispose d'un établissement stable à partir duquel le service est fourni hors de la Communauté européenne, ou qui, à défaut d'un tel siège ou d'un tel établissement stable, a son domicile ou sa résidence habituelle hors de la Communauté européenne[76].

Les règles de localisation des prestations de services peuvent être sommairement résumées par le tableau suivant.

	B to B	**B to C**
Principe	Imposition dans l'État du **preneur**	Imposition dans l'État du **prestataire**
Exceptions		Certains services non matériellement localisables rendus à des non assujettis par des assujettis hors CE → **imposition dans l'État du preneur**
	Services **matériellement localisables** → imposition dans **l'État d'exécution**	

§2. LES RÈGLES D'IMPOSITION

916 Les règles de localisation examinées ci-dessus permettent de déterminer dans quelles conditions un service est soumis à la loi française. Les principales difficultés viennent alors de la nécessité de déterminer le redevable de la TVA (A) et la date d'exigibilité de celle-ci (B).

A. LE REDEVABLE

917 La règle ordinaire, pour déterminer le redevable de la TVA, est que taxe doit être acquittée par les personnes qui réalisent les opérations imposables[77]. Il en découle que la TVA doit théoriquement être acquittée par le prestataire de services.

Toutefois, cette règle est largement privée d'effet par les exceptions qui l'assortissent en matière de prestations de services. La TVA doit en effet être acquittée par le **preneur** dans les cas suivants :

— services « B to B » soumis en principe à la TVA du lieu d'établissement du preneur[78] ;

— services matériellement localisables[79] rendu à un assujetti disposant d'un numéro d'identification à la TVA en France ;

Les prestataires ne demeurent donc redevables de la TVA que lorsque les services concernés rentrent dans la catégorie des services rendus à des non-assujettis et que le prestataire ou le client n'est pas établi dans l'Union européenne. Au cas particulier, un prestataire non établi dans l'Union européenne est donc redevable de la TVA française lorsqu'il rend un service à un non-assujetti établi sur le territoire français dans les

76. Art. 259 D, CGI.
77. Art. 283, CGI.
78. Renvoi de l'art. 283 à l'art. 259, 1°, CGI.
79. Renvoi de l'art. 283 à l'art. 259 A, CGI.

conditions prévues par les articles 259 B, C et D vus ci-dessus. Un tel prestataire doit alors s'identifier à la TVA en France, déclarer les opérations qu'il réalise dans ce pays et payer la TVA auprès de l'administration fiscale.

Comme on peut le constater, toutes les fois que le preneur est assujetti, c'est lui qui est institué redevable de la taxe. Le dispositif actuel généralise donc le système dit de « **l'autoliquidation** » de la TVA chaque fois que le prestataire est établi à l'étranger. Le preneur établi en France procède ainsi à l'acquittement de la TVA et à sa déduction dans le cadre de ses obligations déclaratives ordinaires[80].

Cette généralisation, qui date du « paquet fiscal » de 2008, s'explique par le fait que le dispositif d'autoliquidation présente un certain nombre d'avantages majeurs[81] qui justifient d'ailleurs que la Commission européenne envisage son extension, au-delà des prestations de services, aux livraisons de marchandises[82]. En premier lieu, les autorités fiscales du pays de consommation peuvent s'assurer du respect de la législation fiscale puisqu'elles ont autorité sur le client. En deuxième lieu, la charge du respect des obligations fiscales est transférée du fournisseur au client et elle est réduite au minimum puisque celui-ci a parfaitement connaissance des modalités de la fourniture ou de la prestation[83]. En troisième lieu, les coûts de la discipline fiscale sont également réduits pour les autorités fiscales dans la mesure où le fournisseur n'est pas tenu de se conformer à des obligations fiscales dans le pays du client (c'est-à-dire s'identifier à la TVA et subir des contrôles éventuels). Enfin, cela réduit les risques pour les recettes publiques liés au recouvrement de l'impôt par des fournisseurs non-résidents.

L'autoliquidation ne joue cependant son rôle d'instrument anti-fraude que si l'administration fiscale est informée de l'existence d'une prestation de services génératrice d'une dette de TVA. C'est pourquoi tout prestataire est désormais tenu de souscrire mensuellement via le portail électronique de l'administration douanière une déclaration européenne des services (DES) sur laquelle devront figurer les services qu'il a rendus au cours du mois écoulé aux assujettis établis dans un autre État membre de l'Union

80. Par exception à la règle de l'autoliquidation, l'administration fiscale avait instauré en 2006 un régime optionnel, dit du « répondant fiscal », permettant sous certaines conditions de désigner comme redevable de la TVA le prestataire étranger, au nom et pour le compte du client. Par un arrêt du 15 décembre 2011 (CJUE, 8e ch., 15 déc. 2011, aff. C-624/10, Commission c/France, *Dr. fisc.* 2011, n° 51, act. 394), la Cour de justice de l'Union européenne a toutefois jugé que cette pratique était contraire à l'article 204 de la directive TVA. L'administration en a tiré les conséquences en mettant fin à la tolérance du répondant (BOI-TVA-DECLA-10-10-20).

81. Pour cette analyse, cf. le document publié par le groupe de travail n° 9 du comité des affaires fiscales de l'OCDE, L'application de la TVA/TPS aux transactions internationales portant sur les services et les biens incorporels, Concepts émergents en matière de lieu d'imposition, janv. 2008, § 13.

82. V. à cet égard la proposition de directive relative à l'application temporaire d'un mécanisme d'autoliquidation généralisée pour les livraisons de biens et prestations de services dépassant un certain seuil (COM (2016) 811, 21 déc. 2016).

83. Pour un exemple de réaction législative à la fraude carrousel par l'introduction du mécanisme de l'autoliquidation, on peut se reporter à la loi de finances rectificative pour 2010 qui a transposé à l'article 283. 2 *septies* du CGI la directive du 16 mars 2010 prévoyant un tel mécanisme pour les cessions de quotas d'émission de gaz à effet de serre (droits à polluer). Le redevable de la TVA est désormais l'assujetti bénéficiaire du transfert de quotas d'émission de gaz à effet de serre et d'unités de réduction des émissions, et non plus le prestataire. Dans le même sens, v. la réforme de l'article 283 du CGI par la première loi de finances rectificative pour 2012 introduisant un dispositif d'autoliquidation pour certaines opérations sur le gaz naturel ou l'électricité et les services de communications électroniques (*Dr. fisc.* 2012, n° 13, comm. 216). Et pour le souhait de l'extension du mécanisme de l'autoliquidation aux opérations d'importation, v. O. Courjon et M. Wolf, « La TVA d'importation : vers l'ouverture d'une voie fiscale ? », *Dr. fisc.* 2013, n° 20, ét. 277.

européenne qui sont, dans cet État, les redevables de la TVA au titre des services concernés.

B. L'EXIGIBILITÉ

918 En présence d'une prestation de services intracommunautaires, il existe deux règles d'exigibilité distinctes lorsque le preneur est institué redevable de la TVA (mécanisme d'autoliquidation) :

— dans le cas d'un service « B to B » concerné par la règle générale de l'article 259, une règle spéciale s'applique : la TVA est exigible, non au moment de l'encaissement (comme c'est normalement le cas), mais lors de la survenance du fait générateur de la TVA. La date d'exigibilité est donc celle de l'exécution du service ou de la perception d'acomptes[84] ;

— dans les autres cas, les règles habituelles s'appliquent.

L'introduction de cette règle spéciale par le « paquet TVA » est de nature à entraîner certaines difficultés car il n'est pas toujours aisé de déterminer la date exacte de l'exécution d'un service. Cette date devrait néanmoins en principe coïncider dans la plupart des situations avec celle de la facturation opérée par le prestataire. Elle est en outre source de complexité dans la mesure où elle fait coexister deux régimes d'exigibilité pour les opérations soumises à autoliquidation, ce qui n'est pas de nature à faciliter la vie des opérateurs.

84. Art. 269, 2, b *bis*, CGI.

TROISIÈME PARTIE
L'IMPOSITION DU CAPITAL

919 Le droit français connaît plusieurs formes d'imposition du capital. Certains impôts sont synthétiques, en ce sens qu'ils portent sur la totalité du capital détenu ou transmis (l'impôt de solidarité sur la fortune ou les droits de succession, par exemple). D'autres sont analytiques, en ce qu'ils ne concernent que certains biens particuliers (songeons à la taxe foncière).

Ces impôts n'ont en outre pas tous la même nature juridique. Certains sont de « purs » impôts sur le capital. D'autres ont une nature complexe, mélangée d'imposition du capital et du revenu ou de la valeur ajoutée. C'est notamment le cas de la contribution économique territoriale. Ainsi, l'imposition « du capital » au sens du présent chapitre recouvre une réalité variée et hétérogène.

On examinera successivement l'imposition du capital détenu (Chapitre 1) et l'imposition du capital transmis (Chapitre 2).

CHAPITRE 1
L'IMPOSITION DU CAPITAL DÉTENU

920 Le capital peut être détenu, soit par l'entreprise (Section 1), soit par l'entrepreneur (Section 2).

SECTION 1 L'IMPOSITION DU CAPITAL DE L'ENTREPRISE

921 L'imposition des biens détenus par l'entreprise n'a rien d'original dans la mesure où certains impôts s'appliquent aux entreprises comme à toute personne. C'est notamment le cas de la taxe foncière (§ 1). Certains impôts sont toutefois spécifiques aux entreprises. C'est le cas de la contribution économique territoriale (§ 2) et de la taxe de 3 % sur les immeubles français possédés par les personnes morales étrangères (§ 3).

§ 1. LA TAXE FONCIÈRE

922 La taxe foncière n'est que l'une des taxes qui composent l'ensemble de la fiscalité immobilière des entreprises[1], mais elle joue un rôle essentiel. Toutes les personnes, physiques ou morales, sont redevables de la taxe foncière sur les propriétés bâties et non bâties, conformément aux articles 1380 et suivants du Code général des impôts. Il s'agit d'un impôt perçu par la commune sur le territoire de laquelle est situé l'immeuble passible de la taxe et, pour la taxe foncière sur les propriétés bâties, par le département.

1. A titre d'exemple : la redevance pour création de bureaux (art. L. 520-1 C. urb) et la taxe annuelle sur les bureaux en Ile-de-France (art. 231 *ter* CGI), deux taxes dont le montant global a été augmenté de 48 % en 2011 pour financer le projet de politique urbaine du Grand Paris (source : *Option Finance*, 2 juill. 2012, p. 17).

La taxe foncière est établie au nom de l'entreprise propriétaire[2]. Lorsque, comme c'est fréquent, une entreprise construit un immeuble sur un terrain dont elle n'est pas propriétaire, la question se pose de savoir si elle doit être assujettie à la taxe foncière sur cette construction. Il convient alors, conformément aux règles du droit civil, de se référer à titre principal à la volonté des parties telle qu'elle a été exprimée dans l'acte. Dans le silence des parties, le preneur est considéré comme propriétaire des constructions pendant la durée du bail. Il est donc redevable de la taxe foncière pendant cette période[3].

La loi fiscale prévoit de multiples cas d'exonération de taxe foncière sur les propriétés bâties, dont la plupart concernent les infrastructures publiques (hôpitaux, écoles, etc.). Il convient toutefois de signaler que certaines d'entre elles s'appliquent aux entreprises privées. Ainsi, par exemple, les constructions nouvelles font l'objet d'une exonération pendant deux ans[4]. Les entreprises nouvelles peuvent bénéficier d'exonérations temporaires de taxe foncière sous certaines conditions énumérées limitativement par la loi et tenant notamment à la reprise par elles d'entreprises en difficulté[5]. D'autres règles spécifiques s'appliquent également aux jeunes entreprises innovantes[6].

La taxe foncière sur les propriétés bâties et non bâties est établie d'après la valeur locative cadastrale de ces propriétés[7]. On aperçoit ici la nature profondément ambiguë de ce type d'impôt, qui se situe à mi-chemin entre une imposition du capital et imposition du revenu[8].

Une fois établie, la valeur locative cadastrale est diminuée d'un abattement. Pour les propriétés bâties, celui-ci s'élève à 50 % de son montant en considération des frais de gestion, d'assurances, d'amortissement, d'entretien et de réparation. Pour les propriétés non bâties, l'abattement est de 20 %.

Les règles de détermination de la valeur locative des propriétés bâties sont d'une grande complexité et leur application soulève assez fréquemment des difficultés pouvant aller jusqu'au contentieux. Le principe général veut que chaque propriété ou fraction de propriété soit appréciée d'après sa consistance, son affectation, sa situation et son état, à la date de l'évaluation[9].

Certaines règles particulières de méthode s'appliquent cependant aux **locaux servant à une activité professionnelle non commerciale**, pour lesquels il convient d'établir une comparaison avec des locaux de référence situés dans la même commune[10].

Pour les **locaux commerciaux**[11], la valeur locative est déterminée au moyen de l'une des méthodes suivantes : pour les biens donnés en location à des conditions de

---

2. Art. 1400 CGI.
3. CE, 30 déc. 2011, n° 326026, *SAS Amis*, *Dr. fisc.* 2012, n° 23, comm. 327, concl. L. Olléon, note H. Zapf et A. Nikolic.
4. Art. 1383, CGI.
5. Art. 1383 A, CGI.
6. Art. 1383 D, CGI.
7. Pour les propriétés bâties, cette valeur est déterminée conformément aux principes définis par les art. 1494 à 1508 et 1516 à 1518 B, CGI. Pour les propriétés non bâties, on se réfèrera aux art. 1509 à 1518 A, CGI.
8. Pour d'intéressantes réflexions sur cette nature complexe, v. P. Beltrame et L. Mehl, *Techniques, Politiques et institutions fiscales comparées*, PUF, 1997, p. 290 et s.
9. Art. 1495, CGI.
10. Art. 1496, CGI.
11. Art. 1498, CGI.

prix normales[12], la valeur locative est celle qui ressort de cette location ; pour les biens loués à des conditions de prix anormales ou occupés par leur propriétaire ou par un tiers à un autre titre que la location, ainsi que pour les biens vacants ou concédés à titre gratuit, la valeur locative est déterminée par comparaison[13]. À défaut de ces bases, la valeur locative est déterminée par voie d'appréciation directe : celle-ci consiste à déterminer une valeur locative sur la base de la valeur vénale du bien en 1970 et du taux d'intérêt des placements immobiliers depuis lors[14]. En cas de contentieux portant sur la méthode d'évaluation, le juge de l'impôt a l'obligation, lorsqu'il estime irrégulière la méthode d'évaluation retenue par l'administration pour déterminer les impositions, de lui substituer la méthode d'évaluation qu'il juge régulière. Dans le cas où il retient une évaluation par comparaison, il doit, en outre, statuer d'office sur le terme de comparaison qu'il estime pertinent et dont il a vérifié la régularité, au vu des éléments dont il dispose ou qu'il a sollicités par un supplément d'instruction.

Enfin, la valeur locative des **immobilisations industrielles** passibles de la taxe foncière sur les propriétés bâties est déterminée en appliquant un taux d'intérêt au prix de revient de leurs différents éléments, revalorisé à l'aide de divers coefficients. C'est ce qu'on appelle la « méthode comptable »[15].

La pluralité des méthodes applicables en matière d'évaluation foncière se conjugue avec l'existence de réductions particulières pour certaines installations (aéroports, installations destinées à la lutte contre la pollution des eaux, etc.)[16] et, à l'inverse, avec la nécessité de retenir une valeur locative minimum pour certaines immobilisations corporelles. Il existe ainsi des **règles anti-abus**, communes à la taxe foncière et à la cotisation foncière des entreprises, destinées à neutraliser des montages permettant de diminuer la valeur imposable des immobilisations.

En particulier, pour éviter que les restructurations de sociétés ne soient l'occasion de faire des économies trop importantes, l'article 1518 B du Code général des impôts prévoit un mécanisme de valeur locative plancher fonctionnant de la manière suivante : pour les opérations de restructuration réalisées à compter du 1er janvier 2011[17], la valeur locative des immobilisations corporelles ne peut être inférieure à :

1° 100 % de son montant avant l'opération lorsque, directement ou indirectement, l'entreprise cessionnaire ou bénéficiaire de l'apport contrôle l'entreprise cédante, apportée ou scindée ou est contrôlée par elle, ou ces deux entreprises sont contrôlées par la même entreprise ;

12. Les conditions de location sont appréciées... au 1er janv. 1970, ce qui exclut le loyer réel au 1er janv. de l'année d'imposition.

13. CE, 30 janv. 2013, n° 327396, *SEP Hôtel Companile d'Arcueil*, *Dr. fisc.* 2013, n° 11, comm. 191, concl. C. LEGRAS.

14. L'article 1498 du CGI a été jugé conforme à la Constitution par le Conseil d'État qui a refusé de transmettre une question prioritaire de constitutionnalité à son sujet au Conseil constitutionnel (CE, 9 juill. 2010, n° 317086, *SA Genefim*, *Dr. fisc.* 2010, n° 46, comm. 563, concl. L. OLLÉON).

15. Art. 1499 et s., CGI. Sur le domaine de cette règle, cf. Y. BÉNARD, « Qu'est-ce qu'un établissement industriel ? », *RJF* 11/05, p. 811 et s. V. également V. BERGER et J. DU PASQUIER, « L'établissement industriel en fiscalité locale », *Dr. fisc.* 2014, n° 11, Aperçu rapide 160, montrant que la définition classique de l'établissement industriel, entendu comme établissement doté de moyens de production importants et dans lequel le rôle joué par la force motrice est prépondérant, se révèle ambiguë et mal adaptée à l'évolution des modes de production modernes.

16. Art. 1518 A, CGI.

17. Les restructurations visées s'entendent des apports, scissions, fusions et cessions d'établissement, ainsi que des transmissions universelles de patrimoine. La notion de « cession d'établissement » donne lieu à un contentieux non négligeable (cf. CE, 8e et 3e s.-s., 3 févr. 2011, n° 327724, *SA Distillerie Entrepôts et Usines du Languedoc et de Provence*, *Dr. fisc.* 2011, n° 20, comm. 350, concl. L. OLLÉON ; comp. CE, 9e et 10e s.-s., 3 sept. 2008, n° 295010, *min. c/SA Literie Duvivier, Dr. fisc.* 2008, n° 46, comm. 570, concl. P. COLLIN, note M. BUCHET ; *RJF* 2008, n° 1334 ; *BDCF* 2008, n° 149, concl. P. COLLIN). Le Conseil d'État retient en effet une conception très large de la cession, comme en témoigne la décision du 13 février 2013

2° 90 % de son montant avant l'opération pour les opérations entre sociétés membres d'un groupe au sens de l'article 223 A ;

3° Sous réserve des dispositions des 1° et 2°, 50 % de son montant avant l'opération pour les opérations de reprise d'immobilisations prévue par un plan de cession ou comprises dans une cession d'actifs en sauvegarde, en redressement ou en liquidation judiciaire, jusqu'à la deuxième année suivant celle du jugement ordonnant la cession ou autorisant la cession d'actifs en cours de période d'observation.

Il est à noter que ce mécanisme n'est applicable qu'aux établissements industriels évalués selon la méthode dite « comptable » qui se réfère à la notion de prix de revient. En effet, contrairement aux établissements industriels dont le prix de revient peut être impacté par les opérations visées à l'article 1518 B, les établissements évalués selon les méthodes prévues à l'article 1498 ne sont pas concernés par de telles dispositions dans la mesure où les éléments pris en compte pour la détermination de leur valeur locative (évaluation par le loyer 1970, par comparaison ou par appréciation directe) ne subissent pas d'impact consécutivement aux opérations précitées.

Autre règle anti-abus : pour contrecarrer les opérations de cession à l'issue desquelles les biens cédés demeurent en réalité affectés au même établissement, l'article 1518 B prévoit, depuis la loi de finances pour 2011, que la valeur locative d'une immobilisation corporelle cédée à compter du 1er janvier 2011 et rattachée au même établissement avant et après la cession ne peut être inférieure à 100 % de son montant avant l'opération lorsque, directement ou indirectement, l'entreprise cessionnaire contrôle l'entreprise cédante ou est contrôlée par elle ou lorsque ces deux entreprises sont contrôlées par la même entreprise.

Il convient de noter qu'il s'agit là de la transposition à la cotisation foncière des entreprises des dispositions de l'ancien article 1469-3 *quater* du CGI applicable sous l'empire de la taxe professionnelle. Or, si ces dispositions pouvaient être justifiées s'agissant de la cession des biens d'équipements spécialisés (biens meubles) dont le rattachement au même établissement après l'opération pouvait faire naître une suspicion d'abus, il en est tout autrement, désormais, sous le régime de la cotisation foncière des entreprises. En effet, l'assiette de cette dernière est constituée exclusivement de la valeur locative des biens immobiliers dont l'entreprise dispose pour les besoins de son activité professionnelle. Force, dès lors, est de constater que, s'agissant d'un bien immobilier, celui-ci, demeure naturellement affecté au même établissement avant et après une opération de cession, de sorte que la règle de fixité à 100 % de la valeur locative imposable semble devoir s'appliquer quasi systématiquement s'agissant d'opérations intra-groupe. Cette solution est jugée particulièrement pénalisante par les entreprises car elle revient à considérer, sous l'empire de la CFE, que toute cession de bien immobilier entre entreprises liées, dans l'enceinte duquel s'exerce une activité professionnelle, recèle un abus au sens des dispositions précitées.

Le champ d'application de l'article 1518 B avait par ailleurs été étendu aux opérations de transmissions universelles du patrimoine mentionnées à l'article 1844-5 du Code civil et réalisées depuis le 1er janvier 2010, pour la valeur locative des seules immobilisations corporelles directement concernées par ces opérations[18]. Cette mesure contrecarrait la jurisprudence du Conseil d'État, qui avait jugé que les transmissions universelles de patrimoine n'entraient pas dans le champ d'application de l'article 1518 B du CGI.

Dernier élément de complexité : la valeur locative cadastrale (pour les locaux autres que ceux à usage industriel évalués selon la méthode comptable) est déterminée lors des révisions périodiques

(n° 348681, *M. Clerget*, *Dr. fisc.* 2013, n° 28, comm. 367) qui juge que pour l'application de l'article 1518 B du CGI, les cessions s'entendent, au sens donné à ce terme par le droit civil et le droit des sociétés, de tous les transferts de propriété consentis entre un cédant et un cessionnaire, sans faire de distinction selon qu'ils sont effectués à titre gratuit ou à titre onéreux ; qu'ainsi la donation entre vifs constitue une cession au sens de ces dispositions. Pour une analyse de la jurisprudence, cf. B. Toulemont et A. Nikolic, L'article 1518 B à l'heure de la contribution économique territoriale : quelles sont les problématiques subsistantes ?, *Dr. fisc.* 2013, n° 28, ét. 364.

18. Cette mesure vient vider de sa substance la jurisprudence du Conseil d'État qui excluait ces opérations du champ d'application du mécanisme de la valeur locative plancher : CE, 13 déc. 2006, n° 283914, 283915, 289569, 289806, 289894 et 275239 et CE, 1er juill. 2009, n° 285718 ; H. Zapf et L. Faulcon, « La règle de la valeur locative plancher ne s'applique pas aux TUP », *LPA*, n° 85, 2007, p. 11 ; B. Toulemont et M. Le Tacon, « Opérations de restructuration : quel rôle pour l'article 1518 B du CGI ? », *Dr. fisc.*, n° 10, mars 2006, p. 555.

générales des évaluations foncières. Ces révisions sont censées être effectuées tous les six ans avec une actualisation tous les trois ans entre deux révisions générales[19]. Cependant, l'absence, depuis 1970, de toute révision générale des valeurs locatives foncières bouleverse profondément l'économie du système d'évaluation des valeurs locatives[20]. Il est donc heureux que l'article 34 de la quatrième loi de finances rectificative pour 2010[21] ait engagé la révision des valeurs locatives cadastrales des locaux commerciaux et des locaux des professions non commerciales qui s'applique depuis l'émission des avis d'imposition 2017[22]. Les locaux industriels évalués selon la méthode comptable restent toutefois hors du champ d'application de la révision. Le nouveau système repose sur l'instauration d'une grille tarifaire et mise à jour annuellement. L'idée de base de la réforme consiste à calculer la valeur locative d'un local professionnel en multipliant sa surface pondérée par un tarif au mètre carré. La méthode par comparaison est ainsi abandonnée au profit d'une grille dont le tarif est établi à partir des loyers constatés dans le secteur d'évaluation du local et pour chaque catégorie de local. En cas d'impossibilité d'appliquer la grille tarifaire (compte tenu de la particularité des locaux), le bien est évalué par voie d'appréciation directe, soit en appliquant un taux de 8 % à la valeur vénale de l'immeuble, soit en ajoutant à la valeur vénale du terrain la valeur de reconstruction à une date de référence.

§ 2. LA CONTRIBUTION ÉCONOMIQUE TERRITORIALE

923 La contribution économique territoriale (« CET ») constitue la seconde forme essentielle d'imposition du capital de l'entreprise, même si, comme on le verra, la structure de cet impôt est duale, en ce qu'elle mêle une imposition sur la valeur locative des immobilisations (typique d'une imposition sur le capital) et une imposition sur la valeur ajoutée produite par les entreprises. Cette structure complexe ne peut se comprendre qu'à la lumière de l'histoire de cet impôt (A). Elle se traduit, d'un point de vue technique, par la subdivision de la contribution économique territoriale en deux impositions distinctes : la cotisation foncière des entreprises (B) et la cotisation sur la valeur ajoutée des entreprises (C). Les deux cotisations ne sont cependant pas totalement dissociées, dans la mesure où la cotisation économique territoriale peut faire l'objet d'un dégrèvement d'ensemble (D).

A. ÉLÉMENTS HISTORIQUES

924 La CET n'est applicable qu'aux impositions établies depuis le 1er janvier 2010. Elle trouve cependant son origine dans une évolution qui remonte à la Révolution française. On se souvient, en effet, que la Révolution avait créé la contribution des patentes, cet impôt qui frappait toute personne physique ou morale exerçant une profession, un commerce ou une industrie à l'exception, notamment, des professions salariées et assimilées et des exploitants agricoles[23]. La contribution des patentes connut une longévité exceptionnelle. Bien qu'elle ait été supprimée comme impôt d'État par la loi du 31 juillet 1917, elle fut maintenue en tant qu'imposition locale jusqu'à la vaste réforme de la

19. Art. 1516, CGI.

20. Sur cette question, cf. Y. Bénard, « Valeur locative des locaux commerciaux : les limites du système », *RJF* 02/06, p. 99 ; du même auteur, « Valeurs locatives foncières : panorama de la jurisprudence 2006 », *RJF* 02/07, p. 95.

21. Dispositions codifiées par la seconde loi de finances rectificative pour 2017.

22. Pour la CFE, les valeurs locatives révisées seront prises en compte dans les avis d'imposition 2017.

23. Sur cet impôt, cf. *supra*, nº 120.

fiscalité directe locale engagée par l'ordonnance n° 59-108 du 7 janvier 1959 conduisant à son remplacement par la taxe professionnelle, à compter du 1er janvier 1976[24].

La contribution des patentes était déjà, au moins partiellement, un impôt sur le capital. Elle se composait en effet d'un droit fixe, déterminé notamment par salarié, et un droit proportionnel assis sur la valeur locative des locaux et installations servant à l'exercice de la profession. Une nomenclature des professions imposables figurait à l'annexe I *bis* du Code général des impôts (tarif des patentes) et faisait l'objet d'une « mise au courant » périodique par une Commission permanente du tarif des patentes. Elle n'apparaissait cependant plus conforme à la réalité économique, en raison notamment du caractère essentiellement indiciaire de son assiette, qui ne permettait pas d'appréhender la capacité contributive réelle des redevables, et du caractère figé de la nomenclature des professions.

En 1976, donc, la taxe professionnelle apparaissait comme un impôt moderne en ce qu'elle était assise sur la valeur locative des équipements et biens mobiliers nécessaires à l'exercice de l'activité professionnelle[25], sur la valeur locative des immeubles passibles de taxe foncière ainsi que sur la masse salariale. La nouvelle taxe allait cependant très tôt susciter certaines inquiétudes quant à ses effets antiéconomiques dans la mesure où, taxant les outils de production, elle alourdissait le coût des investissements productifs des entreprises. En dépit de nombreux allégements introduits au fil du temps (68 modifications de la loi entre 1976 et 2009 !), ces inquiétudes devaient s'intensifier à partir du moment où la composante salariale de l'assiette de la taxe professionnelle devait disparaître en raison de son effet dissuasif à l'embauche[26].

Un rapport officiel faisait ainsi, en 2004, le constat suivant : « l'assiette de droit commun de la taxe induit, directement, un effet pénalisant sur l'investissement. En effet, la valeur locative des équipements et biens mobiliers, ainsi que celle des établissements industriels passibles de la taxe foncière, est directement fonction de leur prix de revient. La taxe professionnelle induit donc, pour ces entreprises, une augmentation du coût du capital. Par exemple, dans le cas d'un investissement dont le cycle d'utilisation est de dix ans, le surcoût induit par la taxe professionnelle atteint, en moyenne, près de 30 % du prix de revient initial »[27]. Le problème était d'autant plus évident que la valeur locative taxable des équipements et biens mobiliers était obtenue en multipliant le coût historique de l'investissement par un coefficient (16 %) supposé représenter l'amortissement économique et le coût du capital, ce qui ne permettait pas de prendre correctement en compte leur dépréciation dans le temps, telle qu'exprimée en réalité par les dotations aux amortissements constatées. On aboutissait donc « à des situations aberrantes, en particulier dans le cas d'équipements qui, bien que n'étant presque plus utilisés, continuent toutefois à occasionner une charge fiscale importante »[28].

24. Art. 1er de la loi 75-678 du 29 juillet 1975 ; BOI-IF-CFE-10-20-20. Pour une approche technique de la taxe professionnelle, M. HAYAT, *Taxe professionnelle. Naissance et transformation d'un impôt à travers 25 ans de réformes*, Economica, 2003. Et pour la narration de la naissance de la taxe sous son angle socio-logico-organisationnel, lire absolument M. TALY, *Les coulisses de la politique fiscale*, PUF, 2016, spéc. p. 45 et s.

25. Pour les professionnels libéraux employant moins de cinq salariés, les équipements et biens mobiliers ne figuraient pas dans l'assiette mais étaient remplacés par une fraction de leurs recettes.

26. Cette suppression eut lieu par étapes entre 1999 et 2003.

27. Rapport au Premier ministre de la Commission de réforme de la taxe professionnelle, présidée par O. FOUQUET, 21 déc. 2004, p. 29.

28. *Ibid.*, p. 44. Le problème avait déjà été soulevé dans le passé. V. en ce sens : Conseil des Impôts, XVe Rapport au président de la République sur la taxe professionnelle, *Journal officiel*, Paris, 1997 ; La

Par ailleurs, la taxe professionnelle présentait l'inconvénient d'être un impôt lourd pesant sur un faible nombre d'entreprises. Sans équivalent à l'étranger, elle représentait un élément défavorable à l'attractivité du territoire français. Enfin, le calcul de la taxe professionnelle s'avérait d'une grande complexité. Fondé sur une assiette variable selon les contribuables, le calcul de la taxe devait en outre tenir compte de trois mécanismes correctifs : la cotisation minimum de taxe professionnelle d'une part, la cotisation minimale et le plafonnement en fonction de la valeur ajoutée, d'autre part.

Pour remédier à ces difficultés, deux voies se présentaient. La première consistait à conserver l'essentiel de l'architecture de la taxe professionnelle tout en modernisant à la marge son assiette. Il était par exemple envisageable de conserver le principe d'une imposition des valeurs locatives, mais en prenant en compte la valeur nette comptable des immobilisations et non plus leur coût historique. Cette voie fut cependant écartée car il apparut qu'elle aurait pour conséquence une taxation accrue les premières années suivant l'investissement et moindre à terme. Le problème tenant à la pénalisation de l'investissement demeurait donc entier. La seconde voie consistait donc à changer radicalement de modèle et à inventer une nouvelle assiette pour les impôts locaux des entreprises.

Cette seconde voie fut choisie. Elle eut lieu avec la loi de finances pour 2010 qui, tout en maintenant une imposition des valeurs locatives pour les seuls immeubles des entreprises, introduisit un nouveau mécanisme d'imposition fondé sur la « valeur ajoutée ». La CET était née[29]. Aux termes du nouvel article 1447-0 du CGI, issu de l'article 2 de la loi de finances, cette contribution est composée :

— d'une part, d'une cotisation foncière des entreprises (CFE) assise sur les seules valeurs locatives des biens passibles d'une taxe foncière, les équipements et biens mobiliers n'étant pas compris dans la base d'imposition ;

— et, d'autre part, d'une cotisation sur la valeur ajoutée des entreprises (CVAE) assise, comme son nom l'indique, sur la valeur ajoutée des entreprises.

Par ailleurs, afin d'éviter que certaines grandes entreprises de réseaux d'énergie, de télécommunications et de transports ne soient excessivement privilégiées par la réforme et de préserver les ressources des collectivités territoriales, a été créée une nouvelle imposition forfaitaire sur les entreprises de réseaux (IFER). Son produit est réparti entre les différents niveaux de collectivités territoriales.

La CET a fait l'objet de corrections multiples dans la loi de finances pour 2011 afin de prendre en compte les observations formulées dans divers rapports officiels destinés à évaluer les conséquences de la réforme de la taxe professionnelle[30]. Il n'en reste pas moins que, selon le Conseil des prélèvements obligatoires, la CET a globalement atteint son objectif de favoriser la compétitivité des entreprises qui lui avait été assigné. Selon le Conseil, « la CET constitue aujourd'hui le cœur de la fiscalité locale des entreprises [...]. En choisissant une imposition locale principale fondée, d'une part, sur la création de richesse et, d'autre part, sur une assiette foncière qui maintient le lien entre l'entreprise et son territoire, l'introduction de la CET a amélioré la pertinence de la fiscalité

lettre des impôts locaux, Spécial XVe rapport du conseil des impôts, hors série, mars 1997 ; *Revue française de Finances publiques*, « La taxe professionnelle : quel avenir ? », n° 67, sept. 1999.

29. L. Chatel et C. Goarant, « Suppression de la taxe professionnelle et institution de la contribution économique territoriale », *Droit & patrimoine*, n° 189, 02/10.

30. Cf. notamment le Rapport de l'Inspection générale des finances et de l'Inspection générale de l'administration, dit rapport « Durieux-Dubremont » (*Dr. fisc.* 2010, n° 23, ét. 360).

locale des entreprises ainsi que sa cohérence avec les assiettes généralement retenues pour la fiscalité nationale »[31].

Examinons successivement les traits de la CFE et de la CVAE.

B. LA COTISATION FONCIÈRE DES ENTREPRISES

925 La principale différence, qui constitue le cœur de la réforme intervenue en 2010, entre la cotisation foncière des entreprises et la taxe professionnelle tient à l'exclusion des équipements et biens mobiliers de la base d'imposition. Pour le reste, la CFE reprend l'essentiel des caractéristiques de la taxe professionnelle, à quelques nuances près. Sur un plan formel, on peut d'ailleurs noter que bon nombre d'articles du Code général des impôts, anciennement consacrés à la taxe professionnelle ou y faisant référence, sont purement et simplement transposés à la CFE. Ce constat peut être fait tant en ce qui concerne le champ d'application (1°) qu'en ce qui concerne l'assiette et le calcul de la CFE (2°).

1. Le champ d'application de la cotisation foncière des entreprises

926 La CFE est due chaque année par les personnes qui exercent, à titre habituel, une activité professionnelle non salariée[32]. Cependant, alors que les locations ou sous-locations d'immeubles nues étaient exclus du champ d'application de la taxe professionnelle en tant qu'activités patrimoniales[33], la loi a institué une présomption légale de « professionnalité » en prévoyant que les activités de location et de sous-location d'immeubles nus, autres que ceux à usage d'habitation, sont réputées exercées à titre professionnel dès que les recettes brutes hors taxes y afférentes excédent 100 000 euros. Le montant des recettes ou de chiffre d'affaires permettant d'apprécier ce seuil est corrigé pour correspondre à une année pleine dans le cas où la période de référence ne correspond pas à une période de douze mois.

31. Ce sont les termes de la conclusion du rapport du Conseil des prélèvements obligatoires publié le 13 mai 2014 sur la fiscalité locale et les entreprises.

32. Art. 1447, I, CGI. La notion d'activité professionnelle pour les besoins de la CFE n'est pas toujours aisée à cerner. Le Conseil d'État a ainsi jugé (en matière de taxe professionnelle, mais la solution est transposable à la CFE) que l'exercice d'une activité professionnelle non salariée, au sens des dispositions précitées de l'article 1447 du Code général des impôts, n'est caractérisé que si l'activité est régulière et repose sur la mise en œuvre de moyens matériels et humains. Au cas d'espèce, il en a déduit que les revenus tirés de la concession d'une marque sont le fruit d'une activité professionnelle, au sens de ces dispositions, si le concédant met en œuvre de manière régulière et effective, pour cette activité de concession, des moyens matériels et humains ou s'il est en droit de participer à l'exploitation du concessionnaire et est rémunéré, en tout ou partie, en fonction de cette dernière. Dans l'affaire en cause, il a approuvé la solution retenue par le juge d'appel qui avait relevé qu'il résultait des stipulations des contrats de concession en litige que le montant des redevances perçues par la société était proportionnel au chiffre d'affaires des concessionnaires au titre de la marque concédée, qu'elle disposait du droit de contrôler la qualité des produits et que son accord était requis pour leur passage du stade du prototype à celui de la fabrication en série. Le juge d'appel n'avait donc pas à rechercher si la société participait aux pertes éventuelles liées à l'exploitation de la marque concédée (CE, 17 juin 2015, n° 369840, *Société Creeks*).

33. CE, 12 oct. 1994, n° 122532, *SCI du chêne vert*, *RJF* 12/94, n° 1328, concl. F. Loloum, *BDCF* 13/94, p. 145, chron. G. Goulard, *RJF* 1/95, p. 1 ; CE, 3 oct. 2003, n° 246855, *SCI Caladoise*, *RJF* 12/03, n° 1382, *BDCF* 12/03, n° 154, concl. L. Vallée.

La CFE est due par les personnes qui exercent une activité professionnelle en France. Les activités qui ne sont assujetties ni à l'impôt sur les sociétés ni à l'impôt sur le revenu en raison des règles de territorialité propres à ces impôts sont, ainsi, exclues du champ d'application de la CFE[34].

Par ailleurs, la plupart des exonérations de plein droit et des exonérations facultatives applicables à la taxe professionnelle ont été transposées à la CFE.

Échappent ainsi à la cotisation foncière des entreprises les collectivités territoriales (pour certaines activités), les ports, les exploitants agricoles, et toute une série de professionnels énumérés par la loi[35]. Il convient cependant de relever que les locaux non retenus pour l'établissement de la CFE rentrent de ce fait... dans le champ de la taxe d'habitation[36]. Il s'agit également d'un impôt local, dû dans la commune d'établissement de l'entreprise, et assis sur la valeur locative cadastrale des locaux et de leurs dépendances, défini de la même façon qu'en matière de taxe foncière.

2. L'assiette et le calcul de la cotisation foncière des entreprises

927 La base d'imposition à la CFE, définie par l'article 1467 du Code général des impôts, est constituée par la valeur locative des seuls biens passibles de taxe foncière dont le redevable « a disposé » au cours de la période de référence[37].

Cette règle appelle deux commentaires. Tout d'abord, la notion de « disposition » est spécifique à la matière. Elle signifie que les biens sont placés sous le contrôle du redevable et sont matériellement utilisables pour l'exercice de son activité professionnelle[38].

Ensuite, le droit applicable à la CFE opère renvoi aux règles applicables en matière de taxe foncière. Les biens passibles d'une taxe foncière s'entendent des biens entrant dans le champ d'application de ladite taxe, même s'ils en sont exonérés[39]. La valeur locative des biens passibles d'une taxe foncière est calculée suivant les règles fixées pour l'établissement de cette taxe. Un abattement de 30 % est cependant appliqué à la valeur locative des immobilisations industrielles évaluées selon la méthode comptable applicable en matière de taxe foncière[40].

L'article 1647 D du Code général des impôts prévoit par ailleurs que les redevables de la CFE sont assujettis, au lieu de leur principal établissement, à une cotisation minimum établie à partir d'une base dont le montant est fixé par le conseil municipal ou le conseil communautaire. Le montant de la cotisation minimum est au moins égal à 206 euros et ne peut dépasser 6 102 euros, ce plafond étant réduit

34. Art. 1447, III, CGI.

35. Art. 1449 à 1466 F, CGI. La lecture de ces articles est édifiante... cf. la référence aux « cochers » à l'art. 1453, CGI.

36. Art. 1407, CGI.

37. Cette période de référence est en principe l'avant-dernière année civile précédant celle de l'imposition ou le dernier exercice de douze mois clos au cours de cette même année lorsque cet exercice ne coïncide pas avec l'année civile (art. 1467 A, CGI). Par exception, pour les deux années suivant la création d'un établissement, la base d'imposition, est calculée d'après les immobilisations dont le redevable a disposé au 31 décembre de l'année de création (art. 1478, II, CGI).

38. Dans un arrêt du 19 avril 2000 (n° 172003, 9e et 10e s.-s., *SA Fabricauto-Essarauto, RJF* 5/00, n° 631, concl. J. Courtial, *BDCF* 5/00, n° 64), le Conseil d'État a fixé les deux critères à retenir pour caractériser la notion de disposition : 1) l'exercice du contrôle de l'utilisation de l'immobilisation corporelle ; 2) l'utilisation matérielle de ce bien pour les besoins des opérations réalisées par le redevable. Au cas particulier de la sous-traitance, où ces deux critères ne sont pas toujours réunis chez la même personne, le Conseil d'État affirme explicitement la prééminence du critère de l'utilisation matérielle du bien (et de la finalité de cette utilisation), par rapport au critère du contrôle qui devient subsidiaire (CE, 9e et 10e s.-s., 25 avril 2003, n° 228438, *min. c/ Sté Asco Joucomatic, RJF* 7/03, n° 861, concl. L. Vallée, *BDCF* 7/03, n° 96 ; CE 9e et 10e s.-s., 25 avr. 2003, n° 230052, *min. c/ SA Robert Bosch Électronique, RJF* 7/03, n° 861, concl. L. Vallée, *BDCF* 7/03, n° 96).

39. Exception : les biens passibles d'une taxe foncière mais qui en sont exonérés en vertu des 11° et 12° de l'article 1382 ne sont pas pris en compte dans l'assiette de la CFE conformément à l'art. 1467, CGI.

40. Art. 1467, 1°, CGI. Sur la méthode comptable, cf. *supra*, n° 922.

en considération du chiffre d'affaires de l'entreprise[41]. Les conseils municipaux ont la faculté de réduire ce montant de moitié au plus pour les assujettis n'exerçant leur activité professionnelle qu'à temps partiel ou pendant moins de neuf mois dans l'année.

C. LA COTISATION SUR LA VALEUR AJOUTÉE DES ENTREPRISES

928 La cotisation sur la valeur ajoutée des entreprises (CVAE) vient s'ajouter à la CFE pour former le montant total de la contribution économique territoriale. Son régime est codifié aux articles 1586 *ter* à 1586 *nonies* du Code général des impôts.

On examinera son champ d'application (1°), son assiette et son calcul (2°).

1. Le champ d'application de la CVAE

929 Le champ d'application de la CVAE a été expressément relié, sous réserve d'une condition supplémentaire tenant au chiffre d'affaires réalisé, à celui de la CFE de sorte que la CVAE s'applique aux personnes qui exercent, au premier janvier de l'année d'imposition, une activité imposable à la CFE et dont le chiffre d'affaires excède 152 500 euros[42]. Cependant, on verra que les entreprises dont le chiffre d'affaires est inférieur à 500 000 euros bénéficient d'un dégrèvement total de cette cotisation[43]. Notons que les titulaires de bénéfices non commerciaux sont également soumis à la CVAE : l'assiette « recettes » qui s'appliquait à certains d'entre eux sous l'empire de la taxe professionnelle a disparu, mais en contrepartie, l'assiette « valeur ajoutée » leur est pleinement applicable.

Cet alignement du domaine de la CVAE sur celui de la CFE implique que lorsqu'une commune a délibéré en faveur de l'application d'une exonération de CFE, l'entreprise peut demander l'application de l'exonération de CVAE pour sa fraction taxée au profit de la commune en question.

2. Assiette et calcul de la CVAE

a) Assiette

930 La CVAE est, théoriquement, égale à 1,5 % de la valeur ajoutée produite au cours de la période de référence[44]. L'assiette proprement dite de la CVAE est donc constituée par la « valeur ajoutée ». De quoi s'agit-il ?

Pour élucider ce mystère, il convient tout d'abord d'écarter tout parallèle avec la notion de valeur ajoutée telle qu'elle est entendue dans l'expression de « taxe sur la valeur ajoutée ». La CVAE n'est pas une nouvelle TVA. C'est d'ailleurs pourquoi la CVAE n'est pas contraire au droit de l'Union européenne : la directive TVA n'admet pas le cumul, au sein d'un même État, entre deux systèmes d'imposition de la valeur ajoutée au sens de la directive. Ce point est essentiel, dans la mesure où l'introduction

41. Pour les contribuables dont le chiffre d'affaires ou les recettes sont inférieurs à 100 000 euros HT, le plafond est de 2 065 euros ; il monte à 4 084 euros si les recettes sont comprises entre 100 000 euros HT et 250 000 euros HT.

42. Art. 1586 *octies*, I, CGI ; art. 1586 *ter*, I, CGI.

43. Cf. *infra*, n° 932.

44. Sur la notion de période de référence, cf. art. 1586 *quinquies*, CGI.

en France d'un impôt tel que la CVAE a, un temps, dépendu de la position de la Cour de justice sur ce point. Celle-ci a cependant estimé, dans un arrêt *Banca Popolare di Cremona*, qu'un impôt local italien proche à bien des égards de la CVAE ne constituait pas une taxe sur la valeur ajoutée au sens de la directive TVA[45].

Toute confusion étant dissipée, la notion de valeur ajoutée a pour objet de dégager, au titre d'une année, la rentabilité réelle de l'entreprise, en faisant abstraction des événements exceptionnels pouvant affecter le résultat soumis à l'impôt sur le revenu ou à l'impôt sur les sociétés. La définition de la valeur ajoutée recherche ici le réalisme économique maximal. Selon les termes du rapport de la Commission Fouquet, « la valeur ajoutée, obtenue par différence entre la production globale – notion qui inclut notamment la marge commerciale – et les consommations de biens et services en provenance de tiers, exprime la création de richesses par l'entreprise, au cours d'un exercice, dans le cadre de ses activités courantes »[46].

D'un point de vue technique, cette philosophie se traduit à travers le principe selon lequel la valeur ajoutée est égale à la différence entre les produits et les charges, à l'exception, notamment, des produits et charges financiers et exceptionnels.

Les produits pris en compte dans la détermination de la valeur ajoutée sont :

— le chiffre d'affaires ;

— les autres produits de gestion courante ;

— la production immobilisée, à hauteur des seules charges qui ont concouru à sa formation et qui figurent parmi les charges déductibles de la valeur ajoutée ;

— les subventions d'exploitation et les abandons de créances à caractère financier à la hauteur du montant déductible des résultats imposables à l'impôt sur le revenu ou à l'impôt sur les sociétés de l'entreprise qui les consent ;

— la variation positive des stocks ;

— les transferts de charges déductibles de la valeur ajoutée, autres que ceux pris en compte dans le chiffre d'affaires.

Les charges admises en déduction sont:

— les achats stockés de matières premières et autres approvisionnements, les achats d'études et prestations de services, les achats de matériel, équipements et travaux, les achats non stockés de matières et fournitures, les achats de marchandises et les frais accessoires d'achat, diminués des rabais, remises et ristournes obtenus sur achats ;

— la variation négative des stocks ;

— les services extérieurs diminués des rabais, remises et ristournes obtenus, à l'exception des loyers ou redevances afférents aux biens corporels pris en location ou en sous-location pour une durée de plus de six mois ou en crédit-bail ainsi que les redevances afférentes à ces biens lorsqu'elles résultent d'une convention de location-gérance[47] ;

— les taxes sur le chiffre d'affaires et assimilées, les contributions indirectes, la taxe intérieure de consommation sur les produits énergétiques ;

45. CJCE, 3 oct. 2006, *Banca Popolare di Cremona*, aff. C-475/05.

46. Rapport de la Commission Fouquet, préc., p. 53.

47. Toutefois, lorsque les biens pris en location par le redevable sont donnés en sous-location pour une durée de plus de six mois, les loyers sont déduits à hauteur du produit de cette sous-location. Aussi et en contrepartie de la non-déductibilité des loyers chez le locataire, le propriétaire est admis à déduire la quote-part des dotations aux amortissements relatives au bien donné en location.

— les autres charges de gestion courante, autres que les quotes-parts de résultat sur opérations faites en commun ;

— les moins-values de cession d'éléments d'immobilisations corporelles et incorporelles, lorsqu'elles se rapportent à une activité normale et courante.

La valeur ajoutée taxable est plafonnée à 80 % du chiffre d'affaires pour les entreprises de moins de 7,6 millions d'euros et à 85 % pour les autres.

Bien que la définition de la valeur ajoutée soit théoriquement claire, certaines dépenses faites par les entreprises ont débouché un abondant contentieux concernant leur déductibilité pour les besoins de la CVAE. C'est par exemple le cas des dépenses de mécénat, que l'administration a souvent tendance à qualifier de libéralités non déductibles. Le Conseil d'État en a toutefois jugé autrement. Dans une décision rendue en formation plénière, il a jugé qu'en l'absence de dispositions spécifiques concernant la comptabilisation des dépenses de mécénat, il y a lieu de rattacher ces dépenses aux dons. Il a alors rappelé qu'en application de la réglementation comptable, les dons doivent être enregistrés, selon le cas, en charges exceptionnelles lorsque les dépenses de mécénat ne peuvent pas être regardées, compte tenu des circonstances de fait, notamment de leur absence de caractère récurrent, comme relevant de l'activité habituelle et ordinaire de l'entreprise, ou en charges d'exploitation déductibles dans le cas contraire[48].

b) Calcul

931 Une fois déterminée l'assiette de la CVAE, se pose le problème de son calcul. La CVAE est en principe égale à 1,5 % de la valeur ajoutée produite au cours de la période de référence. Ce principe souffre cependant de multiples exceptions.

Tout d'abord, en vue de s'adapter à la capacité contributive des entreprises, la loi prévoit un système permettant de moduler la pression fiscale en fonction de leur taille. Ainsi, les petites entreprises, définies en référence à leur chiffre d'affaires[49], ne sont pas soumises à la CVAE. Celles dont le chiffre d'affaires est inférieur à 152 500 euros ne sont même pas soumises à obligation déclarative. Celles dont le chiffre d'affaires est supérieur à 152 500 euros mais inférieur à 500 000 euros sont astreintes à de telles obligations mais bénéficient d'un dégrèvement intégral de CVAE. Enfin, celles dont le chiffre d'affaires est supérieur à 500 000 euros et inférieur à 50 000 000 euros bénéficient d'un dégrèvement d'autant plus important que le chiffre d'affaires est faible.

Le pourcentage de la valeur ajoutée effectivement imposé varie selon le montant du chiffre d'affaires conformément au barème suivant[50] :

48. CE, plén., 9 mai 2018, nº 388209, Caisse régionale du crédit agricole mutuel de Pyrénées Gascogne. La solution a été rendue en matière de taxe professionnelle mais paraît pleinement transposable à la CVAE.

49. Pour la généralité des entreprises (et sans préjudice des règles spécifiques à certains établissements financiers), le chiffre d'affaires est égal à la somme des ventes de produits fabriqués, prestations de services et marchandises, des redevances pour concessions, brevets, licences, marques, procédés, logiciels, droits et valeurs similaires, des plus-values de cession d'éléments d'immobilisations corporelles et incorporelles, lorsqu'elles se rapportent à une activité normale et courante, des refacturations de frais inscrites au compte de transfert de charges (art. 1586 *sexies*, CGI). Il s'agit de la légalisation, pour ce qui est de la prise en compte des plus-values de cession, de la jurisprudence du Conseil d'État (CE, 6 déc. 2006, nº 280800, *SA Algeco*, *RJF* 3/07, nº 289, *BDCF* 3/07, nº 30, concl. L. Vallée).

50. Art. 1586 *quater*, I, CGI. Par ailleurs, pour les entreprises dont le chiffre d'affaires excède 500 000 1/4, le montant de la CVAE ne peut, après application du dégrèvement, être inférieur à 250 1/4 (art. 1586 *septies*, CGI).

Si le montant du CA HT est :	Le taux effectif d'imposition est égal à :
< 500 000 €	0 %
500 000 € ≤ CA ≤ 3 000 000 €	0,5 % × (montant du CA – 500 000 €)/2 500 000 €
3 000 000 € < CA ≤ 10 000 000 €	0,5 % + 0,9 % × (montant du CA – 3 000 000 €) /7 000 000 €
10 000 000 € < CA ≤ 50 000 000 €	1,4 % + 0,1 % × (montant du CA – 10 000 000 €) /40 000 000 €
> 50 000 000 €	1,5 %

Le dispositif ci-dessus est plus avantageux pour les petites entreprises que pour les grandes. Il peut donc constituer une incitation à user de la technique de la filialisation afin de minorer, à souhait, la quotité de chiffre d'affaires par entité afin de bénéficier d'un dégrèvement intégral ou partiel. Pour parer à de tels montages, la loi prévoit un dispositif anti-abus à l'article 1586 *quater*, III du CGI qui repose sur la consolidation des résultats de sociétés distinctes en cas de restructuration[51].

Ainsi, en cas d'apport, de cession d'activité ou de scission d'entreprise réalisés à compter du 22 octobre 2009 ou de transmission universelle du patrimoine mentionnée à l'article 1844-5 du Code civil réalisée à compter du 1er janvier 2010, le chiffre d'affaires à retenir est égal à la somme des chiffres d'affaires des redevables, parties à l'opération, lorsque les conditions suivantes sont remplies :

– l'entité à laquelle l'activité est transmise est détenue, directement ou indirectement, à plus de 50 % par l'entreprise cédante, apporteuse ou scindée ou par une entreprise qui détient cette dernière ou une de ses filiales ;

– la somme des cotisations dues (minorées des dégrèvements), d'une part, par l'entreprise cédante, apporteuse ou scindée et, d'autre part, par le nouvel exploitant est inférieure d'au moins 10 % aux impositions de CVAE (minorées des dégrèvements), qui auraient été dues par ces mêmes redevables en l'absence de réalisation de l'opération ;

– l'activité continue d'être exercée par ces derniers ou par une ou plusieurs de leurs filiales ;

– les sociétés en cause ont des activités similaires ou complémentaires.

La loi prévoit que ce dispositif « anti-abus » ne s'applique plus à compter de la huitième année suivant l'opération d'apport, de cession d'activité ou de scission d'entreprise en cause.

Un autre dispositif anti-abus s'applique en vue de contrecarrer les montages qui consistaient à apporter une activité à une « coquille vide » créée en cours d'année.

En effet, selon les dispositions en vigueur jusqu'au 31 décembre 2010, la société bénéficiaire de l'apport n'était pas redevable de la CET pour l'année de l'opération dans la mesure où elle n'exerçait aucune activité au 1er janvier de l'année. C'était l'application du principe de l'annualité de l'impôt, prévu par l'article 1586 *octies* du CGI, selon lequel la CVAE est due par le redevable qui exerce

51. La loi prévoit également une consolidation des chiffres d'affaires des sociétés appartenant à un même groupe intégré (au sens de l'article 223 A du CGI), mais le Conseil constitutionnel a considéré cette règle comme contraire au principe d'égalité car elle institue une différence de traitement entre groupes intégrés et groupes non intégrés, alors qu'au regard de la CVAE rien ne justifie d'opérer une telle distinction, l'intégration fiscale ne produisant d'effet qu'en matière d'impôt sur les sociétés (Cons. const., 19 mai 2017, n° 2017-629 QPC, *Sté FB Finance*, *Dr. fisc.* 2017, n° 26, 375, note R. Zaghdoun et Q. Philippe). Le raisonnement fait dans cette décision peut être rapproché de celui ayant conduit à la censure de l'exonération de contribution de 3 % sur les distributions à l'intérieur des groupes intégrés (décision du 30 sept. 2016, n° 2016-571 QPC, *Sté Lahyer*). Le législateur a toutefois réagi à cette décision et, depuis la loi de finances pour 2018, décidé que lorsqu'une entreprise remplit les conditions de détention fixées au I de l'article 223 A du CGI pour être membre d'un groupe fiscal intégré, le chiffre d'affaires à retenir pour le calcul de la CVAE, s'entend de la somme de son chiffre d'affaires et des chiffres d'affaires qui remplissent les mêmes conditions pour être membres du même groupe. La consolidation ne s'applique cependant pas lorsque la somme des chiffres d'affaires est inférieure à 7 630 000 €.

l'activité au 1er janvier de l'année d'imposition. Il en découlait que les opérations de cette nature effectuées en tout début d'année postérieurement au 1er janvier s'avéraient particulièrement intéressantes d'un point de vue fiscal. La loi de finances pour 2011 a toutefois apporté une dérogation importante au principe de l'annualité en prévoyant qu'en cas de transmission d'activité dans le cadre d'un apport, d'une cession d'activité, d'une scission d'entreprise ou d'une transmission universelle du patrimoine, la CVAE est due également par le redevable qui n'exerce aucune activité imposable au 1er janvier de l'année et auquel l'activité est transmise.

La valeur ajoutée est imposée dans la commune où le contribuable la produisant dispose de locaux ou emploie des salariés exerçant leur activité plus de trois mois. Lorsqu'un contribuable dispose de locaux ou emploie des salariés exerçant leur activité plus de trois mois dans plusieurs communes, la valeur ajoutée qu'il produit est imposée dans chacune de ces communes et répartie entre elles au prorata, pour le tiers, des valeurs locatives des immobilisations imposées à la cotisation foncière des entreprises et, pour les deux tiers, de l'effectif qui y est employé[52]. Le produit de la CVAE revient toutefois aussi bien à la commune qu'aux départements et régions concernées.

D. LES DÉGRÈVEMENTS DE COTISATION ÉCONOMIQUE TERRITORIALE

932 Au-delà des dégrèvements et abattements applicables à la CFE, et par là à la CVAE, le montant de la CET dû par les redevables peut être réduit par le biais de deux dégrèvements. Le premier revêt un caractère transitoire (jusqu'en 2013) et dégressif. Il a été conçu pour les entreprises dont la cotisation augmentait de plus de 10 % du fait de l'introduction de la CET et de l'abandon de la taxe professionnelle[53]. L'autre, qui mérite davantage l'attention en raison de son caractère permanent, prend la forme d'un plafonnement de la CET en fonction de la valeur ajoutée produite par l'entreprise. Conformément aux dispositions de l'article 1647 B *sexies* du CGI, lorsque le montant de la CET excède 3 % de la valeur ajoutée produite au cours de l'année d'imposition, l'excédent fait l'objet, sur demande du redevable, d'un dégrèvement calculé au niveau de l'entreprise pour l'ensemble de ses établissements. Cependant, le dégrèvement ne peut avoir pour effet de ramener la CET à un montant inférieur à celui de la cotisation minimum de CFE.

§ 3. LA TAXE DE 3 % SUR LES IMMEUBLES POSSÉDÉS PAR DES ENTITÉS ÉTRANGÈRES

933 Pour achever notre survol des impôts pesant sur le capital de l'entreprise, il convient de signaler l'existence d'une taxe de 3 % applicable aux immeubles français possédés par les entités non-résidentes, directement ou par personne interposée[54]. Ce dispositif, qui remonte à 1983, remplace l'ancien 209 A du Code

52. Art. 1586 *octies* III, CGI.

53. Art. 1647 C *quinquies* B, CGI.

54. Art. 990 D et s., CGI. Les entités visées par le texte sont les « personnes morales, organismes, fiducies ou institutions comparables ». Comprenez par « fiducie », non les institutions françaises du même nom, mais les « trusts » de droit étranger. Les institutions comparables comprennent notamment les fondations de droit étranger.

général des impôts[55], lequel soumettait à l'impôt sur les sociétés les personnes morales ayant leur siège hors de France et ayant la disposition d'une ou plusieurs propriétés immobilières situées en France ou en concédant la jouissance gratuitement à un tiers.

L'idée de base de la « taxe de 3 % », comme on l'appelle couramment, consiste historiquement à s'assurer que des personnes physiques redevables de l'impôt de solidarité sur la fortune à raison d'immeubles situés en France ne s'abritent pas derrière des personnes morales étrangères servant de paravent à la détention juridique de l'immeuble et établies dans des États ne pratiquant pas l'échange d'informations avec la France. En imposant la société non-résidente, on prive ainsi d'intérêt la constitution d'entités destinées à éluder l'ISF français. Le lien entre ISF et taxe de 3 % est confirmé par les règles de compétence juridictionnelle : la taxe étant recouvrée selon les règles et sous les sanctions et garanties applicables aux droits d'enregistrement, son contentieux relève de la compétence de l'ordre judiciaire. Ces considérations historiques restent pertinentes à l'heure de l'IFI.

La raison d'être de la taxe de 3 % explique l'existence d'un certain nombre de facilités permettant d'y échapper. Ainsi, l'article 990 E du Code général des impôts prévoit que la taxe n'est pas applicable, notamment :

– aux organisations internationales, États souverains et autres entités dont il n'est pas concevable qu'elles servent de paravent à la détention d'actifs privés ;

– aux entités étrangères cotées ou aux entités non cotées qui ne sont pas à prépondérance immobilière[56] : dans ces cas, en effet, il n'y a pas non plus lieu de redouter que la société ait été constituée à la seule fin de détenir des immeubles français ;

– aux entités juridiques qui ont leur siège en France ou dans un État membre de l'Union européenne, ainsi qu'aux entités établies dans un pays ou territoire ayant conclu avec la France une convention d'assistance administrative en vue de lutter contre la fraude et l'évasion fiscales ou dans un État ayant conclu avec la France un traité leur permettant de bénéficier du même traitement que les entités qui ont leur siège en France. L'exonération de taxe est subordonnée, pour ces entités, à la déclaration annuelle par celle-ci de la localisation, de la consistance et de la valeur des immeubles qu'elles détiennent en France ainsi qu'à la divulgation de leur actionnariat. Dans de tels cas, il est possible pour l'administration de remonter aux actionnaires de l'entité étrangère, soit en exerçant ses prérogatives habituelles à l'intérieur du territoire français, soit en s'appuyant sur la directive sur l'assistance mutuelle entre États membres, soit en s'appuyant sur les dispositions pertinentes de la convention internationale. À l'évidence, l'exonération de taxe de 3 % n'est donc pas applicable lorsque la société étrangère propriétaire de l'immeuble est établie dans un État refusant de jouer le jeu de l'échange d'informations avec l'administration française.

La conformité de la taxe de 3 % au droit de l'Union européenne a longtemps fait problème, justifiant la réécriture de plusieurs moutures successives des articles 990 D et suivants du Code général des impôts[57]. Elle paraît aujourd'hui acquise : dans un arrêt concernant la liste des entités soumises à la taxe de 3 %, la Cour de justice a confirmé que le droit français pouvait valablement opposer un refus

55. Lui-même issu de l'art. 13 de la loi n° 76-1234 du 29 déc. 1976 et abrogé au 1er janv. 1983.

56. Tel est le cas lorsque les immeubles sis en France représentent moins de 50 % des actifs français détenus directement ou par l'intermédiaire d'une ou plusieurs entités juridiques.

57. Cf. notamment l'affaire *Elisa* dans laquelle la CJCE avait décidé que la taxe de 3 % instituée par les art. 990 D et s. du Code général des impôts à la charge des sociétés non résidentes propriétaires d'immeubles situés en France était incompatible avec la liberté de circulation de capitaux (CJCE, 11 oct. 2007, aff. C-451/05). En l'espèce, une société luxembourgeoise soumise au régime des holdings de la loi du 31 juillet 1929 avait été assujettie à la taxe en question au motif qu'il n'existait, la concernant, aucune convention d'assistance administrative entre la France et le Luxembourg ni aucun traité comportant une clause de discrimination, puisque ce type de société était exclu du champ d'application de la convention fiscale franco-luxembourgeoise. La Cour de justice avait alors estimé que le principe de liberté de circulation des capitaux ne peut s'accommoder d'une telle législation, qui exonère les sociétés établies en France de la taxe litigieuse, alors qu'elle subordonne cette exonération, pour les sociétés établies dans un autre État membre, à l'existence d'une convention d'assistance administrative ou d'un traité comportant une clause de non-discrimination, sans qu'il soit possible pour la société d'établir utilement l'identité de ses actionnaires personnes physiques (point 102 de l'arrêt). L'arrêt a immédiatement provoqué une réforme de l'art. 990 E, CGI (loi n° 2007-1824 du 25 déc. 2007).

systématique d'exonération de la taxe à une société établie au Liechtenstein, État membre de l'Espace économique européen avec lequel n'existait, jusqu'à la conclusion d'un accord en septembre 2009, aucun accord d'échange d'informations[58]. Elle a adopté la même conclusion en présence d'une société établie dans un PTOM (pays ou territoire d'outre-mer), en l'espèce les Îles Vierges britanniques[59]. La différence de situation entre les sociétés établies dans des États jouant le jeu de l'échange d'informations et les sociétés établies dans d'autres États explique également pourquoi leur différence de traitement ne heurte pas le principe constitutionnel d'égalité[60].

Signalons enfin que la taxe de 3 % n'est pas déductible pour l'assiette de l'impôt sur le revenu ou de l'impôt sur les sociétés.

SECTION 2 L'IMPOSITION DU CAPITAL DE L'ENTREPRENEUR

934 L'imposition du capital des personnes physiques a pris plusieurs formes, notamment celle de l'impôt de solidarité sur la fortune (ISF). Cet impôt[61], créé en 1981 sous la dénomination d'« impôt sur les grandes fortunes », supprimé en 1986 puis rétabli en 1988 sous son nom actuel, frappait tous les contribuables dont le patrimoine, évalué au 1er janvier de l'année d'imposition, dépasse 1 300 000 euros[62]. L'ISF relevait certes de la fiscalité du patrimoine mais était très important dans la vie des affaires dans la mesure où un certain nombre d'entrepreneurs et de dirigeants de sociétés (ou d'anciens dirigeants) y étaient soumis et où la structuration de certains groupes de sociétés devait composer avec les contraintes juridiques découlant de l'ISF. Aucun dirigeant de groupe, par exemple, ne pouvait organiser la détention de son groupe sans vérifier au préalable que les actions de la société holding qu'il détient peuvent être considérées comme des biens professionnels exonérés ou ouvrir droit à certains abattements prévus par la loi fiscale. Ajoutons à cela que l'ISF semblait jouer un certain rôle dans la décision de certains acteurs économiques d'établir leur résidence fiscale en France ou dans d'autres États ne connaissant pas ou plus ce type d'imposition.

La matière est politiquement sensible et économiquement controversée, ce qui a conduit à une instabilité législative importante. À titre d'exemple, une loi de finances rectificative votée en juillet 2011 avait entendu réformer substantiellement l'ISF en élevant le seuil d'assujettissement et en réduisant le taux d'imposition. L'idée était à l'époque d'alléger l'ISF pour compenser la suppression du « bouclier fiscal », cette règle qui plafonnait le montant des impôts directs à hauteur de 50 % des revenus du

58. CJUE, 28 oct. 2010, *Société établissements Rimbaud*, aff. C-72/09, *Dr. fisc.* 2010, n° 49, comm. 588, note A. Maitrot de la Motte et E. Dubout ; *FR* 49/10, p. 10 et s., note M. Wathelet. Pour une présentation de la portée de cet arrêt, notamment au regard de l'arrêt *Elisa*, cf. aussi D. Gutmann, obs. *Droit & Patrimoine*, déc. 2010, n° 198, chron. fiscale, p. 105 et s.

59. CJUE, 5 mai 2011, aff. C-384/09, *Prunus SARL ; Dr. fisc.* 2011, n° 24, comm. 393, note A. Maitrot de la Motte.

60. Cons. const., 16 sept. 2011, n° 2011-165 QPC.

61. Sur lequel v. notamment J. Grosclaude, « Impôt sur la fortune, Historique et problématique », *Juris-Classeur Impôt sur la Fortune*, Fasc. 15, avr. 2012.

62. Tarif introduit par la loi de finances rectificative pour 2011 (art. 885 U, CGI). Le seuil de 1,3 M € s'est substitué à celui de 800 000 €.

contribuable[63]. Avec le changement de majorité politique intervenu en mai 2012, le Parlement a fait marche arrière et a réintroduit l'ancien barème de l'ISF, sous la seule réserve du seuil d'assujettissement à l'impôt qui est resté fixé à 1,3 M €.

L'élection à la présidence de la République d'Emmanuel Macron en mai 2017 a profondément changé la donne. Accusé de dissuader l'investissement dans l'économie productive, l'ISF a été supprimé par la loi de finances pour 2018. Toutefois, le nouveau pouvoir n'a pas souhaité abolir purement et simplement l'imposition sur le patrimoine. L'ISF a donc été remplacé par l'Impôt sur la Fortune Immobilière, dit IFI[64], qui vise à imposer les redevables sur les immeubles et droits immobiliers qu'ils n'affectent pas à leur activité professionnelle, ou qu'ils détiennent via des sociétés lorsque ces biens ou droits ne sont pas affectés à l'activité industrielle, commerciale, artisanale, agricole, ou libérale des sociétés en question. L'IFI ressemble à de très nombreux égards à l'ISF, comme on le reverra plus loin, mais il s'en distingue par la réduction de son champ aux seuls biens immobiliers détenus indirects ou par l'intermédiaire de diverses structures.

L'IFI n'a pas la même incidence que l'ISF sur la structuration de la vie économique et a donc moins évidemment sa place dans un ouvrage de droit fiscal des affaires. Toutefois, la structuration de cet impôt est telle que même l'immobilier détenu par l'intermédiaire d'entités juridiques est taxable, ce qui aboutit en définitive à faire peser sur ces entités certaines obligations et à inciter à la vigilance dans toutes les opérations par lesquelles un immeuble est affecté à une société. On ne peut donc pas se désintéresser de cet impôt lorsqu'on aborde le droit fiscal des affaires.

On examinera successivement le domaine de l'IFI (§ 1) et sa liquidation (§ 2).

§ 1. LE DOMAINE DE L'IFI

935 Le champ d'application de l'IFI repose sur quelques principes simples (A) altérés par certaines exonérations (B).

A. GÉNÉRALITÉS

1. Les personnes soumises à l'IFI

936 Sont soumises à l'IFI des personnes physiques dont la valeur des biens immobiliers est supérieure à 1,3 million d'euros (il s'agit du même seuil que pour l'ISF).

On distingue les résidents des non-résidents.

En ce qui concerne les résidents, c'est-à-dire les personnes physiques qui ont leur domicile fiscal en France, sont concernées par l'impôt celles qui possèdent au 1er janvier 2018, seules ou avec leur conjoint (époux, partenaire d'un PACS ou concubin notoire faisant l'objet d'une imposition commune) et leurs enfants mineurs (lorsqu'elles ont l'administration légale des biens de ceux-ci) un patrimoine immobilier imposable d'une valeur d'au moins 1 300 000 €.

63. Pour un commentaire de cette réforme, v. le numéro de *Dr. fisc.* 2011, n° 30-34.

64. Sur cet impôt, v. notamment J.-Y. Mercier, *L'impôt sur la fortune immobilière*, Éd. Francis Lefebvre, Dossier Pratique, 2018 ; J.-F. Desbucquois et X. Lebrun, *L'impôt sur la fortune immobilière*, Éd. EFE, 2018.

Les seules dérogations à la règle de l'imposition commune des couples mariés concernent les époux séparés de biens qui ne vivent pas sous le même toit (article 6, 4-a du CGI) et, quel que soit leur régime matrimonial, les époux en instance de divorce ou de séparation de corps qui ont été autorisés à avoir des résidences séparées (article 6, 4-b du CGI).

Ces personnes sont imposables sur les biens et droits immobiliers situés en France et hors de France qu'elles détiennent, ainsi que sur les parts ou actions des sociétés et organismes établis en France ou hors de France à hauteur de la valeur représentative de biens ou droits immobiliers détenus directement ou indirectement par ces sociétés ou organismes.

Toutefois, les biens visés ci-dessus situés à l'étranger détenus par les personnes qui sont venues s'établir en France, sans avoir été fiscalement domiciliées en France au cours des cinq années civiles précédant celle de cette installation, sont exonérés jusqu'au 31 décembre de la cinquième année qui suit celle de la fixation du domicile en France[65]. Il s'agit de la transposition à l'IFI du régime des « impatriés » qui existait déjà dans le cadre de l'ISF et avait été mis en place en 2008 pour favoriser l'arrivée ou le retour en France de titulaires de patrimoines importants.

En ce qui concerne les non-résidents, le seuil d'imposition est le même (1 300 000 €) mais l'impôt ne s'applique qu'aux biens et droits immobiliers situés en France et aux parts ou actions de sociétés ou d'organismes à hauteur de la fraction de leur valeur représentative de biens et droits immobiliers situés en France[66]. On retrouve donc en matière d'IFI une dialectique entre mondialité et territorialité également applicable en matière d'imposition du revenu.

Il existe d'ailleurs, en matière d'imposition du patrimoine comme en matière d'impôt sur le revenu, des conventions fiscales liant à la France à certains États étrangers et ayant pour objet de remédier à des situations de double imposition juridique. Ces conventions visent l'ISF, et non l'IFI, qui n'existait pas lors de leur adoption[67]. Néanmoins, l'administration fiscale considère que les principes guidant l'interprétation des conventions fiscales en matière d'ISF s'appliquent en matière d'IFI, même si une

65. Art. 964, 1° du CGI.

66. La situation des non-résidents est aggravée sous l'empire de l'IFI par rapport à l'ISF car la loi ne reprend pas, pour les besoins de l'IFI, les dispositions de l'article 885 L du Code général des impôts qui exonéraient d'ISF leurs placements financiers. Il résultait de cet article que n'étaient pas des placements financiers les actions ou parts détenues par des non-résidents dans une société ou personne morale française ou étrangère dont l'actif est principalement constitué d'immeubles ou de droits réels immobiliers situés sur le territoire français et ce, à proportion de la valeur de ces biens par rapport à l'actif total de la société. Les sociétés qui n'étaient pas à prépondérance immobilière échappaient donc en principe à l'ISF, à moins que les actionnaires ne détinssent, avec leur groupe familial, le contrôle de ces sociétés. Le droit nouveau introduit par conséquent une différence importante avec le droit antérieur dans la mesure où, dans le cadre de l'IFI, le seuil a été abaissé à 10 %, et encore, en principe, pour les seules sociétés ayant une « activité professionnelle ».

67. Les conventions internationales en matière d'imposition de la fortune reprennent généralement les règles posées par l'art. 22 du modèle de l'OCDE de 1977, à savoir l'imposition dans l'État du lieu de situation des biens :
- des biens immobiliers ;
- des titres de sociétés à prépondérance immobilière (dans les conventions les plus récentes) ;
- des parts et actions de sociétés immobilières transparentes de l'art. 1655 *ter* du CGI (traitées comme des biens immobiliers dans presque toutes les conventions) ;
- des meubles meublants affectés à ces immeubles (dans certaines conventions) ;
- des biens mobiliers rattachés à un établissement stable ou à une base fixe.

convention applicable à l'ISF ne l'est pas nécessairement à l'IFI, un examen au cas par cas des stipulations conventionnelles étant nécessaire[68]. On observe à cet égard que les conventions conclues par la France et visant l'ISF prévoient généralement qu'elles s'appliquent aux impôts sur la fortune définis comme ceux qui frappent, soit la fortune totale, soit des *éléments de la fortune*.

2. Les actifs imposables

937 L'ISF était un impôt dont l'assiette s'étendait à l'ensemble des biens de toute nature détenus par le contribuable. Par contraste, l'IFI ne vise que le patrimoine immobilier.

D'un point de vue technique, la philosophie de l'IFI peut être résumée de la façon suivante :

— tous les actifs immobiliers ont vocation à être imposés lorsqu'ils sont détenus directement par le contribuable ;

— néanmoins, pour éviter que n'échappent à l'IFI des actifs immobiliers logés dans des structures interposées, la législation oblige à regarder « à travers » les structures de détention. C'est la source d'une incroyable complexité juridique car l'immobilier peut être détenu par l'intermédiaire de sociétés, de contrats d'assurance-vie, d'OPCVM, de trusts, etc. Il peut également se produire qu'un contribuable détienne les actions d'une société qui à son tour détient les titres d'une autre entité au sein de laquelle sont logés les actifs... ce qui, ici encore, est à l'origine d'une grande complexité technique ;

— seul l'immobilier non affecté à une activité opérationnelle a vocation à être imposé : l'IFI se présentant comme un impôt sur le patrimoine non affecté à l'économie « réelle », le législateur a entendu écarter de son champ d'application l'immobilier affecté à une activité professionnelle du contribuable lui-même ou à l'activité opérationnelle d'une société ayant une activité industrielle, commerciale, libérale, artisanale ou agricole.

Ces éléments généraux étant rappelés, on peut noter de façon plus précise que, comme en matière d'ISF, les biens ou droits détenus en usufruit sont compris dans le patrimoine de l'usufruitier pour leur valeur en pleine propriété, sauf dans certains cas particuliers définis par la loi[69]. Comme l'a indiqué le Conseil constitutionnel pour l'ISF, cela s'explique par le fait que « l'impôt de solidarité sur la fortune a pour objet de frapper la capacité contributive que confère la détention d'un ensemble de biens et qui résulte des revenus en espèce ou en nature procurés par ces biens »[70].

La portée de cette affirmation du Conseil constitutionnel a déclenché un abondant contentieux concernant la constitutionnalité de l'inclusion dans l'assiette de l'ISF de biens non productifs de revenus. La Cour de cassation a rendu à ce sujet plusieurs décisions qui n'éliminaient pas toutes les ambiguïtés[71]. Le Conseil constitutionnel a donc

68. BOI-PAT-IFI-10, n° 30.

69. L'article 968 du CGI sur l'IFI reprend presque (mais pas totalement) à l'identique l'art. 885 G, CGI sur l'ISF.

70. Cons. const., 30 déc. 1981, déc. n° 81-33 DC, § 7 ; 29 déc. 1998, n° 98-405 DC, § 27.

71. Cass. com., 25 janv. 2005, n° 03-10068, *Mme Imbert de Trémiolles*, *Dr. fisc.* 2005, n° 13, comm. 327, note J.-L. Pierre ; Cass. com., 15 mai 2007, n° 06-11701, *M. Vuillième*, *RJF* 2007, n° 1173 ; Cass. com., 7 oct. 2008, n° 07-13600, *M. Paillaud*, *Dr. fisc.* 2009, n° 38, comm. 472, note S. Quilici ; Cass. com., 23 juin 2009, n° 08-17681, *M. et Mme Cailliau*, Cass. com., 23 juin 2009, n° 08-15494, *M. Loge* et Cass. com., 7 juill. 2009, n° 08-16762, *M. et Mme Bacou*, *Dr. fisc.* 2009, n° 38, comm. 472, note S. Quilici.

clarifié sa position en énonçant, dans une décision du 29 septembre 2010[72], que « l'assiette de l'impôt de solidarité sur la fortune, [...] est composée de l'ensemble des biens, droits et valeurs imposables du foyer fiscal, qu'ils soient productifs ou non productifs de revenus [...] ; que l'impôt de solidarité sur la fortune ne figure pas au nombre des impositions sur le revenu ; qu'en instituant un impôt de solidarité sur la fortune, le législateur a entendu frapper la capacité contributive que confère la détention d'un ensemble de biens et de droits ; que la prise en compte de cette capacité contributive n'implique pas que seuls les biens productifs de revenus entrent dans l'assiette de l'impôt de solidarité sur la fortune ; qu'ainsi, le grief tiré de ce que l'assiette de cet impôt méconnaîtrait l'article 13 de la Déclaration de 1789 doit être écarté ». Par ailleurs, l'inclusion du patrimoine démembré dans le seul patrimoine de l'usufruitier a pour effet que les dettes contractées par le nu-propriétaire en vue de l'acquisition du bien démembré ne sont pas déductibles de l'ISF/l'IFI dû par ce dernier. Puisque, comme on l'a vu plus haut, le bien n'est pas pris en compte dans l'assiette de l'ISF/l'IFI du nu-propriétaire, la dette grevant son acquisition n'est finalement prise en compte nulle part... Cette solution, introduite par la loi de finances pour 2013 qui prend à contre-pied la jurisprudence de la Cour de cassation, apparaît donc sérieusement critiquable[73].

La loi énonce également que les droits afférents à un contrat de **crédit-bail** et à un contrat de **location-accession** sont imposables à l'IFI[74]. La règle a été jugée conforme à la Constitution par le Conseil constitutionnel qui précise en particulier que, « en adoptant ces dispositions, le législateur a entendu traiter de la même manière, s'agissant de l'article 971, les personnes acquérant un bien immobilier, qu'elles financent cette acquisition par l'emprunt ou qu'elles la financent par un crédit-bail ou par une location accession à la propriété immobilière »[75].

Quant aux biens ou droits transférés dans un patrimoine fiduciaire ou ceux éventuellement acquis en remploi, ainsi que les fruits tirés de l'exploitation de ces biens ou droits, ils sont compris dans le patrimoine du constituant pour leur valeur vénale nette[76]. C'est l'application du principe de la neutralité fiscale de la fiducie dans la mesure où les biens sont censés être restés dans le patrimoine du constituant. Lorsque les biens sont transférés, non pas dans un patrimoine fiduciaire relevant de la loi française, mais dans un trust de droit étranger[77], il résulte de l'article 970 du CGI que ces biens sont inclus dans l'assiette de l'IFI du constituant du trust ou, après le décès de

Pour le commentaire de la portée de ces décisions, cf. J. Cuber et F. Subra, « La question prioritaire de constitutionnalité sonnera-t-elle le glas de l'ISF ? », *Dr. fisc.* 2010, n° 25, ét. 382. Y. Mercier, « La vraie nature de l'ISF : une imposition sur le revenu », *Option Finance*, 4 mai 2009.

72. Déc. 2010-44 QPC, sur laquelle v. O. Fouquet, « L'assiette de l'ISF est-elle constitutionnelle ? », *Dr. fisc.* 2010, n° 42-43, Actualités 398 ; E. de Crouy-Chanel et A.-S. Le Bris, « La décision n° 2010-44 QPC du Conseil constitutionnel : réflexions sur la notion de faculté contributive », *L'année fiscale* 2011, *Dr. fisc.* 2011, n° 9, ét. 230 ; dans le même sens, Cons. const., 11 févr. 2011, n° 2010-QPC.

73. Cf. en ce sens les observations de S. Quilici dans *Dr. fisc.* 2013, n° 1, ét. 32.

74. Art. 971 et 974 du CGI.

75. Point 62 de la décision DC n° 2017-758 du 28 décembre 2017.

76. Art. 969, CGI (IFI), faisant suite aux Art. 885 A et G *bis*, CGI (ISF).

77. Le trust est défini par l'article 792-0 *bis* du CGI comme « l'ensemble des relations juridiques créées dans le droit d'un État autre que la France par une personne qui a la qualité de constituant, par l'acte entre vifs ou à cause de mort, en vue d'y placer des biens ou droits, sous le contrôle d'un administrateur, dans l'intérêt d'un ou de plusieurs bénéficiaires ou pour la réalisation d'un objectif déterminé ».

celui-ci, des bénéficiaires du trust qui sont réputés devenir constituant[78]. C'est la reconduction en matière d'IFI du régime qui s'appliquait à l'ISF.

Cette solution législative contraste avec la solution plus nuancée qui résultait de la jurisprudence. La Cour de cassation a ainsi admis l'intégration dans le patrimoine imposable à l'ISF de titres placés dans un trust régi par la législation de l'État de New York en relevant que ce trust présentait un caractère révocable, la redevable conservant de ce fait le droit de jouir et de disposer des titres en question[79]. On pouvait en revanche soutenir, avant l'adoption de l'article 885 *ter* du CGI en matière d'ISF, que, dans l'hypothèse où les biens sont transférés de façon irrévocable et où le trust étranger laisse au trustee un pouvoir discrétionnaire de distribution, ils ne peuvent être intégrés, ni dans le patrimoine imposable du constituant, ni dans celui du bénéficiaire (à supposer que l'un des deux soit résident français)[80]. La comparaison entre le dispositif introduit par la loi de finances rectificative pour 2011 et la jurisprudence antérieure démontre que le législateur a entendu réagir vivement à l'utilisation du trust pour échapper à la loi fiscale française[81] ; vivacité modérée, d'ailleurs, par le Conseil constitutionnel qui a jugé que ces dispositions « ne sauraient toutefois, sans que soit méconnue l'exigence de prise en compte des capacités contributives du constituant ou du bénéficiaire réputé constituant du trust, faire obstacle à ce que ces derniers prouvent que les biens, droits et produits en cause ne leur confèrent aucune capacité contributive, résultant notamment des avantages directs ou indirects qu'ils tirent de ces biens, droits ou produits. Cette preuve ne saurait résulter uniquement du caractère irrévocable du trust et du pouvoir discrétionnaire de gestion de son administrateur »[82]. Cette intention est révélée, par ailleurs, par l'introduction à l'article 990 J du CGI d'une nouvelle taxe *sui generis* au taux de 0,5 %, due par le trustee et, en cas de défaut, solidairement par le constituant et le bénéficiaire. Cette taxe a vocation à s'appliquer lorsqu'un trustee ne respecte pas les obligations déclaratives mises à sa charge dans les conditions définies à l'article 1649 AB du CGI.

938 Restent les multiples autres cas dans lesquels l'IFI vise à toucher des biens détenus par l'intermédiaire de structures ou de contrats variés et où le législateur précise comment regarder les immeubles « par transparence».

L'article 972 du CGI prévoit à cet égard que la valeur de rachat des contrats d'assurance rachetables et des bons ou contrats de capitalisation exprimés en unités de compte est incluse dans le patrimoine du souscripteur à hauteur de la fraction de sa valeur représentative des unités de compte composées des actifs immobiliers imposables. Cette disposition a fait l'objet d'une saisine du Conseil constitutionnel au motif, selon les requérants, qu'elle méconnaissait l'exigence du respect des facultés contributives des redevables de l'impôt car les souscripteurs imposés n'ont aucun droit réel sur les actifs immobiliers afférents aux contrats d'assurance-vie ou de capitalisation. Mais le Conseil constitutionnel a jugé que le législateur, en assujettissant ce type d'actifs à l'IFI, s'était fondé sur des critères objectifs et rationnels, sans faire peser sur ces catégories de

78. Cette intégration dans l'assiette de l'IFI des biens mis en trust ne s'applique pas aux trusts irrévocables dont les bénéficiaires exclusifs relèvent de l'article 795 du CGI (il s'agit des organismes d'utilité publique pour lesquels s'applique une exonération de droits de mutation à titre gratuit) et dont l'administrateur est soumis à la loi d'un État ou territoire ayant conclu avec la France une convention d'assistance administrative en vue de lutter contre la fraude et l'évasion fiscales.

79. Cass. com., 31 mars 2009, n° 07-20219, *Dr. fisc.* 2009, n° 24, comm. 365, note G. Blanluet et J.-P. Le Gall.

80. En ce sens, TGI Nanterre, 2e ch, 4 mai 2004, n° 03/09350, décision reproduite et commentée par G. Blanluet et J.-P. Le Gall, « Le trust au pied du mur », *Dr. fisc.* 2005, n° 27.

81. Pour une présentation du dispositif, v. B. Gouthière, « Trusts étrangers : les nouvelles règles fiscales », *BF* 11/11, p. 751 et s. Pour une perspective critique, J.-P. Le Gall, « Le nouveau régime fiscal français des trusts : une copie à revoir », *Dr. fisc.* 2011, n° 48, ét. 604 ; du même auteur, « De l'arrêt Bélvédère à la loi de finances rectificative pour 2011 ; des visions concurrentes des trusts étrangers », *Dr. fisc.* 2012, n° 15, ét. 252.

82. Cons. const., 15 déc. 2017, n° 2017-679 QPC.

contribuables une charge excessive au regard de la capacité contributive que leur confère la détention de ces actifs. Il se fonde en particulier sur le fait que la valeur de rachat n'est prise en compte qu'à hauteur de la fraction représentative des unités de compte constituées d'actifs immobiliers (points 62 à 64 de la décision n° 2017-758 DC du 28 décembre 2017).

En outre et surtout, la loi règle le cas où l'immobilier est détenue par des sociétés dont le contribuable est associé. Le principe énoncé par l'article 965, 2° du CGI est le suivant : le redevable qui détient, directement ou indirectement, les parts ou actions d'une société ou d'un organisme est imposé sur la part de la valeur des titres représentative des immeubles que détient directement ou indirectement cette société ou organisme. Ainsi, par exemple, lorsqu'un contribuable détient un immeuble au travers d'une société dont il détient 100 % des parts, il est appliqué à la valeur des titres de la société un prorata qui tient compte de l'actif immobilier rapporté à l'actif brut total.

Exemple simplifié :

– La société détient un immeuble d'une valeur de 100 et des actifs mobiliers d'une valeur de 50. Le total de l'actif est donc de 150 ; le ratio immobilier s'établit à 100/150, soit 2/3.

– Si la société a par ailleurs des dettes de 60, la valeur de la société s'établit à 150-60, soit 90.

– À supposer que le contribuable détienne 100 % des titres de la société, il est imposable à hauteur de 2/3 (ratio immobilier) de la valeur des parts (90), soit dans notre cas 60. Du fait de la prise en compte d'une détention indirecte par les sociétés ou organismes, le calcul de la valeur de l'immobilier inclus dans les parts ou actions détenues par le redevable pourra s'avérer très complexe en cas de chaîne de participations. Si l'on suppose en effet que, dans l'exemple qui précède, la société détient non pas un immeuble, mais des titres d'une autre société qui elle-même détient un immeuble, il convient de faire le raisonnement en deux étapes : on commence par déterminer quelle est la valeur taxable de la société du bas, et une fois celle-ci connue, cette valeur doit être considérée comme l'équivalent d'un actif immobilier dans la société du haut.

En pratique, tout ceci suppose de connaître la valeur des immeubles à tous les échelons de la structure. C'est pourquoi les contribuables doivent demander ces informations aux sociétés dont ils détiennent les titres, à charge pour celles-ci de faire la même demande aux entités dans lesquelles elles ont elle-même une participation (et ainsi de suite s'il y d'autres niveaux de détention)[83].

Les contribuables qui ne parviennent pas à obtenir de la société ou de l'organisme les informations permettant de déterminer la valeur des titres ou parts correspondant aux biens et droits immobiliers peuvent néanmoins, lorsque certaines conditions sont remplies, échapper à un rehaussement. La loi prévoit en effet que le redevable qui « démontre », de « bonne foi », qu'il n'était « pas en mesure de disposer des informations nécessaires à l'estimation de la fraction de la valeur des parts ou actions » représentative des biens ou droits immobiliers qu'il détient indirectement ne peut pas subir de rehaussement de la part de l'administration »[84]. Mais cette règle a ses limites, la principale étant qu'elle ne vaut qu'à l'égard des redevables qui ne détiennent pas, directement ou indirectement, seul ou conjointement avec leur conjoint et enfants mineurs,

83. Les modalités de ces demandes sont précisées par le décret n° 2018-391 du 25 mai 2018 relatif aux obligations déclaratives incombant aux redevables et aux sociétés ou organismes dans le cadre de l'impôt sur la fortune immobilière.

84. Art. 965, 3°, CGI.

plus de 10 % du capital ou des droits de vote de la société ou de l'organisme qui détient directement les biens ou droits immobiliers imposables.

3. Passif déductible

939 L'IFI est, comme l'ISF avant lui, un impôt assis sur un patrimoine net. Mais tandis que dans le cadre de l'ISF, l'ensemble des dettes supportées par les contribuables avaient vocation (sauf règle spécifique en sens contraire) à venir en déduction du patrimoine imposable, tel n'est plus le cas en matière d'IFI. Par souci de symétrie, le législateur a en effet cantonné le champ des dettes déductibles à celles qui sont directement liées à l'actif imposable.

Par ailleurs, le législateur a souhaité tenir compte du fait que lorsqu'une dette est souscrite, non pas par le contribuable lui-même, mais par une société dont il détient des titres, cette dette peut impacter substantiellement la valeur de la société et, par ricochet, le patrimoine taxable puisque, comme on l'a vu, les actifs immobiliers ne sont imposables qu'à hauteur du ratio immobilier de la société multiplié par la valeur de celle-ci. Or, une telle réduction du patrimoine imposable peut, dans certains cas, s'avérer inadéquate et susciter des montages d'optimisation fiscale que le législateur a cherché à prévenir.

Il est donc important de distinguer entre les dettes du contribuable et les dettes des sociétés dont il détient les titres.

a – S'agissant des **dettes du contribuable**, seules les dettes existantes au 1er janvier de l'année d'imposition, afférentes à des actifs imposables, sont déductibles, le cas échéant à proportion de leur valeur imposable[85].

De plus, la loi fixe la liste des dettes qui peuvent être déduites. Il s'agit des dettes afférentes :

— à des dépenses d'acquisition de biens ou droits immobiliers ;

— à des dépenses de réparation et d'entretien effectivement supportées par le propriétaire et supportées pour le compte du locataire par le propriétaire dont celui-ci n'a pu obtenir le remboursement au 31 décembre de l'année du départ du locataire ;

— à des dépenses d'amélioration, de construction, de reconstruction ou d'agrandissement ;

— aux impositions, autres que celles incombant normalement à l'occupant, dues à raison desdites propriétés. La taxe foncière est ainsi déductible de l'assiette de l'IFI ;

— aux dépenses d'acquisition des parts ou actions imposables au prorata de la valeur des actifs immobiliers imposables.

Un certain nombre de règles limitent, voire interdisent la déduction de certaines dettes lorsque celles-ci pourraient donner lieu à un avantage fiscal jugé excessif ou artificiel.

Le II de l'article 974 du CGI prévoit ainsi un traitement particulier pour les prêts dits « ***in fine*** », prêts prévoyant le remboursement du capital aux termes du contrat, lorsque ces prêts sont contractés pour l'achat d'un bien ou droit immobilier imposable. Si aucune règle spécifique ne s'appliquait à eux, la dette serait intégralement déductible chaque année. Pour éviter cela, la loi prévoit que ces prêts sont déductibles chaque

85. Art. 974, I, CGI. Le texte est plus précis puisque ces dettes doivent avoir été contractées par le redevable ou son foyer fiscal (son conjoint et ses enfants mineurs) et effectivement supportées par le redevable ou son foyer fiscal.

année à hauteur du montant total de l'emprunt diminué d'une somme égale à ce même montant multiplié par le nombre d'années écoulées depuis le versement du prêt et divisé par le nombre d'années total de l'emprunt.

Le II de l'article 974 du CGI prévoit aussi que lorsque les dettes contractées pour l'achat d'un bien ou droit immobilier imposable, ont été contractées par le redevable, son conjoint et ses enfants mineurs, et que ces prêts ne prévoient **pas de terme** pour le remboursement du capital, alors ces dettes ne sont déductibles chaque année qu'à hauteur du montant total de l'emprunt diminué d'une somme égale à un vingtième de ce montant par année écoulée depuis le versement du prêt. Ici encore, c'est un souci de lutte contre l'optimisation qui conduit le législateur à raisonner comme si un prêt sans terme était en réalité un prêt sur vingt ans dont le remboursement s'opère annuellement (avec corrélativement une diminution chaque année de la dette déductible d'un vingtième).

Ces dispositions ont fait l'objet d'une saisine du Conseil constitutionnel au motif qu'elles instituaient, selon les requérants, une présomption irréfragable de fraude fiscale en ne permettant pas au contribuable d'apporter la preuve que le recours aux emprunts visés est justifié par des raisons autres que fiscales. Mais le Conseil constitutionnel a jugé que le législateur avait seulement entendu éviter que la conclusion de contrats de prêts prévoyant un remboursement de la totalité du capital à l'issue d'un délai important permette au contribuable de diminuer artificiellement la base taxable à l'IFI. Le Conseil constitutionnel note d'ailleurs que la déductibilité de l'emprunt n'est pas remise en cause, seul le rythme suivant lequel celui-ci est déductible est modifié par la loi. Le texte n'institue donc pas une présomption de fraude fiscale[86].

Le IV de l'article 974 du CGI prévoit encore un **rabot** général des dettes du redevable admises en déduction lorsque la valeur vénale des biens ou droits immobiliers et des parts ou actions taxables excède 5 millions d'euros, et que le montant réel des dettes admises en déduction en tant que passif du redevable au titre d'une même année d'imposition excède 60 % de cette valeur. Dans ce cas, le montant des dettes excédant 60 % de la valeur de l'actif imposable n'est admis en déduction qu'à hauteur de 50 % de cet excédent.

Mais la loi contient une clause de sauvegarde selon laquelle ne sont pas retenues, pour le calcul de ce rabot général, les dettes dont le redevable justifie qu'elles n'ont pas été contractées dans un objectif principalement fiscal.

Exemple : Un redevable qui détient un immeuble dont la valeur vénale est de 10 millions d'euros et qui a contracté, pour acquérir ce bien, une dette de 8 millions d'euros, est concerné par la mesure de « rabot » ci-avant puisque sa dette de 8 millions excède 60 % de la valeur des biens soit 6 millions. Il ne pourra déduire que 7 millions sur les 8 millions de dettes soit une déduction de 60 % de la valeur vénale de l'immeuble à laquelle sont ajoutés 50 % de l'excédent c'est-à-dire (8 – 6) / 2 = 1. Il pourra toutefois déduire la totalité de sa dette s'il parvient à justifier qu'elle n'a pas été contractée dans un objectif principalement fiscal.

Enfin, le III de l'article 974 du CGI donne une liste de dettes en principe non déductibles, correspondant à des dettes auprès de membres de la famille ou d'entités

86. Point 75 de la décision n° 2017-758 DC du 28 décembre 2017.

contrôlées par le contribuable ou des membres de sa famille. Il s'agit des dettes correspondant à des prêts :

— contractés directement ou indirectement par l'intermédiaire d'une ou plusieurs sociétés ou organismes interposés, auprès du redevable, de son conjoint, des enfants mineurs ;

— contractés directement ou indirectement par l'intermédiaire d'une ou plusieurs sociétés ou organismes interposés, auprès du groupe familial composé des ascendants, descendants (autres que les enfants mineurs), frères et sœurs du redevable ou de son conjoint, sauf, précise le texte, si le redevable justifie du caractère normal des conditions du prêt, notamment du respect du terme des échéances, du montant et du caractère effectif des remboursements ;

— contractés par le redevable, son conjoint ou enfants mineurs auprès d'une société ou organisme que le redevable seul, ou avec son conjoint, leurs ascendants et descendants, ou frères et sœurs contrôle au sens du 2° du III de l'article 150-0 B ter du CGI, directement ou par l'intermédiaire d'une ou plusieurs sociétés ou organismes interposés. Là encore, la loi prévoit une clause de sauvegarde car la dette restera déductible si le redevable justifie du caractère normal des conditions du prêt, notamment du respect du terme des échéances, du montant et du caractère effectif des remboursements.

b – S'agissant des **dettes d'une société que détient le redevable**, on a vu plus haut qu'elles sont susceptibles d'impacter la valeur de la société et donc, indirectement, le patrimoine taxable. C'est pourquoi le législateur a mis en place à l'article 973 du CGI un système complexe permettant de ne pas tenir compte de certaines dettes sociales dans l'évaluation de la société. Tout se passe ainsi, lorsqu'on est en présence d'une telle dette, comme si celle-ci n'existait pas et n'avait donc pas d'impact sur la valeur des titres.

Sans rentrer dans le détail de ces cas qui sont d'une extrême complexité, on peut noter que le législateur a tenté de tuer dans l'œuf deux montages principaux (étant précisé que l'article 973 II vise encore d'autres situations).

Le premier montage consiste pour un contribuable, qui détient un immeuble taxable d'une valeur de 100, à vendre celui-ci à une société qu'il contrôle entièrement, laquelle emprunte pour acquérir le bien. Si aucune règle spécifique n'existait, la société acquéreuse n'aurait qu'une valeur nulle (son actif étant de 100, de même que son passif) et le contribuable vendeur ne serait pas taxé sur le prix de vente (puisqu'il s'agit d'un actif mobilier). C'est pourquoi, lorsqu'une société s'endette auprès d'un redevable de l'IFI (auquel on assimile son conjoint et ses enfants mineurs) pour acquérir un bien ou droit immobilier, cette dette n'est pas déductible de la valeur des parts. La règle s'applique à la condition que le redevable (au sens large vu plus haut) contrôle la société emprunteuse[87].

Le second montage consiste pour un contribuable, désireux d'acquérir un bien immobilier au moyen de liquidités dont il dispose déjà, à prêter à une société contrôlée par lui afin que celle-ci achète le bien. L'opération pourrait, en l'absence de règle contraire, s'avérer très profitable fiscalement puisqu'ici encore, la société acquéreuse aurait une valeur nulle, et le contribuable n'aurait à son encontre qu'une créance non taxable. D'où la réintégration par la loi de ladite dette dans la valeur de la société concernée.

87. Le contrôle s'apprécie au sens du 2° du III de l'article 150-0 B ter du CGI.

Ces règles sont toutefois tempérées par une importante clause de sauvegarde car il est admis par la loi qu'elle ne s'applique pas si le redevable justifie que « le prêt n'a pas été contracté dans un objet principalement fiscal ». L'ambiguïté de la formule suscite des débats passionnés chez les praticiens. On s'interroge notamment sur le point de savoir si un prêt contracté avant que l'IFI n'existe pourrait, de ce simple fait, être couvert par la clause de sauvegarde. À quoi l'administration répond que la notion d'objectif principalement fiscal, plus large que la notion de but exclusivement fiscal, s'apprécie au regard de la charge d'IFI à laquelle est assujettie le redevable et que « peuvent être susceptibles de caractériser un objectif autre que fiscal les circonstances que la dette a été souscrite avant la création de l'IFI au 1er janvier 2018, ou à une date très antérieure à celle à compter de laquelle le foyer fiscal est devenu redevable de cet impôt »[88].

B. EXONÉRATIONS

940 Si le domaine de l'IFI est relativement étendu en principe, certaines exonérations ont pour effet d'en diminuer le poids. *Ratione materiae*, sont exonérés les actifs immobiliers affectées à une activité professionnelle, soit du contribuable lui-même, soit de la société dont il détient les titres. *Rationae personae*, les minoritaires associés de sociétés immobilières et les dirigeants de sociétés opérationnelles sont également visés par certaines exonérations. D'autres exonérations de portée beaucoup plus limitée s'y ajoutent[89].

1. Les actifs immobiliers (ou assimilés) professionnels

941 En matière d'ISF déjà, l'essentiel des exonérations concernait les biens professionnels[90] définis par la loi de façon générale comme « les biens nécessaires à l'exercice, à titre principal, tant par leur propriétaire que par le conjoint de celui-ci, d'une profession industrielle, commerciale, artisanale, agricole ou libérale »[91]. De façon plus spécifique, la loi fiscale contenait également certaines définitions propres à des biens particuliers : par exemple, la location en meublé étant considérée comme donnant naissance à des bénéfices industriels et commerciaux (professionnels ou non selon les cas), il était logique qu'on retrouve en matière d'ISF une approche particulière de cette activité[92].

L'IFI poursuit l'inspiration de l'ISF en excluant de son champ les **actifs immobiliers détenus à titre professionnel par les contribuables**. Ainsi, les exploitants individuels sont exonérés au titre des biens et droits immobiliers qui contribuent à leur activité principale industrielle, commerciale, artisanale, agricole ou libérale ainsi que sur les parts ou actions représentatives de ces biens ou droits pour la part de la valeur de ces titres correspondant à des biens ou droits immobiliers affectés à leur activité

88. BOI-PAT-IFI-20-30-30 n° 240.

89. Par exemple, les bois, forêts et parts de groupements forestiers bénéficient d'une exonération des trois quarts de leur valeur sous les conditions applicables en matière de droits de mutation à titre gratuit : c'est la reprise des règles applicables en matière d'ISF (art. 976 CGI)

90. Art. 885 A *in fine*, CGI.

91. Art. 885 N, CGI.

92. Art. 885 R, CGI.

principale[93]. La location en meublé fait également l'objet d'une reconnaissance spécifique qui poursuit la logique de l'ISF.

Dans la même veine, les **immeubles affectés à l'activité opérationnelle d'une société de personnes relevant de l'article 8 du CGI** sont exonérés lorsque le redevable exerce dans cette société son activité principale[94]. On retrouve ici l'idée qui inspire le caractère professionnel des parts des sociétés de personnes pour les besoins de l'impôt sur le revenu[95].

Par ailleurs, sont également soustraits à l'emprise de l'IFI les **actifs immobiliers détenus à titre professionnel par une société** lorsqu'il s'agit de calculer le ratio immobilier de celle-ci. On se souvient en effet que lorsque l'immobilier est détenu indirectement par un contribuable, celui-ci doit calculer la proportion des actifs immobiliers dans l'actif total de la société dont il possède les titres. C'est pour les besoins de ce calcul que les actifs immobiliers « professionnels » sont négligés. Sans reprendre ici la longue liste établie par l'article 965 du CGI, on peut ainsi relever que sont écartés les biens ou droits immobiliers qu'une société ou qu'un organisme détient directement et qui sont affectés à son activité industrielle, commerciale, artisanale, agricole ou libérale.

La notion d'affectation à l'activité professionnelle n'implique pas toujours que la société propriétaire du bien immobilier concerné. Soit par exemple le cas un peu plus complexe d'un contribuable qui détient les titres d'une société M. Cette société exerce une activité industrielle et commerciale. Elle détient une filiale F, laquelle est propriétaire d'un immeuble affecté à l'activité opérationnelle de sa mère M (par exemple en vertu d'un contrat de bail consenti par la filiale à la mère). En pareil cas, il résulte de l'article 965, 2° du CGI que les immeubles détenus par F doivent être négligés pour savoir quel est le ratio immobilier de cette société, lequel détermine indirectement la valeur taxable à retenir chez M.

Comme on peut le constater, la ligne de partage entre les actifs taxés et les actifs exonérés tient à l'exercice d'une activité industrielle, commerciale, artisanale, agricole ou libérale. Si ces catégories sont bien connues, il n'est toutefois pas sans intérêt que l'article 966 du CGI précise que les activités commerciales mentionnées aux articles 34 et 35 sont considérées, pour l'application de l'IFI, comme des activités commerciales, à l'exception de l'activité de gestion de son propre patrimoine immobilier. C'est donc la définition fiscale des BIC que l'on retrouve en matière d'IFI.

Ce même article 966 précise que lorsqu'une société détient des titres d'une autre société, son activité n'est pas pour autant toujours assimilable à une activité de gestion de son propre patrimoine. Si cette holding est considérée comme « **animatrice** », elle est regardée comme exerçant une activité commerciale. Selon la lettre du texte, sont considérées comme commerciales « les activités de sociétés qui, outre la gestion d'un portefeuille de participations, participent activement à la conduite de la politique de leur groupe et au contrôle de leurs filiales et rendent, le cas échéant et à titre purement interne, des services spécifiques, administratifs, juridiques, comptables, financiers et immobiliers ».

Le statut fiscal des holdings animatrices est le fruit de l'histoire et s'explique par le fait que sous l'empire de l'ISF, l'imposition des titres de sociétés holding ne pouvait avoir un caractère systématique sous peine de méconnaître totalement la vie des

93. Art. 975 CGI.
94. L'article 975 du CGI se substitue ici à l'article 885 O du CGI (ISF).
95. Cf. *supra*, n° 256.

groupes : il est en effet très fréquent qu'un dirigeant possède des titres, non de façon directe dans une ou des sociétés du groupe, mais dans la holding de tête du groupe. Cette pratique courante et conforme à une saine gestion financière des participations dans les groupes de sociétés explique pourquoi l'administration appliquait le traitement des biens professionnels aux actions des sociétés holding « à la condition que ces sociétés soient les animatrices effectives de leur groupe, participent activement à la conduite de sa politique et au contrôle des filiales et rendent, le cas échéant et à titre purement interne au groupe, des services spécifiques administratifs, juridiques, comptables, financiers ou immobiliers »[96].

En théorie, le concept de holding animatrice est censé être assez clair. Une holding, pour être animatrice, doit participer activement à la gestion des sociétés du groupe en prenant des décisions de politique commerciale ou d'orientation stratégique. Elle ne peut se borner à exercer son rôle et ses prérogatives d'actionnaire[97]. En pratique, la notion est cependant ambiguë, ce qui tient à la large marge d'appréciation dont bénéficie l'administration et à l'existence d'une doctrine administrative non écrite sur le sujet[98]. La notion de holding animatrice fait donc souvent l'objet de discussion avec l'administration, voire de contentieux[99]. La Cour de cassation a d'ailleurs dû rappeler à ce sujet qu'une cour d'appel ne pouvait soumettre le bénéfice de la qualification de biens professionnels à l'existence, au sein de la société holding, de structures importantes pour réaliser l'animation du groupe, ainsi qu'à la fourniture par cette société de services spécifiques rendus de manière habituelle[100]. Il est néanmoins conseillé aux

96. Instr. 28 avr. 1989, BOI-PAT-ISF-30-30-40-10 n° 130 et s. La définition administrative de la holding animatrice a été consacrée par la loi de finances pour 2011 qui l'a reprise à l'occasion de la modification de l'article 885-0 V *bis* du CGI (dispositif relatif à la réduction d'ISF en cas d'investissement du contribuable dans une PME).

97. Cass. com. 10 déc. 2013, n° 12-23720, *M. Mulliez*, *Dr. fisc.* 2014, n° 13, comm. 244, note F. Deboissy.

98. C'est ainsi qu'en pratique, l'administration estime que la co-animation (c'est-à-dire l'animation conjointe par plusieurs holdings, pratique fréquente dans les groupes familiaux) est incompatible avec la notion de holding animatrice (position démentie par un arrêt de la cour d'appel de Rennes, 8 mars 2016, n° 15/00775, *M. Jacob*, *Dr. fisc.* 2017, 258, § 9, obs. J.-F. Desbucquois, et implicitement, semble-t-il, par la Cour de cassation dans un arrêt n° 16-17938 du 31 janvier 2018, *Dr. fisc.* 2018, n° 11, 222, note O. Goldstein et A. Brechet). De même, l'administration considère que pour être animatrice, la holding devrait animer la totalité de ses participations. Le simple fait de ne pas animer une seule participation disqualifie intégralement la holding. Ces positions sont inutilement rigoureuses et les juges commencent à les désavouer, comme en témoignent les jugements rendus par le TGI de Paris le 11 décembre 2014 (n° 13/06937 et 13/06939, *Dr. fisc.* 2015, n° 15, comm. 253, § 7, avec les observations de J.-F. Desbucquois) et relevant qu'aucune règle juridique n'impose qu'une holding animatrice anime la totalité de ses participations. La position du TGI a été confirmée en appel (CA Paris, 27 mars 2017, n° 15/02544 et n° 15/09824). On relève également que le Conseil d'État semble adopter la même approche que les juges du fond dans une décision de plénière fiscale où était en cause le concept de holding animatrice qui était la condition pour bénéficier de faveur des plus-values des dirigeants partant à la retraite prévu par l'article 150-0 D ter du CGI (CE, 13 juin 2018, n° 395495, 399121, 399122 et 399124 ; *Dr. fisc.* 2018, n° 27, 318 ét. J.-L. Matt ; *Dr. fisc.* 2018, n° 27, 321, concl. Y. Bénard, note G. Poulain et B. Zilberstein).

99. Sur ce sujet, cf. le dossier établi par la *Revue de droit fiscal* 2014, n° 13 avec les articles d'E. Pichet, de Ph. Neau-Leduc et J.-F. Desbucquois, de R. Poirier ainsi que de F. Deboissy ; v. aussi le dossier établi par *Actes pratiques & Stratégie patrimoniale* dans son numéro d'octobre-novembre-décembre 2014.

100. Cass. com., 27 sept. 2005, n° 03-20655, *RJF* 2006, n° 100. La Cour de cassation relève qu'une holding peut être considérée comme animatrice lorsque son dirigeant joue un rôle essentiel démontré par les comptes rendus des conseils d'administration et les rapports des commissaires aux comptes, et lorsque

dirigeants de groupe souhaitant bénéficier de l'exonération des titres d'une holding animatrice de localiser dans ladite holding un maximum de fonctions d'animation, de faire rédiger des conventions intra-groupe et d'organiser un flux de facturation permettant d'établir la réalité des services rendus. La définition des fonctions de la holding animatrice est d'autant plus nécessaire que la jurisprudence de la Cour de cassation est rigoureuse pour les dirigeants qui n'ont pas pris cette précaution. La Cour a ainsi précisé, par exemple, que le fait que le dirigeant d'une société holding ait également une fonction de direction dans l'une de ses filiales ne suffit pas à établir que cette société anime effectivement son groupe et participe activement à la conduite de sa politique et au contrôle des filiales[101]. De même, le soutien financier de la holding ne constitue pas une intervention effective dans l'animation d'une filiale en l'absence d'intervention de la holding dans la détermination des options stratégiques ou opérationnelles de la filiale[102].

Enfin, il ressort de la jurisprudence que c'est à celui qui prétend que la holding a un caractère animateur d'en rapporter la preuve. Cette règle de preuve se justifie, selon la Cour de cassation, par la considération que la doctrine administrative relative aux holdings animatrices constitue une exception au principe posé par l'article 885 0 *quater* du Code général des impôts et selon lequel les parts ou actions des sociétés holdings ayant pour activité principale la gestion de leur propre patrimoine mobilier ou immobilier ne constituent pas des biens professionnels[103]. Cette position est toutefois contestée par plusieurs auteurs[104] qui, sur la base d'une analyse historique, démontrent que l'animation d'un groupe par une holding était un phénomène traité par le droit fiscal bien avant l'introduction en France d'un impôt sur la fortune et constituait une forme reconnue d'exercice d'une activité commerciale[105]. Jean-François Desbucquois suggère en outre que même sur le terrain du droit commercial, il n'est pas impossible de reconnaître à l'activité d'animation un caractère commercial, compte tenu du fait qu'elle participe de façon régulière à la conduite de la politique du groupe et exerce un contrôle sur celui-ci[106]. Cette position semble renforcée par une décision du Conseil d'Etat rendue en application de l'article 150-0 D ter du CGI relatif aux plus values de cession de titres dégagées par des dirigeants partant à la retraite[107].

la holding effectue des prestations de services consistant à étudier et conseiller les investissements assurant la croissance externe du groupe ou les réorientations stratégiques.

101. Cass. com., 21 juin 2011, nº 10-19770, *M. et Mme Bernard*, *Dr. fisc.* 2012, nº 5, comm. 124, note D. Barsus et J. Béguier.

102. Cass. com., 6 mai 2014, nº 13-11240, *M. Porche*, *Dr. fisc.* 2014, nº 37, comm. 523, note J.-L. Pierre.

103. Cass. com., 8 oct. 2013, nº 12-20432, *M. Epton*, *Dr. fisc.* 2014, nº 13, comm. 244, note F. Deboissy. La solution n'est pas nouvelle en jurisprudence (cf. les références citées par F. Deboissy dans sa note).

104. Cf. les articles cités plus haut de Ph. Neau-Leduc et J.-Ph. Desbucquois, ainsi que la note citée ci-dessous de F. Deboissy.

105. V. également dans le même sens TA Paris, 30 janv. 2014, nº 1218996. Comp. CAA Nantes, 22 oct. 2015, nº 14NT00291, *Dr. fisc.* 2016, nº 11, comm. 218, note Th. Lamulle, aperçu rapide nº 145 de M. Loncarevic et T. Boucharlat.

106. J.-F. Desbucquois, « Holding animatrice de groupe : des avancées jurisprudentielles prometteuses », *Actes pratiques & Stratégie patrimoniale*, avril-mai-juin 2015, p. 1 et s.

107. CE, 13 juin 2018, nº 395495, 399121, 399122 et 399124 ; *Dr. fisc.* 2018, nº 27, 318 ét. J.-L. Matt ; *Dr. fisc.* 2018, nº 27, 321, concl. Y. Bénard, note G. Poulain et B. Zilberstein.

2. Le statut des minoritaires et des dirigeants

942 Certaines exonérations d'IFI s'expliquent par le statut particulier du contribuable et sont applicables alors même que les immeubles concernés ne seraient pas affectés à une activité professionnelle.

C'est tout d'abord le cas des exonérations accordées aux associés très minoritaires de sociétés. Ainsi, les contribuables détenant moins de 10 % du capital ou des droits de vote d'une société ou d'un organisme exerçant une activité industrielle, commerciale, artisanale, agricole, ou libérale sont exonérés d'IFI sur ces titres[108]. Cette solution est pratiquement justifiée par le fait qu'un associé très minoritaire n'a que rarement accès aux informations concernant la valeur des immeubles détenus par la société[109].

C'est ensuite le cas de certains dirigeants d'une société à raison des titres qu'ils détiennent dans celle-ci. L'idée sous-jacente est que les parts et actions de sociétés soumises à l'IS peuvent, sous certaines conditions, être considérées comme des biens professionnels exonérés. Cela s'explique par le souci de prolonger l'exonération d'ISF qui figurait à l'article 885 O bis du CGI et qui permettait à certains dirigeants exerçant leur activité principale dans une société dont ils détenaient par ailleurs une participation substantielle de considérer les titres de cette société comme des actifs professionnels.

Sous l'empire de l'IFI, l'exonération des biens et droits immobiliers, ainsi que des parts ou actions représentatives de ces biens et droits est soumise par le III de l'article 975 du CGI aux conditions de base suivantes :

— les biens et droits sont affectés à l'activité industrielle, commerciale, artisanale, agricole ou libérale de la société ;

— le redevable exerce dans ladite société la fonction de gérant (conformément aux statuts d'une société à responsabilité limitée ou en commandite par actions), d'associé en nom d'une société de personnes ou de président, directeur général, président du conseil de surveillance ou membre du directoire d'une société par actions ;

— le dirigeant doit exercer effectivement ses fonctions et celles-ci doivent lui assurer une rémunération normale, représentant plus de la moitié de ses revenus professionnels soumis à l'impôt sur le revenu au titre de ses revenus d'activité.

Les conditions additionnelles requises pour bénéficier de l'exonération sont variables en fonction des circonstances :

— si la valeur des titres que le dirigeant détient dans la société excède 50 % de la valeur brute de son patrimoine total (y compris les biens ou droits immobiliers), les titres sont exonérés d'IFI sans exigence de détention d'un seuil de capital particulier ;

— sinon, le dirigeant doit également détenir (directement, par l'intermédiaire de son groupe familial ou par société interposée) au moins 25 % des droits de vote de la société dans laquelle ils exercent la fonction de dirigeant.

Lorsque, en raison d'une augmentation de capital, le seuil de 25 % des droits de vote n'est plus respecté, le dirigeant conserve l'exonération des biens professionnels sous les conditions suivantes :

— l'intéressé a été détenteur d'au moins 25 % des droits de vote de la société tout au long des cinq années ayant précédé l'augmentation de capital ;

108. Art. 965 CGI.

109. Une exonération est aussi prévue, sous conditions, lorsque le redevable détient moins de 10 % des droits d'un fonds d'investissement ou d'un organisme de placement collectif, ou moins de 5% du capital et des droits de vote d'une SIIC.

— il conserve (avec son groupe familial) un niveau de participation d'au moins 12,5 % ;

— il est lié, avec d'autres associés ou actionnaires, par un pacte réunissant au total 25 % au moins des droits de vote de la société, ce pacte devant permettre d'exercer un pouvoir d'orientation dans la société.

§ 2. LA LIQUIDATION DE L'IFI

943 Les biens et droits immobiliers sont imposés pour leur valeur vénale, au 1er janvier de l'année, conformément aux règles en vigueur en matière de droits de mutation par décès, comme c'était déjà le cas en matière d'ISF[110].

La valeur vénale à retenir représente le prix normal qu'aurait accepté de payer un acquéreur quelconque n'ayant pas de raison exceptionnelle de convenance de préférer le bien concerné, sans possibilité de déduire le montant des frais que le propriétaire aurait à supporter en cas de vente (commission d'intermédiaire notamment).

Les valeurs mobilières cotées sur un marché sont évaluées selon le dernier cours connu ou selon la moyenne des trente derniers cours qui précèdent la date d'imposition.

À l'égard des biens dont le propriétaire se réserve la jouissance, le seul abattement pour occupation admis est l'abattement de 30 % de la valeur vénale réelle de l'immeuble occupé à titre de résidence principale[111].

Le barème de l'IFI est identique à celui de l'ISF auquel il succède (voir ci-après) :

Fraction de la valeur nette taxable du patrimoine	Tarif applicable (en %)
N'excédant pas 800 000 euros	0
Supérieure à 800 000 euros et inférieure ou égale à 1 300 000 euros	0,50
Supérieure à 1 300 000 euros et inférieure ou égale à 2 570 000 euros	0,70
Supérieure à 2 570 000 euros et inférieure ou égale à 5 000 000 euros	1
Supérieure à 5 000 000 euros et inférieure ou égale à 10 000 000 euros	1,25
Supérieure à 10 000 000 euros	1,50

Une fois l'IFI théorique calculé, son montant peut être réduit au moyen d'une réduction d'impôt à hauteur de 75 % des dons effectués à certains organismes d'intérêt général[112]. Un crédit d'impôt étranger peut également s'appliquer. Le montant des impôts étrangers « dont les caractéristiques sont similaires » à celles de l'IFI est ainsi imputable sur l'IFI exigible en France mais uniquement à hauteur de l'IFI dû au titre

110. Art. 973 CGI.

111. On notera que, par rupture de symétrie entre l'actif imposable et les dettes déductibles, l'administration admet que les dettes afférentes à la résidence principale soient déductibles à hauteur de leur montant total, sans pouvoir toutefois excéder la valeur imposable de la résidence principale (soit 70 % de sa valeur vénale réelle : BOI-PAT-IFI-20-40-10, n° 160).

112. Art. 978 CGI. La même règle existait en matière d'ISF (art. 885-O V *bis* A, CGI).

des biens et droits immobiliers situés hors de France ou sur la valeur des parts ou actions représentatives de ces mêmes biens[113].

Enfin, le barème de l'IFI pouvant conduire à prélever un impôt élevé sur les patrimoines les plus importants, il fallait l'assortir d'un système de plafonnement. C'est une exigence constitutionnelle dégagée à propos de l'ISF, le Conseil constitutionnel ayant affirmé, dans sa décision n° 2012-654 DC du 9 août 2012, que « le législateur ne pourrait établir un barème de l'impôt de solidarité sur la fortune tel que celui qui était en vigueur avant l'année 2012 sans l'assortir d'un dispositif de plafonnement ou produisant des effets équivalents destinés à éviter une rupture caractérisée de l'égalité devant les charges publiques »[114]. Ainsi, l'article 979 du CGI prévoit (en résumé) que la somme de l'IFI et des impôts dus en France et à l'étranger au titre des revenus et produits de l'année précédente ne peut dépasser 75 % du total des revenus mondiaux nets de frais professionnels de l'année précédente. En pratique, le redevable de l'IFI doit calculer lui-même le montant de la réduction d'impôt auquel le plafonnement ouvre droit (système dit de « l'autoliquidation »).

Le plafonnement de l'ISF a donné lieu à un important débat car il pouvait conduire à une réduction très substantielle de l'ISF toutes les fois que les revenus de l'intéressé sont faibles, ce qui reste vrai avec l'IFI. Ceci explique pourquoi certains contribuables peuvent être tentés d'abriter leurs revenus dans des structures qu'ils contrôlent, sans être juridiquement titulaires des revenus. Pour lutter contre ce type d'optimisation, la loi prévoyait jusqu'en 2011 un « plafonnement du plafonnement ». Le législateur n'a pas voulu reproduire ce système et le projet de loi de finances pour 2013 se proposait, dans le même but, d'édicter une norme selon laquelle les revenus servant de base au calcul du plafonnement s'entendraient, non seulement des revenus effectivement réalisés, mais aussi des revenus capitalisés au sein de contrats d'assurance-vie, de capitalisation, ou de profits engrangés par des sociétés dans lesquelles le contribuable disposait d'une participation substantielle. Le Conseil constitutionnel a toutefois censuré ce dispositif dans sa décision n° 2012-662 DC du 29 décembre 2012. Le législateur a certes tenté de rétablir en partie le dispositif, mais une nouvelle censure, fondée sur le non-respect de l'autorité de la chose jugée par le Conseil constitutionnel, est intervenue avec une décision n° 2013-685 DC du 29 décembre 2013. Le législateur est revenu à la charge à l'occasion de la loi de finances pour 2017 et a institué un mécanisme de plafonnement applicable au cas très spécifique d'un contribuable qui contrôle une société soumise à l'IS, dans le cas où cette société bénéficie de revenus distribués qu'elle ne redistribue pas (ou insuffisamment) au contribuable, ce qui permet de limiter les revenus disponibles du contribuable à prendre en compte dans le calcul du plafonnement. La loi a donc prévu que, lorsque l'existence de cette société et le choix d'y recourir ont pour objet principal d'éluder tout ou partie de l'ISF en bénéficiant d'un avantage fiscal allant à l'encontre de l'objet ou de la finalité de la règle de plafonnement, la part des revenus distribués correspondant à une diminution artificielle des revenus pris en compte pour le calcul du plafonnement est réintégrée[115]. Le nouveau dispositif a été jugé conforme à la Constitution, mais il a fait l'objet d'une réserve d'interprétation du

113. Art. 980 CGI.

114. Pour une lecture critique de cette décision (qui s'insère dans une réflexion plus générale sur le rôle du Conseil constitutionnel), v. M. Collet, *L'impôt confisqué*, Odile Jacob, 2014, p. 57 et s.

115. En cas de désaccord, le contribuable ou l'administration peuvent soumettre le litige à l'avis du comité de l'abus de droit fiscal : si l'administration ne se conforme pas à l'avis du comité, elle doit apporter la preuve du bien-fondé de la rectification.

Conseil constitutionnel selon laquelle la réintégration n'est possible que si l'administration démontre que les dépenses ou les revenus du contribuable sont, au cours de l'année de référence du plafonnement et à hauteur de cette réintégration, assurés, directement ou indirectement, par la société de manière artificielle[116]. Les mêmes mécanismes restent applicables au plafonnement de l'IFI.

On terminera cette présentation de l'IFI en signalant que celui-ci est recouvré par voie de rôle, sous les mêmes sûretés, privilèges, garanties et sanctions que l'impôt sur le revenu[117]. Comme c'était le cas de l'ISF, l'impôt sur la fortune est contrôlé comme en matière de droits d'enregistrement et son contentieux relève[118], comme celui de l'ISF, des juridictions de l'ordre judiciaire.

116. Cons. const., déc. n° 2016-744 DC du 29 décembre 2016, cons. 22.
117. Art. 1679 *ter* CGI.
118. Art. L. 199 LPF.

CHAPITRE 2
L'IMPOSITION DU CAPITAL TRANSMIS

944 Le capital n'est pas seulement imposé du simple fait qu'il est détenu. Il est également imposé lorsqu'il est transmis. La mutation est alors soumise à des « droits d'enregistrement », ainsi appelés car ce type d'impôt est traditionnellement considéré comme la contrepartie d'une opération, l'enregistrement, qui consiste en l'inscription sur un registre public d'une information relative à une opération donnée. En réalité, toutefois, cette appellation n'est plus véritablement justifiée aujourd'hui car une importante proportion des droits que l'on qualifie « d'enregistrement » sont en réalité des droits de mutation : autrement dit, ce n'est pas l'enregistrement d'un écrit qui constitue le fait générateur de l'impôt, mais bien plutôt l'existence d'une mutation, c'est-à-dire le transfert d'un bien d'un patrimoine à un autre.

Une mutation peut avoir lieu à titre gratuit ou à titre onéreux. Cette distinction entre les deux types de mutation a d'importantes conséquences sur l'assiette et le taux des impôts applicables.

Elle est cependant parfois difficile à mettre en œuvre. L'attribution d'actifs sociaux en paiement d'une distribution est-elle une mutation imposable[1] ? Et l'attribution judiciaire du gage[2] ? Les sommes attribuées aux associés à l'occasion d'une réduction de capital donnent-elles lieu à l'application d'un droit de partage[3] ? La renonciation par des associés à une fraction de leurs droits aux dividendes, au profit d'autres associés ayant la qualité d'héritiers des premiers, est-elle une donation indirecte[4] ? Voici de délicates questions qui suggèrent qu'il existe des mutations du « troisième type »[5] qui ne sont ni à

1. Réponse négative de la Cour de cassation : v. Cass. com., 6 avr. 1993, *RJF* 7/93, n° 1071 ; Cass. com., 12 févr. 2008, n° 07-17085, *JCP* E 2008.1478, note H. Hovasse ; *Dr. fisc.* 2008, n° 29, comm. 416, note F. Deboissy et G. Wicker. Comp. note suivante.

2. Réponse positive de la Cour de cassation : Cass. com., 25 janv. 2000, *Bull. civ.* IV, n° 21 ; *RJF* 5/00, n° 711 ; *Bull. Joly* 2000, n° 116, p. 530, note C. David.

3. Pour la réponse, cf. *infra*, n° 968.

4. Non, selon la Cour de cassation (Cass. com. 18 déc. 2012, n° 11-27745, *Dr. fisc.* 2013, n° 17, comm. 261, note M. Le Tacon).

5. Pour d'intéressantes réflexions à ce sujet, cf. G. Blanluet, « Rencontres du troisième type : de quelques mutations non identifiées », in *Fiscalité et entreprise : politiques et pratiques, Liber amicorum Jean-Pierre Le Gall*, Dalloz, 2007, p. 3 et s.

titre onéreux (en l'absence de contrat et de prix), ni à titre gratuit (faute d'intention libérale et d'appauvrissement du disposant).

La matière, de façon générale, a considérablement décliné. Forte d'une histoire à nulle autre pareille – l'origine des droits d'enregistrement remonterait au xe siècle[6] –, elle a perdu son importance budgétaire avec le développement d'impôts modernes tels notamment que la TVA[7]. Corrélativement, de nombreuses opérations autrefois lourdement imposées sont aujourd'hui, soit exonérées, soit soumises à des droits d'un montant beaucoup plus faible que dans le passé.

Les droits d'enregistrement n'ont cependant pas disparu. L'enregistrement de certaines opérations à la recette des impôts demeure parfois obligatoire[8]. Le plus souvent, cette formalité doit avoir lieu dans un délai d'un mois à compter de la date de l'acte, le non-respect de cette exigence pouvant dans certains cas affecter la validité civile de l'acte[9]. Lorsque les formalités de l'enregistrement et de publicité foncière sont fusionnées[10], elles sont accomplies au service de la publicité foncière de la situation de l'immeuble. En outre, même dans les cas où l'enregistrement n'est pas obligatoire, il peut toujours avoir lieu à l'initiative d'une partie. L'enregistrement produit en effet une conséquence civile importante car l'article 1377 du Code civil en fait l'un des moyens de conférer à un acte juridique une date certaine à l'égard des tiers. Mieux, l'enregistrement permet parfois d'opposer aux tiers, non seulement la date de l'acte, mais aussi l'acte lui-même. C'est le cas en présence d'un nantissement de fonds de commerce[11]. Par ailleurs, les droits de mutation à titre gratuit (droits sur les donations et droits de succession) continuent d'être élevés et de peser substantiellement sur les stratégies patrimoniales des ménages et des entreprises.

Ainsi, les droits d'enregistrement conservent une certaine importance dans le paysage fiscal contemporain. Ils continuent également d'être soumis à des règles

6. Cf. J. Lamarque, O. Négrin et L. Ayrault, n° 1550, et les références citées ; v. également Ch. de la Mardière, « Histoire des droits d'enregistrement en France ? », *Dr. fisc.* 2017, n° 17, comm. 270.

7. Pour une réflexion sur le sujet, v. les contributions réunies par la *Revue de droit fiscal* à l'occasion d'un colloque intitulé *Les droits d'enregistrement : quel avenir ?*, *Dr. fisc.* 2017, n° 17, comm. 268 et s.

8. CGI, art. 634 à 636 (actes publics et sous seing privé), 641 à 645 (mutations par décès). Parmi les actes à titre onéreux visés, signalons (sans souci d'exhaustivité) les actes portant transmission de propriété ou d'usufruit de biens immeubles, les mutations de fonds de commerce ou de clientèles, les cessions d'actions et de parts sociales, les actes constatant la formation, la prorogation, la transformation ou la dissolution d'une société, l'augmentation, l'amortissement ou la réduction de son capital. Les actes relatifs à une fiducie sont soumis à la même obligation, de même que les cessions d'actions et de parts sociales dans les sociétés dont le capital n'est pas divisé en actions.

9. Art. 1589-2, C. civ. (applicable depuis le 1er janvier 2006) : est nulle et de nul effet toute promesse unilatérale de vente afférente à un immeuble, à un droit immobilier, à un fonds de commerce, à un droit à un bail portant sur tout ou partie d'un immeuble ou aux titres des sociétés visées aux art. 728 et 1655 *ter*, CGI, si elle n'est pas constatée par un acte authentique ou par un acte sous seing privé enregistré dans le délai de dix jours à compter de la date de son acceptation par le bénéficiaire. Il en est de même de toute cession portant sur lesdites promesses qui n'a pas fait l'objet d'un acte authentique ou d'un acte sous seing privé enregistré dans les dix jours de sa date.

10. La formalité fusionnée résulte de la loi du 26 déc. 1969 et concerne les actes authentiques portant sur des immeubles ou droits réels immobiliers (art. 647, CGI). Depuis la loi de finances pour 1999, elle s'applique également aux actes « mixtes » comportant à la fois des dispositions soumises à la formalité de publicité foncière et des dispositions qui n'y sont pas soumises (par exemple, une vente portant à la fois sur des biens immeubles et des biens meubles).

11. Art. L. 142-3, C. com.

spécifiques de prescription[12], de fixation de l'assiette, de contrôle et de sanction, ce qui justifie pleinement l'évocation – certes rapide – de leurs montants et de leurs régimes.

On examinera donc successivement les droits de mutation à titre onéreux (Section 1), les droits de mutation à titre gratuit (Section 2) et les droits exigibles à l'occasion d'opérations ne rentrant dans aucune des catégories ci-dessus, qui s'appliquent notamment aux opérations intéressant la vie des sociétés (Section 3).

SECTION 1 LES DROITS DE MUTATION À TITRE ONÉREUX

945 Les droits de mutation à titre onéreux sont dus, notamment, en cas de cession d'un bien immobilier (§ 1), d'un fonds de commerce et d'autres éléments assimilés (§ 2) et de droits sociaux (§ 3).

§ 1. LES CESSIONS DE BIENS IMMOBILIERS

946 L'article 683 du Code général des impôts dispose que sont soumis à un droit de mutation « les actes civils et judiciaires translatifs de propriété ou d'usufruit de biens immeubles à titre onéreux ». La même règle s'applique aux échanges d'immeubles[13].

Par ailleurs, on observera que les cessions de participations dans les personnes morales à **prépondérance immobilière** sont soumises à un taux de 5 %. Est considérée comme à prépondérance immobilière la personne morale non cotée, quelle que soit sa nationalité, dont l'actif est, ou a été au cours de l'année précédant la cession des participations en cause, principalement constitué d'immeubles ou de droits immobiliers situés en France ou de participations dans des personnes morales non cotées, quelle que soit leur nationalité, elles-mêmes à prépondérance immobilière[14]. Dans le même esprit, les cessions de titres de sociétés immobilières de copropriété visées à l'article 1655 *ter* du Code général des impôts sont considérées comme portant directement sur les immeubles détenus par ces sociétés[15]. La transparence de ces sociétés est totale puisque la loi les considère comme dépourvues de personnalité distincte de leurs membres pour l'application de divers impôts, notamment les droits d'enregistrement.

12. Art. L. 180 et s., LPF, distinguant entre la prescription courte de trois ans et la prescription longue de six ans.

13. Art. 684, CGI.

14. Art. 726 I, 2°, CGI. La formule « quelle que soit leur nationalité » a été introduite dans le texte par la loi de finances rectificative pour 2009. Elle permet de toucher les cessions de titres de sociétés françaises et étrangères, ce qui fait rentrer dans le champ des droits d'enregistrement les cessions de titres de sociétés étrangères à prépondérance immobilière, conformément à l'art. 718 *bis*, CGI (v. *infra*, dans le présent paragraphe).

15. Les sociétés immobilières de copropriété sont des sociétés qui ont, en fait, pour unique objet soit la construction ou l'acquisition d'immeubles ou de groupes d'immeubles en vue de leur division par fractions destinées à être attribuées aux associés en propriété ou en jouissance, soit la gestion de ces immeubles ou groupes d'immeubles ainsi divisés, soit la location pour le compte d'un ou plusieurs des membres de la société de tout ou partie des immeubles ou fractions d'immeubles appartenant à chacun de ces membres.

Il existe ainsi une identité quasi parfaite de traitement fiscal entre la cession de l'immeuble détenu directement et la cession de titres représentatifs de l'immeuble. Cette neutralité fiscale permet d'éviter que la « dématérialisation » de l'immeuble ne soit à l'origine d'économies fiscales artificielles.

Les droits sont supportés par **l'acquéreur**, sauf convention contraire[16]. En cas d'échange immobilier, ils sont payés par moitié entre les coéchangistes.

La taxe ou le droit sont liquidés sur le **prix** exprimé, en y ajoutant toutes les charges en capital ainsi que toutes les indemnités stipulées au profit du cédant, à quelque titre et pour quelque cause que ce soit. L'administration peut cependant substituer la valeur vénale au prix exprimé lorsqu'elle est supérieure[17].

Le **taux** de droit commun applicable aux cessions d'immeubles est en principe de 5,09 %[18], représentatif de droits perçus au profit des départements et des communes. Ce taux est cependant réduit à 0,715 %, voire à 125 euros lorsque l'opération rentre dans le champ de la TVA[19]. En cas d'échange, le taux applicable est de 5 %.

Enfin, les droits d'enregistrement s'appliquent toutes les fois que **l'immeuble est situé en France**[20]. Cela s'explique aisément, compte tenu de la force attractive de la loi du lieu de situation de l'immeuble et du fait que l'enregistrement obligatoire de la cession se produit en France.

Dans le cas où l'immeuble n'est pas cédé directement, mais de façon « dématérialisée », c'est-à-dire sous forme de cession de titres de société à prépondérance immobilière, la règle prévue pour les cessions d'immeubles ne peut s'appliquer car les titres de société à prépondérance immobilière sont des meubles. Le constat est d'importance puisque les cessions de meubles étrangers (notamment de titres de société) échappent à l'impôt français toutes les fois qu'elles s'opèrent par acte passé à l'étranger... Toutefois, l'article 718 *bis* du Code général des impôts prévoit que les cessions de participations dans des personnes morales à prépondérance immobilière sont soumises au droit d'enregistrement dans les mêmes conditions que les cessions d'immeubles, sauf imputation, le cas échéant, d'un crédit d'impôt étranger dans le cas où des droits d'enregistrement sont également prélevés dans l'immatriculation de la société dont les titres sont cédés[21]. Cette règle permet donc d'imposer en France toutes les cessions de titres de société à prépondérance immobilière, quelle que soit la nationalité de la société en cause. Est ainsi rétablie la neutralité entre cessions d'immeubles et cessions de titres de personnes morales à prépondérance immobilière[22].

16. Art. 1712, CGI.

17. Art. L. 17, LPF. Sur les difficultés suscitées par ce texte, cf. S. Quilici ; « Le casse-tête du contentieux de l'évaluation », *Dr. fisc.* 2010, n° 28, comm. 417.

18. Certains départements ayant augmenté le taux départemental de 3,80 % à 4,50 % (en principe provisoirement jusqu'au 29 février 2016), le taux global maximum peut atteindre 5,80 %.

19. Cf. *supra*, n° 847.

20. Lorsque l'immeuble est situé à l'étranger, sa cession n'échappe pas systématiquement à l'impôt français, même si cela est très exceptionnel. L'article 714 du Code général des impôts prévoit ainsi l'application d'un droit de 5 % aux actes portant sur des immeubles situés en pays étrangers ou dans certains territoires français dotés de l'autonomie fiscale lorsqu'ils sont présentés à l'enregistrement et lorsque le droit d'enregistrement n'est pas établi à l'étranger.

21. Le crédit d'impôt est égal au montant des droits d'enregistrement effectivement acquittés dans l'État d'immatriculation de chacune des personnes morales concernées, conformément à la législation de cet État et dans le cadre d'une formalité obligatoire d'enregistrement de chacune de ces cessions. Ce crédit d'impôt est imputable sur l'impôt français afférent à chacune de ces cessions, dans la limite de cet impôt.

22. Comp., antérieurement à l'insertion dans le CGI de l'art. 718 *bis* (loi de finances n° 2009-1674 du 30 déc. 2009 rectificative pour 2009), la décision du Tribunal de grande instance de Nice en faveur de l'inapplicabilité des droits de mutation à titre onéreux à une cession de parts de société étrangère à prépondérance immobilière (27 sept. 2007, 3e ch., n° 380, *Dr. fisc.* 2008, n° 49, comm. 609, note G. Blanluet ; *Droit & Patrimoine*, févr. 2008, chron. fiscale avec nos obs.).

§ 2. LES CESSIONS DE FONDS DE COMMERCE ET BIENS ASSIMILÉS

947 Sont soumises aux droits de mutation les cessions de fonds de commerce et de clientèles (A) et les autres opérations ayant économiquement le même effet de transfert d'activité : les « conventions de successeur » (B).

A. LES CESSIONS DE FONDS DE COMMERCE ET DE CLIENTÈLES

948 Les mutations de propriété à titre onéreux de fonds de commerce ou de clientèles sont soumises, après abattement de 23 000 euros, à un droit d'enregistrement dont les taux sont progressifs : 3 % sur la fraction comprise entre 23 000 euros et 200 000 euros, et 5 % au-delà[23].

Les « clientèles » mentionnées par l'article 719 du Code général des impôts s'entendent des clientèles commerciales et des clientèles *civiles*. La solution précède de plus d'un demi-siècle[24] l'affirmation par la Cour de cassation de la cessibilité des clientèles civiles[25].

La même règle s'applique aux cessions d'offices ministériels[26], de droit au bail ou de promesse de bail. Dans ce dernier cas, la règle s'applique quelle que soit la forme donnée par les parties à la cession de droit au bail, qu'elle soit qualifiée cession de pas-de-porte, indemnité de départ ou autrement[27].

Le taux applicable aux mutations des fonds de commerce et des clientèles est aujourd'hui aligné, du moins pour les fonds d'un montant inférieur à 200 000 euros, sur celui des cessions de droit sociaux. Cela n'a pas toujours été le cas et certains se souviennent de l'état du droit antérieur à 1990 où le taux applicable aux cessions de fonds avait pu atteindre 16,60 % alors que celui applicable aux cessions de titres était de 4,80 %... Le souci de neutralité fiscale qui se manifeste dans le droit contemporain évite ainsi que les droits de mutation applicables aux fonds de commerce soient contournés par la cession de titres de sociétés n'ayant à leur actif qu'un fonds de commerce. Plus généralement, il permet de priver d'une grande partie de son intérêt la controverse – pourtant éteinte en théorie par la cour de cassation depuis 1984 – sur le point de savoir si la cession « massive » de droits sociaux peut être requalifiée en cession de fonds de commerce[28].

La notion de cession de clientèle n'est pas toujours aisée à mettre en œuvre dans la pratique. Ainsi, par exemple, la jurisprudence paraît admettre – encore que les arrêts ne soient pas totalement clairs sur ce point[29] – qu'une cession de marque exploitée relève de l'article 719 du Code général des impôts lorsqu'une clientèle est attachée à la marque. Il en irait ainsi alors même qu'il n'y aurait pas de cession concomitante du fonds de commerce. Une telle solution ne va pas de soi d'un point de vue théorique. Elle donne en outre lieu à de réelles difficultés probatoires[30].

---

23. V. notamment art. 719, CGI.

24. V. déjà, pour la cession de la clientèle d'un cabinet d'architecte, Seine civ., 29 déc. 1944, *JCP* 1946, 2e éd. C.I., 3140.

25. Cf. à ce sujet le célèbre arrêt de la première Chambre civile du 7 nov. 2000, *Bull. civ.* I, n° 283.

26. Art. 724, CGI.

27. Art. 725, CGI.

28. Cass. com., 7 mars 1984, *Société Beauvallet*, *Bull. civ.* IV, n° 94, in C. David, O. Fouquet, B. Plagnet et P. F. Racine, thème n° 21, et les références citées.

29. Cass. com., 30 oct. 1989, *RJF* 2/90, n° 217 ; Cass. com., 14 mars 1992, *RJF* 6/92, n° 605.

30. Pour une réflexion d'ensemble, v. M.-P. Hôo, « Cession de marque et droits d'enregistrement », *Dr. fisc.* 2011, n° 3, ét. 110.

B. LES « CONVENTIONS DE SUCCESSEUR »

949 La règle applicable aux cessions de fonds de commerce et de clientèles est étendue par l'article 720 du Code général des impôts « à toute convention à titre onéreux, ayant pour effet de permettre à une personne d'exercer une profession, une fonction ou un emploi occupé par un précédent titulaire, même lorsque ladite convention conclue avec ce titulaire ou ses ayants cause ne s'accompagne pas d'une cession de clientèle ». C'est ce qu'on appelle les « conventions de successeur »[31].

Cette règle, qui remonte à 1948, permet de frapper des mutations économiquement comparables à celles de fonds de commerce mais non juridiquement assimilables à ces dernières. D'où cette précision dans le texte, que l'impôt est applicable « même lorsque la convention [...] ne s'accompagne pas d'une cession de clientèle ».

L'adoption de cette règle s'explique historiquement par un double souci : d'une part, renverser la jurisprudence restrictive antérieure à 1948 qui refusait d'assimiler à la cession du fonds de commerce certaines opérations telles que la cession d'une concession administrative[32] ; d'autre part, lutter contre la fraude aux droits de mutation qui consistait à dissimuler de véritables cessions de fonds derrière la mutation d'éléments d'une autre nature (outillage, savoir-faire, etc.) accompagnée d'une cessation d'activité du cédant.

La plasticité des mots figurant à l'article 720 permet de lui donner un champ d'application très vaste. En pratique, toute réorganisation d'activités ou tout transfert d'actifs d'une certaine importance à l'intérieur d'un groupe de sociétés doit faire l'objet d'un examen approfondi à la lumière de cette disposition[33].

L'abondante jurisprudence sur les conventions de successeur doit alors servir de guide pour vérifier que sont réunies les conditions d'application de l'article 720[34] :

– l'existence d'une convention, ce qui suppose un accord contractuel entre le cédant et le cessionnaire ;

– le caractère onéreux de cette convention ;

– le transfert au moins partiel de l'activité du cédant au cessionnaire et la cessation corrélative de l'activité cédée par le cédant ;

– l'identité entre l'activité exercée par le cessionnaire et celle exercée par le cédant.

§ 3. LES CESSIONS DE DROITS SOCIAUX

950 Les cessions de droits sociaux sont soumises, soit aux droits d'enregistrement (A), soit à la taxe sur les transactions financières (B).

31. Sur ce sujet, cf. C. David, « Les conventions de successeur », *Bull. fisc.* 11/90, p. 652 et s. ; J.-P. Le Gall, « Histoire d'une position avancée : l'article 720 du CGI sur la convention dite de successeur », *JCP* 1981.II.13403.

32. Cass. civ., 24 juill. 1941, *Rev. enreg.*, 11719 ; 5 déc. 1944, *ibid.*, 12012 ; 25 avr. 1951, *Bull. cass.*, 1951.2.112.

33. La Cour de cassation précise clairement que la circonstance qu'une opération de cession de matériel par une société à une autre soit réalisée à l'occasion de la réorganisation interne d'un groupe n'est pas de nature à lui ôter son caractère onéreux au sens de l'article 720 du CGI (Cass. com. 3 avril 2013, nº 12-20042, *Sté Valéo Sécurité Habitacle, Dr. fisc.* 2013, nº 20, comm. 281, note M.-P. Hôo).

34. Pour les détails, cf. C. David, O. Fouquet, B. Plagnet et P. F. Racine, nº 44.

A. LES DROITS D'ENREGISTREMENT

951 Les cessions **d'actions** de sociétés, cotées ou non, sont soumises à un droit de 0,1 %[35]. Les droits résultant de l'application de ce taux ne font l'objet d'aucun plafonnement. Seules certaines exonérations en limitent l'exigibilité[36].

En revanche, les cessions de **parts sociales** dans les sociétés dont le capital n'est pas divisé en actions (SARL, sociétés de personnes) sont soumises à un droit de 3%[37].

Dans ce cas, il est appliqué sur la valeur de chaque part sociale un abattement égal au rapport entre la somme de 23 000 euros et le nombre total de parts sociales de la société. Soit par exemple une société en nom collectif dotée d'un capital de 50 000 euros divisé en 1 000 parts de 50 euros. L'abattement par part est égal à 23 000 / 1 000, soit 23. Ainsi, si des parts de la société sont cédées pour un prix de 50 euros, le taux de 3 % ne s'applique, pour chaque part cédée, qu'à une assiette de 50 diminuée de 23, soit 27.

Comme on peut le constater, il n'existe aucune neutralité du droit fiscal à l'égard des cessions de titres. Le taux qui frappe les cessions varie en fonction du type de titre cédé. En outre, la nature des droits exigibles est également variable : tandis que les cessions de parts sociales et d'actions de sociétés non cotées sont soumises à un droit de mutation, ce qui signifie que celui-ci est exigible même en l'absence d'écrit, les cessions d'actions de sociétés cotées en France sont soumises à un droit d'acte ; elles ne sont donc imposables que si un acte est établi[38].

Une telle situation, qui fait suite à une évolution chaotique et accélérée de la législation entre 2008 et 2012, n'est pas satisfaisante. L'histoire enseigne en effet que la différence entre les taux des droits d'enregistrement est discutable d'un point de vue théorique et absurde d'un point de vue pratique. Elle incite notamment les parties à une cession de parts sociales à convenir d'une transformation de la forme juridique de la société en vue de bénéficier du régime plus favorable des cessions d'actions. Ce type de pratique était monnaie courante à la veille de la loi de modernisation de l'économie du 4 août 2008 : les cessions d'actions étaient alors soumises à un droit de 1,10 % plafonné à 4 000 euros, tandis que les cessions d'autres titres étaient soumises à un droit de 5 %. Le législateur avait ultérieurement remédié à ce défaut en soumettant les cessions de titres à un taux unique de 3 %... mais il est retombé dans ses travers. On peut dès lors prédire que les transformations de convenance risquent de revoir le jour, ce qui redonnera une certaine actualité à l'ancienne jurisprudence de la Cour de cassation, qui refusait d'y voir un abus de droit à la condition que la société ne revienne pas ensuite à sa forme sociale antérieure[39].

35. Art. 726 I, 1°, CGI. Ces règles ne s'appliquent pas aux cessions de titres de sociétés à prépondérance immobilière qui, comme on l'a vu, sont soumises à un taux de 5 % afin de permettre une quasi-identité avec le régime applicable aux mutations immobilières. Elles ne s'appliquent pas non plus, pour la même raison, aux titres de sociétés immobilières de propriété visées à l'art. 1655 *ter*, CGI.

36. Il s'agit des acquisitions de droits sociaux lorsque la société cédante et la société cessionnaire sont membres du même groupe, soit au sens fiscal de l'art. 223 A du CGI (groupe intégré), soit au sens du Code de commerce (art. L. 233-3 C. com), des opérations de fusions ou d'apport partiel d'actifs éligibles au régime de faveur (art. 210 A et 210 B CGI), des acquisitions de droits sociaux réalisées dans le cadre d'une augmentation de capital, etc. (pour le détail, v. art. 726 II CGI). Échappent également au droit de 0,1 % les opérations entrant dans le champ de la taxe sur les transactions financières.

37. Art. 726, I, 1° *bis* CGI.

38. Toutefois, lorsque les cessions d'actions s'opèrent par acte passé à l'étranger et qu'elles portent sur des actions ou parts de sociétés ayant leur siège en France, ces cessions sont soumises au droit d'enregistrement de 0,1 %. Cette règle introduite dans l'article 726 du CGI par la loi de finances pour 2012 représente une extension pour les sociétés cotées pour lesquelles le droit n'était jusqu'alors qu'un droit lié à la conclusion d'un acte en France et n'était donc pas exigible lorsque l'acte était conclu à l'étranger. La loi prévoit alors un crédit d'impôt égal au montant des droits d'enregistrement effectivement acquittés dans l'État d'immatriculation ou l'État de résidence de chacune des parties à l'acte, conformément à la législation de cet État et dans le cadre d'une formalité obligatoire d'enregistrement de chacune de ces cessions.

39. Cass. com., 10 déc. 1996, n° 94-20 070, *Sté RMC France*, *Dr. fisc.* 1997, n° 17, comm. 471, obs. P. Dibout ; *JCP* E 1997, II, 923, note H. Hovasse ; Cass. com., 9 févr. 1999, n° 97-10 907, *SA SAIM*, *Dr. fisc.* 1999, n° 27, comm. 550 ; *Dr. sociétés*, juill. 1999, comm. 122.

B. LA TAXE SUR LES TRANSACTIONS FINANCIÈRES

952 La taxe sur les transactions financières, introduite par la première loi de finances rectificative du 14 mars 2012, a une longue histoire. Son idée, théorisée par l'économiste américain James Tobin, avait en effet déjà inspiré plusieurs projets de taxe en France et à l'étranger.

Un premier projet français avait été mis en place par la loi de finances pour 2002. Cette taxe, assise sur les échanges de devises, n'est jamais entrée en vigueur. En effet, le décret devant fixer son taux n'a jamais été pris. De plus, la loi précisait que la taxe ne prendrait effet qu'après l'instauration d'une taxe sur les transactions sur devises dans l'ensemble des États membres de l'Union européenne, condition qui n'a jamais été remplie.

Les projets de taxe sur les transactions financières ont refait surface à la faveur de la crise financière de 2007-2008. Partant du constat des dérives du secteur financier, orienté vers la recherche de profits de court terme et une innovation financière toujours plus poussée, des voix se sont élevées, notamment en Europe, pour instaurer une taxe spécifique sur les transactions financières à une échelle internationale. Au niveau européen, les appels à une évaluation de l'impact et de la faisabilité d'une taxe sur les transactions financières, lancés tant par le Conseil européen que par le Parlement européen, ont conduit la Commission européenne à présenter, le 28 mars 2011, une proposition de directive en ce sens[40]. Dans cette proposition, qui poursuit un objectif de régulation, l'ensemble des transactions financières, portant à la fois sur les actions, les obligations et les produits dérivés, devaient être soumises à la taxe. Du fait de cette assiette large, et malgré un taux faible, limité à 0,1 % pour les actions et les obligations et à 0,01 % pour les dérivés, la Commission européenne prévoyait une recette de 57 milliards d'euros, qui pourrait être affectée au financement du budget communautaire

C'est dans ce contexte qu'afin de « montrer l'exemple » à ses partenaires européens et d'accélérer la mise en place du dispositif proposé par la Commission européenne, la première loi de finances pour 2012 a mis en place une taxe sur les transactions financières (TTF), entrée en vigueur le 1er août 2012[41]. Son taux, initialement fixé à 0,1 %, a été porté à 0,2 % par la seconde loi de finances rectificative pour 2012.

Cinq conditions doivent être remplies pour l'application de la taxe :

– l'opération doit porter sur l'acquisition d'un titre de capital, c'est-à-dire principalement des actions ;

– les titres doivent être admis aux négociations sur un marché réglementé français, européen ou étranger ;

– les titres doivent être émis par une entreprise dont le siège social est en France ;

– les titres doivent être émis par une entreprise dont la capitalisation boursière dépasse 1 milliard d'euros au 1er janvier de l'année d'imposition ;

– l'acquisition des titres doit donner lieu à transfert de propriété.

De plus, afin de ne pas taxer les opérations ayant une utilité économique ou nécessaires dans le cadre de la régulation du marché, de nombreuses exceptions ont été posées[42]. Ainsi, l'assiette de la taxe française est réduite en comparaison de celle envisagée par la Commission, qui s'étendait à toutes les transactions d'actions, d'obligations et de produits dérivés. Par ailleurs, elle s'applique aux actions de

40. Proposition de directive du Conseil établissant un système commun de taxe sur les transactions financières et modifiant la directive 2008/7/CE (COM(2011) 594).

41. Art. 235 *ter* ZD CGI. La loi du 14 mars 2012 a introduit en parallèle une taxe sur les opérations « à haute fréquence » portant sur les titres de capital ainsi qu'une taxe sur les contrats d'échange sur défaut d'un État, toutes deux d'un taux de 0,01 %. Pour le détail du fonctionnement de ces taxes, v. *Dr. fisc.* 2012, n° 13, comm. 223.

42. La taxe ne s'applique pas : aux émissions sur le marché primaire, c'est-à-dire lorsque les titres de capital sont émis pour la première fois par l'entreprise ; aux opérations réalisées par une chambre de compensation ou un dépositaire central, qui permettent une utile régulation du marché ; aux opérations réalisées dans le cadre d'activités de tenue de marché ; aux contrats de liquidité ; aux acquisitions de titres entre sociétés membres d'un même groupe ; aux cessions temporaires de titres, notamment dans le cadre des prêts-emprunts de titres ou opérations de pension livrée (« repos »).

sociétés ayant leur siège social en France, à la différence du projet européen qui se référait à un principe de résidence des opérateurs, en proposant de taxer toutes les opérations dont une des parties réside dans l'Union européenne.

Le dispositif français fait reposer le recouvrement de la taxe sur le dépositaire central *Euroclear France*, auprès de qui sont enregistrées les actions de toutes les sociétés concernées par la taxe. Pour garantir le paiement de la taxe, les opérateurs redevables (le prestataire de services d'investissement ou, directement, l'acquéreur de titres) sont soumis à un certain nombre d'obligations déclaratives relatives au montant de la taxe due, aux numéros et dates des ordres d'achat, à la désignation des titres acquis, etc. Ces informations sont déclarées par les opérateurs au dépositaire central, qui est l'unique interlocuteur de l'administration fiscale. Celui-ci est chargé d'effectuer les contrôles s'agissant du respect des obligations déclaratives. C'est également lui qui, dans la plupart des cas, est chargé de prélever le montant de la taxe sur les comptes de ses adhérents.

À en croire la Cour des comptes, qui a publié en juin 2017 un référé relatif à la taxe sur les transactions financières[43], la taxe sur les transactions financières, bien qu'ayant un rendement budgétaire d'environ un milliard d'euros, n'a atteint aucun de ses trois objectifs stratégiques, à savoir faire contribuer le secteur financier au redressement des finances publiques, exercer une action de régulation sur les marchés financiers (notamment sur les activités les plus spéculatives) et initier un mouvement d'adhésion des autres États membres au projet de la Commission européenne de mettre en place une taxe de même nature au niveau européen. En effet, la taxe ne pèse pas en réalité sur le secteur financier, mais sur les clients des intermédiaires financiers, les activités les plus spéculatives ne sont *de facto* pas taxées et l'instauration d'une taxe en France n'a pas eu d'effet d'entraînement au niveau européen.

SECTION 2 LES DROITS DE MUTATION À TITRE GRATUIT

953 Les droits de mutation à titre gratuit constituent un sujet présentant des enjeux économiques et politiques importants[44]. Selon le regard que l'on pose sur eux, on peut les analyser, soit comme un réel obstacle à l'attractivité fiscale du territoire, soit comme un épouvantail sans véritable danger dans la plupart des situations de transmission. Ainsi s'explique que l'on puisse simultanément constater :

— que les droits de mutation sont traditionnellement plus lourds en France que dans la quasi-totalité des pays de l'OCDE : les taux y sont plus élevés, les abattements plus faibles[45] ;

— ... mais qu'en pratique, notamment depuis la loi TEPA du 1er août 2007 ayant exonéré les successions entre conjoints ou partenaires liés par un PACS et multiplié par trois les abattements en faveur des enfants et entre frères et sœurs, 95 % des successions sont exonérées[46]. À cela s'ajoute que la loi successorale autorise de multiples montages permettant de diminuer en pratique l'impact de la fiscalité en la matière.

Quoi qu'il en soit, il ne fait aucun doute que les droits de mutation à titre gratuit ont encore un impact sur les choix patrimoniaux des particuliers et des entrepreneurs dont le patrimoine est

43. Cour des comptes, référé n° S 2017-1860 publié le 19 juin 2017.

44. Pour une réflexion de fond sur la question, v. A. Steichen, « Faut-il enterrer les impôts de succession ? », *L'année fiscale* 2007, suppl. *Dr. fisc.* 2007, n° 25, comm. 620.

45. Cf. à ce sujet les exemples donnés par H. Lehérissel et M. Capele, « Droits de succession : réforme ou suppression ? », *L'année fiscale* 2007, *Dr. fisc.* 2007, suppl. au n° 25, comm. 621.

46. M. Cozian et F. Deboissy, n° 1117.

élevé[47]. On en livrera donc une rapide vue d'ensemble (§ 1) avant d'examiner les mesures spécifiques applicables aux transmissions d'entreprises (§ 2).

§ 1. VUE D'ENSEMBLE

954 Les droits de mutation à titre gratuit se composent, depuis une loi du 25 février 1901, de deux impôts distincts, les droits de succession (A) et les droits de donation (B). En hommage à la structure du Code général des impôts, on reprendra cette distinction comme ligne directrice de la présentation mais force est de constater qu'une grande partie des règles applicables à ces deux impôts est commune. C'est notamment le cas des règles de territorialité dont l'importance justifie un paragraphe séparé (C).

A. LES DROITS DE SUCCESSION

955 Les droits de succession sont très anciens en France. Ils remontent au Moyen Âge, où ils étaient des droits féodaux auxquels se sont ajoutés des droits royaux à partir du XVIe siècle. Ces différents droits furent remplacés lors de la Révolution française par un impôt établi par la loi du 5-19 décembre 1790, bientôt remplacée par la loi du 22 frimaire an VII dont les dispositions sont encore partiellement applicables de nos jours.

Les droits de succession sont dus en raison du décès d'une personne. Leur calcul est opéré en appliquant à l'assiette des droits (1°) un barème progressif dont le contenu diffère selon la nature du lien existant entre le défunt et l'héritier (2°). Leur paiement est en principe opéré lors du dépôt de la déclaration de succession, sauf cas particulier (3°).

1. *L'assiette des droits de succession*

956 Les droits de succession s'appliquent à l'actif net successoral, lequel se compose des biens identifiés par le droit civil ainsi que des biens dont la loi fiscale présume qu'ils font partie de la succession[48]. Notons que les sommes placées dans des contrats d'assurance-vie échappent dans une large mesure aux droits de succession pour être soumises à un régime plus favorable[49]. Ne sont imposées au titre des droits de mutation par décès que les sommes versées par l'assureur correspondant à la fraction des primes versées après l'âge de soixante-dix ans et excédant 30 500 euros[50].

47. Sur ces points, v. E. Fouché, R. Gentilhomme, M. Hérail et A. Sollet, *Fiscalité des mutations à titre gratuit et des partages*, éd. Defrénois, 2010 ; F. Douet, *Précis de droit fiscal de la famille*, Litec, 2014.

48. Ces présomptions de propriété figurent aux art. 751 et s., CGI. Elles ont un caractère réfragable.

49. Pour les décès intervenant à compter du 1er juill. 2014, le barème de l'article 990 I du CGI prévoit un barème à deux taux après application d'un abattement de 152 500 € : 20 % sur la fraction de la part taxable de chaque bénéficiaire inférieure ou égale à 700 000 € et 31,25 % sur la fraction de la part taxable de chaque bénéficiaire excédant cette limite. Certains contrats d'assurance-vie, dits « vie-génération », bénéficient d'un régime encore plus favorable prenant la forme d'un abattement supplémentaire de 20 % qui s'applique avant l'abattement de 152 500 €. Le contrat « **vie-génération** » est un contrat **mono-support en unités de compte** portant des **investissements dans certains secteurs considérés comme prioritaires** (PME et ETI, logement social et intermédiaire, économie sociale et solidaire, capital-risque) et situés principalement en Europe. Il s'agit d'un contrat plus risqué que les autres, d'où la carotte fiscale qui l'accompagne.

50. Art. 757 B, CGI.

L'actif net imposable au titre des droits de succession se définit comme la différence entre la valeur vénale réelle des biens transmis et le passif successoral (dettes certaines à la date d'ouverture de la succession)[51].

Une fois l'actif net identifié et évalué, le calcul de l'assiette imposable fait cependant l'objet de divers correctifs.

Tout d'abord, certaines transmissions successorales sont purement et simplement exonérées, généralement en raison de l'intérêt général qui s'attache à l'exonération[52].

Ensuite, il existe de nombreux abattements fiscaux pratiqués sur l'actif net successoral : hormis ceux applicables en cas de transmission d'entreprise, sur lesquels on reviendra plus loin[53], il convient notamment de citer l'abattement de 20 % sur la résidence principale[54]. En outre, les héritiers et légataires bénéficient d'abattements globaux :

Quelques abattements (liste non exhaustive) :
Transmission en ligne directe : 100 000 euros
Transmission aux petits-enfants : 31 865 euros
Transmission à titre gratuit entre frères et sœurs : 15 932 euros
Transmission à titre gratuit aux neveux et nièces : 7 967 euros
Transmission par succession en l'absence d'autre abattement : 1 594 euros

2. Les taux des droits de succession

957 Il existe plusieurs barèmes (ou « tarifs ») de droits de successions qui dépendent de la proximité familiale entre le défunt et l'héritier ou légataire. L'idée consiste à taxer plus faiblement les transmissions en ligne directe que les transmissions à des tiers à la famille.

Ces barèmes figurent à l'article 777 du Code général des impôts.

Tarif simplifié des droits applicables en ligne directe (seuls figurent ici le taux le plus bas et le taux marginal du tarif)

Fraction de part nette taxable	Tarif applicable (%)
N'excédant pas 8 072 €	5
Au-delà de 1 805 677 €	45

On observera que le taux de 45 % est le plus élevé jamais atteint. Fixé à 2,5 % en 1901, il a atteint 15 % en 1959, 20 % en 1969, puis a doublé en 1984 (40 %). Le taux de 45 % résulte de la loi de finances rectificative pour 2011[55].

51. Art. 768, CGI.
52. Art. 795 et s., CGI.
53. Cf. *infra*, n° 963 et s.
54. Art. 764 *bis*, CGI.
55. Ce taux marginal s'applique aussi, selon l'article 792-0 *bis* du CGI, lorsqu'à la date du décès du constituant d'un trust, une part des biens composant le trust est due globalement à ses descendants sans que la part de chaque bénéficiaire soit déterminée.

TARIF DES DROITS APPLICABLES EN LIGNE COLLATÉRALE ET ENTRE NON-PARENTS

Fraction de part nette taxable	Tarif applicable (%)
Entre frères et sœurs *(vivants ou représentés)* :	
N'excédant pas 24 430 €	35
Supérieure à 24 430 €	45
Entre parents jusqu'au 4e degré inclusivement	55
Entre parents au-delà du 4e degré et entre personnes non parentes, ainsi que dans le cas d'un trust dénoué par décès et dont les biens n'ont pas une affectation déterminée[56]	60

3. Le paiement des droits de succession

958 Le paiement des droits de succession a lieu, soit en numéraire, soit au moyen de la remise de certains biens limitativement énumérés par la loi fiscale[57] (notamment des œuvres d'art). Dans le second cas, on parle de « dation en paiement ».

Le paiement des droits de succession a normalement lieu au moment de la déclaration de succession[58]. Les droits de succession sont dus par les héritiers ou légataires. Les cohéritiers sont tenus solidairement, à la différence des co-légataires[59].

Toutefois, par dérogation au principe de paiement immédiat des droits de succession, le paiement des droits peut être fractionné ou différé[60] selon des modalités fixées par les articles 396 et suivants de l'annexe III au Code général des impôts. Cette faculté est notamment utilisée en cas de transmission d'entreprise[61], où le fractionnement peut atteindre dix ans, mais la même règle s'applique toutes les fois que l'actif héréditaire comprend au moins 50 % de biens illiquides, tels que des immeubles ou des titres non cotés.

B. LES DROITS DE DONATION

959 Les droits de donation sont en principe assis sur la même assiette et au même taux que les droits de succession.

Cependant, certaines règles particulières concernent les donations. Tout d'abord, alors que les successions entre époux et pacsés sont exonérées, les donations entre ces personnes sont imposées. Elles font l'objet d'un abattement de 80 724 euros[62] et sont soumises à un tarif spécifique.

56. Pour le trust, la règle résulte de l'article 792-0 *bis* du CGI introduite par la loi de finances rectificative pour 2011. Elle s'applique aussi lorsque l'administrateur du trust est soumis à la loi d'un État ou territoire non coopératif au sens de l'article 238-0 A ou lorsque le trust a été constitué après le 11 mai 2011 et que, au moment de la constitution du trust, le constituant était fiscalement domicilié en France au sens de l'article 4 B.

57. Art. 1716 *bis*, CGI.

58. Art. 1701, CGI.

59. Art. 1709, CGI.

60. Art. 1717, CGI.

61. Cf. *infra*, n° 965.

62. Art. 790 E CGI.

Tarif simplifié des droits de donation applicables entre époux et entre partenaires liés par un pacte civil de solidarité (seuls figurent ici le taux le plus bas et le taux marginal du tarif)

Fraction de part nette taxable	Tarif applicable (%)
N'excédant pas 8 072 €	5
Au-delà de 1 805 677 €	45[63]

Par ailleurs, la fiscalité des donations se caractérise par son caractère généralement moins avantageux que celle des successions. On peut notamment relever que :

— la déduction des charges imposées au donataire est en principe impossible, sauf, sous certaines conditions, lorsque la dette avait été contractée par le donateur pour l'acquisition ou dans l'intérêt des biens objets de la donation[64] ;

— les droits de donation ne peuvent être étalés dans le temps, sauf lorsque la donation porte sur une entreprise[65].

Toutefois, ces inconvénients peuvent être tempérés par une organisation judicieuse de la transmission du patrimoine par voie de donation.

Le premier moyen de réduire la fiscalité des donations consiste à donner plusieurs fois de façon suffisamment espacée dans le temps. Certes, la loi fiscale oblige les donataires à déclarer les donations qu'ils ont déjà reçues du même donateur : cette règle dite du « **rappel fiscal** » permet d'éviter qu'une même personne ne bénéficie de façon répétée des abattements et réductions d'impôt prévus à son profit par la loi. Toutefois, elle cesse de s'appliquer au bout de quinze ans[66]. Ainsi, à l'expiration de cette période, les droits à abattement se reconstituent de façon intégrale : ceci permet de jouir des abattements parfois généreux prévus par la loi (notamment en ligne directe) à raison de chaque donation effectuée tous les quinze ans.

Le deuxième moyen de diminuer la charge fiscale grevant les donations consiste à faire une **donation « en démembrement »**. En effet, la donation d'un bien peut ne porter que sur la nue-propriété d'un bien, le donateur s'en réservant l'usufruit. L'assiette de la donation est alors réduite, ce qui permet une substantielle réduction de l'impôt dû à cette occasion. En outre, au jour du décès de l'usufruitier, la reconstitution de la pleine propriété entre les mains du nu-propriétaire s'opère en franchise de droits.

Pour déterminer l'assiette imposable lors d'une donation portant sur la nue-propriété, il existe un barème figurant à l'article 669 du Code général des impôts[67]. Ce barème donne à l'usufruit une valeur d'autant plus élevée que l'usufruitier est jeune. En conséquence, on comprend que le propriétaire d'un bien a intérêt à en donner le plus tôt possible la nue-propriété à celui ou ceux qu'il entend gratifier.

Le barème de l'article 669 du Code général des impôts (version simplifiée)

Âge de l'usufruitier	Valeur de l'usufruit	Valeur de la nue-propriété
Moins de 21 ans	90 %	10 %
Moins de 31 ans	80 %	20 %
(et ainsi de suite)	*(et ainsi de suite)*	*(et ainsi de suite)*
Moins de 81 ans	30 %	70 %
Moins de 91 ans	20 %	80 %
Plus de 91 ans	10 %	90 %

63. Ce taux introduit par la loi de finances rectificative pour 2011 se substitue à celui de 40 %.

64. Art. 776 *bis*, CGI.

65. Cf. *infra*, n° 965.

66. Art. 784, CGI. Le dispositif dans sa dernière version est issu de la deuxième loi de finances rectificative pour 2012.

67. En outre, indépendamment du barème, l'article 669 prévoit que « l'usufruit constitué pour une durée fixe est estimé à 23 % de la valeur de la propriété entière pour chaque période de dix ans de la durée de l'usufruit, sans fraction et sans égard à l'âge de l'usufruitier ».

Ce barème a été substitué par la loi de finances pour 2004 à l'ancien barème figurant à l'article 762 du Code général des impôts. Celui-ci, établi en 1901, n'avait jamais été modifié et avait donné lieu à de multiples tentatives de contournement en raison de son inadaptation à l'évolution de l'espérance de vie. Le barème de l'article 762 établissait par exemple la valeur de la nue-propriété à 90 % de la valeur de la pleine propriété dès lors que le donateur dépassait les 70 ans, ce qui n'était souvent pas conforme à la réalité humaine et économique. D'où le développement d'une pratique consistant à s'émanciper du barème de l'article 762 en apportant à une société la nue-propriété des biens évaluée conformément à la réalité économique (donc à un niveau plus bas que celui prévu par le barème) pour donner ensuite les titres reçus à la personne que l'on souhaitait gratifier. Cette pratique était rendue possible par le fait que l'article 762 ne s'appliquait qu'aux mutations à titre gratuit et pouvait donc être écarté en cas d'apport de la nue-propriété à une société. Le contentieux sur cette question fut important, l'administration voyant dans ce montage un cas d'abus de droit. La Cour de cassation fit droit à son argumentation dans plusieurs cas[68], mais pas dans tous[69], compte tenu de la multiplicité des circonstances pouvant justifier de tels « apports-donations ». Il est en tout cas heureux que le nouvel article 669 ait mis fin à ce type de problème en retenant un barème plus réaliste, applicable aux mutations à titre gratuit comme à titre onéreux.

C. LES RÈGLES DE TERRITORIALITÉ APPLICABLES AUX DROITS DE MUTATION À TITRE GRATUIT

960 Les conflits de lois en matière d'imposition successorale sont fréquents en raison de la diversité des critères de rattachement des successions choisis par les États. Avec la mobilité croissante des personnes physiques, il s'agit d'un problème perçu avec acuité par les États et les praticiens, ce qui explique le développement d'une production doctrinale non négligeable sur la question[70].

Le droit français retient quant à lui deux critères de rattachement alternatifs, identiques pour les successions et les donations. Ces deux hypothèses sont prévues par l'article 750 *ter* du Code général des impôts, qui distingue la compétence tirée de la **résidence** d'une des parties à la transmission et la compétence tirée de la **situation** des biens. Dans le cas où la compétence est fondée sur la résidence fiscale de l'une des parties, la loi fiscale française s'applique à tous les biens, où qu'ils soient situés. C'est une forme d'obligation fiscale illimitée qui n'est pas sans rappeler celle existant en matière d'imposition du revenu. En revanche, dans le cas où la compétence ne peut être fondée sur la résidence de l'une des parties à la transmission, la loi fiscale française ne s'applique qu'aux biens situés sur le territoire français. C'est une forme d'obligation fiscale limitée.

Quelques observations méritent d'être faites sur ce dispositif.

68. Cass. com., 16 nov. 2004, n° 02-17147, *Dr. & patr.* 2005, n° 137, p. 110 ; Cass. com., 15 mai 2007, n° 04-14262 ; Cass. com., 13 janv. 2009, n° 07-20097, *RJF* 5/09, n° 518.

69. Cass. com., 3 oct. 2006, n° 04-14272, *RJF* 1/07 n° 102 ; Cass. com., 26 mars 2008, n° 06-21944, *RJF* 7/08, n° 904 ; Cass. com., 20 mai 2008, n° 07-18397, *RJF* 10/08, n° 1136 ; Cass. com., 23 sept. 2008, n° 07-15210, *RJF* 1/09, n° 89 ; Cass. com., 21 oct. 2008, n° 07-18770, *RJF* 2/09, n° 173 ; Cass. com., 21 oct. 2008, n° 07-16835, *RJF* 2/09, n° 172 ; Cass. com., 4 nov. 2008, n° 07-19870, *RJF* 3/09, n° 297.

70. Cf. par ex. la conférence organisée par la European Association of Tax Law Professors à Maastricht en 2000 sur le thème « Avoidance of multiple inheritance taxation within Europe », avec le rapport général de F. Sonneveldt (tous les rapports nationaux et le rapport général sont accessibles sur http://www.eatlp.org) ; v. aussi le séminaire de l'International Fiscal Association, *Inheritance and Wealth Tax Aspects of Emigration and Immigration*, Oslo, 2002 (*IFA Congress Seminar Series*, vol. 27a). Le congrès 2010 de l'International Fiscal Association est consacré au thème « Death as a taxable event and its international ramifications » (*Cahiers de droit fiscal international*, vol. 95b, 2010, et le rapport français de B. Monassier, p. 357 et s.). Le congrès de 1985 portait déjà sur la fiscalité internationale des donations et des successions (*Cahiers de droit fiscal international*, vol. 70 b). En langue française, v. aussi Ph. Juilhard, *Fiscalité internationale du patrimoine*, EFE, 3e éd., 2008.

Tout d'abord, la compétence tirée de la résidence du défunt ou du donateur suppose simplement que celui-ci ait en France son domicile fiscal (tel qu'entendu par l'article 4 B du Code général des impôts pour l'impôt sur le revenu) au moment du décès ou de la donation[71]. La compétence tirée de la résidence du bénéficiaire de la transmission est entendue de façon plus restrictive : elle n'est retenue que « lorsque l'héritier, le donataire ou le légataire a eu son domicile fiscal en France pendant au moins six années au cours des dix dernières années précédant celle au cours de laquelle il reçoit les biens »[72].

Ce principe de l'obligation fiscale illimitée à raison de la résidence du bénéficiaire de la succession ou de la donation est récent en droit français puisqu'il date de la loi de finances pour 1999. Auparavant, un résident français qui recevait une succession ou une donation d'un non-résident n'était pas imposable (à moins que cette succession ou cette donation ne porte sur des biens français, auquel cas il était imposable à raison desdits biens). Dans de nombreux pays, d'ailleurs, la résidence de l'héritier ou du légataire demeure dénuée de pertinence pour asseoir la compétence fiscale de l'État[73].

S'agissant ensuite de la compétence tirée de la localisation des biens[74], il convient de relever que celle-ci s'applique, tant aux biens meubles qu'aux biens immeubles. Si cela n'est guère étonnant dans le cas des immeubles, cela ne va pas de soi s'agissant des meubles, surtout à la lumière du droit comparé.

Quoi qu'il en soit, les critères de rattachement retenus par la loi française peuvent être à l'origine de situations de double imposition lorsqu'ils se combinent avec une loi étrangère applicable à la même situation successorale. Ainsi, par exemple, lorsqu'un défunt résidant à l'étranger laisse un héritier fiscalement domicilié en France depuis plus de six ans, il est fréquent que la même succession soit imposable tant dans l'État de résidence du défunt qu'en France. C'est pourquoi la France octroie unilatéralement un crédit d'impôt toutes les fois qu'une personne imposée en vertu de l'un des critères de la résidence fiscale (en vertu de l'article 750 *ter* 1° ou 3° du code) est également imposée à raison de la même transmission à l'étranger. Le montant des droits de mutation à titre gratuit acquitté, le cas échéant, hors de France est alors imputable sur l'impôt exigible en France. Cette imputation est toutefois limitée à l'impôt acquitté sur les biens meubles et immeubles situés hors de France[75].

Par ailleurs, la France a signé un certain nombre de conventions fiscales contenant des dispositions applicables aux transmissions successorales et, dans certains cas plus rares, aux donations. Elles suivent pour la plupart le modèle établi par l'OCDE et mis à jour le 3 juin 1982. Le principe de base que l'on trouve dans ces conventions consiste à accorder à l'État dans lequel réside le donateur ou le défunt le droit exclusif d'imposer l'ensemble de la donation ou de la succession, à l'exception des biens immobiliers et des établissements ou bases fixes situés dans l'autre État qui sont imposables localement. La règle française fondée sur la domiciliation du donataire ou de l'héritier est donc fréquemment écartée.

§ 2. LES RÈGLES SPÉCIFIQUES AUX TRANSMISSIONS D'ENTREPRISES

961 **La fiscalité applicable aux transmissions d'entreprises à titre gratuit revêt une importance économique démontrée par de nombreuses études[76]. On le**

71. Art. 750 *ter*, 1°, CGI.

72. Art. 750 *ter*, 3°, CGI.

73. Pour une intéressante réflexion (critique) sur ce constat, cf. I. van Vijfeijken, *Contours of a Modern Inheritance and Gift Tax*, Intertax vol. 34 (2006/3), p. 151 et s.

74. Art. 750 *ter*, 2°, CGI. L'article contient également une description précise des critères permettant de considérer un bien comme situé sur le sol français.

75. Art. 784 A, CGI.

76. Cf. entre autres le rapport de l'Institut Montaigne, *Vive le long terme ! Les entreprises familiales au service de la croissance et de l'emploi*, sept. 2013 ; v. aussi le rapport au secrétaire d'État chargé du Commerce, de l'Artisanat, des PME, du Tourisme, des Services et de la Consommation établi par O. Mellerio, *Transmission de l'entreprise familiale*, oct. 2009. On trouve aussi des réflexions sur la fiscalité des transmissions dans le rapport du sénateur B. Retailleau, *Les entreprises de taille intermédiaire au cœur d'une nouvelle dynamique de croissance*, rapport au ministre de l'Économie et des Finances, févr. 2010, ainsi que dans le rapport d'information des sénateurs C. Nougein et M. Vaspart relatif aux moyens de favoriser la

comprend aisément : lorsqu'une entreprise est transmise par succession, l'obligation faite à l'héritier d'acquitter les droits peut contraindre celui-ci, si l'impôt est trop élevé ou si aucune facilité de paiement n'est accordée, à vendre l'entreprise pour se libérer de sa dette fiscale. À l'évidence, ceci risque de nuire à la transmission intra-familiale des entreprises. La situation en France ne laisse d'ailleurs pas d'inquiéter : alors que 83 % des entreprises françaises sont familiales, représentant environ 50 % du PNB et des emplois[77], la transmission familiale des entreprises représente moins de 10 % des mutations, contre plus de la moitié dans d'autres pays européens[78]. Le problème n'est cependant pas spécifiquement français : dès 1994, la Commission européenne a élaboré une recommandation tendant à identifier les mesures de soutien et les dispositifs réglementaires permettant de faciliter les transmissions d'entreprises[79].

Tout le problème est cependant de faciliter la transmission des entreprises familiales à titre gratuit sans violer le principe d'égalité entre héritiers : on ne comprendrait pas, en effet, que ceux qui héritent d'une entreprise soient fiscalement mieux traités que ceux qui héritent d'autres biens.

Le Parlement se l'est d'ailleurs vu rappeler par le Conseil constitutionnel lorsqu'il mit au point en 1995 la première mouture de ce qui devait devenir plus tard un dispositif essentiel du droit positif, à savoir une exonération partielle des titres de société transmis à titre gratuit[80]. Certes, le Conseil reconnut dans sa décision qu'il était conforme à l'intérêt général de vouloir « favoriser la transmission des entreprises en contribuant à assurer la pérennité des petites et moyennes entreprises ». Il affirma cependant « qu'en instituant un abattement de 50 % sur la valeur de biens professionnels transmis entre vifs à titre gratuit à un ou plusieurs donataires, à la seule condition que ceux-ci conservent ces biens pendant une période de cinq années, sans exiger qu'ils exercent de fonction dirigeante au sein de l'entreprise et en étendant le bénéfice de cette mesure aux transmissions par décès accidentel d'une personne âgée de moins de 65 ans, la loi a établi vis-à-vis des autres donataires et héritiers des différences de situation qui ne sont pas en relation directe avec l'objectif d'intérêt général ci-dessus rappelé ; que dans ces conditions et eu égard à l'importance de l'avantage consenti, son bénéfice est de nature à entraîner une rupture caractérisée de l'égalité entre les contribuables pour l'application du régime fiscal des droits de donation et de succession »[81].

C'est donc un équilibre subtil qui caractérise aujourd'hui le droit positif. Pour faciliter les transmissions à titre gratuit des entreprises, le législateur prévoit certains abattements spécifiques soumis à des conditions strictes (A) ainsi que certaines autres facilités (B).

---

transmission d'entreprise au bénéfice de l'emploi dans les territoires, rapport n° 440 enregistré à la présidence du Sénat le 23 févr. 2017. V. aussi KPMG, *Risques et Opportunités de la transmission des entreprises industrielles*, janv. 2008.

77. Rapport Mellerio cité à la note précédente.

78. Rapport KPMG cité à l'antépénultième note.

79. Recommandation de la Commission du 7 déc. 1994, n° 94/1069/CE, sur la transmission des petites et moyennes entreprises. Cette recommandation a donné lieu en 2002 à un rapport de la Commission pour évaluer les progrès accomplis dans la mise en œuvre des propositions émises en 1994.

80. Cons. const., 28 déc. 1995, n° 95-369 DC, *Dr. fisc.* 1996, n° 1-2, comm. 3.

81. Cette décision peut être rapprochée de celle de la Cour constitutionnelle fédérale allemande du 17 décembre 2014 (1 BVL 21/12) déclarant inconstitutionnelle une loi réservant de très larges exonérations d'impôt aux transmissions de grandes entreprises.

A. LES ABATTEMENTS SPÉCIFIQUES

962 La transmission d'une entreprise peut revêtir deux formes : soit celle d'une entreprise individuelle (1°), soit celle des titres d'une société (2°).

1. La transmission à titre gratuit de l'entreprise individuelle

963 Lorsqu'une entreprise individuelle est transmise à titre gratuit, il convient de se reporter à l'article 787 C du Code général des impôts qui prévoit une exonération de droits de mutation à titre gratuit, à concurrence de 75 % de leur valeur, sur la totalité ou une quote-part indivise de l'ensemble des biens meubles et immeubles, corporels ou incorporels, affectés à l'exploitation d'une entreprise individuelle ayant une activité industrielle, commerciale, artisanale, agricole ou libérale.

Cette exonération des trois quarts s'applique lorsque les conditions cumulatives suivantes sont remplies :

— L'entreprise individuelle a été détenue depuis plus de deux ans par le défunt ou le donateur lorsqu'elle a été acquise à titre onéreux ;

— Chacun des héritiers, donataires ou légataires prend l'engagement dans la déclaration de succession ou l'acte de donation, pour lui et ses ayants cause à titre gratuit, de conserver l'ensemble des biens affectés à l'exploitation de l'entreprise pendant une durée de quatre ans à compter de la date de la transmission[82] ;

— L'un des héritiers, donataires ou légataires ci-dessus poursuit effectivement pendant les trois années qui suivent la date de la transmission l'exploitation de l'entreprise.

2. La transmission à titre gratuit des titres d'une société

964 En cas de transmission à titre gratuit des titres d'une société, on retrouve un schéma reposant sur la même inspiration que celui que l'on vient de décrire pour la transmission d'une entreprise individuelle. L'idée est toujours d'exonérer 75 % de la valeur des titres transmis et de faire dépendre cet avantage de la réunion de certaines conditions tenant notamment à la durée de la conservation des titres reçus et à l'exercice par un héritier, légataire ou donataire de son activité professionnelle dans l'entreprise[83].

Toutefois, le dispositif prévu pour la transmission de titres est techniquement plus complexe que le précédent. Les conditions prévues par l'article 787 B du Code général des impôts, très proches de celles du pacte Dutreil « ISF » (qui existait jusqu'à son remplacement par l'IFI) mais adaptées au cas particulier des transmissions, sont ainsi les suivantes :

— La société dont les titres sont transmis doit exercer une activité industrielle, commerciale, artisanale, agricole ou libérale : elle doit donc être opérationnelle.

82. En cas de non-respect de cette condition par suite d'une donation, l'exonération partielle accordée au titre de la mutation à titre gratuit n'est pas remise en cause, à condition que le ou les donataires soient le ou les descendants du donateur et que le ou les donataires poursuivent l'engagement de conservation de quatre ans jusqu'à son terme.

83. Le dispositif actuel est issu de la loi du 1er août 2003 pour l'initiative économique (« loi Dutreil »). Il a été plusieurs fois modifié depuis lors. Il est commenté par le BOI-PAT-ISF-30-40-60, *Dr. fisc.* 2012, n° 28, ét. 371, analyse d'A. Arnaud-Emery.

Cependant, l'administration admet également l'applicabilité de l'abattement de 75 % aux holdings animatrices de leurs groupes ;

— Les parts ou actions pouvant faire l'objet d'un engagement collectif sont, soit des titres de sociétés soumises à l'impôt sur les sociétés, soit des titres de sociétés de personnes soumises à l'impôt sur le revenu ;

— Les parts ou actions mentionnées ci-dessus doivent faire l'objet d'un engagement collectif de conservation d'une durée minimale de deux ans. Celui-ci doit être en cours au jour de la transmission et avoir été pris par le défunt ou le donateur, pour lui et ses ayants cause à titre gratuit, avec d'autres associés[84] ;

— L'engagement collectif de conservation doit porter sur au moins 20 % des droits financiers et des droits de vote attachés aux titres émis par la société si celle-ci est cotée ou, à défaut, sur au moins 34 %, y compris les parts ou actions transmises[85]. Ces pourcentages doivent être respectés tout au long de la durée de l'engagement collectif de conservation. Les associés de l'engagement collectif de conservation peuvent effectuer entre eux des cessions ou donations des titres soumis à l'engagement. Ils peuvent également admettre un nouvel associé dans l'engagement collectif à condition que cet engagement collectif soit reconduit pour une durée minimale de deux ans ;

Une importante dérogation est apportée par la loi à la rigueur de la condition de seuil ci-dessus afin de ne pas pénaliser les entreprises où le défunt ou donateur détient, seul ou avec son conjoint ou partenaire pacsé, les seuils de 20 % ou 34 % prévus par la loi. L'engagement collectif de conservation est alors « réputé acquis », sous réserve que l'une de ces personnes exerce depuis plus de deux ans au moins dans la société concernée son activité professionnelle principale ou l'une des fonctions de direction ouvrant droit au régime des biens professionnels lorsque la société est soumise à l'impôt sur les sociétés.

— Au terme de l'engagement collectif de conservation, chacun des bénéficiaires de la transmission prend l'engagement de conserver les titres pendant une durée de quatre ans ;

En cas de non-respect de l'engagement individuel de conservation pendant 4 ans par suite d'un apport pur et simple de titres à une société holding dont l'objet unique est la gestion de son propre patrimoine constitué exclusivement de participations dans des sociétés appartenant au même groupe que la société dont les titres ont été transmis et ayant une activité similaire, connexe ou complémentaire, l'exonération partielle n'est pas remise en cause si les conditions suivantes sont réunies :

— la société holding est détenue en totalité et dirigée par les personnes physiques bénéficiaires de l'exonération ;

— cette société holding ainsi que les bénéficiaires de la transmission prennent l'engagement de conserver les titres apportés et ceux reçus en contrepartie jusqu'à l'expiration du délai d'engagement individuel de conservation.

Outre les apports purs et simples, les apports de titres à la société holding ne remettant pas en cause l'exonération partielle s'entendent également des apports de titres partiellement rémunérés par la prise en charge par la société holding d'une soulte

84. Par souci de flexibilité, la loi prévoit heureusement que lorsque les parts ou actions transmises par décès n'ont pas fait l'objet d'un engagement collectif de conservation, un ou des héritiers ou légataires peuvent entre eux ou avec d'autres associés conclure dans les six mois qui suivent la transmission l'engagement prévu ci-dessus.

85. Pour calculer le pourcentage de détention, on tient compte des participations directes et indirectes. Les redevables peuvent ainsi adhérer au pacte collectif directement ou via une ou deux sociétés interposées. Pendant la durée de l'engagement collectif, les participations doivent cependant rester inchangées à chaque niveau d'interposition.

consécutive à un partage. Cette règle vise particulièrement le cas des transmissions d'entreprises familiales, dans le cas où un seul des enfants reprend l'entreprise, laquelle constitue la quasi-totalité du patrimoine de la famille. Le versement de la soulte par la société holding permet à chacun des enfants de recevoir sa part et de garantir le respect de l'égalité entre les héritiers. Ce dispositif introduit par la loi de finances pour 2009 répond à un véritable besoin de la pratique. Il n'est pas toujours aisé à mettre en œuvre compte tenu de la difficulté pour la société holding de payer la soulte et de verser, par ailleurs, un dividende au donateur des titres lorsque celui-ci s'en est réservé l'usufruit.

— Un des héritiers, donataires ou signataires, doit exercer une fonction de direction dans la société dont les titres font l'objet de la transmission pendant les trois ans qui suivent la transmission ;

— Une attestation de la société dont les titres sont transmis doit certifier les précédentes conditions remplies.

Les dispositions ci-dessus s'appliquent en cas de donation avec réserve d'usufruit à la condition que les droits de vote de l'usufruitier soient statutairement limités aux décisions concernant l'affectation des bénéfices.

B. AUTRES FACILITÉS

965 Les droits de mutation à titre gratuit exigibles en cas de transmission d'une entreprise peuvent faire l'objet d'un paiement différé et fractionné sur quinze ans[86]. Pendant les cinq premières années, le paiement est différé et seuls les intérêts doivent être payés, étant précisé que le taux de l'intérêt est égal au taux effectif moyen pratiqué par les établissements de crédit[87] allégé des deux tiers pour tenir compte de la reprise de l'entreprise. Pendant les dix années suivantes, le paiement est fractionné. La règle s'applique tant à la transmission des entreprises individuelles qu'à la transmission de titres de société non cotée relevant de l'impôt sur les sociétés à la condition que le bénéficiaire reçoive au moins 5 % du capital.

Par ailleurs, la donation d'une entreprise permet de bénéficier d'une **réduction de droits** de donation qui tient directement compte de l'âge du donateur.

Cette réduction prévue pour toutes les donations, et non pas seulement pour celles concernant les entreprises, par l'article 790 du CGI était en passe d'être purement et simplement supprimée par la loi de finances rectificative pour 2011 mais le Parlement en a maintenu le principe pour les donations d'entreprises en énonçant des conditions strictes pour en bénéficier. Bénéficient ainsi d'une réduction de droits de 50 % les donations en pleine propriété de parts ou actions d'une société opérationnelle ou d'une entreprise individuelle lorsque le donateur est âgé de moins de 70 ans et que les biens donnés satisfont aux conditions énoncées, dans le premier cas, à l'article 787 B du CGI et, dans le second cas, de l'article 787 C du CGI[88].

86. Art. 397 A ann. III, CGI. Le délai est plus court, depuis un décret n° 2014-1565 du 22 décembre 2014, lorsque l'actif héréditaire comprend plus de 50 % d'actifs non liquides, les objets d'antiquité d'art ou de collection étant désormais pris en compte dans les biens non liquides. Cette durée passe de 5 ans à 1 an pour le crédit et de 10 ans à 3 ans pour le fractionnement.

87. Le taux retenu est celui appliqué au cours du quatrième trimestre de l'année précédant celle de la demande de crédit, pour des prêts à taux fixe aux particuliers.

88. Sur ces textes, v. *supra*, n° 963 et 964.

SECTION 3 LES DROITS APPLICABLES AUX OPÉRATIONS INTÉRESSANT LA VIE DES SOCIÉTÉS

966 On distinguera ici les droits d'apport (§ 1) et les droits exigibles à l'occasion d'autres actes de la vie des sociétés (§ 2).

§ 1. LES DROITS D'APPORT

967 Les apports en société peuvent intervenir, soit à la création de la société, soit ultérieurement. Afin d'éviter qu'ils ne donnent lieu à des frottements fiscaux, la loi fiscale les exempte de tout droit d'enregistrement. Ce n'est donc qu'à titre exceptionnel que des apports peuvent être imposés.

Des règles de territorialité spécifiques s'appliquent aux droits d'apport. Les opérations soumises au droit d'apport ou à la taxe de publicité foncière et concernant les sociétés de capitaux sont taxables en France lorsque s'y trouve le siège de direction effective ou le siège statutaire, à condition que, dans ce dernier cas, le siège de direction effective soit situé en dehors des États de la Communauté européenne[89]. Rappelons à ce sujet qu'une directive du 17 juillet 1969[90] a été adoptée en vue d'harmoniser les règles de fixation et de perception des droits auxquels sont soumis les apports en société dans l'Union européenne à l'occasion des créations de société et des opérations de fusions. Cette directive est remplacée depuis le 1er janvier 2009 par la directive du 12 février 2008[91].

L'imposition des apports intervient ainsi dans deux situations :

— Celle où une personne soumise à l'impôt sur le revenu apporte à une personne morale soumise à l'impôt sur les sociétés un immeuble ou des droits immobiliers, un fonds de commerce, une clientèle, un droit à un bail ou à une promesse de bail[92] : le droit exigible est alors de 3 % pour l'apport du fonds de commerce et de 5 % pour les immeubles.

Toutefois, l'engagement pris par l'apporteur de conserver ses titres pendant trois ans lui permet d'éviter l'application de ces droits proportionnels et d'y substituer un droit fixe de 375 euros, porté à 500 euros si le capital social est supérieur à 225 000 euros[93].

Pour les apports au profit de sociétés de personnes relevant de l'impôt sur le revenu, l'absence d'imposition s'explique par la théorie dite de la « mutation conditionnelle des apports ». Cette théorie signifie que tant que le bien apporté demeure dans le patrimoine de la société, il n'y a pas véritablement de mutation. Celle-ci n'a lieu qu'à la condition que le bien échoie, lors de la dissolution, à un associé autre que l'apporteur. D'où la notion de mutation « conditionnelle » des apports[94].

89. Art. 808 A, I, CGI.

90. Dir. n° 69/335/CEE.

91. Dir. n° 2008/7.

92. Art. 809 I, 3°, CGI.

93. Art. 810 III, CGI. En cas de non-respect de l'engagement de conservation des titres, la différence entre le droit fixe et le droit proportionnel est exigible immédiatement. Toutefois, la reprise n'est pas effectuée en cas de donation, si le donataire prend, dans l'acte, et respecte l'engagement de conserver les titres jusqu'au terme de la troisième année suivant l'apport ou le changement du régime fiscal.

94. Sur cette théorie, v. P. Serlooten, n° 342 et s., qui rappelle que cette théorie remonte à l'époque où le droit ne reconnaissait pas la personnalité morale aux sociétés. Elle a cependant été abandonnée en 1965 pour les sociétés de capitaux. On peut ajouter à ce sujet que si la transparence des sociétés de personnes devenait un principe directeur à l'avenir, il ne serait plus nécessaire de justifier les solutions du droit positif par cette théorie aujourd'hui largement désuète.

Le jeu de la théorie est toutefois perturbé lorsque l'associé apporteur cède les titres reçus en échange de son apport. Pour éviter que des apports ne soient suivis de cessions rapides afin d'éviter les droits de mutation sur les biens apportés, l'article 727, I, 1° du Code général prévoit donc que « lorsqu'elles interviennent dans les trois ans de la réalisation définitive de l'apport fait à la société, les cessions de parts sociales, dans les sociétés dont le capital n'est pas divisé en actions, sont considérées, au point de vue fiscal, comme ayant pour objet les biens en nature représentés par les titres cédés» ;

— Celle où l'apport n'en est pas vraiment un : on parle d'apport « à titre onéreux » par opposition à l'apport « à titre pur et simple » qui constitue la forme véritable de l'apport. L'apport à titre onéreux se caractérise par le fait que l'apporteur, au lieu de recevoir des droits sociaux comme dans un apport à titre pur et simple, bénéficie d'une prestation positive de la part de la société (paiement d'un prix, prise en charge d'un passif, etc.). Ainsi, par exemple, lorsqu'un apport en société prévoit que celle-ci doit prendre en charge une dette de l'apporteur grevant un immeuble apporté, il y a lieu d'appliquer les droits de mutation à titre onéreux à hauteur du passif ainsi transféré, comme s'il s'agissait d'une vente immobilière[95].

Toutefois, en cas de transformation d'une entreprise individuelle en société soumise à l'impôt sur les sociétés dans les conditions fixées par l'article 151 *octies* du Code général des impôts[96], l'apport fait à la société nouvellement créée – qu'il soit à titre gratuit ou onéreux – est totalement exonéré lorsqu'il englobe l'ensemble des immobilisations affectées à l'exploitation, est exclusivement rémunéré par la remise de droits sociaux et donne lieu à un engagement de l'apporteur de conserver pendant trois ans au moins les titres reçus en échange de l'apport[97]. En présence d'une opération similaire d'apport à une société préexistante, l'exonération n'est pas totale mais les droits sont symboliques : 375 euros en principe, 500 euros lorsque la société a un capital social d'au moins 225 000 euros. Les mêmes droits fixes sont exigibles, sous réserve des mêmes engagements de conservation, lorsqu'une société soumise à l'impôt sur le revenu devient assujettie à l'impôt sur les sociétés[98].

§ 2. LES DROITS EXIGIBLES À L'OCCASION D'AUTRES ACTES DE LA VIE DES SOCIÉTÉS

968 **L'augmentation du capital** des sociétés, au moyen de l'incorporation de bénéfices, de réserves ou de provisions de toute nature, est enregistrée au droit fixe de 375 euros porté à 500 euros pour les sociétés ayant un capital d'au moins 225 000 euros[99].

Inversement, la **réduction de capital** est enregistrée au droit fixe de 375 euros porté à 500 euros pour les sociétés ayant un capital d'au moins 225 000 euros lorsqu'elle a lieu contre annulation ou réduction du nominal ou du nombre de titres, ou consécutivement au rachat par les sociétés de leurs propres titres, avec attribution de biens sociaux aux associés, y compris du numéraire, lorsqu'un seul acte est établi pour constater les deux opérations. Cette neutralité fiscale établie par la loi de finances rectificative pour

95. En cas d'apport « mixte » (c'est-à-dire partiellement à titre pur et simple et partiellement à titre onéreux), les parties peuvent prévoir dans le traité d'apport quels biens sont apportés à titre onéreux et quels biens sont apportés à titre pur et simple. Cela permet de faire peser l'imposition découlant d'un apport à titre onéreux sur les biens dont l'apport est... exonéré (meubles autres que les fonds de commerce, clientèles, ou encore marchandises neuves dont l'apport est soumis à TVA).

96. Sur ce mécanisme et la technique d'imposition des plus-values lors de cette restructuration, cf. *supra*, n° 697.

97. Art. 809, I *bis*, CGI.

98. Art. 810 III, CGI.

99. Art. 812, CGI.

2008 quelles que soient les modalités de la réduction du capital est bienvenue[100]. En revanche, lorsque la réduction de capital est mise en œuvre au moyen de deux actes distincts (l'un pour constater l'annulation des titres et l'autre pour constater le rachat), l'acte constatant l'annulation des titres est soumis au droit fixe de 375 euros ou 500 euros tandis que l'acte constatant le rachat entraîne l'exigibilité du droit d'enregistrement applicable aux cessions de droits sociaux.

Les **fusions** sont soumises au même droit fixe lors de l'enregistrement du traité de fusion. Pour éviter tout frottement fiscal, même les apports à titre onéreux correspondant à la transmission du passif de la société absorbée sont exonérés, peu important à cet égard que la fusion soit soumise au régime de droit commun ou au régime de faveur[101]. Le même régime s'applique aux scissions et apports partiels d'actifs[102].

La **dissolution** de la société n'est pas, en soi, un fait générateur d'impôt de mutation[103]. Elle n'est donc soumise qu'à un droit fixe de 375 euros ou 500 euros (selon que le capital social est ou non inférieur à 225 000 euros) dès lors qu'elle ne porte aucune transmission de biens meubles ou immeubles entre les associés ou autres personnes[104]. La **liquidation**, en revanche, produit nécessairement des effets puisque, après désintéressement des créanciers, l'actif net doit être partagé entre les associés. Il y a alors lieu de prélever un droit de partage de 2,50 % sur l'actif net résiduel, conformément à l'article 746 du Code général des impôts qui énonce que « les partages de biens meubles et immeubles entre copropriétaires, cohéritiers et coassociés, à quelque titre que ce soit, pourvu qu'il en soit justifié, sont assujettis à un droit d'enregistrement ou à une taxe de publicité foncière de 2,50 % »[105]. Les biens qui ont supporté le droit fixe lors de l'apport ou en ont été exonérés sont cependant soumis au droit de mutation à titre onéreux s'ils sont attribués, lors du partage social, à un associé autre que l'apporteur.

Enfin, le **transfert de siège en France** est également soumis au droit d'apport dans certains cas définis par l'article 808 A, II du Code général des impôts. Sont ainsi soumis

100. Par contraste, l'administration considéra longtemps qu'une réduction de capital se traduisant par une répartition entre associés (par exemple en cas de réduction de la valeur nominale des actions) constituait un partage d'actif soumis au droit de partage de 1,1 % (art. 746, CGI). Cette position a été censurée par la Cour de cassation qui a rappelé, en application des règles du droit civil, que la réduction du capital ne peut être considérée comme un partage (Cass. com., 23 sept. 2008, nº 07-12493, *Dray*, *Dr. fisc.* 2008, nº 49, comm. 608, note G. Blanluet). La notion de partage suppose en effet une indivision préalable. Rien de tel dans une réduction de capital, où les sommes réparties par la société sont directement attribuées aux associés.

101. Art. 816, CGI. Pour la mise en œuvre de ces règles, cf. art. 301 et s. ann. II, CGI. On notera que l'art. 301 C assimile à une fusion l'échange de titres caractéristique d'une « fusion à l'anglaise ». Il s'agit de l'opération qui aboutit au transfert à une société relevant du statut fiscal des sociétés de capitaux, en voie de formation ou préexistante, de droits représentant 75 % au moins du capital d'une société relevant du même statut, lorsque les deux sociétés ont leur siège de direction effective ou leur siège statutaire soit en France, soit dans un autre État membre de la Communauté européenne et que les apports sont rémunérés par l'attribution de droits représentatifs du capital de la société bénéficiaire. Cette règle a toutefois perdu de son intérêt pratique depuis que les augmentations de capital par apport de titres sont soumises au droit fixe de 375 € ou 500 €.

102. Art. 817, CGI.

103. Observation déjà faite *supra*, nº 676.

104. Art. 811, 2º, CGI.

105. Lorsque le partage comporte une soulte ou une plus-value, l'impôt sur ce qui en est l'objet est perçu aux taux prévus pour les ventes, au prorata, le cas échéant, de la valeur respective des différents biens compris dans le lot grevé de la soulte ou de la plus-value.

au droit d'apport ou à la taxe de publicité foncière sur la valeur de l'actif net social le transfert en France :

— Depuis un État n'appartenant pas à la Communauté européenne, du siège de direction effective d'une société de capitaux ou de son siège statutaire, à condition que, dans le premier cas, son siège statutaire ou, dans le second cas, son siège de direction effective ne se trouve pas dans un État membre de la Communauté ;

— Depuis un autre État de la Communauté européenne, soit du siège de direction effective d'une société, soit de son siège statutaire dans la mesure où elle n'était pas considérée comme une société de capitaux dans cet autre État et à condition que, dans le second cas, son siège de direction effective ne se trouve pas dans un État de cette Communauté. Rappelons toutefois que le CGI ne peut porter atteinte au principe énoncé par la directive n° 2008/7/CE du 12 février 2008 sur les impôts indirects frappant les rassemblements de capitaux qui énonce en son article 5 que « les États membres exonèrent les sociétés de capitaux de toute forme d'imposition indirecte [à l'occasion du] transfert, d'un État membre dans un autre État membre, du siège de direction effective ou du siège statutaire d'une société de capitaux ».

Toutes les autres opérations non soumises à des dispositions spécifiques sont soumises au droit fixe de 125 euros applicable aux actes innomés.

CONCLUSION
LA THÉORIE DE L'ABUS DE DROIT

969 Les chapitres qui précèdent se sont concentrés sur l'étude des règles substantielles du droit fiscal des affaires, qu'elles intéressent l'imposition du revenu ou du bénéfice, de la valeur ajoutée ou du capital. La pratique enseigne cependant que les contribuables ne se soumettent pas toujours passivement à l'impôt. On observe ainsi qu'en tous lieux et en tout temps, les sujets de l'impôt s'efforcent d'alléger la pression fiscale qui pèse sur eux en recourant à des moyens divers.

Les stratégies de diminution de la charge fiscale développées par les opérateurs économiques sont de plusieurs ordres. Parfois, elles relèvent de la fraude fiscale. On est alors en présence de techniques permettant purement et simplement de dissimuler une matière imposable afin d'échapper aux obligations légales. La répression de tels comportements relève de la sphère pénale[1]. Elle est essentielle au vu de l'importance quantitative de l'économie souterraine que la Commission européenne évalue, au niveau de l'Union européenne, à 19,2 % du PIB (la France se situant à un taux de 11 %)[2]. À côté de la fraude fiscale existe cependant ce qu'on a coutume d'appeler l'optimisation fiscale, c'est-à-dire un ensemble de techniques consistant à se soustraire à l'impôt sans pour autant heurter de front la législation fiscale. Il existe en effet de multiples moyens d'échapper à l'impôt, lesquels sont infiniment plus subtils que celui qui consiste à en cacher le fait générateur.

Dans la plupart des cas, l'exercice consistant pour un contribuable à diminuer sa charge fiscale ne souffre pas la contestation. Il relève de la simple habileté, voire de la saine gestion patrimoniale. Telle entreprise retarde la perception d'un revenu exceptionnel jusqu'à une année ultérieure, car elle sait que ses bénéfices seront alors moins élevés. Nul ne songe à lui reprocher sa prévoyance et son souci, typique d'un bon père de famille, de lisser sa pression fiscale. Tel redevable de l'impôt de solidarité sur la fortune décide d'investir systématiquement en tableaux et autres œuvres d'art pour bénéficier de l'exonération que la loi attache à ces biens : peut-on l'en blâmer, alors que la loi l'incite à procéder ainsi en créant elle-même une distinction entre actifs imposés et actifs exonérés ? Telle société, anticipant une hausse annoncée de la fiscalité sur une

1. Cf. *infra*, n° 976 et s.

2. Chiffres tirés de la Communication de la Commission au Parlement européen et au Conseil sur les moyens concrets de renforcer la lutte contre la fraude et l'évasion fiscales, y compris en ce qui concerne les pays tiers, 27 juin 2012, COM (2012) 351 final.

opération donnée, se hâte d'accomplir celle-ci avant l'entrée en vigueur de la nouvelle règle. Lui fera-t-on grief d'avoir agi dans son intérêt bien compris ainsi que dans celui de ses actionnaires ? À l'évidence, non. Selon une formule bien connue d'un juge américain, il n'existe pas de devoir patriotique d'augmenter ses impôts[3]. C'est un corollaire de l'idée selon laquelle chacun est libre de gérer son patrimoine et ses activités comme il l'entend.

Cette liberté de gestion constitue un principe fondamental du droit fiscal garanti tant en droit communautaire[4] qu'en droit interne[5] : il est de jurisprudence constante qu'il n'est en rien critiquable de choisir, entre deux solutions juridiquement et économiquement possibles pour atteindre un but légitime, celle qui est fiscalement la plus favorable. Il en découle, comme on l'a parfaitement relevé[6], qu'« un contribuable est en droit de choisir librement la structure de son activité, sous forme individuelle ou sociétaire, et il ne saurait lui être reproché de retenir une forme sociétaire, pluripersonnelle ou unipersonnelle, au motif que ses charges fiscales ou sociales s'en trouveraient diminuées. Le contribuable est encore en droit de déterminer librement la forme juridique de la mise à disposition de sa clientèle à la société, apport en nature, apport en jouissance, commodat ou cession. Enfin, le contribuable est libre du choix des modes de financement, ce qui l'autorise, même s'il dispose de fonds suffisants, à financer son activité par le recours à l'emprunt »[7]. Le Comité de l'abus de droit fiscal a lui-même estimé, dans un avis rendu dans une affaire complexe où un groupe international avait combiné de façon astucieuse les législations fiscales de plusieurs États, que « si les opérations en cause traduisent une habileté consistant pour le groupe à utiliser les différents régimes fiscaux applicables dans les pays où ses filiales sont établies, elles ne caractérisent pas, en ce qui concerne les opérations réalisées en France, un abus de droit au sens de l'article L. 64 du Livre des procédures fiscales »[8]. C'est dire que l'habileté ne se confond pas avec l'abus.

En pratique, cependant, la frontière entre la gestion avisée et l'optimisation « agressive » est souvent ténue. Peut-on reprocher à une société française de créer une filiale dans un État étranger afin de lui transférer des activités, matérielles ou immatérielles, dont le produit sera plus faiblement taxé en vertu de la législation locale qu'en France ? Doit-on s'émouvoir de ce qu'une société étrangère restructure son réseau commercial en France afin que ses distributeurs deviennent indépendants et que la maison mère

3. La formule est du juge Learned Hand, in *Helvering vs Gregory*, 69F.2d 809, 810 (2d Cir. 1934).

4. Pour un rappel du principe selon lequel le contribuable a « le droit de choisir la structure de son activité de manière à limiter sa dette fiscale », CJCE, gde ch., 21 févr. 2006, aff. C-255/02, *Halifax plc, Leeds permanent development services Ltd, Country wide property investments Ltd*, *Dr. fisc.* 2006, n° 16, ét. 16 ; *RJF* 2006, n° 648 ; *BDCF* 5/2006, n° 68, concl. L.-M. Poiares Maduro. V. également la jurisprudence citée *infra*, n° 997, et O. Fouquet, « Interprétation française et interprétation européenne de l'abus de droit », *RJF* 2006, p. 383 ; Y. Sérandour, « L'abus de droit selon la CJCE », *Dr. fisc.* 2006, n° 16, comm. 16.

5. Comme l'énonce O. Fouquet, « le choix de la solution fiscalement la plus favorable ne constitue pas, par lui-même, un abus de droit » (concl. *RJF* 5/86, p. 268 sur CE, 21 mars 1986, n° 53002, *Sté Auriège*, *RJF* 5/86, n° 470). Dans le même sens, Mme Cortot-Boucher rappelle qu'« entre deux voies, le contribuable n'est jamais tenu de choisir celle qui est fiscalement la moins avantageuse » (concl. sous CE, 11 févr. 2011, n° 314950, 3e et 8e s.-s., *Picoux*, *BDCF* 5/11, n° 64).

6. F. Deboissy, « Vente à soi-même d'une clientèle libérale pour bénéficier du dispositif "Sarkozy" d'exonération des plus-values : habileté fiscale ou fraude à la loi ? », *Dr. fisc.* 2009, n° 14, comm. 261.

7. CE, 8e et 9e s.-s., 15 déc. 1971, n° 80939, *Dr. fisc.* 1973, n° 5, comm. 156, concl. J. Delmas-Marsalet.

8. Comité de l'abus de droit fiscal, séance du 10 nov. 2016, affaires n° 2016-50 et n° 2016-51.

cesse d'être assujettie, de leur fait, à l'impôt sur les sociétés français ? La réponse n'est subitement plus si claire. Intuitivement, on perçoit qu'il y a dans tous ces cas un « montage ». Le mot est évocateur : ce qui est « monté » n'est pas naturel, c'est une construction qui contient un certain degré d'artifice ou, à tout le moins, de recul et d'élaboration. Or, l'artifice attise la méfiance. Jouer avec les règles, c'est jouer avec le feu. Lorsqu'on repère du jeu dans le système juridique, celui-ci vacille sur ses bases. On soupçonne alors celui qui le sollicite de vouloir s'en affranchir. Où tracer la frontière entre le joueur innocent et le joueur pervers ? C'est toute la question de la transposition à la matière fiscale de la théorie dite de « l'abus de droit ».

On conçoit ici que définir juridiquement les frontières du licite et de l'illicite constitue un exercice particulièrement délicat. Pour rendre compte de l'état du droit positif en la matière, on verra tout d'abord qu'il existe une multitude de techniques, fiscales et non fiscales, permettant d'endiguer les pratiques d'évitement de l'impôt. Elles seront étudiées en premier lieu, en tant qu'elles constituent le contexte juridique dans lequel vient s'insérer la théorie de l'abus de droit (Section 1). Viendra ensuite l'analyse de la théorie proprement fiscale de l'abus de droit qui passera par l'examen de sa définition (Section 2), de sa sanction (Section 3) et de sa prévention (Section 4).

SECTION 1 LE CONTEXTE JURIDIQUE DE LA THÉORIE DE L'ABUS DE DROIT

970 Pour lutter contre l'évasion fiscale, on aurait tort de sous-estimer l'influence des règles civiles. Elles jouent un rôle essentiel (§ 1). Le rôle du droit pénal n'est pas moins important (§ 2) même s'il est évident que le meilleur moyen de neutraliser les comportements évasifs consiste à priver le contribuable de l'avantage fiscal escompté par lui (§ 3).

§ 1. LES TECHNIQUES CIVILES

971 Il n'entre pas dans le propos du présent ouvrage de détailler tous les moyens par lesquels l'administration, en tant que créancier ou en tant que tiers aux contrats passés par un contribuable, peut mobiliser le droit civil à son avantage.

On ne dira rien, par exemple, de l'utilisation de la technique de la **nullité civile** en tant que moyen de lutter contre l'évasion fiscale, même si la pratique révèle que l'administration y recourt[9]. On pourrait pourtant s'y arrêter, tant il est vrai qu'un contrat dont le seul objectif est de contourner la législation est atteint de nullité absolue en raison de l'illicéité de sa cause[10] : la Cour de cassation belge l'a admis dans une affaire

9. Pour un exemple, v. CE, 23 nov. 2001 n° 205132, *min. c/SA Cogedac*, *RJF* 2/02 n° 196, concl. J. Courtial, *BDCF* 2/02 n° 26, obs. R. Beauvais, *BGFE* 1/02, p. 15 (invocation de la nullité d'ordre public de la clause de répartition des bénéfices d'une société en participation).

10. On sait que la cause n'est plus une condition de validité du contrat depuis la réforme du droit des obligations par l'ordonnance n° 2016-131 du 10 févr. 2016. Mais l'article 1162 du Code civil issu de la

de fraude carrousel en matière de TVA[11]. La Cour de cassation italienne[12] a, quant à elle, recouru à l'idée d'absence de cause pour annuler des montages d'achat-revente de titres de sociétés à des fins purement fiscales dans des conditions analogues à celles ayant donné lieu en France à la décision *Janfin* du Conseil d'État[13]. Il semble cependant que cette approche ait été abandonnée par la Cour dans sa jurisprudence la plus récente, compte tenu des effets considérables produits par la nullité (y compris entre les parties) et le développement en droit italien d'une théorie générale de l'abus de droit proche de celle que nous connaissons.

On se contentera donc de signaler deux techniques essentielles : l'inopposabilité (A) et la requalification (B).

A. L'INOPPOSABILITÉ

972 On distinguera ici le cas des actes occultes (1°) et celui des actes frauduleux (2°).

1. Le cas des actes occultes

973 La notion d'acte occulte est ambiguë. Elle peut signifier, en premier lieu, qu'un contrat a été dissimulé à l'administration afin d'échapper à toute forme d'imposition. Ainsi, par exemple, les parties à une mutation de clientèle à titre onéreux peuvent décider de cacher l'existence de cette mutation pour échapper à tout droit de mutation. Il va sans dire qu'en pareil cas, l'administration est fondée à établir l'existence du contrat et à imposer le redevable des droits de mutation sur la base de la valeur vénale réelle de la clientèle. Il appartient alors au contribuable de contester cette estimation, d'abord lors des observations en réponse à la notification de redressement, puis au cours des diverses phases de la procédure relative aux litiges en matière d'évaluation des biens. C'est donc au contribuable qu'il revient de prouver que la valeur proposée par l'administration est supérieure à la valeur réelle[14].

Notons qu'il peut arriver qu'un acte soit qualifié d'occulte alors qu'il n'a pas été, à proprement parler, dissimulé (en ce sens qu'il n'a pas été caché dans une intention frauduleuse). Par exemple, une cession de parts sociales (des parts de SARL par exemple) a pour effet de transférer la propriété des parts dès l'accord sur la chose et sur le prix, en

réforme n'en énonce pas moins que « le contrat ne peut déroger à l'ordre public ni par ses stipulations, ni par son but ».

11. Cass., 12 oct. 2000, commentée par F. T'Kint, « Cause illicite et contrats synallagmatiques : le "carrousel" TVA », in *Liber amicorum Jacques Malherbe*, Bruylant, 2006, p. 1053 et s. La CJCE a toutefois estimé ultérieurement que la directive TVA s'oppose à une règle de droit national selon laquelle l'annulation du contrat de vente, en vertu d'une disposition de droit civil, qui frappe ce contrat de nullité absolue comme contraire à l'ordre public pour une cause illicite dans le chef du vendeur, entraîne la perte du droit à déduction de la TVA acquittée par ledit assujetti. Est sans pertinence à cet égard la question de savoir si ladite nullité résulte d'une fraude à la TVA ou d'autres fraudes : CJCE, 6 juill. 2006, *Axel Kittel c. État belge* (C-439/04) et *État belge c. Recolta Recycling SPRL*, (C-440/04).

12. Décision n° 20398 du 21 oct. 2005.

13. Sur cette décision, cf. *infra*, n° 988.

14. Cass. com., 11 mars 2003, n° 00-19154, *Dr. fisc.* 2003, n° 37, comm. 627. Cette procédure en matière de mutation secrète succède à la procédure « d'arbitrage des droits » qui obligeait le contribuable à souscrire une déclaration (art. 638 CGI) que l'administration contrôlait dans les conditions de la procédure de redressement. Cette procédure a été censurée par la Cour de cassation (Cass. com., 19 juin 1984, n° 536 B, *Dr. fisc.* 1984, n° 51, comm. 2350).

application des règles de droit civil, mais l'opposabilité aux tiers de la cession résulte de la publication des statuts modifiés au registre du commerce et des sociétés[15]. De ce décalage entre date de transfert de propriété et date d'opposabilité découle que pendant une certaine période, l'acte peut être considéré comme « occulte » en ce sens qu'il n'a pas été porté à la connaissance de l'administration.

Un acte occulte peut désigner, en second lieu, un acte ayant pour fonction de modifier la portée d'un autre acte ou d'une situation juridique sans que les tiers à l'autre acte ou à la situation juridique le sachent. Le cas typique de l'acte occulte est celui par lequel deux parties à une vente conviennent de rédiger une contre-lettre prévoyant que la vente sera en réalité une donation (les parties à l'acte occulte sont alors les mêmes que celles à l'acte ostensible). On peut également citer le cas dans lequel une banque achète des titres à un actionnaire et convient en secret de lui revendre les titres (situation de portage).

Le régime probatoire des actes occultes[16] a été fixé par l'arrêt *Lemarchand* du 20 février 1974[17]. En l'espèce, M. Lemarchand exerçait une activité commerciale pour le compte d'un tiers non dévoilé. Il agissait donc en qualité de prête-nom et adressait aux services fiscaux des déclarations fiscales sans du tout préciser qu'elles étaient en réalité faites pour le compte d'un tiers. Il fut ainsi imposé normalement, jusqu'au jour où il décida de se prévaloir de la convention de prête-nom pour échapper à un redressement en matière de TVA. La jurisprudence, jusqu'en 1974, décidait généralement que les conventions de prête-nom étaient inopposables à l'administration, laquelle est fondée à s'en tenir à l'apparence[18]. Or, l'arrêt *Lemarchand* a apporté à cette jurisprudence une confirmation et un complément. Une confirmation, car l'administration se voit confortée dans la possibilité de procéder ainsi. Un complément, car le Conseil d'État affirme pour la première fois de façon claire et générale que l'administration dispose aussi de la possibilité d'aller plus loin et de rechercher, derrière le prête-nom, le contribuable réel[19].

On peut donc tirer de la jurisprudence *Lemarchand* les conséquences suivantes qui dépassent le seul cas du prête-nom[20] :

— lorsque la convention a été tenue secrète, le contribuable ne peut l'opposer à l'administration mais celle-ci a le choix, soit de se fier à la situation apparente, soit d'asseoir l'impôt conformément à la situation réelle ; de façon plus générale, la théorie

15. Il n'en va pas de même en présence d'actions, dont les cessions sont régies par le Code de commerce, pour lesquelles le transfert de propriété comme l'opposabilité aux tiers interviennent à une seule et même date, à savoir celle de l'inscription des actions au compte de l'acheteur par la société émettrice, qui correspond à la date fixée par les parties et notifiée à la société émettrice (articles L. 228-1 al. 9 et R. 228-10 du Code de commerce).

16. Sur lequel on lira L. Olléon, « L'être, le paraître et l'abus de droit », *RJF* 4/03, p. 303 et s.

17. CE, Plén., 20 févr. 1974, n° 83270, *Dr. fisc.* 1974, n° 30, comm. 958, concl. Mandelkern ; *Dupont* 1974, n° 5, p. 201.

18. CE, 31 déc. 1959, n° 41864, *Lebon*, p. 722.

19. Le vérificateur qui découvre à l'occasion d'une vérification de comptabilité que le contribuable vérifié n'est que le contribuable apparent peut régulièrement poursuivre sa vérification à l'égard du contribuable apparent et, après son achèvement, imposer le contribuable réel (CE, 11 juill. 1991, n° 69831, *Lelouch, RJF* 10/91, n° 1260).

20. J.-F. Verny, « Non-opposabilité à l'administration des actes occultes », *RJF* 1978, n° 10, p. 272 ; F. Deboissy, *La simulation en droit fiscal*, LGDJ, préf. M. Cozian, 1997, n° 962 et s.

de l'apparence peut être invoquée par l'administration toutes les fois qu'elle y a intérêt[21] ;

— lorsque la convention a été révélée à l'administration, elle lui est opposable.

De même, en matière de cession de parts sociales, le Conseil d'État relève que « le transfert n'est opposable à l'administration qu'à compter de la date à laquelle ont été accomplies les formalités légales de publicité à l'égard des tiers ou du jour à compter duquel l'administration a été informée de la cession, s'il est antérieur à cette date ; qu'il s'ensuit que si la plus-value de cession de titres est normalement imposable au titre de l'année au cours de laquelle la cession a été réalisée, il est loisible à l'administration, qui est fondée à opposer au contribuable les apparences qu'il a lui-même créées, d'établir cette imposition en retenant la date à laquelle ce transfert de propriété a été porté à sa connaissance »[22].

2. Le cas des actes frauduleux

974 Rien n'empêche l'administration de lutter contre les pratiques par lesquels certains contribuables organisent frauduleusement leur insolvabilité[23]. Elle peut ainsi recourir à l'action paulienne afin de voir déclarer inopposable à son égard les actes d'appauvrissement frauduleux passés par le contribuable[24], ou à l'action oblique pour exercer au nom du débiteur certains actes juridiques (par exemple, la cessation d'une indivision, le recouvrement de sommes entre les mains d'un tiers, etc.)[25]. Elle peut aussi agir en déclaration en simulation, ce qui dépasse le seul cadre de la lutte contre l'organisation par le contribuable de son insolvabilité[26].

B. LA REQUALIFICATION

975 Un moyen civil essentiel offert à l'administration pour établir l'impôt consiste à requalifier le contrat passé par un contribuable ou seulement certains éléments de celui-ci lorsque la qualification donnée par les parties ne correspond pas à la nature

21. Par exemple, l'administration est en droit d'opposer au contribuable les conséquences du régime fiscal pour lequel il a opté, sans que ce contribuable puisse utilement se prévaloir ultérieurement de ce qu'il ne remplissait pas les conditions auxquelles le bénéfice de ce régime est subordonné, ce qui aurait permis à l'administration de le remettre en cause dès les premiers effets de l'option (CE, 30 juill. 2010, n° 317425, *M. Tasset*, *Dr. fisc.* 2010, n° 50, comm. 593, concl. P. Collin, note critique de J.-L. Pierre qui démontre, d'une part, que les conditions de l'apparence organisée n'étaient pas réunies dans l'affaire en cause et que le recours à la théorie de l'apparence permet une extension de fait du délai de reprise).

22. CE, 20 mars 2015, n° 369167, *M. Caldier*, *Dr. fisc.* 2015, n° 16, comm. 267, note E. Kornprobst.

23. Sur ces points, cf. J. Brandeau, « Le fisc et l'organisation de l'insolvabilité », *LPA*, 6 déc. 2000, n° 243, p. 4 et s.

24. Art. 1167, C. civ. devenu l'article 1341-2 C. civ. à l'occasion de la réforme du droit des obligations intervenue en 2016. Encore faut-il, pour que l'action paulienne puisse être exercée, que l'administration puisse justifier d'une créance certaine. Tel n'est pas le cas lorsque le contribuable conteste l'existence même de la créance. Il faut donc attendre que le juge de l'impôt ait confirmé le bien-fondé de l'assujettissement à l'impôt pour pouvoir agir (Cass. 1re civ., 16 mai 2013, n° 12-13637). Autre exemple : Cass. 1re civ., 16 nov. 2016, n° 15-25140.

25. Art. 1166, C. civ. devenu l'article 1341-1 depuis la réforme du droit des obligations par l'ordonnance n° 2016-131 du 10 févr. 2016.

26. Art. 1321, C. civ. devenu l'article 1201 depuis la réforme du droit des obligations par l'ordonnance n° 2016-131 du 10 févr. 2016.

véritable du contrat ou des prestations contractuelles. Un tel pouvoir trouve son fondement juridique dans le droit commun, et plus précisément dans une assimilation un peu hasardeuse de l'administration à un juge qui, conformément à l'article 12, alinéa 2 du Code de procédure civile, « doit donner ou restituer leur exacte qualification aux faits et actes litigieux sans s'arrêter à la dénomination que les parties en auraient proposée ».

Les enjeux concrets d'une telle requalification sont multiples.

Cette technique sert par exemple à requalifier un paiement, qualifié de charge par les parties, en prix d'acquisition d'un actif immobilisé. Le Conseil d'État a ainsi estimé que « l'intérêt » annuel versé par le bénéficiaire d'une promesse de vente portant sur un fonds de commerce ne pouvait être déduit de ses bénéfices car il s'agissait, en réalité, d'un élément du prix de vente du fonds de commerce qui s'analyse comme un actif immobilisé par nature[27]. Dans le même sens, le Conseil d'État a admis que l'administration pouvait, en se fondant sur l'économie interne du contrat, requalifier un contrat présenté comme un contrat de crédit-bail en vente à tempérament avec clause de réserve de propriété car il manquait l'élément caractéristique du contrat de crédit-bail, à savoir l'option d'achat[28].

La requalification du contrat peut également servir de support à la réduction par l'administration du montant des charges déductibles exposées par un contribuable. Un arrêt du Conseil d'État a ainsi estimé dans une affaire *SARL Azur Industrie* que les sommes déduites par une société au titre de dépenses de « sous-traitance » devaient en réalité s'analyser comme des salaires versés au titre de contrats de travail. Il a donc approuvé l'administration d'avoir réintégré dans les bénéfices imposables de la société en question certaines sommes ne correspondant pas à la rétribution de la main-d'œuvre elle-même[29].

Enfin, et sans souci d'exhaustivité, la requalification d'un contrat peut avoir un impact sur le traitement d'une situation fiscale internationale. Considérons par exemple le cas, déjà examiné plus haut à l'occasion de l'étude de la notion d'établissement stable[30], dans lequel une société étrangère distribue en France des produits par l'intermédiaire d'un commissionnaire et fait l'objet d'un redressement fiscal au motif que celui-ci serait un établissement stable de celui-là. Pour savoir si le commissionnaire constitue un « agent dépendant » du commettant, il faut notamment se demander s'il dispose du pouvoir juridique de l'engager dans des relations avec les tiers[31]. Or, le commissionnaire ne dispose pas d'un tel pouvoir en vertu de l'article L. 132-1 du Code de commerce tel qu'interprété par la Cour de cassation. Il ne peut donc en principe constituer un établissement stable de son commettant. Encore faut-il cependant que le contrat de commission soit correctement qualifié. Le Conseil d'État a en effet énoncé dans la décision *Société Zimmer Limited* du 31 mars 2010[32] qu'il en va différemment « s'il ressort soit des termes mêmes du contrat de commission, soit de tout autre élément de l'instruction, qu'en dépit de la qualification de commission donnée par les parties au

27. CE, 9ᵉ et 8ᵉ s.-s., 10 mars 1999, req. nº 169342, *SA Sonorma* (concl.), *Dr. fisc.* 2000, nº 7, comm. 100, concl. G. GOULARD.

28. CE, 7 oct. 1987, *Dr. fisc.* 1988, nº 5, comm. 158, concl. B. MARTIN-LAPRADE ; *RJF* 11/87, nº 1085.

29. CE, 30 juill. 2003, *Dr. fisc.* 2004, nº 11, comm. 338, concl. P. COLLIN ; *RJF* 11/03, nº 1273. Voir à ce sujet M. COZIAN, « Le cousinage sibyllin entre abus de droit et acte anormal de gestion », in *Liber Amicorum Cyrille David*, LGDJ, 2005, p. 81 et s.

30. Cf. *supra*, nº 751 et s.

31. Pour la notion d'agent dépendant, cf. *supra*, nº 756.

32. CE, 31 mars 2010, nº 304715, 308525.

contrat qui les lie, le commettant est personnellement engagé par les contrats conclus avec des tiers par son commissionnaire qui doit alors, de ce fait, être regardé comme son représentant et constituer un établissement stable ».

Le pouvoir de requalification des contrats par l'administration n'est en principe encadré par aucune règle particulière. En particulier, il ne se confond pas avec le pouvoir exercé par l'administration dans le cadre de la procédure de sanction de l'abus de droit. Non que la procédure d'abus de droit soit exclusive de toute requalification, bien au contraire. Seulement, la requalification ordinaire se distingue de la requalification au titre de l'abus de droit en ce qu'elle vise seulement à rectifier une erreur commise par les parties – ce qui exclut l'hypothèse d'une requalification assortie d'une sanction pour manquement délibéré, car alors il n'y a plus correction d'une erreur mais répression d'un comportement intentionnel. Le Conseil d'État estime ainsi que l'administration ne se fonde pas implicitement sur la théorie de l'abus de droit lorsqu'elle « fait valoir non que les contrats en cause auraient été conclus de manière fictive ou dans le seul but d'éluder l'impôt, mais que la qualification qu'ils donnaient aux prestations fournies ne correspondait pas à leur nature réelle et que les sommes versées en exécution de ces contrats étaient partiellement dépourvues de contreparties »[33].

Si la distinction entre les deux modes de requalification apparaît claire en théorie, la ligne de démarcation entre l'erreur commise de bonne foi par les sociétés parties au contrat et l'intention d'échapper aux conséquences d'une qualification contractuelle risque d'être fréquemment obscurcie dans la vie réelle. Comme le notait Maurice Cozian au sujet de l'arrêt *Société Azur Industrie*, « tout dépend en fin de compte de la psychologie et de la volonté du contribuable ; s'est-il trompé de bonne foi ou a-t-il voulu tromper de mauvaise foi ? »[34]. À n'en pas douter, il existe de nombreux cas où la psychologie se révèle opaque...

§ 2. LES TECHNIQUES PÉNALES

976 Certaines infractions pénales issues du droit commun sont susceptibles d'être constatées dans des situations intéressant la fiscalité. C'est le cas, par exemple, de l'escroquerie (C. pén., art. 313-1 et s.), qui est fréquemment reprochée à des contribuables se livrant à des opérations de fraude à la TVA[35] et ne se confond

33. Formule tirée de l'arrêt du 30 juill. 2003, *Société Azur Industrie*, préc. Dans le même sens, cf. CE, 17 déc. 2010, nº 319048, *SARL Concept Sport*, *Dr. fisc.* 2011, nº 10, comm. 249, concl. E. Cortot-Boucher, note F. Deboissy ; *RJF* 3/11, nº 335. Comp. avec la formule retenue par la chambre commerciale de la cour de cassation : « dès lors que le redressement n'était pas fondé sur la dissimulation d'un acte par un autre acte et que l'administration ne soutenait pas que l'opération ait été motivée par des préoccupations fiscales exclusives, mais entendait seulement donner leur effet légal aux actes et conventions tels qu'ils lui ont été soumis, l'administration était en droit d'utiliser la procédure de redressement contradictoire des articles L. 55 et s. du LPF, et non la procédure de répression des abus de droit prévue aux articles L. 64 et s. du même code » (Cass. com., 30 juin 1998, *Sté Concorde Generali, RJF* 11/98, nº 1365).

34. M. Cozian, « Le cousinage sibyllin entre abus de droit et acte anormal de gestion », in *Liber Amicorum Cyrille David*, LGDJ, 2005, p. 81 et s., spéc. § 27.

35. J.-R. Pellas, « Le délit d'escroquerie en matière de TVA », *Revue française des finances publiques*, « La TVA : 60 ans après », nº 128, nov. 2014, p. 113 et s.

pas avec l'infraction de fraude fiscale[36]. C'est aussi le cas de l'abus de biens sociaux (C. com., art. L. 241-3 et L. 242-6) qui accompagne parfois l'acte anormal de gestion ou encore du recel qui peut s'appliquer à l'infraction de fraude fiscale[37].

Par ailleurs, il existe un droit pénal spécifique à la matière fiscale[38]. On trouve ainsi dans le Code général des impôts un certain nombre de dispositions ayant pour objet d'infliger des amendes ou d'autres sanctions aux contribuables qui ne respectent pas leurs obligations légales[39]. Sans souci d'exhaustivité, citons les sanctions applicables en cas de violation des obligations de facturation[40], d'omission de passation d'écritures ou de passation d'écritures inexactes[41] ou encore d'opposition à contrôle fiscal[42]. L'infraction majeure sur laquelle il convient de s'arrêter constitue cependant l'infraction de fraude fiscale qui appelle des développements particuliers, tant en ce qui concerne sa notion (A) que sa poursuite (B).

A. LA NOTION DE FRAUDE FISCALE

7 Selon le rapport du Conseil des prélèvements obligatoires publié en mars 2007 sur la fraude aux prélèvements obligatoires et son contrôle, « le nombre de dossiers faisant l'objet de poursuites pénales est stable – de l'ordre de 1 000 dossiers par an – et plutôt limité par rapport au nombre total de contrôles. Ainsi, environ 1,5 à 2 % des dossiers font l'objet d'un traitement pénal »[43]. Depuis 2007, le constat reste semblable. Selon les rapports annuels publiés par la Direction générale des finances publiques, le nombre des plaintes pour fraude fiscale s'élève à 944 en 2010, 924 en 2011, 927 en 2012 et 939 en 2013 et le nombre de plaintes pour escroquerie est passé de 94 à 2011 à 114 en 2013, ces chiffres étant attribuables pour près d'un tiers aux plaintes visant des entrepreneurs du bâtiment. La Commission des infractions fiscales confirme de son côté avoir reçu 1 061 dossiers en 2015[44]. La stabilité globale de ces chiffres et de la répartition entre impôts fraudés (avec une très nette prédominance de la TVA, qui représente 63 % de l'ensemble des impôts fraudés selon le rapport 2015 de la CIF) ne doit pas dissimuler le changement de nature des plaintes au fil du temps : alors que la constatation de dissimulations décroît (327 en 2013 contre 429 en 2011), les « autres procédés de fraude » prennent de l'importance (300 en 2013 contre 171 en 2011). Cela semble

36. V. Crim., 6 oct. 2010, n° 09-87879 : *JurisData* n° 2010-020205, commenté par R. Salomon dans sa chronique de droit pénal fiscal, *Dr. fisc.* 2011, n° 3, ét. 111, point 2. V. aussi les exemples donnés par R. Salomon, « Droit pénal Fiscal », *Dr. fisc.* 2010, n° 28, comm. 412, 91, et la chronique du même auteur à *Dr. fisc* 2013, n° 43-44, comm. 491, point 1 ; *Dr. fisc.* 2014, n° 4, comm. 86, point 2.

37. Crim., 14 déc. 2000, *Bull. crim.* n° 381.

38. Pour une réflexion sur l'évolution du droit en la matière, cf. D. Gutmann, « La « pénalisation » du droit fiscal : mythe ou réalité ? », *Dr. fisc.* 2011, n° 4, ét. 122 ; R. Salomon, *Dix ans d'évolution du droit pénal fiscal*, *Dr. fisc.* 2017, n° 40, 484.

39. Pour un aperçu historique de la répression fiscale, v. P. Di Malta, *Droit fiscal pénal*, PUF, 1992, p. 11 et s. Et pour une vision contemporaine : Ch. Lopez, *Droit pénal fiscal*, LGDJ, 2012. V. aussi les actes du colloque organisé par F. Deboissy, « Lutte pénale contre la fraude fiscale : quels enjeux pour quels équilibres ? », *Dr. fisc.* 2014, n° 46, ét. 615 et s.

40. Art. 1741, CGI.

41. Art. 1743, CGI.

42. Art. 1746, CGI.

43. Conseil des prélèvements obligatoires, *La fraude aux prélèvements obligatoires et son contrôle*, rapport 25 mars 2007, p. 191.

44. Rapport annuel de la CIF, 2015.

illustrer le succès de l'action menée par les administrations française et étrangères, qui rend plus difficile qu'autrefois la dissimulation pure et simple de revenus ou d'actifs, et parallèlement la volonté croissante de l'administration de s'attaquer sous l'angle de la fraude fiscale à des montages non dissimulés mais qu'elle considère comme frauduleux.

La notion de fraude fiscale est définie par l'article 1741 du Code général des impôts[45] dont la dernière réforme remonte à la loi relative à lutte contre la fraude fiscale et la grande délinquance économique et financière du 6 décembre 2013[46]. Selon ce texte, « quiconque s'est frauduleusement soustrait ou a tenté de se soustraire frauduleusement à l'établissement ou au paiement total ou partiel des impôts visés dans la présente codification, soit qu'il ait volontairement omis de faire sa déclaration dans les délais prescrits, soit qu'il ait volontairement dissimulé une part des sommes sujettes à l'impôt, soit qu'il ait organisé son insolvabilité ou mis obstacle par d'autres manœuvres au recouvrement de l'impôt, soit en agissant de toute autre manière frauduleuse, est passible, indépendamment des sanctions fiscales applicables, d'une amende de 500 000 euros et d'un emprisonnement de cinq ans »[47].

Les peines sont portées à 3 000 000 euros et sept ans d'emprisonnement lorsque les faits ont été commis en bande organisée[48] ou réalisés ou facilités au moyen :

1° soit de comptes ouverts ou de contrats souscrits auprès d'organismes établis à l'étranger ;

2° soit de l'interposition de personnes physiques ou morales ou de tout organisme, fiducie ou institution comparable établis à l'étranger ;

3° soit de l'usage d'une fausse identité ou de faux documents, au sens de l'article 441-1 du Code pénal, ou de toute autre falsification ;

4° soit d'une domiciliation fiscale fictive ou artificielle à l'étranger ;

5° soit d'un acte fictif ou artificiel ou de l'interposition d'une entité fictive ou artificielle.

Consacrant la protection des « repentis », la loi du 6 décembre 2013 a également prévu que la durée de la peine privative de liberté encourue par l'auteur ou le complice d'un des délits mentionnés au présent article est réduite de moitié si, ayant averti l'autorité administrative ou judiciaire, il a permis d'identifier les autres auteurs ou complices.

Le délit de fraude fiscale est complété par le délit d'entremise : l'article 1743, 2 du CGI punit ainsi des mêmes peines que la fraude fiscale « quiconque, en vue de faire échapper à l'impôt tout ou partie de la fortune d'autrui, s'entremet, soit en transférant ou en faisant transférer des coupons à l'étranger pour y être encaissés ou négociés, soit

45. Sur ce thème, cf. par ex. E. Gicquel, « La fraude fiscale », *Dr. fisc.* 2007, n° 28, comm. 725. V. également les chroniques de droit pénal fiscal rédigées par R. Salomon de façon régulière dans la *Revue de droit fiscal*.

46. Loi n° 2013-1117 du 6 déc. 2013. Sur l'ensemble de la réforme, v. le numéro spécial de la *Revue de droit fiscal* 2013, n° 51-52.

47. Toute personne condamnée en application des dispositions de l'art. 1741 peut également être privée des droits civiques, civils et de famille, suivant les modalités prévues par l'art. 131-26 du Code pénal. Les conditions d'affichage et de publication de la décision de condamnation prévues par l'article 1741, al. 4 du CGI ont toutefois été jugées inconstitutionnelles en raison de leur contrariété au principe de l'individualisation des peines (Cons. const., 10 déc. 2010, n° 2010-72/75/82 QPC).

48. Selon l'article 132-71 du Code pénal, la bande organisée se définit comme « tout groupement formé ou toute entente établie en vue de la préparation, caractérisée par un ou plusieurs faits matériels, d'une ou de plusieurs infractions ».

en émettant des chèques ou tous autres instruments créés pour le paiement des dividendes, intérêts, arrérages ou produits quelconques de valeurs mobilières ».

La rigueur de ce dispositif est cependant tempérée par la règle dite de la « tolérance du dixième ». Celle-ci signifie que l'article 1741 n'est applicable, en cas de dissimulation, que si celle-ci excède le dixième de la somme imposable ou le chiffre de 153 euros.

S'agissant de la prescription, la plainte pour fraude fiscale peut être déposée jusqu'à la fin de la sixième année qui suit celle au cours de laquelle l'infraction a été commise[49]. En cas de dissimulation, la date de commission de l'infraction est celle du dépôt de la déclaration mensongère.

8 Quelques commentaires sur l'article 1741 du Code général des impôts :

Premièrement, il apparaît immédiatement que l'élément matériel de la fraude fiscale est défini très largement. La soustraction frauduleuse ou la tentative de soustraction frauduleuse à l'établissement ou au paiement total ou partiel des impôts visés au Code général des impôts constitue une formule susceptible d'englober une infinité de comportements. Comme le notait en 2007 le Conseil des prélèvements obligatoires, « le faible nombre de plaintes déposées par l'Administration du chef de fraude fiscale contraste avec l'ampleur du champ d'application de l'article 1741 du CGI qui [...] permet en théorie de faire sanctionner une très grande variété et un très grand nombre de comportements indélicats »[50]. De même, les dispositions de l'article 1742 du CGI relatives à la complicité du délit de fraude fiscale ne sont apparemment que rarement appliquées par les juridictions répressives[51]. L'ampleur de ce champ est parfois méconnue par les entreprises. Certaines tendent ainsi à oublier, par exemple, que la fraude fiscale peut être poursuivie dans des situations impliquant le défaut de déclaration d'un établissement stable[52] ou la détermination d'une politique de prix de transfert[53]. Ainsi, s'il faut se garder de voir un danger pénal derrière chaque décision entrepreneuriale, il convient tout de même de ne pas sous-estimer le problème.

Cette définition large de la fraude fiscale se comprend certes parfaitement eu égard à l'objectif de réprimer toutes les formes possibles de violation grossière de la loi fiscale[54]. Elle pose cependant de façon claire la question de savoir quelles sont les limites respectives de la fraude fiscale et de l'abus de droit, notamment à l'heure où l'administration ne cache pas sa volonté de renforcer son action sur le terrain pénal.

49. Art. L. 230 LPF. À noter : la réforme de la prescription en matière pénale par la loi n° 2017-242 du 27 février 2017 ne semble avoir que des effets limités en matière fiscale, mais ce qui vaut pour la fraude fiscale au sens strict ne vaut pas nécessairement pour d'autres infractions pénales appliquées à la fiscalité (la durée de prescription de l'escroquerie, par exemple, étant doublée, l'escroquerie à la TVA peut être poursuivie de façon plus efficace par l'administration).

50. *Ibid.*, p. 197.

51. *Ibid.*, p. 198.

52. Cass. crim., 14 mars 2007, n° 06-85.865, *Ournier : JurisData* n° 2007-038444 ; *RJF* 11/2007, n° 1329 ; Cass. crim., 10 sept. 2008, n° 07-88433, *Ournier, Dr. fisc.* 2009, n° 3, ét. 54 ; *RJF* 2/2009, n° 161 ; Cass. crim., 7 nov. 2012, n° 11-87930 ; Cass. crim., 5 juin 2013, n° 12-8334 (où la frontière entre siège de direction effective et établissement stable n'apparaît pas clairement) ; Cass. crim., 22 janv. 2014, n° 12-87279 ; Cass. crim. 20 mai 2015, n° 13-84223 ; Cass. crim., 18 janv. 2017, n° 15-82940, *Dr. fisc.* 2017, n° 18-19, comm. 292, chron. R. Salomon.

53. Cass. crim., 30 oct. 1978, *Bull. crim.* 1978, n° 290.

54. La Cour de cassation a d'ailleurs refusé de transmettre au Conseil constitutionnel la question de sa compatibilité avec le principe de légalité des délits (Cass. crim., QPC, 22 sept. 2010, n° 10-82148).

Deuxièmement, le délit de fraude fiscale comporte un élément intentionnel : l'auteur de l'infraction doit avoir eu la volonté de commettre un acte dont il connaissait le caractère illicite, ce qu'il appartient aux parties poursuivantes (ministère public et administration fiscale) de prouver[55]. L'article L. 277 du Livre des procédures fiscales énonce d'ailleurs qu'au cas de poursuites pénales tendant à l'application des articles 1741 et 1743 du Code général des impôts, le ministère public et l'administration doivent apporter la preuve du caractère intentionnel soit de la soustraction, soit de la tentative de se soustraire à l'établissement et au paiement des impôts mentionnés par ces articles.

Troisièmement, le délit de fraude fiscale ne doit pas être confondu avec le délit de blanchiment de fraude fiscale. Le blanchiment se définit en effet comme le fait de faciliter la justification mensongère de l'origine des biens ou des revenus de l'auteur d'un crime ou d'un délit ayant procuré à celui-ci un profit direct ou indirect, ainsi que le fait d'apporter un concours à une opération de placement, de dissimulation ou de conversion du produit direct ou indirect d'un crime ou d'un délit[56]. Le délit de blanchiment peut ainsi être constitué toutes les fois que l'objectif du « blanchisseur » est de dissimuler l'existence d'une fraude fiscale.

La fraude fiscale doit donner lieu à une déclaration de soupçon conformément à l'article L. 561-15 du Code monétaire et financier lorsqu'est réuni l'un des critères définis par le décret n° 2009-874 du 16 juillet 2009[57].

Quelques exemples parmi ceux énumérés par le décret :

– l'utilisation de sociétés écran, dont l'activité n'est pas cohérente avec l'objet social ou ayant leur siège social dans un État ou un territoire qui n'a pas conclu avec la France une convention fiscale permettant l'accès aux informations bancaires ;

– la réalisation d'opérations financières par des sociétés dans lesquelles sont intervenus des changements statutaires fréquents non justifiés par la situation économique de l'entreprise ;

– le recours à l'interposition de personnes physiques n'intervenant qu'en apparence pour le compte de sociétés ou de particuliers impliqués dans des opérations financières ;

– la réalisation d'opérations financières incohérentes au regard des activités habituelles de l'entreprise ou d'opérations suspectes dans des secteurs sensibles aux fraudes à la TVA de type carrousel, tels que les secteurs de l'informatique, de la téléphonie, du matériel électronique, du matériel électroménager, de la hi-fi et de la vidéo ;

– la difficulté d'identifier les bénéficiaires effectifs et les liens entre l'origine et la destination des fonds en raison de l'utilisation de comptes intermédiaires ou de comptes de professionnels non financiers comme comptes de passage, ou du recours à des structures sociétaires complexes et à des montages juridiques et financiers rendant peu transparents les mécanismes de gestion et d'administration ;

55. Cet élément intentionnel spécifique permet de distinguer la fraude fiscale et l'abus de droit par fraude à la loi, comme nous avons tenté de le démontrer dans notre article « La pénalisation du droit fiscal : mythe ou réalité ? », *Dr. fisc.* 2011, n° 4, ét. 122. En résumé, alors que la fraude fiscale suppose qu'il soit établi que le contribuable connaisse le caractère illicite de son acte, l'abus de droit par fraude à la loi peut exister alors même que les objectifs des auteurs des textes offensés par l'acte du contribuable n'étaient pas connaissables. C'est pourquoi il peut y avoir un abus de droit par fraude à la loi sans qu'il existe pour autant une fraude fiscale. Cette analyse paraît avoir recueilli l'assentiment de certains auteurs (v. C. Acard, N. Genestier et G. Exerjean, « La ligne de démarcation entre risque fiscal et risque pénal (2e volet). Un abus de droit peut-il être constitutif d'une fraude fiscale ? », *Dr. fisc.* 2016, n° 10, ét. 207, spéc. § 48).

56. Art. 324-1, C. pén.

57. Pour un aperçu des « fraudes massives et complexes à caractère fiscal » dont Tracfin a déjà eu à connaître, on se reportera au rapport d'activité 2009 de cet organisme, spéc. p. 14 et s. À signaler, également : un recours pour excès de pouvoir formé contre le décret du 2 septembre 2009 a été rejeté par le Conseil d'État dans une décision du 14 octobre 2011 (n° 332126). Voir également le dossier réalisé par la *Revue européenne et internationale de droit fiscal* sur « les polices fiscales – moyens de lutte contre la fraude fiscale » (2015-1).

– les opérations financières internationales sans cause juridique ou économique apparente se limitant le plus souvent à de simples transits de fonds en provenance ou à destination de l'étranger notamment lorsqu'elles sont réalisées avec des États ou des territoires visés au 1°;
– le transfert de fonds vers un pays étranger suivi de leur rapatriement sous la forme de prêts ;
– l'organisation de l'insolvabilité par la vente rapide d'actifs à des personnes physiques ou morales liées ou à des conditions qui traduisent un déséquilibre manifeste et injustifié des termes de la vente ;
– l'utilisation régulière par des personnes physiques domiciliées et ayant une activité en France de comptes détenus par des sociétés étrangères ;
– la réalisation d'une transaction immobilière à un prix manifestement sous-évalué.

Il convient d'insister sur le fait que l'infraction de blanchiment est autonome par rapport au délit de fraude fiscale. Il s'ensuit, conformément à la jurisprudence de la Cour de cassation, que le blanchiment de fraude fiscale peut être constaté par le juge alors même que le délit de fraude fiscale n'aurait pas été poursuivi ou n'aurait pas entraîné de condamnation[58]. D'un point de vue procédural, l'enjeu de la distinction entre fraude fiscale et blanchiment de fraude fiscale est également important puisque la poursuite de l'infraction de blanchiment ne nécessite pas la saisine préalable de la commission des infractions fiscales. Pour bien comprendre la portée de cette dernière observation, il faut exposer les règles spécifiques qui encadrent la procédure de répression de la fraude fiscale.

B. LA POURSUITE DU CONTRIBUABLE SOUPÇONNÉ DE FRAUDE FISCALE

979 La gravité du délit de fraude fiscale explique la spécificité des mesures procédurales le concernant[59]. Dans le sens d'une efficacité accrue de la répression, on peut ainsi noter que la loi de finances rectificative pour 2009 a créé une procédure judiciaire d'enquête fiscale pour les cas de fraude fiscale visés aux articles 1741 et 1743 du Code général des impôts lorsqu'il existe des présomptions caractérisées que la fraude résulte de l'usage de faux, de comptes détenus directement ou indirectement dans les États ou territoires non coopératifs, de l'interposition dans de tels États de personnes physiques ou morales, d'une domiciliation fiscale fictive ou artificielle à l'étranger ou de toute autre manœuvre destinée à égarer l'Administration[60]. Le législateur a ainsi introduit dans le Code de procédure pénale un nouvel article 28-2 qui institue un droit d'enquête fiscale judiciaire sous le contrôle du procureur de la république, c'est-à-dire dans le cadre légal des enquêtes préliminaires de police judiciaire. Certains agents des services fiscaux dûment habilités peuvent alors être investis de véritables prérogatives judiciaires leur permettant de rechercher et de constater les éléments constitutifs de la fraude fiscale, du blanchiment de fraude fiscale et des autres délits prévus à l'article 1743 du Code général des impôts, ainsi que d'infractions connexes telles que l'abus de biens sociaux ou le blanchiment d'argent[61].

L'efficacité de l'enquête en matière de fraude fiscale a été sensiblement renforcée par la loi du 6 décembre 2013 sur la lutte contre la fraude fiscale. Ainsi, lorsqu'un contribuable est soupçonné d'avoir commis en bande organisée l'une des infractions

58. Cass. crim., 20 févr. 2008, n° 07-82977.

59. V. sur ce sujet R. SALOMON, « Le particularisme de la procédure devant le juge pénal », *Dr. fisc.* 2016, n° 38, ét. 500.

60. Cas visés à l'art. L. 228, LPF.

61. Sur ce thème, v. V. DUSSART, « La police fiscale », *Dr. fisc.* 2014, n° 51-52, ét. 695.

prévues aux articles 1741 et 1743 du Code général des impôts (fraude fiscale ou infraction assimilée) ou lorsqu'il existe des présomptions caractérisées que ces infractions résultent d'un des comportements énumérés au paragraphe précédent, l'article 706-1-1 du Code de procédure pénale issu de la loi du 6 décembre 2013 prévoit l'application de toute une série de mesures spéciales, notamment : surveillance, infiltration, interception de correspondances émises par la voie des télécommunications, sonorisation et fixation d'images, captation de données informatiques, mesures conservatoires.

La même loi a par ailleurs institué un procureur de la République financier qui exerce une compétence pour la poursuite, l'instruction et le jugement des délits prévus aux articles 1741 à 1743 lorsqu'ils sont commis en bande organisée lorsqu'il existe des présomptions caractérisées que ces infractions résultent d'un des comportements énumérés aux paragraphes précédents.

Dans le sens de la protection du contribuable avant l'engagement des poursuites judiciaires, il faut signaler l'existence d'une commission spécifique, la commission des infractions fiscales, qui joue le rôle de filtre[62]. Les contribuables soupçonnés de fraude fiscale sont ainsi soumis à une procédure dérogatoire de la procédure pénale ordinaire. L'article L. 228 du Livre des procédures fiscales dispose que les plaintes tendant à l'application de sanctions pénales en matière d'impôts directs, de TVA et d'autres impôts visés par le texte, sont déposées par l'administration sur avis conforme de la commission des infractions fiscales. Cette règle, qui a fait l'objet d'une transmission de QPC par la Cour de cassation[63], a été jugée conforme à la Constitution par le Conseil constitutionnel[64].

Cette phrase signifie deux choses : d'une part, que le procureur de la République ne peut engager l'action publique contre le fraudeur qu'à la suite du dépôt d'une plainte par l'administration fiscale, celle-ci appréciant souverainement l'opportunité des poursuites ; d'autre part, que l'administration fiscale ne peut déposer de plainte qu'après avoir obtenu un avis favorable de la Commission des infractions fiscales.

Cette commission est une autorité administrative indépendante non juridictionnelle composée, sous la présidence d'un conseiller d'État, de magistrats honoraires de la Cour de cassation, de conseillers

62. Voir l'intéressant article du président de la CIF, M. Liébert-Champagne, « Le rôle de la Commission des infractions fiscales », *Dr. fisc.* 2016, n° 38, ét. 497.

63. Cass. crim., 19 mai 2016, n° 16-81857, M. B.

64. Déc. n° 2016-555 QPC du 22 juill. 2016. Le Conseil a notamment rappelé qu'il découle du principe de l'indépendance de l'autorité judiciaire, à laquelle appartiennent les magistrats du parquet, un principe selon lequel le ministère public exerce librement, en recherchant la protection des intérêts de la société, l'action publique devant les juridictions pénales. Mais il a relevé que, si les dispositions contestées n'autorisent pas le procureur de la République à mettre en mouvement l'action publique en l'absence de plainte préalable de l'administration, elles ne le privent pas, une fois la plainte déposée, de la faculté de décider librement de l'opportunité d'engager des poursuites, conformément à l'article 40-1 du Code de procédure pénale. Il a également rappelé que les infractions pour lesquelles une plainte de l'administration préalable aux poursuites est exigée répriment des actes qui portent atteinte aux intérêts financiers de l'État et causent un préjudice principalement au Trésor public. Ainsi, en l'absence de dépôt d'une plainte de l'administration, à même d'apprécier la gravité des atteintes portées à ces intérêts collectifs protégés par la loi fiscale, qui sont susceptibles de faire l'objet de sanctions administratives, l'absence de mise en mouvement de l'action publique ne constitue pas un trouble substantiel à l'ordre public. Il en a conclu que, dans ces conditions, les dispositions contestées, telles qu'interprétées par une jurisprudence constante, ne portent pas une atteinte disproportionnée au principe selon lequel le procureur de la République exerce librement, en recherchant la protection des intérêts de la société, l'action publique devant les juridictions pénales. Le grief tiré de la méconnaissance du principe d'indépendance de l'autorité judiciaire doit donc être écarté. Il en va de même du grief tiré de la méconnaissance du principe de séparation des pouvoirs.

d'État et de conseillers maîtres à la Cour des comptes, en activité ou honoraires. Elle comprend également quatre personnalités qualifiées, non magistrats, représentant la société civile et désignées à parité par les présidents de l'Assemblée nationale et du Sénat. Elle peut s'adjoindre des rapporteurs, fonctionnaires ou magistrats de l'ordre administratif. Le contribuable est avisé de la saisine de la commission – sauf exception[65] – qui l'invite à lui communiquer dans un délai de 30 jours les informations qu'il jugerait nécessaires. Le ministre est lié par l'avis de la commission. On signalera toutefois que les droits de la défense n'ont pas vocation à s'appliquer devant la Commission des infractions fiscales, ce qui, selon la Chambre criminelle de la Cour de cassation, ne pose pas de problème de constitutionnalité dès lors que la CIF est un organe administratif indépendant et non une juridiction[66].

En pratique, la CIF traite 1 000 affaires environ par an. Dans plus de 90 % des cas, elle donne une autorisation de poursuite[67]. Dans les autres cas, ceux où le caractère intentionnel de la fraude fiscale ne lui paraît pas établi, la Commission refuse les poursuites. Les autres éléments pris en compte par la Commission sont notamment le métier du contribuable et les sommes en jeu. Les condamnations pénales suivent, en général, le dépôt des plaintes. Le pourcentage des relaxes s'établit entre 5 % et 10 %[68].

Il convient enfin de signaler que les poursuites pénales et les poursuites fiscales *stricto sensu* pouvaient, jusqu'à deux décisions du Conseil constitutionnel du 24 juin 2016[69], être engagées parallèlement et tranchées par chaque ordre de juridiction indépendamment du résultat obtenu par l'autre[70]. Le juge pénal pouvait ainsi sanctionner une fraude sans attendre que le juge de l'impôt se soit prononcé sur le bien-fondé des impositions[71]. Il n'avait pas à tenir compte d'une décision antérieure du juge de l'impôt. Il n'avait pas à réviser sa décision à la suite d'une décision postérieure du juge de l'impôt déchargeant le contribuable de toute imposition[72]. La jurisprudence de la Cour de cassation[73] et de la Cour européenne des droits de l'homme[74] justifie ce dispositif par le fait que les poursuites pénales et fiscales ont un objet distinct : les premières statuent sur la responsabilité pénale du contribuable, les secondes statuent sur le montant de la dette

65. Utilisation de comptes ouverts ou de contrats souscrits auprès d'organismes établis à l'étranger aux fins de se soustraire à l'impôt ; interposition de personnes physiques ou morales ou de tout organisme, fiducie ou institution comparable établis à l'étranger (art. L. 238 LPF modifié par la loi du 6 déc. 2013).

66. Cass. crim., 9 févr. 2011, n° 10-86072, s'insérant dans un courant de jurisprudence française et européenne décrit par R. Salomon, *Dr. fisc.* 2011, n° 15, comm. 296, § 7.

67. Les chiffres de taux de rejet des dossiers donnés par le Rapport annuel de la CIF à l'attention du Gouvernement et du Parlement pour 2013 sont les suivants (p. 5) : 8,5 % en 2013, 8,7 % en 2012, 9,64 % en 2011 et 8,64 % en 2010. Aucun avis défavorable n'a été émis en 2013 à l'encontre des dossiers concernant des présomptions caractérisées de fraude relevant de la procédure menée à l'insu du contribuable. 75 % des dossiers comportent une rétention de TVA due au Trésor.

68. Source : compte rendu de l'audition de M. Jean-François de Vulpillières, président de la CIF, devant la commission d'enquête sénatoriale sur l'évasion des actifs et des actifs hors de France et ses incidences fiscales, 2 mai 2012, publiée sur le site du Sénat.

69. Déc. n° 2014-545 QPC et n° 2014-546 QPC du 24 juin 2016 commentées par N. Jacquot et P. Mispelon, *Dr. fisc.* 2016, n° 26, act. 409 et S. Detraz, *Dr. fisc.* 2016, n° 27, comm. 405.

70. Pour des réflexions de fond sur ce sujet, cf. R. Bousta, « De la créativité du juge fiscal : l'exemple de l'indépendance des procédures fiscale et pénale », *Dr. fisc.* 2011, n° 16, ét. 310 ; F. Deboissy, « Retour sur un principe controversé : l'indépendance des procédures pénale et fiscale », *Dr. fisc.* 2014, n° 51-52, ét. 692 ; L. Ayrault, « L'indépendance des contentieux pénal et fiscal », *Dr. fisc.* 2016, n° 38, ét. 503.

71. Cass. crim., 5 juill. 1976, *Gaz. Pal.* 1976, II, p. 788.

72. Cass. crim., 4 juin 1970, *Delfaux, Dr. fisc.* 1970, n° 28, comm. 833 ; *Bull. crim.* n° 186, p. 444 ; Comm. révision des condamnations pénales, 14 mai 2012, n° 11 REV 103, *Dr. fisc.* 2012, n° 25, comm. 344, note Ch. Louit ; *Dr. fisc.* 2012, n° 28, comm. 372, § 2, obs. R. Salomon ; Cass. crim., 13 juin 2012, n° 11-84902, *Dr. fisc.* 2012, n° 42, comm. 488, note E. Meier et R. Torlet ; Cass. crim., 23 mars 2016, n° 15-80953, *Dr. fisc.* 2016, n° 20, comm. 321, obs. R. Salomon.

73. Cass. crim., 16 mai 1968, n° 68-90871.

74. CEDH, 11 mai 2010, n° 11898/05, *M. Versini c/ France, Dr. fisc.* 2010, n° 26, comm. 391, note L. Ayrault.

fiscale. La Cour de cassation admettait cependant qu'il était loisible au juge pénal de tenir compte, pour apprécier les éléments matériel et intentionnel de l'infraction de fraude fiscale, de l'état de la jurisprudence fiscale et notamment de l'existence de décisions concluant à l'absence d'abus de droit[75]. Cette solution est logique car l'élément matériel de l'infraction de fraude fiscale – à savoir la soustraction frauduleuse à l'établissement ou au paiement de l'impôt – ne peut être totalement détaché de l'analyse du droit fiscal applicable à la situation litigieuse. Il en va de même de l'élément intentionnel : la volonté de frauder suppose que l'état du droit fiscal soit suffisamment clair pour que le contribuable ait sciemment souhaité s'y soustraire. On ne saurait donc empêcher le juge pénal de forger son intime conviction sur la base d'éléments dont la pertinence peut difficilement être contestée.

Depuis l'intervention des décisions précitées du Conseil constitutionnel, la situation est un peu différente. Le Conseil a en effet considéré que « les dispositions [...] de l'article 1741 du Code général des impôts ne sauraient, sans méconnaître le principe de nécessité des délits, permettre qu'un contribuable qui a été déchargé de l'impôt par une décision juridictionnelle devenue définitive pour un motif de fond puisse être condamné pour fraude fiscale ». L'avancée doit être saluée. Elle est cependant très imparfaite. Seule la décharge de l'impôt par une décision juridictionnelle *devenue définitive* permet d'éviter la condamnation pour fraude fiscale. La règle ne s'applique donc pas si le juge pénal vient à statuer alors qu'une décision préalable du juge fiscal pourrait encore être contestée. Il serait logique que, dans une telle hypothèse, le juge pénal sursoie à statuer jusqu'à ce que le juge fiscal se soit définitivement prononcé, mais cela supposerait que la Cour de cassation modifie l'état de sa jurisprudence. La décision du Conseil constitutionnel n'envisage pas non plus l'hypothèse dans laquelle le juge pénal se prononcerait alors que le juge fiscal ne se serait pas encore prononcé. Il faudrait alors admettre, ce qui paraît cohérent avec le sens de la décision du Conseil, que le juge pénal puisse être saisi d'un recours en révision en raison du fait nouveau que constitue la décharge définitive de l'impôt par le juge fiscal. Mais ici encore, il faudra pour ce faire que la Cour de cassation modifie sa jurisprudence. Enfin, la décision du Conseil laisse entière la question de savoir si le juge fiscal devrait s'abstenir d'infliger toute pénalité dans l'hypothèse (inverse de celle ayant donné lieu à la décision) où le juge pénal aurait rendu une décision définitive avant le juge fiscal.

La question du cumul des poursuites est indissolublement liée à celle du cumul des sanctions pénales et fiscales. Selon une jurisprudence constitutionnelle ancienne[76], le cumul est autorisé. Lorsqu'une sanction administrative est susceptible de se cumuler avec une sanction pénale, le principe de proportionnalité implique seulement que le montant global des sanctions éventuellement prononcées ne dépasse le montant le plus élevé de l'une des sanctions encourues[77]. La question de la pérennité de cette

75. Cass. crim., 4 nov. 2010, n° 10-81233, *Dr. fisc.* 2011, n° 3, comm. 111, obs. R. SALOMON, § 1 ; v. aussi notre article « La véritable signification de l'indépendance des procédures fiscale et pénale », *FR* 6/2011, p. 29 et s.

76. Cons. const., déc. 30 déc. 1997, n° 97-395 DC, loi de finances pour 1998, préc., cons. 41.

77. La CJUE a de son côté jugé que l'article 50 de la Charte des droits fondamentaux posant le principe *ne bis in idem* ne s'oppose pas à ce qu'un État membre impose, pour les mêmes faits de non-respect d'obligations déclaratives dans le domaine de la TVA, une combinaison de sanctions fiscales et pénales (CJUE, gde ch., 26 févr. 2013, C-617/10, *Åklagaren c. Hans Åkerberg Fransson ; Dr. fisc.* 2013, n° 40, comm. 460, note C. BROKELIND ; CJUE, 5 avr. 2017, aff. C-217/15, *Massimo Orsi* et aff. C-350/15, *Luciano Baldetti*, *Dr. fisc.* 2017, n° 20, comm. 307, note N. GUILLAND). Dans un arrêt ultérieur (CJUE, Gr. ch., 20 mars 2018, aff. C-524/15, Luca Menci, *Dr. fisc.* 2018, n° 21, 285, note N. GUILLAND), elle a précisé qu'une

solution s'est cependant posée à la suite d'une importante décision rendue le 18 mars 2015[78] en matière de cumul de poursuites relatives à un manquement d'initié (devant l'Autorité des marchés financiers) et à un délit d'initié (devant le juge pénal), par laquelle le Conseil constitutionnel a considéré que sous certaines conditions, le cumul des poursuites peut porter atteinte au principe de nécessité des délits et des peines. Pour conclure à l'impossibilité d'un cumul de poursuites au cas particulier, le Conseil a relevé que les dispositions contestées (figurant toutes dans le Code monétaire et financier) tendent à réprimer de mêmes faits qualifiés de manière identique, que ces deux répressions protègent les mêmes intérêts sociaux, que les sanctions prononcées par l'Autorité des marchés financiers et le juge pénal n'ont pas une nature différente et que les poursuites et sanctions relèvent du même ordre de juridiction. En revanche, le Conseil a précisé dans le considérant 19 de sa décision que « le principe de nécessité des délits et des peines ne fait pas obstacle à ce que les mêmes faits commis par une même personne puissent faire l'objet de poursuites différentes aux fins de sanctions de nature administrative ou pénale en application de corps de règles distincts devant leur propre ordre de juridiction ».

La portée de cette décision en matière fiscale a été partiellement éclaircie par les décisions précitées rendues par le Conseil constitutionnel le 24 juin 2016. Les affaires portées devant le Conseil concernaient des cas de cumul entre pénalités fiscales prévues par l'article 1729 du CGI (pénalité de 40 % pour manquement délibéré ou de 80 % pour manœuvres frauduleuses ou abus de droit) et sanction pénale pour fraude fiscale prévue par l'article 1741 du CGI. Le Conseil y a réitéré sa jurisprudence traditionnelle autorisant le cumul de sanctions (sous réserve que le montant global ne dépasse pas la sanction la plus élevée), mais il a assorti cette jurisprudence d'une réserve d'interprétation sur l'application combinée des articles 1729 et 1741 du CGI. Selon le Conseil constitutionnel, si « le principe de nécessité des délits et des peines ne saurait interdire au législateur de fixer des règles distinctes permettant l'engagement de procédures conduisant à l'application de plusieurs sanctions afin d'assurer une répression effective des infractions », « ce principe impose néanmoins que les dispositions de l'article 1741 ne s'appliquent qu'aux cas les plus graves de dissimulation frauduleuse de sommes soumises à l'impôt[79]. Cette gravité peut résulter du montant des droits fraudés, de la nature des agissements de la personne poursuivie ou des circonstances de leur intervention ». Le Conseil considère donc que le cumul des sanctions ne peut être autorisé que dans les cas les plus graves ; dans les autres cas, seules les pénalités fiscales peuvent être appliquées, sans être cumulables avec les peines prévues par l'article 1741.

réglementation nationale autorisant un cumul de poursuites et de sanctions de nature pénale doit viser un objectif d'intérêt général de nature à justifier un tel cumul de poursuites et de sanctions, ces poursuites et sanctions devant avoir des buts complémentaires, établir des règles claires et précises permettant au justiciable de prévoir quels actes et omissions sont susceptibles de faire l'objet d'un tel cumul de poursuites et de sanctions, assurer que les procédures sont coordonnées entre elles pour limiter au strict nécessaire la charge supplémentaire résultant, pour les personnes concernées, d'un cumul de procédures, et assurer que la sévérité de l'ensemble des sanctions imposées est limitée à ce qui est strictement nécessaire par rapport à la gravité de l'infraction concernée.

78. Cons. const., déc. 18 mars 2015, n° 2014-453/454 QPC et n° 2015-462 QPC.

79. Notons que la Cour de cassation a eu l'occasion de préciser que la réserve émise par le Conseil constitutionnel ne concerne que les cas de dissimulation de sommes sujettes à l'impôt. Elle ne s'applique pas, selon elle, à une hypothèse de fraude fiscale pour omission de déclaration dans les délais prescrits (Cass. crim., 22 févr. 2017, n° 16-82047, *Dr. fisc.* 2017, n° 18-19, comm. 292, chron. R. Salomon ; *Dr. fisc.* 2017, n° 20, comm. 313, note O. Fouquet et B. Hatoux).

Les décisions du 24 juin 2016 constituent ici encore une avancée par rapport à la jurisprudence traditionnelle, mais elles laissent subsister d'importantes incertitudes. Que sont « les cas les plus graves » ? La question reste entière, même si le Conseil a énoncé certains critères à l'intention du parquet et du juge pénal. Comment ces décisions s'articulent-elles avec celle du 18 mars 2015 ? Les poursuites fiscales et pénales relevant souvent d'ordres juridictionnels différents (sous quelques réserves, notamment en matière d'IFI, de droits d'enregistrement et d'ISF, qui étaient en cause dans les affaires soumises au Conseil le 24 juin 2016), leur cumul est-il pleinement autorisé lorsque le juge administratif est compétent en matière fiscale ? On ne le comprendrait pas, sauf à créer entre les contribuables une différence de traitement fondée sur la juridiction dont ils relèvent...

La jurisprudence du Conseil constitutionnel semble désormais converger avec celle de la Cour européenne des droits de l'homme relative à l'article 4 du protocole n° 7 de la Convention européenne des droits de l'homme selon lequel « nul ne peut être poursuivi ou puni pénalement par les juridictions du même État en raison d'une infraction pour laquelle il a déjà été acquitté ou condamné par un jugement définitif conformément à la loi et à la procédure pénale de cet État ». Depuis l'affaire *Gradinger c/Autriche* du 23 octobre 1995[80], la Cour reconnaît certes qu'un État viole le principe *ne bis in idem* lorsque, indépendamment de la qualification juridique donnée à certains faits, il inflige deux sanctions pour des comportements identiques. Cette approche a été confirmée dans l'affaire *Serguey Zolotoukhine c. Russie* du 10 février 2009[81] et surtout dans l'affaire *Ruotsalainen c. Finlande* du 16 juin 2009[82]. Observons de surcroît que La CEDH a confirmé en 2015 que le maintien ou la mise en œuvre d'une seconde procédure répressive après la clôture d'une première, autrement dit, après qu'elle est devenue juridiquement définitive, viole l'article 4 du protocole n° 7. Tel fut le cas dans l'arrêt *Rinas c/Finlande*[83] mais aussi dans l'arrêt *Kapetanios et a. c/Grèce*[84]. Mais la jurisprudence de la Cour européenne a clairement pris une autre orientation avec un arrêt de Grande chambre rendu le 15 novembre 2016[85]. Cet arrêt juge ainsi que les États parties à la Convention EDH sont libres de décider de l'organisation de leur système juridique, si bien que « rien dans la Convention n'interdit dans tel ou tel cas de séparer en différentes phases ou parties le processus de fixation de la peine » (§ 120 de la décision). Plus précisément, la Cour juge que l'article 4 du protocole n° 7 « ne bannit pas les systèmes juridiques qui traitent de manière « intégrée » le méfait néfaste pour la société en question, notamment en réprimant celui-ci dans le cadre de phases parallèles menées par des autorités différentes à des fins différentes » (§ 123). Cette analyse conduit la Cour à considérer qu'en présence d'un cumul de procédures pénales et

80. Req. n° 15963/90.

81. Req. n° 14939/03.

82. Req. n° 13079/03. Voir encore dans le même sens, CEDH, gde ch., 4 mars 2014, n° 18640/10, n° 18647/10, n° 18663/10, n° 18668/10 et n° 18698/10, *Stevens et a. c/Italie*, pt 210 : JurisData n° 2014-006876 ; *Dr. sociétés* 2014, comm. 87, note S. Torck ; *RJF* 7/2014, n° 750 ; *Rev. sc. crim.* 2014, p. 110, obs. F. Stasiak ; V. M. Pelletier, « La résurrection du principe *non bis in idem* ? », *Dr. fisc.* 2014, n° 19, act. 276 ; L. Ayrault, « Le renforcement des sanctions », *Dr. fisc.* 2014, n° 51-52, 701 ; CEDH, 20 mai 2014, n° 758/11, *Hakka c/Finlande* ; CEDH, 27 nov. 2014, n° 7356/110, *Lucky Dev c/Suède*, *Dr. fisc.* 2015, n° 9, ét. 180, obs. L. Ayrault (affaire intéressante où la Cour a conclu à la violation de l'article 4 du protocole n° 7 dans le cas où les poursuites fiscales avaient été continuées alors que la décision sur le terrain pénal était devenue définitive).

83. CEDH, 4e sect., 27 janv. 2015, n° 17039/13, *Rinas c/Finlande*. Violation de l'article 4 du protocole n° 7 dans le cas de la continuation d'une poursuite fiscale après qu'un jugement pénal soit devenu définitif.

84. CEDH, 1re sect., 30 avr. 2015, n° 3453/12, n° 42941/12 et n° 9028/13, *Kapetanios et a. c/Grèce*, *AJ pénal* 2015, p. 367 et s., note C. Mauro. Violation de l'article 4 du protocole n° 7 ainsi que de l'article 6.2 de la Convention EDH (présomption d'innocence) dans une affaire non fiscale où il était reproché au juge administratif de ne pas avoir tenu compte de l'acquittement définitif au pénal.

85. CEDH, 15 nov. 2016, n° 24130/11 et 29758/11, *A et B c. Norvège* ; *Dr. fisc.* 2016, n° 47, comm. 603, note M. Pelletier ; chron. L. Ayrault, *L'Année fiscale* 2016, *Dr. fisc.* 2017, n° 9, 191, § 57 et s. V. également l'arrêt du 18 mai 2017, n° 22007/11, *Johannesson et a.*, *Dr. fisc.* 2017, n° 30-35, 417, note N. Guilland, mettant en œuvre la méthode définie dans l'arrêt *A et B c. Norvège*.

fiscales unies par un « lien matériel et temporel suffisamment étroit », il n'y a pas, à proprement parler, de « répétition » de procès ou de peines, donc pas de violation de l'article 4 du protocole n° 7. La Cour exige néanmoins que « la sanction imposée à l'issue de la procédure arrivée à son terme en premier soit prise en compte dans la procédure qui a pris fin en dernier, de manière à ne pas faire porter pour finir à l'intéressé un fardeau excessif » (§ 132). Les perspectives de contestation avec succès du droit français fondées sur l'article 4 du protocole n° 7 sont désormais d'autant plus faibles que la France n'est pas tenue par l'article 4 du protocole n° 7 de la Convention, car elle a émis une réserve selon laquelle « seules les infractions relevant en droit français de la compétence des tribunaux statuant en matière pénale doivent être regardées comme des infractions au sens des articles 2 à 4 du présent Protocole »[86]. Or, alors qu'un débat nourri s'était élevé sur la validité de cette réserve, la Cour de cassation l'a admise dans une décision du 22 février 2017[87].

Une réflexion *de lege ferenda* s'impose donc. Elle pourrait utilement s'inspirer de l'exemple espagnol, lequel fait obligation au juge fiscal de se dessaisir lorsque le juge pénal est saisi d'une affaire relevant de sa compétence. Inversement, on peut souhaiter, comme on l'a vu plus haut, que le juge pénal soit obligé de surseoir à statuer lorsqu'une instance fiscale est en cours à propos des mêmes faits[88], ou bien que le juge pénal se voie reconnaître la possibilité de surseoir à statuer en considération de la complexité de l'affaire et du caractère nouveau ou délicat de la question de droit posée (ce même sursis à statuer pouvant être utilisé par la Commission des infractions fiscales dans l'attente de l'avis du Comité de l'abus de droit fiscal)[89]. Chacune de ces solutions présente des avantages et des inconvénients.

§ 3. LES TECHNIQUES FISCALES

980 Intuitivement, on se dit que la technique législative la plus simple, pour lutter contre l'évasion fiscale sur le terrain même choisi par ses auteurs, consiste à identifier un ou plusieurs comportements répréhensibles, à les définir et à déterminer la sanction qui doit être infligée au contrevenant. C'est une technique que l'on peut qualifier « d'énumérative ». Elle prend la forme d'une prescription juridique claire et précise. Elle incarne le règne de la règle de droit. Cependant, cette technique de lutte contre l'évasion fiscale est de plus en plus perçue comme insuffisante par l'administration et le législateur français. Le recours à la règle juridique est complété, voire remplacé, par des principes à la texture sémantique ouverte, tels que la nécessité de lutter contre la « fraude à la loi » ou « l'abus de droit ». La règle spéciale anti-abus (A) cède ainsi devant une autre forme de normativité, fondée sur les principes généraux (B).

86. En ce sens, v. Cass. crim., 13 janv. 2010, n° 04-84977 et CE, 26 déc. 2008, n° 282995, *Gonzales-Castrillo.*

87. Cass. crim., 22 févr. 2017, n° 14-82526, *Dr. fisc.* 2017, n° 18-19, comm. 292, chron. R. SALOMON. V. encore Cass. crim. 3 mai 2018, n° 17-81594, *Dr. fisc.* 2018, n° 22, 288, § 5, chron. R. SALOMON.

88. Solution suggérée par M. COLLET, *Procédures fiscales*, PUF, 2011, n° 283.

89. F. DEBOISSY, « Retour sur un principe controversé : l'indépendance des procédures pénale et fiscale », *Dr. fisc.* 2014, n° 51-52, ét. 692, § 36. F. Deboissy évoque aussi l'idée de prévoir un recours en révision de la décision pénale sur la base de l'élément nouveau que pourrait constituer, en considération des données de l'espèce, la décision du juge de l'impôt.

A. LES RÈGLES SPÉCIALES ANTI-ABUS

981 Pour un juriste français de formation classique, la qualité d'une règle juridique ayant pour objet de sanctionner un citoyen est étroitement liée à sa précision et à sa clarté. L'énumération et la description des comportements interdits ne procèdent pas seulement d'exigences de commodité et de rigueur ; elles constituent une garantie fondamentale donnée au citoyen, une protection contre tout risque de décision arbitraire prise par les autorités publiques.

En matière pénale, de tels principes sont présents de façon explicite dans la Déclaration des droits de l'homme et du citoyen. En matière fiscale, le Conseil constitutionnel a estimé dans une décision du 29 décembre 2005 que « la loi, lorsqu'elle atteint un niveau de complexité tel qu'elle devient inintelligible pour le citoyen, méconnaît en outre l'article 14 de la Déclaration de 1789, aux termes duquel : « Tous les citoyens ont le droit de constater, par eux-mêmes ou par leurs représentants, la nécessité de la contribution publique, de la consentir librement, d'en suivre l'emploi, et d'en déterminer la quotité, l'assiette, le recouvrement et la durée » »[90]. Ce principe a permis au Conseil constitutionnel de censurer, comme inconstitutionnelles, des dispositions si complexes « que les incertitudes qui en résulteraient seraient source d'insécurité juridique, notamment de malentendus, de réclamations et de contentieux »[91].

Les qualités des règles spéciales anti-abus expliquent sans nul doute pourquoi notre système fiscal en contient à profusion. En matière d'impôt sur les sociétés, nous avons déjà eu l'occasion de rencontrer de multiples dispositions pourchassant la sous-capitalisation, l'instrumentalisation excessive de l'intégration fiscale ou du régime de faveur des fusions, l'utilisation de filiales dans des États à fiscalité privilégiée, etc. Toutes ces règles ont un grand mérite. Elles donnent aux acteurs économiques des règles du jeu précises : ceux qui s'y soumettent sont assurés de n'être assujettis à aucune sanction ; ceux qui s'en écartent connaissent le risque qu'ils encourent. C'est l'approche casuistique de l'évasion fiscale, si prisée des Anglais.

Ces règles ont cependant un défaut : elles ne permettent pas de faire face à toutes les situations d'évitement de l'impôt. De fait, l'imagination des praticiens est fertile et conduit souvent à donner aux particuliers et aux entreprises un train d'avance, si l'on peut dire, sur la réaction du législateur. Le respect des conditions légales n'est, dans ces conditions, qu'un brevet trompeur de civisme fiscal.

Comment réagir efficacement face à une telle situation ? La première réponse qui vient à l'esprit consiste à modifier la loi en permettant pour l'avenir à l'administration fiscale de combattre les schémas d'évasion nouvellement découverts. Commence alors une course-poursuite : le législateur suit la pratique en élaborant une réglementation encore plus précise et détaillée ; les contribuables visés, se sachant démasqués, découvrent de nouveaux moyens de passer entre les mailles du filet législatif ; d'où une nouvelle réaction, toujours tardive, du législateur, etc. Ce petit jeu peut se poursuivre à l'infini, les finances publiques faisant les frais du décalage existant entre l'inventivité des uns et l'opiniâtreté des autres.

On comprend la nécessité d'une autre riposte, reconnaissant les limites intrinsèques de toute entreprise d'énumération précise des comportements évasifs. Celle-ci s'articule autour de l'idée que le droit s'arrête où l'abus commence, que l'utilisation frauduleuse

90. Cons. const., déc. nº 2005-530 DC, 29 déc. 2005, § 78.

91. *Ibid.*, § 84.

des ressources du système juridique constitue une offensive contre celui-ci, bref, que la sanction de la fraude à la loi et de l'abus de droit constitue un principe général qui justifie suffisamment la sanction de ceux qui confondent malice et malignité.

B. LA RÈGLE GÉNÉRALE ANTI-ABUS

982 Le recours à la théorie de l'abus de droit a un mérite immense : il permet de débusquer les contribuables qui se croient à l'abri de toute sanction au seul motif qu'ils rendent un hommage de façade à la législation existante. La force de la théorie réside donc dans son flou. Son efficacité vient de ce qu'elle embrasse sans limite toutes les formes de comportement déviant. Partant, la théorie de l'abus de droit semble se présenter comme l'aboutissement ultime de la technique législative ou, mieux, comme l'expression de cette sagesse intemporelle selon laquelle tout ne se peut prévoir, de sorte que tout système a besoin, pour sa propre sauvegarde, de garde-fous formulés en termes généraux. La théorie de l'abus de droit, ce serait ainsi le refoulement du juridisme et l'affirmation de la confiance faite à notre administration et à nos juges, capables de discerner, sans le support des textes, les limites de l'acceptable et de l'inacceptable.

L'utilité d'une règle générale anti-abus explique sans nul doute pourquoi de nombreux États se sont résolus à en adopter une[92]. Il est toutefois intéressant de constater que les définitions de l'abus de droit sont aussi nombreuses que les pays qui s'y réfèrent. De plus, même lorsque les concepts sont très proches, leur interprétation par les juges nationaux varie très substantiellement, de même que les modalités de la sanction de l'abus de droit[93].

On ne peut cependant se dissimuler que la théorie de l'abus de droit ne constitue pas un moyen satisfaisant d'endiguer l'évasion fiscale. Sans verser dans un cynisme facile ni dans une critique systématique, il faut rappeler que l'abus de droit constitue une arme dont l'administration peut être tentée d'abuser, la menace de la sanction pouvant conduire le contribuable à accepter des redressements auxquels il ne serait pas soumis spontanément. La définition large des critères de l'abus de droit peut également faire craindre que, sous couvert de faire régner le droit dans ce qu'il a plus de noble, on aboutisse en réalité à faire prévaloir un certain arbitraire sur la nécessité tout aussi noble de respecter un minimum de sécurité juridique. En bref, si la théorie de l'abus de droit révèle que la norme fiscale spéciale ne peut toujours se suffire à elle-même, elle enseigne également que tout ce qui peut être prévu à l'avance doit l'être par voie législative et que l'on ne saurait faire peser en principe sur le contribuable le risque d'une malfaçon législative. La dissolution de la règle juridique dans les principes généraux doit donc être évitée autant que possible. Dans ce contexte, il est essentiel de conserver à la matière fiscale sa précision, fût-elle rebutante, et de donner à la notion d'abus de droit toute la substance technique qui permet d'assurer un certain contrôle sur son utilisation.

92. Cf. sur ce sujet cf. F. ZIMMER, "Form and substance in tax law", General Report, *Cahiers de Droit Fiscal International*, 2002 ; V. THURONYI, *Comparative Tax Law*, Kluwer Law International, 2003, Chap. 5 ; C. DAVID, « L'abus de droit en Europe », *Droit & Économie*, n° 92, nov. 2004, p. 14 et s. ; C. EVANS, "Containing Tax Avoidance: Anti-Avoidance Strategies", in J. HEAD et R. KREVER (eds.), *Tax Reform in the 21st Century, A Volume in Memory of Richard Musgrave*, Wolters Kluwers, Series on International Taxation, 34, 2009, p. 529 et s.

93. Pour une démonstration à partir d'une comparaison franco-allemande, cf. S. DE MONÈS, P.-H. DURAND, J.-F. MANDELBAUM, M. KLEIN et A. NIEMANN, "Abuse of Tax Law across Europe", Part I, *EC Tax Review*, 2010-2, p. 85 et s.

SECTION 2 **LA NOTION D'ABUS DE DROIT**

983 La notion française d'abus de droit est inscrite à l'article L. 64 du Livre des procédures fiscales. Ce texte énonce qu'« afin d'en restituer le véritable caractère, l'administration est en droit d'écarter, comme ne lui étant pas opposables, les actes constitutifs d'un abus de droit, soit que ces actes ont un caractère fictif, soit que, recherchant le bénéfice d'une application littérale de textes ou de décisions à l'encontre des objectifs poursuivis par leurs auteurs, ils n'ont pu être inspirés par aucun autre motif que celui d'éluder ou d'atténuer les charges fiscales que l'intéressé, si ces actes n'avaient pas été passés ou réalisés, aurait normalement supportées eu égard à sa situation ou à ses activités réelles ».

Ce texte à la rédaction raffinée est un produit de l'histoire (§ 1) en ce qu'il englobe dans la notion d'abus de droit deux situations de fait différentes : celle où l'administration relève qu'un acte a un caractère fictif (§ 2) et celle où le contribuable se voit reprocher d'avoir accompli une opération ayant un motif exclusivement fiscal (§ 3).

§ 1. ÉLÉMENTS D'HISTOIRE

984 L'histoire se caractérise par l'extension continue du champ d'application de la théorie de l'abus de droit (A), suivie de l'apparition d'une notion concurrente, la fraude à la loi (B), et de la fusion entre les deux notions qui a abouti à la loi actuelle (C).

A. L'EXTENSION DU DOMAINE DE L'ABUS DE DROIT

985 La répression de l'abus de droit en matière fiscale est ancienne. Dès le XIXe siècle, la jurisprudence de la Cour de cassation faisait ainsi prévaloir, en matière de droits d'enregistrement, la substance des actes sur leur forme juridique « lorsque la substance d'un acte aussi bien que ses conséquences nécessaires et immédiates protestent contre la qualification que les contractants lui ont donnée, et qu'il ressort de l'économie de ses dispositions qu'elles ont été combinées en vue de dissimuler une autre nature de contrat qu'on voulait soustraire au droit déterminé par la loi fiscale »[94]. C'est ainsi, par exemple, que le juge civil n'a jamais hésité à requalifier un contrat de vente en donation lorsqu'il lui apparaissait que la dénomination juridique du contrat (vente) n'était pas conforme à la réalité économique (donation). Le juge administratif adopta également très tôt la même approche[95].

Du point de vue législatif, la procédure de répression des abus de droit trouve son origine dans une loi du 13 janvier 1941[96] reprise dans l'article 244 du Code général des

94. Cass. civ., 20 août 1867, *DP* 1867, 1, 337.
95. CE, 12 déc. 1930, *Rec.*, p. 1063.
96. Ainsi que le relève Olivier FOUQUET dans l'ouvrage qu'il a consacré avec Noël CHAHID-NOURAÏ à l'optimisation fiscale et à l'abus de droit (EFE 1989), le texte de 1941, rendant obligatoire la consultation du comité consultatif en cas d'abus de droit, avait été conçu comme une prérogative supplémentaire permettant à l'administration, si elle le souhaitait, d'éluder, grâce à l'avis favorable de ce comité, le fardeau de la preuve (voir dans le même sens E. KORNPROBST, « Abus de droit », *JurisClasseur Procédures fiscales*,

impôts. Ce texte devait ensuite migrer vers l'article 1649 *quinquies* du même Code avant d'être transféré à l'article L. 64 du Livre des procédures fiscales. Initialement, la procédure était limitée aux impôts sur le revenu[97]. Ce n'était cependant là que le début d'un mouvement d'élargissement continu des impôts concernés (1°) et du concept d'abus de droit lui-même (2°).

1. L'élargissement du cercle des impôts concernés

986 Si le chapitre consacré à l'abus de droit est le dernier du présent ouvrage, c'est parce qu'il est transversal par nature. La répression de l'abus de droit n'a en effet cessé d'étendre son empire à de nouveaux impôts. Elle concerne donc aujourd'hui tous les impôts. Elle s'applique en particulier avec une certaine fréquence en matière d'impôt sur le revenu, d'impôt sur les sociétés, de droits de mutation à titre gratuit ou onéreux, de taxe sur la valeur ajoutée, d'impôt de solidarité sur la fortune et de contribution économique territoriale.

2. L'élargissement du concept d'abus de droit

987 Dans sa rédaction initiale, l'article L. 64 du Livre des procédures fiscales disposait que « ne peuvent être opposés à l'administration des impôts les actes qui dissimulent la portée véritable d'un contrat ou d'une convention [...] ». L'article ajoutait que « l'administration est en droit de restituer son véritable caractère à l'opération litigieuse ».

Comme on peut le constater, le texte de l'article L. 64 était d'application relativement limitée. Il supposait l'existence d'une dissimulation opérée volontairement par le contribuable. Cela renvoyait en pratique à deux situations :

le cas dans lequel un acte revêtait un caractère **fictif**, le contribuable se prévalant d'une situation juridique non corroborée par une situation réelle : à titre d'exemple, le fait de présenter une fausse facture (c'est-à-dire une facture faisant état d'une livraison de biens ou d'une prestation de services en réalité inexistante) en vue de récupérer la TVA.

— le cas dans lequel le contribuable dissimulait derrière un acte apparent une autre convention réellement voulue par les parties : nous sommes ici davantage en présence d'une situation simulée que d'une situation fictive au sens strict, même s'il y a entre fictivité et **simulation** une différence de degré plutôt que de nature[98]. L'acte apparent n'a en effet pas pour fonction de dissimuler le vide, mais plutôt une réalité occulte d'une autre nature. On retrouve ici l'exemple précité de la donation déguisée en vente

---

Fasc. 375, 1994). C'est ce que révèlent les commentaires administratifs faits sur cette loi dans la circulaire n° 2179 du 31 octobre 1941. Les dispositions de la loi de 1941 furent ensuite reprises par l'article 115 du décret de réforme fiscale n° 48-1986 du 9 décembre 1948.

97. À noter, toutefois, que le législateur avait, en matière de droits d'enregistrement, institué en 1925 une amende de 200 % en cas d'abus de droit, alors qu'aucun texte ne définissait encore cette notion. La loi de 1941 a laissé en dehors du champ de la procédure de répression des abus de droit les droits d'enregistrement (jusqu'à ce que la loi de 1963 les y intègre) mais cela n'a pas empêché la Cour de cassation de continuer à valider la poursuite des abus de droit opérée en ce domaine par l'administration.

98. Comme l'écrit un auteur, « la fictivité est l'une des variantes de la simulation. À ce titre, elle suppose la création volontaire d'une contradiction entre un élément occulte et un élément apparent en vue d'induire les tiers en erreur » (F. Deboissy, *La simulation en droit fiscal*, LGDJ, 1997, préf. M. Cozian, n° 332).

en vue d'échapper aux droits de mutation à titre gratuit. On peut rapprocher de cette simulation concernant la nature du contrat l'hypothèse d'une interposition de personne, laquelle se caractérise comme une tromperie portant sur l'identité du redevable réel de l'impôt[99].

Il résultait de cette définition restrictive que la procédure de l'abus de droit n'était pas utilisable si l'administration ne relevait aucun acte fictif[100]. La jurisprudence devait pourtant étendre le domaine de la théorie de l'abus de droit bien au-delà des cas de fictivité ou de simulation. L'arrêt cardinal en la matière est un arrêt du Conseil d'État rendu le 10 juin 1981, d'où il résulte que l'abus de droit s'applique, non seulement aux opérations ayant « un caractère fictif » mais également, à défaut, à des opérations « qui n'ont pu être inspirées par aucun motif autre que celui d'éluder l'impôt ou d'atténuer les charges fiscales que l'intéressé, s'il n'avait pas réalisé ces opérations, aurait normalement supportées eu égard à sa situation et à ses activités réelles »[101].

L'évolution était fondamentale : désormais, donc, le contribuable n'ayant rien dissimulé des opérations qu'il avait réalisées pouvait encourir la sanction au seul motif qu'il poursuivait un objectif exclusivement fiscal. La Cour de cassation devait suivre le Conseil d'État et adopter la même approche[102], même si certains arrêts purent un temps laisser croire qu'elle appréciait l'abus de droit de façon plus restrictive que son homologue[103].

Mais cette extension de la théorie de l'abus de droit n'était encore que le prélude à la généralisation de la lutte contre toutes les formes d'évasion fiscale. Elle devait encore être complétée par le concept, tout aussi flou que celui d'abus de droit, de « fraude à la loi ».

B. L'APPARITION DU CONCEPT DE FRAUDE À LA LOI

988 Le 27 septembre 2006, le Conseil d'État rendait un arrêt très attendu dans une affaire déjà célèbre, l'affaire *Janfin*[104]. Les faits, brièvement résumés, étaient les suivants.

Une société A avait acquis des titres d'une société B quelques jours avant que celle-ci ne lui distribue d'importants dividendes. À l'époque, l'avoir fiscal existait encore : toute distribution de

99. Cf. sur cette distinction : M. Cozian, « La notion d'abus de droit », in *Les grands principes de la fiscalité des entreprises*, Litec, 4e éd., 1999, p. 25 et s.

100. CE, 23 févr. 1979, n° 6688.

101. CE, 10 juin 1981, n° 19079, plén., *Dr. fisc.* 1981, n° 48, comm. 2187, concl. P. Lobry. Comp. CE, 5 nov. 1955, n° 22322, T, p. 696, *Dr. fisc.* 1956 n° 1, doct. p. 5 concl. Boitreaud ; *Dupont* 1956, p. 101 ; *AJDA* 1956, II, 47, note Drago.

102. Cass. com., 19 avr. 1988, *Bull. civ.* IV, n° 134 ; Cass. com., 9 oct. 1990, n° 1111 D, *RJF* 1990 n° 892 ; Cass. com., 21 avr. 1992, *Sté Saphymo Stel*, *RJF* 1992, n° 10990 ; Cass. com., 21 avr. 1992, *Durville*, *RJF* 1992, n° 1091.

103. Cass. com., 10 déc. 1996, n° 2084 P, *RMC France*, *RJF* 2/97, n° 186. L'arrêt pouvait laisser accroire qu'un acte ne relevait pas de l'abus de droit lorsqu'il produisait des effets juridiques autres que fiscaux. Une telle interprétation reviendrait cependant à priver la notion d'abus de droit de toute utilité car il en va presque toujours ainsi.

104. CE, Sect., 27 sept. 2006, n° 260050, *min. c/ Sté Janfin*, *JurisData* n° 2006-081020 ; *Dr. fisc.* 2006, n° 47, comm. 744, concl. L. Olléon et ét. 65, O. Fouquet, « Fraude à la loi et abus de droit » ; *RJF* 2006, n° 1583 ; *BDCF* 12/2006, n° 156, concl. L. Olléon. – *Adde*, P. Dibout, « Répression des abus de droit en matière fiscale et principe de fraude à la loi. À propos de l'arrêt du Conseil d'État du 27 sept. 2006, *Société Janfin* », *JCP* E 2006, 2820.

dividendes entraînait donc l'octroi au bénéficiaire d'un crédit d'impôt. La société A avait donc encaissé, outre les dividendes, un avoir fiscal d'un montant important qui lui avait permis de réduire substantiellement l'impôt sur les sociétés dont elle était redevable. Le lendemain de la distribution, la société A revendait les titres de la société B en faisant ressortir au passage une moins-value de cession.

L'administration contestait l'utilisation par la société A de l'avoir fiscal ainsi obtenu en se fondant sur l'article L. 64 du Livre des procédures fiscales. Elle estimait que cette opération d'achat-revente n'avait qu'un objectif fiscal, à savoir l'obtention d'un crédit d'impôt. Le Conseil d'État lui donna cependant tort. Sans se prononcer sur la légitimité du montage critiqué, il se contenta de constater qu'il y avait encore une limite *rationae materiae* à l'application de l'article L. 64 : si celui-ci permet certes de neutraliser des opérations ayant pour effet de diminuer l'assiette de l'impôt, il ne peut servir de fondement lorsque l'avantage fiscal obtenu par le contribuable est d'une autre nature. Selon les termes du Conseil d'État, « l'administration ne peut faire usage des pouvoirs qu'elle tient de ces dispositions lorsqu'elle entend contester l'utilisation comme moyen de paiement de l'impôt dû d'un avoir fiscal, laquelle ne déguise ni la réalisation, ni le transfert de bénéfices ou de revenus »[105]. La cour administrative d'appel voit donc son arrêt cassé pour avoir méconnu les limites de l'article L. 64.

Hommage à la lettre de la loi ? Auto-limitation du juge fiscal ? Certes non ! Car alors, coup de théâtre, le Conseil d'État passe au règlement de l'affaire au fond et sort de son chapeau un nouveau principe : la lutte contre la fraude à la loi. Nouveau principe que, soit dit en passant, l'administration n'avait pas invoqué, et pour cause : il n'avait jamais été appliqué en matière fiscale. Victoire du contribuable... mais nouvel outil pour le futur, à la disposition de l'administration.

989 Voici le considérant de principe de la décision *Janfin*, encadré comme un tableau précieux, avec quelques notes de bas de page à caractère ludique et énigmatique que le lecteur pressé peut se dispenser de lire :

> « Considérant que si un acte de droit privé opposable aux tiers est en principe opposable dans les mêmes conditions[106] à l'administration[107] tant qu'il n'a pas été déclaré nul par le juge judiciaire[108], il appartient à l'administration, lorsque se révèle une fraude commise en vue d'obtenir l'application de dispositions de droit public[109], d'y faire échec[110] même dans le cas où cette fraude revêt la forme d'un acte de droit privé ; que ce principe peut conduire l'administration à ne pas tenir compte[111] d'actes de droit privé opposables aux tiers ; que ce principe s'applique également en matière fiscale[112], dès lors que le litige n'entre pas dans le champ d'application des

105. Dans le même sens, v. aussi CE, 29 déc. 2006, n° 283314, *Bank of Scotland*, *RJF* 3/07, n° 322, concl. F. Séners, *BDCF* 3/07, n° 33.

106. « Dans les mêmes conditions » : renvoi implicite aux articles 1121 et 1165 du Code civil (devenus depuis la réforme du droit des obligations de 2016 les articles 1205, 1199 et 1200) ? Validation implicite de l'action paulienne exercée par l'administration ?

107. « Aux tiers (...) à l'administration ». L'administration n'est-elle pas un tiers ? Ou pas un tiers comme les autres ? C'est la seconde interprétation qui l'emporte.

108. Précision superfétatoire vraisemblablement due au fait que le Conseil d'État a ici recopié un considérant de principe figurant dans une décision de 1992 relative à une affaire de mariage blanc conclu dans le seul but d'obtenir un titre de séjour (voir quatre notes plus bas).

109. « Dispositions de droit public » : désuète expression qui renvoie à la distinction antique du droit public et du droit privé... Exclusion *a contrario* du droit de l'administration de faire valoir la fraude au droit privé ? Le droit public inclut-il les conventions fiscales ? Problème résolu plus bas (cf. *infra*, n° 995).

110. « Y faire échec » : *quid juris* ? Synonyme d'inopposabilité ?

111. « Ne pas tenir compte » : autre synonyme de l'inopposabilité.

112. « Également en matière fiscale »... Le principe énoncé est en réalité un principe général du droit public (avis CE, Sect., 9 oct. 1992, *Abihilali*, p. 363, où l'on trouve mot pour mot le considérant de principe de l'arrêt *Janfin*) et du droit privé (qui ne se souvient de l'arrêt de la Cour de cassation rendu dans la célèbre affaire de la Princesse de Beaufremont le 18 mars 1878 ?).

dispositions particulières de l'article L. 64 du Livre des procédures fiscales, qui, lorsqu'elles sont applicables, font obligation à l'administration fiscale de suivre la procédure qu'elles prévoient[113] ;

Qu'ainsi, hors du champ de ces dispositions[114], le service, qui peut toujours écarter comme ne lui étant pas opposables certains actes passés par le contribuable, dès lors qu'il établit que ces actes ont un caractère fictif[115], peut également se fonder sur le principe sus-rappelé pour écarter les actes qui, recherchant le bénéfice d'une application littérale des textes à l'encontre des objectifs poursuivis par leurs auteurs[116], n'ont pu être inspirés par aucun motif autre que celui d'éluder ou d'atténuer les charges fiscales que l'intéressé, s'il n'avait pas passé ces actes, aurait normalement supportées eu égard à sa situation et à ses activités réelles».

On est frappé, à la lecture de la deuxième partie de ce considérant de principe, de l'identité quasi complète entre les critères de la fraude à la loi et les critères de l'abus de droit : soit la fictivité, soit la recherche d'un but fiscal exclusif. Il faut cependant noter un point important : lorsque l'administration fiscale se fonde sur la théorie de la fraude à la loi, elle ne peut se contenter de démontrer que le contribuable a exclusivement poursuivi un objectif fiscal ; elle doit également prouver que le contribuable a fait jouer la lettre de la loi contre son esprit, celui-ci étant défini par référence aux « objectifs poursuivis par leurs auteurs ». C'est donc une double preuve qui est exigée de l'administration. Au lendemain de l'arrêt *Janfin*, il y avait là une différence entre les critères de la fraude à la loi et ceux de l'abus de droit[117].

Cette mutation de la jurisprudence s'explique par l'influence exercée sur le Conseil d'État par le tournant pris peu de temps auparavant par la Cour de justice qui, dans son arrêt *Halifax*[118], avait précisément dégagé un principe général du droit de l'Union européenne en tous points comparable à celui issu de l'arrêt *Janfin*. Il s'agit d'une illustration éclatante de l'influence de la jurisprudence européenne sur le droit interne alors, il faut le noter, que le Conseil d'État n'était pas juridiquement obligé de modeler sa définition de la fraude à la loi dans un contexte purement interne sur la notion d'abus de droit utilisée pour les besoins du droit de l'Union européenne[119].

Il restait à remédier à cette curieuse dissymétrie entre la définition de l'abus de droit et celle de la fraude à la loi.

113. Réaffirmation en filigrane de la théorie de l'abus de droit « rampant » (cf. *infra*, n° 1012) : obligation d'appliquer l'art. L. 64 et les garanties procédurales accordées au contribuable lorsque ses conditions sont réunies, sous peine de nullité du redressement fiscal.

114. Nous rentrons dans le cœur de l'arrêt *Janfin* : même lorsque la théorie de l'abus de droit ne s'applique pas, la théorie de la fraude à la loi, elle, s'applique.

115. Il résulte de l'arrêt *Janfin* que l'administration peut tenir un contrat comme inopposable à son égard lorsque celui-ci est fictif, même lorsque la procédure d'abus de droit ne peut s'appliquer. Cela n'était pas évident.

116. L'exégèse continue... dans le texte principal du commentaire de la définition actuelle de l'abus de droit (cf. *infra*, n° 991 et s.).

117. Et ce, même si certains ont soutenu que la jurisprudence avait déjà implicitement fait sienne la référence aux objectifs des auteurs des textes (O. Fouquet, note *Dr. fisc.* 2009, n° 39).

118. Y. Sérandour, « L'abus de droit selon la CJCE. – À propos de l'arrêt *Halifax* (CJCE, 21 févr. 2006, aff. C-255/02) », *Dr. fisc.* 2006, n° 16 ; *L'année fiscale* 2007, chron. TVA.

119. O. Fouquet, « Interprétation française et interprétation européenne de l'abus de droit », *RJF* 5/06, p. 383.

C. L'UNIFICATION DE L'ABUS DE DROIT ET DE LA FRAUDE À LA LOI

990 L'arrêt *Janfin* avait donné naissance à la notion de fraude à la loi ; il entraîna par ricochet la modification des critères de l'abus de droit, avec notamment l'insertion dans ces derniers d'une référence aux objectifs poursuivis par les auteurs des textes. Plusieurs décisions de 2007 franchirent le pas sans hésiter[120], rendant de ce fait sans contenu conceptuel la distinction entre abus de droit et fraude à la loi.

La jurisprudence pouvait rapprocher les concepts ; elle ne pouvait cependant pas harmoniser la procédure de répression de l'abus de droit et la sanction de la fraude à la loi. L'abus de droit obéissait – et obéit encore – à des règles de procédure spécifiques et donnait lieu à une sanction d'une gravité particulière (80 % du montant des droits éludés à l'époque). La fraude à la loi n'était soumise à aucun régime particulier et sa sanction obéissait dès lors aux principes ordinaires. Sa sanction ne pouvait donc excéder celle de tout manquement délibéré, à savoir 40 % des droits éludés (sauf en cas de manœuvres frauduleuses, auquel cas l'on retrouvait le chiffre de 80 %).

L'intervention du législateur était donc nécessaire pour mettre fin à cette situation. Incité à agir par le rapport d'une Commission dirigée par Olivier Fouquet[121], le législateur prit la plume pour aboutir au texte actuel de l'article L. 64, issu de l'article 35 de la loi de finances rectificative pour 2008.

L'abus de droit en ressort articulé autour de deux notions : la fictivité, qui fait l'objet du paragraphe suivant, et le but exclusivement fiscal du contribuable conjugué à l'irrespect des objectifs des auteurs du texte, qui sera étudié ensuite.

§ 2. L'ABUS DE DROIT PAR FICTIVITÉ

991 Il est acquis, en droit civil, qu'un acte juridique fictif est un acte « dont l'apparence ne correspond pas à la réalité »[122]. Cette approche civile de la fictivité peut être transposée en droit fiscal. Selon l'administration fiscale, « en pratique, la fictivité juridique est constituée par la différence objective existant entre l'apparence juridique créée par l'acte en cause et la réalité, en particulier économique, sous-jacente à cet acte »[123]. Il ressort par ailleurs de la jurisprudence que le caractère fictif d'un acte juridique est établi lorsque les effets juridiques attachés au contrat ne se produisent pas dans la situation litigieuse. Comme on a pu l'écrire, « l'acte est fictif en ce que la situation qu'il établit n'existe pas »[124]. Par exemple, une vente doit être considérée comme fictive, au regard de la théorie de l'abus de droit, lorsqu'il n'y a pas de transfert de propriété et que la contrepartie prévue au contrat n'est pas exécutée[125]. De même, une donation ou une donation-partage doit être considérée comme fictive lorsqu'il résulte

120. CE, 28 févr. 2007, n° 284565, *min. c/ Persicot*, *Dr. fisc.* 2007, n° 386, concl. L. Vallée, note O. Fouquet ; CE, 5 mars 2007, n° 284457, *min. c/ Pharmacie des Chalonges*, *Dr. fisc.* 2007, n° 20, comm. 522, note O. Fouquet. Cette dernière affaire est un feuilleton à rebondissements. Pour la suite, v. CAA Nantes, 20 févr. 2009, n° 07NT00744, *Dr. sociétés* 2009, n° 8, comm. 172 ; puis CE, 27 avr. 2011, n° 327705.

121. Rapport remis au ministre du Budget, « Améliorer la sécurité juridique des relations entre l'administration fiscale et les contribuables : une nouvelle approche », juin 2008. V. notamment la proposition n° 34.

122. *Vocabulaire juridique de l'Association H. Capitant*, V° fictif.

123. Instruction 13 L-9-10 du 9 sept. 2010, § 11.

124. J.-P. Fradin et J.-B. Geffroy, PUF, 2003, p. 836.

125. F. Deboissy, *La simulation en droit fiscal*, préc., n° 308 ; CE, 12 juill. 1989, n° 59088 ; *Dr. fisc.* 1989, n° 50, comm. 2381, concl. M.-D. Hagelsteen ; *RJF* 1989, n° 10, p. 588 ; CE, 29 déc. 2000, n° 179647, *RJF* 3/01, n° 310, concl. J. Courtial, *BDCF* 3/01, n° 38.

des clauses de l'acte que le donateur ne s'est pas véritablement dessaisi des biens donnés[126].

L'identité entre la définition civile et la définition fiscale de la fictivité ne paraît cependant pas toujours établie. C'est ainsi que, dans une affaire où une société avait été constituée par une mère et ses deux enfants afin de recueillir l'apport de la nue-propriété d'un portefeuille de valeurs mobilières avant la donation-partage des titres[127], la Chambre commerciale de la Cour de cassation a considéré cette société comme fictive au motif que celle-ci ne fonctionnait pas, aucun acte de gestion relatif à l'achat ou à la vente de valeurs mobilières n'ayant été effectué entre le moment de la constitution de la société et l'acte de donation-partage litigieux. La Cour a également relevé l'absence d'apports réels des enfants, ceux-ci représentant 0,0041 % de la valeur de l'apport de leur mère, et le défaut d'une véritable volonté de s'associer reconnu par les enfants eux-mêmes, lesquels indiquaient que leur mère entendait garder les revenus des valeurs mobilières apportées à la société ainsi que la maîtrise de son patrimoine sans avoir à demander leur accord pour d'éventuels arbitrages[128].

De façon intéressante, le rapport annuel de la Cour de cassation pour 2007 indique au sujet de cet arrêt que « la chambre commerciale fait la même analyse des notions de fictivité appliquée au droit commercial comme au droit fiscal ». Telle n'est pourtant pas l'opinion de la majorité des auteurs l'ayant commenté[129], qui relèvent qu'en droit civil, la fictivité d'une société s'entend normalement de façon beaucoup plus stricte. Le défaut de fonctionnement d'une société doit notamment être attesté par le défaut de tenue de l'assemblée générale ou l'absence de tenue d'une comptabilité. On peut de même s'interroger sur l'absence d'actes de gestion faits par la société pendant une certaine période dès lors que la société a rempli au moins l'un de ses objets sociaux tel la détention de son patrimoine avec la

---

126. Tel n'est pas le cas, cependant, lorsqu'une donation est assortie d'une clause d'inaliénabilité. Le Conseil d'État juge ainsi que la circonstance qu'un acte de disposition soit assorti d'une clause d'inaliénabilité la vie durant du donateur ne lui ôte pas son caractère de donation au sens des articles 894 et 900, 1 du Code civil (CE, 30 déc. 2011, n° 330940, *M. et Mme Motte-Sauvaige*, *Dr. fisc.* 2012, n° 11, comm. 193, concl. N. Escaut, note R. Mortier ; *RJF* 3/12, n° 278). Cette décision présente également l'intérêt de confirmer qu'il n'y a pas d'abus de droit à procéder à une donation de titres avant cession de ces derniers par les donataires (« donation-cession ») dès lors que l'intention libérale est réelle. Sur cette importante décision et son contexte juridique, v. P. Fernoux et M. Iwanesko, « Donation-cession : le civil tient le fiscal en l'état », *Dr. fisc.* 2012, n° 20, ét. 292 ; L. Jaillais et O. de Saint-Chaffray, « Donation-cession : clarification », *Option Finance*, 13 et 20 févr. 2012 ; R. Gentilhomme, « La donation de droits sociaux avant cession », *BF* 5/12, p. 389 et s. Rapp., également en matière de « donation-cession », CE, 27 juill. 2012, n° 327295, *M. et Mme Berjot*, *Dr. fisc.* 2012, n° 46, comm. 522, concl. E. Crépey, note D. Barsus et J. Béguier ; CE, 9 avr. 2014, n° 353822, *Dr. fisc.* 2014, n° 27, comm. 421, concl. C. Legras, note R. Vabres ; CE, 14 nov. 2014, n° 361482, *M. et Mme Josselin*, *Dr. fisc.* 2015, n° 11, comm. 210, concl. M.-A. Nicolazo de Barmon, note F. Deboissy ; CE, 19 nov. 2014, *Mme Tilliette*, *Dr. fisc.* 2015, n° 6, comm. 129, concl. B. Bohnert, note R. Mortier. V. aussi R. Mortier, « La donation avant cession *in extenso* », *Dr. fisc.* 2014, n° 39, ét. 540. V. toutefois que le CE a reconnu l'existence d'un abus de droit dans l'hypothèse d'une donation de la nue-propriété de droits sociaux avant cession, celle-ci étant suivie d'une convention de quasi-usufruit au profit du donateur (CE, 14 oct. 2015, n° 374440, *Mme Barrier*, *Dr. fisc.* 2015, n° 51-52, comm. 742, concl. E. Cortot-Boucher, note F. Deboissy et G. Wicker). Il a cependant estimé dans une décision ultérieure que si la stipulation de quasi-usufruit était antérieure à la donation et n'en annulait pas l'effet, elle n'était pas abusive, quand bien même aucune caution ne serait donnée aux nus-propriétaires (CE, 10 févr. 2017, n° 387960, *Fillet*, *Dr. fisc.* 2017, n° 12, aperçu rapide n° 178 de S. Quilici ; *Dr. fisc.* 2017, n° 14, comm. 239, concl. M.-A. Nicolazo de Barmon, note R. Mortier).

127. Avantage recherché : l'écartement de l'ancien barème des droits de mutation à titre gratuit (anc. art. 762, CGI) applicable en cas de donation directe de la nue-propriété aux enfants. Sur ce barème et les problèmes qu'il posait, cf. *supra*, n° 959.

128. Cass. com., 15 mai 2007, *Saunier*, *RJF* 8-9/07, n° 994, ét. B. Hatoux, p. 710 ; *RFN* 2007, n° 9, comm. n° 126, p. 46 et s., note O. Debat ; *JCP* N 2007, n° 28, p. 24, art. R. Mortier. Sur le même sujet, plus récemment, Cass. com., 13 janv. 2009, n° 07-20097, *Dr. fisc.* 2009, n° 17, comm. 294, note J.-F. Duchêne et M. Epstein ; *RDC* 2009/3, p. 1183, note Ph. Neau-Leduc.

129. Cf. notamment R. Mortier et B. Hatoux, préc.

perspective de sa valorisation en capital. Même interrogation sur la portée qu'il convient d'attribuer à la faiblesse des apports des enfants. Comme on peut le constater, la notion fiscale de fictivité demeure donc sujette à discussion.

§ 3. L'ABUS DE DROIT PAR RECHERCHE D'UN BUT FISCAL EXCLUSIF

992 L'article L. 64 du Livre des procédures fiscales énonce que l'administration est en droit d'écarter certains actes lorsque, « recherchant le bénéfice d'une application littérale de textes ou de décisions à l'encontre des objectifs poursuivis par leurs auteurs, ils n'ont pu être inspirés par aucun autre motif que celui d'éluder ou d'atténuer les charges fiscales que l'intéressé, si ces actes n'avaient pas été passés ou réalisés, aurait normalement supportées eu égard à sa situation ou à ses activités réelles ». Cette formule d'une grande richesse doit faire l'objet d'une exégèse serrée concernant le droit abusé (A), le résultat recherché (B), l'intention du contribuable (C) et les objectifs des auteurs des textes (D).

A. LE DROIT ABUSÉ

993 Le texte du Livre des procédures fiscales indique que le droit dont il est abusé s'entend « de textes ou de décisions ». Il ne fait aucun doute que cette formule s'applique au cas d'un texte de loi. S'agissant des « décisions », on a justement démontré que cette notion recouvrait « les actes qui conditionnent directement le contenu de l'acte d'imposition, savoir ceux qui déterminent le principe ou le montant de l'imposition d'un contribuable »[130]. On peut donc ranger dans la catégorie des « décisions » les décisions d'agrément, les prises de position explicites prévues à l'article L. 80 B du Livre des procédures fiscales et les décisions favorables prises sur recours du contribuable conformément à l'article L. 80 CB du même Livre.

Qu'en est-il dans d'autres circonstances ? La question mérite assurément d'être posée concernant la doctrine administrative (1°), les conventions fiscales (2°) et le droit de l'Union européenne (3°).

1. Le problème de l'abus de la doctrine administrative

994 Peut-on reprocher à un contribuable « d'abuser » de la doctrine administrative lorsque celle-ci accorde un avantage fiscal non prévu par la loi elle-même ? De prime abord, la question n'est pas évidente : d'un côté, des prises de position à caractère général et impersonnel (tels que des instructions ou des rescrits publiés) n'ont pas la nature de décisions à caractère individuel ; de l'autre côté, ce sont bien des actes de volonté...

La question est ancienne et s'est notamment posée dans l'affaire des « fonds turbos », bien avant l'intervention de la loi de finances rectificative pour 2008. L'affaire est célèbre par le manque à gagner qu'elle entraîna pour l'État pendant une bonne dizaine d'années : au moins huit milliards de francs[131]. Le montage incriminé,

130. P.-F. Racine, « Existe-t-il des « décisions » dont on puisse abuser ? », *Dr. fisc.* 2010, n° 23, ét. 357, § 5.

131. Estimation citée par le Commissaire du gouvernement Verclytte, *RJF* 5/98, p. 359.

grossièrement résumé, consistait pour des contribuables à souscrire des parts de fonds communs de placement dans les jours précédant la répartition des produits de ceux-ci, à encaisser un substantiel crédit d'impôt lors de la répartition des produits, puis à céder les parts une fois l'objectif atteint. Le tout était rendu possible, croyait-on, par une instruction du 13 janvier 1983, opposable à l'administration en vertu de l'article L. 80 A du Livre des procédures fiscales, qui octroyait le crédit d'impôt dans des conditions plus généreuses que la loi elle-même. Pour enrayer cette instrumentalisation de sa propre doctrine, l'administration fiscale se plaça sur le terrain de l'abus de droit. Le problème était très clair : l'administration peut-elle faire usage de la procédure de répression des abus de droit à l'encontre d'un contribuable qui a appliqué à la lettre une instruction fiscale publiée et non rapportée à la date des faits ?

Dans un avis du 8 avril 1998[132], le Conseil d'État répondit par la négative et affirma que « l'administration ne peut faire échec à la garantie que le contribuable tient de l'article L. 80 A du Livre des procédures fiscales et recourir à la procédure de répression des abus de droit en se fondant sur ce que ce contribuable, tout en se conformant aux termes mêmes de cette instruction ou circulaire, aurait outrepassé la portée que l'administration entendait en réalité conférer à la dérogation aux dispositions de la loi fiscale que l'instruction ou la circulaire autorisait. Elle peut seulement, le cas échéant, contester que le contribuable remplissait les conditions auxquelles l'instruction ou la circulaire subordonne le bénéfice de l'interprétation qu'elle donne ». Cet avis donnait ainsi la priorité à la garantie de l'article L. 80 A sur la répression de l'abus de droit.

La morale fiscale de l'histoire est partiellement sauve. L'administration, à la suite de cet avis, parvint à substituer les motifs de certains de ses redressements en démontrant que, dans la plupart des cas, les conditions d'application de l'instruction n'étaient pas réunies. Ceux qui supportèrent au final l'addition furent les gérants et dépositaires de fonds communs de placement, attaqués avec succès en responsabilité civile par les contribuables victimes du revirement de l'administration fiscale pour n'avoir pas respecté leur « obligation de résultat quant à la délivrance d'un certificat de crédit d'impôt conforme à sa destination »[133].

La situation est-elle différente aujourd'hui ? La question est effectivement renouvelée dans la mesure où l'article L. 64 du Livre des procédures fiscales admet l'application de la théorie de l'abus de droit aux « décisions », et non plus seulement aux « textes ». Or, on peut soutenir que les instructions ministérielles qui contiennent des prescriptions impératives, qu'elles ajoutent ou non à la loi, sont des décisions, puisque le Conseil d'État admet la recevabilité des recours pour excès pouvoir dirigées contre elles en raison de ce caractère impératif[134]. La formulation du nouvel article L. 64 invite donc à reconsidérer la position du Conseil d'État.

Pour l'administration fiscale, il convient de distinguer entre les cas où des instructions ajoutent à la loi et les cas où elles se contentent d'en reproduire le contenu. Dans son instruction du 9 septembre 2010 relative notamment à la définition de l'abus de droit[135], elle énonce que « les décisions susceptibles d'être prises en compte pour établir

132. Avis du 8 avr. 1998, n° 192539, *Sté de distribution de chaleur de Meudon et d'Orléans* ; v. sur cet arrêt C. David, O. Fouquet, B. Plagnet et P. F. Racine, n° 9 et les références citées.

133. Cass. com., 24 sept. 2002, pourvois n° 00-16245, 00-17503, 00-17443, 00-16408, *D.* 2003. 235, note Delebecque ; *RJF* 2003/1, n° 45 ; *Bull. Joly Bourse*, nov.-déc. 2002, n° 100, p. 566, concl. M-A. Lafortune.

134. Cf. sur ce point l'analyse de L. Vallée, « L'article L. 80 A protège-t-il encore contre l'abus de droit ? », *FR* 7/09, p. 31, fondée notamment sur l'art. R. 421-1 du Code de justice administrative.

135. BOI-CF-IOR-30 n°s 80 à 100. L'administration estime également que les décisions administratives entrent dans le champ de l'article L. 64 du LPF lorsqu'elles sont de portée générale et comportent une

une fraude à la loi s'entendent de celles qui vont au-delà du simple commentaire de la norme et qui de ce fait créent du droit. Il en résulte que les instructions administratives publiées au bulletin officiel des impôts ne sont pas constitutives de décisions au sens de l'article L. 64 du Livre des procédures fiscales, dans la mesure où elles ont en principe pour seul objet de commenter la norme (loi, décret ou arrêté) et donc qu'elles ne créent pas du droit. Il peut en être différemment des instructions dont les dispositions outrepassent le commentaire et comportent ainsi une interprétation qui ajoute à la norme : dans l'hypothèse où un contribuable fait une application littérale d'une telle instruction à l'encontre des objectifs poursuivis par son auteur, la procédure de l'abus de droit fiscal est susceptible de s'appliquer ».

Toutefois, l'applicabilité de la théorie de l'abus de droit aux instructions administratives se heurte à trois obstacles majeurs :

— le premier tient au fait que la doctrine administrative « n'a pas d'esprit »[136] ; il serait donc impossible de rechercher « les objectifs des auteurs » de la doctrine administrative, et ce d'autant plus qu'ils ne peuvent être connus avec certitude par quiconque ; cette analyse est confirmée par la jurisprudence du Conseil d'État qui (en dehors de tout contexte d'abus de droit) rappelle qu'« eu égard à l'objectif de sécurité juridique poursuivi par l'article L. 80 A du Livre des procédures fiscales, les instructions ou circulaires fiscales dont un contribuable peut, dans les conditions définies par cet article, se prévaloir doivent être appliquées littéralement et ne sauraient donc faire l'objet d'une interprétation permettant d'en faire une application conforme aux normes qu'elles doivent respecter »[137] ;

— le deuxième vient de ce que le concept de décision au sens de l'article L. 64 n'est pas nécessairement le même que celui du Code de justice administrative : l'admissibilité du recours pour excès de pouvoir contre des instructions ou circulaires n'empêche donc pas de restreindre le champ des « décisions », au sens de l'article L. 64, aux décisions individuelles concernant le principe et le montant de l'imposition d'un contribuable[138] ;

— le troisième procède de l'esprit du législateur lors de la réforme du texte de l'article L. 64 en 2008[139]. L'introduction du mot « décisions » dans la nouvelle rédaction ne s'explique en effet que par le souci d'harmoniser celle-ci avec la définition de l'abus de droit adoptée en matière *sociale* par le projet de loi de financement de la direction de la Sécurité sociale. Le mot « décision » a ainsi été inscrit dans le texte fiscal sur la base d'un ajout issu de la Direction de la Sécurité sociale... mais l'histoire a ses raisons que

interprétation favorable de la loi, telles les réponses ministérielles à des questions écrites des parlementaires ou les réponses à des représentants d'organisations professionnelles.
Les précisions doctrinales apportées par l'administration fiscale et mises en ligne sur le site internet de la DGFiP (www.impots.gouv.fr), à la rubrique « documentation », sous-rubrique « la documentation fiscale en ligne », onglet « les rescrits », « Table Analytique des Rescrits » entrent également dans le champ de l'article L. 64 du LPF. En revanche, les décisions individuelles ne peuvent en aucun cas servir de fondement à l'application de la procédure d'abus de droit fiscal.

136. La formule est de J. Turot, « La vraie nature de la garantie contre les changements de doctrine », *RJF* 5/92, p. 371.

137. CE, 8 juin 2016, n° 383259.

138. En ce sens, P.-F. Racine, « Existe-t-il des « décisions » dont on puisse abuser ? », *Dr. fisc.* 2010, n° 23, ét. 357.

139. O. Fouquet, « L'application littérale de la doctrine administrative peut-elle être constitutive d'un abus de droit ? », *Dr. fisc.* 2009, n° 42, act. 316 ; P.-F. Racine, « Existe-t-il des « décisions » dont on puisse abuser ? », art. préc., spéc. § 7 et s.

la raison ne connaît pas. L'article 75-I-5° de la loi n° 2009-525 du 12 mai 2009 a en effet supprimé le mot « décision » du texte de droit social, sans procéder à cet effacement en matière fiscale... Il y a là une anomalie juridique dont il faut souhaiter la suppression. Quoi qu'il en soit, il paraît en tout cas établi que le législateur de 2008 n'a pas eu pour intention de remettre en cause la garantie, fondamentale pour la sécurité juridique, offerte au contribuable par l'article L. 80 A du Livre des procédures fiscales. Ce point d'histoire devrait permettre au Conseil d'État, s'il était saisi, d'interpréter le nouvel article L. 64 conformément aux objectifs poursuivis par ses auteurs. De son côté, le Comité de l'abus de droit fiscal a considéré sous l'empire du droit actuel qu'à supposer qu'un contribuable ait entendu bénéficier d'un régime fiscal favorable en se prévalant, sur le fondement de l'article L. 80 A du Livre des procédures fiscales, d'une instruction qui ajoute à la loi fiscale, une telle instruction n'est pas, au sens et pour l'application des dispositions de l'article L. 64 du Livre des procédures fiscales, au nombre des décisions mentionnées par cet article à l'encontre des objectifs poursuivis par ses auteurs dès lors que ne peuvent être pris en compte pour apprécier l'étendue du champ d'application d'une instruction fiscale les objectifs poursuivis par les auteurs de cette instruction[140].

2. Le problème de l'abus des conventions fiscales

995 Les conventions fiscales ayant normalement pour effet de diminuer la charge fiscale supportée par les contribuables non-résidents, il est compréhensible qu'un certain nombre de constructions juridiques aient vu le jour afin de profiter des avantages qu'elles offrent, notamment la diminution ou la suppression d'une retenue à la source prévue par le droit interne français. C'est ce qu'on appelle couramment l'abus des traités ou encore le « *treaty shopping* »[141].

Le problème de l'abus se pose en particulier toutes les fois qu'un contribuable d'un État donné, avec lequel la France n'a pas conclu de convention fiscale, se propose d'interposer entre lui-même et un résident français une entité localisée dans un État conventionné[142]. Il existe alors plusieurs variantes possibles, dont on ne citera que deux formes essentielles. Dans le cas d'une « société relais »[143], la nature du flux entre l'État de la source et l'État de la société interposée est identique à celle du flux entre ce dernier et l'État du contribuable ultime. Par exemple, une société française paie un dividende en franchise de retenue à la source à une société interposée, laquelle paie à son tour un dividende à une société établie dans un État tiers. Une autre situation se présente en présence de stratégies de « tremplin »[144] : ici, la société française paie, par exemple,

140. CADF, séance du 6 nov. 2015, n° 07/2015, aff. n° 2015-09, n° 2015-07 et n° 2015-08, *Dr. fisc.* 2016, n° 17, comm. 300, note J.-F. Desbucquois.

141. Sur cette question, v. l'œuvre magistrale de L. de Broe, *International Tax Planning and Prevention of Abuse*, IBFD Doctoral Series, vol. 14, 2008 ; v. également le vol. 95a des *Cahiers de droit fiscal international* (2010) sur « Tax treaties and tax avoidance: application of anti-avoidance provisions », notamment le rapport général de S. van Weeghel, p. 17 et s., et le rapport français de S. Austry et M. Collet, p. 311 et s. En langue française, v. également la thèse d'E. Dinh, *La planification fiscale internationale*, th. Paris IX-Dauphine, 2009.

142. Il se peut aussi que la France ait conclu une convention avec l'État de résidence du contribuable étranger, mais que cette convention soit moins avantageuse qu'une autre dont le contribuable entend tirer avantage.

143. « *Conduit company* », dans la terminologie utilisée par l'OCDE.

144. « *Stepping stone devices* », dans la terminologie utilisée par l'OCDE.

un intérêt à une société étrangère en faisant jouer la convention bilatérale, et la société étrangère paie un dividende à une société établie dans un État tiers. L'avantage recherché est alors, autant l'exonération de retenue à la source en France, que la compensation financière entre l'intérêt reçu et le dividende reversé par la société intermédiaire.

Dans tous ces cas, l'administration fiscale peut être tentée d'écarter la convention applicable entre la France et l'État de résidence de la société intermédiaire. Il s'agit alors de savoir sur quel fondement elle peut s'appuyer : la convention elle-même ou la théorie de l'abus de droit, telle qu'elle existe dans le droit interne français.

Les commentaires de l'OCDE sur le premier article de la convention modèle enseignent que plusieurs approches peuvent ici être adoptées[145]. Tandis que certains États considèrent que l'abus des conventions n'est qu'un abus parmi d'autres, ce qui autorise l'administration fiscale à écarter un traité en s'appuyant sur la règle anti-abus du droit interne, d'autres États estiment que l'abus des conventions présente un caractère spécifique, d'où il suit qu'une convention fiscale ne peut être écartée que dans les conditions que celle-ci fixe elle-même. L'enjeu pratique du choix entre ces approches est considérable, en ce qui concerne tant l'outil juridique applicable (la convention ou le droit interne) que la procédure de sanction de l'abus devant être suivie (compte tenu de l'existence d'une procédure spécifique pour l'abus de droit).

L'approche française sur cette question semble relever de la première approche décrite ci-dessus. On se souvient en effet que, conformément au principe de subsidiarité des conventions fiscales, « il incombe au juge de l'impôt, lorsqu'il est saisi d'une contestation relative à une [...] convention, de se placer d'abord au regard de la loi fiscale nationale pour rechercher si, à ce titre, l'imposition contestée a été valablement établie et, dans l'affirmative, sur le fondement de quelle qualification ». C'est donc bien au regard de la théorie interne de l'abus de droit que l'administration fiscale peut remettre en cause des actes ayant pour objet d'évincer un prélèvement fiscal prévu par la loi française. Cette approche avait été implicitement adoptée par l'arrêt *Bank of Scotland* rendu par le Conseil d'État le 19 décembre 2006[146], lequel avait admis la possibilité pour l'administration d'écarter une convention sur la base de la théorie de la fraude à la loi (au sens de l'arrêt *Janfin*). Elle l'a été de façon tout à fait explicite par une décision rendue en formation plénière le 25 octobre 2017[147] dans laquelle le Conseil d'État, après avoir rappelé que l'administration peut de façon générale écarter un acte dans les conditions énoncées par l'article L. 64 du Livre des procédures fiscales, ajoute qu'« il en va ainsi lorsque la norme dont le contribuable recherche le bénéfice procède d'une convention fiscale bilatérale ayant pour objet la répartition du pouvoir d'imposer en vue d'éliminer les doubles impositions et que cette convention ne prévoit pas

145. Commentaires sur l'art. 1er, § 9.2 et s.

146. CE, 29 déc. 2006, n° 283314, *Sté Bank of Scotland*, *Juris-Data* n° 2006-081065 ; *Dr. fisc.* 2007, n° 4, comm. 87, concl. F. Séners, note O. Fouquet. V. également cf. S. Austry, S. Gelin et D. Sorel, « Les clauses de bénéficiaire effectif ont-elles un effet utile ? » *RJF* 12/08, chron. p. 1087 ; P. Dibout, « Bénéficiaire effectif : l'approche française », in *Fiscalité et entreprise : politiques et pratiques, Liber amicorum Jean-Pierre Le Gall*, Dalloz, 2007, p. 49 et s. Pour un autre cas d'application de la fraude à la loi en présence d'une convention fiscale, cf. CAA Paris, 7e ch., 15 janv. 2010, n° 07PA03119, *Sté nationsbank Europe Ltd*, *Dr. fisc.* 2010, n° 22, comm. 351. V. également CE, 24 avr. 2012, *Société Abbey National Treasury Services*, n° 343709, *Dr. fisc.* 2012, n° 38, comm. 438, chron. C. Acard, § 22, statuant dans une affaire identique à celle ayant donné lieu à l'arrêt *Bank of Scotland*.

147. CE, 25 oct. 2017, n° 396954, *M. Verdannet*, *Dr. fisc.* 2018, n° 2, comm. 64, concl. E. Crépey, note Deboissy ; A. Iljic, Peut-on abuser d'une convention fiscale ?, *RJF* 12/17 p. 1555. V. également notre article avec S. Austry au *FR* 4/18, p. 6 et s. et l'article de Ch. de la Mardière, *Dr. fisc.* 2018, n° 24, 297.

explicitement l'hypothèse de fraude à la loi ». De façon instructive, le Conseil d'État a, dans cette affaire, rejeté le pourvoi contre un arrêt d'appel qui avait écarté la convention franco-luxembourgeoise en présence d'un montage jugé abusif. Pour ce faire, le Conseil a indiqué « les États parties à la convention fiscale [...] ne sauraient être regardés comme ayant entendu, pour répartir le pouvoir d'imposer, appliquer ses stipulations à des situations procédant de montages artificiels dépourvus de toute substance économique. Il suit de là qu'en jugeant que l'opération litigieuse était contraire aux objectifs poursuivis par les deux États signataires, la cour n'a entaché son arrêt d'aucune erreur de droit ».

En pratique, la question de l'applicabilité de l'article L. 64 du Livre des procédures fiscales aux conventions fiscales se pose de moins en moins. De plus en plus de conventions fiscales contiennent des clauses anti-abus très générales permettant à l'administration fiscale de trouver dans le texte conventionnel le moyen d'écarter le traité en cas d'abus[148]. Cette orientation était fortement encouragée par l'OCDE dans le cadre de l'action n° 6 du plan « BEPS »[149] destinée à lutter contre l'abus des traités. Elle a été consacrée par la convention multilatérale signée à Paris le 6 juin 2017 ayant pour objet de modifier les conventions bilatérales conclues par les États de l'OCDE en vue de mettre en œuvre le plan BEPS dont l'article 7 paragraphe 1er prévoit que « nonobstant toute disposition d'une Convention fiscale couverte[150], un avantage au titre de la Convention fiscale couverte ne sera pas accordé au titre d'un élément de revenu ou de fortune s'il est raisonnable de conclure, compte tenu de l'ensemble des faits et circonstances propres à la situation, que l'octroi de cet avantage était l'un des objets principaux d'un montage ou d'une transaction ayant permis, directement ou indirectement, de l'obtenir, à moins qu'il soit établi que l'octroi de cet avantage dans ces circonstances serait conforme à l'objet et au but des dispositions pertinentes de cette Convention fiscale couverte »[151]. Cette clause s'applique à l'ensemble des conventions fiscales couvertes par la convention multilatérale.

On observera que la rédaction des conventions fiscales récentes ainsi que de l'article 7 de la convention multilatérale de l'OCDE incorpore une définition de l'abus de droit encore plus large que celle du droit interne (qui continue de faire référence au but *exclusivement* fiscal), avec toutefois des conséquences distinctes de celles produites par la théorie interne de l'abus de droit : l'écartement d'une convention fiscale étant

148. À titre d'exemple, la convention franco-britannique du 19 juin 2008 contient plusieurs règles permettant aux États contractant de refuser les avantages conventionnels afférents à la réception de dividendes, d'intérêts, de redevances ou d'autres revenus lorsque « le principal objectif ou l'un des principaux objectifs » d'une personne bénéficiaire de tels revenus est de tirer avantage des articles concernés de la convention fiscale. La convention franco-chinoise signée le 26 novembre 2013 va encore plus loin puisque son article 24 prévoit de façon très générale que « les avantages résultant de toute réduction ou d'exonération d'impôt prévue par le présent Accord ne sont pas accordés lorsque le principal objectif de certaines transactions ou opérations ou d'accords est d'obtenir une position fiscale plus avantageuse et lorsque l'octroi de cet avantage dans de telles circonstances serait contraire à l'objet et au but des dispositions pertinentes du présent Accord ».

149. « Base erosion and profit shifting ».

150. Une « convention fiscale couverte » est une convention fiscale bilatérale entre deux États qui entendent la modifier en signant la convention multilatérale de l'OCDE.

151. Pour une analyse, v. N. Vergnet, *Abus de conventions fiscales : une tentative d'exégèse de la « clause PPT »*, *Dr. fisc.* 2018, n° 26, 313 ; V. Chand, *The Principal Purpose Test in the Multilateral Convention: An In-Depth Analysis*, Intertax 2018, vol. 46, Issue 1, p. 18 et s. ; M. Livio Gomes, *Implementation in Practice of the Principal Purpose Test in the Multilateral Convention*, Intertax 2018, vol. 46, Issue 1, p. 45 et s.

prévue par les termes mêmes de celle-ci, ni la procédure de sanction de l'abus de droit, ni les pénalités qui l'assortissent, ne sont applicables. Reste à savoir si l'administration conserve la possibilité, alors même que la convention applicable contient une règle générale anti-abus, de se fonder sur la théorie interne de l'abus de droit qui, selon certains[152], n'aurait pas le même objet que la règle conventionnelle car il s'agirait d'une règle de procédure et non d'assiette taxable. À notre sens, tel ne devrait pas être le cas car, d'une part, la rédaction de l'arrêt « Verdannet » réserve expressément le cas où une convention contient une clause relative à la fraude à la loi (auquel cas la théorie française doit être écartée) et, d'autre part, il est manifeste que deux règles anti-abus rédigées en termes très proches et visant toutes deux à écarter un texte pour cause d'abus ont forcément le même objet. Aussi, même s'il est vrai que l'article L. 64 du Livre des procédures fiscales contient *aussi* une règle de procédure qui définit comment la règle de droit interne doit s'appliquer, il n'en reste pas moins que l'approche de l'abus figurant dans le traité devrait l'emporter, conformément aux règles habituelles de la hiérarchie des normes.

3. Le problème de l'abus du droit de l'Union européenne

996 La théorie interne de l'abus de droit peut-elle s'appliquer à l'encontre d'un contribuable qui réclame le bénéfice d'une directive communautaire (a) ou d'une liberté fondamentale (b) ? En théorie pure, la réponse est négative car ce n'est pas l'article L. 64 du Livre des procédures fiscales en tant que tel qui permet de lutter contre de tels abus. En pratique, cependant, le résultat obtenu est très proche en raison, non seulement des clauses spécifiques contenues dans les directives, mais aussi de la jurisprudence de la Cour de justice sur l'abus des libertés[153].

a) L'abus des directives

997 Toutes les directives en matière d'impôts directs contiennent des clauses destinées à lutter contre l'abus. Certaines ne sont pas explicites ; elles prennent seulement la forme de conditions formulées par le texte en vue de bénéficier des avantages qu'il confère. D'autres sont explicites et s'expriment sous forme de principes généraux. Ainsi, la directive « fusions » prévoit qu'« un État membre peut refuser d'appliquer tout ou partie [de certaines dispositions de la directive] lorsque l'opération de fusion, de scission, d'apport d'actifs ou d'échange d'actions a comme objectif principal ou comme l'un de ses objectifs principaux la fraude ou l'évasion fiscales »[154]. On retrouve des dispositions comparables dans la directive sur les paiements d'intérêts et de redevances entre

152. V. les observations de F. Deboissy dans sa note sous l'arrêt « Verdannet » (*Dr. fisc.* 2018, n° 2, comm. 64). Cette analyse ne paraît pas partagée par le rapporteur public dans la même affaire, comme en témoignent ses conclusions précitées.

153. V. à ce sujet la communication de la Commission sur « L'application des mesures de lutte contre les abus dans le domaine de la fiscalité directe – au sein de l'Union européenne et dans les rapports avec les pays tiers », COM(2007) 785 final, du 10 déc. 2007.

154. Art. 15, 1, a). Définition transposée en droit interne (CGI, art. L. 210-0 A, III) par la loi de finances rectificative pour 2017. La clause anti-abus de la directive « fusions » ne permet cependant pas de refuser le bénéfice de la directive à un contribuable lorsque celui-ci poursuivait un but fiscal lié à un autre impôt, par exemple un droit de mutation (CJUE, 20 mai 2010, aff. C-352/08, *Modehuis A. Zwijnenburg BV*). Pour des exemples d'application de la clause anti-abus de la directive « fusions », cf. *supra*, n° 716 et 728.

sociétés associées[155]. La directive « mère-fille » va désormais beaucoup plus loin puisque, comme on l'a déjà vu[156], les États membres ont adopté le 27 janvier 2015[157] une modification de la directive mère-fille en y ajoutant une clause générale qui, sans faire obstacle à l'application de dispositions nationales ou conventionnelles visant à prévenir la fraude fiscale ou les abus, est néanmoins formulée de façon autonome : « Les États membres n'accordent pas les avantages de la présente directive à un montage ou à une série de montages qui, ayant été mis en place pour obtenir, à titre d'objectif principal ou au titre d'un des objectifs principaux, un avantage fiscal allant à l'encontre de l'objet ou de la finalité de la présente directive, n'est pas authentique compte tenu de l'ensemble des faits et circonstances pertinents ». La transposition de ces dispositions en droit français a déjà été étudiée[158].

On observe en tout cas que ces textes ont souvent vocation à s'appliquer plus largement que la théorie française de l'abus de droit puisque l'administration pourra refuser de faire jouer la directive dans des situations où un but fiscal non exclusif est caractérisé. À l'occasion de la transposition de la directive du 17 janvier 2015 en droit français (par la création de l'article 145.6 k du CGI), ce constat n'a pas manqué d'émouvoir certains sénateurs qui ont saisi le Conseil constitutionnel en soutenant que les nouvelles dispositions étaient insuffisamment claires et que leur adoption revenait à porter atteinte à l'autorité de la décision n° 2013-685 DC du 29 décembre 2013 par laquelle le Conseil constitutionnel avait censuré la tentative d'élargir la définition de l'abus de droit en substituant la notion de but principalement fiscal à celle de but exclusivement fiscal. Le Conseil constitutionnel, en refusant de suivre cette analyse, éclaire l'articulation entre, d'une part, les articles 119 *ter* et 145.6 k du CGI, et, d'autre part, l'article L. 64 du LPF. Dans sa décision n° 2015-726 DC du 29 décembre 2015, le Conseil a en effet rappelé que « si l'autorité attachée à une décision du Conseil constitutionnel déclarant inconstitutionnelles les dispositions d'une loi ne peut en principe être utilement invoquée à l'encontre d'une autre loi conçue en des termes distincts, il n'en va pas ainsi lorsque les dispositions de cette loi, bien que rédigées sous une forme différente, ont, en substance, un objet analogue à celui des dispositions déclarées contraires à la Constitution » (cons. 10). Mais le Conseil a relevé qu'en l'espèce, la règle prévoyant d'écarter le régime des sociétés mères et l'exonération de retenue à la source n'a pas le même objet que celle qui prévoyait d'étendre la définition de l'abus de droit. Il a considéré « que les dispositions contestées ne modifient pas les dispositions de l'article L. 64 du LPF ; qu'elles se bornent à prévoir une nouvelle condition à laquelle est subordonné le bénéfice du régime fiscal dérogatoire des sociétés mères ; que ces dispositions déterminent donc une règle d'assiette ; que le non-respect de cette condition n'emporte pas l'application des majorations du b de l'article 1729 du CGI en cas d'abus de droit au sens de l'article L. 64 du LPF » (cons. 11).

155. Art. 5.

156. Cf. *supra*, n° 314.

157. Directive (UE) 2015/121 du Conseil du 27 janvier 2015. Sur ce texte, cf. F. Debelva et J. Luts, "The General Anti-Abuse Rule of the Parent-Subsidiary Directive", *European Taxation*, June 2015, p. 223 et s.

158. Cf. *supra*, n° 716 et 728 (directive « fusions »), n° 314 (directive « mères-filiales ») et n° 782 (directive « intérêts-redevances »).

Cette motivation rassure et inquiète tout à la fois[159]. Elle rassure, car elle indique que si l'administration s'appuie sur l'article 119 *ter* 3 ou sur l'article 145.6 k) pour asseoir son redressement, elle ne pourra appliquer la pénalité d'abus de droit prévue par l'article 1729 du CGI. Le commentaire figurant aux *Cahiers du Conseil constitutionnel* va jusqu'à indiquer que les dispositions précitées « n'entraînent pas une sanction, contrairement à la procédure de répression des abus de droit prévue par l'article L. 64 du LPF » (ce qui paraît un peu exagéré, car les nouvelles dispositions ne paraissent pas empêcher l'administration d'appliquer la pénalité de 40 % pour manquement délibéré en pareille circonstance, voire plus rarement la pénalité de 80 % pour manœuvres frauduleuses). Elle inquiète, car elle suggère que, selon le Conseil constitutionnel, l'administration aura le choix entre deux fondements pour remettre en cause l'exonération des dividendes entrants et sortants. Comme l'indique le commentaire précité, « il reviendra à l'administration d'appliquer deux standards différents, l'un pour examiner si l'ensemble des conditions requises pour bénéficier de l'exonération sont satisfaites, l'autre pour réprimer un éventuel abus de droit ». C'est d'ailleurs bien ainsi que l'entend l'administration fiscale dans son commentaire officiel de la nouvelle règle[160]. Nous n'avions pourtant pas totalement exclu, pour notre part, que l'introduction d'une règle spécifique destinée à écarter les avantages du régime mère-fille doive entraîner l'écartement de la possibilité pour l'administration de recourir à la procédure de l'abus de droit. Et nous persistons à observer que ce raisonnement n'est pas forcément écarté par le texte de la décision du Conseil, qui seul fait autorité (au contraire du commentaire des *Cahiers*), et qui se contente d'énoncer que « le non-respect de cette condition n'emporte pas l'application des majorations du b de l'article 1729 du CGI en cas d'abus de droit au sens de l'article L. 64 du LPF ».

Lorsqu'une directive ne contient pas une règle générale anti-abus, est-il exclu que l'administration pourchasse un contribuable auteur d'un abus avéré ? La réponse est clairement négative. Certes, la Cour de justice a plusieurs fois affirmé, en matière de TVA, que les assujettis sont généralement libres de choisir les structures organisationnelles et les modalités transactionnelles qu'ils estiment les plus appropriées pour leurs activités économiques et aux fins de limiter leurs charges fiscales. En particulier, la Cour a jugé que le choix, pour un entrepreneur, entre des opérations exonérées et des opérations imposées peut se fonder sur un ensemble d'éléments, et notamment des considérations de nature fiscale tenant au régime objectif de TVA[161]. Elle a précisé à cet égard que, lorsque l'assujetti a le choix entre différentes opérations, il a le droit de choisir la structure de son activité de manière à pouvoir limiter sa dette fiscale[162]. De même, la CJUE n'hésite pas à laisser subsister des situations de double exonération de TVA pouvant se présenter lorsque deux États qualifient différemment la même transaction, ce qui conduit à une déduction dans un État alors que l'autre ne s'estime pas compétent pour taxer. Ce résultat optimisant n'est alors que la conséquence du fait que, malgré l'instauration du système commun de la TVA, des différences législatives et réglementaires subsistent en la matière[163]. Cependant, ces principes ne s'appliquent que sous réserve de l'abus, comme en témoigne la solution adoptée dans l'arrêt *Halifax* de la Cour de justice[164]. L'affaire concernait un établissement bancaire britannique (Halifax) exonéré de TVA pour 95 % de ses prestations et corrélativement privé de 95 % de son droit à déduction de la

159. Pour une analyse critique de cette décision, v. l'article de Y. Aguila, J. Gayral et Y. Rutschmann, *Dr. fisc.* 2016, n° 13, ét. 248.

160. BOI-IS-BASE-10-10-10-10, n° 250 et 260.

161. CJCE, 9 oct. 2001, *Cantor Fitzgerald International*, aff. C-108/99, point 33 ; 22 déc. 2010, *RBS Deutschland*, aff. C-277/09, points 53 et 54.

162. CJCE, *Halifax* e.a., 21 févr. 2006, aff. C-255/02, point 73.

163. CJUE, 22 déc. 2010, C-277/09, *RBS Deutschland Holdings GmbH*. Voir notamment sur cet arrêt Y. Sérandour, « La fraude au droit à déduction de la TVA selon la CJUE », *Dr. fisc.* 2012, n° 3, ét. 59 ; C. Acard, chron. *Dr. fisc.* 2011, n° 23, comm. 378, § 13 et 14 ; G. de Cordes, *L'année fiscale 2012, Dr. fisc.* 2012, n° 9, comm. 159, spéc. § 18. En l'espèce, la Cour parvient à ce résultat en présence d'un ensemble d'opérations reposant sur l'utilisation par le contribuable des qualifications différentes d'un État à l'autre de redevances de leasing dès lors que les opérations n'ont pas un caractère artificiel et ont été effectuées dans le cadre d'échanges commerciaux normaux.

164. CJCE, *Halifax* e.a., 21 févr. 2006, aff. C-255/02. Pour une analyse des précédents dans la jurisprudence de la Cour, cf. l'article de Y. Serandour, *Dr. fisc.* 2006, n° 16 ; *L'année fiscale* 2007, chron. TVA. Depuis l'arrêt *Halifax*, v. notamment CJUE, 22 déc. 2010, aff. C-103/09, *Weald Leasing Ltd*, où la Cour estime que le fait pour un contribuable de conclure des opérations de crédit-bail plutôt que des achats directs en vue d'échelonner le paiement de la TVA non déductible n'est pas constitutif d'un abus de la

TVA d'amont. Cet établissement, devant construire de nouveaux locaux, avait mis en place un montage complexe faisant intervenir de multiples contrats avec des filiales afin de récupérer finalement 100 % de la TVA grevant les frais de construction. L'administration fiscale britannique s'était opposé à la déduction en alléguant qu'en dépit de l'absence de texte spécifique, la théorie de l'abus de droit justifiait la neutralisation du montage ainsi réalisé. La Cour de justice lui donna raison en affirmant que « la 6e directive doit être interprétée en ce sens qu'elle s'oppose au droit de l'assujetti de déduire la taxe sur la valeur ajoutée acquittée en amont lorsque les opérations fondant ce droit sont constitutives d'une pratique abusive ». Après avoir affirmé que l'assujetti a « le droit de choisir la structure de son activité de manière à limiter sa dette fiscale »[165], la CJCE définit la pratique abusive. D'une part, il faut que « les opérations en cause, malgré l'application formelle des conditions prévues par les dispositions pertinentes de la 6e directive et de la législation nationale transposant cette directive, aient pour résultat l'obtention d'un avantage fiscal dont l'octroi serait contraire à l'objectif poursuivi par ces dispositions »[166]. D'autre part, « il doit également résulter d'un ensemble d'éléments objectifs que le but essentiel des opérations en cause est l'obtention d'un avantage fiscal » car « l'interdiction de pratiques abusives n'est pas pertinente lorsque les opérations en cause sont susceptibles d'avoir une justification autre que la simple obtention d'avantages fiscaux »[167]. On est donc bel et bien en présence d'un principe communautaire d'interprétation interdisant de faire un usage abusif des règles de TVA.

b) L'abus des libertés fondamentales

998 L'abus du droit de l'Union européenne est reconnu en matière de libertés fondamentales comme en matière de TVA. Comme l'a plusieurs fois affirmé la Cour de justice, « les ressortissants d'un État membre ne sauraient, à la faveur des facilités créées en vertu du traité, tenter de se soustraire abusivement à l'emprise de leur législation nationale. Ils ne sauraient se prévaloir abusivement ou frauduleusement des normes communautaires »[168].

Comment, dans ce contexte, comprendre l'abus d'une liberté fondamentale ? La Cour répond à cette question de façon très mesurée[169]. Elle estime tout d'abord qu'il n'y a aucun abus dans le fait de vouloir profiter de la fiscalité avantageuse en vigueur dans un État membre autre que celui de résidence. Par exemple, il n'est pas abusif pour une société d'établir une filiale dans un autre État membre dans le but avoué de bénéficier du régime fiscal favorable que procure un tel établissement. La création d'un établissement secondaire, tel qu'une filiale, dans un autre État membre ne saurait donc fonder une présomption générale de fraude fiscale et justifier une mesure portant atteinte à l'exercice d'une liberté fondamentale garantie par le traité.

Dans une telle perspective, l'abus du droit communautaire ne peut exister que lorsque le contribuable n'exerce pas *réellement* la liberté qu'il revendique. La liberté d'établissement, par exemple, n'autorise pas une société à créer un établissement purement formel dans un autre État membre. Elle a une signification substantielle : elle entend permettre à un ressortissant communautaire de participer, de façon stable et continue, à la vie économique d'un État membre autre que son État membre d'origine et d'en tirer profit. La notion d'établissement, au sens des dispositions du traité relatives à la liberté

---

directive, dès lors que les conditions contractuelles ne sont pas anormales. V. aussi CJUE, 30 juin 2013, C-653/11, *HRMC c. Paul Newey, Dr. fisc.* 2014, n° 10, comm. 194, comm. G. de Cordes.

165. Point 73.

166. Point 74.

167. Point 75.

168. CJCE, 7 févr. 1979, *Knoors*, 115/78, point 25 ; CJCE, 3 oct. 1990, *Bouchoucha*, aff. C-61/89, point 14 ; CJCE, 9 mars 1999, *Centros*, aff. C-212/97, point 24 ; CJCE gde ch., 12 sept. 2006, aff. C-196/04, *Cadbury Schweppes*, point 35.

169. Le raisonnement fait dans ce paragraphe reprend celui fait par la Cour dans l'arrêt *Cadbury Schweppes* cité à la note précédente. Sur cet arrêt, cf. G. Meussen, "Cadbury Schweppes: The ECJ Significantly Limits the Application of CFC Rules in the Member States", *European Union*, jan. 2007, p. 13 ; D. Gutmann, « L'arrêt *Cadbury Schweppes* et son impact sur le droit français », *Les Nouvelles Fiscales*, 15 déc. 2006, n° 970, p. 4 et s.

d'établissement, implique « l'exercice effectif d'une activité économique au moyen d'une installation stable dans cet État pour une durée indéterminée »[170]. Il s'ensuit que, pour qu'une restriction à la liberté d'établissement puisse être justifiée par des motifs de lutte contre des pratiques abusives, le but spécifique d'une telle restriction doit être de faire obstacle à des comportements consistant à créer des montages purement artificiels, dépourvus de réalité économique, dans le but d'éluder l'impôt normalement dû sur les bénéfices générés par des activités réalisées sur le territoire national[171].

Le Conseil d'État a fait sienne cette approche. C'est ainsi que dans l'arrêt *Sagal* du 18 mai 2005[172], il a estimé que l'article L. 64 du Livre des procédures fiscales était parfaitement conforme au droit de l'Union européenne toutes les fois qu'il s'appliquait à une situation internationale illustrant l'exercice par une société de sa liberté d'établissement. Ainsi, pour imposer entre les mains d'une société mère française les bénéfices d'une filiale établie au Luxembourg en application de la théorie de l'abus de droit, le Conseil d'État a affirmé que « l'application de ces dispositions est [...] strictement limitée aux cas où l'administration apporte la preuve que l'acte par lequel un contribuable s'établit à l'étranger revêt un caractère fictif ou simulé, ou bien, à défaut, n'a pu être inspiré par aucun motif autre que celui d'éluder ou d'atténuer les charges fiscales que l'intéressé, s'il n'avait pas passé cet acte, aurait normalement supportées eu égard à sa situation et à ses activités réelles ; qu'eu égard à l'objectif ainsi poursuivi, qui consiste spécifiquement à exclure du bénéfice de dispositions fiscales favorables les montages purement artificiels dont le seul objet est de contourner la législation fiscale française, ainsi qu'aux conditions de leur mise en œuvre, les dispositions précitées de l'article L. 64 du Livre des procédures fiscales ne peuvent être regardées comme apportant une restriction à la liberté d'établissement incompatible avec les stipulations susmentionnées du traité instituant la Communauté européenne ».

B. LE RÉSULTAT RECHERCHÉ

999 Pour que l'administration fiscale puisse reprocher à un contribuable d'avoir commis un abus de droit, il faut que l'intéressé ait recherché un avantage fiscal que, sans cet abus, il n'aurait pas obtenu. Comme l'énonce le Conseil d'État, « même lorsque le contribuable conclut un contrat dans l'unique but d'atténuer ses charges fiscales, celui-ci ne peut pas constituer un abus de droit [...] lorsque la charge fiscale de l'intéressé ne se trouve en réalité pas modifiée par cet acte »[173].

Le plus souvent, l'abus de droit prend la forme d'un allégement définitif de l'impôt dû. Il ne fait alors aucun doute que la théorie doit s'appliquer. La doctrine administrative précise que la recherche d'un but exclusivement fiscal consistant à éluder ou atténuer les charges fiscales peut notamment prendre la forme d'une réduction d'une dette d'impôt ou de la perception indue d'un crédit d'impôt ou encore de l'augmentation abusive d'une situation déficitaire[174].

Pas d'abus de droit, donc, sans économie d'impôt. Le Conseil d'État applique strictement ce principe, y compris dans des hypothèses où l'on aurait pu s'attendre à moins

170. *Ibid.*, point 54.

171. *Ibid.*, point 55. Dans le même sens, v. déjà CJCE, 12 déc. 2002, aff. C-324/00, *Lankhorst-Hohorst*, *L'année fiscale* 2003, chron. fiscalité européenne, obs. D. Gutmann, § 37 ; CJCE, 11 mars 2004, aff. 9/02, *de Lasteyrie du Saillant*, *RJF* 5/04, n° 558, point 50, chron. L. Olléon, p. 347, concl. J. Mischo, *BDCF* 5/04, n° 69.

172. CE, 18 mai 2005, n° 267087, *min. c/ Société Sagal*, *RJF* 8-9/05, n° 910, concl. P. Collin, *BDCF* 8-9/05, n° 110, obs. N. Chahid-Nouraï, *BGFE* 4/05, *Rev. adm.* 5/05, art. O. Fouquet, *BNA International*, june 2005, vol. 7, n° 6, p. 8 et s., art. F. Le Mentec.

173. CE, 5 mars 2007, n° 284457, *min. c/ Pharmacie des Chalonges*, *Dr. fisc.* 2007, n° 20, comm. 522, note O. Fouquet ; CE, 7 juill. 2010, *Dr. fisc.* 2010, n° 37, comm. 482, concl. J. Burguburu, note Ch. de la Mardière. Pour le dénouement de cette affaire, CE, 27 avr. 2011, *Dr. fisc.* 2011, n° 36, comm. 493, concl. L. Olléon, note J.-L. Pierre.

174. BOI-CF-IOR-30 n°s 40 et 50.

de clémence. À titre d'exemple, le Conseil d'État n'a vu aucun abus de droit dans le fait pour des professionnels libéraux de céder leurs fonds libéral à des sociétés qu'ils avaient constituées pour les besoins de la cause dans le seul but de bénéficier de l'art. 238 *quaterdecies* du CGI institué par l'art. 13 de la loi du 9 août 2004 pour le soutien à la consommation et à l'investissement. Bien que ce montage ait pu sembler en contradiction avec l'objectif affiché du législateur, à savoir l'encouragement de la cession de commerces de proximité à des repreneurs exerçant leur activité dans la même branche[175], le Conseil d'État a estimé qu'il ne pouvait y avoir d'abus de droit dans ce type d'opération car, en l'absence de cession, le cédant n'aurait supporté aucune charge fiscale au titre de l'imposition des plus-values[176].

La difficulté à caractériser l'économie d'impôt est plus grande lorsqu'un contribuable bénéficie d'un avantage fiscal ayant un caractère temporaire. C'est le cas, notamment, lorsqu'il entend profiter d'un **sursis ou d'un report d'imposition**. On peut alors se demander si cet avantage fiscal est concerné par l'article L. 64 lorsque celui-ci se réfère à des opérations ayant pour but « d'éluder ou d'atténuer » la charge fiscale que l'intéressé aurait normalement dû supporter. La question se pose typiquement en présence de ce qu'on appelle couramment « **l'apport-cession** ». Il s'agit d'une opération qui se réalise en deux temps : premièrement, une opération d'apport de titres à une société soumise à l'impôt sur les sociétés pour laquelle l'apporteur personne physique bénéficie d'un sursis d'imposition de la plus-value sur les titres apportés[177] ; deuxièmement, une vente des titres apportés par la société bénéficiaire de l'apport. Si la valeur d'apport est identique au prix de vente, il n'y a pas de plus-value taxable pour la société bénéficiaire. La plus-value d'apport ne devient quant à elle exigible qu'en cas de cession à titre onéreux ultérieure des titres reçus en échange ou en cas de rachat par la société de ses propres titres reçus en échange[178].

La position du Conseil d'État en la matière est désormais claire : par trois décisions du 8 octobre 2010[179], il a en effet posé que le fait pour un contribuable de bénéficier d'un report d'imposition à l'occasion d'une opération d'apport constituait un

175. Le schéma a été considéré comme abusif par plusieurs avis du comité de l'abus de droit (Rapport 2007 : *BOI* 13 L-4-08, aff. n° 2006-08, 2007-01 et 2007-03 : *Dr. fisc.* 2008, n° 22, ét. 348 – Avis rendus au 1er semestre 2008 : *BOI* 13 L-8-08, aff. n° 2007-12 ; *Dr. fisc.* 2008, n° 44, instr. 13973) ainsi que par certains juges (cf. par ex. CAA Nantes, 1re ch., 31 mai 2010, *Dr. fisc.* 2010, n° 25, comm. 387, concl. contraires Ch. Hervouet). Sur le sujet, cf. M. Cozian, « Vente à soi-même d'un cabinet médical et exonération "Sarkozy" : abus de droit ou effet d'aubaine ? », *Dr. fisc.* 2008, n° 11, comm. 204 ; F. Deboissy, « "Vente à soi-même" d'une clientèle libérale pour bénéficier du dispositif "Sarkozy" d'exonération des plus-values : habileté fiscale ou fraude à la loi ? », *Dr. fisc.* 2009, n° 14, comm. 261 ;

176. CE, 23 juill. 2012, n° 342017, *M. et Mme Bazin-Faucon*, *Dr. fisc.* 2012, n° 48, comm. 538, concl. E. Cortot-Boucher, note F. Deboissy.

177. Dispositif prévu à l'art. 150 0-B, CGI pour les apports réalisés à compter du 1er janv. 2000 institué par l'art. 94 de la loi 99-1172 du 30 déc. 1999 (loi de finances pour 2000). Jusqu'au 31 décembre 1999, l'apporteur bénéficiait d'un report d'imposition (anciens art. 92 B-II et 160 I *ter*-4 applicables depuis le 1er janv. 1991). L'effet fiscal était le même mais était subordonné à une déclaration qui permettait de calculer la plus-value et d'en demander le report puis d'assurer le suivi annuel de la plus-value en report.

178. Art. 150-0 D 9, CGI.

179. CE, 8 oct. 2010, n° 313139, 301934 et 321361, *Dr. fisc.* 2010, n° 45, comm. 553, concl. L. Olléon, note R. Poirier ; *RJF* 1/11 n° 1204, 1205 et 1206. Sur ces décisions, v. aussi E. Meier et R. Torlet, *Dr. fisc.* 2010, n° 45, aperçu rapide, 424 ; L. Jaillais et O. de Saint Chaffray, « Opérations d'« apport-cession » : *ite missa est* ? », *Option finance* 2010, n° 1097, p. 24 et s. ; L. Jaillais et D. Gutmann, « Pour une jurisprudence cohérente en matière d'abus de droit », *BF* 5/11, p. 407 et s. ; V. Daumas, « Abus de droit : derniers développements jurisprudentiels », *RJF* 1/11, p. 5 et s.

événement susceptible d'être poursuivi au titre de l'abus de droit. Selon ses termes, « lorsque l'Administration entend remettre en cause les conséquences fiscales d'une opération qui s'est traduite par un report d'imposition, au motif que les actes passés par le contribuable ne lui sont pas opposables, elle est fondée à se prévaloir des dispositions de l'article L. 64 du Livre des procédures fiscales (LPF) ; qu'en effet, une telle opération, dont l'intérêt fiscal est de différer l'imposition, entre dans le champ d'application de cet article, dès lors qu'elle a nécessairement pour effet de minorer l'assiette de l'année au titre de laquelle l'impôt est normalement dû à raison de la situation et des activités réelles du contribuable »[180]. Le Conseil d'État a par ailleurs retenu la même solution en présence, non d'un report, mais d'un sursis d'imposition[181]. Il a affirmé à cette occasion que « si le régime de sursis d'imposition n'offre pas au contribuable le choix entre la taxation immédiate de la plus-value et son imposition ultérieure, contrairement au régime du report d'imposition [...], cette seule circonstance ne fait pas obstacle à l'application de la procédure de répression des abus de droit ». Ces décisions n'étonnent pas, compte tenu du fait que le Conseil d'État avait déjà admis la solution en matière de report d'imposition dès 1986[182]. Toutefois, la solution n'était plus certaine sous l'empire de la nouvelle définition de l'abus de droit issue de la décision Janfin et de la réforme de l'article L. 64 du LPF. Il était donc utile que le Conseil d'État prenne nettement position sur ce sujet.

Reste à examiner la façon dont le Conseil d'État apprécie l'existence de l'abus : selon les termes du Conseil d'État dans les décisions du 8 octobre 2010, « le placement en report d'imposition d'une plus-value réalisée par un contribuable lors de l'apport de titres à une société qu'il contrôle et qui a été suivi de leur cession par cette société est constitutif d'un abus de droit s'il s'agit d'un montage ayant pour seule finalité de permettre au contribuable, en interposant une société, de disposer effectivement des liquidités obtenues lors de la cession de ces titres tout en restant détenteur des titres de la société reçus en échange lors de l'apport ; qu'il n'a en revanche pas ce caractère s'il ressort de l'ensemble de l'opération que cette société a, conformément à son objet, effectivement **réinvesti le produit de ces cessions dans une activité économique** ».

Au lendemain des arrêts d'octobre 2010, un certain nombre de questions demeuraient sans réponse. Quels sont les contours exacts de l'activité économique ? Comment apprécier l'existence d'un réinvestissement dans une telle activité ? L'absence d'appréhension effective du produit de la cession par les apporteurs suffit-elle à faire obstacle à la mise en œuvre de la théorie de l'abus de droit ? La jurisprudence ultérieure, éclairée par les conclusions des rapports publics et par les commentaires de doctrine substantiels sur le sujet[183], a permis dans une large mesure de répondre aux questions essentielles[184].

180. Conséquence procédurale : lorsque l'administration entend remettre en cause un « apport-cession », elle doit imposer la plus-value au titre de l'année d'apport, car le texte dont il a été fait abus est celui ayant permis l'obtention du report d'imposition de la plus-value réalisée lors de l'apport (CE, 10 mai 2012, n° 329693, M. Dupuis Bardinal, *Dr. fisc.* 2012, n° 30-35, comm. 401, concl. P. Collin). Elle ne peut donc agir à l'encontre du contribuable que si, au terme du processus révélateur de l'abus, elle est encore dans le délai pour exercer son droit de reprise sur l'impôt en cause.

181. CE, 27 juillet 2012, n° 327295, *M. et M*[me] *Berjot*, *Dr. fisc.* 2012, n° 46, comm. 522, concl. E. Crépey, note D. Barsus et J. Béguier.

182. CE, 9e et 8e s.-s., 3 nov. 1986, n° 49462, *RJF* 1/07, n° 77, *Dr. fisc.* 1987, n 8, comm. 344, concl. P.-F. Racine ; CE, 27 juill. 2009, n° 295358, 3e et 8e s.-s., *Caisse interfédérale de Crédit Mutuel*, *RJF* 12/09, n° 1140, concl. E. Glaser ; *BDCF* 12/09, n° 143.

183. V. notamment R. Mortier, « L'apport-cession à la loupe », *Dr. fisc.* 2011, n°s 42-43, étude 564 ; du même auteur, « L'apport-cession », *Dr. fisc.* 2012, n° 21, ét. 302 ; Ch. Rontchevsky et J. Toutée, « Apports avant cession : une jurisprudence qui pose question », *FR* 14/11, p. 41 et s.

184. CE, 8e et 3e ss-sect., 3 févr. 2011, n° 329839, *Min. c/M. et M*[me] *Conseil*, *Dr. fisc.* 2011, n° 27, comm. 417, note J.-L. Pierre, concl. L. Olléon, *RJF* 4/11, n° 471, *JCP E* 2011, 1363, note H. Hovasse ; CE, 3e et 8e ss-sect., 11 févr. 2011, n° 314950, *M. et M*[me] *Picoux*, *Dr. fisc.* 2011, comm. 417, concl. L. Olléon, note J.-L. Pierre ; CE, 10e et 9e ss-sect., 24 août 2011, n° 314579, *M. Moreau, M*[me] *Girault*,

La subtilité de la jurisprudence démontre toutefois qu'en matière d'abus de droit, laisser au juge le soin de déterminer le contenu du permis et de l'interdit (avec sanction de 80 % à la clé) risque d'aboutir à une casuistique peu compatible avec la primauté de la règle de droit et le souci de la sécurité juridique. Il est donc nécessaire que le législateur assume sa responsabilité, ce qu'il fait d'ailleurs dans le cas de l'apport-cession. La troisième loi de finances rectificative pour 2012 a en effet institué un dispositif anti-abus spécifique codifié à l'article 150-0 B ter du CGI, d'où il ressort que les plus-values d'apport de titres à une société soumise à l'IS contrôlée par l'apporteur sont exclues du sursis d'imposition prévu par l'article 150-0 B du CGI et placées en report d'imposition. Ces plus-values deviennent imposables lors de la survenance de certains événements, notamment en cas de cession des titres dans les trois ans de leur apport, sans que 50 % au moins du produit de la cession soit réinvesti dans certaines activités économiques dans un délai de deux ans. Cette nouvelle règle, certes très complexe, a au moins le mérite de définir le cadre fiscal dans lequel les opérateurs économiques peuvent se livrer à un apport-cession.

C. L'INTENTION DU CONTRIBUABLE

1000 Selon l'article L. 64 du Livre des procédures fiscales, il n'y a d'abus de droit que si les actes accomplis par le contribuable « n'ont pu être inspirés par aucun autre motif que celui d'éluder ou d'atténuer les charges fiscales ». Cette formule montre que le motif fiscal est exclusif de tout autre (1°). Le contribuable échappe donc au grief d'abus de droit s'il existe des motivations non fiscales à son comportement (2°).

1. *L'exigence d'un motif fiscal exclusif*

1001 La lettre de la loi est claire : l'abus de droit, au sens du droit interne français, repose sur un but fiscal exclusif.

Il est moins sûr, cependant, qu'il en aille de même lorsque l'abus porte sur une directive, comme en témoigne la rédaction de la directive « fusions » qui se réfère aux objectifs principaux ou à l'un des objectifs principaux. La CJCE elle-même oscille entre plusieurs options terminologiques. Dans un arrêt du 21 février 2008[185], la deuxième chambre a ainsi estimé, en matière de TVA, que « la sixième directive doit être interprétée en ce sens qu'une pratique abusive peut être retenue lorsque la recherche d'un avantage fiscal constitue le but essentiel de l'opération ou des opérations en cause » (point 45). De son côté, la troisième chambre a estimé, dans un arrêt du 22 mai 2008[186] qu'« en ce qui concerne [...] le principe d'interdiction de l'abus de droit, il y a lieu de rappeler qu'il tend, notamment dans le domaine de la TVA, à ce que la réglementation communautaire ne soit pas étendue jusqu'à couvrir les pratiques abusives d'opérateurs économiques, c'est-à-dire les opérations qui sont réalisées non pas dans le cadre de transactions commerciales normales, mais seulement dans le but de bénéficier abusivement des avantages prévus par le droit communautaire »[187]. Ce principe conduit ainsi à prohiber les montages purement artificiels, dépourvus de réalité économique, effectués à la seule fin d'obtention d'un

---

Dr. fisc. 2011, n°s 42-43, comm. 566, concl. J. BOUCHER, note R. POIRIER ; CE, 10e et 9e ss-sect., 24 août 2011, n° 316928, *Mme Ciavatta*, *Dr. fisc.* 2011, n°s 42-43, comm. 566, concl. J. BOUCHER, note R. POIRIER.

185. Aff. C-425/06, *Part Service Srl.*

186. Aff. C-162/07, *Ampliscientifica.*

187. Arrêt du 21 févr. 2006, *Halifax et a.*, aff. C-255/02, *Rec.* p. I-1609, points 69 et 70.

avantage fiscal[188] (points 27 et 28). Cette terminologie se retrouve dans d'autres arrêts ultérieurs[189], et l'on en vient à se demander si la Cour n'assimile pas en réalité but exclusif et but essentiel[190].

La référence faite par l'article 64 du LPF au but exclusivement fiscal ne doit pas masquer que depuis l'adoption de la directive ATAD du 12 juillet 2016 établissant des règles pour lutter contre les pratiques d'évasion fiscale qui ont une incidence directe sur le fonctionnement du marché intérieur, « les États membres ne prennent pas en compte un montage ou une série de montages qui, ayant été mis en place pour obtenir, à titre d'objectif principal ou au titre d'un des objectifs principaux, un avantage fiscal allant à l'encontre de l'objet ou de la finalité du droit fiscal applicable, ne sont pas authentiques compte tenu de l'ensemble des faits et circonstances pertinents ». L'importance de cette phrase, qui figure à l'article 6 de la directive, qui consacre un élargissement du champ de l'abus de droit, est considérable, puisque la directive ATAD est applicable de façon générale à tout le champ de l'impôt sur les sociétés, peu importan que soit en cause une situation matérielle impliquant un élément d'extranéité[191].

Le constat est d'autant plus intéressant qu'on se souvient que le Conseil constitutionnel a censuré, par sa décision n° 2013-685 DC relative à la loi de finances pour 2014, la mesure qui modifiait la définition de l'abus de droit pour prévoir que sont constitutifs d'un abus de droit, non plus les actes qui « n'ont pu être inspirés par aucun autre motif que celui d'éluder ou d'atténuer » l'impôt que l'intéressé aurait dû supporter, mais les actes qui « ont pour motif principal » d'éluder ou d'atténuer l'impôt. Le Conseil a en effet relevé qu'une telle modification de la définition de l'acte constitutif d'un abus de droit aurait eu pour effet de conférer une importante marge d'appréciation à l'administration fiscale et que, compte tenu des pénalités attachées à la qualification d'abus de droit, cette réforme méconnaissait tant l'objectif d'intelligibilité et d'accessibilité de la loi que le principe de légalité des délits et des peines. Le Conseil d'État en est de son côté bien conscient. Alors qu'une décision *SARL Garnier Choiseul Holding* du 17 juillet 2013 avait étonné, dans la mesure où elle reconnaissait qu'un abus de droit pouvait être constitué en présence de motifs non fiscaux d'une opération à la condition que ceux-ci fussent négligeables et sans commune mesure avec l'avantage

188. Voir, en ce sens, arrêt du 12 sept. 2006, *Cadbury Schweppes et Cadbury Schweppes Overseas*, aff. C-196/04, *Rec.* p. I-7995, point 55.

189. CJUE, 22 déc. 2010, *RBS Deutschland*, aff. C-277/09, points 47 et s. ; 12 juill. 2012, *J.J. Komen en Zonen Beheer Heerhugowaard*, C-326/11, point 35 ; 2 juin 2016, *Lajvér Melioracios Nonprofit Kft*, C-263/15, point 50 ; CJUE, 7 sept. 2017, *Eqiom SAS, anciennement Holcim France SAS, Enka SA c. ministre des Finances et des Comptes publics*, C-6/16, *Dr. fisc.* 2018, n° 11, 223, note A. Maitrot de la Motte et L. Silberman.

190. V. notamment 27 oct. 2011, *Tanoarch*, C-504/10. Le point 51 de cet arrêt énonce que « le principe d'interdiction de l'abus de droit conduit ainsi à prohiber les montages purement artificiels, dépourvus de réalité économique, effectués à la *seule* fin d'obtention d'un avantage fiscal (voir arrêt du 22 mai 2008, *Ampliscientifica et Amplifin*, C-162/07, *Rec.* p. I-4019, point 28) ». Le point 52 du même arrêt précise quant à lui : « À cet égard, la Cour, aux points 74 et 75 de l'arrêt *Halifax e.a.*, a jugé que la constatation d'une pratique abusive en matière de TVA exige, d'une part, que les opérations en cause, malgré l'application formelle des conditions prévues par les dispositions pertinentes de la directive et de la législation nationale la transposant, aient pour résultat l'obtention d'un avantage fiscal dont l'octroi serait contraire à l'objectif poursuivi par ces dispositions et, d'autre part, qu'il résulte d'un ensemble d'éléments objectifs que le but *essentiel* des opérations en cause se limite à l'obtention de cet avantage fiscal ».

191. Pour une critique de cette situation, J. Turot, « La liberté de gestion des entreprises entre enfer et paradis (et plus près de l'enfer) », *Dr. fisc.* 2017, n° 27, ét. 378.

fiscal retiré de l'opération[192], le Conseil d'État est revenu à davantage d'orthodoxie dans une décision rendue dans des circonstances comparables où ne figure plus la référence à l'avantage « négligeable »[193]. Cette décision est à replacer, semble-t-il, dans le contexte du coup de semonce infligé par le Conseil constitutionnel au législateur français.

Tout ceci démontre en tout cas que lorsque la directive ATAD aura été transposée dans notre ordre interne, il y aura en réalité plusieurs réalités de l'abus de droit en matière d'impôt sur les sociétés : l'abus au sens strict (celui de l'article L 64 du LPF), sanctionné mécaniquement par la pénalité de 80 % prévue par l'article 1729 du CGI et l'octroi de garanties procédurales au contribuable ; l'abus au sens large (celui prévu par la directive), qui s'appliquera sans nécessité pour l'administration de rapporter la preuve d'un but exclusivement fiscal, mais sans possibilité pour elle d'appliquer systématiquement la pénalité de 80 %. Le même constat pourra également être fait en d'autres matières, puisqu'en matière d'IFI, par exemple, il existe désormais une règle formulée en termes très larges visant à contre l'abus du plafonnement[194]. De même, l'abus du régime spécial des fusions est désormais sanctionné par une règle autonome figurant à l'article 210-0 A du CGI, selon lequel « les opérations de fusion, de scission ou d'apport partiel d'actif ayant comme objectif principal ou comme un de leurs objectifs principaux la fraude ou l'évasion fiscales ». Pour l'application de ce texte, « l'opération est regardée, sauf preuve contraire appréciée dans le cadre d'une procédure de contrôle contradictoire en application de l'article L. 10 du livre des procédures fiscales, comme ayant pour objectif principal ou pour un de ses objectifs principaux la fraude ou l'évasion fiscales lorsqu'elle n'est pas effectuée pour des motifs économiques valables, tels que la restructuration ou la rationalisation des activités des sociétés participant à l'opération ». Ce constat d'une pluralité de définitions de l'abus peut être démultiplié, et nous avons cru possible de déceler pas moins de dix définitions de l'abus de droit en faisant masse de celles figurant dans la loi française, le droit de l'Union européenne et les conventions fiscales[195].

2. La preuve des motifs non fiscaux du contribuable

1002 Il ressort de la jurisprudence que le contribuable peut s'opposer victorieusement à un redressement fondé sur l'abus de droit s'il démontre qu'il poursuivait des objectifs non fiscaux. Il convient de noter, à cet égard, que le seul fait qu'une opération ait des *effets* non fiscaux n'est pas suffisant, bien que la Cour de cassation ait, un temps, paru admettre le contraire dans un arrêt *RMC France* en jugeant qu'une transformation de SARL en SA entraînait des « effets multiples » et ne pouvait pas être considérée comme abusive[196].

192. CE, 17 juill. 2013, n° 352989, *Dr. fisc.* 2013, n° 41, comm. 577, concl. F. ALADJIDI, note F. DEBOISSY et G. WICKER.

193. CE, 23 juin 2014, n° 360708, *Sté Groupement Charbonnier Montdiderien ;* n° 360709, *Sté Kerry, Dr. fisc.* 2014, n° 43-44, comm. 598, concl. F. ALADJIDI, note O. FOUQUET.

194. Art. 979 CGI.

195. « Les dix définitions de l'abus de droit fiscal », *in Mélanges en l'honneur de Professeur Henri Hovasse*, LexisNexis, 2016, p. 381 et s.

196. Sur les limites de la portée de l'arrêt *RMC France*, cf. les observations de M. COZIAN, *Dr. fisc.* 2007, n° 36, ét. 795, § 42. Rapp. CE, 15 févr. 2016, n° 374071, *SNC Distribution Leader Price, Dr. fisc.* 2016, n° 11, aperçu rapide n° 149 par F. DEBOISSY ; *Dr. fisc.* 2016, n° 17, comm. 304, concl. B. BOHNERT, note E. MEIER, R. TORLET et R. ADADY (cas d'une transformation d'une SA en SNC jugée non abusive).

La dialectique de la preuve en la matière a été précisée par le Conseil d'État qui affirme que « l'administration fiscale apporte cette preuve [celle de l'abus de droit] par la production de tous éléments suffisamment précis attestant du caractère fictif des actes en cause ou de l'intention du contribuable d'éluder ou d'atténuer ses charges fiscales normales. Dans l'hypothèse où l'administration s'acquitte de cette obligation, il incombe ensuite au contribuable, s'il s'y croit fondé, d'apporter la preuve de la réalité des actes contestés ou de ce que l'opération litigieuse est justifiée par un motif autre que celui d'éluder ou d'atténuer ses charges fiscales normales »[197].

Pour démontrer l'existence d'objectifs non fiscaux, il existe en résumé deux techniques : montrer que l'opération critiquée par l'administration avait des objectifs juridiques et économiques distincts des objectifs fiscaux (a) ou, ce qui revient presque au même, que l'opération n'est pas dépourvue de « substance économique » (b).

a) Des objectifs juridiques et économiques distincts des objectifs fiscaux

1003 Pour illustrer le raisonnement, considérons l'exemple de l'« **apport-cession** » (notion à ne pas confondre avec celle examinée plus haut en matière d'imposition des plus-values des particuliers) et de son traitement au regard des droits de mutation à titre onéreux[198]. Il s'agit d'une opération par laquelle une société apporte à une autre société, éventuellement constituée pour les besoins de la cause, une branche d'activité. Cette opération d'apport est suivie de la cession des titres reçus en échange de l'apport. Parmi les avantages fiscaux de cette opération, on peut citer le fait que la cession des titres engendre des droits de mutation inférieurs à ceux qui auraient été exigibles si la cession avait directement porté sur la branche d'activité elle-même[199].

Selon une opinion répandue, la filialisation d'une branche d'activité, suivie de la cession des titres de la filiale, constituait jusqu'à récemment une opération parfaitement sécurisée, permettant notamment d'éviter les droits de mutation à titre onéreux qui auraient été dus en cas de cession directe de la branche. Telle était l'interprétation majoritairement admise de l'arrêt *Saphymo Stel* rendu par la Chambre commerciale le 21 avril 1992[200], même si le Comité consultatif pour la répression des abus de droit laissait planer certains doutes sur le caractère licite de ce type d'opération. Il est vrai, comme on l'a parfaitement montré[201], que de nombreux avantages s'attachent à la technique de la filialisation avant cession, lesquels n'ont rien de fiscal : soumission au régime juridique des scissions permettant la cession de plein droit des dettes afférentes à la branche d'activité, transmission universelle des biens pour la branche même en l'absence de désignation expresse de chacun dans le traité d'apport, dispense de respect des formalités et publicités attachées à la transmission de chacun des biens, organisation de la séparation des patrimoines pour l'acquéreur de la branche, avec la protection corrélative contre les actions des créanciers, etc.

Toutefois, comme toujours en matière d'abus de droit, la prudence doit toujours être de mise car la Cour de cassation ne sanctionne pas toujours les juges du fond qui jugent abusifs certains cas d'apport-cession.

À titre d'exemple, dans l'affaire ayant donné lieu à l'arrêt *Société Distribution Casino France* du 20 mars 2007[202], une société avait fait apport à la filiale de la société Distribution Casino France d'un

197. CE, 13 janv. 2017, n° 391196, *SAS Ingram Micro*, *Dr. fisc.* 2017, n° 15, comm. 254, concl. E. Crépey.

198. Cf. déjà *infra*, n° 999, pour la question de l'abus de droit en matière d'imposition des plus-values.

199. Cf. *supra*, n° 948, pour la comparaison entre les droits de mutation en cas de cession de fonds et en cas de cession d'actions.

200. Cass. com., 21 avr. 1992, n° 88-16905, *Dr. fisc.* 1993, n° 397.

201. P. Fumenier, « Opérations d'apport-cession d'une activité », *Dr. fisc.* 2007, n° 859.

202. Cass. com., 20 mars 2007, n° 05-20599, *RJF* 8-9/07, n° 995. Pour une critique de cet arrêt, on lira les observations de B. Hatoux dans le même numéro de la *RJF*, p. 710. Comp. M. Cozian, « Abus de droit,

fonds de commerce d'hypermarché. Quelques jours plus tard, l'apporteur cédait les actions reçues à la société Distribution Casino France, laquelle devenait seule actionnaire de la société détenant le fonds de commerce. La Cour de cassation rejeta le pourvoi formé contre l'arrêt d'appel qui avait caractérisé la poursuite d'un but exclusivement fiscal en retenant l'absence de prise de risque inhérente à l'apport en société, l'absence de logique économique de l'opération et l'enchaînement des actes sur une courte période. Elle approuva donc la cour d'appel d'avoir procédé, à la suite de l'administration fiscale, à la requalification de l'opération en vente du fonds[203].

b) *L'existence d'une substance économique à l'opération*

1004 Le grief d'abus de droit est souvent solidaire de l'idée selon laquelle une opération est en réalité dépourvue de substance économique. Ce défaut de substance économique s'analyse ainsi comme un indice de l'objectif fiscal exclusif poursuivi par le contribuable, mais, sous réserve d'une correcte interprétation de l'évolution de la jurisprudence relatée plus loin[204], le défaut de substance ne devrait pas suffire à caractériser l'abus de droit car il faut encore que l'administration démontre une violation des objectifs poursuivis par les auteurs des textes. On trouve la trace de cette référence à la substance, tant dans la « quasi-jurisprudence » du comité de l'abus de droit fiscal que dans la jurisprudence du Conseil d'État et de la Cour de justice.

Du côté du comité de l'abus de droit fiscal, nombreux sont les exemples qui pourraient illustrer le lien entre le défaut de substance économique et l'existence d'un abus de droit. On se contentera de relever, dans les rapports récents, l'existence d'un contentieux relativement abondant sur le **recours abusif au régime des sociétés mères et filiales**[205] dans le cas suivant : une société X acquiert le capital d'une société Y qui ne détient plus aucun actif et n'exerce plus aucune activité mais dispose de liquidités importantes. La société X, qui entend se prévaloir du régime des sociétés mères, prend l'engagement de conserver les titres pendant une durée de deux ans. À la fin de l'année, la société X reçoit une distribution égale à la totalité ou quasi-totalité des profits distribuables de la société Y placée sous le régime d'exonération des sociétés mères et constitue une provision pour dépréciation des titres de la société Y déductible des résultats imposables au taux de droit commun. Le comité de l'abus de droit estime, à la suite de l'administration, que sous couvert d'acquisition de titres et de la distribution de dividendes, la société X a réalisé une opération dans le but exclusivement fiscal de minorer ses résultats alors qu'elle n'a jamais eu l'intention d'animer la société Y[206]. Si sa position a inspiré une réforme législative tendant à empêcher pour l'avenir la déduction de ce type de provision dans des montages dits « coquillards »[207], elle n'a pas été suivie par la cour administrative d'appel de Paris, laquelle a toutefois été désavouée par le Conseil d'État dans une décision *Garnier Choiseul* du 17 juillet 2013[208].

apport-cession et apport-donation : la Cour de cassation serait-elle en train de perdre le cap ? », *Dr. fisc.* 2007, n° 36, 795, p. 16 et s.

203. V. également, pour un autre exemple d'apport-cession, l'arrêt *Société Audit Sud Est*, Cass. com., 31 oct. 2006, n° 05-14.254, *RJF* 2007, n° 240.

204. Cf. *infra*, n° 1006.

205. Sur cette question, v. notamment les articles d'E. Bokdam-Tognetti, F. Deboissy et G. Entraygues, *Dr. fisc.* 2014, n° 40, ét. 566, 567 et 568.

206. Cf. sur ces cas les rapports suivants du comité de l'abus de droit fiscal : BOI 13 L-2-09, aff. n° 2008-19 et s. ; BOI 13 L-9-09, aff. n° 2009-01 à 06 ; BOI 13 L-1-10, aff. n° 2009-10 à 2009-14. Dans le même sens, voir l'affaire n° 2012-39 dans le rapport annuel 2012 du Comité.

207. Art. 219 I-a *ter* CGI, issu de la deuxième loi de finances rectificative pour 2012.

208. CE, 17 juill. 2013, n° 352989, *Dr. fisc.* 2013, n° 41, comm. 577, concl. F. Aladjidi, note F. Deboissy et G. Wicker, cassant l'arrêt de CAA Paris, 29 juill. 2011, n° 09PA01219, *Sté Établissements Bellaby*, *Dr. fisc.* 2011, n° 47, comm. 603, concl. Ph. Blanc, note M. Buchet. L'arrêt d'appel relevait qu'il n'y a pas de montage artificiel dès lors que les filiales existaient avant la distribution et la constitution de la provision, que le bénéfice de l'exonération prévue par le régime mère-fille n'a pas été permis par l'interposition d'une société spécialement créée à cet effet et qu'il existe une motivation économique consistant en l'amélioration de la trésorerie. Il estime par ailleurs que les objectifs des auteurs de

Pour reconnaître à l'opération litigieuse le caractère d'abus de droit, le Conseil d'État reprend les travaux préparatoires de l'article 27 de la loi du 31 juillet 1920 portant création de ce régime et constate que le bénéfice du régime fiscal des sociétés mères a toujours été subordonné à une condition de détention des titres depuis l'origine ou de durée minimale de détention, condition à laquelle s'ajoute, depuis 1936, l'exigence d'un seuil de participation minimale dans le capital des sociétés émettrices. Il en conclut que la loi a eu pour objectif de favoriser l'implication de sociétés mères dans le développement économique de sociétés filles pour les besoins de la structuration et du renforcement de l'économie française[209]. Au cas particulier, le fait d'acquérir des sociétés ayant cessé leur activité initiale et liquidé leurs actifs dans le but d'en récupérer les liquidités par le versement de dividendes exonérés d'impôt sur les sociétés en application du régime de faveur des sociétés mères, sans prendre aucune mesure de nature à leur permettre de reprendre et de développer leur ancienne activité ou d'en trouver une nouvelle va à l'encontre de cet objectif[210].

En jurisprudence interne, il existe de nombreux autres exemples de décisions statuant sur des montages artificiels où la question de la substance économique de certaines sociétés était clairement posée[211]. À titre d'exemple, le Conseil d'État a plusieurs fois affirmé que le fait pour une société française de détenir une **participation dans une holding** de droit luxembourgeois lui permettant d'échapper à l'imposition prévue à l'article 209 B du Code général des impôts tout en se prévalant du régime des sociétés mères constitue un abus de droit lorsque l'acquisition de cette participation ne présente aucun intérêt autre que l'avantage fiscal retiré[212]. Le Conseil d'État relève à cet effet que le fait que la société holding luxembourgeoise reste, pendant sa période d'existence, sous l'entière dépendance de la banque à l'origine de sa création en ce qui concerne tant sa gestion que ses investissements, que la totalité de ses actifs est constituée de valeurs mobilières, qu'elle n'a aucune compétence technique en matière de placements financiers, que ses actionnaires ne prennent aucune part aux assemblées statutaires et qu'ainsi cette société est dépourvue de substance[213].

Dans le même sens, le Conseil d'État a admis l'application de la procédure de répression de l'abus de droit en présence d'une société française, acquéreuse de 22,99 % du capital d'une société de droit panaméen ayant elle-même pour seul actif une participation dans une société de droit luxembourgeois dont l'activité consistait à prendre des participations dans diverses sociétés[214]. Il était reproché à la

---

l'article 216 du CGI n'ont pas été méconnus puisque les filiales ont été imposées à raison des bénéfices qui ont donné lieu à la distribution des dividendes et que l'absence d'option pour le régime des sociétés mères aurait conduit à une seconde imposition des sommes distribuées à cette dernière société. Dans le même sens, CAA Paris, 16 déc. 2011, n° 09PA06147, *Garnier Choiseul Holding*, *Dr. fisc.* 2012, n° 23, comm. 323, § 19, obs. C. Acard.

209. On notera à cet égard que l'historique de la législation fait par le Conseil semble éminemment discutable. Si l'on en croit Guy Gest (« Histoire et esprit du régime des sociétés mères », *Dr. fisc.* 2014, n° 41, ét. 565), le régime des sociétés mères tel qu'il existait en 1920 n'était pas relatif à l'exonération des sociétés mères à raison des produits reçus de leurs filiales mais définissait les conditions auxquelles les distributions faites aux *associés* de la société mère échappaient à l'impôt. Les conditions de détention auxquelles se réfère le Conseil d'État étaient en revanche inexistantes à l'époque pour exonérer les produits de filiales, qui étaient défiscalisés de façon systématique afin d'éviter la double imposition.

210. Cette référence aux objectifs poursuivis par les auteurs des textes à l'origine du texte est quelque peu anachronique, compte tenu de l'évolution de la législation en la matière, et Florence Deboissy a observé à juste titre que cette méthode d'analyse par le Conseil d'État a été substantiellement nuancée par le Conseil d'État dans la décision ultérieure *SNC Distribution Leader Price* du 15 févr. 2016 (sur laquelle cf. *infra*, n° 1007, et les références citées).

211. Sur l'appréciation de la substance d'un montage, v. F. Deboissy, « L'opposabilité à l'administration fiscale des montages contractuels », *RDC* 2007, n° 3, p. 1006 ; P. Serlooten, « Liberté de gestion et droit fiscal : la réalité et le renouvellement de l'encadrement de la liberté », *Dr. fisc.* 2007, n° 12, comm. 301.

212. Arrêts *Sté Pléiade*, CE, 18 févr. 2004, n° 247729, *RJF* 5/04, n° 510, concl. P. Collin, *BDCF* 5/04, n° 65, et *Sagal*, préc., *supra*, n° 998 ; dans le même sens, CE, 27 juill. 2009 (deux arrêts), *Caisse interfédérale de Crédit Mutuel* et *Société Conforama Holding*, n° 295805, *RJF* 12/09, n° 1140, concl. E. Glaser, *BDCF* 12/09, n° 143.

213. Rapp. CE, 11 mai 2015, n° 365564, *SA Natixis*, *Dr. fisc.* 2015, n° 31-35, comm. 526, concl. E. Bokdam-Tognetti, note N. de Boynes.

214. CE, 10e et 9e s.-s., 10 déc. 2008, *Andros*, n° 295977, *RJF* 3/09, n° 255.

société française d'avoir interposé la société panaméenne à la seule fin de bénéficier du régime des sociétés mères dont l'administration aurait écarté l'application en cas de détention directe des titres de la société luxembourgeoise, en raison de l'exclusion prononcée par l'article 145, 6 a du CGI à l'égard des produits des actions des sociétés d'investissement. Les critères retenus pour caractériser l'abus de droit méritent d'être cités : la société panaméenne, « structure dépourvue de toute substance, se bornait à servir d'intermédiaire entre ses actionnaires et la société luxembourgeoise et dépendait pour sa gestion et ses résultats exclusivement des compétences et du savoir-faire financier de cette dernière société, sans que la circonstance alléguée que certains des associés de la société panaméenne auraient des compétences en matière d'investissements industriels et financiers ait une incidence sur cette appréciation».

Sans rentrer dans davantage de détails, on observera également que la recherche de la substance des sociétés peut avoir lieu dans le cadre de **montages purement patrimoniaux**, le Comité de l'abus de droit fiscal ayant par exemple considéré que l'apport par des personnes physiques de parts de SCI à une société civile soumise à l'IS peut être abusif[215]. Dans une autre affaire, le Comité a en revanche considéré que l'interposition par des personnes physiques d'une société luxembourgeoise patrimoniale non dépourvue de substance (en ce sens qu'elle gérait activement son patrimoine), même si elle a bien poursuivi un objectif fiscal, ne peut être regardée comme ayant été motivée par un but exclusivement fiscal dès lors qu'elle s'inscrivait dans une stratégie de transmission à terme des titres aux enfants du fondateur de la société[216].

Cette façon d'approcher l'abus de droit se retrouve à l'identique dans la **jurisprudence de la Cour de justice** qui considère qu'un montage purement artificiel est forcément « dépourvu de réalité économique »[217]. Cette expression est elle-même définie par la Cour, qui estime que l'administration doit l'apprécier au regard d'« éléments objectifs et vérifiables par des tiers, relatifs, notamment, au degré d'existence physique de la société étrangère contrôlée en termes de locaux, de personnel et d'équipements »[218].

Encore faut-il préciser que la consistance des éléments de preuve requis dépend de l'activité exercée par la société concernée. La « substance » d'une société holding ne s'apprécie pas de la même manière que la « substance » d'une société opérationnelle[219]. Ce constat semble d'ailleurs partagé par le Comité de l'abus de droit qui, dans un avis du 7 décembre 2010, a estimé qu'une société danoise, à laquelle une société française avait versé un dividende (non réduit de la retenue à la source, conformément à la directive mère-filiale) et qui était contrôlée à 100 % par une société américaine, avait bel et bien une substance nonobstant l'absence de personnel et de chiffre d'affaires opérationnel. Le Comité releva en substance que la création de la société danoise s'inscrivait dans le cadre de la politique de la société mère de droit américain de disposer d'une société holding au niveau européen ayant pour objet de gérer les filiales du groupe dans plus de vingt pays, que la société danoise détenait directement et indirectement plus de 140 filiales réparties dans vingt pays, que l'installation de cette société holding au Danemark résultait d'une décision de la société américaine et que la société danoise était une société holding qui fonctionnait conformément à son objet[220].

De même, il est intéressant de signaler que le Conseil d'État estime que la substance d'une société holding constituée dans le cadre d'une opération de LBO (« *leverage buy-out* ») existe bel et bien, quand bien même le holding de reprise n'a pas d'autre activité économique que la détention des titres

215. Aff. n° 2014-33, séance du 29 janvier 2015. Sur cet avis, v. l'analyse de P. Carcelero, « L'apport par des personnes physiques à une société assujettie à l'impôt sur les sociétés de parts de SCI peut-il être abusif ? », *Option Finance*, 13 avr. 2015.

216. Aff. n° 2014-13, séance du 23 sept. 2014.

217. CJCE, 12 sept. 2006, *Cadbury Schweppes*, préc., point 55. Rapp. CJCE, 16 juill. 1998, *ICI*, aff. C-264/96, point 26 ; 13 déc. 2005, *Marks & Spencer*, aff. C-446/03, point 57 ; 13 mars 2007, *Test Claimants in the Thin Cap Group Litigation*, aff. C-524/04, point 72 ; 21 janv. 2010, aff. C-311/08, point 65. Comp. les critères du défaut de substance économique des sociétés étrangères contrôlées dans la résolution du 8 juin 2010 relative à la coordination des règles en matière de sociétés étrangères contrôlées (2010/C 156/01, § A).

218. *Ibid.*, point 67.

219. Pour une convaincante démonstration en ce sens, v. F. Lugand, M. Verban et D. Tof, « La notion de substance en fiscalité internationale », *L'année fiscale* 2011, *Dr. fisc.* 2011, n° 9, ét. 228.

220. Avis n° 2010-12, *société X France Holding*, reproduit dans l'instruction du 3 févr. 2011, *BOI* 13 L-1-11, 24 janv. 2011. Pour un commentaire, v. C. Acard, *Dr. fisc.* 2011, n° 23, comm. 378, § 12.

de la société cible[221]. Le rapporteur public estimait d'ailleurs dans ses conclusions qu'« exiger qu'une holding purement financière qui se borne à détenir les parts d'une société cible développe une activité propre reviendrait [...] faire tomber dans l'escarcelle de l'abus de droit tous ces montages dont l'intérêt économique est certain et explique l'essor de cette technique pour l'acquisition ou la transmission d'entreprises ». Enfin, il a été jugé que le fait pour une société française de souscrire à l'augmentation de capital d'une filiale belge ayant le statut de « centre de coordination » et exerçant une activité de centralisation financière et de couverture des risques de change pour le compte du groupe ne constituait pas un abus de droit même si cette opération permettait de cumuler les avantages d'une fiscalité belge quasi nulle sur les intérêts reçus par la filiale à raison des prêts qu'elle consentait aux autres sociétés du groupe, puis du régime français des sociétés mères à raison des dividendes distribués par la société belge. Cette décision repose sur le constat que la société belge exerçait effectivement les activités susmentionnées et employait à cette fin quarante-huit salariés. Dans ce contexte, l'augmentation de capital ne pouvait donc être regardée comme fictive ou réalisée à la seule fin d'éluder l'impôt[222].

D. LES OBJECTIFS DES AUTEURS DES TEXTES

1005 Il résulte de la définition de l'article L. 64 du Livre des procédures fiscales que l'abus de droit repose sur la preuve par l'administration du fait que le contribuable a recherché « le bénéfice d'une application littérale de textes ou de décisions à l'encontre des objectifs poursuivis par leurs auteurs ».

L'identification des « objectifs poursuivis par les auteurs des textes » est en pratique assez complexe. Comme le note un auteur, « la chose n'est déjà pas simple en ce qui concerne la loi : hormis quelques textes précédés d'un exposé des motifs plus ou moins explicite, la recherche de l'intention du législateur conduit à explorer des débats parlementaires souvent peu éclairants, pour autant qu'il y en ait... La quête est purement impossible en ce qui concerne les décrets et arrêtés, sauf à s'en remettre exclusivement à l'objectif des lois en application desquelles ils sont pris »[223]. Le même constat semble s'imposer en présence d'un traité international car il est pratiquement impossible d'avoir accès aux documents diplomatiques préparatoires même si ceux-ci existent dans les archives du ministère des Affaires étrangères.

Cette exigence probatoire se cumule avec les autres : ainsi, par exemple, lorsque l'administration critique un montage, elle doit démontrer non seulement son but exclusivement fiscal mais également la contrariété entre les opérations effectuées et les objectifs des auteurs des textes. C'est du moins ce que commande l'article L. 64 du Livre des procédures fiscales.

On observe toutefois que l'évolution de la jurisprudence semble illustrer une regrettable confusion entre les deux critères de l'abus de droit lorsqu'est en cause un montage dépourvu de substance économique. Rappelons ainsi que dans la décision

221. CE, 27 janv. 2011, n° 320313, *M. et Mme Bourdon*, *Dr. fisc.* 2011, n° 15, comm. 304, concl. C. Legras, note O. Fouquet et C. Charpentier. Arrêt rendu dans l'hypothèse d'un « OBO » (*owner's buy out*), c'est-à-dire d'une situation dans laquelle les associés de la holding de reprise sont les mêmes que les associés de la société cible. Dans le même sens, pour un LBO « classique », TA Montreuil, 16 juin 2011, *Option Finance* n° 1133, 11 juillet 2011, et l'article de G. Goulard, p. 29 et s.

222. CE, 9e et 10e s.-s., 15 avr. 2011, n° 322610, *min c/Sté Alcatel CIT, Dr. fisc.* 2011, n° 24, comm. 394, concl. P. Collin, note P. Dibout ; *L'année fiscale 2012*, *Dr. fisc.* 2012, n° 9, comm. 162, chron. E. Dinh, § 21 et s.

223. L. Jaillais, « Le nouvel abus de droit, ou la consécration du chamanisme fiscal ? », *Option Finance*, 23 mars 2009, n° 1021.

« Verdannet »[224] que nous avons déjà rencontré lors de l'étude de l'abus des conventions fiscales, le Conseil d'État a en effet affirmé « les États parties à la convention fiscale franco-luxembourgeoise ne sauraient être regardés comme ayant entendu, pour répartir le pouvoir d'imposer, appliquer ses stipulations à des situations procédant de *montages artificiels dépourvus de toute substance économique* [souligné par nous]. Il suit de là qu'en jugeant que l'opération litigieuse était contraire aux objectifs poursuivis par les deux États signataires, la cour n'a entaché son arrêt d'aucune erreur de droit ». Par ce raisonnement, le Conseil d'État confirme une tendance déjà entamée dans la décision « Sté Ingram Micro »[225] qui semble conduire à contracter les deux critères de l'abus de droit (le but essentiellement fiscal et la contrariété aux objectifs poursuivis par les auteurs des textes) lorsqu'est en cause un montage artificiel dépourvu de toute substance. C'est ainsi que l'existence d'un tel montage permettrait d'établir, non seulement que le contribuable n'a pas eu d'autre but que de faire échapper une opération à la loi fiscale, mais aussi que les objectifs des auteurs des textes ont été offensés puisque ces derniers ne peuvent pas avoir eu pour objectif d'appliquer une règle donnée à une situation procédant d'un tel montage. Comme l'indiquait le rapporteur public dans ses conclusions sous l'affaire « Verdannet », le montage « révèle aussi par lui-même la méconnaissance de l'intention des auteurs du texte », lesquels « ont nécessairement voulu appréhender une substance et non pas un artifice ». Il est permis d'espérer, compte tenu du caractère flou de cette notion, que le juge de l'impôt s'attache à ne faire application de ce raisonnement contracté, dont nous avions critiqué le principe dès 2009[226], que lorsque le caractère artificiel du montage ne fera aucun doute.

Quoi qu'il en soit, comment doit-on procéder pour identifier les « objectifs des auteurs des textes » ?

D'un point de vue conceptuel, ces « objectifs » ne se confondent pas avec l'intention exprimée lors des travaux préparatoires, même s'il va de soi que ceux-ci contribuent de façon décisive à les éclairer. Selon la formule de Florence Deboissy, « en adoptant une règle fiscale, le législateur poursuit toujours un objectif, qui se déduit des travaux préparatoires, du contexte, mais aussi et surtout du contenu même de la mesure par un examen de sa rationalité »[227].

Deux conséquences doivent être tirées de cette distinction entre les « objectifs » du législateur et l'intention révélée par les travaux préparatoires, selon que ces derniers existent ou non, et sont accessibles ou non.

1006 **Premièrement**, lorsqu'il existe des travaux préparatoires pouvant être connus, notamment un exposé des motifs, il est sage de considérer que les objectifs du législateur y ont été exposés de façon exhaustive.

224. CE, 25 oct. 2017, n° 396954, *M. Verdannet*, *Dr. fisc.* 2018, n° 2, comm. 64, concl. E. Crépey, note Deboissy ; A. Iljic, *Peut-on abuser d'une convention fiscale ?* : *RJF* 12/17 p. 1555. V. également notre article avec S. Austry au *FR* 4/18, p. 6 et s. et l'article de Ch. de la Mardière, *Dr. fisc.* 2018, n° 24, 297.

225. CE 19 juillet 2017, n° 408227 : RJF 11/17 n° 1120.

226. S. Austry et D. Gutmann, *L'été de l'abus de droit et de la fraude à la loi*, FR 39/09 inf. 3 p. 5.

227. *Dr. fisc.* 2009, n° 14, comm. 261.

On peut tirer de cette maxime deux effets :

— le premier, c'est que la référence aux travaux préparatoires peut justifier un redressement fondé sur l'abus de droit lorsqu'un avantage fiscal a été obtenu en contrariété avec les objectifs affichés par le législateur[228] ;

— le second, c'est que cette référence aux travaux préparatoires est au contraire inopérante lorsque ceux-ci annoncent des objectifs n'ayant pas de rapport particulier avec l'opération fustigée par l'administration. Telle est d'ailleurs la démarche suivie par le Conseil d'État dans les affaires *Axa* et *Goldfarb* qui avaient donné naissance, en 2006, à la théorie fiscale de la « fraude à la loi »[229]. Il était en l'espèce reproché à des sociétés d'avoir acquis de façon éphémère la propriété de titres à la seule fin de bénéficier, à l'occasion de la distribution de dividendes, d'un crédit d'impôt (l'avoir fiscal) leur permettant de se libérer de leur propre impôt. C'est à un cours de méthode que se livre le Conseil d'État, lorsqu'il recherche dans les travaux préparatoires de la loi du 12 juillet 1965 créant l'avoir fiscal d'éventuels indices d'une volonté du législateur de subordonner le droit à l'avoir fiscal à une durée minimum de détention des titres avant ou après la mise en paiement des dividendes auxquels il est attaché. N'en trouvant aucune trace, le Conseil d'État constate logiquement que le second critère de la fraude à la loi découlant de la jurisprudence *Janfin* fait défaut. Le Conseil d'État se livre donc dans cet arrêt à une interprétation stricte des travaux préparatoires, ce qui doit être approuvé compte tenu des conséquences répressives de la qualification d'abus de droit[230]. Dans le silence du législateur, on ne peut donc présumer que certains objectifs occultes ou implicites ont été poursuivis. La divination fiscale n'a pas sa place dans la lutte contre l'abus de droit : il faut s'en réjouir.

La jurisprudence du Conseil d'État n'est cependant pas totalement claire sur ce sujet, comme en témoigne un arrêt du 12 mars 2010[231]. Dans cette affaire, le Conseil d'État a estimé qu'il existait une fraude à la loi (au sens de l'arrêt *Janfin*) dans un cas où une société avait bénéficié d'un crédit d'impôt de 60 % octroyé par la loi pour un financement réalisé dans un projet de construction à vocation hôtelière en Polynésie française. Or, il était apparu postérieurement à l'opération que l'assiette de ce crédit d'impôt ne correspondait pas véritablement à la réalité : grâce à un montage financier complexe, la société, bien qu'ayant nominalement souscrit un apport à hauteur de 100 millions de

228. Cf. toutefois les conclusions d'Emmanuelle Cortot-Boucher sous CE, 23 juill. 2012, n° 342017, *M. et Mme Bazin-Faucon*, *Dr. fisc.* 2012, n° 48, comm. 538, concl. E. Cortot-Boucher, note F. Deboissy. Au sujet des travaux préparatoires, le rapporteur public écrit ceci : « il nous paraît difficile de les opposer *in extenso* au contribuable. À notre avis, c'est en effet l'économie générale de la loi, telle qu'elle ressort des dispositions adoptées par le législateur, qui doit vous guider, à titre principal, pour déterminer l'intention des auteurs de la norme. Les travaux préparatoires, s'ils ont vocation à confirmer votre analyse ou à l'assouplir ponctuellement, ne peuvent pas se substituer entièrement et totalement à ce que la loi prévoit, même en matière d'abus de droit. Aller dans ce sens, ce serait reprocher au contribuable de ne pas connaître les travaux préparatoires de la loi, ce qui nous paraîtrait excessif (...). Autrement dit, ce que l'abus de droit sanctionne, c'est le contournement de la loi, et non celui de ses travaux préparatoires ». La décision du Conseil d'État ne permet pas de confirmer ou d'infirmer ce raisonnement car c'est finalement sur un autre fondement qu'il s'est prononcé pour reconnaître l'abus de droit au cas d'espèce (absence d'avantage fiscal procuré par l'opération en cause).

229. CE, 7 sept. 2009, *SA Axa*, n° 305586 ; *Sté Henri GoldFarb*, *Dr. fisc.*, n° 305596 ; *RJF* 12/09, n° 1138, *BDCF* 12/09, n° 142, concl. L. Olléon ; *Dr. fisc.* 2009, n° 39, comm. 484, note E. Meier et R. Torlet.

230. En ce sens, O. Fouquet, *Dr. fisc.*, 24 sept. 2009, n° 39, act. 287.

231. CE, 12 mars 2010, n° 306368, *Société Charcuterie du Pacifique*, *Dr. fisc.* 2010, n° 19, comm. 307, concl. E. Geffray et note F. Deboissy ; *Dr. fisc.* 2010, n° 38, chron. 486, note C. Acard, § 4.

francs CFP, n'avait en réalité supporté de risque d'investisseur qu'à hauteur d'un montant de 30 millions de francs CFP (les actions acquises en contrepartie de l'apport ayant été immédiatement revendues dans des conditions fixées à l'avance à une autre société qui lui avait préalablement prêté les 70 millions restants). Dans cette affaire, le but fiscal exclusif poursuivi par la société était évident et n'était d'ailleurs pas contesté. Restait donc à savoir si le critère tiré de la contrariété aux objectifs du législateur était satisfait. Or, il est intéressant de constater à ce sujet que le rapporteur public avait reconnu que la logique prévalant dans les arrêts *Axa* et *Goldfarb* aurait pu conduire à écarter toute fraude à la loi. Il avait notamment relevé que les travaux préparatoires de la loi instituant ce mécanisme de défiscalisation ne contenaient pas d'indication particulière permettant, au vu des faits de l'espèce, de priver l'investisseur du crédit d'impôt prévu par le texte. Ce constat n'empêcha cependant pas le rapporteur public, qui fut suivi par le Conseil d'État, d'estimer que la participation de la société au financement de la construction de l'hôtel présentait un caractère artificiel devant conduire à la qualification de fraude à la loi.

Cet arrêt marque sans doute un infléchissement par rapport à la jurisprudence *Axa*, dans la mesure où le caractère peu parlant des travaux préparatoires n'a pas empêché le Conseil d'État d'estimer qu'il ne pouvait être dans l'intention du législateur de la Polynésie française d'octroyer une incitation fiscale à des opérations d'investissement purement nominales, dénuées de tout risque véritable, dont le seul but est de profiter d'un avantage fiscal. Il est sans doute à relier au courant de jurisprudence illustré par les décisions « Ingram Micro » et « Verdannet » qui tend à considérer qu'ne opération dépourvue de toute substance est nécessairement contraire aux objectifs des auteurs des textes.

1007 **Deuxièmement**, lorsqu'il n'existe pas de travaux préparatoires[232] ou lorsque ceux-ci ne peuvent être connus, ou bien encore qu'une règle légale n'est que la codification d'une jurisprudence antérieure ou d'une doctrine administrative, le raisonnement à adopter dépend du type de texte dont il est prétendument abusé.

Reste le cas particulier où une règle, conçue dans un environnement donné, a totalement changé d'économie générale du fait de l'évolution postérieure des textes, et l'on peut se réjouir du fait que le Conseil d'État ne se contente pas de faire une analyse historique s'arrêtant à l'instant de la création d'un texte. C'est ainsi par exemple qu'il a pu considérer que la « remontée » des déficits d'une société de personnes à des associés personnes morales ne pouvait être considérée comme contraire à l'intention des auteurs des textes même si, à l'époque de la création du statut fiscal des sociétés de personnes, celles-ci ne pouvaient être constituées qu'entre personnes physiques[233]. Comme l'observe Florence Deboissy, cette décision du Conseil d'État confirme que pour apprécier les objectifs poursuivis par les auteurs des textes, « il s'agit d'identifier,

232. Exemple : une disposition légale issue d'un amendement parlementaire n'ayant donné lieu à aucune discussion.

233. CE, 15 févr. 2016, n° 374071, *SNC Distribution Leader Price*, *Dr. fisc.* 2016, n° 11, aperçu rapide n° 149 par F. Deboissy ; *Dr. fisc.* 2016, n° 11, aperçu rapide n° 149 par F. Deboissy ; *Dr. fisc.* 2016, n° 17, comm. 304, concl. B. Bohnert, note E. Meier, R. Torlet et R. Adady, où le Conseil d'État relève que « si, en 1923, le législateur a notamment eu pour objectif de permettre la prise en compte des charges de famille pour des sociétés de personnes composées de personnes physiques, un recours, en 1998, au régime prévu par l'article 8 du CGI qui ne s'inscrit pas dans le cadre de cet objectif n'est pas, pour ce seul motif, contraire à l'intention des auteurs du texte, dès lors qu'à cette date, les associés des sociétés en nom collectif pouvaient être des personnes morales et bénéficier des dispositions de l'article 8 ».

par une démarche téléologique, quelle est la raison d'être du texte en recherchant quelle est sa justification, autrement dit sa rationalité économique et sociale. Et, comme le Conseil d'État le rappelle ici, cette appréciation doit s'opérer non pas à la date d'adoption du texte mais à la date des faits litigieux ».

SECTION 3 LA SANCTION DE L'ABUS DE DROIT

1008 L'abus de droit expose son auteur à de lourdes conséquences financières (§ 1). C'est pourquoi la sanction de l'abus de droit est encadrée par une procédure spécifique (§ 2).

§ 1. LES CONSÉQUENCES FINANCIÈRES DE L'ABUS DE DROIT

1009 Comme tout manquement aux obligations fiscales, l'abus de droit entraîne l'exigibilité de l'intérêt de retard au profit de l'administration. L'abus de droit est également puni d'une majoration qui s'élève à 80 % du montant des droits éludés. Elle est ramenée, depuis la réforme opérée par la loi de finances rectificative pour 2008, à 40 % lorsqu'il n'est pas établi que le contribuable a eu l'initiative principale du ou des actes constitutifs de l'abus de droit ou en a été le principal bénéficiaire[234].

Notons cependant que cette réduction de la pénalité est impossible lorsque le contrat abusif est une fiducie consentie dans une intention libérale. Dans un tel cas, la sanction est particulièrement rigoureuse : non seulement le contrat est nul[235] mais l'administration peut « restituer son véritable caractère à l'opération litigieuse »[236] et doit infliger une pénalité de 80 % prévue spécifiquement pour ce type de situation par le Code général des impôts[237].

Par ailleurs, en cas d'abus de droit ou de dissimulation d'une partie du prix stipulé dans un contrat, toutes les parties à l'acte ou à la convention sont tenues solidairement, avec le redevable de la cotisation d'impôt ou de la restitution d'une créance indue, au paiement de l'intérêt de retard et de la majoration de 80 %[238]. Cette règle permet de rendre solidairement responsable du paiement le bénéficiaire principal de l'abus, même lorsqu'il n'est pas partie à l'acte, ce qui n'était pas possible sous l'empire du droit antérieur à la loi de finances rectificative pour 2008[239].

Le dispositif décrit ci-dessus appelle plusieurs observations.

Premièrement, le taux de 80 % apparaît très élevé : son caractère punitif est établi[240]. Ce taux est identique à celui prévu par l'article 1729 du Code général des impôts en cas de manœuvres frauduleuses ou de dissimulation d'une partie du prix stipulé dans un contrat ou en cas de découverte par

234. Art. 1729, CGI.
235. Art. 2013, C. civ.
236. Art. L. 64 C, LPF.
237. Art. 1729 c), CGI.
238. Art. 1754, CGI.
239. CE, 23 août 2006, n° 262914, *ministre c/M. Treilhou* ; CE, 9 nov. 1990, n° 35185, plén., *ministre c/ Sté Gauthier et compagnie*, *Dr. fisc.* 1990, n° 50, comm. 2359, concl. N. CHAHID-NOURAÏ.
240. Cf. en ce sens CE, 23 juin 2014, n° 360708 et 360709 ; v. déjà CE, 27 juill. 2009, n° 295358, *Caisse interfédérale de Crédit Mutuel*, *RJF* 12/09, n° 1140, concl. E. GLASER, *BDCF* 12/09, n° 143 ; dans le même sens, CE, 29 sept. 2010, n° 341065, *Sté Snerr Théâtre de Paris*, préc. ; CE, 17 nov. 2010,

l'administration d'une intention libérale dans une fiducie. Le taux de 40 %, quant à lui, est identique à celui applicable en cas de « manquement délibéré », selon les termes utilisés par l'article 1729.

Deuxièmement, les conditions d'application du taux de 40 % sont étroites. On imagine très peu de cas dans lesquels un contribuable pourrait être considéré comme coupable d'abus de droit alors même qu'il n'en aurait pas l'initiative principale ou n'en aurait pas été le principal bénéficiaire. Le rapport Fouquet à l'origine du dispositif actuel évoque l'hypothèse « d'associés minoritaires », distincts du « chef de file » ayant eu l'initiative de l'abus de droit. On peut toutefois se demander comment légitimement condamner des personnes qui sont, au fond, parfaitement étrangères à l'opération poursuivie par l'administration.

La doctrine administrative précise à ce sujet « qu'en cas de pluralité de bénéficiaires, la notion de bénéficiaire « principal » ou d'instigateur « principal » repose sur une appréciation qualitative des faits et a vocation à s'appliquer à tous les contribuables qui ont pris une part active dans le montage considéré comme abusif par l'administration. À l'inverse, le taux de pénalité de 40 % s'applique lorsque le contribuable s'est montré « passif » c'est-à-dire n'a pas initié le montage critiqué ou en a retiré un avantage de moindre importance que celui perçu par les autres personnes impliquées ». Elle confirme « le dispositif du b de l'article 1729 du Code général des impôts a pour vocation d'écarter les associés très minoritaires d'une société qui ne sont en fait que des associés passifs et qui ne disposent pas d'information particulière ni de pouvoir de décision au sein de la société. Ce dispositif permet d'appliquer la sanction au taux de 40 % dès lors que certains bénéficiaires de l'opération critiquée n'en retirent qu'un avantage fiscal minime attestant ainsi de l'absence d'intentionnalité dans la manœuvre constatée»[241]. On notera toutefois que dans une décision du 19 mars 2018, le Conseil d'État a indirectement redonné une certaine importance pratique à la pénalité de 40 % en jugeant que lorsque les éléments invoqués par l'administration permettent de regarder comme établie l'existence d'un abus de droit au sens de l'article L. 64 du Livre des procédures fiscales mais ne permettent pas de justifier l'application de la majoration pour abus de droit au taux de 80 % prévue par le b de l'article 1729 du Code général des impôts, il appartient au juge, alors même qu'il n'aurait pas été saisi d'une demande en ce sens, d'appliquer la majoration pour abus de droit au taux de 40 % et de substituer ce taux à celui de 80%[242].

Troisièmement, il existe des raisons sérieuses de s'interroger sur la conformité du système de répression de l'abus de droit aux principes constitutionnels, notamment au principe de légalité des délits et des peines. Selon le Conseil constitutionnel, le principe de légalité des délits et des peines et le principe de nécessité des peines « concernent non seulement les peines prononcées par les juridictions répressives mais aussi toute sanction ayant le caractère d'une punition même si le législateur a laissé le soin de la prononcer à une autorité de nature non judiciaire »[243]. En outre, le Conseil constitutionnel estime que « le législateur tient de l'article 34 de la Constitution, ainsi que du principe de légalité des délits et des peines, l'obligation de fixer lui-même le champ d'application de la loi pénale et de définir les crimes et délits en termes suffisamment clairs et précis ; que cette exigence s'impose non seulement pour exclure l'arbitraire dans le prononcé des peines, mais encore pour éviter une rigueur non nécessaire lors de la recherche des auteurs d'infractions »[244]. Cette exigence de clarté de la loi pénale dérive à la fois de l'article 8 de la Déclaration des droits de l'homme (« Nul ne peut être puni qu'en vertu d'une loi établie et promulguée antérieurement au délit et légalement appliquée ») et de l'article 34 de la Constitution de 1958 (« La loi fixe [...] la détermination des crimes et délits ainsi que les peines qui leur sont applicables »). C'est d'ailleurs sur ces fondements combinés que le Conseil a censuré, comme on l'a vu[245], la tentative de réforme consistant à étendre la théorie de l'abus de droit aux opérations n'ayant qu'un but principalement fiscal.

Le droit contemporain résiste-t-il à l'épreuve de ces principes constitutionnels ? Il est permis d'en douter. Il ne fait aucun doute que la pénalité de l'article 1729 présente bien le caractère d'une

n° 314291 *SCI Ram*, *Dr. fisc.* 2011, n° 10, comm. 250, concl. E. GEFFRAY, note Ch. DE LA MARDIÈRE ; *RJF* 2011, n° 206.

241. BOI-CF-INF-10-20-20 n° 80.

242. CE, 19 mars 2018, n° 399862, *Dr. fisc.* 2018, n° 28, comm. 334, concl. Y. BÉNARD.

243. Citation issue de la décision n° 88-248 DC du 17 janv. 1989 (le principe a été plusieurs fois réaffirmé depuis lors).

244. Déc. n° 2004-492 DC du 2 mars 2004, § 5. La jurisprudence est constante depuis Cons. const., 19-20 janv. 1981, *D.* 1982.441, note A. DEKEUWER, *JCP* 1981.II.19701, note C. FRANCK.

245. Cf. *supra*, n° 1001.

« punition », ainsi qu'on l'a vu plus haut ; quant à la définition de l'abus de droit, son apparente clarté théorique ne peut dissimuler la grande marge d'interprétation qu'elle laisse en pratique à l'administration comme au juge.

Le Conseil d'État n'est cependant pas de cet avis et a repoussé plusieurs tentatives de transmisssion d'une question prioritaire de constitutionnalité au Conseil constitutionnel. Il a d'abord refusé de transmettre au Conseil constitutionnel une QPC sur la conformité au principe de légalité des délits et des peines de l'article L. 64 du Livre des procédures fiscales, motif pris de ce que ce texte n'est pas celui qui prévoit la sanction de l'abus de droit[246]. Le Conseil d'État a également adopté la même position au sujet d'une QPC portant sur l'interprétation jurisprudentielle (évolutive et rétroactive, qui plus est) de la notion d'abus de droit en son état antérieur à la réforme de l'article L. 64 du Livre des procédures fiscales par la loi de finances rectificative pour 2008 en jugeant sans sourciller que sa jurisprudence constante ne présentait aucune ambiguïté en ce qui concernait la définition de l'abus de droit, si bien que la question ne présentait pas de caractère sérieux...

Force est donc de constater que l'accès au Conseil constitutionnel est aujourd'hui bloqué et qu'il faut réfléchir *de lege ferenda* à l'évolution du droit dans un sens plus conforme aux principes supérieurs de notre droit. L'examen du droit comparé enseigne à cet égard qu'il pourrait être fructueux d'envisager de façon distincte la question de l'abus de droit par fictivité (qui pourrait effectivement donner prise à la pénalité de l'article 1729) et l'abus de droit par recherche d'un but exclusivement fiscal en contrariété avec les objectifs des auteurs des textes (dont l'indéterminabilité laisse planer un doute sérieux sur le caractère punissable). Le fait est que de nombreux États se sont gardés, pour des raisons constitutionnelles clairement assumées, de conférer à la sanction de cette seconde dimension de l'abus de droit une dimension punitive[247].

Il n'en est d'autant plus nécessaire, dans ce contexte, que la procédure de sanction de l'abus de droit soit soumise à un fort encadrement.

§ 2. LA PROCÉDURE DE SANCTION DE L'ABUS DE DROIT

1010 La procédure de sanction de l'abus de droit est spécifique (A) et exclusive de toute autre (B).

A. UNE PROCÉDURE SPÉCIFIQUE

1011 Lorsqu'un redressement est fondé sur un soupçon d'abus de droit, certaines garanties sont offertes au contribuable[248]. La proposition de rectification doit être visée par un agent ayant au moins le grade d'inspecteur divisionnaire. La preuve de l'abus de droit incombe théoriquement à l'administration. Selon le Conseil d'État, « l'administration fiscale apporte cette preuve par la production de tous éléments suffisamment précis attestant du caractère fictif des actes en cause ou de l'intention du contribuable d'éluder ou d'atténuer ses charges fiscales normales ». Ce n'est que « dans l'hypothèse où l'administration s'acquitte de cette obligation [qu'il] incombe ensuite au contribuable, s'il s'y croit fondé, d'apporter la preuve de la réalité des actes contestés ou de ce que

246. CE, 28 nov. 2011, n° 352520, *Sté Verneuil et associés.*

247. Pour la démonstration, cf. D. GUTMANN, « Réflexions comparatistes sur la constitutionnalité de la répression de l'abus de droit », *FR* 56/08, p. 3 et s. V. également les éléments de droit comparé fournis par C. ACARD, N. GENESTIER et G. EXERJEAN, « La ligne de démarcation entre risque fiscal et risque pénal (2e volet). Un abus de droit peut-il être constitutif d'une fraude fiscale ? », *Dr. fisc.* 2016, n° 10, ét. 207, spéc. § 50 et s.

248. Art. L. 64, LPF et art. R. 64-1 et 64-2, LPF.

l'opération litigieuse est justifiée par un motif autre que celui d'éluder ou d'atténuer ses charges fiscales normales »[249].

Cette dialectique de la preuve, inspirée de celle déjà rencontrée en matière d'acte anormal de gestion[250], démontre qu'en matière d'abus de droit, le fardeau probatoire est en réalité partagé entre l'administration et le contribuable. La solution se défend au nom de l'idée selon laquelle l'entière réalité des choses est connue du contribuable et de lui seul, de sorte que « si l'administration a apporté une argumentation suffisamment crédible qui dépasse les simples assertions, la dialectique de la preuve permet de pousser le contribuable à rentrer dans le débat sur la qualification d'abus de droit en découvrant ses cartes »[251]. Elle est toutefois légitimement discutée par un auteur qui relève une différence fondamentale entre l'acte anormal de gestion, auquel aucune sanction n'est attachée à l'acte anormal de gestion, et l'abus de droit, qui s'accompagne d'une pénalité de 40 % ou 80 % selon les cas. Il en déduit que « le Conseil d'État autorise l'administration à lancer des accusations graves à l'encontre du contribuable, alors qu'il appartient, pour l'essentiel, à ce dernier d'établir qu'elles sont infondées »[252]. Solution d'autant plus insatisfaisante que, par ailleurs, le Conseil a refusé de transmettre au Conseil constitutionnel une question prioritaire de constitutionnalité portant sur la compatibilité entre les modalités d'administration de la preuve prévues par l'article L. 64 du LPF et le principe de respect de la présomption d'innocence garanti par l'article 9 de la Déclaration des droits de l'homme et du citoyen[253].

Enfin, le litige peut être soumis, à la demande du contribuable, à l'avis du « comité de l'abus de droit fiscal ». L'Administration doit informer le contribuable de cette possibilité. Elle peut également soumettre le litige à l'avis du comité si elle le souhaite.

Le comité de l'abus de droit fiscal joue un rôle important en pratique. Ses avis font l'objet d'un rapport annuel et sont publiés à échéance trimestrielle afin d'éclairer de façon régulière la communauté des praticiens sur les risques engendrés par certaines opérations dont les avis rendus. Sa légitimité est assurée par sa composition, censée donner une représentation complète des compétences en matière fiscale et comptable[254].

Surtout, l'avis du comité a une conséquence immédiate sur la suite du contentieux. En cas d'avis favorable à l'administration, la charge de la preuve est renversée et le contribuable est alors obligé de démontrer qu'il n'a pas commis d'abus de droit.

B. UNE PROCÉDURE EXCLUSIVE DE TOUTE AUTRE

1012 Lorsque l'administration se place sur le terrain de l'abus de droit sans en respecter la procédure, et notamment lorsqu'elle n'informe pas le contribuable de son droit à saisir le comité de l'abus de droit fiscal, le redressement doit être annulé. Cette interdiction de l'abus de droit « rampant », selon la formule célèbre de Jérôme Turot, a été consacrée dans la décision *Bendjador* rendue en 1989 par le Conseil d'État[255].

249. CE, 17 nov. 2010, *SCI Ram*, préc.
250. Cf. *supra*, nº 646.
251. V. Daumas, chron. *RJF* 1/11, spéc. p. 13.
252. Ch. de la Mardière, note sous CE, 17 nov. 2010, préc., p. 64.
253. CE, 29 sept. 2010, *Sté Snerr Théâtre de Paris*, préc.
254. – un conseiller d'État, président ;
– un conseiller, maître à la Cour des Comptes ;
– un conseiller à la Cour de Cassation ;
– un avocat ayant une compétence en droit fiscal ;
– un notaire ;
– un expert-comptable ;
– un professeur des universités, agrégé de droit ou de sciences économiques.
255. CE, Plén., 21 juill. 1989, nº 59970, *Dr. fisc.* 1990, nº 1, comm. 28, concl. Mme M. Liébert-Champagne ; *RJF* 8-9/89, nº 998, chron. J. Turot, p. 458 et s. (« Réalisme fiscal, abus de droit et opposabilité à l'administration des actes juridiques, ou de l'abus de droit rampant »).

Toutefois, la jurisprudence ultérieure[256] a singulièrement réduit la portée de cette théorie en considérant qu'on ne peut annuler la procédure diligentée par l'administration qui, sans recourir à la procédure de l'abus de droit (alors qu'elle aurait pu le faire), se fonde, soit sur la théorie de l'acte anormal de gestion, soit sur l'inexistence d'une contrepartie réelle à une stipulation, soit sur la nullité de l'acte passé par le contribuable. De même, le Conseil d'État a jugé que lorsque l'administration se borne à « requalifier le contrat en tenant compte de la commune intention des parties, révélée lors de son exécution », elle ne se place pas sur le terrain de l'abus de droit[257]. En bref, dès lors que l'administration se fonde avec succès sur un autre fondement juridique que celui de l'abus de droit, le grief d'abus de droit « rampant » doit être écarté, et ce même si l'administration aurait pu plaider l'abus de droit. On peut donc considérer que si la théorie de l'abus de droit « rampant » n'a pas disparu[258], il est relativement rare qu'elle puisse être invoquée avec succès par le contribuable[259].

SECTION 4 LA PRÉVENTION DE L'ABUS DE DROIT

1013 Pour prévenir l'abus de droit, et plus généralement pour décourager par avance les entreprises de se livrer à des pratiques d'optimisation excessives, le moyen traditionnel est le rescrit, qui permet à tout contribuable de prévoir avant d'agir la réaction de l'administration fiscale (§ 1). D'autres techniques pourraient cependant voir le jour à l'avenir (§ 2).

§ 1. LE RESCRIT

1014 Comme le rappelait le rapport de la commission Fouquet en 2008[260], la notion de rescrit désigne en réalité deux types de mécanismes distincts :

— le rescrit avec réponse obligatoire de l'administration dans un délai donné, l'absence de réponse valant approbation tacite ; il concerne l'abus de droit et un nombre limité d'appréciations de situations de fait ;

— la consultation plus informelle de l'administration (au niveau local ou central, notamment de la Direction de la législation fiscale ou du service juridique de la Direction générale des finances publiques ou du ministre saisi de questions écrites par les

256. Cf. CE, 9e et 10e s.-s., 23 nov. 2001, *Rec.* n° 205132, *SA Cogedac*, *Juris-Data* n° 2001-080066, *Dr. fisc.* 2002, n° 13, comm. 281 ; CE, 9e et 8e s.-s., 29 déc. 1999, *Rec.* n° 196532, *SA Gagnepain* et *Rec.* n° 196533, *M. Gagnepain*, *Dr. fisc.* 2000, n° 24, comm. 498, concl. J. Courtial ; CE, 6 oct. 2010, n° 299986, *Kalpokdjian*, *RJF* 1/11, n° 77, *BDCF* 1/11, n° 6, concl. J. Boucher, et les obs. de V. Daumas dans sa chronique à la *RJF* 1/11, spéc. § 18 et s.

257. CE, 17 déc. 2010, n° 319048, *SARL Concept Sport*, *Dr. fisc.* 2011, n° 10, comm. 249, concl. E. Cortot-Boucher, note F. Deboissy ; *RJF* 3/11, n° 335.

258. Cf. par ex. un cas d'application de la théorie pour neutraliser la requalification par l'administration d'un apport-cession en cession d'exploitation en dehors du cadre procédural de l'article L. 64 du Livre des procédures fiscales (CE, 27 juill. 2009, *Mme Faillette*, n° 306998).

259. V. cependant Cass. com., 23 juin 2015, n° 13-19486, *Dr. fisc.* 2015, n° 42, note F. Deboissy, qui présente le double intérêt de faire jouer la théorie et d'émaner de la Cour de cassation (et non du Conseil d'État).

260. Rapport préc., p. 20.

parlementaires) pour obtenir une position sur un point de droit ou de fait (qui lui est ensuite opposable en vertu des articles L. 80 A et L. 80 B du LPF).

En matière d'abus de droit, le rescrit est prévu par l'article L. 64 B du Livre des procédures fiscales. Celui-ci dispose que la procédure d'abus de droit n'est pas applicable lorsqu'un contribuable, préalablement à la conclusion d'un ou plusieurs actes, a consulté par écrit l'administration centrale en lui fournissant tous éléments utiles pour apprécier la portée véritable de cette opération et que l'Administration n'a pas répondu dans un délai de six mois à compter de la demande. Ce texte est relativement peu utilisé en pratique[261].

Le Conseil d'État a, par ailleurs, décidé que les rescrits défavorables au contribuable ne peuvent faire l'objet d'un recours pour excès de pouvoir[262], dans la mesure où l'appréciation de l'administration n'est pas détachable de la procédure d'imposition susceptible d'être contestée devant le juge de l'impôt[263]. S'ils peuvent en général faire l'objet d'un recours hiérarchique (c'est-à-dire d'un second examen par un collège composé de hauts fonctionnaires nommés par le ministre) instauré par la loi de finances rectificative pour 2008 à l'article L. 80 CB du Livre des procédures fiscales, ce recours n'est pas applicable au cas particulier du rescrit « abus de droit »[264].

§ 2. LES TECHNIQUES ALTERNATIVES DE PRÉVENTION DE L'ABUS DE DROIT

1015 On observe depuis quelques années un renforcement constant des techniques destinées à prévenir l'évasion fiscale des entreprises. Plusieurs voies se dessinent ainsi : l'augmentation des obligations déclaratives envers l'administration fiscale (A) et l'intensification des exigences de transparence à l'égard des tiers (B).

A. LES OBLIGATIONS DÉCLARATIVES ENVERS L'ADMINISTRATION FISCALE

L'intensification des obligations déclaratives se manifeste aujourd'hui par deux phénomènes principaux : la mise en place d'une obligation de déclaration des montages fixalement optimisants et l'apparition de nouveaux types de relations entre entreprises et administrations fondées sur l'idée d'une plus grande confiance mutuelle.

261. Selon un rapport publié par le Conseil d'État (*Le rescrit : sécuriser les initiatives et les projets*, nov. 2013 ; l'essentiel de ce rapport est reproduit dans la *Revue de droit fiscal*, 2014, n° 20), le nombre des rescrits « abus de droit » varie entre 30 et 50 par an. Ce chiffre peu élevé procède de la crainte d'un contrôle effectué à la suite de la révélation par le contribuable à l'administration d'une opération susceptible d'être qualifiée d'abus de droit.

262. CE, 3e et 8e s.-s., 26 mars 2008, n° 278858, *Assoc. Pro-Musica*, *Dr. fisc.* 2008, n° 23, comm. 368, concl. F. Séners, note O. Fouquet.

263. Pour des propositions de réforme sur ce point, cf. le rapport Fouquet préc., p. 26 et s.

264. L'art. L. 80 CB, LPF n'ouvre un recours que contre les rescrits visés aux art. L. 80 B ou L. 80 C du LPF, qui sont distincts du recours spécifique de l'art. L. 64 B, LPF.

1. L'obligation de déclaration des montages

1016 Un certain nombre d'États étrangers, notamment le Royaume-Uni[265] et les États-Unis[266], ont introduit dans les années 2000 des obligations déclaratives pesant sur les entreprises et concernant les opérations susceptibles d'engendrer pour elles d'importantes économies d'impôts[267]. Comme l'explique un rapport de l'OCDE publié en février 2011[268], la base de toute stratégie de ce type, et l'une des plus importantes stratégies de réponse en elle-même, est d'assurer la disponibilité en temps voulu de renseignements ciblés et complets, ce que les contrôles classiques ne permettent plus à eux seuls d'obtenir. La disponibilité de tels renseignements en temps voulu est essentielle pour permettre aux gouvernements d'identifier rapidement les domaines à risque et de décider si et comment répondre à ces risques. Les contribuables sont les mieux placés pour savoir quelles questions seront d'intérêt pour les administrations fiscales et un système qui commence par la communication préalable de ces renseignements permet non seulement la résolution plus rapide de litiges et l'amélioration de la certitude juridique, mais possède également le potentiel d'une réduction importante des coûts, tant pour les gouvernements et les contribuables, par une meilleure allocation des ressources.

En France, les autorités françaises puis les parlementaires ont également tenté à plusieurs reprises d'introduire de telles obligations pour les entreprises françaises et concernant leurs schémas d'optimisation fiscale, avec le soutien du Conseil des prélèvements obligatoires[269]. Ces projets n'ont pas abouti mais il s'en est fallu de peu à la fin de l'année 2013. La loi de finances pour 2014 prévoyait en effet l'introduction dans le CGI d'un chapitre intitulé « déclaration des schémas d'optimisation fiscale ». Il était ainsi prévu de faire obligation à toute personne « commercialisant » un « schéma d'optimisation fiscale » de le déclarer à l'administration avant sa commercialisation. Le texte définissait le « schéma d'optimisation fiscale » comme « toute combinaison de procédés et instruments juridiques, fiscaux, comptables ou financiers : – 1° Dont l'objet principal est de minorer la charge fiscale d'un contribuable, d'en reporter l'exigibilité ou le paiement ou d'obtenir le remboursement d'impôts, taxes ou contributions ; – 2° Et qui remplit les critères prévus par décret en Conseil d'État ». Une amende était prévue, égale à 5 % du montant des revenus perçus au titre de la commercialisation du schéma. Le Conseil constitutionnel a toutefois censuré ce dispositif « qu'eu égard aux restrictions apportées par les dispositions contestées à la liberté d'entreprendre et, en particulier, aux conditions d'exercice de l'activité de conseil juridique et fiscal, et compte tenu de la gravité des sanctions encourues en cas de méconnaissance de ces dispositions, le législateur ne pouvait, sans méconnaître les exigences constitutionnelles précitées, retenir une définition aussi générale et imprécise de la notion de « schéma d'optimisation fiscale »[270].

Le feuilleton a toutefois rebondi sous l'impulsion de l'OCDE qui a poursuivi ses travaux dans le cadre du plan « BEPS » dont l'action 12 vise à élaborer des recommandations relatives à la conception de règles de déclaration obligatoire des transactions, dispositifs ou structures à caractère agressif ou abusif, en tenant compte des coûts administratifs pour les services fiscaux et les entreprises, et en s'inspirant de l'expérience du nombre croissant de pays dotés de telles règles.

La Commission européenne s'est ensuite emparée du sujet et a publié une proposition de directive dans le même sens le 21 juin 2017. Celle-ci a abouti à l'adoption de la directive du 25 mai 2018[271] qui a

265. Sur le système britannique, introduit en 2004 et modifié plusieurs fois depuis lors, cf. F. Le Mentec, « Les évolutions de la fiscalité britannique au cours de l'année 2006 », *L'année fiscale* 2007, p. 359 et s.

266. Cf. D. Shaviro, "Disclosure and Civil Penalty Rules in the U.S. Legal Response to Corporate Tax Shelters", in W. Schön (ed.), *Tax and Corporate Governance*, Springer, 2008, p. 229 et s.

267. On peut ajouter à cette liste le Canada, l'Irlande et le Portugal.

268. OCDE, *Lutter contre la planification fiscale agressive par l'amélioration de la transparence et de la communication de renseignements*, Rapport sur les initiatives en matière de communication de renseignements, févr. 2011.

269. Conseil des prélèvements obligatoires, *Les prélèvements obligatoires des entreprises dans une économie globalisée*, 2009 ; *Entreprises et « niches » fiscales et sociales*, oct. 2010, proposition 22.

270. C. const., 29 déc. 2013, n° 2013-685 DC, n° 87.

271. Directive (UE) 2018/822 modifiant la directive 2011/16/UE sur l'échange automatique d'informations dans le domaine fiscal, a été publiée au Journal Officiel de l'Union européenne le 5 juin 2018. La directive est entrée en vigueur le vingtième jour suivant celui de la publication (art. 3), soit le 25 juin

pour objet de mettre à la charge des entreprises et de leurs conseils fiscaux (les « intermédiaires fiscaux » au sens de la directive) de nouvelles obligations déclaratives portant sur les « dispositifs transfrontières » comportant certains indices d'une évasion fiscale.

Ce nouveau texte repose, en résumé, sur le mécanisme suivant :

– lorsqu'un dispositif transfrontière (c'est-à-dire un montage fiscal transfrontalier faisant l'objet d'une définition spécifique par le point 18 de l'article 3 de la directive de 2011 modifiée) comporte des « marqueurs » définis en annexe IV de la directive, il appartient en principe aux intermédiaires fiscaux (c'est-à-dire en bref aux conseils fiscaux des particuliers et des entreprises) d'en déclarer l'existence aux autorités fiscales de l'Etat où ils ont leur résidence fiscale ;

– lorsque ces intermédiaires sont protégés par le secret professionnel, ils doivent notifier à leur client que l'obligation déclarative lui est transférée ; c'est alors au contribuable concerné par le dispositif que revient de procéder à la déclaration.

Les informations communiquées aux administrations seront enregistrées sur un registre européen et accessibles aux administrations des États membres.

Les « dispositifs transfrontières » devant être déclarés ne sont pas définis par la directive mais celle-ci prévoit une liste de caractéristiques (des « marqueurs ») que des opérations doivent satisfaire pour être déclarables.

Les dispositifs transfrontières à déclarer sont prévus en annexe à la directive et relèvent de deux catégories : les dispositifs ayant principalement un objectif fiscal et les autres dispositifs.

Le système mis en place par la directive fonctionne de la façon suivante :

– certains dispositifs ne doivent être déclarés que lorsqu'ils remplissent le « critère de l'avantage fiscal principal » ET certaines caractéristiques (désignées par les termes de marqueurs généraux ou spécifiques) ; le critère de l'avantage fiscal est réputé rempli « s'il peut être établi que l'avantage principal ou l'un des avantages principaux qu'une personne peut raisonnablement s'attendre à retirer du dispositif, compte tenu de l'ensemble des faits et circonstances pertinents, est l'obtention d'un avantage fiscal » ;

– d'autres dispositifs doivent être déclarés à raison de leurs caractéristiques sans qu'il soit requis qu'ils poursuivent un avantage principalement fiscal. C'est notamment (mais pas seulement) le cas des opérations comportant des marqueurs spécifiques liés à des paiements transfrontières entre entités liées.

2. Le développement d'une relation « de confiance » entre entreprises et administration fiscale

Il est essentiel de noter que le développement de ce type de méthode entretient un lien direct avec l'évolution de la conception de la sanction fiscale elle-même. À titre d'illustration, certains pays ont adopté des règles qui n'imposent pas aux contribuables de communiquer les dispositifs de planification fiscale agressive, mais bien des mesures (sous forme de minoration d'amendes et/ou d'intérêts) qui les encouragent à le faire spontanément.

En Irlande, par exemple, un contribuable considéré d'avoir procédé à une « opération d'évasion fiscale » (« *tax avoidance transaction* ») est normalement passible d'une majoration de 20 % de l'impôt évité augmentée des intérêts. Toutefois, la majoration et les intérêts ne seront pas imputés si le contribuable introduit une « notification conservatoire » (« *Protective Notification* ») dans un délai de 90 jours à compter du début de la transaction. En Nouvelle-Zélande, la sanction applicable pour avoir adopté une « position fiscale abusive » (« *abusive tax position* ») s'élève normalement à 100 % de la sous-estimation d'impôt qui en résulte. Toutefois, si le contribuable communique spontanément tous les détails

2018. La date de transposition ultime de la directive est le 31 décembre 2019 pour une application à compter du 1er juillet 2020 (art. 2).Toutefois, cette date différée d'application de la directive ne doit pas tromper ; en effet, il résulte du point 12 du nouvel article 8 *bis* ter (vous avez bien lu) de la directive de 2011 modifiée que « chaque État membre prend les mesures nécessaires pour que les intermédiaires et les contribuables concernés soient tenus de fournir des informations sur les dispositifs transfrontières devant faire l'objet d'une déclaration dont la première étape a été mise en œuvre entre la date d'entrée en vigueur [le 25 juin 2018] et la date d'application de la présente directive [le 1er juillet 2020]. Les intermédiaires et les contribuables concernés, le cas échéant, transmettent des informations sur ces dispositifs transfrontières devant faire l'objet d'une déclaration, au plus tard le 31 août 2020 ».

de la sous-estimation, soit avant réception de la première notification d'un contrôle fiscal imminent, soit après cette première notification mais avant le début du contrôle ou de l'enquête, l'amende est réduite respectivement de 75 % et de 40 %.

En parallèle, on observe le développement d'une approche un peu différente des relations entre administration fiscale et entreprises. L'idée est, non pas d'obliger sans contrepartie les entreprises à divulguer tous leurs montages, mais de renforcer le dialogue, d'inciter au respect des obligations fiscales voire éventuellement de sanctionner les opérateurs qui ne font pas preuve d'une transparence suffisante[272]. L'objectif est ainsi de superposer à une relation « de base » entre administration et contribuable une relation « améliorée », fondée sur une communication et une confiance accrues[273]. À titre d'exemple, les autorités fiscales américaines ont mis en place un programme pilote appelé « compliance assurance process » permettant à des entreprises d'une taille suffisante d'obtenir de l'administration l'assurance que leur situation fiscale ne sera pas remise en cause en échange d'une communication spontanée d'informations sur les opérations qu'elles effectuent. Dans cette logique, une approche *a priori* permet donc de donner une certaine sécurité juridique aux entreprises concernées tout en les dissuadant d'entreprendre une planification fiscale trop agressive.

De même, l'Australie (*Annual Compliance Arrangement* – Accord annuel de discipline fiscale), l'Espagne (Forum des grands contribuables), l'Irlande (*Co-operative Approach to Tax Compliance* – Approche coopérative de la discipline fiscale), l'Italie (Suivi de la gestion du risque), la Nouvelle-Zélande (*Co-operative Compliance Initiative* – Initiative coopérative en matière de discipline fiscale), les Pays-Bas (Surveillance horizontale) et le Royaume-Uni (*Tax Compliance Risk Management Process* – Processus de gestion du risque en matière de discipline fiscale) comptent parmi les pays qui ont développé des modèles visant à améliorer la gestion du risque fiscal et la discipline fiscale par les grandes entreprises contribuables par le biais d'une coopération renforcée[274].

Ce type de démarche est actuellement en cours de pénétration en France, où l'administration expérimente depuis 2014 un nouveau type de « relation de confiance » avec certaines entreprises. Il s'agit, moyennant une transparence accrue des entreprises en phase de respect de leurs obligations déclaratives, de donner à celles-ci la garantie informelle que certains de leurs choix ne seront pas remis en cause, notamment grâce à un accès privilégié au rescrit. Cette nouvelle modalité contractuelle des relations entre l'administration et les entreprises (les grandes comme les moins grandes) constitue à n'en pas douter une technique d'avenir pour tenter de concilier la sécurité juridique dont les entreprises ont besoin et l'accès à l'information qui constitue un pilier du contrôle fiscal. Elle a d'ailleurs fait l'objet d'une consécration législative avec la loi du 10 août 2018 pour un État au service d'une société de confiance, puisque l'article 17 de ce texte habilite le Gouvernement à définir par voie d'ordonnance les dispositions définissant le régime permettant à l'administration d'examiner, sur demande des entreprises, la conformité de leurs opérations à la législation fiscale et de prendre formellement position sur l'application de celle-ci. Ces dispositions préciseront les modalités d'accompagnement par l'administration ainsi que les moyens de publicité adaptés permettant la reconnaissance, notamment sous forme de labellisation, des entreprises engagées dans ce régime.

Mais l'essentiel, à l'avenir, sera peut-être ailleurs.

272. Voir sur le sujet les actes de la soirée annuelle de l'IFA du 6 nov. 2014, *Dr. fisc.* 2014, n° 50, ét. 673.

273. Cf. sur ce point l'étude de l'OCDE sur le rôle des intermédiaires fiscaux, 2009, chap. 8, « la relation améliorée ». Plus récemment, voir le document publié conjointement par l'OCDE et le FMI, *Update on Tax Certainty*, IMF/OECD Report for the G20 Finance Ministers and Central Bank Governors, July 2018, spéc. p. 17 et s.

274. V. à ce sujet V. Lacombe, L. Banos et F. Garcia, « Contrôle fiscal des grandes entreprises : les nouvelles approches des administrations anglo-saxonnes peuvent-elles inspirer une évolution en France ? », *Dr. fisc.* 2012, n° 49, ét. 544. Des mêmes auteurs, v. également l'analyse de la "relation de confiance" proposée par l'administration fiscale et décrite dans le paragraphe suivant (*Dr. fisc.* 2013, n° 28, ét. 365). Voir également l'ouvrage dirigé par D. Russo (ed.), *Tax assurance*, Wolters Kluwer, 2015, qui contient plusieurs articles sur la « cooperative compliance ».

B. LES OBLIGATIONS DÉCLARATIVES ENVERS LES TIERS

1017 L'essentiel (ou du moins une dimension essentielle) de la lutte contre l'évasion fiscale pourrait n'être pas encore advenu. L'essentiel, c'est que la contrainte pesant sur les décisions fiscales des entreprises ne viendra peut-être plus seulement, dans un proche avenir, de la règle fiscale ou pénale. Elle ne viendra plus de la crainte d'être découvert ou perquisitionné par l'administration fiscale. Elle viendra d'un *ailleurs du droit* ou, plus exactement, d'une force sociale qui trouvera dans le droit *non fiscal* un renfort nouveau.

Il faut, pour le comprendre, prendre au sérieux une théorie que les fiscalistes ont pour l'instant considérée comme largement étrangère à leurs préoccupations : celle de la « responsabilité sociale (ou sociétale) des entreprises » (*corporate social responsibility*). Selon la Commission européenne[275], l'essentiel de cette théorie repose sur l'idée selon laquelle l'entreprise ne doit pas se contenter de rechercher la maximisation de son propre profit. Elle doit également intégrer dans ses décisions des paramètres tenant à l'impact de son comportement en matière sociale et environnementale (les deux domaines de prédilection de la théorie) et rendre compte de son activité, non seulement à ses actionnaires, mais aussi à ses parties prenantes (*stakeholders*) : employés, clients, voisins, ONG, autorités publiques, etc.

L'exposé général de la théorie (1°) permet de comprendre ses conséquences fiscales (2°).

1. La théorie de la responsabilité sociale des entreprises

1018 Historiquement, l'idée de responsabilité sociale des entreprises n'a pas été forgée pour organiser un contrôle des décisions fiscales des entreprises. Il s'agissait plutôt d'orienter le comportement des acteurs économiques en sensibilisant l'opinion et les investisseurs professionnels à la nécessité de contrôler les décisions intéressant notamment l'environnement et les droits de l'homme. Or, force est de constater que le succès de cette démarche a été rapide et considérable. En 1976, l'OCDE publiait la première édition de ses « Principes directeurs à l'intention des entreprises multinationales », ensemble de recommandations formulées par les gouvernements à l'intention des entreprises multinationales. Ce document, dont la dernière version a été publiée en mai 2011, énonce des principes et des normes pour un comportement responsable des entreprises dans plusieurs domaines, notamment l'emploi et les relations professionnelles, les droits de l'homme, l'environnement, la publication d'informations, la concurrence... et la fiscalité, qui occupe un chapitre à elle seule[276]. On peut d'ailleurs noter que ces principes directeurs encouragent fortement les sociétés à respecter non seulement la lettre, mais aussi l'esprit de la règle fiscale, ce qui n'est pas inintéressant à l'heure où cet esprit est au cœur de la définition française de l'abus de droit[277].

275. Commission, Livre vert *Promouvoir un cadre européen pour la responsabilité sociale des entreprises*, COM(2001) 366 final. La Commission a publié depuis lors une importante communication le 22 mars 2006 (COM (2006) 136 final).

276. Chapitre XI, p. 66 et s.

277. La comparaison entre les « principes directeurs » et la théorie de l'abus de droit est édifiante : « Une conduite responsable dans le domaine fiscal signifie que les entreprises devraient se conformer à la lettre comme à l'esprit des lois et règlements fiscaux de tous les pays dans lesquels elles exercent leurs activités, coopérer avec les autorités et leur communiquer les informations pertinentes ou requises par la

L'ONU a également lancé en 2000 un « pacte mondial », plateforme politique et code de conduite à destination des entreprises contenant une liste de comportements « responsables » illustrant dix principes universellement acceptés en matière de droits de l'homme. Il semble que 4 700 entreprises, dont plus de 400 françaises, aient adhéré à ce pacte[278]. C'est également sous l'égide de l'ONU qu'ont été énoncés, le 27 avril 2006, les « Principes pour l'investissement responsable ».

Enfin, l'Union européenne participe également au mouvement depuis 2001 et le Livre vert précité de la Commission européenne sur la responsabilité sociale des entreprises. Une résolution du Parlement européen datée de mars 2007 et intitulée « La RSE : Un nouveau partenariat » a également a proposé l'instauration d'un régime de reporting dans le cadre des directives comptables communautaires, visant à inclure les informations sociales et environnementales à côté des exigences d'information financière dans les rapports annuels. Le 15 avril 2014, le Parlement européen a adopté la directive sur « la publication d'informations non financières et d'informations relatives à la diversité par certaines sociétés et certains groupes »[279].

Certes, à l'heure actuelle, la fiscalité demeure un sujet de préoccupation relativement marginal des institutions, commissions et autres groupes d'étude constitués pour donner vie à l'idée de responsabilité sociale des entreprises. Toutefois, l'impact sur la fiscalité de la responsabilité sociale des entreprises est d'ores et déjà très perceptible. D'un point de vue conjoncturel, la crise financière actuelle a mis en lumière certains dysfonctionnements du système financier auxquels l'opinion publique est extrêmement sensible. Le reflux spectaculaire des paradis fiscaux en est une conséquence à court terme ; la « moralisation » des comportements fiscaux des entreprises en sera un effet à moyen terme. À cela s'ajoute le fait que les objectifs non budgétaires de la fiscalité tendent à devenir centraux dans le débat public : les débats sur la fiscalité écologique ou l'imposition des rémunérations les plus élevées en constituent des manifestations privilégiées ; ce ne sont pas les seules.

Ce n'est donc pas un hasard si, du côté de la doctrine universitaire, les études de fiscalistes sur la responsabilité sociale des entreprises fleurissent[280] : à titre d'exemple, dans un ouvrage consacré aux relations entre fiscalité et gouvernance d'entreprise[281],

loi. Une entreprise respecte l'esprit des lois et règlements fiscaux si elle prend des mesures raisonnables pour déterminer l'intention du législateur et interprète ces règles fiscales conformément à cette intention, à la lumière du texte de loi et de la jurisprudence contemporaine pertinente. Les transactions ne devraient pas être structurées en vue d'obtenir des résultats fiscaux sans rapport avec les conséquences économiques sous-jacentes de la transaction » (*ibid.*, p. 66).

278. Source : « La responsabilité sociale des entreprises : l'engagement de la France », document publié par M. Doucin, Ambassadeur chargé de la bioéthique et de la responsabilité sociale des entreprises sur www.diplomatie.gouv.fr., juillet 2009.

279. Sur le sujet, v. M.-C. Loison, « Évolution de la législation comptable européenne : pour une plus grande transparence non financière », *Revue française de comptabilité*, n° 478, juill.-août 2014, p. 18 et s.

280. En France, v. les actes du colloque organisé le 24 mai 2011 à la Sorbonne, « La responsabilité sociale des entreprises : un nouvel enjeu fiscal », *Dr. fisc.* 2012, n° 6, comm. 131, avec des contributions d'universitaires (fiscalistes et non fiscalistes), de représentants de la Commission européenne, de l'OCDE, de l'administration fiscale et des directeurs fiscaux d'entreprises. V. également N. Cordier-Deltour, F. Warcollier et Ch. Delsol, « La gouvernance fiscale, un enjeu stratégique pour les entreprises », *Dr. fisc.* 2017, n° 28, 391.

281. W. Schön (ed.), *Tax and Corporate Governance*, MPI Studies on Intellectual Property, Competition and Tax Law, Springer, 2008.

plusieurs articles sont consacrés aux aspects fiscaux de la responsabilité sociale des entreprises[282].

Du côté des entreprises et de la société civile, l'impact des décisions fiscales sur la communication externe et l'image de l'entreprise est aujourd'hui mieux connu et pris au sérieux, notamment à la suite de certains scandales ayant défrayé la chronique en Europe et aux États-Unis. Dans un discours fait à Washington D.C. devant le Tax Executives Institute, Jeffrey Owens, alors directeur du Centre de politique et d'administration fiscales de l'OCDE, relevait, en mars 2007, que des journaux tels que le *Financial Times* ou le *Wall Street Journal* n'hésitent pas à afficher en première page de leurs éditions des gros titres concernant les pratiques évasives de certaines sociétés ou le transfert de leur siège vers des juridictions offshore[283]. Le constat vaut aussi pour la France, où certains quotidiens[284] et d'autres publications économiques stigmatisent les pratiques fiscales agressives au nom d'une certaine idée de l'entreprise[285].

Les ONG et entités assimilées s'intéressent également à la question. À titre d'exemple, SustainAbility, qui se définit comme « *a hybrid strategy consultancy and independent think-thank* » (expression intraduisible en français), a consacré un rapport important et bien documenté intitulé « *Taxing issues. Responsible business tax* »[286] engageant les entreprises à adopter des politiques fiscales responsables dans leur intérêt bien compris. Le rapport insiste sur l'atteinte à la réputation[287] qui pourrait résulter d'une publicité orchestrée à l'encontre des sociétés coupable d'agissements fiscaux répréhensibles et sur les risques croissants liés au non-respect des obligations fiscales : risque financier, risque de sanction par le marché, risque de ne pas pouvoir contracter avec certaines autorités publiques, etc. Une démarche comparable a été engagée, entre autres[288], par Actionaid, une organisation ayant pour objet de lutter contre la pauvreté dans le monde, dans un rapport de 2009 au titre éloquent : « *Accounting for poverty.*

---

282. R. S. Avi-Yonah, "Corporate Social Responsibility and Strategic Tax Behavior", p. 183 et s. ; P. Timonen, Comment on the paper by R. S. Avi-Yonah, p. 199 et s. V. aussi par ailleurs J. Freedman, "The Tax Avoidance Culture: Who is Responsible? Governmental Influences and Corporate Social Responsibility", in *Current Legal Problems* 2006 (OUP) ; T. Rosembuj, *Minimizacion del impuesto y responsabilidad social corporativa*, El Fisco, 2009 ; D. F. Williams, *Tax and Corporate Social Responsibility*, KPMG's Tax Business School, 2007 (http: //www.kpmg.co.uk/pubs/Tax—and—CSR—Final.pdf) ; D. Russo (ed.), *Tax assurance*, Wolters Kluwer, 2015, avec notamment des articles d'A. van de Ven ("Internal control and risk management"), R. Russo et J. van Trigt ("Corporate governance and taxes"), R. Happé ("Ethics and International Tax Planning") ; H. Gribnau, "Corporate social responsibility and tax planning. Not by rules alone", *Tilburg Law School Legal Studies Research Papers Series*, N° 9/2015 ; du même auteur, "Good Tax Governance and Transparency: a Matter of Reputation or Ethical Motivation", *Derivatives and Financial Instruments*, 2016, vol. 8, n° 1.

283. Cf. également J. Owens, "Good Corporate Governance: The Tax Dimension", OECD Forum on Tax Administration, sept. 2006.

284. On se souvient par exemple de l'émotion suscitée en mars 2009 par l'ouverture d'une enquête concernant les groupes Michelin, Elf et Adidas concernant une fraude fiscale impliquant le Liechtenstein.

285. Cf. par ex. sur ce sujet tout le numéro de la revue *Alternatives Économiques*, Pratique n° 41, nov. 2009.

286. Ce rapport date de mars 2006 et peut être consulté sur http://www.taxresearch.org/uk/Documents/taxing—issues.pdf. Le rapport mentionne en introduction qu'il a été sponsorisé par PricewaterhouseCoopers LLP.

287. Le rapport cite une étude faite par PwC ("What is a Responsible Tax Strategy?", www.pwcglobal.com) d'où il résulte que 97 % des sociétés interrogées se déclare inquiète à la perspective d'une couverture défavorable par la presse de leurs pratiques d'optimisation fiscale.

288. Cf. aussi, par ex., les travaux du Tax Justice Network (par ex. *Closing the Floodgates: Collecting Tax to Pay for Development*, 2007).

How international tax rules keep people poor»[289]. Ce rapport souligne que chaque année, les pays en développement perdent des milliards de dollars en raison de politiques fiscales agressives menées par les entreprises multinationales. De façon comparable, plusieurs ONG[290] ont publié en mars 2016 une volumineuse étude intitulée *En quête de transparence : sur la piste des banques françaises dans les paradis fiscaux*, qui s'appuie sur les données publiées en 2015 par les banques françaises sur les impôts dont elles sont redevables à l'étranger. Aucun doute, par conséquent : la « communication fiscale » devient un aspect essentiel de la vie de l'entreprise[291].

D'autres acteurs complètent le tableau, qu'ils relèvent de la sphère de l'audit, de l'expertise comptable ou du conseil[292]. Dans le domaine financier, Henderson Global Investors a publié un document suggérant aux entreprises de respecter un certain nombre d'orientations claires dans leur politique fiscale et dans la communication qu'elles adoptent à ce sujet[293]. En France, une démarche aussi précise n'a pas encore vu le jour mais l'idée de guider les investisseurs sur la base d'évaluations qualitatives des politiques « citoyennes » conduites par les entreprises est déjà bien ancrée. À titre d'exemple, Novethic, filiale de la Caisse des dépôts et des consignations, créée en avril 2001, est un centre de ressources et d'expertise sur la responsabilité sociétale des entreprises et l'investissement socialement responsable. Parmi d'autres activités, elle a développé un label « ISR Novethic » s'appliquant aux sociétés de gestion et prenant en compte quatre critères : l'analyse environnementale, sociale et de gouvernance, la transparence du processus, le reporting extra-financier de qualité et la publication de la composition intégrale du portefeuille. De même, Vigeo propose des contrôles ISR aux investisseurs et des audits en responsabilité sociale aux entreprises.

2. Les conséquences fiscales possibles de la théorie de la responsabilité sociale des entreprises

1019 Selon deux universitaires américains[294], « les sociétés multinationales devraient adopter des standards clairs de responsabilité sociale de l'entreprise en matière fiscale, ce qui inclut des obligations de publier toute l'information comptable nécessaire et de s'abstenir d'utiliser des véhicules à des fins de blanchiment d'argent ou n'ayant aucun but économique substantiel. Les rapports RSE de ces sociétés devraient énumérer les

289. http://www.actionaid.org.uk/102212/accounting—for—poverty.html. Cf., dans le même sens les rapports publiés par Save the Children, *Beyond Rhetoric: Measuring Revenue Transparency*, 2005 ; Christian Aid, *The Shirts off Their Backs – How Tax Policies Freece the Poor*, 2005 ; Publish What You Pay (Publiez ce que vous payez), http://www.publishwhatyoupay.org/en/ search/node/tax.

290. CCFD-Terre solidaire, Oxfam France, Le Secours Catholique et la Plateforme Paradis fiscaux et judiciaires.

291. A. Leroux, « La communication fiscale des grands groupes », *Dr. fisc.* 2015, n° 50, ét. 726.

292. Cf. par ex. les publications du « Tax Governance Institute » de KPMG, initiées par *Tax in the Boardroom* (2005), puis *Discussion Paper: The Governance of Tax* (2007) ; *The role of the audit committee in the management of enterprise tax risk*, 2007, et surtout *The Rising Tide – regulation and stakeholder pressure on tax departments worldwide*, 2007 ; Ernst and Young, *Tax Risk Management*, LexisNexis Butterworths, 2007.

293. Responsible Tax, Oct. 2005 (sur www.taxjustice.net/cms/upload/pdf./Global—Henderson ——ResponsibleTax——OCT—2005.pdf.).

294. J. Christensen et R. Murphy, "The Social Irresponsibility of Corporate Tax Avoidance: Taking CSR to the Bottom Line", *Development* (2004) 7 3, p. 37 et s., spéc. p. 43.

pays dans lesquels les sociétés exercent leurs activités, combien de bénéfices sont générés par ces activités dans chaque pays, où ces bénéfices sont déclarés à des fins fiscales, en indiquant toutes les entités ad hoc utilisées ainsi que l'optimisation fiscale dégagée par l'utilisation de ces nouvelles idées de planification fiscale ». Et les auteurs de conclure en disant « ce n'est que de cette façon que les parties prenantes, en ceci inclus les gouvernements, les actionnaires, les employés et le public plus généralement, peuvent obtenir les informations dont elles ont besoin pour savoir si les organisations, si les sociétés qui dominent le monde globalisé agissent comme de bons citoyens ». Voici le plaidoyer que l'on trouve dans une certaine littérature américaine, sur l'impact en matière fiscale de la responsabilité sociale des entreprises.

Ces propositions doctrinales trouvent aujourd'hui un écho direct en droit positif.

Le premier effet de la RSE est le renforcement des processus de contrôle de la décision fiscale à l'intérieur même des entreprises. Comme l'énoncent les Principes directeurs de l'OCDE à l'intention des entreprises multinationales, « les entreprises devraient considérer la gouvernance fiscale et la discipline fiscale comme des éléments importants de leurs mécanismes de contrôle et de leurs systèmes de gestion des risques au sens large. En particulier, les conseils d'administration devraient adopter des stratégies de gestion du risque fiscal qui permettent d'identifier et d'évaluer pleinement les risques financiers, réglementaires et de réputation associés à la fiscalité »[295]. Cette vigilance accrue ne changerait pas, soit dit en passant, la pratique de nombreuses entreprises (multinationales ou non) qui ont déjà sensiblement modifié leurs modes de décision au cours des dernières années.

Le deuxième effet de la RSE consiste en l'intensification de l'obligation de transparence des entreprises sur leurs comportements fiscaux. Elle prend tout d'abord une forme comptable que préfigure d'ores et déjà la révision de la norme IAS 12 pour obliger les entreprises à comptabiliser leurs « positions fiscales incertaines »[296], c'est-à-dire concrètement les risques fiscaux auxquels elles sont exposées. L'interprétation IFRIC 23 publiée par l'IASB en juin 2017, qui porte sur le traitement des positions fiscales incertaines en matière d'impôts sur le résultat, précise que dans toutes les situations où il existe une incertitude sur le traitement acceptable au regard de la législation fiscale en matière d'impôts sur le résultat, même en l'absence de contrôle ou de notification, une société doit évaluer la probabilité que l'administration soit en désaccord avec ses propres positions. Une probabilité de désaccord supérieure à une probabilité d'accord conduira en général à constater une provision supplémentaire au titre de cette incertitude, ou à modifier l'évaluation d'un actif d'impôt courant ou encore ses actifs et passifs d'impôt différé[297].

Elle prend surtout la forme d'obligations déclaratives nouvelles qui s'imposent aux entreprises, tant à l'égard de l'administration que du grand public.

---

295. Principes précités, p. 66.

296. L'obligation existe depuis 2010 aux États-Unis : cf. à ce sujet l'interprétation de la norme FIN 48 par le Financial Accounting Standards Board, *Accounting for Uncertainty in Income Taxes – an interpretation of FASB Statement No. 109* (FIN 48) et les commentaires d'E. Milhac et C. Antier, *Revue de l'actualité fiscale américaine en 2010, L'année fiscale, Dr. fisc.* 2011, n° 9, ét. 237, § 39. Plus généralement, pour une vision de comptabilité et de droit comparés sur cette question, cf. A. Bakker and S. Kloosterhof (ed.), *Tax Risk Management. From Risk to Opportunity*, IBFD, 2010.

297. IFRIC 23 s'applique à compter du 1er janvier 2019 sous réserve de son adoption par l'Union européenne.

En matière d'obligations de transparence à l'égard de l'administration, l'OCDE poursuit sur le terrain fiscal la démarche engagée sur le terrain plus général de la gouvernance d'entreprise, comme en témoignent ses travaux récents. Dans le cadre de l'action 13 du plan d'action concernant l'érosion de la base d'imposition et le transfert des bénéfices (BEPS), l'OCDE a ainsi incité les États à obliger les groupes multinationaux à fournir à l'administration fiscale une déclaration pays par pays des impôts qu'ils acquittent dans leurs différents États d'implantation (*Country-By-Country Reporting* ou *CBCR*). Publié le 17 décembre 2015, le rapport final de l'OCDE contient les outils pratiques de mise en œuvre de ces recommandations : un modèle de loi nationale instaurant l'obligation du CBCR et trois modèles d'accords internationaux organisant les échanges d'informations sur la base des outils conventionnels existants. Le CBCR est donc livré clés en mains, étant précisé que de nombreux États ont signé un accord multilatéral sous l'égide de l'OCDE portant sur l'échange de déclarations pays par pays[298]. La France l'a déjà fait à l'occasion de la loi de finances pour 2016 en introduisant dans le CGI un article un nouvel article 223 *quinquies* C[299]. En résumé, il résulte de ce texte qu'une déclaration comportant la répartition pays par pays des bénéfices du groupe et des agrégats économiques, comptables et fiscaux, ainsi que des informations sur la localisation et l'activité des entités le constituant, est souscrite dans les douze mois suivant la clôture de l'exercice par les personnes morales établies en France qui répondent aux critères suivants : établir des comptes consolidés ; détenir ou contrôler, directement ou indirectement, une ou plusieurs entités juridiques établies hors de France ou y disposer de succursales ; réaliser un chiffre d'affaires annuel, hors taxes, consolidé supérieur ou égal à 750 millions d'euros ; ne pas être détenues par une ou des entités juridiques situées en France et tenues au dépôt de cette déclaration, ou établies hors de France et tenues au dépôt d'une déclaration similaire en application d'une réglementation étrangère[300].

L'obligation de transparence ne se limite plus aux relations entre entreprises et administrations. Elle s'étend aux relations avec le grand public. L'initiative inaugurale en la matière semble être la loi adoptée aux États-Unis le 15 juillet 2010 et prévoyant une transparence fiscale accrue des résultats des industries extractives[301]. Cette initiative a manifestement inspiré la directive européenne du 26 juin 2013[302] dont le chapitre 10 met à la charge des grandes entreprises actives dans les industries extractives ou l'exploitation des forêts primaires l'obligation d'établir un rapport annuel sur les « paiements effectués au profit de Gouvernements », étant précisé que les « paiements » en question incluent les impôts ou taxes perçus sur le revenu, la production ou les bénéfices des sociétés[303]. La directive 2013/36/UE contient quant à elle des dispositions comparables pour les établissements de crédit et les institutions financières. Dernière étape

298. L'accord, signé à Paris le 27 janvier 2016, est entré en vigueur en France au 14 avril 2017.

299. Sur le contenu et les modalités de la déclaration, v. le décret n° 2016-1785 du 29 sept. 2016.

300. L'article 223 *quinquies* C du CGI a été adopté avant qu'une directive européenne 2016/881 du Conseil du 25 mai 2016 ne reprenne ce principe en modifiant en ce sens la directive n° 2011/16/UE sur l'échange d'informations entre États membres.

301. « Dodd-Frank » Act.

302. Directive 2013/34/UE du Parlement européen et du Conseil. Sur l'origine et la bonne compréhension de ce texte, v. l'intervention de J. Hooijer dans le colloque précité de la Sorbonne, *Dr. fisc.* 2012, n° 5, comm. 131, spéc. § 62 ; v. aussi Ch. Comolet-Tirman, « Peut-on en finir avec les prix de transfert ? », *Dr. fisc.* 2012, n° 22, ét. 313.

303. Art. 41, 5, b) de la directive. Le chapitre 10 de la directive contient de nombreuses conditions d'application et certaines exceptions. La directive a été transposée par la loi n° 2014-1662 du 29 déc. 2014.

de la généralisation du processus : la Commission européenne a proposé le 12 avril 2016 d'étendre le champ de la directive du 26 juin 2013 en vue d'y soumettre les groupes multinationaux, quelle que soit la nature de leurs activités, dès lors que leur chiffre d'affaires global dépasse 750 millions d'euros. Cette proposition a été approuvée avec certaines modifications par le Parlement européen le 4 juillet 2017.

Du côté français, les conséquences de cette évolution sont bien visibles. Le Parlement français a en effet adopté une loi n° 2013-672 du 26 juillet 2013 de séparation et de régulation des activités bancaires dont l'article 7 fait obligation aux établissements de crédit et aux grands groupes (ce concept devant être précisé par décret en Conseil d'État) de publier des informations sur leurs implantations incluses dans le périmètre de consolidation dans chaque État ou territoire où ils exercent leurs activités. Ces informations comprennent notamment le chiffre d'affaires, le bénéfice ou la perte avant impôt, le montant des impôts sur les sociétés dont les implantations sont redevables, et les subventions publiques reçues. Pour les entreprises, ces obligations déclaratives ne devaient toutefois être applicables qu'à compter de l'entrée en vigueur d'une disposition adoptée par l'Union européenne et poursuivant le même objectif. Ce sera le cas si la directive proposée le 12 avril 2016 est effectivement adoptée, mais, entre-temps, le législateur a repris la plume et la loi dite « Sapin 2 » relative à la transparence, la lutte contre la corruption et la modernisation de la vie économique prévoyait d'introduire un mécanisme de déclarations pays par pays à destination du public inspiré de la proposition de directive du 12 avril 2016 : le nouveau texte, qui prévoyait d'abroger l'article 7 de la loi du 26 juillet 2013, moyennant une entrée en vigueur du dispositif au lendemain de la date d'entrée en vigueur de la directive modifiant la directive 2013/34/UE du 26 juin 2013, a toutefois été censuré par le Conseil constitutionnel au motif notamment qu'il portait atteinte à la liberté d'entreprendre[304]. Reste que, si la directive est adoptée, il semble bien que l'identité constitutionnelle de la France ne pourra faire obstacle à sa transposition en droit interne, conformément à l'article 88-1 de la Constitution[305].

Si l'information fiscale fait l'objet d'une publication élargie, il faudra sans doute que les décisions fiscales à l'impact le plus important soient effectivement prises au plus haut niveau de la hiérarchie et que les sociétés organisent en leur sein des procédures transparentes de décision et de prévention des risques en la matière. Il faudra alors que soient aménagées d'autres procédures permettant de contrôler le respect des premières, à l'image de ce qui existe déjà en matière de transparence financière depuis la loi de sécurité financière du 1er août 2003.

À l'heure actuelle, le président du conseil d'administration ou du directoire d'une société anonyme cotée doit rendre compte dans un rapport joint au rapport de gestion des procédures de contrôle interne mises en place par la société[306], et le commissaire aux comptes doit présenter ses observations sur le rapport du président concernant les procédures de contrôle interne relatives à l'élaboration et au traitement de l'information comptable et financière[307]. Depuis la loi du 3 juillet 2008, le président du conseil d'administration ou du conseil de surveillance doit également indiquer le code de gouvernement d'entreprise auquel la société a choisi de se référer, le cas échéant, ou, à défaut, les

304. Cons. const., déc. du 8 déc. 2016, n° 2016-741 DC.

305. En ce sens, et plus généralement pour l'articulation entre cette directive et notre ordre constitutionnel, v. B. Delaunay, Les conséquences juridiques de l'adoption de la directive sur le CBCR public, *Dr. fisc.* 2017, n° 36, 423.

306. Cf. art. L. 225-37, al. 6, C. com.

307. Art. L. 225-235, C. com.

pratiques de gouvernement d'entreprise mises en place par la loi[308]. Autant de règles dont l'application et/ou la transposition à l'information fiscale est parfaitement envisageable d'un point de vue théorique comme pratique. Au demeurant, une loi britannique du 15 septembre 2016 fait désormais obligation pour les entités situées au Royaume-Uni dont le chiffre d'affaires est supérieur à 200 millions de livres sterlings ou dont l'actif brut est supérieur à deux milliards de livres sterlings de publier chaque année leur stratégie fiscale. En France, un certain nombre de groupes cotés ont devancé la contrainte : à titre d'exemple, Danone et Vivendi publient sur internet leur « politique fiscale » et expliquent les principes directeurs de leur comportement en la matière[309]. Ces sociétés publient également dans leur rapport financier annuel les procédures internes d'identification des risques fiscaux et de contrôle des prises de décision en matière fiscale.

Il est aussi certain que si les « parties prenantes » pouvaient plus aisément accéder à l'information fiscale, diverses entités s'y intéresseraient activement : l'administration, bien sûr, mais aussi des organisations à vocation citoyenne se donnant pour objet de guider les consommateurs et les investisseurs vers des entreprises « responsables »[310]. Pour ce faire, ces entités pourraient juger utile ou nécessaire de mettre en place des labels ou des certificats censés éclairer le public. En ce sens, on peut citer la proposition par Gérard Philippot dans le journal *Les Échos* du 13 mars 2009, consistant en la création d'un label « SPF » : « sans paradis fiscaux ». En s'efforçant d'imaginer comment une telle idée pourrait être mise en pratique, on pourrait concevoir que ce type de label soit conçu, soit par des organismes ayant une forte légitimité technique et médiatique au niveau national, soit dans un cadre multilatéral. Ici encore, rien de fantaisiste : l'Organisation internationale pour la normalisation (ISO) a constitué un groupe de travail auquel participent 90 pays représentés par une grande variété de parties prenantes, pour définir une norme internationale utilisable par tous types d'organisations définissant des lignes directrices en matière de responsabilité sociale des entreprises (ISO 26 000).

Reste à savoir s'il serait envisageable d'aller encore plus loin et de tirer des conséquences, sur le terrain non fiscal, de l'existence de comportements fiscaux non « responsables ». Certains le souhaitent. Le rapport précité de la Commission des finances de l'Assemblée nationale n'hésite pas à proposer de restreindre l'accès au marché français des filiales de sociétés mères établies dans des territoires non coopératifs et qui ne respectent pas des normes prudentielles et comptables minimales[311]. Il est vrai qu'ici aussi, il existe des précédents, même si leur caractère comparable prête à discussion.

308. Art. L. 225-37 et L. 225-68, C. com., issus de la loi n° 2008-649 du 3 juillet 2008 portant diverses dispositions d'adaptation du droit des sociétés au droit communautaire (en l'occurrence, la directive n° 2006/46/CE du 14 juin 2006 modifiant les quatrième et septième directives comptables). Les sociétés doivent également se conformer aux dispositions de l'ordonnance visant à transposer la directive n° 2006/43/CE prise en application de la loi DDAC, relative notamment à l'institution de comités d'audit.

309. Danone indique que « cette publication est l'occasion d'affirmer la volonté de Danone de gérer sa fiscalité de façon responsable, en prenant notamment l'engagement de ne pas mettre en place de montages fiscaux artificiels ou frauduleux » (Document de référence 2017, partie sur la RSE, p. 170). On trouve dans cette publication certains points très intéressants, tels que le montant total des impôts payés par Danone en France ou encore l'explication des raisons conduisant à ce que le taux effectif d'imposition du groupe soit inférieur au taux nominal de l'IS en France. Le code de conduite fiscale de Vivendi contient des éléments similaires, avec cependant aussi une défense de l'idée d'optimisation fiscale en tant que « gestion fiscale légitime ».

310. L'expérience précitée de la publication par plusieurs ONG d'une étude réalisée à partir des données dont la divulgation est devenue obligatoire pour les banques en 2015 montre qu'il existe un lien immédiat entre CBCR public et exploitation des données par la société civile.

311. Rapport préc., p. 120.

Par exemple, depuis le 1er août 2006, le Code des marchés publics prévoit que les objectifs de développement durable deviennent des éléments à prendre en compte autant dans la détermination des besoins à satisfaire (art. 5) que dans les conditions d'exécution d'un marché ou d'un accord-cadre (art. 14).

Faut-il en arriver là ?

Il n'est pas certain que tous les effets fiscaux potentiels de la responsabilité sociale des entreprises se produisent dans la vie réelle. Il ne semble pas, cependant, que les fiscalistes puissent rester indifférents à ce qui promet malgré tout de constituer une évolution substantielle des pratiques fiscales. Nous croyons au contraire qu'il est de l'intérêt et de la « responsabilité sociale » des spécialistes de droit fiscal de regarder de près tout ceci et d'accompagner ce mouvement. Cette attitude proactive leur permettra, non seulement de participer à une évolution qui ne manquera pas de les affecter, mais aussi d'endiguer les excès prévisibles d'une « hyper-communication » organisée sur le mode de l'indignation morale[312].

Une considération théorique, tout d'abord : pour « évaluer » une pratique fiscale, le spectre des appréciations est infini. Le « noir » que constitue la fraude fiscale à l'état pur (à savoir la dissimulation de revenus ou d'activités soumises à l'impôt) existe, bien sûr, mais il ne constitue pas la pratique quotidienne de la plupart des entreprises qui oscille entre le blanc et le gris. En revanche, l'objectif de l'optimisation fiscale et la connexion entre performance fiscale, performance financière et « performance éthique » sont des thèmes sur lesquels une réflexion approfondie s'impose. Faut-il remettre en cause le principe même de la recherche d'économies fiscales ? Au nom de quelle morale ou de quelle justice les entreprises seraient-elles censées aller « plus loin » que ce qu'imposent les règles de droit[313] ? Ce n'est pas ici le lieu d'une telle réflexion mais celle-ci est indispensable pour que la mise en œuvre de la responsabilité sociale des entreprises dans le champ fiscal repose sur des principes clairs.

Quelques considérations de méthode, ensuite : l'évaluation citoyenne des pratiques fiscales suppose une identification claire des informations pertinentes pour l'évaluation ainsi qu'une méthode d'analyse de l'information rendue publique par les entreprises, ce qui ne va pas du tout de soi. L'information délivrée par les déclarations pays par pays a-t-elle une valeur objective en l'absence de pédagogie et d'explications ?

On se contentera d'évoquer sous forme abrégée la suite des interrogations en suspens. À supposer que des organes d'évaluation fiscale extérieurs aux entreprises se mettent en place, quels seraient les acteurs les mieux placés, techniquement et institutionnellement, pour jouer ce rôle ? Dans quelle mesure les dispositifs existants en dehors de la sphère fiscale peuvent-ils servir de source d'inspiration ? Comment articuler les

312. Un exemple de ce qu'il faudrait éviter : stigmatiser comme une déviance intrinsèque la différence entre le taux effectif d'imposition d'un groupe et le taux nominal de l'impôt sur les sociétés français (« Comment les stars du CAC 40 délocalisent leurs impôts », *L'Expansion*, 1er avr. 2007 ; « Dans les cuisines fiscales des entreprises », *Alternatives économiques*, Pratique, n° 41, nov. 2009, etc.). Pour une approche rationnelle, cf. *supra*, n° 277.

313. L'OCDE préconise, comme on l'a vu plus haut, le respect de la lettre et de l'esprit de la loi. D'autres organisations vont plus loin et demandent aux entreprises de se demander si leur comportement est non seulement licite mais également « décent, honnête et sincère » (Advertising Standards Authority's Code of Advertising Practice, cité par le rapport de Henderson Global Investors, *Responsible tax*, préc.). Pour une réflexion intéressante sur la rencontre entre droit et morale dans le contexte de l'optimisation fiscale, v. H. Gribnau, *The Integrity of the Tax System After BEPS: A Shared Responsibility*, *ELR* August 2017, No. 1 ; v. aussi H. Gribnau et A.-G. Jallai, *Good Tax Governance: A Matter of Moral Responsibility and Transparency*, *Nordic Tax Journal*, 2017, p. 70 et s.

obligations de communication à l'égard des parties prenantes et les relations avec les autorités fiscales ? Toutes ces questions se posent notamment dans l'hypothèse de la mise en place de labels ou d'un processus de normalisation. Jusqu'à quel point juridique faut-il pousser la stigmatisation des entreprises jugées non responsables ? Il y a là une réflexion à la frontière du droit fiscal et du droit pénal. Comment trouver, enfin, le juste équilibre entre la nécessité d'informer les tiers et celle de limiter autant que possible les coûts administratifs potentiellement considérables mis à la charge des sociétés chargées de procéder à la collecte, à la mise en forme et à la communication de l'information ?

On l'aura compris, l'heure est davantage aux questions qu'aux réponses.

INDEX

Les chiffres renvoient aux numéros des ***paragraphes***

A

D

E

F

J

L

M

O

P

Q

R

S

TABLE DES MATIÈRES

(Les chiffres renvoient aux numéros des pages)

COLLECTION DOMAT

Jean-Bernard Auby, Hugues Périnet-Marquet et Rozen Noguellou, *Droit de l'urbanisme et de la construction*, 11e éd., 2017

Mathias Audit, Sylvain Bollée et Pierre Callé, *Droit du commerce international et des investissements étrangers*, 2e éd., 2016

Pierre Avril, Jean Gicquel et Jean-Éric Gicquel, *Droit parlementaire*, 5e éd., 2014

Francis Balle, *Médias et sociétés*, 17e éd., 2016

Jean Bart, *Histoire du droit privé, De la chute de l'Empire romain au XIXe siècle*, 2e éd., 2009

Bernard Beignier, *Droit des assurances*, 2e éd., 2015

Florence Bellivier, *Droit des personnes*, 2015

Alain Bénabent, *Droit des obligations*, 17e éd., 2018

Alain Bénabent, *Droit des contrats spéciaux civils et commerciaux*, 12e éd., 2017

Alain Bénabent, *Droit de la famille*, 3e éd., 2014

Thierry Bonneau, *Droit bancaire*, 12e éd., 2017

Thierry Bonneau, Pauline Pailler, Anne Claire Rouaud, Adrien Tehrani et Régis Vabres, *Droit financier*, 2017

Michel Borgetto et Robert Lafore, *Droit de l'aide et de l'action sociales*, 10e éd., 2018

Jean Boulouis, *Droit institutionnel de l'Union européenne*, 6e éd., 1997

Philippe Braud et François Burdeau, *Histoire des idées politiques depuis la Révolution*, 2e éd., 1992

François Burdeau, *Histoire de l'administration française, XVIIIe-XXe siècles*, 2e éd., 1994

Rémy Cabrillac, *Droit des régimes matrimoniaux*, 10e éd., 2017

Jérôme Caby, Alain Couret et Gérard Hirigoyen, *Initiation à la gestion, Connaissance de l'entreprise à partir de ses principaux documents obligatoires*, 3e éd., 1991

Nicolas Cayrol, *Droit de l'exécution*, 2e éd., 2016

René Chapus, *Droit administratif général*, t. 1 (15e éd., 2001) *Service public, Police, Responsabilité, Actes, Organisation et justice administratives, Séparation des autorités administratives et judiciaires, Conflits d'attribution* ; t. 2 (15e éd., 2001) *Fonction publique, Domaine public, Travaux publics, Expropriation*

René Chapus, *Droit du contentieux administratif*, 13e éd., 2017

Martin Collet, *Finances publiques*, 3e éd., 2018

Jean Combacau et Serge Sur, *Droit international public*, 12e éd., 2016

Gérard Cornu, *Droit civil, Introduction au droit*, 13e éd., 2007

Gérard Cornu, *Droit civil, Les biens*, 13e éd., 2007

Gérard Cornu, *Droit civil, Les personnes*, 13e éd., 2007

Gérard Cornu, *Droit civil, La famille*, 9e éd., 2006

Gérard Cornu, *Linguistique juridique*, 3e éd., 2005

Françoise Dekeuwer-Défossez et Édith Blary-Clément, *Droit commercial, Actes de commerce, Fonds de commerce, Commerçants, Concurrence*, 11e éd., 2015

Jean Devèze et Philippe Pétel, *Droit commercial, Instruments de paiement et de crédit*, 1992

Nicolas Dissaux et Romain Loir, *Droit de la distribution*, 2017

William Dross, *Droit des biens*, 3e éd., 2017

Louis Dubouis et Claude Blumann, *Droit matériel de l'Union européenne*, 7e éd., 2015

Pierre-Laurent Frier et Jacques Petit, *Droit administratif*, 12e éd., 2018

Michel Fromont et Jonas Knetsch, *Droit privé allemand*, 2e éd., 2017

Jean Gaudemet et Emmanuelle Chevreau, *Les institutions de l'Antiquité*, 8e éd., 2014

Jean Gaudemet, *Les naissances du droit, Le temps, le pouvoir et la science au service du droit*, 4e éd., 1997

Jean Gaudemet, *Sociologie historique, Les maîtres du pouvoir*, 1994

Jean Gaudemet et Emmanuelle Chevreau, *Droit privé romain*, 3e éd., 2009

Paul-Marie Gaudemet et Joël Molinier, *Finances publiques*, t. 1 (7e éd., 1996) *Politique financière ; Budget et Trésor*, t. 2 (6e éd., 1997) *Fiscalité*

Jean Gicquel et Jean-Éric Gicquel, *Droit constitutionnel et institutions politiques*, 32e éd., 2018

Gilles J. Guglielmi, Geneviève Koubi et Martine Long et la collab. de Gilles Dumont, *Droit du service public*, 4e éd., 2016

Daniel Gutmann, *Droit fiscal des affaires*, 9e éd., 2018

Jacques Héron et Thierry Le Bars, *Droit judiciaire privé*, 6e éd., 2015

Emmanuel Jeuland, *Droit processuel général*, 4e éd., 2018

Christian Jubault, *Droit civil, Les successions, Les libéralités*, 2e éd., 2010

Jérôme Julien, *Droit de la consommation*, 2e éd., 2017

Thierry Lambert, *Procédures fiscales*, 3e éd., 2017

Paul Le Cannu et Bruno Dondero, *Droit des sociétés*, 8e éd., 2018

Cécile Le Gallou et Simon Wesley, *Droit anglais des affaires*, 2018

Pierre Mayer et Vincent Heuzé, *Droit international privé*, 11e éd., 2014

Antoine Mazeaud, *Droit du travail*, 10e éd., 2016

Michel Menjucq, *Droit international et européen des sociétés*, 5e éd., 2018

Yves Mény et Yves Surel, *Politique comparée, Les démocraties (Allemagne, États-Unis, France, Grande-Bretagne, Italie)*, 8e éd., 2009

Marcel Morabito, *Histoire constitutionnelle de la France de 1789 à nos jours*, 15e éd., 2018

Sophie Nicinski, *Droit public des affaires*, 5e éd., 2018

Roger Perrot, Bernard Beignier et Lionel Miniato, *Institutions judiciaires*, 17e éd., 2018

Nicolas Petit, *Droit européen de la concurrence*, 2e éd., 2018

Frédéric Pollaud-Dulian, *Droit de la propriété industrielle*, 1999.

Jacques Robert et Jean Duffar, *Droits de l'homme et libertés fondamentales*, 8e éd., 2009

Raphaël Romi, *Droit de l'environnement et du développement durable*, 10e éd., 2018

Raphaël Romi, *Droit international et européen de l'environnement*, 3e éd., 2017

Dominique Rousseau, Pierre-Yves Gahdoun, Julien Bonnet, *Droit du contentieux constitutionnel*, 11e éd., 2016

Corinne Saint-Alary-Houin, *Droit des entreprises en difficulté*, 11e éd., 2018

François Saint-Bonnet et Yves Sassier, *Histoire des institutions avant 1789*, 5e éd., 2015

Carlos Santulli, *Droit du contentieux international*, 2e éd., 2015

Roger-Gérard Schwartzenberg, *Sociologie politique*, 5e éd., 1998

Christophe Seraglini et Jérôme Ortscheidt, *Droit de l'arbitrage interne et international*, 2013

Serge Sur, *Relations internationales*, 6e éd., 2011

Romuald Szramkiewicz et Olivier Descamps, *Histoire du droit des affaires*, 2e éd., 2013

Jacques Ziller, *Administrations comparées, Les systèmes politico-administratifs de l'Europe des Douze*, 1993

